THE GREEK LITURGIES.

THE GREEK LITURGIES

CHIEFLY FROM ORIGINAL AUTHORITIES.

EDITED FOR THE SYNDICS OF THE UNIVERSITY PRESS,

BY

C. A. SWAINSON, D.D.

MASTER OF CHRIST'S COLLEGE, AND LADY MARGARET'S READER IN DIVINITY, CAMBRIDGE;
FORMERLY NORRISIAN PROFESSOR, AND CANON RESIDENTIARY OF
CHICHESTER CATHEDRAL.

WITH AN APPENDIX CONTAINING THE COPTIC ORDINARY CANON OF THE MASS
FROM TWO MANUSCRIPTS IN THE BRITISH MUSEUM,

EDITED AND TRANSLATED BY DR C. BEZOLD,
PRIVAT-DOCENT IN THE UNIVERSITY OF MUNICH.

WIPF & STOCK · Eugene, Oregon

Wipf and Stock Publishers
199 W 8th Ave, Suite 3
Eugene, OR 97401

The Greek Liturgies
Chiefly from Original Authorites
By Swainson, D.D., C. A.
ISBN 13: 978-1-4982-9991-6
Publication date 8/25/2016
Previously published by Cambridge University Press, 1884

IN PIAM MEMORIAM

DOMINAE

MARGARETAE

TABLE OF CONTENTS.

		PAGE
INTRODUCTION.		
Chapter I.	Printed Editions of the Greek Liturgies	v
Chapter II.	Liturgical MSS.	xv
Chapter III.	Authenticity of the Liturgies	xxvii
Chapter IV.	Character and Results of the present Edition	xxxii
Postscript.	The Liturgy of the recently discovered Διδαχὴ τῶν ἀποστόλων	xlv
	Note on the Magdala MSS.	lii

THE LITURGY OF ALEXANDRIA otherwise SAINT MARK:
(1) FROM THE ROSSANO MANUSCRIPT.
(2) FROM A ROLL IN THE VATICAN LIBRARY.
(3) FROM A ROLL IN THE UNIVERSITY LIBRARY AT MESSINA.
(4) Parallel Passages from the "Canon Universalis Æthiopum" and "Liturgia Coptitarum Sancti Basilii" 1

THE LITURGIES OF THE EIGHTH CENTURY:
THE LITURGY OF SAINT BASIL FROM THE BARBERINI MS. AND A ROLL AT THE BRITISH MUSEUM 75
THE LITURGY OF SAINT CHRYSOSTOM FROM THE BARBERINI AND ROSSANO MSS. . 88
THE LITURGY OF THE PRESANCTIFIED FROM THE SAME MSS. 95

THE LITURGY OF SAINT CHRYSOSTOM. ELEVENTH CENTURY TO THE PRESENT TIME 99
Note on the Translation by Leo Thuscus 145
Note on the British Museum Roll, Add. 18070 148

LITURGY OF SAINT BASIL. ELEVENTH CENTURY TO PRESENT TIME . . 149

LITURGY OF THE PRESANCTIFIED. ELEVENTH CENTURY TO PRESENT TIME 173

THE LITURGY OF SAINT PETER:
FROM THE ROSSANO MANUSCRIPT AND PARIS SUPP. GR. 476. . . . 189

LITURGIES OF PALESTINE 205
LITURGY OF JUSTIN MARTYR 207
LITURGY OF CYRIL OF JERUSALEM 209

THE LITURGY OF SAINT JAMES:
(1) FROM THE MESSINA ROLL.
(2) FROM THE ROSSANO MANUSCRIPT.
(3) FROM PARIS MSS. GR. 2509.
(4) FROM PARIS SUPP. GR. 476.
WITH COLLATIONS FROM THE EDITION OF MOREL, &c. 211
NOTES ON THE SYRIAC LITURGY OF SAINT JAMES 333

APPENDIX. THE ORDINARY CANON OF THE MASS AFTER THE USE OF THE COPTIC CHURCH, EDITED AND TRANSLATED BY DR C. BEZOLD 347

INTRODUCTION.

CHAPTER I.

PRINTED EDITIONS OF THE GREEK LITURGIES.

THE sources of information on the Greek Liturgies available for students have hitherto been the following.

(1) There was published at Rome in the year 1526 a small quarto volume, measuring eight inches by five-and-a-half, and consisting of eighteen sheets. The following is a copy of the title-page. It is printed in red.

Αἱ θεῖαι λειτουργεῖαι. | Τοῦ ἁγίου Ἰωάννου τοῦ | χρυσοστόμου. | Βασιλείου τοῦ μεγάλου. | καὶ ἡ τῶν προηγιασμένων. | Γερμανοῦ ἀρχιεπισκόπου | Κωνσταντινουπόλεως, ἱστορία Ἐκκλησιαστικὴ | καὶ μυστικὴ θεωρία[1].

After the word Τέλος on the last page is the following by way of Colophon:

εἴ τις εἰς ἐνιαυτοὺς δέκα ταυτασὶ τὰς θείας λει | τουργίας ἐντυποῦν τολμήσει, ἢ ἄλλοθέν ποθεν | ἐντετυπωμένας ὠνίας ἔχειν, ἐκ τοῦ προνομίου | τοῦ Μακαριωτάτου ἄκρου ἀρχιέρεως Κλή- | μεντος ἑβδόμου ζημιωθήσεται. |

Ἐν ῥώμῃ χιλιοστῷ φ̄ κ̄ ς΄ Μηνὸς Ὀκτωβρίου. | Δεξιώτητι Δημητρίου Δουκᾶ τοῦ κρητός.

The signatures follow, Α—Σ. ἅπαντα δυάδια.

---

[1] My copy has on the title-page the autograph, as I suppose, of *Stephanus Baluzius, Tutelensis.*

On the back of the title-page is printed an address to orthodox Christians everywhere, which Ducas concludes as follows:

κἀγὼ εὑρὼν τὰς θείας λειτουργείας τῇ ἡμῶν ἀμελείᾳ διεφθαρμένας, συνεργῷ χρώμενος Λιβίῳ τῷ Ποδοχάταρῳ αἰδεσιμωτάτῳ τῆς Κύπρου ἀρχιεπισκόπῳ, καὶ τῆς Ῥόδου Μητροπολίτῃ, λογιωτάτοιν καὶ ἀρίστοιν θεολόγοιν, καὶ εἰς τὸ ἀρχαῖον κάλλος συναγαγὼν, καὶ μετὰ ἐπιμελείας ἐντυπωθῆναι ἐπινοήσας, ὑμῖν τοῖς ὀρθοδόξοις δῶρον ἔδωκα. καὶ εἰ μὲν τὸ δῶρον ἀξιόλογον ὑμῖν φαίνεται, ἐν ταῖς ὑμῶν θείαις ἱερουργίαις μνημόσυνον ἡμῖν ποιήσαιτε. ἔρρωσθε.

Thus the text of Ducas' volume came from Cyprus and Rhodes.

(2) I read in an edition of two copies of the Liturgy of S. Chrysostom, published at Venice in 1644, that Demetrius Ducas made a translation of this copy of S. Chrysostom which he had edited, and that Greek and Latin were printed at Venice "per Ioannem Antonium et Fratres de Sabio" in 1528. I question the authorship of the translation. There is a copy of the book in the British Museum.

(3) In the year 1560 there appeared at Paris, from the press of William Morel, "the Royal printer in Greek," a beautiful folio (12 inches by 8¼, pages 179) entitled ΛΕΙΤΟΥΡΓΙΑΙ | των αγιων πατερων | Ἰακώβου τοῦ ἀποστόλου καὶ ἀδελφοθέου. | Βασιλείου τοῦ μεγάλου. | Ἰωάννου τοῦ χρυσοστόμου. |

These were followed by eight treatises in Greek on liturgical details[1], and preceded by the Canon of the Council in Trullo (which appealed to the Liturgies of James the Brother of the Lord and of Basil the Bishop of Caesarea, as against the usage of the unmixed cup in Armenia), and the short treatise of Proclus, archbishop of Constantinople, which speaks of the Liturgies of Clement, James, Basil, and John of the golden mouth.

---

[1] These treatises were (i) one from the "Ecclesiastical Hierarchy" of "Dionysius the Areopagite," (ii) from Justin Martyr's Apology, (iii) from Gregory of Nyssa, (iv) Johannes Damascenus, A.D. 720, (v) Nicolaus of Methone, (vi) Samonas of Gaza, A.D. 1072, (vii) Mark of Ephesus, A.D. 1450, (viii) Germanus of Constantinople. S. Andrea undoubtedly considered "Dionysius the Areopagite" to have been the contemporary of S. Paul, and Proclus to have been the Archbishop of the fifth century. In the Latin edition the dissertation of Mark of Ephesus is omitted, three treatises being added, one of Nicolaus of Cabasila [1346], the second of Maximus Monachus, the third of Bessarion [†1472]. The works are all introduced because of their bearing on the Eucharistic controversy. [I have given the dates of the less known writers.]

INTRODUCTION.

In the same year Morel printed what seemed to be Latin translations of the works which he had printed in Greek, with a few additions. Here the name *Claudius de Sanctis*[1] appeared on the title-page, as having contributed a collection from the writings of S. Chrysostom of passages bearing upon the Liturgies. He also prefixed some memoranda of a controversial character. But the editor of both editions was "Joannes a S. Andrea." Too modest to allow his name to appear in connexion with the Greek Liturgies, he dedicated the Latin volume to the Cardinal Charles of Lorraine.

Of the sources from which he drew his manuscripts, he only stated that they came "e mediis Græciæ bibliothecis." He added one act which increases our obligations to him. Instead of translating his copy of "Saint Chrysostom," he printed a Latin translation of the Liturgy, made by Leo Thuscus brother and pupil of the more famous Hugo Etherianus, who was contemporary and protégé of the Emperor Manuel (A.D. 1172). This Liturgy speaks of Nicolaus as *Papa*, and of Eleutherius of Alexandria, Cyril of Antioch, Leontius of Jerusalem, all as living. If the latter are difficult to identify, there is no doubt of "Alexius Emperor and born in the purple" (see below, pp. 133, 134), and we assign the Liturgy unhesitatingly to the commencement of the twelfth century.

The edition of Morel has hitherto furnished the only printed text of the liturgy of S. James.

(4) In 1583 Ambrose Drouard printed a volume entitled Η | ΘΕΙΑ ΛΕΙΤΟΥΡ | ΓΙΑ ΤΟΥ ΑΓΙΟΥ ΑΠΟ | στόλου καὶ εὐαγγελιστοῦ Μάρκου, | μαθητοῦ τοῦ ἁγίου Πέτρου | ...... | *Clementis P.R. De ritu Missæ.* | His accessit ex antiquissimo manuscripto codice | divini horarum officii declaratio. | Omnia nunc primum Græcè et Latinè in lucem edita. | PARISIIS. |

It commenced with a letter from Cardinal William Sirleti, dated Rom. 16 Kal. May 1582, to John a S. Andrea, Canon of the Church of Paris, stating that with the letter there came a copy of the Liturgy of S. Mark the Evangelist, which the Cardinal had had transcribed from a very ancient MS. of the Monastery of S. Maria ὁδηγητρία, at Rossano, of the order of S. Basil. It had been discovered there not long before in company with the Catechetical Lectures of S. Cyril of Jerusalem, the works of Dionysius of Alexandria against the Noetians, and of Hippolytus the Martyr against

---

[1] He afterwards became Bishop of Evreux.

Noetius and against Paul of Samosata; these the Cardinal hoped to publish ere long. In the meantime he sends the Hierurgia which the Church of Alexandria had received by tradition from S. Mark. From this Liturgy (the Cardinal thought) Saint Basil and Saint John Chrysostom had transferred many things into their Liturgies. John of S. Andrea replies in a letter dated 12 Kal. of May 1583 full of thanks for the kindness of the Cardinal, and mentions that twenty years before he had printed an edition of the Liturgies of S. James, S. Basil, and S. John Chrysostom; and also the Missale Gothicum and the Liturgy of Dionysius the Areopagite, all from our small library at Paris. The little volume[1] contained a large portion of the eighth book of the Apostolical Constitutions, which the editor without hesitation ascribed to Clement of Rome. The Imprimatur was given by the learned Genebrard, afterwards archbishop of Paris; and the Royal Privilege conveying the copyright was dated April 22, 1583.

(5) In 1589 there appeared from the press of Christopher Plantin, at Antwerp, a volume entitled Missa apostolica, | sive | Η ΘΕΙΑ ΛΕΙΤΟΥΡΓΙΑ | τοῦ ἁγίου ἀποστόλου Πέτρου. | Divinum sacrificium | sancti apostoli Petri. | Cum *Wilhelmi Lindani, Episcopi Gandavensis,* | Apologia pro eadem D. Petri Apostoli Liturgia. | Item vetustissimus in S. Apostolicæ Missæ Latinæ Canonem | Commentarius, ex admirandis antiquissimorum PP. | nostrorum orthodoxorum antiquitatibus concinnatus. The body of the work exhibited, where needful in four columns, first the Canon of the Roman Mass, secondly the Liturgy of S. Peter in Greek, next a Latin translation, and lastly some short notes. This occupied 41 pages; then followed twelve or thirteen pages of annotations, and after these an "Apology" for the Liturgy, and a Commentary. On the last page (215) is the approbation of the Bishop himself (from which we learn that the Commentary was taken from a MS. more than 1000 years old) and the Privilegium of Philip II. The only information the Bishop gives as to the channel through which this Liturgy came to him is this, that he found it in the very large and well furnished Library of Cardinal Sirleti[2], and that a learned Greek librarian had copied it for him. He had himself translated it into Latin.

---

[1] Its size is 7 inches by 4½: and it contains 120 pages.

[2] Sirleti was a native of Apulia, and a great collector. See for example Dr Scrivener's "Introduction," p. 203, no. 373: p. 248, no. 79: p. 257, no. 132.

INTRODUCTION.

Another edition of this came out at Paris from the press of Frederic Morel, "Chief printer to the King," in 1595. A copy of this is in the University Library, Cambridge. It was edited by Joannes a S. Andrea. The Liturgy occupies here about 37 pages. It is followed in this volume by "Γρηγοριου | του Διαλογου | ἡ θεία λειτουργία. | S. Gregorii Papæ | quem Dialogum Græci cogno | minant, divinum officium sive | MISSA. | Cum interpretatione græca Georgii Codini." This occupies 29 pages[1].

These Liturgies have been frequently printed. For example, the second volume of the "Bibliotheca Veterum Patrum seu Scriptorum Ecclesiasticorum" (Paris, 1624) contains the Liturgies of S. James, S. Mark, and S. Peter. As to S. James, it is stated in the margin, "Textus græcus ex editione Romana expressus est Demetrii Ducæ 1526. Latinus ex Parisiensi Gulielmi Morelii anno 1560." S. Mark "ex editione Parisiensi 1583 apud Ambrosium Drouard via Jacobea." S. Peter "ex editione Parisiensi Frederici Morelii Architypographo Regio, eruta ex MSS. Bibliothecæ Regis Christianissimi 1595." The table of contents does not repeat the erroneous statement as to the origin of the Liturgy of S. James[2].

(6) Some of these liturgies were reprinted by Fabricius in his "Codices Apocryphi Novi Testamenti;" but the next great collector was Eusebius Renaudot, who in the year 1716 published a couple of volumes entitled "Liturgiarum Orientalium Collectio." The work contained, first, translations of Liturgies used amongst the Copts (the Liturgies of Saint Basil, Saint Gregory and Saint Cyril), followed by Alexandrine uses of S. Basil and S. Gregory. Then was printed the Liturgy of S. Mark from the edition of 1583, although Renaudot acknowledges that he had himself seen the Manuscript in the Library of the Greek Monks of S. Basil at Rome. These were followed by elaborate dissertations and notes, and the first volume concluded with a translation of the "Liturgia Communis sive Canon Universalis Æthiopum"—the most honoured (I believe) of the Æthiopic Anaphoræ.

---

[1] Gregorius II. (715—731) was called by the Greeks 'O Διάλογος. He was supposed by some to be the author of the Liturgy of the Presanctified, and it is this which is assigned to him here.

[2] On the contrary it refers to the edition of Morel alone. However erroneous the statement (for erroneous it undoubtedly is), that the edition of Demetrius Ducas contained the Liturgy of S. James, it has been handed down from 1624 to 1878. We find it in Sir William Palmer's admirable work "Origines Liturgicæ," I. 21. It is repeated by Dr Neale (Dr Littledale's ed. p. 37), by Daniel, and by Mr Hammond.

INTRODUCTION.

The second volume contains translations of more than forty Syriac Liturgies. The most important to us is the Syriac S. James, for the Churches which used it are Monophysite, and the presumption is that all that it is common to it and the Saint James of the orthodox Churches must date from a period before the Council of Chalcedon[1].

(7) The most important work of the seventeenth century was however the famous Εὐχολόγιον of Goar. I will transcribe the chief part of the title-page. "εὐχολόγιον sive Rituale Græcorum complectens ritus et ordines divinæ liturgiæ, officiorum Sacramentorum, Consecrationum, Benedictionum, Funerum, Orationum &c. cuilibet personæ, statui, vel tempori congruos, juxta usum orientalis ecclesiæ. Cum selectis Bibliothecæ Regiæ, Barberinæ, Cryptæ-Ferratæ, Sancti Marci Florentini, Tillianæ, Allatianæ, Coresianæ et aliis probatis MM.SS. et editis Exemplaribus collatum. Interpretatione Latinâ, nec non mixobarbararum vocum brevi Glossario, æneis figuris, et observationibus ex antiquis PP. et maxime Græcorum Theologorum expositionibus illustratum. Operâ R. P. F. IACOBI GOAR Parisini. ordinis F.F. Prædicatorum, S. Theologiæ Lectoris; nuper in Orientem Missi Apostolici. Lutetiæ Parisiorum." MDCXLVII.

This volume contains services for all occasions. I am more concerned with the Liturgies proper.

The Liturgy of S. Chrysostom occupies pages 58—86. Goar complains on p. 87 of the great discrepancy between the various editions and manuscripts of this liturgy, and the difficulty of making collations. On the whole he decided to follow one published at Rome; and on pages 87—98 he printed collations with the edition of Morel and others which had at various times appeared at Venice. This part is very carefully done. On pages 94—98 there are some extensive notes taken from a MS. in the Paris Library "more than 200 years old." This is the P. of Daniel, IV. p. 327, and I have adopted the same letter myself (p. 100 below). The persons prayed for as living (p. 132) were, so far as they can be identified, living at the time of the opening of the Council of Florence. On pages 98—100 are similar notes taken "e MS. Barberino S. Marci ante septem et amplius sæcula, ut putatur, exarato"—the Barberini MS. used below (pp. 89—94). A third series of notes was taken from a copy used by Greek monks in Rome, Campania, Calabria, Apulia,

---

[1] Palmer, "Origines Liturgicæ," I. 27.

and Sicily, "e vetusto Dom. Basilii Falascæ Cryptæ-Ferratæ Archimandritæ," marked C by Daniel and myself (below, p. 100). A fifth copy is given by Goar (pp. 104—107): it had been printed among the works of S. Chrysostom. This copy had also been published at Venice in a very beautiful form in 1644 taken (if I understand aright) from an edition printed by the Morels in 1570, with a Latin translation made "in gratiam episcopi Roffensis."

Goar enriched this part of his work with fifty pages of notes for which every subsequent editor has expressed his obligations, and with a few copper plates which have frequently been reproduced[1].

Goar then proceeds to give the Liturgy of Saint Basil. His copy is nearly identical with that published by Morel in 1560, as that was identical with the copy of Demetrius Ducas in 1526. A few various readings follow, pp. 176—179, the MSS. of Cryptaferrata furnishing the chief variations that are worthy of attention. A MS. which a friend (Isidore Pyromalus) had brought from Patmos furnished Goar with further variations (pp. 180—184).

After a few notes on S. Basil he proceeds with the Liturgy of the Presanctified differing considerably from the copy in Ducas, and adds (page 204) notes from the Barberini copy (see below, pp. 95—98). He then gives a short treatise of Simeon, Metropolitan of Thessalonica, on the temple and the liturgy, and passes on to the services of Ordination, Baptism, &c.

(8) In the year 1749 there was published at Rome the first volume of a great collection of Liturgical works made by JOSEPH ALOYSIUS ASSEMANI. The publication extended to thirteen volumes; the last, which is said to be extremely rare, was published in 1766. It was entitled "Codex Liturgicus Ecclesiæ Universæ," the first volume containing services for Catechumens; the second for Baptism; the third for Confirmation; the fourth, fifth, sixth and seventh, the liturgical offices, and so on. The Liturgy of S. James is in volume v., and that of S. Mark in volume VII. Assemani gave no information as to the source from which he

---

[1] It may be interesting to notice that the drawing of the Δίσκος or paten (page 117) represents the σφραγίς in the centre with nine small cubes on the right (diagonally) and one on the left. In the more modern drawing given by Daniel (IV. 389) the nine cubes are placed (square) on the right, and one on the left, and in two lines below are the portions (eleven of each are given in the drawing) of the living and of the dead.]

drew the Greek Liturgy of S. James. It seems to be merely copied from the edition of Morel. He added however large extracts "ex antiquo MS. Messanensi quod nondum lucem aspexit" (pp. 68—99): then an Anaphora in Syriac, different from any produced by Renaudot; an interesting exposition assigned to John Maro, Patriarch of Antioch; and, in conclusion, nine pages of Latin notes, taken by the friend that had furnished him with the extracts from the Messina MS., but now from a codex found by this friend in "our Library of S. Basil at Rome." This friend deserves our special thanks, as will be seen more fully hereafter: he is designated as "Benedictus Monaldinius Hieromonachus Cryptoferratensis."

(9) From the middle of the eighteenth century until the year 1849 no work of moment containing the text of the Liturgies appeared. In 1849 the Rev. J. M. Neale published a work which he entitled TETRALOGIA LITURGICA, containing the Liturgies of S. Chrysostom, S. James and S. Mark, and the Mozarabic Service, arranged in parallel columns. This parallelism was reproduced with great care and with additional Liturgies, in English, in Mr Neale's Introduction to his HISTORY OF THE HOLY EASTERN CHURCH, which appeared in 1850. A great impulse was given to the study of Liturgies by these works, but Mr Neale was content to follow previously printed copies, with a few conjectural emendations.

(10) In 1852, however, in the third volume of his work entitled HIPPOLYTUS AND HIS AGE, Chevalier Bunsen published complete copies of the Liturgy of S. Basil and the now-called Liturgy of S. Chrysostom from the Manuscript in the Barberini Palace (of which see below). These were reprinted in the third volume of his ANALECTA ANTE-NICÆNA (the volume which contains the *Reliquiæ Liturgicæ*) published in 1854[1]. The copies were placed in parallel columns although there are only two prayers common to the two. Bunsen printed also the Greek Liturgy of S. Mark, (1) altered conjecturally so as to represent that which he conceived to be in use in the time of Origen, and (2) "uti exstat in Codice Calabro." (He copied the text of Renaudot.) Here he printed in parallel columns the corresponding portion of Renaudot's translations of the Coptic Saint Cyril and the Canon Universalis Æthiopum: and led by this comparison he made two happy corrections in the published text, ὑφίστατο for ὑψίστατον, and πάντα σ' ἁγιάζει for πάντας

[1] It will be remembered that Goar was content with printing notes from this manuscript.

ἁγιάζῃ (page 50 below). He also printed a Liturgy of S. James, altered conjecturally from the text of Morel.

(11) Guided largely by Dr Neale (to whom he repeatedly expresses his obligation), Dr Herm. Adalb. Daniel produced in the last volume of his "Codex Liturgicus Ecclesiæ Universæ in Epitomen redactus" &c. (Lipsiæ 1853) a valuable collection of Oriental Liturgies, exhibiting in larger type those portions which are common to two or three; and he added several useful notes. He gave first the "Liturgy of S. Clement," with copious illustrations from the writings of Saint Chrysostom and early Councils. S. James followed, then S. Mark, and the Latin translation of the Liturgy of the Apostles of the East, Thaddeus and Mares, which he found in Renaudot, I. 566—571. The modern Liturgies of S. Chrysostom, S. Basil and the Presanctified followed (the first with collations from Goar's MSS. which he designated as B. P. C.), and lastly a Latin translation made by himself of Mr Blackmore's English version of the Russian rendering of the Liturgy of the Armenians, as prepared by Dolgorowki, Archbishop of the Armenians in Russia[1].

(12) In 1858, 59, Dr Neale reproduced the Liturgies in Greek; S. Mark from Renaudot, S. James, S. Clement (chiefly from the text of Cotelerius), S. Chrysostom and S. Basil (from "the Venice edition of 1840 corrected by a later edition at Constantinople"). Into all these Dr Neale professedly introduced a few conjectural emendations. The work was reproduced in a very convenient form, under the editorship of Dr Littledale, in 1868.

(13) An important work was published at the Clarendon Press in 1878 entitled "Antient Liturgies, being a reprint of the texts either original or translated of the most representative Liturgies of the Church, from various sources," edited by Mr C. E. Hammond, late Fellow and Tutor of Exeter College. The volume contained reprints of a fragment of an antient Gallican missal discovered by Mai: the Clementine Liturgy (text from Ultzer): S. James, Greek; S. James, Syriac, from Renaudot: S. Chrysostom and S. Basil "ad normam hodie acceptam," taken from Daniel; an English version of the Armenian Liturgy as translated by Mr Malan of Broadwindsor in 1870, from a copy printed at Constantinople in 1823; the Greek S. Mark; Renaudot's translations of two Coptic Liturgies; and Ludolph's translation of the Liturgy of the Æthiopic Constitutions

---

[1] Mr Blackmore's version was printed by Dr Neale, Introduction, &c. I. p. 379.

of the Apostles, followed by Renaudot's translation of the Canon Universalis.

This part concludes with Renaudot's translation of the Nestorian Liturgy "Adæi et Maris."

No use was made of Bunsen's reprints of the Barberini S. Basil and S. Chrysostom of the eighth century, the Liturgies of the nineteenth century being given nearly in full. Objections were raised against the title of "Antient Liturgies" as misleading, and the work was called in: it reappeared in the same year with a few additional memoranda, and one or two cancels, under the title "Liturgies Eastern and Western."

(14) I cannot pass over the εὐχολόγιον τὸ μέγα which was published at Rome in the year 1873 (͵αωογ′) ἐκ τῆς πολυγλώττου τυπογραφίας, though it cannot be ranked among the critical editions of the Liturgies. It is intended for the Greek Priests of the Roman obedience, and it contains an interesting Introduction (too long for insertion here) to the following effect: "The priests who are about to use the Euchology ought to make themselves acquainted with the Canons of the Holy Fathers and the directions of the Catholic Church. In the Commemorations therefore mention must first be made of the Roman Pontiff (τοῦ τῆς ʹΡώμης Ἀρχιερέως), then of the Bishop and Patriarch of the place, if they are Catholics: but if they are heretics or schismatics, on no account must mention be made of them. In the course of the Liturgy the Priest approaches the gifts, and in carrying them on his head to the θυσιαστήριον with reverence he goes in procession round the Nave, and the people with all respect bow the head and fall down, entreating to be remembered when the gifts are being offered up (ἐν τῇ τῶν δώρων προσαγωγῇ). But, inasmuch as some of those who prostrate themselves adore the gifts thus brought in, as being the Body and Blood of Christ—possibly being deceived by the service in the Liturgy of the Presanctified (when the Bread Presanctified is brought in), the Priest must take care to instruct the people in the difference between the two. For the one are not sacrificed and not yet consecrated: but the other by the divine word are perfected and sanctified: these ought to be adored with all reverence, but not the other." There follow some cautions as to the oil of Unction, with which we are not here concerned: and the conclusion, referring to some Greek customs borrowed from Jewish ordinances, gives a warning that on no account are ordinances of the old law to be kept up, seeing they have been abolished by the coming of THE CHRIST.

CHAPTER II.

LITURGICAL MANUSCRIPTS.

(1) THE earliest Manuscript which has come down to us is, I conceive, the "Codex Barberinus," no. LXXVII. It is entitled (according to Bunsen, "Analecta Antenicæna," III. 197) "Orationes missæ et totum officium secundum Basilium S. Marci de Florentia, ordinis Fratrum prædicatorum de hereditate Nicholai de Nicholis." The MS. is described to me by Mr Stevenson (who has furnished me with a facsimile of a page) as being about $7\frac{1}{4}$ inches long by 5 broad; the writing uncials, twenty-one lines on the page. It contains according to Bunsen 562 pages, beginning with the Liturgies of S. Basil, S. Chrysostom (without any title), and the Presanctified; then prayers for the evening, midnight, morning, and so on; the Baptismal service, Consecration service, Ordinations, &c., &c. Goar took large notes from the first four, but Bunsen was the first to print at length the two Liturgies. Mr Stevenson has kindly collated Bunsen's copy with the manuscript, and enabled me to exhibit a more correct transcript. The Liturgy of the Presanctified was not edited by Bunsen.

(2) If the CODEX ROSSANENSIS is not next in date, some of its contents are nearly as ancient as the contents of the Barberini manuscript. It may be remembered that the Cardinal Sirleti had discovered a copy of the Liturgy of S. Mark in the library of the Monastery of S. Maria ὁδηγητρία at Rossano. Renaudot recognised this manuscript at Rome in 1701; and Monaldinius, the friend of Assemani, saw an old MS. in the library of "our convent at Rome," from which he made notes as to the Liturgy of S. James. This was done "in Bacchanalibus feriis." (I presume that he meant the Carnival.) Monaldinius gave the following description of the book: "Antiquus hic liber membranaceus est et formæ fere illorum quos libros vocant in octavo. Leucophæa pelle contegitur et a tergo ex auro signatur numero IX. Etsi principio et fine careat et quædam pagellæ initio male compactæ sint pluribusque locis quædam

folia desint, integras tamen continet Liturgias Petri Marci et Jacobi nomine insignitas quibus Liturgia Chrysostomi a Missa Fidelium initium ducens præponitur. Plures alias Ecclesiasticas functiones complectitur; unde Ritualem librum sive Sacramentarium Latini dicerent; Græci Euchologion appellant. Ex nostro Monasterio Patirii Romam delatus est, ut ex sequenti nota, quæ paginæ 41 superiori parte habetur, colligetur, 'Ex libris Monasterii S. Mariæ de Patirio Rossanensis, ordinis S. Basilii Magni.' At in calce ejusdem paginæ hæc alia nota legitur, 'In hoc libro continentur Liturgiæ S. Petri Apostoli, S. Marci Apostoli et Evangelistæ et S. Jacobi Apostoli: custodiendus diligenter, nam ex hoc libro exscripta fuit Liturgia S. Marci et fuit transmissa cuidam Canonico Parisiensi qui typis eam mandavit cum nimio honore.' Cætera legi non potuere. Sane ex hoc codice desumpta est Liturgia S. Marci quam Renaudotius vulgavit."

There was not much here to raise a hope that the volume could be discovered. But it was worth the trial. And Mr Lewis, of Corpus Christi College, who had undertaken to hunt at Messina for the manuscript which Monaldinius had seen there, added this to his other kindness: he would try whether this volume could be found at Rome. We knew that there was no Monastery of Greek Monks of S. Basil at Rome now: the hope was a vague one that the library might have been transferred *en masse* to the Vatican. Mr Lewis could not stay long at Rome, but Signor Ignazio Guidi, a gentleman to whom Cambridge men are under great obligations, promised to look for the octavo volume which was bound in dun-coloured leather and was labelled on the back with the Roman numeral IX in gold. Our hopes proved correct; the volume was in the Vatican: and before Mr Lewis reached England, I received a letter from Signor Guidi informing me that the book was found. It contained copies of the five liturgies, and on page 41 the note which Monaldinius had transcribed.

I may mention before I proceed that two German savants, whose names are well known in the literary world, I mean Dr Gebhart and Dr Harnack, have recently paid a visit to Rossano to inspect and take notes of an exquisite manuscript still preserved there of portions of the Greek Testament[1].

---

[1] The Gospels are written in silver uncials on a purple page, and illustrated with pictures of Gospel scenes. These are probably the earliest of illustrations which have come down to us; and two of them, exhibiting the disciples as receiving at the hands of our Lord the bread and the cup, are of great interest to us in our study of Liturgies. But this is not my immediate object in referring to the volume. The learned editors have given much and valuable information as to Rossano, as to the Convent of S. Mary ὁδηγήτρια, and the

Mr Stevenson undertook to give me a copy of the Liturgies contained in this Codex. That of S. Basil had been removed: it was absent in the time of Monaldinius. But the book contains the Liturgy of S. Chrysostom (resembling closely the anonymous liturgy of the Barberini Codex), the Liturgy of the Presanctified (a little enlarged from the text of the Barberini), the Liturgy of S. Peter, the Liturgy of S. Mark, and the Liturgy of S. James. It is written in a cursive character; the size of the page is about nine inches by six and a half. The letters which come beyond the line are in red; twenty lines are on each page. The title in the Vatican Catalogue is "Codex Vaticanus Græcus 1970 olim Basilianus cryptoferratensis IX." Its leaves are numbered twice. On folio 19 = 41 are the words "+Ex libris Monasterii S. Marie de Patirio Rossanensis," &c. as copied by Monaldinius. He seems to have thought that Renaudot was the Canon of Paris for whom the Liturgy of S. Mark had been transcribed, but of course Joannes a S. Andrea was the man: and the writer of the memorandum probably was either Cardinal Sirleti himself, or the librarian employed by him.

The copy furnished to me by Mr Stevenson has enabled me to correct for the first time the Liturgy of S. Mark as published by Drouard and the editors who have followed Renaudot's reprint of Drouard. It has enabled me also to solve the doubt as to the origin of the Liturgy of S. Peter, which was edited by De Linden at Antwerp in 1589. The Liturgies of S. Chrysostom and the Presanctified contained in the volume have not hitherto been examined: the connexion between them and those of the Barberini manuscript is interesting. They are both early copies, but yet

work of the monks collected there. They had been devoted to the preservation and multiplication of Greek manuscripts. It is well known that throughout the Basilian monasteries of Italy the Service was for many years celebrated after the Greek rite. It is not unlikely that there were congregations at Messina also allowed to use the same. Montfaucon ("Diarium Italicum," p. 211) states that the order of S. Basil was extended in Italy, Calabria, *Sicily*, and Spain.

When Montfaucon visited Rome the character of the monks at Rossano had deteriorated. Their library had been removed to Rome by Petrus Mennitius, the Prefect of the Order, about the year 1700, because he found that in the various subject monasteries of Calabria (the Greek language having fallen into disuse) the books were lying untouched and neglected, and were in imminent danger of being destroyed. Montfaucon, who mentions this, mentions also that it was Pope Sixtus the fourth (1471—1481) who first directed that the Latin Offices should be alone used throughout Calabria. He adds that "many years ago" an Archbishop of Rossano, wearied and tired by the persistency with which strangers came to examine the charters and documents contained in his library, ordered all of them to be buried, and thus he got rid of the nuisance. ("Diarium Italicum," 210, 211.)

in the meantime the title of the Liturgy of Saint Chrysostom had been given to the one, and some important additions had been made to the other. The Liturgy of S. James has not hitherto been printed from this MS.

(3) I mentioned Messina just now, in connexion with the names of Monaldinius and Mr Lewis. Mr Lewis asked me in November, 1878, whether he could do anything for me at Messina. I gave him notes from Assemani's volume, and he undertook to enquire what had become of the Library of the Monastery of S. Salvador—and more especially of a *roll* which even in the year 1756 was in a fragmentary condition. On his arrival Mr Lewis addressed himself to the Cavaliere Mitchell who is at the head of the University, but he could give him no direct information. Mr Lewis was coming away with a heavy heart, when a learned Greek Priest entered the library, and the Cavaliere called out that if anyone knew ought of this roll, the Padre Filippo Matrangas did. This gentleman gave to Mr Lewis a memorandum to this effect:

"Hodie codices Bibliothecæ S. Salvatoris adservati sunt in Bibliotheca Universitatis Messanæ—inter alios inveniuntur tria *Condacia*, id est *Macrocola*, continentia liturgias S. Marci, Divi Basilii et fragmentum Divi Jacobi Apostoli[1]."

I need not describe the negotiations with Signor Matrangas. The discovery of the fragment of S. Mark was most gratifying. I received in February, 1879, a facsimile of this fragment, a tracing beautifully executed: and after considerable trouble another equally beautiful tracing of the remains of the Liturgy of S. James. The roll is ten inches broad. The length of one fragment (that which has S. Mark on the one side) is as nearly as possible 24 inches: the length of the other 8 feet 10 inches[2]. The copy of S. James was written about the year 960; that of S. Mark probably about 200 years later[3]. And there can be little doubt that the

---

[1] These rolls are of singular interest; and, as Montfaucon stated in his "Palæographia Græca," p. 33, that he had seen only two, I will translate his description: "A κοντάκιον, a short rod, about a palm long, to which is fastened, and round which is rolled up, a parchment of wondrous length, composed of many skins glued together; and on it are written the prayers and offices of the priests which they recite whilst performing their sacred functions. ......These contacia are written on both sides of the parchment, so that when the priest arrives at the end of the roll, he simply turns it over, and, commencing again from the same extremity of the leaf, proceeds to read the other side, and so passes on until he comes at last to the rod from which he had at first commenced" (Montfaucon, "Palæographia Græca," p. 33).

[2] It will be seen that it has suffered since the time of Monaldinius. I estimate that originally it must have been twenty feet long.

[3] Most interesting questions arise as to the

former was written for the use of either the Convent on Mt Sinai, or some other important church within the district. Assemani has given a long dissertation upon the MS. (Introduction, pp. xxxviii.—xlix.). In this he expresses his belief that this church was the Church of Pharan, to which both the monasteries of Raithu and Sinai were subject. A strange assertion contained in the Liturgy that the fifth and sixth general Councils were held at Sinai is as puzzling now as it was in 1752.

(4) Encouraged by these successes I began to enquire whether any of the rolls mentioned by Montfaucon ("Diarium," p. 211) as being in the Vatican contained a Liturgy. I found that there is there a complete copy of the Liturgy of S. Mark, as well as fragments of an early copy of S. Chrysostom. These bear marks that they were used in Egypt. The former is about 10 feet 9 inches long, and apparently is covered completely on both sides of the eight pieces of parchment of which it is compacted. The margin contains many Arabic notes: I need scarcely say that they, or at all events my copies of them, are difficult to decipher, but Dr Wright has most kindly examined them for me and has given me the following memoranda: Page 1 of my transcript, at the head of the MS., corresponds to the Greek title given below, "Service of the Mass for the Mass of Mark the Evangelist;" page 10, "Prayer of Incense;" page 19, "Remember thy servant Joseph;" page 20, "Soft voices;" page 23, "Harvest," "Nile rising;" page 25, "Raising of voice;" page 27, "The priest blesses;" page 42, "People pray;" page 45, "He elevates the Body;" page 46, "He puts the Body into the cup." At the end "This condacion was finished...peace of God." It is evident therefore that the roll was prepared for, or at all events was used by, some persons who were thankful to have directions in Arabic. The writing is grossly corrupt[1]; I think it must have been copied from an early uncial, in which the words were not separated: but this circumstance increases the value of the MS., for it assures us that the writer cannot intentionally have modified any portion of it. The writing is about 5½ inches

motive for copying the Liturgy of S. Mark on the vacant space on the back of this grand κοντάκιον. The roll was probably brought to Sicily during the Crusades. Were more than one Greek Liturgy used at the time in Sicily? Were Christians then anxious to have the Liturgy of S. Mark as well as that of S. James? It would be deeply interesting if we could obtain answers to these two questions.

[1] The following are specimens:

πρόσδεξετὸ θυμίαμα τούτω. εἰ
ϛος μὴν εὐοδίας· καὶ εἰς ἄφεσιν τῶν.

* * * *

ὢς καὶ νῦν εὐεῖ τῆς πόλεως ἐφεισῶ.

* * * *

εἶπας ὑπὲρ ᾶς ποιῶ τῆς πόλεως.

broad: there are about nineteen lines in ten inches of length. The ink is black: but capitals are given in blue and in red: and "rubrical" directions frequently in red. The Patriarch only is prayed for (in the Rossano MS. both Patriarch and Bishop); hence I conclude it was intended for the diocese of Alexandria itself: occasionally the Archdeacon takes the part which elsewhere is assigned to the Deacon; hence I presume it was intended for the Patriarch's own Church: the date, ϛψιε′, 6715, corresponding to 1207 of our era, completes the information.

It will be noticed below that the roll shews traces of the influence of the contemporary Constantinopolitan liturgy. It exhibits however the origin of the Χαῖρε κεχαριτωμένη (p. 40) of the Rossano text: and in exactly the same way the corresponding appeal in the ordinary text of the Liturgy of S. James is traced to the commemoration of the Angel's words as contained in the Messina copy.

(5) The same friend has sent me copies of two more fragments of rolls in the same library. The first is puzzling: it begins with letters of the words εὐλόγησον τὴν κληρονομίαν as in the Liturgy of S. Chrysostom of the eleventh century (below, p. 142). This prayer concluded, we have ὁ λαός· Εἴη τὸ ὄνομα Κυρίου εὐλογημένον. Εὐχή. Τὸ πλήρωμα τοῦ νόμου... τῶν αἰώνων. Ἀμήν, as on p. 143. The margins of this part of the roll are largely occupied with Arabic notes on the left, small Greek additions on the right; but to all intents and purposes these are useless.

So far the fragment resembles the close of the Liturgy of S. Chrysostom. But immediately there follows in red a line to this effect,

λητουργία τοῦ ἁγιού Ἰωάννου (sic) προθ.,

and the prayer of prothesis follows, as it is found in S. Chrysostom (p. 108). The first words of the εἰρηνικά follow, as on pages 110, 111, and the prayer of the first antiphon (p. 111) with the Ἀντιλάβου. Τῆς παναγίας, and, after some illegible letters, indications of the Ἀγαθὸν ἐξομολογεῖσθαι, the first Antiphon. The prayers, &c., follow as on p. 112, and then ὁ Κύριος ἐβασίλευσεν. Καὶ γὰρ ἐστερέωσεν. Τὰ μαρτύριά σου, the second Antiphon. After the next prayer, Δεῦτε ἀγαλλιασώμεθα is introduced: προφθάσωμεν· ὅτι Θεὸς, the third Antiphon. The fragment seems to end in the middle of the prayer Δέσποτα Κύριε, but a piece has been found which fits in, carrying the prayers down to the first few lines of the Ὁ Θεὸς ὁ ἅγιος of page 115, the words Δεῦτε προσκυνήσωμεν being inserted.

The main interest of this fragment lies herein, that it exhibits (as does the C of Goar) the leading words of the Antiphons. Otherwise it is only valuable as indicating the general uniformity of the twelfth century Liturgies of S. Chrysostom. There are no Arabic notes, however, in this portion of the roll.

(6) Another fragment has been found of a portion of S. Basil (compare p. 79). The words ἀντιλαβοῦ, τὴν ἡμέραν, &c....τῆς παναγίας are here added in the margin; they thus help us to a date of the manuscript, for the recitation of these petitions at this point must have been introduced after the MS. was first written. I read Ὁ ἀρχιδιάκονος Πρόσχωμεν (sic). So I conclude that the Church was one of dignity. The only other point worth mentioning is that I find καὶ μετὰ τὸ εἰπεῖν τὸν λαὸν τὸ ἅγιον σύμβολον, ὁ διάκονος Στῶμεν καλῶς.

Another fragment, fitting into the above, proceeds from the ἡ χάρις of page 79 to the words ἐποίησας δυνάμεις, page 81[1].

(7) (8) On page 266 of the second edition of Dr Scrivener's "Plain Introduction to the Criticism of the New Testament," I found the following note relating to a manuscript in the collection of the Baroness Burdett-Coutts:

"B-C. I. 10 [twelfth century], 12°, wherein to the Liturgies of S. Chrysostom and S. Basil are annexed several church Lessons in a cramped and probably later hand."

Lady Burdett-Coutts most kindly allowed to me the use of the manuscript, and Dr Scrivener increased my obligations to him by informing me that B-C. III. 42 would answer my purpose even better than I. 10. These have proved of the highest value, for from them we learn the condition of the Liturgies in the eleventh and twelfth centuries. B-C. I. 10 is a thin volume $7\frac{3}{8} \times 4\frac{5}{8}$, 17 lines to the page: the average length of the line being about three inches, 18 or 20 letters to a line. It contains the Liturgies of S. Chrysostom, S. Basil and the Presanctified, and little else. The quires are sown together very roughly, and unhappily two or more quires are missing. The other volume seems to be perfect: the pages are 6×4, and it is at least 3 inches thick. I have not been able to recognise much in the earlier or later portions of the book. In these we find generally 24 lines in the space of $4\frac{1}{2}$ inches, and perhaps 50 letters in a breadth of three inches. But the liturgies are more expanded;

---

[1] It has δοξολογίαις where the Barberini has θεολογίαις.

twenty lines on a page, and 34 letters in a line. The quires are numbered. Quire ζ' begins with an ἐξοδιαστικόν (see Goar 525). Short pious sentences abound in the volume, such as Κύριε Ἰησοῦ Χριστέ, ὁ ἐμὸς Θεός ✠, ἡγούμενός μου, σῶσόν με. The Liturgy of S. Chrysostom commences with the first page of the sheet ις', of S. Basil on the sixth leaf of ιζ'. Ἡ θεία μυσταγωγία τῶν προηγιασμένων on the verso of the first leaf of the quire numbered κ'. On the sheet λζ', fol. 5 verso, we have the following: δόξα σοι ἁγία τριάς· ὁ ἐν οὐρανοῖς ἐμὸς Θεός· ὁ πατὴρ καὶ ὁ υἱὸς καὶ τὸ παράκλητον πνεῦμα· ἡ ἐμὴ λατρεία καὶ τὸ σέβας· ὅτι πεπεράωταί μοι καὶ τὸ παρὸν πυκτίον ἤγουν εὐχολόγιον· καὶ οἱ ἐντευξόμενοι, εὔχεσθέ μοι· ὁ δὲ γράψας ματθαῖος ἦν ὁ τάλας καὶ σκαιώτατος πάντων ἀνθρώπων καὶ μοναχὸς τάχα (?). The last quire in the volume is numbered λη'. If they all contain 8 leaves, this would shew 304 leaves or 608 pages. The whole was written by one man.

(9) The MS. which after Daniel I have designated as C (below, pages 100, &c.) was collated by Goar, and of his labours I have availed myself. He considered it to be of the thirteenth century. It was shewn to Goar by the Reverend Basilius Falasca, who was Procurator at Rome of the Basilian monks, having been borrowed by him from the library of Crypta Ferrata. It had been used by Greeks dwelling in Sicily or perhaps Magna Græcia, as appeared from the names Ρογερίου, Ρουμπόρτου as Princes, Ρολάνδου, Ἀνσέλμου as Bishops. Moreover the Services of Baptism, Marriage and Extreme Unction contained in the volume had been adapted to the Latin rites. (See Goar, "ad Lectorem," p. vi. and also pages 100 &c., 176, &c.)

(10) Goar also used a MS. of S. Chrysostom's Liturgy, which he found in the Royal Library at Paris, and which he attributes to the fourteenth or fifteenth century. This MS. presents interesting features, indicating the growth of ceremony. Amongst those who are prayed for as living are Joseph the Œcumenical Patriarch, Philotheus of Alexandria, Mark of Antioch, Theophilus of Jerusalem (see below, p. 132, note d), and others. This fixes the date of the Liturgy definitely between 1426 and 1443. Again following Daniel, I have called this manuscript P.

(11) I have mentioned below (p. 148), that, having the earlier copies of Saint Chrysostom before me, I was able to identify an imperfect roll in the British Museum (Add. MSS. 18070), which is described in the Catalogue as containing prayers from the Liturgy of Saint Chry-

sostom, as being, in truth, an early recension of the Liturgy itself. The roll is of great beauty: it is about 11¼ inches broad: the writing occupying only about 5⅞ inches. There are about 18 letters to the line, and a little more than three lines in each two inches. It is, as I have said, imperfect, commencing near the beginning of the prayer ὁ τὰς κοινάς, and terminating in the final prayer ὁ εὐλογῶν. I am inclined to believe that it exhibits the prayer οὐδεὶς ἄξιος in its transitional state. It has the words καὶ προσδεχόμενος (which seem to have been introduced after the discussion mentioned by Dr Neale, "Hist. of E. Church," Introduction, p. 434), not in the text but in the margin. Mr Thompson informs me that the roll was purchased from Mr Rodd in the year 1850, but its previous history is not known.

(12) Passing on to the Liturgy of S. Basil, I have of course availed myself of Goar's labours here. He found at Crypta Ferrata a roll, or, as he designates it, "missam cylindro antiquorum more circumvolutam," at the end of which were the important words, ἐγράφη ἡ ἱερὰ αὕτη τοῦ μεγάλου βασιλείου λειτουργία τῷ ϛ'φ'ι' ἔτει μηνὸς Νοεμβρίου ιε' διὰ χειρὸς ἀρσενίου ἀχριδίου ἁμαρτωλοῦ· ᾧ οἱ ἐντυγχ'νοντες πάντες ἐπεύξασθε. The year 6510 corresponds to 1041 of our era. I have called this G 1.

(13) But Goar found another interesting copy. He designated this (p. 180) as "Exemplar aliud Liturgiæ Basilianæ juxta MS. Isidori Pyromali Smyrnæi Monasterii Sancti Ioannis in insula Patmo diaconi." This really seems to give the Greek original of the Latin translation which was used by Morel in 1560. I have called it G 2.

(14) There are three imperfect rolls in the British Museum containing portions of the Liturgy of S. Basil. For my knowledge of these, as well as of the MS. 18070, I am indebted to Mr Thompson. The first is Add. MS. 22749 which I have used (pages 81 to 84) to supply the lacuna in the Barberini MS. It is a vellum roll 14½ feet long by 9½ inches broad, and considered to be of the late 12th century. It commences in the prayer of the τρισάγιον. Its distinctive features are that after the prayer of the ἐκτενὴς follow petitions for the emperor and the clergy, and a note ἐνταῦθα μνημονεύεις οὓς θέλεις, and there is a special commemoration τῶν ἀπολειφθέντων. And some notes found generally in the Liturgy of the Presanctified (see below, p. 180 d), are incorporated here in the Liturgy of S. Basil. I am inclined to believe

that this Liturgy had not, when this copy was written, been so completely superseded by that of S. Chrysostom as we find it a few years later. We know nothing of the persons specially commemorated (below, p. 83, column a). In the margin of the roll may be detected the names νικολαου,...του ιερομοναχου, μαριας και των τεκνων αυτης, νικοιωαννης θεοδοτης ακατερινης, ελινης, φιλιππας νικ. λεοντιου.

(15) (16) The two other rolls containing imperfect copies of S. Basil, are numbered Add. MSS. 27563, 27564; they were both brought from the Blacas collection in 1866, and are both considered to be of the 12th century. The former is 7 feet 8 inches long by 8¾ inches broad: the latter 4 feet 11 by 9¾. The former begins with the word ποίμνη in the Prayer for the catechumens, and (with the loss of one piece of parchment, which entails of course the loss of two portions of the liturgy), proceeds to the end. The second is still more curtailed. One of them has in the margin of the commemoration of the Baptist, μαρκου χαριτωνος μνημονευει ους θελει, θεοδουλον, the former μνησθητι Κυριε...ιερομοναχου και των ἡγουμενων: the latter ινικατου, γρηγοριου—these among the living. Of course these names are of little value as fixing the date. Perhaps the great lesson we learn from these MSS. is that little change had been introduced in the Liturgy of S. Basil.

(17) (18) In consequence of some memoranda in GARDTHAUSEN'S work on Greek Palæography, I ventured to request M. DELISLE for information as to any liturgical rolls at the Library at Paris. In reply the Director most kindly informed me that there are in the Library three copies of the Liturgy of S. James, and ere long he made arrangements by which I might procure collations. One of these documents however proved to be a copy of the Liturgy of S. Chrysostom[1]; the other two I am

---

[1] (48) This is the account in the Catalogue:
"Suppl. 577, Bibl. Nat. Paris. Suppl. Gr. 577, rotulus chart. xv s. lat. 29^mm, secundum anonymi xvi s. annotationem continet:
"Missam S. Jacobi apostoli græce scriptam cum quibusdam notis ad marginem arabice scriptis, quam a R. p. d. archiepiscopo Idruntino a quo reddi curaveram, voluntate et instantia Pachomii monachi Syri ex Melchitis cujus erat, Romam allatum accepi die xvii martii M.D.LXXXIII cum pridie ejusdem diei librum accepissem." On this M. Omont remarks:

"Haud tamen, ut ex infrascripto titulo conjicere licebat, missam S. Jacobi sed liturgiam S. Joannis Chrysostomi continet hic rotulus, et hæc brevi codice mso. cum exemplari impresso collato comperi; codex enim initio mutilus sic incipit:
......ἁγίων............
συλλειτουργούντων ἡμῖν etc. (ed. Morel, p. 82, l. 18).

desinit:...τὸ πλήρωμα τοῦ νόμου καὶ τῶν...(ibid. p. 108, l. 24)."

enabled to give below. They were copied and collated for me with great care by M. Omont, of the National Library.

The descriptions of the two manuscripts I append.

"Bibl. Nation. Paris. Græcus 2509 (olim 3206) foliis 299. Chart. 140 × 210 millim. XIV sæc. Continet inter varia astronomica liturgias S. Jacobi (fol. 194) S. Basilii (210 verso) ad ordines sacros (221) S. Joannis Chrysostomi (231) S. Gregorii τοῦ διαλόγου (237)."

"Bibl. Nation. Paris. Suppl. Græc. 476, foliis 44. Chart. 140 × 210 millim. XIV sæc. Continet liturgias S. Jacobi (fol. 1) et S. Petri (35 verso)."

The copy of S. James contained in 476 resembles in some respects that contained in the Rossano manuscript—yet it is not identical. That in 2509 has a resemblance to the received text.

The dates of these Liturgies of course must not be decided by the dates of the volumes in which they come down to us. They have been certainly copied by students of the fourteenth century either from original rolls or from earlier books.

In 2509 the Patriarch JOHN is mentioned frequently. This patriarch so far as I can make out from Lequien, *Oriens Christiana,* can only have been either the John of Antioch who was patriarch in 1009, or the John who gave way before the Latins in 1098, retiring to Constantinople (see Lequien). It is not improbable that the original of this Liturgy was brought into Europe by some of the returning crusaders. The date of the original of 476 is more difficult to decide. The earlier Liturgy of S. James has here been much affected by additions from the Liturgy of S. Basil. The rubrical directions have been increased. It seems to have been intended for the use of some monastery at Jerusalem; Theophilus, Nicephorus, John, Leontius are commemorated as having been "orthodox archbishops in the holy city of our God." This Theophilus may have been the patriarch of Jerusalem who is mentioned by Lequien as living about the year 1020. The other three names are not mentioned in Gams' "Series Episcoporum Ecclesiæ Catholicæ." But the succession is obscure.

(19) M. Omont has also copied for me the Liturgy of S. Peter which he found in the MS. 476. Although it has some points in common, it is not identical with the Liturgy of the Rossano collection. The character of these Liturgies is certainly perplexing, but I lay them unhesi-

tatingly before the learned, in hope that I may elicit further suggestions regarding them.

Of the above the Saint Chrysostom, the Presanctified, and the Saint James of the Rossano MS., are printed now for the first time: so is the Presanctified of the Barberini MS. So too the fragment of S. Mark from the Messina Roll and the entire Liturgy of S. Mark from the Vatican Roll and the three Liturgies of the mediæval church from the MSS. of Lady Burdett-Coutts. I may also claim as newly edited almost the whole of the Liturgy of S. James from the Messina Roll discovered by Monaldinius, and, as appearing now for the first time, the whole of the same Liturgy as found in the Rossano and in the two Paris MSS. The Paris copy of "S. Peter," and the collations of the British Museum MSS. of S. Basil and S. Chrysostom are also new.

CHAPTER III.

AUTHENTICITY OF THE LITURGIES.

The first record we have of the existence of Liturgies ascribed to Saint Basil and Saint James is in a canon of the Council held "in Trullo" A.D. 692. It had been represented at the Council that in Armenia, they who performed the bloodless sacrifice brought wine alone to the holy table, not having mixed water with it, sheltering themselves under the exposition of Chrysostom on Saint Matthew's Gospel (Homily LXXXII.). The Council claimed that the words of Chrysostom were directed against the "Hydroparasts," and appealed to the custom of Chrysostom's own Church, as well as to the services which had been delivered in writing by James the brother of Christ according to the flesh, who had first been entrusted with the throne of the Church of Jerusalem, and by Basil the Archbishop of Cæsarea, whose praise has extended over the whole world[1].

---

[1] Canon XXXII. Ἐπειδὴ εἰς γνῶσιν ἡμετέραν ὡς ἐν τῇ Ἀρμενίων χώρᾳ οἶνον μόνον ἐν τῇ ἱερᾷ τραπέζῃ προσάγουσιν, ὕδωρ αὐτῷ μὴ μιγνῦντες οἱ τὴν ἀναίμακτον θυσίαν ἐπιτελοῦντες, προστιθέμενοι τὸν τῆς ἐκκλησίας διδάσκαλον Ἰωάννην τὸν χρυσόστομον φάσκοντα διὰ τῆς εἰς τὸ κατὰ Ματθαῖον εὐαγγέλιον ἑρμηνείας ταῦτα· and they quote the words of the Homily. After a while they proceed: ἐπεὶ καὶ τῇ κατ' αὐτὸν ἐκκλησίᾳ, ἔνθα τὴν ποιμαντικὴν ἐνεχειρίσθη ἡγεμονίαν, ὕδωρ οἴνῳ μίγνυσθαι παρέδωκεν, ἡνίκα τὴν ἀναίμακτον θυσίαν ἐπιτελεῖσθαι δεήσειεν, τὴν ἐκ τῆς τιμίας πλευρᾶς τοῦ λυτρωτοῦ ἡμῶν καὶ σωτῆρος Ἰησοῦ Χριστοῦ τοῦ Θεοῦ ἐξ αἵματος καὶ ὕδατος κρᾶσιν παραδεικνύς, ἥτις εἰς ζωοποίησιν παντὸς τοῦ κόσμου ἐξεχύθη καὶ ἁμαρτιῶν ἀπολύτρωσιν· καὶ κατὰ πᾶσαν δὲ ἐκκλη- σίαν, ἔνθα οἱ πνευματικοὶ φωστῆρες ἐξέλαμψαν, ἡ θεόδοτος αὐτὴ τάξις κρατεῖ. Καὶ γὰρ καὶ ὁ Ἰάκωβος ὁ κατὰ σάρκα Χριστοῦ τοῦ Θεοῦ ἡμῶν ἀδελφός, ὃς τῆς Ἱεροσολυμιτῶν ἐκκλησίας πρῶτος τὸν θρόνον ἐπιστεύθη, καὶ Βασίλειος ὁ τῆς Καισαρέων ἀρχιεπίσκοπος οὗ τὸ κλέος κατὰ πᾶσαν τὴν οἰκουμένην διέδραμεν, ἐγγράφως τὴν μυστικὴν ἡμῖν ἱερουργίαν παραδεδωκότες, οὕτω τελετοῦν ἐν τῇ θείᾳ λειτουργίᾳ ἐξ ὕδατός τε καὶ οἴνου τὸ ἱερὸν ποτήριον ἐκδεδώκασι. καὶ οἱ ἐν Καρθαγένῃ συναχθέντες ὅσιοι πατέρες οὕτω ῥητῶς ἐπεμνήσθησαν· ἵνα ἐν τοῖς ἁγίοις πλέον μηδὲν σώματος καὶ τοῦ αἵματος τοῦ Κυρίου προσενεχθείη ὡς αὐτὸς ὁ Κύριος παρέδωκε, τουτέστιν ἄρτου καὶ οἴνου ὕδατι μιγνυμένου. It will be noticed that the Liturgies both of Saint James and of Saint Basil, as they have

Another canon of the same Council speaks distinctly of the Liturgy of the Presanctified. It directs that on all days of Lent, with the exception of Saturdays and Sundays, and the day of the Annunciation, the sacred Liturgy of the Presanctified is to be used[1]. This Liturgy is assigned to different authors: the earliest is Gregory the Great, who is said to have commenced it during his stay at Constantinople A.D. 579—582: the latest, Gregory the second (Pope, 715—731). Goar is inclined to accept the statement of two of his MSS. and assign it to Germanus, Patriarch of Constantinople, who died in the year 733, at the age of ninety-eight. In any case, even in its earliest known form (below, pp. 95—98), it cannot be assigned to a date much earlier than the commencement of the seventh century.

Mabillon, in the preface to his great work, *De Liturgia Gallicana*[2], quotes a letter addressed by Charles the Bald to the clergy of Ravenna, which also refers to the Liturgies of Saint James and Saint Basil. The king was anxious to learn what had been the character of the Gallican Liturgy, but, this Liturgy having been lost, he stated that he had sent for some presbyters from Spain in order that he might watch the Spanish rite; for he had heard that the Gallican agreed closely with the service of Toledo. The words quoted by Mabillon have been frequently referred to, but it is not known where the letter is to be found in full; and thus a strange doubt hangs over them. The more important portion of the letter is said to have proceeded as follows: "Celebrata etiam sunt coram nobis missarum solemnia more Hierosolymitano, auctore Jacobo Apostolo, et more Constantinopolitano auctore Basilio: sed nos sequendam ducimus Romanam ecclesiam in missarum celebratione." The character of Mabillon is such that we must be convinced that he found this letter in a trustworthy form; and, if so, we must conclude that about the year 860 the Liturgy generally used at Constantinople was that which is attributed to Saint Basil. The leading position given to "Saint Basil" in the Barberini

---

come down to us, add to the narrative of the Institution that our Lord "mixed the cup." In the Liturgy of Constantinople however, which since the date of the Council "in Trullo" has been attributed to Chrysostom, this addition is not made. This is quite consistent with the statement of the Council.

[1] Canon LII. Ἐν πάσαις τῆς ἁγίας τεσσερακοστῆς τῶν νηστειῶν ἡμέραις, παρεκτὸς σαββάτου καὶ κυριακῆς καὶ τῆς ἁγίας τοῦ εὐαγγελισμοῦ ἡμέρας, γινέσθω ἡ τῶν προηγιασμένων ἱερὰ λειτουργία.

[2] This work is reprinted by Migne. Latin series LXXII. pp. 99, &c. See the preface, § III.

and Rossano manuscripts confirms this conclusion. It is of course a subject of regret that we cannot find the letter itself.

The name of Saint James is also prefixed to certain Liturgies of the Syrian Church, which agree in some remarkable respects with the Greek copies to which the name of the Lord's Brother is prefixed. Sir W. Palmer, in his valuable introduction to the "Origines Liturgicæ," drew attention to these common properties, and pointed out the probability that the common portions existed in the Liturgy before the schism which took place after the Council of Chalcedon.

The first time that we hear of a Liturgy of Saint Mark is in the eleventh or twelfth century. Fabricius (in his "Codex Apocryphus Novi Testamenti," part III. p. 8) quotes Isaac the Catholic of Armenia[1] (A.D. 1145) as stating that both Saint James and Saint Mark delivered in their Liturgies that the Lord mixed the cup of water and wine. In the earliest years of the next century Mark, Patriarch of Alexandria, submitted to the famous Theodore Balsamon (who had been librarian of Constantinople and became Patriarch of Antioch) a question[2], the answer to which is almost classical. The question was this: "Are the Liturgies which are read in the neighbourhoods of Alexandria and of Jerusalem, and are said to have been composed by the holy Apostles James, the brother of the Lord, and Mark, to be received by the Holy and Catholic Church or no[3]?" In his answer Theodore quoted 1 Cor. i. 10 "that ye all speak the same thing," and proceeded, "We see, therefore, that neither from the Holy Scriptures nor from any canon synodically issued have we ever heard that a Liturgy was handed down by the holy Apostle Mark: and the thirty-second canon of the Council held 'in Trullo' is the only authority that a mystic Liturgy was composed by the holy James, the brother of the Lord[4]. Neither does the eighty-fifth canon of the Apostles nor the fifty-ninth canon of the Council of Laodicea make any mention whatever of these Liturgies, nor does the Catholic Church of the Œcumenical See of Constantinople in any way acknowledge them. We decide therefore that they ought not

---

[1] See Migne's collection CXXXII. 1375.

[2] Migne's collection CXXXVIII. 953.

[3] Αἱ περὶ τὰ μέρη τῆς Ἀλεξανδρείας καὶ τῶν Ἱεροσολύμων ἀναγινωσκόμεναι λειτουργίαι, καὶ λεγόμεναι συγγραφῆναι παρὰ τῶν ἁγίων ἀποστόλων Ἰακώβου τοῦ ἀδελφοθέου καὶ Μάρκου, δεκταί εἰσι τῇ ἁγίᾳ καὶ καθολικῇ ἐκκλησίᾳ ἢ οὔ;

[4] Οὔτε ἀπὸ θείας γραφῆς, οὔτε ἀπὸ κανόνος ἐκφωνηθέντος συνοδικῶς, ἀνεδιδάχθημεν ἱεροτελεστίαν ὑπὸ τοῦ ἁγίου ἀποστόλου Μάρκου παραδοθῆναι· μόνος δὲ ὁ λβʹ κανὼν τῆς ἐν τῷ Τρούλλῳ τοῦ μεγάλου παλατίου συστάσης ἁγίας καὶ οἰκουμενικῆς συνόδου φησὶν ὑπὸ τοῦ ἁγίου Ἰακώβου τοῦ ἀδελφοθέου μυστικὴν ἱερουργίαν συντεθῆναι.

to be received; and that all Churches should follow the example of New Rome, that is Constantinople, and celebrate according to the traditions of the great teachers and luminaries of the Church, the holy John Chrysostom and the holy Basil."

In a note on the canon of the Trullan Council, Balsamon speaks again of the Liturgy of Saint Mark. He acknowledges the tradition regarding the Liturgy of Saint James and mentions the assertion of the Christians of Alexandria that they possess and use a service written by Saint Mark. And he describes a scene at Constantinople when the Patriarch of Alexandria was sojourning there and desired to celebrate with a κοντάκιον of the Liturgy of Saint James, but was prevented. It would appear from his account that in Balsamon's time the Liturgy of Saint James was used only in Jerusalem and Palestine at the greater festivals, and that the Patriarch of Alexandria desired to use it, and not the Liturgy of Saint Mark, when he celebrated at Constantinople. It should also be observed that the Liturgy of Saint James was on a roll, a κοντάκιον[1].

It would thus seem that the ascription to Saint Mark of the Liturgy of the Church of Alexandria is of comparatively recent date: and our conclusion is confirmed by the fact that the Coptic Liturgies do not claim the same authority. The first translated by Renaudot is attributed to Saint Basil: the second to Saint Gregory: the third to Saint Cyril. The Anaphora of this last corresponds most closely to that of the Greek Saint Mark. Renaudot gives also an account of two MSS. in Greek and Arabic after the rite of Alexandria: of these the first resembles in some respects the well-known Greek Saint Basil, to whom indeed the Arabic is ascribed; the other, called the Liturgy of Gregory, has points of similarity with the Liturgy of Saint James.

I mentioned just now that Balsamon spoke of the services at Constantinople as celebrated according to the tradition of the holy John Chry-

---

[1] These are the words of Balsamon respecting the Liturgy of S. James; παρ' ἡμῖν ἀγνοεῖται, παρὰ δὲ τοῖς Ἱεροσολυμίταις καὶ τοῖς Παλαιστινιάνοις ἐνεργεῖται ἐν ταῖς μεγάλαις ἑορταῖς. He proceeds; οἱ δὲ Ἀλεξανδρεῖς λέγουσιν εἶναι καὶ τοῦ ἁγίου Μάρκου ᾗ καὶ χρῶνται ὡς τὰ πολλά. ἐγὼ δὲ συνοδικῶς, μᾶλλον δὲ καὶ ἐνώπιον Βασιλείου τοῦ ἁγίου, ἐλάλησα τοῦτο ὅτε ὁ πατριάρχης Ἀλεξανδρείας ἐνεδήμει εἰς τὴν βασιλεύουσαν. μέλλων γὰρ λειτουργῆσαι μεθ' ἡμῶν καὶ τοῦ οἰκουμενικοῦ ἐν τῇ μεγάλῃ ἐκκλησίᾳ ὥρμησε κρατεῖν τὸ τῆς τοῦ Ἰακώβου λειτουργίας κοντάκιον, ἀλλ' ἐκωλύθη παρ' ἡμῶν καὶ ὑπέσχετο λειτουργεῖν καθὼς καὶ ἡμεῖς. A counterpart to the conduct of Balsamon may be seen in the history of S. Carlo Borromeo. (See Guéranger I. 221 after Le Brun III. 192.) The Pope in this case attempted to force the Liturgy of Rome on the Church of Milan. The Cardinal resisted, and his letter on the subject was preserved as a relic at Milan.

sostom and the holy Basil. A short treatise attributed to Proclus, who was Patriarch of Constantinople from 434 to about 446, has often been quoted as authority for the statement that Chrysostom *reformed* the Liturgy of the Church of Constantinople. This treatise states that both Clement and James were authors of Liturgies, that Basil reduced the length of the services as he found them in his day, and then our father John of the golden mouth cut them down still more. The record has a controversial tone, and is now assigned to a much later writer[1]. I have noticed the curious fact that the Barberini manuscript does not ascribe the Liturgy to Chrysostom, but only two of the prayers (see below, pp. 89, 90), whilst the Rossano Codex ascribes the whole of the Liturgy to him, but not specially any of its component parts. These facts seem to shew that the earlier date of the Proclus to whom the treatise is ascribed must be erroneous[2].

It remains for me to say a few words of the "Liturgy of Saint Peter." The editor, Bishop Linden, has laboured much to prove that it is possibly genuine. Renaudot and other liturgical scholars dismiss it with contempt. But these were not aware of the fact that it was transcribed by the writer of the Rossano Codex, upon whose sole authority the copy of the Liturgy of Saint Mark has hitherto rested. And now another copy, with variations, has been discovered at Paris. I have little doubt myself that it may be classed with the Liturgies of Saint Chrysostom and Saint Basil which Goar found in some of the convents of Southern Italy. In these we have clear proofs that attempts were made to adapt the services of the *Greek* Churches to the requirements of Greeks who lived within the sphere of the Roman communion. The "Liturgy of Saint Peter" was an attempt to draw near from the other side: the Canon of the *Roman* Church was translated, not very skilfully, into Greek. Only a few alterations were made in it: but prayers were prefixed which had their origin in the proanaphoral parts of distinctively Greek services.

[1] This tract may be seen on pages 1 and 2 of Morel's edition of the three Liturgies. Paris, 1560.

[2] It may have been observed that Balsamon does not allude in any way to Proclus' notice of the Liturgy of S. James, which doubtless he would have done, if the treatise had been known in his day.

CHAPTER IV.

CHARACTER AND RESULTS OF THE PRESENT EDITION.

I. MY object has been in this work to reproduce, as nearly as I could without unnecessary repetitions, the manuscript authorities, still existing, for the various Liturgies of the Greek Churches. From the facts which I have already described it will have been seen that, since the original editions of Morel and Drouard were published, no attempt has been made to correct the text of the Liturgies of Saint James and Saint Mark by reference to the sources from which those editions were taken: still less (except by Monaldinius) to hunt up additional MSS. The Liturgies of Saint Chrysostom and Saint Basil have met with a different treatment: Goar threw a light upon their history for which every true student should be thankful: but his stores have been neglected, and the general tone of modern liturgical investigation is exhibited in the fact that, in the edition of "Ancient Liturgies," to which I have referred above as issuing from the University Press, Oxford, in 1878, only the modern uses of the Churches of Greece, with regard to Saint Chrysostom and Saint Basil were given; no notice being taken in the body of the work of the existence of the early copies in the Barberini Library, though these had been collated by Goar for his edition of 1647, and had been printed at length by Bunsen twice between 1851 and 1855. Yet the editor was fully aware of their existence. The mistake that the Liturgy of Saint James was printed by Demetrius Ducas in 1526, originally made in the margin of the Bibliotheca Patrum and accepted by Mr Palmer, by Dr Neale and by Dr Daniel, was repeated at the same time, even though a copy of the edition of Ducas is in the British Museum, if not in the Bodleian Library. A gratuitous statement was added that Ducas published this edition from a manuscript of the twelfth century.—Dr Daniel, without having seen the Messina Roll, stated that it was "mutilus et oscitanter conscriptus." Of course it is mutilated, but the latter charge, brought forward without any evidence, is simply contradicted by the tracing in my possession. Even Bunsen asserted that Renaudot "primus edidit" the Liturgy of Saint Mark from a manuscript which "Joannes a S. Andrea" carried to Rome from a monastery of the Basilian monks in Calabria. The statement is entirely wrong; and indeed, if Bunsen meant by the word "edidit" what we generally understand by it, he contradicted himself by another assertion within nine lines of the former[1].

II. I have been very fortunate in obtaining without any extraordinary exertions copies of the "editiones principes" of Ducas, Drouard, Morel, and Plantin. I have been still more favoured by the success which has attended my efforts in the search for manuscripts; and, most of all, in the care and sympathy with which my friends at Rome, Messina, and Paris, have executed the work of copying and collating which they had most kindly undertaken. Nothing can exceed the beauty of the tracings made by the Reverend Papas Filippo Matrangas from the Messina Roll. The copy which he has sent me is a marvel of beautiful execution: and when I come to the marginal notes, which are reproduced in all the complexity of the original abbreviations, I can only wonder at the care, attention, and accuracy with which the Reverend Father has performed his self-imposed task. In Mr Joseph Stevenson who has transcribed for me at length the remains of the Rossano manuscript, and, as nearly as possible in facsimile, I have found an equally intelligent and accurate friend. He has collated also Bunsen's reprint of the Barberini Codex with the manuscript, and his notes and memoranda are patterns of accuracy and neatness. Of M. Henri Omont also I must speak in most grateful terms. His name is before the European world of Literature as the editor of the "Inventaire sommaire des manuscrits grecs conservés dans les Bibliothèques publiques" in Paris and in the Departments —and of the "Supplément Grec" of the National Library; and he has enabled me, almost at the last moment, to trace to its immediate source the edition of Morel, over which a cloud of uncertainty had hitherto rested.

In the last-named Catalogue (of which I received a copy on Nov. 3, 1883, after the earlier part of this Introduction was stereotyped) I found under the number 303 the following: "Liturgica Collectio a Constantino Palæocappa pro Card. Lotharingiæ scripta, præmitt. epistola et index: Procli patriarchæ Constantinop. de traditione missæ (16);—Divina missa S. Jacobi (19);— Missa Basilii magni (58);—Missa D. Joannis Chrysostomi (89);—Collectanea

---

[1] "Analecta Antenicæna," III. 103.

ex Conciliis, SS. Patribus, et scriptoribus ecclesiasticis de missa (108).—
XVI s. Pap. peint. (Sorbonne)."

On receiving this, I recollected that the edition of Morel of 1560 contained some Greek documents corresponding to this description, and that the Latin translations of the same date were dedicated to Cardinal Charles of Lorraine. At once I wrote to M. Omont to draw his attention to these points, and his answer, dated November 7, was this: "Vos prévisions sont pleinement confirmées: vous avez retrouvé le MS. qui a servi à l'édition de Morel, 1560, et je suis heureux que mon Inventaire ait déjà eu ce résultat.

"Le MS. Suppl. 303 vient de l'ancienne bibliothèque de Sorbonne, où il a porté le no. 460; c'est un grand in-folio, de 378 sur 256 millimètres, composé de 151 feuillets en papier. Il a été copié au milieu du XVIᵉ siècle pour le Cardinal Charles de Lorraine (1554—1574) par Constantin Palæocappa, copiste grec, dont nous avons un grand nombre de manuscrits à Paris. C'est un volume exécuté avec le plus grand luxe; l'encre rouge, bleue, verte et pourpre y est fréquemment employé avec l'encre noire; le blason du Cardinal de Lorraine, avec plusieurs ornements, y est souvent reproduit."

I had requested M. Omont to test the MS. by some of the peculiar readings of Morel's edition, e.g. by the ἡμῖν in ἡμῖν τοῖς αὐτοῦ μαθηταῖς in the words of institution (below, p. 273, notes 1 and 4); a word on which an argument has been based for the extreme antiquity of this part of the Liturgy[1]. M. Omont replied: "Les passages que vous m'avez envoyés sont exactement donnés par le MS."

In his preface, addressed to the Cardinal, Palæocappa stated that in consequence of the "conspiracy of the Lutherans" as to the sacrifice of the body of Christ in the Eucharist, "omni studio per literas conquirere per totam Græciam non desii fratris Christi λειτουργίαν, ut, quum in hanc regionem perlata esset, pii homines hanc velut medicinam animi haberent, impii vero et qui pervicaces sunt de peccato convincerentur et hac velut scutica cæderentur. Etenim quid antiquius, sanctius, majorisque auctoritatis divini illius sacri quam divi Jacobi testimonium esse potest?"

It seems hopeless to seek for the manuscript which Palæocappa[2] em-

---

[1] "The word ἡμῖν in this place seems emphatic and to shew that this part of the Canon was composed by one present at the Last Supper." (Note in Dr Neale's reprint, 1868, p. 79.)

[2] Constantine Palæocappa was a professional copyist of the sixteenth century. He is mentioned by Gardthausen (p. 318). Eleven manuscripts copied out by him are in the "Supplément Grec" of the Library at Paris. Two of these (143, 148) were prepared for Cardinal Charles of Lorraine, the former containing a series

ployed to produce the copy of Saint James which he submitted to his patron; for on comparing this copy with the four authenticated versions reproduced below, it will be seen that everything distinctive, both as to the place where and as to the date when it was used, is missing. The Messina Roll was intended for some monastery (see p. 284, col. 1, line 13) in a diocese within the patriarchate of Antioch (p. 294, lines 15—22), and was written about the year 983 (pp. 300, 301): the original of the Rossano copy was used at Jerusalem itself (p. 294, col. 2, lines 11—17), apparently about the year 1054 (p. 297, note a): a patriarch John is mentioned in the Paris MS. 2509 (pp. 231 and 235, and above p. xxv): the Paris MS. Sup. 476 contains a prayer fixing its date at about 1050 and its home at Jerusalem (p. 295, note c). But of such marks there is no vestige in Morel's copy, and yet his edition has a strange resemblance throughout to the Paris 2509. Important clauses found in 2509 are indeed omitted, but I have noticed only two additions,—the invocations which I have printed on p. 295. The impression made on my mind is this, that Paris 2509 served Palæocappa for his original; and that he modified it (no doubt, in his view, slightly) so as to represent this Liturgy as absolutely dateless. Thus alone would it convey "divi Jacobi testimonium" on the subject of the Eucharistic Sacrifice, and on the cultus of the Virgin.

III. I need not recapitulate here the statements which I have made in the Introductions to the several Liturgies. I may, however, briefly enumerate some of the results to which the following pages seem to lead.

The Liturgy of Saint Mark on the Vatican Roll and the fragment of the same on the Messina Roll, the Liturgies of Saint Chrysostom and Saint Basil, &c. generally, and the four copies of the Liturgy of Saint James, as printed below, were all clearly intended for church purposes. The prayers for the bishops who are specified as living prove this as to the last-named Liturgy; the Arabic directions prove it as to the first. That is to say, these are not to be considered as literary works, handed down, as such,

of treatises or extracts bearing on the Eucharist. Five of these passages (i.e. from Samonas of Gaza, Nicolaus of Methone, John Damascenus, Gregory of Nyssa, and Dionysius the Areopagite) may have furnished the text published by Morel in 1560 (pp. 111—120: 123—138). This manuscript was copied at Aptera in Crete. It will be remembered that the Liturgies of S. Chrysostom and S. Basil printed by Demetrius Ducas came from Crete. Hence, possibly, the strong similarity between them and those printed by Morel. And we may possibly conclude that the Liturgy of Saint James which Palæocappa took as his original came also from Crete.

unaltered by successive writers: but they are Liturgies of definite dates, used by Churches—whatever the Churches may have been—at the times when they were written. The Messina Roll of Saint James exhibits, in its margin, either the additions of a later epoch, or the variations of a sister Church for which the roll was adapted.

Of the Liturgies of Saint Chrysostom (so called) and Saint Basil we can now trace the growth. In the oldest copy of the former—that of the Barberini manuscript—the Liturgy is not attributed to the great patriarch. Two prayers only are stated to have been his (see pp. 89 and 90). A few years later and we have a Liturgy almost identical with this early copy, but assigned *en bloc* to Saint Chrysostom. I refer of course to the Rossano copy. Then we have the Liturgy of the eleventh century (pages 100—143), in which we find every prayer of the Barberini and Rossano copies (except that τῆς ἄνω καθέδρας, pages 77 and 89), and also have the proanaphoral portions augmented with the addition of six or seven prayers originally found in Saint Basil, of the invocations ἀντιλαβοῦ, σῶσον, and of the frequently repeated commemoration τῆς παναγίας. Thus we learn that it was in this interval that the combination of the proanaphoral parts of the two Liturgies was made. The momentous additions between the eleventh and the sixteenth centuries are sufficiently marked on the same pages, as also the alterations between the sixteenth century and the present date. Amongst the former are the extremely realistic piercing of the σφραγίς (p. 104), and the placing of the προσφοραὶ εἰς τιμὴν of the various persons named (p. 105): amongst the latter must be put the prayers at the commencement of the modern service which Mr Hammond abstained from printing, and the increased number of particles into which the Holy Bread is divided.

May we hope that one result of the care and labour bestowed upon this book may be the calling of the attention of some of the authorities of the Churches of the East to the simpler ritual of earlier years?

IV. Another result of this publication will be, that the dates of the introduction of some rites and phrases which have perplexed earlier commentators will be more accurately fixed. Thus the ἡμῖν τοῖς αὐτοῦ μαθηταῖς (referred to above) was regarded by Bunsen as inserted by the interpolator of the Apostolic Constitutions, i.e. the writer who attributed the several portions of the Liturgy of those Constitutions to various Apostles. It seems clear now that the word ἡμῖν is found only in the copy used by Morel: and a grave question might be raised whether it may not have been inserted by Palæocappa to give Apostolic authority to the Liturgy he was engaged to copy.

Again, the hymns in Morel's copy of Saint James (see p. 295 below) addressed to the Virgin, Ἄξιόν ἐστιν ὡς ἀληθῶς μακαρίζειν σε and Ἐπὶ σοὶ χαίρει, κεχαριτωμένη (which Mr Hammond, following Dr Daniel, placed in brackets), are not found in any one of the four copies which we must assign to the tenth and eleventh centuries. They seem to have been inserted in Palæocappa's sixteenth century copy from late Italian versions of the Liturgy of Saint Chrysostom (p. 131 n. *e* and p. 162 n. *b*).

V. But most marked of all is the history of the Invocation Χαῖρε, κεχαριτωμένη. It is found in the current editions both of S. James (Hammond, p. 45) and S. Mark (do. p. 183), and in both cases in connexions which are palpably "impossible." In the former it seems (primâ facie) to have been interpolated in a series of appeals to GOD to "remember" those who are suffering and those for whom we have a special need or call to pray; between a petition to "remember" all who have been perfected in the faith of His Christ, and a petition to "remember" those who from Abel downwards have been amongst true believers. In S. Mark the position is similar, though not exactly the same. One cannot be surprised that earlier editors have seen reason to suspect that the passages were insertions of a later date than the rest of the text. The following pages give the true solution. In the Liturgy of S. James (pages 290, 291), according to the Messina Roll and Rossano Manuscript, there were a series of appeals to GOD, not only to remember those for whom prayers were offered, but also to remember the actions of saints of old (compare, *Remember David and all his trouble*) and His own great mercies (compare Exod. ii. 24, *God remembered His covenant*; Neh. i. 8, *Remember Thy word*; Ps. xxiv. 6, *Remember Thy mercies*). Thus the appeals included "Remember especially the Virgin, mother of God: and remember John the Baptist, the Apostles, Prophets. Remember the Œcumenical Synods." (All these except the first are omitted by Palæocappa.) And among these came "Remember, Lord, the archangel's voice, which said, Hail, thou that art highly favoured: the Lord is with thee. Blessed art thou amongst women, and blessed is the fruit of thy womb[1]." Some years passed, and the appeal to GOD to remember His message was omitted, whilst the message was retained; and by this simple

[1] To this a later generation added "because thou didst give birth to the Saviour of our souls."

process the Commemoration of the Annunciation became an Invocation of the Virgin. The appeal to GOD became an appeal to her[1].

All this comes out clearly on pages 290, 291. But it is strange that, although Assemani after Monaldinius had given the facts, and Dr Daniel was aware of the facts (see "Codex Liturgicus," vol. IV. p. 119), this account has not been previously worked out. Exactly the same process may be seen in the Liturgy of S. Mark (p. 40), where the $M\nu\acute{\eta}\sigma\theta\eta\tau\iota$, $K\acute{\upsilon}\rho\iota\epsilon$, $\tau\hat{\eta}s$ $\dot{\alpha}\rho\chi\alpha\gamma\gamma\epsilon\lambda\iota\kappa\hat{\eta}s$ $\phi\omega\nu\hat{\eta}s$ $\dot{\epsilon}\pi\iota\lambda\epsilon\gamma o\acute{\upsilon}\sigma\eta s$ of the Vatican Roll was already omitted when the Liturgy was transcribed in the Rossano Codex.

VI. And this leads us to another consideration. We can scarcely conceive that these omissions of the introductory $\mu\nu\acute{\eta}\sigma\theta\eta\tau\iota$ in both Liturgies could have been effected independently of each other. The alteration in the one must have been consequent on the alteration of the other. In other words the two Liturgies must have affected each other at dates below the year 1000. From this it follows that we may be wrong in considering that everything else which is common to the two must have been introduced at an early date. Indeed it seems clear to me that the Liturgy of S. James is largely indebted to the other Liturgies[2]. It would prolong

---

[1] Here again we have a lesson of caution. The controversies between the Greek and Latin Churches were violent enough in the eighth century: the Roman legate excommunicated the Greek Patriarch in 1054. Now, as we find the *Ave Maria* in the Latin services and the $\chi\alpha\hat{\iota}\rho\epsilon$ $\kappa\epsilon\chi\alpha\rho\iota\tau\omega\mu\acute{\epsilon}\nu\eta$ in the Greek Liturgies, the tendency (apart from evidence) would be to attribute the custom of using the Invocation to a time when the Churches were united. But the absence of the invocation from Latin service books of an early date is matter of history. We are told (Gieseler A.D. 1073—1305, ch. v. §78) that Odo Bishop of Paris (A.D. 1196—1208) was the first to urge that the people should be taught the Salutation, and that in the 13th century it became a regular prayer. Our manuscripts shew the history of its introduction into the East.—It will be noted too that the appeal "Remember" does not necessarily involve a prayer for the person mentioned: it may mean, Remember his life or his sufferings: Remember Thine own mercy shewn in him. Compare 2 Kings xix. 24, "I will defend this city, to save it, for mine own sake, and for my servant David's sake."

[2] And this furnishes a comment upon the oft repeated statement that the Liturgy of Saint Basil is a recast of Saint James as Saint Chrysostom is an abbreviation and new edition of Saint Basil. The original suggestion as to this seems to have come from the notice printed in Morel's edition and elsewhere and attributed to Proclus the Patriarch of Constantinople 436. He is quoted as saying that Basil abbreviated the Liturgy of S. James because of the laziness of the Christians of his time; and that Chrysostom abbreviated this still more. We see how the Liturgies of S. Chrysostom and S. Basil grew from the seventh century onwards, and how their proanaphoral parts were cast in the same mould: and I think it is equally clear that the editions we have of S. James (when compared with the description of S. Cyril) exhibit that this Liturgy received accretions from the other two. The paper assigned to Proclus must certainly be of a much later date than the fifth century.

this Introduction too much to enter into details. A comparison of the Liturgy with the S. Chrysostom of the eleventh century will shew how much of similarity there is between the additions in the latter and the text of the former.

VII. The conviction is gaining ground that we shall never be able to understand these Liturgies thoroughly, until we have further knowledge than is as yet accessible of the Liturgies of the Jews at the time of our Lord. That the Greek Liturgies have been affected by Mosaic rites is evident from numerous phrases adopted. Thus we have the εὐχὴ τῆς προθέσεως in the Liturgy of S. Peter (p. 191), of S. Chrysostom (p. 108), and of S. Mark (pp. 2—26). In S. James when the priest brings in the offerings to present them in the θυσιαστήριον (p. 222), there is a prayer that "we may with a pure conscience offer to GOD, δῶρα, δόματα, καρπώματα, for the putting away of our sins and εἰς ἱλασμὸν of all the people," and the same terms are applied to the offerings on p. 305. We frequently meet with the language of the Epistle to the Hebrews as to the duty of the priest to offer "first for his own sins and then for the ignorances of the people" (see pp. 79, 126, 184, 256, 260, 262), but the question may reasonably be put whether such phrases, as used here, are of very early date. The term εὐχὴ τῆς προθέσεως is not found in S. James' Liturgy, and it is not found in the earliest copy of S. Chrysostom: in fact the prayer so intituled in the S. Chrysostom and S. Basil of the eleventh century (pp. 108, 151) is intituled in the seventh century εὐχὴ ἣν ποιεῖ ὁ ἱερεὺς ἐν τῷ σκευοφυλακίῳ ἀποτιθεμένου τοῦ ἄρτου ἐν τῷ δίσκῳ (p. 76). I am inclined to doubt whether there was any table of πρόθεσις at the earlier date. Surely again when the word καρπώματα was used as we have seen it used, the knowledge must have died out that in the LXX. it almost invariably represents "offerings made by fire." No doubt at a very early period Christians regarded their gifts as highly honoured when offered to GOD: but it is impossible to believe that the language of the Old Testament and the Epistle to the Hebrews as to the office of the Jewish priests could have thus been appropriated by Christians at a very early date[1].

[1] I think that an intimation of the late introduction of the term πρόθεσις in the Liturgy of Saint Mark is found, on comparing the difference between the Vatican Roll and the Rossano MS. The former (p. 2) describes words from Isaiah liii. 7 as εὐχὴ τῆς προθέσεως and then designates the prayer Δέσποτα Κύριε Ἰησοῦ Χριστέ, by the same title. These are found at the commencement of the service. A prayer, almost identical, occurs with the same

But some passages must be noted as being of extreme antiquity. When the complete copies of the Letters of Clement of Rome were brought to England in the edition of Bryennius, Metropolitan of Serræ, my honoured predecessor in the chair of the Lady Margaret at once perceived that many clauses in the fifty-ninth chapter were of a liturgical character. Coincidences were speedily discovered in the Liturgy of Saint Mark. I will put the passages in parallel columns.

CLEMENS ROMANUS.	S. MARK, p. 48.
Ἀξιοῦμέν σε, δέσποτα, βοηθὸν γενέσθαι καὶ ἀντιλήπτορα ἡμῶν. τοὺς ἐν θλίψει ἡμῶν σῶσον· τοὺς ταπεινοὺς ἐλέησον· τοὺς πεπτωκότας ἔγειρον· τοῖς δεομένοις ἐπιφάνηθι· τοὺς ἀσεβεῖς ἴασαι· τοὺς πλανωμένους τοῦ λαοῦ σου ἐπίστρεψον· χόρτασον τοὺς πεινῶντας· λύτρωσαι τοὺς δεσμίους ἡμῶν· ἐξανάστησον τοὺς ἀσθενοῦντας· παρακάλεσον τοὺς ὀλιγοψυχοῦντας.	Λύτρωσαι δεσμίους, ἐξελοῦ τοὺς ἐν ἀνάγκαις, πεινῶντας χόρτασον, ὀλιγοψυχοῦντας παρακάλεσον, πεπλανημένους ἐπίστρεψον, ἐσκοτισμένους φωταγώγησον, πεπτωκότας ἔγειρον, σαλευομένους στήριξον, νενοσηκότας ἴασαι, πάντας ἄγαγε εἰς τὴν ὁδὸν τῆς σωτηρίας, σύναψον καὶ αὐτοὺς τῇ ἁγίᾳ σου ποίμνῃ· ἡμᾶς δὲ ῥῦσαι ἀπὸ τῶν ἀνομιῶν ἡμῶν, φρουρὸς ἡμῶν καὶ ἀντιλήπτωρ κατὰ πάντα γενόμενος.

The Coptic Saint Cyril has, in addition, a clause rendered "salva eos qui necessitatem patiuntur," corresponding to the words τοὺς ἐν θλίψει ἡμῶν σῶσον. As Dr Lightfoot remarked (Clement, p. 289), "the coincidences are far too numerous and close to be accidental[1]."

Another point is also worthy of notice here. Dr Westcott, in a note on 1 John ii. 2, has quoted a remarkable passage from Philo, "De Monarchia" II. 6, which suggests that the prayers ὑπὲρ εὐκρασίας ἀέρων, ὄμβρων εἰρηνικῶν κ.τ.λ. (Saint Chrys. p. 111, Saint James, pp. 251, 287) may have originated in Jewish usage. For Philo "contrasts the special offerings of other forms of worship with the universal intercession of the Jewish High Priest. Ὁ τῶν Ἰουδαίων ἀρχιερεὺς οὐ μόνον ὑπὲρ ἅπαντος ἀνθρώπων γένους ἀλλὰ καὶ ὑπὲρ τῶν τῆς φύσεως μερῶν, γῆς, ὕδατος, ἀέρος, καὶ πυρός, τάς τε εὐχὰς καὶ τὰς εὐχαριστίας ποιεῖται."

title in the Rossano MS. (p. 26) after all are excluded except the faithful. The discrepancy is noteworthy.

[1] It is a curious problem how some of these petitions found their way into the English Litany of 1545.

INTRODUCTION.

VIII. Much information as to the time and circumstances under which any particular prayer or rite was introduced will be gained from collating different versions of the same Liturgy. For example, the hymn, Ὁ μονογενὴς Υἱὸς καὶ Λόγος, is directed to be used in the Rossano but not in the other version of Saint Mark.—The Cherubic hymn, Οἱ τὰ χερουβίμ, is ordered or implied in both versions, although we know that it was first introduced into the Liturgy of Constantinople in the seventh century[1]. The Coptic Liturgy does not contain it.—The Vatican Roll has the Ἡ χάρις τοῦ Κυρίου in S. Mark: the Rossano MS. omits all mention of it (p. 28).—The Liturgy of the Presanctified, according to all tradition, is late; and the language it uses respecting the consecrated elements (p. 96) is of a later character than any we meet with in the contemporaneous versions of S. Chrysostom or S. Basil. *They* preserve traces of an earlier date.—The manuscripts of Saint James shew how that Liturgy was altered. The Σιγησάτω πᾶσα σὰρξ βροτεία (pp. 240, 241), which seems to be contemporaneous with the prayer in the Liturgy of the Presanctified to which I have just referred, is absent from two of the MSS.; the prayer Τὸ φρικτὸν absent from one.—Of course I cannot attempt to pursue this investigation. Some time must elapse before it can be carried out with complete satisfaction. But I must note the language of some of the services. The incense is sometimes offered with the prayer that God will receive it and send down in return the gift of His Holy Spirit: at others it is offered "for remission of our sins and the propitiation of all Thy people": (compare pp. 2, 16, 26, 221, 229, 243). So are the δῶρα, δόματα, καρπώματα, the offerings of the people. We read frequently of the θυσία ἀναίμακτος offered in the Eucharist: the earliest extant place where the words occur is found in Pliny (vol. I. p. 65 C and p. 70 F, edition of 1621), where the words "bloodless sacrifices" are used of the offerings of meal and wine which were prevalent in the time of Numa. We find frequent petitions that these gifts may be accepted. The prayers on behalf of these gifts—the honourable, heavenly, spotless, glorious, fearful, dread, divine gifts—would be perplexing unless we regarded them as equivalent to our petitions that God will receive our oblations, and conceived the epithets as justified by the use to which the offerings were to be applied and by the Person to Whom they were offered. They occur in two manuscripts of Saint James (p. 253) before the Consecration: in these again, as well as in the other two, after the Invocation (305).

[1] Palmer, 1. 24.

IX. In the very beautiful prayer commencing Οὐδεὶς ἄξιος τῶν συνδεδεμένων ταῖς σαρκικαῖς ἐπιθυμίαις, found originally in the Barberini copy of Saint Basil (p. 78), but transferred from Saint Basil not only to the modern Saint Chrysostom (p. 122), but also to Saint Peter (p. 194) and Saint James (i.e. to three copies, not to the fourth, pp. 242, 243), occurs in its earlier form the phrase σὺ γὰρ εἶ ὁ προσφέρων καὶ προσφερόμενος καὶ ἁγιάζων καὶ ἁγιαζόμενος, Χριστέ, ὁ Θεὸς ἡμῶν, καὶ σοὶ τὴν δόξαν ἀναπέμπομεν, with the conclusion (evidently incorrect), τῷ Πατρὶ καὶ τῷ Υἱῷ. The participles here seem certainly to have referred to the earliest teaching, that the Saviour offered Himself without spot to GOD, and that for the sake of His followers He sanctified Himself. Thus was He the Offerer and the Offered; the Sanctifier and the Sanctified. But in process of time the language of this prayer was altered, and we can trace the progress of the alterations. In the prayer of the incense at the commencement of the service, we have in the Rossano manuscript (p. 248), "For Thou art alone holy, the sanctifier and sanctified, offerer and offered and imparted to the faithful." The Paris MS. 2509 (p. 249) omits the words "offerer and offered." In the Chrysostom of the eleventh century, as well as in two of the extant copies of Saint James of the same date we find the language further changed: the words ἁγιάζων καὶ ἁγιαζόμενος, which recall us to the time of the Redeemer's self-dedication, are omitted, and we read σὺ γὰρ εἶ ὁ προσφέρων καὶ προσφερόμενος καὶ προσδεχόμενος καὶ διαδιδόμενος, Χριστέ, ὁ Θεὸς ἡμῶν (pp. 123, 242, 243), transferring the epoch of the Offering of the Saviour to the epoch of the Reception by Himself of the Eucharistic Sacrifice and the distribution of Himself. Yet the alteration seems not to have been made without remonstrance. We read in Dr Neale's Introduction (p. 434, note), that a question was raised in the year 1155 by Soterichus Panteugenus[1] who had been elected Patriarch of Antioch, whether the Eucharistic Sacrifice could be said to be offered to Christ. A council was held at Constantinople in the succeeding year, when Soterichus was declared unworthy of the office. He would scarcely have raised the question if antiquity could have been pleaded on behalf of the phraseology. In its altered form, however, it continues to this day.

---

[1] More correctly the question was raised by a deacon at Constantinople, and his doubts were upheld by Soterichus. That question was this: Taking the contemporaneous view of the Eucharistic Sacrifice, could that Sacrifice be said to be received by Christ?

X. A difficulty of another kind is connected with the invocation frequently met with in the later editions of the Liturgies, Ἔλεον εἰρήνης, θυσίαν αἰνέσεως. In the Barberini Saint Chrysostom (p. 90), we find the people responding ἔλεος, εἰρήνη. I do not find this phrase in the eleventh century MSS. In the more modern copies we have at the same point of the service ἔλεον εἰρήνης, &c. as above (see p. 127). A friend has suggested that ἔλεον must have been used for ἔλαιον, "the oil of peace, the sacrifice of praise," and a clause in the MS. 2509 of the prayer of the veil, ἵνα προσφέρωμέν σοι ἔλεον εἰρήνης, θυσίαν αἰνέσεως (p. 265) seems to confirm this. And it will be noticed (p. 331) that the Paris MS. Supp. 476 has ἔλαιον κατακαυχᾶται κρίσεως, where we have (the other way) ἔλαιον for ἔλεος; and so the confusion continues. For in the same prayer of the veil, the Rossano MS. has ἵνα προσφέρωμέν σοι ἔλεον εἰρήνην, θυσίαν αἰνέσεως, yet the people respond ἔλεον εἰρήνης, θυσίαν αἰνέσεως.

XI. One result seems to follow from the comparison between one copy of these Liturgies and another: it is this, that we must look to the Anaphora in each, commencing with the Apostolic Benediction and concluding with the Lord's Prayer, as containing the only ancient parts of the service. The variations in the Commemorations of the Living and the Dead correspond merely to the variations in the diptychs of early times. When we have the advantage of comparing with the Greek S. Mark the Liturgies of the Coptic Churches, and with the Greek S. James the Liturgies of the Syriac Jacobites, we may avail ourselves of the further tests of antiquity which this comparison will furnish. So shall we be able to discover the most ancient conceptions of the Eucharistic Sacrifice and of the benefits received by the faithful in it; so learn what benefits were looked for from the Sacrifice of Christ Himself, and what was commemorated in compliance with His direction τοῦτο ποιεῖτε εἰς τὴν ἐμὴν ἀνάμνησιν. It would be beyond the object of this Introduction to enter further upon these subjects. The student must examine for himself what the Liturgies embody and what they do not embody. But I hope he will not content himself with these mere critical investigations. I hope he will draw in some of the spirit of deep reverence with which these ancient Liturgies are inspired, and will find many prayers which with but slight modification may be available for his own use when he approaches the Memories of his dying Saviour's love.

XII. I must add one more important statement. To enable my readers to compare with greater ease the Greek Liturgies and especially that of S. Mark with the Liturgy as used in the Coptic Church, I proposed, at an early date, to add at length a translation of some of the treasures of the British Museum which had as yet remained unused. In the first instance Dr Hörning undertook the task, but the accessions to the Library were such that he was compelled to desist. Dr Charles Bezold, of the University of Munich then undertook the work: and it was soon represented to me that Æthiopic scholars would consider it a great boon if the original were also printed. Of course it could only be printed under Dr Bezold's immediate superintendence, at Munich. Such is the origin of the 48 pages with which this volume closes. I feel confident that Dr Bezold's labour will meet with the approbation of many scholars. I have not thought it right for me to interfere with his translation. It will be seen that the Magdala MSS. do not proceed with the Anaphora proper. They both however contain the *Sursum corda* &c. which were omitted in the original of the copy translated by Renaudot I. 488.

XIII. It remains for me to express my obligations to those who have helped me in my work. I must again make mention of the kindness of Dr Wright, Mr Lewis, Signor Ignazio Guidi, the Papas Filippo Matrangas, Mr Henry Stevenson, and M. Henri Omont. The book would have been very deficient if I had not been favoured with the volumes from the library of Lady Burdett-Coutts, my knowledge of which I owe to Dr Scrivener. The Reverend Dr Atkinson, Master of Clare College, and the Reverend Albert Henry Wratislaw, my whilom colleague in the tutorship of my College, have taken the great trouble of examining my proofs throughout, have detected many errors which had escaped my notice, and have offered many valuable suggestions. I am most deeply indebted to them. To Dr Hörning of the British Museum, Mr Thompson, M. Delisle, I am also under great obligations. I must finally express the deep sense of my obligations to the Syndics of the Cambridge University Press for allowing this work to appear under their auspices and for undertaking the cost of the publication.

XIV. And now it remains only that I commend my work to Him who alone can make it useful to the promotion of His glory, the spread of His truth, and the strengthening of His Church and People.

CHRIST'S COLLEGE,
February 9, 1884.

POSTSCRIPT.

Inasmuch as I was unable to contribute any fresh information which would tend to the elucidation of the many difficulties connected with the liturgical fragments contained in the earlier Books of the so-called Apostolical Constitutions, or with the complete Liturgy contained in the Eighth Book of the same collection, it was not my intention to refer more pointedly to them. This Liturgy has been frequently reprinted, as by Dr Neale, Dr Daniel and Mr Hammond. But there appeared on Feb. 9, 1884 in the "Theologische Literaturzeitung" an article by Dr Harnack, of such a character that the Syndics of the Cambridge University Press at once authorized a delay in the publication of this work to enable me to use the materials referred to in that article. The learned PHILOTHEUS BRYENNIUS, Metropolitan, formerly of Serræ, now of Nicomedia, has, after years of careful preparation, given to the world the Book entitled $\Delta\iota\delta\alpha\chi\grave{\eta}$ $\tau\hat{\omega}\nu$ $\delta\omega\delta\epsilon\kappa\alpha$ $\mathring{\alpha}\pi o\sigma\tau\acute{o}\lambda\omega\nu$ which immediately follows the "Epistles of Clemens Romanus" in the celebrated Manuscript which is the treasure of the LIBRARY OF THE HOLY SEPULCHRE—now deposited in Constantinople.

This $\Delta\iota\delta\alpha\chi\acute{\eta}$ unquestionably contains an early document, out of which the Seventh Book of the Apostolic Constitutions grew. Dr Harnack considers that this Book bears to the $\Delta\iota\delta\alpha\chi\acute{\eta}$ a relation similar to that which the longer recension of the Ignatian letters bears to the shorter. The date of the $\Delta\iota\delta\alpha\chi\acute{\eta}$ he fixes as between the years 120 and 160. The date of the expanded work was certainly prior to the time of Epiphanius.

The $\Delta\iota\delta\alpha\chi\acute{\eta}$ commences with an account of the Two Ways, the good Way and the evil Way, the Way of Life and the Way of Death, with which must be compared the later chapters of the Epistle of Barnabas and the Judicium Petri. It then proceeds with the directions I have given below. I have given also the text of the Seventh Book of the Apostolic Constitutions chiefly from the text of Lagarde, that my readers may compare, the more easily, the directions in the two recensions. The comparison is most instructive. Dr Harnack draws attention to the fact that the word Apostles is used in the work to signify Missionary Evangelists, and that whilst we read of Apostles, Prophets and Teachers, of Bishops and Deacons, we never read of Presbyters. And I would draw attention to the interesting illustration of the well-known statement of S. Basil (that the words used in the Services of the Church were not committed to writing in the earliest years) which is furnished by the clause at the end of Section 10, allowing the Prophets to give thanks in the Eucharist to such extent as they may desire. It will be seen that this direction was entirely altered in the recension contained in the Apostolic Constitutions.

Ἡ ΔΙΔΑΧΉ ΤῶΝ ἈΠΟΣΤΌΛΩΝ.

Κεφ. ζ´. Περὶ δὲ τοῦ βαπτίσματος οὕτω βαπτίσατε· ταῦτα πάντα προειπόντες[1], βαπτίσατε εἰς τὸ ὄνομα τοῦ Πατρὸς καὶ τοῦ Υἱοῦ καὶ τοῦ ἁγίου Πνεύματος, ἐν ὕδατι ζῶντι. Ἐὰν δὲ μὴ ἔχῃς ὕδωρ ζῶν, εἰς ἄλλο ὕδωρ βάπτισον· εἰ δ᾽ οὐ δύνασαι ἐν ψυχρῷ, ἐν θερμῷ. Ἐὰν δὲ ἀμφότερα μὴ ἔχῃς, ἔκχεον εἰς τὴν κεφαλὴν τρὶς ὕδωρ εἰς ὄνομα Πατρὸς καὶ Υἱοῦ καὶ ἁγίου Πνεύματος. Πρὸ δὲ τοῦ βαπτίσματος προνηστευσάτω ὁ βαπτίζων καὶ ὁ βαπτιζόμενος καὶ εἴ τινες ἄλλοι δύνανται· κελεύσεις δὲ νηστεῦσαι τὸν βαπτιζόμενον πρὸ μιᾶς ἢ δύο.

[1] That is, having taught all concerning the way of life and the way of death.

APOSTOLIC CONSTITUTIONS, Book VII.

§ 22. Περὶ δὲ βαπτίσματος, ὦ ἐπίσκοπε ἢ πρεσβύτερε, ἤδη μὲν καὶ πρότερον διεταξάμεθα, καὶ νῦν δέ φαμεν ὅτι οὕτως βαπτίσεις, ὡς ὁ Κύριος διετάξατο ἡμῖν λέγων Πορευθέντες μαθητεύσατε πάντα τὰ ἔθνη, βαπτίζοντες αὐτοὺς εἰς τὸ ὄνομα τοῦ Πατρὸς καὶ τοῦ Υἱοῦ καὶ τοῦ ἁγίου Πνεύματος, διδάσκοντες αὐτοὺς τηρεῖν πάντα ὅσα ἐνετειλάμην ὑμῖν· τοῦ ἀποστείλαντος Πατρός, τοῦ ἐλθόντος Χριστοῦ, τοῦ μαρτυρήσαντος Παρακλήτου. χρίσεις δὲ πρῶτον ἐλαίῳ ἁγίῳ, ἔπειτα βαπτίσεις ὕδατι καὶ τὸ τελευταῖον σφραγίσεις μύρῳ· ἵνα τὸ μὲν χρίσμα μετοχὴ ᾖ τοῦ ἁγίου Πνεύματος, τὸ δὲ ὕδωρ σύμβολον τοῦ θανάτου, τὸ δὲ μύρον σφραγὶς τῶν συνθηκῶν. εἰ δὲ μήτε ἔλαιον ᾖ μήτε μύρον, ἀρκεῖ τὸ ὕδωρ καὶ πρὸς χρίσιν καὶ πρὸς σφραγῖδα καὶ πρὸς ὁμολογίαν τοῦ ἀποθανόντος ἤτοι συναποθνήσκοντος. πρὸ δὲ τοῦ βαπτίσματος νηστευσάτω ὁ βαπτιζόμενος· καὶ γὰρ ὁ Κύριος ὑπὸ Ἰωάννου πρῶτον βαπτισθεὶς καὶ εἰς τὴν ἔρημον αὐλισθείς, μετέπειτα ἐνήστευσε τεσσαράκοντα ἡμέρας καὶ τεσσαράκοντα νύκτας. ἐβαπτίσθη δὲ καὶ ἐνήστευσεν, οὐκ αὐτὸς ἀπορυπώσεως ἢ νηστείας χρείαν ἔχων ἢ καθάρσεως ὁ τῇ φύσει καθαρὸς καὶ ἅγιος, ἀλλ᾽ ἵνα καὶ Ἰωάννῃ ἀλήθειαν προσμαρτυρήσῃ καὶ ἡμῖν ὑπογραμμὸν παράσχηται. οὐκοῦν ὁ μὲν Κύριος οὐκ εἰς ἑαυτοῦ πάθος ἐβαπτίσατο ἢ θάνατον ἢ ἀνάστασιν (οὐδέπω γὰρ οὐδὲν τούτων ἐγεγόνει), ἀλλ᾽ εἰς διάταξιν ἑτέραν· διὸ καὶ ἀπ᾽ ἐξουσίας μετὰ τὸ βάπτισμα νηστεύει ὡς κύριος Ἰωάννου· ὁ δὲ εἰς τὸν αὐτοῦ θάνατον μυούμενος πρότερον ὀφείλει νηστεῦσαι καὶ τότε βαπτισθῆναι (οὐ γὰρ δίκαιον τὸν συνταφέντα καὶ συναναστάντα παρ᾽ αὐτὴν τὴν ἀνάστασιν κατηφεῖν), οὐ γὰρ κύριος ὁ ἄνθρωπος τῆς διατάξεως τῆς τοῦ Σωτῆρος· ἐπείπερ ὁ μὲν δεσπότης, ὁ δὲ ὑπήκοος.

Ἡ Διδαχὴ τῶν ἀποστόλων.

η'. Αἱ δὲ νηστεῖαι ὑμῶν μὴ ἔστωσαν μετὰ τῶν ὑποκριτῶν· νηστεύουσι γὰρ δευτέρᾳ σαββάτων καὶ πέμπτῃ· ὑμεῖς δὲ νηστεύσατε τετράδα καὶ παρασκευήν. Μηδὲ προσεύχεσθε ὡς οἱ ὑποκριταί, ἀλλ' ὡς ἐκέλευσεν ὁ Κύριος ἐν τῷ εὐαγγελίῳ αὐτοῦ. Οὕτω προσεύχεσθε· Πάτερ ἡμῶν ὁ ἐν τῷ οὐρανῷ, ἁγιασθήτω τὸ ὄνομά σου· ἐλθέτω ἡ βασιλεία σου· γενηθήτω τὸ θέλημά σου, ὡς ἐν οὐρανῷ καὶ ἐπὶ γῆς· τὸν ἄρτον ἡμῶν τὸν ἐπιούσιον δὸς ἡμῖν σήμερον· καὶ ἄφες ἡμῖν τὴν ὀφειλὴν ἡμῶν ὡς καὶ ἡμεῖς ἀφίεμεν τοῖς ὀφειλέταις ἡμῶν· καὶ μὴ εἰσενέγκῃς ἡμᾶς εἰς πειρασμόν, ἀλλὰ ῥῦσαι ἡμᾶς ἀπὸ τοῦ πονηροῦ· ὅτι σοῦ ἐστιν ἡ δύναμις καὶ ἡ δόξα εἰς τοὺς αἰῶνας.

Τρὶς τῆς ἡμέρας οὕτω προσεύχεσθε.

APOSTOLIC CONSTITUTIONS, Book VII.

§ 23. αἱ δὲ νηστεῖαι ὑμῶν μὴ ἔστωσαν μετὰ τῶν ὑποκριτῶν, νηστεύουσι γὰρ δευτέρᾳ σαββάτων καὶ πέμπτην. ὑμεῖς δὲ ἢ τὰς πέντε νηστεύσατε ἡμέρας, ἢ τετράδα καὶ παρασκευήν· ὅτι τῇ μὲν τετράδι ἡ κρίσις ἐξῆλθεν ἡ κατὰ τοῦ Κυρίου, Ἰούδα χρήμασιν ἐπαγγειλαμένου τὴν προδοσίαν· τῇ δὲ παρασκευῇ, ὅτι ἔπαθεν ὁ Κύριος ἐν αὐτῇ πάθος τὸ διὰ σταυροῦ ὑπὸ Ποντίου Πιλάτου. τὸ σάββατον μέντοι καὶ τὴν κυριακὴν ἑορτάζετε, ὅτι τὸ μὲν δημιουργίας ἐστὶν ὑπόμνημα, τὸ δὲ ἀναστάσεως. ἐν δὲ μόνον σάββατον ὑμῖν φυλακτέον ἐν ὅλῳ τῷ ἐνιαυτῷ, τὸ τῆς τοῦ Κυρίου ταφῆς, ὅπερ νηστεύειν προσῆκεν, ἀλλ' οὐχ ἑορτάζειν· ἐν ὅσῳ γὰρ ὁ Δημιουργὸς ὑπὸ γῆν τυγχάνει, ἰσχυρότερον τὸ περὶ αὐτοῦ πένθος τῆς κατὰ τὴν δημιουργίαν χαρᾶς, ὅτι ὁ Δημιουργὸς τῶν ἑαυτοῦ δημιουργημάτων φύσει τε καὶ ἀξίᾳ τιμιώτερος. § 24. ὅταν δὲ προσεύχησθε, μὴ γίνεσθε ὥσπερ οἱ ὑποκριταί, ἀλλ' ὡς ὁ Κύριος ἡμῖν ἐν τῷ εὐαγγελίῳ διετάξατο, οὕτως προσεύχεσθε· Πάτερ ἡμῶν ὁ ἐν τοῖς οὐρανοῖς, ἁγιασθήτω τὸ ὄνομά σου· ἐλθέτω ἡ βασιλεία σου· γενηθήτω τὸ θέλημά σου ὡς ἐν οὐρανῷ καὶ ἐπὶ τῆς γῆς· τὸν ἄρτον ἡμῶν τὸν ἐπιούσιον δὸς ἡμῖν σήμερον· καὶ ἄφες ἡμῖν τὰ ὀφειλήματα ἡμῶν, ὡς καὶ ἡμεῖς ἀφίεμεν τοῖς ὀφειλέταις ἡμῶν· καὶ μὴ εἰσενέγκῃς ἡμᾶς εἰς πειρασμόν, ἀλλὰ ῥῦσαι ἡμᾶς ἀπὸ τοῦ πονηροῦ· ὅτι σοῦ ἐστιν ἡ βασιλεία καὶ ἡ δύναμις καὶ ἡ δόξα εἰς τοὺς αἰῶνας· ἀμήν. τρὶς τῆς ἡμέρας οὕτως προσεύχεσθε, προπαρασκευάζοντες ἑαυτοὺς ἀξίους τῆς υἱοθεσίας τοῦ Πατρός, ἵνα μή, ἀναξίως ὑμῶν αὐτὸν Πατέρα καλούντων, ὀνειδισθῆτε ὑπ' αὐτοῦ, ὡς καὶ ὁ Ἰσραὴλ ὅ ποτε πρωτότοκος υἱὸς ἤκουσεν ὅτι Εἰ πατήρ εἰμι ἐγώ, ποῦ ἐστιν ἡ δόξα μου; καὶ εἰ κύριός εἰμι, ποῦ ἐστιν ὁ φόβος μου; δόξα γὰρ πατέρων ὁσιότης παίδων καὶ τιμὴ δεσποτῶν οἰκετῶν φόβος, ὥσπερ οὖν τὸ ἐναντίον ἀδοξία καὶ ἀναρχία· δι' ὑμᾶς γὰρ βλασφημεῖται τὸ ὄνομά μου ἐν τοῖς ἔθνεσιν.

POSTSCRIPT.

Ἡ Διδαχὴ τῶν ἀποστόλων.

θ'. Περὶ δὲ τῆς εὐχαριστίας, οὕτως εὐχαριστήσατε. Πρῶτον περὶ τοῦ ποτηρίου· Εὐχαριστοῦμέν σοι, Πάτερ ἡμῶν, ὑπὲρ τῆς ἁγίας ἀμπέλου Δαβὶδ τοῦ παιδός σου, ἧς ἐγνώρισας ἡμῖν διὰ Ἰησοῦ τοῦ παιδός σου· σοὶ ἡ δόξα εἰς τοὺς αἰῶνας.

Περὶ δὲ τοῦ κλάσματος· Εὐχαριστοῦμέν σοι, Πάτερ ἡμῶν, ὑπὲρ τῆς ζωῆς καὶ γνώσεως ἧς ἐγνώρισας ἡμῖν διὰ Ἰησοῦ τοῦ παιδός σου· σοὶ ἡ δόξα εἰς τοὺς αἰῶνας. Ὥσπερ ἦν τοῦτο κλάσμα διεσκορπισμένον ἐπάνω τῶν ὀρέων καὶ συναχθὲν ἐγένετο ἕν, οὕτω συναχθήτω σου ἡ ἐκκλησία ἀπὸ τῶν περάτων τῆς γῆς εἰς τὴν σὴν βασιλείαν· ὅτι σοῦ ἐστιν ἡ δόξα καὶ ἡ δύναμις διὰ Ἰησοῦ Χριστοῦ εἰς τοὺς αἰῶνας. Μηδεὶς δὲ φαγέτω μηδὲ πιέτω ἀπὸ τῆς εὐχαριστίας ὑμῶν, ἀλλ' οἱ βαπτισθέντες εἰς ὄνομα Κυρίου. Καὶ γὰρ περὶ τούτου εἴρηκεν ὁ Κύριος, Μὴ δῶτε τὸ ἅγιον τοῖς κυσί.

APOSTOLIC CONSTITUTIONS, Book VII.

§ 25. γίνεσθε δὲ πάντοτε εὐχάριστοι ὡς πιστοὶ καὶ εὐγνώμονες δοῦλοι, περὶ μὲν τῆς εὐχαριστίας οὕτω λέγοντες· Εὐχαριστοῦμέν σοι, Πάτερ ἡμῶν, ὑπὲρ τῆς ζωῆς ἧς ἐγνώρισας ἡμῖν διὰ Ἰησοῦ τοῦ παιδός σου, δι' οὗ καὶ τὰ πάντα ἐποίησας καὶ τῶν ὅλων προνοεῖς, ὃν καὶ ἀπέστειλας ἐπὶ σωτηρίᾳ τῇ ἡμετέρᾳ γενέσθαι ἄνθρωπον, ὃν καὶ συνεχώρησας παθεῖν καὶ ἀποθανεῖν, ὃν καὶ ἀναστήσας εὐδόκησας δοξάσαι καὶ ἐκάθισας ἐκ δεξιῶν σου, δι' οὗ καὶ ἐπηγγείλω ἡμῖν τὴν ἀνάστασιν τῶν νεκρῶν. σύ, Δέσποτα παντοκράτορ, Θεὲ αἰώνιε, ὥσπερ ἦν τοῦτο διεσκορπισμένον καὶ συναχθὲν ἐγένετο εἷς ἄρτος, οὕτω συνάγαγέ σου τὴν ἐκκλησίαν ἀπὸ τῶν περάτων τῆς γῆς εἰς τὴν σὴν βασιλείαν. ἔτι εὐχαριστοῦμεν, Πάτερ ἡμῶν, ὑπὲρ τοῦ τιμίου αἵματος Ἰησοῦ Χριστοῦ τοῦ ἐκχυθέντος ὑπὲρ ἡμῶν καὶ τοῦ τιμίου σώματος, οὗ καὶ ἀντίτυπα ταῦτα ἐπιτελοῦμεν, αὐτοῦ διαταξαμένου ἡμῖν καταγγέλλειν τὸν αὐτοῦ θάνατον· δι' αὐτοῦ γάρ σοι καὶ ἡ δόξα εἰς τοὺς αἰῶνας· ἀμήν. μηδεὶς δὲ ἐσθιέτω ἐξ αὐτῶν τῶν ἀμυήτων, ἀλλὰ μόνοι οἱ βεβαπτισμένοι εἰς τὸν τοῦ Χριστοῦ θάνατον. εἰ δέ τις ἀμύητος κρύψας ἑαυτὸν μεταλάβοι, κρίμα αἰώνιον φάγεται, ὅτι μὴ ὢν τῆς εἰς Χριστὸν πίστεως μετέλαβεν ὧν οὐ θέμις, εἰς τιμωρίαν ἑαυτοῦ· εἰ δέ τις κατὰ ἄγνοιαν μεταλάβοι, τοῦτον τάχιον στοιχειώσαντες μυήσατε, ὅπως μὴ καταφρονητὴς ἐξέλθοι.

POSTSCRIPT.   xlix

Ἡ Διδαχὴ τῶν ἀποστόλων.

ί. Μετὰ δὲ τὸ ἐμπλησθῆναι οὕτως εὐχαριστήσατε· Εὐχαριστοῦμέν σοι, Πάτερ ἅγιε, ὑπὲρ τοῦ ἁγίου ὀνόματός σου, οὗ κατεσκήνωσας ἐν ταῖς καρδίαις ἡμῶν, καὶ ὑπὲρ τῆς γνώσεως καὶ πίστεως καὶ ἀθανασίας, ἧς ἐγνώρισας ἡμῖν διὰ Ἰησοῦ τοῦ παιδός σου· σοὶ ἡ δόξα εἰς τοὺς αἰῶνας. Σύ, Δέσποτα παντοκράτορ, ἔκτισας τὰ πάντα ἕνεκεν τοῦ ὀνόματός σου, τροφήν τε καὶ πότον ἔδωκας τοῖς ἀνθρώποις εἰς ἀπόλαυσιν ἵνα σοι εὐχαριστήσωμεν, ἡμῖν δὲ ἐχαρίσω πνευματικὴν τροφὴν καὶ πότον καὶ ζωὴν αἰώνιον διὰ τοῦ παιδός σου. Πρὸ πάντων εὐχαριστοῦμέν σοι, ὅτι δυνατὸς εἶ· σοὶ ἡ δόξα εἰς τοὺς αἰῶνας. Μνήσθητι, Κύριε, τῆς ἐκκλησίας σου τοῦ ῥύσασθαι αὐτὴν ἀπὸ παντὸς πονηροῦ, καὶ τελειῶσαι αὐτὴν ἐν τῇ ἀγάπῃ σου, καὶ σύναξον αὐτὴν ἀπὸ τῶν τεσσάρων ἀνέμων, τὴν ἁγιασθεῖσαν εἰς τὴν σὴν βασιλείαν, ἣν ἡτοίμασας αὐτῇ· ὅτι σοῦ ἐστιν ἡ δύναμις καὶ ἡ δόξα εἰς τοὺς αἰῶνας. Ἐλθέτω χάρις καὶ παρελθέτω ὁ κόσμος οὗτος. Ὡσαννὰ τῷ υἱῷ Δαβίδ. Εἴ τις ἅγιός ἐστιν, ἐρχέσθω. Εἴ τις οὐκ ἔστι, μετανοείτω. Μαραναθά. Ἀμήν.

Τοῖς δὲ προφήταις ἐπιτρέπετε εὐχαριστεῖν ὅσα θέλουσιν.

APOSTOLIC CONSTITUTIONS, Book VII.

§ 26. μετὰ δὲ τὴν μετάληψιν οὕτως εὐχαριστήσατε· Εὐχαριστοῦμέν σοι, ὁ Θεὸς καὶ Πατὴρ Ἰησοῦ τοῦ Σωτῆρος ἡμῶν, ὑπὲρ τοῦ ἁγίου ὀνόματος οὗ κατεσκήνωσας ἐν ἡμῖν, καὶ ὑπὲρ τῆς γνώσεως καὶ πίστεως καὶ ἀγάπης καὶ ἀθανασίας ἧς ἔδωκας ἡμῖν διὰ Ἰησοῦ τοῦ παιδός σου. Σύ, Δέσποτα παντοκράτορ, ὁ Θεὸς τῶν ὅλων, ὁ κτίσας τὸν κόσμον καὶ τὰ ἐν αὐτῷ δι' αὐτοῦ, καὶ νόμον καταφυτεύσας ταῖς ψυχαῖς ἡμῶν καὶ τὰ πρὸς μετάληψιν εὐτρεπίσας ἀνθρώποις, ὁ Θεὸς τῶν ἁγίων καὶ ἀμέμπτων πατέρων ἡμῶν, Ἀβραὰμ καὶ Ἰσαὰκ καὶ Ἰακώβ, τῶν πιστῶν δούλων σου, ὁ δυνατὸς Θεός, ὁ πιστὸς καὶ ἀληθινὸς καὶ ἀψευδὴς ἐν ταῖς ἐπαγγελίαις, ὁ ἀποστείλας ἐπὶ γῆς Ἰησοῦν τὸν Χριστόν σου ἀνθρώποις συναναστραφῆναι ὡς ἄνθρωπον, Θεὸν ὄντα Λόγον καὶ Ἄνθρωπον, καὶ τὴν πλάνην πρόρριζον ἀνελεῖν, αὐτὸς καὶ νῦν δι' αὐτοῦ μνήσθητι τῆς ἁγίας σου ἐκκλησίας ταύτης, ἣν περιεποιήσω τῷ τιμίῳ αἵματι τοῦ Χριστοῦ σου, καὶ ῥῦσαι αὐτὴν ἀπὸ παντὸς πονηροῦ, καὶ τελείωσον αὐτὴν ἐν τῇ ἀγάπῃ σου καὶ τῇ ἀληθείᾳ σου, καὶ συνάγαγε πάντας ἡμᾶς εἰς τὴν βασιλείαν σου, ἣν ἡτοίμασας αὐτῇ. Μαρὰν ἀθᾶ. Ὡσαννὰ τῷ υἱῷ Δαβίδ. εὐλογημένος ὁ ἐρχόμενος ἐν ὀνόματι Κυρίου, Θεὸς Κύριος ὁ ἐπιφανεὶς ἡμῖν ἐν σαρκί. εἴ τις ἅγιος, προσερχέσθω· εἰ δέ τις οὐκ ἔστι, γινέσθω διὰ μετανοίας. ἐπιτρέπετε δὲ καὶ τοῖς πρεσβυτέροις ὑμῶν εὐχαριστεῖν.

§ 27. περὶ δὲ τοῦ μύρου οὕτως εὐχαριστήσατε· Εὐχαριστοῦμέν σοι, Θεέ, Δημιουργὲ τῶν ὅλων, καὶ ὑπὲρ τῆς εὐωδίας τοῦ μύρου, καὶ ὑπὲρ τοῦ ἀθανάτου αἰῶνος οὗ ἐγνώρισας ἡμῖν διὰ Ἰησοῦ τοῦ παιδός σου· ὅτι σοῦ ἐστιν ἡ δόξα καὶ ἡ δύναμις εἰς τοὺς αἰῶνας· ἀμήν. ὃς ἐὰν ἐλθὼν οὕτως εὐχαριστῇ, προσδέξασθε αὐτὸν ὡς Χριστοῦ μαθητήν· ἐὰν δὲ ἄλλην διδαχὴν κηρύσσῃ παρ' ἣν ὑμῖν παρέδωκεν ὁ Χριστὸς δι' ἡμῶν, τῷ τοιούτῳ μὴ συγχωρεῖτε εὐχαριστεῖν· ὑβρίζει γὰρ ὁ τοιοῦτος τὸν Θεὸν ἤπερ δοξάζει.

POSTSCRIPT.

Ἡ Διδαχὴ τῶν Ἀποστόλων.

ιαʹ. Ὃς ἂν οὖν ἐλθὼν διδάξῃ ὑμᾶς ταῦτα πάντα, τὰ προειρημένα, δέξασθε αὐτόν.

[Then follow some instructions for discerning a true prophet from a false prophet, to which the more modern recension scarcely furnishes a parallel. I print however the latter, to exhibit the change of language. It is much shorter than the earlier text.]

APOSTOLIC CONSTITUTIONS, Book VII.

§ 28. πᾶς δὲ ὁ ἐρχόμενος πρὸς ὑμᾶς, δοκιμασθείς, οὕτως δεχέσθω· σύνεσιν γὰρ ἔχετε, καὶ δύνασθε διαγνῶναι δεξιὰν ἢ ἀριστερὰν καὶ διακρῖναι ψευδοδιδασκάλους διδασκάλων. ἐλθόντι μέντοι τῷ διδασκάλῳ ἐκ ψυχῆς ἐπιχορηγήσατε τὰ δέοντα· τῷ δὲ ψευδοδιδασκάλῳ δώσετε μὲν τὰ δέοντα πρὸς τὴν χρείαν, οὐ παραδέξεσθε δὲ αὐτοῦ τὴν πλάνην οὔτε μὴν συμπροσεύξησθε αὐτῷ, ἵνα μὴ συμμιανθῆτε αὐτῷ. πᾶς προφήτης ἀληθινὸς ἢ διδάσκαλος ἐρχόμενος πρὸς ὑμᾶς ἄξιός ἐστι τῆς τροφῆς ὡς ἐργάτης λόγου δικαιοσύνης. § 29. πᾶσαν ἀπαρχὴν γεννημάτων ληνοῦ, ἅλωνος, βοῶν τε καὶ προβάτων δώσεις τοῖς ἱερεῦσιν, ἵνα εὐλογηθῶσιν αἱ ἀποθῆκαι τῶν ταμείων σου καὶ τὰ ἐκφόρια τῆς γῆς σου, καὶ στηριχθῇς σίτῳ καὶ οἴνῳ καὶ ἐλαίῳ, καὶ αὐξηθῇ τὰ βουκόλια τῶν βοῶν σου καὶ τὰ ποίμνια τῶν προβάτων σου. πᾶσαν δεκάτην δώσεις τῷ ὀρφανῷ καὶ τῇ χήρᾳ, τῷ πτωχῷ καὶ τῷ προσηλύτῳ. πᾶσαν ἀπαρχὴν θερμῶν, ἄρτων, κεράμιον οἴνου ἢ ἐλαίου ἢ μέλιτος ἢ ἀκροδρύων, σταφυλῆς ἢ τῶν ἄλλων τὴν ἀπαρχὴν δώσεις τοῖς ἱερεῦσιν, ἀργυρίου δὲ ἢ ἱματισμοῦ καὶ παντὸς κτήματος τῷ ὀρφανῷ καὶ τῇ χήρᾳ.

POSTSCRIPT.

Ἡ Διδαχὴ τῶν ἀποστόλων.

ιδ΄. Κατὰ κυριακὴν δὲ Κυρίου συναχθέντες κλάσατε ἄρτον καὶ εὐχαριστήσατε, προσεξομολογησάμενοι τὰ παραπτώματα ὑμῶν, ὅπως καθαρὰ ἡ θυσία ὑμῶν ᾖ. Πᾶς δὲ ἔχων ἀμφιβολίαν μετὰ τοῦ ἑταίρου αὐτοῦ μὴ συνελθέτω ὑμῖν, ἕως οὗ διαλλαγῶσιν, ἵνα μὴ κοινωθῇ ἡ θυσία ὑμῶν· αὕτη γάρ ἐστιν ἡ ῥηθεῖσα ὑπὸ Κυρίου· Ἐν παντὶ τόπῳ καὶ χρόνῳ προσφέρειν μοι θυσίαν καθαράν· ὅτι βασιλεὺς μέγας εἰμί, λέγει Κύριος, καὶ τὸ ὄνομά μου θαυμαστὸν ἐν τοῖς ἔθνεσιν.

* * *

APOSTOLIC CONSTITUTIONS, Book VII.

§ 30. τὴν ἀναστάσιμον τοῦ Κυρίου ἡμέραν, τὴν κυριακὴν φαμεν, συνέρχεσθε ἀδιαλείπτως, εὐχαριστοῦντες τῷ Θεῷ καὶ ἐξομολογούμενοι ἐφ᾽ οἷς εὐηργέτησεν ἡμᾶς Θεὸς διὰ Χριστοῦ, ῥυσάμενος ἀγνοίας, πλάνης, δεσμῶν, ὅπως ἄμεμπτος ἡ θυσία ὑμῶν ᾖ καὶ εὐανάφορος Θεῷ τῷ εἰπόντι περὶ τῆς οἰκουμενικῆς αὐτοῦ ἐκκλησίας ὅτι Ἐν παντὶ τόπῳ προσενεχθήσεταί μοι θυμίαμα καὶ θυσία καθαρά· ὅτι μέγας βασιλεὺς ἐγώ εἰμι, λέγει Κύριος παντοκράτωρ, καὶ τὸ ὄνομά μου θαυμαστὸν ἐν τοῖς ἔθνεσιν.

* * *

POSTSCRIPT.

With reference to the Coptic Liturgy with which this work concludes, I may add here that Dr Hörning informed me in November, 1881, that the Æthiopic text of the Ordinary Canon, printed at Rome in 1548, was full of mistakes and differed materially from the text of the MS. copies in the British Museum. This printed copy furnished the text used by Renaudot, of which I have availed myself in one of the columns of the Liturgy of Alexandria (pp. 3—21): Tesfa Sion, mentioned on p. 11, was the editor of the work (Renaudot, I. p. 469, compare Scrivener's "Introduction," Index). The copy which Dr Hörning recommended to me and which Dr Bezold has so ably edited, is taken from one of the five hundred MSS. which were brought to England from the spoil of Magdala, of which 350 are in the British Museum. Dr Wright in his Catalogue of the Æthiopic MSS. 1877, describes it as of "Vellum, about 17⅛ in. by 15¼, foll. 138, the first blank: 3 columns; 20 or 21 lines, written in a large elegant character, between 1670 and 1675. The Kĕddāsē or Missal of the Æthiopic Church." The date is fixed by the mention of King John I. and his Queen (1667—1682), as well as of Matthew, Patriarch of Alexandria (1660—1675) and Sīnōda, ăbūnā of Æthiopia (1670—1693). The other MS. (Oriental 546) was written between 1730 and 1755. Thus they are both more recent than the edition printed at Rome. Both MSS., as well as one noted in Dr Dillmann's Catalogue, contain several Anaphoræ. "The Formulæ of Institution" of these have been translated by Dr Wright for the Appendix of Dr Littledale's editions of Dr Neale's translations of the Liturgies.

Dr Bezold informs me that, as a rule, the proper names Alexandria, Basilios, Cyrillos, are simply transliterated from Greek into Æthiopic. So are the words or expressions ἀναγνώστης, διάκονος, ἐπίσκοπος, εὐαγγέλιον (and evangelista, p. 20), Κύριε ἐλέησον, μυστήριον, Παράκλητος, πάππας. We have bêta Kerestîjân = domus χριστιανῶν, a Church.

So too we have εὐλόγιος Κύριος, &c. on p. 10, and ἀληθινὸς on p. 12. Some Greek words are *translated* into Æthiopic: ὀρθόδοξος "right in faith": θεολόγος "who speaks about the Godhead": χρυσόστομος and Κωνσταντινούπολις "of the mouth of gold" and "city of Constantine."

March 8, 1884.

LITURGY OF ALEXANDRIA.

LITURGY OF ALEXANDRIA.

CODEX ROSSANENSIS.

✠ Ἡ θεία λειτουργία τοῦ ἁγίου ἀποστόλου καὶ εὐαγγελιστοῦ Μάρκου μαθητοῦ τοῦ ἁγίου Πέτρου.

(1) Εὐχὴ λεγομένη ἐν τῷ διακονικῷ. Ὁ διάκονος. Ἐπὶ προσευχὴν στάθητε.

Ὁ ἱερεύς. Εἰρήνη πᾶσιν.
Ὁ λαός. Καὶ τῷ πνεύματί σου.
Ὁ διάκονος. Προσεύξασθε.
Ὁ λαός. Κύριε ἐλέησον.

ROTULUS VATICANUS.

✠ Ἡ θεία λειτουργία τοῦ ἁγίου ἀποστόλου Μάρκου.

✱ Εὐχὴ τῆς προθέσεως.

Ὡς πρόβατον ἐπὶ σφαγὴν ἤχθη, καὶ ὡς ἀμνὸς ἐναντίον τοῦ κείραντος αὐτὸν ἄφωνος, οὕτως οὐκ ἀνοίγει τὸ στόμα αὐτοῦ. ἐν τῇ ταπεινώσει αὐτοῦ ἡ κρίσις αὐτοῦ ἤρθη· τὴν δὲ γενεὰν αὐτοῦ τίς διηγήσεται; ὅτι αἴρεται ἀπὸ τῆς γῆς ἡ ζωὴ αὐτοῦ, τοῦ Πατρὸς καὶ τοῦ Υἱοῦ καὶ τοῦ.

Εὐχὴ τοῦ θυμιάματος.

Θυμίαμα προσφέρομεν ἐνώπιον τῆς ἁγίας δόξης σου, Κύριε· ἀναληφθήτω δεόμεθα εἰς τὸ ὑπερουράνιόν σου θυσιαστήριον, εἰς ὀσμὴν εὐωδίας, εἰς ἄφεσιν ἁμαρτιῶν ἡμῶν, καὶ ἱλασμὸν παντὸς τοῦ λαοῦ σου, χάριτι καὶ οἰκτιρμοῖς καὶ τῇ φιλανθρωπίᾳ τοῦ Υἱοῦ σου.

Ὁ ἱερεὺς εὐχὴν τῆς προθέσεως.

Δέσποτα Κύριε Ἰησοῦ Χριστέ, ὁ συνάναρχος Υἱὸς τοῦ ἀνάρχου Πατρὸς καὶ Πνεύματος ἁγίου, ὁ μέγας ἀρχιερεύς, ὁ προσθεὶς ἑαυτὸν ἀμνὸν ἄμωμον ὑπὲρ τῆς τοῦ κόσμου ζωῆς,

---

(1) The Paris edition of 1583 (Drouard) and the rest omit these two lines.

(a) At the head of the Roll is an Arabic note (partly mutilated) signifying, "Service of the Mass: for the Mass of......Mark the Evangelist."

(b) MS. ἀχράντου.

LITURGIA ALEXANDRINA.

ROTULUS MESSANENSIS.

['Η θεία λειτουργία τοῦ ἁγίου μά]ρκου τοῦ ἀποστ[όλου καὶ εὐαγγελιστοῦ.]

Ὁ διάκονος. Ἐπὶ π[ροσευχὴν στάθητε.
Ὁ λαός. Κύριε ἐλέησον. γ'.
Ὁ διάκονος. Προσε]ύξασθε.
Ὁ λαός. Κύριε [ἐλέησον. γ'.] Ἐ[υχαριστοῦμεν......]

Plurima desunt.

[The few surviving letters are found in the fragment of the Roll that contains the end of the Liturgy of S. James. The lacunæ are supplied from the Rossano MS.]

CANON UNIVERSALIS ÆTHIOPUM. [EXCERPTA.]

Diaconus dicit. Surgite ad orationem.
Sacerdos. Pax vobis omnibus.
Diaconus. Domine miserere mei.
Et cum spiritu tuo.

_{Renaudot, I. 476}

Sacerdos dicit orationem gratiarum actionis. Gratias agamus benefactori nostro Domino misericordi, Patri Domini Dei et Salvatoris nostri Jesu Christi, quia protexit nos, juvit, et custodivit, et misertus est nostri; ad se accedere fecit, suscepit nos, roboravit, et multiplicavit nos usque ad hanc horam: rogemus ergo illum iterum, ut custodiat nos in hoc die sancto omnibusque diebus vitae nostrae in pace omnipotens Dominus Deus noster. Orate.

LITURGIA COPTITARUM SANCTI BASILII. [EXCERPTA.]

Sacerdos. Gratias agamus bonorum autori misericordi, Deo, Patri Domini Dei et Salvatoris nostri Jesu Christi, quia ipse protexit nos, adjuvit et servavit nos, suscepitque nos ad se, misertus est nostri, perduxitque nos ad hanc horam. Ipsum nunc precemur, ut custodiat nos hoc sancto die et omnibus diebus vitae nostrae in omni pace omnipotens Dominus Deus noster.

Diaconus. Προσεύξασθε.

_{Renaudot, I. 2}

LITURGY OF ALEXANDRIA.

CODEX ROSSANENSIS.

(1) Ὁ δὲ ἱερεὺς εὔχεται τὴν εὐχὴν ταύτην.

fol. 39 b

Εὐχαριστοῦμεν καὶ ὑπερευχαριστοῦμέν σοι, Κύριε ὁ Θεὸς ἡμῶν, ὁ Πατὴρ τοῦ Κυρίου καὶ Θεοῦ καὶ Σωτῆρος ἡμῶν Ἰησοῦ Χριστοῦ, κατὰ πάντα, καὶ διὰ πάντων, καὶ ἐν πᾶσιν, ὅτι ἐσκέπασας, ἐβοήθησας, ἀντελάβου παρήγαγες ἡμᾶς τὸν παρελθόντα χρόνον τῆς ζωῆς ἡμῶν, καὶ ἤγαγες ἡμᾶς ἕως τῆς ὥρας ταύτης, ἀξιώσας πάλιν παραστῆναι ἐνώπιόν σου ἐν τόπῳ ἁγίῳ σου ἄφεσιν αἰτοῦντας τῶν ἁμαρτιῶν ἡμῶν, καὶ ἱλασμὸν παντὶ τῷ λαῷ σου. καὶ δεόμεθα καὶ παρακαλοῦμέν σε, φιλάνθρωπε, ἀγαθέ, δὸς ἡμῖν τὴν ἁγίαν ἡμέραν ταύτην καὶ ἅπαντα τὸν χρόνον τῆς ζωῆς ἡμῶν ἐπιτελέσαι ἀναμαρτήτως, μετὰ πάσης χαρᾶς, ὑγείας, σωτηρίας, καὶ παντὸς ἁγιασμοῦ, καὶ τοῦ σοῦ φόβου. πάντα δὲ φθόνον, πάντα φόβον, πάντα πειρασμόν, πᾶσαν σατανικὴν ἐνέργειαν, πᾶσαν πονηρῶν ἀνθρώπων ἐπιβουλήν, ἐκδίωξον ἀφ' ἡμῶν, ὁ Θεός, καὶ ἀπὸ τῆς ἁγίας σου καθολικῆς καὶ ἀποστολικῆς ἐκκλησίας. τὰ καλὰ καὶ τὰ συμ-

ROTULUS VATICANUS.

δεόμεθα καὶ παρακαλοῦμέν σε, φιλάνθρωπε, ἀγαθέ, ἐπίφανον, Κύριε, τὸ πρόσωπόν σου ἐπὶ τὸν ἄρτον τοῦτον καὶ ἐπὶ τὸ ποτήριον τοῦτο, εἰς μεταποίησιν τοῦ ἀχράντου σώματος καὶ τοῦ τιμίου σου αἵματος, ἐν οἷς σε ὑποδέχεται τράπεζα παναγία, ἱερατικὴ ὑμνῳδία, ἀγγελικὴ χοροστασία, εἰς μετάληψιν ψυχῶν καὶ σωμάτων· χάριτι καὶ οἰκτιρμοῖς.

Εὐλόγησον, δέσποτα.

Ὁ ἱερεύς. Εὐλογημένη ἡ βασιλεία τοῦ Πατρὸς καὶ τοῦ Υἱοῦ καὶ τοῦ.

Ὁ διάκονος συνάπτει. Ἐν εἰρήνῃ τοῦ Κυρίου δεηθῶμεν.

Ὁ ἱερεύς: εὐχή. ∴ ∴

Δέσποτα Κύριε ὁ Θεὸς ἡμῶν, ὁ παντοκράτωρ, ὁ Πατὴρ τοῦ Κυρίου καὶ Θεοῦ καὶ Σωτῆρος ἡμῶν Ἰησοῦ Χριστοῦ, εὐχαριστοῦμέν σοι κατὰ πάντα, καὶ διὰ πάντων, καὶ ἐν πᾶσιν, ὅτι ἐσκέπασας, ἐβοήθησας, ἀντελάβου ἡμῶν, μέχρι τῆς ἁγίας σου ὥρας ταύτης. + καὶ δεόμεθα καὶ παρακαλοῦμέν σε, φιλάνθρωπε, ἀγαθέ, καὶ τὴν ἁγίαν σου ἡμέραν ταύτην καὶ πάσας τὰς ἡμέρας τῆς ζωῆς ἡμῶν, ἐν εἰρήνῃ ἡμᾶς διαφύλαξον. πάντα δὲ φθόνον, πάντα πειρασμόν, πᾶσαν σατανικὴν ἐνέργειαν, καὶ ἀνθρώπων πονηρῶν ἐπιβουλήν, ἀποδίωξον ἀφ' ἡμῶν καὶ ἀπὸ τοῦ ἁγίου τόπου τούτου. ὁ Θεός, τὰ ἀγαθὰ καὶ τὰ συμφέροντα ἐπιχορήγησον ἡμῖν, καὶ

p. 3.

---

(1) Drouard : εὔχεται τὸ εὐχαριστοῦμεν. Dr Neale added μυστικῶς.

CANON UNIVERSALIS ÆTHIOPUM.

Sacerdos. Domine, Domine omnipotens, Pater Domini Dei et Salvatoris nostri Jesu Christi, gratias agimus tibi de omnibus, pro omnibus et in omnibus, quia protexisti nos, juvisti nos, custodisti nos, et misertus es nostri, suscepisti, roborasti et multiplicasti nos usque ad hanc horam.

Diaconus. Petite et rogate ut misereatur nostri Dominus et parcat nobis: suscipiatque orationem et deprecationem quae fit pro nobis a sanctis suis, ut benignus erga nos semper efficiat nos dignos ut suscipiamus, participesque simus communionis mysterii benedicti, et dimittat nobis peccata nostra.

Dicetque omnis populus ter. Kyrie eleison.

Sacerdos. Ut ducamus hunc diem sanctum et omnes dies vitae nostrae in pace cum timore tuo: omnem invidiam, omnem dolum, omnemque operationem satanae, omnem machinationem hominum improborum, insultationemque inimici secretam et manifestam procul fac et depelle a me et ab omni populo tuo et ab hoc loco sancto tuo; quaecunque bona, quaecunque praestantia, mandato tuo praesta nobis: quia tu es qui dedisti nobis potestatem calcandi serpentes et scorpiones, omnemque virtutem inimici. Et ne nos inducas, Domine, in tentationem, sed libera et eripe nos ab omni malo; per gratiam, misericordiam, et amorem erga homines Filii tui unigeniti, Domini Dei et Salvatoris nostri Jesu Christi: per quem, cum quo, et cum

LITURGIA COPTITARUM SANCTI BASILII.

Sacerdos. Domine Deus omnipotens, Pater Domini Dei et Salvatoris nostri Jesu Christi, gratias agimus tibi de omnibus, et propter omnia, et in omnibus, quia protexisti nos, adjuvisti nos, conservasti nos, suscepisti nos ad te, et misertus es nostri, auxilium dedisti nobis, et ad hanc horam nos perduxisti.

Diaconus. Orate ut Deus misereatur nostri.

Sacerdos. Ea propter petimus et obsecramus bonitatem tuam, O amator hominum, ut concedas nobis hunc diem sanctum et omnes dies vitae nostrae in pace cum timore tuo transigere. Omnem invidiam, omnem tentationem, omnem operationem satanae, et consilium hominum improborum, impetumque hostium tam occultorum quam manifestorum depelle a nobis, ab omni populo tuo et ab hoc loco sancto: quae autem bona, quae placita sunt, nobis jube. Tu enim ipse es, qui dedisti nobis potestatem calcandi serpentes et scorpiones, omnemque virtutem inimici. Et ne nos inducas in tentationem, sed libera nos a malo, per gratiam et misericordiam amoremque erga homines Filii tui unigeniti, Domini Dei et Salvatoris nostri Jesu Christi, per quem tibi debetur honor, gloria et imperium, cum ipso, et Spiritu sancto

CODEX ROSSANENSIS.

φέροντα ἡμῖν ἐπιχορήγησον· καὶ εἴ τι σοι ἡμάρτομεν ἐν λόγῳ, ἢ ἔργῳ, ἢ κατὰ διάνοιαν, σὺ ὡς ἀγαθὸς καὶ φιλάνθρωπος παριδεῖν καταξίωσον, καὶ μὴ ἐγκαταλίπῃς ἡμᾶς, ὁ Θεός, τοὺς ἐλπίζοντας ἐπί σοι, μηδὲ εἰσενέγκῃς ἡμᾶς εἰς πειρασμόν, ἀλλὰ ῥῦσαι ἡμᾶς ἀπὸ τοῦ πονηροῦ καὶ ἐκ τῶν ἔργων αὐτοῦ, χάριτι καὶ οἰκτιρμοῖς καὶ φιλανθρωπίᾳ τοῦ μονογενοῦς σου Υἱοῦ,

Ἐκφώνως. Δι' οὗ, μεθ' οὗ, σοὶ ἡ δόξα καὶ τὸ κράτος, σὺν τῷ παναγίῳ καὶ ἀγαθῷ καὶ ζωοποιῷ σου Πνεύματι, νῦν καὶ.

Ὁ λαός. Ἀμήν.

Ὁ ἱερεύς. Εἰρήνη πᾶσιν.

Ὁ λαός. Καὶ τῷ πνεύματί σου.

Ὁ διάκονος. Προσεύξασθε ὑπὲρ τοῦ βασιλέως.

Ὁ λαός. Κύριε ἐλέησον. γ'.

(1) Ὁ δὲ ἱερεὺς ἐπεύχεται.

(2) Δέσποτα Κύριε ὁ Θεός, ὁ παντοκράτωρ, ὁ Πατὴρ τοῦ Κυρίου καὶ Θεοῦ καὶ Σωτῆρος ἡμῶν Ἰησοῦ Χριστοῦ, δεόμεθα καὶ παρακαλοῦμέν σε, τὸν βασιλέα ἡμῶν ἐν εἰρήνῃ καὶ ἀνδρείᾳ καὶ δικαιοσύνῃ διαφύλαξον. καθυπόταξον αὐτῷ, ὁ Θεός, πάντα ἐχθρὸν καὶ πολέμιον· ἐπιλαβοῦ ὅπλου καὶ θυραίου, καὶ ἀνάστηθι εἰς τὴν βοήθειαν αὐτοῦ. δὸς αὐτῷ, ὁ Θεός, νίκας, εἰρηνικὰ φρονεῖν [πρὸς] ἡμᾶς καὶ πρὸς τὸ ὄνομά σου τὸ ἅγιον· ἵνα καὶ ἡμεῖς ἐν τῇ γαληνότητι τῶν ἡμερῶν αὐτοῦ ἤρεμον καὶ ἡσύχιον βίον διάγωμεν, ἐν πάσῃ εὐσεβείᾳ καὶ σεμνότητι, χάριτι καὶ οἰκτιρμοῖς καὶ φιλανθρωπίᾳ τοῦ μονογενοῦς σου Υἱοῦ·

(1) Dr Neale added μυστικῶς.
(2) Renaudot, and then Dr Neale, omitted ὁ παντοκράτωρ.

ROTULUS VATICANUS.

τὴν ζωὴν ἡμῶν οἰκονόμησον· καὶ εἴ τι σοι ἡμάρτομεν εἴτε ἐν λόγῳ, εἴτε ἐν ἔργῳ, εἴτε ἐν γνώσει, εἴτε ἐν ἀγνοίᾳ, σὺ ὡς ἀγαθὸς καὶ φιλάνθρωπος Θεὸς παριδεῖν καταξίωσον, καὶ μὴ εἰσενέγκῃς ἡμᾶς εἰς πειρασμόν, ὃν ὑπενεγκεῖν οὐ δυνάμεθα· χάριτι καὶ οἰκτιρμοῖς.

Ἀντιλαβοῦ. Τῆς παναγίας.

Ὁ ἱερεὺς ἐκφών. Ὅτι πρέπει σοι πᾶσα δόξα, τιμὴ καὶ προσ.

Ἀντίφω. αʹ. Ὁ ἀρχιδιάκονος. Προσεύξασθε ὑπὲρ τοῦ βασιλέως.

Ὁ λαός. Ἔτι καὶ ἔτι ἐν εἰρήνῃ.

Ὁ ἱερεὺς εὔχεται.

Δέσποτα Κύριε ὁ Θεός, ὁ παντοκράτωρ, ὁ Πατὴρ τοῦ Κυρίου καὶ Θεοῦ καὶ Σωτῆρος ἡμῶν Ἰησοῦ Χριστοῦ, βασιλεὺς τῶν βασιλευόντων καὶ κύριος τῶν κυριευόντων, τὴν βασιλείαν τοῦ δούλου σου ὃν προώρισας βασιλεύειν ἐπὶ τῆς γῆς ἐν εἰρήνῃ καὶ αἰθρίᾳ διαφύλαξον. δὸς αὐτῷ, ὁ Θεός, νίκας, ἐν εἰρήνῃ καὶ φρονήσει πρὸς ἡμᾶς καὶ πρὸς τὸ ὄνομά σου τὸ ἅγιον· ἵνα καὶ ἡμεῖς ἐν τῇ γαλήνῃ αὐτοῦ ἤρεμον καὶ ἡσύχιον βίον διάγωμεν, ἐν πάσῃ εὐσεβείᾳ καὶ σεμνότητι ταῖς εἰς σὲ καταληφθῶμεν, χάριτι καὶ οἰκτιρμοῖς :—

Ὁ διάκονος. Ἀντιλαβοῦ. Τῆς παναγίας.

(a) These words will be found again below, p. 27. The ms. has here καταλιφθῶμεν and τοῖς.

LITURGY OF ALEXANDRIA.

CANON UNIVERSALIS ÆTHIOPUM.

Spiritu tuo sancto, te decet gloria et imperium, nunc et semper, et in saecula saeculorum. Amen.

* * *

Oratio Oblationis mysticae.

(1)

p. 477.

Princeps Jesu Christe, cujus substantia facta non est, Verbum purum Genitoris ...Patri et Spiritui sancto tu aequalis es; panis vivus qui descendit de caelo; qui prius fuisti in figura agni immaculati pro vita mundi: nunc rogamus et obsecramus benignitatem tuam, amator hominum, ostende faciem tuam super hunc panem et super hunc calicem, quos proposuimus super hoc altare spirituale tuum: benedic, sanctifica et purifica illos; et transmuta hunc panem, ut fiat corpus tuum purum: et quod mistum est in hoc calice sanguis tuus pretiosus; fiantque nobis omnibus oblatio ad medelam et ad salutem animae nostrae et corporis: quia tu es Rex omnium nostrum, Christe Deus noster, et mittimus tibi sursum sanctificationem, gloriam et adorationem, simulque Patri tuo bono caelesti, et Spiritui tuo sancto vivificanti, nunc et semper, et in saecula saeculorum. Amen.

* * *

LITURGIA COPTITARUM SANCTI BASILII.

vivificante, tibique consubstantiali, nunc et semper, et in omnia saecula saeculorum. Amen.

Oratio Oblationis sive Propositionis Panis et Calicis.

p. 3

(1)

Domine Jesu Christe, Fili unigenite, Verbum Dei Patris, eique consubstantiale et coaeternum et Spiritui sancto; tu es panis vivus, qui descendisti de caelo, et praevenisti nos, impendistique animam tuam perfectam et absque vitio, pro vita mundi: rogamus obsecramusque bonitatem tuam, O amator hominum, ostende faciem tuam super hunc panem et super hunc calicem, quos super mensam hanc tuam sacerdotalem posuimus: benedic eos ✠, sanctifica eos ✠, et consecra eos ✠: transfer eos, ita ut panis quidem hic fiat corpus tuum sanctum, et hoc mistum in hoc calice sanguis tuus pretiosus, ut sint nobis omnibus praesidium, medicina, salus animarum corporum spirituumque; quia tu es Deus noster, tibique debetur laus et potestas, cum Patre tuo bono, et Spiritu vivificante tibique consubstantiali, nunc et semper, et in omnia saecula saeculorum. Amen.

* * *

(1) The concluding portions of these prayers may be compared with the termination of the prayer Δέσποτα Κύριε in the Vatican Roll, pages 2 and 4.

CODEX ROSSANENSIS.

Ἐκφώνως. Δι' οὗ καὶ μεθ' οὗ σοὶ [ἡ] δόξα καὶ τὸ κράτος, σὺν τῷ παναγίῳ καὶ ἀγαθῷ καὶ ζωοποιῷ σου.

Ὁ λαός. Ἀμήν.
Ὁ ἱερεύς. Εἰρήνη πᾶσιν.
Ὁ λαός. Καὶ τῷ πνεύματί σου.
Ὁ διάκονος. Προσεύξασθε ὑπὲρ τοῦ Πάπα καὶ τοῦ ἐπισκόπου.
Ὁ λαός. Κύριε ἐλέησον.
Ὁ ἱερεύς.

(1) Δέσποτα Κύριε ὁ Θεός, ὁ παντοκράτωρ, ὁ Πατὴρ τοῦ Κυρίου καὶ Θεοῦ καὶ Σωτῆρος ἡμῶν Ἰησοῦ Χριστοῦ, δεόμεθα καὶ παρακαλοῦμέν σε, φιλάνθρωπε, ἀγαθέ, τὸν ἁγιώτατον καὶ μακαριώτατον καὶ ἀρχιερέα ἡμῶν Πάπαν τὸν Δ. καὶ τὸν ὁσιώτατον ἐπίσκοπον τὸν Δ., συντηρῶν συντήρησον ἡμῖν
(2) αὐτοὺς ἔτεσι πολλοῖς, χρόνοις εἰρηνικοῖς, ἐκτελοῦντας τὴν ὑπὸ σοῦ ἐμπεπιστευμένην
fol. 41 ἁγίαν ἀρχιερωσύνην, κατὰ τὸ ἅγιον καὶ μακάριόν σου θέλημα, ὀρθοτομοῦντας τὸν λόγον τῆς ἀληθείας· σὺν πᾶσιν ὀρθοδόξοις ἐπισκόποις, πρεσβυτέροις, διακόνοις, ὑποδιακόνοις, ἀναγνώσταις, ψάλταις τε καὶ λαϊκοῖς, σὺν παντὶ τῷ πληρώματι τῆς ἁγίας καὶ μόνης καθολικῆς ἐκκλησίας, εἰρήνην καὶ ὑγείαν καὶ σωτηρίαν αὐτοῖς χαριζόμενος. τὰς δὲ εὐχὰς αὐτῶν, ἃς ποιοῦσιν ὑπὲρ ἡμῶν, καὶ ἡμεῖς ὑπὲρ αὐτῶν, πρόσδεξαι, Κύριε, εἰς τὸ ἅγιον καὶ ἐπουράνιον καὶ λογικόν σου θυσιαστήριον. πάντα δὲ ἐχθρὸν τῆς ἁγίας σου ἐκκλησίας καθυπόταξον ὑπὸ τοὺς πόδας αὐτῶν ἐν τάχει, χάριτι καὶ οἰκτιρμοῖς

ROTULUS VATICANUS.

Ὅτι σὸν τὸ κράτος καὶ σοῦ ἐστιν ἡ βασιλεία καὶ ἡ δύναμις.

Ἀντίφων. β'. Ὁ ἀρχιδιάκονος. Προσεύξασθε ὑπὲρ τοῦ ἁγιωτάτου ἡμῶν Πάπα.
Ὁ διάκονος. Ἔτι καὶ ἔτι ἐν εἰρήνῃ.
Ὁ ἱερεὺς εὔχεται.

Δέσποτα Κύριε ὁ Θεός, ὁ παντοκράτωρ, ὁ Πατὴρ τοῦ Κυρίου καὶ Θεοῦ καὶ Σωτῆρος ἡμῶν Ἰησοῦ Χριστοῦ, δεόμεθα καὶ παρακαλοῦμέν σε, φιλάνθρωπε, ἀγαθέ, τὸν ἁγιώτατον καὶ ἀρχιερέα ἡμῶν Πάπαν, συντηρῶν συντήρησον αὐτόν, ἔτεσι πολλοῖς καὶ χρόνοις εἰρηνικοῖς ἐκτελοῦντα αὐτὸν τὴν ὑπὸ σοῦ ἐμπεπιστευμένην ἁγίαν ἀρχιερωσύνην, ὀρθοτομοῦντά τε τὸν λόγον τῆς σῆς ἀληθείας, καὶ ποιμαίνοντα τὸ ποίμνιόν σου ἐν ὁσιότητι καὶ δικαιοσύνῃ· σὺν πᾶσιν ὀρθοδόξοις ἐπισκόποις, πρεσβυτέροις, διακόνοις, καὶ παντὶ τῷ πληρώματι τῆς ἁγίας καὶ μόνης καθολικῆς καὶ ἀποστολικῆς ἐκκλησίας. τὰς δὲ εὐχὰς αὐτῶν, ἃς ποιοῦσιν ὑπὲρ ἡμῶν, καὶ ἡμεῖς ὑπὲρ αὐτῶν, καὶ ὑπὲρ παντὸς τοῦ λαοῦ σου, πρόσδεξαι, Κύριε, ἐπὶ τὸ οὐράνιον καὶ πνευματικόν σου θυσιαστήριον· πάντα δὲ ἐχθρόν, ὁρατόν τε καὶ ἀόρατον, καθυπόταξον ὑπὸ τοὺς πόδας αὐτοῦ ἐν τάχει· αὐτὸς δὲ ἐν εἰρήνῃ διαφύλαξον τὴν ἐκκλησίαν σου, χάριτι καὶ οἰκ. *sic*

p. 6

---

(1) Drouard omitted both καὶ before ἀρχιερέα and τὸν Δ.
(2) Drouard printed εἰρηνικῶς for χρόνοις εἰρηνικοῖς.

CANON UNIVERSALIS ÆTHIOPUM.   LITURGIA COPTITARUM SANCTI BASILII.

LITURGY OF ALEXANDRIA.

CODEX ROSSANENSIS.

καὶ φιλανθρωπίᾳ τοῦ μονογενοῦς σου Υἱοῦ·

Ἐκφώνως. Δι' οὗ καὶ μεθ' οὗ σοὶ ἡ δόξα καὶ τὸ κράτος σὺν τῷ πανα[γίῳ].

Ὁ λαός. Ἀμήν.

Ὁ ἱερεύς. Εἰρήνη πᾶσιν.

Ὁ λαός. Καὶ τῷ πνεύματί.

Ὁ διάκονος. Ἐπὶ προσευχὴν σταθῆτε.

(1) Ὁ λαός. Κύριε ἐλέησον.

Ὁ δὲ ἱερεὺς ἐπεύχεται· εὐχὴ τῆς εἰσόδου καὶ εἰς τὸ θυμίαμα.

fol. 41 b
(2) Δέσποτα Χριστέ, ὁ Θεὸς ἡμῶν, ὁ τὴν δωδεκάφωτον λαμπάδα τῶν δώδεκα ἀποστόλων ἐκλεξάμενος, καὶ ἐξαποστείλας αὐτοὺς ἐν ὅλῳ τῷ κόσμῳ κηρῦξαι καὶ διδάξαι τὸ εὐαγγέλιον τῆς βασιλείας σου, καὶ θεραπεύειν πᾶσαν νόσον καὶ πᾶσαν μαλακίαν ἐν τῷ λαῷ, καὶ ἐμφυσήσας εἰς τὰ πρόσωπα αὐτῶν, καὶ εἰπὼν αὐτοῖς, Λάβετε Πνεῦμα
(3) ἅγιον, τὸν παράκλητον· ἄν τινων ἀφίετε τὰς ἁμαρτίας, ἀφέωνται αὐτοῖς, ἄν τινων κρατεῖτε, κεκράτηνται· οὕτως καὶ ἐφ' ἡμᾶς τοὺς
(4) παρεστηκότας δούλους σου, ἐν τῇ εἰσόδῳ
(5) τῆς ἱερουργίας ταύτης, ἐπισκόπους, πρεσβυτέρους, διακόνους, ἀναγνώστας, ψάλτας τε καὶ λαϊκούς, σὺν παντὶ τῷ πληρώματι τῆς ἁγίας καθολικῆς καὶ ἀποστολικῆς ἐκκλησίας· ῥῦσαι ἡμᾶς, Κύριε, ἀπὸ ἀρᾶς καὶ κατάρας, καὶ ἀπὸ ἀναθέματος καὶ δεσμοῦ
fol. 42 καὶ ἀφορισμοῦ, καὶ ἐκ τῆς μερίδος τοῦ ἀντικειμένου· καὶ καθάρισον ἡμῶν τὰ χείλη καὶ

ROTULUS VATICANUS.

Ὁ διάκονος. Ἀντιλαβοῦ. Τῆς παναγίας.

Ὁ ἱερεὺς ἐκφών.

Ὅτι ἀγαθὸς καὶ φιλάνθρωπος Θεὸς ὑπάρχεις, καὶ σοὶ τὴν δ.

Ἀντίφων. γ΄.

Ὁ ἱερεὺς τὴν εὐχήν.

Δέσποτα Χριστέ, ὁ Θεὸς ἡμῶν, ὁ τὴν δωδεκάφωτον λαμπάδα τῶν δώδεκα ἀποστόλων ἐκλεξάμενος, καὶ ἐξαποστείλας αὐτοὺς ἐν ὅλῳ τῷ κόσμῳ κηρῦξαι καὶ διδάξαι τὸ εὐαγγέλιον τῆς βασιλείας σου, καὶ θεραπεύειν πᾶσαν νόσον καὶ πᾶσαν μαλακίαν ἐν τῷ λαῷ, καὶ ἐμφυσήσας εἰς τὰ πρόσωπα αὐτῶν, καὶ εἰπὼν αὐτοῖς, Λάβετε Πνεῦμα ἅγιον, τὸν παράκλητον· ἄν τινων ἀφίετε τὰς ἁμαρτίας, ἀφέονται, ἄν τινων κρατεῖτε, κεκράτηνται· οὕτως καὶ ἐφ' ἡμᾶς τοὺς παρεστηκότας δούλους σου, ἐν τῇ εἰσόδῳ τῆς ἱερουργίας ταύτης, πρεσβυτέρους, διακόνους, ὑποδιακόνους, ἀναγνώστας, ψάλτας τε καὶ λαϊκούς, σὺν παντὶ τῷ πληρώματι τῆς ἁγίας καθολικῆς καὶ ἀποστολικῆς ὀρθοδόξου τοῦ Θεοῦ ἐκκλησίας· ῥῦσαι ἡμᾶς, Κύριε, ἀπὸ κατάρας καὶ δεσμοῦ καὶ ἀφορισμοῦ, καὶ ἐκ τῆς μερίδος τοῦ ἀντικειμένου· καὶ καθάρισον ἡμῶν τὰ χείλη καὶ τὴν καρδίαν ἀπὸ παντὸς

p. 7

(1) Drouard added τρίς.
(2) Drouard Κύριε for Χριστέ.
(3) Drouard τὸ παράκλητον and ἀφίεται.
(4) Drouard περιεστηκότας.
(5) MS. ταύτης ἐπισκόποις &c. Drouard τὰς τοῖς ἐπισκόποις. Neale σὺν τοῖς ἐπισκόποις.

LITURGY OF ALEXANDRIA.

CANON UNIVERSALIS ÆTHIOPUM.

Sacerdos dicit Orationem Absolutionis ad Filium.

Domine Jesu Christe Fili unigenite, Verbum Dei Patris, qui rupisti a nobis omnia vincula peccatorum nostrorum, per passionem tuam salutarem et vivificantem: qui insufflavisti in discipulos tuos sanctos et Apostolos puros, dicens: Accipite Spiritum sanctum, quorum remiseritis peccata remittentur eis, et quorum non remiseritis retenta erunt: Tu, Domine, nunc per Apostolos tuos puros gratiam sacerdotibus dedisti, ut idem facerent in Ecclesia sancta tua, remitterentque peccata super terram, omni tempore, ligarentque et solverent omnia iniquitatis vincula. Igitur etiam nunc rogamus et obsecramus bonitatem tuam, amator hominum, omnibus servis tuis, patribus et fratribus meis, mihi quoque servo tuo Tesfa Sion, et omnibus qui inclinaverunt colla sua coram altari tuo sancto, planam fac viam misericordiae tuae: scinde et rumpe omne vinculum peccatorum nostrorum, quae commisimus coram te, Domine, scienter vel ignoranter: per malitiam cordis, aut imbecil-

LITURGIA COPTITARUM SANCTI BASILII.

Oratio Absolutionis ad Filium.

Domine Jesu Christe, Fili unigenite, et Verbum Dei Patris, qui dirupisti omnia vincula peccatorum nostrorum passione tua salutari et vivifica, qui inspiravisti in faciem discipulorum tuorum Apostolorumque sanctorum, dicens eis, Accipite Spiritum sanctum: quorum remiseritis peccata remittuntur eis, et quorum retinueritis retenta sunt; tu etiamnum, Domine, per Apostolos tuos sanctos, eos elegisti qui sacerdotio semper in Ecclesia tua sancta fungerentur, ut relaxarent peccata super terram, ligarentque et solverent omnia iniquitatis vincula. Rogamus obsecramusque bonitatem tuam, O amator hominum, pro servis tuis patribus meis, fratribus meis, et infirmitate mea, qui capita sua coram gloria tua sancta inclinant; praesta nobis misericordiam tuam, et solve omnia vincula peccatorum nostrorum. Quod si adversum te peccaverimus, prudenter vel imprudenter vel cordis duritia, opere aut verbo aut pusillanimitate, tu, Domine, qui nosti humanam imbecillitatem, tan-

2—2

CODEX ROSSANENSIS.

τὴν καρδίαν ἀπὸ παντὸς μολυσμοῦ καὶ ἀπὸ πάσης ῥᾳδιουργίας· ἵνα ἐν καθαρᾷ καρδίᾳ καὶ καθαρῷ συνειδότι προσφέρωμέν σοι τὸ θυμίαμα τοῦτο, εἰς ὀσμὴν εὐωδίας καὶ εἰς ἄφεσιν ἁμαρτιῶν ἡμῶν καὶ παντὸς τοῦ λαοῦ σου, χάριτι καὶ οἰκτιρμοῖς καὶ φιλανθρωπίᾳ τοῦ μονογενοῦς σου Υἱοῦ·

Ἐκφώνως. Δι' οὗ καὶ μεθ' οὗ σοὶ ἡ δόξα καὶ [τὸ] κράτος σὺν τῷ παναγίῳ. (1)

Ὁ διάκονος. Ὀρθοί.

Καὶ ψάλλουσιν τὸ

Ὁ μονογενὴς Υἱὸς καὶ Λόγος. (2)

Καὶ γίνεται ἡ εἴσοδος τοῦ εὐαγγελίου. Καὶ λέγει ὁ διάκονος· Ἐπὶ προσευχήν.

Ὁ ἱερεύς. Εἰρήνη πᾶσιν.

Ὁ λαός. Καὶ τῷ πνεύματί σου.

Ὁ διάκονος. Ἐπὶ προσευχήν.

Ὁ λαός. Κύριε ἐλέησον. (3)

(1) D (Drouard) adds ὁ λαός. Ἀμήν.
(2) Dr Neale completes the hymn. It is this: Ὁ μονογενὴς Υἱὸς καὶ Λόγος τοῦ Θεοῦ ἀθάνατος ὑπάρχων, καταδεξάμενος διὰ τὴν ἡμετέραν σωτηρίαν σαρκωθῆναι ἐκ τῆς ἁγίας θεοτόκου καὶ ἀειπαρθένου Μαρίας, ἀτρέπτως ἐνανθρωπήσας, σταυρωθείς τε, Χριστὲ ὁ Θεός, θανάτῳ θάνατον πατήσας, εἷς ὢν τῆς ἁγίας Τριάδος, συνδοξαζόμενος τῷ Πατρὶ καὶ τῷ ἁγίῳ Πνεύματι, σῶσον ἡμᾶς.
(3) Dr Neale introduced here the Ἅγιος ὁ Θεός, ἅγιος ἰσχυρός, ἅγιος ἀθάνατος, ἐλέησον ἡμᾶς.

ROTULUS VATICANUS.

μολυσμοῦ καὶ ἀπὸ πάσης ῥᾳδιουργίας· ἵνα ἐν καθαρᾷ καρδίᾳ καὶ καθαρῷ συνειδότι προσφέρωμέν σοι τὸ θυμίαμα τοῦτο, εἰς ὀσμὴν εὐωδίας καὶ εἰς ἄφεσιν τῶν ἁμαρτιῶν ἡμῶν καὶ παντὸς τοῦ λαοῦ σου, χάριτι καὶ οἰκτιρμοῖς καὶ φιλανθρωπίᾳ. (a)

Ἅγιε, ὕψιστε, φοβερέ, ὁ ἐν ἁγίοις ἀναπαυόμενος, Κύριε, αὐτὸς ἡμᾶς ἁγίασον, καὶ ἀξίους ἡμᾶς ποίησον τῆς φοβερᾶς σου ἱερωσύνης, καὶ προσάγαγε ἡμᾶς τῷ τιμίῳ σου θυσιαστηρίῳ, μετὰ πάσης συνειδήσεως ἀγαθῆς· καθάρισον ἡμῶν τὰς καρδίας ἀπὸ παντὸς μολυσμοῦ· πᾶσαν αἴσθησιν πονηρὰν ἐκδίωξον ἀφ' ἡμῶν· ἁγίασον ἡμῶν τὸν νοῦν καὶ τὴν ψυχὴν καὶ τὸ σῶμα καὶ τὸ πνεῦμα, καὶ δὸς ἡμῖν τὴν τῶν ἁγίων πατέρων ἐπιτελεῖν λατρείαν, μετὰ τοῦ φόβου σου, ἐξιλασκομένοις τὸ πρόσωπόν σου διὰ παντός· σὺ γὰρ εἶ ὁ εὐλογῶν καὶ ἁγιάζων τὰ σύμπαντα, καὶ σοὶ τὴν δόξαν καὶ εὐχαριστίαν, τιμὴν καὶ προσκύνησιν ἀναπέμπομεν, τῷ Π. (b)

Ὁ διάκονος. Σοφία.

Ὁ λαός. Δεῦτε προσ.

(a) (An Arabic note unintelligible.) In the margin has been added εὐχὴ τῆς εἰσόδου.
(b) MS. ἐξιλασκόμενοι.

LITURGY OF ALEXANDRIA.

CANON UNIVERSALIS ÆTHIOPUM.

litatem: per sermonem aut pusillanimitatem, aut per fallaciam: quia tu Deus nosti fragilitatem humanam. O bone amator humani generis et omnium Domine, concede nobis remissionem peccatorum nostrorum: benedic nobis, sanctifica nos, munda nos, bonum odorem da nobis, libera nos et fac nos absolutos.

* * *

LITURGIA COPTITARUM SANCTI BASILII.

quam bonus et hominum amator Deus, concede nobis remissionem peccatorum nostrorum; benedic nos, et purifica nos, absolveque nos et omnem populum tuum: imple nos timore tuo, et dirige nos ad voluntatem tuam sanctam et bonam quia tu es Deus noster et tibi debetur gloria honor et potestas cum Patre tuo bono et Spiritu tuo Sancto nunc, etc.

* * *

p. 479 *Sacerdos dicit Orationem incensi.*

* * *

CODEX ROSSANENSIS.

Ὁ ἱερεὺς εὔχεται· εὐχὴ τοῦ τρισαγίου.

Δέσποτα Κύριε, Ἰησοῦ Χριστέ, ὁ συναΐδιος Λόγος τοῦ ἀνάρχου Πατρός, ὁ καθ᾽ ἡμᾶς γενόμενος κατὰ πάντα χωρὶς ἁμαρτίας ἐπὶ σωτηρίᾳ τοῦ γένους ἡμῶν· ὁ ἐξαποστείλας τοὺς ἁγίους σου μαθητὰς καὶ ἀποστόλους κηρῦξαι καὶ διδάξαι τὸ εὐαγγέλιον τῆς βασιλείας σου, καὶ θεραπεύειν πᾶσαν νόσον καὶ πᾶσαν μαλακίαν ἐν τῷ λαῷ σου, αὐτὸς καὶ νῦν, Δέσποτα, ἐξαπόστειλον τὸ φῶς σου καὶ τὴν ἀλήθειάν σου· καὶ καταύγασον τοὺς ὀφθαλμοὺς τῆς διανοίας ἡμῶν εἰς κατανόησιν τῶν θείων σου λογίων· καὶ ἱκάνωσον ἡμᾶς ἀκροατὰς αὐτῶν γενέσθαι· καὶ μὴ μόνον ἀκροατάς, ἀλλὰ καὶ ποιητὰς λόγου γενομένους εἰς τὸ καρποφορῆσαι καὶ ποιῆσαι καρποὺς ἀγαθούς, ἀνὰ τριάκοντα καὶ ἑξήκοντα καὶ ἑκατόν, ὅπως καταξιωθῶμεν τῆς βασιλείας τῶν οὐρανῶν·

Ἐκφώνως. Καὶ ταχὺ προκαταλαβέτωσαν ἡμᾶς οἱ οἰκτιρμοί σου, Κύριε· ἐκφώνως.

Σὺ γὰρ εἶ ὁ εὐαγγελισμός, σωτὴρ καὶ φύλαξ τῶν ψυχῶν καὶ τῶν σωμάτων ἡμῶν, Κύριε ὁ Θεός, καὶ σοὶ τὴν δόξαν καὶ τὴν εὐχαριστίαν καὶ τὸν τρισάγιον ὕμνον ἀναπέμπομεν, τῷ Πατρὶ καὶ τῷ Υἱῷ καὶ τῷ ἁγίῳ Πνεύματι, νῦν.

Ὁ λαός. Ἀμήν. Ἅγιος ὁ Θεός, ἅγιος ἰσχυρός.

ROTULUS VATICANUS.

Ὁ ἱερεὺς εὐχὴν μετὰ τὴν εἴσοδον εἰς ἔμπροσθεν ἐν τῷ θυσιαστηρίῳ. (a)

Δέσποτα Κύριε, Ἰησοῦ Χριστέ, δεόμεθα καὶ παρακαλοῦμέν σε, φιλάνθρωπε, ἀγαθέ, ὁ ἐξαποστείλας τοὺς ἁγίους μαθητὰς καὶ ἀποστόλους κηρῦξαι καὶ διδάξαι τὰ ἅγια εὐαγγέλια, καὶ θεραπεύειν πᾶσαν νόσον καὶ πᾶσαν μαλακίαν ἐν τῷ λαῷ, αὐτὸς καὶ νῦν, Δέσποτα, ἐξαπόστειλον τὸ φῶς σου καὶ τὴν ἀλήθειάν σου· καὶ φώτισον τοὺς ὀφθαλμοὺς τῆς διανοίας ἡμῶν καὶ ἄνοιξον τὰ ὦτα τῆς καρδίας ἡμῶν· καὶ ἀξίωσον ἡμᾶς ἀκροατὰς γενέσθαι τῶν ἁγίων σου εὐαγγελίων, καὶ μὴ μόνον ἀκροατάς, ἀλλὰ καὶ ποιητὰς λόγου γενομένους εἰς τὸ καρποφορῆσαι καὶ ποιῆσαι καρποὺς ἀγαθούς, ἀνὰ τριάκοντα καὶ ἑξήκοντα καὶ ἑκατόν, ὅπως καταξιωθῶμεν τῆς βασιλείας τῶν οὐρανῶν·

Ὁ ἱερεὺς ἐκφών. Καὶ ταχὺ προκαταλαβέτωσαν ἡμᾶς οἱ οἰκτιρμοί.

Ὁ λαός· Κύριε ἐλέησον. γ΄.

Ὅτι σὺ ὁ εὐαγγελισμὸς καὶ ὁ φωτισμός, σωτὴρ καὶ φύλαξ τῶν ψυχῶν καὶ τῶν σωμάτων ἡμῶν, Κύριε ὁ Θεός, καὶ σοὶ τὴν δόξαν καὶ τὴν εὐχαριστίαν καὶ τὸν τρισάγιον ὕμνον ἀναπέμπομεν, τῷ Πατρὶ καὶ τῷ Υἱῷ καὶ τῷ ἁγίῳ Πνεύματι, νῦν.

---

(1) D omitted καὶ ἑξήκοντα.
(2) MS. ἐν ἑκατόν.
(3) Dr Neale omitted the *earlier* ἐκφώνως.
(4) Renaudot omitted ὁ.
(5) D added ἅγιος ἀθάνατος. Dr Neale omitted the hymn here.

(a) *Sic.* The latter part of the Rubric seems to have been added by a later hand.

| CANON UNIVERSALIS ÆTHIOPUM. | LITURGIA COPTITARUM SANCTI BASILII. |

[Compare

Oratio post Evangelium secreto dicenda. p. 8

Longanimis, multae misericordiae et verax, suscipe orationes, deprecationes et supplicationes nostras, poenitentiamque et confessionem nostram super altare tuum sanctum, purum et caeleste, ut digni efficiamur auditores Evangeliorum tuorum sanctorum, et praecepta et mandata tua observemus, et in iis centesimum, sexagesimum, et trigesimum fructum proferamus, in Christo Jesu Domino nostro.]

Oratio Thuris.

p. 479 Deus noster in aeternum, primus et novissimus, absque initio et absque fine, magnus in consiliis tuis, potens in operibus tuis, et sapiens in operatione tua, qui es ubique; rogamus et deprecamur te, Domine, ut sis nobiscum in hac hora: ostende faciem tuam super nos: esto nobiscum et in medio nostri: purifica corda nostra et sanctifica animas nostras: dele nequitiam nostram, et dimitte peccata nostra quae commisimus voluntarie p. 480 aut involuntarie: et praesta nobis ut offeramus tibi oblationem rationalem, sacrificiumque gratiarum actionis et spirituale, ut introeamus in penetrale Sancti Sanctorum.

Memento, Domine, unius sanctae Ecclesiae Apostolicae, quae est a finibus usque ad fines mundi.

Memento, Domine, Patriarchae nostri Abba N. et sancti beatique Metropolitae nostri Abba N. omniumque Patriar-

Deus aeternus, absque principio et fine, p. 4 magnus in praeceptis tuis et potens in operibus tuis: qui es ubicumque, et in omnibus: esto nobiscum peccatoribus, Domine, in hac hora: consiste in medio omnium nostrum: purifica corda nostra, et sanctifica animas nostras: munda nos ab omnibus peccatis quae commisimus voluntarie aut involuntarie. Concede nobis, ut offeramus coram te sacrificia rationabilia, sacrificia benedictionis, et incensum spirituale. Ingrediatur intra velum, in locum Sancti Sanctorum.

Rogamus te, Deus noster, memento, Domine, pacis unius tuae et unicae Catholicae et Apostolicae Ecclesiae.

Memento, Domine, Beati Patris nostri et venerandi Archiepiscopi Papae Anba p. 5 N. et Patris nostri Episcopi Anba N.

CODEX ROSSANENSIS.

(1) Καὶ μετὰ τὸν τρισάγιον, σφραγίζει ὁ ἱερεὺς τὸν λαόν, λέγων·

Εἰρήνη πᾶσιν.

Ὁ λαός. Καὶ τῷ πνεύματί σου.

Εἶτα τὸ Πρόσχωμεν· ὁ Ἀπόστολος· ὁ πρόλογος του ἀλληλούϊα.

Οἱ διάκονοι κατὰ ῥητὸν λέγουσι· Κύριε εὐλόγησον.

(2) Ὁ ἱερεὺς λέγει· Ὁ Κύριος εὐλογήσει καὶ συνδιακονήσει ὑμῖν τῇ αὐτοῦ χάριτι, νῦν καὶ ἀεί, καὶ εἰς τοὺς.

Ὁ ἱερεὺς πρὸ τοῦ εὐαγγελίου βάλλει θυμίαμα, λέγων οὕτως·

(3) Θυμίαμα προσφέρομεν ἐνώπιον τῆς ἁγίας
(4) δόξης σου, ὁ Θεός, ὁ προσδεξάμενος εἰς τὸ ἅγιον καὶ ὑπερουράνιον καὶ νοερόν σου θυσιαστήριον, ἀντικατάπεμψον ἡμῖν τὴν χάριν τοῦ ἁγίου σου Πνεύματος, ὅτι εὐλογημένος
(5) ὑπάρχεις, καὶ σοὶ τὴν δόξαν ἀναπ.

Ὁ διάκονος ὅτε μέλλει εἰπεῖν τὸ εὐαγγέλιον λέγει, Κύριε εὐλόγησον.

(6) Ὁ ἱερεύς. Ὁ Κύριος εὐλογήσει καὶ ἐνισχύσει, καὶ ἀκροατὰς ἡμᾶς ποιήσει τοῦ ἁγίου αὐτοῦ εὐαγγελίου, ὁ ὢν εὐλογητὸς Θεός, νῦν καὶ ἀεί, καὶ εἰς τοὺς αἰῶνας τῶν αἰώνων. Ἀμήν.

fol. 43 b

Ὁ διάκονος. Στάθητε· ἀκούσωμεν τοῦ ἁγίου εὐαγγελίου.

Ὁ ἱερεύς. Εἰρήνη πᾶσιν.

Ὁ λαός. Καὶ τῷ πνεύματί σου. Καὶ λέγει τὸ εὐαγγέλιον.

(1) Renaudot omitted τὸν.
(2) D. εὐλογήσῃ, &c.
(3) MS. προσφέρωμεν.
(4) MS. ὁ : D omitted it.
(5) D σὺ τὴν δόξαν ἀναπέμψον.
(6) D. εὐλογήσῃ, &c.

ROTULUS VATICANUS.

Εὐχὴ τοῦ θυμιάματος.

Ὁ Θεός, ὁ προσδεξάμενος Ἀβὲλ τὰ δῶρα, Νῶε καὶ Ἀβραὰμ τὴν θυσίαν, Ἀαρὼν καὶ Ζαχαρίου τὸ θυμίαμα, οὕτως καὶ ἐκ χειρὸς ἡμῶν τῶν ἁμαρτωλῶν πρόσδεξαι τὸ θυμίαμα τοῦτο, εἰς ὀσμὴν εὐωδίας καὶ εἰς ἄφεσιν τῶν ἁμαρτιῶν ἡμῶν καὶ παντὸς τοῦ λαοῦ σου· ὅτι εὐλογημένος ὑπάρχεις καὶ πρέπει σοι ἡ δόξα, τῷ Πατρὶ καὶ τῷ Υἱῷ καὶ τῷ ἁγίῳ Πνεύματι νῦν.

p. 11

(a) τοῦ θυμιάματος seems to have been added by a later hand. (Arabic, "Prayer of Incense.")

| CANON UNIVERSALIS ÆTHIOPUM. | LITURGIA COPTITARUM SANCTI BASILII. |

CANON UNIVERSALIS ÆTHIOPUM.

charum, Metropolitarum, Episcoporum, Sacerdotum et Diaconorum.

Memento, Domine, etiam Regis nostri N.

Memento, Domine, patrum et fratrum nostrorum, qui dormierunt et quieverunt in fide orthodoxa.

Memento, Domine, congregationis nostrae et benedic iis qui in illa sunt usque in finem.

Sacerdos. Adoremus Patrem, et Filium, et Spiritum Sanctum, unum in Trinitate. *Et dicitur ter.*

* * *

Coadjutor Sacerdotis dicit antequam legatur Epistola Pauli.

* * *

p. 483 *Sacerdos ter incensat Evangelium et tunc annuntiat illud populo dicens,* Evangelium sanctum quod praedicavit aut annuntiavit N., verbum Filii Dei.

Populus. Gloria tibi sit semper Christe Domine et Deus noster......

Post lectionem Evangelii populus dicit, Cherubim et Seraphim sursum mittunt ei gloriam.

Tunc dicent. Sanctus, Sanctus, Sanctus Omnipotens: pleni sunt caeli et terra sanctitate gloriae ejus.

Diaconus. Surgite ad orationem.

LITURGIA COPTITARUM SANCTI BASILII.

Memento, Domine, congregationum nostrarum et eis benedic: fac ut sint absque impedimento et perturbatione, ut celebremus eas juxta sanctam et beatam voluntatem tuam. Domos orationis, domos mundationis, domos sanctitatis, domos benedictionis concede ut illas possideamus, Domine, nos et servi tui qui nobis usque in aeternum successuri sunt. Exsurge, Domine Deus, et dissipentur inimici tui, et fugiant a facie tua omnes qui oderunt nomen tuum sanctum. Et populus tuus fruatur benedictionibus millies millenis et decies millies millenis, perficiatque voluntatem tuam, per gratiam, clementiam, amoremque erga homines Filii tui unigeniti Domini Dei et Salvatoris nostri Jesu Christi, per quem, etc.

* * *

Oratio post Apostoli seu Paulinæ Epistolæ lectionem.

* * *

Oratio post Catholicon. p. 6

* * *

Oratio Actuum Apostolorum.

* * *

Oratio Evangelii Sancti.

LITURGY OF ALEXANDRIA.

CODEX ROSSANENSIS.

(1) Ὁ διάκονος τὴν συναπτήν. Ὁ ἱερεὺς ἐπεύχεται.

Τοὺς νοσοῦντας, Κύριε, τοῦ λαοῦ σου ἐπισκεψάμενος, ἐν ἐλέει καὶ οἰκτιρμοῖς ἴασαι. τοὺς ἀποδημήσαντας ἡμῶν ἀδελφούς, ἢ μέλλοντας ἀποδημεῖν, ἐν παντὶ τόπῳ κατευόδωσον.

(2) Ἕκαστον εἰς τὸν καιρόν.

Τοὺς ἀγαθοὺς ὑετοὺς κατάπεμψον ἐπὶ τοὺς χρῄζοντας καὶ ἐπιδεομένους τόπους.

Τὰ ποτάμια ὕδατα ἀνάγαγε ἐπὶ τὸ μέτρον αὐτῶν, κατὰ τὴν σὴν χάριν.

Τοὺς καρποὺς τῆς γῆς αὔξησον εἰς σπέρμα καὶ εἰς θερισμόν.

fol. 44 Τὴν βασιλείαν τοῦ δούλου σου, ὃν ἐδικαίωσας βασιλεύειν ἐπὶ τῆς γῆς, ἐν εἰρήνῃ καὶ ἀνδρείᾳ καὶ δικαιοσύνῃ καὶ γαληνότητι διαφύλαξον.

Τὴν ταπεινὴν καὶ ἐλεεινὴν καὶ φιλόχριστον πόλιν ταύτην, ῥῦσαι αὐτήν, ὁ Θεός, ἀφ' ἡμερῶν πονηρῶν, ἀπὸ λιμοῦ, λοιμοῦ, καὶ ἐπαναστάσεως ἐθνῶν, ὡς καὶ Νινευὶ τῆς πόλεως ἐφείσω· ὅτι ἐλεήμων καὶ οἰκτίρμων εἶ, καὶ ἀμνησίκακος ἐπὶ κακίας ἀνθρώπων. σὺ διὰ τοῦ προφήτου σου Ἡσαΐου εἶπας, Ὑπερασπιῶ ὑπὲρ τῆς πόλεως ταύτης, τοῦ σῶσαι αὐτὴν δι' ἐμὲ καὶ διὰ Δαυεὶδ τὸν παῖδά μου. διὸ δεόμεθα καὶ παρακαλοῦμέν σε, φιλάνθρωπε, ἀγαθέ, ὑπεράσπισαι τῆς πόλεως ταύτης, διὰ τὸν μάρτυρα καὶ εὐαγγελιστὴν Μάρκον, τὸν ὑποδείξαντα ἡμῖν ὁδὸν τῆς σωτηρίας, χάριτι καὶ οἰκτιρμοῖς καὶ φιλανθρωπίᾳ τοῦ μονογενοῦς σου Υἱοῦ,

ROTULUS VATICANUS.

Καὶ μετὰ τὸ εὐαγγέλιον ὁ διάκονος. Σοφία· ὀρθοὶ εἴπωμεν.

Ὁ ἱερεὺς τὴν εὐχήν.

Τοὺς νοσοῦντας, Κύριε, τοῦ λαοῦ σου ἐπισκεψάμενος ἐν ἐλέει καὶ οἰκτιρμοῖς ἴασαι. ἀπόστησον ἀπάντων πᾶσαν νόσον καὶ πᾶσαν μαλακίαν· τὸ πνεῦμα τῆς ἀσθενίας ἐξέλασον ἀπ' αὐτῶν.

Τοὺς ἀποδημήσαντας ἡμῶν ἀδελφούς, ἢ μέλλοντας ἀποδημεῖν, ἐν παντὶ τόπῳ κατευόδωσον.

Τοὺς καρποὺς τῆς γῆς, Κύριε, εὐλόγησον, αὔξησον, τελεσφόρησον, σώους καὶ ἀβλαβεῖς ἡμῖν αὐτοὺς διαφύλαξον.

Τὴν βασιλείαν τοῦ δούλου σου, ὃν προώρισας βασιλεύειν ἐπὶ τῆς γῆς, ἐν εἰρήνῃ καὶ ἀνδρίᾳ διαφύλαξον. p. 12

Τὴν ταπεινὴν καὶ ἐλεεινὴν καὶ φιλόχριστον πόλιν ταύτην, ῥῦσαι αὐτήν, ὁ Θεός, ἀφ' ἡμερῶν πονηρῶν,

Ἀπὸ λιμοῦ, λοιμοῦ, σεισμοῦ, καταποντισμοῦ, καὶ ἐπαναστάσεως ἐθνῶν, ὡς καὶ Νινευὶ τῆς πόλεως ἐφείσω· ὅτι ἐλεήμων καὶ οἰκτίρμων εἶ, καὶ ἀμνησίκακος ἐπὶ κακίας ἀνθρώπων. σὺ καὶ διὰ τοῦ προφήτου σου Ἡσαΐου εἶπας, Ὑπερασπιῶ τῆς πόλεως ταύτης, τοῦ σῶσαι αὐτὴν δι' ἐμὲ καὶ διὰ Δαυεὶδ τὸν παῖδά μου. διὸ δεόμεθα καὶ παρακαλοῦμέν σε, φιλάνθρωπε, ἀγαθέ, ὑπεράσπισαι τῆς πόλεως ταύτης, διὰ τὸν μάρτυρα καὶ εὐαγγελιστὴν Μάρκον, τὸν ὑποδείξαντα ἡμῖν ὁδὸν σωτηρίας, χάριτι καὶ οἰκτιρμοῖς. p. 13

---

(1) Thus in the MS. D. prints thus: καὶ λέγει τὸ εὐ. ὁ διάκονος, τὴν συνάπτην ὁ ἱ. ἐπεύχεται.

(2) This is a rubrical direction affecting the next three petitions. Dronard and the rest have printed it as part of the prayer.

CANON UNIVERSALIS ÆTHIOPUM.   LITURGIA COPTITARUM SANCTI BASILII.

p. 434   *Sacerdos.* Pax vobis omnibus. Iterum rogemus omnipotentem Dominum, Patrem Domini Dei et Salvatoris nostri Jesu Christi. Oramus et obsecramus bonitatem tuam, Amator hominum: memento, Domine, pacis Ecclesiae sanctae, unicae, Catholicae et Apostolicae,

(*Diaconus.* Orate pro hac Ecclesia sancta, unica, Catholica et Apostolica, Orthodoxa, in Domino.

Populus. Domine Deus noster, da nobis pacem: Christe Rex noster, miserere nobis.)

Sacerdos. Quae est a finibus usque ad fines mundi, totius populi et totius gregis, benedicque illis: pacem de caelis mitte super omnes animas nostras; pacem vitae nostrae concede nobis benigne in ea. Benignus esto, Domine, Regi nostro Claudio, proceribus, judicibus, et exercitibus ejus, et circa nos congregatis, tam intra quam extra. Orna eos omni pace, Rex pacis: pacem da nobis, quia omnia nobis dedisti. Conserva nos, Domine, quia praeter te alium non novimus: nomen tuum sanctum pronunciamus et invocamus, ut vivat anima nostra in Spiritu Sancto, neque praevaleat mors peccati super nos servos tuos, et omnem populum tuum.

Oratio pro pace.

Sacerdos. Iterum oremus Deum omnipotentem, Patrem Domini Dei et Salvatoris nostri Jesu Christi. Rogamus et obsecramus bonitatem tuam, Amator hominum; memento, Domine, pacis unicae illius tuae, sanctae, Catholicae et Apostolicae Ecclesiae, quae a finibus ad fines usque terrae diffunditur: omni populo et terris benedic. Pacem illam caelestem cordibus nostris immitte, sed et pacem istius vitae nobis benigne concede.

Reges orthodoxos, exercitum, duces, consiliarios, vulgus promiscuum, et vicinos nostros, ingressum et exitum nostrum omni pace exorna. O Rex pacis, da nobis pacem tuam, qui omnia dedisti nobis. Posside nos, Deus Salvator noster; nam praeter te alium non novimus, et nomen tuum sanctum invocamus. Vivant itaque animae nostrae per Spiritum tuum Sanctum, neque mors peccati dominetur super nos servos tuos, nec super omnem populum tuum. Domine miserere.

p. 9

(1)

p. 16

(1) In the margin, παρακαλοῦμέν σε φιλάνθρωπε, ἀγαθέ, κύριε.

LITURGY OF ALEXANDRIA.

CODEX ROSSANENSIS.

Ἐκφώνως. Δι' οὗ καὶ μεθ' οὗ σοὶ ἡ δόξα καὶ τὸ κράτος, σὺν τῷ π.

Ὁ διάκονος. Ἄρξαι.
Καὶ λέγουσι τὸν στίχον.
Ὁ διάκονος λέγει τὰς γ'.
Ὁ ἱερεὺς ἐπεύχεται.

Δέσποτα Κύριε, ὁ Θεός, ὁ παντοκράτωρ, ὁ Πατὴρ τοῦ Κυρίου ἡμῶν Ἰησοῦ Χριστοῦ, δεόμεθα καὶ παρακαλοῦμέν σε, τὴν ἐξ οὐρανοῦ εἰρήνην βράβευσον ταῖς ἁπάντων ἡμῶν καρδίαις· ἀλλὰ καὶ τοῦ βίου τούτου τὴν εἰρήνην ἡμῖν δώρησαι. τὸν ἁγιώτατον καὶ μακαριώτατον ἡμῶν Πάπαν τὸν Δ. καὶ τὸν ὁσιώτατον ἡμῶν ἐπίσκοπον τὸν Δ. συντηρῶν, συντήρησον ἡμῖν αὐτοὺς ἔτεσι πολλοῖς, χρόνοις εἰρηνικοῖς ἐκτελοῦντας τὴν ὑπὸ σοῦ ἐμπεπιστευμένην ἁγίαν ἀρχιερωσύνην, κατὰ τὸ ἅγιον καὶ μακάριόν σου θέλημα, ὀρθοτομοῦντας τὸν λόγον τῆς ἀληθείας, σὺν πᾶσιν ὀρθοδόξοις ἐπισκόποις, πρεσβυτέροις, διακόνοις, ὑποδιακόνοις, ἀναγνώσταις, ψάλταις, σὺν παντὶ τῷ πληρώματι τῆς ἁγίας καθολικῆς καὶ ἀποστολικῆς ἐκκλησίας. τὰς ἐπισυναγωγὰς ἡμῶν, Κύριε, εὐλόγησον· δὸς αὐτὰς ἀκωλύτως καὶ ἀνεμποδίστως γενέσθαι κατὰ τὸ ἅγιόν σου θέλημα. οἴκους εὐχῶν, οἴκους εὐλογιῶν, ἡμῖν τε καὶ τοῖς μεθ' ἡμᾶς δούλοις σου, εἰς τὸν αἰῶνα δώρησαι.

Ἐξεγέρθητι, Κύριε, καὶ διασκορπισθήτωσαν οἱ ἐχθροί σου· φυγέτωσαν πάντες οἱ μισοῦντες τὸ ὄνομά σου τὸ ἅγιον. τὸν δὲ λαόν σου τὸν πιστὸν καὶ ὀρθόδοξον εὐλό-

(1) D. for χρόνοις εἰρηνικοῖς had εἰρηνικῶς.
(2) MS. ἐκτελούντων.

ROTULUS VATICANUS.

Ὅτι ἐλεήμων καὶ φιλάνθρωπος Θεὸς ὑπάρχεις.

Ὁ διάκονος. Εὔξασθε οἱ κατηχούμενοι.
Ὁ ἱερεὺς ἐκφών.
Ἵνα καὶ αὐτοὶ σὺν ἡμῖν δοξάζωσιν τὸν Π.
{Ὁ ἀρχιδιάκονος. Προσεύξασθε ὑπὲρ τῆς εἰρήνης. Προσεύξασθε ὑπὲρ τοῦ ἁγ.
Ὁ λαός. Κύριε ἐλέησον.
Ὁ διάκονος. Ἔτι καὶ ἔτι ἐν εἰρήνῃ.
Ὁ ἱερεὺς τὴν εὐχήν.} (a)

Τὴν ἐξ οὐρανοῦ εἰρήνην βράβευσον ταῖς ἁπάντων ἡμῶν καρδίαις· ἀλλὰ καὶ τοῦ βίου τούτου τὴν εἰρήνην ἡμῖν δώρησαι. τὸν ἱσιώτατον ἀρχιερέα ἡμῶν Πάπαν τὸν Δ. συντηρῶν, συντήρησον ἡμῖν αὐτὸν ἔτεσιν (b) πολλοῖς καὶ χρόνοις εἰρηνικοῖς· τὰς ἐπισυναγωγὰς ἡμῶν, Κύριε, εὐλόγησον.

Δὸς ἡμῖν αὐτὰς ἀκωλύτως καὶ ἀνεμποδίστως γενέσθαι κατὰ τὸ ἅγιον καὶ μακάριον σου θέλημα. ἐξεγέρθητι, Κύριε, καὶ διασκορπισθήτωσαν οἱ ἐχθροί σου· καὶ φυγέτωσαν εἰς τὰ ὀπίσω πάντες οἱ μισοῦντες τὸ ὄνομά σου τὸ ἅγιον. τὸν δὲ λαόν σου

(a) The words in brackets appear to have been written by a later hand over an erasure.
(b) MS. σὺντηρῶν σὺντή|ρισον ἡμῖν. τε καὶ αὐτὸν· ἔτι σὺν πολ|λοῖς καὶ χρόνος εἰρηνικῆς τὰς ἐπὶ | συναγωγὰς ἡμῶν κύριε εὐλόγησον :| Δὸς ἡμῖν... (sic.)

CANON UNIVERSALIS ÆTHIOPUM.

Oratio pro Pontificibus.

Iterum deprecemur omnipotentem Deum, Patrem Domini Dei, et Salvatoris nostri Jesu Christi. Rogamus et obsecramus bonitatem tuam, Amator hominum: memento, Domine, Patris nostri venerandi Patriarchae nostri Abba Gabrielis: sanctique et beati Metropolitae nostri N.;

(*Diaconus.* Orate pro Pontificibus, Patriarcha nostro Abba N., Domino Archiepiscopo magnae urbis Alexandriae, et Metropolita nostro Abba N., omnibusque Episcopis, Sacerdotibus et Diaconis Orthodoxis.)

Sacerdos. Servans conserva eos nobis, annis multis diebusque tranquillis in justitia et pace: ut perficiant sacrificium quod illis commisisti cum ordine sacerdotali, secundum voluntatem tuam sanctam et beatam: ut judicent in justitia et aequitate, et pascant populum tuum in justitia: omnes etiam Episcopos, Sacerdotes et Diaconos Orthodoxos, omnesque pariter unius sanctae Ecclesiae Apostolicae: orationesque quas faciunt pro nobis et pro omni populo tuo suscipe ad altare tuum supernum, in odorem suavitatis: omnes hostes et adversarios eorum subjice et contere sub pedibus eorum velociter: illos vero nobis conserva in justitia et pace in Ecclesia tua sancta.

LITURGIA COPTITARUM SANCTI BASILII.

Rursus precamur te, Domine omnipotens, Pater Domini Dei et Salvatoris nostri Jesu Christi: rogamus et obsecramus bonitatem tuam, O Amator hominum;

Memento, Domine, beati Patris nostri et venerandi Archiepiscopi Papae N., ejusque in ministerio Apostolico consortis venerandi Patris Episcopi N.; custodi et conserva nobis illos annis multis et tranquillis temporibus, ut opere impleant et perficiant sanctitatem Episcopatus, quae ipsis a te concredita est, secundum voluntatem tuam sanctam et beatam; verbumque veritatis recte dispensent, plebem tuam cum sanctitate et justitia regant, simul cum reliquis Episcopis Orthodoxis, Hegumenis, Presbyteris, et Diaconis, omnique plenitudine unicae tuae, unius, sanctae, Catholicae et Apostolicae Ecclesiae. Da nobis et ipsis pacem et salutem in omni loco, precesque omnes, quas fundunt pro nobis et omni populo tuo, ad te suscipe, ut etiam eas quae a nobis pro ipsis fiunt,

Hic Sacerdos semel adolet incensum, dicens ea quae supra declarata sunt: quod si socium Sacerdotem habuerit, id ipsius vice faciet.

Super altare tuum sanctum, spirituale, caeleste, ut etiam thuris odoramenta: universos eorum hostes visibiles et invisibiles contere et deprime sub vestigiis eorum velociter: eos autem in pace ac justitia custodi in Ecclesia tua sancta. Domine miserere.

CODEX ROSSANENSIS.

(1) γησον· ποίησον αὐτοὺς εἰς χιλιάδας καὶ μυριάδας, καὶ μὴ κατισχύσῃ θάνατος ἁμαρτίας καθ᾽ ἡμῶν, μηδὲ κατὰ παντὸς τοῦ λαοῦ σου· χάριτι καὶ οἰκτιρμοῖς καὶ φιλανθρωπίᾳ τοῦ μονογενοῦς σου Υἱοῦ,

Ἐκφώνως. Δι᾽ οὗ καὶ μεθ᾽ οὗ σοὶ ἡ δόξα καὶ τὸ κράτος σὺν τῷ παναγίῳ καὶ ἀγαθῷ καὶ ζωοποιῷ σου Πνεύματι.

Ὁ λαός. Ἀμήν.

Ὁ ἱερεύς. Εἰρήνη πᾶσιν.

Ὁ λαός. Καὶ τῷ πνεύματί σου.

Ὁ διάκονος. Βλέπετε μή τις τῶν κατηχουμένων.

(2) fol. 45 b Καὶ ψάλλουσιν. Οἱ τὰ χερουβὶμ μυστικῶς.

(3) Ὁ ἱερεὺς βάλλει θυμίαμα εἰς τὴν εἴσοδον, καὶ εὔχεται.

Κύριε ὁ Θεὸς ἡμῶν, ὁ πάντων ἀπροσδεὴς καὶ δεσπόζων πάσης κτίσεως, πρόσδεξαι τὸ θυμίαμα τοῦτο, ἐξ ἀναξίου χειρὸς προσφερόμενον, καὶ τῆς παρὰ σοῦ εὐλογίας πάντας ἡμᾶς ἀξίωσον. σὺ γὰρ εἶ ὁ ἁγιασμὸς

(4) ἡμῶν, καὶ σοὶ τὴν δόξαν καὶ τὴν εὐχαριστίαν ἀναπέμπομεν.

Καὶ εἰσέρχονται τὰ ἅγια εἰς τὸ θυσιαστήριον.

ROTULUS VATICANUS.

τὸν πιστὸν ποίησον ἐπ᾽ εὐλογίαις χιλίας χιλιάδας καὶ μυρίας μυριάδας, ποιοῦντας τὸ θέλημά σου τὸ ἅγιον· χάριτι καὶ οἰκτιρμοῖς καὶ φιλανθρωπίᾳ.

{Ὁ ἱερεὺς ἐκφών.} (a)

Ὅπως ὑπὸ τὸ κράτος σου πάντοτε φυλαττ.

Ὁ ἀρχιδιάκονος. Βλέπετε μή τις τῶν κατηχουμένων. {Τὰς θύρας, ὑποδιάκονε.} (b)

Ὁ ἱερεὺς εὔχεται ·:· τοῦ χερουβικοῦ.

Ὁ Θεός, ὁ παντοκράτωρ, ὁ μεγαλώνυμος Κύριος, ὁ δοὺς ἡμῖν εἴσοδον εἰς τὰ ἅγια τῶν ἁγίων διὰ τῆς ἐπιδημίας τοῦ μονογενοῦς σου Υἱοῦ, Κυρίου δὲ καὶ Θεοῦ καὶ Σωτῆρος ἡμῶν Ἰησοῦ Χριστοῦ, ἱκετεύομεν καὶ παρακαλοῦμεν τὴν σὴν ἀγαθότητα, ἐπειδὴ ἔμφοβοί ἐσμεν καὶ ἔντρομοι μέλλοντες παρίστασθαι τῷ φοβερῷ καὶ ἐνδόξῳ σου θυσιαστηρίῳ, ἐξαπόστειλον ἐφ᾽ ἡμᾶς τὴν χάριν τοῦ παναγίου σου Πνεύματος, καὶ ἁγίασον ἡμῶν τὰς ψυχὰς p. 15 καὶ τὰ σώματα καὶ τὰ πνεύματα, ἵνα ἐν καθαρᾷ καρδίᾳ προσενέγκωμέν σοι δῶρα, δόματα, καρπώματα, εἰς ἄφεσιν τῶν ἡμετέρων ἁμαρτημάτων καὶ ἱλασμὸν παντὸς τοῦ λαοῦ σου· χάριτι καὶ οἰκτιρμοῖς.

Καὶ μετὰ τὸ τεθῆναι τὰ ἅγια δῶρα λέγει ὁ διάκονος

---

(1) D. αὐτὸν.
(2) Dr Neale Καὶ ψάλλουσιν τὸν χερουβικόν which he printed at length thus: Οἱ τὰ χερουβὶμ μυστικῶς εἰκονίζοντες, καὶ τῇ ζωοποιῷ Τριάδι τὸν τρισάγιον ὕμνον ᾄδοντες, πᾶσαν τὴν βιωτικὴν ἀποθώμεθα μέριμναν, ὡς τὸν Βασιλέα τῶν ὅλων ὑποδεξάμενοι ταῖς ἀγγελικαῖς ἀοράτως δορυφορούμενον τάξεσιν, ἀλληλούϊα.
(3) D. εἰς τὸ εἴσοδον, Renaudot εἰς τὸ εἰσόδιον.
(4) D. omitted καὶ τὴν εὐχαριστίαν.

(a) These words are added in the margin.
(b) These words seem to have been written on an erasure. They extend into the margin.

CANON UNIVERSALIS ÆTHIOPUM.

Oratio pro congregatione.

Iterum deprecemur omnipotentem Deum, Patrem Domini Dei et Salvatoris nostri Jesu Christi. Rogamus et obsecramus bonitatem tuam, Amator hominum: memento, Domine, congregationis nostrae, et benedic illis qui in ea sunt.

Diaconus. Orate pro hac Ecclesia sancta et congregatione nostra quae in ea est.

[The following is brought forward for comparison. See too p. 17 above.

p. 485   *Sacerdos.* Fac ut congregationes nostrae sint nobis absque impedimento et intermissione: fiantque per voluntatem tuam sanctam et beatam domus orationis, domus puritatis, domus benedictionis. Benigne concede illas nobis servis tuis, et illis qui post nos venturi sunt, usque in saeculum. Exsurge, Domine Deus noster,
p. 486   et dissipentur inimici tui, et fugiant a facie tua omnes qui oderunt nomen tuum sanctum et benedictum. Plebesque tuae benedictae sint benedictionibus millenis et decies millies millenis, ut faciant omnem voluntatem tuam, per gratiam, misericordiam, et amorem erga homines unigeniti Filii tui, Domini Dei et Salvatoris nostri Jesu Christi, per quem tibi, et cum eo, et cum Spiritu Sancto sit gloria et imperium, nunc et semper, et in saecula saeculorum. Amen.]

LITURGIA COPTITARUM SANCTI BASILII.

Pro congregatione.

Iterum etiam oramus te, Deus omnipotens, Pater Domini Dei et Salvatoris nostri Jesu Christi: petimus et obsecramus bonitatem tuam, O Amator hominum; memento, Domine, congregationum nostrarum, et benedic illis. Da ut sint nobis absque turbatione et impedimento, ut eas celebremus secundum voluntatem tuam sanctam et beatam. Domos orationis, domos benedictionis, domos sanctitatis concede nobis in illis esse, Domine,   p. 11
et servis tuis qui post nos in saeculum usque futuri sunt.

Cultum idolorum ab omni orbe procul remove. Satanam et omnem virtutem ejus contere.

*   *   *

Exsurge, Domine Deus, dissipentur omnes inimici tui, et fugiant a facie tua omnes qui oderunt nomen sanctum tuum;

Conversus ad Occidentem, Sacerdotes Diaconos et populum incensabit.

Et populus tuus millies millenis benedictionibus et decem millies millibus cumulatus adimpleat omnes voluntates tuas;

Tum conversus ad Orientem dicet

Per gratiam, clementiam et amorem erga homines Filii tui unigeniti, Domini Dei et Salvatoris nostri Jesu Christi, etc.

CODEX ROSSANENSIS.

Καὶ ὁ ἱερεὺς εὔχεται οὕτως·

Ἅγιε, ὕψιστε, φοβερέ, ὁ ἐν ἁγίοις ἀναπαυόμενος, Κύριε, αὐτὸς ἡμᾶς ἁγίασον· καὶ (1) ἀξίωσον ἡμᾶς τῆς φοβερᾶς ἱερωσύνης, καὶ προσάγαγε ἡμᾶς τῷ τιμίῳ σου θυσιαστηρίῳ, μετὰ πάσης συνειδήσεως ἀγαθῆς· καὶ καθάρισον ἡμῶν τὰς καρδίας ἀπὸ παντὸς μολυσμοῦ· πᾶσαν αἴσθησιν πονηρὰν ἐκδίωξον ἀφ' ἡμῶν· ἁγίασον τὸν νοῦν καὶ τὴν ψυχήν· fol. 46 καὶ δὸς ἡμῖν τὴν τῶν ἁγίων πατέρων ἡμῶν ἐπιτελεῖν λατρείαν, μετὰ φόβου σου, ἐξιλασκομένοις τὸ πρόσωπόν σου διὰ παντός. σὺ γὰρ εἶ ὁ εὐλογῶν καὶ ἁγιάζων τὰ σύμπαντα, καὶ σοὶ τὴν δόξαν καὶ τὴν εὐχαριστίαν ἀναπέμπομεν.

Ὁ διάκονος. Ἀσπάσασθε ἀλλήλους.

(2) Ὁ ἱερεὺς εὐχὴν τοῦ ἀσπασμοῦ.

Δέσποτα Κύριε παντοκράτωρ, οὐρανόθεν ἐπίβλεψον ἐπὶ τὴν ἐκκλησίαν σου, καὶ ἐπὶ (3) πάντα τὸν λαόν σου, καὶ πᾶν τὸ ποίμνιόν σου· καὶ σῶσον πάντας ἡμᾶς τοὺς ἀναξίους δούλους σου, τὰ θρέμματα τῆς σῆς ἀγέλης· καὶ δώρησαι ἡμῖν τὴν σὴν εἰρήνην καὶ τὴν σὴν ἀγάπην καὶ τὴν σὴν βοήθειαν· καὶ κατάπεμψον ἡμῖν τὴν δωρεὰν τοῦ παναγίου σου Πνεύματος, ὅπως ἐν καθαρᾷ καρδίᾳ καὶ συνειδήσει ἀγαθῇ ἀσπασώμεθα ἀλλήλους ἐν (4) φιλήματι ἁγίῳ, μὴ ἐν δόλῳ, μὴ ἐν ὑποfol. 46 b κρίσει, μὴ τὴν τοῦ ἀλλοτρίου κεκτημένοι προαίρεσιν ἀλλὰ ἄμωμον καὶ ἄσπιλον, ἐν ἑνὶ πνεύματι, ἐν τῷ συνδέσμῳ τῆς εἰρήνης καὶ τῆς ἀγάπης, ἓν σῶμα καὶ ἓν πνεῦμα,

(1) D. φοβερᾶς σου ἱερωσύνης.
(2) D. εὔχεται τὸν ἀσπασμόν.
(3) MS. παντὶ τῷ ποιμνίῳ.
(4) D. omitted μὴ ἐν δόλῳ.

ROTULUS VATICANUS.

Πληρώσωμεν τὴν δέησιν ἡμῶν.

Ὁ ἱερεὺς ἐκφών.

Διὰ τῶν οἰκτιρμῶν τοῦ μονογενοῦς σου.

Ὁ ἱερεύς. Εἰρήνη πᾶσιν.
Ὁ διάκονος. Ἀγαπήσωμεν ἀλλήλους.
Ὁ ἱερεὺς εὐχὴν τοῦ ἀσπασμοῦ, ἐκφών.

Δέσποτα Κύριε παντοκράτωρ, οὐρανόθεν ἐπίβλεψον ἐπὶ τὴν ἐκκλησίαν σου, καὶ ἐπὶ πάντα τὸν λαόν σου, καὶ πᾶν τὸ ποίμνιόν σου, καὶ σῶσον πάντας ἡμᾶς τοὺς ἀναξίους δούλους σου, τὰ θρέμματα τῆς σῆς ἀγέλης· καὶ δώρησαι ἡμῖν τὴν σὴν εἰρήνην καὶ τὴν σὴν ἀγάπην καὶ τὴν σὴν βοήθειαν, καὶ p. 16 κατάπεμψον ἡμῖν τὴν δωρεὰν τοῦ ἁγίου σου Πνεύματος, ὅπως ἐν καθαρᾷ καρδίᾳ καὶ συνειδήσει ἀγαθῇ ἀσπασώμεθα ἀλλήλους ἐν φιλήματι ἁγίῳ,

Καὶ εὐθὺς ὁ ἀσπασμός.. (a)

Καὶ μετὰ τὸν ἀσπασμὸν {λέγει ὁ ἱερεὺς τὴν αὐτὴν καὶ εἰς τὴν πρώτην εἴσοδον}. (b)

Μὴ ἐν δόλῳ, μὴ ἐν ὑποκρίσει, μὴ τὴν τοῦ ἀλλοτρίου κεκτημένοι προαίρεσιν ἀλλὰ ἄμωμον καὶ ἄσπιλον ἐν ἑνὶ πνεύματι, ἐν τῷ συνδέσμῳ τῆς εἰρήνης καὶ τῆς ἀγάπης, ἓν σῶμα καὶ ἓν πνεῦμα, ἐν μιᾷ πίστει, καθὼς

(a) MS. seems to add ὁ διάκονος νῦν.
(b) These words apparently by the more recent hand.

CANON UNIVERSALIS ÆTHIOPUM.   LITURGIA COPTITARUM SANCTI BASILII.

[The following prayer is brought up for comparison with the Greek:

Oratio Pacis Jacobi Apostoli.   p. 12

Sacerdos. Deus, omnium Domine, dignos effice hac salute nos peccatores indignissimos, ut ab omni labe omnique hypocrisi purgemur, amplectamurque invicem in osculo sancto; et unum corpus

CODEX ROSSANENSIS.

ἐν μιᾷ πίστει, καθὼς καὶ ἐκλήθημεν ἐν μιᾷ ἐλπίδι τῆς κλήσεως ἡμῶν, ὅπως καταντήσωμεν οἱ πάντες εἰς τὴν θείαν καὶ ἀπέραντον στοργήν, ἐν Χριστῷ Ἰησοῦ τῷ Κυρίῳ ἡμῶν, μεθ' οὗ εὐλογητὸς εἶ.

Εἶτα ὁ ἱερεὺς βάλλει θυμίαμα, λέγων·

Θυμίαμα προσφέρεται τῷ ὀνόματί σου· ἀναληφθήτω δὴ δεόμεθα ἐκ τῶν πενιχρῶν χειρῶν ἡμῶν τῶν ἁμαρτωλῶν εἰς τὸ ὑπερουράνιόν σου θυσιαστήριον, εἰς ὀσμὴν εὐωδίας, εἰς ἱλασμὸν παντὸς τοῦ λαοῦ σου. ὅτι σοὶ πρέπει πᾶσα δόξα, τιμή, προσκύνησις, καὶ εὐχαριστία, τῷ Πατρὶ καὶ τῷ Υἱῷ καὶ τῷ ἁγίῳ Πνεύματι, νῦν καί.

Καὶ μετὰ τὸν ἀσπασμὸν ἐκφωνεῖ ὁ διάκονος·

Προσφέρειν κατὰ τρόπους στάθητε.

Ὁ ἱερεὺς σφραγίζων τοὺς δίσκους καὶ τὰ ποτήρια ἐκφωνεῖ

fol. 47

Πιστεύω εἰς ἕνα Θεόν.

Ὁ διάκονος. Ἐπὶ προσευχὴν στάθητε.

Ὁ ἱερεύς. Εἰρήνη πᾶσιν.

Ὁ διάκονος. Προσεύξασθε ὑπὲρ τῶν προσφερόντων.

Ὁ ἱερεὺς λέγει εὐχὴν τῆς προθέσεως.

(1) Δέσποτα Ἰησοῦ Χριστέ, Κύριε, ὁ συνάναρχος Λόγος τοῦ ἀνάρχου Πατρὸς καὶ τοῦ ἁγίου Πνεύματος, ὁ μέγας ἀρχιερεύς, ὁ ἄρτος ὁ ἐκ τοῦ οὐρανοῦ καταβὰς καὶ ἀναγαγὼν ἐκ φθορᾶς τὴν ζωὴν ἡμῶν, ὁ δοὺς ἑαυτὸν ἀμνὸν ἄμωμον ὑπὲρ τῆς τοῦ κοσμοῦ ζωῆς, δεόμεθα καὶ παρακαλοῦμέν σε, Κύριε φιλάνθρωπε, ἐπίφανον τὸ πρόσωπόν σου ἐπὶ τὸν ἄρτον

(1) D. and the rest σύναρχος.

ROTULUS VATICANUS.

καὶ ἐκλήθημεν ἐν μιᾷ ἐλπίδι τῆς κλήσεως ἡμῶν, ὅπως καταντήσωμεν οἱ πάντες εἰς τὴν θείαν καὶ ἀπέραντον στοργήν, ἐν Χριστῷ Ἰησοῦ τῷ Κυρίῳ ἡμῶν, δι' οὗ καὶ μεθ' οὗ ἡ δόξα καὶ τὸ κράτος σὺν τῷ παναγίῳ καὶ ἀγαθῷ καὶ ζωοποιῷ σου Πνεύματι νῦν. p. 17

Θυμίαμα προσφέρομεν ἐνώπιόν σου Κύριε, εἰς ὀσμὴν εὐωδίας· ἀντικατάπεμψον ἡμῖν τὴν χάριν τοῦ ἁγίου σου Πνεύματος πάντοτε νῦν καὶ ἀεὶ καὶ εἰς τοὺς.

Εἰρήνη πᾶσιν.

Ὁ λαός. Καὶ τῷ πνεύματί σου.

Ὁ ἱερεὺς ἐκφώνως.

Μεγαλύνατε τὸν Κύριον σὺν ἐμοί.

Ὁ λαός. Πνεῦμα ἅγιον ἐπελεύσεται ἐπὶ σὲ καὶ δύναμις ὑψίστου ἐπισκιάσει σε.

Ὁ λαός. Ἀμήν. (a)

Τοῦ Πατρὸς καὶ τοῦ Υἱοῦ καὶ τοῦ ἁγίου Πνεύματος νῦν.

Ὁ ἀρχιδιάκονος. Προσφέρειν κατὰ τ.

Ὁ λαός. Πιστεύω εἰς.

(a) This seems to have been added.

CANON UNIVERSALIS ÆTHIOPUM.

p. 485

Populus. Benedic congregationi nostrae, et conserva eam in pace: *moxque dicunt Symbolum fidei.*

Diaconus. In sapientia Dei, dicite Symbolum fidei et canite.

Credimus in unum Deum, Patrem Omnipotentem, Factorem caeli et terrae, visibilium et invisibilium. Credimus etiam in unum Dominum Jesum Christum, Filium Patris unicum: qui erat cum eo antequam crearetur mundus: Lumen de Lumine, Deum de Deo vero: genitum non factum, aequalem Patri secundum divinitatem suam: per quem omnia facta sunt, et sine ipso factum est nihil quidquam, in caelo et in terra. Qui propter nos homines et propter nostram salutem descendit de caelis. Et incarnatus est de Spiritu Sancto, et ex Maria Virgine sancta, et homo factus est. Crucifixus est tempore Pontii Pilati, passus, mortuus, et sepultus est. Et resurrexit a mortuis tertia die, sicut scriptum erat in sacris scripturis: ascendit cum gloria in caelos, sedetque ad dexteram Patris sui; iterumque venturus est cum gloria judicaturus vivos et mortuos, cujus regni non erit finis. Credimus etiam in Spiritum Sanctum, Dominum et Vivificantem, qui ex Patre procedit: quem adoramus et glorificamus cum Patre et Filio: qui locutus est per Prophetas. Credimus etiam in unam sanctam Ecclesiam, Catholicam et Apostolicam. Credimus unum Baptisma in remissionem peccatorum: et

LITURGIA COPTITARUM SANCTI BASILII.

unusque spiritus efficiamur in vinculo caritatis et pacis Domini nostri Jesu Christi, cum quo benedictus es et cum Spiritu tuo Vivificante tibique Consubstantiali, nunc et semper et in omnia saecula saeculorum. Amen.]

Populus dicet Symbolum fidei Orthodoxae. *Adolebit Sacerdos ter incensum ad Orientem, dabitque thuribulum illi qui deferre solet; tum dicent Symbolum: quo tempore lavabit Sacerdos ter manus suas, et antequam eas abstergat, convertetur ad populum, educetque manus ex aqua coram eo, et a sordibus diligenter purgabit.* p. 11

Post recitationem Symboli dicet. Pax omnibus.

Respondebitque populus. Et cum spiritu tuo.

Oratio Pacis Jacobi Apostoli. p. 12

Sacerdos. Deus, omnium Domine [as on p. 25].

[The Coptic S. Basil proceeds, Renaudot, p. 12:

Diaconus. Accedite, adstate, O viri, cum tremore et ad orientem aspicite. Attendamus.

Populus. Misericordia, pax et sacrificium laudis. p. 13

Or, *apparently in Greek:*

Προσφέρειν κατὰ τρόπον στάθητε.
Εἰς ἀνατολὰς βλέπετε.
Πρόσχωμεν.
Ἔλεος εἰρήνης, θυσία αἰνέσεως.
Ὁ Κύριος μετὰ πάντων ὑμῶν.
Καὶ μετὰ τοῦ πνεύματός σου.
Ἄνω ἡμῶν τὰς καρδίας.

LITURGY OF ALEXANDRIA.

CODEX ROSSANENSIS.

τοῦτον καὶ ἐπὶ τὰ ποτήρια ταῦτα, ἃ ἡ παναγία τράπεζα ὑποδέχεται, δι' ἀγγελικῆς λειτουργίας καὶ ἀρχαγγελικῆς χοροστασίας καὶ ἱερατικῆς ἱερουργίας, εἰς σὴν δόξαν καὶ ἀνακαινισμὸν τῶν ἡμετερῶν ψυχῶν, χάριτι καὶ οἰκτιρμοῖς καὶ φιλανθρωπίᾳ τοῦ μονογενοῦς σου Υἱοῦ, δι' οὗ καὶ μεθ' οὗ σοὶ [ἡ] δόξα καὶ τὸ κράτος.

fol. 47 b

Καὶ ὅταν λέγῃ ὁ λαός, Καὶ σαρκωθέντα ἐκ Πνεύματος ἁγίου, ποιεῖ σταυρόν·

Καὶ σταυρωθέντα ὑπὲρ ἡμῶν,—καὶ πάλιν σφραγίζει·

Καὶ εἰς τὸ Πνεῦμα τὸ ἅγιον.

Ὁμοίως καὶ μετὰ τὴν πίστιν σφραγίζει ὁ ἱερεὺς τὸν λαόν, ἐκφωνῶν

Ὁ Κύριος μετὰ πάντων.

Ὁ λαός. Καὶ μετὰ τοῦ πνεύματός σου.

Ὁ ἱερεύς. Ἄνω ἡμῶν τὰς καρδίας.

(1) Ὁ λαός. Ἔχομεν πρὸς τὸν Κύριον.

Ὁ ἱερεύς. Εὐχαριστήσωμεν τῷ Κυρίῳ.

Ὁ λαός. Ἄξιον καὶ δίκαιον.

(2) Ὁ διάκονος. Πετάσατε.

Ὁ ἱερεὺς ἄρχεται τῆς ἀναφορᾶς.

Ἀληθῶς γὰρ ἄξιόν ἐστιν καὶ δίκαιον, ὅσιόν τε καὶ πρέπον, καὶ ταῖς ἡμετέραις ψυχαῖς ἐπωφελές, ὁ Ὤν, Δέσποτα Κύριε Θεέ, Πάτερ παντοκράτωρ, σὲ αἰνεῖν, σὲ

ROTULUS VATICANUS.

Ὁ ἀρχιδιάκονος. Στῶμεν καλῶς· στῶμεν μετά.

Ὁ ἱερεὺς ἐκφών.

Ἡ χάρις τοῦ Κυρίου ἡμῶν Ἰησοῦ Χριστοῦ, καὶ ἡ ἀγαπὴ τοῦ Θεοῦ καὶ Πατρός, καὶ ἡ κοινωνία καὶ ἡ δωρέα τοῦ ἁγίου Πνεύματος εἴη μετὰ πάντων.

Ἄνω σχῶμεν τὰς καρδίας.

Ὁ λαός. Ἔχομεν π.

Εὐχαριστήσωμεν τῷ Κυρίῳ.

Ὁ λαός. Ἄξιον καὶ δ.

Ὁ ἱερεὺς εὐχ. (3)

Ἀληθῶς ἄξιόν ἐστιν, καὶ ταῖς ἡμετέραις ψυχαῖς, ὁ Ὤν, Δέσποτα Κύριε Θεέ, Πάτερ παντοκράτωρ, σὲ αἰνεῖν, σὲ ὑμνεῖν, σὲ εὐλογεῖν, σὲ προσκυνεῖν, σοὶ ἀνθομολογεῖσθαι

p. 18

---

(1) Both MSS. have ἔχωμεν.

(2) D. omitted πετάσατε, marking the omission thus * * *. In the margin of his translation he noted "Fortè. Stemus decenter." Renaudot simply printed ὁ διάκονος * * *. Dr Neale omitted the ὁ διάκονος.

(3) This is in the margin.

CANON UNIVERSALIS ÆTHIOPUM.

expectamus resurrectionem mortuorum, et vitam venturam in saeculum. Amen.

Sacerdos. Fac ut, &c. [as on p. 23].

LITURGIA COPTITARUM SANCTI BASILII.

Ἔχομεν πρὸς τὸν Κύριον.
Εὐχαριστήσωμεν τὸν Κύριον.
Ἄξιον καὶ δίκαιον.

The *Vere dignum* resembles in some degree the Greek S. Basil. The remainder of this Liturgy is unlike the Greek "S. Mark," but the Coptic S. Cyril has strong resemblance to "S. Mark." The translation which I follow will be found in Renaudot I., p. 39, &c.]

LITURGIA COPTITARUM SANCTI CYRILLI.

Anaphora S. Cyrilli.

Sacerdos. Dominus vobiscum.   p. 39
Populus. Et cum spiritu tuo.
Sacerdos. Sursum corda.
Populus. Habemus ad Dominum.
Sacerdos. Gratias agamus Domino.
Populus. Dignum et justum est.

Sacerdos. Dignum et justum est, quia   p. 40 tu vere dignus es: justum et sanctum, conveniens et necessarium animabus corporibus spiritibusque nostris, aeterne Domine, Domine Deus Pater omnipotens, semper et in omni loco dominationis tuae, ut laudem te, psallam tibi, benedicam tibi, serviam tibi, adorem te, gratias agam tibi, celebrem te et confitear tibi die ac nocte, labiis indesinentibus, corde nunquam silenti, et laude non interrupta. Tu creasti caelos et quae in caelis sunt, terram et omnia quae in ea sunt, maria, flumina, fontes, et paludes, et quaecum-

LITURGY OF ALEXANDRIA.

CODEX ROSSANENSIS.

ὑμνεῖν, σοὶ εὐχαριστεῖν, σοὶ ἀνθομολογεῖσθαι νύκτωρ τε καὶ καθ᾿ ἡμέραν ἀκαταπαύστῳ στόματι καὶ ἀσιγήτοις χείλεσι καὶ ἀσιωπήτῳ καρδίᾳ· σοὶ τῷ ποιήσαντι τὸν οὐρανὸν καὶ τὰ ἐν τῷ οὐρανῷ, γῆν καὶ τὰ ἐν τῇ γῇ, θαλάσσας, πηγάς, ποταμούς, λίμνας, καὶ πάντα τὰ ἐν αὐτοῖς· σοὶ τῷ ποιήσαντι τὸν ἄνθρωπον κατ᾿ ἰδίαν εἰκόνα καὶ καθ᾿ ὁμοίωσιν, ᾧ καὶ ἐχαρίσω τὴν ἐν παραδείσῳ τρυφήν· παραβάντα δὲ αὐτὸν οὐχ ὑπερεῖδες, (1) οὐδὲ ἐγκατέλιπες, ἀγαθέ, ἀλλὰ πάλιν ἀνεκαλέσω διὰ νόμου, ἐπαιδαγώγησας διὰ προφητῶν, ἀνέπλασας καὶ ἀνεκαίνισας διὰ τοῦ φρικτοῦ καὶ ζωοποιοῦ καὶ οὐρανίου μυστηρίου τούτου· πάντα δὲ ἐποίησας διὰ τῆς σῆς σοφίας, τοῦ φωτὸς τοῦ ἀληθινοῦ, τοῦ μονογενοῦς σου Υἱοῦ, τοῦ Κυρίου καὶ Θεοῦ καὶ Σωτῆρος ἡμῶν Ἰησοῦ Χριστοῦ· δι᾿ οὗ σοὶ σὺν αὐτῷ καὶ ἁγίῳ Πνεύματι εὐχαριστοῦντες προσφέρομεν τὴν λογικὴν καὶ ἀναίμακτον λατρείαν ταύτην, ἣν προσφέρει σοι, Κύριε, πάντα τὰ ἔθνη ἀπὸ ἀνατολῶν ἡλίου καὶ μέχρι δυσμῶν, ἀπὸ ἄρκτου καὶ μεσημβρίας· ὅτι μέγα τὸ ὄνομά σου ἐν πᾶσι τοῖς ἔθνεσι, καὶ ἐν παντὶ τόπῳ θυμίαμα προσφέρεται τῷ (2) ὀνόματί τῷ ἁγίῳ σου καὶ θυσία καθαρά, ἐπιθυσία καὶ προσφορά.

Καὶ δεόμεθα καὶ παρακαλοῦμέν σε, φιλάνθρωπε, ἀγαθέ, μνήσθητι, Κύριε, τῆς ἁγίας καὶ μόνης καθολικῆς καὶ ἀποστολικῆς ἐκκλησίας, τῆς ἀπὸ γῆς περάτων μέχρι τῶν περάτων αὐτῆς, πάντων τῶν λαῶν καὶ πάντων τῶν

(1) The punctuation here seems to be determined by a corresponding passage in the Liturgy of S. James.
(2) D. omitted καθαρά, ἐπιθυσία.

ROTULUS VATICANUS.

νύκτωρ τε καὶ μεθ᾿ ἡμέρας ἀκαταπαύστῳ στόματι καὶ ἀσιγήτοις χείλεσιν καὶ ἀσιωπήτῳ καρδίᾳ· σοὶ τῷ ποιήσαντι τὸν οὐρανόν, γῆν καὶ τὰ ἐν τῇ γῇ, θαλάσσας, πηγάς, ποταμούς, λίμνας, καὶ πάντα τὰ ἐν αὐτοῖς· σοὶ τῷ ποιήσαντι τὸν ἄνθρωπον κατ᾿ ἰδίαν εἰκόνα καὶ καθ᾿ ὁμοίωσιν, ᾧ καὶ ἐχαρίσω τὴν ἐν παραδείσῳ τρυφήν· παραβάντα δὲ αὐτὸν οὐχ ὑπερεῖδες, οὐδὲ ἐγκατέλιπες, ἀγαθέ, ἀλλὰ πάλιν ἀνεκαλέσω διὰ νόμοι, ἐπαιδαγώγησας διὰ προφητῶν, ἀνέπλασας καὶ ἀνεκαίνισας διὰ τοῦ φοβεροῦ καὶ φρικτοῦ καὶ ζωοποιοῦ καὶ οὐρανίου τούτου μυστηρίου· πάντα δὲ ταῦτα ἐποίησας διὰ τῆς σῆς σοφίας, τοῦ φωτὸς τοῦ ἀληθινοῦ, τοῦ μονογενοῦς σου Υἱοῦ, τοῦ Κυρίου καὶ Θεοῦ καὶ Σωτῆρος ἡμῶν Ἰησοῦ Χριστοῦ· δι᾿ οὗ σὺν αὐτῷ καὶ ἁγίῳ Πνεύματι εὐχαριστοῦντες προσφέρομέν σοι τὴν λογικὴν καὶ ἀναίμακτον λατρείαν ταύτην, ἣν προσφέρει σοι, Κύριε, πάντα τὰ ἔθνη τῶν πιστῶν ἀπὸ ἀνατολῶν ἡλίου μέχρι δυσμῶν, ἀπὸ ἄρκτου καὶ μέχρι μεσημβρίας· ὅτι μέγα τὸ ὄνομά σου ἐν πᾶσι τοῖς ἔθνεσι, καὶ ἐν παντὶ τόπῳ θυμίαμα προσφέρεται τῷ ὀνόματί σου τῷ ἁγίῳ καὶ θυσία καθαρά, ἐπιθυσία καὶ προσφορά. διὸ δεόμεθα καὶ παρακαλοῦμέν σε, φιλάνθρωπε, ἀγαθέ, Κύριε ὁ Θεὸς ἡμῶν, μνήσθητι, Κύριε, τῆς ἁγίας σου καὶ μόνης καθολικῆς καὶ ἀποστολικῆς ἐκκλησίας, τῆς ἀπὸ γῆς περάτων μέχρι τῶν περάτων αὐτῆς, καὶ πάντων τῶν λαῶν, καὶ

(a) A single Arabic word "incense" interlined.
(b) In the margin, in Arabic, "Remember thy servant Joseph."

CANON UNIVERSALIS ÆTHIOPUM.	LITURGIA COPTIT. SANCTI CYRILLI.
	que in eis sunt. Tu creasti hominem ad imaginem et similitudinem tuam, et omnia creasti in Sapientia tua, in Lumine tuo vero, unigenito Filio tuo, Domino, Deo, Salvatore et Rege nostro Jesu Christo: propter quod gratias agimus tibi et offerimus tibi, eique simul et Spiritui Sancto, Trinitati Sanctae, Consubstantiali et Indivisae, hoc sacrificium rationabile et hoc ministerium incruentum, quod offerunt tibi omnes populi ab ortu solis usque ad occasum, a septentrione ad austrum; quia nomen tuum, Domine, magnum est in omnibus gentibus et in omni loco offerunt incensum nomini tuo sancto, et sacrificium purum, simul cum hoc sacrificio et hac oblatione.

Sacerdos accipit thuribulum et adolet incensum. p. 40

Domine miserere. Rogamus et obsecramus bonitatem tuam, Amator hominum. Memento, Domine, pacis unius, unicae, sanctae, Catholicae, et Apostolicae Ecclesiae,

(*Diaconus.* Orate pro pace unius, sanctae, Catholicae et Apostolicae Ecclesiae, pro salute populorum, et securitate cujuscumque loci, et ut dimittantur nobis peccata nostra.)

Sacerdos. quae est a finibus ad fines terrae, etc. *ut in Missa Basilii.* [1]

---

[1] I conceive that this means the Greek S. Basil. The words in the Greek S. Mark are almost the same.

CODEX ROSSANENSIS.

(1) ποιμνίων σου. τὴν ἐξ οὐρανοῦ εἰρήνην βράβευσον ταῖς ἁπάντων ἡμῶν καρδίαις· ἀλλὰ καὶ τοῦ βίου τούτου τὴν εἰρήνην ἡμῖν δώρησαι. τὸν βασιλέα, τὰ στρατιωτικά, τοὺς ἄρχοντας, βουλάς, δήμους, γειτονίας, εἰσόδους καὶ ἐξόδους ἡμῶν, ἐν πάσῃ εἰρήνῃ κατακόσμησον.

fol. 49

Βασιλεῦ τῆς εἰρήνης, τὴν σὴν εἰρήνην δὸς ἡμῖν· ἐν ὁμονοίᾳ καὶ ἀγάπῃ κτῆσαι ἡμᾶς, ὁ Θεός· ἐκτὸς σοῦ ἄλλον οὐκ οἴδαμεν· τὸ ὄνομά σου ὀνομάζομεν· ζωοποίησον τὰς

sic ἁπάντων ἡμῶν ψυχάς, καὶ μὴ κατισχύσει θάνατος ἁμαρτίας καθ᾽ ἡμῶν, μηδὲ κατὰ παντὸς τοῦ λαοῦ σου.

τοὺς νοσοῦντας, Κύριε, τοῦ λαοῦ σου ἐπισκεψάμενος, ἐν ἐλέει καὶ οἰκτιρμοῖς ἴασαι. ἀπόστησον ἀπ᾽ αὐτῶν καὶ ἀφ᾽ ἡμῶν πᾶσαν νόσον καὶ μαλακίαν·

(2) τὸ πνεῦμα τῆς ἀσθενείας ἐξέλασον ἀπ᾽ αὐτῶν. τοὺς ἐν μακροῖς ἀρρωστήμασι προκατακειμένους ἐξανάστησον. τοὺς ὑπὸ πνευμάτων ἀκαθάρτων ἐνοχλουμένους ἴασαι. τοὺς ἐν φυλακαῖς, ἢ ἐν μετάλλοις, ἢ δίκαις, ἢ καταδίκαις, ἢ ἐν ἐξορίαις, ἢ πικρᾷ δουλείᾳ, ἢ φόροις κατεχομένους πάντας ἐλέησον, πάντας ἐλευθέρωσον· ὅτι σὺ ὁ Θεὸς ἡμῶν, ὁ λύων τοὺς πεπεδημένους, ὁ ἀνορθῶν

(3) fol. 49 b

(1) Ren., &c., read τὴν βίου.
(2) D. and the rest read ἐξάλωσον.
(3) D. omitted τοὺς before πεπεδημένους.

ROTULUS VATICANUS.

πάντων τῶν ποιμνίων σου. τὴν ἐξ οὐρανοῦ εἰρήνην βράβευσον ταῖς ἁπάντων ἡμῶν καρδίαις· ἀλλὰ καὶ τοῦ βίου τούτου τὴν εἰρήνην ἡμῖν δώρησαι. τὸν βασιλέα, τὰ στρατιωτικά, τοὺς ἄρχοντας, βουλάς, δήμους, γειτονίας ἡμῶν, εἰσόδους καὶ ἐξόδους ἡμῶν, ἐν πάσῃ εἰρήνῃ κατακόσμησον.

Ὁ ἱερεύς. Βασιλεῦ τῆς εἰρήνης, {Γ΄. Κύριε ἐλέησον Γ΄.}

καὶ πληροῖ μυστική. (sic) (a)

τὴν σὴν εἰρήνην δὸς ἡμῖν, πάντα γὰρ ἀπέδωκας ἡμῖν· κτῆσαι ἡμᾶς, ὁ Θεός, ἐν ὁμονοίᾳ καὶ ἀγάπῃ· p. 21

ἐκτὸς σοῦ ἄλλον οὐκ οἴδαμεν· τὸ ὄνομά σου ὀνομάζομεν· ζωοποίησον τὰς ἁπάντων καρδίας, καὶ μὴ κατισχύσει θάνατος ἁμαρτίας καθ᾽ ἡμῶν, μηδὲ κατὰ παντὸς τοῦ λαοῦ σου. sic

Τοὺς νοσοῦντας, Κύριε, τοῦ λαοῦ σου
Ὁ λαός. Ἐπισκέψαι καὶ ἴασαι, Κύριε· (b)
ἐπισκεψάμενος ἐν ἐλέει καὶ οἰκτιρμοῖς ἴασαι. ἀπόστησον ἀπ᾽ αὐτῶν καὶ ἀφ᾽ ἡμῶν πᾶσαν νόσον καὶ πᾶσαν μαλακίαν· τὸ πνεῦμα τῆς ἀσθενείας ἐξέλασον ἀπ᾽ αὐτῶν. τοὺς ἐν μακροῖς ἀρρωστήμασιν προκατακειμένους ἐξανάστησον. τοὺς ὑπὸ πνευμάτων ἀκαθάρτων ἐνοχλουμένους ἴασαι. τοὺς ἐν φυλακαῖς, ἢ μετάλλοις, ἢ δίκαις, ἢ καταδίκαις, ἢ ἐν ἐξορίαις, ἢ πικρᾷ δουλείᾳ, ἢ φόροις κατεχομένους πάντας ἐλέησον, πάντας ἐλευθέρωσον· ὅτι σὺ εἶ ὁ Θεὸς ἡμῶν, ὁ λύων τοὺς πεπεδημένους, ὁ ἀνορθῶν τοὺς κατερραγ-

(a) Arabic note =, apparently, "soft voices." The words written in the brackets are apparently more recent.
(b) This line in the margin.

CANON UNIVERSALIS ÆTHIOPUM.   LITURGIA COPTIT. SANCTI CYRILLI.

CODEX ROSSANENSIS.

τοὺς κατερραγμένους, ἡ ἐλπὶς τῶν ἀπελπισμένων, ἡ βοήθεια τῶν ἀβοηθήτων, ἡ ἀνάστασις τῶν πεπτωκότων, ὁ λιμὴν τῶν χειμαζομένων, ὁ ἔκδικος τῶν καταπονουμένων· πάσῃ ψυχῇ χριστιανῇ θλιβομένῃ καὶ περιεχομένῃ δὸς ἔλεος, δὸς ἄνεσιν, δὸς ἀνάψυξιν. ἀλλὰ καὶ ἡμῶν, Κύριε, τὰς κατὰ ψυχὴν νόσους ἴασαι, τὰς σωματικὰς ἀσθενείας θεράπευσον, ἰατρὲ ψυχῶν καὶ σωμάτων. ἐπίσκοπε πάσης σαρκός, ἐπίσκεψαι καὶ ἴασαι ἡμᾶς διὰ τοῦ σωτηρίου σου.

fol. 50

τοὺς ἀποδημήσαντας ἡμῶν ἀδελφούς, ἢ μέλλοντας ἀποδημεῖν, ἐν παντὶ τόπῳ κατευόδωσον, εἴτε διὰ γῆς, ἢ ποταμῶν, ἢ λιμνῶν, ἢ ὁδοιποριῶν, ἢ οἱουδήποτε τρόπου τὴν πορείαν ποιοῦντας, πάντας πανταχοῦ ἀποκατάστησον εἰς λιμένα εὔδιον, εἰς λιμένα σωτήριον· σύμπλους καὶ συνοδοιπόρος αὐτῶν γενέσθαι καταξίωσον· ἀπόδος τοῖς οἰκείοις αὐτῶν, χαίροντας χαίρουσιν, ὑγιαίνοντας ὑγιαίνουσιν· ἀλλὰ καὶ ἡμῶν, Κύριε, τὴν παρεπιδημίαν τὴν ἐν τῷ βίῳ τούτῳ ἀβλαβῆ καὶ ἀχείμαστον μέχρι τέλους διαφύλαξον. τοὺς ὑετοὺς ἀγαθοὺς πλουσίως κατάπεμψον ἐπὶ τοὺς χρῄζοντας καὶ

(1) ἐπιδεομένους τόπους· εὔφρανον καὶ ἀνακαίνισον τῇ καταβάσει αὐτῶν τὸ πρόσωπον τῆς

(2) γῆς, ἵνα ἐν ταῖς σταγόσιν αὐτῆς εὐφρανθήσεται ἀνατέλλουσα. τὰ ποτάμια ὕδατα ἀνάγαγε ἐπὶ τὸ ἴδιον μέτρον αὐτῶν· εὔφρανον καὶ ἀνακαίνισον τῇ ἀναβάσει αὐτῶν τὸ πρόσωπον τῆς γῆς. τοὺς αὔλακας αὐτῆς μέθυσον· πλήθυνον τὰ γεννήματα αὐτῆς.

(1) D. read ἐπὶ τοὺς δεομένους.
(2) Dr Neale read εὐφρανθῇ.

ROTULUS VATICANUS.

μένους, ἡ ἐλπὶς τῶν ἀπελπισμένων, ἡ βοήθεια τῶν ἀβοηθήτων, ἡ ἀνάστασις τῶν πεπτωκότων. ἀλλὰ καὶ ἡμῖν, Κύριε ὁ Θεός, ἰσχὺν καὶ δύναμιν παρασχεῖν ἀξίωσον. p. 22

{Ὁ διάκονος. Ἐπιστρέψατε εἰς ἀνατολάς.} (a)

Τοὺς ἀποδημήσαντας ἡμῶν ἀδελφούς, ἢ μέλλοντας ἀποδημεῖν, ἐν παντὶ τόπῳ κατευόδωσον, ἀλλὰ καὶ ἡμῖν, Δέσποτα Κύριε, τὴν παρεπιδημίαν τὴν ἐν τῷ βίῳ τούτῳ ἀβλαβῆ καὶ ἀχείμαστον καὶ ἀτάραχον διαφύλαξον.

Ὁ ἀρχιδιάκονος. Προσεύξασθε ὑπὲρ τῶν ἀγαθῶν ὑετῶν. (b)

{Ὁ ἱερεὺς εὐχ. μυστικῶς.} (c)

Τοὺς ἀγαθοὺς ὑετοὺς κατάπεμψον ἐπὶ τοὺς χρῄζοντας καὶ ἐπιδεομένους τόπους· εὔφρανον καὶ ἀνακαίνισον τὸ πρόσωπον τῆς γῆς· τοὺς αὔλακας αὐτῆς μέθυσον· πλήθυνον τὰ γεννήματα αὐτῆς, ἵνα ἐν ταῖς σταγόσιν αὐτῆς εὐφρανθήσεται ἀνατέλλουσα.

Ὁ διάκονος. Κλίνωμεν γόνυ. {Ὁ ἱερεὺς ἐκφών.} (d)

Μὴ μνησθῇς Κύριε ἀνομιῶν ἡμῶν ἀρχαίων, καὶ ταχὺ προκαταλαβέτωσαν ἡμᾶς οἱ οἰκτιρμοί. p. 23

Ὁ διάκονος. Κύριε ἐλέησον Γ΄. Ὁ ἱερεὺς ἐκφών.

(a) This has been added in the margin.
(b) An Arabic note.
(c) Added in the margin.
(d) Apparently added. There is also an Arabic note.

CANON UNIVERSALIS ÆTHIOPUM.

LITURGIA COPTIT. SANCTI BASILII.

[*Tempore Nili exundationis et pluviae dicetur.*
Memento, Domine, aquarum fluminis et benedic illis, augens illas juxta mensuram suam.
Tempore sementis dicetur a prima Paophi ad primam Baini.
Memento, Domine, seminum plantarumque, ut crescant et multiplicentur.
Ab Epiphania ad primam ejusdem mensis.
Memento, Domine, aëris caeli et fructuum terrae, eisque benedic. Memento, Domine, salutis loci hujus sancti tui, omniumque locorum et Monasteriorum sanctorum, patrum nostrorum Orthodoxorum. Memento, Domine, salutis hominum et animalium. Memento, Domine, servi tui Regis terrae nostrae, atque illum in pace et dignitate conserva. Memento, Domine, patrum fratrumque nostrorum, qui obdormierunt quieveruntque in fide Orthodoxa. Memento, Domine, sacrificiorum oblationumque, et iis retribue mercedem qui has tibi oblationes obtulerunt, easque ad te suscipe. Memento, Domine, captivorum qui in servitutem abducti sunt, reducque captivitatem eorum. Memento, Domine, eorum qui calamitatibus et angustiis opprimuntur. Memento, Domine, Catechumenorum populi tui, miserere eorum, confirma eos in fide tua, et reliquias omnes cultus idolorum aufer ab eorum cordibus: legem tuam, timorem tuum, praecepta tua, veritates tuas et mandata tua statue in cordibus eorum: da illis firmam cognitionem verbi quo per catechesin instituti sunt: utque statuto tempore digni evadant lavacro regenerationis in remissionem peccatorum suorum, praepara eos habitaculum Spiritui sancto tuo per gratiam.] (1)

p. 8

p. 9

---

(1) These prayers are found in the Coptic Saint Basil. They are introduced there after the reading of the Gospel (p. 15, above).

CODEX ROSSANENSIS.

fol. 50 b

(1) τοὺς καρποὺς τῆς γῆς, Κύριε, εὐλόγησον, σώους καὶ ἀκεραίους ἡμῖν διατήρησον· παράστησον ἡμῖν αὐτοὺς εἰς σπέρμα καὶ εἰς θερισμόν· ἵνα ἐν ταῖς σταγόσιν αὐτῆς εὐφρανθήσεται ἀνατέλλουσα. εὐλόγησον καὶ νῦν, Κύριε, τὸν στέφανον τοῦ ἐνιαυτοῦ τῆς

(1) This clause (repeated in the MS., apparently by mistake) is omitted in D.

ROTULUS VATICANUS.

Εὐλόγησον καὶ νῦν, Κύριε, τὸν στέφανον τοῦ ἐνιαυτοῦ τῆς χρηστότητός σου.

Ὁ λαός. Ἀμήν. Γ΄.

Ὁ ἀρχιδιάκονος. Προσεύξασθε ὑπὲρ ἀγαθῶν ὑετῶν.

Ὁ λαός. Κύριε ἐλέησον. Γ΄.

✶ μηνὶ Ἀπριλλίῳ   εὐχ. λεγ. Ὁ ἱερεὺς (a) μυστικῶς.

Τοὺς καρποὺς τῆς γῆς, Κύριε, εὐλόγησον· σώους καὶ ἀβλαβεῖς ἡμῖν αὐτοὺς διαφύλαξον. εὔφρανον καὶ ἀνακαίνισον τὸ πρόσωπον τῆς γῆς. τοὺς αὔλακας αὐτῆς μέθυσον, πλήθυνον τὰ γεννήματα αὐτῆς, ἵνα ἐν ταῖς σταγόσιν αὐτῆς εὐφρανθήσεται ἀνατέλλουσα.

Ὁ ἱερεὺς ἐκφών.

Εὐλόγησον καὶ νῦν, Κύριε, τὸν στέφανον τοῦ ἐνιαυτοῦ.

Ὁ λαός. Ἀμήν.

Μηνὶ Ἰουνίῳ. (b)

Ὁ ἀρχιδιάκονος. Προσεύξασθε ὑπὲρ ἀναβάσεως τῶν ποταμίων ὑδάτων.

Κύριε ἐλέησον.

Ὁ ἱερεὺς τὴν εὐχὴν μυστικῶς.

Τὰ ποτάμια ὕδατα ἀνάγαγε ἐπὶ τὸ μέτρον αὐτῶν κατὰ τὴν σὴν χρηστότητα· εὔφρανον τῇ ἀναβάσει αὐτῶν τὸ πρόσωπον τῆς γῆς. τοὺς αὔλακας αὐτῆς μέθυσον, πλήθυνον τὰ γεννήματα αὐτῆς, ἵνα ἐν ταῖς σταγόσιν αὐτῆς εὐφρανθήσεται ἀνατέλλουσα. p. 24

Ὁ ἱερεὺς ἐκφών. Εὐλόγησον καὶ νῦν, Κύριε, τὸν στέφανον τοῦ ἐνιαυτοῦ

Ὁ λαός. Ἀμήν. Γ΄.

(a) An Arabic note, "harvest." Several of the rubrics seem to have been added.
(b) An Arabic note, "Nile rising." See previous note.

CANON UNIVERSALIS ÆTHIOPUM.	LITURGIA COPTIT. SANCTI BASILII.

LITURGIA COPTIT. SANCTI BASILII.

[*Dicet in tempore exundationis Nili a duodecima Baini ad nonam Paophi.*

Dignare, Domine, implere aquas fluminum hoc anno, et illis benedicere.

Tempore sementis, nempe a decima Paophi ad vigesimam Tybi.

Memento, Domine, seminis herbarum, et viroris agri hoc anno: fac ut crescant, quantum fieri potest, per gratiam tuam. Laetifica faciem terrae, ut appareat foecunditas ejus, et fructus ipsius multiplicentur: praepara ei sementem et messem: vitam nostram prout expedit guberna: benedic coronae anni per benignitatem tuam, propter egenos populi tui, propter viduas et orphanos, propter peregrinos et necessitatem patientes, et propter nos omnes qui in te confidimus et nomen sanctum tuum ardenter quaerimus; quia oculi omnium in te sperant, quod in tempore suo sis ipsis bonum largiturus. Age nobiscum juxta bonitatem tuam, tu qui das escam omni carni: imple corda nostra laetitia et suavitate, ut nobis semper in omnibus rebus suppetant necessaria, et abundemus in omni opere bono.] (1)

(1) The above are also from the Coptic Saint Basil. Renaudot, p. 16. They occur after the words of Institution.

CODEX ROSSANENSIS.

χρηστότητός σου, διὰ τοὺς πτωχοὺς τοῦ λαοῦ σου, διὰ τὴν χήραν καὶ διὰ τὸν ὀρφανόν, διὰ τὸν ξένον καὶ διὰ τὸν προσήλυτον, δι' ἡμᾶς πάντας τοὺς ἐλπίζοντας ἐπὶ σὲ καὶ ἐπικαλουμένους τὸ ὄνομά σου τὸ ἅγιον. οἱ γὰρ ὀφθαλμοὶ πάντων εἰς σε ἐλπίζουσιν, καὶ σὺ δίδως τὴν τροφὴν αὐτῶν ἐν εὐκαιρίᾳ. ὁ διδοὺς τροφὴν πάσῃ σαρκί, πλήρωσον χαρᾶς καὶ εὐφροσύνης τὰς καρδίας ἡμῶν, ἵνα πάντοτε πᾶσαν αὐτάρκειαν ἔχοντες περισσεύωμεν εἰς πᾶν ἔργον ἀγαθὸν ἐν Χριστῷ Ἰησοῦ τῷ Κυρίῳ ἡμῶν. Βασιλεῦ τῶν βασιλευόντων καὶ Κύριε τῶν κυριευόντων, τὴν βασιλείαν τοῦ δούλου σου τοῦ ὀρθοδόξου καὶ φιλοχρίστου ἡμῶν βασιλέως, ὃν ἐδικαίωσας βασιλεύειν ἐπὶ τῆς γῆς, ἐν εἰρήνῃ καὶ ἀνδρείᾳ καὶ δικαιοσύνῃ διαφύλαξον. καθυπόταξον αὐτῷ, ὁ Θεός, πάντα ἐχθρὸν καὶ πολέμιον, ἐνφύλιόν τε καὶ ἀλλόφυλον· ἐπιλαβοῦ ὅπλου καὶ θυραίου, καὶ ἀνάστηθι εἰς τὴν βοήθειαν αὐτοῦ· καὶ ἔκχεον ῥομφαίαν καὶ σύγκλεισον ἐξ ἐναντίας τῶν καταδιωκόντων αὐτόν· ἐπισκίασον ἐπὶ τὴν κεφαλὴν αὐτοῦ ἐν ἡμέρᾳ πολέμου· κάθισον ἐκ τῆς ὀσφύος αὐτοῦ ἐπὶ τὸν θρόνον αὐτοῦ. λάλησον εἰς τὴν καρδίαν αὐτοῦ ἀγαθὰ ὑπὲρ τῆς ἁγίας σου καθολικῆς καὶ ἀποστολικῆς ἐκκλησίας καὶ παντὸς τοῦ φιλοχρίστου λαοῦ, ἵνα καὶ ἡμεῖς ἐν τῇ γαληνότητι αὐτοῦ ἤρε-

fol. 51

(1)
(2)
(3)
(4)

(1) D. omitted τὸν ξένον καί.
(2) D. omitted διαφύλαξον. καθυπόταξον αὐτῷ, and thus occasioned confusion.
(3) MS. σύγκλυσον.
(4) D. again omitted ἐπὶ τὸν θρόνον αὐτοῦ. λάλησον εἰς τὴν καρδίαν αὐτοῦ with the same result.

ROTULUS VATICANUS.

Εὐχήν.

Διὰ τοὺς πτωχοὺς τοῦ λαοῦ σου, διὰ τὴν χήραν καὶ τὸν ὀρφανόν, διὰ τὸν ξένον καὶ τὸν προσήλυτον, δι' ἡμᾶς πάντας τοὺς ἐλπίζοντας καὶ ἐπικαλουμένους τὸ ὄνομά σου τὸ ἅγιον. οἱ γὰρ ὀφθαλμοὶ πάντων εἰς σε ἐλπίζουσιν, καὶ σὺ δίδως τὴν τροφὴν αὐτῶν ἐν εὐκαιρίᾳ. ὁ διδοὺς τροφὴν πάσῃ σαρκί, πλήρωσον χαρᾶς καὶ εὐφροσύνης τὰς καρδίας ἡμῶν, ἵνα πάντοτε πᾶσαν αὐτάρκειαν σχόντες περισσεύωμεν εἰς πᾶν ἔργον ἀγαθὸν ἐν Χριστῷ Ἰησοῦ τῷ Κυρίῳ ἡμῶν.

Ὁ ἱερεὺς ἐκφών. Τὴν βασιλείαν τοῦ δούλου σου

{Ὁ λαός. Δόξα τῷ βασιλεῖ.} τοῦ εὐσεβεστάτου ἡμῶν βασιλέως, ὃν ἐδικαίωσας βασιλεύειν ἐπὶ τῆς γῆς, ἐν εἰρήνῃ καὶ ἀνδρίᾳ καὶ γαληνότητι διαφύλαξον. καθυπόταξον αὐτῷ, ὁ Θεός, πάντα ἐχθρὸν καὶ πολέμιον, ἐμφύλιόν τε καὶ ἀλλόφυλον· ἐπιλαβοῦ ὅπλου καὶ θυρεοῦ, καὶ ἀνάστηθι εἰς τὴν βοήθειαν αὐτοῦ· ἔκχεον ῥομφαίαν καὶ σύγκλεισον ἐξ ἐναντίας τῶν διωκόντων αὐτόν· ἐπισκίασον ἐπὶ τὴν κεφαλὴν αὐτοῦ ἐν ἡμέρᾳ πολέμου· κάθισον ἐκ τῆς ὀσφύος αὐτοῦ ἐπὶ τὸν θρόνον αὐτοῦ· λάλησον εἰς τὴν καρδίαν αὐτοῦ ἀγαθὰ ὑπὲρ τῆς ἁγίας μόνης καθολικῆς καὶ ἀποστολικῆς ἐκκλησίας καὶ παντὸς τοῦ φιλοχρίστου λαοῦ, ἵνα καὶ ἡμεῖς ἐν τῇ γαληνότητι

p. 25

(a)
(b)
(c)
(d)
(e)
p. 26

(a) Arabic note: "raising of voice."
(b) Added in the margin.
(c) MS. γαλῆν | ὁ τάτην ἐκη διαφύλαξον.
(d) MS. ἐμφυλιῶν τε καὶ ἀλλ | οφυλὸν.
(e) The reader must here have gone to the verso of the MS.

CANON UNIVERSALIS ÆTHIOPUM.	LITURGIA COPTIT. SANCTI CYRILLI.
	Domine miserere. Infirmos populi tui sana. *p. 40*

Diaconus. Orate pro patribus et fratribus nostris.

Sacerdos. Visita eos in misericordia. *Et perficitur ex oratione incensi diluculo diei.*

Patres fratresque nostros peregre profectos.

Diaconus. Orate pro patribus fratribusque nostris peregre profectis.

Sacerdos. Et pro illis qui designaverunt ad quemcumque locum proficisci, etc. *Perficitur ex eadem oratione incensi.*

Serenum et salubrem praesta, Domine, aërem caeli, et fructibus terrae benedic. *p. 41*

Diaconus. Orate pro aëre caeli et fructibus.

Sacerdos. Fac ut crescant juxta virtutem suam, etc. *ut in Missa Basilii.*

Domine, miserere Regis terrae, famuli tui.

Diaconus. Orate ut Christus Deus noster, etc.

Sacerdos. Conserva illum in pace et justitia et potentia, ut subjiciantur illi omnes barbari, et gentes quae bella volunt: da nobis bonorum affluentiam: loquere ad cor ejus pro pace unicae tuae Catholicae et Apostolicae Ecclesiae: fac ut cogitet ea quae pacis sunt erga nos et erga nomen tuum sanctum, ut vitam tranquillam et placidam ducamus, atque |

LITURGY OF ALEXANDRIA.

CODEX ROSSANENSIS.

(1) μον καὶ ἡσύχιον βίον διάγωμεν, ἐν πάσῃ εὐσεβείᾳ καὶ σεμνότητι τῇ εἴς σε καταληφθῶμεν. τῶν ἐν πίστει Χριστοῦ προκεκοιμημένων πατέρων τε καὶ ἀδελφῶν τὰς ψυχὰς ἀνάπαυσον, Κύριε ὁ Θεὸς ἡμῶν,

fol. 51 b μνησθεὶς τῶν ἀπ' αἰῶνος προπατόρων, πατέρων, πατριαρχῶν, προφητῶν, ἀποστόλων, μαρτύρων, ὁμολογητῶν, ἐπισκόπων, ὁσίων, δικαίων, παντὸς πνεύματος ἐν πίστει Χριστοῦ τετελειωμένων· καὶ ὧν ἐν τῇ σήμερον ἡμέρᾳ τὴν ὑπόμνησιν ποιούμεθα, καὶ τοῦ ἁγίου πατρὸς ἡμῶν Μάρκου τοῦ ἀποστόλου καὶ εὐαγγελιστοῦ, τοῦ ὑποδείξαντος ἡμῖν ὁδὸν σωτηρίας.

Χαῖρε κεχαριτωμένη, ὁ Κύριος μετά σου· εὐλογημένη σὺ ἐν γυναιξίν, καὶ εὐλογημένος ὁ καρπὸς τῆς κοιλίας σου, ὅτι ἔτεκες σωτῆρα τῶν ψυχῶν ἡμῶν.

Ἐκφώνως. Ἐξαιρέτως τῆς παναγίας, ἀχράντου, εὐλογημένης δεσποίνης ἡμῶν, θεοτόκου καὶ ἀειπαρθένου Μαρίας.

Ὁ διάκονος. Κύριε, εὐλόγησον.

Ὁ ἱερεύς. Ὁ Κύριος εὐλογήσει σε τῇ αὐτοῦ χάριτι, νῦν καὶ ἀεί, καὶ εἰς.

Ὁ διάκονος τὰ δίπτυχα τῶν κεκοιμημένων. Ὁ δὲ ἱερεὺς κλινόμενος ἐπεύχεται.

Καὶ τούτων πάντων τὰς ψυχὰς ἀνάπαυσον, fol. 52 Δέσποτα Κύριε ὁ Θεὸς ἡμῶν, ἐν ταῖς τῶν ἁγίων σου σκηναῖς, ἐν τῇ βασιλείᾳ σου,

(1) MS. τῆς εἴς σε καταλίφθωμεν. D. omitted the words. (See above, p. 6.)

ROTULUS VATICANUS.

αὐτοῦ ἤρεμον καὶ ἡσύχιον βίον διάγωμεν, ἐν πάσῃ εὐσεβείᾳ καὶ σεμνότητι τῇ εἴς σε καταληφθῶμεν. (a)

Ὁ ἱερεύς. Τῶν ἐν πίστει Χριστοῦ
{Ὁ λαός. Τὰς ψυχὰς ἀνάπαυσον.} (b)
προκεκοιμημένων πατέρων τε καὶ ἀδελφῶν ἡμῶν τὰς ψυχὰς ἀνάπαυσον, Κύριε ὁ Θεὸς ἡμῶν.

Μνήσθητι, Κύριε, τῶν ἁγίων ἀπ' αἰῶνος προπατόρων, πατέρων, πατριαρχῶν, προφητῶν, ἀποστόλων, μαρτύρων, ὁμολογητῶν, διδασκάλων, ἐπισκόπων, ὁσίων, δικαίων, παντὸς πνεύματος ἐν πίστει τετελειωμένων· καὶ ὧν ἐν τῇ σήμερον ἡμέρᾳ τὴν ὑπόμνησιν ποιούμεθα· καὶ τοῦ ἁγίου πατρὸς ἡμῶν Μάρκου τοῦ ἀποστόλου καὶ εὐαγγελιστοῦ, τοῦ ὑποδείξαντος ἡμῖν ὁδὸν σωτηρίας.

Μνήσθητι, Κύριε, τῆς ἀρχαγγελικῆς φωνῆς ἐπιλεγούσης, p. 27

Ὁ ἱερεύς. Χαῖρε κεχαριτωμένη, Μαρία, ὁ Κύριος μετά σου· εὐλογημένη σὺ ἐν γυναιξίν, καὶ εὐλογημένος ὁ καρπός.

Ὁ ἱερεὺς ἐκφών. Ἐξαιρέτως τῆς παναγίας, ἀχράντου, ὑπερευλογημένης δεσποίνης ἡμῶν.

Κύριε, εὐλόγησον. (c)

Ὁ ἱερεύς. Ἡ χάρις τοῦ παναγίου Πνεύματος μετὰ πάντων ἡμῶν, ἀδελφοί. Ἀμήν.

Ὁ διάκονος τὰ δίπτυχα.

Ὁ ἱερεὺς εὐχ.

Καὶ τούτων καὶ πάντων τὰς ψυχὰς ἀνάπαυσον, Δέσποτα Κύριε ὁ Θεὸς ἡμῶν, ἐν ταῖς τῶν ἁγίων σκηναῖς, ἐν τῇ βασιλείᾳ

(a) MS. τῇ εἰσσαὶ κατὰ | λήφθομεν.
(b) Added in the margin.
(c) The MS. *seems* to have ὁ ἱερεύς, or οἱ...... Then an Arabic note, "The priest blesses."

CANON UNIVERSALIS ÆTHIOPUM.	LITURGIA COPTIT. SANCTI CYRILLI.
	in omni pietate et honestate confirmati inveniamur apud te.

Domine miserere. Patribus, fratribusque nostris, qui obdormierunt et quorum animas suscepisti, quietem praesta. Memento etiam omnium sanctorum qui a saeculo tibi placuerunt, Patrum nostrorum sanctorum, Patriarcharum, Prophetarum, Apostolorum, Evangelistarum, Martyrum, Confessorum, Praedicatorum, et omnium spirituum justorum qui in fide perfecti fuerunt, praecipue autem sanctae gloriosissimae, Deiparae, semper Virginis, purae et illibatae sanctae Mariae, etc. (*ex Missa Basilii*), et omnis chori sanctorum tuorum. [1]

Sacerdos. (*Tono Jobi*) Et nos, Domine, digni non sumus qui pro beatis illis supplicemus. sed quoniam illi stant coram solio Filii tui unigeniti, ipsi intercedant loco nostro pro paupertate et infirmitate nostra. Dimitte iniquitates nostras, propter deprecationes eorum et propter Nomen tuum benedictum quod invocatum est super nos.

Diaconus. Orate pro patribus, etc.

Sacerdos. Memento, Domine, Patrum nostrorum Orthodoxorum Archiepiscoporum, quorum obitus praecessit, eorum qui verbum veritatis recte dispensaverunt, et da nobis partem et haereditatem cum eis. Rursus eorum memento quorum hodie memoriam facimus.

Sacerdos post Diptycha. Et illorum

---

(1) This seems again to refer to the Greek S. Basil, but compare the Greek of S. Mark.

LITURGY OF ALEXANDRIA.

CODEX ROSSANENSIS.

χαριζόμενος αὐτοῖς τὰ τῶν ἐπαγγελιῶν σου ἀγαθά, ἃ ὀφθαλμὸς οὐκ εἶδεν, καὶ οὖς οὐκ ἤκουσεν, καὶ ἐπὶ καρδίαν ἀνθρώπων οὐκ ἀνέβη, ἃ ἡτοίμασας, ὁ Θεός, τοῖς ἀγαπῶσι τὸ ὄνομά σου τὸ ἅγιον. αὐτῶν μὲν τὰς ψυχὰς ἀνάπαυσον, καὶ βασιλείας οὐρανῶν καταξίωσον· ἡμῶν δὲ τὰ τέλη τῆς ζωῆς χριστιανὰ καὶ εὐάρεστα καὶ ἀναμάρτητα δώρησαι· καὶ δὸς ἡμῖν μερίδα καὶ κλῆρον ἔχειν μετὰ πάντων τῶν ἁγίων σου. τῶν προσφερόντων τὰς θυσίας, τὰς προσφοράς, τὰ εὐχαριστήρια πρόσδεξαι ὁ Θεὸς εἰς τὸ ἅγιον καὶ ἐπουράνιον καὶ νοερόν σου θυσιαστήριον, εἰς τὰ μεγέθη τῶν οὐρανῶν, διὰ τῆς ἀρχαγγελικῆς σου λειτουργίας, τῶν τὸ πολὺ καὶ ὀλίγον, κρύφα καὶ παρρησίᾳ, βουλομένων καὶ οὐκ ἐχόντων· καὶ τῶν ἐν τῇ σήμερον ἡμέρᾳ τὰς προσφορὰς προσενεγκάντων, ὡς προσεδέξω τὰ δῶρα τοῦ δικαίου σου Ἄβελ,

fol. 52 b

καὶ βάλλει θυμίαμα ὁ ἱερεὺς καὶ λέγει,

τὴν θυσίαν τοῦ πατρὸς ἡμῶν Ἀβραάμ, Ζαχαρίου τὸ θυμίαμα, Κορνηλίου τὰς ἐλεημοσύνας, καὶ τῆς χήρας τὰ δύο λεπτά, πρόσδεξαι καὶ αὐτῶν τὰ εὐχαριστήρια, καὶ (1) ἀντίδος αὐτοῖς ἀντὶ τῶν φθαρτῶν τὰ ἄφθαρτα, ἀντὶ τῶν ἐπιγείων τὰ οὐράνια, ἀντὶ τῶν προσκαίρων τὰ αἰώνια. τὸν ἁγιώτατον καὶ μακαριώτατον Πάπαν τὸν Δ. ὃν (2) προέγνως καὶ προχειρίσασθαι τὴν ἁγίαν σου

ROTULUS VATICANUS.

σου, χαριζόμενος αὐτοῖς τὰ τῶν ἐπαγγελιῶν σου ἀνεκλάλητα ἀγαθά, ἃ ὀφθαλμὸς οὐκ εἶδεν, καὶ οὖς οὐκ ἤκουσεν, καὶ ἐπὶ καρδίαν ἀνθρώπου οὐκ ἀνέβη, ἃ ἡτοίμασεν ὁ Θεὸς τοῖς ἀγαπῶσι τὸ ὄνομά σου τὸ ἅγιον. αὐτῶν μὲν τὰς ψυχὰς ἀνάπαυσον, Κύριε, καὶ βασιλείας οὐρανῶν καταξίωσον· ἡμῶν δὲ τὰ τέλη τῆς ζωῆς χριστιανὰ καὶ εὐάρεστα καὶ ἀναμάρτητα δώρησαι· καὶ δὸς ἡμῖν μερίδα καὶ κλῆρον ἔχειν μετὰ πάντων τῶν ἁγίων σου. τῶν προσφερόντων τὰς θυσίας, τὰς προσφοράς, τὰ εὐχαριστήρια πρόσδεξαι ὁ Θεὸς εἰς τὸ ἅγιον καὶ ὑπερουράνιον καὶ νοερόν σου θυσιαστήριον, εἰς τὰ μεγέθη τῶν οὐρανῶν, διὰ τῆς ἀρχαγγελικῆς σου λειτουργίας, τῶν τὸ πολὺ καὶ τὸ ὀλίγον, κρύφα καὶ παρρησίᾳ, βουλομένων καὶ οὐκ ἐχόντων· καὶ τῶν ἐν τῇ σήμερον ἡμέρᾳ τὰς προσφορὰς προσενεγκάντων, ὡς προσεδέξω τὰ δῶρα τοῦ δικαίου Ἄβελ, τὴν θυσίαν τοῦ πατρὸς ἡμῶν Ἀβραάμ, Ζαχαρίου τὸ θυμίαμα, Κορνηλίου τὰς προσευχὰς καὶ ἐλεημοσύνας, καὶ τῆς χήρας τὰ δύο λεπτά, πρόσδεξαι καὶ αὐτῶν τὰ εὐχαριστήρια, καὶ ἀντίδος αὐτοῖς ἀντὶ τῶν ἐπιγείων τὰ οὐράνια, ἀντὶ τῶν προσκαίρων τὰ αἰώνια, ἀντὶ τῶν φθαρτῶν τὰ ἄφθαρτα.

(a)

(sic)

p. 28

(b)

p. 29

Ἐν πρώτοις μνήσθητι, Κύριε, τῶν ὁσίων πατέρων ἡμῶν τοῦ Δ. τοῦ πατριάρχου, καὶ τοῦ Δ. ἀρχιεπισκόπου, οὓς χάρισαι ταῖς ἁγίαις σου ἐκκλησίαις ἐν εἰρήνῃ σώους, ἐντίμους, ὑγιεῖς, μακ.

---

(1) D. omitted ἀντὶ τῶν φθαρτῶν τὰ ἄφθαρτα.
(2) There is a mark (a cross) opposite to this in the manuscript.

(a) MS. κατα των επαγγελιων σου.
(b) An Arabic interlineation: "incenses."

LITURGIA COPTIT. SANCTI CYRILLI.

omniumque, Domine, quorum nomina recitamus et quorum non recitamus: quos unusquisque nostrum in mente habet, et eorum quorum memoria non occurrit nobis, qui dormierunt et quieverunt in fide Christi. Dignare, Domine, praestare, ut requiescant animae illorum omnes in sinu patrum nostrorum sanctorum Abraham, Isaac et Jacob, etc.

Domine miserere.

Sacerdos. Sacrificia oblationesque in gratiarum actionem, eorum qui offerunt laudem et gloriam nomini tuo sancto,

(*Diaconus.* Orate pro illis qui de suo sacrificia et oblationes fecerunt.)

Sacerdos. suscipe ea super altare tuum spirituale, caeleste, cum odore thuris, ad majestatem tuam caelestem, per ministerium Angelorum et Archangelorum tuorum sanctorum, sicut ad te suscepisti munera justi Abel, et sacrificium patris nostri Abrahami, et minuta duo viduae. Ita quoque vota servorum tuorum accepta habe, sive multum sive parum sit, secreto aut manifeste: et illis qui voluerunt offerre nec unde facerent habuerunt, ut etiam illis qui hodie haec tibi munera obtulerunt, da incorruptibilia pro corruptibilibus, caelestia pro terrenis, aeterna pro temporalibus; domos eorum et cellas penuarias reple bonis omnibus. Circumda eos, Domine, potestate Angelorum et Archangelorum tuorum sanctorum: et sicut

LITURGIA COPTIT. SANCTI CYRILLI.

memores fuerunt Nominis tui sancti super terram, memento illorum in regno tuo, et in hoc saeculo ne derelinquas eos.

Domine miserere.

Diaconus. Orate pro vita et incolumitate Patriarchae et Patris nostri venerabilis, Archiepiscopi Patris N., ut Christus Deus noster conservet vitam ejus ad multos annos ac temporibus tranquillis.

Sacerdos. Patriarcham nostrum venerabilem Patrem Anba N. custodiendo conserva nobis ad multos annos, et per tranquilla tempora, ut adimpleat perfecte officium sancti pontificatus qui illi a te collatus est, secundum voluntatem tuam sanctam et beatam, recte dispensans verbum veritatis et pascens populum tuum in sanctitate et justitia. Concede illi et nobis pacem et salutem ex quacumque parte: et preces ejus quas facit pro nobis et pro omni populo tuo, ut eas quae pro illo a nobis fiunt, suscipe ad te super altare tuum rationabile, caeleste, cum odore thuris. Inimicos quoque ejus omnes, visibiles et invisibiles, contere et dejice sub pedibus ejus velociter: illum quoque conserva in pace et justitia, in Ecclesia tua sancta.

Domine miserere.

Diaconus. Orate pro patribus nostris Episcopis ubicumque sint, ut Christus Deus noster conservet vitam eorum ad multos annos per tempora tranquilla, et parcat nobis.

6—2

LITURGY OF ALEXANDRIA.

CODEX ROSSANENSIS.

fol. 53

καθολικὴν καὶ ἀποστολικὴν ἐκκλησίαν, καὶ τὸν ὁσιώτατον ἐπίσκοπον τὸν Δ. τὸν ἡμέτερον συντηρῶν, συντήρησον αὐτοὺς ἔτεσι πολλοῖς, χρόνοις εἰρηνικοῖς, ἐκτελοῦντας αὐτοὺς τὴν ὑπὸ σοῦ ἐμπεπιστευμένην ἁγίαν σου ἀρχιερωσύνην, κατὰ τὸ ἅγιον καὶ μακάριόν σου θέλημα ὀρθοτομοῦντας τὸν λόγον τῆς ἀληθείας. μνήσθητι δὲ καὶ τῶν ἀπανταχοῦ ὀρθοδόξων ἐπισκόπων, πρεσβυτέρων, διακόνων, ὑποδιακόνων, ἀναγνωστῶν, ψαλτῶν, μοναζόντων, ἀειπαρθένων, χηρῶν, λαϊκῶν. μνήσθητι, Κύριε, τῆς ἁγίας Χριστοῦ τοῦ Θεοῦ ἡμῶν πόλεως, καὶ τῆς βασιλευούσης, καὶ τῆς πόλεως ἡμῶν ταύτης, πάσης πόλεως καὶ χώρας, καὶ τῶν ἐν ὀρθοδόξῳ πίστει Χριστοῦ οἰκούντων ἐν αὐταῖς, εἰρήνης καὶ ἀσφαλείας αὐτῶν.

Μνήσθητι, Κύριε, πάσης ψυχῆς χριστιανῆς θλιβομένης καὶ καταπονουμένης, ἐλέους Θεοῦ καὶ βοηθείας ἐπιδεομένης, καὶ ἐπιστροφῆς τῶν πεπλανημένων. μνήσθητι, (1) Κύριε, τῶν ἐν αἰχμαλωσίᾳ ὄντων ἀδελφῶν ἡμῶν· δὸς αὐτοῖς εἰς οἰκτιρμοὺς ἐναντίον πάντων τῶν αἰχμαλωτευσάντων αὐτούς. μνήσθητι, Κύριε, ἐν ἐλέει καὶ οἰκτιρμοῖς καὶ ἡμῶν τῶν ἁμαρτωλῶν καὶ ἀναξίων δούλων σου, καὶ τὰς ἁμαρτίας ἡμῶν ἐξάλειψον,

fol. 53 b

ὡς ἀγαθὸς καὶ φιλάνθρωπος Θεός. μνήσθητι, Κύριε, καὶ ἐμοῦ τοῦ ταπεινοῦ καὶ

(1) D. had τῶν for ὄντων and ἐν ἐλέει καὶ οἰκτιρμοῖς εἶναι for εἰς οἰκτιρμούς, and omitted the words before καὶ ἡμῶν.

ROTULUS VATICANUS.

Ὁ λαός. Γένοιτο, Γένοιτο.

Ὁ ἱερεὺς εὐχ. Μνήσθητι, Κύριε ὁ Θεὸς ἡμῶν, τοῦ ἁγιωτάτου καὶ μακαριωτάτου ἀρχιερέως ἡμῶν τοῦ Δ. Πάπας καὶ πατριάρχου ὃν καὶ προέγνως καὶ προώρισας προχειρίσασθαι τῇ ἁγίᾳ σου καθολικῇ καὶ ἀποστολικῇ ἐκκλησίᾳ, συντηρῶν συντήρησον αὐτὸν ἔτεσιν πολλοῖς καὶ χρόνοις εἰρηνικοῖς, ἐκτελοῦντα τὴν ὑπὸ σοῦ ἐμπεπιστευμένην αὐτῷ ἁγίαν σου ἀρχιερωσύνην, κατὰ τὸ ἅγιον καὶ μακάριόν σου θέλημα, ὀρθοτομοῦντα τὸν λόγον τῆς ἀληθείας. Μνήσθητι, Κύριε, καὶ τῶν ἀπανταχοῦ ὀρθοδόξων ἐπισκόπων, πρεσβυτέρων, διακόνων, ὑποδιακόνων, ἀναγνωστῶν, ψαλτῶν, μοναζόντων, ἀειπαρθένων, χηρῶν, ὀρφανῶν, λαϊκῶν. μνήσθητι, Κύριε, πάσης ψυχῆς χριστιανῆς θλιβομένης. μνήσθητι, Κύριε, τῆς ἁγίας Χριστοῦ τοῦ Θεοῦ ἡμῶν πόλεως, καὶ τῆς βασιλευούσης πύλεως καὶ χώρας, καὶ τῶν ἐν ὀρθοδόξῳ πίστει Χριστοῦ οἰκούντων ἐν αὐταῖς, εἰρήνης καὶ ἀσφαλείας αὐτῶν. p. 30 (a)

Μνήσθητι, Κύριε, πάσης ψυχῆς χριστιανῆς θλιβομένης, ἐλέους Θεοῦ, βοηθείας ἐπιδεομένης, καὶ ἐπιστροφῆς τῶν πεπλανημένων, καὶ σωτηρίας τῶν ψυχῶν ἡμῶν καὶ τῶν ἐν φυλακαῖς. (b)

Μνήσθητι, Κύριε, πλεόντων, ὁδοιπορούντων, ξενιτευόντων χριστιανῶν· καὶ τῶν ἐν αἰχμαλωσίαις καὶ ἐξορίαις καὶ ἐπὶ ξέναις καὶ πικραῖς δουλείαις ὄντων ἀδελφῶν ἡμῶν· δὸς αὐτοῖς εἰς οἰκτιρμοὺς ἐναντίον πάντων τῶν αἰχμαλωτευσάντων αὐτούς. μνήσθητι, Κύριε, ἐν ἐλέει καὶ οἰκτιρμοῖς καὶ ἡμῶν τῶν p. 31

(a) An Arabic note in the margin, "Prayers for individuals."

(b) Another Arabic note.

LITURGIA COPTIT. SANCTI CYRILLI.

Sacerdos. Memento, Domine, Episcoporum Orthodoxorum in quocumque loco sint: Sacerdotum, Diaconorum, Subdiaconorum, Lectorum, Cantorum, Exorcistarum, Monachorum, Virginum, Viduarum, Orphanorum, continentiam exercentium, et Laïcorum: illorum qui matrimonio juncti sunt, et illorum qui educant filios: qui dixerunt nobis Mementote nostri, et qui non dixerunt: quos novimus et quos non novimus: inimicorum et amicorum nostrorum: Domine, eorum miserere.

Domine miserere. Memento, Domine, reliquorum Orthodoxorum qui sunt ubicumque terrarum.

Diaconus. Orate pro reliquis Orthodoxis qui sunt ubicumque terrarum: ut Christus Deus noster sit illis propitius, et misereatur eorum, et parcat nobis.

Sacerdos. Domine miserere. Memento, Domine, hujus loci sancti tui et omnium habitationum Patrum nostrorum Orthodoxorum.

Diaconus. Orate pro securitate hujus loci et omnium locorum Patrum nostrorum Orthodoxorum, Eremitarum et Anachoretarum, illorumque qui habitant in eis, et pro securitate totius mundi, ut Christus Deus noster conservet eos ab omni malo, et parcat nobis.

Sacerdos. Omnes urbes, regiones, et provincias, et omnes domos fidelium conserva, et nos omnes in fide Orthodoxa usque ad extremum spiritum: haec enim unica spes nostra est.

LITURGIA COPTIT. SANCTI CYRILLI.

Domine miserere. Memento, Domine, circumstantium, qui nobiscum deprecationis participes sunt.

Diaconus. Orate pro circumstantibus.

* * *

Sacerdos. Patres et fratres nostros, et reliquos ubicumque terrarum sint, conserva nobiscum, praesidio exercitus potestatum sanctarum: et libera nos a telis igneis diaboli, et ab omnibus insidiis diabolicis, et ab omni laqueo vanae gloriae.

Domine miserere.

Sacerdos. Memento, Domine, eorum omnium qui nobis praeceperunt ut eorum memores essemus in orationibus et supplicationibus ad te nostris,

* * *

Sacerdos. quas offerimus tibi, Christe Deus noster, praesertim hoc tempore hujus oblationis sanctae: quorum memoriam semper agimus, et quos unusquisque nostrum in mente habet; et eorum commemoratio, quae hodie agitur, sit ipsis tanquam murus firmus, superans omnes daemoniorum insultus et consilia hominum improborum.

Sacerdos. Memento, Domine, tenuitatis meae et miseriae animae meae, et largire mihi ut intelligam quantae dignitatis sit adstare me ad altare tuum sanctum. Aufer a me omnia desideria insipientiae et juventutis: neque hoc mihi grave sit cum respondendum erit in die illo terribili. Libera me etiam ab

LITURGY OF ALEXANDRIA.

CODEX ROSSANENSIS.

ἁμαρτωλοῦ καὶ ἀναξίου δούλου σου, καὶ τὰς ἁμαρτίας μου ἐξάλειψον, ὡς φιλάνθρωπος Θεός. συμπάρεσο δὲ ἡμῖν λειτουργοῦσι τῷ παναγίῳ σου ὀνόματι. τὰς ἐπισυναγωγὰς ἡμῶν, Κύριε, εὐλόγησον. τὴν εἰδωλολατρείαν τέλεον ἐκρίζωσον ἀπὸ τοῦ κόσμου. τὸν σαταιᾶν καὶ πᾶσαν αὐτοῦ τὴν ἐνέργειαν καὶ πονηρίαν σύντριψον ὑπὸ τοὺς πόδας ἡμῶν. τοὺς ἐχθροὺς τῆς ἐκκλησίας σου, Κύριε, ὡς πάντοτε, καὶ νῦν ταπείνωσον. γύμνωσον αὐτῶν τὴν ὑπερηφανίαν· δεῖξον αὐτοῖς ἐν τάχει τὴν ἀσθένειαν αὐτῶν· τὰς (1) ἐπιβουλὰς αὐτῶν καὶ τὰς μαγγανίας καὶ τὰς πανουργίας ἃς ποιοῦσι καθ᾽ ἡμῶν ἀπράκτους ποίησον.

fol. 54 ἐξεγέρθητι, Κύριε, καὶ διασκορπισθήτωσαν οἱ ἐχθροί σου, καὶ φυγέτωσαν εἰς τὰ ὀπίσω πάντες οἱ μισοῦντες τὸ ὄνομά σου τὸ ἅγιον. τὸν δὲ λαόν σου τὸν πιστὸν (2) καὶ ὀρθόδοξον ἐπ᾽ εὐλογίαις χιλίας χιλιάδας καὶ μυρίας μυριάδας, ποιοῦντας τὸ θέλημά σου τὸ ἅγιον.

Ὁ διάκονος. Οἱ καθήμενοι ἀνάστ.

Ὁ ἱερεὺς λέγει εὐχήν.

ROTULUS VATICANUS.

ἁμαρτωλῶν καὶ ἀναξίων δούλων σου, καὶ τὰς ἁμαρτίας ἡμῶν ἐξάλειψον, ὡς ἀγαθὸς καὶ φιλάνθρωπος. συμπάρεσο ἡμῖν λειτουργοῦσι τῷ παναγίῳ σου Πνεύματι. τὰς ἐπισυναγωγὰς ἡμῶν, Κύριε, εὐλόγησον. τὴν εἰδωλολατρείαν τέλεον ἐκρίζωσον ἀπὸ τοῦ κόσμου. τὸν σατανᾶν καὶ πᾶσαν αὐτοῦ (a) τὴν ἐνέργειαν καὶ πονηρὰν δύναμιν σύντριψον ὑπὸ [τοὺς πόδας ἡμῶν]. τοὺς ἐχθροὺς τῆς ἐκκλησίας σου, Κύριε, καὶ νῦν ταπείνωσον. γύμνωσον αὐτῶν τὴν ὑπερηφανίαν· δεῖξον αὐτοῖς ἐν τάχει τὴν ἀσθένειαν· τὸν φθόνον αὐτῶν κατάργησον· τὰς ἐπιβουλὰς αὐτῶν καὶ τὰς μαγγανίας καὶ τὰς πανουργίας ἃς ποιοῦσιν καθ᾽ ἡμῶν ἀπράκτους ποίησον.

{Ὁ διάκονος. Καὶ ὑπὲρ εἰρήνης.

Ὁ λαός. Καὶ τούτ. καὶ πάντ. ἀναφ.} (sic)

Ὁ ἀρχιδιάκονος. Οἱ καθήμενοι ἀνάστητε.

{Ὁ ἱερεὺς τὴν εὐχὴν ταύτην.} (b)

Ἐξεγέρθητι, Κύριε, καὶ διασκορπισθήτωσαν οἱ ἐχθροί σου, καὶ φυγέτωσαν εἰς τὰ ὀπίσω πάντες οἱ μισοῦντες τὸ ὄνομά σου τὸ ἅγιον. τὸν δὲ λαόν σου τὸν πιστὸν καὶ ὀρθόδοξον ποίησον ἐπ᾽ εὐλογίαις χιλίας χιλιάδας καὶ μυρίας μυριάδας, ποιοῦντας τὸ θέλημά σου τὸ ἅγιον.

Ὁ ἀρχιδιάκονος. Εἰς ἀνατολὰς βλέψατε.

Ὁ ἱερεὺς ἐκφών. {μικρ.} (c)

---

(1) D. omitted καὶ τὰς μαγγανίας.
(2) Supply ποίησον from the other copies.

(a) An Arabic note.
(b) The words in brackets seem to have been added. There is also an erasure.
(c) Added.

ROTULUS MESSANENSIS.

(1) [Τὰς ἐπισυναγωγὰς ἡμῶν, Κύριε, εὐλόγησον. τὴν εἰδωλολατρείαν τέλεον ἐκρίζωσον ἀπὸ τοῦ] κόσμου. τὸν σατ[ανᾶν καὶ πᾶσαν αὐτοῦ τὴν ἐνέργειαν καὶ πονη]ρίαν σύντριψον ὑπὸ τοὺς πόδας [ἡμῶν. τοὺς ἐχθροὺς] τῆς ἐκκλησίας σου καὶ νῦν ταπείνωσον. γύμνωσον αὐτῶν τὴν ὑπερη[φανίαν·] δεῖξον αὐτοῖς ἐν τάχει τὴν ἀσθένειαν αὐτῶν· τὰς ἐπιβουλάς, τὰς μαγγανίας ἃς ποιοῦσιν καθ᾽ ἡμῶν ἀπράκτους ποίησον.

(2) Ὁ διάκονος. Οἱ καθήμενοι ἀναστήτωσαν.

Ἐξεγέρθητι, Κύριε, καὶ διασκορπισθήτωσαν οἱ ἐχθροί σου, καὶ φυγέτωσάν πάντες οἱ μισοῦντες τὸ ὄνομά σου. τὸν δὲ λαόν σου τὸν πιστὸν καὶ ὀρθόδοξον εὐλογήσας, ποίησον αὐτὸν εἰς χιλίας χιλιάδας καὶ μυρίας μυριάδας, ποιοῦντας τὸ θέλημά σου τὸ ἅγιον, εὔσπλαγχνον, εὐάρεστον καὶ τέλειον.

(1) I have filled up the intervals in the Manuscript by words taken from the other copies.
(2) The words of the Deacon are written in uncials. So too are the Rubrics, generally, and the words uttered by the Priest ἐκφώνως.

LITURGIA COPTIT. SANCTI CYRILLI.

omnibus operationibus potestatis adversarii : neque me perdas propter iniquitates meas, neque irascaris mihi usque in aeternum, neque serves mihi mala mea, sed ostende mihi bonitatem erga me tuam, et libera me indignum secundum multitudinem misericordiae tuae super me ; (*Tono Genesis*) ut benedicam tibi semper omnibus diebus vitae meae.

* * *

Domine miserere. Benedic congregationibus nostris.

Sacerdos. Cultum idolorum prorsus ex mundo extermina : satanam et omnes potestates ejus pessimas contere et deprime sub pedibus nostris velociter : scandala et eorum autores compesce, ut finiantur divisiones perniciosae haereseon : hostium Ecclesiae tuae sanctae, Domine, ut semper ita etiam nunc, destrue superbiam cordis : fac illis notam velociter imbecillitatem suam : reprime eorum invidiam, fraudes et machinationes, et calumnias quibus nos impugnant, easque redde omnes inutiles : dissipa consilia eorum, Deus, qui dissipasti consilium Achitophel.

Exsurge Domine Deus et dissipentur omnes inimici tui, et fugiant a facie tua omnes qui oderunt nomen tuum sanctum ; et populus tuus in benedictionibus millies millenis et decies millies decies millenis faciat voluntatem tuam.

Diaconus. Qui sedetis, surgite. (*a*)

(*a*) This rubric is also in the "Canon Universalis Æthiopum."

LITURGY OF ALEXANDRIA.

CODEX ROSSANENSIS.

(1) Λύτρωσαι δεσμίους, ἐξέλου τοὺς ἐν ἀνάγκαις, πεινῶντας χόρτασον, ὀλιγοψυχοῦντας παρακάλεσον, πεπλανημένους ἐπίστρεψον, ἐσκοτισμένους φωταγώγησον, πεπτωκότας ἔγειρον, σαλευομένους στήριξον, νενοσηκότας ἴασαι· πάντας ἄγαγε εἰς τὴν ὁδὸν τῆς σωτηρίας, σύναψον καὶ αὐτοὺς τῇ ἁγίᾳ σου ποίμνῃ· ἡμᾶς δὲ ῥῦσαι ἀπὸ τῶν ἀνομιῶν ἡμῶν, φρουρὸς ἡμῶν καὶ ἀντιλήπτωρ κατὰ πάντα γενόμενος.

Ὁ διάκονος. Εἰς ἀνατολ.

Καὶ κλίνει ὁ ἱερεὺς καὶ εὔχεται.

fol. 54 b Σὺ γὰρ εἶ ὁ ὑπεράνω πάσης ἀρχῆς καὶ ἐξουσίας καὶ δυνάμεως καὶ κυριότητος, καὶ παντὸς ὀνόματος ὀνομαζομένου, οὐ μόνον ἐν τῷ αἰῶνι τούτῳ, ἀλλὰ καὶ ἐν τῷ μέλλοντι. σοὶ παραστήκουσι χίλιαι χιλιάδες καὶ μύριαι μυριάδες ἁγίων ἀγγέλων καὶ ἀρχαγγέλων στρατιαί. σοὶ παραστήκουσι τὰ δύο τιμιώτατά σου ζῷα, τὰ πολυόμματα χερουβίμ, καὶ τὰ ἑξαπτέρυγα σεραφίμ, ἃ δυσὶ μὲν πτέρυξι τὰ πρόσωπα καλύπτοντα καὶ δυσὶ τοὺς πόδας, καὶ δυσὶν ἱπτάμενα, καὶ (sic) κέκραγεν ἕτερος πρὸς τὸν ἕτερον ἀκαταπαύστοις στόμασι καὶ ἀσιγήτοις θεολογίαις, τὸν ἐπινίκιον καὶ τρισάγιον ὕμνον ᾄδοντα, βοῶντα, δοξολογοῦντα, κεκραγότα, καὶ λέγοντα τῇ μεγαλοπρεπεῖ σου δόξῃ· Ἅγιος, ἅγιος, ἅγιος, Κύριος ϲαβαώθ· πλήρης ὁ οὐρανὸϲ καὶ ἡ γῆ τῆϲ ἁγίαϲ ϲου δόξηϲ.

(1) The Rossano MS. has ἀγαθὲ.

ROTULUS VATICANUS.

Λύτρωσαι δεσμίους, ἐξέλου τοὺς ἐν ἀνάγκαις, πεινῶντας χόρτασον, διψῶντας πότισον, ὀλιγοψυχοῦντας παρακάλεσον, πεπλανημένους ἐπίστρεψον, ἐσκοτισμένους φωταγώγησον, πεπτωκότας ἔγειρον, σαλευομένους στήριξον, νενοσηκότας ἴασαι· πάντας ἄγαγε εἰς τὴν [ὁδὸν] ἡμῶν σωτηρίας, σύναψον αὐτοὺς τῇ ἁγίᾳ σου ποίμνῃ· ἡμᾶς δὲ ῥῦσαι ἀπὸ τῶν ἀνομιῶν ἡμῶν, φρουρὸς ἡμῖν καὶ ἀντιλήπτωρ κατὰ πάντα γενόμενος. p. 33 (a)

Σὺ γὰρ εἶ ὁ ὑπεράνω πάσης ἀρχῆς καὶ ἐξουσίας καὶ δυνάμεως καὶ κυριότητος, καὶ παντὸς ὀνόματος ὀνομαζομένου, οὐ μόνον ἐν τῷ αἰῶνι τούτῳ, ἀλλὰ καὶ ἐν τῷ μέλλοντι. σοὶ παραστήκουσι χίλιαι χιλιάδες καὶ μύριαι μυριάδες ἁγίων ἀγγέλων καὶ ἀρχαγγέλων στρατιαί. σοὶ παραστήκουσι τὰ δύο τιμιώτατά σου ζῷα, τὰ πολυόμματα χερουβίμ, καὶ τὰ ἑξαπτέρυγα σεραφίμ, ἃ δυσὶ μὲν πτέρυξι τὰ πρόσωπα κατακαλύπτοντα καὶ δυσὶ τοὺς πόδας, καὶ δυσὶν ἱπτάμενα, κέκραγεν ἕτερος πρὸς τὸν ἕτερον ἀκαταπαύστοις στόμασι καὶ ἀσιγήτοις χείλεσιν, τὸν ἐπινίκιον καὶ τρισάγιον ὕμνον ᾄδοντα, βοῶντα, δοξολογοῦντα, τῇ μεγαλοπρεπεῖ σου δόξῃ, λαμπρᾷ τῇ φωνῇ· Ἅγιος, ἅγιος, ἅγιος, Κύριος ϲαβαώθ· πλήρης ὁ οὐρανὸϲ καὶ ἡ γῆ τῆϲ ἁγίαϲ ϲου δόξηϲ. p. 24 (sic)

{Ὁ ἀρχιδιάκονος. Παύσασθε τῇ ἰδίᾳ φωνῇ. Ὁ ἱερεὺς ἐκφώ.} (b)

(a) Perhaps ἡμῶν was an error for ὁδὸν.
(b) MS. παύσασθαι τῇ ἡδιάφω, apparently recent.

LITURGY OF ALEXANDRIA.

ROTULUS MESSANENSIS.

Λύτρωσαι δεσμίους, ἐξέλου τοὺς ἐν ἀνάγκαις, πεινῶντας χόρτασον, ὀλιγοψυχοῦντας παρακάλεσον, πεπλανημένους ἐπίστρεψον, ἐσκοτισμένους φωταγώγησον, σαλευομένους (1) στήριξον, πεπτωκότας ἔγειρον, νενοσηκότας ἴασαι· πάντας ἄγαγε εἰς τὴν ὁδὸν τῆς σωτηρίας· σύναψον [καὶ αὐ]τοὺς τῇ ἁγίᾳ σου ποίμνῃ· καὶ ἡμᾶς ῥῦσαι ἀπὸ τῶν ἀνομιῶν ἡμῶν.

Ὁ διάκονος. Εἰς ἀνατολὰς [βλέψ]ατε.

Καὶ ὑποκλίνει ὁ ἱερεὺς λέγων μυστικῶς,

Σὺ γὰρ εἶ ὁ ὑπεράνω πάσης [ἀρχῆς] καὶ ἐξουσίας καὶ δυνάμεως καὶ κυριότητος, καὶ (2) παντὸς ὀνόματος [ὀνομ]αζομένου, οὐ μόνον ἐν τῷ αἰῶνι τούτῳ, ἀλλὰ καὶ ἐν τῷ μέλλοντι. σοὶ παραστήκουσιν [χίλιαι] χιλιάδες καὶ μύριαι μυριάδες ἁγίων ἀγγέλων στρατιαί. σοὶ παραστήκουσιν τὰ πολυ[όμμα]τα χερουβίμ, καὶ τὰ ἑξαπτέρυγα σεραφίμ. ταῖς μὲν δυσὶ πτέρυξι καλύπτοντα τὰ ἑαυτῶν πρόσωπα καὶ ταῖς δυσὶ τοὺς πόδας, καὶ ταῖς δυσὶν ἱπτάμενα, κέκραγεν ἕτερος πρὸς τὸν ἕτερον ἀκαταπαύστοις στόμασιν, ἀσιγήτοις ὑμνολογίαις, τὸν ἐπινίκιον καὶ τρισάγιον ὕμνον, ᾄδοντα, βοῶντα, δοξολογοῦντα, κεκραγότα, καὶ λέγοντα τῇ μεγαλοπρεπεῖ σου δόξῃ

Ἅγιος ὁ Θεός, ἅγιος ἰσχυρός, ἅγιος ἀθάνατος, Κύριος σαβαώθ· πλήρης [ὁ οὐρα]νὸς καὶ ἡ γῆ τῆς ἁγίας σου δόξης.

(1) πεπτωκότας ἔγειρον have been interlined.
(2) ὀνόματος repeated.

LITURGIA COPTIT. SANCTI CYRILLI.

Sacerdos. Solve captivos : salve eos qui necessitatem patiuntur : esurientes satia : conforta pusillanimes : lapsos erige : stantes confirma : errantes converte : perduc eos omnes ad viam salutis tuae : numera illos omnes cum populo tuo : libera nos a peccatis nostris : esto, Domine, nobis custos et protector in omnibus.

Diaconus. Ad Orientem aspicite. (a)

Sacerdos. Tu es Deus excelsus super omnes principatus et potestates, dignitates et dominationes, et super omne nomen, quod nominari potest, non solum in hoc saeculo, sed etiam in futuro. Tu es coram quo assistunt mille milleni et decies millies, decies mille milleni Angeli et Archangeli sancti, tibi ministrantes. Tibi assistunt duo animalia gloriosissima sex alis instructa, plena oculis, Seraphim et Cherubim : duabus alis tegunt facies suas, propter divinitatem tuam invisibilem nec mente comprehensibilem : duabus tegunt pedes suos et duabus volant : (b)

Sacerdos alta voce. Unusquisque eorum semper te sanctificat : sed et cum omnibus qui te sanctificant suscipe quoque sanctificationem nostram a nobis, Domine, ut cum illis te laudemus, dicentes (b)

Populus. SANCTUS, SANCTUS, SANCTUS. (b)

(a) This rubric is also in the "Canon Universalis Æthiopum."
(b) These passages may also be seen either entire or slightly altered in the Æthiopian Canon.

CODEX ROSSANENSIS.

fol. 55 (1)

Ἐκφώνως. Πάντοτε μὲν πάντα σε ἁγιάζει· ἀλλὰ καὶ μετὰ πάντων τῶν σε ἁγιαζόντων, δέξαι, Δέσποτα Κύριε, καὶ τὸν ἡμέτερον ἁγιασμόν, σὺν αὐτοῖς ὑμνούντων καὶ λεγόντων,

Ὁ λαός. Ἅγιοc, ἅγιοc, ἅγιοc, Κύριοc.

Ὁ ἱερεὺς σφραγίζων τὰ ἅγια, λέγει·

Πλήρης γάρ ἐστιν ὡς ἀληθῶς ὁ οὐρανὸς καὶ ἡ γῆ τῆς ἁγίας σου δόξης διὰ τῆς ἐπιφανείας τοῦ Κυρίου καὶ Θεοῦ καὶ Σωτῆρος ἡμῶν Ἰησοῦ Χριστοῦ· πλήρωσον, ὁ Θεός, καὶ ταύτην τὴν θυσίαν τῆς παρὰ σοῦ εὐλογίας, διὰ τῆς ἐπιφοιτήσεως τοῦ παναγίου σου Πνεύματος· ὅτι αὐτὸς ὁ Κύριος καὶ Θεὸς καὶ Παμβασιλεὺς ἡμῶν Ἰησοῦς ὁ Χριστὸς τῇ νυκτὶ ᾗ παρεδίδου ἑαυτὸν ὑπὲρ τῶν ἁμαρτιῶν ἡμῶν, καὶ τὸν ὑπὲρ πάντων

(2) ὑφίστατο θάνατον σαρκί, συνανακλιθεὶς μετὰ τῶν ἁγίων αὐτοῦ μαθητῶν καὶ ἀποστόλων,

(3) ἄρτον λαβὼν ἐπὶ τῶν ἁγίων καὶ ἀχράντων καὶ ἀμώμων αὐτοῦ χειρῶν, ἀναβλέψας εἰς

fol. 55 b (4) τὸν οὐρανὸν πρὸς σὲ τὸν ἴδιον Πατέρα, Θεὸν δὲ ἡμῶν καὶ Θεὸν τῶν ὅλων, εὐχαριστήσας, εὐλογήσας, ἁγιάσας, κλάσας, διέδωκε τοῖς ἁγίοις καὶ μακαρίοις αὐτοῦ μαθηταῖς καὶ ἀποστόλοις, εἰπών,

Ἐκφώνως. Λάβετε, φάγετε.

Ὁ διάκονος. Ἐκτείνατε.

---

(1) MS. πάντας ἁγιάζει. Bunsen suggested πάντα σ' ἁγιάζει. The other MSS. shew that his suggestion was correct.
(2) D. printed ὑψίστατον. Bunsen suggested ὑφίστατο, which is the reading of the Manuscript.
(3) D. printed μετὰ for ἐπί.
(4) D. omitted τὸν οὐρανὸν πρὸς σὲ.

ROTULUS VATICANUS.

Πάντοτε μὲν τὰ πάντα σε ἁγιάζει· ἀλλὰ καὶ μετὰ πάντων τῶν σε ἁγιαζόντων, δέξαι, Δέσποτα Κύριε, καὶ τὸν ἡμέτερον ἁγιασμόν, σὺν αὐτοῖς ὑμνούντων καὶ λεγόντων σοι,

Ὁ λαός. Ἅγιοc, ἅγιοc, ἅγιοc, Κύριοc Cαβαώθ.

{Ὁ ἱερεὺς εὔχεται μυστικῶς.} (a)

Πλήρης γάρ ἐστιν ὡς ἀληθῶς ὁ οὐρανὸς p. 35 καὶ ἡ γῆ τῆς ἁγίας σου δόξης διὰ τῆς ἐπιφανείας τοῦ Κυρίου καὶ Θεοῦ καὶ Σωτῆρος ἡμῶν Ἰησοῦ Χριστοῦ· πλήρωσον, ὁ Θεός, καὶ ταύτην τὴν θυσίαν τῆς παρὰ σοῦ εὐλογίας, διὰ τῆς ἐπιφοιτήσεως τοῦ ἁγίου σου Πνεύματος· ὅτι αὐτὸς ὁ Κύριος καὶ Θεὸς καὶ Σωτὴρ καὶ Παμβασιλεὺς ἡμῶν Ἰησοῦς Χριστὸς τῇ νυκτὶ ᾗ παρεδίδου ἑαυτὸν ὑπὲρ τῶν ἁμαρτιῶν ἡμῶν, καὶ τὸν ὑπὲρ πάντων ὑφίστατο θάνατον σαρκί, συνανακλιθεὶς μετὰ τῶν ἁγίων αὐτοῦ μαθητῶν καὶ ἀποστόλων, ἄρτον λαβὼν

{Ὁ λαός. Ἄρτον ζωῆς.} (b)

ἐπὶ τῶν ἁγίων καὶ ἀχράντων καὶ ἀμώμων αὐτοῦ χειρῶν, ἀναβλέψας εἰς τὸν οὐρανὸν πρὸς σὲ τὸν ἴδιον Πατέρα, Θεὸν ἡμῶν καὶ Θεὸν τῶν ὅλων, εὐχαριστήσας, εὐλογήσας, ἁγιάσας, κλάσας, ἔδωκεν τοῖς ἁγίοις καὶ μακαρίοις αὐτοῦ μαθηταῖς καὶ ἀποστόλοις p. 36 εἰπών,

Ὁ ἱερεὺς ἐκφών. Λάβετε, φάγετε.

Ὁ διάκονος. Ἐκτείνατε ὑπὲρ βήματος.

(a) Recent.
(b) In the margin. There is also a rubric in Arabic.

LITURGY OF ALEXANDRIA.

ROTULUS MESSANENSIS.

(1) Ἐκφώνως. Πάντοτε μὲν τὰ πάντα σε ἁγιάζει· ἀλλὰ [καὶ] μετὰ πάντων τῶν σε ἁγιαζόντων, δέξαι, Δέσποτα Κύριε, καὶ τὸν ἡμέτερον ἁγιασμόν, [σὺν] αὐτοῖς ὑμνούντων καὶ λεγόντων,

Ὁ λαός. Ἅγιος, ἅγιος, ἅγιος, Κύριος Σαβαώθ· πλήρης ὁ [οὐραν]ὸς καὶ ἡ γῆ τῆς ἁγίας σου δόξης.

Ὁ ἱερεὺς σφραγίζων λέγει·

Πλήρης γὰρ ἀληθῶς ὁ οὐρανὸς καὶ ἡ γῆ τῆς ἁγίας σου δόξης διὰ τῆς ἐπιφανείας τοῦ μονογενοῦς σου Υἱοῦ, Κυρίου δὲ καὶ Θεοῦ καὶ Σωτῆρος ἡμῶν Ἰησοῦ Χριστοῦ· πλήρωσον, ὁ Θεός, καὶ ταύτην τὴν θυσίαν τῆς παρὰ σοῦ εὐλογίας, διὰ τῆς ἐπιφοιτήσεως τοῦ παναγίου σου Πνεύματος· ὅτι αὐτὸς ὁ Κύριος καὶ Θεὸς καὶ Σωτὴρ καὶ Παμβασιλεὺς ἡμῶν Ἰησοῦς ὁ Χριστὸς ἐν τῇ νυκτὶ ᾗ παρεδίδοτο, μᾶλλον δὲ ἑαυτὸν παρεδίδου, ὑπὲρ τῆς τοῦ κόσμου σωτηρίας, ἄρτον λαβὼν ἐπὶ τῶν ἁγίων καὶ ἀχράντων καὶ ἀθανάτων χειρῶν αὐτοῦ, ἀναβλέψας εἰς τὸν οὐρανόν, καὶ ἀναδείξας σοι τῷ Θεῷ καὶ
(2) Πατρί, {ἐπὶ τοῦτο} εὐχαριστήσας, ✣ εὐλογήσας, ✣ ἁγιάσας, ✣ κλάσας ✣ μετέδωκεν τοῖς ἁγίοις καὶ μακαρίοις αὐτοῦ μαθηταῖς καὶ ἀποστόλοις, εἰπών,

Ἐκφών. Λάβετε, φάγετε.

Ὁ δ[ιάκονος]. Ἐκτείνατε, οἱ πρεσβύτεροι.

LITURGIA COPTIT. SANCTI CYRILLI.

Sacerdos. Vere pleni sunt caeli et terra gloria tua sancta, per Filium tuum unigenitum Dominum, Deum, Salvatorem et Regem nostrum omnium Jesum Christum. Imple hoc sacrificium tuum, Domine, benedictione quae a te est per illapsum super illud Spiritus tui Sancti, ✣ *Amen*: et benedictione benedic, ✣ *Amen*: et purificatione purifica, *Amen*, haec dona tua veneranda proposita coram te, hunc panem et hunc calicem. Quippe Filius tuus unigenitus, Dominus, Deus, Salvator et Rex noster omnium Jesus Christus, ea nocte qua tradidit se ipsum ut pateretur pro peccatis nostris, ante mortem quam propria sua voluntate suscepit pro nobis omnibus,

Populus. Credimus.

Sacerdos. Accepit panem in manus suas sanctas, immaculatas, puras, beatas, et vivificantes, et suspexit in caelum, ad te Deum Patrem suum et omnium Dominum, et gratias egit, *Amen*. (a)

Sacerdos. Et benedixit illum, *Amen*. (a)

Sacerdos. Et sanctificavit illum, *Amen*. (a) p. 46

Sacerdos. Et fregit illum, et dedit illum suis Discipulis sanctis et Apostolis puris dicens: Accipite, manducate ex eo

(a)

---

(1) The MS. has δόξα for δέξαι.
(2) ἐπὶ τοῦτο interlined.

(a) These passages may also be seen either entire or slightly altered in the Æthiopian Canon.

LITURGY OF ALEXANDRIA.

CODEX ROSSANENSIS.

(1) Ὁ ἱερεὺς ἐκφών. Τοῦτό ἐστι τὸ σῶμά μου, τὸ ὑπὲρ ὑμῶν κλώμενον καὶ διαδιδόμενον εἰς ἄφεσιν ἁμαρτιῶν.

Ὁ λαός. Ἀμήν.

Ὁ δὲ ἱερεὺς λέγει ἐπευχόμενος·

Ὡσαύτως καὶ τὸ ποτήριον μετὰ τὸ δειπνῆσαι λαβών, καὶ κεράσας ἐξ οἴνου καὶ ὕδατος, ἀναβλέψας εἰς τὸν οὐρανὸν πρὸς σὲ τὸν ἴδιον Πατέρα, Θεὸν δὲ ἡμῶν καὶ Θεὸν (2) τῶν ὅλων, εὐχαριστήσας, εὐλογήσας, ἁγιάσας, πλήσας Πνεύματος ἁγίου, μετέδωκε τοῖς ἁγίοις καὶ μακαρίοις αὐτοῦ μαθηταῖς καὶ ἀποστόλοις, εἰπών,

Ἐκφώνως. Πίετε ἐξ αὐτοῦ πάντες·

Ὁ διάκονος. Ἔτι ἐκτείνατε.

fol. 56 Ὁ ἱερεὺς ἐκφών. Τοῦτό ἐστι τὸ αἷμά μου, τὸ τῆς καινῆς διαθήκης, τὸ ὑπὲρ ὑμῶν καὶ (3) πολλῶν ἐκχυνόμενον καὶ διαδιδόμενον εἰς ἄφεσιν ἁμαρτιῶν.

Ὁ λαός. Ἀμήν.

Ὁ ἱερεὺς εὔχεται οὕτως.

Τοῦτο ποιεῖτε εἰς τὴν ἐμὴν ἀνάμνησιν. ὁσάκις γὰρ ἐὰν ἐσθίητε τὸν ἄρτον τοῦτον, πίνητε δὲ καὶ τὸ ποτήριον τοῦτο, τὸν ἐμὸν θάνατον καταγγέλλετε, καὶ τὴν ἐμὴν ἀνάστασιν καὶ ἀνάληψιν ὁμολογεῖτε, ἄχρις οὗ ἐὰν ἔλθω.

(1) D. inserted γάρ.
(2) D. omitted ἁγιάσας.
(3) Dr Neale read ἐκχεόμενον.

ROTULUS VATICANUS.

Τοῦτό μού ἐστιν τὸ σῶμα τὸ ὑπὲρ ὑμῶν (a) κλώμενον καὶ διαδιδόμενον εἰς ἄφεσιν ἁμαρτιῶν.

Ὁ λαός. Ἀμήν.

Ὁ ἱερεὺς εὐχ. Ὡσαύτως καὶ τὸ ποτήριον μετὰ τὸ δειπνῆσαι λαβών, καὶ κεράσας ἐξ οἴνου καὶ ὕδατος, ἀναβλέψας ✠

{Ὁ λαός. Ἐπιβλέψατε.} (b)

εἰς τὸν οὐρανὸν πρὸς σὲ τὸν ἴδιον Πατέρα, Θεὸν ἡμῶν καὶ Θεὸν τῶν ὅλων, εὐχαριστήσας, ✠

{Ὁ λαός. Πιστεύομεν.} (b)

Εὐλογήσας ✠, ἁγιάσας ✠, πλήσας Πνεύματος ἁγίου, μετέδωκεν τοῖς ἁγίοις καὶ μακαρίοις αὐτοῦ μαθηταῖς καὶ ἀποστόλοις εἰπών,

Ὁ ἱερεὺς ἐκφών. Πίετε ἐξ αὐτοῦ πάντες·

{Ὁ διάκονος. Ἔτι ἐκτείνατε.}

Τοῦτό μού ἐστι τὸ αἷμα, τὸ τῆς καινῆς διαθήκης, τὸ ὑπὲρ ὑμῶν καὶ πολλῶν ἐκχυνόμενον καὶ διαδιδόμενον εἰς ἄφεσιν ἁμαρτιῶν. (a) p. 37

{Ὁ λαός. Ἀμήν. Ὁ ἱερεὺς εὐχ.} (c)

Τοῦτο ποιεῖτε εἰς τὴν ἐμὴν ἀνάμνησιν. ὁσάκις γὰρ ἂν ἐσθίητε τὸν ἄρτον τοῦτον, πίνητε δὲ καὶ τὸ ποτήριον τοῦτο, τὸν ἐμὸν θάνατον καταγγέλλετε, καὶ τὴν ἐμὴν ἀνάστασιν καὶ ἀνάληψιν ὁμολογεῖτε ✠ ἄχρις οὗ ἂν ἔλθω.

{Ὁ λαός. Τὸν θάνατόν σου, Κύριε.

Ὁ ἱερεὺς ἐκφών.} Τὰ σὰ ἐκ τῶν σῶν σοι (c) προσφέροντες κατὰ πάντα καὶ διὰ πάντα,

(a) The MS. has ἡμῶν.
(b) These sentences are in the margin. The crosses have all been interlined.
(c) Added.

LITURGY OF ALEXANDRIA.

ROTULUS MESSANENSIS.

(1) Τοῦτό μού ἐστιν τὸ σῶμα, τὸ ὑπὲρ ὑμῶν κλώμενον καὶ διαδιδόμενον εἰς ἄφεσιν ἁμαρτιῶν.

Ὁ λαός. Ἀμήν.

Ὡσαύτως μετὰ τὸ δειπνῆσαι λαβὼν ποτήριον καὶ κεράσας ἐξ οἴνου καὶ ὕδατος, ἀναβλέψας εἰς τὸν οὐρανὸν καὶ ἀναδείξας σοι τῷ Θεῷ καὶ Πατρί, εὐχαριστήσας, ✠ εὐλογήσας, ✠ ἁγιάσας, ✠ πλήσας Πνεύματος ἁγίου, μετέδωκεν τοῖς ἁγίοις αὐτοῦ μαθηταῖς καὶ ἀποστόλοις, εἰπών,

Ἐκφώνως. Πίετε ἐξ αὐτοῦ πάντες·
Ὁ διάκονος. Ἔτι ἐκτείνατε.

Τοῦτό μού ἐστιν τὸ αἷμα, τὸ τῆς καινῆς διαθήκης, τὸ ὑπὲρ ὑμῶν καὶ πολλῶν ἐκχεόμενον καὶ διαδιδόμενον εἰς ἄφε[σιν ἁμαρτιῶν.]

(2) Ὁ ἱερεὺς τὴν εὐχήν.

Τοῦτο ποιεῖτε εἰς τὴν ἐμὴν ἀνάμνησιν. ὁσάκις γὰρ ἂν ἐσθίητε τὸν ἄρτον τοῦτον, πίνητε δὲ καὶ τὸ ποτήριον τοῦτο, τὸν ἐμὸν θάνατον καταγγέλλετε, καὶ τὴν ἐμὴν ἀνάστασιν ὁμολογεῖτε, ἄχρις οὗ ἂν ἔλθω.

Ὁ διάκονος. Πιστεύομεν καὶ ὁμολ.

LITURGIA COPTIT. SANCTI CYRILLI.

vos omnes, Hoc est corpus meum quod pro vobis frangitur et pro multis tradetur in remissionem peccatorum; hoc facite in meam commemorationem. *Amen.*

Sacerdos. Similiter et calicem post coenam miscuit vino et aqua, et gratias egit, *Amen.*

Sacerdos. Et benedixit eum, *Amen.*
Sacerdos. Et sanctificavit eum, *Amen.*
Sacerdos. Et gustavit, deditque eum suis praeclaris sanctis Discipulis et Apostolis, dicens:

Accipite, bibite ex eo vos omnes:

Hic est sanguis meus novi testamenti, qui pro vobis effunditur et pro multis dabitur in remissionem peccatorum:

Hoc facite in meam commemorationem; *Amen.*

Sacerdos. Quotiescumque enim manducabitis ex hoc pane, et bibetis ex hoc calice, annunciate mortem meam, et confitemini resurrectionem meam, et memoriam mei agite, donec veniam.

Populus. Mortem tuam annunciamus, Domine.

---

(1) The MS. had ἡμῶν, but it was corrected *primâ manu*.
(2) The rubric seems to have been added.

LITURGY OF ALEXANDRIA.

CODEX ROSSANENSIS.

Τὸν θάνατον, Δέσποτα Κύριε παντοκράτωρ, ἐπουράνιε Βασιλεῦ, τοῦ μονογενοῦς σου Υἱοῦ, Κυρίου δὲ καὶ Θεοῦ καὶ Σωτῆρος ἡμῶν Ἰησοῦ Χριστοῦ καταγγέλλοντες, καὶ τὴν τριήμερον καὶ μακαρίαν αὐτοῦ ἐκ νεκρῶν ἀνάστασιν ὁμολογοῦντες, καὶ τὴν εἰς οὐρανοὺς ἀνάληψιν, καὶ τὴν ἐκ δεξιῶν σου τοῦ Θεοῦ καὶ Πατρὸς καθέδραν καὶ τὴν δευτέραν καὶ φρικτὴν καὶ φοβερὰν αὐτοῦ παρουσίαν ἀπεκδεχόμενοι, ἐν ᾗ μέλλει ἔρχεσθαι κρῖναι ζῶντας καὶ νεκροὺς ἐν δικαιοσύνῃ, καὶ ἀποδοῦναι ἑκάστῳ κατὰ τὰ ἔργα αὐτοῦ·

φεῖσαι ἡμῶν, Κύριε ὁ Θεὸς ἡμῶν·

σοὶ ἐκ τῶν σῶν δώρων προεθήκαμεν ἐνώπιόν σου·

fol. 56 b
(1)

ROTULUS VATICANUS.

{Ὁ λαός. Σὲ ὑμνοῦμεν. (a)
Ὁ ἱερεὺς τὴν εὐχὴν μυστικῶς.}

τὸν θάνατον, Δέσποτα Κύριε παντοκράτωρ, ἐπουράνιε Βασιλεῦ, τοῦ μονογενοῦς σου Υἱοῦ, Κυρίου δὲ καὶ Θεοῦ Ἰησοῦ Χριστοῦ τοῦ Σωτῆρος ἡμῶν καταγγέλλοντες, καὶ τὴν τριήμερον καὶ μακαρίαν αὐτοῦ ἐκ νεκρῶν ἀνάστασιν ὁμολογοῦντες, καὶ τὴν εἰς οὐρανοὺς ἀνάληψιν, καὶ τὴν ἐκ δεξιῶν σου τοῦ Θεοῦ καὶ Πατρὸς καθέδραν καὶ τὴν δευτέραν καὶ φρικτὴν καὶ φοβερὰν αὐτοῦ παρουσίαν

p. 38

{Πιστεύομεν καὶ ὁμολογοῦμεν τὸ σῶμα.} (b)

ἀπεκδεχόμενοι, ἐν ᾗ μέλλει ἔρχεσθαι κρῖναι ζῶντας καὶ νεκροὺς ἐν δικαιοσύνῃ, καὶ ἀποδοῦναι ἑκάστῳ κατὰ τὰ ἔργα αὐτοῦ·

Ὁ ἱερεὺς ἐκφών. Φεῖσαι ἡμῶν, Κύριε ὁ Θεὸς ἡμῶν. γ´.

Κύριε ἐλέησον. γ´. (c)

✠ Σοὶ τὰ σὰ ἐκ τῶν σῶν δώρων προεθήκαμεν ἐνώπιόν σου,

---

(1) D. omitted ἑκάστῳ κατὰ τὰ ἔργα αὐτοῦ. φεῖσαι ἡμῶν, Κύριε ὁ Θεὸς ἡμῶν, and read σοὶ Κύριε ὁ Θεὸς ἡμῶν τὰ σά.

(a) Added apparently.
(b) Added in the margin.
(c) Κύριε ἐλέησον added in the margin.

LITURGY OF ALEXANDRIA.

ROTULUS MESSANENSIS.

Τὸν θάνατον, Κύριε παντοκράτωρ ἐπουράνιε, τοῦ μονογενοῦς σου Υἱοῦ, Κυρίου δὲ καὶ Σωτῆρος ἡμῶν Ἰησοῦ Χριστοῦ καταγγέλλοντες, καὶ τὴν τριήμερον καὶ μακαρίαν αὐτοῦ ἐκ νεκρῶν ἀνάστασιν ὁμολογοῦντες, καὶ τὴν εἰς οὐρανοὺς ἀνάληψιν καὶ τὴν ἐκ δεξιῶν αὐτοῦ τοῦ Θεοῦ καὶ Πατρὸς καθέδραν, καὶ τὴν ἔνδοξον καὶ φοβερὰν αὐτοῦ παρουσίαν ἀπεκδεχόμενοι, ἐν ᾗ μέλλει ἔρχεσθαι κρῖναι ζῶντας καὶ νεκροὺς ἐν δικαιοσύνῃ, καὶ ἀποδοῦναι ἑκάστῳ κατὰ τὰ ἔργα αὐτοῦ, σοὶ τὰ σὰ ἐκ τῶν σῶν δώρων προεθήκαμεν ἐνώπιόν σου,

LITURGIA COPTIT. SANCTI CYRILLI.

Sacerdos. Nunc, Deus Pater omnipotens, annunciamus mortem unigeniti Filii tui Domini, Dei, Salvatoris, et Regis nostri omnium Jesu Christi: et confitemur resurrectionem ejus sanctam, et ascensionem ejus sursum in caelos, sessionemque ejus ad dexteram tuam, O Pater: et exspectamus adventum ejus secundum, quo venturus est ex caelis, terribilem et gloria plenum, in fine hujus saeculi: in quo veniet ad judicandum orbem in aequitate: et dabit unicuique secundum opera sua sive bonum, sive malum. p. 43

Populus. Secundum misericordiam tuam, Domine, et non secundum peccata nostra.

Sacerdos. Tu es coram cujus gloria haec sancta dona proponimus, ex illis quae tua sunt, Pater Sancte.

Diaconus. Adorate Deum cum timore. p. 47

Sacerdos. Oramus et obsecramus bonitatem tuam, Amator hominum: ne confundas nos confusione aeterna, neque rejicias nos servos tuos, neque repellas nos a facie tua, neque dicas nobis Nescio vos: sed da aquas capitibus nostris, et fontem lacrymarum oculis nostris, ut ploremus die ac nocte coram te delicta nostra; quia nos sumus populus tuus et oves pascuae tuae. Dele iniquitates nostras, et remitte delicta nostra, quae commisimus voluntarie aut involuntarie, scienter vel ignoranter, occulta et manifesta, quae pridem agnovimus aut quae obliti sumus, et quae novit nomen tuum sanctum. Audi, Domine, deprecationem plebis tuae: respice ad suspiria servorum tuorum; neque propter peccata mea aut immunditias cordis mei, deprives populum tuum adventu Spiritus tui Sancti.

Populus. Miserere nostri, Deus Pater omnipotens.

Sacerdos involvit manus suas velo, et signum crucis facit versus populum, mox dicit alta voce,
Populus enim tuus et Ecclesia tua obsecrant te, dicentes: *Et mox respicit ad Orientem.*

Populus. Miserere nostri, Deus Pater omnipotens.

Sacerdos. Miserere nostri, Deus Pater omnipotens.

Diaconus. Adorate Deum Patrem omnipotentem.

Sacerdos dicit invocationem secreto.

LITURGY OF ALEXANDRIA.

CODEX ROSSANENSIS.

καὶ δεόμεθα καὶ παρακαλοῦμέν σε, φιλάνθρωπε ἀγαθέ, ἐξαπόστειλον ἐξ ὕψους ἁγίου σου, ἐξ ἑτοίμου κατοικητηρίου σου, (1) ἐκ τῶν ἀπεριγράπτων κόλπων σου, αὐτὸν τὸν Παράκλητον, τὸ Πνεῦμα τῆς ἀληθείας, (2) τὸ Ἅγιον, τὸ Κύριον, τὸ Ζωοποιόν, τὸ ἐν νόμῳ καὶ προφήταις καὶ ἀποστόλοις λαλῆσαν, τὸ πανταχοῦ παρὸν καὶ τὰ πάντα πληροῦν, ἐνεργοῦν τε αὐτεξουσίως οὐ διακονικῶς ἐφ' οὓς βούλεται τὸν ἁγιασμὸν εὐδοκίᾳ τῇ σῇ, τὸ ἁπλοῦν τὴν φύσιν, τὸ (3) πολυμερὲς τὴν ἐνέργειαν, τὴν τῶν θείων χαρισμάτων πηγήν, τὸ σοὶ ὁμοούσιον, τὸ ἐκ σοῦ ἐκπορευόμενον, τὸ σύνθρονον τῆς βασιλείας σου καὶ τοῦ μονογενοῦς σου fol. 57 Υἱοῦ, τοῦ Κυρίου καὶ Θεοῦ καὶ Σωτῆρος (4) ἡμῶν Ἰησοῦ Χριστοῦ, ἔπιδε ἐφ' ἡμᾶς καὶ ἐπὶ τοὺς ἄρτους τούτους καὶ ἐπὶ τὰ ποτήρια ταῦτα τὸ Πνεῦμά σου τὸ ἅγιον, (5) ἵνα αὐτὰ ἁγιάσῃ καὶ τελειώσῃ, ὡς παντοδύναμος Θεός,

Ἐκφώνως. Καὶ ποιήσῃ τὸν μὲν ἄρτον σῶμα, Ὁ λαός. Ἀμήν.

Τὸ δὲ ποτήριον αἷμα τῆς καινῆς διαθήκης,

(1) Renaudot omitted σου.
(2) D. printed τὸν Κύριον.
(3) D. printed πλήμερες. Bunsen again suggested the correct reading. The MS. has πολυμερές. See Renaudot I. 299, 300.
(4) Sic. Drouard printed ἔτι δέ. See Note in the Appendix.
(5) MS. ἁγιάσει, τελειώσει, ποιήσει.

ROTULUS VATICANUS.

Καὶ δεόμεθα καὶ παρακαλοῦμέν σε, φιλάνθρωπε, ἀγαθέ,

Ὁ λαός. Κύριε ἐλέησον. γ΄.

ἐξαπόστειλον ἐξ ὕψους ἁγίου σου, ἐξ ἑτοίμου κατοικητηρίου σου, ἐκ τῶν ἀπεριγράπτων κόλπων σου, αὐτὸν τὸν Παράκλητον, τὸ Πνεῦμα τῆς ἀληθείας, τὸ Ἅγιον, τὸ Κύριον καὶ Ζωοποιόν, τὸ ἐν νόμῳ καὶ προφήταις καὶ ἀποστόλοις λαλῆσαν, τὸ πανταχοῦ παρὸν καὶ τὰ πάντα πληροῦν, ἐνεργοῦν τε αὐτεξουσίως καὶ οὐ διακονικῶς ἐφ' οὓς βούλεται τὸν ἁγιασμὸν εὐδοκίᾳ τῇ σῇ, τὸ ἁπλοῦν τῇ φύσει, τὸ πολυμερὲς τὴν ἐνέργειαν, τὴν τῶν θείων χαρισμάτων πηγήν, τὸ σοὶ ὁμοούσιον, τὸ [ἐκ σοῦ] ἐκπορευόμενον, τὸ σύνθρονον τῆς βασιλείας σου καὶ τοῦ μονογενοῦς σου Υἱοῦ, τοῦ Κυρίου καὶ Θεοῦ καὶ Σωτῆρος ἡμῶν καὶ παμβασιλέως ἡμῶν Ἰησοῦ Χριστοῦ, p. 39

Ὁ ἱερεύς. Ἔφιδε ἐφ' ἡμᾶς καὶ ἐπὶ τὸν ἄρτον τοῦτον, Ὁ λαός. Ἀμήν. (sic)

Καὶ ἐπὶ τὸ ποτήριον τοῦτο, Ὁ λαός. Ἀμήν.

Ἵνα αὐτὰ εὐλογήσῃ, Ὁ λαός. Ἀμήν.

Καὶ ἁγιάσῃ, καὶ τελειώσῃ, ὡς παντοδύναμος Θεός, Ὁ λαός. Ἀμήν.

Καὶ ποιήσῃ τὸν μὲν ἄρτον τοῦτον σῶμα, Ὁ λαός. Ἀμήν. (a)

Τὸ δὲ ποτήριον αἷμα τῆς καινῆς διαθήκης,

(a) In the margin are letters which may possibly mean ὦ ὁ θεὸς ἀλληλούϊα ∵ πιστεύομεν.

ROTULUS MESSANENSIS.

(1) καὶ δεόμεθα καὶ παρακαλοῦμέν σε, φιλάνθρωπε ἀγαθέ, ἐξαπόστειλον ἐξ ὕψους ἁγίου σου, ἐκ τῶν ἀπεριγράπτων κόλπων, αὐτὸν τὸν [Παρ]άκλητον, τὸ Πνεῦμα τῆς ἀληθείας, τὸ Ἅγιον, τὸ Κύριον, τὸ Ζωοποιόν, τὸ ἐν νόμῳ καὶ προφήτ[αις καὶ] ἀποστόλοις λαλῆσαν, τὸ πανταχοῦ παρὸν καὶ τὰ πάντα πληροῦν, ἐνεργοῦν τε αὐτεξου[σίως] καὶ οὐ διακονικῶς ἐφ' οὓς βούλεται τὸν ἁγιασμὸν εὐδοκίᾳ τῇ σῇ, τὸ ἁπλοῦν τὴν φύσιν [καὶ π]ολυμερὲς τὴν ἐνέργειαν, τὸ σοὶ (2) ὁμοούσιον, τὸ ἐκ σοῦ ἐκπορευόμενον, τὸ σύνθρονον [τῆς] βασιλείας σου [καὶ τοῦ μονογενοῦς σου] Υἱοῦ, τοῦ Κυρίου καὶ Θεοῦ καὶ Σωτῆρος ἡμῶν Ἰησοῦ Χριστοῦ, ἐφ' ἡμᾶς καὶ ἐπὶ τοὺς ἄρτους τούτους καὶ ἐπὶ [τὰ πο]τήρια ταῦτα τὸ Πνεῦμά σου τὸ ἅγιον, ἵνα αὐτὰ ἁγιάσῃ καὶ τελειώσῃ,

(3) Ὁ λαός. Ἀμήν.

LITURGIA COPTIT. SANCTI CYRILLI.

Et mitte deorsum ex excelso tuo sancto et ex habitaculo tuo praeparato et ex incircumscripto sinu tuo et ex solio regni gloriae tuae, Paraclitum Spiritum tuum Sanctum, Subsistentem in Persona sua, Immutabilem nec alterationi obnoxium, Dominum, Vivificantem, qui locutus est in lege, Prophetis, et Apostolis, qui est ubique et omnia loca replet neque loco continetur, qui libere, propria potestate, operatur secundum voluntatem tuam puritatem in iis quos diligit et non sicut minister, qui est simplex in natura sua, et in operatione sua multiplex, fons donorum divinorum, consubstantialis tibi, a te procedens, socius throni regni gloriae tuae, cum Filio tuo unigenito, Domino, Deo, Salvatore et Rege omnium nostrum Jesu Christo, super nos servos tuos, et super haec veneranda dona proposita coram te, super hunc panem, et super hunc calicem, ut purificentur et transferantur; (a)

Diaconus. Attendamus. *Populus.* Amen.

Sacerdos alta voce, signans ter corpus,
Et hunc panem quidem faciat corpus Christi; *Populus.* Amen.

Sacerdos, signans ter sanguinem,
Et hunc calicem faciat quoque sanguinem pretiosum testamenti novi,
Populus. Amen.

ὡς παντοδύναμος Θεός, [καὶ ποι]ήσῃ τὸν μὲν ἄρτον σῶμα, ✠ τὸ δὲ ποτήριον αἷμα τῆς καινῆς διαθήκης, ✠ αὐτοῦ τοῦ [Κυρίου καὶ

(1) MS. has Γ̄ for ἀγαθέ.
(2) MS. σοί for ἐκ σοῦ. In the next line there is the mark of an omission after σου. The margin which supplied the correction is eaten away here. I have therefore supplied the words from the other MSS.
(3) This is interlined.

(a) Renaudot has *tua*.

CODEX ROSSANENSIS.

αὐτοῦ τοῦ Κυρίου καὶ Θεοῦ καὶ Σωτῆρος καὶ Παμβασιλέως ἡμῶν Ἰησοῦ Χριστοῦ·

Ὁ διάκονος.   Κατέλθετε οἱ διάκονοι.

Ὁ ἱερεὺς ἐκφών.

Ἵνα γένωνται πᾶσιν ἡμῖν τοῖς ἐξ αὐτῶν μεταλαμβάνουσιν, εἰς πίστιν, εἰς νῆψιν, εἰς ἴασιν, εἰς σωφροσύνην, εἰς ἁγιασμόν, εἰς ἐπανανέωσιν ψυχῆς, σώματος, καὶ πνεύματος, εἰς κοινωνίαν μακαριότητος ζωῆς αἰωνίου καὶ ἀφθαρσίας, εἰς δοξολογίαν τοῦ παναγίου σου ὀνόματος, εἰς ἄφεσιν ἁμαρτιῶν· ἵνα σοῦ καὶ ἐν τούτῳ, καθὼς καὶ ἐν παντί, δοξασθῇ καὶ ὑμνηθῇ καὶ ἁγιασθῇ τὸ πανάγιον καὶ ἔντιμον καὶ δεδοξασμένον σου ὄνομα σὺν Ἰησοῦ Χριστῷ καὶ ἁγίῳ Πνεύματι.

[fol. 57 b]

Ὁ λαός.   Ὥσπερ ἦν καὶ ἐστίν.

Ὁ ἱερεύς.   Εἰρήνη πᾶσιν.
Ὁ διάκονος.   Προσεύξασθε.

ROTULUS VATICANUS.

αὐτοῦ τοῦ Κυρίου καὶ Θεοῦ καὶ Σωτῆρος ἡμῶν καὶ Παμβασιλέως Ἰησοῦ Χριστοῦ·   p. 40

Ὁ λαός.   Ἀμήν.

Ὁ ἀρχιδιάκονος.   Κατέλθετε οἱ διάκονοι.

{ Ὁ ἱερεὺς λέγει ἐκφών. μικρ.}   (a)

Ἵνα γένωνται πᾶσιν ἡμῖν τοῖς ἐξ αὐτῶν μεταλαμβάνουσιν, εἰς πίστιν, εἰς νῆψιν, εἰς ἴασιν, εἰς εὐφροσύνην, εἰς ἁγιασμόν, εἰς ἐπανανέωσιν ψυχῆς, σώματός τε καὶ πνεύματος, εἰς κοινωνίαν μακαριότητος ζωῆς αἰωνίου καὶ ἀφθαρσίας, εἰς δοξολογίαν τοῦ παναγίου σου ὀνόματος, εἰς ἄφεσιν ἁμαρτιῶν· ἵνα σοῦ καὶ ἐν τούτῳ, καθὼς καὶ ἐν παντί, δοξασθῇ καὶ ὑμνηθῇ καὶ ἁγιασθῇ τὸ πανάγιον καὶ ἔντιμον καὶ δεδοξασμένον σου ὄνομα σὺν Ἰησοῦ Χριστῷ καὶ ἁγίῳ Πνεύματι νῦν καὶ ἀεὶ καὶ εἰς τ.   (b)

Καὶ δὸς ἡμῖν ἐν ἑνὶ στόματι καὶ μιᾷ καρδίᾳ δοξάζειν καὶ ἀνυμνεῖν τὸ πάντιμον καὶ μεγα[λοπρεπὲς ὄνομά σου].

{ Ὁ λαός. Ἀμήν. Ἐκφών. Ἀλληλούϊα.}   (c)

Καὶ ἔσται τὰ ἐλέη τοῦ μεγάλου Θεοῦ καὶ   p. 41
Σωτῆρος ἡμῶν Ἰησοῦ Χριστοῦ μετὰ [πάντων ὑμῶν].

Καὶ μετὰ τοῦ πνεύματος.

Ὁ διάκονος.   Πάντων τῶν ἁγίων [μνημονεύσαντες, ἔτι καὶ ἔτι ἐν εἰρήνῃ τοῦ Κυρίου δεηθῶμεν].

(a) This is in the margin.
(b) In the margin some contractions which may mean Ὁ λαός. ὥσπερ ἦν καὶ ἐστιν.
(c) Apparently added. I have supplied the abbreviations from the Liturgy of St Chrysostom.

ROTULUS MESSANENSIS.

Θεοῦ καὶ Σωτῆρ]ος καὶ Παμβασιλέως ἡμῶν Ἰησοῦ Χριστοῦ·

Ὁ διάκονος. Κατέλθετε οἱ διάκονοι· συνεύξασθε οἱ πρεσβύτεροι.

[Ἵνα γένων]ται πᾶσιν ἡμῖν τοῖς ἐξ αὐτῶν μεταλαμβάνουσιν, εἰς πίστιν, εἰς νῆψιν, εἰς ἴασιν, [εἰς σωφροσύ]νην, εἰς ἁγιασμόν, εἰς ἐπανανέωσιν ψυχῆς, σώματός τε καὶ πνεύματος, εἰς κοινωνίαν [μακαριότη]τος ζωῆς αἰωνίου καὶ ἀφθαρσίαν, εἰς δοξολογίαν τοῦ παναγίου σου Πνεύματος, εἰς ἄφεσιν [ἁμαρτι]ῶν· ἵνα σοῦ καὶ ἐν τούτῳ, καθὼς καὶ

(1) ἐν πᾶσιν, δοξασθῇ, ὑμνηθῇ, ὑψωθῇ, καὶ ἁγιασθῇ τὸ πανάγιον καὶ ἔντιμον καὶ δεδοξασμένον ὄνομά σου σὺν Ἰησοῦ Χριστῷ καὶ ἁγίῳ Πνεύματι.

(2) *Ὁ λαός.* Ὥσπερ ἦν καὶ ἐστὶν καὶ ἔσται εἰς γενεὰν καὶ γενεάν, καὶ εἰς τοὺς αἰῶνας τῶν αἰώνων. Ἀμήν.

(1) ὐψη i.e. ὑψωθῇ interlined.
(2) MS. ὅπερ. The conclusion is doubtful, some words being illegible.

[With the prayer on the next page compare Æthiopic Canon:

Oratio Fractionis alia Basilii.

Deus parens lucis, vitae principium, scientiae largitor, donorum creator, gratiose opifex, animarum nostrarum benefactor; thesaurus sapientiae, doctor sanctorum, fundator saeculorum, precum purarum susceptor, iis qui in eum toto corde confidunt donator munerum, quae desiderant Angeli prospicere: qui e profundo nos eduxit in lucem, qui dedit nobis vitam ex morte: qui concessit nobis libertatem et manumissionem a servitute: qui tenebras erroris quae in nobis erant illustravit, per praesentiam in carne unigeniti Filii sui. Tu ergo etiamnum, Domine, illustra oculos cordis nostri, et perfectos nos effice animis, corporibus, spiritibusque nostris, ut corde sancto et labiis puris audeamus orare te, Deus Pater sancte qui es in caelis, et dicamus.]

LITURGIA COPTIT. SANCTI CYRILLI.

Sacerdos. Ejusdem Domini, Dei, Salvatoris et Regis omnium nostrum Jesu Christi; *Populus.* Amen.

Sacerdos. Ut sint nobis omnibus, qui ea percepturi sumus, utilia ad obtinendam fidem sine disputatione, caritatem absque hypocrisi, patientiam perfectam, spem firmam, fiduciam, protectionem, sanationem, gaudium, et renovationem animae, corporis et spiritus, ad gloriam nominis tui sancti, ad societatem beatam vitae aeternae et incorruptibilis, et ad remissionem peccatorum;

Populus. Sicut erat, etc.

Sacerdos. Ut in hoc sicut et in omnibus rebus glorificetur, benedicatur et extollatur nomen tuum magnum, sanctissimum, venerandum et benedictum, cum Jesu Christo, Filio tuo dilecto, et Spiritu Sancto.

Sacerdos. Pax omnibus.
Populus. Et cum spiritu tuo.
Sacerdos. Iterum gratias agamus Deo omnipotenti etc.

Reliqua petenda sunt ex Liturgia Basilii.

Oratio fractionis ad Patrem.

Deus qui praeelegisti nos ad dignitatem filiorum, per Jesum Christum Dominum nostrum, per beneplacitum voluntatis tuae, ad gloriam et laudem gratiae tuae, quam largitus es nobis per Dilectum tuum, per quem facta est nobis salus, et per cujus pretiosum sanguinem data est nobis remissio peccatorum: gratias agimus tibi, Domine, Deus Pater Om-

LITURGY OF ALEXANDRIA.

CODEX ROSSANENSIS.

Ὁ ἱερεὺς εὔχεται καθ' ἑαυτόν.

(1) Θεέ, φωτὸς γεννῆτορ, ζωῆς ἀρχηγέ, χά-
(2) ριτος ποιητά, αἰωνίων θεμελιῶτα, γνώσεως
(3) δωροδότα, σοφίας θησαυρέ, ἁγιωσύνης διδά-
σκαλε, εὐχῶν καθαρῶν δοχεῦ, ψυχῆς εὐερ-
γέτα, ὁ τοῖς ὀλιγοψύχοις εἰς σὲ πεποιθόσι
(4) διδοὺς εἰς ἃ ἐπιθυμοῦσιν ἄγγελοι παρακύ-
ψαι· ὁ ἀναγαγὼν ἡμᾶς ἐξ ἀβύσσου εἰς φῶς,
ὁ δοὺς ἡμῖν ἐκ θανάτου ζωήν, ὁ χαρισάμενος
(5) ἡμῖν ἐκ δουλείας εἰς ἐλευθερίαν, ὁ τὸ ἐν
(sic) ἡμῖν σκότος τῆς ἁμαρτίας διὰ τῆς παρου-
σίας τοῦ μονογενοῦς σου Υἱοῦ λύσας, αὐτὸς
καὶ νῦν, Δέσποτα Κύριε, διὰ τῆς ἐπιφοι-
τήσεως τοῦ παναγίου σου Πνεύματος, κατ-
αύγασον τοὺς ὀφθαλμοὺς τῆς διανοίας ἡμῶν,
fol. 58 εἰς τὸ μεταλαβεῖν ἀκατακρίτως τῆς ἀθανάτου
καὶ ἐπουρανίου ταύτης τροφῆς· καὶ ἁγίασον
(6) ἡμᾶς ὁλοτελεῖς ψυχῇ, σώματι, καὶ πνεύ-
ματι, ἵνα μετὰ τῶν ἁγίων σου μαθητῶν καὶ
ἀποστόλων εἴπωμεν σοὶ τὴν προσευχὴν ταύ-
την, τὸ πάτερ ἡμῶν ὁ ἐν τοῖϲ ογρανοῖϲ,
καὶ τὰ ἑξῆς.

Ἐκφώνως. Καὶ καταξίωσον ἡμᾶς, Δέσ-
ποτα φιλάνθρωπε Κύριε, μετὰ παρρησίας,
ἀκατακρίτως, ἐν καθαρᾷ καρδίᾳ, ψυχῇ πε-
φωτισμένῃ, ἀνεπαισχύντῳ προσώπῳ, ἡγι-
(7) ασμένοις χείλεσιν, τολμᾶν ἐπικαλεῖσθαί σε,

(1) Drouard misplaced the stops, omitting δοχεῦ.
(2) Renaudot αἰώνων.
(3) D. read δωροτὰ, Dr Neale δωρητά.
(4) D. omitted εἰς.
(5) D. again omitted εἰς. (6) MS. ὁλοτελῶς.
(7) D. ἐν ἀπαισχύντῳ.

ROTULUS VATICANUS.

Ὁ ἱερεὺς τὴν εὐχήν.

Δέσποτα Θεέ, φωτὸς γεννῆτορ, ζωῆς αἰω-
νίου ἀρχηγέ, χάριτος ποιητά, αἰωνίων θεμε-
λιῶτα, γνώσεως δωροδότα, σοφίας θησαυρέ, (a)
ἁγιωσύνης διδάσκαλε, εὐχῶν καθαρῶν δοχεῦ,
ψυχῆς εὐεργέτα, ὁ τοῖς ὀλιγοψύχοις εἰς σὲ
πεποιθόσι διδοὺς ἃ ἐπιθυμοῦσιν ἄγγελοι
παρακύψαι· ὁ ἀναγαγὼν ἡμᾶς ἐξ ἀβύσσου
εἰς φῶς, ὁ δοὺς ἡμῖν ἐκ θανάτου ζωήν, ὁ
χαρισάμενος ἡμῖν ἐκ δουλείας εἰς ἐλευθε- (sic)
ρίας, ὁ τὸ ἐν ἡμῖν σκότος τῆς ἁμαρτίας δια
τῆς παρουσίας τοῦ μονογενοῦς σου Υἱοῦ
λύσας, αὐτὸς καὶ νῦν, Δέσποτα Κύριε, διὰ
τῆς ἐπιφοιτήσεως τοῦ ἁγίου σου Πνεύμα- p. 42
τος, καταύγασον τοὺς ὀφθαλμοὺς τῆς δια-
νοίας ἡμῶν, εἰς τὸ μεταλαβεῖν ἀκατακρίτως
τῆς ἀθανάτου καὶ ἐπουρανίου ταύτης τρο-
φῆς· καὶ ἁγίασον ἡμᾶς ὁλοτελεῖς ψυχῇ, (b)
σώματι, καὶ πνεύματι, ἵνα μετὰ τῶν ἁγίων
σου μαθητῶν καὶ ἀποστόλων εἴπωμεν σοὶ
τὴν προσευχὴν ταύτην,

Πάτερ ἡμῶν ὁ ἐν τοῖϲ ογρανοῖϲ.

Ἐκφώ. Καὶ καταξίωσον ἡμᾶς, Δέσποτα
φιλάνθρωπε, μετὰ παρρησίας, ἀκατακρί-
τως, ἐν καθαρᾷ καρδίᾳ, ψυχῇ πεφωτισ-
μένῃ, ἀνεπαισχύντῳ προσώπῳ, ἡγιασμένοις
χείλεσιν, τολμᾶν ἐπικαλεῖσθαί σε, τὸν ἐν

(a) MS. γνώσεως δῶρα δώματα (sic).
(b) MS. ἀξίωσον and ὁλοτελεῖ.

ROTULUS MESSANENSIS.

'Ο ἱερεύς.   Εἰρήνη πᾶσιν.
'Ο διάκονος.   Προσεύξασθε.
'Ο λαός.   Κύριε ἐλέησον.

Δέσποτα Θεέ, φωτὸς γεννῆτορ, ζωῆς ἀρχηγέ, χάριτος ποιητά, αἰωνίων θεμελιῶτα, γνώσεως δωροδότα, σοφίας θησαυρέ, εὐχῶν καθαρῶν δοχεύς, ψυχῶν εὐεργέτα, ὁ τοῖς ὀλι[γοψύχοις] εἰς σὲ πεποιθόσιν διδοὺς εἰς ἃ ἐπιθυμοῦσιν ἄγγελοι παρακύψαι· ὁ ἀνα[γαγὼν ἡ]μ[ᾶς] ἐξ ἀβύσσου εἰς φῶς, ὁ δοὺς ἡμῖν ἐκ θανάτου ζωήν, ὁ χαρισάμενος ἡμῖν ἐκ δουλείας ἐλευθερίαν, ὁ τὸ ἐν ἡμῖν σκότος τῆς ἁμαρτίας διὰ τοῦ μονογενοῦς σου Υἱοῦ λύσας, αὐτὸς καὶ νῦν, διὰ τοῦ παναγίου σου Πνεύματος, καταύγασον ἡμῶν τὸν νοῦν καὶ τὰ αἰσθητήρια, εἰς τὸ
(1) μεταλαβεῖν ἀξίως {τῆς ἀθανάτου αἰωνίου ταύτης τροφῆς} τῶν θείων σου μυστηρίων· καὶ ἁγίασον ἡμᾶς ὁλοτελεῖς ψυχῇ, σώματι, καὶ πνεύματι, ἵνα μετὰ τῶν ἁγίων σου μαθητῶν καὶ ἀποστόλων εἴπωμεν τὴν προσευχὴν ταύτην, τὸ

Πάτερ ἡμῶν ὁ ἐν τοῖς οὐρανοῖς, ἁγιασθήτω τὸ ὄνομά σου.

'Εκφώνως. Καὶ καταξίωσον ἡμᾶς, Δέσποτα φιλάνθρωπε Κύριε, μετὰ παρρησίας, ἀκατακρίτους, ἐν καθαρᾷ καρδίᾳ, ψυχῇ πεφωτισμένῃ, ἀνεπαισχύντῳ προσώπῳ, ἡγιασμένοις χείλεσιν, τολμᾶν ἐπικαλεῖσθαί σε

LITURGIA COPTIT. SANCTI CYRILLI.

nipotens, quod nos feceris dignos, nos peccatores, standi coram te in hoc loco sancto, et perficiendi mysterium hoc sanctum et caeleste: ut quemadmodum fecisti nos dignos ista perficiendi, ita etiam digni efficiamur communione et perceptione illorum. Tu, qui aperuisti oculos coecorum, aperi oculos cordium nostrorum, ut repellamus a nobis tenebras omnes malitiae et nequitiae, quae maculae similitudinem habeant: ut possimus attollere oculos nostros ad splendorem gloriae tuae sanctae. Atque sicut mundasti labia servi tui Isaïae Prophetae, quando Seraphim unus accepit forcipe carbonem desuper altari, et accessit ad eum, dixitque illi: Ecce tetigit hoc labia tua, et auferentur iniquitates tuae et mundabuntur omnia peccata tua,—ita quoque fac erga imbelles peccatores, miseros servos tuos. Dignare sanctificare animas nostras, corpora nostra, labia et corda nostra: et da nobis carbonem illum verum, qui praestat vitam animabus corporibus et spiritibus nostris, qui est corpus sanctum et sanguis pretiosus Christi tui: non ad condemnationem aut ita ut incidamus in judicium; neque ad confusionem aut ad fletum propter delicta nostra; ut non indigne illis communicemus, et propter illa rei non fiamus: neque multitudo beneficiorum tuorum, Domine, causa sit nobis gravioris et majoris judicii, si erga te ingrati

p. 49

---

(1) The words between brackets are added in the margin.

LITURGY OF ALEXANDRIA.

CODEX ROSSANENSIS.

τὸν ἐν τοῖς οὐρανοῖς ἅγιον Θεόν, Πατέρα, καὶ λέγειν·

Ὁ λαός. Πάτερ ἡμῶν ὁ ἐν τοῖς οὐρανοῖς.

Ὁ ἱερεὺς εὔχεται. Ναί, Κύριε, Κύριε, μὴ εἰσενέγκῃς ἡμᾶς εἰς πειρασμόν, ἀλλὰ ῥῦσαι ἡμᾶς ἀπὸ τοῦ πονηροῦ. οἶδεν γὰρ ἡ πολλή σου εὐσπλαγχνία, ὅτι οὐ δυνάμεθα ὑπενεγκεῖν διὰ τὴν πολλὴν ἡμῶν ἀσθένειαν· ἀλλὰ (1) ποίησον σὺν τῷ πειρασμῷ καὶ τὴν ἔκβασιν, fol. 58 b τοῦ δύνασθαι ἡμᾶς ὑπενεγκεῖν. σὺ γὰρ ἔδωκας ἡμῖν ἐξουσίαν πατεῖν ἐπάνω ὄφεων καὶ σκορπίων, καὶ ἐπὶ πᾶσαν τὴν δύναμιν τοῦ ἐχθροῦ.

Ἐκφώνως. Ὅτι σοῦ ἐστιν ἡ βασιλεία καὶ ἡ δύναμις.

Ὁ λαός. Ἀμήν.

Ὁ ἱερεύς. Εἰρήνη πᾶσιν.

(2) Ὁ διάκονος. Τὰς κεφαλὰς ὑμῶν.

Ὁ ἱερεὺς ἐπεύχεται.

Δέσποτα Κύριε ὁ Θεός, ὁ παντοκράτωρ, ὁ καθήμενος ἐπὶ τῶν χερουβίμ, καὶ δοξαζόμενος ὑπὸ τῶν σεραφίμ· ὁ ἐξ ὑδάτων οὐρανὸν σκευάσας, καὶ τοῖς τῶν ἀστέρων (3) χοροῖς τοῦτον κατακοσμήσας· ὁ ἐν ὑψίστοις ἀσωμάτους ἀγγέλων συστησάμενος στρατιὰς πρὸς ἀεννάους δοξολογίας· σοὶ ἐκλίναμεν τὸν αὐχένα τῶν ψυχῶν καὶ τῶν σωμάτων ἡμῶν, τὸ τῆς δουλείας πρόσχημα σημαίνοντες, καὶ δεόμεθά σου, τὰς σκοτοειδεῖς τῆς ἁμαρτίας ἐφόδους ἐκ τῆς ἡμῶν διανοίας

(1) D. omitted τὴν.
(2) D. adds τῷ Ἰησοῦ κλίνατε. ὁ λαός. Σὺ Κύριε. Neale read σοὶ Κύριε.
(3) Renaudot omitted τοῦτον.

ROTULUS VATICANUS.

τοῖς οὐρανοῖς ἅγιον Θεόν, Πατέρα, καὶ λέγειν·

Ὁ λαός. Πάτερ ἡμῶν. (a)

Ὁ ἱερεὺς εὔχεται μυστικῶς.

Ναί, Κύριε, μὴ εἰσενέγκῃς ἡμᾶς εἰς πειρασμόν, ἀλλὰ ῥῦσαι ἡμᾶς ἀπὸ τοῦ πονηροῦ. p. 43 οἶδεν γὰρ ἡ πολλή σου εὐσπλαγχνία, ὅτι οὐ δυνάμεθα ὑπενεγκεῖν διὰ τὴν πολλὴν ἡμῶν ἀσθένειαν· ἀλλὰ ποίησον σὺν τῷ πειρασμῷ καὶ τὴν ἔκβασιν, τοῦ δύνασθαι ἡμᾶς ὑπενεγκεῖν. σὺ γὰρ ἔδωκας ἡμῖν ἐξουσίαν πατεῖν ἐπάνω ὄφεων καὶ σκορπίων, καὶ ἐπὶ πᾶσαν τὴν δύναμιν τοῦ ἐχθροῦ.

Ὁ ἱερεύς. Ὅτι σοῦ ἐστιν ἡ βασιλεία καὶ ἡ δύναμις καὶ ἡ δόξα.

Ὁ ἱερεύς. Εἰρήνη πᾶσιν.

Ὁ διάκονος. Τὰς κεφαλάς. (b)

Ὁ ἱερεὺς εὔχεται μυστικῶς. (c)

Δέσποτα Κύριε ὁ Θεός, ὁ παντοκράτωρ, ὁ καθήμενος ἐπὶ τῶν χερουβίμ, καὶ δοξαζόμενος ὑπὸ τῶν σεραφίμ· ὁ ἐξ ὑδάτων οὐρανὸν κατασκευάσας, καὶ τοῖς τῶν ἀστέρων χοροῖς τοῦτον κατακοσμήσας· σοὶ ἐκλίναμεν τὸν αὐχένα τῶν ψυχῶν καὶ τῶν σωμάτων ἡμῶν, τὸ τῆς δουλείας πρόσχημα σημαίνοντες, καὶ δεόμεθά σου, τὰς σκοτοειδεῖς τῆς ἁμαρτίας ἐφόδους ἐκ τῆς ἡμῶν p. 41

(a) An Arabic note, "the people pray."
(b) MS. πὰς.
(c) MS. μυστικόν.

LITURGY OF ALEXANDRIA. 63

ROTULUS MESSANENSIS.

τὸν ἐν τοῖς οὐρανοῖς ἅγιον Θεόν, Πατέρα, καὶ λέγειν, Πάτερ·

(1) Ναί, Κύριε. Καὶ μὴ εἰσενέγκῃς ἡμᾶς εἰς πειρασμόν, Κύριε, ἀλλὰ ῥῦσαι ἡμᾶς ἀπὸ τοῦ πονηροῦ· οἶδεν γὰρ ἡ πολλή σου φιλανθρωπία ὅτι οὐ δυνάμεθα ὑπενεγκεῖν διὰ τὴν πολλὴν ἡμῶν ἀσθένειαν· ἀλλὰ ποίησον σὺν τῷ πειρασμῷ καὶ τὴν ἔκβασιν, τοῦ δύνασθαι ἡμᾶς ὑπενεγκεῖν. σὺ γὰρ δέδωκας ἡμῖν ἐξουσίαν ἐπάνω ὄφεων καὶ σκορπίων, καὶ ἐπὶ πᾶσαν τὴν δύναμιν τοῦ ἐχθροῦ, φυλακτηριάσας ἡμᾶς τῷ σῷ κράτει (sic) καὶ τῇ δυνάμει τοῦ σταυροῦ, καὶ οὐδὲν ὑμᾶς οὐ μὴ ἀδικήσῃ.

Ἐκφώνως. Ὅτι σοῦ ἐστιν ἡ βασιλεία.

Ὁ ἱερεύς. Εἰρήνη πᾶσιν.

Ὁ διάκονος. Τὰς κεφαλὰς ἡμῶν τῷ Κυρίῳ κλίνωμεν.

Ὁ λαός. Ἐνώπιόν σου Κύριε.

{Δέσποτα Κύριε ὁ Θεός, ὁ παντοκράτωρ, ὁ καθήμενος ἐπὶ τῶν χερουβίμ, καὶ δοξα-
(2) ζόμενος ὑπὸ τῶν σεραφίμ}. Ὁ Θεός, ὁ ἐξ ὑδάτων οὐρανὸν κατασκευάσας, καὶ τοῖς τῶν ἀστέρων χοροῖς τοῦτον κατακοσμήσας· ὁ ἐν ὑψίστοις στρατιὰς οὐρανίους συστησάμενος πρὸς ἀεννάους σου δοξολογίας· σοὶ ἐκλίναμεν τὸν αὐχένα τῶν ψυχῶν καὶ τῶν σωμάτων ἡμῶν, τὸ τῆς δουλείας πρόσχημα σημαίνοντες, καὶ δεόμεθά σου, τὰς σκο-
(3) τοειδεῖς τῆς ἁμαρτίας ἐφόδους ἐκ τῆς ἡμῶν διανοίας ἀπέλασον, καὶ ταῖς τοῦ ἁγίου σου

(1) Ναὶ Κύριε interlined.
(2) The words between brackets are in the margin in a later hand.
(3) MS. κατοειδεῖς.

LITURGIA COPTIT. SANCTI CYRILLI.

sumus, bonorum Auctor. Verum largire nobis Spiritum Sanctum tuum, ut cordibus puris et conscientiis nitidis, facieque inconfusa, fide non ficta, caritate perfecta, et spe firma, audeamus cum fiducia orare, dicendo orationem sanctam quam dilectus Filius tuus tradidit familiaribus suis, sanctis Discipulis et Apostolis, dicens illis: Quotiescumque precari volueritis, orate in hunc modum et dicite: PATER NOSTER QUI ES IN CAELIS, etc. p. 49

Oratio post Pater noster.

Sacerdos. Rogamus te, Deus Pater Omnipotens, ne nos inducas in tentationem, sed libera nos a malo: actiones diabolicas a nobis remove: insidias per consilia improborum hominum omnes inutiles effice. Protege nos semper dextera tua vivificante, tu qui es adjutor noster et auxiliator noster, per Christum Jesum Dominum nostrum, cui, etc.

CODEX ROSSANENSIS.

fol. 59 ἀπέλασον, καὶ ταῖς τοῦ ἁγίου Πνεύματος θεοειδέσιν αὐγαῖς τὸν ἡμέτερον νοῦν καταφαίδρυνον, ὅπως τῇ γνώσει σου πληθυνόμενοι, ἀξίως μετάσχωμεν τῶν προκειμένων ἡμῖν ἀγαθῶν, τοῦ ἀχράντου σώματος καὶ τοῦ τιμίου αἵματος τοῦ μονογενοῦς σου Υἱοῦ, τοῦ Κυρίου καὶ Θεοῦ καὶ Σωτῆρος ἡμῶν Ἰησοῦ Χριστοῦ, συγχωρῶν ἡμῖν πᾶν εἶδος ἁμαρτιῶν, διὰ τὴν πολλὴν καὶ ἀνεξιχνίαστόν σου ἀγαθότητα, χάριτι καὶ οἰκτιρμοῖς καὶ φιλανθρωπίᾳ τοῦ μονογενοῦς σου Υἱοῦ,

Δι' οὗ καὶ μεθ' οὗ σοὶ ἡ δόξα καὶ τὸ κράτος σὺν τῷ παναγίῳ καὶ ἀγαθῷ καὶ ζωοποιῷ.

(1) Ἐκφών. Ὁ ἱερεύς. Εἰρήνη πᾶσιν.
Ὁ διάκονος. Μετὰ φόβου Θεοῦ.
Ὁ ἱερεὺς εὔχεται.

Ἅγιε, ὕψιστε, φοβερέ, ὁ ἐν ἁγίοις ἀναπαυόμενος, Κύριε, ἁγίασον ἡμᾶς τῷ λόγῳ τῆς σῆς χάριτος καὶ τῇ ἐπιφοιτήσει τοῦ παναγίου σου Πνεύματος. σὺ γὰρ εἶπας,
fol. 59 b Δέσποτα, Ἅγιοι ἔσεσθε, ὅτι ἐγὼ ἅγιος εἰμί.

(1) D. misplaced the ἐκφών.

ROTULUS VATICANUS.

διανοίας ἀπέλασον, καὶ ταῖς τοῦ ἁγίου Πνεύματος θεοειδέσιν αὐγαῖς τὸν ἡμέτερον νοῦν καταφαίδρυνον, ὅπως τῇ γνώσει σου πληθυνόμενοι, ἀξίως μετάσχωμεν τῶν προκειμένων ἡμῖν ἀγαθῶν, τοῦ ἀχράντου σώματος καὶ τοῦ τιμίου αἵματος τοῦ μονογενοῦς σου Υἱοῦ, τοῦ Κυρίου καὶ Θεοῦ καὶ Σωτῆρος ἡμῶν Ἰησοῦ Χριστοῦ, (ᵃ)

Συγχωρῶν ἡμῖν πᾶν εἶδος ἁμαρτιῶν, διὰ τὴν πολλὴν καὶ ἀνεξιχνίαστόν σου ἀγαθότητα, χάριτι καὶ οἰκτιρμοῖς καὶ φιλανθρωπίᾳ τοῦ μονογενοῦς,

Ὁ ἱερεύς. Δι' οὗ καὶ μεθ' οὗ σοὶ ἡ δόξα καὶ τὸ κράτος σὺν τῷ παναγίῳ καὶ ἀγαθῷ καὶ ζωοποιῷ σου Πνεύματι νῦν. p. 45

Ὁ ἱερεύς. Εἰρήνη πᾶσιν.
Ὁ διάκονος. Μετὰ φόβου Θεοῦ πρόσχωμεν. (ᵇ)

Εὐχὴ λεγ. καθ' ἑαυτὸν καὶ [ἐν] αὐτῇ ὑψοῖ τὸν ἄρτον.

Ὁ Θεός, εἰς τὴν βοήθειάν μου πρόσχες, Κύριε, εἰς τὸ βοηθῆσαί με σπεῦσον. ὁ Θεός, ὕψωσον κέρας τῶν χριστιανῶν καὶ δέξαι τοῦ ἐμοῦ στόματος ἀκατάλειπτον ὕμνον μετὰ τῶν ἄνω δυνάμεων βοῶντος καὶ λέγοντος, Κύριε, ἐλέησον τὸν κόσμον σου.

Ὁ ἱερεὺς ἐκφ.ίν. μεγαλῇ φωνῇ.
Τὰ ἅγια τοῖς ἁγίοις.

Ἅγιε, ὁ ἐν ἁγίοις ἀναπαυόμενος, ὕψιστε, ἁγίασον ἡμᾶς τῷ λόγῳ τῆς χάριτός σου καὶ τῇ ἐπιφοιτήσει τοῦ παναγίου σου Πνεύματος. σὺ γὰρ εἶπας, Ἅγιοι ἔσεσθε, ὅτι ἐγὼ ἅγιος εἰμί. Κύριε ὁ Θεὸς ἡμῶν, ἀκατά- (ᶜ)

(a) An Arabic note.
(b) An Arabic note, "he elevates the body."
(c) MS. has ἀκατάλυπτε.

LITURGY OF ALEXANDRIA.

ROTULUS MESSANENSIS. LITURGIA COPTIT. SANCTI CYRILLI.

(1) Πνεύματος θειοτάταις αὐγαῖς τὸν ἡμέτερον νοῦν καταφαίδρυνον, ὅπως τῇ γνώσει σου πληθυνόμενοι, ἀξίως μετάσχωμεν τῶν προκειμένων ἡμῖν ἀγαθῶν, τοῦ ἀχράντου σώματος καὶ τοῦ τιμίου αἵματος τοῦ μονογενοῦς σου Υἱοῦ, Κυρίου δὲ καὶ Θεοῦ καὶ Σωτῆρος ἡμῶν, Ἰησοῦ Χριστοῦ, συγχωρῶν ἡμῖν πᾶν εἶδος ἁμαρτιῶν, διὰ τὴν πολλὴν καὶ ἀνεξιχνίαστόν σου ἀγαθότητα,

Ἐκφώνως. Δι' οὗ καὶ μεθ' οὗ σοί.
Εἰρήνη πᾶσιν.
Ὁ διάκονος. Μετὰ φόβου Θεοῦ πρόσχωμεν.
(2) {Ὁ ἱερεὺς ὑψοῖ τὴν προσφοράν.}

Ἅγιε, ὁ ἐν ἁγίοις ἀναπαυόμενος, ὕψιστε, ἁγίασον ἡμᾶς τῷ λόγῳ τῆς χάριτός σου, καὶ τῇ ἐπιφοιτήσει τοῦ παναγίου σου Πνεύματος· σὺ γὰρ εἶπας, Ἅγιοι ἔσεσθε, ὅτι ἐγὼ ἅγιος εἰμί. Κύριε ὁ Θεὸς ἡμῶν, ἀκατάληπτε

(1) In the margin φωτιζόμενοι.
(2) A late addition in the margin. The words are somewhat dubious.

LITURGY OF ALEXANDRIA.

CODEX ROSSANENSIS.

(1) Κύριος ὁ Θεὸς ἡμῶν, ἀκατάληπτε Θεέ, Λόγε, τῷ Πατρὶ καὶ τῷ ἁγίῳ Πνεύματι ὁμοούσιε,

(2) συναΐδιε καὶ συνάναρχε, πρόσδεξαι τὸν ἀκήρατον ὕμνον, σὺν τοῖς χερουβὶμ καὶ σεραφίμ, καὶ παρ' ἐμοῦ τοῦ ἁμαρτωλοῦ καὶ ἀναξίου δούλου σου, ἐξ ἀναξίων μου χειλέων βοῶντος καὶ λέγοντος, Κύριε ἐλέησον. Γ΄.

Ὁ ἱερεὺς ἐκφώνως.

Τὰ ἅγια τοῖς ἁγίοις.

Ὁ λαός. Εἷς Πατὴρ ἅγιος, εἷς Υἱὸς ἅγιος, ἓν Πνεῦμα ἅγιον, εἰς ἑνότητα Πνεύματος ἁγίου. Ἀμήν.

Ὁ διάκονος. Ὑπὲρ σωτηρίας καὶ ἀντιλήψεως.

Ὁ ἱερεύς, σφραγίζων τὸν λαόν, ἐκφωνεῖ.

Ὁ Κύριος μετὰ πάντων.

Καὶ κλάνει ὁ ἱερεὺς τὸν ἄρτον, καὶ λέγει.

(3) Αἰνεῖτε τὸν Θεὸν ἐν τ.

Καὶ μελίζει ὁ ἱερεύς, λέγων τοῖς παροῦσιν.

Ὁ Κύριος εὐλογήσει καὶ συνδιακονήσει,

(4) διὰ τῆς μ.

Καὶ λέγει ὁ ἱερεύς. Κελεύετε.

Ὁ κλῆρος. Τὸ Πνεῦμα τὸ ἅγιον κελεύει καὶ ἁγιάζει.

fol. 60 Ὁ ἱερεύς. Ἰδοὺ ἡγίασται καὶ τετελείωται.

Ὁ κλῆρος. Εἷς Πατὴρ ἅγιος· γ΄.

Καὶ λέγει ὁ ἱερεύς.

(1) D. read Θεολόγε, which Renaudot altered to Θεοῦ Λόγε.
(2) Renaudot σύναρχε.
(3) Neale supplied τοῖς ἁγίοις καὶ τὰ ἑξῆς τοῦ ψαλμοῦ.
(4) D. supplied μεγάλης, but the Vatican Roll suggests μελίσεως.

ROTULUS VATICANUS.

ληπτε Θεέ, Λόγε, τῷ Πατρὶ καὶ τῷ ἁγίῳ (a) Πνεύματι ὁμοούσιε, συναΐδιε καὶ ἀχώριστε, δέχου παρ' ἐμοῦ τοῦ ἁμαρτωλοῦ καὶ ἀναξίου p. 46 δούλου σου, ἐξ ἀναξίων χειλέων βοῶντος καὶ λέγοντος, Κύριε ἐλέησον τὸν κόσμον σου.

Ὁ ἱερεύς. Ὁ Κύριος μετὰ πάντων ἡμῶν.
Ὁ λαός. Καὶ μετά.

Ὁ Κύριος εὐλογήσει καὶ ἁγιάσει καὶ συνδιακονήσει ἡμῖν διὰ τῆς μελίσεως τῶν ἁγίων καὶ ἀχράντων καὶ ζωοποιῶν αὐτοῦ μυστηρίων νῦν.

Ὁ ἱερεύς. Κελεύετε.

Ὁ κλῆρος καὶ ὁ λαός. Τὸ Πνεῦμα τὸ ἅγιον κελεύει καὶ ἁγιάζει. (b)

Ἰδού, ἡγίασται καὶ τετελείωται καὶ γέγονεν εἰς σῶμα καὶ αἷμα τοῦ Κυρίου καὶ Θεοῦ καὶ Σωτῆρος ἡμῶν καὶ διαδίδονται τὰ (sic) ἅγια τοῖς ἁγίοις.

{Ὁ ἱερεύς.} Εἷς Πατὴρ {Ὁ λαός.} ἅγιος.
{Ὁ ἱερεύς.} εἷς Υἱὸς {Ὁ λαός.} ἅγιος. (c)
{Ὁ ἱερεύς.} ἓν Πνεῦμα ἅγιον {Ὁ λαός.} ἀμήν.

(a) MS. has ἀκατάλυπτε.
(b) In the margin, βαπτίζει τὸν ἄρτον εἰς τὸ ποτήριον, and an Arabic note, "he puts the Body into the cup."
(c) The words ὁ ἱερ. ὁ λαός have been added and interlined.

LITURGY OF ALEXANDRIA.

ROTULUS MESSANENSIS.   LITURGIA COPTIT. SANCTI CYRILLI.

Θεέ, Λόγε, τῷ Πατρὶ καὶ τῷ ἁγίῳ Πνεύματι ὁμοούσιε, συναΐδιε, καὶ ἀχώριστε, δέχου παρ' ἐμοῦ τοῦ ἁμαρτωλοῦ καὶ ἀναξίου δούλου σου, ἐξ ἀναξίων μου χειλέων βοῶντος καὶ λέγοντος.

Ἐκφών. Τὰ ἅγια τοῖς ἁγίοις.

Ὁ λαός. Εἷς Πατὴρ ἅγιος, εἷς Υἱὸς ἅγιος, ἓν Πνεῦμα ἅγιον. Ἀμήν. (1)

Ὁ ἱερεύς. Ὁ Κύριος μετὰ πάντων.

Ὁ διάκονος. Ἄρξαι.

Καὶ λέγει τὸ μυστικόν.

Εὐλογήσω τὸν Κύριον.

Ηὐλόγηται ὁ Θεός, ὁ εὐλογῶν καὶ ἁγιάζων πάντας ἡμᾶς διὰ τῆς ἐγχειρήσεως καὶ μελίσεως [τῶν ἀ]χράντων καὶ ζωοποιῶν τοῦ Χριστοῦ αὐτοῦ μυστηρίων, πάντοτε, νῦν καὶ ἀεὶ καὶ εἰς τοὺς α[ἰῶνας].

Ὁ ἱερεύς. Κελεύετε.

Ὁ διάκονος. Τὸ Πνεῦμα τὸ ἅγιον[κελεύει καὶ ἁγιάζει.]

(2) εἰς τὸ ποτήριον.

Ἰδοὺ ἡγίασται καὶ [τετελείω]ται καὶ γέγονεν εἰς σῶμα καὶ αἷμα τοῦ Κυρίου καὶ Θεοῦ καὶ Σωτῆρος ἡμῶν Ἰησοῦ Χριστοῦ (sic) καὶ διαδίδονται τ[ὰ ἅγια τοῖς] ἁγίοις.

Ὁ διάκονος. Εἷς Πατὴρ ἅγιος, εἷς Υἱὸς ἅ[γιος...]ως καὶ εἰς τὰ ποτήρια καὶ εἰς τοὺς (3) δ[   ].

---

(1) Ἀμήν is recent.
(2) Apparently a rubrical direction. See the Vatican Roll.
(3) Query, δίσκους.

LITURGY OF ALEXANDRIA.

CODEX ROSSANENSIS.

Ὁ Κύριος μετὰ πάντων.
Ὁ κλῆρος. Καὶ μετὰ τοῦ πνεύματός σου.
Ὁ ἱερεὺς λέγει. Αὐτὸς ηὐλόγησεν, αὐτ.
Καὶ μεταλαμβάνει ὁ ἱερεύς.
(1) Εὐχὴ τῆς κατὰ φιλανθρωπίας. Ἄλλο.

(2) Ὃν τρόπον ἐπιποθεῖ ἡ ἔλαφος ἐπὶ τὰς πη[γὰς τῶν ὑδάτων].
(3) Καὶ ὅταν μεταδιδοῖ τὸν κλῆρον, λέγει·
Σῶμα ἅγιον.
Καὶ εἰς τὸ ποτήριον λέγει·
Αἷμα τίμιον τοῦ Κυρίου καὶ Θεοῦ καὶ Σωτῆρος ἡμῶν.
Καὶ μετὰ τὸ πληρῶσαι, λέγει ὁ διάκονος·
Ἐπὶ προσευχὴν στάθ.
Ὁ ἱερεύς. Εἰρήνη πᾶσιν.
Ὁ διάκονος. Προσεύξασθε.
Ὁ ἱερεὺς εὔχεται τὴν εὐχαριστίαν.

Εὐχαριστοῦμέν σοι, Δέσποτα Κύριε ὁ Θεὸς ἡμῶν, ἐπὶ τῇ μεταλήψει τῶν ἁγίων, ἀχράντων, ἀθανάτων, καὶ ἐπουρανίων σου μυστηρίων, ὧν ἔδωκας ἡμῖν ἐπὶ εὐεργεσίᾳ καὶ ἁγιασμῷ καὶ σωτηρίᾳ τῶν ψυχῶν καὶ
fol. 60 b τῶν σωμάτων ἡμῶν, καὶ δεόμεθα καὶ παρακαλοῦμέν σε, φιλάνθρωπε, ἀγαθὲ Κύριε, χάρισαι ἡμῖν τὴν κοινωνίαν τοῦ ἁγίου σώματος καὶ τοῦ τιμίου αἵματος τοῦ μονογενοῦς σου Υἱοῦ, εἰς πίστιν ἀκαταίσχυντον, εἰς ἀγάπην ἀνυπόκριτον, εἰς πλησμονὴν θεο-

ROTULUS VATICANUS.

Ὁ Κύριος μετὰ πάντων ἡμῶν.
Ὁ λαός· Καὶ μετὰ τοῦ πνεύματος.
Ὁ ἱερεύς. Αὐτὸς ηὐλόγησεν· {Ἀμήν.} αὐτὸς ἡγίασεν· {Ἀμήν.} αὐτὸς δὲ ἐτελείωσεν· {Ἀμήν.} αὐτὸς καὶ μεταδιδοῖ εἰς ἄφεσιν ἁμαρτιῶν καὶ εἰς ζωὴν αἰώνιον. (a)
Καὶ ὅταν θέλῃ μεταλαμβάνειν λέγει· Ἄρτον ἅγιον. (b) p. 47

Ὃν τρόπον ἐπιποθεῖ ἡ ἔλαφος ἐπὶ τὰς πηγὰς τῶν ὑδάτων, οὕτως ἐπιποθεῖ ἡ ψυχή μου πρός σε, ὁ Θεός.
Καὶ ὅταν μεταδίδωσι·
Σῶμα ἅγιον τοῦ Κυρίου καὶ Θεοῦ καὶ Σωτῆρος ἡμῶν Ἰησοῦ Χριστοῦ.
Αἷμα τίμιον τοῦ Κυρίου καὶ Θεοῦ καὶ Σωτῆρος ἡμῶν.
Ἐπὶ προσευχὴν στάθητε.
Ὁ ἱερεύς. Εἰρήνη πᾶσιν.
Ὁ λαός. Καὶ τῷ πν.
Ὁ ἱερεὺς εὔχεται μετὰ τὴν μετάληψιν.

Εὐχαριστοῦμέν σοι, Δέσποτα Κύριε ὁ Θεὸς ἡμῶν, ἐπὶ τῇ μεταλήψει τῶν ἁγίων, ἀχράντων, καὶ ἐπουρανίων σου μυστηρίων, ὧν ἔδωκας [ἡμῖν ἐπὶ εὐεργεσίᾳ καὶ ἁγιασμῷ καὶ σωτηρίᾳ τῶν ψυχῶν] ἡμῶν καὶ τῶν σωμάτων, καὶ δεόμεθα καὶ παρακαλοῦμέν σε, φιλάνθρωπε, ἀγαθὲ Κύριε, χάρισαι ἡμῖν τὴν κοινωνίαν τοῦ ἁγίου σώματος καὶ τοῦ τιμίου αἵματος τοῦ μονογενοῦς σου Υἱοῦ, εἰς πίστιν ἀκαταίσχυντον, εἰς ἀγάπην ἀνυπόκριτον, εἰς πλησμονὴν θεοσεβείας, εἰς ἀπο- (c)

---

(1) Sic. Drouard printed thus: εὐχ. τῆς κατὰ φιλανθρωπίας ἄλλος. The later editions vary.
(2) Drouard ἐπὶ τῆς π.
(3) Sic. Neale printed τῷ κλήρῳ.

(a) The word Ἀμήν seems to have been interpolated.
(b) The line seems to be recent.
(c) Omitted in the MS.

ROTULUS MESSANENSIS.

Καὶ εἶθ᾽ οὕτως βαπτίζει ͞γ μερί[δας ...]
['Ο Κύριος με]τὰ πάντων.

'Ο λαός. Καὶ μετὰ [τοῦ πνεύματος].

Αὐτὸς ἡγίασεν, αὐτὸς καὶ ἐτελείωσεν [...
......] ἀεὶ καὶ εἰς τοὺς αἰῶνας.

'Ο διάκονος. Πρεσβύτεροι, προσέλθετε.
Κοινωνικ[οι,......]νητον.

(1) Δεσποτικοὶ......

(2) Εὐχὴ ὅτε μέλλει ὁ ἱερεὺς μεταλαμβάνειν.

Δέσποτα Χριστέ, ὁ Θεὸς ἡμῶν, ὁ οὐράνιος ἄρ[τος, ἡ ζωὴ] τοῦ παντὸς κόσμου, ἥμαρτον εἰς τὸν οὐρανὸν καὶ ἐνώπιόν σου, καὶ οὐκ εἰμι ἄξιος [μεταλαβεῖν τῶν] ἁγίων καὶ ἀχράντων σου μυστηρίων, ἀλλ᾽ ὡς εὔσπλαγχνος Θεὸς ἀξίωσόν με [τῇ χάριτί σου ἀ]κατακρίτως μετασχεῖν τοῦ ἁγίου σου σώματος καὶ αἵματος, εἰς ἄφεσιν ἁ[μαρτιῶν καὶ ζωὴν αἰ]ώνιον, νῦν καὶ ἀεὶ καὶ εἰς τοὺς αἰῶνας.

Τὴν ἐκτενὴν καὶ μετα[λαβὼν   λέγ]ει.

Ὑψώθητι ἐπὶ τοὺς [οὐρανούς, ὁ Θεός, καὶ ἐπὶ πᾶσα]ν τὴν [γῆν......εἰς] τοὺς αἰῶνας τῶν αἰώνων......

(*Caetera desunt.*)

LITURGIA COPTIT. SANCTI CYRILLI.

Oratio inclinationis ad Patrem.   p. 50

Sacerdos. Deus qui ita nos dilexisti, dedistique nobis dignitatem filiorum, ut filii Dei vocaremur et essemus, haeredes quidem tui, Deus Pater, cohaeredes autem Christi tui; inclina aures tuas, et audi nos prostratos coram te: et purifica hominem nostrum interiorem, secundum sanctitatem Filii tui unigeniti, quem suscipere animo designamus; fugiantque a nobis fornicatio et omnis cogitatio immunda propter Deum qui ex Virgine (natus est); gloriatio et malum antiquum quod est superbia, propter eum qui humiliavit semetipsum pro nobis; timor, propter eum qui passus est in carne propter nos et erexit victoriam crucis; vana gloria, propter eum qui verberatus et flagellatus est pro nobis, et non avertit faciem suam a confusione sputorum; invidia, homicidium, dissensio, et odium, propter agnum Dei qui abstulit peccatum mundi; ira et injuriarum recordatio, propter eum qui affixit cruci chirographum peccatorum nostrorum. Fugiant daemones et diabolus, propter eum qui principes malitiae disjecit et potestates tenebrarum palam triumphavit. Omnes cogitationes malas et terrenas procul rejiciamus a nobis, propter eum qui ascendit ad caelos, ut ita purificemur et percipiamus haec

---

(1) δεσποτικοί is in the later handwriting.
(2) Seems also to be recent.

CODEX ROSSANENSIS.

(1) σεβείας, εἰς ἀποτροπὴν παντὸς ἐναντίου, εἰς περιποίησιν τῶν ἐντολῶν σου, εἰς ἐφόδιον ζωῆς αἰωνίου, εἰς ἀπολογίαν εὐπρόσδεκτον τὴν ἐπὶ τοῦ φοβεροῦ βήματος τοῦ Χριστοῦ σου· Ἐκφώνως. Δι' οὗ καὶ μεθ' οὗ σοὶ ἡ δόξα καὶ τὸ κράτος, σὺν τῷ.

Εἶτα ὁ ἱερεὺς στρέφεται πρὸς τὸν λαόν, λέγων·

(2) Ἄναξ μέγιστε, καὶ τῷ Πατρὶ συνάναρχε, ὁ τῷ σῷ κράτει τὸν ᾅδην σκυλεύσας, καὶ τὸν θάνατον πατήσας, καὶ τὸν ἰσχυρὸν δεσμεύσας, καὶ τὸν Ἀδὰμ ἐκ τάφου ἀναστήσας τῇ θεουργικῇ σου δυνάμει καὶ φωτιστικῇ αἴγλῃ τῆς σῆς ἀρρήτου θεότητος, αὐτός, Δέσποτα, διὰ τῆς μεταλήψεως τοῦ ἀχράντου σου σώματος καὶ τοῦ τιμίου σου αἵματος ἐξαπόστειλον τὴν ἀόρατόν σου δεξιάν, τὴν πλήρη εὐλογιῶν, καὶ πάντας ἡμᾶς εὐλόγησον, οἰκτείρησον, σθένωσον τῇ θεϊκῇ σου δυνάμει, καὶ περίελε ἀφ' ἡμῶν τὴν κακοηθῆ καὶ ἁμαρτάδα σαρκικῆς ἐπιθυμίας ἐργασίαν· καταύγασον *sic* τοὺς νοητοὺς ἡμῶν ὀφθαλμοὺς τῆς περικειμένης ζοφερᾶς ἀνομίας, σύναψον ἡμᾶς τῷ

(3) παμμακαρίστῳ τῶν εὐαρεστησάντων σοι συλλόγῳ, ὅτι διὰ σοῦ καὶ σὺν σοὶ τῷ Πατρὶ καὶ τῷ παναγίῳ Πνεύματι πᾶς ὕμνος πρέπει, τιμή, κράτος, προσκύνησίς τε καὶ εὐχαριστία, νῦν καὶ ἀεί, καὶ εἰς τοὺς αἰῶνας τῶν αἰώνων.

Ὁ διάκονος. Πορεύεσθε ἐν εἰρήνῃ.

Ὁ λαός. Ἐν ὀνόματι Κυρίου.

Ὁ ἱερεὺς ἐκφώνως.

Ἡ ἀγάπη τοῦ Θεοῦ καὶ Πατρός, ἡ χάρις

(1) D. omitted παντός.
(2) Renaudot again altered συνάναρχε to σύναρχε.
(3) Dronard τῷ εὐαρεστήσαντι.

ROTULUS VATICANUS.

τροπὴν παντὸς ἐναντίου, εἰς περιποίησιν τῶν ἐντολῶν σου, εἰς ἐφόδιον ζωῆς αἰωνίου, εἰς ἀπολογίαν εὐπρόσδεκτον τὴν ἐπὶ τοῦ φοβεροῦ βήματος τοῦ Χριστοῦ σου, χάριτι καὶ οἰκτιρμοῖς.

Δι' οὗ καὶ μεθ' οὗ σοὶ ἡ δόξα καὶ τὸ κράτος, σὺν τῷ παναγίῳ.

Ὁ λαός· Ἀμήν. πληρωθείη. (a)

Ὀρθοὶ μεταλαβόντες.

Ὁ ἱερεὺς ἐκφών.

Ὅτι σὺ εἶ ὁ ἁγιασμὸς ἡμῶν καὶ σοὶ τὴν δόξαν ἀναπέμπομεν τῷ Πατρὶ καὶ τῷ Υἱῷ.

Ὁ ἱερεὺς ✠ εὐχὴ ✠ ὀπισθάμβωνος·

Κύριε Ἰησοῦ Χριστέ, ὁ Θεὸς ἡμῶν, ὁ

(a) MS. πληρωθοιτ. In the next line the MS. has ὀρθοὶ εἰ μεταλαβωντ. I have, however, taken the words from the Liturgy of S. Chrysostom.

ROTULUS MESSANENSIS.

(Mutilus.)

LITURGIA COPTIT. SANCTI CYRILLI.

mysteria pura, et perfecte purificati simus in animabus, corporibus, et spiritibus nostris: adeo ut participes simus corporis, sicut et formae, et partis Christi tui, etc.

Alia Oratio gratiarum actionis.

Quam benedictionem aut quam laudem aut quam gratiarum actionem possumus retribuere tibi, O Deus amator hominum, quod cum essemus projecti per judicium mortis demersique in profundo peccati, concessisti nobis libertatem largitusque es nobis hunc cibum immortalem et caelestem: manifestastique nobis hoc mysterium, prorsus absconditum a saeculis et generationibus, ut appareat nunc principatibus et potestatibus caelestibus ex Ecclesia multiplex sapientia tua? Deus, qui opera nostra gubernas per sapientiam, dignare ut comprehendamus hanc clementiam summam tuam et magnitudinem paternae erga nos curae tuae benignitatisque tuae. Vere tu es cui debetur omnis gloria, majestas, honor et imperium, ante omnia saecula, Pater, Fili, et Spiritus Sancte: nunc, etc.

CODEX ROSSANENSIS.

fol. 61 b

τοῦ Υἱοῦ, Κυρίου δὲ ἡμῶν, Ἰησοῦ Χριστοῦ, ἡ κοινωνία καὶ ἡ δωρεὰ τοῦ παναγίου Πνεύματος, εἴη μετὰ πάντων ἡμῶν, νῦν καὶ ἀεί, καὶ εἰς τοὺς αἰῶνας τῶν αἰώνων.

Ὁ λαός. Ἀμήν. Εἴη τὸ ὄνομα Κυρίου εὐλ.

Ὁ ἱερεὺς εὔχεται ἐν τῷ διακονικῷ, λέγων·

Ἔδωκας ἡμῖν, Δέσποτα, τὸν ἁγιασμὸν ἐν τῇ μετουσίᾳ τοῦ παναγίου σώματος καὶ τοῦ τιμίου αἵματος τοῦ μονογενοῦς σου Υἱοῦ· δὸς ἡμῖν τὴν χάριν καὶ τὴν δωρεὰν τοῦ παναγίου Πνεύματος, καὶ φύλαξον ἡμᾶς ἀμώμους ἐν τῷ βίῳ, καὶ ὁδήγησον εἰς τὴν τελείαν ἀπολύτρωσιν καὶ υἱοθεσίαν, καὶ εἰς τὰς μελλούσας αἰωνίους ἀπολαύσεις. σὺ γὰρ εἶ ὁ ἁγιασμὸς ἡμῶν, καὶ σοὶ τὴν δόξαν ἀναπέμπομεν, τῷ Πατρί.

Ὁ ἱερεύς. Εἰρήνη πᾶσιν.

Καὶ ἀπολύει, λέγων·

(1) Εὐλόγηται ὁ Θεὸς ὁ εὐλογῶν καὶ ἁγιάζων καὶ σκέπων καὶ διατηρῶν πάντας ἡμᾶς διὰ τῆς μεθέξεως τῶν ἁγίων αὐτοῦ μυστηρίων, ὁ ὢν εὐλογητὸς εἰς τοὺς αἰῶνας τῶν αἰώνων. Ἀμήν.

(1) Drouard εὐλογείτω.

ROTULUS VATICANUS.

ἄρτος ὁ ἐξ οὐρανοῦ καταβὰς καὶ διδοὺς ζωὴν τῷ κόσμῳ, ὁ ζωοποιῶν, ἀποφήνας τὸ ἅγιόν σου σῶμα, εἰπών· Ὁ τρώγων μου τὴν σάρκα καὶ πίνων μου τὸ αἷμα ἔχει ζωὴν αἰώνιον ἐν αὐτῷ, ὁ δεδωκὼς ἡμῖν θυσιαστήριον, ἀσύγκριτος, ὑπέρειχες ὑψηλότερον, ὁ ἀμνὸς τοῦ Θεοῦ ὁ αἴρων τὴν ἁμαρτίαν τοῦ κόσμου, ὁ καθ' ἑκάστην σφαγιαζόμενος καὶ τοῖς πιστοῖς ἐπὶ σωτηρίᾳ διαδιδόμενος καὶ μένων διαπαντὸς ἀδάπανος, εὐλόγησον πάντας ἡμᾶς, Δέσποτα, τοὺς καταξιωθέντας τὰ νῦν τῆς τῶν ἀχράντων σου μυστηρίων μυστικῆς μεταλήψεως, κλίνοντάς σοι τοὺς ἑαυτῶν αὐχένας· χάρισαι ἡμῖν δι' αὐτῶν τῶν ἐν τῷ παρεσχηκότι πταισμάτων τὴν ἄφεσιν καὶ τὴν ἐν ταῖς ἐντολαῖς σου πρὸς τὸ ἐξῆς εὐδοκίμησιν· ἁγίασον ἡμῶν τὸν νοῦν καὶ τὰ φρονήματα, φύλαξον ἄσπιλον τὴν ψυχὴν σὺν τῷ σώματι, τοὺς πεπλανημένους ἐπίστρεψον, τοὺς ἐν γήρᾳ συμπαθὴς ὑποστήριξον, τοὺς ἐν νεότητι κυβέρνησον, τοὺς ἐν πτωχείᾳ διάθρεψον, τοὺς ἐν ἀσθενείᾳ δυνάμωσον, τοὺς ἐν ἀνάγκαις ἐπίσκεψαι, τοὺς ἐν πάσῃ θλίψει παρακάλεσον, τῶν βασιλέων ἡμῶν τὸ κέρας ὕψωσον, τὸν στρατὸν ἐνίσχυσον τῇ κραταιᾷ δυνάμει τοῦ σωτηρίου σου, καὶ μὴ εἰσενέγκῃς ἡμᾶς εἰς πειρασμόν, ἀλλὰ ῥῦσαι ἡμᾶς ἀπὸ τοῦ πονηροῦ, σὺν τῷ ἀνάρχῳ σου Πατρὶ καὶ τῷ παναγίῳ καὶ ἀγαθῷ καὶ ζωοποιῷ σου Πνεύματι νῦν.

Ὁ ἱερεύς. Εὐ[λογεῖτε] τὸ ὄνομα Κυρίου.

Εὐχ. τῆς ἀπολύσεως.

Εὐλογείτω ὁ Θεὸς ὁ εὐλογῶν καὶ ἁγιάζων καὶ σκέπων καὶ διατηρῶν πάντας ἡμᾶς διὰ

sic (a) p. 49

p. 50

sic

(a) I am obliged to leave this as in the MS.

LITURGY OF ALEXANDRIA.

ROTULUS MESSANENSIS.

(*Mutilus.*)

ROTULUS VATICANUS.

τῆς μεθέξεως τῶν ἁγίων καὶ ἀχράντων καὶ ζωοποιῶν αὐτοῦ μυστηρίων. ὁ ὤν, εὐλογητὸς εἶ, νῦν καὶ ἀεὶ καὶ εἰς αἰῶνας.

✢ μνήσθητι, Κύριε, τὸν γράψαντα τοῦτο κονδ[άκιον]. Κ[ύριο]ς Ἰω[άνιης] υἱὸς Χριστοδ[ού]λ[ου] διάκ[ονος] καὶ αὐκρσ.

[An Arabic line follows which seems to intimate "this condacion was finished ......peace of God." What follows is in another hand, and very illegible.]

εγ[ραφη] τουτ[ο] κονδ[ακιον τη] η[μερᾳ] Γ' Ιουλιου ετου[ς] ϛψιε κοσμου ελεει και συγχ[ωρηματι...] και εγραψ... ἐπι β... της ὑπ[ερευλογημενης] Θ[εοτο]κ[ου] και

LITURGIA COPTIT. SANCTI CYRILLI.

Alia Oratio gratiarum actionis.   p. 51

Respice, Domine, ad istos servos tuos qui inclinant capita sua coram gloria tua sancta: concede illis remissionem peccatorum suorum, benedic illos omnibus benedictionibus spiritualibus, et custodi eos dextera tua potenti. Confirma eos in dilectione tua; imprime timorem tuum cordibus eorum; aperi oculos animarum illorum, ut luceat super ipsos lumen divinitatis tuae: instrue illos donis Spiritus tui Sancti: circumda eos armatura tua: custodi eos sub umbra bonitatis tuae: libera eos ab operibus malis diaboli, et contere omnia opera ejus sub pedibus illorum velociter. Da illis ut perficiant praecepta tua sancta: insere illis desiderium bonorum tuorum aeternorum: deduc eos a pace in pacem: robora eos exercitibus Angelorum tuorum sanctorum: operibus manuum illorum benedic: dirige omnem semitam eorum et rege vitam illorum: jube quae illis bona et convenientia sunt contingere, et ut quae illis concredita sunt bene vertant, nosque simul cum ipsis digni efficiamur gratia tua et mittamus ad te sursum laudes regales quae majestati tuae debentur; et concede nobis ut inveniamus fiduciam coram te per intercessionem, etc.

Finis Liturgiae S. Cyrilli.

[The Liturgies of St Basil and St Chrysostom and of the Presanctified admit of a treatment different from that which I have followed in the Liturgy of Alexandria. In the Barberini MS. of the eighth or ninth century we have the earliest extant copies: the Rossano MS. furnishes an early transcript of the other two. We have several manuscripts (chiefly fragmentary) of the thirteenth and fourteenth centuries: they were printed by Demetrius Ducas in 1526 and have been frequently printed since that date. The Barberini MS. has unhappily lost eight leaves in "St Basil," but the differences between the surviving portions and the mediæval copies are such as enable us to represent with full confidence the character of the portion lost, and this I have done, following in part the guidance of Bunsen, as furnished in his work on "Hippolytus and his Age," Vol. IV. 387—434, and in his "Analecta Antenicæna," Vol. III. 201—236.

It would appear that the prayers of the eighth century have been retained with few changes to the present date. I have therefore first printed these prayers at length, and then I have exhibited the Liturgies as they were used in mediæval times, and the alterations which have been subsequently introduced.

In the older MSS. (the Rossano and Barberini Codices), as well as in Morel's edition, the Liturgy of Saint Basil preceded that named after Saint Chrysostom. I have followed the same order for the earlier copies: but, because of the subordinate position of "St Basil" in later times, and the continual references made in the more modern copies from "St Basil" to "St Chrysostom," I have found it necessary in them to give the prior place to "St Chrysostom."

In the Barberini MS. the Liturgy of Saint Chrysostom is introduced without any title, and the numbering of the Collects follows consecutively on the numbers of those in Saint Basil. C. R. here denotes the variations of the Codex Rossanensis. This copy, though probably made in the twelfth century, undoubtedly preserves a very early copy.]

LITURGIES OF SAINT BASIL

AND OF

SAINT CHRYSOSTOM,

AND THE

LITURGY OF THE PRESANCTIFIED.

[EIGHTH OR NINTH CENTURY.]

LITURGY OF SAINT BASIL.

BARBERINI MANUSCRIPT.

✠ λειτογργία τογ ἁγίογ Βασιλείογ.

Εὐχή, ἣν ποιεῖ ὁ ἱερεὺς ἐν τῷ σκευοφυλακίῳ, ἀποτιθεμένου τοῦ ἄρτου ἐν τῷ δίσκῳ.

Ὁ Θεός, ὁ Θεὸς ἡμῶν, ὁ τὸν οὐράνιον ἄρτον, τὴν τροφὴν τοῦ παντὸς κόσμου, τὸν Κύριον ἡμῶν καὶ Θεὸν Ἰησοῦν Χριστόν, ἐξαποστείλας σωτῆρα καὶ λυτρωτὴν καὶ εὐεργέτην, εὐλογοῦντα καὶ ἁγιάζοντα ἡμᾶς, αὐτὸς εὐλόγησον τὴν πρόθεσιν ταύτην, καὶ πρόσδεξαι αὐτὴν εἰς τὸ ὑπερουράνιόν σου θυσιαστήριον· μνημόνευσον ὡς ἀγαθὸς καὶ φιλάνθρωπος τῶν προσενεγκάντων καὶ δι' οὓς προσήγαγον, καὶ ἡμᾶς ἀκατακρίτους διαφύλαξον ἐν τῇ ἱερουργίᾳ τῶν θείων σου μυστηρίων,

Ἐκφώνως. Ὅτι ἡγίασται καὶ δεδόξασται τὸ πάντιμον καὶ μεγαλοπρεπὲς ὄνομά σου, τοῦ Πατρός.

(a) Εὐχὴ ἀντιφώνου α΄.

Β΄. Κύριε ὁ Θεὸς ἡμῶν, οὗ τὸ κράτος ἀνείκαστον καὶ ἡ δόξα ἀκατάληπτος, οὗ τὸ ἔλεος ἀμέτρητον καὶ ἡ φιλανθρωπία ἄφατος, αὐτός, δέσποτα, κατὰ τὴν εὐσπλαγχνίαν σου ἐπίβλεψον ἐφ' ἡμᾶς καὶ ἐπὶ τὸν ἅγιον οἶκον τοῦτον, καὶ ποίησον μεθ' ἡμῶν καὶ τῶν συνευχομένων ἡμῖν πλούσια τὰ ἐλέη σου καὶ τοὺς οἰκτιρμούς σου,

BARBERINI MANUSCRIPT.

Ἐκφών. Ὅτι πρέπει σοι πᾶσα δόξα, τιμὴ καὶ προσκύνησις, τῷ Πατρί, καί. (b)

Εὐχὴ ἀντιφώνου β΄.

Γ΄. Κύριος ὁ Θεὸς ἡμῶν, σῶσον τὸν λαόν σου, καὶ εὐλόγησον τὴν κληρονομίαν σου· τὸ πλήρωμα τῆς ἐκκλησίας σου ἐν εἰρήνῃ διαφύλαξον, ἁγίασον τοὺς ἀγαπῶντας τὴν εὐπρέπειαν τοῦ οἴκου σου. σὺ αὐτοὺς ἀντιδόξασον τῇ θεϊκῇ σου δυνάμει, καὶ μὴ ἐγκαταλίπῃς ἡμᾶς, ὁ Θεός, τοὺς ἐλπίζοντας ἐπὶ σέ,

Ἐκφών. Ὅτι σὸν τὸ κράτος καὶ σοῦ ἐστιν ἡ βασιλεία καὶ ἡ δύναμις καί.

Εὐχὴ ἀντιφώνου γ΄.

Δ΄. Ὁ τὰς κοινὰς ταύτας καὶ συμφώνους ἡμῖν χαρισάμενος προσευχάς, ὁ καὶ δυσὶ καὶ τρισὶ συμφωνοῦσιν ἐπὶ τῷ ὀνόματί σου τὰς αἰτήσεις παρέχειν ἐπαγγειλάμενος, αὐτὸς καὶ νῦν τῶν δούλων σου τὰ αἰτήματα πρὸς τὸ συμφέρον πλήρωσον, χορηγῶν ἡμῖν ἐν τῷ παρόντι αἰῶνι τὴν ἐπίγνωσιν τῆς σῆς ἀληθείας, καὶ ἐν τῷ μέλλοντι ζωὴν αἰώνιον χαριζόμενος,

Ἐκφών. Ὅτι ἀγαθὸς καὶ φιλάνθρωπος Θεὸς ὑπάρχεις καὶ σοὶ τὴν δόξαν.

Εὐχὴ τῆς εἰσόδου.

Ε΄. Δέσποτα Κύριε ὁ Θεὸς ἡμῶν, ὁ καταστήσας ἐν οὐρανοῖς τάγματα καὶ στρατείας

(a) The collects are numbered in the Manuscript.   (b) MS. τοῦ Πατρός, καί.

LITURGY OF SAINT BASIL.

BARBERINI MANUSCRIPT.

ἀγγέλων καὶ ἀρχαγγέλων πρὸς λειτουργίαν τῆς σῆς δόξης, ποίησον σὺν τῇ εἰσόδῳ ἡμῶν εἴσοδον ἁγίων ἀγγέλων γενέσθαι, συλλειτουργούντων ἡμῖν καὶ συνδοξολογούντων τὴν σὴν ἀγαθότητα,

Ἐκφών. Ὅτι πρέπει σοι.

p. 6   Εὐχὴ τοῦ τρισαγίου.

Ὁ Θεὸς ὁ ἅγιος, ὁ ἐν ἁγίοις ἀναπαυόμενος, ὁ τρισαγίῳ φωνῇ ὑπὸ τῶν Σεραφὶμ ἀνυμνούμενος καὶ ὑπὸ τῶν Χερουβὶμ δοξολογούμενος καὶ ὑπὸ πάσης ἐπουρανίου δυνάμεως προσκυνούμενος· ὁ ἐκ τοῦ μὴ ὄντος εἰς τὸ εἶναι παραγαγὼν τὰ σύμπαντα· ὁ κτίσας τὸν ἄνθρωπον κατ' εἰκόνα σὴν καὶ ὁμοίωσιν καὶ παντί σου χαρίσματι κατακοσμήσας· καὶ διδοὺς αἰτοῦντι σοφίαν καὶ σύνεσιν, καὶ μὴ παρορῶν ἁμαρτάνοντα,
p. 7 ἀλλὰ θέμενος ἐπὶ σωτηρίᾳ μετάνοιαν· ὁ καταξιώσας ἡμᾶς, τοὺς ταπεινοὺς καὶ ἀναξίους δούλους σου, καὶ ἐν τῇ ὥρᾳ ταύτῃ στῆναι κατενώπιον τῆς δόξης τοῦ ἁγίου σου θυσιαστηρίου καὶ τὴν ὀφειλομένην σοι προσκύνησιν καὶ δοξολογίαν προσάγειν· αὐτός, δέσποτα, [πρόσδεξαι] καὶ ἐκ στόματος ἡμῶν τῶν ἁμαρτωλῶν τὸν τρισάγιον ὕμνον, καὶ ἐπίσκεψαι ἡμᾶς ἐν τῇ χρηστότητί σου. συγχώρησον ἡμῖν πᾶν πλημ-
p. 8 μέλημα ἑκούσιόν τε καὶ ἀκούσιον. ἁγίασον ἡμῶν τὰς ψυχὰς καὶ τὰ σώματα, καὶ δὸς ἡμῖν ἐν ὁσιότητι λατρεύειν σοι πάσας τὰς ἡμέρας τῆς ζωῆς ἡμῶν, πρεσβείαις τῆς ἁγίας θεοτόκου καὶ πάντων τῶν ἁγίων τῶν ἀπ' αἰώνων σοι εὐαρεστησάντων,

BARBERINI MANUSCRIPT.

Ἐκφών. Ὅτι ἅγιος εἶ, ὁ Θεὸς ἡμῶν, καὶ σοὶ τὴν δόξαν ἀναπέμπομεν.

Εὐχὴ τῆς ἄνω καθέδρας. (a)

Δέσποτα Κύριε, Θεὸς τῶν δυνάμεων, Ζ'. σῶσον τὸν λαόν σου καὶ εἰρήνευσον αὐτὸν τῇ δυνάμει τοῦ ἁγίου σου Πνεύματος, διὰ p. 9 τοῦ τύπου τοῦ τιμίου σου σταυροῦ τοῦ μονογενοῦς σου Υἱοῦ, μεθ' οὗ εὐλογητὸς εἶ εἰς τοὺς αἰῶνας τῶν αἰώνων. Ἀμήν.

Εὐχὴ τῆς ἐκτενῆς τοῦ Κύριε ἐλέησον.

Κύριε ὁ Θεὸς ἡμῶν, τὴν ἐκτενὴν ταύτην Η'. ἱκεσίαν πρόσδεξαι παρὰ τῶν σῶν δούλων, καὶ ἐλέησον ἡμᾶς κατὰ τὸ πλῆθος τοῦ ἐλέους σου, καὶ τοὺς οἰκτιρμούς σου κατάπεμψον ἐφ' ἡμᾶς καὶ ἐπὶ πάντα τὸν λαόν σου, τὸν ἀπεκδεχόμενον τὸ παρὰ σοῦ πλού- p. 10 σιον ἔλεος,

Ἐκφών. Ὅτι ἐλεήμων καὶ φιλάνθρωπος Θεὸς ὑπάρχεις καὶ σοί.

Εὐχὴ κατηχουμένων.

Κύριε ὁ Θεὸς ἡμῶν, ὁ ἐν οὐρανοῖς κατοι- Θ'. κῶν καὶ ἐπιβλέπων ἐπὶ πάντα τὰ ἔργα σου, ἐπίβλεψον καὶ ἐπὶ τοὺς δούλους σου τοὺς κατηχουμένους, τοὺς ὑποκεκλικότας τοὺς ἑαυτῶν αὐχένας ἐνώπιόν σου. δὸς αὐτοῖς τὸν ἐλαφρὸν ζυγόν· ποίησον αὐτοὺς μέλη τῆς ἁγίας σου ἐκκλησίας, καὶ καταξίωσον αὐτοὺς τοῦ λουτροῦ τῆς παλιγγενεσίας, τῆς p. 11 ἀφέσεως τῶν ἁμαρτιῶν, καὶ τοῦ ἐνδύματος τῆς ἀφθαρσίας, εἰς ἐπίγνωσιν τοῦ ἀληθινοῦ Θεοῦ ἡμῶν,

Ἐκφών. Ἵνα καὶ αὐτοὶ σὺν ἡμῖν δοξάζωσι τὸ πάντιμον.

(a) This prayer has been omitted for many centuries in the Greek Church. (It is retained in R.) Its disuse must have been contemporaneous with the change of position in the consecrating priest.

LITURGY OF SAINT BASIL.

BARBERINI MANUSCRIPT.

Εὐχὴ πιστῶν αʹ μετὰ τὸ ἀπλωθῆναι τὸ εἰλητόν.

Ιʹ. Σύ, Κύριε, κατέδειξας ἡμῖν τὸ μέγα τοῦτο τῆς σωτηρίας μυστήριον· σὺ κατηξίωσας ἡμᾶς, τοὺς ταπεινοὺς καὶ ἀναξίους δούλους σου, γενέσθαι λειτουργοὺς τοῦ ἁγίου σου θυσιαστηρίου· σὺ ἱκάνωσον ἡμᾶς τῇ δυνάμει τοῦ ἁγίου σου Πνεύματος εἰς τὴν διακονίαν ταύτην, ἵνα ἀκατακρίτως στάντες ἐνώπιον τῆς ἁγίας δόξης σου προσάγωμέν σοι θυσίαν αἰνέσεως. σὺ γὰρ εἶ ὁ ἐνεργῶν τὰ πάντα ἐν πᾶσιν· δός, Κύριε, καὶ ὑπὲρ τῶν [ἡμετέρων] ἁμαρτημάτων καὶ τῶν τοῦ λαοῦ ἀγνοημάτων δεκτὴν γενέσθαι τὴν θυσίαν ἡμῶν καὶ εὐπρόσδεκτον ἐνώπιόν σου,

Ἐκφών. Ὅτι πρέπει σοι πᾶσα δόξα τιμὴ καὶ προσκύνησις τῷ Πατρί.

Εὐχὴ πιστῶν βʹ.

ΙΑʹ. Ὁ Θεός, ὁ ἐπισκεψάμενος ἐν ἐλέει καὶ οἰκτιρμοῖς τὴν ταπείνωσιν ἡμῶν, ὁ στήσας ἡμᾶς, τοὺς ταπεινοὺς καὶ ἁμαρτωλοὺς καὶ ἀναξίους δούλους σου, κατενώπιον τῆς ἁγίας δόξης σου, λειτουργεῖν τῷ ἁγίῳ σου θυσιαστηρίῳ, σὺ ἐνίσχυσον ἡμᾶς τῇ δυνάμει τοῦ ἁγίου σου Πνεύματος εἰς τὴν διακονίαν ταύτην, καὶ δὸς ἡμῖν λόγον ἐν ἀνοίξει τοῦ στόματος ἡμῶν εἰς τὸ ἐπικαλεῖσθαι τὴν χάριν τοῦ ἁγίου σου Πνεύματος ἐπὶ τῶν μελλόντων προτίθεσθαι δώρων,

Ἐκφών. Ὅπως ὑπὸ τοῦ κράτους σου πάντοτε φυλαττόμενοι σοὶ δόξαν.

BARBERINI MANUSCRIPT.

Εὐχή, ἣν ποιεῖ ὁ ἱερεὺς ὑπὲρ ἑαυτοῦ, τῶν χερουβικῶν λεγομένων.

ΙΒʹ. Οὐδεὶς ἄξιος τῶν συνδεδεμένων ταῖς σαρκικαῖς ἐπιθυμίαις καὶ ἡδοναῖς προσέρχεσθαι ἢ προσεγγίζειν ἢ λειτουργεῖν σοι, βασιλεῦ τῆς δόξης· τὸ γὰρ διακονεῖν σοι μέγα καὶ φοβερόν, καὶ αὐταῖς ταῖς ἐπουρανίαις δυνάμεσιν ἀπρόσιτον· ἀλλ' ὅμως, διὰ τὴν σὴν ἄφατον φιλανθρωπίαν, ἀτρέπτως καὶ ἀναλλοιώτως γέγονας ἄνθρωπος, καὶ ἀρχιερεὺς ἡμῶν ἐχρημάτισας, καὶ τῆς λειτουργικῆς ταύτης καὶ ἀναιμάκτου θυσίας τὴν ἱερουργίαν παρέδωκας, ὡς δεσπότης τῶν ἁπάντων· σὺ γὰρ δεσπόζεις τῶν ἐπουρανίων καὶ ἐπιγείων, ὁ ἐπὶ θρόνου χερουβικοῦ ἐποχούμενος, ὁ τῶν Σεραφὶμ Κύριος καὶ βασιλεὺς τοῦ Ἰσραήλ, ὁ μόνος ἅγιος καὶ ἐν ἁγίοις ἀναπαυόμενος. σὲ τοίνυν δυσωπῶ τὸν μόνον ἀγαθὸν καὶ εὐήκοον, ἐπίβλεψον ἐπ' ἐμὲ τὸν ἁμαρτωλὸν καὶ ἀχρεῖον δοῦλόν σου, καὶ ἱκάνωσόν με τῇ δυνάμει τοῦ ἁγίου σου Πνεύματος, ἐνδεδυμένον τὴν τῆς ἱερατείας χάριν, παραστῆναι τῇ ἁγίᾳ σου ταύτῃ τραπέζῃ καὶ ἱερουργῆσαι τὸ ἅγιόν σου σῶμα καὶ τὸ τίμιον αἷμα. σοὶ γὰρ κλίνω τὸν ἐμαυτοῦ αὐχένα, καὶ δέομαί σου μὴ ἀποστρέψῃς τὸ πρόσωπόν σου ἀπ' ἐμοῦ, μηδὲ ἀποδοκιμάσῃς με ἐκ ποδῶν σου· ἀλλ' ἀξίωσον προσενεχθῆναί σοι τὰ δῶρα ταῦτα καὶ ὑπ' ἐμοῦ ταπεινοῦ καὶ ἁμαρτωλοῦ καὶ ἀναξίου δούλου σου. σὺ γὰρ εἶ ὁ προσφέρων καὶ προσφερόμενος, καὶ ἁγιάζων καὶ (a)

(a) The words καὶ ἁγιάζων καὶ ἁγιαζόμενος were altered before the twelfth century to καὶ προσδεχόμενος καὶ διαδιδόμενος. See the note and collations below.

BARBERINI MANUSCRIPT.

ἁγιαζόμενος, Χριστέ, ὁ Θεὸς ἡμῶν, καὶ σοὶ τὴν δόξαν ἀναπέμπομεν, τῷ Πατρί, καὶ τῷ Υἱῷ.

p. 17   Εὐχὴ τῆς προσκομιδῆς τοῦ ἁγίου Βασιλείου μετὰ τὸ πληρῶσαι τὸν ᾄδοντα λαὸν τὸν μυστικόν

ΙΓ΄. (a)   Κύριε ὁ Θεὸς ἡμῶν, ὁ κτίσας καὶ ἀγαγὼν ἡμᾶς εἰς τὴν ζωὴν ταύτην, ὁ ὑποδείξας ἡμῖν ὁδοὺς εἰς σωτηρίαν, ὁ χαρισάμενος ἡμῖν οὐρανίων μυστηρίων ἀποκάλυψιν· σὺ εἶ ὁ θέμενος ἡμᾶς εἰς τὴν διακονίαν ταύτην ἐν τῇ δυνάμει τοῦ Πνεύματός σου τοῦ ἁγίου. εὐδόκησον δή, Κύριε, τοῦ γενέσθαι ἡμᾶς διακόνους τῆς καινῆς σου διαθήκης, λειτουργοὺς τῶν ἁγίων σου μυστηρίων· πρόσδεξαι ἡμᾶς προσεγγίζοντας τῷ ἁγίῳ

p. 18   σου θυσιαστηρίῳ, κατὰ τὸ πλῆθος τοῦ ἐλέους σου, ἵνα γενώμεθα ἄξιοι τοῦ προσφέρειν σοι τὴν λογικὴν ταύτην καὶ ἀναίμακτον θυσίαν ὑπὲρ τῶν ἡμετέρων ἁμαρτημάτων καὶ τῶν τοῦ λαοῦ ἀγνοημάτων· ἣν προσδεξάμενος εἰς τὸ ἅγιον καὶ ὑπερουράνιον καὶ νοερόν σου θυσιαστήριον, εἰς ὀσμὴν εὐωδίας, ἀντικατάπεμψον ἡμῖν τὴν χάριν τοῦ ἁγίου σου Πνεύματος. ἐπίβλεψον ἐφ᾽ ἡμᾶς, ὁ Θεός, καὶ ἔπιδε ἐπὶ τὴν λατρείαν ἡμῶν ταύτην, καὶ πρόσ-

p. 19   δεξαι αὐτὴν ὡς προσεδέξω Ἄβελ τὰ δῶρα, Νῶε τὰς θυσίας, Ἀβραὰμ τὰς ὁλοκαρπώσεις, Μωσέως καὶ Ἀαρὼν τὰς ἱερωσύνας, Σαμουὴλ τὰς εἰρηνικάς· ἔπιδε, ὡς προσεδέξω ἐκ τῶν ἁγίων σου ἀποστόλων τὴν ἀληθινὴν ταύτην λατρείαν, οὕτως καὶ ἐκ

BARBERINI MANUSCRIPT.

τῶν χειρῶν ἡμῶν τῶν ἁμαρτωλῶν πρόσδεξαι τὰ δῶρα ταῦτα ἐν τῇ χρηστότητί σου, Κύριε· ἵνα καταξιωθέντες λειτουργεῖν ἀμέμπτως τῷ ἁγίῳ σου θυσιαστηρίῳ εὕρωμεν τὸν μισθὸν τῶν πιστῶν φρονίμων οἰκονόμων,   p. 20 ἐν τῇ ἡμέρᾳ τῆς ἀνταποδόσεώς σου τῆς δικαίας,

Ἐκφών. Διὰ τῶν οἰκτιρμῶν τοῦ μονογενοῦς σου Υἱοῦ, μεθ᾽ οὗ εὐλογητὸς εἶ σὺν τῷ παναγίῳ καὶ ἀγαθῷ καὶ ζωοποιῷ σου Πνεύματι.

Καὶ μετὰ τὸ Ἀμήν, ὁ ἱερεύς· Εἰρήνη πᾶσιν.

Ὁ λαός. Καὶ τῷ πνεύματί σου.

Ὁ διάκονος. Ἀγαπήσωμεν ἀλλήλους.

Καὶ μετὰ τὸ δοθῆναι τὴν ἀγάπην, ὁ διάκονος λέγει·

Τὰς θύρας· τὰς θύρας· πρόσχωμεν.

Ὁ λαὸς. τὸ Πιστεύω.

Καὶ μετὰ τὸ Πιστεύω λέγει ὁ διάκονος·

Στῶμεν καλῶς.

Ὁ ἱερεύς.

Ἡ χάρις τοῦ Κυρίου ἡμῶν Ἰησοῦ Χριστοῦ, καὶ ἡ ἀγάπη τοῦ Θεοῦ καὶ Πατρός, καὶ ἡ κοινωνία τοῦ ἁγίου Πνεύματος εἴη μετὰ πάντων ὑμῶν.

Ὁ λαός. Καὶ μετὰ τοῦ πνεύματός σου.

Ὁ ἱερεύς. Ἄνω σχῶμεν τὰς καρδίας.   p. 21

Ὁ λαός. Ἔχομεν πρὸς τὸν Κύριον.

Ὁ ἱερεύς. Εὐχαριστήσωμεν τῷ Κυρίῳ.

Ὁ λαός. Ἄξιον καὶ δίκαιον.

Καὶ ὁ ἱερεὺς ἀπάρχεται τῆς ἁγίας ἀναφορᾶς.

Ὁ Ὤν, Δέσποτα, Κύριε, Θεέ, Πατὴρ

(a) No prayer, after this, is numbered in the MS. until the last, Ἤνυσται καὶ τετέλεσται, which is marked ΙΔ΄.

παντοκράτωρ, προσκυνητέ, ἄξιον ὡς ἀληθῶς καὶ δίκαιον καὶ πρέπον τῇ μεγαλοπρεπείᾳ τῆς ἁγιωσύνης σου σὲ αἰνεῖν, σὲ ὑμνεῖν, σὲ εὐλογεῖν, σὲ προσκυνεῖν, σοὶ εὐχαριστεῖν, σὲ δοξάζειν τὸν μόνον ὄντως ὄντα Θεόν, καὶ σοὶ προσφέρειν ἐν καρδίᾳ συντετριμμένῃ καὶ πνεύματι ταπεινώσεως, τὴν λογικὴν ταύτην λατρείαν ἡμῶν· ὅτι σὺ εἶ ὁ χαρισάμενος ἡμῖν τὴν ἐπίγνωσιν τῆς σῆς ἀληθείας. καὶ τίς ἱκανὸς λαλῆσαι τὰς δυναστείας σου; ἀκουστὰς ποιῆσαι πάσας τὰς αἰνέσεις σου; ἢ διηγήσασθαι πάντα τὰ θαυμάσιά σου ἐν παντὶ καιρῷ; Δέσποτα, Δέσποτα τῶν [ἁπάντων,] Κύριε οὐρανοῦ καὶ γῆς καὶ πάσης κτίσεως ὁρωμένης τε καὶ οὐχ ὁρωμένης, ὁ καθήμενος ἐπὶ θρόνου δόξης καὶ ἐπιβλέπων ἀβύσσους, ἄναρχε, ἀόρατε, ἀκατάληπτε, ἀπερίγραπτε, ἀναλλοίωτε, ὁ Πατὴρ τοῦ Κυρίου ἡμῶν Ἰησοῦ Χριστοῦ, τοῦ μεγάλου Θεοῦ καὶ Σωτῆρος, τῆς ἐλπίδος ἡμῶν· ὅς ἐστιν εἰκὼν τῆς σῆς ἀγαθότητος, σφραγὶς ἰσότυπος, ἐν ἑαυτῷ δεικνὺς σὲ τὸν Πατέρα, Λόγος ζῶν, Θεὸς ἀληθινός, ἡ πρὸ αἰώνων σοφία, ζωή, ἁγιασμός, δύναμις, τὸ φῶς τὸ ἀληθινόν, παρ᾽ οὗ τὸ Πνεῦμα τὸ ἅγιον ἐξεφάνη, τὸ τῆς ἀληθείας Πνεῦμα, τὸ τῆς υἱοθεσίας χάρισμα, ὁ ἀρραβὼν τῆς μελλούσης κληρονομίας, ἡ ἀπαρχὴ τῶν αἰωνίων ἀγαθῶν, ἡ ζωοποιὸς δύναμις, ἡ πηγὴ τοῦ ἁγιασμοῦ, παρ᾽ οὗ πᾶσα κτίσις λογική τε καὶ νοερὰ δυναμουμένη σοὶ λατρεύει, καὶ σοὶ τὴν ἀΐδιον ἀναπέμπει δοξολογίαν, ὅτι τὰ σύμπαντα δοῦλα σά. σὲ γὰρ αἰνοῦσιν ἄγγελοι, ἀρχάγγελοι, θρόνοι, κυριότητες, ἀρχαί, ἐξουσίαι, δυνάμεις, καὶ τὰ πολυόμματα Χερουβίμ· σοὶ παρίστανται κύκλῳ τὰ Σεραφίμ, ἓξ πτέρυγες τῷ ἑνί, καὶ ἓξ πτέρυγες τῷ ἑνί· καὶ ταῖς μὲν δυσὶ κατακαλύπτουσι τὰ πρόσωπα ἑαυτῶν, καὶ ταῖς δυσὶ τοὺς πόδας, καὶ ταῖς δυσὶ πετόμενα κέκραγεν ἕτερον πρὸς ἕτερον ἀκαταπαύστοις στόμασιν, ἀσιγήτοις θεολογίαις,

Ἐκφώνως. Τὸν ἐπινίκιον ὕμνον ᾄδοντα, βοῶντα, κεκραγότα, καὶ λέγοντα·

Ὁ λαός. Ἅγιος.

Ὁ ἱερεὺς μυστικῶς λέγει.

Μετὰ τούτων τῶν μακαρίων δυνάμεων, Δέσποτα φιλάνθρωπε, καὶ ἡμεῖς οἱ ἁμαρτωλοὶ βοῶμεν καὶ λέγομεν· Ἅγιος εἶ ὡς ἀληθῶς καὶ πανάγιος, καὶ οὐκ ἔστι μέτρον τῇ μεγαλοπρεπείᾳ τῆς ἁγιωσύνης σου, καὶ ὅσιος ἐν πᾶσιν τοῖς ἔργοις σου, ὅτι ἐν δικαιοσύνῃ καὶ κρίσει ἀληθινῇ πάντα ἐπήγαγες ἡμῖν· πλάσας γὰρ τὸν ἄνθρωπον, χοῦν λαβὼν ἀπὸ τῆς γῆς, καὶ εἰκόνι τῇ σῇ, ὁ Θεός, τιμήσας αὐτόν, τέθεικας αὐτὸν ἐν παραδείσῳ τῆς τρυφῆς, ἀθανασίαν ζωῆς καὶ ἀπόλαυσιν αἰωνίων ἀγαθῶν ἐν τῇ τηρήσει τῶν ἐντολῶν σου ἐπαγγειλάμενος αὐτῷ. ἀλλὰ παρακούσαντα σοῦ τοῦ ἀληθινοῦ Θεοῦ, τοῦ κτίσαντος αὐτόν, καὶ τῇ ἀπάτῃ τοῦ ὄφεως ὑπαχθέντα, νεκρωθέντα τε τοῖς οἰκείοις αὐτοῦ παραπτώμασιν, ἐξώρισας αὐτὸν ἐν τῇ δικαιοκρισίᾳ σου, ὁ Θεός, ἐκ τοῦ παραδείσου εἰς τὸν κόσμον τοῦτον, καὶ ἀπέστρεψας αὐτὸν εἰς τὴν γῆν ἐξ ἧς ἐλήφθη, οἰκονομῶν αὐτῷ τὴν ἐκ παλιγγενεσίας σωτηρίαν τὴν ἐν αὐτῷ τῷ Χριστῷ σου. οὐ γὰρ ἀπεστράφης τὸ πλάσμα σου εἰς τέλος,

LITURGY OF SAINT BASIL.

BARBERINI MANUSCRIPT.

p. 28

ὃ ἐποίησας, ἀγαθέ, οὐδὲ ἐπελάθου ἔργα χειρῶν σου, ἀλλ᾽ ἐπεσκέψω πολυτρόπως διὰ σπλάγχνα ἐλέους σου, προφήτας ἐξαπέστειλας, ἐποίησας δυνάμεις διὰ τῶν ἁγίων σου τῶν καθ᾽ ἑκάστην γενεὰν εὐαρεστησάντων σοι, ἐλάλησας ἡμῖν διὰ στόματος τῶν δούλων σου τῶν προφητῶν προκαταγγέλλων ἡμῖν τὴν μέλλουσαν ἔσεσθαι σωτηρίαν, νόμον ἔδωκας εἰς βοήθειαν, ἀγγέλους ἐπέστησας φύλακας. ὅτε δὲ ἦλθε τὸ πλήρωμα τῶν καιρῶν, ἐλάλησας ἡμῖν ἐν αὐτῷ τῷ Υἱῷ σου, δι᾽ οὗ καὶ τοὺς αἰῶνας ἐποίησας· ὃς, ὢν ἀπαύγασμα τῆς

p. 29

δόξης καὶ χαρακτὴρ τῆς ὑποστάσεώς σου, φέρων τε τὰ πάντα τῷ ῥήματι τῆς δυνάμεως αὐτοῦ, οὐχ ἁρπαγμὸν ἡγήσατο τὸ εἶναι ἴσα σοὶ τῷ Θεῷ καὶ Πατρί, ἀλλὰ Θεὸς ὢν προαιώνιος, ἐπὶ τῆς γῆς ὤφθη καὶ τοῖς ἀνθρώποις συνανεστράφη· καὶ ἐκ παρθένου ἁγίας σαρκωθείς, ἐκένωσεν ἑαυτόν, μορφὴν δούλου λαβών, σύμμορφος γενόμενος τῷ σώματι τῆς ταπεινώσεως ἡμῶν, ἵνα καὶ ἡμᾶς συμμόρφους ποιήσῃ τῆς εἰκόνος τῆς δόξης αὐτοῦ. ἐπειδὴ γὰρ δι᾽ ἀνθρώ-

p. 30

που ἡ ἁμαρτία εἰσῆλθεν εἰς τὸν κόσμον καὶ διὰ τῆς ἁμαρτίας ὁ θάνατος, εὐδόκησεν ὁ μονογενής σου Υἱός, ὁ ὢν ἐν τοῖς κόλποις σου τοῦ Θεοῦ καὶ Πατρός, γενόμενος ἐκ γυναικός, τῆς ἁγίας θεοτόκου καὶ ἀειπαρθένου Μαρίας, γενόμενος ὑπὸ νόμον, κατακρῖναι τὴν ἁμαρτίαν ἐν τῇ σαρκὶ αὐτοῦ, ἵνα οἱ ἐν τῷ Ἀδὰμ ἀποθνήσκοντες ζωοποιηθῶσιν ἐν αὐτῷ, τῷ Χριστῷ σου·

BARBERINI MANUSCRIPT.

καὶ ἐμπολιτευσάμενος τῷ κόσμῳ τούτῳ, δοὺς προστάγματα σωτηρίας, ἀποστήσας ἡμᾶς τῆς πλάνης τῶν εἰδώλων, προσήγαγεν ἡμᾶς

p. 31

τῇ ἐπιγνώσει σοῦ τοῦ ἀληθινοῦ Θεοῦ καὶ Πατρός, κτησάμενος ἡμᾶς ἑαυτῷ λαὸν περιούσιον, βασίλειον ἱεράτευμα, ἔθνος ἅγιον· καὶ καθαρίσας ἡμᾶς ἐν ὕδατι, καὶ ἁγιάσας τῷ Πνεύματι τῷ ἁγίῳ, ἔδωκεν ἑαυτὸν ἀντάλλαγμα τῷ θανάτῳ, ἐν ᾧ κατειχόμεθα πεπραμένοι ὑπὸ τὴν ἁμαρτίαν· καὶ κατελθὼν διὰ τοῦ σταυροῦ εἰς τὸν ᾅδην, ἵνα πληρώσῃ ἑαυτῷ τὰ πάντα, ἔλυσε τὰς ὠδῖνας τοῦ θανάτου· καὶ ἀναστὰς τῇ

(a)

τρίτῃ ἡμέρᾳ, καὶ ὁδοποιήσας πάσῃ σαρκὶ

p. 32

τὴν ἐκ νεκρῶν ἀνάστασιν, καθότι οὐκ ἦν δυνατὸν κρατεῖσθαι ὑπὸ τῆς φθορᾶς τὸν ἀρχηγὸν τῆς ζωῆς, ἐγένετο ἀπαρχὴ τῶν κεκοιμημένων, πρωτότοκος ἐκ τῶν νεκρῶν, ἵνα ᾖ αὐτὸς τὰ πάντα ἐν πᾶσιν πρωτεύων· καὶ ἀνελθὼν εἰς τοὺς οὐρανούς, ἐκάθισεν ἐν δεξιᾷ τῆς μεγαλωσύνης σου ἐν ὑψηλοῖς· ὃς καὶ ἥξει ἀποδοῦναι ἑκάστῳ κατὰ τὰ ἔργα αὐτοῦ. Κατέλιπε δὲ ἡμῖν ὑπομνήματα τοῦ σωτηρίου αὐτοῦ πάθους, ταῦτα, ἃ προτεθείκαμεν κατὰ τὰς αὐτοῦ ἐντολάς· μέλλων

B. M. Additional MS. 22749.

γὰρ ἐξιέναι ἐπὶ τὸν ἑκούσιον καὶ ἀοίδιμον καὶ ζωοποιὸν αὐτοῦ θάνατον, τῇ νυκτὶ ᾗ παρεδίδου ἑαυτὸν ὑπὲρ τῆς τοῦ κόσμου ζωῆς, λαβὼν ἄρτον ἐπὶ τῶν ἁγίων αὐτοῦ καὶ ἀχράντων χειρῶν, καὶ ἀναδείξας σοὶ τῷ Θεῷ καὶ Πατρί, εὐχαριστήσας, εὐλογήσας, ἁγιάσας, κλάσας,

Ἐκφών. Ἔδωκε τοῖς ἁγίοις αὐτοῦ μαθη-

(a) MS. ὀδίνας. The editions have ὀδύνας

FROM BRITISH MUSEUM 22749.

ταῖς καὶ ἀποστόλοις, εἰπών· Λάβετε, φάγετε· τοῦτο ἐστὶ τὸ σῶμά μου, τὸ ὑπὲρ ὑμῶν κλώμενον, εἰς ἄφεσιν ἁμαρτιῶν.

Ὁ λαός. Ἀμήν.

Ὁ ἱερεύς. Ὁμοίως καὶ τὸ ποτήριον ἐκ τοῦ γεννήματος τῆς ἀμπέλου λαβών, κεράσας, εὐχαριστήσας, εὐλογήσας, ἁγιάσας,

Ἐκφών. Ἔδωκε τοῖς ἁγίοις αὐτοῦ μαθηταῖς καὶ ἀποστόλοις, εἰπών· Πίετε ἐξ αὐτοῦ πάντες· τοῦτο ἐστὶ τὸ αἷμά μου, τὸ τῆς καινῆς διαθήκης, τὸ ὑπὲρ ὑμῶν καὶ πολλῶν ἐκχυνόμενον, εἰς ἄφεσιν ἁμαρτιῶν.

Ὁ λαός. Ἀμήν.

Τοῦτο ποιεῖτε εἰς τὴν ἐμὴν ἀνάμνησιν· ὁσάκις γὰρ ἂν ἐσθίητε τὸν ἄρτον τοῦτον, καὶ τὸ ποτήριον τοῦτο πίνητε, τὸν ἐμὸν θάνατον καταγγέλλετε, τὴν ἐμὴν ἀνάστασιν ὁμολογεῖτε.

Μεμνημένοι οὖν, Δέσποτα, καὶ ἡμεῖς τῶν σωτηρίων αὐτοῦ παθημάτων, τοῦ ζωοποιοῦ σταυροῦ, τῆς τριημέρου ταφῆς, τῆς ἐκ νεκρῶν ἀναστάσεως, τῆς εἰς οὐρανοὺς ἀνόδου, τῆς ἐκ δεξιῶν σοῦ τοῦ Θεοῦ καὶ Πατρὸς καθέδρας, καὶ τῆς ἐνδόξου καὶ φοβερᾶς δευτέρας αὐτοῦ παρουσίας,

Ἐκφώνως. Τὰ σὰ ἐκ τῶν σῶν σοὶ προσφέροντες, κατὰ πάντα, καὶ διὰ πάντα,

Ὁ λαός. Σὲ ὑμνοῦμεν [σὲ εὐλογοῦμεν, σοὶ εὐχαριστοῦμεν, Κύριε].

Διὰ τοῦτο, Δέσποτα πανάγιε, καὶ ἡμεῖς οἱ ἁμαρτωλοὶ καὶ ἀνάξιοι δοῦλοί σου, οἱ καταξιωθέντες λειτουργεῖν τῷ ἁγίῳ σου θυσιαστηρίῳ, οὐ διὰ τὰς δικαιοσύνας ἡμῶν, οὐ γὰρ ἐποιήσαμεν ἐνώπιόν σού τι ἀγαθὸν

FROM BRITISH MUSEUM 22749.

ἐπὶ τῆς γῆς, ἀλλὰ διὰ τὰ ἐλέη σου καὶ τοὺς οἰκτιρμούς σου, οὓς ἐξέχεας πλουσίως ἐφ' ἡμᾶς, θαρροῦντες προσεγγίζομεν τῷ ἁγίῳ σου θυσιαστηρίῳ, καὶ προθέντες τὰ ἀντίτυπα τοῦ ἁγίου σώματος καὶ αἵματος τοῦ Χριστοῦ σου, σοῦ δεόμεθα καὶ σὲ παρακαλοῦμεν, Ἅγιε Ἁγίων, εὐδοκίᾳ τῆς σῆς ἀγαθότητος, ἐλθεῖν τὸ Πνεῦμά σου τὸ ἅγιον ἐφ' ἡμᾶς καὶ ἐπὶ τὰ προκείμενα δῶρα ταῦτα, καὶ εὐλογῆσαι αὐτά, καὶ ἁγιάσαι, καὶ ἀναδεῖξαι

Καὶ ἀνιστάμενος σφραγίζει τριτὸν τὰ δῶρα, λέγων,

Τὸν μὲν ἄρτον τοῦτον, αὐτὸ τὸ τίμιον σῶμα τοῦ Κυρίου, καὶ Θεοῦ, καὶ Σωτῆρος ἡμῶν Ἰησοῦ Χριστοῦ,

Ὁ διάκονος. Ἀμήν.

Ὁ ἱερεύς. Τὸ δὲ ποτήριον τοῦτο, αὐτὸ τὸ τίμιον αἷμα τοῦ Κυρίου, καὶ Θεοῦ, καὶ Σωτῆρος ἡμῶν Ἰησοῦ Χριστοῦ,

Ὁ διάκονος. Ἀμήν.

Ὁ ἱερεύς. Τὸ ἐκχυθὲν ὑπὲρ τῆς τοῦ κόσμου ζωῆς.

Ὁ διάκονος. Ἀμήν.

Ὁ ἱερεύς. Ἡμᾶς δὲ πάντας, τοὺς ἐκ τοῦ ἑνὸς ἄρτου καὶ τοῦ ποτηρίου μετέχοντας, ἑνώσαις ἀλλήλοις εἰς ἑνὸς Πνεύματος ἁγίου κοινωνίαν, καὶ μηδένα ἡμῶν εἰς κρίμα ἢ εἰς κατάκριμα ποιήσαις μετασχεῖν τοῦ ἁγίου σώματος καὶ αἵματος τοῦ Χριστοῦ σου· ἀλλ' ἵνα εὕρωμεν ἔλεον καὶ χάριν μετὰ πάντων τῶν ἁγίων τῶν ἀπ' αἰῶνός σοι εὐαρεστησάντων, προπατόρων, πατέρων, πατριαρχῶν, προφητῶν, ἀποστόλων, κηρύκων, εὐαγγελιστῶν, μαρτύρων, ὁμολογητῶν,

FROM BRITISH MUSEUM 22749.

διδασκάλων, καὶ παντὸς πνεύματος δικαίου ἐν πίστει τετελειωμένου,

'Εκφώνως. Ἐξαιρέτως τῆς παναγίας, ἀχράντου, ὑπερευλογημένης, δεσποίνης ἡμῶν θεοτόκου,

<small>Ὁ διάκονος τὰ δίπτυχα τῶν θανόντων.</small>

Τῶν ἁγίων ἀσωμάτων Μιχαὴλ καὶ Γαβριὴλ καὶ πασῶν τῶν ἐπουρανίων δυνάμεων, τοῦ ἁγίου Ἰωάννου τοῦ προφήτου προδρόμου καὶ βαπτιστοῦ, τῶν ἁγίων καὶ πανευφήμων Ἀποστόλων, τοῦ ἐν ἁγίοις πατρὸς ἡμῶν Βασιλείου, τοῦ ἁγίου τοῦ Δ., οὗ καὶ τὴν μνήμην ἐπιτελοῦμεν, καὶ πάντων τῶν ἁγίων σου, ὧν ταῖς ἱκεσίαις ἐπίσκεψαι ἡμᾶς, ὁ Θεός. καὶ μνήσθητι πάντων τῶν πιστῶς κεκοιμημένων ἐπ᾽ ἐλπίδι ἀναστάσεως ζωῆς αἰωνίου, καὶ ἀνάπαυσον αὐτοὺς ὅπου ἐπισκοπεῖ τὸ φῶς τοῦ προσώπου σου.

Μνήσθητι, Κύριε, ἐν τῇ βασιλείᾳ σου τῶν δούλων σου, Θεοδώρου, Ἱερε.., Ἀναστασίας, Ἰλαρίου καὶ Κλήμεντος τῶν μοναχῶν.

Ἔτι σοῦ δεόμεθα, μνήσθητι, Κύριε, τῆς ἁγίας σου καθολικῆς καὶ ἀποστολικῆς ἐκκλησίας, τῆς ἀπὸ περάτων ἕως περάτων τῆς οἰκουμένης, καὶ εἰρήνευσον αὐτήν, ἣν περιεποιήσω τῷ τιμίῳ αἵματι τοῦ Χριστοῦ σου, καὶ τὸν ἅγιον οἶκον τοῦτον στερέωσον μέχρι τῆς συντελείας τοῦ αἰῶνος.

Μνήσθητι, Κύριε, τῶν τὰ δῶρά σοι ταῦτα προσκομισάντων, καὶ ὑπὲρ ὧν, καὶ δι᾽ ὧν, καὶ ἐφ᾽ οἷς αὐτὰ προσεκόμισαν.

Μνήσθητι, Κύριε, τῶν καρποφορούντων καὶ καλλιεργούντων ἐν ταῖς ἁγίαις σου

FROM BRITISH MUSEUM 22749.

ἐκκλησίαις καὶ μεμνημένων τῶν πενήτων· ἄμειψαι αὐτοὺς τοῖς πλουσίοις σου καὶ ἐπουρανίοις χαρίσμασι· χάρισαι αὐτοῖς ἀντὶ τῶν ἐπιγείων τὰ ἐπουράνια, ἀντὶ τῶν προσκαίρων τὰ αἰώνια, ἀντὶ τῶν φθαρτῶν τὰ ἄφθαρτα.

Μνήσθητι, Κύριε, τῶν ἐν ἐρημίαις καὶ ὄρεσι καὶ σπηλαίοις καὶ ταῖς ὀπαῖς τῆς γῆς.

Μνήσθητι, Κύριε, τῶν ἐν παρθενίᾳ καὶ εὐλαβείᾳ καὶ ἀσκήσει καὶ σεμνῇ πολιτείᾳ διαγόντων.

Μνήσθητι, Κύριε, τῶν εὐσεβεστάτων κὶι πιστοτάτων ἡμῶν βασιλέων, οὓς ἐδικαίωσας βασιλεύειν ἐπὶ τῆς γῆς· ὅπλῳ ἀληθείας, ὅπλῳ εὐδοκίας στεφάνωσον αὐτούς· ἐπισκίασον ἐπὶ τὴν κεφαλὴν αὐτῶν ἐν ἡμέρᾳ πολέμου· ἐνίσχυσον αὐτῶν τὸν βραχίονα· ὕψωσον αὐτῶν τὴν δεξιάν· κράτυνον αὐτῶν τὴν βασιλείαν· ὑπόταξον αὐτοῖς πάντα τὰ βάρβαρα ἔθνη τὰ τοὺς πολέμους θέλοντα· χάρισαι αὐτοῖς βαθεῖαν καὶ ἀναφαίρετον εἰρήνην· λάλησον εἰς τὴν καρδίαν αὐτῶν ἀγαθὰ ὑπὲρ τῆς ἐκκλησίας σου καὶ παντὸς τοῦ λαοῦ σου· ἵνα ἐν τῇ γαλήνῃ αὐτῶν ἤρεμον καὶ ἡσύχιον βίον διάγωμεν, ἐν πάσῃ εὐσεβείᾳ καὶ σεμνότητι.

Μνήσθητι, Κύριε, πάσης ἀρχῆς καὶ ἐξουσίας, καὶ τῶν ἐν τῷ παλατίῳ ἀδελφῶν ἡμῶν, καὶ παντὸς τοῦ στρατοπέδου. τοὺς ἀγαθοὺς ἐν τῇ ἀγαθότητί σου διατήρησον· τοὺς πονηροὺς ἀγαθοὺς ποίησον ἐν τῇ χρηστότητί σου.

Μνήσθητι, Κύριε, τοῦ περιεστῶτος λαοῦ,

LITURGY OF SAINT BASIL.

FROM BRITISH MUSEUM 22749.

καὶ τῶν δι᾽ εὐλόγους αἰτίας ἀπολειφθέντων, καὶ ἐλέησον αὐτοὺς καὶ ἡμᾶς, κατὰ τὸ πλῆθος τοῦ ἐλέους σου· τὰ ταμιεῖα αὐτῶν ἔμπλησον παντὸς ἀγαθοῦ· τὰς συζυγίας αὐτῶν ἐν εἰρήνῃ καὶ ὁμονοίᾳ διατήρησον· τὰ νήπια ἔκθρεψον· τὴν νεότητα παιδαγώγησον· τὸ γῆρας περικράτησον· τοὺς ὀλιγοψύχους παραμύθησον· τοὺς ἐσκορπισμένους ἐπισυνάγαγε· τοὺς πεπλανημένους ἐπανάγαγε, καὶ σύναψον τῇ ἁγίᾳ σου καθολικῇ καὶ ἀποστολικῇ ἐκκλησίᾳ· τοὺς ὀχλουμένους ὑπὸ πνευμάτων ἐλευθέρωσον· τοῖς πλέουσι σύμπλευσον· τοῖς ὁδοιποροῦσι συνόδευσον· χηρῶν πρόστηθι· ὀρφανῶν ὑπεράσπισον· αἰχμαλώτους ῥῦσαι· νοσοῦντας ἴασαι· τῶν ἐν βήμασι καὶ μετάλλοις καὶ ἐξορίαις καὶ πικραῖς δουλείαις καὶ πάσῃ θλίψει καὶ ἀνάγκῃ καὶ περιστάσει ὄντων, μνημόνευσον, ὁ Θεός, καὶ πάντων τῶν δεομένων τῆς μεγάλης σου εὐσπλαγχνίας· καὶ τῶν ἀγαπώντων ἡμᾶς, καὶ τῶν μισούντων, καὶ τῶν ἐντειλαμένων ἡμῖν τοῖς ἀναξίοις εὔχεσθαι ὑπὲρ αὐτῶν. καὶ παντὸς τοῦ λαοῦ σου μνήσθητι, Κύριε ὁ Θεὸς ἡμῶν, καὶ ἐπὶ πάντας ἔκχεον τὸ πλούσιόν σου ἔλεος, πᾶσι παρέχων τὰ πρὸς σωτηρίαν αἰτήματα. καὶ ὧν ἡμεῖς οὐκ ἐμνημονεύσαμεν δι᾽ ἄγνοιαν, ἢ λήθην, ἢ πλῆθος ὀνομάτων, αὐτὸς μνημόνευσον, ὁ Θεός, ὁ εἰδὼς ἑκάστου τὴν ἡλικίαν καὶ τὴν προσηγορίαν, ὁ εἰδὼς ἕκαστον ἐκ κοιλίας μητρὸς αὐτοῦ. σὺ γὰρ εἶ, Κύριε, ἡ βοήθεια τῶν ἀβοηθήτων,

FROM BRITISH MUSEUM 22749.

ἡ ἐλπὶς τῶν ἀπηλπισμένων, ὁ τῶν χειμαζομένων σωτήρ, ὁ τῶν πλεόντων λιμήν, ὁ τῶν νοσούντων ἰατρός· αὐτὸς τοῖς πᾶσι τὰ πάντα γενοῦ, ὁ εἰδὼς ἕκαστον καὶ τὸ αἴτημα αὐτοῦ, [καὶ τὸν] οἶκον, καὶ τὴν χρείαν αὐτοῦ. καὶ ῥῦσαι, Κύριε, τὴν πόλιν ταύτην (a) καὶ πᾶσαν πόλιν καὶ χώραν ἀπὸ λιμοῦ, λοιμοῦ, σεισμοῦ, καταποντισμοῦ, πυρός, μαχαίρας, ἐπιδρομῆς ἀλλοφύλων, καὶ ἐμφυλίου πολέμου.

Ἐκφώνησις.

Ἐν πρώτοις μνήσθητι, Κύριε, τοῦ ἀρχιεπισκόπου ἡμῶν (τοῦ δεῖνος)· ὃν χάρισαι ταῖς ἁγίαις σου ἐκκλησίαις ἐν εἰρήνῃ, σῶον, ἔντιμον, ὑγιῆ, μακροημερεύον[τα, καὶ ὀρθοτομοῦντα τὸν λόγον τῆς σῆς ἀληθείας.]

Ὁ διάκονος τὰ δίπτυχα τῶν ζώντων.

Ὁ δὲ ἱερεὺς εὔχεται.

Μνήσθητι, Κύριε, πάσης ἐπισκοπῆς ὀρθοδόξων, τῶν ὀρθοτομούντων τὸν λόγον τῆς σῆς ἀληθείας.   Barberini Codex resumed. p. 33

Μνήσθητι, Κύριε, κατὰ τὸ πλῆθος τῶν οἰκτιρμῶν σου καὶ τῆς ἐμῆς ἀναξιότητος· συγχώρησόν μοι πᾶν πλημμέλημα ἑκούσιόν τε καὶ ἀκούσιον, καὶ μὴ διὰ τὰς ἐμὰς ἁμαρτίας κωλύσῃς τὴν χάριν τοῦ ἁγίου σου Πνεύματος ἀπὸ τῶν προκειμένων δώρων.

Μνήσθητι, Κύριε, τοῦ πρεσβυτερίου, τῆς ἐν Χριστῷ διακονίας, καὶ παντὸς ἱερατικοῦ τάγματος, καὶ μηδένα ἡμῶν καταισχύνῃς τῶν κυκλούντων τὸ ἅγιόν σου θυσιαστήριον. ἐπίσκεψαι ἡμᾶς ἐν τῇ χρηστότητί σου, Κύριε· ἐπιφάνηθι ἡμῖν τοῖς   p. 84

(a) The MS. has ποίμνην.

BARBERINI MANUSCRIPT.

πλουσίοις σου οἰκτιρμοῖς· εὐκράτους καὶ ἐπωφελεῖς τοὺς ἀέρας ἡμῖν χάρισαι· ὄμβρους εἰρηνικοὺς τῇ γῇ πρὸς καρποφορίαν δώρησαι· εὐλόγησον τὸν στέφανον τοῦ ἐνιαυτοῦ τῆς χρηστότητός σου Κύριε· παῦσον τὰ σχίσματα τῶν ἐκκλησιῶν· σβέσον τὰ φρυάγματα τῶν ἐθνῶν· τὰς τῶν αἱρέσεων ἐπαναστάσεις ταχέως κατάλυσον ἐν τῇ δυνάμει τοῦ ἁγίου σου Πνεύματος· πάντας ἡμᾶς πρόσδεξαι εἰς τὴν βασιλείαν σου, p. 35 υἱοὺς φωτὸς καὶ υἱοὺς ἡμέρας ἀνάδειξας· τὴν σὴν εἰρήνην καὶ τὴν σὴν ἀγάπην χάρισαι ἡμῖν, Κύριε ὁ Θεὸς ἡμῶν· πάντα γὰρ ἀπέδωκας ἡμῖν·

Ἐκφών. Καὶ δὸς ἡμῖν ἐν ἑνὶ στόματι καὶ μιᾷ καρδίᾳ δοξάζειν καὶ ἀνυμνεῖν τὸ πάντιμον καὶ μεγαλοπρεπὲς ὄνομά σου, τοῦ Πατρός, καὶ τοῦ Υἱοῦ, καὶ τοῦ ἁγίου Πνεύματος, νῦν.

Ὁ λαός. Ἀμήν.

Ὁ ἱερεύς. Καὶ ἔσται τὰ ἐλέη τοῦ μεγάλου Θεοῦ καὶ Σωτῆρος ἡμῶν Ἰησοῦ Χριστοῦ μετὰ πάντων ὑμῶν.

Ὁ λαός. Καὶ μετὰ τοῦ πνεύματός σου.

Καὶ τοῦ διακόνου ποιοῦντος τὴν μέσην εὐχήν, ἐπεύχεται ὁ ἱερεύς.

Ὁ Θεὸς ἡμῶν, ὁ Θεὸς τοῦ σώζειν, σὺ p. 36 ἡμᾶς δίδαξον εὐχαριστεῖν σοι ἀξίως τῶν εὐεργεσιῶν σου, ὧν ἐποίησας καὶ ποιεῖς μεθ' ἡμῶν. σὺ εἶ ὁ Θεὸς ἡμῶν, ὁ προσδεξάμενος τὰ δῶρα ταῦτα, καθάρισον ἡμᾶς ἀπὸ παντὸς μολυσμοῦ σαρκὸς καὶ πνεύματος, καὶ δίδαξον ἡμᾶς ἐπιτελεῖν ἁγιω-

BARBERINI MANUSCRIPT.

σύνην ἐν φόβῳ σου· ἵνα ἐν καθαρῷ τῷ μαρτυρίῳ τῆς συνειδήσεως ἡμῶν ὑποδεχόμενοι τὴν μερίδα τῶν ἁγιασμάτων σου, ἑνωθῶμεν τῷ ἁγίῳ σώματι καὶ αἵματι τοῦ Χριστοῦ σου· καὶ ὑποδεξάμενοι αὐτὰ ἀξίως, σχῶμεν τὸν Χριστὸν κατοικοῦντα ἐν ταῖς p. 37 καρδίαις ἡμῶν, καὶ γενώμεθα ναὸς τοῦ ἁγίου σου Πνεύματος. ναί, ὁ Θεὸς ἡμῶν, καὶ μηδένα ἡμῶν ἔνοχον ποιήσῃς τῶν φρικτῶν σου τούτων καὶ ἐπουρανίων μυστηρίων, μηδὲ ἀσθενῆ ψυχῇ καὶ σώματι ἐκ τοῦ ἀναξίως αὐτῶν μεταλαμβάνειν· ἀλλὰ δὸς ἡμῖν μέχρι τῆς ἐσχάτης ἡμῶν ἀναπνοῆς ἀξίως ὑποδέχεσθαι τὴν ἐλπίδα τῶν ἁγιασμάτων σου, εἰς ἐφόδιον ζωῆς αἰωνίου, εἰς ἀπολογίαν εὐπρόσδεκτον τὴν ἐπὶ τοῦ φοβεροῦ βήματος τοῦ Χριστοῦ σου· ὅπως p. 38 ἂν καὶ ἡμεῖς, μετὰ πάντων τῶν ἁγίων τῶν ἀπ' αἰῶνός σοι εὐαρεστησάντων, γενώμεθα μέτοχοι τῶν αἰωνίων σου ἀγαθῶν ὧν ἡτοίμασας τοῖς ἀγαπῶσί σε, Κύριε·

Ἐκφών. Καὶ καταξίωσον ἡμᾶς, Δέσποτα, μετὰ παρρησίας, ἀκατακρίτως, τολμᾶν ἐπικαλεῖσθαί σε τὸν ἐπουράνιον Θεόν, Πατέρα, καὶ λέγειν,

Ὁ λαὸς τό, Πάτερ ἡμῶν.

Ὁ ἱερεὺς ἐκφώνως. Ὅτι σοῦ ἐστιν ἡ βασιλεία, καὶ ἡ δύναμις, καὶ ἡ δόξα, τοῦ Πατρός.

Καὶ μετὰ τὸ Ἀμήν λέγει ὁ ἱερεύς,

Εἰρήνη πᾶσιν.

Καὶ τοῦ διακόνου λέγοντος Τὰς κεφαλὰς ἡμῶν, (a) ἐπεύχεται ὁ ἱερεύς.

Δέσποτα Κύριε, ὁ Πατὴρ τῶν οἰκτιρμῶν p. 39

(a) Bunsen accidentally omitted these lines.

BARBERINI MANUSCRIPT.

καὶ Θεὸς πάσης παρακλήσεως, τοὺς ὑποκεκλικότας σοι τὰς ἑαυτῶν κεφαλὰς εὐλόγησον, ἁγίασον, φρούρησον, ὀχύρωσον, ἐνδυνάμωσον, ἀπὸ παντὸς ἔργου πονηροῦ ἀπόστησον, παντὶ δὲ ἔργῳ ἀγαθῷ σύναψον, καὶ καταξίωσον ἀκατακρίτως μετασχεῖν τῶν ἀχράντων τούτων καὶ ζωοποιῶν μυστηρίων, εἰς ἄφεσιν ἁμαρτιῶν, εἰς Πνεύματος ἁγίου κοινωνίαν,

p. 40 (a)
Ἐκφώνως. Χάριτι καὶ οἰκτιρμοῖς καὶ φιλανθρωπίᾳ τοῦ [μονογενοῦς σου Υἱοῦ...].

[Εὐχὴ] τῆς ὑψώσεως τοῦ ἄρτου.

Πρόσχες, Κύριε Ἰησοῦ Χριστέ, ὁ Θεὸς ἡμῶν, ἐξ ἁγίου κατοικητηρίου σου, καὶ ἐλθὲ εἰς τὸ ἁγιάσαι ἡμᾶς, ὁ ἄνω τῷ Πατρὶ συγκαθεζόμενος καὶ ὧδε ἡμῖν ἀοράτως παρών· καὶ καταξίωσον τῇ κραταιᾷ σου χειρὶ μεταδοῦναι ἡμῖν, καὶ δι' ἡμῶν παντὶ τῷ λαῷ.

(b) Καὶ μετὰ τὸ εἰπεῖν τὸν διάκονον, Πρόσχωμεν, ὁ ἱερεὺς ὑψοῖ τὸν ἅγιον ἄρτον καὶ λέγει,

ΤΑ ἍΓΙΑ ΤΟῖΣ ἉΓΊΟΙΣ.

Καὶ μετὰ τὸ εἰπεῖν τὸν λαὸν τὸ ΕἿΣ ἍΓΙΟΣ, λαμβάνει ἐκ τοῦ ἁγίου σώματος μερίδας καὶ βάλλει εἰς τὰ ἅγια ποτήρια καὶ λέγει,

p. 41
Εἰς πλήρωμα Πνεύματος ἁγίου.

Καὶ μετὰ τὸ πάντας μεταλαβεῖν, λέγοντος τοῦ διακόνου τὴν εὐχήν, ἐπεύχεται ὁ ἱερεύς.

Εὐχαριστοῦμέν σοι, Κύριε ὁ Θεὸς ἡμῶν, ἐπὶ τῇ μεταλήψει τῶν ἁγίων, ἀχράντων, ἀθανάτων, καὶ ἐπουρανίων σου μυστηρίων, ὧν ἔδωκας ἡμῖν ἐπὶ εὐεργεσίᾳ καὶ ἁγιασμῷ

BARBERINI MANUSCRIPT.

καὶ ἰάσει τῶν ψυχῶν καὶ τῶν σωμάτων. αὐτός, Δέσποτα τῶν ἁπάντων, δὸς γενέσθαι ἡμῖν τὴν κοινωνίαν τοῦ ἁγίου σώματος καὶ αἵματος τοῦ Χριστοῦ σου, εἰς πίστιν ἀκαταίσχυντον, εἰς ἀγάπην ἀνυπόκριτον, εἰς πλησμονὴν σοφίας, εἰς ἴασιν ψυχῆς καὶ σώματος, εἰς ἀποτροπὴν παντὸς ἐναντίου, εἰς περιποίησιν τῶν ἐντολῶν σου, εἰς ἀπολογίαν εὐπρόσδεκτον τὴν ἐπὶ τοῦ φοβεροῦ βήματος τοῦ Χριστοῦ σου, p. 42

Ἐκφών. Ὅτι σὺ εἶ ὁ ἁγιασμὸς ἡμῶν, καὶ σοὶ τὴν δόξαν ἀναπέμπομεν, τῷ Πατρί, καὶ τῷ Υἱῷ, καὶ τῷ ἁγίῳ Πνεύματι, νῦν καὶ ἀεί, [καὶ εἰς τοὺς αἰῶνας τῶν αἰώνων. Ἀμήν.]

Ὁ διάκονος. Ἐν εἰρήνῃ προέλθωμεν.

Εὐχὴ ὀπισθάμβωνος.

Κύριε ὁ Θεὸς ἡμῶν, σῶσον τὸν λαόν σου καὶ εὐλόγησον τὴν κληρονομίαν σου. p. 43 τὸ πλήρωμα τῆς ἐκκλησίας σου ἐν εἰρήνῃ διαφύλαξον· ἁγίασον τοὺς ἀγαπῶντας τὴν εὐπρέπειαν τοῦ οἴκου σου· σὺ αὐτοὺς ἀντιδόξασον τῇ θεϊκῇ σου δυνάμει, καὶ μὴ ἐγκαταλίπῃς ἡμᾶς, ὁ Θεός, τοὺς ἐλπίζοντας ἐπὶ σέ. εἰρήνην τῷ κόσμῳ σου δώρησαι, ταῖς ἐκκλησίαις σου, τοῖς ἱερεῦσι, τοῖς βασιλεῦσιν ἡμῶν, καὶ παντὶ τῷ λαῷ σου. ὅτι ἅγιος ὁ ναός σου, θαυμαστὸς ἐν δικαιοσύνῃ, καὶ σοὶ τὴν δόξαν ἀναπέμπομεν τῷ Πατρί, καὶ τῷ Υἱῷ, καὶ τῷ ἁγίῳ Πνεύματι, νῦν καὶ ἀεί, καὶ εἰς τοὺς αἰῶνας τῶν αἰώνων. Ἀμήν.

Εὐχὴ τοῦ σκευοφυλακίου. p. 44

Ἤνυσται, καὶ τετέλεσται, ὅσον εἰς τὴν ΙΔ'.

(a) Bunsen accidentally omitted these lines.
(b) Bunsen read this; καὶ μετὰ τὸ εἰπεῖν· Τὸν δίσκον πρόσχωμεν, but the MS. is decisive.

BARBERINI MANUSCRIPT.	BARBERINI MANUSCRIPT.

ἡμετέραν δύναμιν, πάντα ἅπερ ἔθου ἡμῖν τὰ τῆς ἀφθαρσίας μυστήρια· ηὕραμεν τοῦ θανάτου σου τὴν μνήμην, εἴδαμεν τῆς ἀναστάσεώς σου τὸν τύπον, ἐνεπλήσθημεν τῆς ἀκενώτου σου τρυφῆς, ἀπηλαύσαμεν τῆς ἀτελευτήτου σου ζωῆς, ἧς καὶ

ἐν τῷ μέλλοντι [αἰῶνι] πάντας ἡμᾶς τυχεῖν καταξίωσον, Χριστέ, ὁ Θεὸς ἡμῶν, ὅτι πρέπει σοι πᾶσα εὐχαριστία σὺν τῷ ἀνάρχῳ σου Πατρὶ καὶ τῷ παναγίῳ καὶ ἀγαθῷ καὶ ζωοποιῷ σου Πνεύματι, νῦν καὶ ἀεί, καὶ εἰς τοὺς αἰῶνας τῶν αἰώνων. Ἀμήν.

LITURGY OF SAINT CHRYSOSTOM.

BARBERINI MANUSCRIPT.

IE′.
(a)
p. 45

Κύριε, ὁ Θεὸς ἡμῶν, ὁ προθεὶς ἑαυτὸν ἀμνὸν ἄμωμον ὑπὲρ τῆς τοῦ κόσμου ζωῆς· ἔφιδε ἐφ᾽ ἡμᾶς καὶ ἐπὶ τὸν ἄρτον τοῦτον καὶ ἐπὶ τὸ ποτήριον τοῦτο, καὶ ποίησον αὐτὸ ἄχραντόν σου σῶμα καὶ τίμιόν σου αἷμα, εἰς μετάληψιν ψυχῶν καὶ σωμάτων· ὅτι ἡγίασται καὶ δεδόξασται τὸ πάντιμον καὶ μεγαλοπρεπὲς ὄνομά σου, Πατρός.

Εὐχὴ τῆς εἰσόδου.

Ις′.
p. 46

Εὐεργέτα καὶ τῆς κτίσεως πάσης Δημιουργέ, πρόσδεξαι προσιοῦσαν τὴν ἐκκλησίαν καὶ ἑκάστου τὸ σύμφερον ἐκπλήρωσον· καὶ ἄγαγε πάντας εἰς τελειότητα, καὶ ἀξίους ἡμᾶς ἀπέργασαι τῆς βασιλείας σου· χάριτι καὶ οἰκτιρμοῖς καὶ φιλανθρωπίᾳ τοῦ μονογενοῦς σου Υἱοῦ, μεθ᾽ οὗ εὐλογητὸς εἶ.

Εὐχὴ τοῦ τρισαγίου.

ΙΖ′.

Ἅγιε ἁγίων, ὁ Θεὸς ἡμῶν, ὁ μόνος ἅγιος, καὶ ἐν ἁγίοις ἀναπαυόμενος· ἅγιος ὑπάρχεις, ὁ τὴν ἀνυπέρβλητον δόξαν ἐν αὐτῷ κεκτημένος· ἅγιος ὁ Θεός, ὁ λόγῳ τὰ πάντα
p. 47 συστησάμενος· ἅγιος ὁ Θεός, ὃν τὰ τετράμορφα ζῷα ἀκαταπαύστῳ φωνῇ δοξάζουσι· ἅγιος ὁ Θεός, ὁ ὑπὸ πλήθους ἁγίων ἀγγέλων

BARBERINI MANUSCRIPT.

καὶ ἀρχαγγέλων ἄφραστα τρεμόντων προσκυνούμενος καὶ δοξολογούμενος· ἅγιος ὁ Θεός, ὁ τοῖς πολυόμμασι Χερουβὶμ τῇ ἀσιγήτῳ φωνῇ τῷ ἀκοιμήτῳ ὄμματι ἐπιβλέπων καὶ ἐπικλίνων τὸ οὖς σου· ἅγιος ὁ Θεός, ὁ τοῖς ἐξαπτερύγοις Σεραφὶμ ἐποχούμενος, καὶ κροτούντων τὰς ἑαυτῶν πτέρυγας καὶ τὸν ἐπινίκιον ὕμνον ὑμνούντων τὸ Ἅγιος, Ἅγιος, Ἅγιος, Κύριος Σαβαώθ, ὁ προσδεχόμενος. ἅγιος γὰρ εἶ ὁ Θεὸς ἡμῶν, ὃν ἀρχαὶ καὶ ἐξουσίαι [καὶ] κυριότητες ἐν οὐρανῷ προσκυνοῦσιν, καὶ ἐπὶ γῆς ἄνθρωποι ἀνυμνοῦσιν καὶ σέβουσιν. αὐτός, φιλάνθρωπε, πρόσδεξαι καὶ ἐκ στόματος ἡμῶν τῶν ἁμαρτωλῶν τὸν τρισάγιον ὕμνον προσφερόμενον παρ᾽ ἡμῶν καὶ παρὰ παντὸς τοῦ λαοῦ σου, καὶ κατάπεμψον ἡμῖν πλούσια τὰ ἐλέη καὶ τοὺς οἰκτιρμούς σου· πρεσβείαις τῆς ἁγίας θεοτόκου καὶ πάντων τῶν ἁγίων τῶν ἀπ᾽ αἰῶνός σοι εὐαρεστησάντων·

Ἐκφών. Ὅτι ἅγιος εἶ, ὁ Θεὸς ἡμῶν, καὶ ἐν ἁγίοις ἐπαναπαύει, καὶ σοὶ τὴν δόξαν ἀναπέμπομεν.

Εὐχὴ τῆς καθέδρας τοῦ θυσιαστηρίου.

(*sic*)

p. 48

p. 49

(a) This Liturgy has no distinctive title in the MS. See p. 77. The Rossano MS. however, p. 18, has Ἡ θεία...Χρυσοστόμου: but it does not contain the first five prayers given above. The numbers in square brackets refer to the folios of this MS.

LITURGY OF SAINT CHRYSOSTOM.

BARBERINI MANUSCRIPT.

ΙΗ΄. Δέσποτα Κύριε, Θεὸς τῶν δυνάμεων, as on page 77.

ΙΘ΄. Εὐχὴ τῆς ἐκτενῆς.
Κύριε ὁ Θεὸς ἡμῶν, τὴν ἐκτενῆ ταύτην ἱκεσίαν as on page 77.

[18]
(a) Εὐχὴ κατηχουμένων πρὸ τῆς ἁγίας ἀναφορᾶς, τοῦ Χρυσοστόμου.

Κ΄. Κύριε ὁ Θεὸς ἡμῶν, ὁ ἐν ὑψηλοῖς κατοικῶν καὶ τὰ ταπεινὰ ἐφορῶν, ὁ τὴν σωτηρίαν τῷ γένει τῶν ἀνθρώπων ἐξαποστείλας τὸν μονογενῆ σου Υἱὸν καὶ Θεόν, τὸν Κύριον ἡμῶν p. 51 Ἰησοῦν Χριστόν, ἐπίβλεψον ἐπὶ τοὺς δούλους σου τοὺς κατηχουμένους, τοὺς ὑπο-
[18 b] κεκλικότας σοι τὸν ἑαυτῶν αὐχένα· καὶ
(b) καταξίωσον αὐτοὺς ἐν καιρῷ εὐθέτῳ τῆς τοῦ λουτροῦ παλιγγενεσίας, τῆς ἀφέσεως τῶν ἁμαρτιῶν, καὶ τοῦ ἐνδύματος τῆς ἀφθαρσίας· ἕνωσον αὐτοὺς τῇ ἁγίᾳ σου καθολικῇ καὶ ἀποστολικῇ ἐκκλησίᾳ, καὶ συγκαταρίθμησον αὐτοὺς τῇ ἐκλεκτῇ σου ποίμνῃ·

Ἐκφών. Ἵνα καὶ αὐτοὶ σὺν ἡμῖν δοξάζωσι
(c) τὸ πάντιμον καὶ μεγαλοπρεπὲς [ὄνομά σου, τοῦ Πατρός, καὶ τοῦ Υἱοῦ, καὶ τοῦ ἁγίου Πνεύματος, νῦν καὶ ἀεί, καὶ εἰς τοὺς αἰῶνας τῶν αἰώνων.]

Εὐχὴ πιστῶν α΄. μετὰ τὸ ἁπλωθῆναι τὰ εἰλητόν.

ΚΑ΄. Εὐχαριστοῦμέν σοι, Κύριε ὁ Θεὸς τῶν
p. 52 δυνάμεων, τῷ καταξιώσαντι ἡμᾶς παραστῆναι καὶ νῦν τῷ ἁγίῳ σου θυσιαστηρίῳ καὶ προσπεσεῖν τοῖς οἰκτιρμοῖς σου ὑπὲρ τῶν ἡμετέρων ἁμαρτημάτων καὶ τῶν τοῦ λαοῦ ἀγνοημάτων· πρόσδεξαι, ὁ Θεός, τὴν δέησιν

BARBERINI MANUSCRIPT.

ἡμῶν, καὶ ποίησον ἡμᾶς ἀξίους γενέσθαι τοῦ προσφέρειν σοι δεήσεις καὶ ἱκεσίας καὶ θυσίας ἀναιμάκτους, ὑπὲρ παντὸς τοῦ λαοῦ σου· καὶ ἱκάνωσον ἡμᾶς, οὓς ἔθου εἰς τὴν [19] διακονίαν σου ταύτην, ἐν τῇ δυνάμει τοῦ p. 53 Πνεύματός σου τοῦ ἁγίου, ἀκαταγνώστως καὶ ἀπροσκόπως, ἐν καθαρῷ τῷ μαρτυρίῳ τῆς συνειδήσεως ἡμῶν, ἐπικαλεῖσθαί σε ἐν παντὶ καιρῷ καὶ τόπῳ· ἵνα εἰσακούων ἡμῶν, ἵλεως ἡμῖν ἔσῃ ἐν τῷ πλήθει τῆς σῆς ἀγαθότητος·

Ἐκφών. Ὅτι πρέπει σοι πᾶσα δόξα, τιμή, καὶ προσκύνησις, [τῷ Πατρί, καὶ τῷ Υἱῷ, καὶ τῷ ἁγίῳ Πνεύματι, νῦν καὶ ἀεί, καὶ εἰς τοὺς αἰῶνας τῶν αἰώνων.]

Εὐχὴ πιστῶν β΄.

ΚΒ΄. Πάλιν καὶ πολλάκις σοὶ προσπίπτομεν, καὶ σοῦ δεόμεθα, ἀγαθὲ καὶ φιλάνθρωπε, ὅπως ἐπιβλέψας ἐπὶ τὴν δέησιν ἡμῶν καθαρίσῃς ἡμῶν τὰς ψυχὰς καὶ τὰ σώματα ἀπὸ παντὸς μολυσμοῦ σαρκὸς καὶ πνεύματος· p. 54 καὶ δῷς ἡμῖν ἀνένοχον καὶ ἀκατάκριτον τὴν (d) παράστασιν τοῦ ἁγίου σου θυσιαστηρίου. χάρισαι δέ, ὁ Θεός, καὶ τοῖς συνευχομένοις ἡμῖν προκοπὴν βίου, καὶ πίστεως, καὶ συνέσεως πνευματικῆς· δὸς αὐτοῖς πάντοτε μετὰ [19 b] φόβου καὶ ἀγάπης λατρεύοντας σοι ἀνενόχως καὶ ἀκατακρίτως μετέχειν τῶν ἁγίων σου μυστηρίων, καὶ τῆς ἐπουρανίου σου βασιλείας ἀξιωθῆναι·

Ἐκφών. Ὅπως ὑπὸ τοῦ κράτους σου πάντοτε φυλαττόμενοι, σοὶ δόξαν ἀναπέμπωμεν.

(a) – τοῦ Χρυσοστόμου Rossano Codex.
(b) τοῦ λουτροῦ τῆς παλιγ. C. R.

(c) The first words only of the doxology are given in the MSS.
(d) δῴης C. R.

BARBERINI MANUSCRIPT.

p. 55
(a) Εὐχὴ τῆς προσκομιδῆς, τοῦ ἁγίου Ἰωάννου τοῦ Χρυσοστόμου, μετὰ τὸ ἀποτεθῆναι τὰ ἅγια δῶρα ἐν τῇ ἁγίᾳ τραπέζῃ καὶ πληρῶσαι τὸν λαὸν τὸν μυστικὸν ὕμνον.

ΚΓ´.
(b) Κύριε ὁ Θεὸς ὁ παντοκράτωρ, ὁ μόνος ἅγιος, ὁ δεχόμενος θυσίαν αἰνέσεων παρὰ τῶν ἐπικαλουμένων σε ἐν ὅλῃ καρδίᾳ, πρόσδεξαι καὶ ἡμῶν τῶν ἁμαρτωλῶν τὴν δέησιν, καὶ προσάγαγε τῷ ἁγίῳ σου θυσιαστηρίῳ· καὶ ἱκάνωσον ἡμᾶς προσενεγκεῖν σοι δῶρα καὶ θυσίας πνευματικάς, ὑπὲρ τῶν ἡμετέρων ἁμαρτημάτων καὶ τῶν τοῦ λαοῦ ἀγνοημάτων, καὶ καταξίωσον ἡμᾶς εὑρεῖν χάριν ἐνώπιόν σου τοῦ γενέσθαι εὐπρόσδεκτον τὴν θυσίαν ἡμῶν, καὶ ἐπισκηνῶσαι τὸ Πνεῦμα τῆς χάριτός σου τὸ ἀγαθὸν ἐφ᾽ ἡμᾶς καὶ ἐπὶ τὰ προκείμενα δῶρα ταῦτα καὶ ἐπὶ πάντα τὸν λαόν σου·

p. 56

[20]

Ἐκφών. Διὰ τῶν οἰκτιρμῶν τοῦ μονογενοῦς σου Υἱοῦ, μεθ᾽ οὗ εὐλογητὸς [εἶ, σὺν τῷ παναγίῳ καὶ ἀγαθῷ καὶ ζωοποιῷ σου Πνεύματι, νῦν καὶ ἀεί, καὶ εἰς τοὺς αἰῶνας].

(c) Ὁ λαός. Ἀμήν.
Ὁ ἱερεύς. Εἰρήνη πᾶσιν.
Ὁ λαός. Καὶ τῷ πνεύματί σου.
Ὁ διάκονος. Ἀγαπήσωμεν ἀλλήλους.
Καὶ μετὰ τὸ δοθῆναι τὴν ἀγάπην, λέγει ὁ διάκονος· Τὰς θύρας· τὰς θύρας· πρόσχωμεν.
Ὁ λαὸς τὸ Πιστεύω λέγει.

BARBERINI MANUSCRIPT.

Ὁ διάκονος. Στῶμεν καλῶς. p. 57
Ὁ λαός. Ἔλεος, εἰρήνη.
Ὁ ἱερεὺς λέγει.
Ἡ χάρις τοῦ Κυρίου ἡμῶν Ἰησοῦ Χριστοῦ, καὶ ἡ ἀγάπη τοῦ Θεοῦ καὶ Πατρός, καὶ ἡ κοινωνία τοῦ ἁγίου Πνεύματος, εἴη μετὰ πάντων ὑμῶν.
Ὁ λαός. Καὶ μετὰ τοῦ πνεύματός σου.
Ὁ ἱερεύς. Ἄνω σχῶμεν τὰς καρδίας.
Ὁ χορός. Ἔχωμεν πρὸς τὸν Κύριον. (d)
Ὁ ἱερεύς. Εὐχαριστήσωμεν τῷ Κυρίῳ.
Ὁ χορός. Ἄξιον καὶ δίκαιον. (e)
Ὁ ἱερεὺς ἀπάρχεται τῆς ἁγίας ἀναφορᾶς. (f)

Ἄξιον καὶ δίκαιον, σὲ ὑμνεῖν, σοὶ εὐχαριστεῖν, σὲ προσκυνεῖν ἐν παντὶ τόπῳ τῆς δεσποτείας σου. Σὺ γὰρ εἶ Θεὸς ἀνέκφραστος, ἀπερινόητος, ἀόρατος, ἀκατάληπτος, ἀεὶ ὤν, ὡσαύτως ὤν· σὺ καὶ ὁ μονογενής σου Υἱός, καὶ τὸ Πνεῦμά σου τὸ ἅγιον. Σὺ ἐκ τοῦ μὴ ὄντος εἰς τὸ εἶναι ἡμᾶς παρήγαγες, καὶ παραπεσόντας ἀνέστησας πάλιν, καὶ οὐκ ἀπέστης πάντα ποιῶν ἕως ἡμᾶς εἰς τὸν οὐρανὸν ἀνήγαγες καὶ τὴν βασιλείαν ἐχαρίσω τὴν μέλλουσαν. Ὑπὲρ τούτων ἁπάντων εὐχαριστοῦμέν σοι καὶ τῷ μονογενεῖ σου Υἱῷ καὶ τῷ Πνεύματί σου τῷ ἁγίῳ, ὑπὲρ πάντων ὧν ἴσμεν καὶ ὧν οὐκ ἴσμεν, τῶν φανερῶν καὶ ἀφανῶν εὐεργεσιῶν σου τῶν εἰς ἡμᾶς γεγενημένων. Εὐχαριστοῦμέν

(g)
[20 b]

p. 58

p. 59

(a) For this Rubric C. R. has only Εὐχὴ προσκομιδῆς μετὰ τὴν ἐν τῇ ἁγίᾳ τραπέζῃ τῶν δώρων ἀπόθεσιν.
(b) αἰνέσεως C. R.
(c) For the next eleven lines C. R. has the following:—εἶτα τοῦ ἱεροῦ τῆς πίστεως μαθήματος ὑπὸ τοῦ λαοῦ ἀναφωνηθέντος, καὶ τοῦ διακόνου εἰπόντος Στῶμεν καλῶς, καὶ τοῦ λαοῦ διαμειβομένου τῇ ἐπιφωνήσει τοῦ Ἔλεον, εἰρήν. ὁ ἱερεὺς ἐκφωνεῖ, Ἡ χάρις, κ.τ.λ.
(d) Ὁ λαός. C. R.
(e) Ὁ λαός. C. R.
(f) Ὁ δὲ ἱερεὺς κλινόμενος ἐπεύχεται. C. R.
(g) σὲ ὑμνεῖν, σὲ εὐλογεῖν C. R.

LITURGY OF SAINT CHRYSOSTOM.

BARBERINI MANUSCRIPT.

[21] σοι καὶ ὑπὲρ τῆς λειτουργίας ταύτης, ἣν ἐκ τῶν χειρῶν ἡμῶν δέξασθαι καταξίωσον, καίτοι σοι παρεστήκεισαν χιλιάδες ἀρχαγγέλων καὶ μυριάδες ἀγγέλων, τὰ Χερουβίμ, καὶ τὰ Σεραφὶμ ἑξαπτέρυγα, πολυόμματα, μετάρσια, πτερωτά,

(a) Ἐκφών. Τὸν ἐπινίκιον ὕμνον ᾄδοντα.
Ὁ δὲ ἱερεὺς μυστικῶς.

(b) Μετὰ τούτων καὶ ἡμεῖς τῶν δυνάμεων, Δέσποτα φιλάνθρωπε, βοῶμεν καὶ λέγομεν·
p. 60 Ἅγιος εἶ καὶ πανάγιος, καὶ ὁ μονογενής σου Υἱός, καὶ τὸ Πνεῦμά σου τὸ ἅγιον. Ἅγιος εἶ καὶ πανάγιος, καὶ μεγαλοπρεπὴς ἡ δόξα σου· ὃς τὸν κόσμον σου οὕτως ἠγάπησας, ὥστε τὸν Υἱόν σου τὸν μονογενῆ δοῦναι, ἵνα πᾶς ὁ πιστεύων εἰς αὐτὸν μὴ ἀπόληται ἀλλ' ἔχῃ ζωὴν αἰώνιον·

Ὃς ἐλθών, καὶ πᾶσαν τὴν ὑπὲρ ἡμῶν οἰκονομίαν πληρώσας, τῇ νυκτὶ ᾗ παρεδίδου
(c) ἑαυτόν, λαβὼν ἄρτον ἐν ταῖς ἁγίαις αὐτοῦ καὶ ἀχράντοις καὶ ἀμωμήτοις χερσίν, εὐχα-
(d) p. 61 ριστήσας καὶ εὐλογήσας, ἔκλασεν καὶ ἔδωκεν
[21 b] τοῖς ἁγίοις αὐτοῦ μαθηταῖς καὶ ἀποστόλοις, εἰπών·

(e) Ἐκφών. Λάβετε, φάγετε· τοῦτ' ἐστὶν τὸ σῶμά μου, τὸ ὑπὲρ ὑμῶν.

Ὁμοίως καὶ τὸ ποτήριον μετὰ τὸ δειπνῆ-
(f) σαι, λέγων·

BARBERINI MANUSCRIPT.

Πίετε ἐξ αὐτοῦ πάντες· τοῦτ' ἐστὶν τὸ αἷμά μου, τὸ τῆς καινῆς διαθήκης, τὸ ὑπὲρ ὑμῶν καὶ πολλῶν ἐκχυνόμενον εἰς ἄφεσιν ἁμαρτιῶν. Ὁ λαός. Ἀμήν.

Ὁ ἱερεὺς μυστικῶς. (g)

Μεμνημένοι τοίνυν τῆς σωτηρίου ταύτης ἐντολῆς καὶ πάντων τῶν ὑπὲρ ἡμῶν γεγενημένων, τοῦ σταυροῦ, τοῦ τάφου, τῆς τριημέρου ἀναστάσεως, τῆς εἰς οὐρανοὺς ἀνα- p. 62
βάσεως, τῆς ἐκ δεξιῶν καθέδρας, τῆς δευτέρας καὶ ἐνδόξου πάλιν παρουσίας,

Ἐκφών. Τὰ σὰ ἐκ τῶν σῶν προσφέροντες κατὰ πάντα, καὶ διὰ πάντα,

Ὁ λαός. Σὲ ὑμνοῦμεν.

Ὁ ἱερεὺς μυστικῶς λέγει. (h)

Ἔτι προσφέρομέν σοι τὴν λογικὴν ταύτην καὶ ἀναίμακτον λατρείαν, καὶ παρακαλοῦμεν καὶ δεόμεθα καὶ ἱκετεύομεν, Κατάπεμψον τὸ Πνεῦμά σου τὸ ἅγιον ἐφ' ἡμᾶς καὶ ἐπὶ τὰ προκείμενα δῶρα ταῦτα, [22]

Καὶ ἀνιστάμενος σφραγίζει, λέγων μυστικῶς, (i)

Καὶ ποίησον τὸν μὲν ἄρτον τοῦτον, τίμιον p. 63 σῶμα τοῦ Χριστοῦ σου,

Μεταβαλὼν τῷ Πνεύματί σου τῷ ἁγίῳ. (k) Ἀμήν.

Τὸ δὲ ἐν τῷ ποτηρίῳ τούτῳ, τίμιον αἷμα τοῦ Χριστοῦ σου, (l)

(a) +Ὁ λαός. Ἅγιος, Ἅγιος, Ἅγιος, Κύριος. ὁ δὲ ἱερεὺς κλινόμενος εὔχεται. C. R.
(b) μακαρίων δυνάμεων C. R.
(c) ἑαυτὸν ὑπὲρ τῆς τοῦ κόσμου ζωῆς C. R.
(d) ἁγιάσας κλάσας ἔδωκε C. R.
(e) τοῦτό μου ἐστὶ τὸ σῶμα. Ὁ λαός. Ἀμήν. Ὁ ἱερεὺς κλινόμενος λέγει· C. R.
(f) ἐκφώνως C. R. It again gives only the leading words of Institution, τοῦτο ἐστὶ τὸ αἷμα.
(g) Ὁ δὲ ἱερεὺς κλινόμενος εὔχεται C. R.
(h) Ὁ ἱερεὺς εὔχεται C. R.
(i) Καὶ ἀν. σφραγίζων γ'. τὰ ἅγια δῶρα λέγει C. R.
(k) C. R. omits the words here. It adds Ὁ διάκονος. Ἀμήν.
(l) Ὁ διάκονος. Ἀμήν. C. R.

BARBERINI MANUSCRIPT.

Μεταβαλὼν τῷ Πνεύματί σου τῷ ἁγίῳ.
(a) Ἀμήν.
(b) Ὁ ἱερεὺς μυστικῶς.

Ὥστε γενέσθαι τοῖς μεταλαμβάνουσιν εἰς νῆψιν ψυχῆς, εἰς ἄφεσιν ἁμαρτιῶν, εἰς κοινωνίαν τοῦ ἁγίου σου Πνεύματος, εἰς
(c) βασιλείας πλήρωμα, εἰς παρρησίαν τὴν πρὸς σέ, μὴ εἰς κρίμα ἢ εἰς κατάκριμα.

p. 64 Ἔτι προσφέρομέν σοι τὴν λογικὴν ταύτην λατρείαν ὑπὲρ τῶν ἐν πίστει ἀναπαυ-
(d) σαμένων, πατέρων, πατριαρχῶν, προφητῶν, ἀποστόλων, κηρύκων, εὐαγγελιστῶν, μαρτύ-
(e) ρων, ὁμολογητῶν, ἐγκρατευτῶν, καὶ παντὸς δικαίου ἐν πίστει τετελειωμένου·

[22 b] Ἐκφών. Ἐξαιρέτως τῆς παναγίας, ἀχράν-
(f) του, ὑπερενδόξου, εὐλογημένης, δεσποίνης
(g) ἡμῶν, θεοτόκου καὶ ἀειπαρθένου Μαρίας·

p. 65
(h) Τοῦ ἁγίου Ἰωάννου, προδρόμου, καὶ βαπτιστοῦ, καὶ τῶν ἁγίων καὶ πανευφήμων ἀποστόλων, καὶ τοῦ ἁγίου τοῦδε οὗ καὶ τὴν μνήμην ἐπιτελοῦμεν, καὶ πάντων τῶν ἁγίων σου, ὧν ταῖς ἱκεσίαις ἐπίσκεψαι ἡμᾶς, ὁ Θεός· καὶ μνήσθητι πάντων τῶν
(i) κεκοιμημένων ἐν ἐλπίδι ἀναστάσεως ζωῆς αἰωνίου, καὶ ἀνάπαυσον αὐτούς, ὅπου ἐπισκοπεῖ τὸ φῶς τοῦ προσώπου σου.

(a) Ὁ διάκονος. Ἀμήν. C. R.
(b) Ὁ δὲ ἱερεὺς κλινόμενος ἐπεύχεται C. R.
(c) βασιλείας οὐρανῶν C. R.
(d) προπατόρων, πατέρων C. R.
(e) παντὸς πνεύματος ἐν π. C. R.
(f) Only the first five words in C. R.
(g) + Ὁ διάκονος τὰ δίπτυχα τῶν κεκοιμημένων. Ὁ δὲ ἱερεὺς κλινόμενος. C. R.
(h) τοῦ προφήτου, προδρόμου C. R.
(i) ἐπ' ἐλπίδι C. R.
(k) – ὑπὲρ τῶν ἐν ὄρεσιν…τῆς γῆς C. R.

BARBERINI MANUSCRIPT.

Ἔτι παρακαλοῦμέν σε· μνήσθητι, Κύριε, πάσης ἐπισκοπῆς ὀρθοδόξων, τῶν ὀρθοτομούντων τὸν λόγον τῆς σῆς ἀληθείας, παντὸς τοῦ πρεσβυτερίου, τῆς ἐν Χριστῷ διακονίας, καὶ παντὸς ἱερατικοῦ τάγματος.   p. 66

Ἔτι προσφέρομέν σοι τὴν λογικὴν ταύτην λατρείαν ὑπὲρ τῆς οἰκουμένης, ὑπὲρ τῆς ἁγίας   [23] καθολικῆς καὶ ἀποστολικῆς ἐκκλησίας, ὑπὲρ τῶν ἐν ἁγνείᾳ καὶ σεμνῇ πολιτείᾳ διαγόντων, ὑπὲρ τῶν ἐν ὄρεσιν καὶ σπηλαίοις καὶ ταῖς   (k) ὀπαῖς τῆς γῆς, ὑπὲρ τῶν πιστοτάτων βασι-   (l) λέων, τῆς φιλοχρίστου βασιλίσσης, παντὸς τοῦ παλατίου, καὶ τοῦ στρατοπέδου αὐτῶν.

Δὸς αὐτοῖς, Κύριε, εἰρηνικὸν τὸ βασίλειον,   p. 67 ἵνα καὶ ἡμεῖς ἐν τῇ γαλήνῃ αὐτῶν ἤρεμον καὶ ἡσύχιον βίον διάγωμεν ἐν πάσῃ εὐσεβείᾳ καὶ σεμνότητι.

Μνήσθητι, Κύριε, τῆς πόλεως, ἐν ᾗ
παροικοῦμεν, καὶ πάσης πόλεως, καὶ χώρας,   [23 b]
καὶ τῶν πίστει κατοικούντων ἐν αὐταῖς.   (m)

Ἐκφών. Ἐν πρώτοις μνήσθητι, Κύριε, τοῦ ἀρχιεπισκόπου ἡμῶν τοῦδε.

Μνήσθητι, Κύριε, πλεόντων, ὁδοιπορούντων, νοσούντων, καμνόντων, αἰχμαλώτων, καὶ τῆς σωτηρίας αὐτῶν.

(l) καὶ φιλοχρίστων βασιλέων, παντὸς τοῦ παλατίου C. R.

(m) The order is slightly different in C. R., where we have here Ὁ διάκονος τὰ δίπτυχα τῶν ζώντων and then Μνήσθητι Κύριε κατὰ τὸ πλῆθος τοῦ ἐλέους σου καὶ τῆς ἐμῆς ἀναξιότητος· συγχώρησόν μοι πᾶν πλημμέλημα ἑκούσιόν τε καὶ ἀκούσιον, καὶ μὴ διὰ τὰς ἐμὰς ἁμαρτίας κωλύσῃς τὴν χάριν τοῦ ἁγίου σου Πνεύματος ἀπὸ τῶν προκειμένων δώρων.

LITURGY OF SAINT CHRYSOSTOM.

BARBERINI MANUSCRIPT.

p. 68

Μνήσθητι, Κύριε, τῶν καρποφορούντων καὶ καλλιεργούντων ἐν ταῖς ἁγίαις σου ἐκκλησίαις, καὶ μεμνημένων τῶν πενήτων, καὶ ἐπὶ πάντας ἡμᾶς τὰ ἐλέη σου ἐξαπόστειλον·

(a) Ἐκφών. Καὶ δὸς ἡμῖν ἐν ἑνὶ στόματι καὶ μιᾷ καρδίᾳ δοξάζειν καὶ [ἀνυμνεῖν τὸ πάντιμον καὶ μεγαλοπρεπὲς ὄνομά σου, τοῦ Πατρός, καὶ τοῦ Υἱοῦ, καὶ τοῦ ἁγίου Πνεύματος, νῦν καὶ ἀεί, καὶ εἰς τοὺς αἰῶνας τῶν αἰώνων].

Καὶ ἔσται τὰ ἐλέη τοῦ μεγάλου Θεοῦ καὶ Σωτῆρος ἡμῶν, Ἰησοῦ Χριστοῦ.

(b) Ὁ διάκονος. Πάντων τῶν ἁγίων [μνημονεύσαντες, ἔτι καὶ ἔτι ἐν εἰρήνῃ τοῦ Κυρίου δεηθῶμεν.]

(c) Ὁ ἱερεὺς μυστικῶς.

Σοὶ παρακατατιθέμεθα τὴν ζωὴν ἡμῶν ἅπασαν καὶ τὴν ἐλπίδα, Δέσποτα φιλάνθρωπε· καὶ παρακαλοῦμέν σε καὶ δεόμεθα καὶ ἱκετεύομεν· Καταξίωσον ἡμᾶς μεταλαβεῖν τῶν ἐπουρανίων σου καὶ φρικτῶν μυστηρίων ταύτης τῆς ἱερᾶς καὶ πνευματικῆς τραπέζης, μετὰ καθαροῦ συνειδότος, εἰς ἄφεσιν ἁμαρτιῶν, εἰς συγχώρησιν πλημμελημάτων, εἰς Πνεύματος ἁγίου κοινωνίαν,

(d) εἰς βασιλείας οὐρανῶν κληρονομίαν, εἰς παρρησίαν τὴν πρὸς σέ, μὴ εἰς κρίμα, μηδὲ εἰς κατάκριμα.

[24]
p. 69

(e) Ὁ διάκονος. Ἀντιλαβοῦ. Τὴν ἡμέραν πᾶσαν.

BARBERINI MANUSCRIPT.

Ὁ ἱερεύς.

Καὶ καταξίωσον ἡμᾶς, [Δέσποτα, μετὰ παρρησίας, ἀκατακρίτως, τολμᾶν ἐπικαλεῖσθαι σέ, τὸν ἐπουράνιον Θεόν, Πατέρα, καὶ λέγειν·]

Ὁ λαός. Πάτερ ἡμῶν.

Ὁ ἱερεὺς ἐκφών. Ὅτι σοῦ ἐστιν ἡ βασιλεία.

Ὁ λαός. Ἀμήν.

Ὁ ἱερεύς. Εἰρήνη πᾶσιν. (f)

Ὁ διάκονος. Τὰς κεφαλὰς ἡμῶν.

Ὁ ἱερεὺς μυστικῶς. (c)

Εὐχαριστοῦμέν σοι, Βασιλεῦ ἀόρατε, ὁ τῇ ἀμετρήτῳ σου δυνάμει δημιουργήσας τὰ πάντα καὶ τῷ πλήθει τοῦ ἐλέους σου ἐξ οὐκ ὄντων εἰς τὸ εἶναι παραγαγὼν τὰ σύμπαντα. Αὐτός, Δέσποτα, οὐρανόθεν ἔφιδε ἐπὶ τοὺς κεκλικότας σοι τὰς ἑαυτῶν κεφαλάς· οὐ γὰρ ἔκλιναν σαρκὶ καὶ αἵματι, ἀλλὰ σοὶ τῷ φοβερῷ Θεῷ. Σὺ οὖν, Δέσποτα, τὰ προκείμενα πᾶσιν ἡμῖν εἰς ἀγαθὸν ἐξομάλισον, κατὰ τὴν ἑκάστου ἰδίαν χρείαν· τοῖς πλέουσι σύμπλευσον· τοῖς ὁδοιποροῦσι συνόδευσον· τοὺς νοσοῦντας ἴασαι, ὁ ἰατρὸς τῶν ψυχῶν καὶ τῶν σωμάτων ἡμῶν, χάριτι καὶ οἰκτιρμοῖς καὶ φιλανθρωπίᾳ τοῦ.

p. 70
(g)

(h)

[24 b]

p. 71

Ὁ ἱερεύς. Πρόσχες, Κύριε Ἰησοῦ Χριστέ, (c)
ὁ Θεὸς ἡμῶν, ἐξ ἁγίου κατοικητηρίου σου (i)
καὶ ἐλθὲ εἰς τὸ ἁγιάσαι ἡμᾶς, ὁ ἄνω τῷ

(a) Again the MSS. give only the first few words.
(b) C. R. thus:—καὶ τοῦ διακόνου μετὰ τὴν ἄνοιξιν τῶν θυρῶν ἐπιφωνοῦντος, Πάντων τῶν ἁγίων, Ὁ ἱερεὺς κλινόμενος ἐπεύχεται. Σοὶ...
(c) Ὁ ἱερεὺς κλινόμενος ἐπεύχεται. C. R.
(d) – εἰς παρρησίαν πρὸς σέ C. R.

(e) C. R. omits the two lines.
(f) +ὁ λαός. Καὶ τῷ πνεύματί σου. C. R.
(g) τὰ πάντα δημιουργήσας...τὰ πάντα παραγαγών C. R.
(h) ἔπιδε C. R.
(i) C. R. gives only the first two lines of the prayer, adding the words καὶ ἀπὸ θρόνου τῆς

BARBERINI MANUSCRIPT.

Πατρὶ συγκαθεζόμενος καὶ ὧδε ἡμῖν ἀόρατος συνών· καταξίωσον τῇ κραταιᾷ σου χειρὶ μεταδοῦναι ἡμῖν καὶ δι' ἡμῶν παντὶ τῷ λαῷ σου.

Ὁ διάκονος. Πρόσχωμεν.

Ὁ ἱερεύς. Τὰ ἅγια τοῖς ἁγίοις.

Ὁ λαός. Εἷς ἅγιος.

Καὶ μετὰ τὸ εἰπεῖν τὸν λαὸν τό,

Εἷς ἅγιος, εἷς Κύριος Ἰησοῦς Χριστός, εἰς δόξαν Θεοῦ Πατρός,

λαμβάνει ἐκ τοῦ ἁγίου σώματος μερίδας καὶ βάλλει εἰς τὰ ἅγια ποτήρια, καὶ λέγει,

Εἰς πλήρωμα Πνεύματος ἁγίου.

Καὶ, μετὰ τὸ πάντας μεταλαβεῖν, λέγοντος τοῦ διακόνου τὴν εὐχήν, ἐπεύχεται ὁ ἱερεὺς μυστικῶς.

Εὐχαριστοῦμέν σοι, Δέσποτα φιλάνθρωπε,

BARBERINI MANUSCRIPT.

εὐεργέτα τῶν ψυχῶν ἡμῶν, ὁ καὶ τῇ παρούσῃ ἡμέρᾳ καταξιώσας ἡμᾶς τῶν ἐπουρανίων σου καὶ ἀθανάτων μυστηρίων. Ὀρθοτόμησον ἡμῶν τὴν ὁδόν, σῶσον ἡμᾶς ἐν τῷ φόβῳ σου τοὺς πάντας, φρούρησον ἡμῶν τὴν ζωήν, ἀσφάλισαι ἡμῶν τὰ διαβήματα, εὐχαῖς καὶ ἱκεσίαις τῆς ἁγίας, ἐνδόξου, δεσποίνης ἡμῶν, θεοτόκου καὶ ἀειπαρθένου Μαρίας, καὶ πάντων τῶν ἁγίων σου τῶν ἀπ' αἰώνων σοι εὐαρεστησάντων· (a) [25] p. 73 (b) (c)

Ἐκφών. Ὅτι σὺ εἶ ὁ ἁγιασμὸς ἡμῶν, καὶ σοὶ τὴν δόξαν ἀναπέμπομεν, τῷ Πατρί, τῷ Υἱῷ, καὶ τῷ ἁγίῳ Πνεύματι, νῦν καὶ ἀεί, καὶ εἰς τοὺς αἰῶνας τῶν αἰώνων. Ἀμήν. (d)

Ὁ διάκονος. Ἐν εἰρήνῃ προέλθωμεν. (e)

Ὁ λαός. Ἐν ὀνόματι Κυρίου.

δόξης τῆς βασιλείας σου, and continuing thus :—
Ζήτει εἰς τὴν λειτουργίαν τοῦ ἁγίου Βασιλείου ὄπισθεν. Καὶ μετὰ τὸ ὑψῶσαι τὸν ἄρτον καὶ εἰπεῖν τὸν λαόν, τὸ Εἷς ἅγιος, καὶ τοῦ διακόνου τὸ Πλήρωσον, Δέσποτα, καὶ τὴν ἕνωσιν, καὶ τὴν μετάληψιν, ὁ ἱερεὺς κλινόμενος ἐπεύχεται Εὐχαριστοῦμέν σοι.

(a) ὅτι καὶ τῇ παρούσῃ ἡμέρᾳ κατηξίωσας C. R.
(b) – δεσποίνης ἡμῶν C. R.

(c) – τῶν ἀπ'...εὐαρεστησάντων C. R.
(d) As usual, C. R. gives only the leading words.
(e) C. R. omits these two lines and inserts in their stead the prayer Εὐχὴ ὀπισθόμβωνος. Ὁ εὐλογῶν τοὺς εὐλογοῦντάς σε and also the Εὐχὴ λεγομένη ἐν τῷ σκευοφυλακίῳ. Τὸ πλήρωμα τοῦ νόμου, as they are now used in the Liturgy. See below.

LITURGY OF THE PRESANCTIFIED.

BARBERINI MANUSCRIPT.

(a) ✠ Ἐν δὲ τῷ λυχνικῷ μετὰ τὰ ἀναγνώϲματα καὶ τὸ Κατεγθγνθήτω καὶ τὸ Κγριε ἐλέηϲον γίνεται εγχὴ κατηχογμένων ἐπὶ τῶν προηγιαϲμένων.

ΚΔ'.
[26]

Ὁ Θεός, ὁ Θεὸς ἡμῶν, ὁ κτίστης καὶ δημιουργὸς τῶν ἁπάντων, ὁ πάντας θέλων σωθῆναι καὶ εἰς ἐπίγνωσιν ἀληθείας ἐλθεῖν, ἐπίβλεψον ἐπὶ τοὺς δούλους σου τοὺς κατηχουμένους, καὶ λύτρωσαι αὐτοὺς τῆς παλαιᾶς πλάνης καὶ τῆς μεθοδείας τοῦ ἀντικειμένου, καὶ προσκάλεσαι αὐτοὺς εἰς τὴν ζωὴν τὴν αἰώνιον, φωτίζων αὐτῶν τὰς ψυχὰς καὶ τὰ σώματα καὶ συγκαταριθμῶν αὐτοὺς τῇ λογικῇ σου ποίμνῃ ἐφ' ἣν τὸ ὄνομά σου τὸ ἅγιον ἐπικέκληται·

p. 75
(b)

(c)

Ἐκφώνως. Ἵνα καὶ αὐτοὶ σὺν ἡμῖν δοξάζωσι τὸ.

(d) [Ὁ λαός. Ἀμήν.
Ὁ διάκονος. Ὅσοι κατηχούμενοι.

Ταῦτα τὰ διακονικὰ λέγεται μέχρι τῆς μεσο-

BARBERINI MANUSCRIPT.

νηστίμου· ἀπὸ δὲ τῆς Δ'. τῆς μεσονηστίμου λέγει τὰ ὑποτεταγμένα. Οἱ διπλοκατηχούμενοι μετα. καὶ τῆς εὐχῆς μέχρι τῆς μεγάλης παρασκευῆς. (c)

Ὅσοι κατηχούμενοι προέλθετε· οἱ κατηχούμενοι προέλθετε· ὅσοι πρὸς τὸ φώτισμα προσέλθετε· εὔξασθε οἱ πρὸς τὸ φώτισμα.

[26 b]

Ὑπὲρ τῶν πρὸς τὸ ἅγιον φώτισμα εὐτρεπιζομένων ἀδελφῶν ἡμῶν, καὶ τῆς σωτηρίας αὐτῶν, τοῦ Κυρίου δεηθῶμεν.

Ὅπως Κύριος ὁ Θεὸς ἡμῶν στηρίξῃ αὐτοὺς καὶ ἐνδυναμώσῃ·

Φωτίσῃ αὐτοὺς φωτισμὸν γνώσεως·

Καταξιώσῃ αὐτοὺς ἐν καιρῷ εὐθέτῳ τοῦ λουτροῦ τῆς παλιγγενεσίας, τῆς ἀφέσεως τῶν ἁμαρτιῶν, καὶ τοῦ ἐνδύματος τῆς ἀφθαρσίας·

Ἀναγεννήσῃ αὐτοὺς δι' ὕδατος καὶ πνεύματος·

Χαρίσηται αὐτοὺς τὴν τελειότητα τῆς πίστεως·

(a) The collects are numbered in the Barberini Manuscript consecutively from one in the Liturgy of S. Chrysostom (above, p. 90). There is no distinctive title in the MS. In the Codex Rossanensis (C. R.) the Liturgy is introduced with the words ἡ θεία λειτουργία τῶν προηγιασμένων. The numbers in square brackets refer to the folios of this MS.
(b) τοῦ διαβόλου C. R.
(c) – αὐτῶν C. R.
(d) The words within brackets are found only in the Rossano MS. but I have printed them above for convenience.
(e) Sic. Query μεταλαμβάνουσι.

BARBERINI MANUSCRIPT.

Συγκαταριθμήσῃ αὐτοὺς τῇ ἁγίᾳ αὐτοῦ καὶ ἐκλεκτῇ ποίμνῃ.

Σῶσον, ἐλέησον καὶ διαφύλαξον αὐτοὺς ὁ Θεὸς τῇ σῇ χάριτι.

Οἱ πρὸς τὸ φώτισμα τὰς κεφαλὰς ὑμῶν τῷ Κυρίῳ κλίνατε.]

(a) Εὐχὴ εἰς τοὺς πρὸς τὸ ἅγιον φώτισμα εὐτρεπιζομένους.

ΚΕ΄.
[27]
p. 76

Ἐπίφανον, Δέσποτα, τὸ πρόσωπόν σου ἐπὶ τοὺς πρὸς τὸ ἅγιον φώτισμα εὐτρεπιζομένους καὶ ἐπιποθοῦντας τὸν τῆς ἁμαρτίας μολυσμὸν ἀποτινάξασθαι· καταύγασον αὐτῶν τὴν διάνοιαν· βεβαίωσον αὐτοὺς ἐν τῇ πίστει· στήριξον ἐν ἐλπίδι· τελείωσον ἐν ἀγάπῃ· μέλη τίμια τοῦ Χριστοῦ σου ἀνάδειξον, τοῦ δόντος ἑαυτὸν ἀντίλυτρον ὑπὲρ τῶν ψυχῶν ἡμῶν·

Ἐκφώνως. Ὅτι σὺ εἶ ὁ φωτισμὸς ἡμῶν καὶ σοὶ τὴν δόξαν.

(b) [Ὁ λαός. Ἀμήν.

Ὁ διάκονος. Ὅσοι πρὸς τὸ φώτισμα προέλθετε· οἱ πρὸς τὸ φώτισμα προέλθετε· ὅσοι κατηχούμενοι προέλθετε· μή τις τῶν κατηχουμένων· ὅσοι πιστοὶ ἔτι καὶ ἔτι ἐν εἰρήνῃ.

Ἀντιλαβοῦ, σῶσον, ἐλέησον καὶ διαφύλαξον.]

Εὐχὴ πιστῶν α΄ μετὰ τὸ ἁπλωθῆναι τὸ λιτόν.

ΚϚ΄.
p. 77
[27 b]

Ὁ Θεός, ὁ μέγας καὶ αἰνετός, ὁ τῷ ζωοποιῷ τοῦ Χριστοῦ σου θανάτῳ εἰς ἀφθαρσίαν ἡμᾶς ἐκ φθορᾶς μεταστήσας· σὺ πάσας

BARBERINI MANUSCRIPT.

ἡμῶν τὰς αἰσθήσεις τῆς ἐμπαθοῦς νεκρώσεως ἐλευθέρωσον, ἀγαθὸν ταύταις ἡγεμόνα τὸν ἔνδοθεν λογισμὸν ἐπιστήσας· καὶ ὀφθαλμὸς μὲν ἀμέτοχος ἔστω παντὸς πονηροῦ βλέμματος, ἀκοὴ δὲ λόγοις ἀργοῖς ἀνεπίβατος, ἡ δὲ γλῶσσα καθαρευέτω ῥημάτων ἀπρεπῶν· ἅγνισον δὲ ἡμῶν καὶ τὰ χείλη τὰ αἰνοῦντά σε, Κύριε, τὰς χεῖρας ἡμῶν p. 78 ποίησον τῶν μὲν φαύλων ἀπέχεσθαι πράξεων ἐνεργεῖν δὲ μόνα τὰ σοὶ εὐάρεστα, πάντα ἡμῶν τὰ μέλη καὶ τὴν διάνοιαν τῇ σῇ κατασφαλιζόμενος χάριτι· (c)

Ἐκφώνως. Ὅτι πρέπει σοι πᾶσα δόξα, τιμὴ καὶ προσκύνησις.

Εὐχὴ πιστῶν β΄.

Δέσποτα ἅγιε, ὑπεράγαθε, δυσωπούμέν σε, τὸν ἐν ἐλέει πλούσιον, ἵλεων γενέσθαι ἡμῖν τοῖς ἁμαρτωλοῖς, καὶ ἀξίους ἡμᾶς ποίησον τῆς ὑποδοχῆς τοῦ μονογενοῦς σου (d) Υἱοῦ, καὶ Θεοῦ ἡμῶν, τοῦ βασιλέως τῆς [28] δόξης· ἰδοὺ γὰρ τὸ ἄχραντον αὐτοῦ σῶμα p. 79 καὶ ζωοποιὸν αἷμα, κατὰ τὴν παροῦσαν (e) ὥραν εἰσπορευόμενα, τῇ μυστικῇ ταύτῃ προτίθεσθαι μέλλει τραπέζῃ, ὑπὸ πλήθους στρατιᾶς οὐρανίου ἀοράτως δορυφορούμενα· ὧν τὴν μετάληψιν ἀκατάκριτον ἡμῖν δώρησαι, ἵνα δι᾽ αὐτῶν τὸ τῆς διανοίας ὄμμα καταυγαζόμενοι υἱοὶ φωτὸς καὶ ἡμέρας γενώμεθα,

ΚΖ΄.

Ἐκφώνως. Κατὰ τὴν δωρεὰν τοῦ Χριστοῦ σου μεθ᾽ οὗ εὐλογητὸς εἶ, σὺν τῷ παναγίῳ.

(a) Καί, τοῦ διακόνου ταῦτα συνάπτοντος, ὁ ἱερεὺς κλινόμενος ἐπεύχεται. C. R.

(b) Again the words between brackets are found only in C. R.

(c) +Σοφία C. R. manu recentiori.
(d) ποιῆσαι C. R.
(e) τὸ ζωοποιὸν αἷμα C. R.

BARBERINI MANUSCRIPT.

(a) p. 80

Μετὰ τὸ πληρωθῆναι τὸ Νῦν αἱ δυνάμεις τῶν οὐρανῶν, ὁ ἱερεὺς ἐπεύχεται.

Ὁ τῶν ἀρρήτων καὶ ἀθεάτων μυστηρίων Θεός, παρ' ᾧ οἱ θησαυροὶ τῆς σοφίας καὶ τῆς γνώσεως ἀπόκρυφοι, ὁ τὴν διακονίαν τῆς λειτουργίας ταύτης ἀποκαλύψας ἡμῖν, καὶ [28 b] θέμενος ἡμᾶς τοὺς ἁμαρτωλοὺς διὰ πολλήν σου φιλανθρωπίαν εἰς τὸ προσφέρειν σοι (b) δῶρά τε καὶ θυσίας ὑπὲρ τῶν ἰδίων ἁμαρτημάτων καὶ τῶν τοῦ λαοῦ ἀγνοημάτων· αὐτός, ἀόρατε βασιλεῦ, ὁ ποιῶν μεγάλα καὶ ἀνεξιχνίαστα, ἔνδοξά τε καὶ ἐξαίσια, p. 81 ὧν οὐκ ἔστιν ἀριθμός, ἔφιδε ἐφ' ἡμᾶς τοὺς (c) (d) ἀναξίους δούλους σου, τοὺς τῷ ἁγίῳ τούτῳ θυσιαστηρίῳ ὡς τῷ χερουβικῷ σου παρισταμένους θρόνῳ, ἐφ' ᾧ ὁ μονογενής σου Υἱὸς καὶ Θεὸς ἡμῶν διὰ τῶν προκειμένων φρικτῶν ἐπαναπαύεται μυστηρίων· (e) καί, πάσης ἡμᾶς καὶ τὸν πιστόν σου λαὸν ἐλευθερώσας ἀκαθαρσίας, ἁγίασον πάντων p. 82 ἡμῶν τὰς ψυχὰς καὶ τὰ σώματα ἁγιασμῷ ἀναφαιρέτῳ, ἵνα ἐν καθαρῷ συνειδότι, ἀνεπαισχύντῳ προσώπῳ, πεφωτισμένῃ καρδίᾳ, τῶν θείων τούτων μεταλαμβάνοντες ἁγιασ- [29] μάτων, καὶ ὑπ' αὐτῶν ζωοποιούμενοι, ἑνωθῶμεν αὐτῷ τῷ Χριστῷ σου, τῷ ἀληθινῷ ἡμῶν Θεῷ, τῷ εἰπόντι· Ὁ τρώγων μου τὴν σάρκα καὶ πίνων μου τὸ αἷμα ἐν ἐμοὶ μένει, κἀγὼ ἐν αὐτῷ· ὅπως, ἐνοικοῦντος ἐν ἡμῖν καὶ ἐνπεριπατοῦντος τοῦ Λόγου σου, p. 83 Κύριε, γενώμεθα ναὸς τοῦ ἁγίου καὶ προσ-

(a) μετὰ τὸ ἀποτεθῆναι τὰ προηγιασμένα ἐν τῇ ἁγίᾳ τραπέζῃ C. R.
(b) —τε C. R.
(c) ἔπιδε C. R.
(d) ἁγίῳ σου τούτῳ C. R.

BARBERINI MANUSCRIPT.

κυνητοῦ σου Πνεύματος, λελυτρωμένοι πάσης διαβολικῆς μεθοδίας ἐν πράξει ἢ λόγῳ ἢ κατὰ διάνοιαν ἐνεργουμένης· καὶ τύχωμεν τῶν ἐπηγγελμένων ἀγαθῶν πᾶσιν τοῖς ἁγίοις τοῖς ἀπ' αἰῶνός σοι εὐαρεστήσασιν· (f)

Ἐκφώνως. Καὶ καταξίωσον ἡμᾶς, Δέσποτα. (g)

Ὁ λαός. Πάτερ ἡμῶν.

Ὁ ἱερεὺς ἐκφώνως. Ὅτι σοῦ ἐστιν ἡ βασιλεία.

Ὁ λαός. Ἀμήν.

Ὁ ἱερεύς. Εἰρήνη πᾶσιν.

Ὁ λαός. Καὶ τῷ πνεύματί σου.

Ὁ διάκονος. Τὰς κεφαλὰς ἡμῶν. (h)

Ὁ ἱερεὺς ἐπεύχεται. Ὁ Θεός, ὁ μόνος p. 84 ἀγαθὸς καὶ εὔσπλαγχνος, ὁ ἐν ὑψηλοῖς κατοικῶν καὶ τὰ ταπεινὰ ἐφορῶν, ἔπιδε [29 b] εὐσπλάχνῳ ὄμματι ἐπὶ πάντα τὸν λαόν σου καὶ φύλαξον αὐτόν· καὶ ἀξίωσον πάντας ἡμᾶς ἀκατακρίτως μετασχεῖν τῶν ζωοποιῶν σου τούτων μυστηρίων· σοὶ γὰρ τὰς ἑαυτῶν ὑπεκλίναμεν κεφαλάς, ἀπεκδεχόμενοι τὸ παρά σου πλούσιον ἔλεος,

Ἐκφώνως. Χάριτι καὶ οἰκτιρμοῖς καὶ φιλανθρωπίᾳ τοῦ [μονογενοῦς σου Υἱοῦ, μεθ' οὗ (i) εὐλογητὸς εἶ, σὺν τῷ παναγίῳ καὶ ἀγαθῷ καὶ ζωοποιῷ Πνεύματι, νῦν.

Ὁ λαός. Ἀμήν.]

Ὁ διάκονος. Πρόσσχωμεν. (sic)

(e) σκεπάσῃς MS.
(f) τοῖς ἁγίοις σου C. R.
(g) +μετὰ παρρησίας C. R.
(h) ὑμῶν C. R.
(i) omitted in C. R.

LITURGY OF THE PRESANCTIFIED.

BARBERINI MANUSCRIPT.

Ὁ ἱερεὺς ἐκφωνεῖ. Τὰ προηγιαϲμένα ἅγια τοῖϲ ἁγίοιϲ.

(a) Ὁ λαός. Εἷς ἅγιος, εἷς Κύριος Ἰησοῦς Χριστός.

Εὐχὴ μετὰ τὴν μετάληψιν. Εὐχαριστοῦμέν σοι, τῷ Σωτῆρι τῶν ὅλων Θεῷ, ἐπὶ πᾶσιν οἷς παρέσχου ἡμῖν ἀγαθοῖς, καὶ ἐπὶ τῇ μεταλήψει τοῦ ἁγίου σώματος καὶ αἵματος τοῦ Χριστοῦ σου· καὶ δεόμεθά σου, Δέσποτα p. 86 φιλάνθρωπε, φύλαξον ἡμᾶς ὑπὸ τὴν σκέπην τῶν πτερύγων σου, καὶ δὸς ἡμῖν, μέχρι

(a) —Ἰησοῦς Χριστός C. R.
(b) In place of these two lines C. R. has the two following prayers:

Εὐχὴ ὀπισθάμβωνος. Δέσποτα, Κύριε, ὁ Θεός, ὁ Παντοκράτωρ, ὁ πᾶσαν τὴν κτίσιν ἐν σοφίᾳ δημιουργήσας, ὁ διὰ τὴν ἄφατόν σου πρόνοιαν καὶ πολλὴν ἀγαθότητα ἀγαγὼν ἡμᾶς εἰς τὰς πανσέπτους ἡμέρας ταύτας, πρὸς καθαρισμὸν ψυχῶν καὶ σωμάτων, πρὸς ἰατρείαν παθῶν, πρὸς ἐλπίδα ἀναστάσεως· ὁ διὰ τεσσαράκοντα ἡμερῶν πλάκας χειρίσας, τὰ θεοχάρακτα γράμματα, Μωσεῖ τῷ θεράποντί σου· πάρασχου καὶ ἡμῖν, Ἀγαθέ, τὸν ἀγῶνα τὸν καλὸν ἀγωνίσασθαι, τὸν δρόμον τῆς νηστείας ἐκτελέσαι, τὴν πίστιν ἀδιαίρετον τηρῆσαι, τὰς κεφαλὰς τῶν

BARBERINI MANUSCRIPT.

τῆς ἐσχάτης ἡμῶν ἀναπνοῆς, ἐπαξίως μετέχειν τῶν ἁγιασμάτων σου, εἰς φωτισμὸν ψυχῆς καὶ σώματος, εἰς βασιλείας οὐρανῶν κληρονομίαν·

Ἐκφώνως. Ὅτι σὺ εἶ ὁ ἁγιασμὸς ἡμῶν, καὶ σοὶ τὴν δόξαν ἀναπέμπομεν τῷ Πατρί, καὶ τῷ Υἱῷ, καὶ τῷ ἁγίῳ Πνεύματι, νῦν καὶ ἀεὶ καὶ εἰς τοὺς αἰῶνας τῶν αἰώνων. Ἀμήν.

Ὁ διάκονος. Ἐν εἰρήνῃ προέλθωμεν. (b)

Ὁ λαός. Ἐν ὀνόματι Κυρίου.

ἀοράτων δρακόντων συνθλάσαι, καὶ νικητὰς τῆς ἁμαρτίας ἀναφανῆναι, καὶ ἀκατακρίτους φθάσαι καὶ προσκυνῆσαι τὴν ἁγίαν σου ἀνάστασιν· ὅτι εὐλόγηται καὶ δεδόξασται τὸ πάντιμον καὶ μεγαλοπρεπὲς ὄνομά σου, τοῦ Πατρός, καὶ τοῦ Υἱοῦ, καὶ τοῦ ἁγίου Πνεύματος, νῦν καὶ ἀεί.

Εὐχὴ εἰς τὸ συστεῖλαι τὰ δῶρα.

Κύριε ὁ Θεὸς ἡμῶν, ὁ ἀγαγὼν ἡμᾶς εἰς τὰς πανσέπτους ταύτας ἡμέρας καὶ κοινωνοὺς ἡμᾶς ποιήσας τῶν φρικτῶν σου μυστηρίων, σύναψον ἡμᾶς τῇ λογικῇ σου ποίμνῃ, καὶ κληρονόμους ἀνάδειξον τῆς βασιλείας σου, νῦν καὶ ἀεὶ καὶ εἰς τοὺς αἰῶνας.

LITURGIES OF SAINT CHRYSOSTOM,

SAINT BASIL

AND THE

PRESANCTIFIED.

[ELEVENTH CENTURY TO MODERN TIMES.]

LITURGY OF SAINT CHRYSOSTOM.

[I have met with considerable difficulties in my attempt to arrange the "Liturgy of Saint Chrysostom" so as to exhibit its gradual growth. It will be remembered that in the Barberini MS., which gives the first known copy of the Liturgy that afterwards grew into the much larger dimensions of the modern "Liturgy of Saint Chrysostom," the name of the great preacher was prefixed to two of the prayers, but not to the whole work. In the Rossano copy, which has strong resemblances to the other, the name disappears from the introductions to these two prayers but is given to the whole Liturgy. Almost every portion of that copy is retained in the modern service. But it will be seen also that, as early as the eleventh century, many of the prayers originally in the Liturgy of Saint Basil were incorporated into that which was now named after the great Bishop of Constantinople, and in my notes I shall point out sources from which other prayers were derived. In point of fact it was framed out of materials drawn from a wide area.

By the very great kindness of the Baroness Burdett-Coutts I have been allowed to use a manuscript mentioned by Dr Scrivener in his "Introduction to the Criticism of the New Testament" (second edition, p. 266), B-C. I. 10. Unfortunately a quire is missing here out of the Liturgy of S. Chrysostom and another out of the Liturgy of S. Basil. But the loss is compensated for by another manuscript (II. 42) belonging to the same Lady, of which Dr Scrivener most kindly gave me information. This contains a complete text of the Liturgies, which I ascribe without hesitation to the eleventh century at the latest. It occupies the upper part of my page. I have noted the few variations between this text and that of B-C. I. 10; and also noted such portions of the text as had been in use at the date of the Barberini Codex or of the original of the Rossano Codex. These I have marked by B. and C.R. Then Morel published at Paris in MDLX. (and the Plantin Press at Antwerp almost simultaneously) a Latin version of "S. Chrysostom," which, I am surprised, has not attracted attention in recent times. The translation was made by Leo Thuscus, a pupil of the celebrated Hugo Etherianus—the friend of the Emperor Manuel. It must have been made about the year 1200; but internal evidence seems to fix the date of the Liturgy itself to within ten years of the year 1100. This copy exhibits further accretions; so that I have marked with the letter L in the margin all that it retains of the immediately earlier copies, and also all that I find incorporated in the next complete recension which has come down to us. This recension is contained in the edition published at Rome by Demetrius Ducas in the year 1526, of which edition some account is given in the Introduction. The changes introduced between the eleventh century and the sixteenth are sufficiently numerous and marked to warrant my printing at length the copy contained in this edition, without however repeating the prayers which will be found in the upper part of my page. The Greek copy printed by Morel agrees almost entirely with that of Demetrius Ducas. But additional ceremonies and other changes have been introduced since 1526, and these I have noted below the copy of that year. As Mr Hammond's work is more easily accessible than any other, I have marked these changes with the letter H, although Mr Hammond (Introduction, p. xlviii) has merely taken the text from Daniel, and Daniel (vol. IV. pp. 315, 327) seems to have taken his from a copy printed at Venice, of which however he does not give the date. I have been unable to procure a copy from the authorized Press at Constantinople, but I have a beautiful Euchology printed in the year $αωογ'$ (1873) at Rome for the use of Greeks of the Roman obedience, and variations from the text of Ducas which I have noticed in it, I have marked R.

The text printed by Goar, MDCXLVII, agrees generally with that of Ducas and Morel; he gives in addition various readings from later Venice editions. I have not attempted to reproduce all these. The letter C however denotes special readings of a MS. described by him as in use in the Greek Churches in Italy and Sicily: and P those of an imperfect MS. at Paris, which, from the character of the writing as well as from the special intercessions, must be assigned to the date of the Council of Florence. On these MSS. see the Introduction.]

LITURGY OF SAINT CHRYSOSTOM.

ELEVENTH CENTURY.

(1) Ἡ θεία λειτουργία τοῦ ἐν ἁγίοις πατρὸς ἡμῶν Ἰωάννου ἀρχιεπισκόπου Κωνσταντινουπόλεως τοῦ Χρυσοστόμου.

(1) The text is taken from Lady Burdett-Coutts' MS. III. 42. The figures in the Margin denote the number of the quire and the leaf in the Manuscript. The rubric and prayers marked L were in the Liturgy which was translated by Leo Thuscus and printed by Morel in Latin in the year 1560. The original must have been in use about the year 1110. See p. 100 above.

SIXTEENTH CENTURY.

(a) Διάταξις τῆς θείας ἱερουργίας τοῦ ἐν ἁγίοις πατρὸς Ἰωάννου τοῦ Χρυσοστόμου.

(b) Μέλλων ὁ ἱερεὺς τὴν θείαν ἐπιτελεῖν μυσταγωγίαν ὀφείλει εἶναι προηγουμένως ἐξωμολογημένος

(a) The text is taken from the edition of Demetrius Ducas. See p. 100. Dr Daniel's copy was entitled Διάταξις τῆς θείας καὶ ἱερᾶς λειτουργίας γενομένης οὕτως ἐν τῇ μεγάλῃ ἐκκλησίᾳ καὶ ἐν τῷ ἁγίῳ ὄρει. Other copies have titles varying slightly from these.

(b) Modern Venetian editions (followed by Daniel and the Roman editors of 1873 and Mr Hammond in his note, p. 82) read...ὀφείλει εἶναι προηγουμένως μὲν κατηλλαγμένος μετὰ πάντων καὶ μὴ ἔχειν τι κατά τινος, and conclude this first direction thus: ποιοῦσιν ὁμοῦ πρὸς ἀνατολὰς ἔμπροσθεν τῶν ἁγίων θυρῶν προσκυνήματα τρία.

The Roman edition proceeds with the following directions; they vary slightly in other modern copies, but are entirely omitted by Mr Hammond:

Εἶτα λέγει ὁ διάκονος· Εὐλόγησον δέσποτα. Ὁ

καὶ μετὰ πάντων κατηλλαγμένος καὶ τὴν καρδίαν, ὅση δύναμις, καθαρὰν τετηρηκὼς ἀπὸ πονηρῶν

ἱερεύς· Εὐλογητὸς ὁ Θεὸς ἡμῶν πάντοτε, νῦν...Ὁ διάκονος·

Βασιλεῦ οὐράνιε, Παράκλητε, τὸ Πνεῦμα τῆς ἀληθείας, ὁ πανταχοῦ παρὼν καὶ τὰ πάντα πληρῶν, ὁ θησαυρὸς τῶν ἀγαθῶν καὶ ζωῆς χορηγός· ἐλθὲ καὶ σκήνωσον ἐν ἡμῖν, καὶ καθάρισον ἡμᾶς ἀπὸ πάσης κηλῖδος· καὶ σῶσον, ἀγαθέ, τὰς ψυχὰς ἡμῶν.

Τὸ Τρισάγιον. Ἅγιος ὁ Θεός, ἅγιος ἰσχυρός, ἅγιος ἀθάνατος, ἐλέησον ἡμᾶς. γ΄.

Δόξα καὶ νῦν.

Πάτερ ἡμῶν.

Ὁ ἱερεύς· Ὅτι σοῦ ἐστιν ἡ βασιλεία, καὶ ἡ δύναμις, καὶ ἡ δόξα, τοῦ Πατρός, καὶ τοῦ Υἱοῦ, καὶ τοῦ ἁγίου Πνεύματος, νῦν καὶ ἀεί. Ἐλέησον ἡμᾶς, Κύριε, ἐλέησον ἡμᾶς· πάσης γὰρ ἀπολογίας ἀπορoῦντες ταύτην σοι τὴν ἱκεσίαν, ὡς δεσπότῃ, οἱ ἁμαρτωλοὶ προσφέρομεν. Ἐλέησον ἡμᾶς. Δόξα.

Κύριε ἐλέησον, ἐπὶ σοὶ γὰρ πεποίθαμεν· μὴ

LITURGY OF SAINT CHRYSOSTOM.

ELEVENTH CENTURY.

* * * * *

SIXTEENTH CENTURY.

λογισμῶν, ἐγκρατεύσας τε ἀφ᾽ ἑσπέρας, καὶ ἐγρηγορηκὼς μέχρι τοῦ τῆς ἱερουργίας καιροῦ. Τοῦ δὲ καιροῦ ἐπιστάντος, μετὰ τὸ ποιῆσαι τὴν συνήθη τῷ προεστῶτι μετάνοιαν, εἰσέρχεται ἐν τῷ ναῷ, καὶ ἑνωθεὶς τῷ διακόνῳ ποιοῦσιν ὁμοῦ πρὸς ἀνατολὰς προσκυνήματα τρία ἔμπροσθεν τῆς εἰκόνος τοῦ Σωτῆρος καὶ τῆς ὑπεραγίας θεοτόκου καὶ εἰς τοὺς δύο χοροὺς ἀνὰ ἕν. ὅτε δὲ προσκυνοῦσι λέγουσι μυστικῶς τὴν εὐχὴν ταύτην·

(a) Κύριε, ἐξαπόστειλον τὴν χεῖρά σου ἐξ ὕψους κατοικητηρίου σου καὶ ἐνίσχυσόν με εἰς τὴν προκειμένην διακονίαν σου, ἵνα ἀκατακρίτως παραστὰς τῷ φοβερῷ σου βήματι τὴν ἀναίμακτον ἱερουργίαν ἐπιτελέσω· ὅτι σου ἐστὶν ἡ δύναμις κ.τ.λ. Ἀμήν.

(b) Ἐλθόντες δὲ εἰς τὸ ἱερατεῖον λαμβάνουσιν ἕκαστοι ἐν ταῖς χερσὶν αὐτῶν τὸ στοιχάριον ἑαυτῶν καὶ ποιοῦσι προσκυνήματα τρία κατ᾽ ἀνατολάς, λέγοντες καθ᾽ ἑαυτοὺς τό,

Ὁ Θεὸς, ἱλάσθητί μοι τῷ ἁμαρτωλῷ.

Εἶτα ὁ διάκονος προσέρχεται τῷ ἱερεῖ, ὑποκλίνας τὴν κεφαλήν, κρατῶν καὶ ἐν τῇ χειρὶ τῇ δεξιᾷ τὸ στοιχάριον σὺν τῷ ὠραρίῳ, λέγων·

Εὐλόγησον, δέσποτα, τὸ στοιχάριον σὺν τῷ ὠραρίῳ.

Ὁ δὲ ἱερεὺς εὐλογῶν μετὰ τῆς χειρός, λέγει· (c)

Εὐλογητὸς ὁ Θεὸς ἡμῶν πάντοτε, νῦν καὶ ἀεί, καὶ εἰς τοὺς αἰῶνας τῶν αἰώνων. Ἀμήν.

Εἶτα ὑποχωρεῖ ὁ διάκονος καθ᾽ ἑαυτὸν εἰς ἓν μέρος τοῦ ἱερατείου καὶ ἐνδύεται τὸ στοιχάριον, εὐχόμενος οὕτως·

Ἀγαλλιάσεται ἡ ψυχή μου ἐπὶ τῷ Κυρίῳ. Ἐνέδυσέ με ἱμάτιον σωτηρίου, καὶ χιτῶνα εὐφροσύνης περιέβαλέ με, καὶ ὡς νυμφίῳ περιέθηκέ μοι μίτραν, καὶ ὡς νύμφην περιέθηκέ με κόσμῳ.

ὀργισθῇς ἡμῖν σφόδρα, μηδὲ μνησθῇς τῶν ἀνομιῶν ἡμῶν· ἀλλ᾽ ἐπίβλεψον καὶ νῦν, ὡς εὔσπλαγχνος, καὶ λύτρωσαι ἡμᾶς ἐκ τῶν ἐχθρῶν ἡμῶν. Σὺ γὰρ εἶ Θεὸς ἡμῶν, καὶ ἡμεῖς λαός σου· πάντες ἔργα χειρῶν σου, καὶ τὸ ὄνομά σου ἐπικεκλήμεθα.

Καὶ νῦν.

Τῆς εὐσπλαγχνίας τὴν πύλην ἄνοιξον ἡμῖν, εὐλογημένη θεοτόκε. ἐλπίζοντες εἰς σὲ μὴ ἀστοχήσωμεν, ῥυσθείημεν διὰ σοῦ τῶν περιστάσεων· σὺ γὰρ εἶ ἡ σωτηρία τοῦ γένους τῶν Χριστιανῶν.

Ἔπειτα ἀπέρχονται εἰς τὴν εἰκόνα τοῦ Χριστοῦ λέγοντες·

Τὴν ἄχραντον εἰκόνα σου προσκυνοῦμεν, ἀγαθέ, αἰτούμενοι συγχώρησιν τῶν πταισμάτων ἡμῶν, Χριστέ, ὁ Θεός· βουλήσει γὰρ ηὐδόκησας σαρκὶ ἀνελθεῖν ἐν τῷ σταυρῷ, ἵνα ῥύσῃ οὓς ἔπλασας ἐκ τῆς δουλείας τοῦ ἐχθροῦ· ὅθεν εὐχαρίστως βοῶμέν σοι· Χαρᾶς ἐπλήρωσας τὰ πάντα, ὁ Σωτὴρ ἡμῶν, παραγενόμενος εἰς τὸ σῶσαι τὸν κόσμον.

Εἶτα ἀσπάζονται καὶ τὴν εἰκόνα τῆς θεοτόκου

λέγοντες τὸ τροπάριον· Εὐσπλαγχνίας ὑπάρχουσα πηγή, συμπαθείας ἀξίωσον ἡμᾶς, θεοτόκε· βλέψον εἰς λαὸν τὸν ἁμαρτήσαντα· δεῖξον, ὡς ἀεί, τὴν δυναστείαν σου· εἰς σὲ γὰρ ἐλπίζοντες τό, Χαῖρε, βοῶμέν σοι, ὡς ποτὲ ὁ Γαβριήλ, ὁ τῶν ἀσωμάτων ἀρχιστράτηγος.

Εἶτα κλίνοντες τὴν κεφαλήν, λέγουσι ταύτην τὴν εὐχήν. Κύριε ἐξαπόστειλον, ut supra.

(a) Morel's edition (M), which generally follows that of Demetrius Ducas, has here Κύριε ὁ Θεὸς ἡμῶν...ἐξ ἁγίου κατοικητηρίου σου.

(b) Ἔπειτα ποιοῦσιν εἰς τοὺς χοροὺς προσκυνήματα ἀνὰ ἕν, καὶ οὕτως ἀπέρχονται εἰς τὸ θυσιαστήριον λέγοντες τό, Εἰσελεύσομαι εἰς τὸν οἶκόν σου κ.τ.λ. Κύριε, ὁδήγησόν με ἐν τῇ δικαιοσύνῃ σοῦ κ.τ.λ.

Εἰσελθόντες δὲ εἰς τὸ ἱερατεῖον ποιοῦσι προσκυνήματα γ´ ἔμπροσθεν τῆς ἁγίας τραπέζης, καὶ ἀσπάζονται τὸ ἅγιον εὐαγγέλιον καὶ τὴν ἁγίαν τράπεζαν· εἶτα λαμβάνουσιν κ.τ.λ. H (Hammond) and R (the Roman edition of 1873).

(c) — εὐλογῶν μετὰ τῆς χειρός H, R.

LITURGY OF SAINT CHRYSOSTOM.

ELEVENTH CENTURY.

* * * * * *

SIXTEENTH CENTURY.

(a) Καὶ τὸ μὲν ὠράριον ἀσπασάμενος ἐπιτίθησι τῷ ἀριστερῷ ὤμῳ. ὁ δὲ ἱερεύς, λαβὼν καὶ αὐτὸς τὸ στοιχάριον, εὐλογεῖ αὐτό, καὶ ἀσπασάμενος ἐνδύεται, λέγων καθ' ἑαυτὸν τὸν ψαλμὸν τὸν πρότερον ῥηθέντα,
(b) ὅμοιον τῷ διακόνῳ. καὶ λαβὼν τὰ ἐπιμανίκια ἐν μὲν τῇ δεξιᾷ χειρὶ λέγει οὕτως.

Ἡ δεξιά σου χείρ, Κύριε, δεδόξασται ἐν ἰσχύϊ· ἡ δεξιά σου, Κύριε, ἔθραυσεν ἐχθρούς. Καὶ τῷ πλήθει τῆς δόξης σου συνέτριψας τοὺς ὑπεναντίους.

(c) Ἐν δὲ τῇ ἀριστερᾷ χειρὶ λέγει οὕτως·

(d) Αἱ χεῖρές σου ἐποίησάν με καὶ ἔπλασάν με.

(e) Εἶτα λαβὼν τὸ ἐπιτραχήλιον καὶ εὐλογήσας ἀσπάζεται· καὶ τιθέμενος ἐπὶ τοῦ τραχήλου αὐτοῦ λέγει.

Εὐλογητὸς ὁ Θεὸς ὁ ἐκχέων τὴν χάριν αὐτοῦ ἐπὶ τοὺς ἱερεῖς αὐτοῦ ὡς μύρον ἐπὶ κεφαλῆς, τὸ καταβαῖνον ἐπὶ πώγωνα, τὸν πώγωνα τὸν Ἀαρών, τὸ καταβαῖνον ἐπὶ τὴν ὤαν τοῦ ἐνδύματος αὐτοῦ· ὡς δρόσος Ἀερμὼν ἡ καταβαίνουσα ἐπὶ τὰ ὄρη Σιών. ὅτι ἐκεῖ ἐνετείλατο Κύριος τὴν εὐλογίαν, ζωὴν ἕως τοῦ αἰῶνος.

(f) Εἶτα λαβὼν τὴν ζώνην καὶ εὐλογήσας ἀσπάζεται, καὶ λέγει·

(g) Εὐλογητὸς ὁ Θεὸς ὁ περιζωννύων με δύναμιν, καὶ ἐκχέων τὴν χάριν αὐτοῦ· πάντοτε, νῦν κ.τ.λ. Ἀμήν.

Εἶτα τὸ ὑπογονάτιον λαβών, εἰ ἔστι πρωτοσύγκελλος τῆς μεγάλης ἐκκλησίας ἢ ἄλλος τις ἔχων ἀξιότητά τινα, καὶ εὐλογήσας αὐτὸ καὶ ἀσπασάμενος, λέγει·

(h) Περίζωσαι τὴν ῥομφαίαν σου ἐπὶ τὸν μηρόν σου, δυνατέ, τῇ ὡραιότητί σου καὶ τῷ κάλλει σου, καὶ ἔντεινε καὶ κατευοδοῦ καὶ βασίλευε ἕνεκεν ἀληθείας καὶ πραότητος καὶ δικαιοσύνης· καὶ ὁδηγήσει σε θαυμαστῶς ἡ δεξιά σου πάντοτε, νῦν καὶ ἀεί, καὶ εἰς τοὺς αἰῶνας τῶν αἰώνων. Ἀμήν.

(i) Εἶτα λαβὼν τὸ φελώνιον καὶ εὐλογήσας, ἀσπάζεται, καὶ λέγει·

Οἱ ἱερεῖς σου, Κύριε, ἐνδύσονται δικαιοσύνην· καὶ οἱ ὅσιοί σου ἀγαλλιάσει ἀγαλλιά-

---

(a) ὁ δὲ ἱερεύς...τῷ διακόνῳ H, R.
(b) τὰ δὲ ἐπιμανίκια ἐπιθέμενος ταῖς χερσίν, ἐν μὲν τῷ δεξιῷ λέγει H, R.
(c) ἐν δὲ τῷ ἀριστερῷ ἐπιμανικίῳ H, R.
(d) H and R complete the verse.
(e) H and R read here Εἶτα ἀπελθὼν ἐν τῇ προθέσει εὐτρεπίζει τὰ ἱερά. Τὸν μὲν ἄγιον δίσκον τιθεὶς ἐν τῷ μέρει τῷ ἀριστερῷ, τὸ δὲ ποτήριον ἐν τῷ δεξιῷ, καὶ τὰ ἄλλα σὺν αὐτοῖς.
Καὶ ὁ ἱερεὺς οὕτως ἐνδύεται. Λαβὼν τὸ στοιχάριον τῇ ἀριστερᾷ χειρὶ καὶ προσκυνήσας τρίτον κατὰ ἀνατολάς, ὡς εἴρηται, σφραγίζων αὐτό, λέγει·
Εὐλογητὸς ὁ Θεὸς ἡμῶν, πάντοτε κ.τ.λ.
Εἶτα ἐνδύεται αὐτό, λέγων·
Ἀγαλλιάσεται ἡ ψυχή μου κ.τ.λ.

Εἶτα λαβὼν τὸ ἐπιτραχήλιον καὶ σφραγίσας περιτίθεται αὐτὸ λέγων· Εὐλογητὸς κ.τ.λ.
(f) τὴν ζώνην λέγει περιζωννύμενος H, R.
(g) καὶ ἔθετο ἄμωμον τὴν ὁδόν μου. Εἰς δὲ τὰ ἐπιμανίκια ὡς ἄνωθεν εἴρηται H, R.
(h) ἔντυνε Ducas. εὔθυνε H, R.
[In the copy of the Liturgy printed by Goar (p. 100, &c.), as it was used at one time by the Greek Churches in Italy and Sicily, which Daniel calls C—the versicles repeated by the priest as he put on the various robes, &c. were entirely different. See Daniel, Tom. IV. p. 329.]
(i) φαιλόνιον M.

LITURGY OF SAINT CHRYSOSTOM.

ELEVENTH CENTURY.

* * * * * *

SIXTEENTH CENTURY.

σονται, πάντοτε, νῦν καὶ ἀεί, καὶ εἰς τοὺς αἰῶνας τῶν αἰώνων. Ἀμήν.

(a) Εἶτα ἀπελθόντες εἰς τὴν πρόθεσιν, νίπτουσι τὰς χεῖρας, λέγοντες·

Νίψομαι ἐν ἀθώοις τὰς χεῖράς μου, καὶ κυκλώσω τὸ θυσιαστήριόν σου, Κύριε, τοῦ ἀκοῦσαί με φωνῆς αἰνέσεώς σου, καὶ διηγήσασθαι πάντα τὰ θαυμάσιά σου. Κύριε, ἠγάπησα εὐπρέπειαν οἴκου σου, καὶ τόπον σκηνώματος δόξης σου. Μὴ συναπολέσῃς μετὰ ἀσεβῶν τὴν ψυχήν μου, καὶ μετὰ ἀνδρῶν αἱμάτων τὴν ζωήν μου, ὧν ἐν χερσὶν αἱ ἀνομίαι, ἡ δεξιὰ αὐτῶν ἐπλήσθη δώρων. Ἐγὼ δὲ ἐν ἀκακίᾳ μου ἐπορεύθην· λύτρωσαί με, Κύριε, καὶ ἐλέησόν με. Ὁ πούς μου ἔστη ἐν εὐθύτητι, ἐν ἐκκλησίαις εὐλογήσω σε, Κύριε.

(b) Ὁ δὲ διάκονος εὐτρεπίζει τὰ ἱερά, τὸν μὲν ἅγιον δίσκον ἐν τῷ μέρει τῷ ἀριστερῷ, τὸ δὲ ποτήριον ἐν τῷ δεξιῷ, καὶ τὰ ἄλλα σὺν αὐτοῖς.

Εἶτα προσκυνήματα τρία ἔμπροσθεν τῆς προθέσεως ποιήσαντες λέγουσιν ἕκαστος τό,

Ὁ Θεὸς ἱλάσθητί μοι τῷ ἁμαρτωλῷ, καὶ ἐλέησόν με. Καὶ τὸ Ἐξηγόρασας ἡμᾶς ἐκ τῆς κατάρας τοῦ νόμου τῷ τιμίῳ σου αἵματι, τῷ σταυρῷ προσηλωθείς, καὶ τῇ λόγχῃ

κεντηθείς· τὴν ἀθανασίαν ἐπήγασας ἀνθρώποις. Σωτὴρ ἡμῶν, δόξα σοι. (c)

Καὶ ποιεῖ ὁ ἱερεὺς εὐλογητόν·

Εὐλογητὸς ὁ Θεὸς ἡμῶν, πάντοτε, νῦν καὶ ἀεί, καὶ εἰς τοὺς αἰῶνας τῶν αἰώνων. Ἀμήν.

Εἶτα λαμβάνει ὁ ἱερεὺς ἐν μὲν τῇ ἀριστερᾷ χειρὶ τὴν προσφοράν, ἐν δὲ τῇ δεξιᾷ τὴν ἁγίαν λόγχην. Καὶ σφραγίζων σὺν αὐτῇ ἐπάνω τῆς σφραγῖδος τῆς προσφορᾶς τρίς, λέγει·

Εἰς ἀνάμνησιν τοῦ Κυρίου καὶ Θεοῦ καὶ (d) Σωτῆρος ἡμῶν Ἰησοῦ Χριστοῦ.

Καὶ εὐθὺς πήγνυσι τὴν ἁγίαν λόγχην ἐν τῷ δεξιῷ μέρει τῆς σφραγῖδος, καὶ ἀνατέμνων λέγει·

Ὡς πρόβατον ἐπὶ σφαγὴν ἤχθη. L

Ἐν δὲ τῷ ἀριστερῷ ὁμοίως πηγνὺς τὴν ἁγίαν (e) λόγχην, λέγει·

Καὶ ὡς ἀμνὸς ἄκακος ἐναντίον τοῦ κείροντος αὐτὸν ἄφωνος, οὕτως οὐκ ἀνοίγει τὸ στόμα αὐτοῦ. L

Ἐν δὲ τῷ ἄνω μέρει τῆς σφραγῖδος πηγνὺς τὴν (e) ἁγίαν λόγχην, λέγει·

Ἐν τῇ ταπεινώσει αὐτοῦ ἡ κρίσις αὐτοῦ L ἤρθη.

Ἐν δὲ τῷ κάτω μέρει τῆς σφραγῖδος πάλιν (e) πηγνὺς τὴν ἁγίαν λόγχην, λέγει·

Τὴν δὲ γενεὰν αὐτοῦ τίς διηγήσεται; L

Ὁ δὲ διάκονος ἐν τῇ ἑκάστῃ ἀνατομῇ λέγει, (f)

(a) P omits the washing of the hands.
(b) For this H, R have simply καὶ οὕτως ἀπέρχονται ἐν τῇ προθέσει.
(c) H, R add καὶ λέγει ὁ διάκονος· Εὐλόγησον, δέσποτα.
(d) L (the Latin of Leo Thuscus) begins here: Diaconus igitur accipiens panem, si cum sacerdote Missam celebraturus sit, seu etiam sacerdos sine diacono, facit in eo cum lanceola crucem, dicens: *In nomine Dei et Salvatoris nostri Jesu qui immolatus est pro mundi vita et salute;* and proceeds with a direction to divide the "signaculum" into four parts. It omits the rubrics marked (e).
(e) These rubrics are somewhat simpler in R.
(f) +ἐνορῶν εὐλαβῶς τῇ τοιαύτῃ τελετῇ H, R.

LITURGY OF SAINT CHRYSOSTOM.

ELEVENTH CENTURY.

* * * * * *

SIXTEENTH CENTURY.

Τοῦ Κυρίου δεηθῶμεν, κρατῶν καὶ τὸ ὡράριον αὐτοῦ ἐν τῇ δεξιᾷ. Μετὰ ταῦτα λέγει ὁ διάκονος·

Ἔπαρον, δέσποτα.

Καὶ ὁ ἱερεὺς ἐμβαλὼν τὴν ἁγίαν λόγχην ἐκ πλαγίου τοῦ δεξιοῦ μέρους τῆς προσφορᾶς, ἐπαίρει τὸν ἅγιον ἄρτον, λέγων οὕτως·

L Ὅτι αἴρεται ἀπὸ τῆς γῆς ἡ ζωὴ αὐτοῦ πάντοτε, νῦν.

Καὶ τιθεὶς αὐτὸν ὕπτιον ἐν τῷ ἁγίῳ δίσκῳ, εἰπόντος τοῦ διακόνου

Θῦσον, δέσποτα.

(a) Ὁ ἱερεὺς θύει αὐτὸν σταυροειδῶς, λέγων·

L Θύεται ὁ ἀμνὸς τοῦ Θεοῦ ὁ αἴρων τὴν ἁμαρτίαν τοῦ κόσμου, ὑπὲρ τῆς τοῦ κόσμου

(b) ζωῆς καὶ σωτηρίας.

Καὶ στρέφει τὸ ἕτερον μέρος τὸ ἔχον ἐπάνω τὸν σταυρόν.

(c) Καὶ λέγει ὁ διάκονος· Νύξον, δέσποτα.

Ὁ δὲ ἱερεὺς νύττων αὐτὸν ἐν τῷ δεξιῷ μέρει μετὰ τῆς ἁγίας λόγχης, λέγει·

(a) εἶτα τὸν ἐκτμηθέντα ἄρτον κρατῶν ἐπάνω τοῦ δίσκου ἔνδον εἰς τὴν σάρκα σταυροειδῶς χαράττει, λέγων· Θύεται C.

(b) +ὁ θυόμενος καὶ μὴ δαπανώμενος, ὁ καινούμενος καὶ μηδέποτε πληρούμενος P.

(c) R omits this.

(d) +καὶ ὁ ἑωρακὼς μεμαρτύρηκε καὶ ἀληθινή ἐστιν ἡ μαρτυρία αὐτοῦ H, R.

(e) +τὴν ἕνωσιν ταύτην M.
+τὴν ἁγίαν ἕνωσιν H, R.

(f) ὁ δὲ ἱ. λαβὼν ἐν ταῖς χερσὶ τὴν πρώτην σφραγίδα R.

(g) D, H and R read τίθησιν ἐν τῷ δεξιῷ μέρει τοῦ ἁ. ἄ. πλησίον τῆς μέσης αὐτοῦ, λέγων·

Παρέστη ἡ βασίλισσα ἐκ δεξιῶν σου, ἐν ἱματισμῷ διαχρύσῳ περιβεβλημένη, πεποικιλμένη.

(h) λαβὼν δευτέραν σφραγίδα R.

P has the following: εἶτα λαβὼν καὶ ἑτέραν

Καὶ εἷς τῶν στρατιωτῶν λόγχῃ τὴν πλευρὰν αὐτοῦ ἔνυξεν, καὶ εὐθέως ἐξῆλθεν αἷμα καὶ ὕδωρ. L (d)

Ὁ δὲ διάκονος ἐγχέει ἐν τῷ ἁγίῳ ποτηρίῳ ἐκ τοῦ νάματος καὶ ὕδατος, πρότερον πρὸς τὸν ἱερέα εἰπών·

Εὐλόγησον, δέσποτα· (e)

Καὶ ὁ ἱερεὺς εὐλογεῖ.

Εἶτα λαβὼν ὁ ἱερεὺς τὴν δευτέραν προσφοράν, λέγει· (f)

Εἰς τιμὴν καὶ μνήμην τῆς ὑπερευλογημένης ἐνδόξου δεσποίνης ἡμῶν θεοτόκου καὶ ἀειπαρθένου Μαρίας, ἧς ταῖς πρεσβείαις πρόσδεξαι, Κύριε, τὴν θυσίαν ταύτην εἰς τὸ ὑπερουράνιόν σου θυσιαστήριον·

Καὶ αἴρων μερίδα μετὰ τῆς ἁγίας λόγχης, τίθησιν ἐξ ἀριστερῶν τοῦ ἁγίου ἄρτου. (g)

Εἶτα λαβὼν τὴν τρίτην προσφοράν, λέγει· (h)

Τοῦ τιμίου ἐνδόξου προφήτου, προδρόμου καὶ Βαπτιστοῦ Ἰωάννου· (i)

Τῶν ἁγίων ἐνδόξων καὶ πανευφήμων Ἀποστόλων· (j)

λέγει· Δυνάμει τοῦ τιμίου καὶ ζωοποιοῦ σταυροῦ, προστασίαις τῶν ἐπουρανίων δυνάμεων ἀσωμάτων, τοῦ τιμίου καὶ ἐνδόξου προφήτου καὶ προδρόμου... The saints &c. commemorated vary. Mention is made, apparently, of only four προσφοραί or μερίδες, i.e. the four into which the ἄρτος has been divided.

(i) H, R insert here Καὶ αἴρων τὴν πρώτην μερίδα, τίθησιν αὐτὴν ἐν τῷ δεξιῷ μέρει τοῦ ἁγίου ἄρτου πλησίον τῆς σφραγίδος τῆς θεοτόκου, ποιῶν ἀρχὴν τῆς πρώτης τάξεως. Ἔπειτα λέγει·

Τῶν ἁγίων ἐνδόξων προφητῶν, Μωσέως καὶ Ἀαρών, Ἠλίου καὶ Ἐλισσαίου, Δαβὶδ καὶ Ἰεσσαί, τῶν ἁγίων τριῶν παίδων καὶ Δανιὴλ τοῦ προφήτου, καὶ πάντων τῶν ἁγίων προφητῶν.

Καὶ τίθησιν δευτέραν μερίδα ὑποκάτω τῆς πρώτης εὐτάκτως. Εἶτα αὖθις λέγει·

(k) H and R insert Πέτρου καὶ Παύλου, τῶν

106   LITURGY OF SAINT CHRYSOSTOM.

ELEVENTH CENTURY.

* * * * * *

SIXTEENTH CENTURY.

Τῶν ἐν ἁγίοις πατέρων ἡμῶν ἱεραρχῶν, Βασιλείου τοῦ μεγάλου, Γρηγορίου τοῦ θεολόγου, Ἰωάννου τοῦ χρυσοστόμου, Ἀθανασίου, Κυρίλλου, Νικολάου τοῦ ἐν Μύροις, καὶ πάντων τῶν ἁγίων ἱεραρχῶν·

(a) Τοῦ ἁγίου ἀποστόλου, πρωτομάρτυρος καὶ ἀρχιδιακόνου Στεφάνου·

Τῶν ἁγίων μεγάλων μαρτύρων, Γεωργίου, Δημητρίου, Θεοδώρου, καὶ πάντων καὶ πασῶν τῶν ἁγίων μαρτύρων·

(b) Τῶν ὁσίων καὶ θεοφόρων πατέρων ἡμῶν, Ἀντωνίου, Εὐθυμίου, Σάβα τοῦ ἡγιασμένου, Ὀνουφρίου, Ἀθανασίου τοῦ ἐν τῷ Ἄθῳ, καὶ πάντων τῶν ὁσίων·

Τῶν ἁγίων καὶ ἰαματικῶν Ἀναργύρων, Κοσμᾶ καὶ Δαμιανοῦ, Κύρου καὶ Ἰωάννου, Παντελεήμονος καὶ Ἑρμολάου, Σαμψὼν καὶ Διομήδους, Θαλλαλίου καὶ Τρύφωνος καὶ τῶν λοιπῶν· (c) (sic)

Τῶν ἁγίων καὶ δικαίων θεοπατόρων Ἰωακεὶμ καὶ Ἄννης· Τοῦ ἁγίου (τοῦ δεῖνος, τοῦ κατὰ τὴν ἡμέραν δηλονότι,) καὶ πάντων τῶν ἁγίων, ὧν ταῖς ἱκεσίαις ἐπίσκεψαι ἡμᾶς, ὁ Θεός. (d)

Καὶ οὕτως αἴρων τὴν μερίδα, τίθησιν αὐτὴν (e)

δώδεκα καὶ τῶν ἑβδομήκοντα καὶ πάντων τῶν ἁγίων ἀποστόλων.

Καὶ οὕτω τίθησι τὴν τρίτην μερίδα, ὑποκάτω τῆς δευτέρας, τελειῶν τὴν πρώτην τάξιν and add καὶ οἰκουμενικῶν μεγάλων διδασκάλων in the next series.

(a) H and R Καὶ αἴρων τετάρτην μερίδα, τίθησιν αὐτὴν πλησίον τῆς πρώτης μερίδος, ποιῶν δευτέραν ἀρχήν. Εἶτα πάλιν λέγει· they omit ἀποστόλου.

(b) Καὶ αἴρων πέμπτην μερίδα, τίθησιν αὐτὴν ὑποκάτω τῆς πρώτης, ἀρχῆς οὔσης τῆς δευτέρας τάξεως. Ἔπειτα λέγει·

(c) Καὶ οὕτως αἴρων ἕκτην μερίδα, τίθησιν αὐτὴν ὑποκάτω τῆς δευτέρας μερίδος εἰς ἀναπλήρωσιν τῆς δευτέρας τάξεως. Μετὰ δὲ ταῦτα λέγει· they read θαυματουργῶν for ἰαματικῶν and, after Ἑρμολάου, καὶ πάντων τῶν ἁγίων ἀναργύρων.

[In C the bread seems to have been divided only into three portions, as in the copy of Ducas, but commemoration is also made τῶν ἁγίων καὶ ἐπουρανίων δυνάμεων, and prayer is made for those who have fallen asleep in the hope of eternal life. The Saints commemorated vary much in the different copies.]

(d) Καὶ αἴρων ἑβδόμην μερίδα, τίθησιν αὐτὴν ἄνω, ποιῶν τρίτην ἀρχὴν κατὰ τάξιν. Εἶτ' αὖθις λέγει· H, R. They insert simply τοῦ ἁγίου τῆς ἡμέρας.

(e) D, H and R read here Καὶ τίθησιν ὀγδόην μερίδα ὑποκάτω τῆς πρώτης εὐτάκτως. Ἔτι δὲ πρὸς τούτοις λέγει·

Τοῦ ἐν ἁγίοις πατρὸς ἡμῶν Ἰωάννου Ἀρχιεπισκόπου Κωνσταντινουπόλεως τοῦ Χρυσοστόμου (εἴπερ λέγεται ἡ λειτουργία αὐτοῦ. εἰ δὲ λέγεται τοῦ Μεγάλου Βασιλείου, τούτου μνημονεύει).

Καὶ οὕτως αἴρων καὶ τὴν ἐννάτην μερίδα, τίθησιν αὐτὴν ἐν τῷ τέλει τῆς τρίτης τάξεως εἰς ἀναπλήρωσιν.

Εἶτα λαβὼν τὴν τρίτην σφραγίδα [καὶ ἑτέραν προσφορὰν H] λέγει·

Μνήσθητι, Δέσποτα φιλάνθρωπε, πάσης ἐπισκοπῆς ὀρθοδόξων, τοῦ ἐπισκόπου ἡμῶν (τοῦ δεῖνος), τοῦ τιμίου πρεσβυτερίου, τῆς ἐν Χριστῷ διακονίας, καὶ παντὸς ἱερατικοῦ τάγματος, τοῦ (δεῖνος) καθηγουμένου, τῶν ἀδελφῶν καὶ συλλειτουργῶν ἡμῶν, πρεσβυτέρων, διακόνων, καὶ πάντων τῶν ἀδελφῶν ἡμῶν, οὓς προσεκαλέσω εἰς τὴν σὴν κοινωνίαν διὰ τῆς σῆς εὐσπλαγχνίας, πανάγαθε Δέσποτα. [The MSS. P and C differ considerably.]

Καὶ αἴρων μερίδα τίθησιν αὐτὴν ὑποκάτω τοῦ ἁγίου ἄρτου. Εἶτα μνημονεύει καὶ ὧν ἔχει ζώντων

LITURGY OF SAINT CHRYSOSTOM.

ELEVENTH CENTURY.

* * * * * *

SIXTEENTH CENTURY.

ὑποκάτω ἐν τῷ ἀριστερῷ μέρει. Εἶτα λαβὼν ἑτέραν προσφοράν, λέγει·

Ὑπὲρ τοῦ ἀρχιεπισκόπου ἡμῶν (τοῦ δεῖνος), τοῦ τιμίου πρεσβυτερίου, τῆς ἐν Χριστῷ διακονίας, καὶ παντὸς ἱερατικοῦ τάγματος·

Ὑπὲρ μνήμης καὶ ἀφέσεως τῶν ἁμαρτιῶν τῶν μακαρίων κτητόρων τῆς ἁγίας μονῆς ταύτης·

(a) Ἐνταῦθα καὶ ζώντων καὶ τεθνεώτων, ὧν ἐθέλει ὁ ἱερεύς, μνημονεύει ὀνομαστί·

Καὶ πάντων τῶν ἐν ἐλπίδι ἀναστάσεως ζωῆς αἰωνίου τῇ σῇ κοινωνίᾳ κεκοιμημένων, ὀρθοδόξων πατέρων καὶ ἀδελφῶν ἡμῶν, φιλάνθρωπε Κύριε.

(b) Καὶ οὕτως αἴρων τὴν μερίδα, τίθησιν αὐτὴν ὑποκάτω ἐν τῷ ἀριστερῷ μέρει.

Εἶτα λαβὼν ὁ διάκονος τὸ θυματήριον καὶ τὸ θυμίαμα λέγει πρὸς τὸν ἱερέα·

L Εὐλόγησον, δέσποτα, τὸ θυμίαμα. καὶ Τοῦ Κυρίου δεηθῶμεν.

Καὶ ὁ ἱερεὺς τὴν εὐχήν. (c)

Θυμιάμά σοι προσφέρομεν, Χριστὲ ὁ L Θεὸς ἡμῶν, εἰς ὀσμὴν εὐωδίας πνευματικῆς, ἣν πρόσδεξαι, Δέσποτα, εἰς τὸ ἅγιον καὶ ὑπερουράνιον καὶ νοερόν σου θυσιαστήριον· (d) καὶ ἀντικατάπεμψον ἡμῖν πλούσια τὰ ἐλέη σου καὶ τοὺς οἰκτιρμούς σου, καὶ δώρησαι ἡμῖν αὐτά, τοῖς δούλοις σου, τοῖς ἐπικαλουμένοις τὸ ὄνομά σου, τοῦ Πατρός, κ.τ.λ.

Ὁ διάκονος. Τοῦ Κυρίου δεηθῶμεν.

Καὶ ὁ ἱερεύς, θυμιάσας τὸν ἀστερίσκον, τίθησιν αὐτὸν ἐπάνω τοῦ ἄρτου, λέγων· (e)

Καὶ ἐλθὼν ὁ ἀστὴρ ἔστη ἐπάνω οὗ ἦν τὸ παιδίον κείμενον, πάντοτε, νῦν. (f) (sic)

Ὁ διάκονος. Τοῦ Κυρίου δεηθῶμεν.

Ὁ ἱερεὺς θυμιάσας τὸ πρῶτον κάλυμμα σκεπάζει L τὸν ἅγιον ἄρτον καὶ λέγει· (g)

Ὁ Κύριος ἐβασίλευσεν, εὐπρέπειαν ἐνε- L δύσατο, ἐνεδύσατο Κύριος δύναμιν καὶ περι-

κατ' ὄνομα, καὶ οὕτως αἴρων τὰς μερίδας τίθησιν αὐτὰς ὑποκάτω.

Ἔπειτα λαβὼν ἑτέραν σφραγίδα, λέγει·

Ὑπὲρ μνήμης, κ.τ.λ.

(a) H, R instead of this read εἶτα μνημονεύει τοῦ χειροτονήσαντος αὐτὸν ἀρχιερέως, καὶ ἑτέρων ὧν θέλει κεκοιμημένων κατ' ὄνομα, καὶ τελευταῖον ἐπιλέγει οὕτω·

Old Venetian editions (says Goar p. 89) state in the margin that in the great church Ὁ διάκονος δίδωσι τῷ ἱερεῖ τὴν προσφοράν, καί, μνημονεύοντος τοῦ διακόνου κατὰ νοῦν ὧν ἔχει ζώντων καὶ τεθνεώτων, ὁ ἱερεὺς αἴρει τὰς μερίδας.

(b) For this H and R read Καὶ αἴρει μερίδα.

Ὁ δὲ διάκονος, λαβὼν καὶ αὐτὸς σφραγίδα καὶ τὴν ἁγίαν λόγχην, μνημονεύει ὧν βούλεται τεθνεώτων, καὶ τελευταῖον λέγει οὕτω·

Μνήσθητι, Κύριε, καὶ τῆς ἐμῆς ἀναξιότητος καὶ συγχώρησόν μοι πᾶν πλημμέλημα ἑκούσιόν τε καὶ ἀκούσιον.

Εἶτα μνημονεύει καὶ ὧν βούλεται ζώντων ἐν ἑτέρᾳ σφραγίδι ὡσαύτως, καὶ τίθησι τὰς μερίδας ἐν τῷ κάτωθεν μέρει τοῦ ἁγίου ἄρτου, ὥσπερ καὶ ὁ ἱερεύς, καὶ λαβὼν τὴν μοῦσαν συστέλλει τὰς ἐν τῷ δίσκῳ μερίδας ὑποκάτω τοῦ ἁγίου ἄρτου, ὥστε εἶναι ἐν ἀσφαλεῖ, καὶ μὴ ἐκπεσεῖν τι.

(c) H, R τὴν εὐχὴν τοῦ θυμιάματος.

(d) H, R ὁ προσδεξάμενος εἰς τὸ ὑπερουράνιόν σου θυσιαστήριον, ἀντικατάπεμψον ἡμῖν τὴν χάριν τοῦ παναγίου σου Πνεύματος.

(e) P interposes Τῷ λόγῳ Κυρίου καὶ τὰ ἑξῆς.

(f) –πάντοτε, νῦν, κ.τ.λ. H, R.

(g) ἄρτον σὺν τῷ δίσκῳ, λέγων. H, R.

LITURGY OF SAINT CHRYSOSTOM.

ELEVENTH CENTURY.

Εὐχὴ τῆς προθέσεως.

L
(1)
Ὁ Θεός, ὁ Θεὸς ἡμῶν, ὁ τὸν οὐράνιον ἄρτον, τὴν τροφὴν τοῦ παντὸς κόσμου, τὸν Κύριον ἡμῶν καὶ Θεὸν Ἰησοῦν Χριστόν, ἐξαποστείλας σωτῆρα καὶ λυτρωτὴν καὶ εὐεργέτην, εὐλογοῦντα καὶ ἁγιάζοντα ἡμᾶς, αὐτὸς εὐλόγησον τὴν πρόθεσιν ταύτην, καὶ πρόσδεξαι αὐτὴν εἰς τὸ ὑπερουράνιόν σου θυσιαστήριον· μνημόνευσον ὡς ἀγαθὸς καὶ φιλάνθρωπος τῶν προσενεγκάντων καὶ δι' οὓς προσήγαγον, καὶ ἡμᾶς ἀκατακρίτους διαφύλαξον ἐν τῇ ἱερουργίᾳ τῶν θείων σου μυστηρίων· ὅτι ἡγίασται καὶ δεδόξασται τὸ πάντιμον καὶ μεγαλοπρεπὲς ὄνομά σου, τοῦ Πατρός, καὶ τοῦ Υἱοῦ, καὶ τοῦ ἁγίου Πνεύματος, νῦν καὶ ἀεί, καὶ εἰς τοὺς αἰῶνας τῶν αἰώνων. Ἀμήν.

(1) This prayer is found in the Barberini S. Basil.

SIXTEENTH CENTURY.

(a) εζώσατο, καὶ γὰρ ἐστερέωσε τὴν οἰκουμένην, ἥτις οὐ σαλευθήσεται. Τῷ οἴκῳ σου πρέπει ἁγίασμα, Κύριε, εἰς μακρότητα ἡμερῶν, πάντοτε, νῦν καὶ ἀεί.

Ὁ διάκονος. Τοῦ Κυρίου δεηθῶμεν.

Κάλυψον, δέσποτα.

Καὶ ὁ ἱερεύς, θυμιῶν τὸ δεύτερον κάλυμμα καὶ σκεπάζων τὸ ἅγιον ποτήριον, λέγει·

L
(a)
Ἐκάλυψεν οὐρανοὺς ἡ ἀρετή σου, Χριστέ, καὶ τῆς αἰνέσεώς σου πλήρης ἡ γῆ, πάντοτε, νῦν καὶ ἀεί.

Ὁ διάκονος. Τοῦ Κυρίου δεηθῶμεν.

Σκέπασον, δέσποτα.

(b) Καὶ ὁ ἱερεὺς θυμιῶν τὸν ἀέρα καὶ σκεπάζων ἀμφότερα, λέγει·

(a) —πάντοτε, νῦν, κ.τ.λ. R.
(b) τὸ κάλυμμα ἤτοι τὸν ἀέρα H, R.
(c) H, R omit πάντοτε, νῦν καὶ…and proceed ἀποδίωξον ἀφ' ἡμῶν πάντα ἐχθρὸν καὶ πολέμιον. Εἰρήνευσον ἡμῖν τὴν ζωήν, Κύριε, ἐλέησον ἡμᾶς καὶ τὸν κόσμον σου, καὶ σῶσον τὰς ψυχὰς ἡμῶν ὡς ἀγαθὸς καὶ φιλάνθρωπος. Εὐλογητὸς ὁ Θεὸς ἡμῶν, ὁ οὕτως εὐδοκήσας. Δόξα σοι.

Εἶτα λαβὼν ὁ ἱερεὺς τὸν θυμιατὸν θυμᾷ τὴν πρόθεσιν, λέγων ἐκ τρίτου τό

Εὐλογητὸς ὁ Θεὸς ἡμῶν ὁ οὕτως εὐδοκήσας.

Σκέπασον ἡμᾶς ἐν τῇ σκέπῃ τῶν πτερύγων σου, ὁ Θεὸς ἡμῶν, πάντοτε, νῦν καὶ ἀεί. (c)

Εἶτα δήσαντες ἀμφότεροι τὰς χεῖρας καὶ προσκυνήσαντες εὐλαβῶς, λέγουσιν·

Εὐλογητὸς ὁ Θεὸς ἡμῶν ὁ οὕτως εὐδοκήσας, πάντοτε, νῦν καὶ ἀεί.

Ὁ διάκονος ἐπὶ τῇ προθέσει τῶν τιμίων δώρων, L

Τοῦ Κυρίου δεηθῶμεν.

Ὁ ἱερεὺς τὴν εὐχὴν τῆς προθέσεως. L

Ὁ Θεός, ὁ Θεὸς ἡμῶν—αἰώνων. Ἀμήν, ut supra.

Καὶ μετὰ τὴν εὐχὴν θυμᾷ τὴν πρόθεσιν καὶ ποιεῖ ἀπόλυσιν, λέγων· (d)

Δόξα σοι, Χριστὲ ὁ Θεός, ἡ ἐλπὶς ἡμῶν.

Ὁ διάκονος. Δόξα Πατρὶ καὶ Υἱῷ καὶ

Δόξα σοι.

Ὁ δὲ διάκονος ἐν ἑκάστῃ λέγει·

Πάντοτε, νῦν καὶ ἀεί, καὶ εἰς τοὺς αἰῶνας τῶν αἰώνων. Ἀμήν.

Καὶ προσκυνοῦσιν εὐλαβῶς ἀμφότεροι ἐκ τρίτου. Ἔπειτα, λαβὼν ὁ διάκονος τὸν θυμιατόν, λέγει·

Ἐπὶ τῇ προθέσει τῶν τιμίων δώρων τοῦ Κυρίου δεηθῶμεν. [sic R.]

(d) H, R differ slightly. R reads καὶ μετὰ τοῦτο ποιεῖ ἀπόλυσιν, λέγων·

Δόξα σοι, Χριστὲ ὁ Θεός, ἡ ἐλπὶς ἡμῶν, δόξα σοι.

LITURGY OF SAINT CHRYSOSTOM.

ELEVENTH CENTURY.

* * * * * *

SIXTEENTH CENTURY.

ἁγίῳ Πνεύματι, νῦν καὶ ἀεί, καὶ εἰς τοὺς αἰῶνας τῶν αἰώνων. Ἀμήν.

Ὁ ἱερεύς·

Χριστὸς ὁ ἀληθινὸς Θεὸς ἡμῶν, [ταῖς πρεσβείαις] τῆς παναγίας ἀχράντου ὑπερευλογημένης ἐνδόξου δεσποίνης ἡμῶν, θεοτόκου καὶ ἀειπαρθένου Μαρίας, τῇ δυνάμει τοῦ τιμίου καὶ ζωοποιοῦ σταυροῦ, καὶ πάντων (sic) τῶν ἁγίων, ἐλεῆσαι ἡμᾶς, ὡς ἀγαθὸς Θεὸς καὶ φιλάνθρωπος.

Ὁ χορός. Ἀμήν.

(a) Καὶ οὕτω λαβὼν ὁ διάκονος τὸ θυμιατήριον ἀπέρχεται καὶ θυμιᾷ τὴν ἁγίαν τράπεζαν κύκλῳ σταυροειδῶς, λέγων καθ' ἑαυτόν·

(b) Ἐν τάφῳ σωματικῶς, ἐν ᾅδου δὲ μετὰ ψυχῆς ὡς Θεός, ἐν παραδείσῳ δὲ μετὰ λῃστοῦ, καὶ ἐν θρόνῳ ὑπῆρχες, Χριστέ, μετὰ Πατρὸς καὶ Πνεύματος, πάντα πληρῶν ὁ ἀπερίγραπτος.

Καὶ τὸν πεντηκοστὸν ψαλμόν·

Ἐλέησόν με ὁ Θεός, κ. τ. λ.

(c) Καὶ ἐν ᾧ θυμιάσας τό τε ἱερατεῖον καὶ τὸν ναὸν ὅλον εἰσέρχεται αὖθις εἰς τὸ ἅγιον βῆμα, καὶ θυ-

μιάσας αὖθις τὴν ἁγίαν τράπεζαν, καὶ τὸν ἱερέα, τὸ μὲν θυμιατήριον ἀποτίθησιν ἐν τῷ ἰδίῳ τόπῳ, αὐτὸς δὲ προσέρχεται τῷ ἱερεῖ. καὶ στάντες ὁμοῦ πρὸ τῆς ἁγίας τραπέζης καὶ προσκυνοῦντες καθ' (d) ἑαυτοὺς καὶ εὐχόμενοι, λέγουσιν·

Βασιλεῦ οὐράνιε, Παράκλητε, τὸ Πνεῦμα τῆς ἀληθείας, ὁ πανταχοῦ παρὼν καὶ τὰ πάντα πληρῶν, ὁ θησαυρὸς τῶν ἀγαθῶν καὶ ζωῆς χορηγός, ἐλθὲ καὶ σκήνωσον ἐν ἡμῖν, καὶ καθάρισον ἡμᾶς ἀπὸ πάσης κηλῖδος, καὶ σῶσον, Ἀγαθέ, τὰς ψυχὰς ἡμῶν.

Καὶ τό, (e)

Κύριε, τὰ χείλη μου ἀνοίξεις, καὶ τὰ ἑξῆς, ἅπαξ.

Εἶτα ἀσπάζεται ὁ μὲν ἱερεὺς τὸ εὐαγγέλιον, ὁ δὲ διάκονος τὴν ἁγίαν τράπεζαν. Εἶτα ὁ διάκονος ὑποκλίνας τὴν κεφαλὴν τῷ ἱερεῖ, κρατῶν καὶ τὸ ὡράριον ἑαυτοῦ τοῖς τρισὶ δακτύλοις τῆς δεξιᾶς χειρός, λέγει·

Καιρὸς τοῦ ποιῆσαι τῷ Κυρίῳ. Δέσποτα, L εὐλόγησον.

Καὶ ὁ ἱερεὺς σφραγίζων αὐτόν, λέγει·

Εὐλογητὸς ὁ Θεὸς ἡμῶν, πάντοτε, νῦν L καὶ ἀεί.

Ὁ διάκονος. Δόξα Πατρὶ καὶ Υἱῷ καὶ ἁγίῳ Πνεύματι καὶ νῦν, καὶ ἀεί, καὶ εἰς τοὺς αἰῶνας τῶν αἰώνων. Ἀμήν. Κύριε, ἐλέησον. Δέσποτα, εὐλόγησον.

Καὶ ποιεῖ τὴν ἀπόλυσιν ὁ ἱερεύς, οὕτω λέγων, εἰ μέν ἐστι κυριακή·

Ὁ ἀναστὰς ἐκ νεκρῶν, Χριστὸς ὁ ἀληθινὸς Θεός, κ.τ.λ.

Εἰ δ' οὔ· Χριστὸς ὁ ἀληθινὸς Θεὸς ἡμῶν, ταῖς πρεσβείαις τῆς παναχράντου αὐτοῦ Μητρός, τοῦ ἐν ἁγίοις πατρὸς ἡμῶν Ἰωάννου ἀρχιεπισκόπου Κωνσταντινουπόλεως τοῦ Χρυσοστόμου, [Εἰ δὲ τελεῖται ἡ λειτουργία τοῦ Μεγάλου Βασιλείου, λέγει· Βασι-

λείου Καισαρείας Καππαδοκίας τοῦ Μεγάλου,] καὶ πάντων τῶν ἁγίων, ἐλεῆσαι καὶ ἡμᾶς, ὡς ἀγαθὸς καὶ φιλάνθρωπος.

P omits all to Δόξα ἐν ὑψίστοις.

(a) H, R Μετὰ δὲ τὴν ἀπόλυσιν θυμιᾷ ὁ διάκονος τὴν ἁγίαν πρόθεσιν. εἶτα ἀπέρχεται κ.τ.λ.

(b) P has not these words.

(c) ἐν τῷ θυμιᾶσαι M, H.

(d) προσκυνοῦσιν ἐκ τρίτου, καθ' ἑαυτοὺς εὐχόμενοι. H, R.

(e) +Δόξα ἐν ὑψίστοις Θεῷ, κ.τ.λ. [M. δίς] P, M, H, R.

ELEVENTH CENTURY.

L   Ὁ διάκονος. Εὐλόγησον, δέσποτα.

L (1)   Ὁ ἱερεύς. Εὐλογημένη ἡ βασιλεία τοῦ Πατρός, καὶ τοῦ Υἱοῦ, καὶ τοῦ ἁγίου Πνεύματος, νῦν καὶ ἀεί, καὶ εἰς τοὺς αἰῶνας τῶν αἰώνων.

L   Ὁ διάκονος. Ἐν εἰρήνῃ τοῦ Κυρίου δεηθῶμεν.

Ὑπὲρ τῆς ἄνωθεν εἰρήνης, καὶ τῆς σωτηρίας τῶν ψυχῶν ἡμῶν, τοῦ Κυρίου δεηθῶμεν.

L   Ὑπὲρ τῆς εἰρήνης τοῦ σύμπαντος κόσμου, εὐσταθείας τῶν ἁγίων τοῦ Θεοῦ ἐκκλησιῶν, καὶ τῆς τῶν πάντων ἑνώσεως, τοῦ Κυρίου δεηθῶμεν.

Ὑπὲρ τοῦ ἁγίου οἴκου τούτου, καὶ τῶν μετὰ πίστεως, εὐλαβείας, καὶ φόβου Θεοῦ εἰσιόντων ἐν αὐτῷ, τοῦ Κυρίου δεηθῶμεν.   L

Ὑπὲρ τοῦ ἐπισκόπου ἡμῶν, τοῦ τιμίου πρεσβυτερίου, τῆς ἐν Χριστῷ διακονίας, παντὸς τοῦ κλήρου καὶ τοῦ λαοῦ, τοῦ Κυρίου δεηθῶμεν.   L (2)

(3)

Ὑπὲρ τῆς ἁγίας μονῆς ταύτης, πάσης   L (4)

(1) L has here "Initium Sanctæ Missæ."
(2) Lady Burdett-Coutts' MS. i. 10 has ἀρχιεπισκόπου. (So L.)
(3) i. 10 adds ὑπὲρ τῶν εὐσεβεστάτων καὶ θεοφυλακτῶν βασιλέων ἡμῶν, παντὸς τοῦ παλατίου. ὑπὲρ τοῦ συμπολεμῆσαι καὶ ὑποτάξαι ὑπὸ τοὺς πόδας αὐτῶν πάν[τα ἐχθρὸν καὶ πολέμιον]. Both these are in Leo Thuscus.

(4) L must have had in the original Ὑπὲρ τῆς πόλεως ταύτης, πάσης πόλεως. Thus it must have been intended for a city church, and not for a monastery.

SIXTEENTH CENTURY.

L (a)   Ὁ διάκονος. Εὖξαι ὑπὲρ ἐμοῦ, δέσποτα.

L   Ὁ ἱερεύς. Μνησθείη σου Κύριος ὁ Θεὸς ἐν τῇ βασιλείᾳ αὐτοῦ, πάντοτε, νῦν καὶ ἀεί.

Καὶ ὁ διάκονος. Ἀμήν. Ἀμήν. Ἀμήν.

(b)   Καὶ προσκυνήσαντες τρὶς λέγουσι καθ' ἑαυτούς· Κύριε τὰ χείλη μου ἀνοίξεις, καὶ τὰ ἑξῆς.

(c)   Καὶ μετὰ τοῦτο ἐξέρχεται ὁ διάκονος τοῦ βήματος καὶ προσκυνήσας τρίς, λέγει ἐκφώνως·

(a) +Ὁ δὲ ἱερεύς. Κατευθύναι Κύριος τὰ διαβήματά σου.
Καὶ πάλιν ὁ διάκονος. Μνήσθητί μου, δέσποτα ἅγιε, P, M, H, R.
Both these sentences were in Leo Thuscus' copy.

(b) H, R have Καὶ προσκυνήσας ἐξέρχεται ὁ διάκονος τοῦ βήματος, καὶ στὰς ἐν τῷ συνήθει τόπῳ κατέναντι τῶν ἁγίων θυρῶν προσκυνεῖ μετ' εὐλαβείας τρίτον, λέγων καθ' ἑαυτὸν τὸ Κύριε.

R proceeds: καὶ μετὰ τοῦτο ἄρχεται λέγων Εὐλόγησον, δέσποτα.

Εὐλόγησον, δέσποτα.

Ὁ δὲ ἱερεὺς ἐκφώνως λέγει. Εὐλογημένη, ut supra.

Ὁ χορός. Ἀμήν.

Ὁ διάκονος ἐκφώνως. Ἐν εἰρήνῃ τοῦ Κυρίου δεηθῶμεν.

Ὁ χορός. Κύριε, ἐλέησον.

[Then the εἰρηνικὰ as above. Clauses

(c) Daniel has here Ἡ θεία λειτουργία τοῦ ἐν ἁγίοις πατρὸς ἡμῶν Ἰωάννου τοῦ Χρυσοστόμου. Ὁ διάκονος. Εὐλόγησον, δέσποτα.

So the Roman edition places the words here, introducing the text of the prayer ὁ Θεός, ὁ Θεὸς ἡμῶν which has been offered a few minutes earlier. The prayer is followed by Ὁ διάκονος, Εὐλόγησον. It seems that there was an unwillingness to alter the text of the Liturgy proper, even after the additional preliminary rites had been introduced.

ELEVENTH CENTURY.

πόλεως, καὶ χώρας, καὶ τῶν πίστει οἰκούντων ἐν αὐταῖς, τοῦ Κυρίου δεηθῶμεν.

L Ὑπὲρ εὐκρασίας ἀέρων, εὐφορίας τῶν καρπῶν τῆς γῆς, καὶ καιρῶν εἰρηνικῶν, τοῦ Κυρίου δεηθῶμεν.

Ὑπὲρ πλεόντων, ὁδοιπορούντων, νοσούντων, καμνόντων, αἰχμαλώτων, καὶ τῆς σωτηρίας αὐτῶν, τοῦ Κυρίου δεηθῶμεν.

Ὑπὲρ τοῦ ῥυσθῆναι ἡμᾶς ἀπὸ πάσης θλίψεως, ὀργῆς, καὶ ἀνάγκης, τοῦ Κυρίου δεηθῶμεν.

Εὐχὴ ἀντιφώνου αʹ.

L (1) Κύριε ὁ Θεὸς ἡμῶν, οὗ τὸ κράτος ἀνείκαστον καὶ ἡ δόξα ἀκατάληπτος, οὗ τὸ ἔλεος ἀμέτρητον καὶ ἡ φιλανθρωπία ἄφα-

τος, αὐτός, Δέσποτα, κατὰ τὴν εὐσπλαγχνίαν σου ἐπίβλεψον ἐφ᾽ ἡμᾶς καὶ ἐπὶ τὸν ἅγιον οἶκον τοῦτον, καὶ ποίησον μεθ᾽ ἡμῶν καὶ τῶν συνευχομένων ἡμῖν πλούσια τὰ ἐλέη σου καὶ τοὺς οἰκτιρμούς σου.

Ὁ διάκονος.

Ἀντιλαβοῦ, σῶσον, ἐλέησον, καὶ διαφύλαξον ἡμᾶς, ὁ Θεός, τῇ σῇ χάριτι.   L (2)

Τῆς παναγίας, ἀχράντου, ὑπερευλογημένης, δεσποίνης ἡμῶν, θεοτόκου καὶ ἀειπαρθένου Μαρίας, μετὰ πάντων τῶν ἁγίων, μνημονεύσαντες, ἑαυτούς, καὶ ἀλλήλους, καὶ πᾶσαν τὴν ζωὴν ἡμῶν, Χριστῷ τῷ Θεῷ παραθώμεθα.   L

(1) This prayer is found in the Barberini S. Basil, numbered Βʹ. [The order of the prayers, &c. in L is very different here.]

(2) The Latin is in Morel, p. 58.

SIXTEENTH CENTURY.

pleading for the "Kings" and for their success in war are added, and the Κύριε, ἐλέησον to each petition. So too in L.]

(a) Εὐχὴ ἀντιφώνου πρώτου μυστικῶς. Κύριε, ὁ Θεὸς ἡμῶν, ut supra.

(b) Τοῦ ἱερέως λέγοντος τὴν εὐχὴν μυστικῶς ἐν τῷ βήματι, ἐν τῷ αὐτῷ καιρῷ ὁ διάκονος λέγει ἔξω τοῦ βήματος τὰ εἰρηνικά. Εἰ δὲ οὐκ ἔστι διάκονος, ὁ

ἱερεὺς μετὰ τὴν εὐχὴν λέγει τὴν ἐκφώνησιν, καὶ μετὰ ταῦτα τὰ εἰρηνικά.

Ὁ διάκονος. Ἀντιλαβοῦ, σῶσον, ἐλέησον, κ.τ.λ.   L

Ὁ χορός. Κύριε, ἐλέησον.   L

Τῆς παναγίας, ἀχράντου, ὑπερευλογημένης, ἐνδόξου, κ.τ.λ.   L

Ὁ χορός. Σοί, Κύριε.   L

(a) H, R prefix here the following:
Ἀντιλαβοῦ, σῶσον, ἐλέησον, καὶ διαφύλαξον ἡμᾶς, ὁ Θεός, τῇ σῇ χάριτι.
Τῆς παναγίας, ἀχράντου, ὑπερευλογημένης.
Ὁ χορός· Σοί, Κύριε.
Ὁ ἱερεὺς ἐκφώνως· Ὅτι πρέπει σοι πᾶσα δόξα.
Ὁ χορός· Ἀμήν.
Καὶ ψάλλεται τὸ πρῶτον ἀντίφωνον παρὰ τῶν ψαλτῶν· καὶ ὁ ἱερεὺς λέγει τὴν εὐχὴν τοῦ ἀντιφώνου· ὁ δὲ διάκονος προσκυνήσας μεθίσταται ἐκ τοῦ τόπου αὐτοῦ, καὶ ἀπελθὼν ἵσταται ἐνώπιον τῆς εἰκόνος τῆς θεοτόκου, βλέπων πρὸς τὴν εἰκόνα τοῦ Χριστοῦ, κρατῶν καὶ τὸ ὡράριον τοῖς τρισὶ δακτύλοις τῆς δεξιᾶς χειρός.

R however has ἐνώπιον τῆς εἰκόνος τοῦ Χριστοῦ, βλέπων πρὸς δυσμάς.

(b) For this, H, R have Μετὰ δὲ τὴν συμπλήρωσιν τοῦ ἀντιφώνου, ἐλθὼν ὁ διάκονος, καὶ στὰς ἐν τῷ συνήθει τόπῳ, καὶ προσκυνήσας, λέγει·
Ἔτι καὶ ἔτι ἐν εἰρήνῃ τοῦ Κυρίου δεηθῶμεν.

LITURGY OF SAINT CHRYSOSTOM.

ELEVENTH CENTURY.

L Ἐκφώνως. Ὅτι πρέπει σοι πᾶσα δόξα, τιμὴ καὶ προσκύνησις, τῷ Πατρί, καὶ τῷ Υἱῷ, καὶ τῷ ἁγίῳ Πνεύματι, νῦν καὶ ἀεί, καὶ εἰς τοὺς αἰῶνας τῶν αἰώνων.

2 Εὐχὴ ἀντιφώνου β΄.

L (1) Κύριος ὁ Θεὸς ἡμῶν, σῶσον τὸν λαόν σου, καὶ εὐλόγησον τὴν κληρονομίαν σου· τὸ πλήρωμα τῆς ἐκκλησίας σου φύλαξον· ἁγίασον τοὺς ἀγαπῶντας τὴν εὐπρέπειαν τοῦ οἴκου σου. σὺ αὐτοὺς ἀντιδόξασον τῇ θεϊκῇ σου δυνάμει, καὶ μὴ ἐγκαταλίπῃς ἡμᾶς, ὁ Θεός, τοὺς ἐλπίζοντας ἐπὶ σέ. (2)

Ὁ διάκονος.

Ἔτι καὶ ἔτι ἐν εἰρήνῃ τοῦ Κυρίου δεηθῶμεν. L

Ἀντιλαβοῦ, σῶσον, ἐλέησον, καὶ διαφύλαξον, κ.τ.λ. L

Τῆς παναγίας, ἀχράντου, ὑπερευλογημένης, δεσποίνης ἡμῶν, κ.τ.λ. L

Ἐκφώνως. Ὅτι σὸν τὸ κράτος, καὶ σοῦ L

(1) This prayer is also in the Barberini S. Basil, being numbered Γ΄.
(2) The Latin (Morel, p. 59) adds here: *Post hæc dicunt lectores.* Bonum est confiteri domino et psallere nomini tuo, altissime. Intercessionibus Dei genitricis, Salvator, salva nos. Ad annuntiandum mane misericordiam tuam, et veritatem tuam per noctem. Intercessionibus Dei genitricis, salva nos. Quoniam rectus Dominus Deus noster, et non est iniquitas in eo. Intercessionibus &c. Gloria Patri et Filio et Spiritui Sancto, nunc et semper et in sæcula sæculorum. Amen. Intercessionibus &c.

SIXTEENTH CENTURY.

L (a) Ἐκφώνως ὁ ἱερεύς. Ὅτι πρέπει σοι, *ut supra.*

Ὁ χορός. Ἀμήν.

(b) Μετὰ τὰ εἰρηνικὰ ὁ χορὸς ψάλλει τὸ πρῶτον ἀντίφωνον ἢ τὰ τυπικά, εἰ ἔστι κυριακή· εἰ δ᾽ οὔκ, τῆς ἡμέρας.

Εὐχὴ ἀντιφώνου δευτέρου μυστικῶς.

Κύριε, ὁ Θεὸς ἡμῶν, σῶσον, *ut supra.*

(c) Σημείωσαι καὶ ἐνταῦθα ὡς καὶ ἐν τῇ εὐχῇ τῇ (sic) πρώτῃ, εἰ ἔστι διάκονος, εἰ οὐκ ἔστι.

Ὁ διάκονος.

Ἔτι καὶ ἔτι τοῦ Κυρίου δεηθῶμεν. (d)

Ὁ χορός. Κύριε, ἐλέησον.

Ὁ διάκονος. Ἀντιλαβοῦ, σῶσον, ἐλέησον, κ.τ.λ.

Ὁ χορός. Κύριε, ἐλέησον.

Ὁ διάκονος. Τῆς παναγίας, ἀχράντου, ὑπερευλογημένης, ἐνδόξου, δεσποίνης, κ.τ.λ.

Ὁ χορός. Σοί, Κύριε.

Ἐκφώνως ὁ ἱερεύς.

Ὅτι σὸν τὸ κράτος, *ut supra.* (e)

(a) H, R ὅτι σὸν τὸ κράτος as after the prayer of the second antiphon in B, p. 76, above.
(b) After the words ὅτι πρέπει σοι C has Ὁ λαὸς ἀντίφωνον πρῶτον· Ἀγαθὸν ἐξομολογεῖσθαι, which was the first antiphone. We have the same in L, as noted above.
H and R have the following: Καὶ ψάλλεται ὁμοίως παρὰ τῶν ψαλτῶν τὸ β΄ ἀντίφωνον. Ὁ δὲ διάκονος ὁμοίως ποιεῖ, ὡς καὶ ἐν τῇ προτέρᾳ εὐχῇ.

C (after the prayer) Ὁ λαὸς ἀντίφωνον δεύτερον. Ὁ Κύριος ἐβασίλευσεν, εὐπρέπειαν (so in L).
(c) H, R omit this.
(d) M, H, R read ἐν εἰρήνῃ τοῦ Κ. δ. and omit the responses of the Choir.
(e) In H and R the doxology is Ὅτι ἀγαθὸς καὶ φιλάνθρωπος Θεὸς ὑπάρχεις, as below, p. 113. These doxologies have been transposed.

LITURGY OF SAINT CHRYSOSTOM.

ELEVENTH CENTURY.

(1) ἐστιν ἡ βασιλεία, καὶ ἡ δύναμις, καὶ ἡ δόξα, τοῦ Πατρός, καὶ τοῦ Υἱοῦ, καὶ τοῦ ἁγίου Πνεύματος, νῦν καὶ ἀεί, καὶ εἰς τοὺς αἰῶνας τῶν αἰώνων.

Εὐχὴ ἀντιφώνου γ΄.

L (2) Ὁ τὰς κοινὰς ταύτας καὶ συμφώνους ἡμῖν χαρισάμενος προσευχάς, ὁ καὶ δύο καὶ τρισὶ συμφωνοῦσιν ἐπὶ τῷ ὀνόματί σου τὰς αἰτήσεις παρέχειν ἐπαγγειλάμενος, αὐτὸς καὶ νῦν τῶν δούλων σου τὰ αἰτήματα πρὸς τὸ συμφέρον πλήρωσον, χορηγῶν ἡμῖν ἐν τῷ παρόντι αἰῶνι τὴν ἐπίγνωσιν τῆς σῆς ἀληθείας, καὶ ἐν τῷ μέλλοντι ζωὴν αἰώνιον χαριζόμενος. (3)

Ὁ διάκονος. Ἔτι καὶ ἔτι ἐν εἰρήνῃ τοῦ Κυρίου δεηθῶμεν. L

Ἀντιλαβοῦ, σῶσον, ἐλέησον, κ.τ.λ.

Τῆς παναγίας, ἀχράντου, ὑπερευλογημένης δεσποίνης, κ.τ.λ. L

Ἐκφώνως. Ὅτι ἀγαθὸς καὶ φιλάνθρωπος L

(1) The Latin adds *Tunc incipiunt lectores dicere* Dominus regnavit, decorem indutus est: indutus est Dominus virtutem et præcinxit se. Interpellationibus sanctorum tuorum, salva nos Domine. *Et rursus.* Etenim firmavit orbem terræ, qui non commovebitur. Interpellationibus &c. Etenim testimonia tua, Domine, credibilia facta sunt nimis: domum tuam decet sanctitudo, Domine, in longitudinem dierum.

Precibus sanctorum tuorum &c. Gloria Patri et Filio et Spiritui sancto &c.

(2) This prayer is in the Barberini S. Basil, numbered Δ΄.

(3) The Latin (Morel, p. 60) has here: *Iterum cantatur a lectoribus.* Unigenitus Filius et Verbum Dei &c. i.e. Ὁ μονογενής; see p. 12, note (2).

SIXTEENTH CENTURY.

Ὁ χορός. Ἀμήν.

(a) Μετὰ τὰ εἰρηνικὰ τὰ δεύτερα ψάλλει ὁ χορὸς τὸ δεύτερον ἀντίφωνον, ἢ τὰ τυπικὰ τὰ δεύτερα, εἰ ἔστι κυριακή· εἰ δ' οὐκ, τῆς ἡμέρας.

Εὐχὴ ἀντιφώνου τρίτου μυστικῶς.

L Ὁ τὰς κοινὰς... *ut supra.*

(b) Σημείωσαι καὶ ἐνταῦθα ὡς καὶ ἐν τῇ εὐχῇ τῇ (sic) πρώτῃ καὶ δευτέρᾳ εἰ ἔστι διάκονος, εἰ οὐκ ἔστιν.

Ὁ διάκονος.

L Ἔτι καὶ ἔτι ἐν εἰρήνῃ τοῦ Κυρίου δεηθῶμεν.

Ὁ χορός. Κύριε, ἐλέησον. L

Ὁ διάκονος. Ἀντιλαβοῦ, σῶσον, ἐλέησον, κ.τ.λ. L

Ὁ χορός. Κύριε, ἐλέησον. L

Ὁ διάκονος. Τῆς παναγίας, ἀχράντου, ὑπερευλογημένης, ἐνδόξου, κ.τ.λ. L

Ὁ χορός. Σοί, Κύριε. L

Ἐκφώνως ὁ ἱερεύς. Ὅτι ἀγαθὸς καὶ φιλάνθρωπος Θεὸς κ.τ.λ. L

Ὁ χορός. Ἀμήν.

Ἐνταῦθα ὁ χορὸς ψάλλει τὸ τρίτον ἀντίφωνον

(a) H omits this.

(b) In H and R we have the following introduction to the prayer of the entrance: Ψαλλομένου δὲ τοῦ τρίτου ἀντιφώνου παρὰ τῶν ψαλτῶν, ἢ τῶν μακαρισμῶν, ἐάν ἐστι κυριακή, ὅταν ἔλθωσιν εἰς τὸ Δόξα, ὁ ἱερεὺς καὶ ὁ διάκονος, proceeding as in Ducas, p. 114, below.

The Manuscript C gives as the third antiphon Δεῦτε ἀγαλλιασώμεθα τῷ Κυρίῳ, but before this we have the hymn Ὁ μονογενής introduced. Both of these are in (L), the Latin of Leo Thuscus, as mentioned above.

ELEVENTH CENTURY.

Θεὸς ὑπάρχεις, καὶ σοὶ τὴν δόξαν ἀναπέμπομεν, τῷ Πατρί, καὶ τῷ Υἱῷ, καὶ τῷ ἁγίῳ Πνεύματι, νῦν καὶ ἀεί, καὶ εἰς τοὺς αἰῶνας τῶν αἰώνων.

(1)

Εὐχὴ τῆς εἰσόδου.

L

Δέσποτα, Κύριε, ὁ Θεὸς ἡμῶν, ὁ καταστήσας ἐν οὐρανοῖς τάγματα καὶ στρατειὰς ἀγγέλων καὶ ἀρχαγγέλων πρὸς λειτουργίαν τῆς σῆς δόξης, ποίησον σὺν τῇ εἰσόδῳ ἡμῶν εἴσοδον ἁγίων ἀγγέλων γενέσθαι, συλλειτουργούντων ἡμῖν καὶ συνδοξολογούντων τὴν σὴν ἀγαθότητα·

Ὅτι πρέπει σοι πᾶσα δόξα, τιμή, καὶ προσκύνησις, τῷ Πατρί, καὶ τῷ Υἱῷ, καὶ τῷ ἁγίῳ Πνεύματι, νῦν καὶ ἀεί, καὶ εἰς τοὺς αἰῶνας τῶν αἰώνων. Ἀμήν.

L

Ὁ διάκονος. Σοφία· ὀρθοί.

(1) The Latin here gives the 95th (94th) Psalm: "Salvos nos fac, Fili Dei, qui resurrexisti a mortuis; tibi concinimus" being sung at the end of each verse.

(2) This prayer is numbered E' in the Barberini S. Basil.

SIXTEENTH CENTURY.

ἢ τὴν τριτέκτην· εἰ δὲ καὶ ἔστι κυριακή, ψάλλει τοὺς μακαρισμούς, καὶ τοῦ ἁγίου τῆς ἡμέρας. Ὅταν δὲ ἔλθῃ ὁ χορὸς εἰς τὸ Δόξα Πατρί, ὁ ἱερεὺς καὶ ὁ διάκονος ἔμπροσθεν τῆς ἁγίας τραπέζης ποιοῦσιν προσκυνήματα τρία. Εἶτα λαβὼν ὁ ἱερεὺς τὸ ἅγιον εὐαγγέλιον δίδωσι τῷ διακόνῳ, καὶ οὕτως ἐξελθόντες διὰ τῆς θύρας τοῦ βορείου μέρους ἔρχονται εἰς τὸν συνήθη τόπον, καὶ ποιοῦσι τὴν μικρὰν εἴσοδον, καὶ κλίνουσιν ἀμφότεροι τὰς κεφαλάς, καὶ τοῦ διακόνου εἰπόντος ἠρέμα Τοῦ Κυρίου δεώμεθα, ἅμα καὶ τὸ ὡράριον κρατοῦντος τοῖς τρισὶ δακτύλοις, λέγει ὁ ἱερεὺς τὴν εὐχὴν τῆς εἰσόδου.

Εὐχὴ τῆς εἰσόδου τοῦ ἁγίου εὐαγγελίου, μυστικῶς.

L

Δέσποτα, Κύριε, ὁ Θεὸς ἡμῶν, *ut supra*.

Ὁ χορός. Ἀμήν.

Τῆς εὐχῆς δὲ τελεσθείσης λέγει ὁ διάκονος πρὸς τὸν ἱερέα,

(a)

Εὐλόγησον, δέσποτα, τὴν ἁγίαν εἴσοδον,

L

δεικνύων ἅμα καὶ πρὸς ἀνατολὰς μετὰ τοῦ ὡραρίου. καὶ ὁ ἱερεὺς ποιῶν σταυρὸν κατὰ ἀνατολὰς λέγει·

(b)

Εὐλογημένη ἡ εἴσοδος τῶν ἁγίων σου, πάντοτε, νῦν καὶ ἀεί, καὶ εἰς τοὺς αἰῶνας τῶν αἰώνων. Ἀμήν.

L

Εἶτα ὁ διάκονος προσέρχεται πρὸς τὸν ἐπίσκοπον καὶ ἀσπάζεται τὸ εὐαγγέλιον, εἰ πάρεστιν· εἰ δ' οὐκ, ἀσπάζεται ὁ ἱερεύς. Καὶ τοῦ τελευταίου τροπαρίου πληρωθέντος, εἰσέρχεται ὁ διάκονος εἰς τὸ μέσον, καὶ στὰς ἔμπροσθεν τοῦ ἱερέως ἀνυψοῖ μικρὸν τὰς χεῖρας, καὶ δεικνύων τὸ ἅγιον εὐαγγέλιον λέγει ἐκφώνως·

(c)

Σοφία· ὀρθοί.

L
(d)

(a) H, R combine the two rubrics thus: τῆς εὐχῆς δὲ τελεσθείσης, λέγει ὁ διάκονος πρὸς τὸν ἱερέα, δεικνύων πρὸς ἀνατολὰς τῇ δεξιᾷ, κρατῶν ἅμα καὶ τὸ ὡράριον τοῖς τρισὶ δακτύλοις, and omits mention of the cross.

(b) For this H, R read καὶ ὁ ἱερεὺς εὐλογῶν λέγει.

(c) H, R have for the commencement of this: εἶθ' οὕτως ἀπέρχεται πρὸς τὸν ἡγούμενον ὁ διάκονος καὶ ἀσπάζεται, κ.τ.λ.

(d) Leo Thuscus translates thus: Sophia: stantes sint pedes nostri: and adds, Venite adoremus et procidamus Christo. Salvos nos fac, Fili Dei, qui de Virgine natus es, canentes tibi Alleluia.

ELEVENTH CENTURY.

(1) Μετὰ δὲ τὴν εἴσοδον καὶ τὸ τροπάριον καὶ κοντάκιον τῆς ἡμέρας λέγει ὁ ἱερεύς·

L Ὅτι ἅγιος εἶ, ὁ Θεὸς ἡμῶν, καὶ σοὶ τὴν δόξαν ἀναπέμπομεν, τῷ Πατρί, καὶ τῷ Υἱῷ, καὶ τῷ ἁγίῳ Πνεύματι, νῦν καὶ ἀεί,

Ὁ διάκονος. Καὶ εἰς τοὺς αἰῶνας τῶν αἰώνων.

L Ὁ λαὸς ᾄδει τὸν τρισάγιον ὕμνον· καὶ ὁ ἱερεὺς ἐπεύχεται.

Εὐχὴ τοῦ τρισαγίου.

L (2) Ὁ Θεὸς ὁ ἅγιος, ὁ ἐν ἁγίοις ἀναπαυόμενος, ὁ τρισαγίῳ φωνῇ ὑπὸ τῶν Σεραφὶμ ἀνυμνούμενος, καὶ ὑπὸ τῶν Χερουβὶμ δοξολογούμενος, καὶ ὑπὸ πάσης ἐπουρανίου δυνάμεως προσκυνούμενος· ὁ ἐκ τοῦ μὴ ὄντος εἰς τὸ εἶναι παραγαγὼν τὰ σύμπαντα· ὁ κτίσας τὸν ἄνθρωπον κατ᾽ εἰκόνα σὴν καὶ ὁμοίωσιν καὶ παντί σου χαρίσματι κατακοσμήσας· καὶ διδοὺς αἰτοῦντι σοφίαν καὶ σύνεσιν, καὶ μὴ παρορῶν ἁμαρτάνοντα, ἀλλὰ θέμενος ἐπὶ σωτηρίᾳ μετάνοιαν· ὁ καταξιώσας ἡμᾶς, τοὺς ταπεινοὺς καὶ ἀναξίους δούλους σου, καὶ ἐν τῇ ὥρᾳ ταύτῃ στῆναι κατενώπιον τῆς δόξης τοῦ ἁγίου σου θυσιαστηρίου, καὶ τὴν ὀφειλομένην σοι προσκύνησιν καὶ δοξολογίαν προσάγειν· αὐτός, Δέσποτα, πρόσδεξαι καὶ ἐκ στόματος ἡμῶν τῶν ἁμαρτωλῶν τὸν τρισάγιον ὕμνον, καὶ ἐπίσκεψαι ἡμᾶς ἐν τῇ χρηστότητί σου. συγχώρησον ἡμῖν πᾶν πλημ- .3

(1) 1. 10 omits the next nine lines. Leo Thuscus (Morel, p. 61) inserts here hymns or invocations for the various days of the week. See note at the end of this Liturgy. [These are the ἀπολυτικὰ of the MS. C.]

(2) This prayer is in the Barberini S. Basil, numbered Ζ΄.

SIXTEENTH CENTURY.

L Εἶτα προσκυνήσας αὐτός τε καὶ ὁ ἱερεὺς κατόπισθεν αὐτοῦ, εἰσέρχονται εἰς τὸ ἅγιον βῆμα, καὶ ὁ μὲν διάκονος ἀποτίθησι τὸ ἅγιον εὐαγγέλιον ἐν τῇ ἁγίᾳ τραπέζῃ. οἱ δὲ ψάλλοντες λέγουσι τὰ συνήθη τροπάρια, καὶ τοῦ κατὰ τὴν ἡμέραν ἁγίου. καὶ ὅτε ἔλθωσιν εἰς τὸ ὕστερον, ὁ διάκονος πρὸς τὸν ἱερέα λέγει, κλίνων τὴν ἑαυτοῦ κεφαλήν, καὶ (a) τὸ ὡράριον ἐν τῇ χειρὶ κρατῶν·

Εὐλόγησον, δέσποτα, τὸν καιρὸν τοῦ τρισαγίου.

Καὶ ὁ ἱερεὺς σφραγίζων αὐτόν, λέγει·

(a) H, R have the conclusion thus: κρατῶν καὶ τὸ ὡράριον ἐν τῇ χειρὶ τοῖς τρισὶ δακτύλοις.

(b) H, R interpolate this direction thus: δεικνύων τὸ ὡράριον πρῶτον μὲν πρὸς τὴν εἰκόνα τοῦ Χριστοῦ λέγει·

Κύριε, σῶσον τοὺς εὐσεβεῖς καὶ ἐπάκουσον ἡμῶν.

Ὅτι ἅγιος εἶ, ὁ Θεὸς ἡμῶν, πάντοτε, καὶ νῦν, καὶ ἀεί.

Τοῦ δὲ τροπαρίου πληρωθέντος, ἔρχεται ὁ διάκονος ἐγγὺς τῶν ἁγίων θυρῶν, καὶ δείκνυσι τὸ ὡράριον τοῖς ἐκτός, λέγων ἐκφώνως· (b)

Καὶ εἰς τοὺς αἰῶνας τῶν αἰώνων.

Ὁ χορός. Ἀμήν.

Τοῦ δὲ χοροῦ ψάλλοντος τὸ τρισάγιον, ὁ ἱερεὺς (c) εὔχεται μυστικῶς.

Εὐχὴ τοῦ τρισαγίου, μυστικῶς.

Ὁ Θεός, ὁ ἅγιος, ut supra. L

Εἶτα ἐπάγει, λέγων πρὸς τοὺς ἐκτός, μεγαλοφώνως·

Καὶ εἰς τοὺς αἰῶνας τῶν αἰώνων.

(c) In R the trisagion is sung three times. The doxology Δόξα Πατρὶ also is chanted here.

ELEVENTH CENTURY.

μέλημα ἑκούσιόν τε καὶ ἀκούσιον· ἁγίασον ἡμῶν τὰς ψυχὰς καὶ τὰ σώματα, καὶ δὸς ἡμῖν ἐν ὁσιότητι λατρεύειν σοι πάσας τὰς ἡμέρας τῆς ζωῆς ἡμῶν, πρεσβείαις τῆς ἁγίας θεοτόκου καὶ πάντων τῶν ἁγίων τῶν ἀπ᾽ αἰώνων σοι εὐαρεστησάντων·

L   Ὅτι ἅγιος εἶ, ὁ Θεὸς ἡμῶν, καὶ σοὶ τὴν δόξαν ἀναπέμπομεν, τῷ Πατρί, καὶ τῷ Υἱῷ,

(1) ι. 10 omits these three lines.
(2) The MS. is very uncertain. Leo Thuscus (Morel, p. 65) however stated that a psalm of David was here sung. The rubric in ι. 10 is

καὶ τῷ ἁγίῳ Πνεύματι, νῦν καὶ ἀεί, καὶ εἰς τοὺς αἰῶνας τῶν αἰώνων. Ἀμήν.

Ὁ διάκονος. Πρόσχωμεν.   ι. (1)
Ὁ ἱερεύς. Εἰρήνη πᾶσιν.
Ὁ διάκονος. Σοφία.

Μετὰ δὲ τὸν Ἀπόστολον καὶ τὸ Ἀλληλούϊα   (2)
ἔτι ψαλμός. ὁ ἱερεὺς λέγει τὴν εὐχὴν τοῦ εὐαγγελίου.

this: Μετὰ δὲ τὴν ἀνάγνωσιν τοῦ ἀποστόλου καὶ τοῦ εὐαγγελίου γίνεται ἡ ἐκτενής. Εἴπωμεν πάντες. The prayer Ἔλλαμψον is omitted.

SIXTEENTH CENTURY.

ι̞   Ἐκφώνως. Ὅτι ἅγιος εἶ, ut supra.
Ὁ χορός. Ἀμήν.

(a)   Ταύτης δὲ τελεσθείσης, καὶ τοῦ χοροῦ ψάλλοντος τὸ Δόξα καὶ νῦν, ψάλλουσιν καὶ αὐτοί, ὅ τε ἱερεὺς καὶ ὁ διάκονος, τὸ τρισάγιον, ποιοῦντες ὁμοῦ καὶ προσκυνήματα τρία ἔμπροσθεν τῆς ἁγίας τραπέζης.

(b)   Εἶτα λέγει ὁ διάκονος πρὸς τὸν ἱερέα·
(c)   Κέλευσον, δέσποτα.

Καὶ ἀπέρχονται ἐν τῇ καθέδρᾳ.
Καὶ ὁ ἱερεὺς λέγει, ἀπερχόμενος·
Εὐλογημένος ὁ ἐρχόμενος ἐν ὀνόματι Κυρίου.

Ὁ δὲ διάκονος· Εὐλόγησον, δέσποτα, τὴν ἄνω καθέδραν.

(a) —καὶ τοῦ χοροῦ ψάλλοντος τὸ Δόξα καὶ νῦν Π, R.
(b) The Roman copy inserts here the prayer found in the Barberini S. Basil (above, p. 77).
Εὐχὴ τῆς ἄνω καθέδρας.
Δέσποτα Κύριε, Θεὸς τῶν δυνάμεων, σῶσον τὸν λαόν σου καὶ εἰρήνευσον αὐτὸν τῇ δυνάμει τοῦ ἁγίου σου Πνεύματος, διὰ τοῦ τύπου τοῦ τιμίου σου σταυροῦ, τοῦ μονογενοῦς σου Υἱοῦ, μεθ᾽ οὗ εὐλογητὸς εἶ εἰς τοὺς αἰῶνας τῶν αἰώνων. Ἀμήν.

Καὶ ὁ ἱερεύς. Εὐλογημένος εἶ ἐπὶ θρόνου   (d)
δόξης τῆς βασιλείας σου, ὁ καθήμενος ἐπὶ τῶν Χερουβίμ, πάντοτε, νῦν, καὶ ἀεί, καὶ εἰς τοὺς αἰῶνας τῶν αἰώνων. Ἀμήν.

Καὶ μετὰ τὴν συμπλήρωσιν τοῦ τρισαγίου, ὁ διάκονος ἐλθὼν ἔμπροσθεν τῆς θύρας, λέγει·

Πρόσχωμεν.   L
Καὶ ὁ ἱερεύς. Εἰρήνη πᾶσιν.
Ὁ διάκονος. Σοφία.
Καὶ ὁ ἀναγνώστης ἄρχεται· Ἀλληλούϊα.
Ψαλμὸς τῷ Δαυΐδ.   (e)

Καὶ ὁ διάκονος αὖθις·
Πρόσχωμεν.

Ὁ ἀναγνώστης τὸ προκείμενον τοῦ Ἀποστόλου καὶ τῆς ἡμέρας.   L

(c) M. Εὐλόγησον, δέσποτα.
(d) P has at this point Εὐλογημένος ὁ καθήμενος ἐπὶ θρόνου δόξης βασιλείας σου. Καὶ καθίσαντος τοῦ ἱερέως θυμιᾷ ὁ διάκονος κύκλῳ τὴν ἁγίαν τράπεζαν καὶ τὸν ἱερέα. The gospel is read; the priest rises and says the prayer Ἔλλαμψον. [P has no notice of the dismissal of the catechumens.]
(e) R is slightly different.

LITURGY OF SAINT CHRYSOSTOM.

ELEVENTH CENTURY.

Ἔλλαμψον ἐν ταῖς καρδίαις ἡμῶν, φιλάνθρωπε Δέσποτα, τὸ τῆς σῆς θεογνωσίας φῶς ἀκήρατον, καὶ τοὺς τῆς διανοίας ἡμῶν διάνοιξον ὀφθαλμούς, εἰς τὴν τῶν εὐαγγελικῶν σου κηρυγμάτων κατανόησιν. Ἔνθες ἡμῖν καὶ τὸν τῶν μακαρίων σου ἐντολῶν φόβον, ἵνα τὰς σαρκικὰς ἐπιθυμίας πάσας καταπατήσαντες, τὴν πνευματικὴν πολιτείαν μετέλθωμεν, πάντα πρὸς εὐαρέστησιν τὴν σὴν καὶ φρονοῦντες καὶ πράττοντες. σὺ γὰρ εἶ ὁ ἁγιασμὸς καὶ φωτισμὸς τῶν ψυχῶν καὶ τῶν σωμάτων ἡμῶν, καὶ σοὶ τὴν δόξαν ἀναπέμπομεν, τῷ Πατρί, καὶ τῷ Υἱῷ, καὶ τῷ ἁγίῳ Πνεύματι, νῦν καὶ ἀεί, καὶ εἰς τοὺς αἰῶνας τῶν αἰώνων. Ἀμήν.

SIXTEENTH CENTURY.

Καὶ ὁ διάκονος αὖθις·

L Πρόσχωμεν.

Καὶ τοῦ Ἀποστόλου πληρωθέντος, ἐκφωνεῖ ὁ ἱερεύς·

Εἰρήνη σοί.

Ὁ διάκονος. Σοφία.

Καὶ ὁ χορὸς τὸ Ἀλληλούϊα, Ψαλμὸς τῷ Δαυΐδ.

(a) Καὶ λαβὼν ὁ διάκονος τὸ θυμιατήριον καὶ τὸ θυμίαμα, πρόσεισι τῷ ἱερεῖ, λέγων·

Εὐλόγησον, δέσποτα, τὸ θυμίαμα.

Τοῦ δὲ ἱερέως εὐλογοῦντος καὶ τὴν εὐχὴν εἰπόντος ταύτην,

Θυμιάμά σοι προσφέρομεν, Χριστέ, ὁ Θεὸς ἡμῶν, εἰς ὀσμὴν εὐωδίας πνευματικῆς· ἀντικατάπεμψον ἡμῖν τὴν θείαν χάριν τοῦ παναγίου σου Πνεύματος, πάντοτε, νῦν κ.τ.λ. Ἀμήν.

(b) θυμιᾷ ὁ διάκονος τὴν ἁγίαν τράπεζαν γύρωθεν καὶ τὸ ἱερατεῖον ὅλον καὶ τὸν ἀέρα. Καὶ μετὰ τοῦτο, τὸ θυμιατήριον ἀποθέμενος, ἔρχεται πρὸς τὸν ἱερέα, καὶ ὑποκλίνας αὐτῷ τὴν κεφαλήν, κρατῶν καὶ τὸ ὡράριον σὺν τῷ ἁγίῳ εὐαγγελίῳ ἄκροις τοῖς δακτύλοις, δηλονότι ἐν ἐκείνῳ τῷ τόπῳ τῆς ἁγίας τραπέζης, λέγει·

Εὐλόγησον, δέσποτα, τὸν εὐαγγελιστὴν τοῦ ἁγίου Ἀποστόλου καὶ Εὐαγγελιστοῦ (τοῦδε).   L (c)

Ὁ δὲ ἱερεὺς σφραγίζων αὐτόν, λέγει·

Ὁ Θεὸς διὰ πρεσβειῶν τοῦ ἁγίου ἐνδόξου Ἀποστόλου καὶ Εὐαγγελιστοῦ (τοῦδε) δῴη σοι ῥῆμα εἰς τὸ εὐαγγελίσασθαι τῷ εὐαγγελιζομένῳ δυνάμει πολλῇ.   L

(d)

Καὶ ὁ διάκονος εἰπὼν τὸ Ἀμήν, καὶ προσκυνήσας μετ' εὐλαβείας τὸ ἅγιον εὐαγγέλιον, καὶ ἐξελθὼν διὰ τῶν ἁγίων θυρῶν, προπορευομένων καὶ λαμπάδων καὶ θυμιατῶν, ἔρχεται καὶ ἵσταται ἐν τῷ ἄμβωνι ἢ ἐν τῷ τεταγμένῳ τόπῳ.   (c)

Ὁ δὲ ἱερεὺς ἱστάμενος ἔμπροσθεν τῆς ἁγίας τραπέζης, καὶ βλέπων πρὸς δυσμάς, ἐκφωνεῖ·

Σοφία. ὀρθοί. ἀκούσωμεν τοῦ ἁγίου εὐαγγελίου.   L

(a) H, R omit this and also the prayer in the offering of the incense.

(b) The language of this rubric is different in H and R, which read τὸν ἱερέα for τὸν ἀέρα. After these words the prayer before the gospel, Ἔλλαμψον, follows in both, as in the Latin of Leo Thuscus; then the remainder of this rubric and the blessing on the reader.

(c) In C we have ὁ δεῖνα εὐαγγελιστὴς εὐαγγελίζεται.

(d) H, R add εἰς ἐκπλήρωσιν τοῦ εὐαγγελίου τοῦ ἀγαπητοῦ Υἱοῦ αὐτοῦ, Κυρίου δὲ ἡμῶν Ἰησοῦ Χριστοῦ.

(e) M, καὶ θυμιαμάτων

ELEVENTH CENTURY.

Μετὰ δὲ τὸ εὐαγγέλιον λέγει ὁ διάκονος·

L (1) Εἴπωμεν πάντες· ἐξ ὅλης τῆς ψυχῆς καὶ ἐξ ὅλης τῆς διανοίας ἡμῶν εἴπωμεν·

L Κύριε Παντοκράτωρ, ὁ Θεὸς τῶν πατέρων ἡμῶν, δεόμεθά σου, ἐπάκουσον καὶ ἐλέησον.

L Ἐλέησον ἡμᾶς, ὁ Θεός, κατὰ τὸ μέγα ἔλεός σου· δεόμεθά σου, ἐπάκουσον καὶ ἐλέησον.

(1) The corresponding prayers in the Latin of Leo Thuscus may be seen in Morel, p. 55. The general order is different.

(2) Six lines are omitted in l. 10.

Ἔτι δεόμεθα ὑπὲρ ἀφέσεως τῶν ἁμαρτιῶν (2) τοῦ Δ. ἱερομονάχου καὶ πάσης τῆς ἐν Χριστῷ ἡμῶν ἀδελφότητος.

Ἔτι δεόμεθα καὶ ὑπὲρ πάντων τῶν διακονούντων καὶ διακονησάντων ἐν τῇ ἁγίᾳ μονῇ ταύτῃ.

Εὐχὴ τῆς ἐκτενοῦς ἱκεσίας. L

Κύριε ὁ Θεὸς ἡμῶν, τὴν ἐκτενῆ ταύτην 4 (3)

(3) This prayer is found in each of the two liturgies of the Barberini codex, being numbered respectively Η' and ΙΘ'. In Morel's Latin it is on page 55.

SIXTEENTH CENTURY.

Καὶ ὁ διάκονος. Ἐκ τοῦ κατὰ (τόνδε) ἁγίου εὐαγγελίου τὸ ἀνάγνωσμα.

L Καὶ ὁ ἱερεύς. Πρόσχωμεν.

Τοῦ δὲ εὐαγγελίου πληρωθέντος, λέγει πρὸς τὸν διάκονον ὁ ἱερεύς·

(a) Εἰρήνη σοι.

Καὶ ὁ διάκονος ἐλθὼν ἕως τῶν ἁγίων θυρῶν, ἀποδίδωσι τὸ ἅγιον εὐαγγέλιον τῷ ἱερεῖ. Εἶτα ἐν τῷ συνήθει τόπῳ στὰς ἄρχεται οὕτως·

L Εἴπωμεν πάντες, ἐξ ὅλης τῆς ψυχῆς καὶ ἐξ ὅλης τῆς διανοίας εἴπωμεν·

Ὁ χορός. Κύριε, ἐλέησον.

L Ὁ διάκονος. Κύριε Παντοκράτωρ, ὁ Θεὸς τῶν πατέρων ἡμῶν, δεόμεθά σου, ἐπάκουσον καὶ ἐλέησον.

(a) H, R εἰρήνη σοι τῷ εὐαγγελιζομένῳ.
(b) H, R omit this prayer. It is on page 56 of Morel's Latin.
(c) H, R interpolate the following (but R omits the first clause).

Ἔτι δεόμεθα ὑπὲρ τῶν εὐσεβῶν καὶ ὀρθοδόξων Χριστιανῶν.

Ἔτι δεόμεθα ὑπὲρ τοῦ ἀρχιεπισκόπου ἡμῶν (τοῦ δεῖνος).

Ὁ χορός. Κύριε, ἐλέησον. L

Ὁ διάκονος. Ἐλέησον ἡμᾶς, ὁ Θεός, κατὰ τὸ μέγα ἔλεός σου, δεόμεθά σου, ἐπάκουσον.

Ὁ χορός. Κύριε, ἐλέησον. L (b)

Ὁ διάκονος. Ἔτι δεόμεθα ὑπὲρ τῶν εὐσεβεστάτων καὶ θεοφυλάκτων βασιλέων ἡμῶν, κράτους, νίκης, διαμονῆς, εἰρήνης, ὑγείας, σωτηρίας αὐτῶν· καὶ τὸν Κύριον καὶ τὸν Θεὸν ἡμῶν ἐπὶ πλέον συνεργῆσαι, κατευοδῶσαι αὐτοὺς ἐν πᾶσι, καὶ ὑποτάξαι ὑπὸ τοὺς πόδας αὐτῶν πάντα ἐχθρὸν καὶ πολέμιον.

Ὁ χορός. Κύριε, ἐλέησον.

Ὁ δὲ ἱερεὺς λέγει τὴν εὐχὴν ταύτην, μυστικῶς.

Κύριε ὁ Θεὸς ἡμῶν, ut supra. L (c)

Ἔτι δεόμεθα ὑπὲρ τῶν ἀδελφῶν ἡμῶν, τῶν ἱερέων, ἱερομονάχων, καὶ πάσης τῆς ἐν Χριστῷ ἡμῶν ἀδελφότητος.

Ἔτι δεόμεθα ὑπὲρ τῶν μακαρίων καὶ ἀειμνήστων κτητόρων τῆς ἁγίας μονῆς ταύτης, καὶ ὑπὲρ πάντων τῶν προαναπαυσαμένων πατέρων, καὶ ἀδελφῶν ἡμῶν, τῶν ἐνθάδε κειμένων καὶ ἁπανταχοῦ ὀρθοδόξων.

Ἔτι δεόμεθα ὑπὲρ ἐλέους, ζωῆς, εἰρήνης, ὑγιείας,

ELEVENTH CENTURY.

ἱκεσίαν πρόσδεξαι παρὰ τῶν σῶν δούλων, καὶ ἐλέησον ἡμᾶς κατὰ τὸ πλῆθος τοῦ ἐλέους σου· καὶ τοὺς οἰκτιρμούς σου κατάπεμψον ἐφ' ἡμᾶς καὶ ἐπὶ πάντα τὸν λαόν σου, τὸν ἀπεκδεχόμενον τὸ παρὰ σοῦ πλούσιον ἔλεος· (1)

L Ἐκφών. Ὅτι ἐλεήμων καὶ φιλάνθρωπος Θεὸς ὑπάρχεις, καὶ σοὶ τὴν δόξαν ἀναπέμπομεν, τῷ Πατρί, καὶ τῷ Υἱῷ, καὶ τῷ ἁγίῳ Πνεύματι, νῦν καὶ ἀεί, καὶ εἰς τοὺς αἰῶνας τῶν αἰώνων.

Ὁ διάκονος.

(1) 1. 10 adds here Ἔτι δεόμεθα ὑπὲρ τῶν εὐσεβεστάτων καὶ θεοφυλάκτων βασιλέων ἡμῶν. Ἔτι δεόμεθα ὑπὲρ τῶν εὐσεβεστάτων καὶ φιλοχρίστων.

(2) 1. 10 adds here Κατηχήσῃ αὐτοὺς τὸν λόγον

Εὔξασθε οἱ κατηχούμενοι τῷ Κυρίῳ. L

Οἱ πιστοὶ ὑπὲρ τῶν κατηχουμένων δεηθῶμεν, ἵνα ὁ Κύριος αὐτοὺς ἐλεήσῃ· L (2)

Ἀποκαλύψῃ αὐτοῖς τὸ εὐαγγέλιον τῆς δικαιοσύνης·

Ἑνώσῃ αὐτοὺς τῇ ἁγίᾳ αὐτοῦ καθολικῇ καὶ ἀποστολικῇ ἐκκλησίᾳ.

Σῶσον, ἐλέησον, ἀντιλαβοῦ, καὶ διαφύλαξον αὐτούς, ὁ Θεός, τῇ σῇ χάριτι. L

Οἱ κατηχούμενοι, τὰς κεφαλὰς ὑμῶν τῷ Κυρίῳ κλίνατε. L

Εὐχὴ κατηχουμένων πρὸ τῆς ἁγίας ἀναφορᾶς. (3)

τῆς ἀληθείας.

(3) 1. 10 omits πρὸ τῆς ἀ. ἀ. The prayer is designated as Saint Chrysostom's in the Barberini codex and numbered Κ'.

SIXTEENTH CENTURY.

L Ἐκφώνως. Ὅτι ἐλεήμων, ut supra.

Ὁ χορός. Ἀμήν.

L Ὁ διάκονος. Εὔξασθε οἱ κατηχούμενοι τῷ Κυρίῳ.

Ὁ χορός. Κύριε, ἐλέησον.

L Ὁ διάκονος. Οἱ πιστοὶ ὑπὲρ τῶν κατηχουμένων δεηθῶμεν ἵνα ὁ Κύριος αὐτοὺς ἐλεήσῃ·

Ὁ χορός. Κύριε, ἐλέησον.

Ὁ διάκονος. Κατηχήσῃ αὐτοὺς τὸν λόγον τῆς ἀληθείας·

Ὁ χορός. Κύριε, ἐλέησον.

Ὁ διάκονος. Ἀποκαλύψῃ αὐτοῖς τὸ εὐαγγέλιον τῆς δικαιοσύνης·

σωτηρίας, ἐπισκέψεως, συγχωρήσεως, καὶ ἀφέσεως ἁμαρτιῶν τῶν δούλων τοῦ Θεοῦ, τῶν ἀδελφῶν τῆς ἁγίας μονῆς ταύτης.

Ἔτι δεόμεθα ὑπὲρ τῶν καρποφορούντων καὶ καλλιεργούντων ἐν τῷ ἁγίῳ καὶ πανσέπτῳ ναῷ

Ὁ χορός. Κύριε, ἐλέησον.

Ὁ διάκονος. Ἑνώσῃ αὐτοὺς τῇ ἁγίᾳ αὐτοῦ καθολικῇ καὶ ἀποστολικῇ ἐκκλησίᾳ.

Ὁ χορός. Κύριε, ἐλέησον.

Ὁ διάκονος. Σῶσον, ἐλέησον, ἀντιλαβοῦ, καὶ διαφύλαξον αὐτούς, ὁ Θεός, τῇ σῇ χάριτι.

Ὁ χορός. Κύριε, ἐλέησον.

Ὁ διάκονος. Οἱ κατηχούμενοι, τὰς κεφαλὰς ὑμῶν τῷ Κυρίῳ κλίνατε. L

Ὁ χορός. Σοί, Κύριε.

Εὐχὴ κατηχουμένων πρὸ τῆς ἁγίας ἀναφορᾶς, ἣν ὁ ἱερεὺς λέγει μυστικῶς. (a)

τούτῳ, κοπιώντων, ψαλλόντων· καὶ ὑπὲρ τοῦ περιεστῶτος λαοῦ, τοῦ ἀπεκδεχομένου τὸ παρὰ σοῦ μέγα καὶ πλούσιον ἔλεος.

(a) R, πρὸ τοῦ ἁπλωθῆναι τὸ εἰλητόν. μυστικῶς.

LITURGY OF SAINT CHRYSOSTOM.

ELEVENTH CENTURY.

L Κύριε ὁ Θεὸς ἡμῶν, ὁ ἐν ὑψηλοῖς κατοικῶν καὶ τὰ ταπεινὰ ἐφορῶν, ὁ τὴν σωτηρίαν τῷ γένει τῶν ἀνθρώπων ἐξαποστείλας τὸν μονογενῆ σου Υἱόν, καὶ Θεόν, τὸν Κύριον ἡμῶν Ἰησοῦν Χριστόν, ἐπίβλεψον ἐπὶ τοὺς δούλους σου τοὺς κατηχουμένους, τοὺς ὑποκεκλικότας σοι τὸν ἑαυτῶν αὐχένα· καὶ καταξίωσον αὐτοὺς ἐν καιρῷ εὐθέτῳ τοῦ λουτροῦ τῆς παλιγγενεσίας, τῆς ἀφέσεως τῶν ἁμαρτιῶν, καὶ τοῦ ἐνδύματος τῆς ἀφθαρσίας· ἕνωσον αὐτοὺς τῇ ἁγίᾳ σου καθολικῇ καὶ ἀποστολικῇ ἐκκλησίᾳ, καὶ συγκαταρίθμησον αὐτοὺς τῇ ἐκλεκτῇ σου ποίμνῃ·

Ἐκφώνως.

Ἵνα καὶ αὐτοὶ σὺν ἡμῖν δοξάζωσι τὸ πάντιμον καὶ μεγαλοπρεπὲς ὄνομά σου, τοῦ Πατρός, καὶ τοῦ Υἱοῦ, καὶ τοῦ ἁγίου Πνεύματος, νῦν καὶ ἀεί, καὶ εἰς τοὺς αἰῶνας τῶν αἰώνων.

Ὁ διάκονος.

L Ὅσοι κατηχούμενοι προέλθετε· οἱ κατηχούμενοι προέλθετε· ὅσοι κατηχούμενοι προέλθετε· μήτις τῶν κατηχουμένων. ὅσοι (1) πιστοὶ ἔτι καὶ ἔτι ἐν εἰρήνῃ τοῦ Κυρίου δεηθῶμεν.

Εὐχὴ πιστῶν αʹ μετὰ τὸ ἁπλωθῆναι τὸ εἰλητόν. (2)

Εὐχαριστοῦμέν σοι, Κύριε ὁ Θεὸς τῶν L (3)
δυνάμεων, τῷ καταξιώσαντι ἡμᾶς παραστῆναι καὶ νῦν τῷ ἁγίῳ σου θυσιαστηρίῳ καὶ προσπεσεῖν τοῖς οἰκτιρμοῖς σου ὑπὲρ τῶν ἡμετέρων ἁμαρτημάτων καὶ τῶν τοῦ λαοῦ ἀγνοημάτων· πρόσδεξαι, ὁ Θεός, τὴν δέησιν ἡμῶν· ποίησον ἡμᾶς ἀξίους γενέσθαι τοῦ προσφέρειν σοι δεήσεις καὶ ἱκεσίας καὶ θυσίας ἀναιμάκτους ὑπὲρ παντὸς τοῦ λαοῦ σου· καὶ ἱκάνωσον ἡμᾶς, οὓς ἔθου εἰς τὴν 5 διακονίαν σου ταύτην, ἐν τῇ δυνάμει τοῦ Πνεύματός σου τοῦ ἁγίου, ἀκαταγνώστως καὶ ἀπροσκόπτως, ἐν καθαρῷ τῷ μαρτυρίῳ τῆς συνειδήσεως ἡμῶν, ἐπικαλεῖσθαί σε ἐν παντὶ καιρῷ καὶ τόπῳ· ἵνα, εἰσακούων ἡμῶν, ἵλεως ἡμῖν εἴῃς ἐν τῷ πλήθει τῆς σῆς ἀγαθότητος.

(1) Leo Thuscus, p. 56, *Extra cancellos dicit*. Nullus catechumenorum, sed soli fideles remaneant.

(2) Leo Thuscus: Sacerdos dicit orationem corporalis.
(3) This is found in the Barberini codex, ΚΑʹ.

SIXTEENTH CENTURY.

Κύριε ὁ Θεὸς ἡμῶν, ὁ ἐν ὑψηλοῖς κατοικῶν, *ut supra*.

Ὁ χορός. Ἀμήν.

(a) Μετὰ τὴν ἐκφώνησιν λαμβάνει ὁ ἱερεὺς τὸ εἰλητόν, καὶ κατὰ τὸ σύνηθες ἐξαπλώνει.

Ὁ διάκονος. Ὅσοι κατηχούμενοι προέλθετε, *ut supra*. L (b)

Ὁ χορός. Κύριε, ἐλέησον. L

Εὐχὴ πιστῶν πρώτη μετὰ τὸ ἁπλωθῆναι τὸ εἰλητόν, ἣν ὁ ἱερεὺς μυστικῶς λέγει.

Εὐχαριστοῦμέν σοι, *ut supra*. L

(a) H and R have simply καὶ ἐξαπλοῖ τὸ εἰλητὸν ὁ ἱερεύς.

(b) Ducas and Morel have προσέλθετε three times. This must be an error for προέλθετε.

ELEVENTH CENTURY.

Ὁ διάκονος. Ἀντιλαβοῦ, σῶσον, ἐλέησον, κ.τ.λ. Σοφία.

Ἐκφώνως.

L Ὅτι πρέπει σοι πᾶσα δόξα, τιμή, καὶ προσκύνησις, τῷ Πατρί, καὶ τῷ Υἱῷ, καὶ τῷ ἁγίῳ Πνεύματι, νῦν καὶ ἀεί, καὶ εἰς τοὺς αἰῶνας τῶν αἰώνων.

Ὁ διάκονος.

Ἔτι καὶ ἔτι ἐν εἰρήνῃ τοῦ Κυρίου δεηθῶμεν.

Εὐχὴ πιστῶν β΄.

L (1) Πάλιν καὶ πολλάκις σοὶ προσπίπτομεν καὶ σοῦ δεόμεθα, ἀγαθὲ καὶ φιλάνθρωπε, ὅπως ἐπιβλέψας ἐπὶ τὴν δέησιν ἡμῶν καθαρίσῃς ἡμῶν τὰς ψυχὰς καὶ τὰ σώματα ἀπὸ παντὸς μολυσμοῦ σαρκὸς καὶ πνεύματος·

καὶ δῴης ἡμῖν ἀνένοχον καὶ ἀκατάκριτον τὴν παράστασιν τοῦ ἁγίου σου θυσιαστηρίου· χάρισαι δέ, ὁ Θεός, τοῖς συνευχομένοις ἡμῖν προκοπὴν βίου καὶ πίστεως καὶ συνέσεως πνευματικῆς· δὸς αὐτοῖς πάντοτε μετὰ φόβου καὶ ἀγάπης λατρεύουσί σοι, ἀνενόχως καὶ ἀκατακρίτως μετέχειν τῶν ἁγίων σου μυστηρίων, καὶ τῆς ἐπουρανίου σου βασιλείας ἀξιωθῆναι.

Ὁ διάκονος. Ἀντιλαβοῦ, σῶσον, ἐλέησον, κ.τ.λ.

Σοφία.

Ἐκφών. Ὅπως ὑπὸ τοῦ κράτους σου L πάντοτε φυλαττόμενοι, σοὶ δόξαν ἀναπέμπωμεν τῷ Πατρί, καὶ τῷ Υἱῷ, καὶ τῷ ἁγίῳ Πνεύματι, νῦν καὶ ἀεί, καί.

(1) This is numbered ΚΒ΄ in the Barberini codex.

SIXTEENTH CENTURY.

(a) Εὐχομένου τοῦ ἱερέως, ὁ διάκονος λέγει τὰ εἰρηνικά, εἰ ἔστιν, ἔξω τοῦ ἁγίου βήματος ἐν τῷ συνήθει τόπῳ.

Ἔτι καὶ ἔτι ἐν εἰρήνῃ τοῦ Κυρίου δεηθῶμεν.

Ὁ χορός. Κύριε, ἐλέησον.

Ὁ διάκονος. Ὑπὲρ τῆς ἁγίας μόνης ταύτης κ.τ.λ. as on page 110, four petitions.

Ὁ διάκονος. Ἀντιλαβοῦ, κ.τ.λ.

Ὁ χορός. Κύριε, ἐλέησον.

Ὁ διάκονος. Σοφία.

Ὁ ἱερεὺς ἐκφώνως. Ὅτι πρέπει σοι, κ.τ.λ.

(a) H and R omit the εἰρηνικά.
(b) This direction also is omitted in H and R, who simply give the Ἀντιλαβοῦ and Σοφία.
(c) The rubric in the Latin states that here they pass to the table of prothesis, and from thence to the altar: three deacons carrying the patens and the breads, the rest carrying

Ὁ χορός. Ἀμήν.

Εὐχὴ πιστῶν δευτέρα ἣν ὁ ἱερεὺς μυστικῶς λέγει.

Πάλιν καὶ πολλάκις, ut supra. L

Εὐχομένου τοῦ ἱερέως ὁ διάκονος λέγει τὰ εἰρηνικὰ ἔξω τοῦ ἁγίου βήματος. (b)

Ὁ ἱερεὺς ἐκφώνως. Ὅπως ὑπὸ τοῦ κράτους L σου, ut supra.

Ὁ χορός. Ἀμήν.

Μετὰ τὴν ἐκφώνησιν λέγει τὴν εὐχὴν καθ' (c) ἑαυτόν, καὶ οἱ μὲν ψάλται ψάλλουσιν τὸν χερου-

the chalices, all singing the Cherubic hymn. This hymn is given in Dr Daniel, Mr Hammond and the Roman edition thus.

Μετὰ τὴν ἐκφώνησιν οἱ ψάλται ψάλλουσι τὸν χερουβικὸν ὕμνον.

Οἱ τὰ Χερουβὶμ μυστικῶς εἰκονίζοντες καὶ τῇ ζωοποιῷ Τριάδι τὸν τρισάγιον ὕμνον ᾄδοντες πᾶσαν

ELEVENTH CENTURY.

L (1) Εὐχὴ ἣν ποιεῖ ὁ ἱερεὺς καθ' ἑαυτόν, τοῦ χερουβικοῦ ᾀδομένου.

L (2) Οὐδεὶς ἄξιος τῶν συνδεδεμένων ταῖς σαρκικαῖς ἐπιθυμίαις καὶ ἡδοναῖς προσέρχεσθαι ἢ προσεγγίζειν ἢ λειτουργεῖν σοι, Βασιλεῦ τῆς δόξης· τὸ γὰρ διακονεῖν σοι μέγα καὶ φοβερόν, καὶ αὐταῖς ταῖς ἐπουρανίαις δυνάμεσιν· (3) ἀλλ' ὅμως, διὰ τὴν ἄφατον (4) καὶ ἀμετρητόν σου φιλανθρωπίαν, ἀτρέπτως καὶ ἀναλλοιώτως γέγονας ἄνθρωπος, καὶ ἀρχιερεὺς ἡμῶν ἐχρημάτισας, καὶ τῆς λειτουργικῆς ταύτης καὶ ἀναιμάκτου θυσίας (5) τὴν ἱερουργίαν παρέδωκας ἡμῖν, ὡς Δεσπότης (6) τῶν ἁπάντων· σὺ γὰρ μόνος, Κύριε ὁ Θεὸς ἡμῶν, δεσπόζεις τῶν ἐπουρανίων καὶ τῶν ἐπιγείων, ὁ ἐπὶ θρόνου Χερουβικοῦ ἐποχούμενος, ὁ τῶν Σεραφὶμ Κύριος καὶ Βασιλεὺς τοῦ Ἰσραήλ, ὁ μόνος ἅγιος καὶ ἐν ἁγίοις ἀναπαυόμενος. Σὲ τοίνυν δυσωπῶ τὸν μόνον ἀγαθὸν καὶ εὐήκοον, ἐπίβλεψον ἐπ' ἐμὲ τὸν ἁμαρτωλὸν καὶ ἀχρεῖον δοῦλόν σου, καὶ καθάρισόν μου τὴν ψυχὴν καὶ τὴν καρδίαν ἀπὸ συνειδήσεως πονηρᾶς, καὶ ἱκάνωσόν με τῇ δυνάμει τοῦ ἁγίου σου Πνεύματος, ἐνδεδυμένον τὴν τῆς ἱερατείας χάριν, παραστῆναι τῇ ἁγίᾳ σου ταύτῃ τραπέζῃ καὶ ἱερουργῆσαι τὸ ἅγιον καὶ ἄχραντόν σου σῶμα καὶ τὸ τίμιον αἷμα. σοὶ γὰρ προσέρ- 6 L(7) (8) (9)

(1) 1. 10 has εὐχὴ ἣν εὔχεται καθ' ἑαυτὸν ὁ ἱερεύς.
This is the rubric in the Latin (p. 65). Pro januis cancellorum a dextris et sinistris unusquisque dicit orationem mysteriorum in silentio, introeuntes ad sanctam mensam. Oratio quam facit pro se sacerdos dum cherubim (sic) hymnus a populo decantatur.

(2) This is numbered IB' in the Barberini S. Basil, but it has been altered for doctrinal purposes.

(3) B. δυνάμεσιν ἀπρόσιτον.
(4) B. τὴν σὴν ἄφατον φιλανθρωπίαν.
(5) – ἡμῖν. B.
[A quire is missing here from 1. 10. I have however taken my notes of the rubrics from the corresponding parts of the Liturgy of S. Basil as contained in that MS.]
(6) – μόνος, Κύριε ὁ Θεὸς ἡμῶν, B.
(7) – καὶ καθάρισον...πονηρᾶς, B.
(8) – καὶ ἄχραντον B.
(9) σοὶ γὰρ κλίνω, B.

SIXTEENTH CENTURY.

βικὸν ὕμνον, ὁ δὲ διάκονος προσελθὼν τῷ ἱερεῖ μετὰ θυμιάματος θυμιᾷ τὴν ἁγίαν τράπεζαν σταυροειδῶς κύκλῳ, καὶ τὸ ἱερατεῖον, καὶ τὸν ἱερέα· καὶ μετὰ τοῦτο ἵσταται ἐν τῇ ἀριστερᾷ τοῦ ἱερέως εὐλαβῶς.

τὴν βιωτικὴν ἀποθώμεθα μέριμναν, ὡς τὸν βασιλέα τῶν ὅλων ὑποδεξάμενοι, ταῖς ἀγγελικαῖς ἀοράτως δορυφορούμενον τάξεσιν. Ἀλληλούϊα, Ἀλληλούϊα, Ἀλληλούϊα.

(a). Η λέγουσι καὶ αὐτοὶ τὸν χερ. ὕ. R λέγουσι καὶ αὐτοὶ ὁ ἱερεὺς καὶ ὁ διάκονος. They proceed

Εἶτα λαβὼν ὁ διάκονος τὸν θυμιατόν, καὶ θυμίαμα βαλών, πρόσεισι τῷ ἱερεῖ· καὶ λαβὼν εὐλογίαν

Εὐχὴ ἣν λέγει ὁ ἱερεὺς μυστικῶς τοῦ χερουβικοῦ ᾀδομένου. L

Οὐδεὶς ἄξιος, ut supra. Ἀμήν. L

Πληρωθείσης δὲ τῆς εὐχῆς, εὔχονται ὁμοῦ τὸν χερουβικὸν ὕμνον καὶ τὸν ν' ψαλμὸν μυστικῶς· (a) παρ' αὐτοῦ, θυμιᾷ τὴν ἁγίαν τράπεζαν γύρωθεν, καὶ τὸ ἱερατεῖον ὅλον, καὶ τὸν ἱερέα· λέγει δὲ καὶ τὸν πεντηκοστόν, καὶ τροπάρια κατανυκτικὰ ὅσα καὶ βούλεται, ὁμοῦ μετὰ τοῦ ἱερέως, καὶ ἀπέρχονται ἐν τῇ προθέσει, ut supra.

M notes that they adore three times whilst they are saying the Cherubic hymn.

LITURGY OF SAINT CHRYSOSTOM.

ELEVENTH CENTURY.

χομαι κλίνας τὸν ἐμαυτοῦ αὐχένα, καὶ δέομαί σου, Μὴ ἀποστρέψῃς τὸ πρόσωπόν σου ἀπ' ἐμοῦ, μηδὲ ἀποδοκιμάσῃς με ἐκ παίδων σου· ἀλλ' ἀξίωσον προσενεχθῆναί σοι ὑπ' ἐμοῦ τοῦ ἁμαρτωλοῦ καὶ ἀναξίου δούλου σου τὰ δῶρα ταῦτα. Σὺ γὰρ εἶ ὁ προσφέρων,

(1) πόδων B. *per errorem*.
(2) σοὶ τὰ δῶρα ταῦτα καὶ ὑπ' ἐμοῦ ταπεινοῦ ἁμαρτωλοῦ B.

καὶ προσφερόμενος, καὶ προσδεχόμενος, καὶ διαδιδόμενος, Χριστέ, ὁ Θεὸς ἡμῶν, καὶ σοὶ τὴν δόξαν ἀναπέμπομεν, σὺν τῷ ἀνάρχῳ σου Πατρί, καὶ τῷ παναγίῳ καὶ ἀγαθῷ καὶ ζωοποιῷ σου Πνεύματι, νῦν καὶ ἀεί, καὶ εἰς τοὺς αἰῶνας τῶν αἰώνων. Ἀμήν.

(3) For προσδεχόμενος καὶ διαδιδόμενος B. had καὶ ἁγιάζων καὶ ἁγιαζόμενος.
(4) ἀναπέμπομεν τῷ Πατρί, B.

(1)
(2)
(3)
(4)

SIXTEENTH CENTURY.

καὶ προσκυνοῦντες τρὶς ἀπέρχονται ἐν τῇ προθέσει, προπορευομένου τοῦ διακόνου μετὰ θυμιάματος· καὶ θυμιάσας τὰ ἅγια, καθ' ἑαυτὸν εὐχόμενος τό, Ὁ Θεὸς ἱλάσθητί μοι τῷ ἁμαρτωλῷ, πρὸς τὸν ἱερέα λέγει, Ἔπαρον, δέσποτα. Ὁ δὲ ἱερεὺς ἄρας τὸν ἀέρα, ἐπιτίθησι τῷ ἀριστερῷ ὤμῳ τοῦ διακόνου, λέγων·

(*a*) H and R omit ἐν εἰρήνῃ, and give only the first verse of the psalm.
The ceremonies in C are different and interesting. They are these.
After the οἱ τὰ χερουβὶμ follows what is called ἕτερος ὕμνος. πᾶσαν τὴν βιωτικὴν ἀποθώμεθα μέριμναν, ὡς τὸν βασιλέα τῶν ὅλων ὑποδεξάμενοι ταῖς ἀγγελικαῖς ἀοράτως δορυφορούμενον τάξεσιν. Then the priest τὴν εὐχὴν τοῦ χερουβικοῦ· Οὐδεὶς ἄξιος. The deacon censes the holy table and the prothesis, and washes his hands with the well-known words of Psalm 25 (26). The hymn to the Holy Spirit follows Βασιλεῦ οὐράνιε as above, p. 101. Then after rearranging the veil on the shoulder of the deacon the priest says μὴ ἀποῤῥίψῃς με ἀπὸ τοῦ προσώπου σου, καὶ τὸ Πνεῦμα τὸ ἅγιον μὴ ἀντανέλῃς ἀπ' ἐμοῦ. The deacon responds ἀπόδος μοι τὴν ἀγαλλίασιν τοῦ σωτηρίου σου καὶ πνεύματι ἡγεμονικῷ στήριξόν με. The priest places the "disc" on the deacon's head, as in the modern service, whilst he takes the cup himself; and, saying the Tersanctus, they pass to the πρό-

Ἐν εἰρήνῃ ἐπάρατε τὰς χεῖρας ὑμῶν εἰς τὰ ἅγια, καὶ εὐλογεῖτε τὸν Κύριον. Εὐλογήσαι σε Κύριος ἐκ Σιών, ὁ ποιήσας τὸν οὐρανὸν καὶ τὴν γῆν, πάντοτε, νῦν καὶ ἀεί.

Εἶτα τὸν ἅγιον δίσκον ἐπὶ τῆς κορυφῆς αὐτοῦ ὁ διάκονος μετὰ προσοχῆς λαμβάνει. Ὁ ἱερεὺς αἴρων τὸ ἅγιον ποτήριον, καὶ ὁ διάκονος κρατῶν ἐν τῇ θύρᾳ singing ἄρατε πύλας οἱ ἄρχοντες ὑμῶν, καὶ ἐπάρθητε, πύλαι αἰώνιοι· καὶ εἰσελεύσεται ὁ βασιλεὺς τῆς δόξης. εὐλογημένος ὁ ἐρχόμενος ἐν ὀνόματι τοῦ Κυρίου. Θεὸς Κύριος καὶ ἐπέφανεν ὑμῖν. Then he covers τὰ ἅγια saying ὁ Κύριος ἐβασίλευσεν, εὐπρέπειαν ἐνεδύσατο. He addresses those on both sides of him μεγαλύνατε τὸν Κύριον σὺν ἐμοὶ καὶ ὑψώσωμεν τὸ ὄνομα αὐτοῦ ἐπὶ τὸ αὐτό. They answer πνεῦμα ἅγιον ἐπελεύσεται ἐπὶ σὲ καὶ δύναμις ὑψίστου ἐπισκιάσει σε. He replies ἀμήν, ἀμήν· γένοιτό μοι κατὰ τὸ ῥῆμα ὑμῶν· καὶ μνησθείη πάντων ἡμῶν ὁ Θεὸς ἐν τῇ βασιλείᾳ τῶν οὐρανῶν· πάντοτε νῦν καί. And then the deacon proceeds πληρώσωμεν as in Ducas.

(*b*) For this H reads (and R partially)
Εἶτα τὸν ἅγιον δίσκον λαβών, ἐπιβάλλει τῇ τοῦ διακόνου κεφαλῇ μετὰ πάσης προσοχῆς καὶ εὐλαβείας, κρατοῦντος ἅμα τοῦ διακόνου καὶ τὸν θυμιατὸν [ἔχων ἅμα ὁ διάκονος καὶ τὸ θυμιατήριον R] ἑνὶ τῶν δακτύλων. Αὐτὸς δὲ τὸ ἅγιον ποτήριον ἀνὰ χεῖρας λαβών, ἐξέρχονται διὰ τοῦ βορείου μέρους, προπορευομένων αὐτοῖς λαμπάδων· καὶ περιέρχονται τὸν ναόν, εὐχόμενοι ἀμφότεροι ὑπὲρ πάν-

(*a*)
(*b*)

ELEVENTH CENTURY.

* * * * *

SIXTEENTH CENTURY.

δεξιᾷ αὐτοῦ ἑνὶ δακτύλῳ τὸ θυμιατήριον, καὶ διερχόμενοι τὸν ναὸν εὔχονται ἀμφότεροι ὑπὲρ πάντων λέγοντες·

Μνησθείη Κύριος ὁ Θεὸς πάντων ἡμῶν ἐν τῇ βασιλείᾳ αὐτοῦ, πάντοτε, νῦν.

Ὁ χορός. Ἀμήν.

(a) Καὶ πολλάκις τοῦτο λέγουσιν ἕως ἂν πληρωθῇ ἡ μεγάλη εἴσοδος· εἰσερχόμενοι δὲ τὸ ἅγιον βῆμα λέγουσιν·

των [καθ' ἑαυτοὺς R], καὶ λέγοντες·
Πάντων ἡμῶν μνησθείη Κύριος ὁ Θεὸς κ.τ.λ.

(a) For this H and R have

Εἰσελθὼν δὲ ὁ διάκονος ἔνδον τῶν ἁγίων θυρῶν, ἵσταται ἐν τοῖς δεξιοῖς. Καὶ μέλλοντος τοῦ ἱερέως εἰσελθεῖν, λέγει πρὸς αὐτὸν ὁ διάκονος·

Μνησθείη Κύριος ὁ Θεὸς τῆς ἱερωσύνης σου ἐν τῇ βασιλείᾳ αὐτοῦ.

Καὶ ὁ ἱερεὺς πρὸς αὐτόν·

Μνησθείη Κύριος ὁ Θεὸς τῆς ἱεροδιακονίας σου ἐν τῇ βασιλείᾳ αὐτοῦ, πάντοτε, νῦν.

Καὶ ὁ μὲν ἱερεὺς ἀποτίθησι τὸ ἅγιον ποτήριον ἐν τῇ ἁγίᾳ τραπέζῃ· τὸν δὲ ἅγιον δίσκον λαβὼν ἀπὸ τῆς τοῦ διακόνου κεφαλῆς, ἀποτίθησι καὶ αὐτὸν τῇ ἁγίᾳ τραπέζῃ, λέγων·

Ὁ εὐσχήμων Ἰωσήφ, κ.τ.λ.

[R adds ἀλλὰ τριήμερος ἀνέστης, Χριστὲ ὁ Θεός, παρέχων τῷ κόσμῳ τὸ μέγα ἔλεος. M has the words of the deacon and priest with simpler rubrics.]

After which they proceed

Ἐν τάφῳ σωματικῶς, ἐν ᾅδου δὲ μετὰ ψυχῆς, κ.τ.λ. as above, p. 109.

Ὡς ζωηφόρος, ὡς παραδείσου ὡραιότερος ὄντως καὶ παστάδος πάσης βασιλικῆς ἀναδέδεικται λαμπρότερος, Χριστέ, ὁ τάφος σου, ἡ πηγὴ τῆς ἡμῶν ἀναστάσεως.

(b) Morel's copy interposes here εἶτα ὁ διάκονος πάλιν πρὸς τὸν ἱερέα τὴν κεφαλὴν ὑποκλίνας λέγει, Μνήσθητί μου δέσποτα ἅγιε τοῦ ἁμαρτωλοῦ. καὶ ὁ

Εὐλογημένος ὁ ἐρχόμενος ἐν ὀνόματι Κυρίου.

Εἶτα ὁ ἱερεὺς ἀποτιθεὶς τὰ ἅγια λέγει· (b)

Ὁ εὐσχήμων Ἰωσὴφ ἀπὸ τοῦ ξύλου καθελὼν τὸ ἄχραντόν σου σῶμα, σινδόνι καθαρᾷ εἰλήσας καὶ ἀρώμασιν, ἐν μνήματι καινῷ κηδεύσας ἀπέθετο.

Εἶτα ἀποτίθησι τὰ καλύμματα ὁ ἱερεὺς ἀπὸ τοῦ (c) ἱεροῦ δίσκου καὶ τοῦ ἁγίου ποτηρίου, τὸν δὲ ἀέρα

ἱερεύς· Μνησθείη σου Κύριος ὁ Θεός, ἐν τῇ βασιλείᾳ αὐτοῦ, πάντοτε, νῦν. εἶτα ἀποτίθεται καὶ αὐτὸς τὸ ἅγιον ποτήριον ἐν τῇ ἱερᾷ τραπέζῃ, ἐπιλέγων καὶ τὸ τροπάριον τόδε. Ὁ εὐσχήμων.

There is a curious direction in an early printed copy given by Goar, and from him by Daniel, directing the priest in the great entrance to be careful not to touch with his foot the sick people who might be lying on the floor of the church: he must pray for them.

(c) The Rubric in H and R is similar, adding however that the priest places the discus and cup ἐν ἑνὶ μέρει τῆς ἁγίας τραπέζης. The directions up to the petition εὖξαι ὑπὲρ ἐμοῦ δέσποτα ἅγιε in H are these.

Καὶ λαβὼν τὸν θυμιατὸν ἐκ τῶν τοῦ διακόνου χειρῶν, θυμιᾷ τὰ ἅγια τρίς, λέγων·

Τότε ἀνοίσουσιν ἐπὶ τὸ θυσιαστήριόν σου μόσχους.

Καὶ ἀποδοὺς τὸν θυμιατόν, καὶ χαλάσας τὸ φελώνιον, κλίνας τε τὴν κεφαλήν, λέγει πρὸς τὸν διάκονον·

Μνήσθητί μου, ἀδελφὲ καὶ συλλειτουργέ.

Καὶ ὁ διάκονος πρὸς αὐτόν·

Μνησθείη Κύριος ὁ Θεὸς τῆς ἱερωσύνης σου ἐν τῇ βασιλείᾳ αὐτοῦ.

Εἶτα ὁ διάκονος ὑποκλίνας καὶ αὐτὸς τὴν κεφαλήν, κρατῶν ἅμα καὶ τὸ ὡράριον τοῖς τρισὶ δακτύλοις τῆς δεξιᾶς, λέγει πρὸς τὸν ἱερέα·

Εὖξαι ὑπὲρ ἐμοῦ, δέσποτα ἅγιε.

R repeats ὁ εὐσχήμων Ἰωσὴφ before the

ELEVENTH CENTURY.

Ὁ διάκονος.

L Πληρώσωμεν τὴν δέησιν ἡμῶν τῷ Κυρίῳ.

L Ὑπὲρ τῶν προτεθέντων τιμίων δώρων, τοῦ Κυρίου δεηθῶμεν.

L (1) Ὑπὲρ τοῦ ἁγίου οἴκου τούτου, καὶ τῶν μετὰ πίστεως, εὐλαβείας, καὶ φόβου, κ.τ.λ.

(1) As above, p. 110.
(2) ι. 10 has in the corresponding place of S. Basil Εὐχὴ μετὰ τὸ ἀποτεθῆναι τὰ τίμια δῶρα ἐν τῇ ἁγίᾳ τραπέζῃ.

L Ὑπὲρ τοῦ ῥυσθῆναι ἡμᾶς ἀπὸ πάσης θλίψεως, ὀργῆς.

L (2) Εὐχὴ προσκομιδῆς μετὰ τὴν ἐν τῇ ἁγίᾳ τραπέζῃ τῶν θείων δώρων ἀπόθεσιν.

L (3) Κύριε ὁ Θεὸς ὁ παντοκράτωρ, ὁ μόνος ἅγιος, ὁ δεχόμενος θυσίαν αἰνέσεως παρὰ

(3) The prayer ΚΙ΄ of the Barberini codex, where it is entitled εὐχὴ τῆς προσκομιδῆς τοῦ ἁγίου Ἰωάννου τοῦ χρυσοστόμου.

SIXTEENTH CENTURY.

λαβὼν ἀπὸ τῶν ὤμων τοῦ διακόνου, καὶ θυμιάσας αὐτόν, ἐπισκεπάζει δι' αὐτοῦ τὰ ἅγια. εἶτα ὁ διάκονος θυμᾷ τὰ ἅγια τρίς, λέγων οὕτως·

Ἀγάθυνον, Κύριε, ἐν τῇ εὐδοκίᾳ σου τὴν Σιών.

Εἶτα εὐχόμενοι τὸ

Ὁ Θεὸς ἱλάσθητί μοι τῷ ἁμαρτωλῷ,

ἔμπροσθεν τῆς ἁγίας τραπέζης προσκυνοῦσι τρίς. Καὶ ὁ μὲν ἱερεὺς ἵσταται, ὁ δὲ διάκονος τὸν αὐχένα κλίνας πρὸς τὸν ἱερέα λέγει·

L Εὖξαι ὑπὲρ ἐμοῦ, δέσποτα.

Ὁ δὲ ἱερεύς·

L Πνεῦμα ἅγιον ἐπελεύσεται ἐπὶ σέ, καὶ δύναμις Ὑψίστου ἐπισκιάσει σοι.

(a) Ὁ δὲ διάκονος λέγει· Τὸ αὐτὸ Πνεῦμα συλλειτουργήσει ὑμῖν καὶ ἡμῖν, πάντοτε, νῦν κ.τ.λ.

(b) Τότε γοῦν ὁ διάκονος λέγει·

Μνήσθητί μου, δέσποτα ἅγιε. L

Ὁ δὲ ἱερεὺς λέγει· Μνησθείη σου Κύριος ὁ L Θεὸς ἐν τῇ βασιλείᾳ αὐτοῦ, πάντοτε, νῦν καὶ ἀεί, καὶ εἰς τοὺς αἰῶνας τῶν αἰώνων.

Ὁ διάκονος. Ἀμήν, Ἀμήν, Ἀμήν.

Καὶ προσκυνήσας ἔρχεται ἐν τῷ συνήθει τόπῳ, (c) λέγων·

Πληρώσωμεν τὴν δέησιν ἡμῶν τῷ Κυρίῳ. L

Ὁ χορός. Κύριε, ἐλέησον. L (d)

Ὁ διάκονος. Ὑπὲρ τῶν προτεθέντων τιμίων κ.τ.λ.

Ὑπὲρ τοῦ ἁγίου οἴκου τούτου. L

Ὑπὲρ τοῦ ῥυσθῆναι ἡμᾶς. L

Εὐχὴ προσκομιδῆς, μετὰ τὴν ἐν τῇ ἁγίᾳ τραπέζῃ τῶν θείων δώρων ἀπόθεσιν ἣν λέγει ὁ ἱερεὺς μυστικῶς.

Κύριε, ὁ Θεός, ὁ παντοκράτωρ, ut supra.

censing. (It reads τὸ θυμιατήριον for τὸν θυμιατόν, and in lieu of the last line has καὶ ὁ ἱερεὺς πρὸς τὸν διάκονον. Εὖξαι ὑπὲρ ἐμοῦ, συλλειτουργέ μου. καὶ ὁ διάκονος, Πνεῦμα ἅγιον, κ.τ.λ. καὶ ὁ ἱερεύς, Τὸ αὐτὸ Πνεῦμα.)

(a) H and R read συλλειτουργήσει ἡμῖν πάσας τὰς ἡμέρας τῆς ζωῆς ἡμῶν. P reads Αὐτὸ τὸ Πνεῦμα τὸ ἅγιον μενεῖ μεθ' ἡμῶν καὶ συλλειτουργήσει ἡμῖν π. τ. ἡ. τῆς ζωῆς ἡμῶν.

(b) R has εἶτα ὁ διάκονος ὑποκλίνας καὶ αὐτὸς τὴν κεφαλήν, κρατῶν ἅμα καὶ τὸ ὠράριον τοῖς τρισὶ δακτύλοις τῆς δεξιᾶς λέγει πρὸς τὸν ἱερέα· Μνήσθητί μου.

(c) H and R Καὶ ἐπειπὼν τό, Ἀμήν, καὶ ἀσπασάμενος τὴν τοῦ ἱερέως δεξιάν, ἐξέρχεται, καὶ στὰς ἐν τῷ συνήθει τόπῳ, λέγει.

(d) This response of the choir was repeated each time.

LITURGY OF SAINT CHRYSOSTOM.

ELEVENTH CENTURY.

τῶν ἐπικαλουμένων σε ἐν ὅλῃ καρδίᾳ, πρόσδεξαι καὶ ἡμῶν τῶν ἁμαρτωλῶν τὴν δέησιν, καὶ προσάγαγε τῷ ἁγίῳ σου θυσιαστηρίῳ, καὶ ἱκάνωσον ἡμᾶς προσενεγκεῖν σοι δῶρά τε καὶ θυσίας πνευματικάς, ὑπὲρ τῶν ἡμετέρων ἁμαρτημάτων καὶ τῶν τοῦ λαοῦ ἀγνοημάτων· καὶ καταξίωσον ἡμᾶς εὑρεῖν χάριν ἐνώπιόν σου, τοῦ γενέσθαι σοι εὐπρόσδεκτον τὴν θυσίαν ἡμῶν, καὶ ἐπισκηνῶσαι τὸ Πνεῦμα τῆς χάριτός σου τὸ ἀγαθὸν ἐφ' ἡμᾶς, καὶ ἐπὶ τὰ προκείμενα δῶρα ταῦτα, καὶ ἐπὶ πάντα τὸν λαόν σου.

Ὁ διάκονος.

Ἀντιλαβοῦ, σῶσον, ἐλέησον.

L Τὴν ἡμέραν πᾶσαν τελείαν, ἁγίαν, εἰρηνικὴν καὶ ἀναμάρτητον, παρὰ τοῦ Κυρίου
(1) αἰτησώμεθα.

L Συγγνώμην καὶ ἄφεσιν τῶν ἁμαρτιῶν καὶ τῶν πλημμελημάτων ἡμῶν, παρὰ τοῦ Κυρίου αἰτησώμεθα.

L Τὰ καλὰ καὶ συμφέροντα ταῖς ψυχαῖς ἡμῶν, καὶ εἰρήνην τῷ κόσμῳ, παρὰ τοῦ Κυρίου αἰτησώμεθα.

Τὸν ὑπόλοιπον χρόνον τῆς ζωῆς ἡμῶν ἐν εἰρήνῃ καὶ μετανοίᾳ ἐκτελέσαι, παρὰ τοῦ Κυρίου αἰτησώμεθα. L .7

Χριστιανὰ τὰ τέλη τῆς ζωῆς ἡμῶν, ἀνώδυνα, ἀνεπαίσχυντα, εἰρηνικά, καὶ καλὴν ἀπολογίαν τὴν ἐπὶ τοῦ φοβεροῦ βήματος τοῦ Χριστοῦ, αἰτησώμεθα. L

Τῆς παναγίας, ἀχράντου, ὑπερευλογημένης δεσποίνης ἡμῶν θεοτόκου καὶ ἀειπαρθένου Μαρίας, μετὰ πάντων τῶν ἁγίων μνημονεύσαντες, ἑαυτούς, καὶ ἀλλήλους, καὶ πᾶσαν τὴν ζωὴν Χριστῷ τῷ Θεῷ παραθώμεθα. L

Ἐκφώνως·

Διὰ τῶν οἰκτιρμῶν τοῦ μονογενοῦς σου Υἱοῦ, μεθ' οὗ εὐλογητὸς εἶ, σὺν τῷ παναγίῳ, καὶ ἀγαθῷ, καὶ ζωοποιῷ σου Πνεύματι, νῦν καὶ ἀεί, καὶ εἰς τοὺς αἰῶνας τῶν αἰώνων. L (2)

Ὁ ἱερεύς. Εἰρήνη πᾶσιν. L

(1) l. 10 adds here (see above) ἄγγελον εἰρήνης, κ.τ.λ., as does L.
(2) The Liturgy from this point follows closely the second liturgy of the Barberini codex.

SIXTEENTH CENTURY.

Ὁ διάκονος. Ἀντιλαβοῦ.
Ὁ χορός. Κύριε, ἐλέησον.
Τὴν ἡμέραν πᾶσαν.
(a) Ὁ χορός. Παράσχου, Κύριε.
Ἄγγελον εἰρήνης.
Συγγνώμην.
Τὰ καλὰ καί.

Τὸν ὑπόλοιπον.
Χριστιανὰ τὰ τέλη.
Τῆς παναγίας.
Ὁ χορός. Σοί, Κύριε.
Ὁ ἱερεὺς ἐκφώνως. Διὰ τῶν οἰκτιρμῶν, ut supra.
Ὁ ἱερεύς. Εἰρήνη πᾶσιν.

(a) The words Παράσχου, Κύριε are repeated after each invitation from the priest.

LITURGY OF SAINT CHRYSOSTOM.

ELEVENTH CENTURY.

L Ὁ διάκονος. Ἀγαπήσωμεν ἀλλήλους, ἵνα ἐν ὁμονοίᾳ ὁμολογήσωμεν.

(1) Καὶ μετὰ τὸ δοθῆναι τὴν ἀγάπην λέγει ὁ διάκονος·

L Τὰς θύρας, τὰς θύρας· ἐν σοφίᾳ πρόσχωμεν.

(2) Ὁ λαός. Πιστεύω εἰς ἕνα Θεόν.

Ὁ διάκονος. Στῶμεν καλῶς· στῶμεν μετὰ φόβου. πρόσχωμεν τῇ ἁγίᾳ ἀναφορᾷ ἐν εἰρήνῃ προσφέρειν.

Ἐκφώνως.

Ἡ χάρις τοῦ Κυρίου ἡμῶν Ἰησοῦ Χριστοῦ, καὶ ἡ ἀγάπη τοῦ Θεοῦ καὶ Πατρός, καὶ ἡ κοινωνία τοῦ ἁγίου Πνεύματος, εἴη μετὰ πάντων ὑμῶν.

Ἄνω σχῶμεν τὰς καρδίας.

(3) L

(1) According to the Latin the priest kisses the altar, and the others draw near and do the same. Then they greet each other, and the archdeacon directs the deacon who is standing without the *cancelli* to close the doors.

(2) l. 10 in S. Basil omits the Creed.
(3) l. 10 *prima manu* τὴν ἁγίαν ἀναφορὰν. The Latin translates: "Intentionem præstemus divinis mysteriis et (ut?) in pace offeramus."

SIXTEENTH CENTURY.

Ὁ διάκονος. Ἀγαπήσωμεν ἀλλήλους, ἵνα ἐν ὁμονοίᾳ ὁμολογήσωμεν,

Ὁ χορός. Πατέρα, Υἱόν, καὶ ἅγιον Πνεῦμα, Τριάδα ὁμοούσιον καὶ ἀχώριστον.

(a) Ὁ ἱερεὺς προσκυνεῖ τρίς, λέγων μυστικῶς τρίς·

Ἀγαπήσω σε, Κύριε ἡ ἰσχύς μου, Κύριος στερέωμά μου, καὶ καταφυγή μου.

(b) Καὶ ὁ διάκονος περιπτύσσεται τὸ ὡράριον αὐτοῦ, καὶ προσκυνεῖ τρίς, καὶ ἐπισυνάπτει ἐκφώνως·

Τὰς θύρας, τὰς θύρας· ἐν σοφίᾳ πρόσχωμεν.

Καὶ ὁ χορὸς τό, Πιστεύω.

Καὶ μετὰ τὴν συμπλήρωσιν τοῦ ἁγίου συμβόλου, λέγει ὁ διάκονος ἐκφώνως·

Στῶμεν καλῶς· στῶμεν μετὰ φόβου. πρόσχωμεν τὴν ἁγίαν ἀναφορὰν ἐν εἰρήνῃ προσφέρειν.

Ὁ χορός. Ἔλεον εἰρήνης, θυσίαν αἰνέσεως. (c)

Ὁ ἱερεὺς ἐκφώνως.

Ἡ χάρις τοῦ Κυρίου ἡμῶν Ἰησοῦ Χριστοῦ, καὶ ἡ ἀγάπη τοῦ Θεοῦ καὶ Πατρός, καὶ ἡ κοινωνία τοῦ ἁγίου Πνεύματος, εἴη μετὰ πάντων ὑμῶν.

Ὁ χορός. Καὶ μετὰ τοῦ πνεύματός σου.

Ὁ ἱερεύς. Ἄνω σχῶμεν τὰς καρδίας.

(a) H and R thus
Καὶ ὁ μὲν ἱερεὺς προσκυνήσας τρίς, ἀσπάζεται τὰ ἅγια, οὕτως ὡς εἰσὶ κεκαλυμμένα, λέγων μυστικῶς (τρίς)·

R however omits all between κεκαλυμμένα and the ὁμοίως of the next note.

(b) H and R Ὁμοίως καὶ ὁ διάκονος συμπροσκυνεῖ, ἐν ᾧ ἵσταται τόπῳ, καὶ ἀσπάζεται τὸ ὡράριον αὐτοῦ, ἔνθα ἐστὶ σταυροῦ τύπος, καὶ οὕτως ἐκφωνεῖ.

(c) M ἔλαιον εἰρήνης. The Latin had "Misericordiam pacis, sacrificium laudis." (See note below.) First the priest lifts up the veil slightly, uttering the words ἅγιος ὁ Θεός, ἅγιος ἰσχυρός κ.τ.λ.: then he removes it entirely.

H and R have Καὶ ὁ μὲν ἱερεὺς ἐπάρας τὸν ἀέρα ἀπὸ τῶν ἁγίων, ἀποτίθησιν ἐν ἑνὶ τόπῳ, λέγων·

Ἡ χάρις τοῦ Κυρίου ἡμῶν.

Ὁ δὲ διάκονος προσκυνήσας εἰσέρχεται ἐν τῷ ἁγίῳ βήματι· καὶ λαβὼν ῥιπίδιον, ῥιπίζει τὰ ἅγια εὐλαβῶς.

R transposes the last rubric.

ELEVENTH CENTURY.

Εὐχαριστήσωμεν τῷ Κυρίῳ.

Ὁ ἱερεὺς κλίνας ἐπεύχεται.

(1) Ἄξιον καὶ δίκαιον σὲ ὑμνεῖν, σὲ εὐλογεῖν, σὲ αἰνεῖν, σοὶ εὐχαριστεῖν, σὲ προσκυνεῖν ἐν παντὶ τόπῳ τῆς δεσποτείας σου. Σὺ γὰρ εἶ Θεὸς ἀνέκφραστος, ἀπερινόητος, ἀόρατος, ἀκατάληπτος, ἀεὶ ὤν, ὡσαύτως ὤν· σὺ καὶ ὁ μονογενής σου Υἱός, καὶ τὸ Πνεῦμά σου τὸ ἅγιον. Σὺ ἐκ τοῦ μὴ ὄντος εἰς τὸ εἶναι ἡμᾶς παρήγαγες, καὶ παραπεσόντας ἀνέστησας πάλιν, καὶ οὐκ ἀπέστης πάντα ποιῶν ἕως ἡμᾶς εἰς τὸν οὐρανὸν ἀνήγαγες, καὶ τὴν βασιλείαν ἐχαρίσω τὴν μέλλουσαν. Ὑπὲρ τούτων ἁπάντων εὐχαριστοῦμέν σοι, καὶ τῷ μονογενεῖ σου Υἱῷ, καὶ τῷ Πνεύματί σου τῷ ἁγίῳ,

ὑπὲρ πάντων ὧν ἴσμεν καὶ ὧν οὐκ ἴσμεν, τῶν φανερῶν καὶ ἀφανῶν εὐεργεσιῶν σου τῶν εἰς ἡμᾶς γεγενημένων. Εὐχαριστοῦμέν σοι καὶ ὑπὲρ τῆς λειτουργίας ταύτης, ἣν ἐκ τῶν χειρῶν ἡμῶν δέξασθαι κατηξίωσας, καίτοι σοι παρεστήκασι χιλιάδες ἀρχαγγέλων καὶ μυριάδες ἀγγέλων, τὰ Χερουβὶμ, καὶ τὰ Σεραφὶμ ἑξαπτέρυγα, πολυόμματα, μετάρσια, πτερωτά,

Ἐκφών. Τὸν ἐπινίκιον ὕμνον ᾄδοντα, βοῶντα, κεκραγότα καὶ λέγοντα,

Ὁ λαός. Ἅγιοc, ἅγιοc, ἅγιοc, Κύριοc Σαβαώθ. (2)

Ὁ δὲ ἱερεὺς κλίνας ἐπεύχεται·

Μετὰ τούτων καὶ ἡμεῖς τῶν μακαρίων δυνάμεων, Δέσποτα φιλάνθρωπε, βοῶμεν καὶ

8

L
(3)

(1) 1. 10 fails us here.
(2) Leo Thuscus adds that the subdeacons here say "quicunque estis fideles, orate."
(3) B. omits μακαρίων.

SIXTEENTH CENTURY.

(a) Ὁ χορός. Ἔχωμεν πρὸς τὸν Κύριον.

Ὁ ἱερεύς. Εὐχαριστήσωμεν τῷ Κυρίῳ.

(b) Ὁ χορός. Ἄξιον καὶ δίκαιον ἐστι προσκυνεῖν Πατέρα, Υἱόν, καὶ ἅγιον Πνεῦμα, Τριάδα ὁμοούσιον καὶ ἀχώριστον.

Ὁ ἱερεὺς κλινόμενος ἐπεύχεται μυστικῶς.

Ἄξιον, καὶ δίκαιον, σὲ ὑμνεῖν, *ut supra*.

Ἐκφώνως.

Τὸν ἐπινίκιον ὕμνον ᾄδοντα, βοῶντα, κεκραγότα καὶ λέγοντα,

Ὁ χορός.

Ἅγιοc, ἅγιοc, ἅγιοc, Κύριοc Σαβαώθ,

(a) Modern editions have ἔχομεν.
(b) R has only ἄξιον καὶ δίκαιον.
(c) H and R have more simply, Ἐνταῦθα πάλιν λαβὼν ὁ διάκονος τὸν ἀστερίσκον ἐκ τοῦ

πλήρηc ὁ οὐρανὸc καὶ ἡ γῆ δόξηc coy. Ὡcαννὰ ἐν τοῖc ὑψίcτοιc· εὐλογημένοc ὁ ἐρχόμενοc ἐν ὀνόματι Κυρίου· ὡcαννὰ ἐν τοῖc ὑψίcτοιc.

Ὁ διάκονος δὲ λαμβάνει τὸν ἀστερίσκον, καὶ ποιεῖ σταυροειδῶς ἐπὶ τοῦ ἁγίου δίσκου, καὶ, σπογγίσας αὐτὸν ἐπὶ εἰλητοῦ καὶ ἀσπασάμενος, τίθησιν αὐτὸν μετὰ τοῦ ἀέρος. εἶτα μεταβαίνει ἐν τῷ δεξιῷ μέρει, καὶ ῥιπίζει ἐπάνω τῶν ἁγίων μετὰ ῥιπιδίου εὐλαβῶς. εἰ δὲ οὐκ ἔστι ῥιπίδιον, ποιεῖ τοῦτο μετὰ καλύμματος. ἐπεύχεται μυστικῶς ὁ ἱερεύς· (c)

Μετὰ τούτων, *ut supra*, *usque ad* εἰπών.

ἁγίου δίσκου, ποιεῖ σταυροῦ τύπον ἐπάνω αὐτοῦ, καὶ ἀσπασάμενος αὐτὸν ἀποτίθησιν.

Ὁ δὲ ἱερεὺς ἐπεύχεται μυστικῶς.

LITURGY OF SAINT CHRYSOSTOM.

ELEVENTH CENTURY.

λέγομεν· Ἅγιος εἶ καὶ πανάγιος, σύ, καὶ ὁ μονογενής σου Υἱός, καὶ τὸ Πνεῦμά σου τὸ ἅγιον· ἅγιος εἶ καὶ πανάγιος, καὶ μεγαλοπρεπὴς ἡ δόξα σου· ὃς τὸν κόσμον σου οὕτως ἠγάπησας, ὥστε τὸν Υἱόν σου τὸν μονογενῆ δοῦναι, ἵνα πᾶς ὁ πιστεύων εἰς αὐτὸν μὴ ἀπόληται, ἀλλ' ἔχῃ ζωὴν αἰώνιον.

Ὃς ἐλθὼν καὶ πᾶσαν τὴν ὑπὲρ ἡμῶν οἰκονομίαν πληρώσας, τῇ νυκτὶ ᾗ παρεδίδοτο, μᾶλλον δὲ ἑαυτὸν παρεδίδου, ὑπὲρ τῆς τοῦ κόσμου ζωῆς, λαβὼν ἄρτον ἐν ταῖς ἁγίαις αὐτοῦ καὶ ἀχράντοις καὶ ἀμωμήτοις χερσίν(1), εὐχαριστήσας, καὶ εὐλογήσας, ἁγιάσας, κλάσας, ἔδωκεν τοῖς ἁγίοις αὐτοῦ μαθηταῖς καὶ ἀποστόλοις, εἰπών·

Ἐκφών. Λάβετε, φάγετε· τοῦτό μου ἐστὶ τὸ σῶμα, τὸ ὑπὲρ ὑμῶν κλώμενον, εἰς ἄφεσιν ἁμαρτιῶν.   L

Μυστικῶς. Ὁμοίως καὶ τὸ ποτήριον μετὰ τὸ δειπνῆσαι, λέγων·   L

Ἐκφών. Πίετε ἐξ αὐτοῦ πάντες· τοῦτο ἐστὶ τὸ αἷμά μου, τὸ τῆς καινῆς διαθήκης, τὸ ὑπὲρ ὑμῶν καὶ πολλῶν ἐκχυνόμενον, εἰς ἄφεσιν ἁμαρτιῶν.

Ὁ ἱερεὺς κλινόμενος ἐπεύχεται·

Μεμνημένοι τοίνυν τῆς σωτηρίου ταύτης   L

(1) ἔκλασεν καὶ ἔδωκεν, B. These words of institution seem to have been adopted from the Barberini S. Basil.

SIXTEENTH CENTURY.

(a) Ὁ ἱερεὺς κλίνει τὴν κεφαλὴν καὶ αἴρων τὴν δεξιὰν αὐτοῦ μετὰ εὐλαβείας εὐλογεῖ τὸν ἅγιον ἄρτον, ἐκφώνως λέγων·

(b) Λάβετε, φάγετε· τοῦτό μου ἐστὶ τὸ σῶμα, τὸ ὑπὲρ ὑμῶν κλώμενον, εἰς ἄφεσιν ἁμαρτιῶν.

Ὁ χορός. Ἀμήν.

(c) Ὁ δὲ διάκονος ἁπτόμενος τοῦ ἰδίου ὠραρίου, δείκνυσι σὺν τῷ ἱερεῖ καὶ αὐτὸς τὸν ἅγιον δίσκον· ὁμοίως καὶ ἐπὶ τοῦ ἁγίου ποτηρίου. ὡσαύτως καὶ ὅταν ἀναφωνεῖ ὁ ἱερεύς, Τὰ σὰ ἐκ τῶν σῶν.

Ὁ ἱερεὺς μυστικῶς·

(a) H has simply ἐκφώνως. R ἐκφώνησις.
(b) The MS. C has τοῦτο γάρ.
(c) H and R have this, Τούτου δὲ λεγομένου, δεικνύει τῷ ἱερεῖ ὁ διάκονος τὸν ἅγιον δίσκον, κρατῶν καὶ τὸ ὠράριον τοῖς τρισὶ δακτύλοις τῆς δεξιᾶς· ὁμοίως καὶ ὅταν λέγει ὁ ἱερεὺς τό· Πίετε ἐξ αὐτοῦ πάντες, συνδεικνύει καὶ αὐτὸς τὸ ἅγιον ποτήριον.
(d) H and R ἐκφώνως or ἐκφώνησις.
(e) The MS. C has τοῦτο γάρ ἐστιν τὸ ποτήριον

Ὁμοίως καὶ τὸ ποτήριον μετὰ τὸ δειπνῆσαι, λέγων·

Ἐκφώνως ὁ ἱερεύς, τὴν χεῖρα ἔχων ἄνωθεν μετὰ εὐλαβείας καὶ εὐλογῶν, λέγει·   (d)

Πίετε ἐξ αὐτοῦ πάντες· τοῦτο ἐστὶ τὸ αἷμά μου, τὸ τῆς καινῆς διαθήκης, τὸ ὑπὲρ ὑμῶν καὶ πολλῶν ἐκχυνόμενον, εἰς ἄφεσιν ἁμαρτιῶν.   (e)

Ὁ χορός. Ἀμήν.

Ὁ ἱερεὺς κλίνας τὴν κεφαλήν, ἐπεύχεται μυστικῶς·   (f)

Μεμνημένοι τοίνυν τῆς σωτηρίου ταύτης τοῦ αἵματός μου, καινῆς καὶ αἰωνίου διαθήκης, μυστήριον πίστεως, τὸ ὑπὲρ ὑμῶν καὶ πολλῶν ἐκχυνόμενον εἰς ἄφεσιν ἁμαρτιῶν. Then the μεμνημένοι, which is followed immediately by the words Ἀνανεύσας οὖν καὶ τρίτον τὰ δῶρα σφραγισάμενος λέγει· Καὶ ποίησον τὸν μὲν ἄρτον τοῦτον...καὶ τὸ ἐν τῷ ποτηρίῳ...μεταβαλὼν...ὥστε γενέσθαι, as below, p. 130.

(f) H has simply ὁ ἱερεὺς ἐπεύχεται.

ELEVENTH CENTURY.

ἐντολῆς καὶ πάντων τῶν ὑπὲρ ἡμῶν γεγενημένων, τοῦ σταυροῦ, τοῦ τάφου, τῆς τριημέρου ἀναστάσεως, τῆς εἰς οὐρανοὺς ἀναβάσεως, τῆς ἐκ δεξιῶν καθέδρας, τῆς δευτέρας καὶ ἐνδόξου πάλιν παρουσίας,

L Ἐκφών. Τὰ σὰ ἐκ τῶν σῶν σοὶ προσφέροντες κατὰ πάντα, καὶ διὰ πάντα,

L Ὁ λαός. Σὲ ὑμνοῦμεν, σὲ εὐλογοῦμεν.

Ὁ ἱερεὺς κλίνας ἐπεύχεται·

L Ἔτι προσφέρομέν σοι τὴν λογικὴν ταύτην καὶ ἀναίμακτον λατρείαν, καὶ παρακαλοῦμεν, καὶ δεόμεθα, καὶ ἱκετεύομεν· Κατάπεμψον τὸ Πνεῦμά σου τὸ ἅγιον ἐφ᾽ ἡμᾶς καὶ ἐπὶ τὰ προκείμενα δῶρα ταῦτα·

Καὶ ἀνιστάμενος σφραγίζει τρὶς τὰ ἅγια δῶρα λέγων·

Καὶ ποίησον τὸν μὲν ἄρτον τοῦτον, τίμιον σῶμα τοῦ Χριστοῦ σου, L 1

Ὁ διάκονος. Ἀμήν.

SIXTEENTH CENTURY.

ἐντολῆς, καὶ πάντων τῶν ὑπὲρ ἡμῶν γεγενημένων, τοῦ σταυροῦ, τοῦ τάφου, τῆς τριημέρου ἀναστάσεως, τῆς εἰς οὐρανοὺς ἀναβάσεως, τῆς ἐκ δεξιῶν καθέδρας, τῆς δευτέρας καὶ ἐνδόξου πάλιν παρουσίας,

Ἐκφώνως.

Τὰ σὰ ἐκ τῶν σῶν σοὶ προσφέρομεν κατὰ πάντα, καὶ διὰ πάντα.

Ὁ χορός.

Σὲ ὑμνοῦμεν, σὲ εὐλογοῦμεν, σοὶ εὐχαριστοῦμεν, Κύριε, καὶ δεόμεθά σου, ὁ Θεὸς ἡμῶν.

(a) Ὁ ἱερεὺς πάλιν κλίνας τὴν κεφαλήν, ἐπεύχεται μυστικῶς·

Ἔτι προσφέρομέν σοι τὴν λογικὴν ταύτην καὶ ἀναίμακτον λατρείαν, καὶ παρακαλοῦμεν, καὶ δεόμεθα, καὶ ἱκετεύομεν· Κατάπεμψον τὸ Πνεῦμά σου τὸ ἅγιον ἐφ᾽ ἡμᾶς καὶ ἐπὶ τὰ προκείμενα δῶρα ταῦτα.

Ὁ διάκονος ἀποτίθησι τὸ ῥιπίδιον ὅπερ ἐκράτει,

(a) H has simply ὁ ἱερεὺς ἐπεύχεται.
(b) R prefixes Στιχ. here.
(c) H and R interpose καὶ πάλιν· Κύριε, ὁ τὸ πανάγιον, κ.τ.λ.

ἢ κάλυμμα, καὶ ἔρχεται ἐγγύτερον τῷ ἱερεῖ, καὶ προσκυνοῦσιν ἀμφότεροι τρὶς ἔμπροσθεν τῆς ἁγίας τραπέζης, καὶ εὐχόμενοι καθ᾽ ἑαυτοὺς τὸ Ὁ Θεός, ἱλάσθητί μοι τῷ ἁμαρτωλῷ λέγουσι μυστικῶς τρίς,

Κύριε, ὁ τὸ πανάγιόν σου Πνεῦμα ἐν τῇ τρίτῃ ὥρᾳ τοῖς ἀποστόλοις καταπέμψας, τοῦτο, Ἀγαθέ, μὴ ἀντανέλῃς ἀφ᾽ ἡμῶν.

Καὶ τό, Καρδίαν καθαρὰν κτίσον ἐν ἐμοί, (b) ὁ Θεός, καὶ πνεῦμα εὐθὲς ἐγκαίνισον ἐν τοῖς ἐγκάτοις μου. (c)

Εἶτα, τὴν κεφαλὴν κλίνας, ὁ διάκονος δείκνυσι σὺν τῷ ὠραρίῳ τὸν ἅγιον ἄρτον καὶ λέγει μυστικῶς·

Εὐλόγησον, δέσποτα, τὸν ἅγιον ἄρτον.

Καὶ ὁ ἱερεὺς ἀνιστάμενος, σφραγίζει τρὶς τὰ ἅγια δῶρα, λέγων μυστικῶς·

Ποίησον τὸν μὲν ἄρτον τοῦτον, τίμιον σῶμα τοῦ Χριστοῦ σου, L

Ὁ διάκονος. Ἀμήν.

Καί, Μὴ ἀπορρίψῃς με ἀπὸ τοῦ προσώπου σου καὶ τὸ Πνεῦμά σου τὸ ἅγιον μὴ ἀντανέλῃς ἀπ᾽ ἐμοῦ.

Καὶ αὖθις τό, Κύριε, ὁ τὸ πανάγιον, κ.τ.λ.

ELEVENTH CENTURY.

L (1)
Ὁ ἱερεύς. Τὸ δὲ ἐν τῷ ποτηρίῳ τούτῳ, τίμιον αἷμα τοῦ Χριστοῦ σου,
Ὁ διάκονος. Ἀμήν.

L
Ὁ ἱερεύς. Μεταβαλὼν τῷ Πνεύματί σου τῷ ἁγίῳ.
Ὁ διάκονος. Ἀμήν.
Ὁ ἱερεὺς κλινόμενος ἐπεύχεται·

L
Ὥστε γενέσθαι τοῖς μεταλαμβάνουσιν, εἰς νῆψιν ψυχῆς, εἰς ἄφεσιν ἁμαρτιῶν, εἰς κοινωνίαν τοῦ ἁγίου σου Πνεύματος, εἰς βασιλείας οὐρανῶν πλήρωμα, εἰς παρρησίαν τὴν πρὸς σέ, μὴ εἰς κρίμα, ἢ εἰς κατάκριμα.

Ἔτι προσφέρομέν σοι τὴν λογικὴν ταύτην λατρείαν, ὑπὲρ τῶν ἐν πίστει ἀναπαυσαμένων προπατόρων, πατέρων, πατριαρχῶν, προφητῶν, ἀποστόλων, κηρύκων, εὐαγγελιστῶν, μαρτύρων, ὁμολογητῶν, ἐγκρατευτῶν, καὶ παντὸς δικαίου ἐν πίστει τετελειωμένου, L

Ἐκφών. Ἐξαιρέτως τῆς παναγίας, ἀχράντου, ὑπερευλογημένης δεσποίνης ἡμῶν, θεοτόκου, καὶ ἀειπαρθένου Μαρίας· L

(1) B has here, as well as below, μεταβαλών... τῷ ἁγίῳ. [The modern language seems to be nearly identical with that of the Barberini codex.]

SIXTEENTH CENTURY.

Καὶ αὖθις ὁ διάκονος,
Εὐλόγησον, δέσποτα, τὸ ἅγιον ποτήριον.
Ὁ δὲ ἱερεὺς εὐλογῶν, λέγει·

L
Τὸ δὲ ἐν τῷ ποτηρίῳ τούτῳ, τίμιον αἷμα τοῦ Χριστοῦ σου,
Ὁ διάκονος. Ἀμήν.

(a)
Καὶ αὖθις ὁ διάκονος δεικνύων μετὰ τοῦ ὡραρίου ἀμφότερα τὰ ἅγια, λέγει·
Εὐλόγησον, δέσποτα.
Ὁ δὲ ἱερεὺς εὐλογῶν μετὰ τῆς χειρὸς ἀμφότερα τὰ ἅγια, λέγει·

L
Μεταβαλὼν τῷ Πνεύματί σου τῷ ἁγίῳ.
Ὁ διάκονος. Ἀμήν, Ἀμήν, Ἀμήν.
Καὶ τὴν κεφαλὴν ὑποκλίνας ὁ διάκονος τῷ ἱερεῖ καὶ εἰπὼν τό,

Μνήσθητί μου, ἅγιε δέσποτα, τοῦ ἁμαρτωλοῦ,
μεθίσταται ἐν ᾧ πρότερον ἵστατο τόπῳ, λαβὼν καὶ τὸ ῥιπίδιον αὖθις, ὡς τὸ πρότερον. (b)
Ὁ δὲ ἱερεὺς ἐπεύχεται μυστικῶς·
Ὥστε γενέσθαι τοῖς μεταλαμβάνουσιν, ut supra. L

Ἔτι προσφέρομέν σοι τὴν λογικὴν ταύτην λατρείαν, ut supra. L (c)
Ὁ ἱερεὺς ἐκφώνως.
Ἐξαιρέτως τῆς παναγίας, ἀχράντου, ὑπερευλογημένης, ἐνδόξου δεσποίνης ἡμῶν, θεοτόκου, καὶ ἀειπαρθένου Μαρίας· L (d)
Ὁ χορὸς ψάλλει· Ἄξιόν ἐστιν ὡς ἀληθῶς μακαρίζειν σὲ τὴν θεοτόκον, ἢ τὸ τῆς ἡμέρας. (e)

(a) +τὰ ἀμφότερα R.
(b) H adds ῥιπίζει τὰ ἅγια.
(c) H interposes here Ὁ δὲ διάκονος θυμιᾷ τὴν ἁγίαν τράπεζαν γύρωθεν, καὶ μνημονεύει ὧν βούλεται ζώντων καὶ τεθνεώτων. The MS. C has this, καὶ θυμιῶν τὰ ἅγια καὶ τὰς χεῖρας εἰς ὕψος αἴρων,
ὁ ἱερεὺς ἐκφωνεῖ, λέγων.
(d) C adds here the Χαῖρε κεχαριτωμένη, as in the Rossano S. Mark, and mentions τῶν τιμίων ἀσωμάτων, ἐπουρανίων δυνάμεων before the Baptist.
(e) H omits these two lines. R gives the

ELEVENTH CENTURY.

Ὁ διάκονος. Τὰ δίπτυχα τῶν κεκοιμημένων.

Ὁ δὲ ἱερεὺς κλινόμενος ἐπεύχεται·

L Τοῦ ἁγίου Ἰωάννου, τοῦ προφήτου, προδρόμου, καὶ βαπτιστοῦ· τῶν ἁγίων καὶ πανευφήμων ἀποστόλων, καὶ τοῦ ἁγίου (τοῦ δεῖνος), οὗ καὶ τὴν μνήμην ἐπιτελοῦμεν, καὶ πάντων τῶν ἁγίων σου, ὧν ταῖς ἱκεσίαις ἐπίσκεψαι ἡμᾶς, ὁ Θεός· καὶ μνήσθητι πάντων τῶν κεκοιμημένων ἐπ᾽ ἐλπίδι ἀναστάσεως ζωῆς αἰωνίου.

Μνήσθητι, Κύριε, τῶν ψυχῶν τῶν προκεκοιμημένων δούλων σου, σηλβεστρου ἱερομονάχου, θωμαῖς πρεσβυτέρου, ματθαίου,

Ἐνταῦθα μνημονεύει οὓς θέλει

καὶ ἀνάπαυσον αὐτούς, ὅπου ἐπισκοπεῖ τὸ   L
φῶς τοῦ προσώπου σου.

Ἔτι παρακαλοῦμέν σε· μνήσθητι, Κύριε,   L
πάσης ἐπισκοπῆς ὀρθοδόξων, τῶν ὀρθοτομούντων τὸν λόγον τῆς σῆς ἀληθείας, παντὸς τοῦ πρεσβυτερίου, τῆς ἐν Χριστῷ διακονίας, καὶ παντὸς ἱερατικοῦ τάγματος.

Ἔτι προσφέρομέν σοι τὴν λογικὴν ταύτην   L

SIXTEENTH CENTURY.

(a) Ὁ διάκονος θυμιᾷ γύρωθεν τὴν ἁγίαν τράπεζαν καὶ τὰ δίπτυχα· τῶν τε κεκοιμημένων καὶ ζώντων ὧν βούλεται μνημονεύει. Ὁ δὲ ἱερεὺς κλινόμενος εὔχεται μυστικῶς·

L
(b) Τοῦ ἁγίου Ἰωάννου προφήτου, προδρόμου, καὶ βαπτιστοῦ· τῶν ἁγίων καὶ πανευφήμων ἀποστόλων· τοῦ ἁγίου (τοῦ δεῖνος) οὗ καὶ τὴν μνήμην ἐπιτελοῦμεν, καὶ πάντων τῶν σου ἁγίων, ὧν ταῖς ἱκεσίαις ἐπίσκεψαι ἡμᾶς, ὁ Θεός· καὶ μνήσθητι πάντων τῶν κεκοιμημένων ἐπ᾽ ἐλπίδι ἀναστάσεως ζωῆς αἰωνίου.

(c) Ἐνταῦθα ὁ ἱερεὺς μνημονεύει ὧν θέλει καὶ ζώντων καὶ τεθνεώτων.

μακαρισμὸς thus. Σὲ τὴν θεοτόκον τὴν ἀειμακάριστον καὶ παναμώμητον, καὶ μητέρα τοῦ Θεοῦ ἡμῶν· τὴν τιμιωτέραν τῶν Χερουβίμ, καὶ ἐνδοξοτέραν ἀσυγκρίτως τῶν Σεραφίμ, τὴν ἀδιαφθόρως Θεὸν Λόγον τεκοῦσαν, τὴν ὄντως θεοτόκον, σὲ μεγαλύνομεν.

(a) See the note (c), p. 131. H has here simply Ὁ διάκονος μνημονεύει τὰ δίπτυχα τῶν κεκοιμημένων.
Ὁ δὲ ἱερεὺς ἐπεύχεται.
(b) ἁγίων ἐνδόξων. H, R.

Ὑπὲρ ζώντων λέγει· Ὑπὲρ σωτηρίας, ἐπισκέψεως, ἀφέσεως τῶν ἁμαρτιῶν τοῦ δούλου τοῦ Θεοῦ (τοῦ δεῖνος).

Ὑπὲρ τεθνεώτων λέγει· Ὑπὲρ ἀναπαύσεως καὶ ἀφέσεως τῆς ψυχῆς τοῦ δούλου σου (τοῦ δεῖνος) ἐν τόπῳ φωτεινῷ, ἔνθα ἀπέδρα λύπη, στεναγμός. Ἀνάπαυσον αὐτήν, ὁ Θεὸς ἡμῶν, καὶ ἀνάπαυσον αὐτήν, ὅπου ἐπισκοπεῖ τὸ φῶς τοῦ προσώπου σου.

Ἔτι παρακαλοῦμέν σε· Μνήσθητι, Κύριε,   L
πάσης ἐπισκοπῆς, κ.τ.λ.

Ἔτι προσφέρομέν σοι τὴν λογικὴν ταύτην   (d)
λατρείαν ὑπὲρ τῆς οἰκουμένης, κ.τ.λ.

(c) H omits all to the words καὶ ἀνάπαυσον. R agrees with Ducas.

(d) The codex P introduces the following: [ὑπὲρ] Ἰωσὴφ τοῦ ἁγιωτάτου καὶ οἰκουμενικοῦ πατριάρχου, Φιλοθέου Ἀλεξανδρείας, Μάρκου Ἀντιοχείας, Θεοφίλου Ἱεροσολυμῶν· καὶ ὑπὲρ τοῦ προσκομίζοντος τὰ ἅγια δῶρα Κυρίῳ τῷ Θεῷ τοῦ δεῖνος, τοῦ ἐντιμωτάτου ἱερέως, τῶν συμπαρόντων ἱερέων, τοῦ τιμίου πρεσβυτερίου...ὑπὲρ σωτηρίας, κράτους, νίκης καὶ διαμονῆς τῶν εὐσεβεστάτων καὶ φιλοχρίστων βασιλέων ἡμῶν, τῆς εὐσεβεστάτης καὶ

ELEVENTH CENTURY.

λατρείαν ὑπὲρ τῆς οἰκουμένης, ὑπὲρ τῆς ἁγίας καθολικῆς καὶ ἀποστολικῆς ἐκκλησίας, ὑπὲρ (1) τῶν ἐν ἁγνείᾳ καὶ σεμνῇ πολιτείᾳ διαγόντων, ὑπὲρ τῶν πιστοτάτων καὶ φιλοχρίστων ἡμῶν βασιλέων, παντὸς τοῦ παλατίου, καὶ τοῦ στρατοπέδου αὐτῶν. Δὸς αὐτοῖς, Κύριε, εἰρηνικὸν τὸ βασίλειον, ἵνα καὶ ἡμεῖς ἐν ιϛʹ. 2 τῇ γαλήνῃ αὐτῶν ἤρεμον καὶ ἡσύχιον βίον διάγωμεν, ἐν πάσῃ εὐσεβείᾳ καὶ σεμνότητι.

Ἐκφών. Ἐν πρώτοις μνήσθητι, Κύριε, τοῦ ἐπισκόπου ἡμῶν (τοῦ Δ.), ὃν χάρισαι ταῖς ἁγίαις σου ἐκκλησίαις ἐν εἰρήνῃ σῶον, ἔντιμον, ὑγιῆ, μακροημερεύοντα, ὀρθοτομοῦντα τὸν λόγον τῆς σῆς ἀληθείας. L (2)

Ὁ διάκονος. Τὰ δίπτυχα τῶν ζώντων.

Ὁ δὲ ἱερεὺς κλινόμενος ἐπεύχεται.

Μνήσθητι, Κύριε, τῆς πόλεως, ἐν ᾗ παροικοῦμεν, καὶ πάσης πόλεως καὶ χώρας, καὶ τῶν πίστει κατοικούντων ἐν αὐταῖς. L

(1) The words ὑπὲρ τῶν ἐν ὄρεσιν καὶ σπηλαίοις καὶ ταῖς ὀπαῖς τῆς γῆς and τῆς φιλοχρίστου βασιλίσσης have disappeared here from the older version (see p. 92).
(2) In L the prayer is for the Archbishop.

SIXTEENTH CENTURY.

(a) Ὁ μὲν διάκονος ἐπιστρέφει πρὸς τὴν θύραν τοῦ ἁγίου βήματος, κρατῶν τὸ ὠράριον τοῖς τρισὶν ἄκροις δακτύλοις, καὶ λέγει·

Καὶ πάντων καὶ πασῶν.

Ὁ δὲ χορὸς ψάλλει· Καὶ πάντων καὶ πασῶν.

Ὁ ἱερεὺς ἐκφωνεῖ·

Ἐν πρώτοις μνήσθητι, Κύριε, τοῦ ἀρχιεπισκόπου ἡμῶν (τοῦ δεῖνος), ὃν χάρισαι, κ.τ.λ.

Καὶ ὁ διάκονος πρὸς τῇ θύρᾳ στάς, λέγει·

(b) Τοῦ (δεῖνος) πανιερωτάτου μητροπολίτου

φιλοχρίστου δεσποίνης Ὑπομονῆς μοναχῆς καὶ τῆς εὐσ. καὶ φιλοχρίστου δεσποίνης Εὐγενίας μοναχῆς, τῶν εὐ. καὶ φ. βασιλέων ἡμῶν Ἰωάννου καὶ Μαρίας· ὑπὲρ εἰρήνης .... τοῦ σύμπαντος κόσμου καὶ τῶν ἁγίων τοῦ Θεοῦ ἐκκλησιῶν· ὑπὲρ λυτρώσεως τῶν ἀδελφῶν ἡμῶν τῶν αἰχμαλώτων, εὐοδώσεως καὶ ἐνισχύσεως τοῦ φιλοχρίστου στρατοῦ, σωτηρίας τοῦ περιεστῶτος λαοῦ καὶ πάντων καὶ πασῶν. καὶ δὸς ἡμῖν ἐν ἑνὶ στόματι, ut supra. The names fix the date of the liturgy between 1426 and 1443.

(a) H, R omit six lines.
(b) τοῦ πατριάρχου. H, R. R adds a note ἐὰν ἐν κοινωνίᾳ τῆς παλαιᾶς Ῥώμης, σημείωσαι τὸ εἰρημένον ἐν τῇ ἀρχῇ, i.e. τοῦ τῆς Ῥώμης ἀρχιερέως

ἢ ἐπισκόπου, ὅστις ἂν ᾖ.

Καὶ ὑπὲρ τοῦ προσκομίζοντος τὰ ἅγια δῶρα ταῦτα εὐλαβεστάτου ἱερέως (τοῦ δεῖνος). L (c)

Ὑπὲρ σωτηρίας τῶν εὐσεβεστάτων καὶ θεοφυλάκτων βασιλέων ἡμῶν, καὶ πάντων καὶ πασῶν.

Ὁ χορός. Καὶ πάντων καὶ πασῶν.

Ὁ δὲ ἱερεὺς ἐπεύχεται μυστικῶς·

Μνήσθητι, Κύριε, τῆς πόλεως, ἐν ᾗ παροικοῦμεν, κ.τ.λ. L

πρώτως δεῖ μνημονεύειν. εἶτα καὶ τοῦ ἰδίου Ἐπισκόπου καὶ Πατριάρχου, ἐὰν καθολικοὶ ὦσιν· εἰ δὲ αὐτῶν ἕτερος ἢ ἑκάτεροι σχισματικοὶ εἴτε αἱρετικοί, μηδεμία αὐτῶν γένοιτο ἀνάμνησις.

(c) Instead of the next six lines H, R have
Εἶτα μνημονεύει ὁ αὐτὸς τὰ δίπτυχα τῶν ζώντων.
In L we have the following; Post hanc sacerdotis pronunciationem, diaconus qui sanctum evangelium dicit, acutiori voce profert, si fuerit aliqua magna festivitas: NICOLAI sanctissimi et universalis papæ longa sint tempora: Eleutherii Alexandriæ, Cyrilli Antiochiæ, Leontii Hierosolymorum longa sint tempora. Then

ELEVENTH CENTURY.

L Μνήσθητι, Κύριε, πλεόντων, ὁδοιπορούντων, νοσούντων, καμνόντων, αἰχμαλώτων, καὶ τῆς σωτηρίας αὐτῶν.

L Μνήσθητι, Κύριε, τῶν καρποφορούντων, καὶ καλλιεργούντων ἐν ταῖς ἁγίαις σου ἐκκλησίαις, καὶ μεμνημένων τῶν πενήτων· καὶ ἐπὶ πάντας ἡμᾶς τὰ ἐλέη σου ἐξαπόστειλον·

L Ἐκφών. Καὶ δὸς ἡμῖν ἐν ἑνὶ στόματι καὶ μιᾷ καρδίᾳ δοξάζειν καὶ ἀνυμνεῖν τὸ πάντιμον καὶ μεγαλοπρεπὲς ὄνομά σου, τοῦ Πατρός, καὶ τοῦ Υἱοῦ, καὶ τοῦ ἁγίου Πνεύματος, νῦν καὶ ἀεί, καὶ εἰς τοὺς αἰῶνας τῶν αἰώνων.

L Καὶ ἔσται τὰ ἐλέη τοῦ μεγάλου Θεοῦ καὶ Σωτῆρος ἡμῶν Ἰησοῦ Χριστοῦ μετὰ πάντων ὑμῶν.

(1) B had here ὁ διάκονος πάντων τῶν ἁγίων which has reappeared since.

Ὁ διάκονος.   (1)
Πάντων τῶν ἁγίων μνημονεύσαντες, ἔτι καὶ ἔτι ἐν εἰρήνῃ τοῦ Κυρίου δεηθῶμεν.

Ὑπὲρ τῶν προσκομισθέντων καὶ ἁγιασθέντων τιμίων δώρων τοῦ Κυρίου δεηθῶμεν·   L

Ὅπως ὁ φιλάνθρωπος Θεὸς ἡμῶν, ὁ προσδεξάμενος αὐτὰ εἰς τὸ ἅγιον καὶ ὑπερουράνιον καὶ νοερὸν αὐτοῦ θυσιαστήριον, εἰς ὀσμὴν εὐωδίας, ἀντικαταπέμψῃ ἡμῖν τὴν χάριν καὶ τὴν δωρεὰν τοῦ ἁγίου Πνεύματος, δεηθῶμεν.   L (2)

Ὑπὲρ τοῦ ῥυσθῆναι ἡμᾶς ἀπὸ πάσης θλίψεως, ὀργῆς, κ.τ.λ.   L

Ὁ ἱερεὺς κλίνας ἐπεύχεται·   L

(2) l. 10 recommences here.

SIXTEENTH CENTURY.

L   Μνήσθητι, Κύριε, πλεόντων, κ.τ.λ.
L   Μνήσθητι, Κύριε, τῶν καρποφορούντων,
(a) κ.τ.λ.
L   Ἐκφώνως. Καὶ δὸς ἡμῖν, κ.τ.λ.
    Ὁ χορός. Ἀμήν.
(b) Ὁ ἱερεὺς ἐπιστρέφει πρὸς τῇ θύρᾳ καὶ εὐλογῶν λέγει ἐκφώνως· Καὶ ἔσται τὰ ἐλέη, κ.τ.λ.
L   Ὁ χορός. Καὶ μετὰ τοῦ πνεύματός σου.

the prayers for the priest who celebrates, and for the king, pro imperio in victoria et perseverantia piissimorum et in Christo delectorum imperatorum N. et N. Alexii magni imperatoris et Porphyrogeniti et pro pace et bono statu totius mundi et sanctarum ecclesiarum. Et pro redemptione fratrum nostrorum captivorum: et pro ea quæ Christum diligit militia et pro universis fidelibus Dominum deprecemur.

(a) C adds μνήσθητι, Κύριε, καὶ πάντων τῶν ἐν πειρασμοῖς καὶ ἐν νόσοις καὶ ἐν κινδύνοις καὶ ἐν

Καὶ ὁ διάκονος ἐξέρχεται εἰ ἔστιν. εἰ δ' οὐχ, ὁ ἱερεύς· καὶ στὰς ἐν τῷ συνήθει τόπῳ, λέγει·   (c)
Πάντων τῶν ἁγίων μνημονεύσαντες, κ.τ.λ.   L
Ὁ χορός. Κύριε, ἐλέησον.   (d)
Ὁ διάκονος. Ὑπὲρ τῶν προσκομισθέντων.   L
Ὁ διάκονος. Ὅπως ὁ φιλάνθρωπος.   L
Ὁ διάκονος. Ὑπὲρ τοῦ ῥυσθῆναι.   L
Ὁ ἱερεὺς ἐπεύχεται μυστικῶς·

πάσαις κακώσεσι συνεχομένων χριστιανῶν ἀδελφῶν ἡμῶν, καὶ ἐλέησον αὐτῶν ὡς ἀγαθὸς καὶ φιλάνθρωπος. Μνήσθητι, Κύριε, καὶ τῆς ἐμῆς ἀναξιότητος (as on p. 92, note c), καὶ μηδένα ἡμῶν καταισχύνῃς τῶν κυκλουμένων τὸ ἅγιόν σου θυσιαστήριον.

(b) The movement of the priest is not enjoined in H or R.

(c) H and R Ὁ δὲ διάκονος λαβὼν καιρὸν παρὰ τοῦ ἱερέως, καὶ ἐξελθὼν, καὶ στὰς ἐν τῷ συνήθει τόπῳ, λέγει·

(d) This is repeated at each invitation.

ELEVENTH CENTURY.

L   Σοὶ παρακατατιθέμεθα τὴν ζωὴν ἡμῶν ἅπασαν καὶ τὴν ἐλπίδα, Δέσποτα φιλάνθρωπε, καὶ παρακαλοῦμέν σε καὶ δεόμεθα καὶ ἱκετεύομεν· Καταξίωσον ἡμᾶς μεταλαβεῖν τῶν ἐπουρανίων σου καὶ φρικτῶν μυστηρίων ταύτης τῆς ἱερᾶς καὶ πνευματικῆς

3   τραπέζης, μετὰ καθαροῦ συνειδότος, εἰς ἄφεσιν ἁμαρτιῶν, εἰς συγχώρησιν πλημμελημάτων, εἰς Πνεύματος ἁγίου κοινωνίαν, εἰς βασιλείας οὐρανῶν κληρονομίαν, μὴ εἰς κρίμα, ἢ εἰς κατάκριμα.

(1)   Ὁ διάκονος. Ἀντιλαβοῦ, σῶσον, ἐλέησον, κ.τ.λ.

Τὴν ἡμέραν πᾶσαν τελείαν, κ.τ.λ.

Ἄγγελον εἰρήνης, πιστὸν ὁδηγόν, κ.τ.λ.

Συγγνώμην καὶ ἄφεσιν, κ.τ.λ.

Τὰ καλὰ καὶ συμφέροντα ταῖς ψυχαῖς, κ.τ.λ.

Τὸν ὑπόλοιπον χρόνον, κ.τ.λ.

(1) The first two petitions were in B.

Χριστιανὰ τὰ τέλη τῆς ζωῆς ἡμῶν, ἀνώδυνα, κ.τ.λ.

Τὴν ἑνότητα τῆς πίστεως καὶ τὴν κοινωνίαν τοῦ ἁγίου Πνεύματος αἰτησάμενοι, ἑαυτούς, καὶ ἀλλήλους, καὶ πᾶσαν τὴν ζωὴν ἡμῶν Χριστῷ τῷ Θεῷ παραθώμεθα.

Ἐκφώνως.

Καὶ καταξίωσον ἡμᾶς, Δέσποτα, μετὰ   L
παρρησίας ἀκατακρίτως τολμᾶν ἐπικαλεῖσθαι σέ, τὸν ἐπουράνιον Θεόν, Πατέρα καὶ λέγειν·

Ὁ λαός. Πάτερ ἡμῶν ὁ ἐν τοῖς.   (2)

Ὁ ἱερεὺς ἐκφών. Ὅτι σοῦ ἐστὶν ἡ βασι-   L
λεία, καὶ ἡ δύναμις, καὶ ἡ δόξα, τοῦ Πατρός, καὶ τοῦ Υἱοῦ, καὶ τοῦ ἁγίου Πνεύματος, νῦν καὶ ἀεί, καὶ εἰς τοὺς αἰῶνας τῶν αἰώνων.

Εἰρήνη πᾶσιν.   L

Ὁ διάκονος. Τὰς κεφαλὰς ἡμῶν τῷ Κυρίῳ κλίνωμεν.   L

Ὁ ἱερεὺς κλίνας ἐπεύχεται·

(2) 1. 10 omits this.

SIXTEENTH CENTURY.

Σοὶ παρακατατιθέμεθα, ut supra.

[The εἰρηνικὰ are the same as above, the choir saying after the first Κύριε, ἐλέησον, after the succeeding five Παράσχου, Κύριε. The petition Χριστιανὰ τὰ τέλη is not offered. To the prayer Τὴν ἑνότητα...the response is Σοί, Κύριε.]

L   Ἐκφώνως ὁ ἱερεύς. Καὶ καταξίωσον...
(a)
L   Ὁ χορός. Πάτερ ἡμῶν.

Ἐκφώνως ὁ ἱερεύς. Ὅτι σοῦ ἐστὶν...

(a) C ὁ ἱερεὺς ὑψοῖ τὰς χεῖρας καὶ λέγει Πάτερ.
(b) H follows the older words, and omits the

Ὁ χορός. Ἀμήν.

Ὁ ἱερεύς. Εἰρήνη πᾶσιν.   L

Ὁ χορός. Καὶ μετὰ τοῦ πνεύματός σου.

Ὁ διάκονος. Τὰς κεφαλὰς ὑμῶν τῷ Κυρίῳ κλίνατε.   L (b)

Ὁ χορός. Σοί, Κύριε.

Κλίνας γοῦν ὁ διάκονος μικρὸν τὴν κεφαλὴν καὶ   (c)
ὁρῶν τὸν ἱερέα προσκυνοῦντα, προσκυνεῖ καὶ αὐτός.

Ὁ ἱερεὺς κλινόμενος ἐπεύχεται μυστικῶς·

next line.
(c) H and R omit this.

ELEVENTH CENTURY.

L (1) Εὐχαριστοῦμέν σοι, Βασιλεῦ ἀόρατε, ὁ τῇ ἀμετρήτῳ σου δυνάμει δημιουργήσας τὰ πάντα, καὶ τῷ πλήθει τοῦ ἐλέους σου ἐξ οὐκ ὄντων εἰς τὸ εἶναι τὰ πάντα παραγαγών. Αὐτός, Δέσποτα, οὐρανόθεν ἔπιδε ἐπὶ τοὺς κεκλικότας σοι τὰς ἑαυτῶν κεφαλάς· οὐ γὰρ ἔκλιναν σαρκὶ καὶ αἵματι, ἀλλὰ σοὶ τῷ φοβερῷ Θεῷ. Σὺ οὖν, Δέσποτα, τὰ προκείμενα πᾶσιν ἡμῖν εἰς ἀγαθὸν ἐξομάλισον, κατὰ τὴν ἑκάστου ἰδίαν χρείαν· τοῖς πλέουσι σύμπλευσον· τοῖς ὁδοιποροῦσι συνόδευσον· τοὺς νοσοῦντας ἴασαι, ὁ ἰατρὸς τῶν ψυχῶν καὶ τῶν σωμάτων·

Ἐκφώνως.

Χάριτι, καὶ οἰκτιρμοῖς, καὶ φιλανθρωπίᾳ τοῦ μονογενοῦς σου Υἱοῦ, μεθ' οὗ εὐλογητὸς εἶ, σὺν τῷ παναγίῳ, καὶ ἀγαθῷ, καὶ ζωοποιῷ σου Πνεύματι, νῦν καὶ ἀεί, καὶ εἰς τοὺς αἰῶνας τῶν αἰώνων. Ἀμήν. 4

Ὁ ἱερεὺς κλίνας ἐπεύχεται· Πρόσχες, Κύριε L Ἰησοῦ Χριστέ, ὁ Θεὸς ἡμῶν, ἐξ ἁγίου κατοικητηρίου σου, καὶ ἀπὸ θρόνου δόξης τῆς βασιλείας σου, καὶ ἐλθὲ εἰς τὸ ἁγιάσαι ἡμᾶς, ὁ ἄνω τῷ Πατρὶ συγκαθεζόμενος, καὶ ὧδε ἡμῖν ἀοράτως συνών· καὶ καταξίωσον τῇ κραταιᾷ σου χειρί, μεταδοῦναι ἡμῖν τοῦ ἀχράντου σώματός σου καὶ τοῦ τιμίου αἵματος, καὶ δι' ἡμῶν παντὶ τῷ λαῷ.

Ὁ διάκονος. Πρόσχωμεν. L

Ὁ ἱερεύς. Τὰ ἅγια τοῖς ἁγίοις. L (3)

(1) This is found in the second liturgy of the Barberini codex.
(2) l. 10 adds ἡμῶν manu recentiori.

(3) 1. 10 ὁ ἱερεὺς ὑψῶν τὸν ἄρτον λέγει. Compare the Barberini codex above.

SIXTEENTH CENTURY.

L Εὐχαριστοῦμέν σοι, Βασιλεῦ ἀόρατε, ut supra.

Ὁ χορός. Ἀμήν.

Ὁ ἱερεὺς ἐπεύχεται μυστικῶς·

L Πρόσχες, Κύριε Ἰησοῦ...ut supra.
(a)

Εἶτα προσκυνεῖ ὁ ἱερεύς, καὶ ὁ διάκονος ἐν ᾧ ἐστι τόπῳ, λέγοντες μυστικῶς τρίς·

Ὁ Θεὸς ἱλάσθητί μοι τῷ ἁμαρτωλῷ.

Καὶ ὁ λαὸς ὁμοίως· πάντες μετὰ εὐλαβείας προσκυνοῦσι. (b)

Ὅταν δὲ ἴδῃ ὁ διάκονος τὸν ἱερέα ἐκτείνοντα τὰς χεῖρας, καὶ ἁπτόμενον τοῦ ἁγίου ἄρτου, πρὸς τὸ ποιῆσαι τὴν ἁγίαν ὕψωσιν, ἐκφωνεῖ·

Πρόσχωμεν. L (c)

Καὶ ὁ ἱερεύς. (d)

Τὰ ἅγια τοῖς ἁγίοις. L

(a) The MS. C has here εἶτα οὕτως θυμιᾷ τὰ ἅγια, λέγων· Ὑψώσω σε, ὁ Θεός μου, ὁ βασιλεύς μου, καὶ εὐλογήσω τὸ ὄνομά σου εἰς τὸν αἰῶνα τοῦ αἰῶνος. τρίς. Ὑψώθητι ἐπὶ τοὺς οὐρανούς, ὁ Θεός, καὶ ἐπὶ πᾶσαν τὴν γῆν ἡ δόξα σου. τρίς. Then the deacon cries πρόσχωμεν. The priest ὑψῶν τὸν ἄρτον λέγει· τὰ ἅγια τοῖς ἁγίοις. He proceeds Κύριε, ὁ τὸ πανάγιόν σου Πνεῦμα ἐν τῇ τρίτῃ ὥρᾳ τοῖς ἁγίοις σου μαθηταῖς καὶ ἀποστόλοις καταπέμψας, τοῦτο, ἀγαθέ, μὴ ἀντανέλῃς ἀφ' ἡμῶν, ἀλλ' ἐπάκουσον ἡμῶν δεομένων σου. Καὶ λαβὼν τὸν ἄρτον, κλῶν αὐτὸν εἰς τρία, λέγει· Μελίζεται ὁ ἀμνὸς...

(b) H, R omit this.

(c) R adds χορός. Εἰς βοήθειαν πάντων τῶν εὐσεβῶν καὶ ὀρθοδόξων χριστιανῶν.

(d) H, R ὁ ἱερεὺς ὑψῶν τὸν ἄγιον ἄρτον ἐκφωνεῖ.

LITURGY OF SAINT CHRYSOSTOM.

ELEVENTH CENTURY.

L
(μ)
Ὁ διάκονος. Πλήρωσον, δέσποτα.
Καὶ λαβὼν ὁ ἱερεὺς ἐκ τοῦ ἄρτου μερίδα βάλλει εἰς τὸ ἅγιον ποτήριον λέγων·

Πλήρωμα Πνεύματος ἁγίου. L
Ὁ διάκονος. Ἀμήν.

(1) 1. 10 omits all to the thanksgiving after reception, Εἶτα τῆς μεταλήψεως τελεσθείσης.

SIXTEENTH CENTURY.

L
Ὁ χορός. Εἷς ἅγιος, εἷς Κύριος Ἰησοῦς Χριστός, εἰς δόξαν Θεοῦ Πατρός. Ἀμήν.

(a) Καὶ ψάλλει ὁ χορὸς τὸ κοινωνικὸν τῆς ἡμέρας ἢ τοῦ ἁγίου.

(b) Καὶ ὁ διάκονος ζώννυται τὸ ὡράριον αὐτοῦ σταυροειδῶς, καὶ στὰς ἐκ δεξιῶν τοῦ ἱερέως κρατοῦντος τὸν ἅγιον ἄρτον, λέγει·

Μέλισον, δέσποτα, τὸν ἅγιον ἄρτον.

(c) Ὁ δὲ ἱερεὺς μελίζων αὐτὸν εἰς τέσσαρα, μετὰ προσοχῆς καὶ εὐλαβείας, λέγει·

Μελίζεται, καὶ διαμερίζεται ὁ Ἀμνὸς τοῦ
(d) Θεοῦ, ὁ Υἱὸς τοῦ Πατρός, ὁ μελιζόμενος καὶ μὴ διαιρούμενος, ὁ πάντοτε ἐσθιόμενος καὶ μηδέποτε δαπανώμενος, ἀλλὰ τοὺς μετέχοντας ἁγιάζει.

(e) Τότε λαμβάνει τὸ ἓν μέρος τοῦ ἁγίου ἄρτου καὶ ἐν τῇ χειρὶ ἔχει.

Καὶ ὁ διάκονος δεικνύων σὺν τῷ ὡραρίῳ τὸ ἅγιον ποτήριον, λέγει·

Πλήρωσον, δέσποτα, τὸ ἅγιον ποτήριον.

(a) R omits this.
(b) H, R add καὶ εἰσέρχεται ἐν τῷ ἁγίῳ βήματι.
(c) H reads μερίζων.
(d) H omits ὁ Υἱὸς τοῦ πατρός.
(e) H, R omit this direction.
(f) H, R thus:
Ὁ δὲ ἱερεὺς λαβὼν τὴν ἄνω κειμένην μερίδα, ποιεῖ σὺν αὐτῇ σταυρὸν ἐπάνω τοῦ ἁγίου ποτηρίου, λέγων·
Πλήρωμα πίστεως Πνεύματος ἁγίου.
Καὶ οὕτως ἐμβάλλει εἰς τὸ ἅγιον ποτήριον.
P is somewhat similar.

Ὁ δὲ ἱερεὺς λέγει· (f)
Πλήρωμα πίστεως Πνεύματος ἁγίου.
Καὶ ποιεῖ διὰ σταυρὸν καὶ ἐμβάλλει εἰς τὸ ἅγιον ποτήριον.
Ὁ διάκονος. Ἀμήν.
Καὶ δεχόμενος τὸ ζέον, λέγει πρὸς τὸν ἱερέα·
Εὐλόγησον, δέσποτα, τὴν ἁγίαν ζέσιν ταύτην. L (g)
Ὁ δὲ ἱερεὺς εὐλογεῖ, λέγων·
Εὐλογημένη ἡ ζέσις τῶν ἁγίων σου, πάντοτε, νῦν καὶ ἀεί, καὶ εἰς τοὺς αἰῶνας τῶν αἰώνων. Ἀμήν.
Καὶ ὁ διάκονος ἐκχέει σταυροειδῶς ἔνδον τοῦ ἁγίου ποτηρίου, λέγων· (h)
Ζέσις πίστεως, πλήρης Πνεύματος ἁγίου. Ἀμήν.
Καὶ τοῦτο ποιεῖ ἐκ τρίτου. Καὶ ἀποτιθέμενος (i)
τὸ ζέον, ἵσταται μικρὸν ὄπισθεν.
Ὁ δὲ ἱερεὺς λέγει· Πρόσελθε, διάκονε.
Καὶ προσελθὼν ὁ διάκονος ποιεῖ μετάνοιαν εὐλα- (k)

(g) H, R τὸ ζέον.
(h) H, R ἐκχέει τὸ ἀρκοῦν.
(i) H, R omit the first clause.
(k) H omits the next nineteen lines (R follows the text).
The MS. P has the words Ζέσις πίστεως Πνεύματος ἁγίου. Then, as he pours in the water, the priest proceeds καταβήσεται ὡς ὑετὸς ἐπὶ πόκον καὶ ὡς σταγών.
The rite is not mentioned in C. In C after the division into three pieces (see note, p. 136), one piece is placed in the cup, and the deacon and priest use the words Πλήρωσον, δέσποτα,...

18

ELEVENTH CENTURY.

* * * * * *

SIXTEENTH CENTURY.

βῶς, αἰτῶν συγχώρησιν. ὁ δὲ ἱερεὺς κρατῶν τὸν ἅγιον ἄρτον δίδωσι τῷ διακόνῳ· καὶ ἀσπασάμενος ὁ διάκονος τὴν μεταδιδοῦσαν αὐτῷ χεῖρα, λαμβάνει τὸν ἅγιον ἄρτον λέγων·

πλήρωμα πίστεως... Then the priest μικρὸν ὑποκύψας εὔχεται οὕτως. Μεμολυσμένη ψυχῇ "ut in missa Basilii" (I have not found it there). The priest exclaims εὐλογητὸς ὁ Θεὸς ἡμῶν, and the people, πληρωθήτω τὸ στόμα ἡμῶν τῆς αἰνέσεως σου, Κύριε, ὅπως ἂν ὑμνήσωμεν τὴν δόξαν σου· ὅτι ἠξίωσας ἡμᾶς μετέχειν τῶν ἁγίων σου μυστηρίων· τήρησον ἡμᾶς ἐν τῷ σῷ ἁγιασμῷ ὅλην τὴν ἡμέραν μελετῶντας τὴν δικαιοσύνην σου. Ἀλληλούϊα. The deacon passes on to the Ὀρθοὶ μεταλαβόντες, below, p. 142.

P is also different. After the words "He shall come down like the rain into a fleece of wool," quoted above, the rite proceeds, εἶτα ποιεῖ μετάνοιαν (an inclination) τῷ διακόνῳ ὁ ἱερεὺς λέγων· Ἀδελφὲ καὶ συλλειτουργὲ συγχώρησόν μοι τῷ ἁμαρτωλῷ. Then taking one of the portions he holds it with his lowest two fingers, saying, "I, N., priest, receive, &c." Then he turns to the deacon and calls on him to draw nigh. The deacon says, εὐλόγησον δέσποτα, συγχώρησόν μοι τῷ ἁμαρτωλῷ. The priest says, Ὁ Θεὸς συγχωρήσῃ σοι, and then takes a portion with three fingers and gives it to the deacon with the words τὸ τίμιον καὶ πανάγιον σῶμα...μεταδίδοται τῷ δεῖνι ἱεροδιακόνῳ. Then they κοινωνοῦσι τοῦ ζωοποιοῦ ἄρτου. The priest takes the cup and says, τὸ τίμιον καὶ πανάγιον σῶμα καὶ αἷμα καὶ τὰ ἑξῆς. Καὶ πιὼν ἐκ τρίτου, κρατοῦντος τοῦ ἱερέως τὸ ποτήριον ἀσπάζεται ὁ διάκονος τὸν ἱερέα καὶ εὐθὺς συστέλλει ὁ διάκονος τὰ ἅγια. Ὁ δὲ ἱερεὺς λέγει τὴν εὐχήν, καὶ δοὺς τὸ ἅγιον ποτήριον τῷ διακόνῳ στρέφεται πρὸς δυσμάς. The deacon says μετὰ φόβου καὶ πίστεως with a gentle voice, and προσέλθετε in much stronger tones. The priest blesses the people, and when they have returned (to their places?) he deposits the cup

Μετάδος μοι, δέσποτα, τὸ τίμιον καὶ ἅγιον σῶμα τοῦ Κυρίου καὶ Θεοῦ καὶ Σωτῆρος ἡμῶν Ἰησοῦ Χριστοῦ.

Ὁ δὲ ἱερεὺς λέγει· (a)

on the table and censes with the word Ὑψώθητι. The MS. is mutilated shortly below this.

(a) The modern rite of Constantinople differs very much from the above. According to Daniel and Hammond it proceeds after the words μικρὸν ὄπισθεν.

Ὁ δὲ ἱερεὺς λαβὼν μίαν μερίδα τοῦ ἁγίου ἄρτου, λέγει·

Τὸ τίμιον καὶ πανάγιον σῶμα τοῦ Κυρίου καὶ Θεοῦ καὶ Σωτῆρος ἡμῶν Ἰησοῦ Χριστοῦ μεταδίδοταί μοι (τῷ δεῖνι), ἱερεῖ, εἰς ἄφεσίν μου ἁμαρτιῶν, καὶ εἰς ζωὴν αἰώνιον.

Πιστεύω, Κύριε, καὶ ὁμολογῶ, ὅτι σὺ εἶ ὁ Χριστός, ὁ Υἱὸς τοῦ Θεοῦ τοῦ ζῶντος, ὁ ἐλθὼν εἰς τὸν κόσμον ἁμαρτωλοὺς σῶσαι, ὧν πρῶτός εἰμι ἐγώ.

Ἔτι πιστεύω, ὅτι τοῦτο αὐτό ἐστι τὸ ἄχραντον σῶμά σου, καὶ τοῦτο αὐτό ἐστι τὸ τίμιον αἷμά σου. Δέομαι οὖν σου, ἐλέησόν με καὶ συγχώρησόν μοι τὰ παραπτώματά μου, τὰ ἑκούσια καὶ τὰ ἀκούσια, τὰ ἐν λόγῳ τὰ ἐν ἔργῳ, τὰ ἐν γνώσει καὶ ἀγνοίᾳ· καὶ ἀξίωσόν με ἀκατακρίτως μετασχεῖν τῶν ἀχράντων σου μυστηρίων, εἰς ἄφεσιν ἁμαρτιῶν, καὶ εἰς ζωὴν αἰώνιον. Ἀμήν.

Καί, Τοῦ δείπνου σου τοῦ μυστικοῦ σήμερον, ut supra, p. 139.

Καὶ τελευταῖον τό, Μή μοι εἰς κρίμα, ἢ εἰς κατάκριμα γένοιτο ἡ μετάληψις τῶν ἁγίων σου μυστηρίων, Κύριε, ἀλλ' εἰς ἴασιν ψυχῆς καὶ σώματος.

Καὶ οὕτω μεταλαμβάνει τοῦ ἐν χερσὶ μετὰ φόβου καὶ πάσης ἀσφαλείας. Εἶτα λέγει·

Ὁ διάκονος, πρόσελθε.

Καὶ προσελθὼν ὁ διάκονος, ποιεῖ μετάνοιαν εὐλαβῶς αἰτῶν συγχώρησιν· ὁ δὲ ἱερεὺς κρατῶν τὸν ἅγιον ἄρτον, δίδωσι τῷ διακόνῳ· καὶ ἀσπασάμενος ὁ διάκονος τὴν μεταδιδοῦσαν αὐτῷ χεῖρα, λαμβάνει τὸν ἅγιον ἄρτον, λέγων·

Μετάδος μοι, δέσποτα, τὸ τίμιον καὶ ἅγιον σῶμα

ELEVENTH CENTURY.

* * * * * *

SIXTEENTH CENTURY.

Μεταδίδωμί σοι τὸ τίμιον καὶ ἅγιον καὶ ἄχραντον σῶμα τοῦ Κυρίου καὶ Θεοῦ καὶ Σωτῆρος ἡμῶν Ἰησοῦ Χριστοῦ εἰς ἄφεσιν ἁμαρτιῶν, εἰς ζωὴν αἰώνιον.

Καὶ ἀπέρχεται ὄπισθεν τῆς ἱερᾶς τραπέζης κλίνας τὴν κεφαλήν, καὶ προσεύχεται ὡς ὁ ἱερεύς. Ὁμοίως δὲ ὁ ἱερεὺς λαμβάνει τὸν ἅγιον ἄρτον κλίνας τὴν κεφαλὴν ἔμπροσθεν τῆς ἁγίας τραπέζης καὶ εὔχεται οὕτως·

Πιστεύω, Κύριε, καὶ ὁμολογῶ ὅτι σὺ εἶ ὁ Χριστός, ὁ Υἱὸς τοῦ Θεοῦ τοῦ ζῶντος, ὁ ἐλθὼν εἰς τὸν κόσμον ἁμαρτωλοὺς σῶσαι ὧν πρῶτος ἐγώ εἰμι.

Καί· Τοῦ δείπνου σου τοῦ μυστικοῦ σήμερον, Υἱὲ Θεοῦ, κοινωνόν με παράλαβε, οὐ μὴ γὰρ τοῖς ἐχθροῖς σου τὸ μυστήριον εἴπω. οὐ φίλημά σοι δώσω καθάπερ Ἰούδας, ἀλλ᾽ ὡς ὁ λῃστὴς ὁμολογῶ σοι. μνήσθητί μου, Κύριε, ἐν τῇ βασιλείᾳ σου.

Καί· Κύριε, οὐκ εἰμὶ ἄξιος ἵνα ὑπὸ τὴν ῥυπαρὰν στέγην τῆς ψυχῆς μου εἰσέλθῃς, ἀλλ᾽ ὡς κατεδέξω ἐν σπηλαίῳ καὶ φάτνῃ ἀλόγων ἀνακλιθῆναι καὶ ἐν τῇ οἰκίᾳ Σίμωνος τοῦ λεπροῦ, καὶ τὴν ὁμοίαν μοι πόρνην τὴν ἁμαρτωλὸν προσερχομένην σοι καταδεξάμενος, αὐτὸς καταξίωσον ἐν τῇ φάτνῃ τῆς

τοῦ Κυρίου καὶ Θεοῦ καὶ Σωτῆρος ἡμῶν Ἰησοῦ Χριστοῦ.

Ὁ δὲ ἱερεὺς λέγει· Μεταδίδωμί σοι.

(Τῷ δεῖνι) ἱεροδιακόνῳ μεταδίδοται τὸ τίμιον, καὶ ἅγιον, καὶ ἄχραντον σῶμα τοῦ Κυρίου καὶ Θεοῦ καὶ Σωτῆρος ἡμῶν Ἰησοῦ Χριστοῦ, εἰς ἄφεσιν αὐτοῦ ἁμαρτιῶν, καὶ εἰς ζωὴν αἰώνιον.

Καὶ ἀπέρχεται ὁ διάκονος ὄπισθεν τῆς ἱερᾶς τραπέζης, κλίνας τὴν κεφαλήν, καὶ προσεύχεται, ὡς ὁ ἱερεύς.

Εἶτα ἀναστὰς ὁ ἱερεύς, λαμβάνει ταῖς χερσὶν ἀμφοτέραις μετὰ καλύμματος τὸ ἅγιον ποτήριον, καὶ μεταλαμβάνει τρίτον ἐξ αὐτοῦ, καὶ οὕτω τά τε ἴδια χείλη, καὶ τοῦ ἱεροῦ ποτηρίου, τῷ ἐν χερσὶ καλύμματι ἀποσπογγίσας, καλεῖ τὸν διάκονον, λέγων·

Διάκονε, πρόσελθε.

Καὶ ὁ διάκονος ἔρχεται, καὶ προσκυνεῖ ἅπαξ, λέγων·

Ἰδοὺ προσέρχομαι τῷ ἀθανάτῳ Βασιλεῖ·

Καὶ τό, Πιστεύω, Κύριε, καὶ ὁμολογῶ, κ.τ.λ. ὅλον·

Καὶ λέγει ὁ ἱερεύς·

Μεταλαμβάνει ὁ δοῦλος τοῦ Θεοῦ διάκονος (ὁ δεῖνα) τὸ τίμιον καὶ ἅγιον αἷμα τοῦ Κυρίου καὶ Θεοῦ καὶ Σωτῆρος ἡμῶν Ἰησοῦ Χριστοῦ, εἰς ἄφεσιν

αὐτοῦ ἁμαρτιῶν, καὶ εἰς ζωὴν αἰώνιόν.

Μεταλαβόντος δὲ τοῦ διακόνου, λέγει ὁ ἱερεύς·

Τοῦτο ἥψατο τῶν χειλέων σου, καὶ ἀφελεῖ τὰς ἀνομίας σου, καὶ τὰς ἁμαρτίας σου περικαθαριεῖ.

Τότε λαβὼν τὸν ἅγιον δίσκον ὁ διάκονος, ἐπάνω τοῦ ἁγίου ποτηρίου, ἀποσπογγίζει τῷ ἁγίῳ σπόγγῳ πάνυ καλῶς, καὶ μετὰ προσοχῆς καὶ εὐλαβείας σκεπάζει τὸ ἅγιον ποτήριον τῷ καλύμματι, ὁμοίως καὶ ἐπὶ τὸν ἅγιον δίσκον ἀνατίθησι τὸν ἀστέρα καὶ τὰ καλύμματα.

Εἶτα ἐπιλέγει τὴν τῆς εὐχαριστίας εὐχὴν ὁ ἱερεύς·

Εὐχαριστοῦμέν σοι, Δέσποτα, ut supra.

Then follows the invitation to the people to draw nigh, which in the edition of Ducas precedes the prayer of thanksgiving for the reception, thus: Καὶ οὕτως ἀνοίγουσι τὴν θύραν τοῦ ἁγίου βήματος, καὶ ὁ διάκονος, ut infra, p. 141.

R resembles more nearly the edition of Ducas, save that the Priest says [τῷ δεῖνι] ἱεροδιακόνῳ μεταδίδοται τὸ τίμιον, κ.τ.λ.

And then of himself,

Τὸ τίμιον καὶ πανάγιον σῶμα μεταδίδοταί μοι (τῷ δεῖνι) ἱερεῖ, εἰς ἄφεσίν μου ἁμαρτιῶν, κ.τ.λ.

ELEVENTH CENTURY.

* * * * * *

SIXTEENTH CENTURY.

ἀλόγου μου ψυχῆς, καὶ ἐν τῷ ἐσπιλωμένῳ μου σώματι εἰσελθεῖν τοῦ νεκροῦ καὶ λεπροῦ. Καὶ ὡς οὐκ ἐβδελύξω τὸ στόμα τὸ ῥυπαρὸν τῆς πόρνης καταφιλούσης τοὺς ἀχράντους σου πόδας, οὕτω, Δέσποτα Θεέ μου, μὴ βδελύξῃς καὶ ἐμὲ τὸν ἁμαρτωλόν, ἀλλ' ὡς ἀγαθὸς καὶ φιλάνθρωπος, ἀξίωσόν με κοινωνὸν γενέσθαι τοῦ παναγίου σώματος καὶ αἵματός σου.

Ὁ Θεὸς ἡμῶν, ἄνες, ἄφες, συγχώρησόν μοι τὰ παραπτώματα, ὅσα σοι ἥμαρτον εἴτε ἐν γνώσει εἴτε ἐν ἀγνοίᾳ, εἴτε ἐν λόγῳ εἴτε ἐν ἔργῳ ἔπραξα, πάντα μοι συγχώρησον ὡς ἀγαθὸς καὶ φιλάνθρωπος· ταῖς πρεσβείαις τῆς παναχράντου σου καὶ ἀειπαρθένου μητρός, ἀκατάκριτόν με διατήρησον δέξασθαι τὸ τίμιον καὶ ἄχραντον σῶμά σου εἰς ἴασιν ψυχῆς καὶ σώματος. ὅτι σοῦ ἐστὶν ἡ βασιλεία καὶ ἡ δύναμις καὶ ἡ δόξα, τοῦ Πατρός, καὶ τοῦ Υἱοῦ, καὶ τοῦ ἁγίου Πνεύματος, νῦν καὶ ἀεί, καὶ εἰς τοὺς αἰῶνας τῶν αἰώνων. Ἀμήν.

(a) Καὶ οὕτω μεταλαμβάνουσι τὸν ἅγιον ἄρτον, ὁμοίως καὶ τὸ ἅγιον ποτήριον. Καὶ μεταλαμβάνει πρότερον μὲν ὁ ἱερεὺς τρία ῥοφήματα, ἐν μιᾷ ὑποκλίσει· καὶ ἐν μὲν τῷ πρώτῳ ῥοφήματι λέγει·

Εἰς τὸ ὄνομα τοῦ Πατρός.

Ἐν δὲ τῷ δευτέρῳ· Καὶ τοῦ Υἱοῦ·

Ἐν δὲ τῷ τρίτῳ· Καὶ τοῦ ἁγίου Πνεύματος.

Καὶ μετὰ τὴν μετάληψιν σπογγίζει τῷ καλύμματι τὸ ἅγιον ποτήριον καὶ τὰ ἑαυτοῦ χείλη ἐπιδεξίως ἅμα καὶ εὐλαβῶς, λέγων·

Τοῦτο ἥψατο τῶν χειλέων μου, καὶ ἀφελεῖ τὰς ἀνομίας μου, καὶ τὰς ἁμαρτίας μου περικαθαριεῖ, πάντοτε, νῦν καὶ ἀεί, καὶ εἰς τοὺς αἰῶνας τῶν αἰώνων. Ἀμήν.

Κρατῶν δὲ τὸ ἅγιον ποτήριον καλεῖ τὸν διάκονον, λέγων·

Διάκονε, πρόσελθε.

Καὶ ὁ διάκονος ἔρχεται, καὶ προσκυνεῖ ἅπαξ, λέγων·

Ἰδοὺ προσέρχομαι τῷ ἀθανάτῳ Βασιλεῖ.

Καὶ τό, Πιστεύω, Κύριε, καὶ ὁμολογῶ, κ.τ.λ. Ὅλον.

Καὶ λέγει ὁ ἱερεύς·

Μεταλαμβάνεις ὁ δοῦλος τοῦ Θεοῦ διάκονος (ὁ δεῖνος) τὸ τίμιον καὶ ἅγιον σῶμα καὶ αἷμα τοῦ Κυρίου καὶ Θεοῦ καὶ Σωτῆρος ἡμῶν Ἰησοῦ Χριστοῦ, εἰς ἄφεσιν τῶν ἁμαρτιῶν σου καὶ εἰς ζωὴν αἰώνιον.

Μεταλαβόντος δὲ τοῦ διακόνου, λέγει ὁ ἱερεύς·

Τοῦτο ἥψατο τῶν χειλέων σου, καὶ ἀφελεῖ τὰς ἀνομίας σου, καὶ τὰς ἁμαρτίας σου περικαθαριεῖ.

ὡς καὶ δι' ἑαυτοῦ εἶπεν.

Τότε λαβὼν τὸν ἅγιον δίσκον ὁ διάκονος, ἐπάνω τοῦ ἁγίου ποτηρίου, ἀποσπογγίζει τῷ ἁγίῳ σπόγγῳ πάνυ καλῶς, καὶ μετὰ προσοχῆς καὶ εὐλαβείας

(a) R interposes here, Καὶ τελευταῖον τό· Μή μοι εἰς κρῖμα ἢ εἰς κατάκριμα γένοιτο ἡ μετάληψις τῶν ἁγίων σου μυστηρίων, Κύριε, ἀλλ' εἰς ἴασιν ψυχῆς καὶ σώματος. Καὶ οὕτω μεταλαμβάνουσι τοῦ ἐν χερσὶ μετὰ φόβου καὶ πάσης ἀσφαλείας. εἶτα ἀναστὰς λαμβάνει as in Hammond's copy, to the prayer of thanksgiving Εὐχαριστοῦμέν σοι.

LITURGY OF SAINT CHRYSOSTOM.

ELEVENTH CENTURY.

Εἶτα· Μετὰ φόβου Θεοῦ καὶ πίστεως προσέλθετε.

(1) Εἶτα τῆς μεταλήψεως τελεσθείσης καὶ τῶν ἁγίων λειψάνων ἀπὸ τῆς ἱερᾶς ἀρθέντων τραπέζης, ἐπεύχεται ὁ ἱερεύς·

L (2) Εὐχαριστοῦμέν σοι, Δέσποτα φιλάνθρωπε, εὐεργέτα τῶν ψυχῶν ἡμῶν, ὅτι καὶ τῇ παρούσῃ ἡμέρᾳ κατηξίωσας ἡμᾶς τῶν ἐπουρανίων σου καὶ ἀθανάτων μυστηρίων. Ὀρθοτόμησον ἡμῶν τὴν ὁδόν, στήριξον ἡμᾶς ἐν τῷ φόβῳ σου τοὺς πάντας, φρούρησον ἡμῶν τὴν ζωήν, ἀσφάλισαι ἡμῶν τὰ διαβήματα,

εὐχαῖς καὶ ἱκεσίαις τῆς ἐνδόξου θεοτόκου καὶ ἀειπαρθένου Μαρίας, καὶ πάντων τῶν ἁγίων σου.

Ὅτε δὲ μέλλει στραφῆναι τὰ ἅγια δῶρα ἔνθα προετέθησαν, ἐν τῷ αἴρεσθαι ταῦτα ἀπὸ τῆς ἁγίας τραπέζης, θυμιᾷ ὁ διάκονος τρίς· ὁ ἱερεὺς λέγει καθ' ἑαυτόν· (3)

Ὑψώθητι ἐπὶ τοὺς οὐρανοὺς ὁ Θεός, καὶ ἐπὶ πᾶσαν τὴν γῆν ἡ δόξα σου. L

Αἴρων δὲ ταῦτα ἐκφωνεῖ·

Πάντοτε, νῦν καὶ ἀεί, καὶ εἰς τοὺς αἰῶνας τῶν αἰώνων.

(1) 1. 10 omits καὶ τῶν...τραπέζης.
(2) As in the Barberini codex.

(3) 1. 10 omits all to ὀρθοὶ μεταλαβόντες.

SIXTEENTH CENTURY.

σκεπάζει τὸ ἅγιον ποτήριον τῷ καλύμματι. ὁμοίως καὶ ἐπὶ τὸν ἅγιον δίσκον ἀνατίθησι τὸν ἀστέρα καὶ τὰ καλύμματα.

Καὶ ἀνοίγουσι τὴν θύραν τοῦ ἁγίου βήματος. καὶ ὁ διάκονος, προσκυνήσας ἅπαξ, λαμβάνει τὸ ἅγιον ποτήριον μετὰ εὐλαβείας, καὶ ἔρχεται εἰς τὴν θύραν, καὶ ὑψῶν τὸ ἅγιον ποτήριον δείκνυσιν αὐτὸ τῷ λαῷ, λέγων·

L Μετὰ φόβου Θεοῦ καὶ ἀγάπης προσέλθετε.
Ὁ χορός. Ἀμήν, Ἀμήν, Ἀμήν. Εὐλογη-
L μένος ὁ ἐρχόμενος ἐν ὀνόματι Κυρίου.

Καὶ ὁ ἱερεὺς εὐλογεῖ τὸν λαόν, λέγων ἐκφώνως·

Σῶσον, ὁ Θεός, τὸν λαόν σου καὶ εὐλόγησον τὴν κληρονομίαν σου.

(a) Καὶ ὁ χορός. Εἰς πολλὰ τὰ ἔτη, δέσποτα.

Καὶ ἐπιστρέφουσιν ὅ τε διάκονος καὶ ὁ ἱερεὺς εἰς τὴν ἁγίαν τράπεζαν, καὶ θυμιᾷ ὁ ἱερεὺς τρίς, λέγων

(a) In R the choir sings Εἴδομεν τὸ φῶς τὸ ἀληθινόν, ἐλάβομεν πνεῦμα ἐπουράνιον, εὕρομεν πίστιν ἀληθῆ, ἀδιαίρετον Τριάδα προσκυνοῦντες· αὕτη γὰρ ἡμᾶς ἔσωσεν.
(b) M has this, Ψαλλομένου τοῦ Πληρω-

καθ' ἑαυτόν·

Ὑψώθητι ἐπὶ τοὺς οὐρανοὺς ὁ Θεός, καὶ ἐπὶ πᾶσαν τὴν γῆν ἡ δόξα σου. L

Εἶτα λαβὼν τὸν ἅγιον δίσκον, τίθησιν ἐπὶ τὴν κεφαλὴν τοῦ διακόνου· καὶ ὁ διάκονος λαβὼν αὐτὸν μετ' εὐλαβείας, θεωρῶν ἔξω πρὸς τὴν θύραν, οὐδὲν λέγων, ἀπέρχεται εἰς τὴν πρόθεσιν, καὶ ἀποτίθησιν αὐτόν· ὁ δὲ ἱερεὺς προσκυνήσας, καὶ λαβὼν τὸ ἅγιον ποτήριον, καὶ ἐπιστραφεὶς πρὸς τὴν θύραν, ὁρᾷ τὸν λαόν, λέγων·

Εὐλογητὸς ὁ Θεὸς ἡμῶν.

Εἶτα ἐκφωνεῖ·

Πάντοτε, νῦν καὶ ἀεί, καὶ εἰς τοὺς αἰῶνας τῶν αἰώνων.

Ὁ χορός. Ἀμήν. (b)

Καὶ εὐθὺς λέγει μυστικῶς τὴν εὐχήν·

Εὐχαριστοῦμέν σοι, Δέσποτα, *ut supra*. L (c)

θήτω ἀποκομίζονται ἐν τῇ προθέσει τὰ ἅγια προπορευομένου τοῦ διακόνου.
(c) M. Καὶ ὁ μὲν διάκονος θυμιάσας τὰ ἅγια καὶ τὸν θυμιατὸν ἀποθέμενος καὶ ἐν τῷ, κ.τ.λ. H merely καὶ ἐξελθὼν ὁ διάκονος.

ELEVENTH CENTURY.

Καὶ στραφέντες ἀπὸ τῆς προθέσεως ὅ τε διάκονος καὶ ὁ ἱερεύς· λέγει ὁ διάκονος·

L Ὀρθοὶ μεταλαβόντες τῶν θείων, ἁγίων, ἀχράντων, ἀθανάτων, ἐπουρανίων, καὶ ζωοποιῶν, φρικτῶν τοῦ Χριστοῦ μυστηρίων, ἀξίως εὐχαριστήσωμεν τῷ Κυρίῳ.

L Ἀντιλαβοῦ, σῶσον, ἐλέησον, κ.τ.λ.

L Τὴν ἡμέραν πᾶσαν τελείαν, ἁγίαν, εἰρηνικήν, καὶ ἀναμάρτητον, κ.τ.λ.

Ἐκφώνησις.

L (1) 5 Ὅτι σὺ εἶ ὁ ἁγιασμὸς ἡμῶν, καὶ σοὶ τὴν δόξαν ἀναπέμπομεν, τῷ Πατρί, καὶ τῷ Υἱῷ, καὶ τῷ ἁγίῳ Πνεύματι, νῦν καὶ ἀεί, καὶ εἰς τοὺς αἰῶνας τῶν αἰώνων.

Ὁ διάκονος. Ἐν εἰρήνῃ προέλθωμεν. Τοῦ Κυρίου δεηθῶμεν.

Εὐχὴ ὀπισθάμβωνος, ἐκφωνουμένη.

Ὁ εὐλογῶν τοὺς εὐλογοῦντάς σε, Κύριε, καὶ ἁγιάζων τοὺς ἐπὶ σοὶ πεποιθότας, σῶσον τὸν λαόν σου, καὶ εὐλόγησον τὴν κληρονομίαν σου· τὸ πλήρωμα τῆς ἐκκλησίας σου φύλαξον· ἁγίασον τοὺς ἀγαπῶντας τὴν εὐπρέπειαν τοῦ οἴκου σου· σὺ αὐτοὺς ἀντιδόξασον τῇ θεϊκῇ σου δυνάμει, καὶ μὴ ἐγκαταλίπῃς ἡμᾶς τοὺς ἐλπίζοντας ἐπὶ σέ· εἰρήνην τῷ κόσμῳ σου δώρησαι, ταῖς ἐκκλησίαις σου, τοῖς ἱερεῦσι, τοῖς βασιλεῦσιν ἡμῶν, τῷ στρατῷ, καὶ παντὶ τῷ λαῷ σου· ὅτι πᾶσα δόσις ἀγαθὴ καὶ πᾶν δώρημα τέλειον ἄνωθέν ἐστι, καταβαῖνον ἐκ σοῦ τοῦ Πατρὸς τῶν φώτων· καὶ σοὶ τὴν δόξαν, καὶ εὐχαριστίαν, καὶ προσκύνησιν ἀναπέμπομεν, L

(1) So Barberini codex.

SIXTEENTH CENTURY.

Ὁ διάκονος, ἐν τῷ συνήθει τόπῳ στάς, λέγει·
Ὀρθοὶ μεταλαβόντες, ut supra.
Ὁ χορός. Κύριε, ἐλέησον.

L Ὁ διάκονος. Ἀντιλαβοῦ, σῶσον.
Ὁ χορός. Κύριε, ἐλέησον.

L Ὁ διάκονος. Τὴν ἡμέραν πᾶσαν.
Ὁ χορός. Σοί, Κύριε.

L Ἐκφώνως ὁ ἱερεύς· Ὅτι σὺ εἶ ὁ ἁγιασμός, ut supra.

(a) Ὁ χορός. Ἀμήν.

Ὁ διάκονος. Ἐν εἰρήνῃ προέλθωμεν.   L
Καὶ αὖθις. Τοῦ Κυρίου δεηθῶμεν.   L (b)
Εὐχὴ ὀπισθάμβωνος ἐκφωνουμένη παρὰ τοῦ ἱερέως ἔξω τοῦ βήματος.
Ὁ εὐλογῶν τοὺς εὐλογοῦντας, ut supra.   L
Ὁ χορός. Ἀμήν.   (c)
Καὶ ὁ χορὸς ψάλλει τρὶς τὸ Εἴη τὸ ὄνομα Κυρίου εὐλογημένον ἀπὸ τοῦ νῦν καὶ ἕως τοῦ αἰῶνος. Καὶ τὸν ψαλμόν· Εὐλογήσω τὸν Κύριον, ἢ τοῦ ἁγίου τῆς ἡμέρας.   L (d) (e)

(a) H assigns these words to the priest: the next line to the deacon.
(b) R adds ὁ χορός. Κύριε ἐλέησον, δέσποτα εὐλόγησον.
(c) M. ταύτης δὲ εὐχῆς λεγομένης ἵσταται ὁ διάκονος ἔμπροσθεν τῶν ἁγίων θυρῶν, καὶ κρατῶν τὸ ὡράριον αὐτοῦ, ὡς πολλάκις εἴρηται, τὴν κεφαλὴν ὑποκλίνει μέχρι συμπληρώσεως τῆς εὐχῆς.

(d) R, H omit this and read Ταύτης δὲ τελεσθείσης, ὁ μὲν ἱερεὺς εἰσέρχεται διὰ τῶν ἁγίων θυρῶν, καὶ ἀπελθὼν ἐν τῇ προθέσει λέγει τὴν παροῦσαν εὐχήν.
(e) C interposes καὶ ὁ ἱερεὺς σφραγίσας αὐτοὺς λέγει· Εὐλογημένοι ὑμεῖς τῷ Κυρίῳ τῇ αὐτοῦ θείᾳ χάριτι, πάντοτε κ.τ.λ.

LITURGY OF SAINT CHRYSOSTOM.

ELEVENTH CENTURY.

τῷ Πατρί, καὶ τῷ Υἱῷ, καὶ τῷ ἁγίῳ Πνεύματι, νῦν καὶ ἀεί, καὶ εἰς τοὺς αἰῶνας τῶν αἰώνων. Ἀμήν.

(1) Εὐχὴ ἐν τῷ συστεῖλαι τὰ ἅγια.

L Τὸ πλήρωμα τοῦ νόμου καὶ τῶν προφητῶν αὐτὸς ὑπάρχων, Χριστὲ ὁ Θεὸς ἡμῶν, ὁ

(1) For this I. 10 has εὐχὴ ἡ ἐν τῷ σκευοφυλακίῳ λεγομένη.

πληρώσας πᾶσαν πατρικὴν οἰκονομίαν, πλήρωσον χαρᾶς καὶ εὐφροσύνης τὰς καρδίας ἡμῶν, πάντοτε, νῦν καὶ ἀεί, καὶ εἰς τοὺς αἰῶνας τῶν αἰώνων. Ἀμήν.

✠ ΕΥ̓́ΖΑΙ ΚΑΙ ΥΠΕΡ ΕΜΟΥ ΤΟΥ ΤΑΛΑΝΟΣ ΜΑΤΘΑΙΟΥ α. ὦ θῦτα· (2)

(2) This is, of course, only in II. 42.

SIXTEENTH CENTURY.

Εὐχὴ ἐν τῷ συστεῖλαι τὰ ἅγια μυστικῶς.
Τὸ πλήρωμα τοῦ νόμου, ut supra.

(a) Μετὰ τὴν εὐχὴν ἐξέρχεται ὁ ἱερεύς, καὶ στὰς ἐν τῷ συνήθει τόπῳ δίδωσι τὸ ἀντίδωρον. εἶτα ποιεῖ ἀπόλυσιν, λέγων·

Δόξα σοι, Χριστὲ ὁ Θεὸς ἡμῶν, ἡ ἐλπὶς ἡμῶν, δόξα σοι.

Καὶ ὁ χορός. Δόξα Πατρὶ καὶ Υἱῷ καὶ ἁγίῳ Πνεύματι, νῦν καὶ ἀεί, καὶ εἰς τοὺς αἰῶνας τῶν αἰώνων. Ἀμήν.

Καὶ εἰ ἔστι κυριακή, λέγει ὁ ἱερεύς·

Ὁ ἀναστὰς ἐκ νεκρῶν Χριστὸς ὁ ἀληθινὸς Θεὸς ἡμῶν, κ.τ.λ.

Εἰ δὲ οὐκ ἔστιν ἀναστάσιμος, λέγει·

(a) H and R thus, Ὁ δὲ διάκονος εἰσελθὼν καὶ αὐτὸς διὰ τοῦ βορείου μέρους, συστέλλει τὰ ἅγια μετὰ φόβου καὶ πάσης ἀσφαλείας, ὥστε μηδέν τι τῶν ἄγαν λεπτοτάτων ἐκπεσεῖν ἢ καταλειφθῆναι. Καὶ ἀπονίπτεται τὰς χεῖρας ἐν τῷ συνήθει τόπῳ. Ὁ δὲ ἱερεὺς ἐξελθών, δίδωσι τῷ λαῷ τὸ ἀντίδωρον λέγων·

Ἡ εὐλογία τοῦ Θεοῦ ἐφ᾽ ὑμᾶς τῇ αὐτοῦ χάριτι καὶ φιλανθρωπίᾳ, πάντοτε, νῦν καὶ ἀεί, καὶ εἰς τοὺς αἰῶνας τῶν αἰώνων.

Ὁ χορός· Ἀμήν.
Then H. Ὁ ἱερεύς. Δόξα σοι, Χριστέ.
R places ὁ λαός· Δόξα...Καὶ νῦν before the blessing.
R proceeds, καὶ γίνεται τελεία ἀπόλυσις· καὶ

Χριστὸς ὁ ἀληθινὸς Θεὸς ἡμῶν ταῖς πρεσβείαις τῆς παναχράντου αὐτοῦ μητέρος, τῇ θείᾳ δυνάμει τοῦ τιμίου καὶ ζωοποιοῦ σταυροῦ, τῶν ἁγίων ἐνδόξων καὶ πανευφήμων ἀποστόλων, τοῦ ἁγίου (τῆς ἡμέρας), τοῦ ἐν ἁγίοις πατρὸς ἡμῶν Ἰωάννου ἀρχιεπισκόπου Κωνσταντινουπόλεως τοῦ Χρυσοστόμου, τῶν ἁγίων καὶ δικαίων θεοπατέρων Ἰωακεὶμ καὶ Ἄννης, καὶ πάντων τῶν ἁγίων, ἐλεῆσαι καὶ σῶσαι ἡμᾶς ὡς ἀγαθὸς καὶ φιλάνθρωπος. (b)

Καὶ εὐλογῶν τὸν λαὸν εἰσέρχεται· μετὰ δὲ τὴν ἀπόλυσιν, εἰ οὐκ ἔστιν διάκονος, εἰσέρχεται ὁ ἱερεὺς εἰς τὴν πρόθεσιν, καὶ μεταλαμβάνει τὸ ὑπολειφθέν (c)

εἰσελθὼν ἐν τῷ ἁγίῳ βήματι ἀποδύεται τὴν ἱερατικὴν στολήν, λέγων· Νῦν ἀπολύεις, κ.τ.λ.

Τρισάγιον, as below.
C concludes as follows after the τὸ πλήρωμα τοῦ νόμου: ὁ ἱερεὺς σφραγίζων τὸν λαὸν λέγει· Εὐλογία Κυρίου ἔστω ἐφ᾽ ὑμᾶς πάντοτε. Ἁγία Τριάς, ἐλέησον. Κύριε Ἰησοῦ Χριστέ, ὁ Θεὸς ἡμῶν, ἐλέησον ἡμᾶς. Εἶτα ἀπεκδύεται τὴν στολὴν λέγων· Νῦν ἀπολύεις. Καὶ ἀπολύει. Καὶ διδοῖ τὸ κλαστόν.

(b) H gives only the first five words, "κ.τ.λ."
(c) For this H has simply, Καὶ εἰσελθὼν ἐν τῷ ἁγίῳ βήματι ἀποδύεται τὴν ἱερατικὴν στολήν, λέγων·

SIXTEENTH CENTURY.

(a) ἐν τῷ ἁγίῳ ποτηρίῳ, προσοχῶς καὶ εὐλαβῶς. καὶ ἀποπλύνει τὸ ἅγιον ποτήριον τρίς, καὶ ὁρᾷ μὴ μείνῃ τὸ λεγόμενον μαργαρίτης. τότε λέγει·

Νῦν ἀπολύεις τὸν δοῦλόν σου, Δέσποτα, ὅλον.

(b) Καὶ συστέλλει τὰ ἅγια, τὸ ποτήριον, τὸν δίσκον, μετὰ τῶν καλυμμάτων κατὰ τὸ ἔθος. εἰ δ' ἔστι διάκονος, ὁ αὐτὸς ποιεῖ. ὁ δὲ ἱερεὺς ἀπέρχεται ἐν τῷ σκευοφυλακίῳ καὶ ἐκδύει ἑαυτόν, λέγων τρίς,

Τό, Ἅγιος ὁ Θεός, ἅγιος ἰσχυρός, κ.τ.λ.
Τό, Παναγία Τριάς, κ.τ.λ.
Καὶ τό, Πάτερ ἡμῶν.

Εἶτα λέγει τὸ ἀπολυτίκιον τοῦ Χρυσοστόμου·

Ἡ τοῦ στόματός σου καθάπερ πυρσὸς ἐκλάμψασα χάρις τὴν οἰκουμένην ἐφώτισεν, ἀφιλαργυρίας τῷ κόσμῳ θησαυροὺς ἐναπέθετο, τὸ ὕψος ἡμῖν τῆς ταπεινοφροσύνης ὑπέδειξεν· ἀλλὰ σοῖς λόγοις παιδεύων, πάτερ

(c) Ἰωάννη Χρυσόστομε, πρέσβευε Χριστῷ τῷ Θεῷ, σωθῆναι τὰς ψυχὰς ἡμῶν.

(d) Μετέπειτα τὸ κοντάκιον,

Ἐκ τῶν οὐρανῶν ἐδέξω τὴν θείαν χάριν, καὶ διὰ τῶν σῶν χειλέων πάντας ἐκδιδάσκεις προσκυνεῖν ἐν Τριάδι τὸν ἕνα Θεόν, Ἰωάννη

(a) M τρὶς τῷ οἴνῳ καὶ τῷ ὕδατι καὶ ὁρᾷ.
(b) H omits this rubric.
(c) H reads τῷ Λόγῳ Χριστῷ.
(d) H thus concludes. Καὶ τὸ κοντάκιον τῆς ἡμέρας. Καὶ ποιεῖ ἀπόλυσιν. Καὶ προσκυνήσας καὶ εὐχαριστήσας τῷ Θεῷ ἐπὶ πᾶσιν, ἐξέρχεται.

R after the τρισάγιον, see note, p. 143, concludes thus,

Καὶ τὰ λοιπά. Ἀπολυτίκιον.

Καὶ κοντάκιον τῆς ἡμέρας· ἔπειτα τὸ Τροπάριον τοῦ Χρυσοστόμου. Ἡ τοῦ στόματός σου. Κύριε, ἐλέησον. ιβ'. Δόξα...καὶ νῦν...Τὴν τιμιωτέραν...

Καὶ ποιεῖ ἀπόλυσιν. Καὶ προσκυνήσας καὶ εὐχαριστήσας τῷ Θεῷ ἐπὶ πᾶσιν, ἐξέρχεται.

Χρυσόστομε, παμμακάριστε, ὅσιε· ἐπαξίως εὐφημοῦμέν σε, ὑπάρχεις γὰρ καθηγητής, ὡς τὰ θεῖα σαφῶν.

Ἡ λέγει τῆς ἡμέρας ἢ τὸ ἀναστάσιμον εἰ ἔστι κυριακή. Καὶ τὴν ἀπόλυσιν ὡς ἔθος μυστικῶς.

Τότε ἐξέρχεται εἰς τὰς θύρας τοῦ ἁγίου βήματος ἐνδεδυμένος τὸ ἱμάτιον αὐτοῦ τὸ ἱερατικόν, καὶ προσκυνεῖ λέγων τό

Ὁ Θεός, ἱλάσθητί μου.

Καὶ ἐπιστρέφων πρὸς τὸν λαόν, εὐλογεῖ, λέγων ἐκφώνως·

Φυλάξαι Κύριος ὁ Θεὸς πάντας ὑμᾶς τῇ αὐτοῦ χάριτι καὶ φιλανθρωπίᾳ, πάντοτε νῦν καὶ ἀεί, καὶ εἰς τοὺς αἰῶνας τῶν αἰώνων. Ἀμήν.

Ὁ δὲ λαός, κλίνοντες τὰς κεφαλὰς πάντες, λέγουσι τό (e)

Δι' εὐχῶν τῶν ἁγίων πατέρων [ἡμῶν, Κύριε Ἰησοῦ Χριστέ, ὁ Θεὸς ἡμῶν, ἐλέησον ἡμᾶς. Ἀμήν].

Καὶ ἀπέρχονται ἐν εἰρήνῃ σὺν Θεῷ ἁγίῳ.

Τέλος τῆς θείας ἱερουργίας τοῦ Χρυσοστόμου.

(e) In Goar the final words of the people are these, τὸν εὐλογοῦντα καὶ ἁγιάζοντα ἡμᾶς, Κύριε, φύλαττε εἰς ἔτη πολλά.

The Roman edition of 1873 then gives the prayers of dismissal for the various festivals. For example, that for the Nativity is this:

Ὁ ἐν σπηλαίῳ γεννηθεὶς καὶ ἐν φάτνῃ ἀνακλιθεὶς διὰ τὴν ἡμῶν σωτηρίαν Χριστός, ὁ ἀληθινὸς Θεὸς ἡμῶν, ταῖς πρεσβείαις τῆς παναχράντου καὶ παναμώμου ἁγίας αὐτοῦ μητρός, τῶν ἁγίων ἐνδόξων, πανευφήμων θεοκηρύκων καὶ πνευματοφόρων Ἀποστόλων, καὶ πάντων τῶν ἁγίων, ἐλεήσαι καὶ σῶσαι ἡμᾶς ὡς ἀγαθὸς καὶ φιλάνθρωπος.

The prefatory words being adapted for each festival.

LITURGY OF SAINT CHRYSOSTOM.

LATIN TRANSLATION BY LEO THUSCUS.

I have spoken (p. 100) of a Latin version of the Liturgy of S. Chrysostom, edited by "Claudius de Sainctes" and published by Morel at Paris, in the year MDLX, and I have endeavoured to exhibit in the margin of the Greek Liturgy those parts which are common to the Greek and the Latin. The translation was made for "Rainaldus de Monte Catano" by Leo Thuscus from a copy presented to the former by the Emperor Emanuel. Leo was brother and pupil of Hugo Etherianus, a friend and favourite of Emanuel (A.D. 1177). Thus, as I have stated above, we can fix the date of the translation; and from the names of certain persons prayed for as living, we can fix approximately the date of the Greek original. It seems to have been in use about the year 1110. It is so far a dated copy, and of great moment in our attempt to trace the history of the Liturgy of S. Chrysostom. On consideration it has seemed to me to be desirable to represent, in a more continuous form than I have been able to do on the previous pages, the characteristics of this translation. There are indications that the rubrics exhibit at times the explanations of Leo Thuscus rather than a mere version of the original, but in either case they are interesting and important. I shall not attempt to give more than the salient points in this translation.

It commences with a direction to the deacon (or to the priest, if he is celebrating without a deacon) to make a cross upon the bread with the holy lance, saying, "In the "Name of our God and Saviour Jesus Christ, who has been sacrificed for the life of the "world." It then proceeds as is noted on pp. 104, 105. The following is deserving of notice. "The priest makes the mixture in the cup, pouring in wine and water," and repeats John xix. 34, 35. When he says, "There came out Blood," he pours in wine: when he says "Water," he pours in water. The blessing and offering of the incense follow (as on p. 107): and the veils are placed over the censer, before they are placed over the chalice, the words being "the Lord is King, He is clothed with majesty" (p. 107). The Bread is then covered as on p. 108, and the priest says the prayer "Deus, Deus noster" (p. 108). The deacon and priest approach the holy table and bow three times: the deacon says "Tempus faciendi" (pp. 109, 110). Then we have

INITIUM SANCTÆ MISSÆ.

"Benedictum regnum" (as on p. 110). "Pro pace, &c." The petitions which follow have been marked on pp. 110, 111.

Immediately after this come the preparations for reading the Holy Scriptures.

"Deinde sequitur proecimenon, quod Latine videtur sonare *vaticinium prophetae de Christo*," with the prefaces for the various days of the week.

These are:

For Sunday. "Dominus Regnavit, decorem indutus est: indutus est Dominus fortitudinem et praecinxit se."

For Monday. "Dominus exaudiet me cum clamavero ad eum."
Psalmus. "Cum invocarem, exaudisti me, Deus."

For Tuesday. "Misericordia tua Domine subsequetur me omnibus diebus vitae meae."
Psalmus. "Dominus regit me, et nihil mihi deerit."

For Wednesday. "Deus, exaudi orationem meam."
Psalmus. "Deus, in nomine tuo salvum me fac."
For Thursday. "Auxilium meum a Domino qui fecit caelum et terram."
Psalmus. "Levavi oculos meos ad montem."
For Friday. "Deus, susceptor meus es: misericordia tua praeveniet me."
Psalmus. "Erue me de inimicis meis, Deus meus."
For Saturday. The same as for the Sunday.

Then follow the cry *Sophia*, the reading of the Epistle, the Alleluia, and "Domine, "benedic evangelium."

"Deus per intercessionem sancti Apostoli et Evangelistae det verbum tibi evangelizandi "virtute multa: Rex virtutum dilecte, semper nunc et in saecula saeculorum." The reading of the Gospel follows, all standing (as above, p. 117).

This is followed by the prayers marked L on pp. 118, 119 with the addition of one for "this holy house" and of another for the Emperors; then come the petitions for the Catechumens (p. 119).

Then they are dismissed (p. 120).

The rubric μετὰ τὸ ἁπλωθῆναι τὸ εἰλητὸν (p. 120) is rendered "ubi haec dicta sunt "diaconus explicat corporale, et sacerdos hanc dicit orationem corporalis": and the second εὐχὴ πιστῶν (p. 121) follows.

The Cherubic Hymn is given at length, with these directions as to the procession; The archdeacon carries the censer and the sacred *peplus*, the deacons patens with the sacred loaves: other deacons follow with chalices. The loaves are placed on the holy table in the form of a cross, and the *peplus* placed over them. The archpresbyter says "Orate "pro me sacerdotes sancti"; and they reply "Spiritus sanctus" as on p. 125.

The order now differs entirely from that of the Greek copies. For the prayers of the three antiphons (see pp. 111, 112, 113) and the short *preces* are introduced, with the addition of the following between the second and third prayers;

"Post haec dicunt lectores:

"Bonum est confiteri Domino et psallere nomini tuo, Altissime. Intercessionibus Dei "genetricis, Salvator, salva nos. Ad annuntiandum mane misericordiam tuam et veritatem "tuam per noctem. Intercessionibus Dei genetricis, salva nos. Quoniam rectus Dominus "Deus noster, et non est iniquitas in eo. Intercessionibus Dei genetricis, salva nos. "Gloria Patri et Filio et Spiritui Sancto, nunc et semper et in saecula saeculorum. Amen. "Intercessionibus Dei genetricis, Salvator, salva nos."

This is followed by our ninety-third psalm, the verses of which are interrupted with the ejaculations "Interpellationibus sanctorum tuorum, salva nos, Domine."

After the prayer of the third antiphon we have the following;

"Iterum cantatur a lectoribus. *Unigenitus Filius*" i.e. the ὁ μονογενὴς υἱός, found in some copies of the Liturgy of S. Mark. (See the note p. 12.) Then, after the deacon has received the gospel and they stand before the "altar," verses of our ninety-fifth psalm are sung. These are interrupted by the response "Salvos fac nos, Fili Dei; qui resur-"rexisti a mortuis, tibi concinimus. Alleluia."

The prayer of the introit follows (see above, p. 114), "Benedic, Domine, introitum. "Benedictus introitus sanctorum tuorum," and the deacon adds, "Sophia, Stantes sint pedes "nostri" (p. 114).

The readers sing, "Venite adoremus et procidamus Christo. Salvos nos fac, Fili Dei, "qui de Virgine natus es, concinentes tibi, Alleluia."

The Gospel is placed upon the altar, and whilst the priest stands near the doors of the chancel, the readers say the "absolutorium, quod Graece dicitur apolyticion."

This varies from day to day. That for Sunday is "Lapide signato a Judaeis, militibus-"que custodientibus immaculatum corpus tuum, surrexisti tertia die Salvator, tribuens "mundo vitam. Ideo virtutes caelorum clamabant ad te, vitae Dator, Gloria resurrectioni "tuae: Gloria regno tuo: Gloria dispensationi tuae, O sole clemens"; this is followed by an apostrophe to the Virgin, "Gabriele dicente tibi virgo, Ave, cum voce incarnatus est "omnium Deus in te sacrosancta arca, ut dixit justus David: Ostensa es latior caelis, quae "tuum creatorem portasti: Gloria ei qui habitavit in te: Gloria ei qui exivit de te: "Gloria ei qui per tuum partum nos liberavit."

On Tuesday an appeal was made to Michael and to John the Baptist: on Wednesday to our Lord Himself: on Thursday to the Apostles and Saint Nicolaus; an apostrophe to the Virgin, differing each day, followed.

The translation then gives two or three *contacia*. That for the Epiphany is; "Illuxisti "hodie orbi, et lumen tuum Domine super nos signatum est in agnitione, laudantes te; "venisti, illuxisti, Lux inaccessibilis."

Then the readers sing the ἅγιος ὁ Θεός, ἅγιος ἰσχυρός, ἅγιος ἀθάνατος, and whilst they are singing it the priest says *sedatissima voce* the prayer of the τρισάγιον, "Deus sanctus," as on p. 115.

Then, before the doors of the Chancel, οὐδεὶς ἄξιος (p. 122), and the more recent prayer, πληρώσωμεν, and the other petitions (pp. 125, 126). Then follows "Oratio post sacramentorum "oblationem depositionemque in sancto altari"; i.e. the Κύριε, ὁ Θεός, ὁ παντοκράτωρ of p. 125.

The priest and the others kiss first the altar and then each other. And then come the cry, τὰς θύρας, τὰς θύρας, and the Creed. "Misericordiam pacis: sacrificium laudis."

They remove the *peplus* entirely, saying ἅγιος ὁ Θεός again.

Then the service proceeds, as on page 127, ἄνω σχῶμεν τὰς καρδίας, &c.

The words κλινόμενος ἐπεύχεται are translated "pronus orat." The Latin is a simple translation of the Greek (pp. 128—131) until we come to the commemoration of the Virgin, which is followed up immediately thus, "et pro universorum cogitationibus ut "Domino placeant, exoremus," a sentiment not found in the Greek. And the mention of the Baptist &c. follows.

First among the living are "our patriarch Nicolaus, Eleutherus of Alexandria, Cyril "of Antioch, Leontius of Jerusalem." The Emperor is Alexius the Great and "Porphyro-"genitus." (This fixes the date.) Then there is a prayer for the deliverance of our brethren in captivity, and the service proceeds as in the early copies until we come to the words πλήρωσον, δέσποτα, on p. 137.

We are told that the priest divides the *portio sancta* into four pieces and places one in the cup saying, πλήρωμα Πνεύματος ἁγίου. This is done also with a second cup, if there is one. The deacons receive from the subdeacon some boiling water and pour in "quantum "sufficit."

The reception followed. If other priests were present, they seem to have passed the paten and the chalice on to each other. Then the deacons receive in like manner. After this the prayer εὐχαριστοῦμέν σοι is said (p. 141).

The deacon calls to the people μετὰ φόβου Θεοῦ προσέλθετε (p. 141) and the people communicate.

They sing or say; "Repleatur os meum laude, ut cantemus tibi gloriam tuam: quoniam "fecisti nos dignos sanctorum tuorum mysteriorum, in tua sanctitudine serva nos Deus, "tota die meditantes justitiam tuam," &c. Then "Stantes qui communicavimus dominica, "immaculata, immortalia, caelestia mysteria, agamus gratias Domino." And the rest as in Lady Burdett-Coutts' MS.

BRITISH MUSEUM MANUSCRIPT:
ADDL. 18070.

Since the above pages were in type, I have discovered that the British Museum MS. Add. 18070—which is described in the Catalogue as containing " Orationes ex ordine pro " officio missae celebrando secundum Liturgiam S. Chrysostomi desumptae "—is really a liturgical roll containing a very large portion of the liturgy as it was used in its simpler form, in the eleventh century. Mr Thompson informs me that he does not think the roll is earlier than the end of the thirteenth century. If so, the simpler liturgy must have continued in use, in some place within the Greek Patriarchate, until that date. For a description of the roll I must refer to the Introductory Chapter II. contenting myself here with giving its salient features.

The fragment commences with the prayer of the third antiphon 'Ο τὰς κοινὰς ταύτας (p. 113). It omits the calls of the deacon exhibited in the upper parts of pages 113, 114, 115. It omits also the prayer ἔλλαμψον p. 117, passing on, after the direction καὶ μετὰ τὴν τοῦ εὐαγγελίου συμπλήρωσιν, λέγει ὁ διάκονος, Εἴπωμεν πάντες, as on p. 118, to the prayer of the ἐκτενῆ, with an invitation from the deacon for a prayer for the Emperors. After this the liturgy proceeds as in the second column of p. 119, and on pp. 120, 121 (the cry Σοφία is added in the margin), 122, 123 (καὶ προσδεχόμενος is added in the margin). Then comes the εὐχὴ προσκομιδῆς, the words of the deacon being constantly omitted, save that we have πλιροσομεν την δ. in the margin (see p. 125), and the call ἀγαπήσωμεν ἀλλήλους in the text (as on p. 127). The rubric as to the Creed is as follows; καὶ μετὰ τὸ ἅγιον σύμβολον ὁ διάκονος Στῶμεν καλῶς. At the commencement of the ἄξιον καὶ δίκαιον we turn to the other side of the roll. The liturgy then proceeds as in Lady Burdett-Coutts' MSS. (see pages 128, 129, &c.). After the word Μεταβαλών (p. 131) the deacon cries 'Αμὴν twice. No names are mentioned by which the date of the service can be discovered (p. 132). The *Archbishop* is prayed for (p. 133). The εἰρηνικὰ of page 135 are omitted. After the words τὰ ἅγια τοῖς ἁγίοις we have ὁ λαός, εἷς ἅγιος. The roll then proceeds at once, as in Lady Burdett-Coutts' I. 10 (see p. 137), to the rubric εἶτα τῆς μεταλήψεως (p. 141), and to the prayer εὐχαριστοῦμεν, after which we come immediately to the εὐχὴ ὀπισθάμβωνος, ὁ εὐλογῶν, the roll failing after a few words.

The use of the boiling water had not been introduced when this roll was penned. On the whole it bears an interesting resemblance to B-C I. 10, and the two MSS. corroborate each other.

LITURGY OF SAINT BASIL.

LITURGY OF SAINT BASIL.

[In printing the Liturgy of Saint Basil I have adopted the plan which I followed in the Liturgy of Saint Chrysostom. The upper part of the page represents the text as given in Lady Burdett-Coutts' MS. III. 42 with collations from I. 10 of the same collection. The lower part gives the Liturgy as it was published by Demetrius Ducas in the year 1526. But I have not thought it requisite to print at length prayers which have already been exhibited, once or more frequently, on earlier pages of my collection. It will be seen that the rubrics in the edition of Ducas refer constantly to the corresponding rubrics in the Liturgy of Saint Chrysostom, and so too we find it in the edition of Morel (Paris 1560): the same too may be noted, though perhaps less frequently, in the text published by Goar. In regard to MSS., C again denotes the copy described by Goar as in use in the Greek churches in Italy and Sicily; it belonged to the monastery of Crypto-Ferrata, and was called by him "Cryptoferratense Falascæ." He used too a liturgical roll (which had lost a little at the commencement) of the date 1041 of which a short notice will be found in my Introductory Chapter on MSS. This I have noted as G 1. I have used somewhat cursorily the fragments of three similar rolls which are stored in the British Museum: one of these furnished the text above (pages 81—84) where the Barberini MS. failed. As to these B M 1 denotes the above Add. MS. 22749. B M 2 and B M 3 respectively Add. MSS. 27563 and 27564. Here too I used, in the first instance, a Latin copy published by Morel "Ex vetustis codicibus Latinae translationis descripta": but before it was too late I found that Goar had discovered the Greek original of this, in a copy which he designated as "MS. Isidori Pyromeli Smyrnaei Monasterii Sancti Iohannis in insula Patmi Diaconi." Goar was ignorant of this connexion with Morel: it was a cause of joy to him that this Greek copy resembled the Latin published by De la Bigne. I designate this as G 2. The letter R as before denotes the Roman Euchology of 1873, and H the copy printed by Mr Hammond.

It will be found that this Liturgy has been interpolated in recent times less than the Liturgy of Saint Chrysostom. Of course this might have been expected, consideration being paid to the limited number of days on which it is now used. The small figures between brackets [76] refer to the page above where the corresponding passage in the Barberini codex (B) may be found.]

LITURGY OF SAINT BASIL.

ELEVENTH CENTURY.

(1) Ἡ θεία λειτουργία τοῦ ἐν ἁγίοις πατρὸς ἡμῶν Βασιλείου τοῦ μεγάλου ἀρχιεπισκόπου Καισαρείας Καππαδοκίας.

Εὐχὴ τῆς προθέσεως. (2)

Ὁ Θεός, ὁ Θεὸς ἡμῶν, ὁ τὸν οὐράνιον ἄρτον,......τῶν αἰώνων. Ἀμήν. As above, pp. 76, 108. [76]

(1) The text is taken from Lady Burdett Coutts' MS. III. 42, with collations from I. 10 in the same collection. The prayers are given at length in these MSS. but I have not deemed it necessary so to print them here. I. 10 omits ἀρχιεπισκόπου Καισ. Καπ.

(2) The Latin rubric (Morel p. 31) is "Primum Patriarcha cum sequentis ordinis clero vestimentis induto, offeruntur in sacrario ab oblationariis mundatae et compositae oblatae, a populis susceptae, quas ponit in patenis, et adolens super eas incensum, dicit hanc orationem. *Domine Deus noster*."

More simply G 2 has εὐχὴ ἣν ποιεῖ ὁ πατριάρχης ἐπὶ τῇ προθέσει τοῦ ἁγίου ἄρτου.

SIXTEENTH CENTURY.

Ἡ θεία λειτουργία τοῦ ἐν ἁγίοις πατρὸς Βασιλείου τοῦ μεγάλου.

Σημείωσαι ὅτι αὕτη ἡ θεία λειτουργία τοῦ μεγάλου Βασιλείου οὐ λέγεται πάντοτε, ἀλλ' ἐν καιροῖς τεταγμένοις, ἤγουν ἐν ταῖς κυριακαῖς τῆς ἁγίας μεγάλης τεσσαρακοστῆς, πλὴν τῆς κυριακῆς τῶν βαΐων, ἐν τῇ ἁγίᾳ μεγάλῃ πέμπτῃ, ἐν τῷ μεγάλῳ σαββάτῳ, ἐν τῇ παραμονῇ τῆς Χριστοῦ τοῦ Θεοῦ ἡμῶν γενέσεως, καὶ τῶν φώτων, καὶ ἐν τῇ ἡμέρᾳ τῇ ἑορτασίμῳ τοῦ ἁγίου Βασιλείου, καὶ τῇ τοῦ σταυροῦ. κατὰ τὸν τύπον τῆς ἁγίας τοῦ Θεοῦ ἐκκλησίας ἡ ἑρμηνεία καὶ ἡ διάταξις ταύτης τῆς ἱερουργίας ἡ αὐτή ἐστι τῇ τοῦ ἁγίου Χρυσοστόμου, ἔν τε ταῖς τοῦ ἱερέως καὶ τοῦ διακόνου εὐχαῖς τε καὶ θρησκείαις πλὴν τινῶν ἃ ἐν τοῖς ἑαυτῶν τόποις ἐσημειώθησαν. (a)

Ὁ Θεός, ὁ Θεὸς ἡμῶν ὁ τὸν οὐράνιον ἄρτον,...μυστηρίων,

(a) For γενέσεως R reads γεννήσεως: Goar and R omit καὶ τῇ τοῦ σταυροῦ. Goar and Morel omit the eight words κατὰ τὸν τύπον to ἐκκλησίας. R has ἀπὸ τῆς ἀρχῆς μέχρι τοῦ Οἱ κατηχούμενοι τὰς κεφαλὰς ὑμῶν τ. Κ. κλίνατε, ἡ λειτουργία τοῦ ἁγίου Βασιλείου ἐστὶν ἡ αὐτὴ καθὼς καὶ ἡ τοῦ Χρυσοστόμου. ἐξακολούθει οὖν ταύτην μέχρι ἀρχῆς φόλ. 53 [i.e. to p. 119 above.]

Ὁμοίως ἡ ἑρμηνεία καὶ ἡ διάταξις ἀμφοτέρας τῆς λειτουργίας ἡ αὐτή ἐστιν.

R proceeds, Εἰπόντος τοῦ διακόνου Οἱ κατηχούμενοι τὰς κεφαλὰς ὑμῶν τ. Κ. κλίνατε, ὁ ἱερεὺς λέγει μυστικῶς τὴν εὐχὴν ὑπὲρ τῶν κατηχουμένων πρὸ τῆς ἁγίας ἀναφορᾶς. Κύριε ὁ Θεὸς ἡμῶν, ὁ ἐν οὐρανοῖς κατοικῶν...p. 156 below.

LITURGY OF SAINT BASIL.

ELEVENTH CENTURY.

(1) Ὁ διάκονος. Εὐλόγησον, δέσποτα.

Ὁ ἱερεύς. Εὐλογημένη ἡ βασιλεία τοῦ Πατρός,......τῶν αἰώνων.

Ὁ διάκονος. Ἐν εἰρήνῃ τοῦ Κυρίου δεηθῶμεν.

Ὑπὲρ τῆς ἄνωθεν εἰρήνης.

Ὑπὲρ τῆς εἰρήνης τοῦ σύμπαντος.

Ὑπὲρ τοῦ ἁγίου οἴκου τούτου.

(2) Ὑπὲρ τοῦ ἐπισκόπου ἡμῶν.

Ὑπὲρ τῆς ἁγίας μονῆς ταύτης.

Ὑπὲρ εὐκρασίας ἀέρων.

Ὑπὲρ πλεόντων, ὁδοιπορούντων.

Ὑπὲρ τοῦ ῥυσθῆναι ἡμᾶς.

Εὐχὴ ἀντιφώνου αʹ. [76] (3)

Κύριε, ὁ Θεὸς ἡμῶν, οὗ τὸ κράτος...... οἰκτιρμούς σου. As on pp. 76, 111.

Ὁ διάκονος. ιζʹ. 7 (4)

Ἀντιλαβοῦ, σῶσον.

Τῆς παναγίας, ἀχράντου, ὑπερευλογημένης, δεσποίνης ἡμῶν.

(1) These three lines are omitted in G 1 and C. All thirteen are omitted in G 2.

(2) 1. 10 ὑπὲρ τοῦ ἀρχιεπισκόπου ἡμῶν. Then Ὑπὲρ τῶν εὐσεβεστάτων καὶ θεοφυλάκτων βασιλέων ἡμῶν, παντὸς τοῦ παλατίου. Ὑπὲρ τοῦ συμπολεμῆσαι καὶ ὑποτάξαι ὑπὸ τοὺς πόδας αὐτῶν πάντα ἐχθρόν. C has the same.

(3) G 2 has πρὸ τῆς ἐλεύσεως τοῦ πατριάρχου οἱ ἱερεῖς καὶ οἱ διάκονοι συλλειτουργοῦντες εἰσέρχονται εἰς τὸν ναόν, καὶ πάντων ἱσταμένων πρὸ τῶν ἁγίων θυρῶν, ὁ πρῶτος τῶν ἱερέων κλινόμενος ταύτην τὴν εὐχὴν λέγει, μυστικῶς.

(4) G 2 omits the next four lines.

SIXTEENTH CENTURY.

Ἐκφώνως. Ὅτι ἡγίασται...τῶν αἰώνων. Ἀμήν.

Τὰ αὐτὰ τῇ λειτουργίᾳ τοῦ Χρυσοστόμου λέγεται.

(a) Κἀνταῦθα παρά τε τοῦ ἱερέως καὶ τοῦ διακόνου.

Ὁ ἱερεὺς ἐκφώνως. Εὐλογημένη ἡ βασιλεία ......τῶν αἰώνων. Ὁ χορός. Ἀμήν.

(b) Τὰ εἰρηνικὰ καὶ αἱ ἀποκρίσεις ὡς καὶ ἐν τῇ λειτουργίᾳ τοῦ Χρυσοστόμου.

Ὁ διάκονος. Ἐν εἰρήνῃ τοῦ Κυρίου δεηθῶμεν.

Ὑπὲρ τῆς ἄνωθεν εἰρήνης.

Ὑπὲρ τῆς εἰρήνης τοῦ σύμπαντος.

Ὑπὲρ τοῦ ἁγίου οἴκου τούτου.

Ὑπὲρ τοῦ ἀρχιεπισκόπου.

Ὑπὲρ τῶν εὐσεβεστάτων καὶ θεοφυλά.

(a) Goar omits this. For the additions inserted here between the years 1200 and 1500 see the Liturgy of S. Chrysostom as above, pp. 108—110.

Ὑπὲρ τοῦ συμπολεμῆσαι καὶ ὑποτά.

Ὑπὲρ τῆς ἁγίας μονῆς ταύτης.

Ὑπὲρ εὐκρασίας ἀέρων.

Ὑπὲρ πλεόντων, ὁδοιπορούντων.

Ὑπὲρ τοῦ ῥυσθῆναι ἡμᾶς.

Εὐχὴ ἀντιφώνου πρώτου μυστικῶς. (c)

Κύριε, ὁ Θεὸς ἡμῶν, οὗ τὸ κράτος...... οἰκτιρμούς σου.

Τοῦ ἱερέως λέγοντος τὴν εὐχὴν μυστικῶς ἐν τῷ βήματι, ἐν τῷ αὐτῷ καιρῷ ὁ διάκονος λέγει ἔξω τοῦ βήματος τὰ εἰρηνικά. εἰ δ' οὐκ ἔστι διάκονος, ὁ ἱερεὺς μετὰ τὴν εὐχὴν λέγει τὰ εἰρηνικά, καὶ μετὰ ταῦτα τὴν ἐκφώνησιν. (d)

Ἔτι καὶ ἔτι τοῦ Κυρίου. Ἀντιλαβοῦ, σῶσον. Τῆς παναγίας, ἀχράντου, ὑπερ.

(b) The MSS. omit these directions. [Goar.]
(c) The Paris MSS. ὁ ἱερεὺς τῆς συναπτῆς λεγομένης ποιεῖ εὐχὴν ἀντιφώνου αʹ.
(d) Wanting in all the MSS.

LITURGY OF SAINT BASIL.

ELEVENTH CENTURY.

[76] Ἐκφώνως. Ὅτι πρέπει σοι πᾶσα δόξα, ...τῶν αἰώνων.

[76] (1) Εὐχὴ ἀντιφώνου β'.

Κύριε, ὁ Θεὸς ἡμῶν, σῶσον τὸν λαόν σου, καὶ εὐλόγησον τὴν κληρονομίαν σου ......τοὺς ἐλπίζοντας ἐπὶ σέ. As on pp. 76, 112.

Ὁ διάκονος. Ἔτι καὶ ἔτι ἐν εἰρήνῃ.

Ἀντιλαβοῦ, σῶσον.

(2) Τῆς παναγίας, ἀχράντου.

[76] Ἐκφώνως. Ὅτι σὸν τὸ κράτος......τῶν αἰώνων.

Εὐχὴ ἀντιφώνου τρίτου. [76] (3)

Ὁ τὰς κοινὰς ταύτας καὶ συμφώνους...... αὐτὸς καὶ νῦν...χαριζόμενος. As on pp. 76, 113.

Ὁ διάκονος. Ἔτι καὶ ἔτι ἐν εἰρήνῃ.

Ἀντιλαβοῦ, σῶσον.

Τῆς παναγίας.

Ἐκφώνως. Ὅτι ἀγαθὸς καὶ φιλάνθρωπος [76] Θεὸς ὑπάρχεις......αἰώνων.

Εὐχὴ τῆς εἰσόδου. ιζ'. 8 [76] (4)

---

(1) G 2 καὶ ψάλλουσιν οἱ ψάλται δύο ἢ τρεῖς στίχους τοῦ ψαλμοῦ, Ἀγαθὸν ἐξομολογεῖσθαι. Then it proceeds καὶ ὄπισθεν αὐτῶν ἀναβαίνων ὁ διάκονος εἰς τὸν δεύτερον βαθμὸν τοῦ ἄμβωνος, ἐκφωνεῖ τὰ εἰρηνικά. Ἐν εἰρήνῃ τοῦ Κυρίου.

(2) L has these lines and adds, Populus respondet. *Tibi Domine.*

(3) G 2 καὶ ψάλλουσιν οἱ ψάλται ἐν τῷ ἄμβωνι δύο ἢ τρεῖς στίχους τοῦ ψαλμοῦ, Ὁ Κύριος ἐβασίλευσεν, εὐπρέπειαν ἐνεδύσατο, μετὰ τοῦ Ἀλληλούϊα, καὶ Δόξα. μετὰ τὸ Δόξα λέγει ὁ ἱερεύς, Ὁ μονογενὴς Υἱός.

(4) G 2 καὶ οἱ ψάλται ψάλλουσιν Δεῦτε, ἀγαλλιάσωμεν. Στιχηρόν. Σῶσον ἡμᾶς, Υἱὲ Θεοῦ, ὁ ἐκ τῶν νεκρῶν ἐγερθείς. Ἀλληλούϊα. Λιτανεία πρώτη. Καὶ τοῦ ἀρχιερέως ἐκ τοῦ θρόνου ἐν ᾧ ἐκαθέζετο ἐν τῷ κάτω μέρει τῆς ἐκκλησίας ἀνισταμένου καὶ εἰς τὸ ἅγιον βῆμα εἰσερχομένου, ὁ διάκονος λέγει· Ἐν εἰρήνῃ τοῦ Κυρίου δεηθῶμεν, καὶ τὰ ἑξῆς. Ὁ ἀρχιερεὺς λέγει.

SIXTEENTH CENTURY.

Ἐκφώνως ὁ ἱερεύς. Ὅτι πρέπει...αἰώνων.

Ὁ χορός. Ἀμήν.

(a) Μετὰ τὰ εἰρηνικὰ ὁ χορὸς ψάλλει τὸ πρῶτον ἀντίφωνον ἢ τὰ τυπικά, εἰ ἔστι κυριακή, εἰ δ' οὔκ, τῆς ἡμέρας.

Εὐχὴ ἀντιφώνου δευτέρου μυστικῶς.

Κύριε, ὁ Θεὸς ἡμῶν, σῶσον......ἐπὶ σέ.

(b) Σημείωσαι κἀνταῦθα ὡς καὶ ἐν τῇ εὐχῇ τῇ πρώτῃ, εἰ ἔστι διάκονος, εἰ δ' οὐκ ἔστι.

Ἔτι καὶ ἔτι. Ἀντιλαβοῦ. Τῆς παναγίας, ἀχράντου.

Ἐκφώνως ὁ ἱερεύς. Ὅτι σὸν τὸ κράτος... τῶν αἰώνων. Ὁ χορός. Ἀμήν.

(b) Μετὰ τὰ δεύτερα εἰρηνικὰ ψάλλει ὁ χορὸς τὸ δεύτερον ἀντίφωνον, ἢ τὰ τυπικὰ τὰ δεύτερα, εἰ ἔστι κυριακή, εἰ δ' οὔκ, τῆς ἡμέρας.

Εὐχὴ ἀντιφώνου τρίτου μυστικῶς.

Ὁ τὰς κοινὰς...αὐτὸς νῦν...χαριζόμενος.

Κἀνταῦθα σημείωσαι, ὡς καὶ ἐν τῇ εὐχῇ τῇ πρώτῃ καὶ δευτέρᾳ, εἰ ἔστι διάκονος, εἰ δ' οὐκ ἔστιν. (b)

Ἔτι καὶ ἔτι. Ἀντιλαβοῦ. Τῆς παναγίας.

Ἐκφώνως ὁ ἱερεύς. Ὅτι ἀγαθός...αἰώνων. Ὁ χορός. Ἀμήν.

Κἀνταῦθα τῇ τοῦ Χρυσοστόμου λειτουργίᾳ ὁ χορὸς τὰ αὐτὰ ψάλλει. Ὅ τε ἱερεὺς καὶ ὁ διάκονος τὰ αὐτὰ καὶ λέγουσι καὶ ποιοῦσι.

Εὐχὴ τῆς εἰσόδου τοῦ ἁγίου εὐαγγελίου μυστικῶς.

(a) Wanting in all the MSS.

(b) As above.

20

ELEVENTH CENTURY.

Δέσποτα Κύριε, ὁ Θεὸς ἡμῶν, ὁ καταστήσας ἐν οὐρανοῖς τάγματα......ἀγαθότητα.

[77] Ὅτι πρέπει σοι πᾶσα δόξα......αἰώνων. As on pp. 76, 114.

(1) Ὁ διάκονος. Σοφία, ὀρθοί.

(2) Μετὰ τὴν εἴσοδον καὶ τὸ τροπάριον καὶ κοντάκιον τῆς ἡμέρας λέγει ὁ ἱερεύς·

Ὅτι ἅγιος εἶ, ὁ Θεὸς ἡμῶν, καὶ σοὶ τὴν δόξαν ἀναπέμπομεν, τῷ Πατρί, καὶ τῷ Υἱῷ, καὶ τῷ ἁγίῳ Πνεύματι, νῦν καὶ ἀεί.

(1) G 2 omits this, but has the Litany ὑπὲρ τῆς ἄνωθεν &c. as above p. 152. It then passes to the prayer of the τρισάγιον.

G 1 begins about here thus, ὁ διάκονος τὴν μεγάλην συναπτήν. Ἐν εἰρήνῃ: as in the Liturgy of S. Chrysostom, above p. 110.

(2) 1. 10 omits these nine lines.

(3) 1. 10 εὐχὴ τοῦ τρισαγίου ὕμνου. Some leaves are missing here to p. 157.

(4) G 1 adds Ὁ διάκονος. Ἀντιλαβοῦ καὶ τὰ ἑξῆς: so G 2, prefixing τοῦ ἀρχιερέως ἀνανεύοντος. "Erigente se Pontifice."

It will be seen that the εὐχὴ τῆς ἄνω καθέδρας (p. 77) is here omitted. It is given in G 1 which then proceeds thus, Ὁ λαός. Ἅγιος ὁ Θεός, ἅγιος ἰσχυρός, καὶ τὰ ἑξῆς. Ὁ διάκονος. Πρόσχωμεν. Ὁ ἱερεὺς σφραγίζει τὸν λαόν, λέγων, Εἰρήνη πᾶσιν. Ὁ διάκονος. Σοφία. Ὁ ψάλτης τὸ προκείμενον. Ὁ διάκονος. Σοφία. Ὁ ψάλτης. Πρὸς Ῥωμαίους ἐπιστολῆς. Ὁ διάκονος. Πρόσχωμεν. Ὁ ψάλτης, τὸν Ἀπόστολον. Ὁ ἱερεύς. Εἰρήνη σοι. Ὁ διάκονος. Σοφία. Ὁ ψάλτης. Ἀλληλούϊα.

Ὁ διάκονος. Καὶ εἰς τοὺς αἰῶνας τῶν αἰώνων.

Ὁ λαὸς ᾄδει τὸν τρισάγιον ὕμνον· καὶ ὁ ἱερεὺς ἐπεύχεται.

Εὐχὴ τοῦ τρισαγίου. [77] (3)

Ὁ Θεὸς ὁ ἅγιος, ὁ ἐν ἁγίοις.......καὶ διδοὺς αἰτοῦντι......τῆς ἁγίας θεοτόκου...... εὐαρεστησάντων.

Ὅτι ἅγιος εἶ, ὁ Θεὸς ἡμῶν, καὶ σοὶ...... ιη'. 1
αἰώνων. Ἀμήν. [77] (4)

G 2 thus, καὶ ἀναβαίνει ὁ ἀρχιερεὺς μετὰ τῶν ἱερέων εἰς τὸ σύνθρονον· καὶ καταβαινόντων τῶν ψαλτῶν ἐκ τοῦ ἄμβωνος λέγει ὁ ἀρχιερεύς· Εἰρήνη πᾶσιν. Ὁ λαός. Καὶ μετὰ τοῦ πνεύματός σου. Καὶ καθέζεται ὁ ἀρχιερεὺς μετὰ τῶν ἱερέων, τῶν διακόνων καὶ ὑπηρετῶν, τοῦ κλήρου καὶ τοῦ λαοῦ ἱσταμένων. Καὶ ψάλλεται τὸ προκείμενον ἐν τῷ ἄμβωνι. Μετὰ ταῦτα ὁ Ἀπόστολος. Καὶ ψάλλεται τὸ Ἀλληλούϊα. Καὶ καταβαίνει ὁ ἀρχιερεὺς ἐκ τοῦ συνθρόνου καὶ τῷ διακόνῳ κλινομένῳ ἐπεύχεται, Ὁ Κύριος δώσει λόγον εὐαγγελιζομένοις δυνάμει πολλῇ. (The Latin of Morel adds that all stand with fear and reverence.) Then Λιτανεία δευτέρα.

The Litany as given in Morel is interesting; before other well-known petitions it has the following. "Domine omnipotens, Deus patrum nostrorum, qui es dives in misericordia et benignus in miserationibus, postulamus te, exaudi et miserere." "Qui non vis mortem peccatorum sed conversionem et vitam et poenitentiam, postulamus te..." This is not in the Greek. (B M 1 begins in this prayer.)

SIXTEENTH CENTURY.

Δέσποτα Κύριε, ὁ Θεὸς ἡμῶν, ὁ καταστήσας...ἀγαθότητα. Ἐκφώνως. Ὅτι πρέπει ...αἰώνων. Ὁ χορός. Ἀμήν.

(a) Μετὰ τὴν εὐχὴν ὅ τε ἱερεὺς καὶ ὁ διάκονος καὶ ὁ χορὸς τὰ αὐτὰ καὶ ποιοῦσι καὶ λέγουσι τῇ τοῦ Χρυσοστόμου ἱερουργίᾳ.

Εὐχὴ τοῦ τρισαγίου, ἣν ὁ ἱερεὺς μυστικῶς λέγει.

Ὁ Θεὸς ὁ ἅγιος, ὁ ἐν ἁγίοις...ὁ διδοὺς αἰτοῦντι...τῆς ἁγίας θεοτόκου...εὐαρεστησάντων. Ἐκφώνως. Ὅτι ἅγιος εἶ...αἰώνων. Ὁ χορός. Ἀμήν.

(a) As before.

ELEVENTH CENTURY.

Μετὰ δὲ τὸν Ἀπόστολον ὁ λαὸς ᾄδει τὸ Ἀλληλούϊα, καὶ ὁ ἱερεὺς ἐπεύχεται.

Εὐχὴ τοῦ ἁγίου εὐαγγελίου.

(1) Ἔλλαμψον ἐν ταῖς καρδίαις ἡμῶν, φιλάνθρωπε Δέσποτα, τὸ τῆς σῆς θεογνωσίας φῶς ......τῶν αἰώνων. Ἀμήν. As on p. 117.

Μετὰ δὲ τὸ εὐαγγέλιον λέγει ὁ διάκονος·

Εἴπωμεν πάντες· ἐξ ὅλης τῆς ψυχῆς καὶ ἐξ ὅλης τῆς διανοίας ἡμῶν εἴπωμεν·

Κύριε Παντοκράτωρ, ὁ Θεὸς τῶν πατέρων ἡμῶν, δεόμεθά σου, ἐπάκουσον καὶ ἐλέησον.

Ἐλέησον ἡμᾶς, ὁ Θεός, κατὰ τὸ μέγα ἔλεός σου, δεόμεθά σου, ἐπάκουσον καὶ ἐλέησον.

Ἔτι δεόμεθα ὑπὲρ ἀφέσεως τῶν ἁμαρτιῶν

(1) This prayer is not in G 2 or B M 1.
(2) G 1 καὶ ἀνιστάμενος σφραγίζει τὸν λαόν. G 2 adds τρίτον, εἰς τὸ μέσον, εἰς τὸ ἀριστερὸν μέρος καὶ εἰς τὸ δεξιόν.
(3) G 1 adds here Ἔτι δεόμεθα ὑπὲρ τοῦ ἀρχιεπισκόπου τοῦ δεῖνος. Ἔτι δεόμεθα ὑπὲρ τῶν ἀδελφῶν ἡμῶν, τῶν ἱερέων, ἱερομοναχῶν, καὶ πάσης τῆς ἐν Χριστῷ ἀδελφότητος. Ἔτι δεόμεθα ὑπὲρ

τοῦ δεῖνος ἱερομονάχου καὶ πάσης τῆς ἐν Χριστῷ ἡμῶν ἀδελφότητος.

Ἔτι δεόμεθα καὶ ὑπὲρ πάντων τῶν διακονούντων καὶ διακονησάντων ἐν τῇ ἁγίᾳ μονῇ ταύτῃ.

Εὐχὴ τῆς ἐκτενοῦς ἱκεσίας. [77]

Κύριε ὁ Θεὸς ἡμῶν, τὴν ἐκτενὴ ταύτην ἱκεσίαν πρόσδεξαι....ἔλεος. (2)

Ἐκφώνως. Ὅτι ἐλεήμων...τῶν αἰώνων.

Ὁ διάκονος. Εὔξασθε οἱ κατηχούμενοι τῷ Κυρίῳ. (3)

Οἱ πιστοὶ ὑπὲρ τῶν κατηχουμένων δεηθῶμεν· Ἵνα ὁ Κύριος αὐτοὺς ἐλεήσῃ· ιη´. 2

Κατηχήσῃ αὐτοὺς τὸν λόγον τῆς ἀληθείας·

τῶν καρποφορούντων καὶ καλλιεργούντων ἐν τῷ ἁγίῳ καὶ πανσέπτῳ ναῷ τούτῳ. Ἔτι δεόμεθα ὑπὲρ ἀναπαύσεως τῶν ψυχῶν τῶν δειμνήστων κτητόρων τῆς ἁγίας μονῆς ταύτης καὶ πάντων τῶν προαναπαυσαμένων πατέρων καὶ ἀδελφῶν ἡμῶν τῶν ἐνθάδε κειμένων, καὶ πανταχοῦ ὀρθοδόξων. Β Μ 2, which begins about here, has the words ἐνταῦθα μνημονεύεις οὓς θέλεις. G 2 omits the two lines.

SIXTEENTH CENTURY.

(a) Ταύτης τῆς εὐχῆς τελεσθείσης καὶ τοῦ χοροῦ ψάλλοντος τὸ Δόξα καὶ νῦν, ὅ τε ἱερεὺς καὶ ὁ διάκονος ψάλλουσι τὸ τρισάγιον καὶ τὰ λοιπὰ ποιοῦσιν
(b) ὡς ἐν τῇ τοῦ Χρυσοστόμου λειτουργίᾳ.

Ὁ διάκονος. Εἴπωμεν πάντες ἐξ ὅλης τῆς ψυχῆς.

Κύριε Παντοκράτωρ, ὁ Θεὸς τῶν.

Ἔτι δεόμεθα ὑπὲρ τῶν.

Ὁ ἱερεὺς λέγει τὴν εὐχὴν ταύτην μυστικῶς·

(a) As above.
(b) The prayer Ἔλλαμψον is not in the copy of Ducas.

Κύριε ὁ Θεὸς ἡμῶν, τὴν ἐκτενῆ ταύτην ... τῶν αἰώνων·

Ὁ χορός. Ἀμήν.

Τὰ αὐτὰ ὁ διάκονος καὶ ἐνταῦθα ὑπὲρ τῶν κατηχουμένων τῇ τοῦ Χρυσοστόμου λειτουργίᾳ λέγει. (c)

Εὔξασθε οἱ κατηχούμενοι τῷ Κυρίῳ...

Οἱ πιστοὶ ὑπὲρ...

Κατηχήσῃ αὐτοῖς τὸν...

(c) These directions are omitted in all the MSS.

ELEVENTH CENTURY.

Ἀποκαλύψῃ αὐτοῖς τὸ εὐαγγέλιον τῆς δικαιοσύνης·

Ἑνώσῃ αὐτοὺς τῇ ἁγίᾳ αὐτοῦ καθολικῇ καὶ ἀποστολικῇ ἐκκλησίᾳ.

Σῶσον, ἐλέησον, ἀντιλαβοῦ.

Οἱ κατηχούμενοι, τὰς κεφαλὰς ὑμῶν τῷ Κυρίῳ κλίνατε.

[77] (1) Εὐχὴ κατηχουμένων πρὸ τῆς ἁγίας ἀναφορᾶς τοῦ μεγάλου Βασιλείου.

Κύριε ὁ Θεὸς ἡμῶν, ὁ ἐν οὐρανοῖς κατοικῶν......τοῦ ἀληθινοῦ Θεοῦ ἡμῶν.

[77] Ἐκφών. Ἵνα καὶ αὐτοὶ σὺν ἡμῖν δοξάζωσι τὸ πάντιμον καὶ μεγαλοπρεπὲς ὄνομά σου, τοῦ Πατρὸς καὶ τοῦ Υἱοῦ καὶ τοῦ ἁγίου Πνεύματος, νῦν καὶ ἀεὶ καὶ εἰς τοὺς αἰῶνας τῶν αἰώνων.

Ὁ διάκονος. Ὅσοι κατηχούμενοι προέλθετε· οἱ κατηχούμενοι προέλθετε. Ὅσοι κατηχούμενοι προέλθετε· μήτις τῶν κατηχουμένων· ὅσοι πιστοὶ ἔτι καὶ ἔτι ἐν εἰρήνῃ τοῦ Κυρίου δεηθῶμεν. (2)

Εὐχὴ πιστῶν πρώτη μετὰ τὸ ἁπλωθῆναι τὸ εἰλητόν. [78] (3)

Σύ, Κύριε, κατέδειξας ἡμῖν......προσαγάγωμέν σοι θυσίαν αἰνέσεως......ἡμετέρων ἀγνοημάτων......ἐνώπιόν σου. (4) ιη΄. 3

Ὁ διάκονος. Ἀντιλαβοῦ, σῶσον. (5)

Σοφία.

Ἐκφών. Ὅτι πρέπει σοι πᾶσα δόξα, τιμή, καὶ προσκύνησις τῷ Πατρί,......τῶν αἰώνων. [78] (6)

(1) In B the rubric was simply εὐχὴ κατηχουμένων. B M 1 agrees with the text, but it omits the words δὸς αὐτοῖς τὸν ἐλαφρὸν ζυγόν. B M 2 has here the prayer, Ἐπίφανον Δέσποτα, of the Liturgy of the Presanctified, p. 96.

(2) G 1 ὁ διάκονος ἁπλοῖ τὸ εἰλητόν, καὶ λέγει.

(3) B M 1 here interposes some directions which are generally found in the Liturgy of the Presanctified. I will note them in that Liturgy.

(4) G 2 τότε ἐξέρχονται οἱ κατηχούμενοι εἰ πάρεισιν. ὁ ἀρχιερεὺς μυστικῶς Σύ, Κύριε.

(5) G 2 ὁ διάκονος ὁ τὸ εὐαγγέλιον ἀναγνώσας.

(6) G 1 Ὁ λαός. Οἱ τὰ χερουβὶμ at length.

G 2 has Λιτανεία τρίτη, and, after the doxology, Οἱ τὰ χερουβίμ.

SIXTEENTH CENTURY.

Ἀποκαλύψῃ αὐτοῖς.

Ἑνώσῃ αὐτοῖς.

Σῶσον, ἐλέησον.

Οἱ κατηχούμενοι, τὰς κεφαλάς.

(a) Εὐχὴ ὑπὲρ τῶν κατηχουμένων πρὸ τῆς ἁγίας ἀναφορᾶς ἣν ὁ ἱερεὺς λέγει μυστικῶς.

Κύριε ὁ Θεὸς ἡμῶν, ὁ ἐν οὐρανοῖς......καὶ δὸς......ἡμῶν.

Ἐκφώνως ὁ ἱερεύς. Ἵνα καὶ αὐτοὶ......αἰώνων.

Ὁ χορός. Ἀμήν.

Μετὰ τὴν ἐκφώνησιν ὁ ἱερεὺς ἐξαπλώνει τὸ εἰλητὸν κατὰ τὸ σύνηθες.

Ὁ διάκονος. Ὅσοι κατηχούμενοι......δεηθῶμεν.

Ὁ χορός. Κύριε, ἐλέησον.

Εὐχὴ πιστῶν πρώτη μετὰ τὸ ἁπλωθῆναι τὸ εἰλητόν, ἣν ὁ ἱερεὺς λέγει μυστικῶς.

Σύ, Κύριε, κατέδειξας...προσάγωμεν... ἐνώπιόν σου.

Εὐχομένου τοῦ ἱερέως, ὁ διάκονος λέγει τὰ εἰρηνικά, εἰ ἔστιν, ἔξω τοῦ ἁγίου βήματος. (b)

(a) The MS. C begins here. R resumes here.   (b) R omits this.

LITURGY OF SAINT BASIL.

ELEVENTH CENTURY.

Ἔτι καὶ ἔτι ἐν εἰρήνῃ τοῦ Κυρίου δεηθῶμεν.

[78] Εὐχὴ πιστῶν β'.

Ὁ Θεός, ὁ ἐπισκεψάμενος......ἐπὶ τῶν μελλόντων προτίθεσθαι δώρων.

(1) Ὁ διάκονος. Ἀντιλαβοῦ, σῶσον, ἐλέησον. Σοφία.

[78] Ἐκφών. Ὅπως ὑπὸ τοῦ κράτους σου πάντοτε φυλαττόμενοι, σοὶ δόξαν ἀναπέμπωμεν, τῷ Πατρί, καὶ τῷ Υἱῷ, καὶ τῷ ἁγίῳ Πνεύματι, νῦν καὶ ἀεὶ καί.

Εὐχὴ ἣν ποιεῖ ὁ ἱερεὺς καθ' ἑαυτόν, τοῦ χερουβικοῦ ᾀδομένου. [78] (2)

Οὐδεὶς ἄξιος τῶν συνδεδεμένων ταῖς σαρκικαῖς ἐπιθυμίαις καὶ ἡδοναῖς...διὰ τὴν ἄφατον καὶ ἄμετρον φιλανθρωπίαν......τῶν αἰώνων. Ἀμήν. As on p. 122. (3)

ιη'. 4 (4)

Καὶ μετὰ τὴν εἴσοδον λέγει ὁ διάκονος. (5)

(1) G 2 ὁ δ. ὁ ἐν ἄμβωνι στάς.
(2) G 1 has εὐχὴ λεγομένη ἐν τῷ ψάλλειν τὸ χερουβικόν. G 2 ὁ δ. ἐκ τοῦ ἄμβωνος κατέρχεται καὶ οἱ ψάλται καὶ ὁ λαὸς ψάλλουσι τὸ Οἱ τὰ χερουβίμ. Then ἐνταῦθα ἐξάγονται καὶ προτίθενται τὰ ἅγια δῶρα ὑπὸ τῶν ἱερέων· καὶ μετὰ τὸ νῖψαι τὰς χεῖρας ὁ ἀρχιερεὺς τοὺς λειτουργοὺς ἵνα δι' αὐτοῦ δεηθῶσιν αἰτεῖ· καὶ ἀποκρίνονται αὐτοί, Τὸ ἅγιον Πνεῦμα. (The οὐδεὶς ἄξιος is not in G 2.) This is followed by the prayers for the gifts &c. as below, and the prayer, Domine Deus noster. B M 1 has εὐχὴ τοῦ Χερουβίμ.
(3) B C 1. 10 resumes with this prayer. [The Roman edition has σοὶ γὰρ προσεύχομαι both here and in the Liturgy of S. Chrysostom where all other authorities have σοὶ γὰρ προσέρχομαι.]
(4) The prayer of B has been altered as in the more modern liturgy of S. Chrysostom. G 1 follows B in the early part of the prayer, but it seems to agree with the modern text in the latter part.
(5) 1. 10 simply ὁ διάκονος.

SIXTEENTH CENTURY.

(a) Ἔτι καὶ ἔτι. Ἀντιλαβοῦ. Τῆς παναγίας. Ὁ διάκονος. Σοφία.

Ἐκφώνως ὁ ἱερεύς. Ὅτι πρέπει......τῶν
(b) αἰώνων. Ὁ χορός. Ἀμήν.

Εὐχὴ πιστῶν δευτέρα, ἣν ὁ ἱερεὺς λέγει μυστικῶς.

Ὁ Θεός, ὁ ἐπισκεψάμενος...δώρων.

(c) Εὐχομένου τοῦ ἱερέως ὁ διάκονος λέγει τὰ εἰρηνικὰ ἔξω τοῦ βήματος, ὡς καὶ πρότερον. μετὰ τὰ εἰρηνικὰ λέγει ἐκφώνως ὁ ἱερεύς,

Ὅπως...τῶν αἰώνων. Ὁ χορός. Ἀμήν.

(a) R omits ἔτι καὶ ἔτι and τῆς παναγίας.
(b) +ὁ Διάκονος. Ἔτι καὶ ἔτι ἐν εἰρήνῃ τοῦ Κυρίου δεηθῶμεν. R.
(c) Missing in the MSS. and R.
(d) Missing in the MSS. and R.

Τὰ αὐτὰ κἀνταῦθα καὶ λέγουσιν καὶ ποιοῦσιν ὅ τε ἱερεὺς καὶ ὁ διάκονος τῇ τοῦ Χρυσοστόμου λειτουργίᾳ. (d)

Εὐχὴ ἣν λέγει ὁ ἱερεὺς μυστικῶς, τοῦ χερουβικοῦ ᾀδομένου. (e)

Οὐδεὶς ἄξιος...ἄμετρόν σου...τῶν αἰώνων. Ἀμήν.

Κἀνταῦθα ὅ τε ἱερεὺς καὶ ὁ διάκονος τὰ αὐτὰ καὶ ποιοῦσιν καὶ λέγουσιν τῇ τοῦ Χρυσοστόμου ἱερουργίᾳ. καὶ τελειωθεισῶν τῶν εὐχῶν καὶ τῶν θρησκειῶν, ὁ διάκονος ἔρχεται ἐν τῷ συνήθει τόπῳ, λέγων· (f)

(g)

(e) One of the Paris MSS. εὐχὴ ἣν ποιεῖ ὁ ἱερεὺς ὑπὲρ ἑαυτοῦ, εἰσερχομένων τῶν δώρων.
(f) Missing in all the MSS.
(g) For καὶ τῶν θρησκειῶν, Goar and R have καὶ τῆς μεγάλης εἰσόδου.

ELEVENTH CENTURY.

Πληρώσωμεν τὴν δέησιν ἡμῶν τῷ Κυρίῳ.

(1) Ὑπὲρ τῶν προτεθέντων τιμίων δώρων, τοῦ Κυρίου δεηθῶμεν.

Ὑπὲρ τοῦ ἁγίου οἴκου τούτου, καὶ τῶν μετὰ πίστεως, εὐλαβείας, καὶ φόβου Θεοῦ εἰσιόντων ἐν αὐτῷ, τοῦ Κυρίου δεηθῶμεν.

Ὑπὲρ τοῦ ῥυσθῆναι ἡμᾶς ἀπὸ πάσης θλίψεως, ὀργῆς, καὶ ἀνάγκης, τοῦ Κυρίου δεηθῶμεν.

(2) Εὐχὴ προσκομιδῆς, μετὰ τὴν ἐν τῇ ἁγίᾳ τραπέζῃ τῶν θείων δώρων ἀπόθεσιν.

[79]
ιη΄. 5 Κύριε ὁ Θεὸς ἡμῶν, ὁ κτίσας καὶ ἀγαγὼν εἰς τὴν ζωὴν ταύτην,......Σαμουὴλ τὰς εἰρηνικάς· ὡς προσεδέξω......ἐν τῇ ἡμέρᾳ τῇ φοβερᾷ τῆς ἀνταποδόσεώς σου τῆς δικαίας.

Ὁ διάκονος. Ἀντιλαβοῦ, σῶσον.
Τὴν ἡμέραν πᾶσαν.
Ἄγγελον εἰρήνης, πιστὸν ὁδηγόν.
Συγγνώμην καὶ ἄφεσιν τῶν ἁμαρτιῶν.
Τὰ καλὰ καὶ συμφέροντα.
Τὸν ὑπόλοιπον χρόνον τῆς ζωῆς ἡμῶν.
Χριστιανὰ τὰ τέλη τῆς ζωῆς ἡμῶν.
Τῆς παναγίας, ἀχράντου.

Ἐκφώνως. Διὰ τῶν οἰκτιρμῶν τοῦ μονογενοῦς σου Υἱοῦ, μεθ᾽ οὗ εὐλογητὸς εἶ, σὺν τῷ παναγίῳ καὶ ἀγαθῷ καὶ ζωοποιῷ σου Πνεύματι, νῦν καὶ ἀεί, καὶ εἰς τοὺς αἰῶνας τῶν αἰώνων. Εἰρήνη πᾶσιν. [79]

Ὁ διάκονος. Ἀγαπήσωμεν ἀλλήλους, ἵνα ἐν ὁμονοίᾳ ὁμολογήσωμεν. [79] (3)

(1) G 1 reads ὑπὲρ τῶν προσενεχθέντων καὶ ἁγιαζομένων τιμίων δώρων. Ὑπὲρ τῶν εὐσεβεστάτων. Ὑπὲρ τοῦ συμπολεμῆσαι. G 2 καὶ ἀποτεθέντων τῶν ἁγίων δώρων καὶ ἐν τῷ θυσιαστηρίῳ τεταγμένων, ὁ διάκονος λέγει.

(2) 1. 10 εὐχὴ μετὰ τὸ ἀποτεθῆναι τὰ τίμια δῶρα ἐν τῇ ἁγίᾳ τραπέζῃ. G 2 ὁ ἀρχιερεὺς μυστικῶς.

(3) Many old MSS. omit ἵνα.... G 2 καὶ πάντες ἀλλήλους ἀσπάζονται.

SIXTEENTH CENTURY.

Πληρώσωμεν τὴν δέησιν ἡμῶν τῷ Κυρίῳ.
Ὑπὲρ τῶν προτεθέντων τιμίων.
Ὑπὲρ τοῦ ἁγίου οἴκου τούτου.
Ὑπὲρ τοῦ ῥυσθῆναι ἡμᾶς.

Εὐχὴ τῆς προσκομιδῆς μετὰ τὴν ἐν τῇ ἁγίᾳ τραπέζῃ τῶν θείων δώρων ἀπόθεσιν, ἣν ὁ ἱερεὺς λέγει μυστικῶς.

Κύριε ὁ Θεὸς ἡμῶν...δικαίας.

Ὁ διάκονος ὡς ἐν τῇ τοῦ Χρυσοστόμου λειτουργίᾳ.

Ἀντιλαβοῦ κ.τ.λ., ut supra.

Ἐκφώνως ὁ ἱερεύς. Διὰ τῶν οἰκτιρμῶν...αἰώνων.
Ὁ χορός. Ἀμήν.
Ὁ ἱερεύς. Εἰρήνη πᾶσιν.
Ὁ διάκονος. Ἀγαπήσωμεν...ὁμολογήσωμεν,
Ὁ χορός. Πατέρα, Υἱόν, καὶ ἅγιον Πνεῦμα, Τριάδα ὁμοούσιον καὶ ἀχώριστον.
Ὁ ἱερεὺς προσκυνεῖ τρὶς λέγων μυστικῶς·
Ἀγαπήσω σε, Κύριε ἡ ἰσχύς μου, Κύριε, στερέωμά μου καὶ καταφυγή μου. τρίς.

LITURGY OF SAINT BASIL.

ELEVENTH CENTURY.

[79] (1) Καὶ μετὰ τὸ δοθῆναι τὴν ἀγάπην, λέγει ὁ διάκονος·

(2) Τὰς θύρας· τὰς θύρας· ἐν σοφίᾳ πρόσχωμεν.

[79] (3) Ὁ λαός. Πιστεύω εἰς ἕνα Θεόν.

ιη'. 6 (4) Ὁ διάκονος. Στῶμεν καλῶς· στῶμεν μετὰ φόβου· πρόσχωμεν τῇ ἁγίᾳ ἀναφορᾷ, ἐν εἰρήνῃ προσφέρειν.

Ὁ ἱερεὺς ἐκφώνως.

[79] Ἡ χάρις τοῦ Κυρίου ἡμῶν Ἰησοῦ Χριστοῦ, καὶ ἡ ἀγάπη τοῦ Θεοῦ καὶ Πατρός, καὶ ἡ κοινωνία τοῦ ἁγίου Πνεύματος, εἴη

(1) 1. 10, and G 1 and others omit this rubric.
(2) B, G 2 and L omit ἐν σοφίᾳ. G 2 proceeds καὶ τὸ σύμβολον ψάλλωμεν. καὶ τοῦ ἀρχιδιακόνου ἀρχομένου, πάντες τὸ σύμβολον ψάλλουσιν. μετὰ τὸ σύμβολον αἴρεται τρίτον, καὶ τρίτον ἀφαιρεῖται ἐκ τῶν ἁγίων δώρων τὸ κάλυμμα.
(3) 1. 10 omits this also.

μετὰ πάντων ὑμῶν.

Ἄνω σχῶμεν τὰς καρδίας. [79]

Εὐχαριστήσωμεν τῷ Κυρίῳ.

Ὁ ἱερεὺς κλίνας ἐπεύχεται.

Ὁ Ὤν, Δέσποτα, Κύριε, Θεέ,......Θεὸς [79] ἀληθινός, ἡ προαιώνιος Σοφία,......ἀσιγήτοις δοξολογίαις, ιη'. 7

Ἐκφώνως. Τὸν ἐπινίκιον ὕμνον ᾄδοντα, [80] βοῶντα, κεκραγότα, καὶ λέγοντα·

Ὁ λαός. Ἅγιος, ἅγιος, ἅγιος, Κύριος (5)
Σαβαώθ.

(4) B had simply στῶμεν καλῶς.
1. 10 reads τὴν ἁγίαν προσφορὰν ἐν. So L which adds "Misericordiam pacem et sacrificium laudis." B M 1 has ἔλεος εἰρήνη.
(5) G 1 and 1. 10 omit this. G 2 ὁ λαὸς μετὰ τοῦ κλήρου.

SIXTEENTH CENTURY.

(a) Καὶ ὁ διάκονος περιπτύσσεται τὸ ὡράριον αὐτοῦ καὶ προσκυνεῖ τρὶς καὶ ἐπισυνάπτει ἐκφώνως·

Τὰς θύρας...πρόσχωμεν.

(b) Ὁ χορός. Πιστεύω.

(c) Καὶ μετὰ τὴν συμπλήρωσιν τοῦ ἁγίου συμβόλου λέγει ὁ διάκονος ἐκφώνως·

Στῶμεν καλῶς...τὴν ἁγίαν ἀναφορὰν...προσφέρειν.

(d) Ὁ χορός. Ἔλεον εἰρήνης, θυσίαν αἰνέσεως.

Ὁ ἱερεὺς ἐκφώνως. Ἡ χάρις τοῦ Κυρίου ἡμῶν Ἰησοῦ Χριστοῦ, καὶ ἡ ἀγάπη τοῦ Θεοῦ καὶ Πατρός, καὶ ἡ κοινωνία τοῦ ἁγίου Πνεύματος, εἴη μετὰ πάντων ὑμῶν.

Ὁ χορός. Καὶ μετὰ τοῦ πνεύματός σου.

(a) This is missing in most MSS.
(b) C, ὁ λαὸς τὸ ἅγιον σύμβολον· Πιστεύω. R ὁ λαός.
(c) R omits this.

Ὁ ἱερεύς. Ἄνω σχῶμεν τὰς καρδίας.

Ὁ χορός. Ἔχωμεν πρὸς τὸν Κύριον. (c)

Ὁ ἱερεύς. Εὐχαριστήσωμεν τῷ Κυρίῳ.

Ὁ χορός. Ἄξιον καὶ δίκαιον ἐστὶ προσκυνεῖν Πατέρα, Υἱόν, καὶ ἅγιον Πνεῦμα, Τριάδα ὁμοούσιον καὶ ἀχώριστον.

Ὁ ἱερεὺς κλινόμενος, ἐπεύχεται μυστικῶς·

Ὁ Ὤν, Δέσποτα, Κύριε, Θεέ...ἡ πρὸ (f) αἰώνων Σοφία,...δοξολογίαις...λέγοντα.

Ὁ χορός. Ἅγιος, ἅγιος, ἅγιος, Κύριος Σαβαώθ· πλήρης ὁ οὐρανὸς καὶ ἡ γῆ τῆς δόξης σου. ὡσαννὰ ἐν τοῖς ὑψίστοις. εὐλογημένος ὁ ἐρχόμενος. ὡσαννὰ ἐν τοῖς ὑψίστοις.

(d) Morel has ἔλαιον εἰρήνης.
(e) The Modern Text is ἔχομεν. [Morel has ἔχωμεν.]
(f) H, Θεὸς ἀληθινὸς πρὸ αἰώνων, Σοφία.

LITURGY OF SAINT BASIL.

ELEVENTH CENTURY.

(1) Ὁ ἱερεὺς κλινόμενος ἐπεύχεται.

[80] Μετὰ τούτων τῶν μακαρίων δυνάμεων,...

[81] ...ἀποστήσας ἡμᾶς......προσήγαγε τῇ ἐπιγνώσει σοῦ τοῦ ἀληθινοῦ Θεοῦ καὶ Πατρός, ...καὶ καθαρίσας ἐν ὕδατι, καὶ ἁγιάσας

ιθ΄. 1 τῷ Πνεύματι τῷ ἁγίῳ,......κατέλιπε δὲ ἡμῖν ὑπομνήματα τοῦ σωτηρίου αὐτοῦ πάθους,

(2) ταῦτα, ἃ καὶ προτεθείκαμεν κατὰ τὰς αὐτοῦ ἐντολάς· μέλλων γὰρ ἐξιέναι ἐπὶ τὸν ἑκούσιον καὶ ἀοίδιμον καὶ ζωοποιὸν αὐτοῦ θάνατον, τῇ νυκτὶ ᾗ παρεδίδου ἑαυτὸν ὑπὲρ τῆς τοῦ κόσμου ζωῆς, λαβὼν ἄρτον ἐπὶ τῶν ἁγίων αὐτοῦ καὶ ἀχράντων χειρῶν, καὶ ἀναδείξας σοὶ τῷ Θεῷ καὶ Πατρί, εὐχαριστήσας, εὐλογήσας, ἁγιάσας, κλάσας,

Ἐκφών. Ἔδωκε τοῖς ἁγίοις αὐτοῦ μαθη-
[82] ταῖς καὶ ἀποστόλοις, εἰπών· Λάβετε, φά-
γετε· τοῦτό μου ἐστὶ τὸ σῶμα τὸ ὑπὲρ ὑμῶν κλώμενον, εἰς ἄφεσιν ἁμαρτιῶν.

Ὁ ἱερεὺς μυστικῶς. Ὁμοίως καὶ τὸ ποτήριον ἐκ τοῦ γεννήματος τῆς ἀμπέλου λαβών, κεράσας, εὐχαριστήσας, εὐλογήσας, ἁγιάσας,

Ἐκφών. Ἔδωκε τοῖς ἁγίοις αὐτοῦ μαθηταῖς καὶ ἀποστόλοις, εἰπών· Πίετε ἐξ αὐτοῦ πάντες· τοῦτό ἐστι τὸ αἷμά μου, τὸ τῆς καινῆς διαθήκης, τὸ ὑπὲρ ὑμῶν καὶ πολλῶν ἐκχυνόμενον, εἰς ἄφεσιν ἁμαρτιῶν.

Ὁ ἱερεὺς κλινόμενος ἐπεύχεται. (3)

Τοῦτο ποιεῖτε εἰς τὴν ἐμὴν ἀνάμνησιν. [82] ὁσάκις γὰρ ἂν ἐσθίητε τὸν ἄρτον τοῦτον, καὶ τὸ ποτήριον τοῦτο πίνητε, τὸν ἐμὸν θάνατον καταγγέλλετε, τὴν ἐμὴν ἀνάστασιν ὁμολογεῖτε.

(1) l. 10 κλίνας here and elsewhere. B M 3 begins here.
(2) l. 10 omits καί. It will be remembered that the Barberini MS. failed us here. B M 1 furnished the text of pages 82—84.
(3) B M 1 omits this. l. 10 as usual κλίνας.

SIXTEENTH CENTURY.

(a) Κἀνταῦθα ὁ διάκονος τὰ αὐτὰ ποιεῖ τῇ τοῦ Χρυσοστόμου λειτουργίᾳ.

Ἐπεύχεται μυστικῶς ὁ ἱερεύς.

Μετὰ τούτων τῶν μακαρίων δυνάμεων, Δέσποτα φιλάνθρωπε...εἰς τοὺς οὐρανούς—ταῦτα ἃ προτεθείκαμεν...κλάσας,

(b) Ὁ ἱερεὺς κλίνει τὴν κεφαλήν, καὶ αἴρων τὴν δεξιὰν αὐτοῦ μετ᾽ εὐλαβείας, εὐλογεῖ τὸν ἅγιον ἄρτον, ἐκφώνως λέγων·

Ἔδωκε...ἁμαρτιῶν.

Ὁ χορὸς ψάλλει· Ἀμήν.

(a) Omitted in the MSS.
(b) Goar notes that these rubrics are missing in all the MSS. H has ὁ ἱερεὺς αἴρων τῇ δεξιᾷ αὐτοῦ δεικνύει τὸν ἅγιον δίσκον, λέγων ἐκφώνως.

Ὅ τε ἱερεὺς καὶ ὁ διάκονος τὰ αὐτὰ κἀνταῦθα τῇ (b) τοῦ Χρυσοστόμου. Ὁ ἱερεὺς μυστικῶς.

Ὁμοίως...ἁγιάσας,

Ἐκφώνως ὁ ἱερεὺς τὴν χεῖρα ἔχων ἄνωθεν μετὰ (c) εὐλαβείας καὶ εὐλογῶν, λέγει·

Ἔδωκε...ἁμαρτιῶν.

Ὁ χορὸς ψάλλει· Ἀμήν.

Ὁ ἱερεὺς κλίνας τὴν κεφαλὴν ἐπεύχεται μυστι- (d) κῶς·

Τοῦτο ποιεῖτε......προσφέροντες......διὰ πάντα.

(c) Ἤ, καὶ αἴρων τῇ δεξιᾷ δεικνύει ὁμοίως μετ᾽ εὐλαβείας τὸ ἅγιον ποτήριον, λέγων ἐκφώνως.
(d) As before.

LITURGY OF SAINT BASIL.

ELEVENTH CENTURY.

[82] Μεμνημένοι οὖν, Δέσποτα, καὶ ἡμεῖς τῶν σωτηρίων αὐτοῦ παθημάτων, τοῦ ζωοποιοῦ σταυροῦ, τῆς τριημέρου ταφῆς, τῆς ἐκ νεκρῶν ἀναστάσεως, τῆς εἰς οὐρανοὺς ἀνόδου, τῆς ἐκ δεξιῶν σου τοῦ Θεοῦ καὶ Πατρὸς καθέδρας, καὶ τῆς ἐνδόξου καὶ φοβερᾶς δευτέρας αὐτοῦ παρουσίας,

Ἐκφώνως. Τὰ σὰ ἐκ τῶν σῶν σοὶ προσφέροντες, κατὰ πάντα, καὶ διὰ πάντα,

(1) Ὁ λαός. Σὲ ὑμνοῦμεν, σὲ εὐλογοῦμεν.
(2) Ὁ ἱερεὺς κλινόμενος ἐπεύχεται.

Διὰ τοῦτο, Δέσποτα πανάγιε, καὶ ἡμεῖς οἱ ἁμαρτωλοὶ καὶ ἀνάξιοι δοῦλοί σου, οἱ
ιθ΄. 2 καταξιωθέντες λειτουργεῖν τῷ ἁγίῳ σου θυσιαστηρίῳ, οὐ διὰ τὰς δικαιοσύνας ἡμῶν,
(3) οὐ γὰρ ἐποιήσαμεν ἐνώπιόν σού τι ἀγαθὸν

ἐπὶ τῆς γῆς, ἀλλὰ διὰ τὰ ἐλέη σου καὶ τοὺς οἰκτιρμούς σου, οὓς ἐξέχεας πλουσίως [82] ἐφ' ἡμᾶς, θαρροῦντες προσεγγίζομεν τῷ ἁγίῳ σου θυσιαστηρίῳ, καὶ προθέντες τὰ ἀντίτυπα τοῦ ἁγίου σώματος καὶ αἵματος τοῦ Χριστοῦ σου, σοῦ δεόμεθα καὶ σὲ παρακαλοῦμεν, Ἅγιε Ἁγίων, εὐδοκίᾳ τῆς σῆς ἀγαθύτητος, ἐλθεῖν τὸ Πνεῦμά σου τὸ ἅγιον ἐφ' ἡμᾶς καὶ ἐπὶ τὰ προκείμενα δῶρα ταῦτα, καὶ εὐλογῆσαι αὐτά, καὶ ἁγιάσαι, καὶ ἀναδεῖξαι,

Καὶ ἀνιστάμενος σφραγίζει τρίτον τὰ ἅγια δῶρα [82] ὁ ἱερεὺς λέγων,

Τὸν μὲν ἄρτον τοῦτον, αὐτὸ τὸ τίμιον σῶμα τοῦ Κυρίου, καὶ Θεοῦ, καὶ Σωτῆρος ἡμῶν Ἰησοῦ Χριστοῦ,

(1) l. 10 omits this.
(2) B M 1 omits this. l. 10, as usual, κλίνας.

(3) l. 10 omits ἐνώπιόν σου.

SIXTEENTH CENTURY.

Ὁ χορὸς ψάλλει τό· Σὲ ὑμνοῦμεν, σὲ εὐλογοῦμεν, σοὶ εὐχαριστοῦμεν, Κύριε· καὶ δεόμεθά σου, ὁ Θεὸς ἡμῶν.

Ὁ ἱερεύς, κλίνας τὴν κεφαλήν, εὔχεται μυστικῶς· Διὰ τοῦτο......καὶ προσθέντες......ἀναδεῖξαι.

(a) Ὁ διάκονος ὑποτίθησι τὸ ῥιπίδιον ὅπερ ἐκράτει ἢ κάλυμμα, καὶ ἔρχεται ἐγγύτερον τῷ ἱερεῖ, καὶ προσκυνοῦσιν ἀμφότεροι τρὶς ἔμπροσθεν τῆς ἁγίας τραπέζης, καὶ εὐχόμενοι καθ' ἑαυτοὺς τό,

Ὁ Θεός, ἱλάσθητί μοι τῷ ἁμαρτωλῷ· λέγουσι μυστικῶς τρίς·

Κύριε, ὁ τὸ πανάγιόν σου Πνεῦμα ἐν τῇ τρίτῃ ὥρᾳ τοῖς ἀποστόλοις καταπέμψας, τοῦτο, ἀγαθέ, μὴ ἀντανέλῃς ἀφ' ἡμῶν.

Καὶ τό· Καρδίαν καθαρὰν κτίσον ἐν ἐμοί, ὁ Θεός, καὶ πνεῦμα εὐθὲς ἐγκαίνισον ἐν τοῖς ἐγκάτοις μου.

Εἶτα τὴν κεφαλὴν ὑποκλίνας ὁ διάκονος δείκνυσι τῷ ὠραρίῳ τὸν ἅγιον ἄρτον, καὶ λέγει μυστικῶς·

Εὐλόγησον, δέσποτα, τὸν ἅγιον ἄρτον.

Καὶ ὁ ἱερεὺς ἀνιστάμενος σφραγίζει τρὶς τὰ ἅγια δῶρα, λέγων μυστικῶς·

Τὸν μὲν ἄρτον τοῦτον, αὐτὸ τὸ τίμιον (b) σῶμα τοῦ Κυρίου, καὶ Θεοῦ, καὶ Σωτῆρος ἡμῶν Ἰησοῦ Χριστοῦ.

(a) Goar notes that the next fifteen lines are not to be found in one MS. R reads ἀποτίθησι.

(b) Later editions (not R nor H) have inserted ποίησον between ἄρτον τοῦτον and αὐτὸ τὸ τίμιον σῶμα. Goar's note as to G 1 is perplexing. He first states that all the MSS. omit the following words and then apparently contradicts his statement.

ELEVENTH CENTURY.

Ὁ διάκονος. Ἀμήν.

(1) Ὁ ἱερεύς. Τὸ δὲ ποτήριον τοῦτο, αὐτὸ τὸ τίμιον αἷμα τοῦ Κυρίου, καὶ Θεοῦ, καὶ Σωτῆρος ἡμῶν Ἰησοῦ Χριστοῦ,

Ὁ διάκονος. Ἀμήν.

Ὁ ἱερεύς. Τὸ ἐκχυθὲν ὑπὲρ τῆς τοῦ κόσμου ζωῆς.

Ὁ διάκονος. Ἀμήν.

[82] Ὁ ἱερεὺς κλινόμενος ἐπεύχεται.
(2)

(3) Ἡμᾶς δὲ πάντας, τοὺς ἐκ τοῦ ἑνὸς ἄρτου καὶ τοῦ ποτηρίου μετέχοντας, ἑνώσαις ἀλλήλοις εἰς ἑνὸς Πνεύματος ἁγίου κοινωνίαν,

καὶ μηδένα ἡμῶν εἰς κρίμα ἢ εἰς κατάκριμα ποιήσαις μετασχεῖν τοῦ ἁγίου σώματος καὶ αἵματος τοῦ Χριστοῦ σου· ἀλλ᾽ ἵνα εὕρωμεν ἔλεον καὶ χάριν μετὰ πάντων τῶν ἁγίων τῶν ἀπ᾽ αἰῶνός σοι εὐαρεστησάντων, προπατόρων, πατέρων, πατριαρχῶν, προφητῶν, ἀποστόλων, κηρύκων, εὐαγγελιστῶν, μαρτύρων, ὁμολογητῶν, διδασκάλων, καὶ παντὸς πνεύματος δικαίου ἐν πίστει τετελειωμένου, (4)

[83]

Ἐκφώνησις. Ἐξαιρέτως τῆς παναγίας, ἀχράντου, ὑπερευλογημένης δεσποίνης ἡμῶν, θεοτόκου καὶ ἀειπαρθένου Μαρίας·

(1) G 2 τὸ δ᾽ ἐν τῷ ποτηρίῳ τούτῳ. M omits Ἀμήν.

(2) B M 1 ὁ ἱερεύς, simply. 1. 10 κλίνας.
(3) 1. 10 ἑνῶσαι. (4) 1. 10 ποιῆσαι.

SIXTEENTH CENTURY.

Ὁ διάκονος. Ἀμήν.

Καὶ αὖθις ὁ διάκονος. Εὐλόγησον, δέσποτα, τὸ ἅγιον ποτήριον.

Ὁ δὲ ἱερεὺς εὐλογῶν, λέγει·

Τὸ δὲ ποτήριον τοῦτο, αὐτὸ τὸ τίμιον αἷμα τοῦ Κυρίου, καὶ Θεοῦ, καὶ Σωτῆρος ἡμῶν Ἰησοῦ Χριστοῦ, Ὁ διάκονος. Ἀμήν.

Ὁ ἱερεύς. Τὸ ἐκχυθὲν ὑπὲρ τῆς τοῦ κόσμου ζωῆς.

Ὁ διάκονος. Ἀμήν. Καὶ αὖθις ὁ αὐτὸς δεικνύων μετὰ τοῦ ὠραρίου τὰ ἅγια ἄμφω, λέγει·

(a) Εὐλόγησον, δέσποτα.

Ὁ δὲ ἱερεὺς εὐλογῶν μετὰ τῆς χειρὸς ἀμφότερα τὰ ἅγια, λέγει·

Μεταβαλὼν τῷ Πνεύματί σου τῷ ἁγίῳ.

(a) +τὰ ἀμφότερα. R H.
(b) This hymn is in the printed copies of the Liturgy of S. James. The following is a copy. It is given at length in R.

Ὁ διάκονος, Ἀμήν, τρίς.

Καὶ τὴν κεφαλὴν ὁ διάκονος ὑποκλίνας τῷ ἱερεῖ, καὶ εἰπὼν τό,

Μνήσθητί μου, ἅγιε δέσποτα, τοῦ ἁμαρτωλοῦ,

μεθίσταται ἐν ᾧ πρότερον ἵστατο τόπῳ, λαβὼν καὶ τὸ ῥιπίδιον αὖθις, ὡς πρότερον.

Ὁ δὲ ἱερεὺς ἐπεύχεται μυστικῶς·

Ἡμᾶς δὲ πάντας, τοὺς ἐκ τοῦ ἑνὸς ἄρτου καὶ τοῦ ποτηρίου μετέχοντας,......πίστει τετελειμένου,

Ἐκφώνησις. Ἐξαιρέτως τῆς παναγίας, ἀχράντου, ὑπερευλογημένης δεσποίνης ἡμῶν, θεοτόκου καὶ ἀειπαρθένου Μαρίας·

Ὁ χορὸς ψάλλει, Ἐπὶ σοὶ χαίρει. (b)

Ἐπὶ σοὶ χαίρει, κεχαριτωμένη, πᾶσα ἡ κτίσις, ἀγγέλων τὸ σύστημα, καὶ ἀνθρώπων τὸ γένος, ἡγιασμένε ναὲ καὶ παράδεισε λογικέ, παρθενικὸν καύχημα, ἐξ ἧς Θεὸς ἐσαρκώθη, καὶ παιδίον γέ-

LITURGY OF SAINT BASIL.

ELEVENTH CENTURY.

[83]
(1)

Ὁ διάκονος. Τὰ δίπτυχα τῶν κεκοιμημένων.
Ὁ ἱερεὺς κλινόμενος ἐπεύχεται.

ιθ΄. 3 Τοῦ ἁγίου Ἰωάννου τοῦ προφήτου, τοῦ προδρόμου καὶ βαπτιστοῦ, τῶν ἁγίων καὶ πανευφήμων ἀποστόλων, τοῦ ἁγίου τοῦ Δ., οὗ καὶ τὴν μνήμην ἐπιτελοῦμεν, καὶ πάντων

τῶν ἁγίων σου, ὧν ταῖς ἱκεσίαις ἐπίσκεψαι ἡμᾶς, ὁ Θεός. καὶ μνήσθητι πάντων τῶν κεκοιμημένων ἐπ᾽ ἐλπίδι ἀναστάσεως ζωῆς αἰωνίου. μνήσθητι, Κύριε, τὰς ψυχὰς τῶν προκεκοιμημένων δούλων σου, Σηλβέστρου ἱερομονάχου, Ματθαίου, Θωμαῒς......   (2)

(1) B M 1 τῶν θανόντων. It begins with making mention of the angels Michael and Gabriel and the heavenly powers, p. 83.
1. 10 interposes ὁ ἱερεὺς κλίνας ἐπεύχεται. G 2 omits the rubric.

(2) These names are found only in this MS. Others were written in the margin of 1. 10 but subsequently erased. The Latin passes on to the prayer for the church.

SIXTEENTH CENTURY.

(a) Εἰ δέ ἐστιν ἡ μεγάλη πέμπτη, ψάλλει·

Τοῦ δείπνου σου τοῦ μυστικοῦ σήμερον, Υἱὲ Θεοῦ, κοινωνόν με παράλαβε· οὐ μὴ γὰρ τοῖς ἐχθροῖς σου τὸ μυστήριον εἴπω· οὐ φίλημά σοι δώσω, καθάπερ Ἰούδας· ἀλλ᾽ ὡς ὁ λῃστὴς ὁμολογῶ σοι· Μνήσθητί μου, Κύριε, ἐν τῇ βασιλείᾳ σου.

(b) Εἰ δέ ἐστι τὸ μέγα σάββατον, ψάλλει.

Σιγησάτω πᾶσα σὰρξ βροτεία, καὶ στήτω μετὰ φόβου καὶ τρόμου, καὶ μηδὲν γήϊνον ἐν ἑαυτῇ λογιζέσθω· ὁ γὰρ Βασιλεὺς τῶν βασιλευόντων, καὶ Κύριος τῶν κυριευόντων, προέρχεται σφαγιασθῆναι καὶ δοθῆναι τοῖς πιστοῖς· προηγοῦνται δὲ τούτου οἱ χοροὶ τῶν ἀγγέλων μετὰ πάσης ἀρχῆς καὶ ἐξουσίας, τὰ πολυόμματα Χερουβὶμ, καὶ τὰ ἑξαπτέρυγα Σεραφὶμ τὰς ὄψεις καλύπτοντα, καὶ βοῶντα

γονεν ὁ πρὸ αἰώνων ὑπάρχων Θεὸς ἡμῶν· τὴν γὰρ σὴν μήτραν θρόνον ἐποίησε, καὶ τὴν σὴν γαστέρα πλατυτέραν οὐρανῶν ἀπειργάσατο. Ἐπὶ σοὶ χαίρει, κεχαριτωμένη, πᾶσα ἡ κτίσις· δόξα σοι.

I understand Goar as stating that the MSS. do not contain either this hymn or the following. C has the χαῖρε, κεχαριτωμένη as it had in the

τὸν ὕμνον, Ἀλληλούϊα, Ἀλληλούϊα, Ἀλληλούϊα.

Ὁ διάκονος θυμιᾷ γύρωθεν τὴν ἁγίαν τράπεζαν καὶ τὰ δίπτυχα, τῶν τε ζώντων καὶ κεκοιμημένων ὧν βούλεται μνημονεύει.

Ὁ δὲ ἱερεὺς εὔχεται μυστικῶς.

Τοῦ ἁγίου Ἰωάννου τοῦ προφήτου προδρόμου καὶ βαπτιστοῦ· Τῶν ἁγίων καὶ πανευφήμων ἀποστόλων· Τοῦ ἁγίου τοῦ Δ., οὗ καὶ τὴν μνήμην ἐπιτελοῦμεν, καὶ   (c)
πάντων τῶν ἁγίων σου, ὧν ταῖς ἱκεσίαις ἐπίσκεψαι ἡμᾶς, ὁ Θεός. καὶ μνήσθητι πάντων τῶν κεκοιμημένων ἐπ᾽ ἐλπίδι ἀναστάσεως ζωῆς αἰωνίου.

Ἐνταῦθα ὁ ἱερεὺς μνημονεύει, ὧν θέλει, ζώντων   (d)
καὶ τεθνεώτων, καὶ ὑπὲρ μὲν ζώντων λέγει·

Ὑπὲρ σωτηρίας, ἐπισκέψεως, ἀφέσεως

Liturgy of Chrysostom. See note (d) p. 131.
(a) +ἦχος πλ. β΄. R.
(b) This too seems to be omitted in the MSS.
+τοῦτο τὸ παρὸν τροπάριον· ἦχος πλ. α΄. R.
(c) C τοῦ ἁγίου πατρὸς ἡμῶν Βασιλείου.
(d) Goar says that the next eleven lines are wanting in the MSS.

21—2

ELEVENTH CENTURY.

(1) Ἐνταῦθα μνημονεύει οὓς θέλει.

[83] καὶ ἀνάπαυσον αὐτοὺς ὅπου ἐπισκοπεῖ τὸ φῶς τοῦ προσώπου σου.

[83]
(2) Ἔτι σοῦ δεόμεθα, μνήσθητι, Κύριε, τῆς ἁγίας σου καθολικῆς καὶ ἀποστολικῆς ἐκκλησίας,...μέχρι τῆς συντελείας τοῦ αἰῶνος.

Μνήσθητι, Κύριε, τῶν τὰ δῶρά σοι ταῦτα προσκομισάντων, κ.τ.λ.

[83] Μνήσθητι, Κύριε, τῶν καρποφορούντων καὶ καλλιεργούντων, κ.τ.λ.

[83] Μνήσθητι, Κύριε, τῶν ἐν ἐρημίαις καὶ ὄρεσι, κ.τ.λ.

[83] Μνήσθητι, Κύριε, τῶν ἐν παρθενίᾳ, κ.τ.λ.

[83] Μνήσθητι, Κύριε, τῶν εὐσεβεστάτων καὶ πιστοτάτων ἡμῶν βασιλέων, κ.τ.λ.

[83]
ιθ΄. 4 Μνήσθητι, Κύριε, πάσης ἀρχῆς καὶ ἐξουσίας, κ.τ.λ.

[83]
(3) Μνήσθητι, Κύριε, τοῦ περιεστῶτος λαοῦ,

καὶ τῶν δι' εὐλόγους αἰτίας ἀπολειφθέντων, καὶ ἐλέησον αὐτοὺς καὶ ἡμᾶς, κατὰ τὸ πλῆθος τοῦ ἐλέους σου· τὰ ταμιεῖα αὐτῶν ἔμπλησον παντὸς ἀγαθοῦ· τὰς συζυγίας αὐτῶν ἐν εἰρήνῃ καὶ ὁμονοίᾳ διατήρησον· τὰ νήπια ἔκθρεψον· τὴν νεότητα παιδαγώγησον· τὸ γῆρας περικράτησον· τοὺς ὀλιγοψύχους παραμύθησον· τοὺς ἐσκορπισμένους ἐπισυνάγαγε· τοὺς πεπλανημένους ἐπανάγαγε, καὶ σύναψον τῇ ἁγίᾳ σου καθολικῇ καὶ ἀποστολικῇ ἐκκλησίᾳ· τοὺς ὀχλουμένους ὑπὸ πνευμάτων ἀκαθάρτων ἐλευθέρωσον· τοῖς πλέουσι σύμπλευσον· τοῖς ὁδοιποροῦσι συνόδευσον· χηρῶν πρόστηθι· ὀρφανῶν ὑπεράσπισον· αἰχμαλώτους ῥῦσαι· νοσοῦντας ἴασαι· τῶν ἐν βήμασι καὶ μετάλλοις καὶ ἐξορίαις καὶ πικραῖς δουλείαις καὶ πάσῃ θλίψει καὶ

(1) l. 10 omits this.
(2) G 1 omits καὶ ἀποστολικῆς.

(3) This is found complete in the Barberini copy (p. 83) but I am unwilling to omit it here.

SIXTEENTH CENTURY.

τῶν ἁμαρτιῶν τοῦ δούλου τοῦ Θεοῦ τοῦ δεῖνος.

Ὑπὲρ δὲ τεθνεώτων, λέγει·

Ὑπὲρ ἀναπαύσεως καὶ ἀφέσεως τῆς ψυχῆς τοῦ δούλου σου τοῦ δεῖνος· ἐν τόπῳ φωτεινῷ ἔνθα ἀπέδρα λύπη, στεναγμός, ἀνάπαυσον αὐτούς, ὁ Θεὸς ἡμῶν.

Μυστικῶς τὴν εὐχήν·

Καὶ ἀνάπαυσον αὐτοὺς ὅπου ἐπισκοπεῖ τὸ φῶς τοῦ προσώπου σου.

Ἔτι σοῦ δεόμεθα, μνήσθητι, Κύριε, τῆς ἁγίας σου καθολικῆς καὶ ἀποστολικῆς ἐκκλησίας.

Μνήσθητι, Κύριε, τῶν τὰ δῶρά σοι ταῦτα προσκομισάντων.

Μνήσθητι, Κύριε, τῶν καρποφορούντων καὶ καλλιεργούντων.

Μνήσθητι, Κύριε, τῶν ἐν ἐρημίαις καὶ ὄρεσι.

Μνήσθητι, Κύριε, τῶν ἐν παρθενίᾳ, καὶ εὐλαβείᾳ, καὶ ἀσκήσει, καὶ σεμνῇ πολιτείᾳ διαγόντων.

Μνήσθητι, Κύριε, τῶν εὐσεβεστάτων καὶ πιστοτάτων ἡμῶν βασιλέων.

Μνήσθητι, Κύριε, πάσης ἀρχῆς καὶ ἐξουσίας, καὶ τῶν ἐν παλατίῳ ἀδελφῶν ἡμῶν.

Μνήσθητι, Κύριε, τοῦ περιεστῶτος λαοῦ,
......καὶ ἐμφυλίου πολέμου.

ELEVENTH CENTURY.

ιθ′. 5 ἀνάγκῃ καὶ περιστάσει ὄντων, μνημόνευσον, ὁ Θεός, καὶ πάντων τῶν δεομέιων τῆς μεγάλης σου εὐσπλαγχνίας· καὶ τῶν ἀγαπώντων ἡμᾶς, καὶ τῶν μισούντων, καὶ τῶν ἐντειλαμένων ἡμῖν τοῖς ἀναξίοις εὔχεσθαι ὑπὲρ αὐτῶν. καὶ παντὸς τοῦ λαοῦ σου μνήσθητι, Κύριε ὁ Θεὸς ἡμῶν, καὶ ἐπὶ πάντας ἔκχεον τὸ πλούσιόν σου ἔλεος, πᾶσι παρέχων τὰ πρὸς σωτηρίαν αἰτήματα. καὶ ὧν ἡμεῖς οὐκ ἐμνημονεύσαμεν δι' ἄγνοιαν, ἢ λήθην, ἢ πλῆθος ὀνομάτων, αὐτὸς μνημόνευσον, ὁ Θεός, ὁ εἰδὼς ἑκάστου τὴν ἡλικίαν καὶ τὴν προσηγορίαν, ὁ εἰδὼς ἕκαστον ἐκ κοιλίας μητρὸς αὐτοῦ. σὺ γὰρ εἶ, Κύριε, ἡ βοήθεια τῶν ἀβοηθήτων, ἡ ἐλπὶς τῶν ἀπηλπισμένων, ὁ τῶν χειμαζομένων σωτήρ, ὁ τῶν πλεόντων λιμήν,

(1) l. 10 τοῦ ἀρχιεπισκόπου. G 1 τοῦ πατρὸς καὶ ἐπισκόπου.

ὁ τῶν νοσούντων ἰατρός· αὐτὸς τοῖς πᾶσι τὰ πάντα γενοῦ, ὁ εἰδὼς ἕκαστον καὶ τὸ αἴτημα αὐτοῦ, οἶκον καὶ τὴν χρείαν αὐτοῦ. ῥῦσαι, Κύριε, τὴν πόλιν ταύτην καὶ πᾶσαν πόλιν καὶ χώραν ἀπὸ λιμοῦ, λοιμοῦ, σεισμοῦ, καταποντισμοῦ, πυρός, μαχαίρας, ἐπιδρομῆς ἀλλοφύλων, καὶ ἐμφυλίου πολέμου.

Ἐκφώνησις.

Ἐν πρώτοις μνήσθητι, Κύριε, τοῦ ἐπισκόπου ἡμῶν τοῦ Δ′. ὃν χάρισαι ταῖς ἁγίαις σου ἐκκλησίαις ἐν εἰρήνῃ, σῶον, ἔντιμον, ὑγιῆ, μακροημερεύοντα, ὀρθοτομοῦντα τὸν λόγον τῆς σῆς ἀληθείας. [84] (1)

Ὁ διάκονος. Τὰ δίπτυχα τῶν ζώντων. [84] (2)

Ὁ δὲ ἱερεὺς κλινόμενος ἐπεύχεται.

Μνήσθητι, Κύριε, πάσης ἐπισκοπῆς [84]

(2) L omits this. l. 10 represents τὰ δίπτυχα here and above as parts of the rubric.

SIXTEENTH CENTURY.

(a) Ὁ μὲν διάκονος ἐπιστρέφει πρὸς τὴν θύραν τοῦ ἁγίου βήματος κρατῶν τὸ ὡράριον ἄκροις τοῖς δακτύλοις καὶ λέγει·

Καὶ πάντων καὶ πασῶν.

Ὁ δὲ χορὸς ψάλλει· Καὶ πάντων καὶ πασῶν.

Ὁ δὲ ἱερεὺς ἐκφωνεῖ· Ἐν πρώτοις μνήσθητι, Κύριε, τοῦ ἀρχιεπισκόπου ἡμῶν......ἀληθείας.

(b) Καὶ ὁ διάκονος λέγει πρὸς τῇ θύρᾳ στάς·

(a) Missing in the MSS. and H. C has καὶ ὑπὲρ τῶν ἐν γῇ καὶ ἐν θαλάσσῃ καὶ ἐν διαφόροις τόποις τελειωθέντων Χριστιανῶν ἀδελφῶν ἡμῶν· καὶ ὑπὲρ ἀναρρύσεως καὶ ἀπολυτρώσεως τῶν ἀδελφῶν ἡμῶν τῶν αἰχμαλώτων, ἰάσεως τῶν ἀσθενούντων, καὶ τοῦ περιεστῶτος λαοῦ. Καὶ ὧν ἕκαστος κατὰ

Τοῦ δεῖνος πανιερωτάτου μητροπολίτου, ἢ ἐπισκόπου, (ὅστις ἂν ᾖ).

Καὶ ὑπὲρ τοῦ προσκομίζοντος τὰ ἅγια δῶρα ταῦτα εὐλαβεστάτου ἱερέως (τοῦ δεῖνος).

Καὶ ὑπὲρ σωτηρίας τῶν εὐσεβεστάτων καὶ θεοφυλάκτων βασιλέων ἡμῶν. Καὶ πάντων καὶ πασῶν. (c)

Καὶ ὁ χορὸς ψάλλει· Καὶ πάντων καὶ πασῶν.

Ὁ δὲ ἱερεὺς ἐπεύχεται μυστικῶς·

Μνήσθητι, Κύριε, πάσης ἐπισκοπῆς διάνοιαν ἔχει. Ὁ ἱερεὺς ἐκφώνως· Ἐν πρώτοις μνήσθητι, Κύριε, τοῦ πατρὸς καὶ ἐπισκόπου.

(b) This is (apparently) missing in Goar's MSS. C has here τὰ δίπτυχα τῶν ζώντων.

(c) Missing in some modern liturgies.

ELEVENTH CENTURY.

ὀρθοδόξων, τῶν ὀρθοτομούντων τὸν λόγον τῆς σῆς ἀληθείας.

[84] Μνήσθητι, Κύριε, κατὰ τὸ πλῆθος τῶν οἰκτιρμῶν σου καὶ τῆς ἐμῆς ἀναξιότητος· συγχώρησόν μοι πᾶν πλημμέλημα ἑκούσιόν τε καὶ ἀκούσιον, καὶ μὴ διὰ τὰς ἐμὰς ἁμαρτίας κωλύσῃς τὴν χάριν τοῦ ἁγίου σου Πνεύματος ἀπὸ τῶν προκειμένων δώρων.

[84] Μνήσθητι, Κύριε, τοῦ πρεσβυτερίου, ...πάντα γὰρ ἀπέδωκας ἡμῖν.

ιθ´. 6
[85] Ἐκφών. Καὶ δὸς ἡμῖν ἐν ἑνὶ στόματι καὶ μιᾷ καρδίᾳ δοξάζειν καὶ ἀνυμνεῖν τὸ πάντιμον καὶ μεγαλοπρεπὲς ὄνομά σου, τοῦ Πατρός, καὶ τοῦ Υἱοῦ, καὶ τοῦ ἁγίου Πνεύματος, νῦν καὶ ἀεὶ καὶ εἰς τοὺς αἰῶνας τῶν αἰώνων.

[85] Ἐκφών. Καὶ ἔσται τὰ ἐλέη τοῦ μεγάλου Θεοῦ καὶ Σωτῆρος ἡμῶν Ἰησοῦ Χριστοῦ μετὰ πάντων ὑμῶν.

Ὁ διάκονος. Πάντων τῶν ἁγίων μνημονεύσαντες, ἔτι καὶ ἔτι ἐν εἰρήνῃ τοῦ Κυρίου δεηθῶμεν. (1)

Ὑπὲρ τῶν προσκομισθέντων καὶ ἁγιασθέντων τιμίων δώρων τοῦ Κυρίου δεηθῶμεν·

Ὅπως ὁ φιλάνθρωπος Θεὸς ἡμῶν, ὁ προσδεξάμενος αὐτὰ εἰς τὸ ἅγιον καὶ ὑπερουράνιον καὶ νοερὸν αὐτοῦ θυσιαστήριον, εἰς ὀσμὴν εὐωδίας, ἀντικαταπέμψῃ ἡμῖν τὴν χάριν καὶ τὴν δωρεὰν τοῦ ἁγίου Πνεύματος, δεηθῶμεν.

Ὑπὲρ τοῦ ῥυσθῆναι ἡμᾶς ἀπὸ πάσης θλίψεως, ὀργῆς, καὶ ἀνάγκης τοῦ Κυρίου δεηθῶμεν.

Ὁ ἱερεὺς κλινόμενος ἐπεύχεται. (2)

(1) These have been added since the Barberini MS. was written. They are in B M 1. G 2 ὁ διάκονος ἐν τῷ ἄμβωνι· Ἀνοιχθήτωσαν αἱ θύραι.

Καὶ ἀνοίγονται αἱ θύραι. Λιτανεία τετάρτη. πάντων τῶν ἁγίων.

(2) 1. 10 κλίνας.

SIXTEENTH CENTURY.

ὀρθοδόξων, τῶν ὀρθοτομούντων τὸν λόγον τῆς σῆς ἀληθείας.

Μνήσθητι, Κύριε, κατὰ τὸ πλῆθος τῶν οἰκτιρμῶν σου καὶ τῆς ἐμῆς ἀναξιότητος·

Μνήσθητι, Κύριε, τοῦ πρεσβυτερίου, τῆς ἐν Χριστῷ διακονίας,......πάντα γὰρ ἀπέδωκας ἡμῖν·

Ἐκφών. Καὶ δὸς ἡμῖν ἐν ἑνὶ στόματι
(a) ......τῶν αἰώνων.

Ἐκφών. Καὶ ἔσται τὰ ἐλέη τοῦ μεγάλου Θεοῦ καὶ Σωτῆρος ἡμῶν Ἰησοῦ Χριστοῦ μετὰ πάντων ὑμῶν.

Καὶ ὁ διάκονος ἐξέρχεται, εἰ ἔστιν, εἰ δ᾽ οὐχ, ὁ ἱερεύς, καὶ στὰς ἐν τῷ συνήθει τόπῳ λέγει· (b)

Πάντων τῶν ἁγίων...δεηθῶμεν.

Ὁ χορός. Κύριε, ἐλέησον.

Καὶ τὰ λοιπὰ ὡς ἐν τῇ τοῦ Χρυσοστόμου λειτουργίᾳ.

Ὑπὲρ τῶν προσκομισθέντων.

Ὅπως ὁ φιλάνθρωπος.

Ὑπὲρ τοῦ ῥυσθῆναι.

Ὁ ἱερεὺς ἐπεύχεται μυστικῶς· (c)

(a) Goar's text and R have here ὁ ἱερεὺς ἐπιστρέφει πρὸς τῇ θύρᾳ καὶ εὐλογῶν λέγει ἐκφώνως. Καὶ ἔσται.

(b) This is missing in the MSS.
(c) Some MSS. add τῆς συναπτῆς λεγομένης.

LITURGY OF SAINT BASIL.

ELEVENTH CENTURY.

[85] Ὁ Θεὸς ἡμῶν, ὁ Θεὸς τοῦ σώζειν, σὺ ἡμᾶς δίδαξον εὐχαριστεῖν σοι ἀξίως, κ.τ.λ. ......τοῖς ἀγαπῶσί σε, Κύριε.

(1) Ὁ διάκονος. Ἀντιλαβοῦ, σῶσον. Τὴν ἡμέραν πᾶσαν τελείαν.

ιθ'. 7 Ἄγγελον εἰρήνης, πιστὸν ὁδηγόν. Συγγνώμην καὶ ἄφεσιν. Τὰ καλὰ καὶ συμφέροντα. Τὸν ὑπόλοιπον χρόνον. Χριστιανὰ τὰ τέλη. Τὴν ἑνότητα τῆς πίστεως.

[85] Ἐκφώνως. Καὶ καταξίωσον ἡμᾶς, Δέσποτα, μετὰ παρρησίας, ἀκατακρίτως, τολμᾶν ἐπικαλεῖσθαί σε τὸν ἐπουράνιον Θεὸν Πατέρα, καὶ λέγειν,

(2) Ὁ λαός. Πάτερ ἡμῶν ὁ ἐν τοῖς οὐρανοῖς.

Ὁ ἱερεύς. Ὅτι σοῦ ἐστιν ἡ βασιλεία, καὶ ἡ δύναμις, καὶ ἡ δόξα, τοῦ Πατρός, καὶ τοῦ Υἱοῦ, καὶ τοῦ ἁγίου Πνεύματος, νῦν καὶ ἀεὶ καὶ εἰς τοὺς αἰῶνας τῶν αἰώνων. [85](3)

Εἰρήνη πᾶσιν.

Ὁ διάκονος. Τὰς κεφαλὰς ἡμῶν τῷ Κυρίῳ κλίνωμεν. [85]

Ὁ ἱερεὺς κλινόμενος ἐπεύχεται.

Δέσποτα Κύριε, ὁ Πατὴρ τῶν οἰκτιρμῶν, ...εἰς Πνεύματος ἁγίου κοινωνίαν, [86]

Ἐκφώνησις. Χάριτι, καὶ οἰκτιρμοῖς, καὶ φιλανθρωπίᾳ τοῦ μονογενοῦς σου Υἱοῦ, μεθ' οὗ εὐλογητὸς εἶ σὺν τῷ παναγίῳ καὶ ἀγαθῷ καὶ ζωοποιῷ σου Πνεύματι, νῦν καὶ ἀεὶ καὶ εἰς τοὺς αἰῶνας τῶν αἰώνων. [86](4)

Ὁ ἱερεὺς ἐπεύχεται. (5)

(1) As on p. 135. (These have been added.)
(2) G 2 ὁ λαὸς καὶ ὁ κλῆρος σὺν αὐτῷ αἴροντες τὰς χεῖρας λέγουσι τὸ Πάτερ ἡμῶν.
(3) G 1 Καὶ ὁ ἱερεὺς ὀρθῶς, μυστικῶς εὔχεται ὑψῶν τὰς χεῖρας· Κύριε, Κύριε, μόνε ἀγαθέ, μόνε φιλάνθρωπε, μὴ εἰσενέγκῃς ἡμᾶς εἰς πειρασμόν, ἀλλὰ ῥῦσαι ἡμᾶς ἀπὸ τοῦ πονηροῦ καὶ τῶν ἔργων αὐτοῦ, ὅτι σοῦ ἐστιν.
(4) B M 3 breaks off here.
(5) In B the rubric was τῆς ὑψώσεως τοῦ ἄρτου. G 2 Ὁ διάκονος, Πρόσχωμεν. ὁ ἀρχιερεὺς ὑψῶν τὸν ἄρτον· Πρόσχες, Κύριε Ἰησοῦ.

SIXTEENTH CENTURY.

Ὁ Θεὸς ἡμῶν...σὺ ὁ Θεὸς ἡμῶν... ...τοῖς ἀγαπῶσί σε, Κύριε.

Ὁ διάκονος, εἰ ἔστι, τὰ εἰρηνικὰ ὡς καὶ ἐν τῇ τοῦ Χρυσοστόμου.

Ἀντιλαβοῦ......Τὴν ἑνότητα.

(a) Ἐκφώνως ὁ ἱερεύς. Καὶ καταξίωσον...καὶ λέγειν.

(b) Ὁ χορὸς τὸ Πάτερ ἡμῶν.

Ἐκφώνως ὁ ἱερεύς. Ὅτι σοῦ...αἰώνων.

Ὁ χορός. Ἀμήν.

Ὁ ἱερεύς. Εἰρήνη πᾶσιν.

Ὁ χορός. Καὶ μετὰ τοῦ πνεύματός σου.

Ὁ διάκονος. Τὰς κεφαλὰς ὑμῶν τῷ Κυρίῳ κλίνατε. (c)

Κλίνας γοῦν ὁ διάκονος μικρὸν τὴν κεφαλήν, καὶ ὁρῶν τὸν ἱερέα προσκυνοῦντα, προσκυνεῖ καὶ αὐτός. Ὁ ἱερεὺς κλινόμενος ἐπεύχεται μυστικῶς· (d)

Δέσποτα Κύριε...κοινωνίαν,

Ἐκφώνως ὁ ἱερεύς. Χάριτι...αἰώνων.

Ὁ χορός. Ἀμήν.

(a) C ὁ ἱερεὺς ὑψοῖ τὰς χεῖρας.
(b) C ὁ ἱερεὺς λέγει τὸ Πάτερ ἡμῶν.
(c) Η ἡμῶν...κλίνωμεν. Some MSS. add Σοί, Κύριε.
(d) R has simply ὁ ἱερεὺς ἐπεύχεται.

ELEVENTH CENTURY.

[86]

Πρόσχες, Κύριε Ἰησοῦ Χριστέ, ὁ Θεὸς ἡμῶν, ἐξ ἁγίου κατοικητηρίου σου, καὶ ἀπὸ θρόνου δόξης τῆς βασιλείας σου, καὶ ἐλθὲ εἰς τὸ ἁγιάσαι ἡμᾶς, ὁ ἄνω τῷ Πατρὶ συγκαθεζόμενος καὶ ὧδε ἡμῖν ἀοράτως συνών· καὶ καταξίωσον τῇ κραταιᾷ σου χειρὶ μεταδοῦναι ἡμῖν τοῦ ἀχράντου σώματός σου καὶ τοῦ τιμίου αἵματος, καὶ δι᾽ ἡμῶν παντὶ τῷ λαῷ.

Ὁ διάκονος. Πρόσχωμεν. (1)

(1) 1. 10 adds ὁ ἱερεὺς ὑψοῖ τὸν ἄρτον σταυροειδῶς, λέγων.

SIXTEENTH CENTURY.

Ὁ ἱερεὺς ἐπεύχεται μυστικῶς·

Πρόσχες......τῷ λαῷ.

(a) Κἀνταῦθα ὅ τε ἱερεὺς καὶ ὁ διάκονος τὰ αὐτὰ καὶ λέγουσιν καὶ ποιοῦσιν τῇ τοῦ Χρυσοστόμου λειτουργίᾳ.

Ὁ διάκονος ἐκφωνεῖ· Πρόσχωμεν.

(a) This is not in the MSS. nor in Goar's copy, nor in R. C has καὶ θυμιῶν λέγει· Ὑψώσω κ.τ.λ. as in note a, p. 136 to the word Μελίζεται. It proceeds Μελίζεται ὁ ἀμνὸς τοῦ Θεοῦ, ὁ Υἱὸς τοῦ Πατρός, ὁ αἴρων τὴν ἁμαρτίαν τοῦ κόσμου, πάντοτε νῦν καὶ ἀεὶ καὶ εἰς τοὺς αἰῶνας τῶν αἰώνων. Καὶ λαβὼν τὴν μερίδα τίθησιν αὐτὴν ἐν τῷ ποτηρίῳ, τοῦ διακόνου εἰρηκότος, Πλήρωσον, δέσποτα. Καὶ ὁ ἱερεύς, Πλήρωμα τοῦ ἁγίου Πνεύματος. Καὶ μικρὸν κύψας εὔχεται οὕτως. Μεμολυσμένῃ ψυχῇ, καὶ ῥυπαρῷ χείλει, καὶ χερσὶν αἰσχραῖς, καὶ πυλίνῃ γλώττῃ, καὶ ὅλος ὑπάρχω ταπεινὸς καὶ ἁμαρτωλὸς καὶ ἀμετανόητος, φιλάνθρωπε Σωτέρ μου· καὶ ἱκετεύω, ὁ καλῶν ἁμαρτωλοὺς εἰς μετάνοιαν, ἄφες, συγχώρησόν μοι τῷ ἁμαρτωλῷ τὰ παραπτώματά μου, τὰ πλημμελήματά μου, τὰ ἑκούσια καὶ τὰ ἀκούσια, τὰ ἐν γνώσει καὶ τὰ ἐν ἀγνοίᾳ, πάντα μοι συγχώρησον, ὡς ἀγαθὸς καὶ φιλάνθρωπος, μακρόθυμός τε καὶ πολυέλεος· καὶ τῇ πρεσβείᾳ τῆς παναχράντου δεσποίνης ἡμῶν θεοτόκου καὶ ἀειπαρθένου Μαρίας, ἀκατακρίτως ἀξίωσόν με δέξασθαι τὴν ἁγίαν καὶ ἄχραντόν σου δωρεάν, εἰς ἄφεσιν ἁμαρτιῶν, εἰς κάθαρσιν τῶν πονηρῶν μου λογισμῶν, εἰς τήρησιν τῶν ἐντολῶν σου, καὶ εἰς ζωὴν αἰώνιον· ὅτι πρέπει σοι πᾶσα δόξα, τιμή...

Thus C gives here a solution of the difficulty mentioned in the note (k), p. 138.

It proceeds καὶ λαβὼν μίαν μερίδα κλᾷ καὶ δίδει (sic) τῷ διακόνῳ καὶ τοῖς συλλειτουργοῦσιν, λέγων· Τοῦ δείπνου σου τοῦ μυστικοῦ (as on p. 139). Εἶθ᾽ οὕτω λέγει ταύτην τὴν εὐχήν. Δέσποτα, φιλάνθρωπε Κύριε, Ἰησοῦ Χριστέ, μὴ εἰς κρῖμα ἢ κατάκριμα γενέσθαι τὰ ἅγια ταῦτα, ἀλλ᾽ εἰς κάθαρσιν ψυχῆς τε καὶ σώματος. Εἶτα σφραγίζει ἑαυτὸν ἐν τῷ μετώπῳ μετὰ τῆς μερίδος, λέγων· Πιστεύω, Κύριε, καὶ ὁμολογῶ ὅτι σὺ εἶ ὁ Χριστός, ὁ Υἱὸς τοῦ Θεοῦ τοῦ ζῶντος. Λέγει· Τὸ τίμιον σῶμα τοῦ Κυρίου ἡμῶν Ἰησοῦ Χριστοῦ, τὸ μεταδιδόμενον ἡμῖν εἰς ἄφεσιν ἁμαρτιῶν καὶ εἰς ζωὴν αἰώνιον. Ὁμοίως καὶ εἰς τὸ ποτήριον λέγει· Ποτήριον σωτηρίου λήψομαι καὶ τὸ ὄνομα Κυρίου ἐπικαλέσομαι. Αὐτὸ τὸ τίμιον αἷμα τοῦ Κυρίου ἡμῶν Ἰησοῦ Χριστοῦ τὸ μεταδιδόμενον ἡμῖν εἰς ἄφεσιν ἁμαρτιῶν καὶ εἰς ζωὴν αἰώνιον. Εἶθ᾽ οὕτω σπογγίσας τὸ ποτήριον βάλλει ἐν αὐτῷ τὰς μερίδας ἑτέρας, λέγων τὴν εὐχὴν ταύτην. Γένοιτό μοι, Κύριε Ἰησοῦ Χριστέ, ὁ Θεὸς ἡμῶν, τὸ σῶμά σου τὸ ἅγιον εἰς ἄφεσιν ἁμαρτιῶν, καὶ τὸ αἷμά σου τὸ τίμιον εἰς ζωὴν αἰώνιον, καὶ ἐν τῇ δευτέρᾳ σου παρουσίᾳ συναρίθμησόν με τοῖς δικαίοις καὶ ἐκλεκτοῖς σου προβάτοις, ὅτι εὐλογητὸς εἶ εἰς τοὺς αἰῶνας τῶν αἰώνων. Εἰ μὲν εἰσίν τινες οἱ βουλόμενοι μεταλαβεῖν· Μετὰ φόβου καὶ πίστεως καὶ ἀγάπης προσέλθετε Χριστῷ τῷ Θεῷ καὶ Βασιλεῖ ἡμῶν. Ὁ λαὸς ἀποκρίνεται, Εὐλογημένος ὁ ἐρχόμενος ἐν ὀνόματι Κυρίου. Θεὸς Κύριος, καὶ ἐπέφανεν ἡμῖν. Καὶ ὁ ἱερεὺς μεταλαμβάνει τὸν λαόν, λέγων· Τὸ τίμιον σῶμα καὶ αἷμα τοῦ Κυρίου.

LITURGY OF SAINT BASIL.

ELEVENTH CENTURY.

Ὁ ἱερεύς. Τὰ ἅγια τοῖc ἁγίοιc.

(1) Ὁ διάκονος. Πλήρωσον, δέσποτα, τὸ ἅγιον ποτήριον.

Καὶ λαβὼν ὁ ἱερεὺς ἐκ τοῦ ἄρτου μερίδα μίαν βάλλει εἰς τὸ ἅγιον ποτήριον, λέγων,

(2) Πλήρωμα Πνεύματος ἁγίου.

Ὁ διάκονος. Ἀμήν.

(3) Εἶτα. Μετὰ φόβου Θεοῦ καὶ πίστεως. Προσέλθετε.

ιθ′. 8 (4) Εἶτα τῆς μεταλήψεως τελειωθείσης καὶ τῶν ἁγίων λειψάνων ἀπὸ τῆς ἱερᾶς ἀρθέντων τραπέζης ἐπεύχεται ὁ ἱερεύς.

(1) This is not in B, ι. 10, B M 1, or G 2. The two latter have ὁ λαός· Εἶς ἅγιος. Καὶ οἱ ψάλται ψάλλουσιν τὸ κοινωνικόν, καὶ οὕτως πάντες μεταλαμβάνουσιν. Εἶτα τῆς μεταλήψεως τελειωθείσης τὰ ἅγια εἰς τὸ σκευοφυλάκιον εἰσφέρονται πάντων ψαλλομένων τό· Πληρωθήτω τὸ στόμα μου. The Latin proceeds "ut hymnum dicamus gloriæ tuæ: quia nos idoneos fecisti sanctorum tuorum participare mysteriorum: salva nos in sanctificatione tua tota die meditantes justitiam tuam."

Εὐχαριστοῦμέν σοι, Κύριε ὁ Θεὸς ἡμῶν, [86] ἐπὶ τῇ μεταλήψει τῶν......τοῦ Χριστοῦ σου.

Ὅτε δὲ μέλλει στραφῆναι τὰ ἅγια δῶρα ἔνθα (5) προετέθησαν, ἐν τῷ αἴρεσθαι ταῦτα ἀπὸ τῆς ἁγίας τραπέζης θυμιᾷ ὁ διάκονος τρίς, ὁ δὲ ἱερεὺς λέγει καθ' ἑαυτόν,

Ὑψώθητι ἐπὶ τοὺς οὐρανούς, ὁ Θεός, καὶ ἐπὶ πᾶσαν τὴν γῆν ἡ δόξα σου.

Αἴρων δὲ ταῦτα ἐκφωνεῖ,

Πάντοτε, νῦν καὶ ἀεί, καὶ εἰς τοὺς αἰῶνας (6) τῶν αἰώνων.

Ὁ διάκονος. Ὀρθοί· μεταλαβόντες τῶν

It passes on to ὀρθοί, μεταλαβόντες. Then we have εὐχαριστοῦμέν σοι, and the Litany.

(2) B εἰς πλήρωμα Πνεύματος ἁγίου.

(3) B omits this. B M 1 breaks off here.

(4) B καὶ μετὰ τὸ πάντας μεταλαβεῖν, λέγοντος τοῦ διακόνου τὴν εὐχήν. ι. 10 thus, εἶτα τῆς μεταλήψεως τελεσθείσης ὁ ἱερεὺς ἐπεύχεται.

(5) ι. 10 omits the next nine lines.

(6) G 1 Πληρωθήτω τὸ στόμα μου καὶ τὰ ἑξῆς.

SIXTEENTH CENTURY.

Καὶ ὁ ἱερεύς. Τὰ ἅγια τοῖc ἁγίοιc.

Καὶ ὁ χορός. Εἷς ἅγιος, εἷς Κύριος Ἰησοῦς Χριστός, εἰς δόξαν Θεοῦ Πατρός. Ἀμήν.

(a) Καὶ ἐνταῦθα καὶ ὁ χορὸς τὰ αὐτὰ ψάλλει τῇ τοῦ Χρυσοστόμου ἱερουργίᾳ· καὶ ὁ ἱερεὺς καὶ ὁ διάκονος, καὶ ἐν τῇ ζέσει, καὶ ἐν τῷ μελισμῷ, καὶ ἐν τῇ κοινωνίᾳ, καὶ ἐν ταῖς εὐχαῖς, καὶ θρησκείαις,

(a) This is not in any MS. C has simply εἶτα τῆς μεταλήψεως τελειωθείσης, ὑποστρέφει ἐν τῷ θυσιαστηρίῳ καὶ λέγει τὴν εὐχὴν ταύτην. To the words εἰς πίστιν ἀναίσχυντον (p. 86) C adds εἰς ἐλπίδα βεβαῖαν. R has this; εἶτα τῆς μεταλήψεως τελεωθείσης καὶ τῶν ἁγίων λειψάνων ἀπὸ τῆς ἱερᾶς ἀρθέντων τραπέζης ἐπεύχεται ὁ ἱερεύς·

ταὐτὰ καὶ λέγουσι καὶ ποιοῦσι τῇ τοῦ Χρυσοστόμου.

Ὁ ἱερεὺς ἐπεύχεται μυστικῶς·

Εὐχαριστοῦμέν σοι...τοῦ Χριστοῦ σου.

Ὁ διάκονος ἐν τῷ συνήθει τόπῳ στὰς λέγει· (b)

Ὀρθοί, μεταλαβόντες...ζωοποιῶν μυστηρίων ἀξίως εὐχαριστήσομεν τῷ Κυρίῳ.

Ὁ χορός. Κύριε, ἐλέησον.

Εὐχαριστοῦμεν.

(b) C has καὶ θυμιῶν ἐκφωνεῖ ὁ ἱερεύς, Εὐλογητὸς ὁ Θεὸς ἡμῶν πάντοτε κ.τ.λ. Ὁ λαός, Εἴη τὸ ὄνομα τοῦ Κυρίου εὐλογημένον. Ὁ ἱερεὺς λέγει, Εὐλογημένοι ἡμεῖς τῷ Κυρίῳ· τῇ θείᾳ αὐτοῦ χάριτι, πάντοτε. Ὁ λαός, Εὐλογήσω τὸν Κύριον.

22

ELEVENTH CENTURY.

θείων, ἁγίων, ἀχράντων, ἀθανάτων, ἐπουρανίων, καὶ ζωοποιῶν φρικτῶν τοῦ Χριστοῦ μυστηρίων εὐχαριστήσωμεν τῷ Κυρίῳ.

Ἀντιλαβοῦ, σῶσον, ἐλέησον.

Τὴν ἡμέραν πᾶσαν, τελείαν.

[86] Ἐκφώνως.

Ὅτι σὺ εἶ ὁ ἁγιασμὸς ἡμῶν, καὶ σοὶ τὴν δόξαν ἀναπέμπομεν, τῷ Πατρί, καὶ τῷ Υἱῷ, καὶ τῷ ἁγίῳ Πνεύματι, νῦν καὶ ἀεί, καὶ εἰς τοὺς αἰῶνας τῶν αἰώνων. Ἀμήν.

(1)

[86] Ὁ διάκονος. Ἐν εἰρήνῃ προέλθωμεν.

Τοῦ Κυρίου δεηθῶμεν.

Εὐχὴ ὀπισθάμβωνος ἐκφωνουμένη.

(2) Ὁ εὐλογῶν τοὺς εὐλογοῦντάς σε, Κύριε, καὶ ἁγιάζων τοὺς ἐπὶ σοὶ πεποιθότας, σῶσον τὸν λαόν σου, καὶ εὐλόγησον τὴν κληρονομίαν σου· τὸ πλήρωμα τῆς ἐκκλησίας σου φύλαξον· ἁγίασον τοὺς ἀγαπῶντας τὴν εὐπρέπειαν τοῦ οἴκου σου· σὺ αὐτοὺς ἀντιδόξασον τῇ θεϊκῇ σου δυνάμει, καὶ μὴ ἐγκαταλίπῃς ἡμᾶς, τοὺς ἐλπίζοντας ἐπὶ σέ· εἰρήνην τῷ κόσμῳ σου δώρησαι, ταῖς ἐκκλησίαις σου, τοῖς ἱερεῦσι, τοῖς βασιλεῦσιν ἡμῶν, τῷ στρατῷ, καὶ παντὶ τῷ λαῷ σου· ὅτι πᾶσα δόσις ἀγαθή, καὶ πᾶν δώρημα τέλειον, ἄνωθέν ἐστι, καταβαῖνον ἐκ σοῦ τοῦ Πατρὸς τῶν φώτων· καὶ σοὶ τὴν δόξαν, καὶ εὐχαριστίαν, καὶ προσκύνησιν ἀναπέμπομεν, τῷ Πατρί, καὶ τῷ Υἱῷ, καὶ τῷ ἁγίῳ Πνεύματι, νῦν καὶ ἀεί, καὶ εἰς τοὺς αἰῶνας τῶν αἰώνων.

κ΄. 1

(3)

(1) G 2 ὁ ἀρχιερεὺς μετὰ ταῦτα ὄπισθεν τοῦ ἄμβωνος ἀπέρχεται· καὶ ὁ διάκονος λέγει, Τοῦ Κυρίου δεηθῶμεν. Ὁ ἀρχιερεύς· Ὁ εὐλογῶν.

(2) This prayer is different from that in B. It is the same that is used in the modern "S. Chrysostom."

One of the Paris MSS. used by Goar has the following εὐχὴ ὀπισθάμβωνος. Δέσποτα Κύριε Ἰησοῦ Χριστέ, ὁ σωτὴρ ἡμῶν, ὁ καταξιώσας ἡμᾶς τῆς σῆς δόξης κοινωνοὺς γενέσθαι διὰ τῆς τῶν ἁγίων σου μυστηρίων ζωοποιοῦ μεταλήψεως, δι᾽ ὧν τοῦ θανάτου σου καὶ τῆς ἀναστάσεως τὸν τύπον τελεῖν παρέδωκας ἡμῖν, δι᾽ αὐτῶν ἡμᾶς ἐν τῷ ἁγιασμῷ σου διαφύλαξον, μεμνημένους τῆς σῆς χάριτος διὰ παντός, καὶ σοὶ ζῶντας ὑπὲρ ἡμῶν ἀποθανόντι καὶ ἐγερθέντι. Τοῖς συλλειτουργήσασιν ἡμῖν καὶ τοῖς θείοις σου μυστηρίοις διακονήσασι βαθμὸν ἀγαθὸν περιποίησαι καὶ πολλὴν παρρησίαν ἐπὶ τοῦ φοβεροῦ σου βήματος· εἰρήνην τῷ κόσμῳ δώρησαι, ταῖς ἐκκλησίαις σου, τοῖς ἱερεῦσι, τοῖς βασιλεῦσιν ἡμῶν καὶ παντὶ τῷ λαῷ σου. Σὺ γὰρ εἶ ὁ ἀληθινὸς Θεὸς ἡμῶν καὶ ζωὴ αἰώνιος, καὶ σοὶ τὴν δόξαν.

(3) G 2 καὶ οἱ ὑπηρέται ἀποκρίνονται Ἀμήν. Καὶ εἰς τὸ σκευοφυλάκιον ἀπέρχονται· καὶ τὰ ἱερὰ ἐκδύουσιν ἐγγὺς τῆς προθέσεως. And so it concludes.

SIXTEENTH CENTURY.

Ὁ διάκονος. Ἀντιλαβοῦ...... Τὴν ἡμέραν...

Ἐκφώνως ὁ ἱερεύς. Ὅτι σὺ εἶ ὁ ἁγιασμὸς ...αἰώνων.

Ὁ χορός. Ἀμήν.

(a) R gives this to the priest.

Ὁ διάκονος. Ἐν εἰρήνῃ προέλθωμεν. (a)

Καὶ αὖθις. Τοῦ Κυρίου δεηθῶμεν.

Εὐχὴ ὀπισθάμβωνος ἐκφωνουμένη παρὰ τοῦ ἱερέως ἔξω τοῦ βήματος. (b)

Ὁ εὐλογῶν...τῶν αἰώνων.

(b) R omits ἔξω τοῦ βήματος.

LITURGY OF SAINT BASIL.

ELEVENTH CENTURY.

[86]
(1) Εὐχὴ ἐν τῷ συστεῖλαι τὰ ἅγια.

Ἤνυσται, καὶ τετέλεσται, ὅσον εἰς τὴν ἡμετέραν δύναμιν, Χριστὲ ὁ Θεὸς ἡμῶν, τὸ τῆς σῆς οἰκονομίας μυστήριον· ἔσχομεν γὰρ τοῦ θανάτου σου τὴν μνήμην, εἴδομεν τῆς ἀναστάσεώς σου τὸν τύπον, ἐνεπλήσθημεν
(2) τῆς ἀτελευτήτου σου ζωῆς, ἀπελαύσαμεν τῆς ἀκενώτου σου τρυφῆς, ἧς καὶ ἐν τῷ μέλλοντι αἰῶνι πάντας ἡμᾶς καταξιωθῆναι εὐδόκησον, χάριτι τοῦ ἀχράντου σου Πατρός, (3) καὶ τοῦ ἁγίου, καὶ ἀγαθοῦ, καὶ ζωοποιοῦ σου Πνεύματος, νῦν καὶ ἀεί, καὶ εἰς τοὺς αἰῶνας τῶν αἰώνων. Ἀμήν.

[ματθαίῳ τάλανι εὔχου ὦ θύτα.]

(1) B εὐχὴ τοῦ σκευοφυλακίου.
1. 10 εὐχὴ λεγομένη ἐν τῷ σκευοφυλακίῳ.
(2) For ἀτελευτήτου G 1 has αἰωνίου, and for ἀκενώτου it has ἀκηράτου.

(3) ἀχράντου is surely a mistake for ἀνάρχου. G 1 has χάριτι τοῦ ζωοποιοῦ σου Πατρός, νῦν καὶ ἀεί.

SIXTEENTH CENTURY.

Ὁ χορός. Ἀμήν.
(a) Ὁ χορὸς ψάλλει τό, Εἴη τὸ ὄνομα Κυρίου εὐλογημένον ἀπὸ τοῦ νῦν καὶ ἕως τοῦ αἰῶνος. τρίς.

Καὶ τὸν ψαλμόν· Εὐλογήσω τὸν Κύριον· ἢ τοῦ ἁγίου τῆς ἡμέρας.

Εὐχὴ ἐν τῷ συστεῖλαι τὰ ἅγια μυστικῶς.
Ἤνυσται...τοῦ ἀχράντου σου Πατρός,... (b)
Ἀμήν.

Μετὰ τὴν εὐχὴν ἐξέρχεται ὁ ἱερεὺς καὶ δίδωσι (c) τὸ ἀντίδωρον καὶ λέγει καὶ ποιεῖ κἀνταῦθα ἅπερ καὶ ἐν τῇ τοῦ Χρυσοστόμου λειτουργίᾳ.

(a) R omits the next five lines.
(b) R has ἀνάρχου.
(c) R omits this. C has ὁ ἱερεὺς σφραγίζων τὸν λαὸν λέγει, Εὐλογία τοῦ Κυρίου ἔστω ἐφ' ὑμᾶς,

πάντοτε, νῦν. Ἁγία Τριάς, ἐλέησον ἡμᾶς. Ἀμήν. Εἶτα ἀπεκδύεται τὴν στολήν, λέγων, Νῦν ἀπολύεις. καὶ ἀπολύει, καὶ δίδει τὸ πλαστόν.

LITURGY OF THE PRESANCTIFIED.

LITURGY OF THE PRESANCTIFIED.

I have treated this Liturgy as those of Saint Chrysostom and Saint Basil. G and R denote respectively the texts of Goar and the modern Roman edition. I have not met with any MS. containing it later than the Barberini MS. and the Codex Rossanensis from which I have printed it above (pages 95—98). The figures between brackets [96] denote the pages on which corresponding passages in these MSS. have been printed.

LITURGY OF THE PRESANCTIFIED.

ELEVENTH CENTURY.

(1) Ἡ θεία μυσταγωγία τῶν προηγιασμένων.
Εἰσελθόντος τοῦ ἱερέως ἐν τῷ ἁγίῳ θυσιαστηρίῳ, καὶ τὴν ἱερὰν ἐνδυσαμένου στολήν, καὶ εὐλογήσαντος τὸν εὐλογητὸν Θεόν, ψάλλεται συνήθως ὁ προοιμιακὸς ψαλμός· οὕτως δὲ ἱστάμενος ἔνδοθεν λέγει τὰς εὐχὰς τοῦ λυχνικοῦ.

(1) Two of Goar's MSS. and another in the Barberini collection ascribe this to Germanus, archbishop of Constantinople. The usual title is Ἡ θεία λειτουργία. The Barberini codex adds ψαλλομένη τῆς ἐννάτης ὥρας.

SIXTEENTH CENTURY.

(a) Ἡ θεία λειτουργία τῶν προηγιασμένων.
Αὕτη ἡ θεία λειτουργία λέγεται ἐν ταῖς τῆς τεσσερακοστῆς νηστίμαις ἡμέραις μόνον, ὡς ἐν τῷ τυπικῷ ἔχεται. Ὁ ἱερεὺς καὶ ὁ διάκονος εἰσέρχονται καὶ ἐνδύονται, τοιαύτας εὐχὰς λέγοντες οἵας καὶ ἐν τῇ τοῦ Χρυσοστόμου λειτουργίᾳ· μετέπειτα λαμβάνουσιν τὸ θυμιατήριον καὶ θυμιῶσι τρίς, μετ' εὐλαβείας, ἔνθα ὁ ἅγιος ἄρτος πεφυλαγμένος εἴη, λέγοντες τὸ Ὁ Θεός, ἱλάσθητί μοι. Τότε λαμβάνει ὁ ἱερεὺς τὸν ἅγιον ἄρτον μετὰ τῆς προσηκούσης εὐλαβείας καὶ ἐπιμελείας, καὶ τίθησιν αὐτὸν ἐπὶ τὸν ἅγιον δίσκον ἐν τῇ προθέσει, λέγων τὸ Πιστεύω καὶ ὁμολογῶ. Εἶτα θυμιῶν τὸν ἀστέρα, τίθησιν ἐπάνω, οὐδὲν λέγων, μετ' εὐλαβείας μόνον, ὁμοίως καὶ τὸ κάλυμμα. Ἐν δὲ τῷ ἁγίῳ ποτηρίῳ ἐγχέει οἶνον καὶ ὕδωρ ὅσον ἀρκεῖ, οὐδὲν λέγων, καὶ μετὰ τοῦ καλύμματος καλύπτει ὡς ἔθος σὺν τῷ ἀέρι εὐλαβῶς, καὶ ἔρχεται ἐπὶ τὴν ἁγίαν τράπεζαν ποιῶν μετανοίας τρεῖς, λέγων τὸ Ὁ Θεὸς ἱλάσθητί μοι, καὶ ἀσπάζεται τὸ ἅγιον εὐαγγέλιον καὶ τὴν ἱερὰν τράπεζαν.

Καὶ ὁ διάκονος λέγει, Εὐλόγησον, δέσποτα. (b)
Καὶ ὁ ἱερεὺς ἐκφώνως.

Εὐλογημένη ἡ βασίλεια τοῦ Πατρὸς καὶ τοῦ Υἱοῦ καὶ τοῦ ἁγίου Πνεύματος, νῦν καὶ ἀεὶ καὶ εἰς τοὺς αἰῶνας τῶν αἰώνων.

(a) Goar and the modern Roman edition prefix two introductory passages: the first containing the "psalms of the steps" and several hymns for Lent, which are followed by a lesson from Genesis (vii. 6—9) and another from Proverbs (ix. 12—18). The second is an explanation of the service (ἑρμηνεία τῆς θείας λειτουργίας τῶν προηγιασμένων). This describes the ceremony on the day of consecration, and the mode in which the consecrated Breads are placed ἐν τῷ ἀρτοφορίῳ. Then follow the rites of the day itself, which have been much modified since the publication of Demetrius Ducas. I have only given notes of the text of the Liturgy &c. as printed by Goar and R.

(b) Goar and R begin here.

ELEVENTH CENTURY.

Εὐχὴ ἀντιφώνου πρώτου.

Κύριε οἰκτίρμον καὶ ἐλεῆμον, μακρόθυμε καὶ πολυέλεε, ἐνώτισαι τὴν προσευχὴν ἡμῶν καὶ πρόσχες τῇ φωνῇ τῆς δεήσεως ἡμῶν. Ποίησον μεθ' ἡμῶν σημεῖον εἰς ἀγαθόν, ὁδήγησον ἡμᾶς ἐν τῇ ὁδῷ σου, τοῦ πορεύεσθαι ἐν τῇ ἀληθείᾳ σου, εὔφρανον τὰς καρδίας ἡμῶν εἰς τὸ φοβεῖσθαι τὸ ὄνομά σου τὸ ἅγιον, διότι μέγας εἶ σύ, καὶ ποιῶν θαυμάσια. Σὺ εἶ ὁ Θεὸς μόνος, καὶ οὐκ ἔστιν ὅμοιός σοι ἐν θεοῖς, Κύριε, δυνατὸς ἐν ἐλέει, καὶ ἀγαθὸς ἐν ἰσχύϊ, εἰς τὸ βοηθεῖν καὶ παρακαλεῖν καὶ σώζειν πάντας τοὺς ἐλπίζοντας εἰς τὸ ὄνομά σου τὸ ἅγιον.

Ἐκφώνως. Ὅτι πρέπει σοι...τῶν αἰώνων, as on p. 112.

Εὐχὴ ἀντιφώνου δευτέρου. κ. 2

Κύριε μὴ τῷ θυμῷ σου ἐλέγξῃς ἡμᾶς, μηδὲ τῇ ὀργῇ σου παιδεύσῃς ἡμᾶς, ἀλλὰ ποίησον μεθ' ἡμῶν κατὰ τὴν ἐπιείκειάν σου,

SIXTEENTH CENTURY.

Ὁ χορός. Ἀμήν.

(a) Καὶ μετὰ τὸν προοιμιακὸν ψαλμὸν λέγει τὰ εἰρηνικὰ ὁ διάκονος· ὁ δὲ ἱερεὺς ἢ εὔχεταί τι ἢ ἐπιμελεῖται τὴν ἁγίαν πρόθεσιν.

Ἐν εἰρήνῃ τοῦ Κυρίου δεηθῶμεν.
Ὑπὲρ τῆς ἄνωθεν.
Ὑπὲρ τοῦ ἁγίου οἴκου.
Ὑπὲρ τοῦ ἀρχιεπισκόπου ἡμῶν ὁ δεῖνος.
(b) Ὑπὲρ τῶν εὐσεβεστάτων.
Ὑπὲρ τοῦ συμπολεμῆσαι.
Ὑπὲρ τῆς ἁγίας μονῆς.
Ὑπὲρ εὐκρασίας ἀέρων.
Ὑπὲρ πλεόντων, ὁδοιπορούντων.
Ὑπὲρ τοῦ ῥυσθῆναι ἡμᾶς.
Ἀντιλαβοῦ, σῶσον.
Τῆς παναγίας, ἀχράντου.
(c) Ἐκφώνως ὁ ἱερεύς. Ὅτι εὐλόγηται καὶ δεδόξασται τὸ πάντιμον καὶ μεγαλοπρεπὲς ὄνομά σου, τοῦ Πατρὸς καὶ τοῦ Υἱοῦ καὶ τοῦ ἁγίου Πνεύματος, νῦν καὶ ἀεί.

Ὁ χορός. Ἀμήν.

Εὐχὴ ἀντιφώνου πρώτου, ἣν ὁ ἱερεὺς μυστικῶς (d) λέγει. ὁ δὲ χορὸς ἀναγινώσκει τοὺς ψαλμούς, τὸ Πρὸς Κύριον ἐν τῷ θλίβεσθαί με, ἕως τὸ Δόξα Πατρί, ἤγουν τὴν πρώτην στάσιν.

Κύριε οἰκτίρμον καὶ ἐλεῆμον, μακρόθυμε, ut supra.

Ἐκφώνως ὁ ἱερεὺς μετὰ τὸ Δόξα Πατρί, (e)
Ὅτι πρέπει σοι πᾶσα δόξα, κ.τ.λ. (f)
Ὁ χορός. Ἀμήν.

Τότε ὁ χορὸς λέγει τὸ ἐπίλοιπον τοῦ καθίσματος (g) ἤγουν τὴν δευτέραν στάσιν.

Εὐχὴ ἀντιφώνου δευτέρου ἣν ὁ ἱερεὺς λέγει μυστικῶς.

Κύριε, μὴ τῷ θυμῷ σου ἐλέγξῃς ἡμᾶς, ut supra.

(a) G and R καὶ ὁ προοιμιακὸς παρὰ τοῦ ταχθέντος μοναχοῦ, καὶ μετὰ τὸν προοιμιακὸν λέγει ὁ διάκονος, Ἐν εἰρήνῃ.
(b) G omits these two petitions.
(c) G and R have here ὅτι πρέπει σοι κ.τ.λ.
(d) G and R simply εὐχὴ ἀντιφώνου πρώτου.

Κύριε οἰκτίρμον.
(e) G ὁ διάκονος. Ἔτι καὶ ἔτι. Ἀντιλαβοῦ. Τῆς παναγίας. Ὅτι σὸν τὸ κράτος. R nearly similar.
(f) As on p. 112.
(g) G and R simply εὐχὴ ἀντιφώνου δευτέρου.

LITURGY OF THE PRESANCTIFIED.

ELEVENTH CENTURY.

ἰατρὲ καὶ θεραπευτὰ τῶν ψυχῶν ἡμῶν, ὁδηγῶν ἡμᾶς ἐπὶ λιμένα θελήματός σου· φώτισον τοὺς ὀφθαλμοὺς τῶν καρδιῶν ἡμῶν εἰς ἐπίγνωσιν τῆς σῆς ἀληθείας, καὶ δώρησαι ἡμῖν τὸ λοιπὸν τῆς παρούσης ἡμέρας εἰρηνικὸν καὶ ἀναμάρτητον, καὶ πάντα τὸν χρόνον τῆς ζωῆς ἡμῶν, πρεσβείαις τῆς ἁγίας θεοτόκου καὶ πάντων τῶν ἁγίων σου.

(1) Ἐκφώνως. Ὅτι σὸν τὸ κράτος...τῶν αἰώνων, as on pp. 112, 113.

Εὐχὴ ἀντιφώνου τρίτου.

Κύριε, ὁ Θεὸς ἡμῶν, μνήσθητι ἡμῶν τῶν ἁμαρτωλῶν καὶ ἀχρείων δούλων σου, ἐν τῷ ἐπικαλεῖσθαι ἡμᾶς τὸ ἅγιον καὶ προσκυνητὸν ὄνομά σου· καὶ μὴ καταισχύνῃς ἡμᾶς ἀπὸ

(1) ι. 10 ὑπεραγίας.
(2) ι. 10. Κύριε.
(3) ι. 10 inserts εὐχή. Ὁ τοῖς ἀσιγήτοις ὕμνοις καὶ ἀκαταπαύστοις δοξολογίαις ἐν τοῖς ὑψίστοις ὑπὸ τῶν ἁγίων δυνάμεων ἀνυμνούμενος, πλήρωσον τὸ στόμα ἡμῶν τῆς αἰνέσεώς σου, τοῦ δοῦναι μεγαλωσύνην τῷ ὀνόματί σου, τῷ ἁγίῳ. καὶ δὸς ἡμῖν μερίδα καὶ κλῆρον μετὰ πάντων τῶν φοβουμένων

τῆς προσδοκίας τοῦ ἐλέους σου, ἀλλὰ χάρισαι ἡμῖν, ὁ Θεός, πάντα τὰ πρὸς σωτηρίαν αἰτήματα, καὶ ἀξίωσον ἡμᾶς ἀγαπᾶν καὶ φοβεῖσθαί σε ἐξ ὅλης τῆς καρδίας ἡμῶν, καὶ ποιεῖν ἐν πᾶσι τὸ θέλημά σου· (2)

Ἐκφώνως. Ὅτι ἀγαθὸς καὶ φιλάνθρωπος Θεὸς ὑπάρχεις...αἰώνων, as on pp. 113, 114.

Εἶτα τοῦ ψαλμοῦ τελεσθέντος ἄρχεται τῆς συναπτῆς. Ἐν εἰρήνῃ τοῦ Κυρίου δεηθῶμεν, καὶ τὰ λοιπά. Μετὰ δὲ τὴν ἐκφώνησιν ψάλλεται τὰ προκείμενα. (3) (4)

Ὁ δὲ ἱερεὺς ἀπέρχεται ἐν τῇ ἁγίᾳ προθέσει καὶ ἐξενεγκὼν τὸν ζωοποιὸν ἄρτον προτίθησιν ἐν τῷ ἁγίῳ δίσκῳ μετὰ πάσης προσοχῆς καὶ εὐλαβείας, ποιῶν καὶ ἕνωσιν· οὐ μέντοι λέγει τι τῶν συν-

σε ἐν ἀληθείᾳ καὶ φυλασσόντων τὰς ἐντολάς σου, πρεσβείαις τῆς ἁγίας θεοτόκου καὶ πάντων τῶν ἁγίων σου·

Ἐκφώνως. Ὅτι εὐλόγηται καὶ δεδόξασται τὸ πάντιμον καὶ μεγαλοπρεπές.

(4) ι. 10 gives the εἰρηνικὰ at length. It proceeds καὶ μετὰ τὴν ἐκφώνησιν λέγεται τὰ συνήθη καθ[ίσματα] τοῦ ψαλ. Ὁ δὲ ἱερεύς.

SIXTEENTH CENTURY.

(a) Ὁ διάκονος μετὰ τὴν πλήρωσιν τοῦ μέσου καθίσματος τοῦ Δόξα Πατρί, λέγει τὰ εἰρηνικά, καὶ μετὰ τὰ εἰρηνικὰ ἐκφωνεῖ ὁ ἱερεύς·

Ἔτι καὶ ἔτι ἐν εἰρήνῃ. Ἀντιλαβοῦ, σῶσον. Τῆς παναγίας, ἀχράντου.

(b) Ἐκφώνως. Ὅτι σὸν τὸ κράτος.

Ὁ χορός. Ἀμήν.

(c) Μετὰ τὴν ἐκφώνησιν ἄρχεται ὁ χορὸς τὸ τρίτον

τοῦ καθίσματος. Ὁ δὲ ἱερεὺς τὴν εὐχὴν τοῦ τρίτου ἀντιφώνου μυστικῶς λέγει.

Κύριε, ὁ Θεὸς ἡμῶν, μνήσθητι ἡμῶν τῶν ἁμαρτωλῶν καὶ ἀχρείων, ut supra.

Πληρουμένης τῆς εὐχῆς, καὶ τοῦ καθίσματος τελουμένου, ὁ διάκονος λέγει τὰ εἰρηνικά. (d)

Ἔτι καὶ ἔτι ἐν εἰρήνῃ. Ἀντιλαβοῦ, σῶσον. Τῆς παναγίας.

(a) G omits all after ὁ διάκονος. R has ὁ διάκονος μετὰ τὸ Δόξα Πατρί, Ἔτι καὶ ἔτι.
(b) As on pages 112, 113. G, R have ὅτι ἀγαθός.
(c) G and R εὐχὴ ἀντιφώνου τρίτου.
(d) G and R ὁ διάκονος.

ELEVENTH CENTURY.

(1) ηθῶν τῇ προθέσει ἢ εὐχὴν προθέσεως, εἰ καὶ ἔν τισιν εἴρηται εὐχὴ προθέσεως, ἀλλὰ μόνον περικαλύψας τὰ ἄγια καὶ θυμιάσας ἀπέρχεται. Ποιεῖ δὲ ἐν τῇ στιχολογίᾳ, καθ' ἑκάστην Δόξαν, μικρὰν συναπτὴν καὶ ἐκφώνησιν.

(2) Ἐκφών. Ὅτι σὸν τὸ κράτος...αἰώνων.

Ἐκφών. Ὅτι ἀγαθὸς καὶ φιλάνθρωπος... αἰώνων.

Ἐκφών. Ὅτι ἡγίασται καὶ δεδόξασται τὸ πάντιμον καὶ μεγαλοπρεπὲς ὄνομά σου, τοῦ Πατρὸς καὶ τοῦ Υἱοῦ καὶ τοῦ ἁγίου Πνεύματος, νῦν καὶ ἀεί.

(3) Ἐν δὲ τῷ ψάλλεσθαι τὸ Κύριε, ἐκέκραξα, θυμιᾷ κατὰ τὴν τράπεζαν.

(1) For εἴρηται εὐχὴ προθέσεως 1. 10 has εὕρηται.

Ἡ εἴσοδος μετὰ τοῦ θυμιατοῦ καὶ ἡ εὐχὴ τῆς εἰσόδου.

Ἑσπέρας καὶ πρωῒ καὶ μεσημβρίας αἰνοῦμεν, εὐλογοῦμεν, εὐχαριστοῦμεν, καὶ δεόμεθά σε, Δέσποτα τῶν ἁπάντων, φιλάνθρωπε Κύριε· κατεύθυνον τὴν προσευχὴν ἡμῶν ὡς θυμίαμα ἐνώπιόν σου, καὶ μὴ ἐκκλίνῃς τὰς καρδίας ἡμῶν εἰς λόγους ἢ λογισμοὺς πονηρίας, ἀλλὰ ῥῦσαι ἡμᾶς ἐκ πάντων τῶν θηρευόντων τὰς ψυχὰς ἡμῶν· ὅτι πρὸς σέ, Κύριε, οἱ ὀφθαλμοὶ ἡμῶν καὶ ἐπὶ σοὶ ἠλπίσαμεν, μὴ καταισχύνῃς ἡμᾶς ὁ Θεὸς ἡμῶν·

Ὅτι πρέπει σοὶ πᾶσα δόξα, τιμή, καὶ προσκύνησις τῷ Πατρὶ καὶ τῷ Υἱῷ καὶ τῷ.

(2) 1. 10 omits these seven lines.
(3) 1. 10 κατὰ τὸν τόπον.

SIXTEENTH CENTURY.

(a) Ἐκφώνως ὁ ἱερεύς. Ὅτι ἀγαθὸς καὶ φιλάνθρωπος...

Ὁ χορός. Ἀμήν.

Καὶ μετὰ τὴν στιχολογίαν ὁ διάκονος τὰ εἰρηνικά.

Ἔτι καὶ ἔτι. Ἀντιλαβοῦ, σῶσον. Τῆς παναγίας.

Ἐκφώνως ὁ ἱερεύς. Ὅτι σὺ εἶ ὁ Θεὸς ἡμῶν, Θεὸς τοῦ ἐλεεῖν καὶ σώζειν, καὶ σοὶ τὴν δόξαν ἀναπέμπομεν τῷ Πατρὶ καὶ τῷ Υἱῷ καὶ τῷ ἁγίῳ Πνεύματι, νῦν.

Ὁ χορός. Ἀμήν.

(b) Τότε ὁ μὲν χορὸς ψάλλει τὸ Κύριε, ἐκέκραξα.

Ὁ δὲ ἱερεὺς ἢ ὁ διάκονος θυμιᾷ πρῶτον μὲν τὴν πρόθεσιν ἔνθα ὁ ἅγιος ἄρτος, ἔπειτα δὲ τὴν ἁγίαν

(a) G and R omit six lines.
(b) G καὶ ψάλλεται τὸ Κύριε, ἐκέκραξα, καὶ ὁ διάκονος θυμιᾷ κατὰ τὴν τάξιν. Καὶ ἡ εἴσοδος

τράπεζαν καὶ ὅλον τὸ ἱερατεῖον, καὶ τὸν ναὸν σὺν παντὶ τῷ λαῷ. Μετὰ δὲ τὸ Κύριε, ἐκέκραξα, ψάλλει τὸ ἰδιόμελον τοῦ τριῳδίου τῆς ἡμέρας καὶ τὰ μαρτυρικὰ καὶ τοῦ μηναίου. Ἐν δὲ τῷ Δόξα Πατρί, ἐξέρχεται ὁ ἱερεὺς καὶ ὁ διάκονος μετὰ τοῦ θυμιάματος καὶ λαμπάδων, καὶ ποιοῦσι τὴν εἴσοδον ὡς ἔθος ἐστί, καὶ λέγει τὴν εὐχὴν ταύτην ὁ ἱερεὺς μυστικῶς. Ἑσπέρας καὶ πρωῒ, ut supra.

Μετὰ τὴν εὐχὴν εὐλογεῖ μετὰ τῆς χειρὸς ὁ ἱερεὺς καὶ λέγει,

Εὐλογημένη ἡ εἴσοδος τῶν ἁγίων σου, πάντοτε νῦν καὶ ἀεί, καὶ εἰς τοὺς αἰῶνας τῶν αἰώνων.

Ἐκφώνως. Ὅτι πρέπει σοὶ κ.τ.λ.

μετὰ τοῦ θυμιατοῦ. Εὐχὴ τῆς εἰσόδου. Ἑσπέρας.
(c) G and R omit five lines.

LITURGY OF THE PRESANCTIFIED.

ELEVENTH CENTURY.

Σοφία, ὀρθοί.

(1) Καὶ μετὰ τὴν εἴσοδον εἰσέρχεται εἰς τὸ ἅγιον βῆμα καὶ λέγει Πρόσχωμεν. Εἰρήνη πᾶσιν. Σοφία.

Ὁ ἀναγνώστης τὸ προκείμενον τῆς προφητείας καὶ τὴν γένεσιν. Μετὰ δὲ τὸ δεύτερον προκείμενον ἀνιστάμενος ὁ ἱερεὺς καὶ λαβὼν τ' κηρ ἁπτόμενον ἐν τῇ δεξιᾷ χειρὶ μετὰ τοῦ θυμιατοῦ ἴσταται ἐνώπιον [sic] τῆς ἁγίας τραπέζης, καὶ σφραγίζων σταυροειδῶς λέγει,

Σοφία, ὀρθοί. Φῶς Χριστοῦ φαίνει πᾶσιν. Καὶ εὐθὺς αἱ παροιμίαι. Εἶτα λέγει ὁ ἱερεύς, Εἰρήνη σοι. Σοφία.

Καὶ ὁ ψάλτης τὸ Κατευθυνθήτω.

Εἶτα ἡ ἐκτενής· Εἴπωμεν πάντες. Καὶ τὰ λοιπὰ ὡς συνήθως.

(1) 1. 10 has τὸ Φῶς ἱλαρόν. πρόσχωμεν. εἰρήνη πᾶσιν. σοφία. τὸ προκείμενον τῆς προφητείας καὶ ἡ γένεσις. μετὰ δὲ τὸ δεύτερον προκείμενον λαβὼν ὁ διάκονος τὸ μανουάλιον (sic) ἐν τῇ δεξιᾷ χειρὶ κ.τ.λ. R is somewhat different.

Μετὰ τὸ Κύριε, ἐκέκραξα, καὶ τῶν στιχηρῶν ψαλλομένων, μετὰ τὸ Δόξα καὶ νῦν, ἐξέρχεται ὁ ἱερεὺς μετὰ τοῦ θυμιατοῦ καὶ ποιεῖ εἴσοδον λέγων τὴν εὐχὴν ταύτην μυστικῶς. Ἑσπέρας.

SIXTEENTH CENTURY.

Ὁ χορός. Ἀμήν.

Εἰπόντος δὲ τοῦ χοροῦ τὸ τροπάριον, λέγει ὁ διάκονος ἢ ὁ ἱερεὺς ἐκφώνως,

Σοφία, ὀρθοί.

Καὶ ὁ ἀναγνώστης λέγει τὸ προκείμενον καὶ τὴν γένεσιν. Καὶ μετὰ τὴν πλήρωσιν ταύτην κρατῶν ὁ ἱερεὺς τὴν λαμπάδα μετὰ τοῦ θυμιατηρίου ἐν τῇ δεξιᾷ χειρὶ λέγει ἐκφώνως,

Σοφία, ὀρθοί. Φῶς Χριστοῦ φαίνει πᾶσιν.

Καὶ ὁ ἀναγνώστης λέγει τὴν παροιμίαν. Καὶ μετα τὴν πλήρωσιν ταύτης, ὁ ἱερεὺς ψάλλει τὸ Κατευθυνθήτω ἡ προσευχή μου ὡς θυμίαμα ἐνώπιόν σου, ἔπαρσις τῶν χειρῶν μου θυσία ἑσπερινή. Εἰσάκουσόν μου, Κύριε.

(a) Καὶ ὁ χορὸς ψάλλει τὸ αὐτὸ Κατευθυνθήτω.

Στίχος ὁ ἱερεύς. Κύριε, ἐκέκραξα πρὸς σέ.

Ὁ χορός. Κατευθυνθήτω.

(a) G and R for the next fourteen lines have simply Μετὰ δὲ τὸ Κατευθυνθήτω λέγει ὁ διάκονος.

Στίχος ὁ ἱερεύς. Θοῦ, Κύριε, φυλακὴν τῷ στόματί μου καὶ θύραν περιοχῆς περὶ τὰ χείλη μου.

Ὁ χορός. Κατευθυνθήτω.

Στίχος ὁ ἱερεύς. Μὴ ἐκκλίνῃς τὴν καρδίαν εἰς λόγους πονηρίας.

Ὁ χορός. Κατευθυνθήτω.

Καὶ αὖθις ὁ ἱερεύς. Κατευθυνθήτω ἡ προσευχή μου ὡς θυμίαμα ἐνώπιόν σου.

Ὁ χορός. Ἔπαρσις τῶν χειρῶν μου θυσία ἑσπερινή. Εἰσάκουσόν μου, Κύριε.

Ὁ διάκονος. Εἴπωμεν πάντες ἐξ ὅλης τῆς ψυχῆς.

Κύριε παντοκράτωρ, ὁ Θεὸς τῶν πατέρων ἡμῶν, δεόμεθά σου, ἐπάκουσον καὶ ἐλέησον. καὶ τὰ λοιπὰ συνήθως.

Ἔτι δεόμεθα ὑπὲρ τῶν εὐσεβεστάτων καὶ θεοφυλάκτων. (b)

(b) This is omitted by both G and R.

ELEVENTH CENTURY.

Εὐχὴ τῆς ἐκτενοῦς ἱκεσίας.
Κύριε, ὁ Θεὸς ἡμῶν, τὴν ἐκτενὴ ταύτην
...αἰώνων, as on pp. 77, 118, 119.
Ὁ διάκονος. Εὔξασθε, as on p. 119.
Οἱ πιστοί.
Κατηχήσῃ αὐτοὺς τὸν λόγον τῆς ἀληθείας.
Ἀποκαλύψῃ αὐτοῖς.
Ἑνώσῃ αὐτούς.
Σῶσον, ἐλέησον.
(1) Οἱ κατηχούμενοι.
(2) Ὁ Θεὸς, ὁ Θεὸς ἡμῶν, ὁ κτίστης καὶ
[95] δημιουργὸς τῶν ἁπάντων, ὁ πάντας θέλων
B σωθῆναι καὶ εἰς ἐπίγνωσιν ἀληθείας ἐλθεῖν,
ἐπίβλεψον ἐπὶ τοὺς δούλους σου τοὺς κατη-
χουμένους, καὶ λύτρωσαι αὐτοὺς τῆς πα-

(1) l. 10 ὁ ἱερεὺς ἐπεύχεται.

λαιᾶς πλάνης καὶ τῆς μεθοδείας τοῦ ἀντικει-
μένου, καὶ προσκάλεσαι αὐτοὺς εἰς τὴν
ζωὴν τὴν αἰώνιον, φωτίζων αὐτῶν τὰς ψυχὰς
καὶ τὰ σώματα, καὶ συγκαταριθμῶν αὐτοὺς
τῇ λογικῇ σου ποίμνῃ ἐφ᾽ ἣν τὸ ὄνομά σου
τὸ ἅγιον ἐπικέκληται·

Ἐκφώνως. Ἵνα καὶ αὐτοὶ σὺν ἡμῖν δοξά-   κ'. 4
ζωσι τὸ, as on p. 120.   C R
                                           [95]
Ὁ διάκονος. Ὅσοι κατηχούμενοι, as on p.
120.

Ἰστέον ὅτι ἀπὸ τῆς τετάρτης τῆς μεσονηστίμου
προστίθενται καὶ τὰ ὑπερτεταγμένα διακονικὰ σὺν
τῇ εὐχῇ, καὶ ὀφείλεις ἅμα τῷ εἰπόντι τὴν ἄνωθεν
ἐκφώνησιν τὸ Ἵνα καὶ αὐτοὶ ἄρξασθαι οὕτως.

Ὅσοι κατηχούμενοι, προέλθετε· οἱ κατη-

(2) This prayer is the first that is found in B.

SIXTEENTH CENTURY.

(a) Τὴν εὐχὴν ταύτην ὁ ἱερεὺς λέγει μυστικῶς·
Κύριε, ὁ Θεὸς ἡμῶν, τὴν ἐκτενὴ ταύτην
...αἰώνων. Ὁ χορός. Ἀμήν.
Κἀνταῦθα ὁ διάκονος ὑπὲρ τῶν κατηχουμένων
τὰ αὐτὰ λέγει τῇ τοῦ Χρυσοστόμου καὶ τοῦ Βασιλείου
λειτουργίᾳ.
Εὔξασθε. Οἱ πιστοί. Κατηχήσῃ. Ἀπο-
καλύψῃ. Ἑνώσῃ. Σῶσον.
Οἱ κατηχούμενοι τὰς κεφαλάς.
(b) Εὐχὴ ὑπὲρ τῶν κατηχουμένων μυστικῶς.
Ὁ Θεός, ὁ Θεὸς ἡμῶν, ut supra.
Ἐκφώνως. Ἵνα καὶ αὐτοὶ σὺν ἡμῖν δοξά-
ζωσι.

(a) G and R εὐχὴ τῆς ἐκτενοῦς ἱκεσίας.
(b) G εὐχὴ κατηχουμένων πρὸ τῆς ἁγίας ἀναφορᾶς.
(c) G, R omit these two lines.
(d) In the Rossano Codex (see p. 95) the words are ὅσοι πρὸς τὸ φώτισμα προσέλθετε,

Ὁ χορός. Ἀμήν.
Ἐνταῦθα ἐξαπλώνει ὁ ἱερεὺς τὸ εἱλητόν, ὡς καὶ ἐν   (c)
τῇ τοῦ Χρυσοστόμου καὶ τοῦ Βασιλείου λειτουργίᾳ.
Ὁ διάκονος. Ὅσοι κατηχούμενοι...
Ὁ χορός. Κύριε, ἐλέησον.
Ταῦτα μόνα λέγονται μέχρι καὶ τῆς τρίτης καὶ
τῆς τετάρτης ἑβδομάδος· ἀπὸ δὲ τῆς τετάρτης τῆς
μεσονηστίμου, μετὰ τὸ εἰπεῖν Ἵνα καὶ αὐτοί,
λέγονται ταῦτα τὰ διακονικὰ ἤγουν τὰ εἰρηνικά.

Ὅσοι κατηχούμενοι προέλθετε· οἱ κατη-
χούμενοι προέλθετε· ὅσοι πρὸς τὸ φώτισμα   (d)
προέλθετε· εὔξασθε οἱ πρὸς τὸ φώτισμα.
Ὁ χορός. Κύριε, ἐλέησον.

which must be correct. So B. M. Add. 22749 (see above, p. 156, note 3), which contains all here to the direction ὅσοι πρὸς τὸ φώτισμα, p. 182. This was to be used "on all Saturdays and Sundays after the fourth day of Midlent παρὲξ τοῦ σαββάτου τοῦ λαβαροῦ."

LITURGY OF THE PRESANCTIFIED.

ELEVENTH CENTURY.

χούμενοι, προέλθετε· ὅσοι πρὸς τὸ φώτισμα, προσέλθετε· εὔξασθε, οἱ πρὸς τὸ φώτισμα.

Οἱ πιστοί, ὑπὲρ τῶν πρὸς τὸ ἅγιον φώτισμα εὐτρεπιζομένων ἀδελφῶν ἡμῶν καὶ τῆς σωτηρίας αὐτῶν, τοῦ Κυρίου δεηθῶμεν.

Ὅπως Κύριος ὁ Θεὸς ἡμῶν στηρίξῃ αὐτοὺς καὶ ἐνδυναμώσῃ·

Φωτίσῃ αὐτοὺς φωτισμὸν γνώσεως·

Καταξιώσῃ αὐτοὺς ἐν καιρῷ εὐθέτῳ τοῦ λουτροῦ τῆς παλιγγενεσίας, τῆς ἀφέσεως τῶν ἁμαρτιῶν, καὶ τοῦ ἐνδύματος τῆς ἀφθαρσίας·

Ἀναγεννήσῃ αὐτοὺς δι᾿ ὕδατος καὶ πνεύματος·

Χαρίσηται αὐτοῖς τὴν τελειότητα τῆς πίστεως·

Συγκαταριθμήσῃ αὐτοὺς τῇ ἁγίᾳ αὐτοῦ καὶ ἐκλεκτῇ ποίμνῃ.

Σῶσον, ἐλέησον, ἀντιλαβοῦ καὶ διαφύλαξον αὐτοὺς, ὁ Θεός, τῇ σῇ χάριτι.

Οἱ πρὸς τὸ φώτισμα, τὰς κεφαλὰς ὑμῶν τῷ Κυρίῳ κλίνατε.

Εὐχὴ ὑπὲρ τῶν πρὸς τὸ ἅγιον φώτισμα εὐτρεπιζομένων.

Ἐπίφανον, Δέσποτα, τὸ πρόσωπόν σου ἐπὶ τοὺς πρὸς τὸ ἅγιον φώτισμα εὐτρεπιζομένους καὶ ἐπιποθοῦντας τὸν τῆς ἁμαρτίας μολυσμὸν ἀποτινάξασθαι· καταύγασον αὐτῶν τὴν διάνοιαν· βεβαίωσον αὐτοὺς ἐν τῇ πίστει· στήριξον ἐν ἐλπίδι· τελείωσον ἐν ἀγάπῃ· μέλη τίμια τοῦ Χριστοῦ σου ἀνάδειξον, τοῦ δόντος ἑαυτὸν ἀντίλυτρον ὑπὲρ τῶν ψυχῶν ἡμῶν·

Ἐκφώνως. Ὅτι σὺ εἶ ὁ φωτισμὸς ἡμῶν

SIXTEENTH CENTURY.

Ὁ διάκονος. Οἱ πιστοί, ὑπὲρ τῶν πρὸς τὸ ἅγιον φώτισμα εὐτρεπιζομένων ἀδελφῶν καὶ τῆς σωτηρίας αὐτῶν, τοῦ Κυρίου δεη-. θῶμεν.

Ὁ χορός. Κύριε, ἐλέησον.

Ὁ διάκονος. Ὅπως Κύριος...ἐνδυναμώσῃ, τοῦ Κυρίου δεηθῶμεν.

(a)

Ὁ χορός. Κύριε, ἐλέησον.

Ὁ διάκονος. Φωτίσῃ αὐτοὺς φωτισμῷ γνώσεως καὶ εὐσεβείας, τοῦ Κυρίου δεηθῶμεν.

Ὁ χορός. Κύριε, ἐλέησον.

Ὁ διάκονος. Ἀναγεννήσῃ...τοῦ Κυρίου δεηθῶμεν.

Ὁ χορός. Κύριε, ἐλέησον.

Ὁ διάκονος. Χαρίσηται αὐτοῖς...τοῦ Κ. δ.

Ὁ χορός. Κύριε, ἐλέησον.

Ὁ διάκονος. Συγκαταριθμήσῃ...τοῦ Κ. δ.

Ὁ χορός. Κύριε, ἐλέησον.

Ὁ διάκονος. Σῶσον, ἐλέησον...χάριτι.

Ὁ χορός. Κύριε, ἐλέησον.

Ὁ διάκονος. Οἱ πρὸς τὸ φώτισμα, τὰς κεφαλὰς ὑμῶν τῷ Κυρίῳ κλίνατε.

Ὁ χορός. Σοί, Κύριε.

Εὐχὴ ὑπὲρ τῶν πρὸς τὸ ἅγιον βάπτισμα εὐτρεπιζομένων, ἣν ὁ ἱερεὺς λέγει μυστικῶς.

Ἐπίφανον, Δέσποτα...ut supra.

Ἐκφώνως ὁ ἱερεύς. Ὅτι σὺ εἶ ὁ φωτισμὸς ἡμῶν καὶ σοὶ τὴν δόξαν ἀναπέμπομεν τῷ

(a) G, R insert καταξιώσῃ.
(b) R inserts λεγομένη ἀπὸ τῆς τετάρτης τῆς μεσονηστίμου.

(In the Barberini and Rossano MSS. the word was φώτισμα. See page 96.)

ELEVENTH CENTURY.

καὶ σοὶ τὴν δόξαν ἀναπέμπομεν τῷ Πατρὶ καὶ τῷ Υἱῷ καὶ τῷ ἁγίῳ Πνεύματι, νῦν καὶ ἀεί, καὶ εἰς τοὺς αἰῶνας τῶν αἰώνων.

[(1) CR [96]] Ὁ διάκονος. Ὅσοι πρὸς τὸ φώτισμα, προέλθετε· οἱ πρὸς τὸ φώτισμα, προέλθετε· ὅσοι κατηχούμενοι, προέλθετε· μή τις τῶν κατηχουμένων· ὅσοι πιστοί, ἔτι καὶ ἔτι ἐν εἰρήνῃ τοῦ Κυρίου δεηθῶμεν.

[CR [96]] Ἀντιλαβοῦ, σῶσον, ἐλέησον καὶ διαφύλαξον.

Εὐχὴ πιστῶν α΄.

[B [96]] Ὁ Θεός, ὁ μέγας καὶ αἰνετός, ὁ τῷ ζωοποιῷ τοῦ Χριστοῦ σου θανάτῳ εἰς ἀφθαρ-
κ΄. 5 σίαν ἡμᾶς ἐκ φθορᾶς μεταστήσας, σὺ πάσας ἡμῶν τὰς αἰσθήσεις τῆς ἐμπαθοῦς νεκρώσεως ἐλευθέρωσον, ἀγαθὸν ταύταις ἡγεμόνα τὸν ἔνδοθεν λογισμὸν ἐπιστήσας· καὶ ὀφθαλμὸς μὲν ἀμέτοχος ἔστω παντὸς πονηροῦ βλέμματος· ἀκοὴ δὲ λόγοις ἀργοῖς ἀνεπίβατος· ἡ δὲ γλῶσσα καθαρευέτω ῥημάτων ἀπρεπῶν· ἅγνισον δὲ ἡμῶν καὶ τὰ χείλη τὰ αἰνοῦντά σε, Κύριε· τὰς χεῖρας ἡμῶν ποίησον τῶν μὲν φαύλων ἀπέχεσθαι πράξεων, ἐνεργεῖν δὲ μόνα τὰ σοὶ εὐάρεστα· πάντα ἡμῶν τὰ μέλη καὶ τὴν διάνοιαν τῇ σῇ κατασφαλιζόμενος χάριτι.

Ἀντιλαβοῦ, σῶσον, ἐλέησον, καὶ διαφύλαξον ἡμᾶς, ὁ Θεός, τῇ σῇ χάριτι. Σοφία. (²)

Ἐκφώνως. Ὅτι πρέπει σοι πᾶσα δόξα, τιμή, καὶ προσκύνησις τῷ Πατρὶ…τῶν αἰώνων. [96]

Ἔτι καὶ ἔτι ἐν εἰρήνῃ τοῦ Κυρίου δεηθῶμεν. (2)

Εὐχὴ πιστῶν β΄.

Δέσποτα ἅγιε, ὑπεράγαθε, δυσωπούμεν [B [96]]

(1) l. 10 has προσέλθετε in the first two places. (2) Not in B or C R.

SIXTEENTH CENTURY.

Πατρὶ καὶ τῷ Υἱῷ καὶ τῷ ἁγίῳ Πνεύματι, νῦν καὶ ἀεί…

Ὁ χορός. Ἀμήν.

Ὁ διάκονος. Ὅσοι πρὸς τὸ φώτισμα, προέλθετε· οἱ πρὸς τὸ φώτισμα, προέλθετε· ὅσοι κατηχούμενοι, προέλθετε· μήτις τῶν κατηχουμένων· ὅσοι πιστοί, ἔτι καὶ ἔτι ἐν εἰρήνῃ τοῦ Κυρίου δεηθῶμεν.

Ὁ χορός. Κύριε, ἐλέησον.

Ἕως ὧδε τὰ ἀπὸ τῆς τετάρτης τῆς μεσονηστίμου.

Εὐχὴ πιστῶν πρώτη μυστικῶς.

Ὁ Θεός, ὁ μέγας…καὶ ὀφθαλμὸς μὲν ἀπέστω παντὸς πονηροῦ βλέμματος…χάριτι.

Ὁ διάκονος τὰ εἰρηνικά, ὡς ἐν τῇ τοῦ Χρυσοστόμου καὶ Βασιλείου λειτουργίᾳ. (a)

Ἀντιλαβοῦ. Τὴν ἡμέραν. Ἄγγελον εἰρήνης. Συγγνώμην. Τὰ καλά. Τὸν ὑπόλοιπον. Χριστιανά. Τῆς παναγίας. (b)

Ἐκφώνως ὁ ἱερεύς. Ὅτι πρέπει σοι, ut supra.

Ὁ χορός. Ἀμήν.

Εὐχὴ πιστῶν δευτέρα μυστικῶς. p. 37

Δέσποτα ἅγιε, ὑπεράγαθε…γενώμεθα, ut supra.

Τὰ εἰρηνικὰ ὁ διάκονος ὡς καὶ ἐν τοῖς ἄλλοις.

(a) G and R simply ὁ διάκονος.
(b) As on page 126. Elsewhere in this copy we have τὴν ἑσπέραν.

ELEVENTH CENTURY.

σε, τὸν ἐν ἐλέει πλούσιον, ἴλεων γενέσθαι ἡμῖν τοῖς ἁμαρτωλοῖς, καὶ ἀξίους ἡμᾶς ποίησον τῆς ὑποδοχῆς τοῦ μονογενοῦς σου Υἱοῦ, καὶ Θεοῦ ἡμῶν, τοῦ βασιλέως τῆς δόξης· ἰδοὺ γὰρ τὸ ἄχραντον αὐτοῦ σῶμα καὶ τίμιον αἷμα, κατὰ τὴν παροῦσαν ὥραν εἰσπορευόμενα, τῇ μυστικῇ ταύτῃ προτίθεσθαι μέλλει τραπέζῃ, ὑπὸ πλήθους στρατιᾶς οὐρανίου ἀοράτως δορυφορούμενα· ὧν τὴν μετάληψιν ἀκατάκριτον ἡμῖν δώρησαι, ἵνα δι' αὐτῶν τὸ τῆς διανοίας ὄμμα καταυγαζόμενοι, υἱοὶ φωτὸς καὶ ἡμέρας γενώμεθα.

(1) Ἀντιλαβοῦ, σῶσον, ἐλέησον καὶ διαφύλαξον ἡμᾶς, ὁ Θεός, τῇ σῇ χάριτι. Σοφία.

(1) Not in B or C R.
(2) l. 10 Μετὰ τὴν εἴσοδον τὰ διακονικά.

Ἐκφώνως. Κατὰ τὴν δωρεὰν τοῦ Χριστοῦ σου, μεθ' οὗ εὐλογητὸς εἶ, σὺν τῷ παναγίῳ καὶ ἀγαθῷ καὶ ζωοποιῷ σου Πνεύματι, νῦν καὶ ἀεί, καὶ εἰς τοὺς αἰῶνας τῶν αἰώνων. B [97]

Ὁ λαός. Νῦν αἱ δυνάμεις. [97]

Εὐχὴ δὲ χερουβικοῦ οὐ λέγεται, ἀλλ' εὐθὺς τὰ διακονικά. (2)

Πληρώσωμεν τὴν ἑσπερινὴν δέησιν ἡμῶν τῷ Κυρίῳ. (3)

Ὑπὲρ τῶν προτεθέντων καὶ προαγιασθέντων τιμίων δώρων, τοῦ Κυρίου δεηθῶμεν.

Ὑπὲρ τοῦ ἁγίου οἴκου τούτου καὶ τῶν μετὰ πίστεως, εὐλαβείας. κ.6

Ὑπὲρ τοῦ ῥυσθῆναι ἡμᾶς.

(3) Nine lines are absent from B and C R.

SIXTEENTH CENTURY.

Ἀντιλαβοῦ, σῶσον. Σοφία.

Ἐκφώνως ὁ ἱερεύς. Κατὰ τὴν δωρεάν... ut supra.

Ὁ χορός. Ἀμήν.

Ὁ μὲν χορὸς ψάλλει τὸ Νῦν αἱ δυνάμεις τῶν οὐρανῶν σὺν ἡμῖν ἀοράτως λατρεύουσιν, ἰδοὺ γὰρ εἰσπορεύεται ὁ βασιλεὺς τῆς δόξης.

(a) Ἀλληλουΐα.

Ὁ δὲ ἱερεὺς θυμιᾷ τὰ ἅγια καὶ ἀσπάζεται τὸν ἀέρα προσκυνῶν καὶ λέγει,

Ὡς ὁ ἄσωτος υἱὸς ἦλθον κἀγὼ οἰκτίρμων.

Καὶ λαμβάνει τὰ θεῖα, ὡς ἔθος, μετὰ εὐλαβείας καὶ ἐξέρχεται, προπορευομένων λαμπάδων, καὶ λέγει,

Μνησθείη πάντων ἡμῶν Κύριος ὁ Θεὸς ἐν τῇ βασιλείᾳ αὐτοῦ, πάντοτε νῦν καὶ ἀεί.

Καὶ εὐθὺς εἰσέρχεται εἰς τὴν ἁγίαν τράπεζαν, καὶ ὑποτίθησι τὰ ἅγια προσκυνῶν καὶ θυμιῶν μετὰ πάσης εὐλαβείας. Πληρουμένου δὲ τοῦ εἰρημένου ὕμνου ὑπὸ τοῦ χοροῦ, ἄρχεται ὁ διάκονος.

Πληρώσωμεν τὴν ἑσπερινὴν δέησιν ἡμῶν τῷ Κυρίῳ.

Ὁ χορός. Κύριε, ἐλέησον.

Ὁ διάκονος. Ὑπὲρ τῶν προτεθέντων, ut supra.

Ὁ χορός. Κύριε, ἐλέησον.

Ὁ διάκονος. Ὅπως ὁ φιλάνθρωπος Θεός,... εἰς ὀσμὴν εὐωδίας πνευματικῆς, ut supra, p. 134.

Ὁ χορός. Κύριε, ἐλέησον.

Ὁ διάκονος. Ὑπὲρ τοῦ ῥυσθῆναι.

Ὁ χορός. Κύριε, ἐλέησον.

Μυστικῶς ὁ ἱερεύς·

(a) G and R for the next twelve lines have simply καὶ γίνεται ἡ εἴσοδος τῶν ἁγίων. μετὰ δὲ τὴν εἴσοδον λέγει ὁ διάκονος Πληρώσωμεν.

ELEVENTH CENTURY.

(1) Εὐχὴ μετὰ τὸ ἀποτεθῆναι τὰ θεῖα δῶρα.

Ὁ τῶν ἀρρήτων καὶ ἀθεάτων μυστηρίων Θεός, παρ' ᾧ οἱ θησαυροὶ τῆς σοφίας καὶ τῆς γνώσεως ἀπόκρυφοί, ὁ τὴν διακονίαν τῆς λειτουργίας ταύτης ἀποκαλύψας ἡμῖν, καὶ θέμενος ἡμᾶς τοὺς ἁμαρτωλοὺς διὰ πολλὴν σου φιλανθρωπίαν εἰς τὸ προσφέρειν σοι δῶρά τε καὶ θυσίας ὑπὲρ τῶν ἰδίων ἁμαρτημάτων καὶ τῶν τοῦ λαοῦ ἀγνοημάτων· αὐτός, ἀόρατε βασιλεῦ, ὁ ποιῶν μεγάλα καὶ ἀνεξιχνίαστα, ἔνδοξά τε καὶ ἐξαίσια, ὧν οὐκ ἔστιν ἀριθμός, ἔπιδε ἐφ' ἡμᾶς τοὺς ἀναξίους δούλους σου, τοὺς τῷ ἁγίῳ τούτῳ θυσιαστηρίῳ ὡς τῷ χερουβικῷ σου παρισταμένους θρόνῳ, ἐφ' ᾧ ὁ μονογενής σου Υἱός, καὶ Θεὸς ἡμῶν, διὰ τῶν προκειμένων φρικτῶν ἐπαναπαύεται μυστηρίων· καί, πάσης ἡμᾶς καὶ τὸν πιστόν σου λαὸν ἐλευθερώσας ἀκαθαρσίας, ἁγίασον ἡμῶν τὰς ψυχὰς καὶ τὰ σώματα ἁγιασμῷ ἀναφαιρέτῳ, ἵνα ἐν καθαρῷ συνειδότι, ἀνεπαισχύντῳ προσώπῳ, πεφωτισμένῃ καρδίᾳ, τῶν θείων τούτων μεταλαμβάνοντες ἁγιασμάτων, καὶ ὑπ' αὐτῶν ζωοποιούμενοι, ἑνωθῶμεν αὐτῷ τῷ Χριστῷ σου, τῷ ἀληθινῷ ἡμῶν Θεῷ, τῷ εἰπόντι· Ὁ τρώγων μου τὴν σάρκα καὶ πίνων μου τὸ αἷμα ἐν ἐμοὶ μένει, κἀγὼ ἐν αὐτῷ· ὅπως, ἐνοικοῦντος ἐν ἡμῖν καὶ ἐνπεριπατοῦντος τοῦ Λόγου σου, Κύριε, γενώμεθα ναὸς τοῦ ἁγίου καὶ προσκυνητοῦ σου Πνεύματος, λελυτρωμένοι πάσης διαβολικῆς μεθοδείας ἐν λόγῳ ἢ πράξει ἢ κατὰ διάνοιαν ἐνεργουμένης· καὶ τύχωμεν τῶν ἐπηγγελμένων ἀγαθῶν πᾶσι τοῖς ἁγίοις τοῖς ἀπ' αἰῶνός σοι εὐαρεστήσασιν.

Τὴν ἑσπέραν πᾶσαν. (2)
Ἄγγελον εἰρήνης.
Συγγνώμην.
Τὰ καλὰ καί.
Τὸν ὑπόλοιπον.
Χριστιανὰ τὰ τέλη.
Τὴν ἑνότητα τῆς.
Ἐκφώνως. Καὶ καταξίωσον. κ'. 7
Ὁ λαός. Πάτερ ἡμῶν, ὁ ἐν τοῖς οὐρανοῖς.
Ὁ ἱερεὺς ἐκφώνως. Ὅτι σοῦ ἐστιν ἡ βασιλεία, καὶ ἡ δύναμις, καὶ ἡ δόξα.
Ὁ ἱερεύς. Εἰρήνη πᾶσιν.

(1) B, C R and ɪ. 10 simply ὁ ἱερεὺς ἐπεύχεται.   (2) Seven lines are absent from B and C R.

SIXTEENTH CENTURY.

Ὁ τῶν ἀρρήτων...ὑπὲρ τῶν ἡμετέρων ἁμαρτημάτων...ἔπιδε...τῷ Χριστῷ τῷ ἀληθινῷ ἡμῶν Θεῷ...τοῦ παναγίου...τῶν ἐπηγγελμένων ἡμῖν ἀγαθῶν σὺν πᾶσιν τοῖς ἁγίοις σου...

Ὁ διάκονος τὰ εἰρηνικά. Ἀντιλαβοῦ. Τὴν ἑσπέραν πᾶσαν, τελείαν, ἁγίαν, εἰρηνικήν. Ἄγγελον. Συγγνώμην. Τὰ καλά. Τὸν ὑπόλοιπον. Χριστιανά. Τὴν ἑνότητα.

Ἐκφώνως ὁ ἱερεύς. Καὶ καταξίωσον...ut supra.

Ὁ χορός. Πάτερ ἡμῶν.
Ἐκφώνως ὁ ἱερεύς. Ὅτι σοῦ ἐστιν ἡ βασιλεία.
Ὁ χορός. Ἀμήν.
Ὁ ἱερεύς. Εἰρήνη πᾶσιν.

LITURGY OF THE PRESANCTIFIED.

ELEVENTH CENTURY.

Ὁ λαός. Καὶ τῷ πνεύματί σου.

(1) Ὁ διάκονος. Τὰς κεφαλὰς ἡμῶν τῷ Κυρίῳ κλίνωμεν.

[97] B Ὁ ἱερεὺς ἐπεύχεται. Ὁ Θεός, ὁ μόνος ἀγαθὸς καὶ εὔσπλαγχνος, ὁ ἐν ὑψηλοῖς κατοικῶν καὶ τὰ ταπεινὰ ἐφορῶν, ἔπιδε εὐσπλάγχνῳ ὄμματι ἐπὶ πάντα τὸν λαόν σου καὶ φύλαξον αὐτόν· καὶ ἀξίωσον πάντας ἡμᾶς ἀκατακρίτως μετασχεῖν τῶν ζωοποιῶν σου τούτων μυστηρίων· σοὶ γὰρ τὰς ἑαυτῶν ὑπεκλίναμεν κεφαλάς, ἀπεκδεχόμενοι τὸ παρὰ σοῦ πλούσιον ἔλεος·

(1) In the margin in a later hand ὑμῶν, κλίνατε.

Ἐκφώνως. Χάριτι καὶ οἰκτιρμοῖς καὶ φιλανθρωπίᾳ τοῦ μονογενοῦς σου Υἱοῦ, μεθ' οὗ εὐλογητὸς εἶ, σὺν τῷ παναγίῳ καὶ ἀγαθῷ καὶ ζωοποιῷ Πνεύματι, νῦν. [97] B

Ὁ ἱερεὺς ἐπεύχεται. Πρόσχες, Κύριε...... παντὶ τῷ λαῷ. As on p. 136.

Καὶ ὑψῶν τὸν ἅγιον ἄρτον, λέγει, Πρόσχωμεν. (2)

Τὰ προηγιαϲμένα ἅγια τοῖϲ ἁγίοιϲ. [97] B

Ὁ λαός. Εἷς ἅγιος, εἷς Κύριος Ἰησοῦς Χριστός, εἰς δόξαν Θεοῦ Πατρός. Ἀμήν.

Εὐχὴ μετὰ τὴν ἁγίαν μετάληψιν. [97]

(2) l. 10 simply ὁ διάκονος. Πρόσχωμεν. ὁ ἱερεύς. Τὰ προηγιασμένα.

SIXTEENTH CENTURY.

Ὁ χορός. Καὶ μετὰ τοῦ πνεύματός σου.

Ὁ διάκονος. Τὰς κεφαλὰς ὑμῶν τῷ Κυρίῳ κλίνατε.

Ὁ χορός. Σοί, Κύριε.

(a) Κλίνας γοῦν ὁ διάκονος μικρὸν τὴν κεφαλήν, καὶ ὁρῶν τὸν ἱερέα προσκυνοῦντα, προσκυνεῖ καὶ αὐτός. Ὁ ἱερεὺς κλινόμενος ἐπεύχεται μυστικῶς.

Ὁ Θεός, ὁ μόνος ἀγαθὸς...ut supra.

Ἐκφώνως ὁ ἱερεύς. Χάριτι...

Ὁ χορός. Ἀμήν.

Ὁ ἱερεὺς ἐπεύχεται μυστικῶς.

Πρόσχες, Κύριε......συγκαθήμενος...... λαῷ.

(b) Μετὰ τὴν εὐχὴν ὅ τε ἱερεὺς καὶ ὁ διάκονος προσκυνοῦσι τρίς, ὁμοίως καὶ πᾶς ὁ λαός, λέγοντες,

Ὁ Θεός, ἱλάσθητί μοι τῷ ἁμαρτωλῷ, τρίς.

Ὁ δὲ ἱερεύς, ἐπικεκαλυμμένων ὄντων τῶν θείων δώρων, βαλὼν τὴν χεῖρα, ἅπτεται τοῦ ζωοποιοῦ ἄρτου μετὰ εὐλαβείας καὶ φόβου πολλοῦ. Καί, λέγοντος τοῦ διακόνου,

Πρόσχωμεν, p. 35 b

Ἐκφώνως ὁ ἱερεύς. Τὰ προηγιαϲμένα ἅγια τοῖϲ ἁγίοιϲ.

Ὁ χορός. Εἷς ἅγιος, εἷς Κύριος Ἰησοῦς Χριστός, εἰς δόξαν Θεοῦ Πατρός. Ἀμήν. (c)

Οὐ γὰρ ὑψοῖ ἀρτίως τὸν ἄρτον. εἶτα ἀνακαλύψας αὐτόν, ἐκπληροῖ τὴν μετάληψιν τῶν θείων λειψάνων, καὶ ποιοῦσι καὶ λέγουσιν ὅ τε ἱερεὺς καὶ ὁ διάκονος καὶ ὁ χορὸς τὰ αὐτὰ τῇ τοῦ Χρυσοστόμου λειτουργίᾳ.

Ἐπεύχεται ὁ ἱερεὺς μυστικῶς.

(a) G and R omit these two lines.
(b) R omits seven lines.
(c) Instead of the next six lines G has εἶτα ἀνακαλύψας αὐτὸν ἐκπληροῖ τὴν μετάληψιν τῶν

θείων δώρων. Τῆς δὲ μεταλήψεως τελειωθείσης καὶ τῶν ἁγίων λειψάνων ἀπὸ τῆς ἱερᾶς ἀρθέντων τραπέζης, ἐπεύχεται. R more simply μετὰ τὴν μετάληψιν ἐπεύχεται.

LITURGY OF THE PRESANCTIFIED.

ELEVENTH CENTURY.

[97] B

Εὐχαριστοῦμέν σοι, τῷ Σωτῆρι τῶν ὅλων Θεῷ, ἐπὶ πᾶσιν οἷς παρέσχου ἡμῖν ἀγαθοῖς, καὶ ἐπὶ τῇ μεταλήψει τοῦ ἁγίου σώματος καὶ αἵματος τοῦ Χριστοῦ σου· καὶ δεόμεθά σου, Δέσποτα φιλάνθρωπε, φύλαξον ἡμᾶς ὑπὸ τὴν σκέπην τῶν πτερύγων σου· καὶ δὸς ἡμῖν, μέχρι τῆς ἐσχάτης ἡμῶν ἀναπνοῆς, ἐπαξίως μετέχειν τῶν ἁγιασμάτων σου, εἰς φωτισμὸν ψυχῆς καὶ σώματος, εἰς βασιλείας οὐρανῶν κληρονομίαν.

κ΄. 8 Ὁ διάκονος. Ὀρθοί. As on p. 142.
Ἀντιλαβοῦ.
Τὴν ἑσπέραν.
Ἐκφώνως. Ὅτι σὺ εἶ ὁ ἁγιασμός.
Ἐν εἰρήνῃ προέλθωμεν.
Τοῦ Κυρίου δεηθῶμεν.
Εὐχὴ ὀπισθάμβωνος ἐκφωνουμένη.

[97] C R

Δέσποτα, ὁ Παντοκράτωρ, ὁ πᾶσαν τὴν κτίσιν ἐν σοφίᾳ δημιουργήσας, ὁ διὰ τὴν ἄφατόν σου πρόνοιαν καὶ πολλὴν ἀγαθότητα

ἀγαγὼν ἡμᾶς εἰς τὰς πανσέπτους ἡμέρας ταύτας, πρὸς καθαρισμὸν ψυχῶν καὶ σωμάτων, πρὸς ἐγκράτειαν παθῶν, πρὸς ἐλπίδα ἀναστάσεως· ὁ διὰ τεσσαράκοντα ἡμερῶν πλάκας χειρίσας τὰ θεοχάρακτα γράμματα τῷ θεράποντί σου Μωσεῖ, παράσχου καὶ ἡμῖν, ἀγαθέ, τὸν ἀγῶνα τὸν καλὸν ἀγωνίσασθαι, τὸν δρόμον τῆς νηστείας ἐκτελέσαι, τὴν πίστιν ἀδιαίρετον τηρῆσαι, τὰς κεφαλὰς τῶν ἀοράτων δρακόντων συνθλάσαι, νικητάς τε τῆς ἁμαρτίας ἀναφανῆναι, καὶ ἀκατακρίτως φθάσαι προσκυνῆσαι καὶ τὴν ἁγίαν ἀνάστασιν· ὅτι εὐλόγηται καὶ δεδόξασται τὸ πάντιμον καὶ μεγαλοπρεπὲς ὄνομά σου, τοῦ Πατρὸς καὶ τοῦ Υἱοῦ καὶ τοῦ ἁγίου Πνεύματος νῦν καὶ ἀεί, καὶ εἰς τοὺς αἰῶνας τῶν αἰώνων.

(1)

(2)

Εὐχὴ λεγομένη ἐν τῷ σκευοφυλακίῳ. (3)

Κύριε, ὁ Θεὸς ἡμῶν, ὁ ἀγαγὼν ἡμᾶς εἰς τὰς πανσέπτους ταύτας ἡμέρας καὶ κοινω-

[97] C R

(1) C R ἰατρείαν παθῶν.   (2) C R φθάσαι καὶ προσκυνῆσαι.   (3) ι. 10 ἐν τῷ διακονικῷ.

SIXTEENTH CENTURY.

Εὐχαριστοῦμέν σοι, τῷ Σωτῆρι τῶν ὅλων Θεῷ...κληρονομίαν, ut supra.

Ὁ διάκονος. Ὀρθοί, μεταλαβόντες τῶν θείων, ἁγίων, ἀχράντων.

(a) Ἀντιλαβοῦ. Τὴν ἑσπέραν πᾶσαν.
Ἐκφώνως ὁ ἱερεύς. Ὅτι σὺ εἶ ὁ ἁγιασμός.
Ὁ χορός. Ἀμήν.
Εὐχὴ ὀπισθάμβωνος ἐκφωνουμένη παρὰ τοῦ ἱερέως ἔξω τοῦ βήματος.

Δέσποτα Παντοκράτωρ, ὁ πᾶσαν τὴν κτίσιν ἐν σοφίᾳ δημιουργήσας...πρὸς ἐγκράτειαν

(a) R significantly τὴν ἡμέραν πᾶσαν.
(b) G and R omit this.

παθῶν...νικητάς τε τῆς ἁμαρτίας ἀναφανῆναι καὶ ἀκατακρίτως φθάσαι προσκυνῆσαι καὶ τὴν ἁγίαν ἀνάστασιν......αἰώνων, ut supra.

Ὁ χορός. Ἀμήν. (b)

Κἀνταῦθα ὁ χορὸς ψάλλει τὰ αὐτὰ τῇ τοῦ Χρυσοστόμου καὶ Βασιλείου λειτουργίᾳ.

Εὐχὴ ἐν τῷ συστεῖλαι τὰ ἅγια μυστικῶς.

Κύριε, ὁ Θεὸς ἡμῶν, ὁ ἀγαγὼν ἡμᾶς... αἰώνων. Ἀμήν. (c)

Ὁ χορὸς λέγει τοὺς ψαλμούς, τὸ Εὐλογήσω

(c) G omits this.

ELEVENTH CENTURY.

νοῦς ἡμᾶς ποιήσας τῶν φρικτῶν σου μυστηρίων, συνάψον ἡμᾶς τῇ λογικῇ σου ποίμνῃ, καὶ κληρονόμους ἀνάδειξον τῆς βασιλείας σου, νῦν καὶ ἀεί, καὶ εἰς τοὺς αἰῶνας.

Ἀμήν.

Εὔχου καὶ ὑπὲρ ἐμοῦ τοῦ τάλανος καὶ σκαιωτάτου παντὸς ἀνθρώπου ΜατθαίοΥ ἀων ὦ θύτα. (1)

sic

(1) 1. 10 of course omits this.

SIXTEENTH CENTURY.

τὸν Κύριον, καὶ τὸ Ὑψώσω σέ, Κύριε ὁ Θεός μου.

Ὁ δὲ ἱερεὺς ἐξέρχεται, καὶ στὰς ἐν τῷ συνήθει τόπῳ δίδωσι τὸ ἀντίδωρον· εἶτα ποιεῖ ἀπόλυσιν, καὶ τὰ αὐτὰ λέγει καὶ ποιεῖ ὡς καὶ ἐν τῇ τοῦ Χρυσοστόμου καὶ Βασιλείου λειτουργίᾳ.

Τέλος τῆς θείας λειτουργίας τῶν προηγιασμένων.

LITURGY OF SAINT PETER.

LITURGY OF SAINT PETER.

[This Liturgy was edited by William de Linden, Bishop of Ghent in the year 1589, but he gave no information as to the source from which it was drawn, save that it came "ex amplissima et instructissima Gulielmi Cardinalis Sirleti bibliotheca." There can be no doubt that the Cardinal had procured his copy from the Rossano MS. Yet this, its origin, was unknown until my transcript of the Rossano MS. arrived in England. M. Omont has subsequently found that the National Library at Paris contains another copy, in "MS. Supp^t. gr. 476," and the interest in the Liturgy is so far increased.

I must reserve for the introductory chapters of this volume all notes upon this Liturgy: merely adding here that, until the Messina fragment of S. Mark's Liturgy and the Vatican Roll of the same were discovered, this apocryphal Liturgy of Saint Peter rested on the same amount of Manuscript authority as did the received and frequently reprinted text of that more famous Liturgy. I have added the text of the old Roman Canon, for it is evident that the Greek, in the corresponding parts, is, with few though important exceptions, simply a rude translation of the ancient Latin. It will be observed that the translation was made before the words "*vel* pro quibus offerimus" were authorized as an alternative for the "qui tibi offerunt" in the prayer "Memento Domine" (p. 196), but after the "Agnus Dei" was added (p. 201). I have taken this ancient Latin from the so-called "Gelasian Sacramentary," as reprinted by Muratori from the copy published by Thomasius in 1680.

The text gives the Liturgy of the Rossano Codex: the notes the reading of the Paris MS. The figures in the margin denote the pages of the Rossano MS.]

LITURGY OF SAINT PETER.

CODEX ROSSANENSIS.

(1) ✠ Ἡ θεία λειτουργία τοῦ ἁγίου Ἀποστόλου Πέτρου.

(2) Εὐχὴ εἰς τὸ προσκομίσαι τὸν ἄρτον.

Ὡς πρόβατον ἐπὶ σφαγὴν ἤχθη, καὶ ὡς ἀμνὸς ἐναντίον τοῦ κείραντος αὐτὸν ἄφωνος, οὕτως οὐκ ἀνοίγει τὸ στόμα αὐτοῦ· ἐν τῇ ταπεινώσει αὐτοῦ ἡ κρίσις αὐτοῦ ἤρθη· τὴν δὲ γενεὰν αὐτοῦ τίς διηγήσεται; τοῦ Πατρός, καὶ τοῦ Υἱοῦ, καὶ τοῦ ἁγίου.

Καὶ εἰς τὸ ἑνῶσαι τὸ αἷμα καὶ τὸ ὕδωρ λέγει,

Εἷς δὲ τῶν στρατιωτῶν λόγχῃ αὐτοῦ τὴν πλευρὰν ἔνυξεν, καὶ εὐθέως ἐξῆλθεν αἷμα καὶ ὕδωρ, τὸ πηγάσαν τὴν τοῦ κόσμου σωτηρίαν.

Εἶτα ποιεῖ εὐχὴν τῆς προθέσεως.

(3) Κύριε ὁ Θεὸς ἡμῶν, ὁ προθεὶς ἑαυτὸν ὑπὲρ τῆς τοῦ κόσμου ζωῆς, ἔπιδε ἐφ᾽ ἡμᾶς,

CODEX ROSSANENSIS.

καὶ ἐπὶ τὸν ἄρτον τοῦτον, καὶ ἐπὶ τὸ ποτήριον τοῦτο, καὶ ποίησον αὐτὸ ἄχραντόν σου σῶμα, καὶ τίμιον αἷμα, εἰς μετάληψιν ψυχῶν τε καὶ σωμάτων· ὅτι ἡγίασται καὶ δεδόξασται τὸ πάντιμον καὶ μεγαλοπρεπὲς ὄνομά σου τοῦ Πατρός, καί.

Εὐχὴ τοῦ θυμιάματος.

(4) Ὁ Θεὸς ὁ ἅγιος, ὁ ἐν ἁγίοις ἀναπαυόμενος, φῶς οἰκῶν ἀπρόσιτον, αὐτός, Δέσποτα, οἰκείᾳ φιλανθρωπίᾳ πάριδε ἡμῶν τὰς πολλὰς ἁμαρτίας, καὶ ὡς προσεδέξω τὸ θυμίαμα Ζαχαρίου, οὕτως καὶ ἐκ τῶν χειρῶν ἡμῶν τῶν ἁμαρτωλῶν πρόσδεξαι τὸ θυμίαμα τοῦτο εἰς ὀσμὴν εὐωδίας, καὶ ποίησον ἔλεος μεθ᾽ ἡμῶν· ὅτι ἡγίασται καὶ δεδόξασται τὸ πάντιμον καὶ μεγαλοπρεπὲς ὄνομά σου, τοῦ.

---

(1) The text is from the Rossano MS. In the notes P denotes the reading of the Paris MS.

(2) In the Vatican Roll of Saint Mark this is called εὐχὴ τῆς προθέσεως, p. 2. See too the modern Liturgy of Saint Chrysostom, p. 104. P omits all to the words εὐχὴ τοῦ θυμιάματος.

(3) Comp. St Mark, p. 2, and St Chrysostom, p. 88.

(4) The prayer in P is as follows:

Δέσποτα Κύριε, ὁ Θεὸς ἡμῶν, ὁ καταξιώσας ἡμᾶς τοὺς ταπεινοὺς καὶ ἀναξίους δούλους σου γενέσθαι λειτουργοὺς τοῦ ἁγίου σου θυσιαστηρίου, σὺ ἐξάλειψον πάντα τὰ παραπτώματα ἡμῶν, καὶ ἀξίους ἡμᾶς ἀπέργασαι τῇ ἐπιφοιτήσει τοῦ ἁγίου σου Πνεύματος δοξάζειν καὶ ἀνυμνεῖν τὸ πανάγιον ὄνομά σου· ὅπως, εἰσελθόντες ἐν καθαρᾷ συνειδήσει, ἀξιωθῶμεν ἐπιτελέσαι τὴν θείαν σου λειτουργίαν, καὶ προσφέρειν εἰς τὸ ἅγιον καὶ ὑπερουράνιόν σου θυσιαστήριον τὸ παρὸν θυμίαμα, εἰς ὀσμὴν εὐωδίας πνευματικῆς· σὺ γὰρ εἶ ὁ ἁγιάζων καὶ ἁγιαζόμενος, καὶ σοὶ τὴν δόξαν ἀναπέμπομεν, τῷ Πατρί, καὶ τῷ Υἱῷ, καὶ τῷ ἁγίῳ Πνεύματι, νῦν καὶ ἀεί, καὶ εἰς τοὺς αἰῶνας τῶν αἰ[ώνων. ἀμήν].

LITURGY OF SAINT PETER.

CODEX ROSSANENSIS.

(1) Καὶ θυμιῶν καλύπτει τὰ δῶρα, λέγων,

Ἐκάλυψεν οὐρανοὺς ἡ ἀρετή σου, Κύριε, καὶ τῆς αἰνέσεώς σου πλήρης ἡ γῆ.

Καὶ ἐπάγει λέγων,

Ὁ Κύριος ἐβασίλευσεν, ὀργιζέσθωσαν λαοί· ὁ καθήμενος.

(2) Καὶ θυμιᾷ τὸν ναόν.

Εἶτα ἐκφώνως ὁ διάκονος.

(3) Εὐλόγησον, δέσποτα.

Ὁ ἱερεὺς λέγει.

Εὐλογημένη ἡ βασιλεία τοῦ Πατρὸς καὶ τοῦ.

Ὁ διάκονος. Ἐν εἰρήνῃ τοῦ Κυρίου δεηθῶμεν.

Ὑπὲρ τῆς ἄνωθεν εἰρήνης.

Ὑπὲρ τῆς εἰρήνης τοῦ.

Ὑπὲρ τοῦ ἁγίου οἴκου τούτου.

Ὑπὲρ τοῦ πατρὸς καὶ πατριάρχου ἡμῶν τοῦ Δ΄. τοῦ τιμίου.

(1) Compare St Chrysostom (modern), pp. 107, 108. Instead of this P has the following:
Εὐχὴ ἣν λέγει ὁ ἱερεὺς εἰς τὴν πρόθεσιν.
Εὐλόγησον, Κύριε ὁ Θεὸς ἡμῶν, τὴν πρόθεσιν ταύτην, καὶ παράσχου τοῖς δούλοις σου καρδίαν καθαρὰν καὶ λογισμὸν ἀνεπαίσχυντον, ὅπως ἄξιοι εὑρεθῶμεν προσελθεῖν καὶ προσψαῦσαι τοῦ σοῦ ἀχράντου σώματος καὶ τοῦ τιμίου αἵματος, καὶ ἀκατακρίτους ἡμᾶς ποίησον παραστῆναι ἐνώπιόν σου ἐν τῇ ἡμέρᾳ τῇ φοβερᾷ, δωρούμενος ἡμῖν δι' αὐτοῦ ἄφεσιν ἁμαρτιῶν καὶ ζωὴν τὴν αἰώνιον· ὅτι ἡγίασται καὶ δεδόξασται τὸ πάντιμον καὶ μεγαλοπρεπὲς ἅγιον ὄνομά σου τοῦ Πατρὸς καὶ τοῦ Υἱοῦ καὶ τοῦ ἁγίου [Πνεύματος].
Εἶτα ποιεῖ ἀπόλυσιν καὶ λέγει ὁ διάκονος· Εὐλόγησον, δέσποτα.
Ὁ ἱερεύς. Εὐλογημένη.
Καὶ ἄρχεται· Ὁ μονογενής, καὶ ἐξελθὼν ποιεῖ εἴσοδον.
Εὐχὴ τῆς εἰσόδου. Εὐεργέτα ut infra.
(2) Linden prints λαόν.

CODEX ROSSANENSIS.

Ὑπὲρ τῶν εὐσεβεστάτων.

Ὑπὲρ τοῦ συμπολεμῆσαι.

Ὑπὲρ τῆς πόλεως ταύτης.

Ὑπὲρ εὐκρασίας ἀέρων.

Ὑπὲρ πλεόντων, ὁδοιπορούντων.

Ὑπὲρ τοῦ ῥυσθῆναι ἡμᾶς.

Ὁ ἱερεὺς ποιεῖ εὐχὴν τῆς εἰσόδου.   fol. 32

(4) Δέσποτα Κύριε, ὁ Θεὸς ἡμῶν, ὁ καταστήσας ἐν οὐρανοῖς τάγματα καὶ στρατιὰς ἀγγέλων.

Ζήτει εἰς τὴν λειτουργίαν τοῦ ἁγίου Βασιλείου. (5)

Ἀντιλαβοῦ, σῶσον, ἐλέησον.

Τῆς παναγίας.

Ὅτι πρέπει σοι πᾶσα δόξα, τιμή, καί.

Καὶ εὐθέως. Σοφία, ὀρθοί.

Δεῦτε προσκυνήσωμεν, καὶ προσπέσωμεν αὐτῷ.

(6) Ὁ μονογενὴς Υἱὸς καὶ Λόγος τοῦ Θεοῦ ἀθάνατος.

(3) Compare (to the prayer of entrance) St Chrysostom, p. 110.
(4) The following is the prayer of entrance in P:
Εὐεργέτα ὅλων καὶ πάσης κτίσεως Δημιουργέ, πρόσδεξαι προσιοῦσάν σοι τὴν ἐκκλησίαν σου καὶ ἑκάστου τὸ συμφέρον ἐκπλήρωσον, καὶ ἄγαγε πάντας εἰς τὴν τελειότητα, καὶ ἀξίους ἡμᾶς ἀπέργασαι τῆς βασιλείας σου, διὰ τῆς χάριτος τοῦ ἁγιασμοῦ σου ἐπισυνάγων ἡμᾶς ἐν τῇ ἁγίᾳ σου καθολικῇ καὶ ἀποστολικῇ ἐκκλησίᾳ ἣν περιεποιήσω τῷ τιμίῳ αἵματι τοῦ μονογενοῦς σου Υἱοῦ, μεθ' οὗ εὐλογητὸς εἶ, σὺν τῷ παναγίῳ καὶ ἀγαθῷ καὶ ζωοποιῷ σου Πνεύματι.
Then follow the Σοφία, ὀρθοί, and Δεῦτε, προσκυνήσωμεν. Ὁ Κύριος μεθ' ὑμῶν. Εὐξώμεθα.
(5) The Liturgy of Saint Basil has unhappily been removed from the Rossano codex. But the prayer may be seen above, p. 76, and in St Chrysostom, p. 114.
(6) For this hymn see p. 12.

LITURGY OF SAINT PETER.

CODEX ROSSANENSIS.

Καὶ δοξάζει, καὶ λέγει κάθισμα (?) τὸ κατὰ τὴν ἡμέραν. εἶτα ὁ ἱερεὺς λέγει λαμπρᾷ τῇ φωνῇ,

Ὁ Κύριος μεθ᾽ ὑμῶν.

Ὁ λαός. Καὶ μετὰ τοῦ πνεύματός σου.

Ὁ ἱερεύς. Εὐξώμεθα.

(1) Ὁ λαός. Κύριε, ἐλέησον. γ΄.

Ὁ ἱερεὺς μεγάλῃ τῇ φωνῇ.

(2) Παράσχου ἡμῖν, Κύριε, τοῖς δούλοις σου δεξιὰν οὐρανίου βοηθείας, ἵνα σε ἐν ὅλῃ τῇ (sic) καρδίᾳ ἐκζητήσωσι, καὶ ἅπερ ἀξίως αἰτοῦνται κατευοδωθῶσι, διὰ τοῦ Κυρίου ἡμῶν Ἰησοῦ Χριστοῦ, μεθ᾽ οὗ ζῇς καὶ βασιλεύεις, ὁ Θεὸς ἡμῶν, εἰς ἑνότητα Πνεύματος fol. 32 b ἁγίου, εἰς πάντας τοὺς αἰῶνας.

Ὁ λαός. Ἀμήν.

Ἅγιος ὁ Θεός, ἅγιος ἰσχυρός.

Καὶ τοῦ λαοῦ λέγοντος τὸν τρισάγιον, ὁ ἱερεὺς ἐπεύχεται.

Δέσποτα, ὁ Θεός, ὁ Παντοκράτωρ, ὁ μόνος

(1) P interposes the following:
Εὐχὴ ἣν λέγει ὁ ἱερεύς·
Τὸ στόμα ἡμῶν, δεόμεθα, Κύριε, ἀγαλλιάσεως πλήρωσον καὶ τῆς σῆς αἰνέσεως ἐν χαρᾷ διὰ τοῦ Κυρίου ἡμῶν Ἰησοῦ Χριστοῦ, τοῦ Υἱοῦ σου μεθ᾽ οὗ ζῇς καὶ βασιλεύεις, ὁ Θεὸς ἡμῶν, εἰς ἑνότητα Πνεύματος ἁγίου, εἰς πάντας τοὺς αἰῶνας τῶν αἰώνων.
Καὶ λέγει· Δόξα ἐν ὑψίστοις, ἕως εἰς δόξαν Θεοῦ Πατρός. Καὶ ἄρχεται λέγειν· Κύριε, ἐλέησον, γ΄. Χριστέ, ἐλέησον, γ΄. Καί, Κύριε, ἐλέησον, γ΄.
(The *Kyrie eleison* and *Gloria in excelsis* are in the Gregorian though not in the Gelasian Ordo.)
Καὶ ὁ λαός· Ὁ Κύριος μεθ᾽ ὑμῶν.
Ὁ διάκονος ἐκφωνεῖ· Εὐξώμεθα.
(2) P is slightly different:
Ὁ ἱερεὺς κλινόμενος λέγει τὴν εὐχήν.
Παράσχου, Κύριε, τοῖς δούλοις σου τοῖς πιστοῖς δεξιὰν οὐρανίου βοηθείας, ἵνα σὲ ἐν ὅλῃ καρδίᾳ ἐκζητήσωσι, καὶ ἅπερ ἀξίως αἰτοῦνται κατευοδω-

CODEX ROSSANENSIS.

ἅγιος καὶ ἐν ἁγίοις ἀναπαυόμενος, ὁ ὑπὸ τῶν οὐρανίων δυνάμεων τὸν τρισάγιον ὕμνον προσδεχόμενος, πρόσδεξαι καὶ ἐκ στόματος ἡμῶν τῶν ἁμαρτωλῶν τὸν τρισάγιον ὕμνον, (3) χαριζόμενος ἡμῖν τὰ ἐλέη σου καὶ τοὺς οἰκτιρμούς σου, πρεσβείαις τῆς ἁγίας θεοτόκου καὶ πάντων τῶν ἁγίων σου.

Ὁ ἱερεύς. Πρόσχωμεν. Εἰρήνη πᾶσιν.

Ὁ λαός. Καὶ τῷ πνεύματί σου.

Ὁ ἱερεύς. Σοφία.

Εἶτα λέγει προκείμενον, ἀπόστολον, ἀλληλούϊα, (4) καὶ εὐαγγέλιον, καὶ εὐθέως τὴν ἐκτενή.

Ἐλέησον ἡμᾶς, ὁ Θεός.

Καὶ λέγει εὐχὴν τῆς ἐκτενῆς. (sic)

Κύριε, ὁ Θεὸς ἡμῶν, τὴν ἐκτενῆ ταύτην (sic) ἱκεσίαν.

Ζήτει. Προεγράφη εἰς τὴν λειτουργίαν τοῦ ἁγίου (5) Βασιλείου.

Καὶ μετὰ τὴν εὐχὴν καὶ τὴν ἐκφώνησιν εὐθέως λέγει,

θῶσι, διὰ τοῦ Κυρίου ἡμῶν Ἰησοῦ Χριστοῦ, τοῦ Υἱοῦ σου.
Ἐκφώνησις. Ὅτι ἅγιος εἶ, Κύριε, ὁ Θεὸς ἡμῶν, καὶ σοὶ τὴν δόξαν καὶ τὸν τρισάγιον ὕμνον ἀναπέμπομεν, τῷ Πατρὶ καὶ τῷ Υἱῷ καὶ τῷ ἁγίῳ Πνεύματι, νῦν καὶ ἀεί, καὶ εἰς τούς.
Ὁ λαός. Τὸ τρισάγιον.
Εὐχὴ τοῦ τρισαγίου. Δέσποτα, ὁ Θεὸς Παντοκράτωρ, *ut supra.*
(3) P concludes the prayer thus:
τὸν τρισάγιον ὕμνον, χαριζόμενος ἡμῖν πάντα τὸν χρόνον τῆς ζωῆς ἡμῶν καὶ τὴν ἡμέραν πᾶσαν ἀναμάρτητον, κ.τ.λ.
(4) Ordo Gregorianus: "Deinde sequitur *Apostolum*. Item *Gradalis* seu *Alleluia*. Postmodum legitur *Evangelium*. Deinde *offertorium* et dicitur *oratio super oblata*."
Linden prints ἀποστολικόν, but I think I am correct.
(5) See p. 77, and elsewhere.

LITURGY OF SAINT PETER.

CODEX ROSSANENSIS.

(1) Οἱ τὰ χερουβὶμ μυστικῶς.

Καὶ λέγει ὁ ἱερεὺς εὐχὴν ὑπὲρ ἑαυτοῦ, τοῦ χερουβικοῦ ᾀδομένου, οὕτως·

Οὐδεὶς ἄξιος τῶν συνδεδεμένων ταῖς σαρκικαῖς ἐπιθυμίαις καὶ ἡδοναῖς.

(2) Ζήτει. Προεγράφη εἰς τὴν λειτουργίαν τοῦ ἁγίου Βασιλείου.

Καὶ μετὰ τὸ ἀποθέσθαι τὰ ἅγια ἐν τῇ ἁγίᾳ τραπέζῃ, ὁ ἱερεὺς νίπτει τὰς χεῖρας αὐτοῦ, λέγων,

(3) Νίψομαι ἐν ἀθώοις τὰς χεῖράς μου, καὶ κυκλώσω τὸ θυσιαστήριόν σου, Κύριε, τοῦ ἀκοῦσαί με φωνὴν αἰνέσεώς σου.

Καὶ ποιεῖ τρεῖς μετανοίας λέγων,

(4) Πνεῦμα ἅγιον ἐπελεύσεται ἐπὶ σέ, καὶ δύναμις ὑψίστου ἐπισκιάσει σοι.

Καὶ εὐθέως ὁ ἱερεὺς ἐκφωνεῖ,

Ὁ Κύριος μεθ' ὑμῶν.

Ὁ λαός. Καὶ μετὰ τοῦ πνεύματός σου.

Ὁ ἱερεύς. Τὰς θύρας· τὰς θύρας.

Ὁ λαός. Πιστεύω εἰς ἕνα.

Ὁ ἱερεύς. Στῶμεν καλῶς· στῶμεν μετὰ φόβου.

CODEX ROSSANENSIS.

Ὁ λαός. Ἔλεον, εἰρήνην.

Ὁ ἱερεὺς λέγει μεγάλῃ τῇ φωνῇ, (5)

Θυσίαν, Κύριε, σοὶ προορισθεῖσαν πρεσφορὰν ἁγίασον· καὶ δι' αὐτῆς ἡμᾶς ἀσμένως πρόσδεξαι διὰ τοῦ Κυρίου ἡμῶν Ἰησοῦ Χριστοῦ, τοῦ Υἱοῦ σου, μεθ' οὗ ζῇς καὶ βασιλεύεις, ὁ Θεός, εἰς ἑνότητα Πνεύματος ἁγίου, εἰς πάντας τοὺς αἰῶνας τῶν αἰώνων.

Ὁ λαός. Ἀμήν. (6)

---

(1) See page 121, note (c).
Instead of the next nineteen lines P has:
Ὁ διάκονος. Τὰς κεφαλάς.
Ὁ ἱερεὺς μυστικῶς τὴν εὐχὴν ταύτην·
Δέσποτα ζωοποιὲ καὶ ἀγαθῶν χορηγέ, ὁ δοὺς τοῖς ἀνθρώποις τὴν μακαρίαν ἐλπίδα τῆς αἰωνίου ζωῆς, τὸν Κύριον ἡμῶν Ἰησοῦν Χριστόν, καταξίωσον ἡμᾶς, ἀγαθέ, ἐν ἁγιασμῷ καὶ ταύτην σοι τὴν θείαν ἐπιτελέσαι λειτουργίαν, εἰς ἀπόλαυσιν τῆς μελλούσης μακαριότητος.
Ἐκφώνησις. Ὅπως ὑπὸ τοῦ κράτους (see p. 157).
Καὶ μετὰ τὸ τεθῆναι τὰ ἅγια ἐν τῇ ἁγίᾳ τραπέζῃ λέγει ὁ διάκονος· Πληρώσωμεν τὴν δέησιν ἡμῶν τῷ Κυρίῳ, ὅτι πλήρης ὁ οὐρανὸς καὶ ἡ γῆ τῆς ἁγίας δόξης αὐτοῦ.
(Compare S. Chrysostom, p. 125.)
Ὁ λαός. Κύριε, ἐλέησον. γ'.

Ἐκφωνεῖ ὁ ἱερεύς. Ὅτι Θεὸς εἰρήνης, ἐλέους, ἀγάπης, οἰκτιρμῶν καὶ φιλανθρωπίας ὑπάρχεις, καὶ ὁμογενής σου Υἱός, καὶ τὸ Πνεῦμά σου τὸ πανάγιον, νῦν καὶ ἀεί, καὶ εἰς τοὺς αἰῶνας τῶν αἰώνων.
Εἰρήνη πᾶσιν.
Ὁ διάκονος. Ἀγαπήσωμεν ἀλλήλους ἐν φιλήματι.—Καὶ μετὰ τὸν ἀσπασμὸν λέγει ὁ διάκονος, Ἐν σοφίᾳ Θεοῦ πρόσχωμεν.
And the people say the Creed.
(2) See page 78: or, more probably, p. 157 (122).
(3) Comp. S. Chrysostom (modern), p. 104.
(4) Comp. S. Chrysostom (modern), p. 125.
(5) In P the prayer is said μυστικῶς until the words εἰς πάντας τοὺς αἰῶνας which the priest ἐκφωνεῖ μεγάλως.
(6) P omits this, but prefixes Ὁ Κύριος μεθ' ὑμῶν.

LITURGY OF SAINT PETER.

| CODEX ROSSANENSIS. | CANON ACTIONIS. |

    Ὁ ἱερεύς. Ἄνω σχῶμεν τὰς καρδίας ἡμῶν.
(1) Ὁ λαός. Ἔχωμεν πρὸς τὸν Κύριον.
(2) Ὁ ἱερεύς. Εὐχαριστίας ἀναπέμψωμεν Κυρίῳ τῷ Θεῷ ἡμῶν.
(1) Ὁ λαός. Ἄξιον καὶ δίκαιον.

(3) Ὁ ἱερεὺς εὔχεται. Ὄντως ἄξιον καὶ δίκαιον,
(4) πρέπον ἐστὶ καὶ σωτηριῶδες, σοὶ ἀεὶ καὶ πανταχοῦ εὐχαριστίας ἀναπέμπειν, Κύριε ἅγιε, Πάτερ παντοκράτορ, παντοδύναμε, αἰώνιε Θεέ, διὰ τοῦ Κυρίου ἡμῶν Ἰησοῦ Χριστοῦ· δι' οὗ τὴν δόξαν σου αἰνοῦσιν ἄγγελοι, προσκυνοῦσι κυριότητες, τρέμουσιν ἐξουσίαι, οὐρανοὶ οὐρανῶν τε δυνάμεις, τά τε μακάρια Σεραφὶμ κοινῇ ἀγαλλιάσει λατρεύουσιν.
(5) μεθ' ὧν καὶ τὰς ἡμετέρας φωνὰς ἵνα
(6) προσδεχθῆναι κελεύσεις δεόμεθα, ἱκετευ-
(7) τικῇ ὁμολογίᾳ λέγοντες·
(8)   Ἐκφώνως. Τὸν ἐπινίκιον ὕμνον ᾄδοντα, βοῶντα.

fol. 34 Ὁ λαός. Ἅγιος, ἅγιος, ἅγιος Κύριος.

Sursum corda.
Habemus ad Dominum.
Gratias agamus Domino Deo nostro.
Resp. Dignum et iustum est.

VD. et iustum est aequum et salutare, nos tibi semper et ubique gratias agere, Domine sancte, Pater omnipotens, aeterne Deus, per Christum Dominum nostrum. Per quem maiestatem tuam laudant Angeli, adorant Dominationes, tremunt Potestates, Caeli, caelorumque virtutes, ac beata Syrafin socia exultatione concelebrant. Cum quibus et nostras voces ut admitti iubeas, deprecamur, supplici confessione dicentes:

Scs, Scs, Scs, Dominus Deus Sabaoth. Pleni sunt caeli et terra gloria tua. Osanna in excelsis. Benedictus qui venit in nomine Domini. Osanna in excelsis.

  Ὁ δὲ ἱερεὺς ἐπεύχεται. Σὲ τοίνυν, ἐπιεικέ-
(9) στατε Πάτερ, διὰ τοῦ Κυρίου ἡμῶν Ἰησοῦ
(10) Χριστοῦ ἱκετεύοντες, παρακαλοῦμέν σε καὶ
(11) δεόμεθα, ἵνα προσδεκταίαν σχῇς καὶ εὐλογή-
(12) σῃς ταῦτα τὰ δῶρα, ταύτην τὴν προσφοράν,

Te igitur, clementissime Pater, per Iesum Christum Filium tuum Dominum nostrum supplices rogamus et petimus: uti accepta habeas et ✠ benedicas haec ✠ dona, haec ✠ munera, haec ✠ sancta

  (1) P omits these lines.
  (2) P Χριστῷ τῷ Θεῷ ἡμῶν.
  (3) P ἐπεύχεται μεγάλως.
  (4) P σωτηριῶδες εἰς ἡμᾶς.
  (5) P ὡς ἂν προσδεχθῆναι κελεύσῃς.
  (6) MS. ἱκετικευτικῇ.
  (7) P σοι λέγοντες.
  (8) P omits this (as does the Gelasian Canon).

  (9) P διὰ Ἰ. Χ. τοῦ Υἱοῦ σου, τοῦ Κυρίου ἡμῶν.
  (10) P omits σε.
  (11) P ἔχῃς τὴν εὐχὴν ἡμῶν καὶ, which is necessary for the grammar. The Gelasian Canon suggests however προσδεκταῖα simply.
  (12) P adds ἀμήν after each of the words δῶρα, προσφοράν, θυσίαν, ἀμώμητον.

LITURGY OF SAINT PETER.

CODEX ROSSANENSIS.

ταύτην τὴν ἁγίαν θυσίαν, τὴν ἀμώμητον.
(1) ἐν πρώτοις ἅπερ σοι προσφέρομεν ὑπὲρ τῆς
ἁγίας σου καθολικῆς καὶ ἀποστολικῆς
(2) ἐκκλησίας, εἰρηνεῦσαι, διαφυλάξαι, ἑνῶσαι,
(sic) κυβερνῆσαι, καταξιώσῃς πάντα τὰ πέρατα
(3) τῆς γῆς, ἅμα τῷ δούλῳ σου τῷ Πάπα καὶ
Πατριάρχῃ ἡμῶν τῷ Δ., καὶ τῆς ἐμῆς
ἐλεεινότητός τε καὶ ἀναξιότητος. μνήσθητι,
Κύριε, τῶν δούλων σου καὶ τῶν δουλίδων
(4) σου, καὶ πάντων τῶν παρισταμένων, ὧν σοι
ἡ πίστις δήλη ἐστί, καὶ φανερὰ ἡ πρόθεσις,
(5) οἵτινες προσφέρουσι ταύτην τὴν θυσίαν τῆς
(6) αἰνέσεως ὑπὲρ ἑαυτῶν καὶ τῶν ἰδίων τε πάν-
fol. 34 b
(7) των, ὑπὲρ ἀναρρύσεως ψυχῶν καὶ σωμάτων,
ὑπὲρ ἐλπίδος καὶ σωτηρίας καὶ ῥύσεως αὐτῶν·
σοὶ ἀποδιδοῦσι τὰς εὐχὰς αὐτῶν, τῷ αἰωνίῳ,
ζῶντι, καὶ ἀληθινῷ Θεῷ· κοινωνοῦντες καὶ
(8) τὴν μνήμην σεβόμενοι
(9) Χαῖρε, κεχαριτωμένη Μαρία, ὁ Κύριος
μετά σου.
Ἐκφώνως. Ἐν πρώτοις τῆς ἁγίας ἐνδόξου
καὶ ἀειπαρθένου Μαρίας, γεννητρίας τοῦ
Κυρίου καὶ Θεοῦ καὶ Σωτῆρος ἡμῶν Ἰησοῦ
Χριστοῦ· ἀλλὰ μὴν καὶ τῶν μακαρίων σου
ἀποστόλων καὶ μαρτύρων, Πέτρου, Παύλου,
(10) Ἀνδρέου, Ἰακώβου, Ἰωάννου, Θωμᾶ, Φιλίπ-

CANON ACTIONIS.

sacrificia ✠ inlibata. Inprimis quae tibi offerimus pro ecclesia tua sancta Catholica: quam pacificare, custodire, adunare et regere digneris toto orbe terrarum una cum famulo tuo Papa nostro illo et antistite nostro illo Episcopo.

Memento, Domine, famulorum famularumque tuarum et omnium circumadstantium, quorum tibi fides cognita est et nota devotio: qui tibi offerunt hoc Sacrificium laudis pro se suisque omnibus: pro redemptione animarum suarum, pro spe salutis et incolumitatis suae tibi reddunt vota sua aeterno Deo vivo et vero.

Communicantes et memoriam venerantes

inprimis gloriosae semperque virginis Mariae genitricis Dei et Domini nostri Iesu Christi, sed et beatorum Apostolorum ac Martyrum tuorum Petri, Pauli, Andreae, Iacobi, Iohannis, Thomae, Iacobi, Philippi, Bartholomaei,

---

(1) Notice: "Catholic and Apostolic Church."
(2) P ἦν εἰρήνευσον, διαφύλαξαι, ἕνωσον, κυβέρνησον, καὶ καταξίωσον.
(3) P ἅμα τοῖς δούλοις σοι, τοῦ πατριάρχου καὶ τῆς ἐμῆς ταπεινώσεως καὶ ἀναξιότητος.
Ἐκφώνησις. Ἐν πρώτοις μνήσθητι, Κύριε, τοῦ ἐπισκόπου.
(4) P τῶν κύκλῳ παρισταμένων.
(5) P σοὶ προσφέρουσιν.
(6) P τῶν ἰδίων ἁπάντων.
(7) P ἀναρρήσεως τῶν ψυχῶν αὐτῶν.

(8) P + ἡ ζωὴ καὶ ἡ ἀνάστασις αὐτῶν (sic).
(9) The Latin Canon and P omit the invocation, the latter having in its stead Ἐκφώνησις. Ἐξαιρέτως τῆς παναγίας.
(10) P omits Ἰωάννου here and adds Ἰούδα, Ματθία, Μάρκου, Λουκᾶ, Λίνου, Χρυσοστόμου (instead of Χρυσογόνου), Ἱλαρίωνος, Μαρτίνου, Ἱερωνύμου, Ἀμβροσίου, Γρηγορίου, Βενεδίκτου, Ἀντωνίου, Νικολάου, Βασιλείου; the latter nine after Damianus. (Νείλου in the text is a mistake for Λίνου.)

LITURGY OF SAINT PETER.

CODEX ROSSANENSIS.

που, Βαρθολομαίου, Ματθαίου, Σίμωνος, Θαδδαίου, Νείλου, Κλητοῦ, Κλήμεντος, Ξύστου, Κορνηλίου, Κυπριανοῦ, Λαυρεντίου, Χρυσογόνου, Ἰωάννου καὶ Παύλου, Κοσμᾶ (1) καὶ Δαμιανοῦ, καὶ πάντων τῶν ἁγίων σου· fol. 35 ὧν τινων τῇ πρεσβείᾳ καὶ ταῖς ἱκεσίαις (2) παράσχου, ἵνα ἐν πᾶσι τῇ σκέπῃ σου φρου- (3) ρώμεθα, βοηθούμενοι διὰ τοῦ Κυρίου ἡμῶν Ἰησοῦ Χριστοῦ.

(4) *Ἐνταῦθα ἀναφέρει τοὺς κοιμηθέντας.*

Ταύτην τοίνυν τὴν προσφορὰν τῆς δουλείας ἡμῶν, ἀλλὰ καὶ παντὸς τοῦ λαοῦ σου, (5) ἣν σοὶ προσφέρομεν, δεόμεθα, Κύριε, ἀσμένως πρόσδεξαι· τὰς ἡμέρας ἡμῶν ἐν εἰρήνῃ (6) διοίκησον· ἀπὸ τῆς μελλούσης αἰωνίου κατακρίσεως λύτρωσαι, καὶ εἰς τὴν τῶν ἐκλεκτῶν σου κέλευσον ἀγέλην συναριθμηθῆναι· διὰ (7) τοῦ Κυρίου ἡμῶν Ἰησοῦ Χριστοῦ· ἵνα ἐν (sic) πᾶσι τῇ σκέπῃ σου, δεόμεθα, εὐλογημένην, ἀπερίγραπτον, ἐράσμιον, εὐαπολόγητον, προσδεκταίαν τε ποιῆσαι καταξιώσῃς, ἵνα ἡμῖν σῶμα καὶ αἷμα γένηται τοῦ ἀγαπητοῦ (8) σου Υἱοῦ, Κυρίου δὲ ἡμῶν Ἰησοῦ Χριστοῦ.

Ὃς πρὸ μιᾶς ἡμέρας τοῦ πάθους αὐτοῦ (9) λαβὼν ἄρτον εἰς τὰς ἁγίας ἀχράντους χεῖρας αὐτοῦ, ἄρας τοὺς ὀφθαλμοὺς εἰς τὸν οὐρανὸν

CANON ACTIONIS.

Matthaei, Simonis et Taddaei, Lini, Cleti, Clementi, Xysti, Cornelii, Cypriani, Laurentii, Chrysogoni, Iohannis et Pauli, Cosmae et Damiani, Dionysii, Rustici, Eleutherii, Hilarii, Martini, Augustini, Gregorii, Hieronymi, Benedicti et omnium Sanctorum tuorum : quorum meritis precibusque concedas, ut in omnibus protectionis tuae muniamur auxilio. Per Christum Dominum nostrum.

Hanc igitur oblationem servitutis nostrae sed et cunctae familiae tuae, quaesumus, Domine, placatus accipias ; diesque nostros in tua pace disponas ; atque ab aeterna damnatione nos eripi et in electorum tuorum iubeas grege numerari. Per Christum Dominum nostrum.

Quam oblationem tu, Deus, in omnibus quaesumus benedictam, adscriptam, ratam rationabilem acceptabilemque facere digneris : ut nobis Corpus et Sanguis fiat dilectissimi Filii tui Domini nostri Iesu Christi.

Qui pridie quam pateretur accepit panem in sanctas ac venerabiles manus suas : elevatis oculis in caelum ad te

---

(1) The modern Roman Canon ends with Damianus. But in earlier times other saints were also commemorated here, varying from place to place. (This seems to shew that the Greek translation of the Rossano Codex was made after the names were limited.)
(2) P παράσχου ἡμῖν.
(3) P καὶ τῇ βοηθείᾳ τῇ σῇ.
(4) P omits this, and so did the Latin Canon.

(5) The phrase ἣν σοὶ προσφέρομεν, is not in P nor in the Latin Canon.
(6) P τῆς αἰωνίου.
(7) P reads thus: διὰ Ἰ. Χ. τοῦ Κ. ἡμῶν, ἣν προσφορὰν σοι, ὁ Θεός, ἐν πάσῃ δεόμεθα τῇ σκέπῃ σου εὐλογημένην. But ἐν πάσῃ seems to be a mistake for ἐν πᾶσι = in omnibus.
(8) P Ἰησοῦ Χριστοῦ. Καὶ λαβὼν ὁ ἱερεὺς τὸν ἄρτον λέγει μυστικῶς, αἴρων τὴν ἀναφοράν. Ὅστις.
(9) P omits ἀχράντους.

CODEX ROSSANENSIS.

fol. 35 b πρὸς σὲ τὸν Θεὸν καὶ Πατέρα αὐτοῦ τὸν παντοδύναμον, σοὶ εὐχαριστῶν, εὐλόγησεν,
(1) ἔκλασεν, ἔδωκε τοῖς μαθηταῖς αὐτοῦ, λέγων,

Ἐκφώνως. Λάβετε, φάγετε. Τοῦτό ἐστι τὸ σῶμά μου, τὸ ὑπὲρ ὑμῶν κλώμενον.

Καὶ ἐπάγει λέγων μυστικῶς,

Ὁμοίως πάλιν μετὰ τὸ δειπνῆσαι, λαβὼν τὸ ποτήριον, καὶ εὐχαριστήσας εὐλόγησεν· ἔδωκε τοῖς ἁγίοις αὐτοῦ μαθηταῖς, λέγων·

Ἐκφώνως. Πίετε ἐξ αὐτοῦ πάντες. Τοῦτό ἐστι τὸ αἷμά μου.

Ὁ λαός. Ἀμήν.

Ὁ ἱερεὺς ἐπεύχεται. Ταῦτα ὁσάκις ἐὰν ποιῆτε, ἐν τῇ ἐμῇ μνήμῃ ποιεῖτε. Ὅθεν μνημονεύοντες, Κύριε, ἡμεῖς οἱ σοὶ δοῦλοι, ἀλλὰ καὶ ὁ λαὸς ὁ ἅγιος τοῦ Χριστοῦ σου, Κυρίου δὲ ἡμῶν καὶ Θεοῦ, τοῦ τε μακαρίου πάθους, ναὶ μὴν καὶ τῆς ἐκ τοῦ ᾅδου ἐγέρσεως, ἀλλὰ καὶ τῆς εἰς οὐρανοὺς ἐνδόξου ἀναβάσεως,

Ἐκφώνως. Τὰ σὰ ἐκ τῶν σῶν σοὶ προσφέροντες κατὰ [πάντα],

fol. 36 Ὁ λαός. Σὲ ὑμνοῦμεν· σὲ εὐλογοῦμεν.

Ὁ ἱερεὺς εὔχεται. Τὰ σὰ ἐκ τῶν σῶν
(2) προσφέρομεν τῇ τιμίᾳ μεγαλωσύνῃ σου, ἐκ τῶν σῶν δωρεῶν καὶ χαρισμάτων, θυσίαν
(3) καθαράν, θυσίαν ἁγίαν, θυσίαν ἄμωμον, ἄρτον ἅγιον ζωῆς αἰωνίου, καὶ ποτήριον

(1) P τοῖς ἁγίοις αὐτοῦ μαθηταῖς καὶ ἀποστόλοις, εἰπών, Λάβετε, φάγετε ἐξ αὐτοῦ.
Ἐκφώνησις. Ὁμοίως καὶ τὸ ποτήριον μετὰ τὸ δειπνῆσαι λαβὼν ἐν ταῖς ἁγίαις καὶ ἀχράντοις χερσὶν αὐτοῦ, πάλιν σοὶ εὐχαριστῶν, εὐλόγησε καὶ ἔδωκε τοῖς ἁγίοις αὐτοῦ μαθηταῖς, λέγων,
Ἐκφωνεῖ. Πίετε ἐξ αὐτοῦ πάντες, τοῦτο γάρ ἐστι τὸ ποτήριον τὸ αἷμά μου νέας διαθήκης, μυστήριον καὶ αἰωνίου πίστεως, ἥτις ὑπὲρ ὑμῶν καὶ

CANON ACTIONIS.

Deum Patrem suum Omnipotentem, tibi gratias agens, benedixit, fregit, deditque discipulis suis dicens: Accipite, et manducate ex hoc omnes: Hoc est enim Corpus meum.

Simili modo postea quam coenatum est, accipiens et hunc praeclarum Calicem in sanctas ac venerabiles manus suas, item tibi gratias agens, benedixit, dedit discipulis suis dicens: Accipite et bibite ex eo omnes: Hic est enim Calix sanguinis mei, novi et aeterni testamenti, Mysterium Fidei, qui pro vobis et pro multis effundetur in remissionem peccatorum. Haec quotiescunque feceritis in mei memoriam facietis.

Unde et memores sumus, Domine, nos tui servi sed et plebs tua sancta Christi Filii tui Domini nostri tam beatae Passionis, nec non et ab inferis Resurrectionis, sed et in caelis gloriosae Ascensionis: offerimus praeclarae Maiestati tuae de tuis donis ac datis Hostiam puram, Hostiam sanctam, Hostiam immaculatam, Panem sanctum vitae aeternae, et Calicem salutis perpetuae.

ὑπὲρ πολλῶν ἐκχέεται εἰς ἄφεσιν ἁμαρτιῶν.
Καὶ πάλιν καλύπτει τὰ ἅγια, καὶ λέγει μυστικῶς ὁ ἱερεύς,
Ταῦτα ὁσάκις ἐὰν ποιῆτε ἐν τῇ ἐμῇ ἀναμνήσει ποιεῖτε.
Ὅθεν καὶ μνημονεύοντες κ.τ.λ.
(The Greek is remarkable though erroneous.)
(2) P τῇ μιᾷ [τιμίᾳ] θεότητί σου.
(3) P omits θυσίαν ἁγίαν, θυσίαν ἄμωμον.

LITURGY OF SAINT PETER.

CODEX ROSSANENSIS.

(1) σωτηρίας ἀεννάου· ὑπὲρ ὧν ἵλεῳ καὶ εὐιλάτῳ προσώπῳ ἐπισκέψαι καταξιώσῃς, καὶ προσδεκταῖα σχεῖν, καθὰ κατηξίωσας τὰ δῶρα τοῦ παιδός σου τοῦ δικαίου Ἀβέλ, καὶ τὴν θυσίαν τοῦ πατριάρχου ἡμῶν Ἀβραάμ· καὶ ὥσπερ σοι προσήγαγεν ὁ πρῶτος ἱερεύς σου Μελχισεδέκ, ἁγίαν θυσίαν, ἄμωμον προσφοράν. ἱκετεύοντές σε

(2) δεόμεθα, παντοδύναμε Θεέ, κέλευσον ταῦτα διακονηθῆναι διὰ χειρὸς ἁγίου ἀγγέλου σου εἰς τὸ ὑψηλόν σου θυσιαστήριον, ἐνώπιον

(3) τῆς θείας μεγαλειότητός σου, ἵνα οἵαν

f. l. 36 b δήποτε ἐκ τούτου τοῦ θυσιαστηρίου μερίδα

(4) ἁγίαν τοῦ σώματος τοῦ Υἱοῦ σου ᾗ καὶ τοῦ αἵματος ληψώμεθα, πάσης ἐπουρανίου εὐλογίας καὶ χάριτος ἐμπλησθῶμεν, διὰ τοῦ Κυρίου ἡμῶν Ἰησοῦ Χριστοῦ.

(5) Ἐκφώνως. Ἐν πρώτοις μνήσθητι, Κύριε, τοῦ ἀρχιεπισκόπου.

Ἐνταῦθα ἀναφέρει τοὺς ζῶντας.

(6) Ἡμῖν οὖν τοῖς ἁμαρτωλοῖς καὶ ἀναξίοις δούλοις σου, τοῖς εἰς τὸ πλῆθος τοῦ ἐλέους σου ἐλπίζουσι, μέρος καὶ κοινότητα χαρίσασθαι καταξίωσον μετὰ τῶν ἁγίων σου

(7) ἀποστόλων καὶ μαρτύρων, μετὰ Ἰωάννου,

(8) Στεφάνου, Ματθαίου, Βαρνάβα, Ἰγνατίου,

(9) Ἀλεξάνδρου, Μαρκελλίνου, Πέτρου, Φηλι-

CANON ACTIONIS.

Supra quae propitio ac sereno vultu respicere digneris et accepta habere, sicuti accepta habere dignatus es munera pueri tui iusti Abel, et sacrificium patriarchae nostri Abrahae, et quod tibi obtulit summus sacerdos tuus Melchisedech, sanctum sacrificium, immaculatam hostiam.

Supplices te rogamus, omnipotens Deus, iube haec perferri per manus Angeli tui in sublime altare tuum in conspectu divinae Maiestatis tuae: ut quotquot ex hac altaris participatione sacrosanctum Filii tui Corpus et Sanguinem sumpserimus, omni benedictione caelesti et gratia repleamur. Per Christum Dominum nostrum.

Nobis quoque peccatoribus, famulis tuis, de multitudine miserationum tuarum sperantibus, partem aliquam societatis donare digneris cum tuis sanctis Apostolis et Martyribus, cum Iohanne, Stephano, Matthia, Barnaba, Ignatio, Alexandro, Marcellino, Petro, Felicitate,

---

(1) P καὶ προσδεκταῖαν ἔχεις (ἔχειν?).

(2) P interpolates καὶ ἀσπάζεται τὴν ἁγίαν τράπεζαν καὶ λέγει μυστικῶς τὴν εὐχὴν ταύτην.

(3) P ἐνώπιον τοῦ θείου προσώπου σου.

(4) P τοῦ ἁγίου σώματος and omits ᾗ.

(5) For the next three lines P has simply καὶ κλίνας τὴν κεφαλὴν λέγει μυστικῶς. Ἡμῖν.

The Canon since the twelfth century has here a prayer for those who have departed this life with the sign of faith and sleep in the sleep of peace. It is not in the older MSS. and it will be noted that it is not in the Greek. This again suits the date of the Rossano MS.

(6) P τῶν οἰκτιρμῶν σου καὶ τοῦ ἐλέους.

(7) P Ἰωάννου τοῦ ἐνδόξου προφήτου, προδρόμου καὶ βαπτιστοῦ.

(8) P Ματθία.

(9) For Φηλικιτάτης P has here καὶ τῶν ἁγίων τεσσεράκοντα, and after Ἰουλιανῆς inserts Αἰκατερίνης, Εὐγενίας, Εὐπραξίας, proceeding thus καὶ

CODEX ROSSANENSIS.

κιτάτης, Περπετούας, Ἀγαθῆς, Λουκίας, Ἀγνῆς, Κικιλίας, Ἀναστασίας, Βαρβάρας, Ἰουλιανῆς, τῶν πανενδόξων τεσσαράκοντα μαρτύρων καὶ πάντων σου τῶν ἁγίων, μεθ' ὧν ἡμᾶς σύνταξον, μὴ ἐπισκέπτων τὰς πράξεις, ἀλλὰ ἀφέσεως ἁμαρτιῶν, δεόμεθα, ἄνεσιν παράσχου διὰ Ἰησοῦ Χριστοῦ τοῦ Κυρίου ἡμῶν, δι' οὗ ταῦτα πάντα, Κύριε, ἀεὶ τὰ ἀγαθὰ χορηγεῖς, ἁγιοποιεῖς, ζωοποιεῖς, εὐλογεῖς, καὶ παρέχεις ἡμῖν. (sic) fol. 37

Καὶ κρατῶν τὸν ἄρτον ὁ ἱερεὺς κατασφραγίζει τὸ ποτήριον, λέγων,

Δι' αὐτοῦ, καὶ μετ' αὐτοῦ, καὶ ἐν αὐτῷ ἐστιν σοὶ τῷ Θεῷ καὶ Πατρὶ τῷ παντοδυνάμῳ εἰς ἑνότητα Πνεύματος ἁγίου πᾶσα τιμὴ καὶ δόξα.

Ἐκφώνως. Εἰς τοὺς αἰῶνας τῶν αἰώνων.

Ὁ λαός. Ἀμήν.

(1) Ὁ ἱερεὺς ἐκφώνως. Εὐξώμεθα.

Ὁ λαὸς τὸ Κύριε, ἐλέησον, γ΄.

Ὁ ἱερεὺς ἐκφώνως. Ἐκ τῆς θείας διδασκαλίας διδαχθέντες, καὶ ἐκ τῶν σωτηριωδῶν ὑπομνημάτων παιδευθέντες τολμῶμεν λέγειν,

(2) Ὁ λαός. Πάτερ ἡμῶν ὁ ἐν τοῖϲ.

Ὁ ἱερεὺς ἐκφώνως. Ὅτι σοῦ ἐστιν ἡ βασιλεία καὶ ἡ δύναμις καὶ ἡ δόξα.

Εἰρήνη πᾶσι. Τὰς κεφαλάς.

CANON ACTIONIS.

Perpetua, Agatha, Lucia, Agne, Caecilia, Anastasia et cum omnibus Sanctis tuis: intra quorum nos consortia, non aestimator meriti, sed veniae quaesumus largitor admitte. Per Christum Dominum nostrum.

Per quem haec omnia, Domine, semper bona creas, sanctificas, vivificas, benedicis et praestas nobis.

Per ipsum, et cum ipso, et in ipso est tibi, Deo Patri omnipotenti, in unitate Spiritus Sancti omnis honor et gloria,

Per omnia saecula saeculorum. Amen.

Oremus.

Praeceptis salutaribus moniti, et divina institutione formati audemus dicere:

Pater noster, qui es in caelis, sanctificetur nomen tuum, etc.

πάντων τῶν ἁγίων σου μεθ' ὧν καὶ ἡμῶν τὴν μερίδα, μὴ ἐπισκέπτων τὰς πράξεις, ἀλλὰ σύνταξον τῷ κλήρῳ τῶν ἁγίων σου καὶ ἀφέσεως ἁμαρτιῶν καταξίωσον διὰ Ἰησοῦ Χριστοῦ τοῦ Κυρίου ἡμῶν.

Καὶ πάλιν αἴρει τὴν ἀναφορὰν καὶ λαβὼν τὸν ἄρτον σφραγίζει μετ' αὐτοῦ ἐκ τρίτου τὸ ἅγιον ποτήριον μυστικῶς ἐπιλέγων, Δι' οὗτινος ταῦτα πάντα, Κύριε, ἀεὶ καλὰ χορηγεῖς, ἁγιοποιεῖς. Ἀμήν. Ζωοποιεῖς, Ἀμήν. Εὐλογεῖς. Ἀμήν.

Καὶ λαβὼν τὸ ἅγιον ποτήριον σφραγίζων ἐπάνω τοῦ δίσκου λέγει μυστικῶς,

Καὶ παρέχεις ἡμῖν. Δι' αὐτοῦ καὶ μετ' αὐτοῦ καὶ ἐν αὐτῷ ἔστι σοι τῷ Θεῷ καὶ Πατρὶ παντοδυνάμῳ ἅμα τῷ Πνεύματι τῷ ἁγίῳ πᾶσα τιμή.

(1) P omits two lines.
(2) The priest says the prayer in P. Then Ὁ λαός. Ἀλλὰ ῥῦσαι ἡμᾶς ἀπὸ τοῦ.

LITURGY OF SAINT PETER.

CODEX ROSSANENSIS.

Ὁ ἱερεὺς εὔχεται. Ῥῦσαι ἡμᾶς, δεόμεθα,
(1) Κύριε, ἀπὸ παντὸς κακοῦ ἐνεστῶτος καὶ μέλ-
fol. 37 b λοντος, πρεσβείαις τῆς ἀχράντου καὶ δεδο-
(2) ξασμένης δεσποίνης ἡμῶν θεοτόκου καὶ ἀει-
παρθένου Μαρίας, τῶν μακαρίων σου ἐν-
(3) δόξων Ἀποστόλων Πέτρου καὶ Παύλου, καὶ
(4) πάντων σου τῶν ἁγίων. παράσχου εἰρήνην
(5) ἐν ταῖς καρδίαις ἡμῶν, ἵνα τῇ σκέπῃ τοῦ
ἐλέους σου βοηθούμενοι, ἐκ τῶν ἡμετέρων
ῥυσθῶμεν ἁμαρτιῶν, καὶ ἐκ παντὸς θορύβου
εὑρεθῶμεν ἀμέριμνοι, διὰ τοῦ Κυρίου ἡμῶν
Ἰησοῦ Χριστοῦ, μεθ' οὗ ζῇς καὶ βασιλεύεις,
ὁ Θεὸς ἡμῶν, εἰς ἑνότητα Πνεύματος ἁγίου,

Ἐκφώνως. Εἰς πάντας τοὺς αἰῶνας τῶν
αἰώνων.

Ὁ λαός. Ἀμήν.

Ὁ ἱερεὺς ποιεῖ εὐχήν. Πρόσχες, Κύριε Ἰη-
σοῦ Χριστέ, ὁ Θεὸς ἡμῶν, ἐξ ἁγίου κατοι-
κητηρίου σου.

(6) Ζήτει. προεγράφη εἰς τὴν Λειτουργίαν τοῦ
ἁγίου Βασιλείου.

Ὁ διάκονος. Πρόσχωμεν.

Ὁ ἱερεὺς ὑψοῖ τὸν ἄρτον λέγων, Τὰ ἅγια
τοῖς ἁγίοις.

Ὁ λαός. Εἷς Πατὴρ ἅγιος, εἷς Υἱὸς ἅγιος,
ἓν Πνεῦμα ἅγιον, εἰς ἑνότητα Πνεύματος
(7) ἁγίου. Ἀμήν.

Εἶτα λέγει κοινωνικόν. Ὁ ἀμνὸς τοῦ Θεοῦ,
fol. 38 ὁ αἴρων τὴν ἁμαρτίαν τοῦ κόσμου, ἐλέησον
(8) ἡμᾶς.

(1) P προσόντος, ἐνεστῶτος.
(2) P τῆς ἁγίας θεοτόκου καὶ ἀειπαρθένου.
(3) P omits Πέτρου καὶ Παύλου.
(4) P παράσχου φιλάνθρωπε.
(5) One of Gerbert's MSS. has "cum omnibus Sanctis," as in the Greek.
(6) See p. 86, 136, &c. [P omits this.]

CANON ACTIONIS.

Libera nos, quaesumus, Domine, ab omnibus malis praeteritis, praesentibus et futuris; et intercedente pro nobis beata et gloriosa semperque virgine, Dei genitrice Maria, et sanctis Apostolis tuis Petro et Paulo atque Andrea, da propitius pacem in diebus nostris; ut ope misericordiae tuae adiuti, et a peccatis simus liberi semper, et ab omni perturbatione securi. Per Dominum, etc.

Pax Domini sit semper vobiscum.
R. Et cum spiritu tuo.

Post haec commonenda est plebs pro ieiuniis IIIIti VIImi et Xmi mensis temporibus suis sive pro scrutiniis vel aurium apertione, sive orandum pro infirmis vel adnuntiandum Natalitia Sanctorum.

Post haec communicat Sacerdos cum ordinibus sacris cum omni populo.

(7) P ἐκφωνεῖ ὁ ἱερεύς. Ἡ εἰρήνη τοῦ Κυρίου ἡμῶν Ἰησοῦ Χριστοῦ πάντοτε μεθ' ὑμῶν. Ὁ διάκονος τὸ κοινωνικόν.
(8) P here inserts:
Πρὸ τῆς μεταλήψεως εὐχή.
Μεμολυσμένῃ ψυχῇ καὶ ῥυπαροῖς χείλεσι καὶ χερσὶν αἰσχραῖς καὶ πηλίνῃ γλώττῃ ὅλος ὑπάρχων

CODEX ROSSANENSIS.

Καὶ μετὰ τὸ πάντας μεταλαβεῖν, ὁ ἱερεὺς θυμιῶν λέγει,

Ὑψώθητι ἐπὶ τοὺς οὐρανούς, ὁ Θεός, καὶ ἐπὶ πᾶσαν τὴν γῆν ἡ δόξα σου.

Καὶ μετὰ τὸ θυμιᾶσαι ἐκφωνεῖ,

Εὐλογητὸς ὁ Θεὸς ἡμῶν πάντοτε, νῦν καὶ ἀεί, καὶ εἰς τοὺς αἰῶνας.

Ὁ λαός.   Πληρωθήτω τὸ στόμα ἡμῶν.

Ὁ διάκονος.   Ὀρθοί. Οἱ μεταλαβόντες τῶν θείων, ἀχράντων, ἐπουρανίων, ζωοποιῶν, φρικτῶν μυστηρίων, ἀξίως ἐπὶ πᾶσιν εὐχαριστήσωμεν τῷ.

Ἀντιλαβοῦ, σῶσον.   καὶ τὰ λοιπά.

ἁμαρτωλὸς καὶ ταπεινὸς καὶ ἀμετανόητος, φιλάνθρωπε, Σωτὴρ τῶν ἀπεγνωσμένων λιμὴν τε κινδυνευόντων, σὲ ἱκετεύω, ὁ καλῶν ἁμαρτωλοὺς εἰς μετάνοιαν, Κύριε ὁ Θεός, ἄνες, ἄφες, συγχώρησόν μοι τῷ ἁμαρτωλῷ τὰ παραπτώματά μου, τὰ ἑκούσιά τε καὶ ἀκούσια, εἴτε ἐν λόγῳ, εἴτε ἐν γνώσει, εἴτε ἐν ἀγνοίᾳ, εἴτε ἐν θυμήσει ἔπραξα, πάντα μοι συγχώρησον, ὡς ἀγαθὸς καὶ φιλάνθρωπος καὶ μακρόθυμος καὶ πολυέλεος, ταῖς πρεσβείαις τῆς ἁγίας θεοτόκου καὶ ἀειπαρθένου Μαρίας. ἀκατακρίτως ἀξίωσόν με δέξασθαι τὴν ἁγίαν καὶ ἄχραντόν σου δωρεάν, εἰς ἄφεσιν ἁμαρτιῶν καὶ εἰς ζωὴν αἰώνιον, εἰς συγχώρησιν τῶν πονηρῶν μου πταισμάτων καὶ εἰς φωτισμὸν τῶν ἐντολῶν σου, ὅτι πρέπει σοι πᾶσα δόξα, τιμή, καὶ προσκύνησις, τῷ Πατρὶ καὶ τῷ Υἱῷ.

[This and the following should be compared with the prayers (above, p. 168 note a, see too p. 137, note k) of the manuscript C of S. Basil and S. Chrysostom as used in the Greek churches of Italy and Sicily. The comparison suggests a possible origin of this Liturgy of S. Peter. See Introduction.]

Καὶ λαβὼν ὁ ἱερεὺς τὸν ἄρτον τῆς μεταλήψεως λέγει μυστικῶς, Μὴ ἡμῖν, Δέσποτα, τὰ ἅγια ταῦτα εἰς κρίμα γενέσθω, ἀλλ᾿ εἰς ἐξάλειψιν ἁμαρτιῶν καὶ εἰς κάθαρσιν ψυχῆς καὶ σώματος.

Ὁμοίως λαβὼν τὸ ποτήριον τῆς μεταλήψεως λέγει μυστικῶς, Τὸ σῶμά σου τὸ ἅγιον, Κύριε, γέ-

CODEX ROSSANENSIS.

Καὶ ὁ ἱερεὺς εὔχεται. Αὕτη ἡμᾶς, δεόμεθα, ἡ κοινωνία, Κύριε, καθαρίσει ἀπὸ παντὸς μολυσμοῦ σαρκὸς καὶ πνεύματος, καὶ οὐρανίων ἀγαθῶν ποιήσει εἶναι μετόχους διὰ τοῦ Κυρίου ἡμῶν Ἰησοῦ Χριστοῦ, μεθ᾽ οὗ ζῇς καὶ βασιλεύεις, ὁ Θεός, εἰς ἑνότητα Πνεύματος ἁγίου, εἰς τοὺς αἰῶνας τῶν αἰώνων. (sic)

Ἐκφώνως.   Ὅτι σὺ ὁ ἁγιασμὸς ἡμῶν, καὶ σοὶ τὴν δόξαν.

Ὁ λαός.   Ἀμήν.

Ὁ διάκονος.   Ἐν εἰρήνῃ προέλθωμεν.

Ὁ ἱερεὺς λέγει εὐχὴν ὀπισθάμβωνον. (1)

Εὐλογητὸς ὁ Θεός, δι᾽ οὗ τὸ ἄχραντον

νοιτό μοι εἰς ζωήν, καὶ τὸ αἷμά σου τὸ τίμιον τοῦτο εἰς ἄφεσιν ἁμαρτιῶν, καὶ ἐν τῇ δικαίᾳ σου κρίσει ἀξίωσόν με στῆναι ἐκ δεξιῶν σου, καὶ γένοιτό μοι αὕτη ἡ εὐχαριστία εἰς χαρὰν καὶ εἰς ἴασιν τῆς ψυχῆς μου.

Ὁ ἱερεὺς λέγει, Μετὰ φόβου Θεοῦ καὶ πίστεως. [See S. Basil, p. 169, and S. Chrysostom, p. 141.]

Ὁ διάκονος.   Ὁ Κύριος μεθ᾽ ὑμῶν. Εὐξώμεθα.

Ἐκφώνησις. Εἶτα ὁ ἱερεὺς μυστικῶς. Αὕτη ἡμᾶς, δεόμεθα, Κύριε, ἡ κοινωνία, as above.

(1) P concludes as follows:

Ἐκφωνεῖ ὁ ἱερεύς.   Ὁ Κύριος μεθ᾽ ὑμῶν.

Ὁ διάκονος.   Ἐν εἰρήνῃ προέλθωμεν. Τοῦ Κυρίου δεηθῶμεν.

Ὁ ἱερεὺς τὴν ὀπισθάμβωνον εὐχήν.

Δέσποτα Κύριε, ὁ Θεός, ὁ παντοκράτωρ, ὁ μὴ χωριζόμενος τῶν σῶν δούλων, ὁ μὴ παραβλέπων ψυχὰς τὰς σοῦ δεομένας, ἀνάπαυσον τὰς ψυχὰς τῶν δούλων σου πάντων τῶν χριστιανῶν τῶν ὀρθοδόξων, ἐν παραδείσῳ τρυφῇ, ἐν χώρᾳ εὐσεβῶν, ὑπερβὰς τὰ αὐτῶν ἁμαρτήματα τὰ ἐν γνώσει καὶ τὰ ἐν ἀγνοίᾳ. Ἐκείνους μὲν ἐν τῇ προλαβούσῃ τρυφῇ καταξίωσον, ἡμᾶς δὲ μετὰ χαρᾶς συνάγαγε καὶ ἐν ἀφέσει ἁμαρτιῶν διατήρησον, πρεσβείαις τῆς παναχράντου δεσποίνης ἡμῶν, θεοτόκου καὶ ἀεὶ παρθένου Μαρίας, τῶν ἁγίων καὶ ἐπουρανίων δυνάμεων, τοῦ ἁγίου Ἰωάννου προφήτου καὶ προδρόμου καὶ βαπτιστοῦ,

LITURGY OF SAINT PETER.

CODEX ROSSANENSIS.

fol. 38 b

αὐτοῦ σῶμα, καὶ τὸ τίμιον αὐτοῦ αἷμα μεταλαβεῖν κατηξιώθημεν· αὐτὸς εὐλόγησον καὶ διαφύλαξον πάντας ἡμᾶς, καὶ ἀξίους ποίησον τῆς ἐπουρανίου σου βασιλείας, νῦν καὶ ἀεί, καὶ εἰς τοὺς αἰῶνας τῶν αἰώνων. Ἀμήν.

(1) Εἶτα. Τὸ πλήρωμα τοῦ νόμου καὶ τῶν.

Καὶ τελειοῦται ἡ Λειτουργία τοῦ ἁγίου Ἀποστόλου Πέτρου.

[Then there follows in the Manuscript:]

Εὐχὴ ὀπισθάμβωνος εἰς κοιμηθέντας.

Ὁ Θεὸς τῶν πνευμάτων καὶ πάσης σαρκός, ὁ μεταφέρων ἀπὸ τῶν σῶν εἰς τὰ σά, ὁ εἰπών, Πᾶσαι αἱ ψυχαὶ ἐμαί εἰσι, καὶ καλῶν αὐτὰς καὶ τηρῶν εἰς ἡμέραν ἀναστάσεως·

τῶν ἁγίων καὶ ἐνδόξων ἀποστόλων, καὶ πάντων τῶν ἁγίων τῶν ἀπ' αἰῶνός σοι εὐαρεστησάντων, ὅτι σὺ εἶ ὁ εὐλογῶν καὶ ἁγιάζων τὰ σύμπαντα, καὶ σοὶ τὴν δόξαν ἀναπέμπομεν, τῷ Πατρὶ καὶ τῷ Υἱῷ καὶ τῷ ἁγίῳ Πνεύματι, νῦν καὶ ἀεί, καὶ εἰς τοὺς [αἰῶνας].

Εὐχὴ τῆς ἀπολύσεως.

Εὐλογητὸς Κύριος ὁ Θεὸς ἡμῶν, δι' οὗ τὸ ἄχραντον αὐτοῦ σῶμα καὶ τὸ τίμιον αἷμα μεταλαβεῖν ἠξιώθημεν, αὐτὸς εὐλόγησαι καὶ διαφύλαξαι πάντας ἡμᾶς, καὶ τοὺς προλαβόντας ἐξ ἡμῶν ἀνάπαυσαι ἐν κόλποις Ἀβραὰμ καὶ Ἰσαὰκ καὶ Ἰακώβ, νῦν καὶ ἀεί, καὶ εἰς τοὺς αἰῶνας τῶν αἰώνων.

Ὁ λαός. Εὐλογήσω τὸν Κύριον. (Cf. p. 142, 171.)

Ὁ ἱερεύς. Εὐλογία Κυρίου ἐφ' ὑμῶν.—

Καὶ ποιεῖ ἀπόλυσιν.

CODEX ROSSANENSIS.

αὐτός, Δέσποτα, τὴν ψυχὴν τοῦ δούλου σου τοῦ Δ'., ἣν προσελάβου, ῥῦσαι ἀπὸ πάσης ἀντικειμένης δυνάμεως ἐνεργείας. ὁδηγοὺς αὐτῆς ἀγγέλους εἰρήνης προκατάστησον· εὐμενῶς αὐτὸν καταξίωσον τὸ πρόσωπόν σου θεάσασθαι· πάριδε αὐτῷ τὰ ἐν βίῳ ἑκούσια καὶ ἀκούσια πταίσματα· ἀξίωσον τῆς μερίδος τῶν ἁγίων σου καὶ τάξον αὐτὸν ἐν κόλποις Ἀβραὰμ καὶ Ἰσαὰκ καὶ Ἰακὼβ τῶν δικαίων σου, ὅθεν ἀπέδρα ὀδύνη, λύπη, στεναγμὸς καὶ βρυγμός, ἔνθα ἐπισκοπεῖ τὸ φῶς τοῦ προσώπου σου. παράσχου δὲ τοῖς θλιβομένοις παραμυθίαν· καὶ ἡμῶν πάντα τὰ τέλη χριστιανὰ καὶ ἀναμάρτητα καὶ εὐάρεστα οἰκονόμησον· ὅτι ἀγαθὸς καὶ φιλάνθρωπος Θεὸς ὑπάρχεις, καὶ σοὶ τὴν δόξαν ἀναπέμπομεν τῷ.

Ἑτέρα εὐχὴ ὀπισθάμβωνος.

Θεὲ παντέφορε καὶ καρδιογνῶστα, οἱ διὰ τῆς μεταλήψεως τῶν θείων, ἀχράντων, ἀθανάτων καὶ ζωοποιῶν σου μυστηρίων, τῆς σῆς θείας κοινωνοὶ γεγονότες φύσεως, παρακαλοῦμέν σε, μὴ ἀποστραφῇς, μὴ ἀπώσῃ, μὴ ἐγκαταλίπῃς, ἀλλ' ἐν πᾶσι τὸ ἀνεπιδεὲς ἡμῖν πάρασχες, ἐν νόσοις ἰώμενος, ἐν πειρασμοῖς ἐξαιρούμενος, ἐν θλίψεσι παραμυθούμενος, ἐν ἀρεταῖς καὶ ὑπομονῇ συναγωνιζόμενος, ἐν χαρίσμασι δαψιλούμενος, ἐν πᾶσι τὰ προσφερόμενα παρέχων ἐν τῷ παρόντι βίῳ, τούς τε σὺν ἐμοὶ καὶ πάντα τὸν λαόν σου καταξίωσον τῆς ἀθανάτου καὶ ἐπουρανίου βασιλείας· σὺ γὰρ εἶ ὁ δοτὴρ τῶν ἀγαθῶν, καὶ σοὶ τὴν δόξαν ἀναπέμπομεν, τῷ Πατρὶ καὶ τῷ Υἱῷ καὶ τῷ ἁγίῳ Πνεύματι, νῦν καὶ ἀεί, καὶ εἰς τοὺς αἰῶνας τῶν αἰώνων. Ἀμήν. ✠

(1) Compare S. Chrysostom, p. 143.

LITURGIES OF PALESTINE.

LITURGIES OF PALESTINE.

[The Greek Liturgy of Saint James, as it has hitherto been printed, has been taken, directly or indirectly, from the copy published by Morel at Paris in 1560. Morel gave no information as to the source from which his copy was derived; but in the preface to the edition of S. Mark (1583) there is a memorandum that seems to imply that the original of the Liturgy had been found in some Library at Paris. I have been successful through the most kind assistance of M. Delisle and M. Omont in obtaining collations or copies of two transcripts of this Liturgy from MSS. now lying in the National Library, and I have thought it better to print from these MSS. than give the Liturgy as published by Morel. I have however noted the variations between them and the printed edition. These two copies must be considered as appearing here for the first time. The same may be said of the copy from the Rossano Codex to which Monaldinius drew the attention of Assemani in 1760, and from which Monaldinius gave his friend Latin translations of the more important variations from the published text. I have printed the Greek at length. From the copy in the Messina Roll Monaldinius gave to Assemani important extracts, but the remains of the roll appear here for the first time at length. For an account of the MSS. I must refer to the Introduction.

It has been impossible to print on the same pages translations of the Syriac Versions of S. James. I have however noted in the margin by the letters S. R. and S. A. the parts of the Liturgy to which corresponding passages may be found in the Syriac Liturgies as translated by Renaudot and as edited by Assemani respectively. These parts probably date from a period before the Council of Chalcedon.

I have thought it desirable to prefix to this most important Liturgy of the Church of Palestine the brief account of the celebration of the Eucharist given by Justin Martyr in his Apology, and the more continuous account given by Cyril of Jerusalem in his addresses to "the newly enlightened," "the Mystagogic Catecheses," as they are called. To the Liturgy itself I have attached as notes such extracts from and references to the works of Saint John Chrysostom as clearly exhibit the relations between this Liturgy and that in use when Chrysostom was preaching at Antioch. Before the appearance in 1879 of Mr Hammond's interesting little book entitled "The Ancient Liturgies of Antioch, &c." I had been led to collect from Bingham, just as he has done, notes of illustrative fragments scattered over the pages of Chrysostom's works. I have admitted these quotations and references as notes to the passages which they illustrate. They will thus furnish additional help in the interesting attempt to discern between the Ancient and the Modern in this important Liturgy.]

LITURGIES OF PALESTINE.

JUSTINI MARTYRIS APOLOGIÆ PRIMÆ
Capp. 65, 66, 67.

65. Ἡμεῖς δὲ μετὰ τὸ οὕτως λοῦσαι τὸν πεπεισμένον καὶ συγκατατεθειμένον ἐπὶ τοὺς λεγομένους ἀδελφοὺς ἄγομεν, ἔνθα συνηγμένοι εἰσί, κοινὰς εὐχὰς ποιησόμενοι ὑπέρ τε ἑαυτῶν καὶ τοῦ φωτισθέντος καὶ ἄλλων πανταχοῦ πάντων εὐτόνως, ὅπως καταξιωθῶμεν τὰ ἀληθῆ μαθόντες καὶ δι' ἔργων ἀγαθοὶ πολιτευταὶ καὶ φύλακες τῶν ἐντεταλμένων εὑρεθῆναι, ὅπως τὴν αἰώνιον σωτηρίαν σωθῶμεν. Ἀλλήλους φιλήματι ἀσπαζόμεθα παυσάμενοι τῶν εὐχῶν. Ἔπειτα προσφέρεται τῷ προεστῶτι τῶν ἀδελφῶν ἄρτος καὶ ποτήριον ὕδατος καὶ κράματος, καὶ οὗτος λαβών, αἶνον καὶ δόξαν τῷ Πατρὶ τῶν ὅλων διὰ τοῦ ὀνόματος τοῦ Υἱοῦ καὶ τοῦ Πνεύματος τοῦ ἁγίου ἀναπέμπει, καὶ εὐχαριστίαν ὑπὲρ τοῦ κατηξιῶσθαι τούτων παρ' αὐτοῦ ἐπὶ πολὺ ποιεῖται· οὗ συντελέσαντος τὰς εὐχὰς καὶ τὴν εὐχαριστίαν πᾶς ὁ παρὼν λαὸς ἐπευφημεῖ λέγων· Ἀμήν. Τὸ δὲ Ἀμὴν τῇ Ἑβραΐδι φωνῇ τὸ Γένοιτο σημαίνει. Εὐχαριστήσαντος δὲ τοῦ προεστῶτος καὶ ἐπευφημήσαντος παντὸς τοῦ λαοῦ, οἱ καλούμενοι παρ' ἡμῖν διάκονοι διδόασιν ἑκάστῳ τῶν παρόντων μεταλαβεῖν ἀπὸ τοῦ εὐχαριστηθέντος ἄρτου καὶ οἴνου καὶ ὕδατος, καὶ τοῖς οὐ παροῦσιν ἀποφέρουσι.

66. Καὶ ἡ τροφὴ αὕτη καλεῖται παρ' ἡμῖν Εὐχαριστία, ἧς οὐδενὶ ἄλλῳ μετασχεῖν ἐξόν ἐστιν, ἢ τῷ πιστεύοντι ἀληθῆ εἶναι τὰ δεδιδαγμένα ὑφ' ἡμῶν, καὶ λουσαμένῳ τὸ ὑπὲρ ἀφέσεως ἁμαρτιῶν καὶ εἰς ἀναγέννησιν λουτρόν, καὶ οὕτως βιοῦντι ὡς ὁ Χριστὸς παρέδωκεν. Οὐ γὰρ ὡς κοινὸν ἄρτον οὐδὲ κοινὸν πόμα ταῦτα λαμβάνομεν, ἀλλ' ὃν τρόπον διὰ λόγου Θεοῦ σαρκοποιηθεὶς Ἰησοῦς Χριστὸς ὁ σωτὴρ ἡμῶν καὶ σάρκα καὶ αἷμα ὑπὲρ σωτηρίας ἡμῶν ἔσχεν, οὕτως καὶ τὴν δι' εὐχῆς λόγου τοῦ παρ' αὐτοῦ εὐχαριστηθεῖσαν τροφήν, ἐξ ἧς αἷμα καὶ σάρκες κατὰ μεταβολὴν τρέφονται ἡμῶν, ἐκείνου τοῦ σαρκοποιηθέντος Ἰησοῦ καὶ σάρκα καὶ αἷμα ἐδιδάχθημεν εἶναι. Οἱ γὰρ ἀπόστολοι ἐν τοῖς γενομένοις ὑπ' αὐτῶν ἀπομνημονεύμασιν, ἃ καλεῖται εὐαγγέλια, οὕτως παρέδωκαν ἐντετάλθαι αὐτοῖς τὸν Ἰησοῦν, λαβόντα ἄρτον εὐχαριστήσαντα εἰπεῖν· Τοῦτο ποιεῖτε εἰς τὴν ἀνάμνησίν μου, τοῦτό ἐστι τὸ σῶμά μου· καὶ τὸ ποτή-

JUSTINI MARTYRIS APOLOGIA PRIMA.

ριον ὁμοίως λαβόντα καὶ εὐχαριστήσαντα εἰπεῖν· Τοῦτό ἐστι τὸ αἷμά μου· καὶ μόνοις αὐτοῖς μεταδοῦναι. Ὅπερ καὶ ἐν τοῖς τοῦ Μίθρα μυστηρίοις παρέδωκαν γίνεσθαι μιμησάμενοι οἱ πονηροὶ δαίμονες· ὅτι γὰρ ἄρτος καὶ ποτήριον ὕδατος τίθεται ἐν ταῖς τοῦ μυουμένου τελεταῖς μετ' ἐπιλόγων τινῶν, ἢ ἐπίστασθε ἢ μαθεῖν δύνασθε.

67. Ἡμεῖς δὲ μετὰ ταῦτα λοιπὸν ἀεὶ τούτων ἀλλήλους ἀναμιμνήσκομεν· καὶ οἱ ἔχοντες τοῖς λειπομένοις πᾶσιν ἐπικουροῦμεν, καὶ σύνεσμεν ἀλλήλοις ἀεί. Ἐπὶ πᾶσί τε οἷς προσφερόμεθα εὐλογοῦμεν τὸν ποιητὴν τῶν πάντων διὰ τοῦ Υἱοῦ αὐτοῦ Ἰησοῦ Χριστοῦ καὶ διὰ Πνεύματος τοῦ ἁγίου. Καὶ τῇ τοῦ ἡλίου λεγομένῃ ἡμέρᾳ πάντων κατὰ πόλεις ἢ ἀγροὺς μενόντων ἐπὶ τὸ αὐτὸ συνέλευσις γίνεται, καὶ τὰ ἀπομνημονεύματα τῶν ἀποστόλων ἢ τὰ συγγράμματα τῶν προφητῶν ἀναγινώσκεται μέχρις ἐγχωρεῖ. Εἶτα παυσαμένου τοῦ ἀναγινώσκοντος, ὁ προεστὼς διὰ λόγου τὴν νουθεσίαν καὶ πρόκλησιν τῆς τῶν καλῶν τούτων μιμήσεως ποιεῖται. Ἔπειτα ἀνιστάμεθα κοινῇ πάντες καὶ εὐχὰς πέμπομεν.

JUSTINI MARTYRIS APOLOGIA PRIMA.

Καὶ, ὡς προέφημεν, παυσαμένων ἡμῶν τῆς εὐχῆς ἄρτος προσφέρεται καὶ οἶνος καὶ ὕδωρ, καὶ ὁ προεστὼς εὐχὰς ὁμοίως καὶ εὐχαριστίας, ὅση δύναμις αὐτῷ, ἀναπέμπει, καὶ ὁ λαὸς ἐπευφημεῖ λέγων τὸ Ἀμήν· καὶ ἡ διάδοσις καὶ ἡ μετάληψις ἀπὸ τῶν εὐχαριστηθέντων ἑκάστῳ γίνεται καὶ τοῖς οὐ παροῦσι διὰ τῶν διακόνων πέμπεται. Οἱ εὐποροῦντες δὲ καὶ βουλόμενοι κατὰ προαίρεσιν ἕκαστος τὴν ἑαυτοῦ ὃ βούλεται δίδωσι, καὶ τὸ συλλεγόμενον παρὰ τῷ προεστῶτι ἀποτίθεται, καὶ αὐτὸς ἐπικουρεῖ ὀρφανοῖς τε καὶ χήραις, καὶ τοῖς διὰ νόσον ἢ δι' ἄλλην αἰτίαν λειπομένοις, καὶ τοῖς ἐν δεσμοῖς οὖσι, καὶ τοῖς παρεπιδήμοις οὖσι ξένοις, καὶ ἁπλῶς πᾶσι τοῖς ἐν χρείᾳ οὖσι κηδεμὼν γίνεται. Τὴν δὲ τοῦ ἡλίου ἡμέραν κοινῇ πάντες τὴν συνέλευσιν ποιούμεθα, ἐπειδὴ πρώτη ἐστὶν ἡμέρα, ἐν ᾗ ὁ Θεὸς τὸ σκότος καὶ τὴν ὕλην τρέψας κόσμον ἐποίησε, καὶ Ἰησοῦς Χριστὸς ὁ ἡμέτερος Σωτὴρ τῇ αὐτῇ ἡμέρᾳ ἐκ νεκρῶν ἀνέστη· τῇ γὰρ πρὸ τῆς κρονικῆς ἐσταύρωσαν αὐτὸν καὶ τῇ μετὰ τὴν κρονικήν, ἥτις ἐστὶν ἡλίου ἡμέρα, φανεὶς τοῖς ἀποστόλοις αὐτοῦ καὶ μαθηταῖς ἐδίδαξε ταῦτα, ἅπερ εἰς ἐπίσκεψιν καὶ ὑμῖν ἀνεδώκαμεν.

EXTRACTS FROM THE FOURTH AND FIFTH LECTURES OF CYRIL OF JERUSALEM ON THE MYSTERIES, ADDRESSED TO THE NEWLY BAPTIZED[1].

IV. Ἀνάγνωσις ἐκ τῆς πρὸς Κορινθίους Παύλου ἐπιστολῆς.

Ἐγὼ ρὰρ παρέλαβον ἀπὸ τοῦ Κγρίογ ὃ καὶ παρέδωκα ὑμῖν.

Αὕτη τοῦ μακαρίου Παύλου ἡ διδασκαλία ἱκανὴ καθέστηκε πληροφορῆσαι ὑμᾶς περὶ τῶν θείων μυστηρίων.... Αὐτὸς γὰρ ἀρτίως ἐβόα· ὅτι ἐν τῇ νυκτὶ ᾗ παρεδίδοτο, ὁ Κύριος ἡμῶν Ἰησοῦς Χριστὸς λαβὼν ἄρτον καὶ εὐχαριστήσας ἔκλασε καὶ ἔδωκε τοῖς αὐτοῦ μαθηταῖς λέγων· Λάβετε, φάγετε, τοῦτό μου ἐστὶ τὸ σῶμα. Καὶ λαβὼν [τὸ] ποτήριον καὶ εὐχαριστήσας εἶπεν· Λάβετε, πίετε, τοῦτό μου ἐστὶ τὸ αἷμα.

V. 2. Ἑωράκατε τὸν διάκονον τὸν νίψασθαι διδόντα τῷ ἱερεῖ καὶ τοῖς κυκλοῦσι τὸ θυσιαστήριον τοῦ Θεοῦ πρεσβυτέροις....... Σύμβολόν ἐστιν τοῦ δεῖν ὑμᾶς καθαρεύειν πάντων ἁμαρτημάτων καὶ ἀνομημάτων τὸ νίψασθαι....

3. Εἶτα βοᾷ ὁ διάκονος· Ἀλλήλους ἀπολάβετε, καὶ ἀλλήλους ἀσπαζώμεθα.

4. Μετὰ τοῦτο βοᾷ ὁ ἱερεύς· Ἄνω τὰς καρδίας. Εἶτα ἀποκρίνεσθε· Ἔχομεν πρὸς τὸν Κύριον.

5. Εἶτα ὁ ἱερεὺς λέγει· Εὐχαριστήσωμεν τῷ Κυρίῳ.

Εἶτα λέγετε· Ἄξιον καὶ δίκαιον.

6. Μετὰ ταῦτα μνημονεύομεν οὐρανοῦ καὶ γῆς καὶ θαλάσσης, ἡλίου καὶ σελήνης, ἄστρων καὶ πάσης τῆς κτίσεως λογικῆς τε καὶ ἀλόγου, ὁρατῆς τε καὶ ἀοράτου, ἀγγέλων, ἀρχαγγέλων, δυνάμεων, κυριοτήτων, ἀρχῶν, ἐξουσιῶν, θρόνων, τῶν Χερουβὶμ τῶν πολυπροσώπων, δυνάμει λέγοντες τὸ τοῦ Δαβίδ, Μεγαλύνατε τὸν Κύριον σὺν ἐμοί. Μνημονεύομεν καὶ τῶν Σεραφίμ, ἃ ἐν Πνεύματι ἁγίῳ ἐθεάσατο Ἡσαΐας παρεστηκότα κύκλῳ τοῦ θρόνου τοῦ Θεοῦ, καὶ ταῖς μὲν δυσὶ πτέρυξι κατακαλύπτοντα τὸ πρόσωπον, ταῖς δὲ δυσὶ τοὺς πόδας, καὶ ταῖς δυσὶ πετόμενα, καὶ λέγοντα ἅριος, ἅριος, ἅριος, Κύριος ϲαβαώθ. διὰ τοῦτο γὰρ τὴν παραδοθεῖσαν ἡμῖν ἐκ τῶν Σεραφὶμ θεολογίαν ταύτην λέγομεν, ὅπως κοινωνοὶ τῆς ὑμνῳδίας ταῖς ὑπερκοσμίοις γενώμεθα στρατιαῖς.

7. Εἶτα ἁγιάσαντες ἑαυτοὺς διὰ τῶν πνευματικῶν τούτων ὕμνων, παρακαλοῦμεν τὸν φιλάνθρωπον Θεόν, τὸ ἅγιον Πνεῦμα ἐξαποστεῖλαι ἐπὶ τὰ προκείμενα, ἵνα ποιήσῃ τὸν μὲν ἄρτον σῶμα Χριστοῦ, τὸν δὲ οἶνον αἷμα Χριστοῦ.

8. Εἶτα, μετὰ τὸ ἀπαρτισθῆναι τὴν πνευματικὴν θυσίαν, τὴν ἀναίμακτον λατρείαν, ἐπὶ τῆς θυσίας ἐκείνης τοῦ ἱλασμοῦ παρα-

---

[1] I have confined these extracts to passages illustrative of the text and "rubric" of the Liturgy of Jerusalem.

CYRIL OF JERUSALEM.

καλοῦμεν τὸν Θεὸν ὑπὲρ κοινῆς τῶν ἐκκλησιῶν εἰρήνης, ὑπὲρ τῆς τοῦ κόσμου εὐσταθείας, ὑπὲρ βασιλέων, ὑπὲρ στρατιωτῶν καὶ συμμάχων, ὑπὲρ τῶν ἐν ἀσθενείαις, ὑπὲρ τῶν καταπονουμένων, καὶ ἀπαξαπλῶς ὑπὲρ πάντων βοηθείας δεομένων, δεόμεθα πάντες ἡμεῖς καὶ ταύτην προσφέρομεν τὴν θυσίαν.

9. Εἶτα μνημονεύομεν καὶ τῶν προκεκοιμημένων, πρῶτον πατριαρχῶν, προφητῶν, ἀποστόλων, μαρτύρων, ὅπως ὁ Θεὸς ταῖς εὐχαῖς αὐτῶν καὶ πρεσβείαις προσδέξηται ἡμῶν τὴν δέησιν. Εἶτα καὶ ὑπὲρ τῶν προκεκοιμημένων ἁγίων πατέρων καὶ ἐπισκόπων, καὶ πάντων ἁπλῶς τῶν ἐν ἡμῖν προκεκοιμημένων, μεγίστην ὄνησιν πιστεύοντες ἔσεσθαι ταῖς ψυχαῖς, ὑπὲρ ὧν ἡ δέησις ἀναφέρεται τῆς ἁγίας καὶ φρικωδεστάτης προκειμένης θυσίας.

11. Εἶτα μετὰ ταῦτα τὴν εὐχὴν λέγομεν ἐκείνην, ἣν ὁ Σωτὴρ παρέδωκε τοῖς οἰκείοις αὐτοῦ μαθηταῖς, μετὰ καθαρᾶς συνειδήσεως Πατέρα ἐπιγραφόμενοι τὸν Θεόν, καὶ λέγοντες, Πάτερ ἡμῶν ὁ ἐν τοῖς οὐρανοῖς.

12. Ἁγιασθήτω τὸ ὄνομά σου.
13. Ἐλθέτω ἡ βασιλεία σου.
14. Γενηθήτω τὸ θέλημά σου ὡς ἐν οὐρανῷ καὶ ἐπὶ τῆς γῆς.
15. Τὸν ἄρτον ἡμῶν τὸν ἐπιούσιον δὸς ἡμῖν σήμερον.
16. Καὶ ἄφες ἡμῖν τὰ ὀφειλήματα

CYRIL OF JERUSALEM.

ἡμῶν ὡς καὶ ἡμεῖς ἀφίεμεν τοῖς ὀφειλέταις ἡμῶν.

17. Καὶ μὴ εἰσενέγκῃς ἡμᾶς εἰς πειρασμόν.
18. Ἀλλὰ ῥῦσαι ἡμᾶς ἀπὸ τοῦ πονηροῦ.

Εἶτα μετὰ τὴν πλήρωσιν τῆς εὐχῆς λέγεις, Ἀμήν.

19. Μετὰ ταῦτα λέγει ὁ ἱερεύς· τὰ ἅγια τοῖς ἁγίοις......Εἶτα ὑμεῖς λέγετε· Εἷς ἅγιος, εἷς Κύριος, Ἰησοῦς Χριστός.

20. Μετὰ ταῦτα ἀκούετε τοῦ ψάλλοντος μετὰ μέλους θείου προτρεπομένου ὑμᾶς εἰς τὴν κοινωνίαν τῶν ἁγίων μυστηρίων, καὶ λέγοντος·

Γεύσασθε καὶ ἴδετε, ὅτι χρηστὸς ὁ Κύριος.

21. Προσιὼν οὖν, μὴ τεταμένοις τοῖς τῶν χειρῶν καρποῖς προσέρχου, μηδὲ διηρημένοις τοῖς δακτύλοις, ἀλλὰ τὴν ἀριστερὰν θρόνον ποιήσας τῇ δεξιᾷ ὡς μελλούσῃ βασιλέα ὑποδέχεσθαι, καὶ κοιλάνας τὴν παλάμην, δέχου τὸ σῶμα τοῦ Χριστοῦ, ἐπιλέγων τὸ Ἀμήν.

22. Εἶτα μετὰ τὸ κοινωνῆσαί σε τοῦ σώματος Χριστοῦ προσέρχου καὶ τῷ ποτηρίῳ τοῦ αἵματος, μὴ ἀνατείνων τὰς χεῖρας, ἀλλὰ κύπτων, καὶ τρόπῳ προσκυνήσεως καὶ σεβάσματος λέγων τὸ Ἀμὴν ἁγιάζου καὶ ἐκ τοῦ αἵματος μεταλαμβάνων Χριστοῦ.

Κατέχετε ταύτας τὰς παραδόσεις ἀσπίλους.

LITURGY OF SAINT JAMES.

LITURGY OF SAINT JAMES.

[The first column contains the Liturgy as it is found in the two surviving fragments of the Messina Roll. I have however added within square brackets portions which were in existence when Monaldinius sent his memoranda to Joseph Aloysius Assemani about the year 1750. The Roll has suffered in the meantime.

The second column contains the Liturgy as given at length in the Rossano Codex: the third and fourth as given in the Paris MSS. 2509 and 476 respectively. The former of these seems to approach closest to the edition published by Morel in the year 1560, from which edition all more recent copies have been either directly or indirectly taken. I have therefore appended to it notes of the variations from it of Morel's copy. The letters S. R. and S. A. mark the prayers which are found, with few variations, in the Syriac copies as translated by Renaudot and by Assemani, and I have also marked with C the portions which were demonstrably in existence in the time of Saint Cyril of Jerusalem. The Notes contain also references to or quotations from the writings of Chrysostom.]

LITURGY OF SAINT JAMES.

ROTULUS MESSANENSIS.
[*Mutilus.*]

CODEX ROSSANENSIS.
Ἡ θεία λειτουργία τοῦ ἁγίου ἀποστόλου Ἰακώβου τοῦ ἀδελφοθέου.

Ὁ διάκονος. Τοῦ Κυρίου δεηθῶμεν. [p. 62]
Ὁ λαός. Κύριε, ἐλέησον.
Ὁ ἱερεύς. Εἰς τὸ ὄνομα τοῦ Πατρὸς καὶ τοῦ Υἱοῦ καὶ τοῦ ἁγίου Πνεύματος, νῦν καὶ ἀεί, καὶ εἰς τούς.
Ὁ διάκονος. Στῶμεν καλῶς· ἐν εἰρήνῃ τοῦ Κυρίου δεηθῶμεν.

LITURGY OF SAINT JAMES.

PARIS MANUSCRIPT 2509.	PARIS MANUSCRIPT 476.
Ἡ θεία λειτουργία τοῦ ἁγίου ἀποστόλου καὶ ἀδελφοθέου Ἰακώβου.	Ἡ θεία λειτουργία τοῦ ἐν ἁγίοις πατρὸς ἡμῶν Ἰακώβου τοῦ ἀποστόλου καὶ ἀδελφοθέου.
	Εὐχὴ τῆς προθέσεως.
	Δόξα τῷ Πατρὶ καὶ τῷ Υἱῷ καὶ τῷ ἁγίῳ Πνεύματι, τῇ μόνῃ ἁπλῇ καὶ ἀδιαιρέτῳ τριάδι, τῇ ἑνούσῃ καὶ ἁγιαζούσῃ ἡμᾶς δι' ἑαυτῆς, καὶ εἰρηνευούσῃ τὴν ζωὴν ἡμῶν, νῦν καὶ ἀεί, καὶ εἰς τοὺς αἰῶνας τῶν αἰώνων. Ἀμήν.
	Εἶτα ἐξιλεούμενος ὑπὲρ ἑαυτοῦ τὸ Θεῖον,
Ἐν πλήθει ἁμαρτιῶν μεμολυσμένον με μὴ ἐξουδενώσῃς, Δέσποτα Κύριε ὁ Θεὸς ἡμῶν· ἰδοὺ γὰρ προσῆλθον τῷ θείῳ τούτῳ καὶ ἐπουρανίῳ μυστηρίῳ σου, οὐχ ὡς ἄξιος ὑπάρχων· ἀλλ' εἰς τὴν σὴν ἀφορῶν ἀγαθότητα, ἀφίημί σοι τὴν φωνήν, Ὁ Θεός, ἱλάσθητί μοι τῷ ἁμαρτωλῷ· ἥμαρτον εἰς τὸν οὐρανὸν καὶ ἐνώπιόν σου, καὶ οὐκ εἰμὶ ἄξιος ἀντοφθαλμῆσαι τῇ ἱερᾷ σου ταύτῃ καὶ πνευματικῇ τραπέζῃ, ἐφ' ᾗ ὁ μονογενής σου Υἱός, καὶ Κύριος ἡμῶν Ἰησοῦς Χριστός, ἐμοὶ τῷ ἁμαρτωλῷ καὶ πάσῃ κηλῖδι κατεστιγμένῳ, μυστικῶς πρόκειται εἰς θυσίαν. Διὸ ταύτην σοι τὴν ἱκεσίαν καὶ εὐχαριστίαν προσάγω, τοῦ καταπεμφθῆναί μοι	Ἐν πλήθει ἁμαρτιῶν μεμολυσμένον με μὴ ἐξουδενώσῃς, Δέσποτα Κύριε ὁ Θεός μου· ἰδοὺ γὰρ προσέρχομαι τῷ θείῳ τούτῳ καὶ ἐπουρανίῳ θυσιαστηρίῳ, οὐχ ὡς ἄξιος ὑπάρχων· ἀλλ' εἰς τὴν σὴν ἀφορῶν ἀγαθότητα, ταύτην ἀφίημί σοι τὴν φωνήν, Ὁ Θεός, ἱλάσθητί μοι τῷ ἁμαρτωλῷ· ἥμαρτον γὰρ εἰς τὸν οὐρανὸν καὶ ἐνώπιόν σου, καὶ οὐκ εἰμὶ ἄξιος ἀντοφθαλμῆσαι τῇ ἱερᾷ ταύτῃ καὶ πνευματικῇ τραπέζῃ, ἐφ' ᾗ ὁ μονογενής σου Υἱός, ὁ Κύριος ἡμῶν Ἰησοῦς Χριστός, ἐμοὶ τῷ ἁμαρτωλῷ καὶ πάσῃ κηλῖδι κατεστιγμένῳ, μυστικῶς πρόκειται εἰς θυσίαν. Δι' οὗ ταύτην σοι τὴν ἱκετηρίαν προσάγω, τοῦ καταπεμφθῆναί μοι τὸ Πνεῦμά σου τὸ

(1) P. 3 denotes that the passage is to be found in the Paris edition of Morel, p. 3.

LITURGY OF SAINT JAMES.

ROTULUS MESSANENSIS.	CODEX ROSSANENSIS.
[*Mutilus.*]	

Ὁ ἱερεὺς λέγει εὐχήν.

Δόξα τῷ Πατρὶ καὶ τῷ Υἱῷ καὶ τῷ ἁγίῳ Πνεύματι, τῷ τριαδικῷ καὶ ἑνιαίῳ φωτὶ τῆς μιᾶς θεότητος, τῆς ἐν τριάδι μοναδικῶς ὑπαρχούσης καὶ διαιρουμένης ἀδιαιρέτως· τριὰς γὰρ εἷς Θεὸς παντοκράτωρ, οὗ τὴν δόξαν οἱ οὐρανοὶ διηγοῦνται, ἡ δὲ γῆ τὴν αὐτοῦ δεσποτείαν, καὶ ἡ θάλασσα τὸ αὐτοῦ κράτος, καὶ πᾶσα αἰσθητή τε καὶ νοητὴ κτίσις τὴν αὐτοῦ μεγαλειότητα κηρύττει πάντοτε· ὅτι αὐτῷ πρέπει πᾶσα δόξα, τιμή, κράτος, μεγαλωσύνη καὶ μεγαλοπρέπεια, νῦν καὶ ἀεί, καὶ εἰς τούς.

Εὐχὴ τοῦ θυμιάματος τῆς εἰσόδου. [62·b]

Δέσποτα Ἰησοῦ Χριστέ, ὦ Θεοῦ Λόγε, ὁ ἑκουσίως ἑαυτὸν θυσίαν ἄμωμον ἐπὶ σταυροῦ τῷ Θεῷ καὶ Πατρὶ προσαγαγών, ὁ διφυὴς ἄνθραξ, ὁ τῇ λαβίδι τῶν τοῦ προφήτου χειλέων ἁψάμενος καὶ τὰς ἁμαρτίας αὐτοῦ ἀφελόμενος, ἅψαι τῶν νοερῶν ἡμῶν αἰσθήσεων, καὶ καθάρισον ἡμᾶς ἀπὸ πάσης ἁμαρτημάτων κηλῖδος, καὶ παράστησον ἡμᾶς ἁγνοὺς τῷ ἁγίῳ σου θυσιαστηρίῳ, τοῦ προσενέγκαι σοι θυσίαν αἰνέσεως·

PARIS MANUSCRIPT 2509.

τὸ Πνεῦμά σου τὸ Παράκλητον, ἐνισχῦον καὶ καταρτίζον με πρὸς τὴν λειτουργίαν ταύτην· καὶ τὴν παρὰ σοῦ μοι τῷ λαῷ ἐπαγγελθεῖσαν φωνὴν ἀκατακρίτως ταύτην ἀποφθέγξασθαι καταξίωσον, ἐν Χριστῷ Ἰησοῦ τῷ Κυρίῳ ἡμῶν, μεθ᾽ οὗ εὐλογητὸς εἶ, σὺν τῷ παναγίῳ, ἀγαθῷ, ζωοποιῷ καὶ ὁμοουσίῳ σου Πνεύματι, νῦν καὶ ἀεί.

P. Εὐχὴ τῆς παραστάσεως.

Δόξα τῷ Πατρὶ καὶ τῷ Υἱῷ καὶ τῷ ἁγίῳ Πνεύματι, τῷ τριαδικῷ καὶ ἑνιαίῳ φωτὶ τῆς θεότητος, τῆς ἐν τριάδι μοναδικῶς ὑπαρχούσης καὶ διαιρουμένης ἀδιαιρέτως· τριὰς γὰρ εἷς Θεὸς παντοκράτωρ, οὗ τὴν δόξαν οἱ οὐρανοὶ διηγοῦνται, ἡ δὲ γῆ τὴν αὐτοῦ δεσποτείαν, καὶ ἡ θάλασσα τὸ αὐτοῦ κράτος, καὶ πᾶσα αἰσθητὴ καὶ νοητὴ κτίσις τὴν αὐτοῦ μεγαλειότητα κηρύττει πάντοτε· ὅτι αὐτῷ πρέπει πᾶσα δόξα, τιμή, κράτος, μεγαλωσύνη τε καὶ μεγαλοπρέπεια, νῦν καὶ ἀεί, καὶ εἰς τοὺς αἰῶνας τῶν αἰώνων. Ἀμήν.

Εὐχὴ τοῦ θυμιάματος τῆς εἰσόδου τῆς ἐνάρξεως.

Δέσποτα Κύριε Ἰησοῦ Χριστέ, ὦ Θεοῦ Λόγε, ὁ ἑκουσίως ἑαυτὸν θυσίαν ἄμωμον ἐπὶ σταυροῦ τῷ Θεῷ καὶ Πατρὶ προσαγαγών, ὁ διφυὴς ἄνθραξ, ὁ τῇ λαβίδι τῶν τοῦ προφήτου χειλέων ἁψάμενος καὶ τὰς
(1) ἁμαρτίας αὐτοῦ ἀφελόμενος, ἅψαι τῶν νοερῶν ἡμῶν αἰσθήσεων, καὶ καθάρισον ἡμᾶς
(2) ἀπὸ πάσης ἁμαρτημάτων κηλῖδος, καὶ παράστησον ἡμᾶς ἁγνοὺς τῷ ἁγίῳ σου θυσιαστηρίῳ τοῦ προσενέγκαι σοι θυσίαν

PARIS MANUSCRIPT 476.

Παράκλητον ἐνισχῦον, καταρτίζον με, πρὸς τὴν λειτουργίαν ταύτην· καὶ τὴν παρὰ σοῦ μοι ἐπαγγελθεῖσαν φωνὴν ταύτην ἀκατακρίτως τῷ λαῷ ἐπιφθέγξασθαι καταξίωσον,

Ἐκφώνησις. Ἐν Χριστῷ Ἰησοῦ τῷ Κυρίῳ ἡμῶν, μεθ᾽ οὗ εὐλογητὸς εἶ καὶ δεδοξασμένος, σὺν τῷ παναγίῳ καὶ ἀγαθῷ καὶ ζωοποιῷ σου Πνεύματι, νῦν καὶ ἀεί, καὶ εἰς τοὺς αἰῶνας τῶν αἰώνων. Ἀμήν.

Τάξις καὶ ἀκολουθία κατὰ τὴν ἁγίαν ἱερομύστου τελετῆς Σιών. Τοῦ κλήρου μέλλοντος τὴν προέλευσιν ποιῆσαι, ὁ διάκονος ἐκφωνεῖ, Κύριε, εὐλόγησον· ὁ δὲ ἱερεὺς λέγει, *sic*

Δόξα τῷ Πατρὶ καὶ τῷ Υἱῷ καὶ τῷ ἁγίῳ Πνεύματι, τῷ τριαδικῷ καὶ ἑνιαίῳ φωτὶ τῆς μιᾶς θεότητος, τῆς ἐν τριάδι μοναδικῶς ὑπαρχούσης καὶ διαιρουμένης ἀδιαιρέτως· τριὰς γὰρ εἷς Θεὸς παντοκράτωρ, οὗ τὴν δόξαν οἱ οὐρανοὶ διηγοῦνται, ἡ δὲ γῆ τὴν αὐτοῦ δεσποτείαν, καὶ ἡ θάλασσα τὸ αὐτοῦ κράτος, καὶ πᾶσα αἰσθητή τε καὶ νοητὴ κτίσις τὴν αὐτοῦ μεγαλειότητα κηρύττει πάντοτε· νῦν καὶ ἀεί, καὶ εἰς τοὺς αἰῶνας τῶν αἰώνων. Ἀμήν.

---

(1) P. ἅψαι καὶ ἡμῶν τῶν ἁμαρτωλῶν τῶν αἰσθήσεων.   (2) P. omits ἁμαρτημάτων.

LITURGY OF SAINT JAMES.

ROTULUS MESSANENSIS.
[*Mutilus.*]

[Chrysostom's second homily on the second Epistle to the Corinthians contains an exposition of a part of the service which was open to the public. This exposition was suggested by the words of S. Paul "Ye too helping together in prayer for us." "The laws of the Church ordain (he says) that prayers shall be so offered, not those for the faithful only, but also those for the catechumens." And he proceeds to specify them with explanations.

Ὅταν γὰρ ὁ διάκονος λέγῃ, Ὑπὲρ τῶν κατηχουμένων ἐκτενῶς δεηθῶμεν, οὐδὲν ἄλλο ἢ τὸν δῆμον ἅπαντα τῶν πιστῶν διανίστησιν εἰς τὰς ὑπὲρ ἐκείνων εὐχάς... These are not admitted to the mysteries: διὰ τοῦτο καὶ ἀπελαύνονται, τῶν φρικτῶν εὐχῶν ἐκείνων γινομένων...

Ὅταν εἴπῃ, Στῶμεν καλῶς, δεηθῶμεν, πάντας εἰς τὴν εὐχὴν παρακαλεῖ.

Εἶτα ἀρχόμενος τῆς εὐχῆς φησιν· Ἵνα ὁ πανελεήμων καὶ οἰκτίρμων Θεὸς αὐτὸς ἐπακούσῃ τῶν δεήσεων αὐτῶν...ἵνα διανοίξῃ τὰ ὦτα τῶν καρδιῶν αὐτῶν...ὥστε ἀκοῦσαι ἃ ὀφθαλμὸς οὐκ εἶδε καὶ οὓς οὐκ ἤκουσε καὶ ἐπὶ καρδίαν ἀνθρώπου οὐκ ἀνέβη... καὶ κατηχήσῃ αὐτοὺς τὸν λόγον τῆς ἀληθείας...ἵνα κατασπείρῃ τὸν φόβον αὐτοῦ ἐν αὐτοῖς...καὶ βεβαιώσῃ τὴν πίστιν αὐτοῦ ἐν ταῖς διανοίαις αὐτῶν... ἵνα ἀποκαλύψῃ αὐτοῖς τὸ εὐαγγέλιον τῆς δικαιοσύνης...ἵνα δῷ αὐτοῖς νοῦν ἔνθεον, σώφρονα λογισμόν, καὶ ἐνάρετον πολιτείαν...διαπαντὸς τὰ αὐτοῦ νοεῖν, τὰ αὐτοῦ φρονεῖν, τὰ αὐτοῦ μελετᾶν...ἐν τῷ νόμῳ αὐτοῦ καταγίνεσθαι ἡμέρας καὶ νυκτός...τῶν ἐντολῶν αὐτοῦ μνημονεύειν, τὰ δικαιώματα αὐτοῦ φυλάσσειν...

Ἔτι ἐκτενέστερον ὑπὲρ αὐτῶν παρακαλέσωμεν... ἵνα ἐξέληται αὐτοὺς ἀπὸ παντὸς πονηροῦ καὶ ἀτόπου πράγματος...ἀπὸ παντὸς ἁμαρτήματος διαβολικοῦ καὶ πάσης περιστάσεως τοῦ ἀντικειμένου (and he refers the initiated to the words of their own baptismal profession), ἵνα καταξιώσῃ αὐτοὺς ἐν καιρῷ εὐθέτῳ τῆς τοῦ λουτροῦ παλιγγενεσίας, τῆς ἀφέσεως τῶν ἁμαρτιῶν...τοῦ ἐνδύματος τῆς ἀφθαρσίας...ἵνα εὐλογήσῃ τὰς εἰσόδους αὐτῶν

CODEX ROSSANENSIS.

καὶ πρόσδεξαι παρ' ἡμῶν τῶν ἀχρείων δούλων σου τὸ παρὸν θυμίαμα εἰς ὀσμὴν εὐωδίας· καὶ εὐωδίασον ἡμῶν τὸ δυσῶδες τῆς ψυχῆς καὶ τοῦ σώματος· καὶ ἁγίασον ἡμᾶς τῇ ἁγιαστικῇ δυνάμει τοῦ παναγίου σου Πνεύματος· σὺ γὰρ εἶ μόνος ἅγιος, ὁ ἁγιάζων καὶ ἁγιαζόμενος, προσφέρων τε καὶ προσφερόμενος, καὶ τοῖς πιστοῖς μεταδιδόμενος· καὶ πρέπει σοὶ ἡ δόξα σὺν τῷ ἀνάρχῳ σου Πατρί, καὶ τῷ παναγίῳ καὶ ἀγαθῷ καὶ ζωοποιῷ σου. [63]

Εἶτα ἄρχεται τῶν εὐχῶν.

Εὐεργέτα καὶ βασιλεῦ τῶν αἰώνων καὶ τῆς κτίσεως ἁπάσης δημιουργέ, πρόσδεξαι προσιοῦσάν σοι διὰ τοῦ Χριστοῦ σου τὴν ἐκκλησίαν σου· ἑκάστῳ τὸ συμφέρον ἐκπλήρωσον· ἄγαγε πάντας εἰς τελειότητα, καὶ ἀξίους ἡμᾶς ἀπέργασαι τῆς χάριτος τοῦ ἁγιασμοῦ σου, ἐπισυνάγων ἡμᾶς ἐν τῇ ἁγίᾳ σου καθολικῇ καὶ ἀποστολικῇ ἐκκλησίᾳ, ἣν περιεποιήσω τῷ τιμίῳ αἵματι τοῦ μονογενοῦς σου Υἱοῦ, Κυρίου δὲ καὶ Θεοῦ καὶ Σωτῆρος ἡμῶν, Ἰησοῦ Χριστοῦ, μεθ' οὗ εὐλογητὸς εἶ καὶ δεδοξασμένος σὺν τῷ παναγίῳ καὶ ἀγαθῷ καὶ ζωοποιῷ σου Πνεύματι, νῦν καὶ ἀεί, καὶ εἰς τούς.

Ὁ διάκονος. Ἀμήν.

Ὁ ἱερεύς. Εἰρήνη σοι.

Ὁ διάκονος. Τοῦ Κυρίου δεηθῶμεν.

Ὁ ἱερεὺς λέγει εὐχὴν τοῦ θυμιάματος τῆς εἰσόδου τῆς συνάξεως. *Greater part of this in RV. of St Mark p. 16 col 2*

Ὁ Θεός, ὁ προσδεξάμενος Ἄβελ τὰ δῶρα, Νῶε καὶ Ἀβραὰμ τὴν θυσίαν, Ἀαρὼν καὶ Ζαχαρίου τὸ θυμίαμα, πρόσδεξαι καὶ ἐκ [63 b]

LITURGY OF SAINT JAMES.

PARIS MANUSCRIPT 2509.

(1) αἰνέσεως· καὶ πρόσδεξαι παρ' ἡμῶν τῶν ἀχρείων δούλων σου τὸ παρὸν θυμίαμα εἰς ὀσμὴν εὐωδίας· καὶ εὐωδίασον ἡμῶν τὸ δυσῶδες τῆς ψυχῆς καὶ τοῦ σώματος· καὶ ἁγίασον ἡμᾶς τῇ ἁγιαστικῇ δυνάμει τοῦ παναγίου σου Πνεύματος· σὺ γὰρ εἶ μόνος (2) ἅγιος, ὁ ἁγιάζων καὶ ἁγιαζόμενος καὶ τοῖς πιστοῖς μεταδιδόμενος· καὶ πρέπει σοὶ ἡ δόξα σὺν τῷ ἀνάρχῳ σου Πατρί, καὶ τῷ παναγίῳ καὶ ἀγαθῷ καὶ ζωοποιῷ σου Πνεύματι, νῦν καὶ ἀεί, καὶ εἰς τοὺς αἰῶνας τῶν αἰώνων.

Εὐχὴ τῆς ἐνάρξεως.

Εὐεργέτα, βασιλεῦ τῶν αἰώνων καὶ τῆς κτίσεως ἁπάσης δημιουργέ, πρόσδεξαι προσ-
P. 5 ιοῦσάν σοι διὰ τοῦ Χριστοῦ σου τὴν ἐκκλησίαν σου· ἑκάστῳ τὸ συμφέρον ἐκπλήρωσον· ἄγαγε πάντας εἰς τελειότητα, καὶ ἀξίους ἡμᾶς ἀπέργασαι τῆς χάριτος τοῦ ἁγιασμοῦ σου, ἐπισυνάγων ἡμᾶς ἐν τῇ ἁγίᾳ (3) σου καθολικῇ καὶ ἀποστολικῇ ἐκκλησίᾳ, ἣν περιεποιήσω τῷ τιμίῳ αἵματι τοῦ μονογενοῦς σου Υἱοῦ, Κυρίου δὲ καὶ Σωτῆρος ἡμῶν, Ἰησοῦ Χριστοῦ, μεθ' οὗ εὐλογητὸς εἶ καὶ δεδοξασμένος σὺν τῷ παναγίῳ καὶ ἀγαθῷ καὶ ζωοποιῷ σου Πνεύματι, νῦν καὶ ἀεί, καὶ εἰς τοὺς αἰῶνας. Ἀμήν.

Ὁ διάκονος. Ἔτι τοῦ Κυρίου δεηθῶμεν.

Ὁ ἱερεὺς εὐχὴν τοῦ θυμιάματος τῆς εἰσόδου (4) τῆς συνάξεως.

Ὁ Θεός, ὁ προσδεξάμενος Ἄβελ τὰ δῶρα, Νῶε καὶ Ἀβραὰμ τὴν θυσίαν, Ἀαρὼν καὶ Ζαχαρίου τὸ θυμίαμα, πρόσδεξαι καὶ ἐκ

(1) P. ἀφ' ἡμῶν.
(2) P. omits καὶ ἁγιαζόμενος.
(?) P. omits καθολικῇ καὶ ἀποστολικῇ.

PARIS MANUSCRIPT 476.

Εἶτα ὁ διάκονος· Ἔτι τοῦ Κυρίου δεηθῶμεν.

Ὁ δὲ ἱερεὺς ἄρχεται τῶν εὐχῶν.

Εὐεργέτα καὶ βασιλεῦ τῶν αἰώνων καὶ τῆς κτίσεως ἁπάσης δημιουργέ, πρόσδεξαι προσιοῦσάν σοι διὰ τοῦ Χριστοῦ σου·τὴν ἐκκλησίαν σου· ἑκάστῳ τὸ συμφέρον ἐκπλήρωσον· ἄγαγε πάντας εἰς τελειότητα, καὶ ἀξίους ἡμᾶς ἀπέργασαι τῆς χάριτος τοῦ ἁγιασμοῦ σου, ἐπισυνάγων ἡμᾶς ἐν τῇ ἁγίᾳ σου καθολικῇ καὶ ἀποστολικῇ ἐκκλησίᾳ, ἣν περιεποιήσω τῷ τιμίῳ αἵματι τοῦ μονογενοῦς σου Υἱοῦ, Κυρίου δὲ καὶ Θεοῦ καὶ Σωτῆρος ἡμῶν, Ἰησοῦ Χριστοῦ, μεθ' οὗ εὐλογητὸς εἶ καὶ δεδοξασμένος σὺν τῷ παναγίῳ καὶ ἀγαθῷ καὶ ζωοποιῷ σου Πνεύματι, νῦν καὶ ἀεί, καὶ εἰς τοὺς αἰῶνας τῶν αἰώνων. Ἀμήν.

Ὁ ἱερεύς. Εἰρήνη πᾶσιν.

Οἱ διάκονοι. Καὶ τῷ πνεύματί σου.

Ὁ διάκονος λέγει, Ἔτι τοῦ Κυρίου δεηθῶμεν.

Ὁ ἱερεὺς τὴν εὐχὴν τοῦ θυμιάματος τῆς εἰσόδου τῆς συνάξεως.

Ὁ Θεός, ὁ Θεὸς ἡμῶν, ὁ προσδεξάμενος Ἄβελ τὰ δῶρα, Νῶε καὶ Ἀβραὰμ τὴν θυσίαν, Ἀαρὼν καὶ Ζαχαρίου τὸ θυμίαμα,

(4) Ἐτέθησαν τὰ μέρη ταῦτα ἀπὸ ἑτέρας εὐχῆς (Note in the MS. See Liturgy of S. Mark p. 16.)

28—2

ROTULUS MESSANENSIS.

[*Mutilus.*]

καὶ τὰς ἐξόδους πάντα τὸν βίον αὐτῶν...τοὺς οἴκους αὐτῶν καὶ τὰς οἰκετίας...τὰ τέκνα αὐτῶν ἵνα αὐξήσας εὐλογήσῃ καὶ εἰς μέτρον ἡλικίας ἀγαγὼν σοφίσῃ...ἵνα κατευθύνῃ αὐτοῖς πάντα τὰ προκείμενα πρὸς τὸ συμφέρον.

Ἀπὸ τούτων παιδεύονται ἐν πᾶσιν εὐχαριστεῖν τῷ Θεῷ...καὶ μετὰ ταῦτα πάντα ἐγείρεσθαι κελεύει. πρότερον γὰρ αὐτοὺς χαμαὶ ῥίψας...[νῦν] ἀνίστησιν αὐτοὺς ὁ λόγος, καὶ κελεύει λοιπὸν καὶ αὐτοὺς ἔχεσθαι τῆς πρὸς τὸν Θεὸν ἱκετηρίας.

Then we urge the catechumens to pray for themselves.

Τὸν ἄγγελον τῆς εἰρήνης αἰτήσατε οἱ κατηχούμενοι...

εἰρηνικὰ ὑμῖν πάντα τὰ προκείμενα...

εἰρηνικὴν τὴν παροῦσαν ἡμέραν καὶ πάσας τὰς ἡμέρας τῆς ζωῆς ὑμῶν αἰτήσασθε.

χριστιανὰ ὑμῶν τὰ τέλη...

τὸ καλὸν καὶ τὸ συμφέρον...

ἑαυτοὺς τῷ ζῶντι Θεῷ καὶ τῷ Χριστῷ αὐτοῦ παραθέσθαι·

εἶτα κλῖναι τὰς κεφαλὰς κελεύομεν, τεκμήριον τοῦ τὰς εὐχὰς ἀκουσθῆναι ποιούμενοι τὸ τὸν Θεὸν εὐλογεῖν...Καὶ ἐπιβοῶσιν ἅπαντες τὸ Ἀμήν.

Then he refers to prayers which are uttered ἐν τῷ καιρῷ τῶν πιστῶν. It will be observed that all this had become obsolete when the Liturgy of Jerusalem had assumed the form in which it is found in the MSS. and so had become the prayers for the ἐνεργούμενοι of which we find notice in the seventh (eighth) homily on the Ep. to the Romans (p. 490), and for the penitents of which (with the energumens) we read in the eighteenth homily on 2 Cor. p. 568. I shall have to refer to this last passage again.]

CODEX ROSSANENSIS.

χειρὸς ἡμῶν τῶν ἁμαρτωλῶν τὸ θυμίαμα τοῦτο εἰς ὀσμὴν εὐωδίας καὶ ἄφεσιν τῶν ἁμαρτιῶν ἡμῶν καὶ παντὸς τοῦ λαοῦ σου, καὶ ποίησον σὺν τῇ εἰσόδῳ ἡμῶν εἴσοδον ἁγίων ἀγγέλων συλλειτουργεῖν ἡμῖν καὶ συνδιακονεῖν τῇ σῇ ἀγαθότητι· ὅτι εὐλογημένος ὑπάρχεις, καὶ πρέπει σοὶ ἡ δόξα, τῷ Πατρὶ καὶ τῷ Υἱῷ καὶ τῷ ἁγίῳ Πνεύματι, νῦν καὶ ἀεί, καὶ εἰς τούς.

Ὁ διάκονος λέγει, Κύριε, εὐλόγησον.

Ὁ ἱερεὺς λέγει,

Ὁ Κύριος καὶ Θεὸς ἡμῶν Ἰησοῦς ὁ Χριστός, ὁ δι' ὑπερβολὴν ἀγαθότητος καὶ ἀκατάσχετον ἔρωτα ἤδη καθεὶς καὶ λόγχῃ καὶ ἥλοις παρεῖναι μὴ ἀπανηνάμενος· ὁ τὴν κρυφίαν καὶ ἐπίφοβον ταύτην τελετὴν εἰς ἀνάμνησιν αἰωνίαν ἡμῖν ἐκτελεῖν παρασχόμενος· εὐλογήσει τὴν ἀρχιδιακονίαν σου, καὶ εὐλογήσει τὴν εἴσοδον ἡμῶν, καὶ ἐντελῶς τελειώσειεν τὴν παράστασιν τῆς λειτουργίας ἡμῶν ταύτης, τῇ ἀφάτῳ αὐτοῦ εὐσπλαγχνίᾳ, νῦν καὶ ἀεί, εἰς τούς.

sic

[64]

(a)

Εὐχὴ ἄλλη τοῦ διακόνου.

Ὁ Κύριος εὐλογήσειεν καὶ ἀξιώσειεν ὑμᾶς σεραφικῶς δωροφορῆσαι, καὶ προσᾷσαι τὴν πολυύμνητον ἐπῳδὴν τοῦ ἐνθεαστικοῦ τρισαγίου, τῷ ἀνενδεεῖ καὶ ὑπερπλήρει πάσης ἁγιαστικῆς τελειότητος, νῦν καὶ ἀεί, καὶ εἰς τούς.

Ἄρχεται ὁ ἀρχιδιάκονος λέγειν εἰς τὴν εἴσοδον.

Ὁ μονογενὴς Υἱὸς καὶ Λόγος τοῦ Θεοῦ ἀθάνατος.

Ὁ ἱερεὺς λέγει ταύτην τὴν εὐχὴν κατὰ τὴν

(a) The MS. has εὐλογήσει here and below.

LITURGY OF SAINT JAMES.

PARIS MANUSCRIPT 2509.

χειρὸς ἡμῶν τῶν ἁμαρτωλῶν τὸ θυμίαμα τοῦτο εἰς ὀσμὴν εὐωδίας καὶ ἄφεσιν τῶν ἁμαρτιῶν ἡμῶν καὶ παντὸς τοῦ λαοῦ σου, ὅτι εὐλογημένος ὑπάρχεις, καὶ πρέπει σοὶ ἡ δόξα, τῷ Πατρὶ καὶ τῷ Υἱῷ καὶ τῷ ἁγίῳ Πνεύματι, νῦν καὶ ἀεί.

Ὁ διάκονος. Κύριε, εὐλόγησον.
Ὁ ἱερεὺς ἐπεύχεται αὐτῷ.

Ὁ Κύριος καὶ Θεὸς ἡμῶν Ἰησοῦς Χριστός, ὁ δι' ὑπερβολὴν ἀγαθότητος καὶ ἀκατάσχετον ἔρωτα σταυρωθείς, καὶ λόγχῃ καὶ ἥλοις παρεῖναι μὴ ἀπανηνάμενος· ὁ τὴν κρυφίαν καὶ ἐπίφοβον ταύτην τελετὴν εἰς ἀνάμνησιν αἰωνίαν ἡμῖν ἐκτενῆ παρασχόμενος· εὐλογῆσαι τὴν ἐν Χριστῷ ἀρχιδιακονίαν σου, καὶ εὐλογῆσαι τὴν εἴσοδον ἡμῶν, καὶ ἐντελῶς τελειώσειεν τὴν παράστασιν τῆς λειτουργίας ἡμῶν ταύτης, τῇ ἀφάτῳ αὐτοῦ εὐσπλαγχνίᾳ, νῦν καὶ ἀεί, καὶ εἰς τοὺς αἰῶνας.

Εὐχὴ ἀποκριτικὴ παρὰ τοῦ διακόνου.

Ὁ Κύριος εὐλογῆσαι καὶ ἀξιῶσαι ἡμᾶς σεραφικῶς δωροφορῆσαι, καὶ προσᾷσαι τὴν πολυύμνητον ᾠδὴν τοῦ ἐνθεαστικοῦ καὶ τρισαγίου, τῷ ἀνενδεεῖ καὶ ὑπερπλήρει πάσης τῆς ἁγιαστικῆς τελειότητος, νῦν καὶ ἀεί, καὶ εἰς τοὺς αἰῶνας.

Εἶτα ἄρχεται ὁ ἀρχιδιάκονος ἐν τῇ εἰσόδῳ.

Ὁ μονογενὴς Υἱὸς καὶ Λόγος τοῦ Θεοῦ.

Ὁ ἱερεὺς λέγει τὴν εὐχὴν ταύτην ἀπὸ τῶν πυλῶν ἕως τοῦ θυσιαστηρίου.

PARIS MANUSCRIPT 476.

πρόσδεξαι καὶ ἐκ χειρὸς ἡμῶν τῶν ἁμαρτωλῶν τὸ θυμίαμα τοῦτο ✛ εἰς ὀσμὴν εὐωδίας καὶ ἄφεσιν τῶν ἁμαρτιῶν ἡμῶν καὶ παντὸς τοῦ λαοῦ σοῦ, καὶ ποίησον σὺν τῇ εἰσόδῳ ἡμῶν εἴσοδον ἁγίων ἀγγέλων συλλειτουργεῖν ἡμῖν καὶ συνδιακονεῖν τῇ σῇ ἀγαθότητι·

Ἐκφώνησις. Ὅτι εὐλογημένος ὑπάρχεις, καὶ πρέπει σοὶ ἡ δόξα, τῷ Πατρὶ καὶ τῷ Υἱῷ καὶ τῷ ἁγίῳ Πνεύματι, νῦν καὶ ἀεί, καὶ εἰς τοὺς αἰῶνας τῶν αἰώνων. Ἀμήν.

Ὁ διάκονος. Ὀρθοί. Ὁ μονογενής.

Εὐχὴ ἣν ποιεῖ ὁ ἱερεὺς κατὰ τὴν προέλευσιν τοῦ κλήρου ἀπὸ τῶν θυρῶν τῆς ἐκκλησίας ἕως τοῦ θυσιαστηρίου. Ἡ εἴσοδος.

---

(1) P. τὴν ἐν Χριστῷ τῷ Θεῷ διακονίαν.
(2) P. ἄρχεται ᾄδειν ὁ διάκονος and gives the hymn in full. [See p. 12 above.]

LITURGY OF SAINT JAMES.

ROTULUS MESSANENSIS.
[*Mutilus.*]

CODEX ROSSANENSIS.

προέλευσιν ἀπὸ τῶν θυρῶν τῆς ἐκκλησίας ἕως τοῦ θυσιαστηρίου.

Ὁ Θεὸς ὁ παντοκράτωρ, ὁ μεγαλώνυμος Κύριος, ὁ δοὺς ἡμῖν εἴσοδον εἰς τὰ ἅγια τῶν ἁγίων διὰ τῆς ἐπιδημίας τοῦ μονογενοῦς [σου] Υἱοῦ, Κυρίου δὲ καὶ Θεοῦ καὶ Σωτῆρος ἡμῶν, Ἰησοῦ Χριστοῦ, ἱκετεύομεν καὶ παρακαλοῦμεν τὴν σὴν ἀγαθότητα, ἐπειδὴ ἔμφοβοί ἐσμεν καὶ ἔντρομοι, μέλλοντες παρίστασθαι τῷ ἁγίῳ σου θυσιαστηρίῳ, ἐξαπόστειλον ἐφ᾽ ἡμᾶς, ὁ Θεός, τὴν χάριν σου τὴν ἀγαθήν, καὶ ἁγίασον ἡμῶν τὰς ψυχὰς καὶ τὰ σώματα καὶ τὰ πνεύματα, καὶ ἀλλοίωσον τὰ φρονήματα ἡμῶν πρὸς εὐσέβειαν· ἵνα ἐν καθαρῷ συνειδότι προσφέρωμέν σοι δῶρα, δόματα, καρπώματα, εἰς ἀθέτησιν τῶν ἡμετέρων πλημμελημάτων, καὶ εἰς ἱλασμὸν παντὸς τοῦ λαοῦ σου· χάριτι καὶ οἰκτιρμοῖς καὶ φιλανθρωπίᾳ τοῦ μονογενοῦς σου Υἱοῦ, μεθ᾽ οὗ εὐλογητὸς εἶ σὺν τῷ παναγίῳ καὶ ἀγαθῷ καὶ ζωοποιῷ. [64 b]

(*a*) [S. Chrysostom often refers to this salutation. For example in Hom. xxxii (xxxiii) on S. Matt. p. 374 Διὸ ἐνταῦθα δέξασθε μετὰ ἀγάπης εἰσιόντας ἡμᾶς πρὸς ὑμᾶς· καὶ ὅταν εἴπω, Εἰρήνη ὑμῖν, εἶτα εἴπητε, Καὶ τῷ πνεύματί σου· μὴ τῇ φωνῇ μόνον ἀλλὰ καὶ τῇ γνώμῃ λέγετε, μὴ τῷ στόματι ἀλλὰ καὶ τῇ διανοίᾳ.]

Ὁ ἱερεύς. Εἰρήνη πᾶσιν. (*a*)
Ὁ λαός. Καὶ τῷ πνεύματί σου.
Ὁ διάκονος. Κύριε, εὐλόγησον.
Ὁ ἱερεὺς ἐπεύχεται.

Ὁ Κύριος εὐλογήσει πάντας ἡμᾶς καὶ ἁγιάσει ἐπὶ τῇ εἰσόδῳ καὶ ἱερουργίᾳ τῶν θείων καὶ ἀχράντων μυστηρίων, καὶ τὰς μακαρίας ψυχὰς ἀναπαύσει μετὰ ἁγίων καὶ δικαίων, τῇ αὐτοῦ χάριτι καὶ φιλανθρωπίᾳ, νῦν καὶ ἀεί, καὶ εἰς τούς. [65]

Καὶ λέγει ὁ ἀρχιδιάκονος συναπτήν.

Ἐν εἰρήνῃ τοῦ Κυρίου δεηθῶμεν.

Ὁ λαός. Κύριε, ἐλέησον.

PARIS MANUSCRIPT 2509.

Ὁ Θεὸς ὁ παντοκράτωρ, ὁ μεγαλώνυμος Κύριος, ὁ δοὺς ἡμῖν εἴσοδον εἰς τὰ ἅγια τῶν ἁγίων διὰ τῆς ἐπιδημίας τοῦ μονογενοῦς σου Υἱοῦ, Κυρίου δὲ καὶ Θεοῦ καὶ Σωτῆρος ἡμῶν, Ἰησοῦ Χριστοῦ, ἱκετεύομεν καὶ παρακαλοῦμεν τὴν σὴν ἀγαθότητα, ἐπειδὴ ἔμφοβοι καὶ ἔντρομοι ἐσμέν, μέλλοντες παρεστάναι τῷ ἁγίῳ σου θυσιαστηρίῳ, ἐξαπόστειλον ἐφ᾽ ἡμᾶς, ὁ Θεός, τὴν χάριν σου τὴν ἀγαθήν, καὶ ἁγίασον ἡμῶν τὰς ψυχὰς καὶ τὰ σώματα καὶ τὰ πνεύματα, καὶ ἀλλοίωσον τὰ φρονήματα ἡμῶν πρὸς εὐσέβειαν· ἵνα ἐν καθαρῷ συνειδότι προσφέρωμέν σοι δῶρα, δόματα, καρπώματα, εἰς ἀθέτησιν τῶν ἡμετέρων πλημμελημάτων, καὶ εἰς ἱλασμὸν παντὸς τοῦ λαοῦ σου· χάριτι καὶ οἰκτιρμοῖς

P. 7   καὶ φιλανθρωπίᾳ τοῦ μονογενοῦς σου Υἱοῦ, μεθ᾽ οὗ εὐλογητὸς εἶ εἰς τοὺς αἰῶνας τῶν αἰώνων. Ἀμήν.

Μετὰ τὸ εἰσελθεῖν εἰς τὸ θυσιαστήριον λέγει ὁ ἱερεύς,

Εἰρήνη πᾶσιν.

Ὁ λαός. Καὶ τῷ πνεύματί σου.

Ὁ ἱερεύς.

Ὁ Κύριος εὐλογῆσαι πάντας ἡμᾶς καὶ ἁγιάσαι ἐπὶ τῇ εἰσόδῳ καὶ ἱερουργίᾳ τῶν θείων καὶ ἀχράντων μυστηρίων, καὶ τὰς μακαρίας ψυχὰς ἀναπαύων μετὰ ἁγίων καὶ δικαίων, τῇ αὐτοῦ χάριτι καὶ φιλανθρωπίᾳ, νῦν καὶ ἀεί, καὶ εἰς τούς.

(1) Εἶτα λέγει ὁ ἀρχιδιάκονος συναπτήν.

Ἐν εἰρήνῃ τοῦ Κυρίου δεηθῶμεν.

(1) "In calce fol. 195 (v°) scriptum reperio hanc rubricam quae, asterisco notata, ad Ἐν εἰρήνῃ etc. pertinere videtur :

† Ἐτέθησαν αἱ αἰτήσεις αὗται παρὰ τῷ ἁγίῳ

PARIS MANUSCRIPT 476.

Ὁ Θεὸς ὁ παντοκράτωρ, ὁ μεγαλώνυμος Κύριος, ὁ δοὺς ἡμῖν εἴσοδον εἰς τὰ ἅγια τῶν ἁγίων διὰ τῆς ἐπιδημίας τοῦ μονογενοῦς σου Υἱοῦ, Κυρίου δὲ καὶ Θεοῦ καὶ Σωτῆρος ἡμῶν, Ἰησοῦ Χριστοῦ, ἱκετεύομεν καὶ παρακαλοῦμεν τὴν σὴν ἀγαθότητα, ἐπειδὴ ἔμφοβοί ἐσμεν καὶ ἔντρομοι, μέλλοντες παρεστάναι τῷ ἁγίῳ σου θυσιαστηρίῳ, ἐξαπόστειλον ἐφ᾽ ἡμᾶς τὴν χάριν σου τὴν ἀγαθήν, καὶ ἁγίασον ἡμῶν τὰς ψυχὰς καὶ τὰ σώματα καὶ τὰ πνεύματα, καὶ ἀλλοίωσον τὰ φρονήματα ἡμῶν πρὸς εὐσέβειαν· ἵνα ἐν καθαρῷ συνειδότι προσφέρωμέν σοι δῶρα, δόματα, καρπώματα, εἰς ἀθέτησιν τῶν ἡμετέρων ἁμαρτημάτων, εἰς ἱλασμὸν παντὸς τοῦ λαοῦ σου· χάριτι καὶ οἰκτιρμοῖς καὶ φιλανθρωπίᾳ τοῦ μονογενοῦς σου Υἱοῦ, μεθ᾽ οὗ εὐλογητὸς εἶ σὺν τῷ παναγίῳ καὶ ἀγαθῷ καὶ ζωοποιῷ σου Πνεύματι, νῦν καὶ ἀεί, καὶ εἰς τοὺς αἰῶνας τῶν αἰώνων. Ἀμήν.

Ὁ διάκονος τὰ διακονικά.

Ἐν εἰρήνῃ τοῦ Κυρίου δεηθῶμεν.

Βασιλείῳ ἐν τῇ ἐνάρξει τῆς λειτουργίας· ζήτει κεφαλαίῳ β᾽." [M. Omont. See p. 152.] P. has διάκονος.

ROTULUS MESSANENSIS.

[*Mutilus.*]

[...ἡμῶν, θεοτόκου καὶ ἀειπαρθένου Μαρίας, τῶν τιμίων ἐνδόξων ἀσωμάτων ἀρχαγγέλων, τοῦ ἁγίου Ἰωάννου, τοῦ προδρόμου καὶ βαπτιστοῦ, τῶν θείων ἱερῶν ἀποστόλων, ἐνδόξων προφητῶν, καὶ καλλινίκων μαρτύρων, καὶ τοῦ ἁγίου Στεφάνου τοῦ πρωτοδιακόνου καὶ πρωτομάρτυρος, καὶ τοῦ ἁγίου καὶ μακαρίου πατρὸς ἡμῶν Ἰακώβου, τοῦ ἀποστόλου καὶ ἀδελφοθέου, καὶ πάντων τῶν ἁγίων καὶ δικαίων μνημονεύσωμεν· ὅπως εὐχαῖς καὶ πρεσβείαις αὐτῶν πάντες ἐλεηθῶμεν.

Ὁ ἱερεὺς τὴν εὐχὴν τοῦ τρισαγίου,

(1) Ὁ οἰκτίρμων καὶ ἐλεήμων..............

CODEX ROSSANENSIS.

Ὑπὲρ τῆς ἄνωθεν εἰρήνης καὶ Θεοῦ φιλανθρωπίας καὶ σωτηρίας τῶν ψυχῶν ἡμῶν, τοῦ Κυρίου δεηθῶμεν.

Ὑπὲρ τῆς εἰρήνης τοῦ σύμπαντος κόσμου, καὶ ἑνώσεως πασῶν τῶν ἁγίων τοῦ Θεοῦ ἐκκλησιῶν, τοῦ Κυρίου δεηθῶμεν.

Ὑπὲρ σωτηρίας καὶ ἀντιλήψεως τῶν ὁσιωτάτων πατέρων ἡμῶν τοῦ Δ΄ καὶ τοῦ Δ΄, τοῦ ἁγιωτάτου πατριάρχου, παντὸς τοῦ κλήρου, καὶ τοῦ φιλοχρίστου λαοῦ, τοῦ Κυρίου [δεηθῶμεν].

Ὑπὲρ ἀφέσεως τῶν ἁμαρτιῶν καὶ συγχωρήσεως πλημμελημάτων ἡμῶν, καὶ [65 b]

Ὑπὲρ τοῦ ῥυσθῆναι ἡμᾶς ἀπὸ πάσης θλίψεως, ὀργῆς, κινδύνου, καὶ ἀνάγκης, ἐπαναστάσεως ἐχθρῶν, τοῦ Κυρίου δεηθῶμεν.

Τῆς παναγίας, ἀχράντου, ὑπερενδόξου, εὐλογημένης δεσποίνης ἡμῶν, θεοτόκου καὶ ἀειπαρθένου Μαρίας· τοῦ ἁγίου Ἰωάννου, τοῦ ἐνδόξου προφήτου, προδρόμου, καὶ βαπτιστοῦ, τῶν θείων καὶ πανευφήμων ἀποστόλων, ἐνδόξων προφητῶν, καὶ ἀθλοφόρων μαρτύρων, καὶ πάντων τῶν ἁγίων καὶ δικαίων μνημονεύσωμεν· ὅπως εὐχαῖς καὶ πρεσβείαις αὐτῶν οἱ πάντες ἐλεηθῶμεν.

Ὁ λαός. Κύριε, ἐλέησον. γ΄.

Καὶ κλίνει ὁ ἱερεὺς λέγων εὐχὴν τοῦ τρισαγίου.

Οἰκτίρμον καὶ ἐλέημον, μακρόθυμε καὶ πολυέλεε καὶ ἀληθινὲ Κύριε, ἐπίβλεψον ἐξ ἑτοίμου κατοικητηρίου σου, καὶ ἐπάκουσον ἡμῶν τῶν σῶν ἱκετῶν· καὶ ῥῦσαι ἡμᾶς ἀπὸ παντὸς πειρασμοῦ διαβολικοῦ τε καὶ ἀν-

(1) Assemani printed the first four words, stating that the rest of the prayer agreed with the ordinary text. I give all that survives in the fragment as it exists now.

LITURGY OF SAINT JAMES.

PARIS MANUSCRIPT 2509.	PARIS MANUSCRIPT 476.

Ὑπὲρ τῆς ἄνωθεν εἰρήνης καὶ Θεοῦ φιλανθρωπίας καὶ σωτηρίας τῶν ψυχῶν ἡμῶν, τοῦ Κυρίου δεηθῶμεν.

Ὑπὲρ τῆς εἰρήνης τοῦ σύμπαντος κόσμου, καὶ ἑνώσεως πασῶν τῶν ἁγίων τοῦ Θεοῦ ἐκκλησιῶν, τοῦ Κυρίου [δεηθῶμεν].   Ὑπὲρ τῆς εἰρήνης.

(1) Ὑπὲρ σωτηρίας καὶ ἀντιλήψεως τῶν ὁσιωτάτων πατέρων ἡμῶν, Ἰωάννου τοῦ ἁγιωτάτου πατριάρχου καὶ θεοδούλου, τοῦ καθολικοῦ ἀρχιεπισκόπου, παντὸς τοῦ κλήρου, καὶ τοῦ φιλοχρίστου λαοῦ, τοῦ Κυρίου δεηθῶμεν.   Ὑπὲρ σωτηρίας. Ὑπὲρ τῶν εὐσεβεστάτων. Ὑπὲρ τῆς ἁγίας Χριστοῦ τοῦ Θεοῦ.

Ὑπὲρ ἀφέσεως τῶν ἁμαρτιῶν καὶ συγχωρήσεως πλημμελημάτων ἡμῶν, καὶ τοῦ ῥυσθῆναι ἡμᾶς ἀπὸ πάσης θλίψεως, ὀργῆς, κινδύνου, καὶ ἀνάγκης, καὶ ἐπαναστάσεως ἐχθρῶν, τοῦ Κυρίου δεηθῶμεν.   Ὑπὲρ ἀφέσεως ἁμαρτιῶν.

(2) Τῆς παναγίας, ἀχράντου, ὑπερενδόξου, εὐλογημένης δεσποίνης ἡμῶν, θεοτόκου καὶ ἀειπαρθένου Μαρίας· τοῦ ἁγίου Ἰωάννου τοῦ ἐνδόξου προφήτου, προδρόμου, καὶ βαπτιστοῦ· τῶν θείων καὶ πανευφήμων ἀποστόλων, ἐνδόξων προφητῶν, καὶ ἀθλοφόρων μαρτύρων, καὶ πάντων τῶν ἁγίων καὶ δικαίων μνημονεύσωμεν· ὅπως εὐχαῖς αὐτῶν καὶ πρεσβείαις οἱ πάντες ἐλεηθῶμεν.   Τῆς παναγίας, ἀχράντου.

Πάντες οἱ παρόντες,

(3) Εἶτα οἱ ψάλται τὸν τρισάγιον.

Καὶ ὁ ἱερεὺς εὔχεται ἐπικλινόμενος.   Ὁ ἱερεὺς τὴν εὐχὴν τοῦ τρισαγίου.

P. 8   Οἰκτίρμον καὶ ἐλέημον, μακρόθυμε καὶ πολυέλεε καὶ ἀληθινὲ Κύριε, ἐπίβλεψον ἐξ ἑτοίμου κατοικητηρίου σου, καὶ ἐπάκουσον ἡμῶν τῶν σῶν ἱκετῶν· καὶ ῥῦσαι ἡμᾶς ἀπὸ παντὸς πειρασμοῦ διαβολικοῦ τε καὶ ἀνθρω-   Οἰκτίρμον καὶ ἐλέημον, μακρόθυμε καὶ πολυέλεε καὶ ἀληθινὲ Κύριε, ἐπίβλεψον ἐξ ἑτοίμου κατοικητηρίου σου, καὶ ἐπάκουσον ἡμῶν τῶν σῶν ἱκετῶν, καὶ ῥῦσαι ἡμᾶς ἀπὸ παντὸς πειρασμοῦ διαβολικοῦ τε καὶ ἀν- (a)

(1) Omitted in P.
(2) Omitted in P.

(3) P. gives the Ἅγιος ὁ Θεός at length.
(a) The MS. has οἰκετῶν.

ROTULUS MESSANENSIS.

.....................τῶν ἐναντιωμάτων,........
...............ἡμῶν ἐκ τῶν δυσχερῶν τοῦ
.....................ἃ τὴν χρηστότητά σου,
ὅπως.......ἐν καθαρᾷ συνειδήσει κατεν.....
τοῦ ἁγίου σου θυσιαστηρίου, τὸν μακάριον
............ὕμνον σὺν ταῖς ἐπουρανίαις δυν...
............τως ἀναπέμψωμέν σοι· καὶ τὴν...
...καὶ εὐάρεστον ἐπιτελέσαντες λειτουργίαν,
καταξιωθῶμεν τῆς αἰωνίου ζωῆς.

Ἐκφώνησις. Ὅτι ἅγιος εἶ, Κύριε ὁ Θεὸς ἡμῶν, καὶ ἐν ἁγίοις κατοικεῖς καὶ ἐπαναπαύει, καὶ σοὶ τὴν δόξαν καὶ τὸν τρισάγιον ὕμνον ἀναπέμπομεν.

(1) Οἱ ψάλται τὸ Ἅγιος ὁ Θεός.

Καὶ μετὰ ταῦτα ὁ ἱερεὺς σφραγίζει λέγων, Εἰρήνη πᾶσιν.

(2) Ὁ ψάλτης τὸ προκείμενον. Ὁ ἀπόστολος. Τὸ Ἀλληλούϊα.

CODEX ROSSANENSIS.

θρωπίνου, καὶ μὴ ἀποστήσῃς ἀφ' ἡμῶν τὴν σὴν βοήθειαν, μηδὲ βαρυτέρας τῆς ἡμετέρας δυνάμεως παιδείας ἐπαγάγῃς ἡμῖν· ἡμεῖς γὰρ οὐχ ἱκανοὶ πρὸς τὸ νικᾶν τὰ ἀντιπίπτοντα· σὺ δὲ δυνατὸς εἶ, Κύριε, εἰς τὸ σώζειν ἐκ πάντων τῶν ἐναντιωμάτων· σῶσον ἡμᾶς, ὁ Θεός, ἐκ τῶν δυσχερῶν τοῦ κόσμου τούτου κατὰ τὴν χρηστότητά σου, ὅπως εἰσελθόντες ἐν καθαρᾷ συνειδήσει πρὸς τὸ ἅγιόν σου θυσιαστήριον, τὸν μακάριον καὶ τρισάγιον ὕμνον σὺν ταῖς ἐπουρανίαις δυνάμεσιν ἀκατακρίτως ἀναπέμψωμέν σοι· καὶ τὴν εὐάρεστόν σοι καὶ θείαν ἐπιτελέσαντες λειτουργίαν, καταξιωθῶμεν τῆς αἰωνίου ζωῆς.

Ἐκφώνως.

Ὅτι ἅγιος εἶ, Κύριε ὁ Θεὸς ἡμῶν, καὶ ἐν ἁγίοις κατοικεῖς καὶ ἐπαναπαύῃ, καὶ σοὶ τὴν δόξαν καὶ τὸν τρισάγιον ὕμνον ἀναπέμπομεν, τῷ Πατρὶ καὶ τῷ Υἱῷ καὶ τῷ ἁγίῳ Πνεύματι, νῦν.

Ἄρχεται ὁ ἀναγνώστης,

Ἅγιος ὁ Θεός, ἅγιος ἰσχυρός, ἅγιος ἀθάνατος, ἐλέησον ἡμᾶς. λέγει γ'.

Δόξα Πατρὶ καὶ Υἱῷ καὶ ἁγίῳ Πνεύματι· καὶ νῦν καὶ ἀεί, καὶ εἰς τούς.

Ἁγία Τριάς, ἐλέησον ἡμᾶς.

Καὶ λέγει ὁ ἱερεύς,

Εἰρήνη πᾶσιν.

Ὁ λαος. Καὶ τῷ πνεύματί σου.

Λέγουσιν οἱ ἀναγινώσκοντες πρόψαλμα, καὶ ἀπόστολον, καὶ στιχολογίαν.

(1) We meet with the Ἅγιος ὁ Θεός, ἅγιος ἰσχυρός, ἅγιος ἀθάνατος in the discussions at Chalcedon.

(2) In the time of Chrysostom the first lesson was from the Old Testament. The reader prefaced the lesson with the words Τάδε λέγει Κύριος. See Hom. in Act. Apos. xix. p. 159.

LITURGY OF SAINT JAMES.

PARIS MANUSCRIPT 2509.

πίνου, καὶ μὴ ἀποστήσῃς ἀφ' ἡμῶν τὴν σὴν βοήθειαν, μηδὲ βαρυτέρας τῆς ἡμετέρας δυνάμεως παιδείας ἐπαγάγῃς ἡμῖν· ἡμεῖς γὰρ οὐχ ἱκανοὶ πρὸς τὸ νικᾶν τὰ ἀντιπίπτοντα· σὺ δὲ δυνατὸς εἶ, Κύριε, εἰς τὸ σώζειν ἐκ πάντων τῶν ἐναντιωμάτων· σῶσον ἡμᾶς, ὁ Θεός, ἐκ τῶν δυσχερῶν τοῦ κόσμου τούτου κατὰ τὴν χρηστότητά σου, ὅπως εἰσελθόντες ἐν καθαρᾷ συνειδήσει πρὸς τὸ ἅγιόν σου θυσιαστήριον, τὸν μακάριον καὶ τρισάγιον ὕμνον σὺν ταῖς ἐπουρανίαις δυνάμεσιν ἀκατακρίτως ἀναπέμπωμέν σοι· καὶ τὴν εὐάρεστόν σοι καὶ θείαν ἐπιτελέσαντες λειτουργίαν, καταξιωθῶμεν τῆς αἰωνίου ζωῆς·

Ἐκφώνησις. Ὅτι ἅγιος εἶ, Κύριε ὁ Θεὸς ἡμῶν, καὶ ἐν ἁγίοις κατοικεῖς καὶ ἐπαναπαύῃ, καὶ σοὶ τὴν δόξαν καὶ τὸν τρισάγιον ὕμνον ἀναπέμπομεν, τῷ Πατρὶ καὶ τῷ Υἱῷ, καὶ τῷ ἁγίῳ Πνεύματι, νῦν καὶ ἀεί, καὶ εἰς τοὺς αἰῶνας.

Ὁ λαός. Ἀμήν.

Ὁ ἱερεύς. Εἰρήνη πᾶσιν.

Ὁ λαός. Καὶ τῷ πνεύματί σου.

Οἱ ἀναγνῶσται προκείμενον καὶ ἀπόστολον.

Ὁ ψάλτης τὸ Ἀλληλούϊα.

(1) Ὁ ἱερεὺς εὐχὴν τοῦ θυμιάματος πρὸ τοῦ εὐαγγελίου.

PARIS MANUSCRIPT 476.

θρωπίνου, καὶ μὴ ἀποστήσῃς ἀφ' ἡμῶν τὴν σὴν βοήθειαν, μηδὲ βαρυτέρας τῆς ἡμετέρας δυνάμεως παιδείας ἐπαγάγῃς ἡμῖν· ἡμεῖς γὰρ οὐχ ἱκανοὶ πρὸς τὸ νικᾶν τὰ ἀντιπίπτοντα· σὺ δὲ δυνατὸς εἶ, Κύριε, εἰς τὸ σώζειν ἐκ πάντων τῶν ἐναντιωμάτων· σῶσον ἡμᾶς, ὁ Θεός, ἐκ τῶν δυσχερῶν τοῦ κόσμου τούτου κατὰ τὴν χρηστότητά σου, ὅπως εἰσελθόντες ἐν καθαρᾷ συνειδήσει πρὸς τὸ ἅγιόν σου θυσιαστήριον, τὸν μακάριον καὶ τρισάγιον ὕμνον σὺν ταῖς ἐπουρανίαις δυνάμεσιν ἀκατακρίτως ἀναπέμψωμέν σοι· καὶ τὴν εὐάρεστόν σοι καὶ θείαν ἐπιτελέσαντες λειτουργίαν, καταξιωθῶμεν τῆς αἰωνίου σου ζωῆς·

Ἐκφώνησις. Ὅτι ἅγιος εἶ, Κύριε ὁ Θεὸς ἡμῶν, καὶ [ἐν] ἁγίοις κατοικεῖς καὶ ἐπαναπαύῃ, καὶ σοὶ τὴν δόξαν καὶ τὸν τρισάγιον ὕμνον ἀναπέμπομεν, τῷ Πατρὶ καὶ τῷ Υἱῷ καὶ τῷ ἁγίῳ Πνεύματι, νῦν καὶ ἀεί, καὶ εἰς τοὺς αἰῶνας τῶν αἰώνων. Ἀμήν.

Καὶ εὐθέως οἱ ψάλται τὸν τρισάγιον. Καὶ μετὰ τὸν τρισάγιον ὁ διάκονος, Πρόσχωμεν.

Ὁ ἱερεύς. Εἰρήνη πᾶσιν.

Ὁ διάκονος. Σοφία. Τὸ προκείμενον. Ὁ ἀπόστολος. Τὸ ἀλληλούϊα.

---

(1) Instead of this P. has Εἶτα ἀναγινώσκεται διεξοδικώτατα τὰ ἱερὰ λόγια τῆς παλαιᾶς διαθήκης καὶ τῶν προφητῶν, καὶ ἀποδείκνυται ἡ τοῦ Υἱοῦ τοῦ Θεοῦ ἐνανθρώπησις, τά τε πάθη καὶ ἡ ἐκ νεκρῶν ἀνάστασις, ἡ εἰς τοὺς οὐρανοὺς ἄνοδος, καὶ πάλιν ἡ δευτέρα αὐτοῦ μετὰ δόξης παρουσία· καὶ τοῦτο γίνεται καθ' ἑκάστην ἐν τῇ ἱερᾷ καὶ θείᾳ ἱερουργίᾳ.

Μετὰ δὲ τὸ ἀναγνῶναι καὶ διδάξαι, λέγει ὁ διάκονος.

ROTULUS MESSANENSIS.

Εὐχὴ εἰς τὸ θυμίαμα τοῦ Ἀλληλούϊα.

Σοὶ τῷ πεπληρωμένῳ πάσης εὐωδίας καὶ εὐφροσύνης, Κύριε ὁ Θεὸς ἡμῶν, ἐξ ὧν δέδωκας ἡμῖν προσφέρομέν σοι τὸ θυμίαμα τοῦτο· ἀναληφθήτω δή, δεόμεθα, ἐνώπιόν (1) σου ἐκ πενιχρῶν ἡμῶν χειρῶν εἰς ὀσμὴν εὐωδίας, εἰς ἄφεσιν τῶν ἁμαρτιῶν ἡμῶν, καὶ εἰς ἱλασμὸν τοῦ λαοῦ σου· χάριτι καὶ οἰκτιρμοῖς καὶ φιλανθρωπίᾳ τοῦ μονογενοῦς σου Υἱοῦ, μεθ᾿ οὗ εὐλογητὸς εἶ σὺν τῷ παναγίῳ καὶ ἀγαθῷ.

Μετὰ δὲ τὸ Ἀλληλούϊα ὁ ἱερεύς. Εὐχὴ πρὸ τοῦ (2) εὐαγγελίου.

Σοὶ εὐχαριστοῦμεν, Κύριε, τῷ ἐξανατείλαντι ἡμῖν φῶς ἐκ σκότους, καὶ ἀποκαλύψαντι τοὺς ὀφθαλμοὺς τῆς διανοίας ἡμῶν εἰς κατανόησιν τῶν θαυμασίων σου, καὶ ἀνοίξαντι τὸ στόμα ἡμῶν εἰς ἐξομολόγησιν τῶν ἡμετέρων ἁμαρτιῶν μελέτην δὲ τῶν σῶν ἐντολῶν. αὐτὸς καὶ νῦν, Δέσποτα, πρόσδεξαι τὴν προσευχὴν ἡμῶν τῶν ἁμαρτωλῶν καὶ ἐλαχίστων δούλων σου, καὶ μὴ ὑπερίδῃς τὴν δέησιν ἡμῶν, ἀλλὰ κατὰ τὴν σὴν μεγαλοπρέπειαν φύλαξον ἡμᾶς καὶ τοὺς συνελθόντας καὶ συνευχομένους ἡμῖν, καὶ ἐναύγασον ἐν ταῖς καρδίαις ἡμῶν τε καὶ αὐτῶν τὸν φωτισμὸν τῶν θείων λογίων καὶ εὐαγγελίου τοῦ Χριστοῦ σου.

Μετὰ δὲ τὸ Ἀλληλούϊα ἱστάμενος ὁ ἱερεύς· ὁ διάκονος λέγει τὴν ἐκτενήν.

Εἴπωμεν πάντες, Κύριε, ἐλέησον.

Κύριε παντοκράτωρ, ἐπουράνιε, ὁ Θεὸς τῶν πατέρων ἡμῶν, δεόμεθα, ἐπάκουσον.

(1) +εἰς τὸ ἅγιον καὶ ὑπερουράνιόν σου θυσιαστήριον (in the margin).
(2) In the margin Μετὰ τὴν εὐχήν, Ἔλλαμψον·

CODEX ROSSANENSIS.

Ὁ ἱερεὺς λέγει εὐχὴν θυμιάματος πρὸ τοῦ [67] εὐαγγελίου. (a)

Σοὶ τῷ πεπληρωμένῳ πάσης εὐωδίας καὶ εὐφροσύνης, Κύριε ὁ Θεὸς ἡμῶν, ἐξ ὧν δέδωκας ἡμῖν προσφέρομεν τὸ θυμίαμα τοῦτο· ἀναληφθήτω δή, δεόμεθά σου, ἐκ τῶν πενιχρῶν ἡμῶν χειρῶν εἰς τὸ ἅγιον καὶ ὑπερουράνιόν σου θυσιαστήριον, εἰς ὀσμὴν εὐωδίας [67 b] καὶ ἄφεσιν τῶν ἁμαρτιῶν ἡμῶν καὶ παντὸς τοῦ λαοῦ σου· χάριτι καὶ οἰκτιρμοῖς καὶ φιλανθρωπίᾳ τοῦ μονογενοῦς σου Υἱοῦ, μεθ᾿ οὗ.

Καὶ ὁ διάκονος. [66 b]

Εἴπωμεν πάντες, Κύριε, ἐλέησον.

Κύριε παντοκράτωρ, ἐπουράνιε, ὁ Θεὸς τῶν πατέρων ἡμῶν, δεόμεθά σου, ἐπάκουσον.

ἀπὸ τοῦ χ (?) εὖρον. Matrangas suggests ἀπὸ τοῦ χειρογράφου.
(a) In the MS. this is found later.

LITURGY OF SAINT JAMES.

PARIS MANUSCRIPT 2509.   PARIS MANUSCRIPT 476.

Ὁ ἱερεὺς τὴν εὐχὴν τοῦ θυμιάματος πρὸ τοῦ εὐαγγελίου.

Σοὶ τῷ πεπληρωμένῳ πάσης εὐωδίας καὶ εὐφροσύνης, Κύριε ὁ Θεὸς ἡμῶν, ἐξ ὧν δέδωκας ἡμῖν, προσφέρομεν τὸ θυμίαμα τοῦτο ἐνώπιόν σου. ✠ Ἀναληφθήτω δή, δεόμεθά σου, ἐκ τῶν πενιχρῶν ἡμῶν χειρῶν, εἰς τὸ ἅγιον καὶ ὑπερουράνιόν σου θυσιαστήριον, εἰς ὀσμὴν εὐωδίας καὶ ἄφεσιν τῶν ἁμαρτιῶν ἡμῶν καὶ παντὸς τοῦ λαοῦ σου· χάριτι καὶ οἰκτιρμοῖς καὶ φιλανθρωπίᾳ τοῦ μονογενοῦς σου Υἱοῦ, μεθ' οὗ εὐλογητὸς εἶ σὺν τῷ παναγίῳ καὶ ἀγαθῷ καὶ ζωοποιῷ σου Πνεύματι, νῦν καὶ ἀεί, καὶ εἰς τοὺς αἰῶνας τῶν αἰώνων.

(1) P. 9

Ὁ διάκονος. Εἴπωμεν πάντες, Κύριε, ἐλέησον.

Κύριε παντοκράτωρ, ὁ Θεὸς τῶν πατέρων ἡμῶν, δεόμεθά σου, ἐπάκουσον.

(1) "In margine superiori folii 196 (v°) nostri codicis hæc legitur rubrica quam cum proximis verbis Εἴπωμεν etc. conjungendam censeo; ita est:

Ὁ διάκονος πρὸ τοῦ εὐαγγελίου,
Εἴπωμεν πάντες.
Κύριε παντοκράτωρ.

"Ἐτέθη ἡ ἐκφώνησις αὕτη παρὰ τῷ ἁγίῳ Βασιλείῳ εἰς τὸ τέλος τῆς εὐχῆς τοῦ τρισαγίου. Ζήτει κεφαλαίῳ Γ.'" M. Omont. (See p. 155.)

ROTULUS MESSANENSIS.	CODEX ROSSANENSIS.
Ὑπὲρ τῆς εἰρήνης τοῦ σύμπαντος κόσμου καὶ ἐνώσεως πασῶν τῶν ἁγίων ἐκκλησιῶν, δεόμεθα, ἐπάκουσον.	Ὑπὲρ τῆς εἰρήνης τοῦ σύμπαντος κόσμου καὶ ἐνώσεως πασῶν τῶν ἁγίων σου ἐκκλησιῶν, δεηθῶμεν.
Ὑπὲρ τοῦ ἁγίου πατρὸς ἡμῶν τοῦ Δ′., παντὸς τοῦ κλήρου, καὶ τοῦ φιλοχρίστου λαοῦ, δεόμεθα.	Ὑπὲρ σωτηρίας καὶ ἀντιλήψεως τοῦ ἁγιωτάτου ἡμῶν τοῦ Δ′. πατριάρχου, παντὸς τοῦ κλήρου, καὶ τοῦ φιλοχρίστου λαοῦ, δεηθῶμεν.
Ὑπὲρ τοῦ εὐσεβεστάτου καὶ τοῦ φιλοχρίστου ἡμῶν βασιλέως, παντὸς τοῦ παλατίου καὶ τοῦ στρατοπέδου, καὶ νίκης αὐτῶν, δεόμεθα.	
Ὑπὲρ τῆς ἁγίας Χριστοῦ τοῦ Θεοῦ ἡμῶν πόλεως καὶ βασιλευούσης πάσης πόλεως καὶ χώρας, δεόμεθα.	
Ὑπὲρ τοῦ ῥυσθῆναι ἡμᾶς ἀπὸ πάσης θλίψεως, ὀργῆς καὶ ἀνάγκης, αἰχμαλωσίας καὶ πικροῦ θανάτου, δεόμεθα.	Ὑπὲρ τοῦ ῥυσθῆναι ἡμᾶς ἀπὸ πάσης θλίψεως, ὀργῆς, κινδύνου καὶ ἀνάγκης, αἰχμαλωσίας, πικροῦ θανάτου, καὶ τῶν ἀνομιῶν ἡμῶν, δεηθῶμεν.
Καὶ ὑπὲρ τοῦ περιεστῶτος λαοῦ καὶ ἀπεκδεχομένου τὸ παρὰ σοῦ, Κύριε, μέγα καὶ πλούσιον ἔλεος, ἱκετεύομέν σε, σπλαγχνίσθητι καὶ ἐλέησον.	Καὶ ὑπὲρ τοῦ περιεστῶτος λαοῦ καὶ ἀπεκδεχομένου τὸ παρὰ σοῦ πλούσιον καὶ μέγα ἔλεος, ἱκετεύομέν σε, σπλαγχνίσθητι καὶ ἐλέησον. [67]
Σῶσον, ὁ Θεός, τὸν λαόν σου καὶ εὐλόγησον τὴν κληρονομίαν. Ἐπίσκεψαι τὸν κόσμον σου ἐν ἐλέει καὶ οἰκτιρμοῖς. Ὕψωσον κέρας χριστιανῶν καὶ κατάπεμψον ἐφ' ἡμᾶς τὰ ἐλέη σου τὰ πλούσια, πρεσβείαις (1) τῆς παναγίου, εὐλογημένης, δεσποίνης ἡμῶν, θεοτόκου καὶ ἀειπαρθένου Μαρίας, καὶ πάντων τῶν ἁγίων σου· ἱκετεύομέν σε, πολυέλεε (2) Κύριε, ἐπάκουσον ἡμῶν τῶν ἁμαρτωλῶν δεομένων, καὶ ἐλέησον.	Σῶσον, ὁ Θεός, τὸν λαόν σου καὶ εὐλόγησον τὴν κληρονομίαν σου. Ἐπίσκεψαι τὸν κόσμον σου ἐν ἐλέει καὶ οἰκτιρμοῖς. Ὕψωσον κέρας χριστιανῶν τῇ δυνάμει τοῦ τιμίου καὶ ζωοποιοῦ σταυροῦ, τῇ πρεσβείᾳ τῆς πανάγνου, εὐλογημένης, δεσποίνης ἡμῶν *sic* θεοτόκου, τοῦ προδρόμου, καὶ τῶν ἀποστόλων σου, καὶ πάντων τῶν ἁγίων σου· ἱκετεύομέν σε, πολυέλεε Κύριε, ἐπάκουσον ἡμῶν δεομένων σου καὶ ἐλέησον.
Ὁ λαὸς τὸ Κύριε, ἐλέησον. γ′.	Ὁ λαός. Κύριε ἐλέησον. γ′.

(1) + τῇ δυνάμει τοῦ τιμίου καὶ ζωοποιοῦ σου σταυροῦ, τῇ χάριτι τῆς τριημέρου καὶ φωτοφόρου ἐκ νεκρῶν ἀναστάσεως added in the margin.
(2) + δεομένων σου interlined.

LITURGY OF SAINT JAMES.

| PARIS MANUSCRIPT 2509. | PARIS MANUSCRIPT 476. |

Ὑπὲρ τῆς ἄνωθεν εἰρήνης καὶ τῆς.
Ὑπὲρ τῆς εἰρήνης τοῦ σύμπαντος.

(1) Ὑπὲρ σωτηρίας καὶ ἀντιλήψεως τοῦ ἁγιωτάτου ἡμῶν Ἰωάννου πατριάρχου, παντὸς τοῦ κλήρου, καὶ τοῦ φιλοχρίστου λαοῦ, δεόμεθά σου, ἐπάκουσον.

Ὑπὲρ τῆς εἰρήνης.
Ὑπὲρ σωτηρίας.

Ὑπὲρ τῶν εὐσεβεστάτων.

Ὑπὲρ τῆς ἁγίας Χριστοῦ τοῦ Θεοῦ.

Ὑπὲρ τοῦ ῥυσθῆναι ἡμᾶς ἀπὸ πάσης θλίψεως, ὀργῆς, κινδύνου καὶ ἀνάγκης, αἰχμαλωσίας, πικροῦ θανάτου, καὶ τῶν ἀνομιῶν ἡμῶν, δεόμεθά σου, ἐπάκουσον.

Ὑπὲρ τοῦ ῥυσθῆναι.

Ὑπὲρ τοῦ περιεστῶτος λαοῦ καὶ ἀπεκδεχομένου τὸ παρὰ σοῦ πλούσιον καὶ μέγα ἔλεος, ἱκετεύομέν σε, σπλαγχνίσθητι καὶ ἐλέησον.

Ὑπὲρ τοῦ περιεστῶτος.

(2) Ἀντὶ τοῦ Ἐλέησον ἡμᾶς, ὁ Θεός, τοῦτο.

Σῶσον, ὁ Θεός, τὸν λαόν σου καὶ εὐλόγησον τὴν κληρονομίαν σου.

Σῶσον, ὁ Θεός.

Ἐπίσκεψαι τὸν κόσμον σου ἐν ἐλέει καὶ οἰκτιρμοῖς.

(3) Ὕψωσον κέρας Χριστιανῶν τῇ δυνάμει τοῦ τιμίου καὶ ζωοποιοῦ σταυροῦ, τῇ πρεσβείᾳ τῆς παναγίου, εὐλογημένης, δεσποίνης ἡμῶν θεοτόκου, τοῦ προδρόμου, καὶ τῶν ἀποστόλων σου, καὶ πάντων τῶν ἁγίων σου· ἱκετεύομέν σε, πολυελεε Κύριε, ἐπάκουσον ἡμῶν δεομένων σου, καὶ ἐλέησον.

Ὁ λαός. Κύριε, ἐλέησον· ἐκ τρίτου.

(1) This clause helps to fix a date to the Liturgy as copied in the MS. See Introduction, p. xxv. The Paris edition (P.) has simply ἀντιλήψεως παντὸς τοῦ φιλοχρίστου λαοῦ.
(2) P. omits this.
(3) P. omits from τῇ πρεσβείᾳ to τῶν ἁγίων σου.

ROTULUS MESSANENSIS.

Εὐχή. Ἔλλαμψον ἐν ταῖς καρδίαις ἡμῶν, φιλάνθρωπε Κύριε, τὸ τῆς σῆς θεογνωσίας ἀκήρατον φῶς, καὶ τοὺς τῆς διανοίας ἡμῶν διάνοιξον ὀφθαλμοὺς πρὸς τὴν τῶν εὐαγγελικῶν σου κηρυγμάτων κατανόησιν. ἔνθες (1) ἡμῖν καὶ μακαρίων σου ἐντολῶν φόβον, ἵνα τὰς σαρκικὰς ἐπιθυμίας καταπατήσαντες πνευματικὴν πολιτείαν μετέλθωμεν, πάντα πρὸς εὐαρέστησιν σὴν καὶ φρονοῦντες καὶ (2) πράττοντες.

Ἐκφώνως. Σὺ γὰρ εἶ ὁ εὐαγγελισμὸς καὶ ὁ φωτισμός, σωτὴρ καὶ φύλαξ τῶν ψυχῶν καὶ τῶν σωμάτων ἡμῶν, Κύριε ὁ Θεὸς ἡμῶν, καὶ ὁ μονογενής σου Υἱός, καὶ τὸ Πνεῦμά σου τὸ πανάγιον, νῦν καὶ ἀεί, καὶ εἰς.

Ὁ ἀρχιδιάκονος. Ὀρθοὶ ἀκούσωμεν τοῦ ἁγίου εὐαγγελίου.

Ὁ ἱερεύς. Εἰρήνη πᾶσιν.

Ὁ διάκονος. Ἐκ τοῦ κατὰ Ματθ.

Ὁ ἀρχιδιάκονος. Πρόσχωμεν.

Καὶ ὅτε πληρωθῇ τὸ εὐαγγέλιον λέγει ὁ διάκονος,

Σχολάσωμεν ἐκτενῶς. Τοῦ Κυρίου δεηθῶμεν.

Ὑπὲρ τῆς εἰρήνης τοῦ σύμπαντος κόσμου, καὶ ἑνώσεως πασῶν τῶν ἁγίων ἐκκλησιῶν.

CODEX ROSSANENSIS.

Εὐχὴ πρὸ τοῦ θείου εὐαγγελίου. [67 b]

Ἔλλαμψον ἐν ταῖς καρδίαις ἡμῶν, φιλάνθρωπε Κύριε, τὸ τῆς σῆς γνώσεως ἀκήρατον φῶς, καὶ τοὺς τῆς διανοίας ἡμῶν διάνοιξον ὀφθαλμοὺς εἰς τὴν τῶν εὐαγγελικῶν κηρυγμάτων σου κατανόησιν. ἔνθες ἡμῖν καὶ τῶν μακαρίων σου ἐντολῶν φόβον, ἵνα τὰς σαρκικὰς ἐπιθυμίας καταπατήσαντες πνευματικὴν πολιτείαν μετέλθωμεν, πάντα πρὸς εὐαρέστησιν σὴν καὶ φρονοῦντες καὶ πράττοντες.

Ἐκφώνως. Σὺ γὰρ εἶ ὁ εὐαγγελισμὸς καὶ ὁ φωτισμός, σωτὴρ καὶ φύλαξ τῶν ψυχῶν καὶ τῶν σωμάτων ἡμῶν, ὁ Θεός, καὶ ὁ μονογενής σου Υἱός, καὶ τὸ Πνεῦμά σου τὸ πανάγιον, νῦν καὶ εἰς.

Λέγει ὁ ἀρχιδιάκονος. Ὀρθοὶ ἀκούσωμεν τοῦ ἁγίου εὐαγγελίου.

Ὁ ἱερεύς. Εἰρήνη πᾶσιν.

Ὁ ἀρχιδιάκονος. Πρόσχωμεν τῇ ἁγίᾳ ἀναγνώσει.

Καὶ μετὰ τὸ εὐαγγέλιον λέγει ὁ ἱερεύς, Εἰρήνη σοι.

Ὁ λαός. Δόξα σοι, Κύριε.

Ὁ διάκονος. Σχολάσωμεν ἐκτενῶς.

Ἐν εἰρήνῃ τοῦ Κυρίου δεηθῶμεν.

Ὑπὲρ τῆς ἄνωθεν εἰρήνης, καὶ Θεοῦ φιλανθρωπίας, καὶ σωτηρίας τῶν ψυχῶν ἡμῶν, τοῦ Κυρίου δεηθῶμεν.

Ὑπὲρ τῆς εἰρήνης τοῦ σύμπαντος κόσμου, καὶ ἑνώσεως πασῶν τῶν ἁγίων τοῦ Θεοῦ ἐκκλησιῶν, τοῦ Κυρίου δεηθῶμεν.

(1) τὸν interlined after καί.   (2) In the margin Ζήτει ἄνω τὴν εὐχήν, Σοὶ εὐχαριστοῦμεν. [p. 228.]

LITURGY OF SAINT JAMES.

PARIS MANUSCRIPT 2509.

Ὁ ἱερεὺς εὐχὴν πρὸ τοῦ εὐαγγελίου.

Ἔλλαμψον ἐν ταῖς καρδίαις ἡμῶν, φιλάνθρωπε Κύριε, τὸ τῆς σῆς γνώσεως ἀκήρατον φῶς, καὶ τοὺς τῆς διανοίας ἡμῶν διάνοιξον ὀφθαλμοὺς εἰς τὴν τῶν εὐαγγελικῶν σου κηρυγμάτων κατανόησιν. ἔνθες ἡμῖν καὶ τῶν μακαρίων σου ἐντολῶν φόβον, ἵνα τὰς σαρκικὰς ἐπιθυμίας καταπατήσαντες πνευματικὴν πολιτείαν μετέλθωμεν, πάντα πρὸς εὐαρέστησιν σὴν καὶ φρονοῦντες καὶ πράττοντες·

(2)
P. 10
Ἐκφώνησις. Σὺ γὰρ εἶ ὁ εὐαγγελισμὸς καὶ ὁ φωτισμός, σωτὴρ καὶ φύλαξ τῶν ψυχῶν καὶ τῶν σωμάτων ἡμῶν, ὁ Θεός, καὶ ὁ μονογενής σου Υἱός, καὶ τὸ Πνεῦμά σου τὸ πανάγιον, νῦν καὶ ἀεί.

Ὁ λαός. Ἀμήν.

Ὁ ἀρχιδιάκονος. Πρόσχωμεν τῇ ἁγίᾳ ἀναγνώσει

Ὁ ἱερεύς. Εἰρήνη πᾶσιν.

(3) Ὁ ἀρχιδιάκονος. Ὀρθοὶ ἀκούσωμεν τοῦ ἁγίου εὐαγγελίου.

Καὶ μετὰ τὸ εὐαγγέλιον ὁ ἱερεύς, Εἰρήνη σοι.

Ὁ λαός. Δόξα σοι, Κύριε.

Ὁ διάκονος. Σχολάσωμεν ἐκτενῶς. Ἐν εἰρήνῃ τοῦ Κυρίου δεηθῶμεν. Ὑπὲρ τῆς ἄνω εἰρήνης καὶ Θεοῦ φιλανθρωπίας. Ὑπὲρ τῆς εἰρήνης τοῦ σύμπαντος κόσμου, καὶ ἑνώσεως πασῶν τῶν ἁγίων τοῦ Θεοῦ ἐκκλησιῶν, τοῦ Κυρίου δεηθῶμεν. Ὑπὲρ σωτηρίας καὶ

(1) In the margin, Ἐτέθη παρὰ τῷ ἁγίῳ Βασιλείῳ ἡ ἐκτενὴ δέησις αὕτη μετὰ τὴν ἀνάγνωσιν τοῦ ἁγίου εὐαγγελίου· ἐνταῦθα δὲ πρὸ τοῦ εὐαγγελίου. Ζήτει κ. δ΄. [p. 117. 155]. The Prayer is not in P.

PARIS MANUSCRIPT 476.

Ὁ ἱερεὺς εὐχὴν πρὸ τοῦ εὐαγγελίου.

Ἔλλαμψον ἐν ταῖς καρδίαις ἡμῶν, φιλάνθρωπε Κύριε, τὸ τῆς σῆς γνώσεως ἀκήρατον φῶς, καὶ τοὺς τῆς διανοίας ἡμῶν διάνοιξον ὀφθαλμοὺς εἰς τὴν τῶν εὐαγγελικῶν σου κηρυγμάτων κατανόησιν. ἔνθες ἡμῖν καὶ τὸν τῶν μακαρίων σου ἐντολῶν φόβον, ἵνα τὰς σαρκικὰς ἐπιθυμίας καταπατήσαντες πνευματικὴν πολιτείαν μετέλθωμεν, πάντα πρὸς εὐαρέστησιν σὴν καὶ φρονοῦντες καὶ πράττοντες·

Ἐκφώνησις. Σὺ γὰρ εἶ ὁ εὐαγγελισμὸς καὶ ὁ φωτισμός, σωτὴρ καὶ φύλαξ τῶν ψυχῶν καὶ τῶν σωμάτων, ὁ Θεός, καὶ ὁ μονογενής σου Υἱός, καὶ τὸ Πνεῦμά σου τὸ πανάγιον, νῦν καὶ ἀεί, καὶ εἰς τοὺς αἰῶνας τῶν αἰώνων. Ἀμήν.

Ὁ διάκονος. Ὀρθοὶ ἀκούσωμεν.
Ὁ ἱερεύς. Εἰρήνη πᾶσιν.

Καὶ μετὰ τὸ εὐαγγέλιον ὁ διάκονος,

Σχολάσωμεν ἐκτενῶς.

Ὑπὲρ τῆς εἰρήνης.

Ὑπὲρ σωτηρίας.

(2) This in P. follows the prayer Χριστιανὰ τὰ τέλη.

(3) P. omits all until the invocation Ὑπὲρ ἀφέσεως.

LITURGY OF SAINT JAMES.

ROTULUS MESSANENSIS.

Ὑπὲρ......ἀντιλήψεως τῶν ἁγίων πατέρων ἡμῶν, τοῦ Δ΄, καὶ τοῦ Δ΄, παντὸς...τοῦ Κυρίου δεηθῶμεν.

[*Desunt multa.*]

[The petitions Ἄγγελον εἰρήνης, &c. were used in the time of Chrysostom. See Hom. II. on 2 Cor. Ἐγείρεσθε. Τὸν ἄγγελον τῆς εἰρήνης αἰτήσατε, οἱ κατηχούμενοι. Εἰρηνικὰ ὑμῖν πάντα τὰ προκείμενα· εἰρηνικὴν τὴν παροῦσαν ἡμέραν, καὶ πάσας τὰς ἡμέρας τῆς ζωῆς ὑμῶν αἰτήσασθε· Χριστιανὰ ὑμῶν τὰ τέλη· τὸ καλὸν καὶ τὸ συμφέρον.]

CODEX ROSSANENSIS.

Ὑπὲρ σωτηρίας καὶ ἀντιλήψεως τοῦ ἁγιωτάτου ἡμῶν τοῦ Δ΄, πατριάρχου, παντὸς τοῦ κλήρου, καὶ τοῦ φιλοχρίστου λαοῦ, τοῦ Κυρίου δεηθῶμεν.

Ὑπὲρ ἀφέσεως ἁμαρτιῶν, καὶ συγχωρήσεως πλημμελημάτων ἡμῶν· καὶ τοῦ ῥυσθῆναι ἡμᾶς ἀπὸ πάσης θλίψεως, ὀργῆς, κινδύνου, καὶ ἀνάγκης, ἐπαναστάσεως ἐχθρῶν, τοῦ Κυρίου δεηθῶμεν.

Τὴν ἡμέραν πᾶσαν τελείαν, ἁγίαν, εἰρηνικήν, καὶ ἀναμάρτητον, οἱ πάντες παρὰ τοῦ Κυρίου διελθεῖν αἰτησώμεθα. [68 b]

Ἄγγελον εἰρήνης, πιστὸν ὁδηγόν, φύλακα.

Συγγνώμην καὶ ἄφεσιν τῶν ἁμαρτιῶν.

Τὰ καλὰ καὶ συμφέροντα ταῖς ψυχαῖς.

Τὸν ὑπόλοιπον χρόνον τῆς ζωῆς ἡμῶν ἐν εἰρήνῃ καὶ ὑγιείᾳ ἐκτελέσαι ἡμᾶς, παρά.

Χριστιανὰ τὰ τέλη τῆς ζωῆς ἡμῶν, ἀνώδυνα καὶ ἀνεπαίσχυντα, καὶ καλὴν ἀπολογίαν τὴν ἐπὶ τοῦ φοβεροῦ καὶ φρικτοῦ βήματος τοῦ Χριστοῦ αἰτησώμεθα.

Τῆς παναγίας, ἀχράντου, ὑπερενδόξου, εὐλογημένης δεσποίνης ἡμῶν, θεοτόκου καὶ ἀειπαρθένου Μαρίας· τοῦ ἁγίου Ἰωάννου τοῦ ἐνδόξου προφήτου, προδρόμου, καὶ βαπτιστοῦ· τῶν θείων καὶ πανευφήμων ἀποστόλων, ἐνδόξων προφητῶν, ἀθλοφόρων καὶ μαρτύρων, μετὰ πάντων τῶν ἁγίων καὶ δικαίων, μνημονεύσαντες, ἑαυτοὺς καὶ ἀλλήλους. [69]

PARIS MANUSCRIPT 2509.	PARIS MANUSCRIPT 476.
ἀντιλήψεως τοῦ ἁγιωτάτου ἡμῶν Ἰωάννου, πατριάρχου, παντὸς τοῦ κλήρου, καὶ τοῦ φιλοχρίστου λαοῦ, τοῦ Κυρίου δεηθῶμεν.	
P. 9 Ὑπὲρ ἀφέσεως ἁμαρτιῶν ἡμῶν, καὶ συγχωρήσεως πλημμελημάτων· καὶ τοῦ ῥυσθῆναι ἡμᾶς ἀπὸ πάσης θλίψεως, ὀργῆς, κινδύνου, καὶ ἀνάγκης, καὶ ἐπαναστάσεως ἐχθρῶν, τοῦ Κυρίου δεηθῶμεν.	Ὑπὲρ ἀφέσεως. Τῶν ἁγίων ἐνδόξων. Τὴν παροῦσαν.
Τὴν ἡμέραν πᾶσαν τελείαν, ἁγίαν, εἰρηνικήν, καὶ ἀναμάρτητον, οἱ πάντες παρὰ τοῦ Κυρίου διελθεῖν αἰτησώμεθα.	
Ἄγγελον εἰρήνης, πιστὸν ὁδηγόν, φύλακα τῶν ψυχῶν καὶ τῶν σωμάτων ἡμῶν, παρὰ τοῦ Κυρίου αἰτησώμεθα.	Ἄγγελον εἰρήνης.
P. 10 Συγγνώμην καὶ ἄφεσιν τῶν ἁμαρτιῶν καὶ τῶν πλημμελημάτων ἡμῶν, παρὰ τοῦ Κυρίου αἰτησώμεθα.	Συγγνώμην καὶ ἄφεσιν.
Τὰ καλὰ καὶ συμφέροντα ταῖς ψυχαῖς ἡμῶν, καὶ εἰρήνην τῷ κόσμῳ, παρὰ τοῦ Κυρίου αἰτησώμεθα.	Τὰ καλά.
(1) Τὸν ὑπόλοιπον χρόνον τῆς ζωῆς ἡμῶν ἐν εἰρήῃ καὶ ὑγιείᾳ ἐκτελέσαι, παρὰ τοῦ Κ.	Τὸν ὑπόλοιπον.
Χριστιανὰ τὰ τέλη τῆς ζωῆς ἡμῶν, ἀνώδυνα, ἀνεπαίσχυντα, καὶ καλὴν ἀπολογίαν τὴν ἐπὶ τοῦ φοβεροῦ καὶ φρικτοῦ βήματος τοῦ Χριστοῦ, αἰτησώμεθα.	Χριστιανά.
(2) Τῆς παναγίας, ἀχράντου, ὑπερενδόξου δεσποίνης ἡμῶν, θεοτόκου καὶ ἀειπαρθένου Μαρίας· τοῦ ἁγίου Ἰωάννου, τοῦ ἐνδόξου προφήτου, προδρόμου, καὶ βαπτιστοῦ· τῶν θείων καὶ πανευφήμων ἀποστόλων, ἐνδόξων προφητῶν, καὶ ἀθλοφόρων μαρτύρων, μετὰ πάντων τῶν ἁγίων καὶ δικαίων, μνημονεύσαντες, ἑαυτοὺς καὶ ἀλλήλους καὶ πᾶσαν τὴν ζωὴν ἡμῶν Χριστῷ τῷ Θεῷ παραθώμεθα.	Τῆς παναγίας.

(1) "In marg. inf. codicis juxta Τὸν ὑπόλοιπον (p. 10, l. 3) hæc legitur rubrica:
† Ἐτέθησαν παρὰ τῷ ἁγίῳ Βασιλείῳ αἱ αἰτήσεις αὗται μετὰ τὸ χερουβικόν. Ζήτει κ. β΄." (See p. 158.)

(2) P. omits the special mention of the Baptist, Prophets, Apostles, Martyrs.

ROTULUS MESSANENSIS.

[*Mutilus.*]

[It must be noted that the prayers for those afflicted by evil spirits and for the penitents mentioned by Saint Chrysostom (Hom. XVIII. on 2 Cor.) have disappeared from all extant copies of this Liturgy. This is of great moment in appreciating the date of the Liturgy as it is. The prayer for the Catechumens (Hom. II. on 2 Cor.) should be compared with the prayers in the Liturgy of the Presanctified.]

CODEX ROSSANENSIS.

Ὁ λαός. Σοί, Κύριε.

Ὁ ἱερεὺς ἐπεύχεται λέγων,

Ὁ ἐνηχήσας ἡμῖν Θεὸς τὰ θεῖά σου καὶ σωτήρια λόγια, φώτισον τὰς ψυχὰς ἡμῶν τῶν ἁμαρτωλῶν εἰς τὴν τῶν προαναγνωσθέντων κατάληψιν, ὡς μὴ μόνον ἀκροατὰς ὀφθῆναι τῶν πνευματικῶν ᾀσμάτων, ἀλλὰ καὶ ποιητὰς πράξεων ἀγαθῶν, πίστιν μετερχομένους ἀνύπουλον, βίον ἄμεμπτον, πολιτείαν ἀνέγκλητον·

Ἐν Χριστῷ Ἰησοῦ τῷ Κυρίῳ ἡμῶν, μεθ' οὗ εὐλογητὸς εἶ καὶ δεδοξασμένος, σὺν τῷ παναγίῳ καὶ ἀγαθῷ.

Ὁ λαός. Ἀμήν.

Ὁ ἱερεύς. Εἰρήνη πᾶσιν.

Ὁ διάκονος. Τὰς κεφαλάς.

Ὁ ἱερεὺς κλινόμενος ἐπεύχεται.

Δέσποτα ζωοποιὲ καὶ τῶν ἀγαθῶν χορηγέ, ὁ δοὺς τοῖς ἀνοήτοις τὴν μακαρίαν ἐλπίδα τῆς αἰωνίου ζωῆς, τὸν Κύριον ἡμῶν Ἰησοῦν Χριστόν, καταξίωσον ἡμᾶς, ἀγαθέ, ἐν ἁγιασμῷ καὶ ταύτην σοι τὴν θείαν ἐπιτελέσαι λειτουργίαν, εἰς ἀπόλαυσιν τῆς μελλούσης μακαριότητος· [69 b]

Ἐκφώνως. Ὅπως ὑπὸ τοῦ κράτους σου πάντοτε φυλαττόμενοι καὶ εἰς φῶς ἀληθείας ὁδηγούμενοι, σοὶ τὴν δόξαν καὶ τὴν εὐχαριστίαν ἀναπέμπωμεν, τῷ Πατρὶ καὶ τῷ Υἱῷ καὶ τῷ ἁγίῳ Πνεύματι, νῦν.

Ὁ διάκονος. Ἐν εἰρήνῃ Χριστοῦ ψάλλομεν. (*sic*)

LITURGY OF SAINT JAMES.

PARIS MANUSCRIPT 2509.

Ὁ λαός. Σοί, Κύριε.

Ὁ ἱερεὺς ἐπεύχεται οὕτως.

(1) Ὁ ἐνηχήσας ἡμᾶς Θεὸς τὰ θεῖά σου λόγια καὶ σωτήρια, φώτισον τὰς ψυχὰς ἡμῶν τῶν ἁμαρτωλῶν εἰς τὴν τῶν προαναγνωσθέντων κατάληψιν, ὡς μὴ μόνον ἀκροατὰς ὀφθῆναι τῶν πνευματικῶν ᾀσμάτων, ἀλλὰ καὶ ποιητὰς πράξεων ἀγαθῶν, πίστιν μετερχομένους ἀνύπουλον, βίον ἄμεμπτον, πολιτείαν ἀνέγκλητον·

Ἐκφώνησις. Ἐν Χριστῷ Ἰησοῦ τῷ Κυρίῳ ἡμῶν, μεθ' οὗ εὐλογητὸς εἶ, σὺν τῷ παναγίῳ καὶ ἀγαθῷ καὶ ζωοποιῷ σου Πνεύματι, νῦν καὶ ἀεί, καὶ εἰς τοὺς αἰῶνας.

Ὁ λαός. Ἀμήν.

Ὁ ἱερεύς. Εἰρήνη πᾶσιν.

Ὁ λαός. Καὶ τῷ πνεύματί σου.

Ὁ διάκονος. Τὰς κεφαλὰς ἡμῶν τῷ Κυρίῳ κλίνωμεν.

Ὁ λαός. Σοί, Κύριε.

Ὁ ἱερεὺς ἐπεύχεται, λέγων,

Δέσποτα ζωοποιὲ καὶ τῶν ἀγαθῶν χορηγέ, ὁ δοὺς τοῖς ἀνθρώποις τὴν μακαρίαν ἐλπίδα τῆς αἰωνίου ζωῆς, τὸν Κύριον ἡμῶν Ἰησοῦν Χριστόν, καταξίωσον ἡμᾶς ἐν ἁγιασμῷ καὶ ταύτην σοι τὴν θείαν ἐπιτελέσαι λειτουργίαν, εἰς ἀπόλαυσιν τῆς μελλούσης μακαριότητος·

(2) Ἐκφώνησις. Ὅπως ὑπὸ τοῦ κράτους σου πάντοτε φυλαττόμενοι καὶ εἰς φῶς ἀληθείας ὁδηγούμενοι, σοὶ τὴν δόξαν καὶ τὴν εὐχαριστίαν ἀναπέμπωμεν, τῷ Πατρὶ καὶ τῷ Υἱῷ καὶ τῷ ἁγίῳ Πνεύματι, νῦν.

Ὁ λαός. Ἀμήν.

(1) P. προλεχθέντων.
(2) "In marg. inf. codicis juxta Ὅπως ὑπό haec legitur rubrica:

PARIS MANUSCRIPT 476.

Ὁ δὲ ἱερεὺς εὐχὴν μετὰ τὸ εὐαγγέλιον.

Ὁ ἐνηχήσας ἡμῖν Θεὸς τὰ θεῖά σου καὶ σωτήρια λόγια, φώτισον τὰς ψυχὰς ἡμῶν τῶν ἁμαρτωλῶν εἰς τὴν τῶν προαναγνωσθέντων κατάληψιν, ὡς μὴ μόνον ἀκροατὰς ὀφθῆναι τῶν πνευματικῶν ᾀσμάτων, ἀλλὰ καὶ ποιητὰς πράξεων ἀγαθῶν, πίστιν μετερχομένους ἀνύπουλον, βίον ἄμεμπτον, πολιτείαν ἀνέγκλητον·

Ἐκφώνησις. Ἐν Χριστῷ Ἰησοῦ τῷ Κυρίῳ ἡμῶν, μεθ' οὗ εὐλογητὸς εἶ καὶ δεδοξασμένος, σὺν τῷ παναγίῳ καὶ ἀγαθῷ καὶ ζωοποιῷ σου Πνεύματι, νῦν καὶ ἀεί, καὶ εἰς τοὺς αἰῶνας τῶν αἰώνων. Ἀμήν.

Ὁ ἱερεύς. Εἰρήνη πᾶσιν.

Ὁ διάκονος. Τὰς κεφαλὰς ἡμῶν τῷ Κυρίῳ.

Ὁ ἱερεὺς τὴν εὐχήν.

Δέσποτα ζωοποιὲ καὶ ἀγαθῶν χορηγέ, ὁ δοὺς τοῖς ἀνθρώποις τὴν μακαρίαν ἐλπίδα τῆς αἰωνίου ζωῆς, τὸν Κύριον ἡμῶν Ἰησοῦν Χριστόν, καταξίωσον ἡμᾶς, ἀγαθέ, ἐν ἁγιασμῷ καὶ ταύτην σοι τὴν θείαν ἐπιτελέσαι λειτουργίαν, εἰς ἀπόλαυσιν τῆς μελλούσης μακαριότητος·

Ἐκφώνησις. Ὅπως ὑπὸ τοῦ κράτους σου πάντοτε φυλαττόμενοι καὶ εἰς φῶς ἀληθείας ὁδηγούμενοι, σοὶ τὴν δόξαν καὶ τὴν εὐχαριστίαν ἀναπέμπωμεν, τῷ Πατρὶ καὶ τῷ Υἱῷ καὶ τῷ ἁγίῳ Πνεύματι, νῦν καὶ ἀεί, καὶ εἰς τοὺς αἰῶνας τῶν αἰώνων. Ἀμήν.

Ἐτέθη ἡ ἐκφώνησις αὕτη παρὰ τῷ ἁγίῳ Βασιλείῳ εἰς τὸ τέλος τῆς εὐχῆς τῆς πρὸς τοῦ χερουβικοῦ. Ζήτει κ. ε'." M. Omont. (See p. 157.)

ROTULUS MESSANENSIS.

(1)
(2) [Μήτις τῶν κατηχουμένων ὧδε ἔστω. Μήτις τῶν ἀμυήτων. Μήτις τῶν μὴ δυναμένων ἡμῖν συνδεηθῆναι. Μηδεὶς κατὰ τοῦ ἑτέρου λόγον ἢ πονηρίαν ἐχέτω. Ἄφετε καὶ ἀφεθήσεται· τὰς ἁμαρτίας ὑμῶν ἐξομολογήσασθε, καὶ μετὰ κατανύξεως συγχωρήσασθε.

(3) Αἰτήσασθε μετὰ φόβου καὶ τρόμου.....

(4) Ἀλλήλους ἐπίγνωτε.

Ὀρθοί, πάντες.

Καὶ προέρχονται τὰ ἅγια.

(5) Οἱ τὰ χερουβίμ.

Ὅτε δὲ τεθῶσιν ἐν τῷ θυσιαστηρίῳ, εὔχεται ὁ ἱερεὺς τὴν εὐχὴν τῆς προθέσεως.

(6) Ὁ Θεὸς ἡμῶν, ὁ τὸν οὐράνιον ἄρτον.

Εὐχὴ εἰς τὸ θυμίαμα.

(7) Δέσποτα παντοκράτωρ, βασιλεῦ τῆς δόξης.]

(1) I take the passages in brackets again from the copy furnished by Monaldinius to Assemani. The original seems to have perished between the years 1752 and 1879.
(2) Compare Chrysost. Hom. III. ad Eph. p. 23, Ἀκούεις ἑστῶτος τοῦ κήρυκος καὶ λέγοντος· Ὅσοι ἐν μετανοίᾳ, ἀπέλθετε πάντες.
(3) "Desunt pauca." Monaldinius.
(4) Chrys. cont. Judæos I. p. 593, Οὐχ ὁρᾶτε ἐπὶ τῶν μυστηρίων τί βοᾷ συνεχῶς ὁ διάκονος, Ἐπιγινώσκετε ἀλλήλους;
(5) The order of the prayers differs in all the copies. The inference is that most of the collects here are of recent origin or introduction. I have chiefly kept the arrangement of the Messina Roll, but noted by the letters A, B, C, &c. the order of the prayers in each of the other MSS.
(6) Assemani gives only these seven words; the others in full. The prayer is taken from the old liturgy of Saint Basil (p. 76) whence it came into Saint Chrysostom (p. 108). The Rossano MS., however, reads καὶ δι' οὓς προσήνεγκον, καὶ χαρίσαι αὐτοῖς πάντα τὰ πρὸς σωτηρίαν αἰτήματα, καὶ ἡμᾶς ἀκατακρίτους. In 476 are several crosses.
(7) A. again gives only the first few words.

CODEX ROSSANENSIS.

Ὁ ἀρχιδιάκονος λέγει, Μήτις τῶν κατηχουμένων· μήτις τῶν ἀμυήτων· μήτις τῶν μὴ δυναμένων ἡμῖν συνδεηθῆναι. Ἀλλήλους ἐπίγνωτε· τὰς θύρας· ὀρθοί, πάντες.

Ὁ ἀρχιδιάκονος λέγει, Ἔτι τοῦ Κυρίου δεηθῶμεν.

Καὶ μετὰ τὸ ἀποτεθῆναι τὰ δῶρα ἐν τῇ ἁγίᾳ τραπέζῃ καὶ πληρῶσαι τὸν λαὸν τὸν μυστικὸν ὕμνον, ποιεῖ ὁ ἱερεὺς εὐχὴν τῆς προθέσεως. [71] E

Ὁ Θεός, ὁ Θεὸς ἡμῶν, ὁ τὸν οὐράνιον ἄρτον, κ.τ.λ.

Ὁ ἱερεὺς λέγει εὐχὴν θυμιάματος πρὸ τῶν ἁγίων. [69 b] A

Δέσποτα παντοκράτωρ, βασιλεῦ τῆς δόξης, ὁ Θεός, ὁ εἰδὼς τὰ πάντα πρὶν γενέσεως αὐτῶν, αὐτὸς πάρεσον ἡμῖν ἐν τῇ ἁγίᾳ ὥρᾳ ταύτῃ ἐπικαλουμένοις σε, καὶ λύτρωσαι ἡμᾶς ἀπὸ αἰσχύνης παραπτωμάτων· κάθαρον ἡμῶν τὸν νοῦν καὶ τὰ φρονήματα ἀπὸ [70] μιαρῶν ἐπιθυμιῶν καὶ κοσμικῆς ἀπάτης καὶ πάσης διαβολικῆς ἐνεργείας, καὶ πρόσδεξαι ἐκ χειρὸς ἡμῶν τῶν ἁμαρτωλῶν τὸ θυμίαμα τοῦτο, ὡς προσεδέξω τὴν προσφορὰν Ἄβελ καὶ Νῶε καὶ Ἀαρὼν καὶ Σαμουὴλ καὶ πάντων τῶν ἁγίων σου, ῥυόμενος ἡμᾶς ἀπὸ παντὸς πονηροῦ πράγματος καὶ σώζων εἰς τὸ πάντοτε εὐαρεστεῖν καὶ προσκυνεῖν καὶ δοξάζειν σέ, τὸν Πατέρα, καὶ τὸν μονογενῆ σου Υἱὸν καὶ τὸ Πνεῦμά σου τὸ πανάγιον· νῦν καὶ ἀεί, καὶ εἰς τούς.

LITURGY OF SAINT JAMES.

PARIS MANUSCRIPT 2509.

Ὁ διάκονος. Μήτις τῶν κατηχουμένων· μήτις τῶν ἀμυήτων· μήτις τῶν μὴ δυναμένων ἡμῖν συνδεηθῆναι. Ἀλλήλους ἐπίγνωτε· τὰς θύρας· ὀρθοί, πάντες.

(1) Ὁ ἀρχιδιάκονος. Ἔτι τοῦ Κυρίου δεηθῶμεν.

C
P. 12

Ὁ ἱερεύς, εἰσάγων τὰ ἅγια δῶρα, λέγει τὴν εὐχὴν ταύτην.

(2) Ὁ Θεός, ὁ Θεὸς ἡμῶν, ὁ τὸν οὐράνιον ἄρτον, κ.τ.λ.

P. 11 Ὁ ἱερεὺς εὐχὴν τοῦ θυμιάματος.

A

P. 12

Δέσποτα παντοκράτωρ, βασιλεῦ τῆς δόξης, ὁ Θεός, ὁ εἰδὼς τὰ πάντα πρὶν γενέσεως αὐτῶν, αὐτὸς πάρεσον ἡμῖν ἐν τῇ ἁγίᾳ ὥρᾳ ταύτῃ ἐπικαλουμένοις σε, καὶ λύτρωσαι ἡμᾶς ἀπὸ αἰσχύνης παραπτωμάτων· κάθαρον ἡμῶν τὸν νοῦν καὶ τὰ φρονήματα ἀπὸ μιαρῶν ἐπιθυμιῶν καὶ κοσμικῆς ἀπάτης καὶ πάσης διαβολικῆς ἐνεργείας, καὶ πρόσδεξαι ἐκ χειρὸς ἡμῶν τῶν ἁμαρτωλῶν τὸ θυμίαμα τοῦτο, ὡς προσεδέξω τὴν προσφορὰν Ἄβελ καὶ Νῶε καὶ Ἀαρὼν καὶ Σαμουὴλ καὶ πάντων τῶν ἁγίων σου, ῥυόμενος ἡμᾶς ἀπὸ παντὸς πονηροῦ πράγματος καὶ σώζων εἰς τὸ πάντοτε εὐαρεστεῖν καὶ προσκυνεῖν καὶ δοξάζειν σέ, τὸν Πατέρα, καὶ τὸν μονογενῆ σου Υἱὸν καὶ τὸ Πνεῦμά σου τὸ πανάγιον, νῦν καὶ ἀεί, καὶ εἰς τοὺς αἰῶνας.

(3) Καὶ ἄρχονται οἱ ἀναγνῶσται τοῦ χερουβικοῦ.

PARIS MANUSCRIPT 476.

Καὶ μετὰ τὸ ἀποθέσθαι τὰ ἅγια δῶρα ἐν τῇ ἁγίᾳ τραπέζῃ, πρὸ τοῦ καλυφθῆναι αὐτὰ μετὰ τῆς νεφέλης, λέγει ὁ ἱερεὺς τὴν εὐχὴν τῆς προθέσεως. E

Ὁ Θεός, ὁ Θεὸς ἡμῶν, ὁ τὸν οὐράνιον ἄρτον, κ.τ.λ. (2)

Εὐχὴ ἑτέρα ἥτις ἐνταῦθα συνάπτεται. D

Δέσποτα παντοκράτωρ, βασιλεῦ τῆς δόξης, ὁ Θεός, ὁ εἰδὼς τὰ πάντα πρὶν γενέσεως αὐτῶν, αὐτὸς πάρεσον ἡμῖν ἐν τῇ ἁγίᾳ ὥρᾳ ταύτῃ ἐπικαλουμένοις σε, καὶ λύτρωσαι ἡμᾶς ἀπὸ αἰσχύνης παραπτωμάτων· κάθαρον ἡμῶν τὸν νοῦν καὶ τὰ φρονήματα ἀπὸ μιαρῶν ἐπιθυμιῶν καὶ κοσμικῆς ἀπάτης καὶ πάσης διαβολικῆς ἐνεργείας, καὶ πρόσδεξαι ἐκ χειρὸς ἡμῶν τῶν ἁμαρτωλῶν τὸ θυμίαμα τοῦτο εἰς ὀσμὴν εὐωδίας, ὡς προσεδέξω τὴν προσφορὰν Ἄβελ, Νῶε, Ἀαρών, Σαμουήλ, καὶ πάντων τῶν ἁγίων σου, ῥυόμενος ἡμᾶς ἀπὸ παντὸς πονηροῦ πράγματος καὶ σώζων εἰς τὸ πάντοτε εὐαρεστεῖν σοι καὶ προσκυνεῖν καὶ δοξάζειν σέ, τὸν Πατέρα, καὶ τὸν μονογενῆ σου Υἱὸν καὶ τὸ Πνεῦμά σου τὸ πανάγιον, νῦν καὶ ἀεί, καὶ εἰς τοὺς αἰῶνας τῶν αἰώνων. Ἀμήν.

(1) P. omits Ὁ ἀρχιδιάκονος.   (2) Ut supra, p. 76.   (3) The hymn is not in P.

ROTULUS MESSANENSIS.

(1) [Εὐχὴ λεγομένη προερχομένων τῶν ἁγίων. Τοῦ ἁγίου Διονυσίου.

Τὸ φρικτόν σου, Κύριε, καταλαβόντες δάπεδον, θαμβούμεθα τῷ προσώπῳ, τῇ λαμπρᾷ σου τραπέζῃ προσερχόμενοι· καὶ πέλας τοῦ φοβεροῦ σου γινόμενοι βήματος, κλονούμεθα τῷ παλμῷ, τὰ μέλη βραττόμενοι, ἀνέφικτον θῦμα προσάγοντες. Τίς γὰρ γηγενῶν προσηλωμένος τοῖς πάθεσιν ἀξίως τηλικούτων μυστηρίων ἐφάψασθαι δύναται; ἀφαιρεῖται γὰρ τὴν παρρησίαν τὸ τῆς φύσεως ἄστατον, καὶ συνειδήσεις ἐναγεῖς τῷ νῷ κατεργάζεται, καὶ σκότος ἐπάγει τῷ βλέμματι ἄσεμνος πολιτεία καὶ βίος ἐπίμωμος· ὅθεν δεδοίαμεν καὶ τῷ φόβῳ κλονούμεθα, μήπως, ἀναξίως τῶν δώρων ἀψάμενοι, τρέψωμεν καθ᾽ ἑαυτῶν τὴν θείαν ἐκδίκησιν. Διὸ καθικετεύομεν τὴν φιλανθρωπίαν σου, δὸς ἡμῖν ἁγιοπρεπῶς τῶν

(1) Chrysostom (on 2 Cor. Hom. XVIII. p. 568) distinctly mentions that after the uninitiated were expelled from the Church the faithful prostrated themselves. His words are these:

CODEX ROSSANENSIS.

Ἄρχεται ὁ ἀναγνώστης καὶ λέγει, [70] B

Σιγησάτω πᾶσα σὰρξ βροτεία καὶ στήτω μετὰ φόβου καὶ τρόμου καὶ μηδὲν γήϊνον ἐν ἑαυτῇ λογιζέσθω· ὁ γὰρ βασιλεὺς τῶν βασιλευόντων, Χριστὸς ὁ Θεὸς ἡμῶν, προέρχεται σφαγιασθῆναι καὶ δοθῆναι εἰς βρῶσιν τοῖς πιστοῖς· προηγοῦνται δὲ τούτου οἱ χοροὶ τῶν ἀγγέλων μετὰ πάσης ἀρχῆς καὶ [70 b] ἐξουσίας, τὰ πολυόμματα χερουβίμ, καὶ τὰ ἑξαπτέρυγα σεραφίμ, τὰς ὄψεις καλύπτοντα καὶ βοῶντα τὸν ὕμνον, Ἀλληλούϊα.

Ἄλλο.

Οἱ τὰ χερουβὶμ μυστικῶς εἰκονίζοντες. C

Εὐχὴ λεγομένη ὡς προέρχονται τὰ ἅγια· ἐκ τοῦ ἁγίου Διονυσίου τοῦ Ἀρεοπαγίτου. D

Τὸ φρικτόν σου, Κύριε, καταλαβόντες δάπεδον, θαμβοίμεθα τὸ πρόσωπον, τῇ λαμπρᾷ σου τραπέζῃ προσερχόμενοι· καὶ πέλας τοῦ φοβεροῦ σου γινόμενοι βήματος, κλονούμεθα τῷ παλμῷ, τὰ μέλη βραττόμενοι, ἀνέφικτον ἱερὸν θῦμα προσάγοντες. Τίς γὰρ τῶν γηγενῶν προσηλωμένος τοῖς πάθεσιν ἀξίως τηλικούτων μυστηρίων ἐφάψασθαι δύναται; ἀφαιρεῖται γὰρ τὴν παρρησίαν τὸ τῆς φύσεως ἄστατον, καὶ συνειδήσεις ἐναγεῖς τῷ νῷ κατεργάζεται, καὶ σκότος ἐπάγει τῷ τῆς ψυχῆς βλέμματι ἄσεμνος [71] πολιτεία καὶ βίος ἐπίμωμος· ὅθεν δεδείαμεν καὶ τῷ φόβῳ κλονούμεθα, μήπως, ἀναξίως τῶν δώρων ἀψάμενοι, τρέψωμεν καθ᾽ ἑαυτῶν τὸ θεῖον εἰς ἐκδίκησιν. Διὸ καθικετεύομεν τὴν φιλανθρωπίαν σου, δὸς ἡμῖν ἀδεῶς τῶν

Πάλιν ἐπειδὰν εἴρξωμεν τῶν ἱερῶν περιβόλων τοὺς οὐ δυναμένους τῆς ἱερᾶς μετασχεῖν τραπέζης, ἑτέραν δεῖ γενέσθαι εὐχήν, καὶ πάντες ὁμοίως ἐπ᾽ ἐδάφους κείμεθα, καὶ πάντες ὁμοίως ἀνιστάμεθα.

LITURGY OF SAINT JAMES.

PARIS MANUSCRIPT 2509.

B

(1) Σιγησάτω πᾶσα σὰρξ βροτεία καὶ στήτω μετὰ φόβου καὶ τρόμου καὶ μηδὲν γήϊνον ἐν ἑαυτῇ λογιζέσθω· ὁ γὰρ βασιλεὺς τῶν βασιλευόντων, Χριστὸς ὁ Θεὸς ἡμῶν, προέρχεται σφαγιασθῆναι καὶ δοθῆναι εἰς βρῶσιν τοῖς πιστοῖς· προηγοῦνται δὲ τούτου οἱ χοροὶ τῶν ἀγγέλων μετὰ πάσης ἀρχῆς καὶ ἐξουσίας, τὰ πολυόμματα χερουβίμ, καὶ τὰ ἑξαπτέρυγα σεραφίμ, τὰς ὄψεις καλύπτοντα

(2) καὶ βοῶντα τὸν ὕμνον, Ἀλληλούϊα.

[To the prayer Ὁ Θεός, ὁ Θεὸς ἡμῶν, p. 239, is annexed in this MS. the note ἐτέθη παρὰ τῷ ἁγίῳ Βασιλείῳ ἡ εὐχὴ αὕτη εἰς τὴν προσκομιδὴν τῆς προθέσεως. Ζήτει κ. α΄. (p. 151).]

PARIS MANUSCRIPT 476.

Καὶ ἐπισυνάπτει καὶ ταύτην τὴν εὐχὴν τοῦ ἁγίου Διονυσίου. [70 b] B

Τὸ φρικτόν σου, Κύριε, καταλαβόντες δάπεδον, θαμβούμεθα τῷ προσώπῳ, τῇ λαμπρᾷ σου τραπέζῃ προσερχύμενοι· καὶ πέλας τοῦ φοβεροῦ σου γενόμενοι βήματος, κλονούμεθα τῷ παλμῷ τὰ μέλη βραττόμενοι, ἀνέφικτον ἱερὸν θῦμα προσάγοντες. Τίς γὰρ τῶν γηγενῶν, προσηλωμένος τοῖς πάθεσιν, ἀξίως τηλικούτων μυστηρίων ἐφάψασθαι δύναται; ἀφαιρεῖται γὰρ τὴν παρρησίαν τὸ τῆς πίστεως [ἄστατον] καὶ συνειδήσεις ἐναγεῖς τῷ νῷ κατεργάζεται, καὶ σκότος ἐπάγει τῆς ψυχῆς τῷ βλέμματι ἄσεμνος πολιτεία καὶ βίος ἐπίμωμος, ὅθεν δεδίαμεν καὶ τῷ φόβῳ κλονούμεθα, μήπως, ἀναξίως τῶν δώρων ἁψάμενοι, τρέψωμεν καθ᾽ ἑαυτῶν τὴν θείαν ἐκδίκησιν. Διὸ καθικετεύομεν τὴν φιλανθρωπίαν σου, δὸς

(1) P. adds καὶ κύριος τῶν κυριευόντων.　　(2) P. has the Ἀλληλούϊα three times.

ROTULUS MESSANENSIS.	CODEX ROSSANENSIS.
ἁγίων σου μυστηρίων ἀπάρξασθαι· ἐνδυνάμωσον ἡμᾶς, Δέσποτα, ψυχῇ καὶ σώματι, καὶ χάρισαι ἡμῖν ἀμώμως ἱερουργῆσαι τῇ σῇ ἀρρήτῳ δυνάμει· πάντα γὰρ διὰ σοῦ εἰσίν, καὶ πρέπει σοι πᾶσα δόξα, τιμή, καὶ μεγαλοπρέπεια, τῷ Πατρὶ καὶ τῷ Υἱῷ καὶ τῷ ἁγίῳ Πνεύματι, νῦν καὶ ἀεί, καὶ εἰς τοὺς αἰῶνας τῶν.	ἁγίων σου μυστηρίων ἐφάψασθαι· καὶ ἐνδυνάμωσον ἡμᾶς ψυχῇ καὶ σώματι, καὶ δὸς ἡμῖν ἱερουργῆσαι τῇ σῇ ἀρρήτῳ δυνάμει· πάντα γὰρ διὰ σοῦ γίνεται, καὶ πρέπει σοι πᾶσα δόξα, τιμή, καὶ μεγαλοπρέπεια, τῷ Πατρὶ καὶ τῷ Υἱῷ καὶ τῷ ἁγίῳ Πνεύματι, νῦν.
Καὶ ἑτέρα εὐχὴ τοῦ ἁγίου Βασιλείου· Εὔχεται ὁ ἱερεὺς ταῦτα. Οὐδεὶς ἄξιος.]	Ὁ ἱερεὺς ποιεῖ τὴν εὐχὴν ταύτην ὑπὲρ ἑαυτοῦ. I Οὐδεὶς ἄξιος τῶν συνδεδεμένων ταῖς σαρκικαῖς ἐπιθυμίαις καὶ ἡδοναῖς. Ζήτει, προεγράφη. (1) Εὔχεται ὁ ἱερεύς. F [71 b] Εὐλογητὸς ὁ Θεός, ὁ εὐλογῶν καὶ ἁγιάζων πάντας ἡμᾶς, ἐπὶ τῇ προθέσει τῶν θείων καὶ ἀχράντων μυστηρίων, καὶ τὰς μακαρίας ψυχὰς ἀναπαύσει μετὰ ἁγίων καὶ δικαίων, νῦν καὶ ἀεί, καὶ εἰς τούς. sic
(1) This refers to the Liturgy of Saint Basil in the Codex Rossanensis.	

PARIS MANUSCRIPT 2509.

PARIS MANUSCRIPT 476.

ἡμῖν ἁγιοπρεπῶς τῶν ἁγίων σου μυστηρίων ἀπάρξασθαι· ἐνδυνάμωσον ἡμᾶς, Δέσποτα, ψυχῇ καὶ σώματι, καὶ χάρισαι ἡμῖν ἀμώμως ἱερουργῆσαι τῇ σῇ ἀρρήτῳ δυνάμει· πάντα γὰρ διὰ σοῦ γίνεται, καὶ πρέπει σοι πᾶσα δόξα, τιμή, καὶ μεγαλοπρέπεια, τῷ Πατρὶ καὶ τῷ Υἱῷ καὶ τῷ ἁγίῳ Πνεύματι, νῦν καὶ ἀεί, καὶ εἰς τοὺς αἰῶνας τῶν αἰώνων. Ἀμήν.

Καὶ συνάπτει καὶ ταύτην τὴν εὐχὴν τοῦ θυμιάματος.

Μετὰ θυμιάματος Ἀαρὼν καὶ Ζαχαρίου, τῶν θεραπόντων σου, καὶ πάσης εὐωδίας πνευματικῆς πρόσδεξαι καὶ ἐκ χειρὸς ἡμῶν τῶν ἁμαρτωλῶν τὴν τοῦ θυμιάματος τούτου ὁλοκαύτωσιν, ✠ εἰς ἄφεσιν ἁμαρτιῶν καὶ ἱλασμὸν παντὸς τοῦ λαοῦ σου, καὶ τῆς ἐξ ἁμαρτιῶν δυσωδίας καθαροὺς ἡμᾶς ἀναδείξας, τῷ ἁγίῳ σου θυσιαστηρίῳ προσάγαγε·

Ἐκφώνησις. Ὅτι εὐλογημένον ὑπάρχει τὸ πανάγιον ὄνομά σου, τοῦ Πατρὸς καὶ τοῦ Υἱοῦ καὶ τοῦ ἁγίου Πνεύματος, νῦν καὶ ἀεί, καὶ εἰς τοὺς αἰῶνας τῶν αἰώνων. Ἀμήν.

Ὁ διάκονος. Ἐν εἰρήνῃ Χριστοῦ ψάλατε.

Ὁ δὲ ἱερεὺς τὴν εὐχήν, ἐξερχομένων τῶν δώρων, τοῦ ἁγίου Βασιλείου.

Οὐδεὶς ἄξιος τῶν συνδεδεμένων ταῖς σαρκικαῖς ἐπιθυμίαις καὶ ἡδοναῖς, κ.τ.λ.

Ὁ ἱερεύς. Εἰρήνη πᾶσιν.
Ὁ διάκονος. Κύριε, εὐλόγησον.
Ὁ ἱερεύς. Εὐλογητὸς ὁ Θεός, ὁ εὐλογῶν καὶ ἁγιάζων πάντας ἡμᾶς, ἐπὶ τῇ προθέσει τῶν θείων καὶ ἀχράντων μυστηρίων, καὶ τὰς μακαρίας ψυχὰς ἀναπαύων μετὰ ἁγίων καὶ δικαίων, νῦν καὶ ἀεί.

(1) The prayer resembles that in S. Chrysostom, p. 122, and need scarcely be reprinted. The words καὶ καταχθονίων are added after καὶ ἐπιγείων: καθάρισον μου τὴν ψυχὴν καὶ τὴν καρδίαν ἀπὸ συνειδήσεως πονηρᾶς are omitted; and for ἱερατείας 476 reads ἱερωσύνης. It reads also σοὶ γὰρ κλίνω.

LITURGY OF SAINT JAMES.

ROTULUS MESSANENSIS.

K [Εἶτα ὁ ἀρχιδιάκονος.
Ἐν σοφίᾳ Θεοῦ πρόσχωμεν.
Καὶ ἄρχεται ὁ ἱερεύς, Πιcτεγω εἰc ἕνα Θεόν.

(1) Εὐχὴ πρὸ τοῦ ἀσπασμοῦ.
Ὁ πάντων Θεὸς καὶ Δεσπότης.]

CODEX ROSSANENSIS.

Ὁ διάκονος. Ἐν σοφίᾳ Θεοῦ πρόσχωμεν.   G [72]
Ὁ λαός. Πιcτεγω εἰc ἕνα Θεόν, Πατέρα παντοκράτορα.   H

Καὶ κλίνων ὁ ἱερεὺς λέγει,   K

Ὁ πάντων Θεὸς καὶ Δεσπότης, ἀξίους ἡμᾶς ἀπέργασαι τῆς ὥρας ταύτης, τοὺς ἀναξίους, φιλάνθρωπε· ἵνα καθαρεύοντες ἀπὸ παντὸς δόλου καὶ πάσης ὑποκρίσεως ἑνωθῶμεν ἀλλήλοις τῷ τῆς εἰρήνης καὶ τῆς ἀγάπης συνδέσμῳ, βεβαιούμενοι τῷ τῆς σῆς θεογνωσίας ἁγιασμῷ, διὰ τοῦ μονογενοῦς σου Υἱοῦ, Κυρίου δὲ καὶ Σωτῆρος ἡμῶν, Ἰησοῦ Χριστοῦ· μεθ' οὗ εὐλογητὸς εἶ σὺν τῷ παναγίῳ καὶ ἀγαθῷ καί.

Ὁ διάκονος. Στῶμεν καλῶς. Ἐν εἰρήνῃ τοῦ Κυρίου δεηθῶμεν.   L (a)

Ὁ ἱερεὺς ἐκφώνως. Ὅτι Θεὸς εἰρήνης, ἐλέους, ἀγάπης, οἰκτιρμοῦ καὶ φιλανθρωπίας ὑπάρχεις, καὶ ὁ μονογενής σου Υἱός, καὶ τὸ Πνεῦμά σου τὸ πανάγιον, νῦν.   M
[72b]

Ὁ λαός. Ἀμήν.
Ὁ ἱερεύς. Εἰρήνη πᾶσιν.
Ὁ λαός. Καὶ τῷ πνεύματί σου.

Ὁ διάκονος. Ἀγαπήσωμεν ἀλλήλους ἐν φιλήματι ἁγίῳ.   N

Καὶ μετὰ τὸ δοθῆναι τὴν ἀγάπην λέγει ὁ διάκονος,

Τὰς κεφαλὰς ἡμῶν τῷ Κυρίῳ κλίνωμεν.   O

Ὁ ἱερεὺς κλίνει καὶ λέγει τὴν εὐχὴν ταύτην.

Ὁ μόνος Κύριος καὶ ἐλεήμων Θεός, τοῖς κλίνουσι τοὺς ἑαυτῶν αὐχένας ἐνώπιον τοῦ   P

---

(1) Chrys. on S. John Hom. LXXVIII. tom. 8, p. 464 ἐν τοῖς μυστηρίοις ἀσπαζόμεθα ἀλλήλους ἵνα οἱ πολλοὶ γενώμεθα ἕν.

(a) They seem to have risen from the ground here. The words are referred to by Chrysostom, "De incompreh." tom. 1, p. 478 καὶ γὰρ αὐτὸ τοῦτο τὸ παρακελεύεσθαι τὸν διάκονον ἅπασι καὶ λέγειν Ὀρθοὶ στῶμεν καλῶς. See too the passage in the second homily on 2 Cor. above.

LITURGY OF SAINT JAMES.

PARIS MANUSCRIPT 2509.

(1) Ὁ ἀρχιδιάκονος. Ἐν σοφίᾳ πρόσχωμεν.
E Ἄρχεται ὁ ἱερεύς.

Πιστεύω εἰc ἕνα Θεόν.
Καὶ ἐπεύχεται κλίνας τὸν αὐχένα.

F S R ii. 29

S A

Ὁ πάντων Θεὸς καὶ Δεσπότης, ἀξίους ἡμᾶς ἀπέργασαι τῆς ὥρας ταύτης, τοὺς ἀναξίους, φιλάνθρωπε· ἵνα καθαρεύοντες παντὸς δόλου καὶ πάσης ὑποκρίσεως ἑνωθῶμεν ἀλλήλοις τῷ τῆς εἰρήνης καὶ τῆς ἀγάπης συνδέσμῳ, βεβαιούμενοι τῷ τῆς σῆς θεογνωσίας ἁγιασμῷ, διὰ τοῦ μονογενοῦς σου Υἱοῦ, Κυρίου δὲ καὶ Σωτῆρος ἡμῶν, Ἰησοῦ Χριστοῦ, μεθ᾽ οὗ εὐλογητὸς εἶ σὺν τῷ παναγίῳ καὶ ἀγαθῷ καὶ ζωοποιῷ σου Πνεύματι, νῦν καὶ ἀεί, καὶ εἰς τοὺς αἰῶνας τῶν αἰώνων. Ἀμήν.

(1)(2) G S R

Ὁ ἀρχιδιάκονος, Στῶμεν καλῶς. Ἐν εἰρήνῃ τοῦ Κυρίου δεηθῶμεν.

Ὁ ἱερεύς. Ὅτι Θεὸς εἰρήνης, ἐλέους, ἀγάπης, οἰκτιρμῶν, καὶ φιλανθρωπίας ὑπάρχεις, καὶ ὁ μονογενής σου Υἱός, καὶ τὸ Πνεῦμά σου τὸ πανάγιον, νῦν καὶ ἀεί.

Ὁ λαός. Ἀμήν.
Ὁ ἱερεύς. Εἰρήνη πᾶσιν.
Ὁ λαός. Καὶ τῷ πνεύματί σου.

(1) H Ὁ ἀρχιδιάκονος. Ἀγαπήσωμεν ἀλλήλους ἐν φιλήματι ἁγίῳ.

Καὶ πάλιν. Τὰς κεφαλὰς ἡμῶν τῷ Κυρίῳ κλίνωμεν.

Ὁ ἱερεὺς ἐπικλινόμενος λέγει τὴν εὐχὴν ταύτην.

I S A Ὁ μόνος Κύριος καὶ ἐλεήμων Θεός, τοῖς κλίνουσι τοὺς ἑαυτῶν αὐχένας ἐνώπιον τοῦ

(1) P. ὁ διάκονος.
(2) P. στῶμεν καλῶς, στῶμεν εὐλαβῶς, στῶμεν

PARIS MANUSCRIPT 476.

F Καὶ μετὰ τὸ εἰπεῖν τὸν διάκονον τὸ Ἐν σοφίᾳ Θεοῦ πρόσχωμεν,

Καλύπτει ὁ ἱερεὺς τὰ ἅγια μετὰ τῆς νεφέλης καὶ ἄρχεται τὴν πίστιν καὶ λέγει τὸν πρῶτον λόγον τό, Πιστεύω εἰc ἕνα Θεόν.

G Καὶ λέγει τὴν εὐχὴν ταύτην. Εὐχὴ πρὸ τοῦ ἀσπασμοῦ· Πάντα τοίνυν.

Ὁ ἱερεὺς λέγει.

H Ὁ πάντων Θεὸς καὶ Δεσπότης, ἀξίους ἡμᾶς ἀπέργασαι τῆς ἁγίας ὥρας ταύτης, τοὺς ἀναξίους, φιλάνθρωπε· ἵνα καθαρεύοντες παντὸς δόλου καὶ πάσης ὑποκρίσεως, ἑνωθῶμεν ἀλλήλοις τῷ τῆς εἰρήνης καὶ τῆς ἀγάπης συνδέσμῳ, βεβαιούμενοι τῷ τῆς σῆς θεογνωσίας ἁγιασμῷ, ἐν Χριστῷ Ἰησοῦ τῷ Κυρίῳ ἡμῶν, μεθ᾽ οὗ εὐλογητὸς εἶ σὺν τῷ παναγίῳ καὶ ἀγαθῷ καὶ ζωοποιῷ σου Πνεύματι, νῦν καὶ ἀεί, καὶ εἰς τοὺς αἰῶνας τῶν αἰώνων. Ἀμήν.

I Ὁ διάκονος. Στῶμεν καλῶς. Ἐν εἰρήνῃ τοῦ Κυρίου δεηθῶμεν.

Ὁ ἱερεὺς ἐκφωνεῖ. Ὅτι Θεὸς εἰρήνης, ἐλέους, ἀγάπης, οἰκτιρμῶν, καὶ φιλανθρωπίας ὑπάρχεις, καὶ ὁ μονογενής σου Υἱός, καὶ τὸ Πνεῦμά σου τὸ πανάγιον, νῦν καὶ ἀεί, καὶ εἰς τοὺς αἰῶνας τῶν αἰώνων. Ἀμήν.

Εἰρήνη πᾶσιν.

K Ὁ διάκονος. Ἀγαπήσωμεν ἀλλήλους ἐν φιλήματι.

Καί, μετὰ τὸ δοθῆναι τὴν ἀγάπην, ὁ διάκονος, Τὰς κεφαλὰς ἡμῶν τῷ Κυρίῳ κλίνωμεν.

L Ὁ ἱερεὺς τὴν εὐχήν.

Ὁ μόνος Κύριος καὶ ἐλεήμων Θεός, τοῖς κλίνουσι τοὺς ἑαυτῶν αὐχένας ἐνώπιον τοῦ μετὰ φόβου Θεοῦ καὶ κατανύξεως.

ROTULUS MESSANENSIS.

(1) With the call to prayer which the deacon here made, as exhibited in the other MSS., compare the passage in Chrysostom's second homily "De prophetiarum obscuritate," tom. VI. p. 188. Κοινῇ πάντες ἀκούοντες τοῦ διακόνου τοῦτο κελεύοντος καὶ λέγοντος, Δεηθῶμεν ὑπὲρ τοῦ ἐπισκόπου καὶ τοῦ γήρως καὶ τῆς ἀντιλήψεως, καὶ ἵνα ὀρθοτομῇ τὸν λόγον τῆς ἀληθείας, καὶ ὑπὲρ τῶν ἐνταῦθα, καὶ ὑπὲρ τῶν ἀπανταχοῦ, οὐ παραιτεῖσθε ποιεῖν τὸ ἐπίταγμα, ἀλλὰ μετ' ἐκτενείας ἀναφέρετε τὴν εὐχὴν, εἰδότες τῆς ὑμετέρας συνόδου τὴν δύναμιν. Ἴσασιν οἱ μεμυημένοι τὰ λεγόμενα· τῇ γὰρ εὐχῇ τῶν κατηχουμένων οὐδέπω τοῦτο ἐπιτέτραπται, ἐπειδὴ οὐδέπω πρὸς τὴν παρρησίαν ἔφθασαν ταύτην· ὑμῖν δὲ καὶ ὑπὲρ τῆς οἰκουμένης, καὶ ὑπὲρ τῆς ἐκκλησίας τῆς μέχρι περάτων τῆς γῆς ἐκτεταμένης, καὶ ὑπὲρ τῶν διοικούντων αὐτὴν ἐπισκόπων ἁπάντων, παρακελεύεται ποιεῖσθαι τὰς δεήσεις ὁ ταύταις διακονῶν. Καὶ ὑπακούετε μετὰ προθυμίας, ἔργῳ μαρτυροῦντες ὅτι μεγάλη τῆς εὐχῆς ἡ δύναμις τῆς ἐν ἐκκλησίᾳ ἀπὸ τοῦ δήμου συμφώνως ἀναφερομένης ἐστίν.

Again on 2 Cor. Hom. II. tom. 10, p. 440. Καὶ ἐπὶ τῶν πιστῶν ὑπὲρ ἐπισκόπων, ὑπὲρ πρεσβυτέρων, ὑπὲρ βασιλέων, ὑπὲρ τῶν κρατούντων, ὑπὲρ γῆς καὶ θαλάσσης, ὑπὲρ ἀέρων, ὑπὲρ τῆς οἰκουμένης ἁπάσης, κελευόμεθα προσιέναι τῷ φιλανθρώπῳ Θεῷ.

CODEX ROSSANENSIS.

ἁγίου σου θυσιαστηρίου καὶ ἐπιζητοῦσι τὰς παρὰ σοῦ πνευματικὰς δωρεάς, ἐξαπόστειλον τὴν χάριν σου τὴν ἀγαθήν, καὶ εὐλόγησον πάντας ἡμᾶς ἐν πάσῃ εὐλογίᾳ πνευματικῇ καὶ ἀναφαιρέτῳ, ὁ ἐν ὑψηλοῖς κατοικῶν καὶ τὰ ταπεινὰ ἐφορῶν·

Ἐκφώνως. Ὅτι αἰνετὸν καὶ προσκυνητὸν καὶ ὑπερένδοξον ὑπάρχει τὸ πανάγιον ὄνομά σου, τοῦ Πατρὸς καὶ τοῦ Υἱοῦ καὶ τοῦ ἁγίου. Q

Ἀρχὴ τῆς προσκομιδῆς τοῦ ἁγίου Ἰακώβου. R [73]

Πρῶτον ἐπεύχεται τοῖς συμπαρισταμένοις λέγων,

Ὁ διάκονος. Κύριε, εὐλόγησον.

Ὁ ἱερεὺς λέγει.

Ὁ Κύριος εὐλογήσει καὶ συνδιακονήσει ἡμῖν· καὶ ἀξίους ἡμᾶς ποιήσει τῆς παραστάσεως τοῦ ἁγίου αὐτοῦ θυσιαστηρίου καὶ τῆς ἐπελεύσεως τοῦ ἁγίου αὐτοῦ Πνεύματος, τῇ αὐτοῦ χάριτι καὶ φιλανθρωπίᾳ, νῦν καί. S

Εὐχὴ ἄλλη ὁμοία.

Εὐλογητὸς ὁ Θεός, ὁ εὐλογῶν καὶ ἁγιάζων πάντας ἡμᾶς ἐπὶ τῇ παραστάσει καὶ ἱερουργίᾳ τῶν ἀχράντων αὐτοῦ μυστηρίων, νῦν καὶ ἀεί, καὶ εἰς τούς. T

Ὁ διάκονος λέγει συναπτήν.

Ἐν εἰρήνῃ τοῦ Κυρίου δεηθῶμεν. (1)

Σῶσον, ἐλέησον, οἰκτείρησον, καὶ διαφύλαξον ἡμᾶς, ὁ Θεός, τῇ σῇ χάριτι.

Ὑπὲρ τῆς ἄνωθεν εἰρήνης, καὶ Θεοῦ φιλανθρωπίας, καὶ σωτηρίας τῶν ψυχῶν ἡμῶν, τοῦ Κυρίου δεηθῶμεν.

Ὑπὲρ τῆς εἰρήνης τοῦ σύμπαντος κόσμου, καὶ ἑνώσεως πασῶν τῶν ἁγίων ἐκκλησιῶν, τοῦ Κυρίου δεηθῶμεν.

PARIS MANUSCRIPT 2509.

ἁγίου θυσιαστηρίου καὶ ἐπιζητοῦσι τὰς παρὰ σοῦ πνευματικὰς δωρεάς, ἐξαπόστειλον τὴν χάριν σου τὴν ἀγαθήν, καὶ εὐλόγησον πάντας ἡμᾶς ἐν πάσῃ εὐλογίᾳ πνευματικῇ καὶ ἀναφαιρέτῳ, ὁ ἐν ὑψηλοῖς κατοικῶν καὶ τὰ ταπεινὰ ἐφορῶν·

Ἐκφώνησις. Ὅτι αἰνετὸν καὶ προσκυνητὸν καὶ ὑπερένδοξον ὑπάρχει τὸ πανάγιον ὄνομά σου, τοῦ Πατρὸς καὶ τοῦ Υἱοῦ καὶ τοῦ ἁγίου Πνεύματος, νῦν καὶ ἀεί, καὶ εἰς τοὺς αἰῶνας.

Κ   Ὁ διάκονος. Κύριε, εὐλόγησον.

Ὁ ἱερεύς. Ὁ Κύριος εὐλογήσει καὶ συνδιακονήσει πᾶσιν ἡμῖν τῇ αὐτοῦ χάριτι καὶ φιλανθρωπίᾳ.

P. 15   Καὶ πάλιν.

Ὁ Κύριος εὐλογήσει, καὶ ἀξίους ποιήσει τῆς παραστάσεως τοῦ ἁγίου θυσιαστηρίου, πάντοτε, νῦν καὶ ἀεί, καὶ εἰς τοὺς αἰῶνας.

Καὶ πάλιν.

Εὐλογητὸς ὁ Θεός, ὁ εὐλογῶν καὶ ἁγιάζων πάντας ἡμᾶς ἐπὶ τῇ παραστάσει καὶ ἱερουργίᾳ τῶν ἀχράντων αὐτοῦ μυστηρίων, νῦν καὶ ἀεί, καὶ εἰς τοὺς αἰῶνας.

Ὁ διάκονος ποιεῖ καθολικὴν συναπτήν.

(1)   Ἐν εἰρήνῃ τοῦ Κυρίου δεηθῶμεν.

Ὁ λαός. Κύριε, ἐλέησον.

Σῶσον, ἐλέησον, οἰκτείρησον, καὶ διαφύλαξον ἡμᾶς, ὁ Θεός, τῇ σῇ χάριτι.

Ὑπὲρ τῆς ἄνωθεν εἰρήνης, καὶ Θεοῦ φιλανθρωπίας, καὶ σωτηρίας τῶν ψυχῶν ἡμῶν, τοῦ Κυρίου δεηθῶμεν.

Ὑπὲρ τῆς εἰρήνης τοῦ σύμπαντος κόσμου, καὶ ἑνώσεως πασῶν τῶν ἁγίων τοῦ Θεοῦ ἐκκλησιῶν, τοῦ Κυρίου δεηθῶμεν.

PARIS MANUSCRIPT 476.

ἁγίου σου θυσιαστηρίου καὶ ἐπιζητοῦσι τὰς παρὰ σου πνευματικὰς δωρεάς, ἐξαπόστειλον τὴν χάριν σου τὴν ἀγαθήν, καὶ εὐλόγησον πάντας ἡμᾶς ἐν πάσῃ εὐλογίᾳ πνευματικῇ καὶ ἀναφαιρέτῳ, ὁ ἐν ὑψηλοῖς κατοικῶν, καὶ ταπεινὰ ἐφορῶν·

Ἐκφώνησις. Ὅτι αἰνετὸν καὶ προσκυνητὸν καὶ ὑπερένδοξον ὑπάρχει τὸ πανάγιον ὄνομά σου, τοῦ Πατρὸς καὶ τοῦ Υἱοῦ καὶ τοῦ ἁγίου Πνεύματος, νῦν καὶ ἀεί, καὶ εἰς τοὺς αἰῶνας τῶν αἰώνων. Ἀμήν.

Ὁ ἀριστερὸς διάκονος. Κύριε, εὐλόγησον.   M

Καὶ ὁ ἱερεὺς λέγει. Ὁ Κύριος εὐλογήσοι   sic
καὶ ἁγιάσοι πάντας ἡμᾶς, καὶ συνδιακονήσοι, καὶ ἀξίους ποιήσοι τῆς παραστάσεως τοῦ ἁγίου αὐτοῦ θυσιαστηρίου καὶ τῆς ἐπελεύσεως τοῦ ἁγίου αὐτοῦ Πνεύματος, νῦν καὶ ἀεί, καὶ εἰς τοὺς αἰῶνας τῶν αἰώνων. Ἀμήν.

Ὁ διάκονος ἄρχεται τῆς καθολικῆς.

Ἐν εἰρήνῃ τοῦ Κυρίου δεηθῶμεν.   (1)

Σῶσον, ἐλέησον· ὡσαύτως καὶ τὰ λοιπά.

LITURGY OF SAINT JAMES.

ROTULUS MESSANENSIS.

[Καὶ πληρουμένου τοῦ Συμβόλου.

(1) Ὑπὲρ σωτηρίας καὶ ἀν]τιλήψε[ως τοῦ ὁσίου πατρὸς ἡμῶν τοῦ Δ΄., παντὸς τοῦ κλ]ήρου καὶ τοῦ φιλοχρί[στου λαοῦ, τοῦ Κυρίου.

Ὑπὲρ τοῦ εὐσε]βεστάτου καὶ φιλο[χρίστου ἡμῶν βασιλέ]ως, παντὸς τοῦ παλατίου, καὶ τοῦ στρατοπέδου, καὶ τῆς οὐρανόθεν
(2) βοηθείας καὶ νίκης αὐτοῦ.

Ὑπὲρ τῆς ἁγίας Χριστοῦ τοῦ Θεοῦ ἡμῶν πόλεως, καὶ τῆς βασιλευούσης, καὶ πάσης πόλεως καὶ χώρας, καὶ τῶν ἐν ὀρθοδόξῳ πίστει καὶ εὐλαβείᾳ οἰκούντων ἐν αὐταῖς,
(3) εἰρήνης καὶ ἀσφαλείας αὐτῶν, τοῦ Κυρίου.

Ὑπὲρ τῶν ἐλθόντων καὶ ἐρχομένων χριστιανῶν τοῦ προσκυνῆσαι ἐν τοῖς ἁγίοις τοῦ Χριστοῦ τόποις τούτοις, εἰρηνικῆς ἐπανόδου ἑκάστου αὐτῶν, μετὰ χαρᾶς, ἐν τάχει εἰς τὰ οἰκεῖα αὐτῶν.

(5) Ὑπὲρ τῶν νοσούντων καὶ καμνόντων, πατέρων τε καὶ ἀδελφῶν ἡμῶν, καὶ τῶν ὑπὸ πνευμάτων ἀκαθάρτων ἐνοχλουμένων, τῆς παρὰ τοῦ Θεοῦ ταχείας ἰάσεως καὶ σωτηρίας αὐτῶν.

Καὶ ὑπὲρ πάσης ψυχῆς χριστιανῆς θλι-
(6) βομένης καὶ καταπονουμένης, ἐλέους καὶ

CODEX ROSSANENSIS.

Ὑπὲρ τῆς ἁγίας μονῆς ταύτης καὶ τῆς καθολικῆς καὶ ἀποστολικῆς ἐκκλησίας, τῆς ἀπὸ γῆς περάτων μέχρι τῶν περάτων αὐτῆς, τοῦ Κυρίου δεηθῶμεν.

Ὑπὲρ σωτηρίας καὶ ἀντιλήψεως τοῦ Δ΄., τοῦ ἁγιωτάτου ἡμῶν πατριάρχου, παντὸς τοῦ κλήρου καὶ τοῦ φιλοχρίστου λαοῦ, τοῦ Κυρίου δεηθῶμεν.

Ὑπὲρ τῶν εὐσεβεστάτων καὶ θεοστέπτων ὀρθοδόξων ἡμῶν βασιλέων, παντὸς τοῦ παλατίου, καὶ τοῦ στρατοπέδου αὐτῶν, καὶ τῆς οὐρανόθεν βοηθείας, σκέπης, καὶ νίκης αὐτῶν, τοῦ Κυρίου δεηθῶμεν.

Ὑπὲρ τῆς ἁγίας Χριστοῦ τοῦ Θεοῦ ἡμῶν πόλεως, καὶ τῆς βασιλευούσης, καὶ τῆς θεωνύμου πόλεως ἡμῶν ταύτης, πάσης πόλεως, κώμης καὶ χώρας, καὶ τῶν ἐν ὀρθοδόξῳ πίστει καὶ εὐλαβείᾳ Θεοῦ οἰκούντων ἐν αὐταῖς, εἰρήνης καὶ ἀσφαλείας αὐτῶν, τοῦ Κυρίου δεηθῶμεν.

Ὑπὲρ τῶν καρποφορούντων καὶ καλλιεργούντων ἐν ταῖς ἁγίαις τοῦ Θεοῦ ἐκκλησίαις, καὶ μεμνημένων τῶν πενήτων, χηρῶν, καὶ ὀρφανῶν, ξένων καὶ ἐπιδεομένων· καὶ τῶν ἐντειλαμένων ἡμῖν ὥστε τοῦ μνημονεύειν αὐτῶν ἐν ταῖς προσευχαῖς, τοῦ Κυρίου δεηθῶμεν.

Ὑπὲρ τῶν ἐν γήρᾳ καὶ ἀδυναμίᾳ ὄντων νοσούντων, καμνόντων, καὶ τῶν ὑπὸ πνευμά-

---

(1) The Roll at present begins here. I have continued to place in brackets letters given by Monaldinius which have since perished.

(2) σκέπης interlined before καί.

(3) Assemani asserted that there was a great lacuna here, and passed to the clause ὑπὲρ μνήμης. He must have mistaken some expression of his friend's.

(4) In the margin πλεόντων, ὁδοιπορούντων, ξενιτευόντων, καὶ τῶν ἐν αἰχμαλωσίᾳ ὄντων ἀδελφῶν ἡμῶν (after τούτοις).

(5) In the margin ἐν γήρᾳ καὶ ἐν ἀδυναμίᾳ ὄντων (before νοσούντων).

(6) Θεοῦ interlined after ἐλέους.

LITURGY OF SAINT JAMES.

PARIS MANUSCRIPT 2509.   PARIS MANUSCRIPT 476.

(1) Ὑπὲρ τῆς ἁγίας καθολικῆς καὶ ἀποστολικῆς ἐκκλησίας, τῆς ἀπὸ γῆς [περάτων] μέχρι τῶν περάτων αὐτῆς, τοῦ Κυρίου.

Ὑπὲρ τῶν εὐσεβεστάτων καὶ θεοστέπτων ὀρθοδόξων ἡμῶν βασιλέων, παντὸς τοῦ παλατίου, καὶ τοῦ στρατοπέδου αὐτῶν, καὶ τῆς οὐρανόθεν βοηθείας καὶ νίκης αὐτῶν, τοῦ Κυρίου δεηθῶμεν.

Ὑπὲρ τῆς ἁγίας Χριστοῦ τοῦ Θεοῦ ἡμῶν πόλεως, καὶ τῆς βασιλευούσης, πάσης πό-
sic λεως καὶ χώρας, καὶ τῶν ὀρθοδόξων πίστει οἰκούντων ἐν αὐταῖς, τοῦ Κυρίου δεηθῶμεν.

P. 15   Ὑπὲρ τῶν καρποφορούντων καὶ καλλιεργούντων ἐν ταῖς ἁγίαις τοῦ Θεοῦ ἐκκλησίαις, μεμνημένων τῶν πενήτων, χηρῶν, καὶ ὀρφανῶν, ξένων καὶ ἐπιδεομένων· καὶ τῶν ἐντειλαμένων ἡμῖν ὥστε μνημονεύειν αὐτῶν ἐν ταῖς προσευχαῖς, τοῦ Κυρίου δεηθῶμεν.

Ὑπὲρ τῶν ἐν γήρᾳ καὶ ἀδυναμίᾳ ὄντων, νοσούντων, καμνόντων, καὶ τῶν ὑπὸ πνευ-

(1) This and the next two petitions are not in P. [I have corrected the MS. from the Rossano copy.]

250 LITURGY OF SAINT JAMES.

ROTULUS MESSANENSIS.

βοηθείας ἐπιδεομένης, ἐκτενῶς δεηθῶ- (1) μεν.

Ὑπὲρ ἀφέσεως ἁμαρτιῶν καὶ συγχωρήσεως πλημμελημάτων, καὶ τοῦ ῥυσθῆναι ἡμᾶς ἀπὸ πάσης θλίψεως, ὀργῆς, κινδύνου, ἀνάγκης, καὶ ἐπαναστάσεως ἐθνῶν, τοῦ Κυρίου.

(2) Ὑπὲρ εὐκρασίας τῶν ἀέρων, ὄμβρων ἀγαθῶν, εὐλογημένων καρπῶν εὐφορίας, τελείας εὐετηρίας, καὶ ὑπὲρ τοῦ στεφάνου τοῦ ἐνιαυ- (3) τοῦ, τοῦ Κυρίου.

(4) Ὑπὲρ μνήμης τῶν ἁγίων πατέρων ἡμῶν, τῶν ἀπὸ τοῦ ἁγίου Ἰακώβου τοῦ ἀποστόλου καὶ ἀδελφοῦ τοῦ Κυρίου καὶ πρώτου τῶν ἀρχιεπισκόπων, μέχρι Νικολάου, καὶ Ἠλία, καὶ Βενεδίκτου, καὶ Ἀγαπίου, καὶ Ὀρέστου, καὶ λοιπῶν ὁσίων πατέρων ἡμῶν καὶ ἀδελφῶν, τοῦ.

CODEX ROSSANENSIS.

τῶν ἀκαθάρτων ὀχλουμένων, τῆς παρὰ τοῦ Θεοῦ ταχείας ἰάσεως καὶ σωτηρίας αὐτῶν, τοῦ Κυρίου δεηθῶμεν.

Ὑπὲρ τῶν ἐν παρθενίᾳ καὶ ἁγνείᾳ, ἀσκήσει καὶ ἐν σεμνῷ γάμῳ διαγόντων, καὶ τῶν ἐν ὄρεσι καὶ σπηλαίοις καὶ ταῖς ὀπαῖς τῆς γῆς ἀγωνιζομένων ὁσίων πατέρων τε καὶ ἀδελφῶν, τοῦ Κυρίου δεηθῶμεν.

Ὑπὲρ πλεόντων, ὁδοιπορούντων, ξενιτευόντων χριστιανῶν, καὶ τῶν ἐν αἰχμαλωσίαις καὶ ἐξορίαις καὶ ἐν φυλακαῖς καὶ πικραῖς [74 b] δουλείαις ὄντων ἀδελφῶν ἡμῶν, εἰρηνικῆς ἐπανόδου ἑκάστου εἰς τὰ οἰκεῖα μετὰ χαρᾶς, τοῦ Κυρίου δεηθῶμεν.

Ὑπὲρ τῶν παρόντων καὶ συνευχομένων ἡμῖν ἐν ταύτῃ τῇ ἁγίᾳ ὥρᾳ καὶ ἐν παντὶ καιρῷ, πατέρων τε καὶ ἀδελφῶν, σπουδῆς, καμάτου, καὶ προθυμίας αὐτῶν, τοῦ Κυρίου δεηθῶμεν.

Καὶ ὑπὲρ πάσης ψυχῆς χριστιανῆς θλιβομένης καὶ καταπονουμένης, ἐλέους καὶ βοηθείας Θεοῦ ἐπιδεομένης, καὶ ἐπιστροφῆς τῶν πεπλανημένων, ὑγιείας τῶν ἀσθενούντων, ἀναρρύσεως τῶν αἰχμαλώτων, ἀναπαύσεως τῶν προκεκοιμημένων, πατέρων τε καὶ ἀδελφῶν, τοῦ Κυρίου δεηθῶμεν.

Ὑπὲρ ἀφέσεως ἁμαρτιῶν καὶ συγχωρήσεως πλημμελημάτων ἡμῶν, καὶ τοῦ ῥυσθῆναι ἡμᾶς ἀπὸ πάσης θλίψεως, ὀργῆς, κινδύνου καὶ ἀνάγκης, ἐπαναστάσεως ἐθνῶν, τοῦ [75] Κυρίου δεηθῶμεν.

Ἐκτενέστερον ὑπὲρ εὐκρασίας ἀέρων, ὄμβρων εἰρηνικῶν, δρόσων ἀγαθῶν, καρπῶν εὐφορίας, τελείας εὐετηρίας, καὶ ὑπὲρ τοῦ στεφάνου τοῦ ἐνιαυτοῦ, τοῦ Κυρίου δεηθῶμεν.

---

(1) In the margin ὑπὲρ τῶν ἐν παρθενίᾳ καὶ ἁγνείᾳ καὶ ἀσκήσει διαμενόντων, καὶ τῶν ἐν ὄρεσι καὶ σπηλαίοις καὶ ταῖς ὀπαῖς τῆς γῆς ἀγωνιζομένων ὁσίων πατέρων τε καὶ ἀδελφῶν ἡμῶν, σπουδῆς, καμάτου, καὶ προθυμίας αὐτῶν, τοῦ Κυρίου.

(2) εἰρηνικῶν interlined over εὐλογημένων.

(3) In the margin ὑπὲρ τῶν καρποφορησάντων καὶ καλλιεργούντων ἐν ταῖς ἁγίαις τοῦ Θεοῦ ἐκκλησίαις, καὶ μεμνημένων τῶν πενήτων, χηρῶν, ὀρφανῶν, ξένων, καὶ ἐπιδεομένων, καὶ τῶν ἐντειλαμένων ἡμῖν ὥστε τοῦ μνημονεύειν αὐτῶν ἐν ταῖς προσευχαῖς ἡμῶν, τοῦ Κυρίου.

(4) ἀνέσεως καὶ ἀναπαύσεως interlined after μνήμης.

PARIS MANUSCRIPT 2509.

μάτων ἀκαθάρτων ἐνοχλουμένων, τῆς παρὰ τοῦ Θεοῦ ταχείας ἰάσεως καὶ σωτηρίας αὐτῶν, τοῦ Κυρίου δεηθῶμεν.

Ὑπὲρ τῶν ἐν παρθενίᾳ καὶ ἁγνείᾳ καὶ ἀσκήσει καὶ ἐν σεμνῷ γάμῳ διαγόντων, καὶ τῶν ἐν ὄρεσι καὶ σπηλαίοις καὶ ταῖς ὀπαῖς τῆς γῆς ἀγωνιζομένων ὁσίων πατέρων τε καὶ ἀδελφῶν, τοῦ Κυρίου δεηθῶμεν.

P. 16 Ὑπὲρ πλεόντων, ὁδοιπορούντων, ξενιτευόντων Χριστιανῶν, καὶ τῶν ἐν αἰχμαλωσίαις καὶ ἐξορίαις καὶ ἐν φυλακαῖς καὶ πικραῖς δουλείαις ὄντων ἀδελφῶν ἡμῶν, εἰρηνικῆς ἐπανόδου αὐτῶν, τοῦ Κυρίου δεηθῶμεν.

(1) Ὑπὲρ τῶν παρόντων καὶ συνευχομένων ἡμῖν ἐν ταύτῃ τῇ ἁγίᾳ ὥρᾳ καὶ ἐν παντὶ καιρῷ, πατέρων τε καὶ ἀδελφῶν ἡμῶν, σπουδῆς, καμάτου, καὶ προθυμίας αὐτῶν, τοῦ Κυρίου δεηθῶμεν.

(1) Καὶ ὑπὲρ πάσης ψυχῆς Χριστιανῆς θλιβομένης καὶ καταπονουμένης, ἔλεους καὶ βοηθείας Θεοῦ ἐπιδεομένης καὶ ἐπιστροφῆς τῶν πεπλανημένων, ὑγιείας τῶν ἀσθενούντων, ἀναρρύσεως τῶν αἰχμαλώτων, ἀναπαύσεως τῶν προκεκοιμημένων, πατέρων τε καὶ ἀδελφῶν, τοῦ Κυρίου δεηθῶμεν.

Ὑπὲρ ἀφέσεως ἁμαρτιῶν καὶ συγχωρήσεως πλημμελημάτων ἡμῶν, καὶ ὑπὲρ τοῦ ῥυσθῆναι ἡμᾶς ἀπὸ πάσης θλίψεως, ὀργῆς, κινδύνου, καὶ ἀνάγκης, καὶ ἐπαναστάσεως ἐχθρῶν, τοῦ Κυρίου δεηθῶμεν.

(2) Ἐκτενέστερον ὑπὲρ εὐκρασίας ἀέρων, ὄμβρων εἰρηνικῶν, δρόσων ἀγαθῶν, καρπῶν εὐφορίας, τελείας εὐετηρίας, καὶ ὑπὲρ τοῦ στεφάνου τοῦ ἐνιαυτοῦ, τοῦ Κυρίου δεηθῶμεν.

PARIS MANUSCRIPT 476.

(1) In P. these two petitions follow the prayer ὑπὲρ εὐκρασίας.
(2) P. has not ἐκτενέστερον.

252 LITURGY OF SAINT JAMES.

ROTULUS MESSANENSIS.

(1) Ὑπὲρ τοῦ εἰσακουσθῆναι καὶ εὐπρόσδεκτον γενέσθαι τὴν δέησιν ἡμῶν ἐνώπιον τοῦ Θεοῦ, καὶ τοῦ καταπεμφθῆναι πλούσια τὰ ἐλέη καὶ τοὺς οἰκτιρμοὺς αὐτοῦ ἐπὶ πάντας ἡμᾶς, καὶ καταξιωθῆναι ἡμᾶς τῆς βασιλείας τῶν οὐρανῶν, τοῦ Κυρίου.

(2) Τῆς παναγίας, ἀχράντου, ὑπερευλογημένης δεσποίνης ἡμῶν, θεοτόκου καὶ ἀειπαρθένου Μαρίας, τῶν τιμίων ἀσωμάτων ἀρχαγγέλων, τοῦ ἁγίου Ἰωάννου τοῦ προδρόμου καὶ βαπτιστοῦ, τῶν ἁγίων ἀποστόλων, ἐνδόξων προφητῶν, καὶ καλλινίκων μαρτύρων, καὶ πάντων τῶν ἁγίων καὶ δικαίων μνημονεύσωμεν, ὅπως εὐχαῖς καὶ πρεσβείαις
(3) αὐτῶν οἱ πάντες ἐλεηθῶμεν.

CODEX ROSSANENSIS.

Ὑπὲρ τοῦ εἰσακουσθῆναι καὶ εὐπρόσδεκτον γενέσθαι τὴν δέησιν ἡμῶν ἐνώπιον τοῦ Θεοῦ, καὶ τοῦ καταπεμφθῆναι ἡμῖν πλούσια τὰ ἐλέη καὶ τοὺς οἰκτιρμοὺς αὐτοῦ ἐπὶ πάντας ἡμᾶς, καὶ τοῦ καταξιωθῆναι πάντας τῆς βασιλείας τῶν οὐρανῶν, ἐκτενῶς δεηθῶμεν.

Τῆς παναγίας, ἀχράντου, ὑπερενδόξου, εὐλογημένης δεσποίνης ἡμῶν, θεοτόκου καὶ ἀειπαρθένου Μαρίας, τῶν ἁγίων καὶ μακαρίων Ἰωάννου τοῦ ἐνδόξου προφήτου, προδρόμου καὶ βαπτιστοῦ, Στεφάνου τοῦ πρωτοδιακόνου καὶ πρωτομάρτυρος, Μωϋσέως, Ἀαρών, Ἠλίου, Ἐλισσαίου, Σαμουήλ, Δαβίδ, Δανιὴλ τῶν προφητῶν, καὶ πάντων τῶν ἁγίων καὶ δικαίων μνημονεύσωμεν, ὅπως εὐχαῖς καὶ πρεσβείαις αὐτῶν οἱ πάντες ἐλεηθῶμεν. [75 b]

Καὶ ὑπὲρ τῶν προκειμένων τιμίων καὶ ἐπουρανίων, ἀρρήτων, ἀχράντων, ἐνδόξων, φοβερῶν, φρικτῶν, θείων δώρων, καὶ σωτηρίας τοῦ παρεστῶτος καὶ προσφέροντος αὐτὰ τιμίου πατρὸς ἡμῶν καὶ ἱερέως, Κύριον τὸν Θεὸν ἡμῶν ἱκετεύσωμεν.

Ὁ λαός. Κύριε, ἐλέησον. γ΄.

Ὁ δὲ ἱερεύς, σφραγίζων τὰ δῶρα, λέγει,

Καί, τοῦ διακόνου ταῦτα λέγοντος, ὁ ἱερεὺς σφραγίζει τὰ δῶρα, λέγων καθ' ἑαυτὸν ἱστάμενος,

(1) In the margin, in a later hand, ὑπὲρ ἀφέσεως ἁμαρτιῶν καὶ συγχωρήσεως. πάντων τῶν πλημμελημάτων ἡμῶν, καὶ τοῦ ῥυσθῆναι καὶ σωθῆναι ἡμᾶς ἀπὸ πάσης θλίψεως, ὀργῆς, κινδύνου, ἀνάγκης, καὶ ἐπαναστάσεως ἐχθρῶν, τοῦ...
This may be found in the text above.
(2) ἐνδόξων interlined after ἀρχαγγέλων.
(3) In the margin, in a much later hand,

καὶ ὑπὲρ τῶν προκειμένων ἀγαθῶν, ἁγίων, ἐνδόξων, ἐπουρανίων, ἀρρήτων, φοβερῶν, φρικτῶν, ἀθανάτων, ζωοποιῶν, τιμίων, θείων δώρων, σωτηρίας καὶ ἀντιλήψεως τοῦ παρεστῶτος καὶ προσφέροντος τιμίου πατρὸς ἡμῶν καὶ ἀρχιερέως, Κύριον τὸν Θεὸν ἡμῶν ἱκετεύσωμεν. Κύριε, ἐλέησον. γ΄.
[The abbreviations are very difficult to read.]

LITURGY OF SAINT JAMES. 253

PARIS MANUSCRIPT 2509.   PARIS MANUSCRIPT 476.

P. 16 Ὑπὲρ τοῦ εἰσακουσθῆναι καὶ εὐπρόσδεκτον γενέσθαι τὴν δέησιν ἡμῶν ἐνώπιον τοῦ Θεοῦ, καὶ τοῦ καταπεμφθῆναι ἡμῖν πλούσια τὰ ἐλέη καὶ τοὺς οἰκτιρμοὺς αὐτοῦ, τοῦ Κυρίου δεηθῶμεν.

(1) Τῆς παναγίας, ἀχράντου, ὑπερενδόξου, εὐλογημένης δεσποίνης ἡμῶν, θεοτόκου καὶ ἀειπαρθένου Μαρίας, τῶν ἁγίων καὶ μακαρίων Ἰωάννου τοῦ ἐνδόξου προφήτου, προδρόμου καὶ βαπτιστοῦ, τῶν θείων καὶ πανευφήμων ἀποστόλων, Στεφάνου τοῦ πρωτοδιακόνου καὶ πρωτομάρτυρος, Μωσέως, Ἀαρών, Ἠλίου, Ἐλισσαίου, Δαβίδ, Δανιήλ, τῶν προφητῶν καὶ πάντων τῶν ἁγίων καὶ δικαίων μνημονεύσωμεν.

Καὶ ὑπὲρ τῶν προκειμένων τιμίων, ἐπουρανίων, ἀρρήτων, ἀχράντων, ἐνδόξων, φοβερῶν, φρικτῶν, θείων δώρων, καὶ σωτηρίας τοῦ παρεστῶτος καὶ προσφέροντος αὐτὰ ἱερέως, Κύριον τὸν Θεὸν ἱκετεύσωμεν.

Ὁ λαός. Κύριε, ἐλέησον. Ἐκ τρίτου.

P. 17 Εἶτα σφραγίζει τὰ δῶρα ὁ ἱερεύς, καὶ ἱστάμενος λέγει καθ' ἑαυτὸν οὕτως,   Καὶ ἐν ὅσῳ λέγει ὁ διάκονος τὴν καθολικήν, ὁ ἱερεὺς λέγει καθ' ἑαυτὸν ἱστάμενος καὶ σφραγίζων τὰ δῶρα ἐκ τρίτου,

Εἰς τὸ ὄνομα τοῦ Πατρὸς καὶ τοῦ Υἱοῦ καὶ τοῦ ἁγίου Πνεύματος. ✠ ἐκ τρίτου.

(1) In P. all between Μαρίας and καὶ πάντων τῶν ἁγίων is omitted, and the sentence is filled up as in the Rossano Codex.

LITURGY OF SAINT JAMES.

ROTULUS MESSANENSIS.

Δόξα ἐν ὑψίστοις Θεῷ, καὶ ἐπὶ γῆς εἰρήνη, καὶ ἐν ἀνθρώποις εὐδοκία. γ΄.

Καὶ πάλιν σφραγίζει τὰ χείλη, λέγων,

Κύριε, τὰ χείλη μου ἀνοίξεις, καὶ τὸ στόμα μου ἀναγγελεῖ τὴν αἴνεσίν σου. γ΄.

Καὶ ἐπάγει,

(1) Πληρωθήτω τὸ στόμα μου αἰνέσεως, ὅπως ὑμνήσω τὴν δόξαν σου, ὅλην τὴν ἡμέραν τὴν μεγαλοπρέπειάν σου, γ΄.

Καὶ πάλιν σφραγίζει τὰ δῶρα, λέγων,

Τοῦ Πατρός, καὶ τοῦ Υἱοῦ, καὶ τοῦ ἁγίου Πνεύματος, νῦν καὶ ἀεί.

(2) Καὶ κλίνων εὔχεται.

Ὁ ἐπισκεψάμενος ἡμᾶς ἐν ἐλέει καὶ οἰκτιρμοῖς, Δέσποτα Κύριε, καὶ χαρισάμενος ἡμῖν παρρησίαν, τοῖς ταπεινοῖς καὶ ἁμαρ- *sic* τωλοῖς καὶ ἀναξίοις σου δούλοις, παραστῆναι τῷ ἁγίῳ σου θυσιαστηρίῳ καὶ προσφέρειν
(3) σοι τὴν λογικὴν ταύτην καὶ ἀναίμακτον

CODEX ROSSANENSIS.

Δόξα ἐν ὑψίστοις Θεῷ, καὶ ἐπὶ γῆς εἰρήνη, ἐν ἀνθρώποις εὐδοκία. λέγει γ΄.

Κύριε, τὰ χείλη μου ἀνοίξεις, καὶ τὸ στόμα μου ἀναγγελεῖ τὴν αἴνεσίν σου. λέγει γ΄.

Πληρωθήτω τὸ στόμα μου αἰνέσεως, Κύριε, ὅπως ὑμνήσω τὴν δόξαν σου, ὅλην τὴν ἡμέραν τὴν μεγαλοπρέπειάν σου, λέγει γ΄.

Τοῦ Πατρός, Ἀμήν.

Καὶ τοῦ Υἱοῦ, Ἀμήν.

Καὶ τοῦ ἁγίου Πνεύματος, Ἀμήν. [76]

Νῦν καὶ ἀεί, καὶ εἰς τούς.

Καὶ κλίνας ἔνθεν καὶ ἔνθεν λέγει πρὸς τοὺς συλλειτουργούς,

Μεγαλύνατε τὸν Κύριον σὺν ἐμοί, καὶ ὑψώσωμεν τὸ ὄνομα αὐτοῦ ἐπὶ τὸ αὐτό.

Καὶ ἀποκρίνονται, Πνεῦμα ἅγιον ἐπελεύσεται ἐπὶ σέ, καὶ δύναμις Ὑψίστου ἐπισκιάσει σοι.

Μνήσθητι καὶ ἡμῶν, δέσποτα.

Ὁ δὲ λέγει,

Μνησθῇ ἡμῶν Κύριος ἐν τῇ βασιλείᾳ τῶν οὐρανῶν πάντοτε, νῦν καὶ ἀεί, καὶ εἰς τούς.

Εἶτα κλίνων ὁ ἱερεὺς λέγει καθ᾽ ἑαυτὸν εὐχὴν προσκομιδῆς τοῦ ἁγίου Ἰακώβου.

Ὁ ἐπισκεψάμενος ἡμᾶς ἐν ἐλέει καὶ οἰκτιρμοῖς, Δέσποτα Κύριε, καὶ χαρισάμενος παρρησίαν ἡμῖν, τοῖς ταπεινοῖς καὶ ἁμαρτωλοῖς καὶ ἀναξίοις δούλοις σου, παραστῆναι τῷ ἁγίῳ σου θυσιαστηρίῳ καὶ προσφέρειν σοι τὴν φοβερὰν ταύτην καὶ

---

(1) Κύριε interlined after αἰνέσεως.
(2) καθ᾽ ἑαυτόν added in a later hand.

(3) In the margin φοβερὰν (for λογικήν).

LITURGY OF SAINT JAMES.

PARIS MANUSCRIPT 2509.	PARIS MANUSCRIPT 476.
(1) Δόξα ἐν ὑψίστοις Θεῷ, καὶ ἐπὶ γῆς εἰρήνη, ἐν ἀνθρώποις εὐδοκία. Ἐκ τρίτου.	Δόξα ἐν ὑψίστοις Θεῷ, καὶ ἐπὶ γῆς εἰρήνη, ἐν ἀνθρώποις εὐδοκία. τρίς.
Κύριε, τὰ χείλη μου ἀνοίξεις, καὶ τὸ στόμα μου ἀναγγελεῖ τὴν αἴνεσίν σου. Ἐκ τρίτου.	Κύριε, τὰ χείλη μου ἀνοίξεις, καὶ τὸ στόμα μου ἀναγγελεῖ τὴν αἴνεσίν σου. τρίς. ✠
Πληρωθήτω τὸ στόμα μου αἰνέσεως, Κύριε, ὅπως ὑμνήσω τὴν δόξαν σου, ὅλην τὴν ἡμέραν τὴν μεγαλοπρέπειάν σου, Ἐκ τρίτου.	Πληρωθήτω τὸ στόμα μου αἰνέσεως, ὅπως ὑμνήσω τὴν δόξαν σου, ὅλην τὴν ἡμέραν τὴν μεγαλοπρέπειάν σου, τρίς. ✠
Τοῦ Πατρός, Ἀμήν. Καὶ τοῦ Υἱοῦ, Ἀμήν. Καὶ τοῦ ἁγίου Πνεύματος, Ἀμήν. Νῦν καὶ ἀεί, καὶ εἰς τοὺς αἰῶνας τῶν αἰώνων. Ἀμήν.	Τοῦ Πατρὸς καὶ τοῦ Υἱοῦ καὶ τοῦ ἁγίου Πνεύματος, νῦν καὶ ἀεί, καὶ εἰς τοὺς αἰῶνας τῶν αἰώνων. τρίς. ✠
Καὶ ἐπικλινόμενος ἔνθεν καὶ ἔνθεν, λέγει,	
Μεγαλύνατε τὸν Κύριον σὺν ἐμοί, καὶ ὑψώσωμεν τὸ ὄνομα αὐτοῦ ἐπὶ τὸ αὐτό.	
Καὶ ἀποκρίνονται, Πνεῦμα ἅγιον ἐπελεύσεται ἐπὶ σέ, καὶ δύναμις Ὑψίστου ἐπισκιάσει σοι.	
(2) Εἶτα ἀπάρχεται τῶν εὐχῶν τῆς προσκομιδῆς τοῦ Ἰακώβου.	Καὶ κλίνων λέγει τὴν εὐχὴν ταύτην μυστικῶς.
Ὁ ἐπισκεψάμενος ἡμᾶς ἐν ἐλέει καὶ οἰκτιρμοῖς, Δέσποτα Κύριε, καὶ χαρισάμενος παρρησίαν ἡμῖν, τοῖς ταπεινοῖς καὶ ἁμαρτωλοῖς καὶ ἀναξίοις δούλοις σου, παρεστάναι τῷ ἁγίῳ σου θυσιαστηρίῳ καὶ προσφέρειν σοι τὴν φοβερὰν ταύτην καὶ ἀναίμακτον	Ὁ ἐπισκεψάμενος ἡμᾶς ἐν ἐλέει καὶ οἰκτιρμοῖς, Δέσποτα Κύριε, καὶ χαρισάμενος ἡμῖν παρρησίαν, τοῖς ταπεινοῖς καὶ ἁμαρτωλοῖς καὶ ἀναξίοις δούλοις σου, παρεστάναι τῷ ἁγίῳ σου θυσιαστηρίῳ καὶ προσφέρειν σοι τὴν φοβερὰν ταύτην καὶ ἀναίμακτον

(1) Comp. Chrysostom ad Col. III. tom. 11, p. 347: Διὰ τοῦτο εὐχαριστοῦντες λέγομεν, Δόξα ἐν ὑψίστοις Θεῷ.

(2) P has εἶτα ὁ ἱερεὺς διεξοδικῶς.

ROTULUS MESSANENSIS.

(1) θυσίαν ὑπὲρ τῶν ἡμετέρων πλημμελημάτων καὶ τῶν τοῦ λαοῦ ἀγνοημάτων, ἐπίβλεψον (2) ἐπ' ἐμέ, τὸν ταπεινὸν καὶ ἀχρεῖον δοῦλόν σου, καὶ ἐξάλειψον τὰ παραπτώματα διὰ τὴν (3) πολλὴν εὐσπλαγχνίαν, καὶ καθάρισόν μου τὰ χείλη καὶ τὴν καρδίαν ἀπὸ παντὸς μολυσμοῦ σαρκὸς καὶ πνεύματος, καὶ ἀπόστησον ἀπ' ἐμοῦ πάντα λογισμὸν αἰσχρόν τε καὶ ἀσύνετον, καὶ ἱκάνωσόν με τῇ χάριτι τοῦ Χριστοῦ σου καὶ τῇ δυνάμει τοῦ παναγίου σου Πνεύματος εἰς τὴν λειτουργίαν ταύτην· καὶ πρόσδεξαί με διὰ τὴν ἀγαθότητά σου προσεγγίζοντα τῷ ἁγίῳ σου θυσιαστηρίῳ, καὶ εὐδόκησον, Κύριε, δεκτὰ γενέσθαι τὰ προσαγόμενα ταῦτα δῶρα διὰ τῶν ἡμετέρων χειρῶν, συγκαταβαίνων ταῖς ἐμαῖς ἀσθενείαις· καὶ μὴ ἀπορρίψῃς με ἀπὸ τοῦ προσώπου σου, μηδὲ βδελύξῃ τὴν ἐμὴν ἀναξιότητα, (4) ἀλλ' ἐλέησόν με, ὁ Θεός, κατὰ τὸ μέγα ἔλεός σου, καὶ κατὰ τὸ πλῆθος τῶν οἰκτιρμῶν σου παρένεγκαι τὰ ἀνομήματά μου, ἵνα, ἀκατακρίτως προσελθὼν κατενώπιον τῆς ἁγίας δόξης σου, ἀξιωθῶ τῆς σκέπης τοῦ μονογενοῦς σου Υἱοῦ καὶ τῆς ἐλλάμψεως τοῦ παναγίου Πνεύματος· καὶ μὴ ὡς δοῦλος ἁμαρτίας ἀποδόκιμος γένωμαι, ἀλλ' ὡς δοῦλος σὸς εὕρω χάριν καὶ ἔλεος καὶ ἄφεσιν ἁμαρτιῶν (5) ἐνώπιόν σου, καὶ ἐν τῷ νῦν καὶ ἐν τῷ μέλ- (6) λοντι αἰῶνι. Ναί, Δέσποτα, παντοδύναμε Κύριε, εἰσάκουσον τῆς δεήσεώς μου καὶ (7) χάρισαί μοι τὴν ἀμνηστίαν τῶν κακῶν μου· σὺ γὰρ εἶ ὁ ἐνεργῶν τὰ πάντα ἐν πᾶσι, καὶ

(1) In the margin ἁμαρτιῶν (for πλημμελ.).
(2) In the margin apparently ἁμαρτωλὸν.
(3) καὶ ἀφατόν σου interlined after πολλήν.
(4) Κύριε, interlined after προσώπου σου.

CODEX ROSSANENSIS.

ἀναίμακτον θυσίαν ὑπὲρ τῶν ἡμετέρων ἁμαρτημάτων καὶ τῶν τοῦ λαοῦ σου ἀγνοημάτων, ἐπίβλεψον ἐπ' ἐμέ, τὸν ἀχρεῖον δοῦλόν σου, καὶ ἐξάλειψόν μου τὰ παραπτώματα διὰ τὴν σὴν εὐσπλαγχνίαν, καὶ καθάρισόν μου τὰ χείλη καὶ τὴν καρδίαν ἀπὸ παντὸς μολυσμοῦ σαρκός τε καὶ πνεύματος, καὶ ἀπόστησον ἀπ' ἐμοῦ πάντα λογισμὸν αἰσχρόν τε καὶ ἀσύνετον, καὶ ἱκάνωσόν με τῇ δυνάμει τοῦ παναγίου σου Πνεύματος εἰς τὴν λειτουργίαν ταύτην· καὶ πρόσδεξαί με διὰ τὴν σὴν ἀγαθότητα προσεγγίζοντα τῷ ἁγίῳ σου θυσιαστηρίῳ, καὶ εὐδόκησον, Κύριε, δεκτὰ γενέσθαι τὰ προσαγόμενά σοι δῶρα ταῦτα διὰ τῶν ἡμετέρων χειρῶν, συγκαταβαίνων ταῖς ἐμαῖς ἀσθενείαις· καὶ μὴ ἀπορρίψῃς με ἀπὸ τοῦ προσώπου σου, μηδὲ βδελύξῃ τὴν ἐμὴν ἀναξιότητα, ἀλλ' ἐλέησόν με, ὁ Θεός, κατὰ τὸ μέγα ἔλεός σου, καὶ κατὰ τὸ πλῆθος τῶν οἰκτιρμῶν σου παρένεγκε τὰ ἀνομήματά μου, ἵνα, ἀκατακρίτως προσελθὼν κατενώπιον τῆς δόξης σου, καταξιωθῶ τῆς σκέπης τοῦ μονογενοῦς σου Υἱοῦ καὶ τῆς ἐλλάμψεως τοῦ παναγίου σου Πνεύματος· καὶ μὴ ὡς δοῦλος ἁμαρτίας ἀποδόκιμος γένωμαι, ἀλλ' ὡς δοῦλος σὸς εὕρω χάριν καὶ ἔλεος καὶ ἄφεσιν ἁμαρτιῶν ἐν τῷ νῦν καὶ ἐν τῷ μέλλοντι αἰῶνι. Ναί, Δέσποτα παντοκράτωρ, παντοδύναμε Κύριε, εἰσάκουσον τῆς δεήσεώς μου· σὺ γὰρ εἶ ὁ τὰ πάντα ἐνεργῶν ἐν πᾶσι, καὶ τὴν παρὰ σοῦ πάντες

(5) Κύριε, added after ἐνώπιόν σου.
(6) παντοκράτωρ inserted after Δέσποτα.
(7) δώρησαι in the margin for χάρισαι.

PARIS MANUSCRIPT 2509.

θυσίαν ὑπὲρ τῶν ἡμετέρων ἁμαρτημάτων καὶ τῶν τοῦ λαοῦ ἀγνοημάτων, ἐπίβλεψον ἐπ' ἐμέ, τὸν ἀχρεῖον δοῦλόν σου, καὶ ἐξάλειψόν μου τὰ παραπτώματα διὰ τὴν σὴν εὐσπλαγχνίαν, καὶ καθάρισόν μου τὰ χείλη καὶ τὴν καρδίαν ἀπὸ παντὸς μολυσμοῦ σαρκὸς καὶ πνεύματος, καὶ ἀπόστησον ἀπ' ἐμοῦ πάντα λογισμὸν αἰσχρόν τε καὶ ἀσύνετον, καὶ ἱκάνωσόν με τῇ δυνάμει τοῦ παναγίου σου Πνεύματος εἰς τὴν λειτουργίαν ταύτην· καὶ πρόσδεξαί με διὰ τὴν ἀγαθότητά σου προσεγγίζοντα τῷ ἁγίῳ σου θυσιαστηρίῳ, καὶ εὐδόκησον, Κύριε, δεκτὰ γενέσθαι τὰ προσαγόμενα ταῦτα δῶρα διὰ τῶν ἡμετέρων χειρῶν, συγκαταβαίνων ταῖς ἐμαῖς ἀσθενείαις· καὶ μὴ ἀπορρίψῃς με ἀπὸ τοῦ προσώπου σου, μηδὲ βδελύξῃ τὴν ἐμὴν ἀναξιότητα, ἀλλ' ἐλέησόν με κατὰ τὸ μέγα ἔλεός σου, καὶ κατὰ τὸ πλῆθος τῶν οἰκτιρμῶν σου παρένεγκε τὰ ἀνομήματά μου, ἵνα, ἀκατάκριτος προσελθὼν κατενώπιον τῆς δόξης σου, καταξιωθῶ τῆς σκέπης τοῦ μονογενοῦς σου Υἱοῦ καὶ τῆς ἐλλάμψεως τοῦ παναγίου Πνεύματος· καὶ μὴ ὡς δοῦλος ἁμαρτίας ἀποδόκιμος γένωμαι, ἀλλ' ὡς δοῦλος σὸς εὕρω χάριν καὶ ἔλεος καὶ ἄφεσιν ἁμαρτιῶν ἐνώπιόν σου, καὶ ἐν τῷ νῦν καὶ ἐν τῷ μέλλοντι αἰῶνι. Ναί, Δέσποτα παντοκράτωρ, παντοδύναμε Κύριε, εἰσάκουσον τῆς δεήσεώς μου· σὺ γὰρ εἶ ὁ τὰ πάντα ἐνεργῶν ἐν πᾶσι, καὶ τὴν παρὰ σοῦ πάντες ἐπιζητοῦμεν ἐπὶ πᾶσι βοή-

PARIS MANUSCRIPT 476.

θυσίαν ὑπὲρ τῶν ἡμετέρων ἁμαρτημάτων καὶ τῶν τοῦ λαοῦ ἀγνοημάτων, ἐπίβλεψον ἐπ' ἐμέ, τὸν ἀχρεῖον δοῦλόν σου, καὶ ἐξάλειψον τὰ παραπτώματά μου διὰ τὴν σὴν εὐσπλαγχνίαν, καὶ καθάρισόν μου τὰ χείλη καὶ τὴν καρδίαν ἀπὸ παντὸς μολυσμοῦ σαρκὸς καὶ πνεύματος, καὶ ἀπόστησον ἀπ' ἐμοῦ πάντα λογισμὸν αἰσχρόν τε καὶ ἀσύνετον, καὶ ἱκάνωσόν με τῇ χάριτι τοῦ Χριστοῦ σου καὶ τῇ δυνάμει τοῦ παναγίου σου Πνεύματος εἰς τὴν λειτουργίαν ταύτην· καὶ πρόσδεξαί με διὰ τὴν σὴν χρηστότητα προσεγγίζοντα τῷ ἁγίῳ σου θυσιαστηρίῳ, καὶ εὐδόκησον, Κύριε, δεκτὰ γενέσθαι τὰ προσαγόμενά σοι δῶρα ταῦτα διὰ τῶν ἡμετέρων χειρῶν, συγκαταβαίνων ταῖς ἐμαῖς ἀσθενείαις· καὶ μὴ ἀποστρέψῃς τὸ πρόσωπόν σου ἀπ' ἐμοῦ, μηδὲ βδελύξῃ τὴν ἐμὴν ἀναξιότητα, ἀλλ' ἐλέησόν με, ὁ Θεός, κατὰ τὸ μέγα σου ἔλεος, καὶ κατὰ τὸ πλῆθος τῶν οἰκτιρμῶν σου παρένεγκαι τὰ ἀνομήματά μου, ἵνα, ἀκατακρίτως προσελθὼν κατενώπιον τῆς ἁγίας δόξης σου, ἀξιωθῶ τῆς σκέπης τοῦ μονογενοῦς σου Υἱοῦ καὶ τῆς ἐλλάμψεως τοῦ παναγίου σου Πνεύματος· καὶ μὴ ὡς δοῦλος τῆς ἁμαρτίας ἀδόκιμος γένωμαι, ἀλλ' ὡς δοῦλος σὸς εὕρω χάριν καὶ ἔλεος καὶ ἄφεσιν ἁμαρτιῶν ἐνώπιόν σου, ἐν τῷ νῦν αἰῶνι καὶ ἐν τῷ μέλλοντι. Ναί, παντοδύναμε Κύριε, ἐπάκουσον τῆς δεήσεώς μου, καὶ χάρισαί μοι τὴν ἀμνηστίαν τῶν κακῶν μου· σὺ γὰρ εἶ ὁ ἐνεργῶν τὰ πάντα ἐν πᾶσι,

---

(1) P. reads ἀκατακρίτως.

ROTULUS MESSANENSIS.

τὴν παρὰ σοῦ πάντες ἐπιζητοῦμεν ἐπὶ πᾶσι βοήθειάν τε καὶ ἀντίληψιν, καὶ τοῦ μονογενοῦς σου Υἱοῦ, καὶ τοῦ ἀγαθοῦ καὶ ζωοποιοῦ Πνεύματος, νῦν καὶ ἀεί, καὶ εἰς τοὺς αἰῶνας.

(1) Εὐχὴ Β΄.

(2) Ὁ Θεός, ὁ διὰ πολλὴν καὶ ἄφατον φιλανθρωπίαν καὶ ἀγαθότητα ἐξαποστείλας τὸν μονογενῆ σου Υἱὸν εἰς τὸν κόσμον, ἵνα τὸ πεπλανημένον ἐπαναστρέψῃ πρόβατον, μὴ ἀποστραφῇς ἡμᾶς τοὺς ἁμαρτωλοὺς ἐγχειροῦντας προσφέρειν σοι τὴν φοβερὰν ταύτην καὶ ἀναίμακτον θυσίαν· οὐ γὰρ ἐπὶ ταῖς δικαιοσύναις ἡμῶν πεποιθότες ἐσμέν, Δέσποτα, ἀλλ' ἐπὶ τῷ ἐλέει σου τῷ ἀγαθῷ, δι' οὗ τὸ γένος ἡμῶν περιποιῇ·

(3) ἱκετεύομεν καὶ παρακαλοῦμεν τὴν σὴν ἀγαθότητα, ἵνα μὴ γένηται εἰς κατάκριμα τῷ λαῷ σου καὶ

(4) ἡμῖν τὸ οἰκονομηθὲν τοῦτο πρὸς σωτηρίαν μυστήριον, ἀλλ' εἰς ἐξάλειψιν ἁμαρτιῶν, εἰς ἀνανέωσιν ψυχῶν τε καὶ σωμάτων, εἰς

(5) εὐαρέστησιν σήν· ὅτι εὐλογημένος Θεὸς ὑπάρχεις, καὶ πρέπει σοι ἡ δόξα, τῷ Πατρὶ καὶ τῷ Υἱῷ.

(6) Εὐχὴ Γ΄, τοῦ ἁγίου Βασιλείου.
Κύριε ὁ Θεὸς ἡμῶν, ὁ κτίσας ἡμᾶς καὶ

CODEX ROSSANENSIS.

ἐπιζητοῦμεν ἐπὶ πᾶσι βοήθειάν τε καὶ ἀντίληψιν, καὶ τοῦ μονογενοῦς σου Υἱοῦ, καὶ τοῦ ζωοποιοῦ καὶ ὁμοουσίου Πνεύματος, νῦν καὶ ἀεί, καὶ εἰς τοὺς αἰῶνας τῶν.

Καὶ ταύτην συνάπτων λέγει,

Ὁ Θεός, ὁ διὰ πολλὴν καὶ ἄφατον φιλανθρωπίαν ἐξαποστείλας τὸν μονογενῆ σου Υἱὸν εἰς τὸν κόσμον, ἵνα τὸ πεπλανημένον ἐπαναστρέψῃ πρόβατον, μὴ ἀποστραφῇς ἡμᾶς τοὺς ἁμαρτωλοὺς ἐγχειροῦντάς σοι τὴν φοβερὰν ταύτην καὶ ἀναίμακτον θυσίαν· οὐ γὰρ ἐπὶ ταῖς δικαιοσύναις ἡμῶν πεποιθότες ἐσμέν, ἀλλ' ἐπὶ τῷ ἐλέει σου τῷ ἀγαθῷ, δι' οὗ τὸ γένος ἡμῶν περιποιῇ· καὶ νῦν ἱκετεύομεν καὶ παρακαλοῦμεν τὴν σὴν ἀγαθότητα, ἵνα μὴ γένηται εἰς κατάκριμα τῷ λαῷ σου τὸ οἰκονομηθὲν ἡμῖν τοῦτο πρὸς σωτηρίαν μυστήριον, ἀλλ' εἰς ἐξάλειψιν ἁμαρτιῶν, εἰς ἀνανέωσιν ψυχῶν καὶ σωμάτων, εἰς εὐαρέστησιν σοῦ τοῦ Θεοῦ καὶ Πατρός. [77 b]

Καὶ πάλιν συνάπτων ὁ ἱερεὺς λέγει εὐχήν,
Κύριε ὁ Θεὸς ἡμῶν, ὁ κτίσας ἡμᾶς καὶ

---

(1) Διονυσίου added in a later hand. συναπτ. λέγων, still later, in the margin.
(2) σου interlined after ἄφατον.
(3) καὶ νῦν interlined before ἱκετεύομεν.
(4) ἡμῖν interlined after οἰκονόμηθεν.
(5) In the margin ἄλλως. χάριτι καὶ οἰκτιρμοῖς.
(6) In the margin συνάπτει καὶ ταύτην.

LITURGY OF SAINT JAMES.

PARIS MANUSCRIPT 2509.

(1) θειάν τε καὶ ἀντίληψιν, καὶ τοῦ μονογενοῦς σου Υἱοῦ, καὶ τοῦ ἀγαθοῦ καὶ ζωοποιοῦ καὶ ὁμοουσίου Πνεύματος, νῦν καὶ εἰς τοὺς αἰῶνας.

(2) Καὶ ἐπισυνάπτει τὴν εὐχὴν ταύτην.

Ὁ Θεός, ὁ διὰ πολλὴν καὶ ἄφατον φιλανθρωπίαν ἐξαποστείλας τὸν μονογενῆ σου Υἱὸν εἰς τὸν κόσμον, ἵνα τὸ πεπλανημένον ἐπαναστρέψῃ πρόβατον, μὴ ἀποστραφῇς ἡμᾶς τοὺς ἁμαρτωλοὺς ἐγχειροῦντάς σοι τῇ φοβερᾷ ταύτῃ καὶ ἀναιμάκτῳ θυσίᾳ· οὐ γὰρ ἐπὶ ταῖς δικαιοσύναις ἡμῶν πεποιθότες ἐσμέν, ἀλλ' ἐπὶ τῷ ἐλέει σου τῷ ἀγαθῷ, δι' οὗ τὸ γένος ἡμῶν περιποιῇ· ἱκετεύομεν καὶ παρακαλοῦμεν τὴν σὴν ἀγαθότητα, ἵνα μὴ γένηται εἰς κατάκριμα τῷ λαῷ σου τὸ οἰκονομηθὲν ἡμῖν τοῦτο πρὸς σωτηρίαν μυστήριον, ἀλλ' εἰς ἐξάλειψιν ἁμαρτιῶν, εἰς ἀνανέωσιν ψυχῶν καὶ σωμάτων, εἰς εὐαρέστησιν σοῦ τοῦ Θεοῦ καὶ Πατρός, ἐν ἐλέει καὶ φιλανθρωπίᾳ τοῦ μονογενοῦς σου Υἱοῦ, μεθ' οὗ εὐλογητὸς εἶ σὺν τῷ παναγίῳ καὶ ἀγαθῷ καὶ ζωοποιῷ σου Πνεύματι, νῦν καὶ ἀεί, εἰς τοὺς αἰῶνας.

P. 19

(3) Ἑτέρα εὐχή.

Κύριε ὁ Θεός, ὁ κτίσας ἡμᾶς καὶ ἀγαγὼν

PARIS MANUSCRIPT 476.

καὶ τὴν παρὰ σοῦ πάντες ἐπιζητοῦμεν ἐπὶ πᾶσι βοήθειάν τε καὶ ἀντίληψιν, καὶ τοῦ μονογενοῦς σου Υἱοῦ, καὶ τοῦ ἀγαθοῦ καὶ ζωοποιοῦ καὶ ὁμοουσίου Πνεύματος, νῦν καὶ ἀεί, καὶ εἰς τοὺς αἰῶνας τῶν αἰώνων. Ἀμήν.

Εὐχὴ β'.

Ὁ Θεός, ὁ διὰ πολλὴν καὶ ἄφατον φιλανθρωπίαν ἐξαποστείλας τὸν μονογενῆ σου Υἱὸν εἰς τὸν κόσμον, ἵνα τὸ πεπλανημένον ἐπαναστρέψῃ πρόβατον, μὴ ἀποστραφῇς ἡμᾶς τοὺς ἁμαρτωλοὺς ἐγχειροῦντας προσφέρειν σοι τὴν φοβερὰν ταύτην καὶ ἀναίμακτον θυσίαν· οὐ γὰρ ἐπὶ ταῖς δικαιοσύναις ἡμῶν πεποιθότες ἐσμέν, ἀλλ' ἐπὶ τῷ ἐλέει σου τῷ ἀγαθῷ, δι' οὗ καὶ τὸ γένος ἡμῶν περιποιῇ· καὶ νῦν ἱκετεύομεν καὶ παρακαλοῦμεν τὴν σὴν ἀγαθότητα, ἵνα μὴ γένηται εἰς κατάκριμα τῷ λαῷ σου τὸ οἰκονομηθὲν ἡμῖν τοῦτο πρὸς σωτηρίαν μυστήριον, ἀλλ' εἰς ἐξάλειψιν ἁμαρτιῶν, καὶ εἰς ἀνανέωσιν ψυχῶν τε καὶ σωμάτων, εἰς εὐαρέστησιν σὴν τοῦ Θεοῦ καὶ Πατρός,

Ἐκφώνησις. Ὅτι φιλάνθρωπος Θεὸς ὑπάρχεις, καὶ πρέπει σοι ἡ δόξα, τῷ Πατρὶ καὶ τῷ Υἱῷ καὶ τῷ ἁγίῳ Πνεύματι, νῦν καὶ ἀεί, καὶ εἰς τοὺς αἰῶνας τῶν αἰώνων· Ἀμήν.

Καὶ ἐπισυνάπτει καὶ ταύτην τὴν εὐχὴν τοῦ μεγάλου Βασιλείου.

Κύριε ὁ Θεός, ὁ κτίσας ἡμᾶς καὶ ἀγαγὼν

---

(1) "In margine inferiori codicis hæc legitur rubrica:
Ἐτέθησαν παρὰ τῷ ἁγίῳ Βασιλείῳ τὰ μέρη ταῦτα εἰς τὴν εὐχὴν τοῦ χερουβικοῦ ἧς ἡ ἀρχή· Οὐδεὶς ἄξιος. Ζήτει κεφαλαίῳ Ϛ'." See p. 78. The parallel passages however are very few.

(2) P. omits this line entirely.

(3) "In marg. inf. cod. hæc legitur rubrica:
† Ἐτέθη παρὰ τῷ ἁγίῳ Βασιλείῳ πᾶσα ἡ εὐχὴ αὕτη, ἐν ὀλίγοις δὲ ἀλλάττουσα, ζήτει κ. η'." See p. 79. P. omits the title.

LITURGY OF SAINT JAMES.

ROTULUS MESSANENSIS.

ἀγαγὼν εἰς τὴν ζωὴν ταύτην, ὁ ὑποδείξας ἡμῖν ὁδοὺς εἰς σωτηρίαν, ὁ χαρισάμενος ἡμῖν (1) οὐρανίων μυστηρίων ἀποκάλυψιν, ὁ θέμενος ἡμᾶς εἰς τὴν διακονίαν ταύτην ἐν τῇ δυνάμει τοῦ παναγίου σου Πνεύματος· εὐδόκησον, Δέσποτα, τοῦ γενέσθαι ἡμᾶς διακόνους τῆς καινῆς σου διαθήκης, λειτουργοὺς τῶν ἀχράντων σου μυστηρίων· καὶ πρόσδεξαι ἡμᾶς προσεγγίζοντας τῷ ἁγίῳ σου θυσιαστηρίῳ κατὰ τὸ πλῆθος τοῦ ἐλέους σου, ἵνα ἄξιοι γενώμεθα τοῦ προσφέρειν σοι (2) δῶρά τε καὶ θυσίας ὑπὲρ ἑαυτῶν καὶ τῶν τοῦ λαοῦ σου ἀγνοημάτων· καὶ δὸς ἡμῖν, Κύριε, μετὰ παντὸς φόβου καὶ συνειδήσεως καθαρᾶς προσκομίσαι σοι τὴν φοβερὰν ταύτην πνευματικὴν καὶ ἀναίμακτον θυσίαν, ἣν προσδεξάμενος εἰς τὸ ἅγιόν σου καὶ ὑπερουράνιον καὶ νοερὸν θυσιαστήριον, εἰς ὀσμὴν εὐωδίας, ἀντικατάπεμψον ἡμῖν τὴν χάριν καὶ τὴν δωρεὰν τοῦ παναγίου σου Πνεύματος. Ναί, ὁ Θεός, ἐπίβλεψον ἐφ' ἡμᾶς, καὶ ἔπιδε ἐπὶ τὴν λογικὴν λατρείαν ἡμῶν ταύτην, καὶ πρόσδεξαι αὐτήν, ὡς προσεδέξω Ἄβελ τὰ δῶρα, Νῶε τὰς θυσίας, Ἀβραὰμ τὰς ὁλοκαρπώσεις, Μωσέως καὶ Ἀαρὼν τὰς ἱερωσύνας, Σαμουὴλ τὰς εἰρηνικάς, Δαβὶδ τὴν μετάνοιαν, Ζαχαρίου τὸ θυμίαμα· καθὼς προσεδέξω ἐκ χειρὸς τῶν ἁγίων σου ἀποστόλων τὴν ἀληθινὴν ταύτην λατρείαν, οὕτως πρόσδεξαι καὶ ἐκ χειρὸς (3) ἡμῶν τῶν ἁμαρτωλῶν τὰ δῶρα ταῦτα ἐν τῇ χρηστότητί σου· καὶ δὸς γενέσθαι τὴν προσφορὰν ἡμῶν εὐπρόσδεκτον, ἡγιασμέ-

CODEX ROSSANENSIS.

ἀγαγὼν εἰς τὴν ζωὴν ταύτην, ὁ ὑποδείξας ἡμῖν ὁδοὺς εἰς σωτηρίαν, ὁ χαρισάμενος ἡμῖν οὐρανίων μυστηρίων ἀποκαλύψεις· σὺ εἶ ὁ θέμενος ἡμᾶς εἰς τὴν διακονίαν ταύτην ἐν τῇ δυνάμει τοῦ.........παναγίου σου [78] (4) Πνεύματος· εὐδόκησον, Δέσποτα, γενέσθαι ἡμᾶς διακόνους τῆς καινῆς σου διαθήκης, λειτουργοὺς τῶν ἀχράντων σου μυστηρίων· καὶ πρόσδεξαι ἡμᾶς προσεγγίζοντας τῷ ἁγίῳ σου θυσιαστηρίῳ κατὰ τὸ πλῆθος τοῦ ἐλέους σου, ἵνα γενώμεθα ἄξιοι τοῦ προσφέρειν σοι δῶρά τε καὶ θυσίας ὑπέρ τε ἑαυτῶν καὶ τῶν τοῦ λαοῦ ἀγνοημάτων· καὶ δὸς ἡμῖν, Κύριε, μετὰ παντὸς φόβου καὶ συνειδήσεως καθαρᾶς προσκομίσαι σοι τὴν πνευματικὴν ταύτην καὶ ἀναίμακτον θυσίαν, ἣν προσδεξάμενος εἰς τὸ ἅγιον καὶ ὑπερουράνιον καὶ νοερόν σου θυσιαστήριον, εἰς ὀσμὴν εὐωδίας, ἀντικατάπεμψον ἡμῖν τὴν χάριν τοῦ παναγίου σου Πνεύματος. Ναί, ὁ Θεός, ἐπίβλεψον ἐφ' ἡμᾶς, καὶ ἔπιδε ἐπὶ τὴν λογικὴν ταύτην λατρείαν ἡμῶν, καὶ πρόσδεξαι αὐτήν, ὡς προσεδέξω Ἄβελ τὰ [78 b] δῶρα, Νῶε τὰς θυσίας, Ἀβραὰμ τὰς ὁλοκαρπώσεις, Μωσέως καὶ Ἀαρὼν τὰς ἱερωσύνας, Σαμουὴλ τὰς εἰρηνικάς, Δαβὶδ τὴν μετάνοιαν, Ζαχαρίου τὸ θυμίαμα· ὡς προσεδέξω ἐκ χειρὸς τῶν ἁγίων σου ἀποστόλων τὴν ἀληθινὴν ταύτην λατρείαν, οὕτως πρόσδεξαι καὶ ἐκ χειρὸς ἡμῶν τῶν ἁμαρτωλῶν τὰ προκείμενα δῶρα ταῦτα ἐν τῇ χρηστότητί σου· καὶ δὸς γενέσθαι τὴν προσφορὰν ἡμῶν εὐπρόσδεκτον, ἡγιασμένην ἐν Πνεύ-

---

(1) ἀποκαλύψεις in the margin.
(2) τε interlined after ὑπὲρ.

(3) προκείμενα interlined for δῶρα.
(4) An erasure in the MS.

PARIS MANUSCRIPT 2509.

εἰς τὴν ζωὴν ταύτην, ὁ ὑποδείξας ἡμῖν ὁδοὺς εἰς σωτηρίαν, ὁ χαρισάμενος ἡμῖν οὐρανίων μυστηρίων ἀποκάλυψιν καὶ θέμενος ἡμᾶς εἰς τὴν διακονίαν ταύτην ἐν τῇ δυνάμει τοῦ παναγίου σου Πνεύματος· εὐδόκησον, Δέσποτα, γενέσθαι ἡμᾶς διακόνους τῆς καινῆς σου διαθήκης, λειτουργοὺς τῶν ἀχράντων σου μυστηρίων· καὶ πρόσδεξαι ἡμᾶς προσεγγίζοντας τῷ ἁγίῳ σου θυσιαστηρίῳ κατὰ τὸ πλῆθος τοῦ ἐλέους σου, ἵνα ἄξιοι γενώμεθα τοῦ προσφέρειν σοι δῶρά τε καὶ θυσίας ὑπέρ τε ἑαυτῶν καὶ τῶν τοῦ λαοῦ ἀγνοημάτων· καὶ δὸς ἡμῖν, Κύριε, μετὰ παντὸς φόβου καὶ συνειδήσεως καθαρᾶς προσκομίσαι σοι τὴν πνευματικὴν ταύτην καὶ ἀναίμακτον θυσίαν, ἣν προσδεξάμενος εἰς τὸ ἅγιον καὶ ὑπερουράνιον καὶ νοερὸν σου θυσιαστήριον, εἰς (1) ὀσμὴν εὐωδίας, ἀντικατάπεμψον ἡμῖν τὴν χάριν τοῦ παναγίου σου Πνεύματος. Ναί, ὁ Θεός, ἐπίβλεψον ἐφ᾿ ἡμᾶς, καὶ ἔπιδε ἐπὶ τὴν λογικὴν λατρείαν ἡμῶν ταύτην, καὶ πρόσδεξαι αὐτήν, ὡς προσεδέξω Ἄβελ τὰ δῶρα, Νῶε τὰς θυσίας, Μωσέως καὶ Ἀαρὼν τὰς ἱερωσύνας, Σαμουὴλ τὰς εἰρηνικάς, Δαβὶδ τὴν μετάνοιαν, Ζαχαρίου τὸ θυμίαμα· ὡς (2) προσεδέξω ἐκ χειρὸς τῶν ἁγίων σου ἀποστόλων τὴν ἀληθινὴν ταύτην λατρείαν, οὕτως πρόσδεξαι καὶ ἐκ χειρῶν ἡμῶν τῶν ἁμαρτωλῶν τὰ προκείμενα δῶρα ταῦτα ἐν τῇ χρηστότητί σου· καὶ δὸς γενέσθαι τὴν προσφορὰν ἡμῶν εὐπρόσδεκτον, ἡγιασμένην ἐν Πνεύματι ἁγίῳ, εἰς ἐξίλασμα τῶν

(1) P. adds πνευματικῆς.
(2) P. omits ἁγίων.

PARIS MANUSCRIPT 476.

εἰς τὴν ζωὴν ταύτην, ὁ ὑποδείξας ἡμῖν ὁδοὺς εἰς σωτηρίαν, ὁ χαρισάμενος ἡμῖν οὐρανίων μυστηρίων ἀποκάλυψιν· σὺ εἶ ὁ θέμενος ἡμᾶς εἰς τὴν διακονίαν ταύτην ἐν τῇ δυνάμει τοῦ παναγίου σου Πνεύματος· εὐδόκησον δή, Δέσποτα, γενέσθαι ἡμᾶς διακόνους τῆς καινῆς σου διαθήκης, λειτουργοὺς τῶν ἀχράντων σου μυστηρίων· καὶ πρόσδεξαι ἡμᾶς προσεγγίζοντας τῷ ἁγίῳ σου θυσιαστηρίῳ κατὰ τὸ πλῆθος τοῦ ἐλέους σου, ἵνα ἄξιοι γενώμεθα τοῦ προσφέρειν σοι δῶρά τε καὶ θυσίας ὑπέρ τε ἑαυτῶν καὶ τῶν τοῦ λαοῦ ἀγνοημάτων· καὶ δὸς ἡμῖν, Κύριε, μετὰ παντὸς φόβου καὶ συνειδήσεως καθαρᾶς προσκομίσαι σοι τὴν πνευματικὴν ταύτην καὶ ἀναίμακτον θυσίαν, ἣν προσδεξάμενος εἰς τὸ ἅγιον καὶ ὑπερουράνιον καὶ νοερόν σου θυσιαστήριον, εἰς ὀσμὴν εὐωδίας, ἀντικατάπεμψον ἡμῖν τὴν χάριν καὶ τὴν δωρεὰν τοῦ παναγίου σου Πνεύματος. Ναί, ὁ Θεός, ἐπίβλεψον ἐφ᾿ ἡμᾶς καὶ ἐπὶ τὴν λογικὴν λατρείαν ἡμῶν ταύτην, καὶ πρόσδεξαι αὐτήν, ὡς προσεδέξω Ἄβελ τὰ δῶρα, ✠ Νῶε τὰς θυσίας, ✠ Ἀβραὰμ τὰς ὁλοκαρπώσεις, ✠ Μωσέως καὶ Ἀαρὼν τὰς ἱερωσύνας, ✠ Σαμουὴλ τὰς εἰρηνικάς, ✠ Δαβὶδ τὴν μετάνοιαν, Ζαχαρίου τὸ θυμίαμα· ✠

Καὶ εὐθέως βάλλει ὁ ἱερεὺς θυμίαμα εἰς τὸν θυμιατὸν καὶ εὐλογεῖ κατὰ ἀριθμὸν τῶν σταυρῶν.

Ὡς προσεδέξω ἐκ χειρὸς τῶν ἁγίων σου ἀποστόλων τὴν ἀληθινὴν ταύτην λατρείαν, οὕτω πρόσδεξαι καὶ ἐκ χειρὸς ἡμῶν τῶν ἁμαρτωλῶν τὰ προκείμενα δῶρα ταῦτα ἐν τῇ χρηστότητί σου· ✠ καὶ δὸς γενέσθαι τὴν προσφορὰν ἡμῶν εὐπρόσδεκτον, ✠ ἡγιασμένην ἐν Πνεύματι ἁγίῳ, ✠ εἰς ἐξίλασμα τῶν

ROTULUS MESSANENSIS.

νην ἐν Πνεύματι ἁγίῳ, εἰς ἐξίλασμα τῶν
(1) ἡμετέρων ἁμαρτημάτων καὶ τῶν τοῦ λαοῦ
(2)
(3) ἀγνοημάτων, καὶ εἰς ἀνάπαυσιν τῶν κεκοι-
(4) μημένων ψυχῶν· ἵνα καὶ ἡμεῖς, οἱ ἁμαρτωλοὶ
καὶ ἀνάξιοι δοῦλοί σου, καταξιωθέντες ἀδό-
(5) λως λειτουργεῖν τῷ ἁγίῳ σου θυσιαστηρίῳ,
λάβωμεν τὸν μισθὸν τῶν πιστῶν καὶ φρονί-
μων οἰκονόμων, καὶ εὕρωμεν χάριν καὶ ἔλεος
ἐνώπιόν σου ἐν τῇ ἡμέρᾳ τῆς ἀνταποδόσεώς
σου, τῆς δικαίας καὶ ἀγαθῆς.
(6) Καὶ συνάπτει ταύτην τὴν εὐχήν.

Εὐχαριστοῦμέν σοι, Κύριε ὁ Θεὸς ἡμῶν,
ὅτι ἔδωκας ἡμῖν παρρησίαν εἰς τὴν εἴσοδον
τῶν ἁγίων, ἐν τῷ αἵματι Ἰησοῦ, ἣν ἐνε-
καίνισας ἡμῖν, ὁδὸν πρόσφατον καὶ ζῶσαν,
διὰ τοῦ καταπετάσματος τῆς σαρκὸς τοῦ
Χριστοῦ σου· καταξιωθέντες συνεισελθεῖν
εἰς τόπον σκηνώματος τῆς δόξης σου, ἔσω
τε γενέσθαι τοῦ καταπετάσματος, καὶ τὰ
ἅγια τῶν ἁγίων κατοπτεῦσαι, προσπίπτομεν
τῇ ἀγαθότητί σου· Δέσποτα, ἐλέησαι ἡμᾶς,
ἐπειδὴ ἔμφοβοί ἐσμεν καὶ ἔντρομοι, μέλ-
(7) λοντες παρεστάναι τῷ ἁγίῳ σου θυσιαστη-
(8) ρίῳ· καί, τὰ περικείμενα τῇ ἱερᾷ ταύτῃ τε-
λετῇ συμβολικῶς ἀμφιάσματα τῶν αἰνιγ-
μάτων ἀνακαλύψας, τηλαυγῶς ἡμῖν ἀνάδει-
ξον, καὶ τὰς νοερὰς ἡμῶν ὄψεις τοῦ
ἀπεριλήπτου φωτὸς πλήρωσον, καὶ καθάρας
τὴν πτωχείαν ἡμῶν ἀπὸ παντὸς μολυσμοῦ
σαρκὸς καὶ πνεύματος, ἀξίαν ἀπέργασαι

(1) πλημμελημάτων in the margin for ἁμαρ.
(2) σου interlined after λαοῦ.
(3) προ interlined (προκεκοιμημένων).
(4) ταπεινοί καί interlined after οἱ.
(5) ἀμέμπτως interlined for ἀδόλως (?).

CODEX ROSSANENSIS.

ματι ἁγίῳ εἰς ἐξίλασμα τῶν ἡμετέρων πλημ-
μελημάτων καὶ τῶν τοῦ λαοῦ ἀγνοημάτων,
καὶ εἰς ἀνάπαυσιν τῶν προκοιμηθέντων
ψυχῶν· ἵνα καὶ ἡμεῖς, οἱ ταπεινοὶ καὶ ἁμαρ-
τωλοὶ καὶ ἀνάξιοι δοῦλοί σου, καταξιωθέντες
ἀδόλως λειτουργεῖν τῷ ἁγίῳ σου θυσια-
στηρίῳ, λάβωμεν τὸν μισθὸν τῶν πιστῶν   [79]
καὶ φρονίμων οἰκονόμων, καὶ εὕρωμεν χάριν
καὶ ἔλεον ἐν τῇ ἡμέρᾳ τῇ φοβερᾷ τῆς ἀντ-
αποδόσεώς σου, τῆς δικαίας καὶ ἀγαθῆς.

Καὶ πάλιν ἐπισυνάπτει ὁ ἱερεὺς καὶ λέγει εὐχὴν
κλινόμενος τοῦ καταπετάσματος.

Εὐχαριστοῦμέν σοι, Κύριε ὁ Θεὸς ἡμῶν,
ὅτι ἔδωκας ἡμῖν παρρησίαν εἰς τὴν εἴσοδον
τῶν ἁγίων ἐν τῷ αἵματι Ἰησοῦ, ἣν ἐνε-
καίνισας ἡμῖν, ὁδὸν πρόσφατον καὶ ζῶσαν,
διὰ τοῦ καταπετάσματος τῆς σαρκὸς αὐτοῦ·
καταξιωθέντες οὖν εἰσελθεῖν εἰς τόπον σκη-
νώματος δόξης σου, ἔσω τε γενέσθαι τοῦ
καταπετάσματος, καὶ τὰ ἅγια τῶν ἁγίων
κατοπτεῦσαι, προσπίπτομεν τῇ ἀγαθότητί
σου· Δέσποτα, ἐλέησον ἡμᾶς, ἐπειδὴ ἔμφοβοι
καὶ ἔντρομοί ἐσμεν, μέλλοντες παρίστασθαι
τῷ ἁγίῳ σου θυσιαστηρίῳ καὶ προσφέρειν
σοι τὴν φοβερὰν ταύτην καὶ ἀναίμακτον
θυσίαν ὑπὲρ τῶν ἡμετέρων ἁμαρτημάτων   [79 b]
καὶ τῶν τοῦ λαοῦ ἀγνοημάτων· ἐξαπόστει-
λον ἐφ᾽ ἡμᾶς, ὁ Θεός, τὴν χάριν σου τὴν
ἀγαθήν, καὶ ἁγίασον ἡμῶν τὰς ψυχὰς καὶ
τὰ σώματα καὶ τὰ πνεύματα, καὶ ἀλλοίωσον
ἡμῶν τὰ φρονήματα πρὸς εὐσέβειαν, ἵνα ἐν

(6) This apparently is inserted. In the margin we have εὐχὴ τοῦ καταπετάσματος.
(7) παρίστασθαι in the margin.
(8) This deeply interesting phrase will be found below in the other MSS.

PARIS MANUSCRIPT 2509.

ἡμετέρων πλημμελημάτων καὶ τῶν τοῦ λαοῦ ἀγνοημάτων, καὶ εἰς ἀνάπαυσιν τῶν προκεκοιμημένων ψυχῶν· ἵνα καὶ ἡμεῖς, οἱ ταπεινοὶ καὶ ἁμαρτωλοὶ καὶ ἀνάξιοι δοῦλοί σου, καταξιωθέντες ἀδόλως λειτουργεῖν τῷ ἁγίῳ σου θυσιαστηρίῳ, λάβωμεν τὸν μισθὸν τῶν πιστῶν καὶ φρονίμων οἰκονόμων, καὶ εὕρωμεν χάριν καὶ ἔλεος ἐν τῇ ἡμέρᾳ τῇ φοβερᾷ τῆς ἀνταποδόσεώς σου, τῆς δικαίας καὶ ἀγαθῆς.

(1) Ἑτέρα εὐχὴ τοῦ καταπετάσματος.

Εὐχαριστοῦμέν σοι, Κύριε ὁ Θεὸς ἡμῶν, ὅτι ἔδωκας ἡμῖν παρρησίαν εἰς τὴν εἴσοδον τῶν ἁγίων σου, ἣν ἐνεκαίνισας ἡμῖν, ὁδὸν πρόσφατον καὶ ζῶσαν, διὰ τοῦ καταπετάσματος τῆς σαρκὸς τοῦ Χριστοῦ σου· καταξιωθέντες οὖν εἰσελθεῖν εἰς τόπον σκηνώματος δόξης σου, ἔσω τε γενέσθαι τοῦ καταπετάσματος, καὶ τὰ ἅγια τῶν ἁγίων κατοπτεῦσαι, προσπίπτομεν τῇ σῇ ἀγαθότητι· Δέσποτα, ἐλέησαι ἡμᾶς, ἐπειδὴ ἔμφοβοι καὶ ἔντρομοί ἐσμεν, μέλλοντες παρεστάναι τῷ ἁγίῳ σου θυσιαστηρίῳ καὶ προσφέρειν τὴν φοβερὰν ταύτην καὶ ἀναίμακτον θυσίαν ὑπὲρ τῶν ἡμετέρων ἁμαρτημάτων καὶ τῶν τοῦ λαοῦ ἀγνοημάτων· ἐξαπόστειλον, ὁ Θεός, τὴν χάριν σου τὴν ἀγαθήν, καὶ ἁγίασον ἡμῶν τὰς ψυχὰς καὶ τὰ σώματα καὶ τὰ πνεύματα· καὶ ἀλλοίωσον ἡμῶν τὰ φρονήματα πρὸς εὐσέ-

PARIS MANUSCRIPT 476.

ἡμετέρων ἁμαρτημάτων καὶ τῶν τοῦ λαοῦ ἀγνοημάτων, ✠ καὶ εἰς ἀνάπαυσιν τῶν προκεκοιμημένων ψυχῶν· ἵνα καὶ ἡμεῖς, οἱ ταπεινοὶ καὶ ἁμαρτωλοὶ καὶ ἀνάξιοι δοῦλοί σου, καταξιωθέντες ἀδόλως λειτουργεῖν τῷ ἁγίῳ σου θυσιαστηρίῳ, λάβωμεν τὸν μισθὸν τῶν πιστῶν καὶ φρονίμων οἰκονόμων, καὶ εὕρωμεν ἐνώπιόν σου χάριν καὶ ἔλεος ἐν τῇ ἡμέρᾳ τῇ φοβερᾷ τῆς ἀνταποδόσεώς σου, τῆς δικαίας καὶ ἀγαθῆς·

Ἐκφώνησις. Ἐλέει καὶ οἰκτιρμοῖς καὶ φιλανθρωπίᾳ τοῦ Χριστοῦ σου, τοῦ μονογενοῦς σου Υἱοῦ, μεθ' οὗ εὐλογητὸς εἶ καὶ δεδοξασμένος, σὺν τῷ παναγίῳ καὶ ἀγαθῷ καὶ ζωοποιῷ σου Πνεύματι, νῦν καὶ ἀεί, καὶ εἰς τοὺς αἰῶνας τῶν αἰώνων.

Ὁ λαός. Ἀμήν.

Ὁ ἱερεύς. Εἰρήνη πᾶσιν.

Ὁ λαός. Καὶ τῷ πνεύματί σου.

Ὁ διάκονος. Στῶμεν καλῶς· στῶμεν εὐλαβῶς· στῶμεν μετὰ φόβου.

Ὁ ἱερεὺς τὴν εὐχὴν τοῦ καταπετάσματος κλινόμενος εὔχεται.

Εὐχαριστοῦμέν σοι, Κύριε ὁ Θεὸς ἡμῶν, ὅτι ἔδωκας ἡμῖν παρρησίαν εἰς τὴν εἴσοδον τῶν ἁγίων, τῷ αἵματι τοῦ Χριστοῦ σου Ἰησοῦ, ἣν ἐνεκαίνισας ἡμῖν, ὁδὸν πρόσφατον καὶ ζῶσαν, διὰ τοῦ καταπετάσματος τῆς σαρκὸς αὐτοῦ·

[Vacat codex.]

---

(1) P. omits ἑτέρα.

ROTULUS MESSANENSIS.

τῆς φοβερᾶς ταύτης καὶ φρικτῆς παραστάσεως· ὅτι ὑπερεύσπλαγχνος καὶ ἐλεήμων Θεὸς ὑπάρχεις, καὶ σοὶ τὴν δόξαν καὶ τὴν εὐχαριστίαν ἀναπέμπομεν.

Εἶτα ὁ διάκονος.

Καὶ ὑπὲρ τῶν προκειμένων, ἁγίων, ἐν-
(1) δόξων, ἐπουρανίων, θείων δώρων, καὶ σωτη-
(2) ρίας τοῦ παρεστῶτος καὶ προσφέροντος τοῦ
(3) Δ΄. ἡμῶν ἱκετεύσωμεν.

Ὁ λαός. Κύριε, ἐλέησον.

Ὁ ἱερεὺς ἐκφώνως.

Ἐλέει καὶ οἰκτιρμοῖς καὶ φιλανθρωπίᾳ σου [Υἱοῦ], μεθ᾽ οὗ εὐλογητὸς εἶ καὶ δεδοξασμένος, σὺν τῷ παναγίῳ καὶ ἀγαθῷ καὶ ζωοποιῷ σου Πνεύματι, νῦν καὶ ἀεί, καὶ εἰς τούς.

(4) Εἰρήνη πᾶσιν.

Στῶμεν καλῶς· στῶμεν εὐλαβῶς· στῶμεν μετὰ φόβου Θεοῦ καὶ κατανύξεως· πρόσχωμεν τῇ ἁγίᾳ ἀναφορᾷ, ἐν εἰρήνῃ τῷ Θεῷ προσφέρειν.

(5) Ὁ λαός. Ἔλεος.

Ἀγαθὲ καὶ φιλάνθρωπε Δέσποτα, Κύριε ὁ Θεὸς ἡμῶν, ὁ διὰ τῆς παρουσίας τοῦ μονογενοῦς σου Υἱοῦ καὶ τῆς ἐλλάμψεως τοῦ παναγίου σου Πνεύματος καταξιώσας με τὸν ἁμαρτωλὸν καὶ ἀχρεῖον σου δοῦλον παρεστάναι τῷ ἁγίῳ σου θυσιαστηρίῳ, καὶ προσφέρειν, καὶ λειτουργεῖν τοῖς καινοῖς καὶ ἀχράντοις τῆς διαθήκης σου μυστηρίοις,

(1) ἀρρήτων, φοβερῶν, φρικτῶν, ἀθανάτων, ζωοποιῶν, θείων added in the margin after θείων.
(2) καὶ ἀντιλήψεως interlined after σωτηρ.
(3) τιμίου πατρὸς ἡμῶν καὶ ἀρχιερέως, τοῦ προσευχομένου, Κύριον τὸν Θεὸν [ἱκετεύσωμεν] interposed after Δ΄., partly on an erasure.
(4) ὁ ἀρχιδιάκονος in the margin.
(5) Here in margin: καὶ ὁ ἱερεὺς εὔχεται.

CODEX ROSSANENSIS.

καθαρῷ τῷ συνειδότι προσφέρωμέν σοι ἔλεον, εἰρήνην, θυσίαν αἰνέσεως·

Ἐκφώνως. Ἐλέει καὶ οἰκτιρμοῖς καὶ φιλανθρωπίᾳ τοῦ μονογενοῦς σου Υἱοῦ, μεθ᾽ οὗ εὐλογητὸς εἶ, σὺν τῷ παναγίῳ καὶ ἀγαθῷ καί.

Ὁ ἱερεύς. Εἰρήνη πᾶσιν.

Ὁ διάκονος. Στῶμεν καλῶς· στῶμεν εὐλαβῶς· στῶμεν μετὰ φόβου Θεοῦ καὶ κατονύξεως· πρόσχωμεν τῇ ἁγίᾳ ἀναφορᾷ, ἐν εἰρήνῃ τῷ Θεῷ προσφέρειν,

Ὁ λαός. Ἔλεον εἰρήνης, θυσίαν αἰνέσεως. *sic*

Καὶ ὅταν λέγει ὁ διάκονος τοῦτο, λέγει ὁ ἱερεύς.

Καὶ τὰ περικείμενα τῇ ἱερᾷ ταύτῃ τελετῇ συμβολικῶς ἀμφιέσματα τῶν αἰνιγμάτων ἀνακαλύψας, τηλαυγῶς ἡμῖν ἀνάδειξον, καὶ τὰς νοερὰς ἡμῶν ὄψεις τοῦ ἀπεριλήπτου σου φωτὸς ἀποπλήρωσον, καὶ καθάρας τὴν [80]

ἄλλη εὐχή. Ἅγιε, ὕψιστε, φοβερέ, καὶ ἐν ἁγίοις ἀναπαυόμενε, Κύριε, αὐτὸς ἁγίασον ἡμᾶς καὶ ἀξίους ποίησον ἡμᾶς τῆς ἁγίας θυσίας ταύτης, καὶ προσάγαγε ἡμᾶς τῷ ἁγίῳ σου θυσιαστηρίῳ μετὰ πάσης συνειδήσεως ἀγαθῆς, σοὶ τὰ σὰ προσφέρειν, δῶρα, δόματα, καρπώματα, εἰς ὀσμὴν εὐωδίας, ἐνώπιον τῆς ἁγίας δόξης σου, διὰ παντός, ἐν Χριστῷ Ἰησοῦ, τῷ Κυρίῳ ἡμῶν, μεθ᾽ οὗ σοὶ δόξα.

PARIS MANUSCRIPT 2509.

βειαν, ἵνα ἐν καθαρῷ συνειδότι προσφέρωμέν σοι ἔλαιον εἰρήνης, θυσίαν αἰνέσεως·

PARIS MANUSCRIPT 476.

[*Vacat codex.*]

...περιλήπτου σου φωτὸς ἀποπλήρωσον, καὶ καθάρας τὴν πτωχείαν ἡμῶν ἀπὸ παντὸς μολυσμοῦ σαρκός τε καὶ πνεύματος, ἀξίαν ἀπέργασαι τῆς φοβερᾶς ταύτης καὶ φρικτῆς παραστάσεως· ὅτι ὑπερεύσπλαγχνος καὶ ἐλεήμων Θεὸς ὑπάρχεις, καὶ σοὶ τὴν δόξαν καὶ τὴν εὐχαριστίαν ἀναπέμπομεν, σὺν τῷ μονογενεῖ σου Υἱῷ καὶ τῷ παναγίῳ σου Πνεύματι, νῦν καὶ ἀεί, καὶ εἰς τοὺς αἰῶνας τῶν αἰώνων. Ἀμήν.

Ἐκφώνησις. Ἐλέει καὶ φιλανθρωπίᾳ τοῦ μονογενοῦς σου Υἱοῦ, μεθ' οὗ εὐλογητὸς εἶ, σὺν τῷ παναγίῳ καὶ ἀγαθῷ καὶ ζωοποιῷ σου Πνεύματι, νῦν καὶ ἀεί.

Ὁ λαός. Ἀμήν.

P. 21   Ὁ ἱερεύς. Εἰρήνη πᾶσιν.

(1)   Ὁ ἀρχιδιάκονος. Στῶμεν καλῶς· στῶμεν εὐλαβῶς· στῶμεν μετὰ φόβου Θεοῦ καὶ κατανύξεως· πρόσχωμεν τῇ ἁγίᾳ ἀναφορᾷ, [ἐν] εἰρήνῃ τῷ Θεῷ προσφέρειν·

Ὁ λαός. Ἔλαιον εἰρήνης, θυσίαν αἰνέσεως.

Εἶτα ὁ ἱερεὺς ἐπιφέρει τὴν εὐχὴν ταύτην.

Καὶ τὰ περικείμενα τῇ ἱερᾷ ταύτῃ τελετῇ συμβολικῶς ἀμφιάσματα τῶν αἰνιγμάτων ἀνακαλύψας, τηλαυγῶς ἡμῖν ἀνάδειξον, καὶ τὰς νοερὰς ἡμῶν ὄψεις τοῦ ἀπεριλήπτου φωτὸς πλήρωσον, καὶ καθάρας

Εὐχὴ ἄλλη ἥτις συνάπτεται ταύτῃ.

Ἀγαθὲ καὶ φιλάνθρωπε Κύριε, ὁ Θεὸς ἡμῶν, ὁ διὰ τῆς παρουσίας τοῦ μονογενοῦς σου Υἱοῦ καὶ τῆς ἐλπίδος καὶ ἐλλάμψεως τοῦ παναγίου Πνεύματος καταξιώσας με τὸν ἁμαρτωλὸν καὶ ἀνάξιον δοῦλόν σου παρεστάναι τῷ ἁγίῳ σου θυσιαστηρίῳ καὶ προσφέρειν καὶ λειτουργεῖν τοῖς καινοῖς καὶ ἀχράντοις τῆς διαθήκης σου μυστηρίοις,

---

(1) In marg. sup. cod. hæc legitur rubrica Ἐτέθησαν παρὰ τῷ ἁγίῳ Βασιλείῳ αἱ ἐκφωνήσεις αὗται καὶ αἱ ἀποκρίσεις. Ζήτει κ. θ΄. (pp. 127, 159?)

P. has ὁ διάκονος.

LITURGY OF SAINT JAMES.

ROTULUS MESSANENSIS.

ποίησον μετ' ἐμοῦ σημεῖον εἰς ἀγαθόν, καὶ ἀξίωσόν με ἐν καθαρῷ συνειδότι λατρεύειν σοι πάσας τὰς ἡμέρας τῆς ζωῆς μου.

(1) Ἐκφώνως. Ἡ ἀγάπη τοῦ Θεοῦ καὶ Πατρός, καὶ ἡ χάρις τοῦ Κυρίου καὶ Θεοῦ καὶ Σωτῆρος ἡμῶν Ἰησοῦ Χριστοῦ, καὶ ἡ κοινωνία καὶ ἡ δωρεὰ τοῦ παναγίου Πνεύματος εἴη μετὰ πάντων ὑμῶν.

(2) Ὁ ἱερεύς. Ἄνω σχῶμεν τὸν νοῦν καὶ τὰς
(3) καρδίας.

(4) Εὐχαριστήσωμεν τῷ Κυρίῳ.
Ὁ λαός. Ἄξιον καὶ δίκαιον.
(5) Καὶ ὁ ἱερεὺς τὴν εὐχήν.

Ὡς ἀληθῶς ἄξιόν ἐστιν καὶ δίκαιον, πρέπον τε καὶ ἐποφειλόμενον, σὲ αἰνεῖν, σὲ ὑμνεῖν, σὲ εὐλογεῖν, σὲ προσκυνεῖν, σὲ δοξολογεῖν, σοὶ εὐχαριστεῖν, τῷ πάσης κτίσεως ὁρατῆς τε καὶ ἀοράτου δημιουργῷ, τῷ θησαυρῷ τῶν αἰωνίων ἀγαθῶν, τῇ πηγῇ

CODEX ROSSANENSIS.

πτωχείαν ἡμῶν ἀπὸ παντὸς μολυσμοῦ σαρκὸς καὶ πνεύματος, ἀξίαν ἀπέργασαι τῆς φοβερᾶς ταύτης καὶ φρικτῆς παραστάσεως· ὅτι ὑπερεύσπλαγχνος καὶ ἐλεήμων Θεὸς ὑπάρχεις, καὶ σοὶ τὴν δόξαν καὶ τὴν εὐχαριστίαν ἀναπέμπομεν, τῷ Πατρὶ καὶ τῷ Υἱῷ καὶ τῷ ἁγίῳ Πνεύματι, νῦν καὶ ἀεί, καὶ εἰς τούς.

Ὁ ἱερεὺς ἐκφώνως.

Ἡ ἀγάπη τοῦ Θεοῦ καὶ Πατρός, καὶ ἡ χάρις τοῦ Κυρίου καὶ Θεοῦ καὶ Σωτῆρος ἡμῶν Ἰησοῦ Χριστοῦ, καὶ ἡ κοινωνία καὶ ἡ δωρεὰ τοῦ παναγίου Πνεύματος εἴη μετὰ πάντων ὑμῶν.

Ὁ λαός. Καὶ μετὰ τοῦ πνεύματός σου.
Ὁ ἱερεύς. Ἄνω σχῶμεν τὸν νοῦν καὶ τὰς κορδίας.
Ὁ λαός. Ἔχωμεν πρὸς τὸν Κύριον. [80 b]
Ὁ ἱερεύς. Εὐχαριστήσωμεν τῷ Κυρίῳ.
Ὁ λαός. Ἄξιον καὶ δίκαιον.
Ὁ ἱερεὺς κλινόμενος ἐπεύχεται,

Ὡς ἀληθῶς ἄξιόν ἐστιν καὶ δίκαιον, πρέπον τε καὶ ὀφειλόμενον, σὲ αἰνεῖν, σὲ ὑμνεῖν, σὲ εὐλογεῖν, σὲ προσκυνεῖν, σὲ δοξολογεῖν, σοὶ εὐχαριστεῖν, τῷ πάσης κτίσεως ὁρατῆς τε καὶ ἀοράτου δημιουργῷ, τῷ θησαυρῷ τῶν αἰωνίων ἀγαθῶν, τῇ πηγῇ τῆς ζωῆς καὶ τῆς

---

(1) Theodoret (Letter 146, "Joann. Œconomo") states of the greeting of S. Paul (2 Cor. xiii. 15) τοῦτο πάσαις ταῖς ἐκκλησίαις τῆς μυστικῆς ἐστι λειτουργίας προοίμιον, with especial reference to the position of the Saviour's Name in the greeting. It will be observed that the order of Names is altered here.

(2) These were the words used in the time of Chrysostom. See his ninth Homily, De Pœnitentia, tom. xi. p. 349 (M. ii. 345): Τί ποιεῖς, ἄνθρωπε; οὐχ ὑπέσχου τῷ ἱερεῖ εἰπόντι, Ἄνω σχῶμεν ἡμῶν τὸν νοῦν καὶ τὰς καρδίας, καὶ εἶπας, Ἔχομεν πρὸς τὸν Κύριον; Οὐ φοβῇ, οὐκ ἐρυθριᾷς κατ' αὐτὴν τὴν φοβερὰν ὥραν ψεύστης εὑρισκόμενος;—This is the only Liturgy in which these words occur.

(3) Or τὴν καρδίαν.

(4) ὁ ἱερεὺς in the margin.

(5) κλίνας λέγει in the margin.

LITURGY OF SAINT JAMES.

PARIS MANUSCRIPT 2509.

τὴν πτωχείαν ἡμῶν ἀπὸ παντὸς μολυσμοῦ σαρκὸς καὶ πνεύματος, ἀξίαν ἀπέργασαι τῆς φοβερᾶς ταύτης καὶ φρικτῆς παραστάσεως· ὅτι ὑπερεύσπλαγχνος καὶ ἐλεήμων Θεὸς ὑπάρχεις, καὶ σοὶ τὴν δόξαν καὶ τὴν εὐχαριστίαν ἀναπέμπομεν, τῷ Πατρὶ καὶ τῷ Υἱῷ καὶ τῷ ἁγίῳ Πνεύματι, νῦν καὶ ἀεί.

Ὁ ἱερεὺς ἐκφωνεῖ·

S R
S A

Ἡ ἀγάπη τοῦ Κυρίου καὶ Πατρός, ἡ χάρις τοῦ Κυρίου καὶ Θεοῦ, καὶ ἡ κοινωνία καὶ ἡ δωρεὰ τοῦ ἁγίου Πνεύματος εἴη μετὰ πάντων ἡμῶν.

(1)

Ὁ λαός. Καὶ μετὰ τοῦ πνεύματός σου.

Ὁ ἱερεύς. Ἄνω σχῶμεν τὸν νοῦν καὶ τὰς καρδίας.

Ὁ λαός. Ἄξιον καὶ δίκαιον.

Εἶτα ἐπεύχεται ὁ ἱερεὺς οὕτως.

(2)
S
S
R
A
P. 22

Ὡς ἀληθῶς ἄξιόν ἐστι καὶ δίκαιον, πρέπον τε καὶ ὀφειλόμενον, σὲ αἰνεῖν, σὲ ὑμνεῖν, σὲ εὐλογεῖν, σὲ προσκυνεῖν, σὲ δοξολογεῖν, σοὶ εὐχαριστεῖν, τῷ πάσης κτίσεως ὁρατῆς τε καὶ ἀοράτου δημιουργῷ, τῷ θησαυρῷ τῶν αἰωνίων ἀγαθῶν, τῇ πηγῇ

PARIS MANUSCRIPT 476.

ἀξίωσόν με ἐν καθαρῷ συνειδότι λατρεῦσαί σοι πάσας τὰς ἡμέρας τῆς ζωῆς μου.

Ἐκφώνησις. Ἡ ἀγάπη τοῦ Θεοῦ καὶ Πατρός, ✠ ἡ χάρις τοῦ Θεοῦ καὶ σωτῆρος ἡμῶν Ἰησοῦ Χριστοῦ, ✠ καὶ ἡ κοινωνία καὶ ἡ δωρεὰ τοῦ παναγίου Πνεύματος εἴη μετὰ πάντων ὑμῶν.

Ὁ λαός. Καὶ μετὰ τοῦ πνεύματός σου.

Ὁ ἱερεύς. Ἄνω σχῶμεν τὸν νοῦν καὶ τὰς καρδίας.

Ὁ λαός. Ἔχομεν πρὸς τὸν Κύριον.

Ὁ ἱερεύς. Εὐχαριστήσωμεν τῷ Κυρίῳ.

Ὁ λαός. Ἄξιον καὶ δίκαιον.

Καὶ κλίνων ὁ ἱερεὺς λέγει τὴν εὐχὴν ταύτην.

Ὡς ἀληθῶς ἄξιόν ἐστι καὶ δίκαιον, πρέπον τε καὶ ἐποφειλόμενον, σὲ αἰνεῖν, σὲ ὑμνεῖν, σὲ εὐλογεῖν, σὲ προσκυνεῖν, σὲ δοξολογεῖν, σοὶ εὐχαριστεῖν, τῷ πάσης κτίσεως ὁρατῆς τε καὶ ἀοράτου δημιουργῷ, τῷ θησαυρῷ τῶν αἰωνίων ἀγαθῶν, τῇ πηγῇ τῆς ἀθανασίας ζωῆς,

---

(1) In marg. sup. cod. hæc legitur rubrica: Ἐτέθησαν παρὰ τῷ ἁγίῳ Βασιλείῳ αἱ ἐκφωνήσεις αὗται καὶ ἀποκρίσεις, ζήτει κ. ι΄. [p. 79.]

(2) On this compare Chrysostom on 2 Cor. Hom. XVIII. tom. x. 568, τὰ τῆς εὐχαριστίας πάλιν κοινά· οὐδὲ γὰρ ἐκεῖνος εὐχαριστεῖ μόνος, ἀλλὰ καὶ ὁ λαὸς ἅπας. Πρότερον γὰρ αὐτῶν λαβὼν φωνήν, εἶτα συντιθεμένων ὅτι ἀξίως καὶ δικαίως τοῦτο γίνεται, τότε ἄρχεται τῆς εὐχαριστίας. Καὶ τί θαυμάζεις εἴ που μετὰ τοῦ ἱερέως ὁ λαὸς φθέγγεται, ὅπου γε καὶ μετ' αὐτῶν τῶν Χερουβὶμ καὶ τῶν ἄνω δυνάμεων κοινῇ τοὺς ἱεροὺς ἐκείνους ὕμνους ἀναπέμπει;

ROTULUS MESSANENSIS.

τῆς ζωῆς καὶ τῆς ἀθανασίας, τῷ πάντων Θεῷ καὶ Δεσπότῃ· ὃν ὑμνοῦσιν οἱ οὐρανοὶ τῶν οὐρανῶν, καὶ πᾶσαι αἱ δυνάμεις αὐτῶν·
(1) ἥλιος καὶ σελήνη, καὶ πᾶς ὁ τῶν ἄστρων χορός· γῆ, θάλασσα, καὶ πάντα τὰ ἐν αὐτοῖς· Ἱερουσαλὴμ ἡ ἐπουράνιος, πανήγυρις ἐκλεκτῶν, ἐκκλησία πρωτοτόκων ἀπογεγραμμένων ἐν τοῖς οὐρανοῖς· πνεύματα δικαίων καὶ προφητῶν· ψυχαὶ μαρτύρων καὶ ἀποστόλων· ἄγγελοι, ἀρχάγγελοι, θρό-
(2) νοι, κυριότητες, ἀρχαὶ καὶ ἐξουσίαι, δυνάμεις φοβεραί· τὰ πολυόμματα χερουβὶμ καὶ τὰ ἑξαπτέρυγα σεραφίμ, ἃ ταῖς μὲν δυσὶ πτέρυξι κατακαλύπτει τὰ πρόσωπα ἑαυτῶν, ταῖς δὲ δυσὶ τοὺς πόδας, καὶ ταῖς δυσὶν ἱπτάμενα κέκραγεν ἕτερον πρὸς τὸ
(3) ἕτερον ἀκαταπαύστοις χείλεσιν, ἀσιγήτοις θεολογίαις,

Ἐκφώνησις. Τὸν ἐπινίκιον ὕμνον τῆς μεγαλοπρεποῦς σου δόξης λαμπρᾷ τῇ φωνῇ ᾄδοντα, βοῶντα, δοξολογοῦντα, κεκραγότα, καὶ λέγοντα,

(4) Ὁ λαός. Ἅγιος, ἅγιος, ἅγιος.

(5) Ὁ ἱερεὺς σφραγίζων τὰ δῶρα γ΄ λέγει,

CODEX ROSSANENSIS.

ἀθανασίας, τῷ πάντων Θεῷ καὶ Δεσπότῃ· ὃν ὑμνοῦσιν οἱ οὐρανοὶ καὶ οἱ οὐρανοὶ τῶν οὐρανῶν, καὶ πᾶσαι αἱ δυνάμεις αὐτῶν· ἥλιός τε καὶ σελήνη, καὶ πᾶς ὁ τῶν ἄστρων χορός· γῆ, θάλασσα, καὶ πάντα τὰ ἐν αὐτοῖς· Ἱερουσαλὴμ ἡ ἐπουράνιος, πανήγυρις ἐκλεκτῶν, ἐκκλησία πρωτοτόκων ἀπογεγραμμένων ἐν οὐρανοῖς· πνεύματα δικαίων καὶ προφητῶν· ψυχαὶ μαρτύρων καὶ ἀποστόλων· ἄγγελοι, ἀρχάγγελοι, θρόνοι, κυριότητες, ἀρχαί τε καὶ ἐξουσίαι, καὶ δυνάμεις φοβεραί· χερουβὶμ τὰ πολυόμματα καὶ τὰ ἑξαπτέρυγα σεραφίμ, ἃ ταῖς μὲν δυσὶ πτέρυγι κατακαλύπτει τὰ πρόσωπα ἑαυτῶν, ταῖς δὲ δυσὶ τοὺς πόδας, καὶ ταῖς δυσὶν ἱπτάμενα κέκραγεν ἕτερον πρὸς τὸ ἕτερον ἀκαταπαύστοις στόμασιν, ἀσιγήτοις θεολογίαις,

Ἐκφώνως. Τὸν ἐπινίκιον ὕμνον τῆς μεγαλοπρεποῦς σου δόξης λαμπρᾷ τῇ φωνῇ ᾄδοντα, βοῶντα, δοξολογοῦντα, κεκραγότα, καὶ λέγοντα,

Ὁ λαός. Ἅγιος, ἅγιος, ἅγιος, Κύριος σαβαώθ· πλήρης ὁ οὐρανὸς καὶ ἡ γῆ τῆς δόξης σου· ὡσαννὰ ἐν τοῖς ὑψίστοις. εὐλογημένος ὁ ἐλθὼν καὶ ἐρχόμενος ἐν ὀνόματι Κυρίου· ὡσαννὰ ἐν τοῖς ὑψίστοις.

Καὶ ὁ ἱερεὺς ἱστάμενος σφραγίζει τὰ δῶρα, λέγων καθ' ἑαυτόν,

[81]

(1) τε interlined after ἥλιος.
(2) τε interlined after ἀρχαί.
(3) στόμασιν in the margin (for χείλεσιν).
(4) In the margin, much abbreviated, may be discerned the following: Κύριος σαβαώθ, πλήρης ὁ οὐρανὸς καὶ ἡ γῆ τῆς δόξης σου. Ὡσαννὰ ἐν τοῖς ὑψίστοις· εὐλογημένος ὁ ἐλθὼν καὶ ἐρχόμενος ἐν ὀνόματι Κυρίου· ὡσαννὰ ἐν τοῖς ὑψίστοις. Chrysostom frequently refers to this; sometimes as τὸ μυστικὸν μέλος: sometimes as ὁ πανάγιος ὕμνος: sometimes as the τρισάγιος ὕμνος. The knowledge of it as a whole was confined to the faithful.
(5) καθ' ἑαυτὸν ἱστάμενος in the margin.

PARIS MANUSCRIPT 2509.

(1) τῆς ζωῆς καὶ τῆς ἀθανασίας, τῷ πάντων Θεῷ καὶ Δεσπότῃ· ὃν ὑμνοῦσιν οἱ οὐρανοὶ καὶ οὐρανοὶ τῶν οὐρανῶν, καὶ πᾶσα ἡ δύναμις αὐτῶν· ἥλιός τε καὶ σελήνη, καὶ πᾶς ὁ τῶν ἄστρων χορός· γῆ, θάλασσα, καὶ πάντα τὰ ἐν αὐτοῖς· Ἰερουσαλὴμ ἡ ἐπουράνιος πανήγυρις, ἐκκλησία πρωτοτόκων ἀπογεγραμμένων ἐν τοῖς οὐρανοῖς· πνεύματα δικαίων καὶ προφητῶν· ψυχαὶ μαρτύρων καὶ ἀποστόλων· ἄγγελοι, ἀρχάγγελοι, θρόνοι, κυριότητες, ἀρχαί τε καὶ ἐξουσίαι, καὶ δυνάμεις φοβεραί·

S R

(2) χερουβὶμ τὰ πολυόμματα καὶ τὰ ἑξαπτέρυγα σεραφίμ, ἃ ταῖς μὲν δυσὶ πτέρυξι κατακαλύπτει τὰ πρόσωπα ἑαυτῶν, ταῖς δὲ δυσὶ τοὺς πόδας, καὶ ταῖς δυσὶν ἱπτάμενα

(3) κέκραγεν ἕτερος πρὸς τὸν ἕτερον ἀκαταπαύστοις στόμασιν, ἀσιγήτοις δοξολογίαις,

S R Ἐκφώνησις. Τὸν ἐπινίκιον ὕμνον τῆς μεγαλοπρεποῦς σου δόξης λαμπρᾷ τῇ φωνῇ ᾄδοντα, βοῶντα, δοξολογοῦντα, κεκραγότα,

(4) καὶ λέγοντα,

S R Ὁ λαός. Ἅγιος, ἅγιος, ἅγιος, Κύριε σαβαώθ· πλήρης ὁ οὐρανὸς καὶ ἡ γῆ τῆς δόξης σου· ὡσαννὰ ἐν τοῖς ὑψίστοις. εὐλογημένος ὁ ἐρχόμενος ἐν ὀνόματι Κυρίου· ὡσαννὰ ἐν τοῖς ὑψίστοις.

(5) Ὁ ἱερεὺς σφραγίζων τὰ δῶρα λέγει,

PARIS MANUSCRIPT 476.

καὶ τῷ πάντων Θεῷ καὶ Δεσπότῃ· ὃν ὑμνοῦσιν οἱ οὐρανοὶ καὶ οἱ οὐρανοὶ τῶν οὐρανῶν, καὶ πᾶσαι αἱ δυνάμεις αὐτῶν· ἥλιός τε καὶ σελήνη, καὶ πᾶς ὁ τῶν ἀστέρων χορός· [γῆ] θάλασσα, καὶ πάντα τὰ ἐν αὐτοῖς· Ἰερουσαλὴμ ἡ ἐπουράνιος, πανήγυρις ἐκλεκτῶν, ἐκκλησία πρωτοτόκων ἀπογεγραμμένων ἐν οὐρανοῖς· πνεύματα δικαίων καὶ προφητῶν· ψυχαὶ μαρτύρων καὶ ἀποστόλων· ἄγγελοι, ἀρχάγγελοι, θρόνοι, κυριότητες, ἀρχαί τε καὶ ἐξουσίαι καὶ δυνάμεις φοβεραί· χερουβὶμ τὰ πολυόμματα καὶ τὰ ἑξαπτέρυγα σεραφίμ, ἃ ταῖς μὲν δυσὶ πτέρυξι κατακαλύπτει τὰ πρόσωπα ἑαυτῶν, ταῖς δὲ δυσὶ τοὺς πόδας, καὶ ταῖς δυσὶν ἱπτάμενα, καὶ στόμασιν κέκραγεν ἕτερον πρὸς ἕτερον ἀκαταπαύστοις καὶ ἀσιγήτοις θεολογίαις,

Ἐκφώνησις. Τὸν ἐπινίκιον ὕμνον τῆς μεγαλοπρεποῦς σου δόξης λαμπρᾷ τῇ φωνῇ ᾄδοντα, βοῶντα, δοξολογοῦντα, κεκραγότα, καὶ λέγοντα,

Ὁ λαός. Ἅγιος, ἅγιος, ἅγιος, Κύριος σαβαώθ.

Καὶ ὁ ἱερεὺς ἱστάμενος καθ᾽ ἑαυτὸν σφραγίζει τὰ δῶρα, λέγων ἡσυχῶς,

---

(1) P. omits οὐρανοὶ καί.
(2) P. καὶ τὰ χερουβὶμ πολυόμματα.
(3) P. ἕτερον πρὸς ἕτερον.
(4) In marg. inf. cod. hæc legitur rubrica: Ἐτέθησαν παρὰ τῷ ἁγίῳ Βασιλείῳ ἡ ἐκφώνησις αὕτη καὶ ἡ ἀπόκρισις, ζήτει κ. ιβ´. [p. 80.]
(5) In marg. sup. cod. hæc legitur rubrica: Ἐτέθη παρὰ τῷ ἁγίῳ Βασιλείῳ ἡ εὐχὴ αὕτη συντομωτέρα, ζήτει κ. ιγ´. [p. 80.]

270 LITURGY OF SAINT JAMES.

ROTULUS MESSANENSIS.	CODEX ROSSANENSIS.

(1) Ἅγιος εἶ, βασιλεῦ τῶν αἰώνων, καὶ πάσης ἁγιωσύνης Κύριος καὶ δωτήρ· ἅγιος καὶ ὁ μονογενής σου Υἱός, ὁ Κύριος ἡμῶν Ἰησοῦς Χριστός, δι' οὗ τὰ πάντα ἐποίησας· ἅγιον δὲ καὶ τὸ Πνεῦμά σου τὸ πανάγιον, τὸ ἐρευνῶν τὰ πάντα, καὶ τὰ βάθη σοῦ, τοῦ Θεοῦ καὶ Πατρός.

Καὶ κλίνει λέγων,

Ἅγιος εἶ, παντοκράτωρ, παντοδύναμε, ἀγαθέ, φοβερέ, εὔσπλαγχνε, ὁ συμπαθὴς μάλιστα περὶ τὸ πλάσμα τὸ σόν· ὁ ποιήσας ἀπὸ γῆς ἄνθρωπον κατ' εἰκόνα σὴν καὶ ὁμοίωσιν, καὶ χαρισάμενος αὐτῷ τὴν τοῦ παραδείσου ἀπόλαυσιν· παραβάντα δὲ τὴν ἐντολήν σου καὶ ἐκπεσόντα, τοῦτον οὐ παρεῖδες, οὐδὲ ἐγκατέλειπες, ἀγαθέ, ἀλλ' ἐπαίδευσας αὐτὸν ὡς εὔσπλαγχνος Πατήρ· ἐκάλεσας αὐτὸν διὰ νόμου, ἐπαιδαγώγησας αὐτὸν διὰ τῶν προφητῶν, ὕστερον δὲ αὐτὸν τὸν μονογενῆ σου Υἱόν, τὸν Κύριον ἡμῶν Ἰησοῦν Χριστόν, ἐξαπέστειλας εἰς τὸν κόσμον, (2) ἵνα τὴν σὴν ἀνανεώσῃ καὶ ἀνεγείρῃ εἰκόνα· ὃς κατελθὼν ἐκ τῶν οὐρανῶν, καὶ σαρκωθεὶς ἐκ Πνεύματος ἁγίου καὶ Μαρίας τῆς ἁγίας παρθένου καὶ ὄντως θεοτόκου, συναναστραφείς τε ἡμῖν τοῖς ἀνθρώποις, πάντα ᾠκονόμησε πρὸς σωτηρίαν τοῦ γένους

Ἅγιος εἶ, βασιλεῦ τῶν αἰώνων, καὶ πάσης ἁγιωσύνης Κύριος καὶ δοτήρ· [81 b]

Ἅγιος καὶ ὁ μονογενής σου Υἱός, ὁ Κύριος ἡμῶν Ἰησοῦς Χριστός, δι' οὗ τὰ πάντα ἐποίησας·

Ἅγιον δὲ καὶ τὸ Πνεῦμά σου τὸ πανάγιον, τὸ ἐραυνῶν τὰ πάντα, καὶ τὰ βάθη σοῦ, τοῦ Θεοῦ καὶ Πατρός.

Καὶ κλίνων λέγει,

Ἅγιος εἶ, παντοκράτωρ, παντοδύναμε, φοβερέ, ἀγαθέ, εὔσπλαγχνε, ὁ συμπαθὴς μάλιστα περὶ τὸ πλάσμα τὸ σόν· ὁ ποιήσας ἀπὸ γῆς ἄνθρωπον κατ' εἰκόνα σὴν καὶ ὁμοίωσιν, καὶ χαρισάμενος αὐτῷ τὴν τοῦ παραδείσου ἀπόλαυσιν· παραβάντα δὲ τὴν (a) ἐντολήν σου καὶ ἐκπεσόντα, τοῦτον οὐ παρεῖδες, οὐδὲ ἐγκατέλιπες, ἀγαθέ, ἀλλ' ἐπαίδευσας αὐτὸν ὡς εὔσπλαγχνος Πατήρ· ἐκάλεσας αὐτὸν διὰ νόμου, ἐπαιδαγώγησας αὐτὸν διὰ τῶν προφητῶν, ὕστερον δὲ αὐτὸν τὸν μονογενῆ σου Υἱόν, τὸν Κύριον ἡμῶν [82] Ἰησοῦν Χριστόν, ἐξαποστείλας εἰς τὸν κόσ- sic μον, ἵνα αὐτὸς ἐλθὼν τὴν σὴν ἀνανεώσῃ καὶ ἀνεγείρῃ εἰκόνα· ὃς κατελθὼν ἐκ τῶν οὐρανῶν, καὶ σαρκωθεὶς ἐκ Πνεύματος ἁγίου καὶ Μαρίας τῆς ἁγίας ἀειπαρθένου καὶ θεοτόκου, συναναστραφείς τε τοῖς ἀνθρώποις, πάντα ᾠκονόμησε πρὸς σωτηρίαν τοῦ γένους

---

(1) Crosses have been added as in Paris Supp. 476.
(2) αὐτὸς ἐλθὼν in the margin (after ἵνα).
(a) It would appear from the following passage that the address in the time of Chrysostom contained a similar thanksgiving for God's love to fallen man. Hom. XXIV. on 1 Cor. tom. x. 212: Εὐλογίαν ὅταν εἴπω, πάντα ἀναπτύσσω τὸν τῆς εὐεργεσίας τοῦ Θεοῦ θησαυρόν, καὶ τῶν μεγάλων ἐκείνων ἀναμιμνήσκω δωρεῶν. Καὶ γὰρ καὶ ἡμεῖς ἐπιλέγοντες τῷ ποτηρίῳ τὰς ἀφάτους εὐεργεσίας τοῦ Θεοῦ, καὶ ὅσων ἀπολελαύκαμεν, οὕτως αὐτὸ προσάγομεν καὶ κοινωνοῦμεν, εὐχαριστοῦντες ὅτι τῆς πλάνης ἀπήλλαξε τὸ τῶν ἀνθρώπων γένος· ὅτι μακρὰν ὄντας ἐγγὺς ἐποίησεν· ὅτι ἐλπίδα μὴ ἔχοντας καὶ ἀθέους ἐν τῷ κόσμῳ ἀδελφοὺς

PARIS MANUSCRIPT 2509.

S R S A

(1) P. 23

Ἅγιος εἶ, βασιλεῦ τῶν αἰώνων καὶ πάσης ἁγιωσύνης Κύριος καὶ δοτήρ. Ἅγιος καὶ ὁ μονογενής σου Υἱός, ὁ Κύριος ἡμῶν Ἰησοῦς Χριστός, δι' οὗ τὰ πάντα ἐποίησας. Ἅγιον δὲ καὶ τὸ Πνεῦμά σου τὸ πανάγιον, τὸ ἐρευνῶν τὰ πάντα, καὶ τὰ βάθη σοῦ τοῦ Θεοῦ. Ἅγιος εἶ, παντοκράτωρ, παντοδύναμε, ἀγαθέ, φοβερέ, εὔσπλαγχνε, ὁ συμπαθὴς μάλιστα περὶ τὸ πλάσμα τὸ σόν· ὁ ποιήσας ἀπὸ γῆς ἄνθρωπον κατ' εἰκόνα σὴν καὶ ὁμοίωσιν· ὁ χαρισάμενος αὐτῷ τὴν τοῦ παραδείσου ἀπόλαυσιν· παραβάντα δὲ τὴν ἐντολήν σου καὶ ἐκπεσόντα, τοῦτον οὐ παρεῖδες, οὐδὲ ἐγκατέλιπες, ἀγαθέ, ἀλλ' ἐπαίδευσας αὐτὸν ὡς εὔσπλαγχνος Πατήρ· ἐκάλεσας αὐτὸν διὰ νόμου, ἐπαιδαγώγησας αὐτὸν διὰ τῶν προφητῶν, ὕστερον δὲ αὐτὸν τὸν μονογενῆ σου Υἱόν, τὸν Κύριον ἡμῶν

(2)

Ἰησοῦν Χριστόν, ἐξαποστείλας εἰς τὸν κόσμον, ἵνα ἐλθὼν τὴν σὴν ἀνανεώσῃ καὶ ἀνεγείρῃ εἰκόνα· ὃς κατελθὼν ἐκ τῶν οὐρανῶν καὶ σαρκωθεὶς ἐκ Πνεύματος ἁγίου καὶ Μα-

S R

ρίας τῆς παρθένου καὶ θεοτόκου, συναναστραφείς τε τοῖς ἀνθρώποις, πάντα ᾠκονόμη-

(3)

σε πρὸς σωτηρίαν τοῦ γένους ἡμῶν. Μέλλων

PARIS MANUSCRIPT 476.

Ἅγιος εἶ, βασιλεῦ τῶν αἰώνων καὶ πάσης ἁγιωσύνης Κύριος καὶ δοτήρ. ✠ Ἅγιος καὶ ὁ μονογενής σου Υἱός, ὁ Κύριος ἡμῶν Ἰησοῦς Χριστός, δι' οὗ τὰ πάντα ἐποίησας. ✠ Ἅγιον δὲ καὶ τὸ Πνεῦμά σου τὸ πανάγιον, τὸ ἐρευνῶν τὰ πάντα, καὶ τὰ βάθη σοῦ τοῦ Θεοῦ καὶ Πατρός. ✠

Καὶ κλίνων ὁ ἱερεὺς λέγει τὴν εὐχήν,

Ἅγιος εἶ καὶ παντοκράτωρ καὶ παντοδύναμος, φοβερός, ἀγαθός, εὔσπλαγχνος, ἐλεήμων καὶ ὁ συμπαθὴς μάλιστα περὶ τὸ πλάσμα τὸ σόν· ὁ ποιήσας ἀπὸ γῆς τὸν ἄνθρωπον κατ' εἰκόνα σὴν καὶ ὁμοίωσιν, καὶ χαρισάμενος αὐτῷ τὴν τοῦ παραδείσου ἀπόλαυσιν· παραβάντα δὲ τὴν ἐντολήν σου καὶ ἐκπεσόντα, τοῦτον οὐ παρεῖδες, οὐδὲ ἐγκατέλιπες, ἀγαθέ, ἀλλ' ἐπαίδευσας αὐτὸν ὡς εὔσπλαγχνος Πατήρ· ἐκάλεσας αὐτὸν διὰ νόμου, ἐπαιδαγώγησας αὐτὸν διὰ τῶν προφητῶν, ὕστερον δὲ αὐτὸν τὸν μονογενῆ σου Υἱόν, τὸν Κύριον ἡμῶν Ἰησοῦν Χριστόν, ἐξαπέστειλας εἰς τὸν κόσμον, ἵνα αὐτὸς ἐλθὼν τὴν σὴν ἀνανεώσῃ καὶ ἀνεγείρῃ εἰκόνα· ὃς κατελθὼν ἐκ τῶν οὐρανῶν, καὶ σαρκωθεὶς ἐκ Πνεύματος ἁγίου καὶ Μαρίας τῆς ἁγίας ἀειπαρθένου καὶ θεοτόκου, συναναστραφείς τε ἡμῖν τοῖς ἀνθρώποις, πάντα ᾠκονόμησε πρὸς σωτηρίαν τοῦ γένους ἡμῶν.

ἑαυτοῦ κατεσκεύασε καὶ συγκληρονόμους. Ὑπὲρ τούτων καὶ τῶν τοιούτων ἁπάντων εὐχαριστοῦντες οὕτω πρόσιμεν. Εὐλογία is the blessing of the eucharistic elements.

(1) P. Πνεῦμά σου τὸ ἅγιον.

(2) P. ἐξαποστείλας.

(3) In marg. inf. cod. hæc legitur rubrica: Ἐτέθησαν παρὰ τῷ ἁγίῳ Βασιλείῳ τὰ μέρη ταῦτα καὶ αἱ ἐκφωνήσεις καὶ ἀποκρίσεις ὁλοτελεῖς. ζήτει κ. ιδ'. [p. 81.]

LITURGY OF SAINT JAMES.

ROTULUS MESSANENSIS. CODEX ROSSANENSIS.

(1) ἡμῶν. Μέλλων δὲ τὸν ἑκούσιον καὶ ζωοποιὸν διὰ σταυροῦ θάνατον, ὁ ἀναμάρτητος ὑπὲρ ἡμῶν τῶν ἁμαρτωλῶν, καταδέχεσθαι, ἐν τῇ νυκτὶ ᾗ παρεδίδοτο, μᾶλλον δὲ ἑαυτὸν
(2) παρεδίδου, ὑπὲρ τῆς τοῦ κόσμου ζωῆς,

(3) Καὶ λαβὼν τὸν ἄρτον λέγει,
Λαβὼν ἄρτον ἐπὶ τῶν ἁγίων καὶ ἀχράντων καὶ ἀθανάτων αὐτοῦ χειρῶν, ἀναβλέψας εἰς τὸν οὐρανόν, καὶ ἀναδείξας σοί, τῷ Θεῷ καὶ Πατρί, καὶ εὐχαριστήσας, ✠ εὐλογήσας, ✠ ἁγιάσας, ✠ κλάσας, μετέδωκε τοῖς ἁγίοις καὶ μακαρίοις αὐτοῦ μαθηταῖς καὶ ἀποστόλοις, εἰπών·

ἡμῶν. Μέλλων δὲ τὸν ἑκούσιον καὶ ζωοποιὸν διὰ σταυροῦ θάνατον, ὁ ἀναμάρτητος ὑπὲρ ἡμῶν τῶν ἁμαρτωλῶν, καταδέχεσθαι, ἐν τῇ νυκτὶ ᾗ παρεδίδοτο, μᾶλλον δὲ ἑαυτὸν παρεδίδου, ὑπὲρ τῆς τοῦ κόσμου ζωῆς καὶ σωτηρίας,

Εἶτα ἀνιστάμενος καὶ τὸν ἄρτον κρατήσας, λέγει σφραγίζων,

Λαβὼν ἄρτον ἐπὶ τῶν ἁγίων καὶ ἀχράντων καὶ ἀμώμων καὶ ἀθανάτων αὐτοῦ χειρῶν, ἀναβλέψας εἰς τὸν οὐρανόν, καὶ ἀναδείξας σοί, τῷ Θεῷ καὶ Πατρί, εὐχαριστήσας, εὐλογήσας, ἁγιάσας, κλάσας, μετέδωκε τοῖς ἁγίοις καὶ μακαρίοις αὐτοῦ μαθηταῖς καὶ ἀποστόλοις, εἰπών· [82 b]

Καὶ λέγουσιν οἱ διάκονοι,
Εἰς ἄφεσιν ἁμαρτιῶν καὶ εἰς ζωὴν τὴν αἰώνιον.

Καὶ τιθεὶς τὸν ἄρτον ἐκφωνεῖ ἱστάμενος,

(4) Λάβετε, φάγετε· τοῦτό μου ἐστὶ τὸ σῶμα, τὸ ὑπὲρ ὑμῶν κλώμενον καὶ διαδιδόμενον εἰς ἄφεσιν ἁμαρτιῶν.

Λάβετε, φάγετε· τοῦτό μου ἐστὶ τὸ σῶμα, τὸ ὑπὲρ ὑμῶν κλώμενον καὶ διαδιδόμενον εἰς ἄφεσιν ἁμαρτιῶν.

Ὁ λαός. Ἀμήν.

Εἶτα τὸ ποτήριον λαβὼν λέγει καθ' ἑαυτόν,

(5) Καὶ λαβὼν τὸ ποτήριον λέγει,
Ὡσαύτως μετὰ τὸ δειπνῆσαι, λαβὼν
(6) ποτήριον κεκραμένον ἐξ οἴνου καὶ ὕδατος, ✠ ἀναβλέψας εἰς τὸν οὐρανόν, καὶ ἀναδείξας σοί τῷ Θεῷ καὶ Πατρί, καὶ εὐχαριστήσας, ✠ εὐλογήσας, ✠ ἁγιάσας, ✠ πλήσας πνεύματος ἁγίου, μετέδωκεν τοῖς ἁγίοις καὶ μακαρίοις αὐτοῦ μαθηταῖς καὶ ἀποστόλοις, εἰπών·

Ὡσαύτως μετὰ τὸ δειπνῆσαι, λαβὼν ποτήριον καὶ κεράσας ἐξ οἴνου καὶ ὕδατος, ἀτενίσας εἰς τὸν οὐρανόν, καὶ ἀναδείξας σοὶ τῷ Θεῷ καὶ Πατρί, καὶ ἐπ' αὐτῷ εὐχαριστήσας, εὐλογήσας, ἁγιάσας, πλήσας πνεύματος ἁγίου, μετέδωκε τοῖς ἁγίοις καὶ μακαρίοις αὐτοῦ μαθηταῖς καὶ ἀποστόλοις, εἰπών·

(1) τριήμερον interlined after ζωοποιόν.
(2) καὶ σωτηρίας added in the margin.
(3) In the margin καὶ ἀνιστάμενος is prefixed.

(4) ἐκφώνως in the margin.
(5) σφραγίζων interlined; εἶτα prefixed.
(6) καὶ ἀτενίσας in the margin.

LITURGY OF SAINT JAMES.

| PARIS MANUSCRIPT 2509. | PARIS MANUSCRIPT 476. |

S A   δὲ τὸν ἑκούσιον καὶ ζωοποιὸν διὰ σταυροῦ θάνατον, ὁ ἀναμάρτητος ὑπὲρ ἡμῶν τῶν ἁμαρτωλῶν, καταδέχεσθαι, ἐν τῇ νυκτὶ ᾗ παρεδίδοτο, μᾶλλον δὲ ἑαυτὸν παρεδίδου, ὑπὲρ τῆς τοῦ κόσμου ζωῆς καὶ σωτηρίας,

Μέλλων δὲ τὸν ἑκούσιον καὶ ζωοποιὸν διὰ σταυροῦ θάνατον, ὁ ἀναμάρτητος ὑπὲρ ἡμῶν τῶν ἁμαρτωλῶν, καταδέχεσθαι, ἐν τῇ νυκτὶ ᾗ παρεδίδοτο, μᾶλλον δὲ ἑαυτὸν παρεδίδου, ὑπὲρ τῆς τοῦ κόσμου ζωῆς καὶ σωτηρίας,

Εἶτα ὁ ἱερεύς, τῇ χειρὶ τὸν ἄρτον κατασχών, λέγει,

Εἶτα ἀνιστάμενος καὶ τὸν ἄρτον κρατήσας σφραγίζει, λέγων μυστικῶς συναπτόμενος,

S R
S A   Λαβὼν τὸν ἄρτον ἐπὶ τῶν ἁγίων καὶ ἀχράντων καὶ ἀμώμων καὶ ἀθανάτων αὐτοῦ χειρῶν, ἀναβλέψας εἰς τὸν οὐρανόν, καὶ ἀναδείξας σοί, τῷ Θεῷ καὶ Πατρί, εὐχα-
(1)   ριστήσας, ἁγιάσας, κλάσας, ἔδωκε τοῖς
(2)
S A   ἁγίοις αὐτοῦ μαθηταῖς καὶ ἀποστόλοις εἰπών·

Λαβὼν τὸν ἄρτον ἐπὶ τῶν ἁγίων καὶ ἀχράντων καὶ ἀμώμων καὶ ἀθανάτων αὐτοῦ χειρῶν, ἀναβλέψας εἰς τὸν οὐρανόν, καὶ ἀναδείξας σοί, τῷ Θεῷ καὶ Πατρί, εὐχαριστήσας, ✠ εὐλογήσας, ✠ ἁγιάσας, ✠ κλάσας, μετέδωκε τοῖς ἁγίοις καὶ μακαρίοις αὐτοῦ μαθηταῖς καὶ ἀποστόλοις, εἰπών·

Λέγουσιν οἱ διάκονοι, Εἰς ἄφεσιν ἁμαρτιῶν καὶ εἰς ζωὴν αἰώνιον.

S R   Εἶτα ἐκφωνεῖ· Λάβετε, φάγετε· τοῦτό μου ἐστὶ τὸ σῶμα, τὸ ὑπὲρ ὑμῶν κλώ-
P. 24   μενον καὶ διδόμενον εἰς ἄφεσιν ἁμαρτιῶν.
Ὁ λαός. Ἀμήν.

Ἐκφώνησις. Λάβετε, φάγετε· τοῦτό μου ἐστὶ τὸ σῶμα, τὸ ὑπὲρ ὑμῶν κλώμενον καὶ διαδιδόμενον εἰς ἄφεσιν ἁμαρτιῶν. ✠
Ὁ λαὸς τὸ Ἀμήν.

(3)   Εἶτα λαμβάνει τὸ ποτήριον, καὶ λέγει καθ᾽ ἑαυτόν,

Καὶ σφραγίσας, τιθεὶς τὸν ἄρτον, εἶτα λαβὼν τὸ ποτήριον λέγει καθ᾽ ἑαυτόν,

S R   Ὡσαύτως μετὰ τὸ δειπνῆσαι, λαβὼν τὸ ποτήριον καὶ κεράσας ἐξ οἴνου καὶ ὕδατος, καὶ ἀναβλέψας εἰς τὸν οὐρανόν, ἀναδείξας σοί, τῷ Θεῷ καὶ Πατρί, εὐχαριστήσας, ἁγιάσας, εὐλογήσας, πλήσας πνεύματος ἁγίου,
(4)   ἔδωκε τοῖς ἁγίοις καὶ μακαρίοις αὐτοῦ μαθηταῖς, εἰπών· Πίετε ἐξ αὐτοῦ

Ὡσαύτως μετὰ τὸ δειπνῆσαι, λαβὼν ποτήριον κεκραμένον ἐξ οἴνου καὶ ὕδατος, ἀτενίσας εἰς τὸν οὐρανόν, καὶ ἀναδείξας σοί, τῷ Θεῷ καὶ Πατρί, εὐχαριστήσας, ✠ εὐλογήσας, ✠ ἁγιάσας, ✠ πλήσας πνεύματος ἁγίου, μετέδωκε τοῖς ἁγίοις καὶ μακαρίοις αὐτοῦ μαθηταῖς καὶ ἀποστόλοις, εἰπών·

Καὶ τιθεὶς αὐτὸ ἐκφωνεῖ μεγαλοφώνως,

(1) P. has ἔδωκεν ἡμῖν τοῖς αὐτοῦ μαθηταῖς.
(2) The words of Institution were certainly used in the time of Chrysostom. Hom. II. on 2 Tim. (XI. p. 671), τὰ ῥήματα, ἅπερ ὁ Θεὸς

ἐφθέγξατο, τὰ αὐτά ἐστιν ἅπερ ὁ ἱερεὺς καὶ νῦν λέγει.
(3) P. omits καθ᾽ ἑαυτόν.
(4) P. again has ἡμῖν τοῖς αὐτοῦ μαθηταῖς.

ROTULUS MESSANENSIS.

Ἐκφώνως. Πίετε ἐξ αὐτοῦ πάντες· τοῦτό μου ἐστὶ τὸ αἷμα, τὸ τῆς καινῆς διαθήκης, τὸ ὑπὲρ ὑμῶν καὶ πολλῶν ἐκχυνόμενον καὶ διαδιδόμενον εἰς ἄφεσιν ἁμαρτιῶν. (1)

Τοῦτο ποιεῖτε εἰς τὴν ἐμὴν ἀνάμνησιν· ὁσάκις γὰρ ἐὰν ἐσθίητε τὸν ἄρτον τοῦτον καὶ τὸ ποτήριον τοῦτο πίνητε, τὸν θάνατον τοῦ υἱοῦ τοῦ ἀνθρώπου καταγγέλλετε, καὶ τὴν ἀνάστασιν αὐτοῦ ὁμολογεῖτε, ἄχρις οὗ ἔλθῃ. (2)

Καὶ σφραγίζων πάλιν, κλίνει, λέγων,

(3) Μεμνημένοι τοίνυν καὶ ἡμεῖς οἱ ἁμαρτωλοὶ καὶ ἐλάχιστοι τῶν ζωοποιῶν αὐτοῦ παθημάτων, τοῦ τε σωτηρίου σταυροῦ, καὶ τοῦ θανάτου, καὶ τῆς ταφῆς, καὶ τῆς τριημέρου αὐτοῦ ἐκ νεκρῶν ἀναστάσεως, καὶ τῆς εἰς οὐρανοὺς ἀνόδου, καὶ τῆς ἐκ δεξιῶν σου, τοῦ Θεοῦ καὶ Πατρός, καθέδρας, καὶ τῆς δευτέρας καὶ ἐνδόξου καὶ φοβερᾶς αὐτοῦ παρουσίας, ὅταν ἔλθῃ μετὰ δόξης κρῖναι ζῶντας καὶ νεκρούς, ὅταν μέλλῃ ἀποδιδόναι ἑκάστῳ κατὰ τὰ ἔργα αὐτοῦ, (4)

(5) Φεῖσαι ἡμῶν, Κύριε, ὁ Θεὸς ἡμῶν. μᾶλλον δὲ κατὰ τὴν εὐσπλαγχνίαν αὐτοῦ, προσφέρομέν σοι, Δέσποτα, τὴν φοβερὰν ταύτην καὶ ἀναίμακτον θυσίαν, δεόμενοι ἵα μὴ κατὰ τὰς ἁμαρτίας ἡμῶν ποιήσῃς μεθ᾽

(1) καὶ ὁ ἱερεὺς καθ᾽ ἑαυτὸν ἱστάμενος λέγει added in the margin.
(2) In the margin Μυστικῶς. Ὁ διάκονος. Πιστεύομεν καὶ ὁμολογοῦμεν καὶ δοξάζομεν τὸν Υἱὸν τοῦ Θεοῦ τὸν ζῶντα.
(3) οὖν in the margin (for τοίνυν).
(4) ἀποδοῦναι altered to ἀποδιδόναι.
(5) λέγει γ΄. in the margin.

CODEX ROSSANENSIS.

Ἐκφώνως. Πίετε ἐξ αὐτοῦ πάντες· τοῦτό μου ἐστὶ τὸ αἷμα, τὸ τῆς καινῆς διαθήκης, τὸ ὑπὲρ ὑμῶν καὶ πολλῶν ἐκχυνόμενον καὶ διαδιδόμενον εἰς ἄφεσιν ἁμαρτιῶν. [83]
Ὁ λαός. Ἀμήν.
Εἶτα λέγει ὁ ἱερεὺς καθ᾽ ἑαυτὸν ἱστάμενος,
Τοῦτο ποιεῖτε εἰς τὴν ἐμὴν ἀνάμνησιν· (a) ὁσάκις γὰρ ἐὰν ἐσθίητε τὸν ἄρτον τοῦτον καὶ τὸ ποτήριον τοῦτο πίνητε, τὸν θάνατον τοῦ υἱοῦ τοῦ ἀνθρώπου καταγγέλλετε, καὶ τὴν ἀνάστασιν αὐτοῦ ὁμολογεῖτε, ἄχρις οὗ ἂν ἔλθῃ. (b)

Εἶτα σφραγίζει καὶ κλίνων λέγει ἐπευχόμενος,

Μεμνημένοι οὖν καὶ ἡμεῖς οἱ ἁμαρτωλοὶ τῶν ζωοποιῶν αὐτοῦ παθημάτων, τοῦ σωτηρίου σταυροῦ, καὶ τοῦ θανάτου, καὶ τῆς ταφῆς, καὶ τῆς τριημέρου ἐκ νεκρῶν ἀναστάσεως, καὶ τῆς εἰς οὐρανοὺς ἀνόδου, καὶ τῆς ἐκ δεξιῶν σου, τοῦ Θεοῦ καὶ Πατρός, καθέδρας, καὶ τῆς δευτέρας ἐνδόξου καὶ φοβερᾶς αὐτοῦ παρουσίας, ὅταν ἔλθῃ μετὰ δόξης κρῖναι ζῶντας καὶ νεκρούς, ὅταν μέλλῃ ἑκάστῳ ἀποδιδόναι κατὰ τὰ ἔργα αὐτοῦ,

Φεῖσαι ἡμῶν, Κύριε ὁ Θεὸς ἡμῶν. γ΄. [83 b] μᾶλλον δὲ κατὰ τὴν εὐσπλαγχνίαν αὐτοῦ, προσφέρομέν σοι, Δέσποτα, τὴν φοβερὰν ταύτην καὶ ἀναίμακτον θυσίαν, δεόμενοι ἵνα μὴ κατὰ τὰς ἁμαρτίας ἡμῶν ποιήσῃς μεθ᾽

(a) Compare Chrysostom Hom. XVII. on Ep. to the Hebrews, tom. XII. p. 168; προσφέρομεν μέν, ἀλλ᾽ ἀνάμνησιν ποιούμενοι τοῦ θανάτου αὐτοῦ.
(b) In the margin of the Rossano MS. but in a much later hand and mutilated are the words ὁ λαός. πιστεύομεν καὶ ὁμολογοῦμεν τὴν σὴν κύριε... σαρ... αστασιν.

LITURGY OF SAINT JAMES.

PARIS MANUSCRIPT 2509.

(1) πάντες· τοῦτό μου ἐστὶ τὸ αἷμα, τὸ τῆς καινῆς διαθήκης, τὸ ὑπὲρ ὑμῶν καὶ πολλῶν ἐκχεόμενον καὶ διαδιδόμενον εἰς ἄφεσιν ἁμαρτιῶν.

Ὁ λαός. Ἀμήν.

S R Ὁ ἱερεύς. Τοῦτο ποιεῖτε εἰς τὴν ἐμὴν ἀνάμνησιν· ὁσάκις γὰρ ἂν ἐσθίητε τὸν ἄρτον τοῦτον καὶ τὸ ποτήριον τοῦτο πίνητε, τὸν θάνατον τοῦ υἱοῦ τοῦ ἀνθρώπου καταγγέλλετε, καὶ τὴν ἀνάστασιν αὐτοῦ ὁμολογεῖτε, ἄχρις οὗ ἔλθῃ.

Λέγουσιν οἱ διάκονοι,

Πιστεύομεν καὶ ὁμολογοῦμεν.

S R
S A Ὁ λαός. Τὸν θάνατόν σου, Κύριε, καταγγέλλομεν, καὶ τὴν ἀνάστασίν σου ὁμολογοῦμεν.

(2) Ὁ ἱερεὺς ἐπισυνάπτει εὐχήν.

(3) Μεμνημένοι οὖν καὶ ἡμεῖς οἱ ἁμαρτωλοὶ τῶν ζωοποιῶν αὐτοῦ παθημάτων, τοῦ σωτηρίου σταυροῦ, καὶ τοῦ θανάτου, καὶ τῆς ταφῆς, καὶ τῆς τριημέρου ἐκ νεκρῶν ἀναστάσεως, καὶ τῆς εἰς οὐρανοὺς ἀνόδου, καὶ

P. 25 τῆς ἐκ δεξιῶν σου, τοῦ Θεοῦ καὶ Πατρός, καθέδρας, καὶ τῆς δευτέρας ἐνδόξου καὶ φοβερᾶς αὐτοῦ παρουσίας, ὅταν ἔλθῃ μετὰ δόξης κρῖναι ζῶντας καὶ νεκρούς, ὅταν μέλλῃ ἀποδιδόναι ἑκάστῳ κατὰ τὰ ἔργα αὐτοῦ,

(4) Φεῖσαι ἡμῶν, Κύριε ὁ Θεὸς ἡμῶν.

S R
S A μᾶλλον δὲ κατὰ τὴν εὐσπλαγχνίαν αὐτοῦ, προσφέρομέν σοι, Δέσποτα, τὴν φοβερὰν ταύτην καὶ ἀναίμακτον θυσίαν, δεόμενοι ἵνα μὴ κατὰ τὰς ἁμαρτίας ἡμῶν ποιήσῃς μεθ'

PARIS MANUSCRIPT 476.

Πίετε ἐξ αὐτοῦ πάντες· τοῦτό μου ἐστὶ τὸ αἷμα, τὸ τῆς καινῆς διαθήκης, τὸ ὑπὲρ ὑμῶν καὶ πολλῶν ἐκχυνόμενον καὶ διαδιδόμενον εἰς ἄφεσιν ἁμαρτιῶν.

Ὁ λαός. Ἀμήν.

Εἶτα λέγει καθ' ἑαυτὸν ἱστάμενος.

Τοῦτο ποιεῖτε εἰς τὴν ἐμὴν ἀνάμνησιν· ὁσάκις γὰρ ἂν ἐσθίητε τὸν ἄρτον τοῦτον καὶ τὸ ποτήριον τοῦτο πίνητε, τὸν θάνατον τοῦ υἱοῦ τοῦ ἀνθρώπου καταγγέλλετε, καὶ τὴν ἀνάστασιν αὐτοῦ ὁμολογεῖτε, ἄχρις οὗ ἂν ἔλθῃ.

Εἶτα σφραγίζει ✠ καὶ κλίνων λέγει,

Μεμνημένοι οὖν καὶ ἡμεῖς οἱ ἁμαρτωλοὶ τῶν ζωοποιῶν αὐτοῦ παθημάτων, καὶ τοῦ σωτηρίου σταυροῦ, καὶ τοῦ θανάτου, καὶ τῆς ταφῆς, καὶ τῆς τριημέρου ἐκ νεκρῶν ἀναστάσεως, καὶ τῆς εἰς οὐρανοὺς ἀνόδου, καὶ τῆς ἐκ δεξιῶν σου, τοῦ Θεοῦ καὶ Πατρός, καθέδρας, καὶ τῆς δευτέρας ἐνδόξου καὶ φοβερᾶς αὐτοῦ παρουσίας, ὅταν ἔλθῃ μετὰ δόξης κρῖναι ζῶντας καὶ νεκρούς, ὅταν μέλλῃ ἀποδοῦναι ἑκάστῳ κατὰ τὰ ἔργα αὐτοῦ,

Λέγει τοῦτο γ΄. Φεῖσαι ἡμῶν, Κύριε ὁ Θεὸς ἡμῶν.

μᾶλλον δὲ κατὰ τὴν εὐσπλαγχνίαν αὐτοῦ, προσφέρομέν σοι, Δέσποτα, τὴν φοβερὰν ταύτην καὶ ἀναίμακτον θυσίαν, δεόμενοι ἵνα μὴ κατὰ τὰς ἁμαρτίας ἡμῶν ποιήσῃς μεθ'

---

(1) In marg. sup. cod. hæc legitur rubrica: Ἐτέθησαν παρὰ τῷ ἁγίῳ Βασιλείῳ αἱ ἐκφωνήσεις αὗται καὶ αἱ ἀποκρίσεις, ζήτει κ. ιε΄. [p. 82.]

(2) Ἐτέθη παρὰ τῷ ἁγίῳ Βασιλείῳ ἡ εὐχὴ αὕτη, ζήτει κ. ιϛ΄. [p. 82.] (P. has simply ὁ ἱερεύς.)

(3) P. omits καὶ τῆς ταφῆς.

(4) P. omits φεῖσαι... down to εὐσπλαγχνίαν αὐτοῦ.

LITURGY OF SAINT JAMES.

ROTULUS MESSANENSIS.

(1) ἡμῶν, μηδὲ κατὰ τὰς ἀνομίας ἡμῶν ἀνταποδώσῃς ἡμῖν, ἀλλὰ κατὰ τὴν σὴν ἐπιείκειαν καὶ ἄφατόν σου φιλανθρωπίαν καὶ ἀγαθότητα ὑπερβὰς καὶ ἐξαλείψας τὸ καθ' ἡμῶν τῶν ἁμαρτημάτων χειρόγραφον τῶν σῶν ἱκετῶν, χαρίσῃ ἡμῖν τὰ οὐράνια καὶ αἰώνιά σου δωρήματα, ἃ ὀφθαλμὸς οὐκ
(2) εἶδεν, καὶ οὓς οὐκ ἤκουσεν καὶ ἐπὶ καρδίαν ἀνθρώπου οὐκ ἀνέβη, ἃ ἡτοίμασας, ὁ Θεός, τοῖς ἀγαπῶσίν σε διὰ τὴν σὴν εὐσπλαγχνίαν· καὶ μὴ δι' ἐμὲ καὶ τὰς ἐμὰς ἁμαρτίας ἀθετήσῃς τὴν δέησιν τοῦ λαοῦ σου, φι-
(3) λάνθρωπε Κύριε, μηδὲ ἀποστραφείην σὺν αὐτοῖς τεταπεινωμένος, κατῃσχυμμένος.

Ἐκφώνως.

Ὁ γὰρ λαός σου καὶ ἡ ἐκκλησία σου ἱκετεύει σε,

(4) Ὁ λαός. Ἐλέησον ἡμᾶς.

Ἐλέησον ἡμᾶς, ὁ Θεός, ὁ Πατήρ, ὁ παντοκράτωρ.

Ἐλέησον ἡμᾶς, ὁ Θεός, ὁ σωτὴρ ἡμῶν.

Ἐλέησον ἡμᾶς, ὁ Θεός, κατὰ τὸ μέγα σου ἔλεος, καὶ ἐξαπόστειλον ἐφ' ἡμᾶς καὶ ἐπὶ τὰ προκείμενα ἅγια δῶρα ταῦτα τὸ Πνεῦμά σου τὸ πανάγιον, ✠ τὸ Κύριον καὶ ζωοποιόν, τὸ σύνθρονον σοὶ τῷ Θεῷ καὶ Πατρὶ καὶ τῷ μονογενεῖ σου Υἱῷ, τὸ συμβασιλεῦον, τὸ συναΐδιον καὶ ὁμοούσιον, τὸ

---

(1) Κύριε, Κύριε τῶν δυνάμεων in the margin after μεθ' ἡμῶν.
(2) In the margin ἴδεν.
(3) Κύριε τῶν δυνάμεων interlined after Κύριε.

CODEX ROSSANENSIS.

ἡμῶν, μηδὲ κατὰ τὰς ἀνομίας ἡμῶν ἀνταποδώσῃς ἡμῖν, ἀλλὰ κατὰ τὴν σὴν ἐπιείκειαν καὶ ἄφατον φιλανθρωπίαν ὑπερβὰς καὶ ἐξαλείψας τὸ καθ' ἡμῶν χειρόγραφον τῶν σῶν ἱκετῶν, χαρίσῃ ἡμῖν τὰ οὐράνια καὶ αἰώνιά σου δωρήματα, ἃ ὀφθαλμὸς οὐκ εἶδε, καὶ οὓς οὐκ ἤκουσε, καὶ ἐπὶ καρδίαν ἀνθρώπου οὐκ ἀνέβη, ἃ ἡτοίμασας, ὁ Θεός, τοῖς ἀγαπῶσί σε· καὶ μὴ διὰ τὰς ἐμὰς ἁμαρτίας ἀθετήσῃς τὸν λαόν σου, φιλάνθρωπε Κύριε, μηδὲ ἀποστραφείην σὺν αὐτοῖς, τεταπεινωμένος, κατῃσχυμμένος· ἀλλ' ἵλεως γενοῦ μοι τῷ ἀχρείῳ δούλῳ σου.

Ἐκφώνως. Ὁ γὰρ λαός σου καὶ ἡ ἐκκλησία σου ἱκετεύει σε,

Ὁ λαός. Ἐλέησον ἡμᾶς, Κύριε ὁ Θεός, ὁ Πατήρ, ὁ παντοκράτωρ. γ΄.

Καὶ ὁ ἱερεὺς ἀνιστάμενος λέγει καθ' ἑαυτόν,

Ἐλέησον ἡμᾶς, ὁ Θεός, ὁ παντοκράτωρ.

Ἐλέησον ἡμᾶς, ὁ Θεός, ὁ σωτὴρ ἡμῶν.

Ἐλέησον ἡμᾶς, ὁ Θεός, κατὰ τὸ μέγα ἔλεός σου, καὶ ἐξαπόστειλον ἐφ' ἡμᾶς καὶ ἐπὶ τὰ προκείμενα ἅγια δῶρα ταῦτα τὸ Πνεῦμά σου τὸ πανάγιον,

Ὁ διάκονος. Ἀμήν.

Ὁ ἱερεὺς κλίνων ἐπεύχεται.

Τὸ Κύριον καὶ ζωοποιόν, τὸ σύνθρονον σοὶ τῷ Θεῷ καὶ Πατρὶ καὶ τῷ μονογενεῖ σου Υἱῷ, τὸ συμβασιλεῦον, τὸ ὁμοούσιόν τε καὶ

---

(4) In the margin Ὁ Θεός, ὁ πατήρ, ὁ παντοκράτωρ. Then in the margin again καὶ ὁ ἱερεὺς σφραγίζει ἱστάμενος τὰ δῶρα λέγων.

PARIS MANUSCRIPT 2509.

ἡμῶν, μηδὲ κατὰ τὰς ἀνομίας ἡμῶν ἀνταποδώσῃς ἡμῖν, ἀλλὰ κατὰ τὴν σὴν ἐπιείκειαν καὶ ἄφατόν σου φιλανθρωπίαν ὑπερβὰς καὶ ἐξαλείψας τὸ καθ' ἡμῶν χειρόγραφον τῶν σῶν ἱκετῶν, χαρίσῃ ἡμῖν τὰ ἐπουράνια καὶ αἰώνιά σου δωρήματα, ἃ ὀφθαλμὸς οὐκ εἶδε, καὶ οὖς οὐκ ἤκουσε, καὶ ἐπὶ καρδίαν ἀνθρώπου οὐκ ἀνέβη, ἃ ἡτοίμασας, ὁ Θεός, τοῖς ἀγαπῶσί σε· καὶ μὴ δι' ἐμὲ καὶ διὰ τὰς ἐμὰς ἁμαρτίας ἀθετήσῃς τὸν λαόν, φιλάνθρωπε Κύριε.

Εἶτα λέγει ὁ ἱερεὺς ἐκ τρίτου·

Ὁ γὰρ λαός σου καὶ ἡ ἐκκλησία σου (1) ἱκετεύει σε,

Ὁ λαός. Ἐλέησον ἡμᾶς, Κύριε ὁ Θεός, ὁ Πατήρ, ὁ παντοκράτωρ.

Πάλιν λέγει ὁ ἱερεύς,

Ἐλέησον ἡμᾶς, ὁ Θεός, ὁ παντοκράτωρ.

Ἐλέησον ἡμᾶς, ὁ Θεός, ὁ σωτὴρ ἡμῶν.

S R
S A

Ἐλέησον ἡμᾶς, ὁ Θεός, κατὰ τὸ μέγα ἔλεός σου, καὶ ἐξαπόστειλον ἐφ' ἡμᾶς καὶ ἐπὶ τὰ προκείμενα δῶρα ταῦτα τὸ Πνεῦμά σου τὸ πανάγιον,

Εἶτα κλίνας τὸν αὐχένα λέγει,

Τὸ Κύριον καὶ ζωοποιόν, τὸ σύνθρονον σοὶ τῷ Θεῷ καὶ Πατρὶ καὶ τῷ μονογενεῖ σου Υἱῷ, τὸ συμβασιλεῦον, τὸ ὁμοούσιόν

PARIS MANUSCRIPT 476.

ἡμῶν, μηδὲ κατὰ τὰς ἀνομίας ἡμῶν ἀνταποδώσῃς ἡμῖν, ἀλλὰ κατὰ τὴν σὴν ἐπιείκειαν καὶ ἄφατόν φιλανθρωπίαν ὑπερβὰς καὶ ἐξαλείψας τὸ καθ' ἡμῶν χειρόγραφον τῶν σῶν ἱκετῶν, χαρίσῃ ἡμῖν τὰ οὐράνια καὶ αἰώνιά σου δωρήματα, ἃ ὀφθαλμὸς οὐκ εἶδε, καὶ οὖς οὐκ ἤκουσε, καὶ ἐπὶ καρδίαν ἀνθρώπου οὐκ ἀνέβη, ἃ ἡτοίμασεν ἡ σὴ ἀγαθότης τοῖς ἀγαπῶσί σε· καὶ μὴ δι' ἐμὲ καὶ τὰς ἐμὰς ἁμαρτίας ἀθετήσῃς τὸν λαόν σου, φιλάνθρωπε Κύριε, Κύριε τῶν δυνάμεων,

Λέγε τοῦτο ἐκ τρίτου, ὦ θύτα·

Μηδὲ ἀποστραφῶ τεταπεινωμένος καὶ κατῃσχυμμένος.

Λέγε καὶ τοῦτο τρίς, ὦ ἱερεῦ. Ἐκφώνησις.

Ὁ γὰρ λαός σου καὶ ἡ ἐκκλησία σου ἱκετεύει σε,

Ὁ λαὸς ἅπας λέγει·

Ἐλέησον ἡμᾶς, ὁ Θεός.

Καὶ ὁ ἱερεὺς ἱστάμενος λέγει καθ' ἑαυτὸν σφραγίζων,

Ἐλέησον ἡμᾶς, ὁ Θεός, ὁ Πατήρ, ὁ παντοκράτωρ. ✠

Ἐλέησον ἡμᾶς, ὁ Θεός, ὁ σωτὴρ ἡμῶν. ✠

Ἐλέησον ἡμᾶς, ὁ Θεός, κατὰ τὸ μέγα σου ἔλεος, ✠ καὶ ἐξαπόστειλον ἐφ' ἡμᾶς καὶ ἐπὶ τὰ προκείμενα δῶρα ταῦτα ✠ τὸ Πνεῦμά σου τὸ πανάγιον, ✠

Καὶ κλίνων λέγει,

Τὸ Κύριον καὶ ζωοποιόν, τὸ σύνθρονον σοὶ τῷ Θεῷ καὶ Πατρὶ καὶ τῷ μονογενεῖ σου Υἱῷ, τὸ συμβασιλεῦον, τὸ ὁμοούσιόν

(1) P. has ἱκετεύουσί σε.

ROTULUS MESSANENSIS.

λαλῆσαν ἐν νόμῳ καὶ προφήταις καὶ τῇ καινῇ σου διαθήκῃ, τὸ καταβὰν ἐν εἴδει περιστερᾶς ἐπὶ τὸν Κύριον ἡμῶν Ἰησοῦν Χριστὸν ἐν τῷ Ἰορδάνῃ ποταμῷ καὶ μεῖναν ἐπ' αὐτόν, τὸ καταβὰν ἐπὶ τοὺς ἁγίους σου ἀποστόλους ἐν εἴδει πυρίνων γλωσσῶν ἐν τῷ ὑπερῴῳ τῆς ἁγίας καὶ ἐνδόξου Σιὼν ἐν τῇ ἡμέρᾳ τῆς ἁγίας πεντηκοστῆς· αὐτὸ τὸ Πνεῦμά σου τὸ πανάγιον κατάπεμψον, Δέσποτα, ἐφ' ἡμᾶς καὶ ἐπὶ τὰ προκείμενα ἅγια δῶρα ταῦτα, (1) (a)

Ἐκφώνως. Ἵνα ἐπιφοιτῆσαν, τῇ ἁγίᾳ καὶ ἀγαθῇ καὶ ἐνδόξῳ αὐτοῦ παρουσίᾳ ἁγιάσῃ καὶ ποιήσῃ τὸν μὲν ἄρτον τοῦτον σῶμα ἅγιον τοῦ Χριστοῦ, (2)

Ὁ λαός. Ἀμήν.

Καὶ προσχὼν τῷ ποτηρίῳ ἐκφωνεῖ, Καὶ τὸ ποτήριον τοῦτο, αἷμα τίμιον Χριστοῦ·

Ὁ λαός. Ἀμήν. (3)

Ἵνα γένωνται πᾶσι τοῖς ἐξ αὐτῶν μεταλαμβάνουσιν εἰς ἄφεσιν ἁμαρτιῶν καὶ εἰς ζωὴν αἰώνιον, εἰς ἁγιασμὸν ψυχῶν καὶ σωμάτων, εἰς καρποφορίαν ἔργων ἀγαθῶν, εἰς στηριγμὸν τῆς σῆς ἁγίας καθολικῆς καὶ ἀποστολικῆς ἐκκλησίας, ἣν ἐθεμελίωσας

---

(1) Altered (apparently) to μαθητὰς καὶ ἀπ.
(2) The MS. has ἁγιάσει, ποιήσει.
(3) καὶ ὁ ἱερεὺς ἱστάμενος καὶ σφραγίζων + λέγει καθ' ἑαυτόν in the margin.
(a) Chrysostom describes the attitude of the priest and the silence of the Church. Hom.

CODEX ROSSANENSIS.

συναΐδιον, τὸ λαλῆσαν ἐν νόμῳ καὶ προφήταις καὶ τῇ καινῇ σου διαθήκῃ, τὸ καταβὰν ἐν εἴδει περιστερᾶς ἐπὶ τὸν Κύριον ἡμῶν Ἰησοῦν Χριστὸν ἐν τῷ Ἰορδάνῃ ποταμῷ καὶ μεῖναν ἐπ' αὐτόν, τὸ καταβὰν ἐπὶ τοὺς ἁγίους σου ἀποστόλους ἐν εἴδει πυρίνων γλωσσῶν ἐν τῷ ὑπερῴῳ τῆς ἁγίας καὶ ἐνδόξου Σιὼν ἐν τῇ ἡμέρᾳ τῆς ἁγίας πεντηκοστῆς· [84 b]

Καὶ ἀνιστάμενος λέγει καθ' ἑαυτόν,

Αὐτὸ Πνεῦμά σου τὸ πανάγιον κατάπεμψον, Δέσποτα, ἐφ' ἡμᾶς καὶ ἐπὶ τὰ προκείμενα ἅγια δῶρα ταῦτα, (a)

Ἵνα ἐπιφοιτῆσαν, τῇ ἁγίᾳ καὶ ἀγαθῇ καὶ ἐνδόξῳ αὐτοῦ παρουσίᾳ ἁγιάσῃ καὶ ποιήσῃ τὸν μὲν ἄρτον τοῦτον σῶμα ἅγιον Χριστοῦ,

Ὁ λαός. Ἀμήν.

Ὁ ἱερεύς. Καὶ τὸ ποτήριον τοῦτο, αἷμα τίμιον Χριστοῦ·

Ὁ λαός. Ἀμήν.

Ὁ ἱερεὺς ἱστάμενος, σφραγίζων τὰ δῶρα, λέγει καθ' ἑαυτόν,

Ἵνα γένωνται πᾶσι τοῖς ἐξ αὐτῶν μεταλαμβάνουσιν εἰς ἄφεσιν ἁμαρτιῶν καὶ εἰς ζωὴν αἰώνιον,

Ὁ διάκονος. Ἀμήν.
Ὁ ἱερεύς.

Εἰς ἁγιασμὸν ψυχῶν καὶ σωμάτων, Ἀμήν.

Εἰς καρποφορίαν ἔργων ἀγαθῶν, Ἀμήν.

Εἰς στηριγμὸν τῆς ἁγίας σου καθολικῆς καὶ ἀποστολικῆς ἐκκλησίας, ἣν ἐθεμελίωσας [85]

"in Cœmeterii appellationem," tom. π. p. 401:
Ὅταν ἑστήκῃ πρὸ τῆς τραπέζης ὁ ἱερεύς, τὰς χεῖρας ἀνατείνων εἰς τὸν οὐρανόν, καλῶν τὸ Πνεῦμα τὸ ἅγιον τοῦ παραγενέσθαι καὶ ἅψασθαι τῶν προκειμένων, πολλὴ ἡσυχία, πολλὴ σιγή.

LITURGY OF SAINT JAMES.

PARIS MANUSCRIPT 2509.

τε καὶ συναΐδιον, τὸ λαλῆσαν ἐν νόμῳ καὶ προφήταις καὶ τῇ καινῇ σου διαθήκῃ, τὸ καταβὰν ἐν εἴδει περιστερᾶς ἐπὶ τὸν Κύριον ἡμῶν Ἰησοῦν Χριστὸν ἐν τῷ Ἰορδάνῃ ποταμῷ καὶ μεῖναν ἐπ' αὐτόν, τὸ καταβὰν (1) ἐπὶ τοὺς ἁγίους σου ἀποστόλους ἐν εἴδει πυρίνων γλωσσῶν ἐν τῷ ὑπερῴῳ τῆς ἁγίας (2) καὶ ἐνδόξου Σιὼν ἐν τῇ ἡμέρᾳ τῆς ἁγίας P. 26 πεντηκοστῆς·

(3) Καὶ ἀνιστάμενος λέγει καθ' ἑαυτόν,

(a) Αὐτὸ τὸ Πνεῦμά σου τὸ πανάγιον κατάπεμψον, Δέσποτα, ἐφ' ἡμᾶς καὶ ἐπὶ τὰ προκείμενα ἅγια δῶρα ταῦτα,

(4) Ἐκφώνησις. Ἵνα ἐπιφοιτῆσαν, τῇ ἁγίᾳ
S R
S A καὶ ἀγαθῇ καὶ ἐνδόξῳ αὐτοῦ παρουσίᾳ ἁγιάσῃ καὶ ποιήσῃ τὸν μὲν ἄρτον τοῦτον (5) σῶμα ἅγιον Χριστοῦ,

Ὁ λαός. Ἀμήν.

(6) Ὁ ἱερεὺς ἐκφωνεῖ, Καὶ τὸ ποτήριον τοῦτο, αἷμα τίμιον Χριστοῦ·

Ὁ λαός. Ἀμήν.

Εἶτα λέγει καθ' ἑαυτόν, ἱστάμενος,

S R
S A Ἵνα γένηται πᾶσι τοῖς ἐξ αὐτῶν μεταλαμβάνουσιν εἰς ἄφεσιν ἁμαρτιῶν καὶ εἰς ζωὴν αἰώνιον, εἰς ἁγιασμὸν ψυχῶν καὶ σωμάτων, εἰς καρποφορίαν ἔργων ἀγαθῶν, (7) εἰς στηριγμὸν τῆς ἁγίας σου καθολικῆς καὶ ἀποστολικῆς ἐκκλησίας, ἣν ἐθεμελίωσας ἐπὶ

PARIS MANUSCRIPT 476.

τε καὶ συναΐδιον, τὸ λαλῆσαν ἐν νόμῳ καὶ προφήταις καὶ τῇ καινῇ σου διαθήκῃ, τὸ καταβὰν ἐν εἴδει περιστερᾶς ἐπὶ τὸν Κύριον ἡμῶν Ἰησοῦν Χριστὸν ἐν τῷ Ἰορδάνῃ ποταμῷ καὶ μεῖναν ἐπ' αὐτόν, τὸ καταβὰν ἐπὶ τοὺς ἁγίους σου ἀποστόλους ἐν εἴδει πυρίνων γλωσσῶν ἐν τῷ ὑπερῴῳ τῆς ἁγίας καὶ ἐνδόξου Σιὼν ἐν τῇ ἡμέρᾳ τῆς ἁγίας σου πεντηκοστῆς·

Καὶ ἀνιστάμενος λέγει καθ' ἑαυτόν, σφραγίζων,

Αὐτὸ τὸ Πνεῦμά σου τὸ πανάγιον κατάπεμψον, Δέσποτα, ἐφ' ἡμᾶς ✠ καὶ ἐπὶ τὰ προκείμενα ἅγια δῶρα ταῦτα, ✠ (a)

Ἐκφώνησις. Ἵνα ἐπιφοιτῆσαν, τῇ ἁγίᾳ καὶ ἀγαθῇ καὶ ἐνδόξῳ αὐτοῦ παρουσίᾳ ἁγιάσῃ καὶ ποιήσῃ τὸν μὲν ἄρτον τοῦτον σῶμα ἅγιον Χριστοῦ, ✠

Ὁ λαός. Ἀμήν.

Ὁ ἱερεὺς ἐκφωνεῖ,

Καὶ τὸ ποτήριον τοῦτο, αἷμα τίμιον Χριστοῦ· ✠

Ὁ λαός. Ἀμήν.

Εἶτα ἀνιστάμενος ὁ ἱερεὺς λέγει καθ' ἑαυτὸν ἡσύχως,

Ἵνα γένωνται πᾶσι τοῖς ἐξ αὐτῶν μεταλαμβάνουσιν εἰς ἄφεσιν ἁμαρτιῶν καὶ εἰς ζωὴν αἰώνιον, ✠ εἰς ἁγιασμὸν ψυχῶν καὶ σωμάτων, ✠ εἰς καρποφορίαν ἔργων ἀγαθῶν, ✠ εἰς στηριγμὸν τῆς ἁγίας σου καθολικῆς καὶ ἀποστολικῆς ἐκκλησίας, ✠✠✠

---

(1) P. reads ἐπὶ τοὺς ἀπ. σου.
(2) P. omits ἁγίας.
(3) P. omits this direction here.
(4) P. καὶ ἀνιστάμενος ἐκφωνεῖ.
(5) In marg. sup. cod. hæc legitur rubrica:

Ἐτέθησαν παρὰ τῷ ἁγίῳ Βασιλείῳ αἱ ἐκφωνήσεις αὗται καὶ ἀποκρίσεις, ζήτει κ. ιη'. [p. 82.] P. has τοῦ Χριστοῦ σου here and below.
(6) P. omits ἐκφωνεῖ.
(7) P. omits καὶ ἀποστολικῆς.

ROTULUS MESSANENSIS.

ἐπὶ τὴν πέτραν τῆς πίστεως, ἵνα πύλαι ᾅδου μὴ κατισχύσωσιν αὐτῆς, ἀειμενῆ καὶ ἄσειστον καὶ ἀχείμαστον αὐτὴν διαφύλαξον· ῥυόμενος αὐτὴν ἀπὸ πάσης αἱρέσεως, καὶ ἐκ τῶν ἐπαναστάντων καὶ ἐπανισταμένων αὐτῇ ἐχθρῶν μέχρι τῆς συντελείας τοῦ αἰῶνος. (1)

(2)

Προσφέρομέν σοι, Δέσποτα, καὶ ὑπὲρ τῶν ἁγίων σου τόπων, οὓς ἐδόξασας τῇ θεοφανείᾳ τοῦ Χριστοῦ σου καὶ τῇ ἐπιφοιτήσει τοῦ παναγίου σου Πνεύματος· προηγουμένως ὑπὲρ τῆς ἁγίας καὶ ἐνδόξου Σιών, τῆς μητρὸς πασῶν τῶν ἐκκλησιῶν· καὶ ὑπὲρ τῆς κατὰ πᾶσαν τὴν οἰκουμένην ἁγίας σου καθολικῆς καὶ ἀποστολικῆς ἐκκλησίας· πλουσίως καὶ νῦν τὰς δωρεὰς τοῦ παναγίου σου Πνεύματος ἐπιχορήγησον αὐτῇ, Δέσποτα.

Μνήσθητι, Κύριε, καὶ τῶν ἐν αὐτῇ ἁγίων πατέρων ἡμῶν καὶ ἐπισκόπων, τῶν ἐν πάσῃ τῇ οἰκουμένῃ ὀρθοδόξως ὀρθοτομούντων τὸν λόγον τῆς σῆς ἀληθείας, προηγουμένως τοῦ ἁγίου πατρὸς ἡμῶν, τοῦ Δ΄., παντὸς τοῦ κλήρου καὶ τοῦ ἱερατείου αὐτοῦ· γῆρας αὐτῷ τίμιον χάρισαι· μακροχρόνιον αὐτὸν διαφύλαξον, ποιμαίνοντα τὸν λαόν σου ἐν πάσῃ εὐσεβείᾳ καὶ σεμνότητι καὶ δικαιοσύνῃ. (3)

(1) καὶ ἡμᾶς interlined after αὐτήν: and καὶ ἀπὸ σκανδάλων τῶν ἐργαζομένων τὴν ἀνομίαν in the margin after αἱρέσεως.

(2) σφραγίζει καὶ κλίνων λέγει in the margin.

CODEX ROSSANENSIS.

ἐπὶ τὴν πέτραν τῆς πίστεως, ἵνα πύλαι ᾅδου μὴ κατισχύσωσιν αὐτῆς· ῥυόμενος αὐτὴν ἀπὸ πάσης αἱρέσεως, καὶ ἀπὸ σκανδάλων τῶν ἐργαζομένων τὴν ἀνομίαν, καὶ ἐκ τῶν ἐπαναστάντων καὶ ἐκ τῶν ἐπανισταμένων αὐτῇ ἐχθρῶν, διαφυλάττων ἀσινῆ καὶ ἀσκανδάλιστον μέχρι τῆς συντελείας τοῦ αἰῶνος.

Ὁ διάκονος. Ἀμήν.

Ὁ ἱερεὺς σφραγίζων ἐπεύχεται λέγων,

Προσφέρομέν σοι, Δέσποτα, καὶ ὑπὲρ τῶν ἁγίων σου τόπων, οὓς ἐδόξασας τῇ θεοφανείᾳ τοῦ Χριστοῦ σου καὶ τῇ ἐπιφοιτήσει τοῦ παναγίου σου Πνεύματος· προηγουμένως ὑπὲρ τῆς ἁγίας καὶ ἐνδόξου Σιών, τῆς μητρὸς πασῶν τῶν ἐκκλησιῶν· καὶ ὑπὲρ τῆς κατὰ πᾶσαν τὴν οἰκουμένην ἁγίας σου καθολικῆς καὶ ἀποστολικῆς ἐκκλησίας· [85b] πλουσίας καὶ νῦν τὰς δωρεὰς τοῦ παναγίου σου Πνεύματος ἐπιχορήγησον αὐτῇ, Δέσποτα. μνήσθητι, Κύριε, καὶ τῶν ἐν αὐτῇ ἁγίων πατέρων ἡμῶν καὶ ἐπισκόπων, τῶν ἐν πάσῃ τῇ οἰκουμένῃ ὀρθοδόξως ὀρθοτομούντων τὸν λόγον τῆς σῆς ἀληθείας.

Ἐν πρώτοις μνήσθητι, Κύριε ὁ Θεὸς ἡμῶν, τοῦ ὁσίου πατρὸς ἡμῶν τοῦ Δ΄, τοῦ ἁγιωτάτου ἡμῶν πατριάρχου, ὃν χάρισαι ταῖς ἁγίαις σου ἐκκλησίαις ἐν εἰρήνῃ σῶον, ὅσιον, ἔντιμον, ὑγιῆ, μακροημερεύοντα, ὀρθοτομοῦντα τὸν λόγον τῆς σῆς ἀληθείας· γῆρας αὐτῷ τίμιον χάρισαι, μακροχρόνιον αὐτὸν διαφύλαξον, ποιμαίνοντα τὸν λαόν σου ἐν πάσῃ εὐσεβείᾳ καὶ σεμνότητι. (a)

(3) In the margin ἄλλως. ἐν πρώτοις μνήσθητι, Κύριε, τοῦ πατρός.

(a) In the margin are some letters which doubtless stand for παντὸς τοῦ κλήρου καὶ τοῦ ἱερατείου αὐτοῦ.

PARIS MANUSCRIPT 2509.

τὴν πέτραν τῆς πίστεως, ἵνα πύλαι ᾅδου μὴ κατισχύσωσιν αὐτῆς· ῥυόμενος αὐτὴν ἀπὸ (1) πάσης αἱρέσεως καὶ σκανδάλων τῶν ἐργαζομένων τὴν ἀνομίαν, διαφυλάττων αὐτὴν μέχρι τῆς συντελείας τοῦ αἰῶνος.

Καὶ ἐπικλιθεὶς λέγει,

S R
S A
        Προσφέρομέν σοι, Δέσποτα, καὶ ὑπὲρ τῶν ἁγίων σου τόπων, οὓς ἐδόξασας τῇ θεοφανείᾳ τοῦ Χριστοῦ σου καὶ τῇ ἐπιφοιτήσει τοῦ παναγίου σου Πνεύματος· προη-
(2) γουμένως ὑπὲρ τῆς ἁγίας καὶ ἐνδόξου Σιών, τῆς μητρὸς πασῶν τῶν ἐκκλησιῶν, καὶ ὑπὲρ τῆς κατὰ πᾶσαν τὴν οἰκουμένην ἁγίας σου καθολικῆς καὶ ἀποστολικῆς ἐκκλησίας·
P. 27 πλουσίας καὶ νῦν τὰς δωρεὰς τοῦ παναγίου σου Πνεύματος ἐπιχορήγησον αὐτῇ, Δέσποτα.

S R
S A
(3)   Μνήσθητι, Κύριε, καὶ τῶν ἐν αὐτῇ ἁγίων πατέρων ἡμῶν καὶ ἐπισκόπων, τῶν ἐν πάσῃ τῇ οἰκουμένῃ ὀρθοδόξως ὀρθοτομούντων τὸν λόγον τῆς σῆς ἀληθείας.

(1) P. καὶ τῶν ἐρ.
(2) P. omits ἁγίας καὶ.
(3) P. reads πατέρων καὶ ἀδελφῶν ἡμῶν.

PARIS MANUSCRIPT 476.

Ποίησον τρὶς τὴν σφραγίδα μετὰ τῆς χειρός σου, ὦ θύτα.

"Ἣν ἐθεμελίωσας ἐπὶ τὴν πέτραν τῆς πίστεως, ✣ ἵνα πύλαι ᾅδου μὴ κατισχύσωσιν αὐτῆς· ✣ ῥυόμενος αὐτὴν ἀπὸ πάσης αἱρέσεως ✣ καὶ ἀπὸ σκανδάλων τῶν ἐργαζομένων τὴν ἀνομίαν, ✣ καὶ ἐκ τῶν ἐπαναστάντων καὶ ἐπανισταμένων αὐτῇ ἐχθρῶν ✣ μέχρι τῆς συντελείας τοῦ αἰῶνος. Ἀμήν.

Καὶ ποίησον τρεῖς σταυρούς. ✣ ✣ ✣ βάλλει οὖν   sic
θυμίαμα σφραγίσας καὶ λέγει,

Μεγαλύνατε τὸν Κύριον σὺν ἐμοί.

Καὶ προσκυνῶν τὴν ἁγίαν τράπεζαν καὶ ὑποκλίνας, λέγει τὴν εὐχήν,

Προσφέρομέν σοι, Δέσποτα, καὶ ὑπὲρ τῶν ἁγίων σου τόπων, οὓς ἐδόξασας τῇ θεοφανείᾳ τοῦ Χριστοῦ σου καὶ τῇ ἐπιφοιτήσει τοῦ παναγίου σου Πνεύματος· προηγουμένως ὑπὲρ τῆς ἁγίας καὶ ἐνδόξου Σιών, τῆς μητρὸς πασῶν τῶν ἐκκλησιῶν, καὶ ὑπὲρ τῆς κατὰ πᾶσαν τὴν οἰκουμένην ἁγίας σου καθολικῆς καὶ ἀποστολικῆς ἐκκλησίας· πλουσίας καὶ νῦν τὰς δωρεὰς τοῦ παναγίου σου Πνεύματος ἐπιχορήγησον αὐτῇ, Δέσποτα.

Μνήσθητι, Κύριε, καὶ τῶν ἐν αὐτῇ ἁγίων πατέρων ἡμῶν καὶ ἐπισκόπων, τῶν ἐν πάσῃ τῇ οἰκουμένῃ ὀρθοδόξως ὀρθοτομούντων τὸν λόγον τῆς ἀληθείας. ✣ Ἐν πρώτοις μνήσθητι, Κύριε, τοῦ ὁσίου πατρὸς ἡμῶν, τοῦ πατριάρχου, παντὸς τοῦ κλήρου καὶ τοῦ ἱερατίου αὐτοῦ· γῆρας αὐτῷ τίμιον χάρισαι, μακροχρόνιον αὐτὸν διαφύλαξον ποιμαίνοντα τὸν λαόν σου ἐν πάσῃ εὐσεβείᾳ καὶ σεμνότητι.

LITURGY OF SAINT JAMES.

ROTULUS MESSANENSIS.

Μνήσθητι, Κύριε, τοῦ ἐνθάδε τιμίου πρεσβυτερίου καὶ τοῦ ἁπανταχῇ, τῆς ἐν Χριστῷ διακονίας καὶ λοιπῆς πάσης ὑπηρεσίας, παντὸς ἐκκλησιαστικοῦ ὀρθοδόξου τάγματος καὶ τῆς ἐν Χριστῷ ἀδελφότητος ἡμῶν, καὶ παντὸς τοῦ φιλοχρίστου λαοῦ.

Μνήσθητι, Κύριε, καὶ τῶν συμπαρισταμένων ἡμῖν ἱερέων ἐν ταύτῃ τῇ ἁγίᾳ ὥρᾳ ἐνώπιον τοῦ ἁγίου σου θυσιαστηρίου, ἐπὶ προσενέξει τῆς ἁγίας καὶ ἀναιμάκτου σου θυσίας ταύτης· καὶ δὸς ἡμῖν καὶ αὐτοῖς λόγον ἐν ἀνοίξει τοῦ στόματος ἡμῶν, εἰς δόξαν καὶ ἔπαινον τοῦ παναγίου σου ὀνόματος.

Μνήσθητι, Κύριε, κατὰ τὸ πλῆθος τοῦ ἐλέους σου, καὶ ἐμοῦ τοῦ ταπεινοῦ καὶ ἁμαρτωλοῦ καὶ ἐλαχίστου δούλου σου, καὶ ἐπίσκεψαί με ἐν ἐλέει καὶ οἰκτιρμοῖς· καὶ ῥῦσαι καὶ ἀθῴωσόν με ἐκ τῶν καταδιωκόντων με, Κύριε, Κύριε τῶν δυνάμεων· καὶ ἐπειδὴ ἐπλεόνασεν ἐν ἐμοὶ ἡ ἁμαρτία, ὑπερπερίσσευσαί σου ἡ χάρις, δέομαι τῆς σῆς ἀγαθότητος, καὶ ἔλθοι μοι τὸ μέγα σου ἔλεος.

Μνήσθητι, Κύριε, καὶ τῶν τὸ ἅγιόν σου θυσιαστήριον κυκλούντων διακόνων· καὶ χάρισαι αὐτοῖς βίον ἄμεμπτον, ἄσπιλον τὴν διακονίαν αὐτῶν διαφύλαξον, καὶ βαθμοὺς ἀγαθοὺς αὐτοῖς περιποίησαι.

(1) καὶ τῶν οἰκτιρμῶν σου interlined.
(2) καὶ ἀναξίου interlined after ἁμαρτωλοῦ.
(3) καὶ μὴ εἰσέλθῃς εἰς κρίσιν μετὰ τοῦ δούλου

CODEX ROSSANENSIS.

Μνήσθητι, Κύριε, τοῦ ἐνθάδε τιμίου πρεσβυτερίου καὶ τοῦ ἁπανταχῇ, τῆς ἐν Χριστῷ διακονίας, λοιπῆς πάσης ὑπηρεσίας, παντὸς ἐκκλησιαστικοῦ τάγματος καὶ τῆς ἐν Χριστῷ ἀδελφότητος ἡμῶν, καὶ παντὸς τοῦ φιλοχρίστου λαοῦ. [86]

Μνήσθητι, Κύριε, τῶν συμπαρισταμένων ἡμῖν ἱερέων λειτουργῶν ἐν ταύτῃ τῇ ἁγίᾳ ὥρᾳ ἐνώπιον τοῦ ἁγίου σου θυσιαστηρίου, ἐπὶ προσενέξει τῆς ἁγίας καὶ ἀναιμάκτου σου θυσίας· καὶ δὸς αὐτοῖς καὶ ἡμῖν λόγον ἐν ἀνοίξει τοῦ στόματος ἡμῶν, εἰς δόξαν καὶ ἔπαινον τοῦ παναγίου ὀνόματός σου. *sic*

Μνήσθητι, Κύριε, κατὰ τὸ πλῆθος τοῦ ἐλέους σου καὶ τῶν οἰκτιρμῶν σου, καὶ ἐμοῦ τοῦ ταπεινοῦ καὶ ἁμαρτωλοῦ καὶ ἀναξίου δούλου σου, καὶ ἐπίσκεψαί με ἐν ἐλέει καὶ οἰκτιρμοῖς· καὶ ῥῦσαι καὶ ἀθῴωσον ἐκ τῶν καταδιωκόντων με, Κύριε, Κύριε τῶν δυνάμεων, καὶ μὴ εἰσέλθῃς εἰς κρίσιν μετὰ τοῦ δούλου σου· καὶ ἐπειδὴ ἐπλεόνασεν ἐν ἐμοὶ ἡ ἁμαρτία, ὑπερπερισσεύσῃ σου ἡ χάρις. [86 b]

Μνήσθητι, Κύριε, καὶ τῶν τὸ ἅγιόν σου θυσιαστήριον κυκλούντων διακόνων· χάρισαι αὐτοῖς βίον ἄμεμπτον, ἄσπιλον αὐτῶν τὴν διακονίαν διαφύλαξον, καὶ βαθμοὺς ἀγαθοὺς αὐτοῖς περιποίησαι.

Μνήσθητι, Κύριε, τῆς ἁγίας σου τοῦ Θεοῦ ἡμῶν πόλεως καὶ τῆς βασιλευούσης, καὶ τῆς μονῆς ταύτης, καὶ πάσης πόλεως καὶ χώρας, καὶ τῶν ἐν ὀρθοδόξῳ πίστει καὶ εὐλαβείᾳ κατοικούντων ἐν αὐταῖς, εἰρήνης καὶ ἀσφαλείας αὐτῶν.

σου in the margin after δυνάμεων.
(4) MS. ὑπερπερισσεύσει, ἔλθει (!)

LITURGY OF SAINT JAMES.

PARIS MANUSCRIPT 2509.

[Chrysostom refers frequently to these commemorations. See for example Hom. XLI. on 1 Cor. tom. x. p. 392: Οὐδὲ εἰκῆ μνήμην ποιούμεθα τῶν ἀπελθόντων ἐπὶ τῶν θείων μυστηρίων, καὶ ὑπὲρ αὐτῶν πρόσιμεν, δεόμενοι τοῦ ἀμνοῦ τοῦ κειμένου, τοῦ λαβόντος τὴν ἁμαρτίαν τοῦ κόσμου, ἀλλ' ἵνα τις αὐτοῖς ἐντεῦθεν γένηται παραμυθία· οὐδὲ μάτην ὁ παρεστὼς τῷ θυσιαστηρίῳ τῶν φρικτῶν μυστηρίων τελουμένων βοᾷ· Ὑπὲρ πάντων τῶν ἐν Χριστῷ κεκοιμημένων, καὶ τῶν τὰς μνείας ὑπὲρ αὐτῶν ἐπιτελούντων.]

(1)
S R
S A

Μνήσθητι, Κύριε, κατὰ τὸ πλῆθος τοῦ ἐλέους σου καὶ τῶν οἰκτιρμῶν σου, καὶ ἐμοῦ τοῦ ταπεινοῦ καὶ ἀχρείου δούλου σου, καὶ τῶν τὸ ἅγιόν σου θυσιαστήριον κυκλούντων διακόνων, καὶ χάρισαι αὐτοῖς βίον ἄμεμπτον, ἄσπιλον αὐτῶν τὴν διακονίαν φύλαξον, καὶ βαθμοὺς ἀγαθοὺς περιποίησαι.

(2) Μνήσθητι, Κύριε, τῆς ἁγίας τοῦ Θεοῦ πόλεως καὶ τῆς βασιλευούσης, πάσης πόλεως καὶ χώρας, καὶ τῶν ὀρθοδόξῳ πίστει οἰκούντων ἐν αὐταῖς, εἰρήνης καὶ ἀσφαλείας
(3) αὐτῶν.

(1) P. omits this petition.
(2) P. omits the prayer for the city of Constantinople, reading simply Μνήσθητι, Κύριε, καὶ πάσης πόλεως κ.τ.λ.

PARIS MANUSCRIPT 476.

Μνήσθητι, Κύριε, τοῦ ἐνθάδε τιμίου πρεσβυτερίου καὶ τοῦ ἁπανταχῆ, τῆς ἐν Χριστῷ διακονίας καὶ λοιπῆς πάσης ὑπηρεσίας, παντὸς ἐκκλησιαστικοῦ τάγματος καὶ τῆς ἐν Χριστῷ ἀδελφότητος ἡμῶν, καὶ παντὸς τοῦ φιλοχρίστου λαοῦ.

Μνήσθητι, Κύριε, τῶν συμπαρισταμένων ἡμῖν ἱερέων ἐν ταύτῃ τῇ ἁγίᾳ ὥρᾳ ἐνώπιον τοῦ ἁγίου σου θυσιαστηρίου, ἐπὶ προσενέξει τῆς ἁγίας καὶ ἀναιμάκτου θυσίας· καὶ δὸς αὐτοῖς καὶ ἡμῖν λόγον ἐν ἀνοίξει τοῦ στόματος ἡμῶν, εἰς δόξαν καὶ ἔπαινον τοῦ παναγίου ὀνόματός σου.

Μνήσθητι, Κύριε, κατὰ τὸ πλῆθος τοῦ ἐλέους σου καὶ τῶν οἰκτιρμῶν σου, καὶ ἐμοῦ τοῦ ταπεινοῦ καὶ ἁμαρτωλοῦ καὶ ἐλεεινοῦ καὶ ἀναξίου δούλου σου, καὶ ἐπίσκεψαί με ἐν ἐλέει καὶ οἰκτιρμοῖς· καὶ ῥῦσαι καὶ ἀθῴωσόν με ἐκ τῶν καταδιωκόντων με, Κύριε, Κύριε τῶν δυνάμεων· γ΄. Καὶ ἐπειδὴ ἐπλεόνασεν ἐν ἐμοὶ ἡ ἁμαρτία, ὑπερπερισσεύσῃ σου ἡ χάρις.

Λέγε τοῦτο τὸ ἐπειδὴ ἕως τέλους τρίς.

Μνήσθητι, Κύριε, καὶ τῶν τὸ ἅγιόν σου θυσιαστήριον κυκλούντων διακόνων· καὶ χάρισαι αὐτοῖς βίον ἄμεμπτον, ἄσπιλον αὐτῶν τὴν διακονίαν διαφύλαξον, καὶ βαθμοὺς ἀγαθοὺς αὐτοῖς περιποίησαι.

Μνήσθητι, Κύριε, τῆς ἁγίας σου τοῦ Θεοῦ ἡμῶν πόλεως καὶ ταύτης τῆς βασιλευούσης, καὶ πάσης πόλεως καὶ χώρας, καὶ τῶν ὀρθοδόξως καὶ εὐλαβῶς οἰκούντων ἐν αὐταῖς, καὶ εἰρήνης καὶ ἀσφαλείας αὐτῶν. (a)

(3) In marg. inf. cod. hæc legitur rubrica: Ἐτέθησαν παρὰ τῷ ἁγίῳ Βασιλείῳ τὰ μέρη ταῦτα συντομώτερα δι' ὅλης τῆς εὐχῆς, ζήτει κ. κα΄. [p. 83.]
(a) The punctuation is uncertain.

284   LITURGY OF SAINT JAMES.

ROTULUS MESSANENSIS.   CODEX ROSSANENSIS.

(1) Μνήσθητι, Κύριε, τοῦ εὐσεβεστάτου καὶ φιλοχρίστου ἡμῶν βασιλέως, παντὸς τοῦ παλατίου καὶ τοῦ στρατοπέδου αὐτοῦ, καὶ
(2) τῆς οὐρανόθεν βοηθείας καὶ νίκης αὐτῶν. Ἐπιλαβοῦ ὅπλου καὶ θυραιοῦ, καὶ ἀνάστηθι εἰς τὴν βοήθειαν αὐτοῦ· ὑπόταξον αὐτῷ πάντα
(3) τὰ πολέμια καὶ βάρβαρα ἔθνη· ῥύθμησον αὐτοῦ τὰ βουλεύματα ἵνα ἐν τῇ γαληνό-
(4) τητι αὐτῶν ἤρεμον καὶ ἡσύχιον [βίον] διά-
(5) γωμεν ἐν πάσῃ εὐσεβείᾳ καὶ σεμνότητι.
Μνήσθητι, Κύριε, τῆς ἁγίας πόλεως καὶ
(6) τῆς βασιλευούσης πόλεως, καὶ τῆς ἁγίας
(7) μονῆς ταύτης, πάσης πόλεως καὶ χώρας, καὶ τῶν ἐν ὀρθοδόξῳ πίστει καὶ εὐλαβείᾳ οἰκούν- των ἐν αὐταῖς, εἰρήνης καὶ ἀσφαλείας αὐτῶν.
(8) Δ. Μνήσθητι, Κύριε, τῶν ἐν παρθενίᾳ καὶ εὐλαβείᾳ καὶ ἀσκήσει διαμενόντων, καὶ τῶν ἐν ὄρεσι καὶ σπηλαίοις καὶ ταῖς ὀπαῖς
(9) τῆς γῆς ἀγωνιζομένων πατέρων τε καὶ
(10) ἀδελφῶν, καὶ τῶν κατὰ τόπον ὀρθοδόξων
(11) συνοδιῶν, καὶ τῆς ἐνθάδε συνοδίας ἡμῶν.
Ε. Μνήσθητι, Κύριε, τῶν κοπιώντων καὶ διακονούντων ἡμῖν, πατέρων τε καὶ ἀδελφῶν
(12) ἡμῶν, διὰ τὸ ὄνομά σου τὸ ἅγιον.
Β. Μνήσθητι τῶν ἐν γήρᾳ καὶ ἀδυναμίᾳ ὄντων, νοσούντων, καμνόντων, καὶ τῶν ὑπὸ

Μνήσθητι, Κύριε, τῶν εὐσεβεστάτων καὶ φιλοχρίστων ἡμῶν βασιλέων, τῆς εὐσεβοῦς καὶ φιλοχρίστου αὐτῶν βασιλείας, παντὸς τοῦ παλατίου καὶ τοῦ στρατοπέδου αὐτῶν, καὶ τῆς οὐρανόθεν βοηθείας καὶ νίκης αὐτῶν. Ἐπιλαβοῦ ὅπλου καὶ θυρεοῦ, καὶ ἀνάστηθι εἰς τὴν βοήθειαν αὐτῶν· ὑπόταξον αὐτοῖς πάντα τὰ πολέμια καὶ βάρβαρα ἔθνη, τὰ   [87]
τοὺς πολέμους θέλοντα· ῥύθμησον αὐτῶν τὰ βουλεύματα, ἵνα ἐν τῇ γαλήνῃ αὐτῶν ἤρεμον καὶ ἡσύχιον βίον διάγωμεν ἐν πάσῃ εὐσεβείᾳ καὶ σεμνότητι.

Μνήσθητι, Κύριε, πλεόντων, ὁδοιπορούντων, ξενιτευόντων χριστιανῶν, τῶν ἐν δεσμοῖς καὶ φυλακαῖς, τῶν ἐν αἰχμαλωσίαις καὶ ἐξορίαις, ἐν μετάλλοις καὶ βασάνοις καὶ πικραῖς δουλείαις ὄντων, πατέρων τε καὶ ἀδελφῶν ἡμῶν, εἰρηνικῆς ἐπανόδου ἑκάστου αὐτῶν εἰς τὰ οἰκεῖα.

Μνήσθητι, Κύριε, τῶν ἐν γήρᾳ καὶ ἀδυναμίᾳ ὄντων, νοσούντων, καμνόντων, καὶ τῶν ὑπὸ πνευμάτων ἀκαθάρτων ἐνοχλουμένων, τῆς παρὰ σοῦ, τοῦ Θεοῦ, ταχείας ἰάσεως καὶ σωτηρίας αὐτῶν.

Μνήσθητι, Κύριε, πάσης ψυχῆς χριστιανῆς θλιβομένης καὶ καταπονουμένης,

(1) τῆς εὐσεβοῦς καὶ φιλοχρίστου αὐτοῦ βασιλίσσης in the margin after βασιλέως.
(2) σκέπης interlined after βοηθείας.
(3) καὶ τοὺς πολέμους θέλοντα interlined after ἔθνη. Then the roll has ἀρύθμησον αὐτοῦ τὰ βουλεύματα· ἀρύθμησον γαληνότητι. I have corrected from the Rossano codex.
(4) ἵνα interlined before ἤρεμον.
(5) βίον interlined after ἡσύχιον.
(6) Χριστοῦ τοῦ Θεοῦ ἡμῶν in the margin (after βασιλευούσης).

(7) καὶ νήσου interlined after χώρας.
(8) The numerals Δ, Ε, &c. seem to denote the order in which the prayers were offered.
(9) ὁσίων interlined before πατέρων.
(10) ἡμῶν interlined after ἀδελφῶν.
(11) πρὸς εὐαρέστησιν τῆς σῆς ἀγαθότητος in the margin.
(12) Μνήσθητι, Κύριε, τῶν ἐλθόντων καὶ ἐρχομένων χριστιανῶν τοῦ προσκυνῆσαι ἐν τοῖς ἁγίοις τοῦ Χριστοῦ τόποις added in the margin.

| PARIS MANUSCRIPT 2509. | PARIS MANUSCRIPT 476. |

(1) Μνήσθητι, Κύριε, τῶν εὐσεβεστάτων καὶ φιλοχρίστων ἡμῶν βασιλέων, τῆς εὐσεβοῦς καὶ φιλοχρίστου βασιλίσσης, παντὸς τοῦ παλατίου καὶ τοῦ στρατοπέδου αὐτῶν, καὶ τῆς οὐρανόθεν βοηθείας καὶ νίκης αὐτῶν. Ἐπιλαβοῦ ὅπλου καὶ θυρεοῦ, καὶ ἀνάστηθι εἰς τὴν βοήθειαν αὐτῶν· ὑπόταξον αὐτοῖς πάντα τὰ πολεμικὰ καὶ βάρβαρα ἔθνη τὰ τοὺς πολέμους θέλοντα· ῥύθμισον αὐτῶν τὰ βουλεύματα, ἵνα ἤρεμον καὶ ἡσύχιον βίον διάγωμεν ἐν πάσῃ εὐσεβείᾳ καὶ σεμνότητι.

P. 27

Μνήσθητι, Κύριε, τοῦ εὐσεβεστάτου καὶ φιλοχρίστου ἡμῶν βασιλέως, τῆς εὐσεβοῦς καὶ φιλοχρίστου αὐτοῦ βασιλείας, παντὸς τοῦ παλατίου καὶ τοῦ στρατοπέδου αὐτοῦ καὶ τῆς οὐρανόθεν βοηθείας καὶ νίκης αὐτοῦ. Ἐπιλαβοῦ ὅπλου καὶ θυραιοῦ, καὶ ἀνάστηθι εἰς τὴν βοήθειαν αὐτοῦ· ὑπόταξον αὐτῷ πάντα τὰ πολέμια καὶ βάρβαρα ἔθνη τὰ τοὺς πολέμους θέλοντα· ῥίζωσον αὐτὸν ἐν τῇ ὀρθοδόξῳ σου πίστει· ῥύθμησον αὐτοῦ τὰ βουλεύματα, ἵνα ἤρεμον καὶ ἡσύχιον βίον διάγωμεν ἐν πάσῃ εὐσεβείᾳ καὶ σεμνότητι.

Μνήσθητι, Κύριε, τῶν ἐλθόντων καὶ ἐρχομένων τοῦ προσκυνῆσαι ἐν τοῖς ἁγίοις τοῦ Χριστοῦ τόποις.

S R
S A

Μνήσθητι, Κύριε, πλεόντων, ὁδοιπορούντων, ξενιτευόντων Χριστιανῶν, τῶν ἐν δεσμοῖς, τῶν ἐν φυλακαῖς, τῶν ἐν αἰχμαλωσίαις καὶ ἐξορίαις, τῶν ἐν μετάλλοις καὶ βασάνοις καὶ πικραῖς δουλείαις ὄντων, πατέρων καὶ ἀδελφῶν ἡμῶν.

Μνήσθητι, Κύριε, πλεόντων, ὁδοιπορούντων, ξενιτευόντων Χριστιανῶν, καὶ τῶν ἐν δεσμοῖς καὶ φυλακαῖς, καὶ ἐν αἰχμαλωσίαις καὶ ἐξορίαις, ἐν μετάλλοις καὶ βασάνοις καὶ πικραῖς δουλείαις ὄντων, πατέρων τε καὶ ἀδελφῶν ἡμῶν, εἰρηνικῆς ἐπανόδου ἑκάστου αὐτῶν εἰς τὰ οἰκεῖα.

S R

Μνήσθητι, Κύριε, τῶν νοσούντων καὶ καμνόντων, καὶ τῶν ὑπὸ πνευμάτων ἀκαθάρτων ἐνοχλουμένων, τῆς παρὰ τοῦ Θεοῦ ταχείας ἰάσεως αὐτῶν καὶ σωτηρίας.

Μνήσθητι, Κύριε, τῶν ἐν γήρᾳ καὶ ἐν ἀδυναμίᾳ ὄντων, νοσούντων, καμνόντων καὶ τῶν ὑπὸ πνευμάτων ἀκαθάρτων ἐνοχλουμένων, τῆς παρὰ σοῦ, τοῦ Θεοῦ, ταχείας ἰάσεως καὶ σωτηρίας αὐτῶν.

Μνήσθητι, Κύριε, πάσης ψυχῆς Χριστιανῆς θλιβομένης καὶ καταπονουμένης, ἐλέους

Μνήσθητι, Κύριε, πάσης ψυχῆς Χριστιανῆς θλιβομένης καὶ καταπονουμένης, ἐλέους

(1) Not in P.

ROTULUS MESSANENSIS.

πνευμάτων ἀκαθάρτων ἐνοχλουμένων, τῆς παρὰ σοῦ, τοῦ Θεοῦ, ταχείας ἰάσεως καὶ σωτηρίας αὐτῶν.

Α. Μνήσθητι, Κύριε, πλεόντων, ὁδοιπορούντων, ξενιτευόντων, τῶν ἐν δεσμοῖς, φυλακαῖς, καὶ ἐν αἰχμαλωσίαις καὶ ἐξορίαις, ἐν μετάλλοις καὶ βασάνοις καὶ πικραῖς δουλείαις ὄντων ἀδελφῶν ἡμῶν, εἰρηνικῆς ἐπανόδου ἑκάστου εἰς τὰ οἰκεῖα αὐτῶν.

(1)
(2)
(3)
(4)
(5)

Γ. Μνήσθητι, Κύριε, πάσης ψυχῆς χριστιανῆς θλιβομένης καὶ καταπονουμένης, ἐλέους καὶ βοηθείας ἐπιδεομένης, καὶ ἐπιστροφῆς τῶν πεπλανημένων.

(6)

Ζ. Μνήσθητι, Κύριε, πάντων εἰς ἀγαθόν· πάντας ἐλέησον, Δέσποτα· πᾶσιν ἡμῖν διαλλάγηθι· εἰρήνευσον τὰ πλήθη τοῦ λαοῦ σου· διασκέδασον τὰ σκάνδαλα· κατάργησον τοὺς πολέμους· παῦσον τὰ σχίσματα τῶν ἐκκλησιῶν· κατάβαλε τὸ φρύαγμα τῶν ἐθνῶν καὶ τῶν αἱρετικῶν· ὕψωσον κέρας χριστιανῶν· τὴν σὴν εἰρήνην καὶ ἀγάπην χάρισαι ἡμῖν, ὁ Θεός, ὁ Σωτὴρ ἡμῶν, ἡ ἐλπὶς πάντων τῶν περάτων τῆς γῆς.

(7)

Ἐνταῦθα νεύει τῷ ἀρχιδιακόνῳ.

Μνήσθητι, Κύριε, εὐκρασίας ἀέρων, ὄμβρων ἀγαθῶν, καρπῶν εὐφορίας, τελείας εὐετηρίας, καὶ τοῦ στεφάνου τοῦ ἐνιαυτοῦ τῆς χρηστότητός σου· οἱ γὰρ ὀφθαλμοὶ πάντων εἰς σὲ ἐλπίζουσι, καὶ σὺ δίδως

(8)

CODEX ROSSANENSIS.

ἐλέους καὶ βοηθείας σοῦ, τοῦ Θεοῦ, ἐπιδεομένης, καὶ ἐπιστροφῆς τῶν πεπλανημένων. [87 b]

Μνήσθητι, Κύριε, τῶν ἐν παρθενίᾳ καὶ εὐλαβείᾳ καὶ ἀσκήσει διαμενόντων, καὶ τῶν ἐν ὄρεσι καὶ σπηλαίοις καὶ ταῖς ὀπαῖς τῆς γῆς ἀγωνιζομένων ὁσίων, πατέρων τε καὶ ἀδελφῶν ἡμῶν· καὶ τῶν κατὰ τόπον ὀρθοδόξων συνοδιῶν, καὶ τῆς ἐνθάδε ἐν Χριστῷ συνοδίας ἡμῶν.

Μνήσθητι, Κύριε, τῶν κοπιώντων καὶ διακονούντων ἡμῖν, πατέρων τε καὶ ἀδελφῶν ἡμῶν, διὰ τὸ ὄνομά σου τὸ ἅγιον.

Μνήσθητι, Κύριε, πάντων εἰς ἀγαθόν· πάντας ἐλέησον, Δέσποτα· πᾶσιν ἡμῖν διαλλάγηθι· εἰρήνευσον τὰ πλήθη τοῦ λαοῦ σου· διασκέδασον τὰ σκάνδαλα· κατάργησον τοὺς πολέμους· παῦσον τὰ σχίσματα τῶν ἐκκλησιῶν· τὰς τῶν αἱρέσεων ἐπαναστάσεις ἐν τάχει κατάλυσον· κατάβαλε τὸ φρύαγμα τῶν ἐθνῶν· ὕψωσον κέρας χριστιανῶν· τὴν σὴν εἰρήνην καὶ τὴν σὴν ἀγάπην χάρισαι ἡμῖν, ὁ Θεός, ὁ Σωτὴρ ἡμῶν, ἡ ἐλπὶς πάντων τῶν περάτων τῆς γῆς. [88]

Μνήσθητι, Κύριε, εὐκρασίας ἀέρων, ὄμβρων εἰρηνικῶν, δρόσων ἀγαθῶν, καρπῶν εὐφορίας, τελείας εὐετηρίας, καὶ τοῦ στεφάνου τοῦ ἐνιαυτοῦ τῆς χρηστότητός σου· οἱ γὰρ ὀφθαλμοὶ πάντων εἰς σὲ ἐλπίζουσι, καὶ

---

(1) Χριστιανῶν interlined after ξενιτ. καὶ erased and replaced by ἐν before φυλακαῖς.
(2) καὶ erased before ἐν μετάλλοις.
(3) ἐν interlined before πικραῖς.
(4) πατέρων καὶ interlined before ἀδελφῶν.
(5) μετὰ χαρᾶς ἐν τάχει in the margin.
(6) καὶ ἀφέσεως τῶν ἁμαρτιῶν ἡμῶν καὶ ἰάσεως τῶν ἀσθενειῶν (?) καὶ σωτηρίας τῶν ψυχῶν ἡμῶν added in the margin.
(7) τὰς τῶν αἱρέσεων ἐπαναστάσεις ἐν τάχει κατάλυσον in the margin (after ἐκκλησιῶν).
(8) δρόσων εἰρηνικῶν in the margin after ἀγαθῶν.

LITURGY OF SAINT JAMES.

PARIS MANUSCRIPT 2509.

καὶ βοηθείας σου τοῦ Θεοῦ ἐπιδεομένης, καὶ ἐπιστροφῆς τῶν πεπλανημένων.

Μνήσθητι, Κύριε, τῶν κοπιώντων καὶ διακονούντων ἡμῖν πατέρων καὶ ἀδελφῶν ἡμῶν, διὰ τὸ ὄνομά σου τὸ ἅγιον.

(1) Μνήσθητι, Κύριε, πάντων εἰς ἀγαθόν· πάντας ἐλέησον, Δέσποτα· πᾶσιν ἡμῖν διαλλάγηθι· εἰρήνευσον τὰ πλήθη τοῦ λαοῦ σου· διασκέδασον τὰ σκάνδαλα· κατάργησον τοὺς πολέμους· παῦσον τὰ σχίσματα τῶν ἐκκλησιῶν καὶ τὰς τῶν αἱρέσεων ἐπαναστάσεις· κατάλυσον τὰ φρυάγματα τῶν ἐθνῶν· τὴν σὴν εἰρήνην καὶ τὴν σὴν ἀγάπην χάρισαι ἡμῖν, ὁ Θεός, ὁ Σωτὴρ ἡμῶν, ἡ ἐλπὶς πάντων τῶν περάτων τῆς γῆς.

S R
S A
Μνήσθητι, Κύριε, εὐκρασίας ἀέρων, ὄμβρων εἰρηνικῶν, δρόσων ἀγαθῶν, καρπῶν εὐφορίας, καὶ τοῦ στεφάνου τοῦ ἐνιαυτοῦ τῆς χρηστότητός σου· οἱ γὰρ ὀφθαλμοὶ πάντων εἰς σὲ ἐλπίζουσι, καὶ σὺ δίδως

PARIS MANUSCRIPT 476.

καὶ βοηθείας σου τοῦ Θεοῦ ἐπιδεομένης, καὶ ἐπιστροφῆς τῶν πεπλανημένων.

Μνήσθητι, Κύριε, τῶν ἐν παρθενίᾳ καὶ εὐλαβείᾳ καὶ ἀσκήσει διαμενόντων, καὶ τῶν ἐν ὄρεσι καὶ σπηλαίοις καὶ ὀπαῖς τῆς γῆς ἀγωνιζομένων ὁσίων, πατέρων τε καὶ ἀδελφῶν ἡμῶν· καὶ τῶν κατὰ τόπον ὀρθοδόξων συνοδιῶν, καὶ τῆς ἐνθάδε ἐν Χριστῷ συνοδίας ἡμῶν.

Μνήσθητι, Κύριε, τῶν κοπιώντων καὶ διακονούντων ἡμῖν, πατέρων τε καὶ ἀδελφῶν ἡμῶν, διὰ τὸ ὄνομά σου τὸ ἅγιον.

Μνήσθητι, Κύριε, πάντων εἰς ἀγαθόν· πάντας ἐλέησον, Δέσποτα· πᾶσιν ἡμῖν διαλλάγηθι· εἰρήνευσον τὰ πλήθη τοῦ λαοῦ σου· διασκέδασον τὰ σκάνδαλα· κατάργησον τοὺς πολέμους· παῦσον τὰ σχίσματα τῶν ἐκκλησιῶν· τὰς τῶν αἱρέσεων ἐπαναστάσεις ἐν τάχει κατάλυσον· κατάβαλε τὸ φρύαγμα τῶν ἐθνῶν· ὕψωσον κέρας χριστιανῶν· ✠ ✠ ✠ τὴν σὴν εἰρήνην καὶ τὴν σὴν ἀγάπην χάρισαι ἡμῖν, ὁ Θεός, ὁ Σωτὴρ ἡμῶν, ἡ ἐλπὶς πάντων τῶν περάτων τῆς γῆς.

Μνήσθητι, Κύριε, εὐκρασίας ἀέρων, δρόσων ἀγαθῶν, ὄμβρων εἰρηνικῶν, καρπῶν εὐφορίας, καὶ τοῦ στεφάνου τοῦ ἐνιαυτοῦ τῆς χρηστότητός σου· οἱ γὰρ ὀφθαλμοὶ πάντων εἰς σὲ ἐλπίζουσι, καὶ σὺ δίδως

---

(1) For the passage παῦσον τὰ σχίσματα...τῶν ἐθνῶν P. has παῦσον τὰς τῶν αἱρέσεων ἐπαναστάσεις.

LITURGY OF SAINT JAMES.

ROTULUS MESSANENSIS.

τὴν τροφὴν αὐτῶν ἐν εὐκαιρίᾳ· ἀνοίγεις σὺ τὴν χεῖρά σου, καὶ ἐμπιπλᾷς πᾶν ζῶον εὐδοκίας.

(1)

Μνήσθητι, Κύριε, τῶν καρποφορησάντων καὶ καρποφορούντων, μεμνημένων τῶν πενήτων, καὶ πάντων τῶν ἐντειλαμένων ἡμῖν τοῦ μνημονεύειν αὐτῶν ἐν ταῖς προσευχαῖς.

(2)
(3)

Ἔτι μνησθῆναι καταξίωσον, Κύριε, καὶ τῶν τὰς προσφορὰς προσενεγκάντων ἐν τῇ σήμερον ἡμέρᾳ ἐπὶ τὸ ἅγιόν σου θυσιαστήριον, καὶ ὑπὲρ ὧν ἕκαστος προσήνεγκεν, ἢ κατὰ διάνοιαν ἔχει, καὶ τῶν ἀρτίως σοι ἀναγινωσκομένων, ὧν σύ, Κύριε, γινώσκεις τὰ ὀνόματα.

(4)

Μνήσθητι, Κύριε, τῶν ἡμετέρων γονέων καὶ ἀδελφῶν καὶ φίλων καὶ συγγενῶν,

sic

καὶ ὧν σύ, Κύριε, γινώσκεις τὰ ὀνόματα, τούτων πάντων μνήσθητι, Κύριε ὁ Θεὸς ἡμῶν, ὧν ἐμνήσθημεν καὶ ὧν οὐκ ἐμνήσθημεν, ὀρθοδόξων. ἀντίδος αὐτοῖς ἀντὶ τῶν ἐπιγείων τὰ οὐράνια, ἀντὶ τῶν φθαρτῶν τὰ ἄφθαρτα, ἀντὶ τῶν προσκαίρων τὰ αἰώνια, κατὰ τὸ ἐπάγγελμα τοῦ Χριστοῦ σου·

Ἐπειδὴ δὲ ζωῆς καὶ θανάτου τὴν ἐξουσίαν ἔχεις, Κύριε ὁ Θεὸς ἡμῶν, ἔτι μνησθῆναι καταξίωσον, Δέσποτα, καὶ τῶν κατὰ γενεὰν καὶ γενεὰν εὐαρεστησάντων, ἁγίων πατέρων, δικαίων, πατριαρ-

(5)

CODEX ROSSANENSIS.

σὺ δίδως τὴν τροφὴν αὐτῶν ἐν εὐκαιρίᾳ· ἀνοίγεις σὺ τὴν χεῖρά σου, καὶ ἐμπιπλᾷς πᾶν ζῶον εὐδοκίας.

Μνήσθητι, Κύριε, τῶν καρποφορησάντων καὶ καρποφορούντων ἐν ταῖς ἁγίαις τοῦ Θεοῦ ἐκκλησίαις καὶ μεμνημένων τῶν πενήτων, καὶ τῶν ἐντειλαμένων ἡμῖν τοῦ μνημονεύειν αὐτῶν ἐν ταῖς προσευχαῖς.

Ἔτι μνησθῆναι καταξίωσον, Κύριε, καὶ τῶν τὰς προσφορὰς ταύτας προσενεγκάντων ἐν τῇ σήμερον ἡμέρᾳ ἐπὶ τὸ ἅγιόν σου θυσιαστήριον, καὶ ὑπὲρ ὧν ἕκαστος προσήνεγκεν, ἢ κατὰ διάνοιαν ἔχει, καὶ τῶν ἀρτίως ἀναγινωσκομένων.

[88 b]

Μνήσθητι, Κύριε, καὶ τῶν ἡμετέρων γονέων, συγγενῶν, καὶ φίλων, τοῦ Δ΄. καὶ τοῦ Δ΄.

Τούτων πάντων μνήσθητι, Κύριε, ὧν ἐμνήσθημεν καὶ ὧν οὐκ ἐμνήσθημεν, ὀρθοδόξων. ἀντίδος αὐτοῖς ἀντὶ τῶν ἐπιγείων τὰ οὐράνια, ἀντὶ τῶν φθαρτῶν τὰ ἄφθαρτα, ἀντὶ τῶν προσκαίρων τὰ αἰώνια, κατὰ τὸ ἐπάγγελμα τοῦ Χριστοῦ σου, ἐπειδὴ ζωῆς καὶ θανάτου τὴν ἐξουσίαν ἔχεις.

Ἔτι μνησθῆναι καταξίωσον, Κύριε, καὶ τῶν ἀπ' αἰῶνος σοὶ εὐαρεστησάντων κατὰ γενεὰν καὶ γενεάν, ἁγίων πατέρων, πα-

---

(1) Then in the margin Μνήσθητι, Κύριε, τῶν ποταμίων ὑδάτων καὶ τῆς παρὰ τοῦ...δι' αὐτ.... ἁγίας, τελείας, τελεσφορίας, καὶ εἰρηνικῆς, συμμέτρου ἀναβάσεως αὐτῶν. This is very difficult to read. Monaldinius printed καὶ τῆς, and then added "cætera legi non potuere."

(2) Written partly over an erasure ἐν ταῖς ἁγίαις τοῦ Θεοῦ ἡμῶν ἐκκλησίαις (after καρποφορούντων).

(3) χηρῶν, ὀρφανῶν, ξένων καὶ ἐπιδεομένων added in the margin after πενήτων.

(4) The text originally was τῷ ἁγίῳ σου θυσιαστηρίῳ for ἐπὶ τό.

(5) ἀπ' αἰῶνος interlined after καὶ τῶν.

PARIS MANUSCRIPT 2509.

S R τὴν τροφὴν αὐτῶν ἐν εὐκαιρίᾳ· ἀνοίγεις σὺ τὴν χεῖρά σου, καὶ ἐμπιπλᾷς πᾶν ζῶον εὐδοκίας.

P. 28 Μνήσθητι, Κύριε, τῶν καρποφορούντων καὶ καλλιεργούντων ἐν ταῖς ἁγίαις σου ἐκκλησίαις, καὶ μεμνημένων τῶν πενήτων, χηρῶν, ὀρφανῶν, ξένων, καὶ ἐπιδεομένων· S R / S A καὶ πάντων τῶν ἐντειλαμένων ἡμῖν τοῦ μνημονεύειν αὐτῶν ἐν ταῖς προσευχαῖς.

S R / S A Ἔτι μνησθῆναι καταξίωσον, Κύριε, καὶ τῶν τὰς προσφορὰς ταύτας προσενεγκάντων ἐν τῇ σήμερον ἡμέρᾳ ἐπὶ τὸ ἅγιόν σου θυσιαστήριον, καὶ ὑπὲρ ὧν ἕκαστος προσήνεγκεν, ἢ κατὰ διάνοιαν ἔχει, καὶ τῶν ἀρτίως σοι ἀνεγνωσμένων.

(1) Ἔτι μνησθῆναι καταξίωσον τῶν ἀπ' αἰῶνός σοι εὐαρεστησάντων κατὰ γενεὰν καὶ S A γενεάν, ἁγίων πατέρων, πατριαρχῶν, προ-

(1) At the commencement of this clause P. has Μνήσθητι, Κύριε, κατὰ τὸ πλῆθος τοῦ ἐλέους σου καὶ τῶν οἰκτιρμῶν σου καὶ ἐμοῦ τοῦ ταπεινοῦ καὶ ἀχρείου δούλου σου, καὶ τῶν τὸ ἅγιόν σου θυσιαστήριον κυκλούντων διακόνων· καὶ χάρισαι αὐτοῖς βίον ἄμεμπτον, ἄσπιλον αὐτῶν τὴν διακονίαν φύλαξον, καὶ βαθμοὺς ἀγαθοὺς περιποίησαι, ἵνα εὕρωμεν ἔλεον καὶ χάριν μετὰ πάντων τῶν ἁγίων τῶν ἀπ' αἰῶνος κ.τ.λ.

PARIS MANUSCRIPT 476.

τὴν τροφὴν αὐτῶν ἐν εὐκαιρίᾳ· ἀνοίγεις σὺ τὴν χεῖρά σου, καὶ ἐμπιπλᾷς πᾶν ζῶον εὐδοκίας.

Ὧδε μνημονεύει ὧν θέλει.

Μνήσθητι, Κύριε, τῶν καρποφορησάντων καὶ καρποφορούντων ἐν ταῖς ἁγίαις σου τοῦ Θεοῦ ἐκκλησίαις, καὶ μεμνημένων τῶν πενήτων, χηρῶν, ὀρφανῶν, ξένων, καὶ ἐπιδεομένων· καὶ πάντων τῶν ἐντειλαμένων ἡμῖν τοῖς ἀναξίοις τοῦ μνημονεύειν αὐτῶν ἐν ταῖς προσευχαῖς.

Ἔτι μνησθῆναι καταξίωσον, Κύριε, καὶ τῶν τὰς προσφορὰς προσενεγκάντων ἐν τῇ σήμερον ἡμέρᾳ ἐπὶ τὸ ἅγιόν σου θυσιαστήριον, ✠ καὶ ὑπὲρ ὧν ἕκαστος προσήνεγκεν, ἢ κατὰ διάνοιαν ἔχει, καὶ τῶν ἀρτίως σοι ἀναγινωσκομένων.

✠ Μνήσθητι, Κύριε, καὶ τῶν ζώντων, ἡμετέρων γονέων τε καὶ ἀδελφῶν καὶ φίλων καὶ συγγενῶν.

Ἐνταῦθα μνημονεύει ὧν θέλει ζώντων.

Ἐν πρώτοις μνήσθητι, Κύριε, τοῦ ἐπισκόπου ἡμῶν τοῦδε, ὃν χάρισαι ταῖς ἁγίαις σου ἐκκλησίαις ἐν εἰρήνῃ σῶον, ἔντιμον, ὑγιᾶ, μακροημερεύοντα, ὀρθοτομοῦντα τὸν λόγον τῆς σῆς ἀληθείας.

Ὁ ἱερεὺς τὴν εὐχήν.

Τούτων πάντων μνήσθητι, Κύριε ὁ Θεὸς ἡμῶν, ὧν ἐμνήσθημεν ὀρθοδόξων καὶ ὧν οὐκ ἐμνήσθημεν. ἀντίδος αὐτοῖς ἀντὶ τῶν ἐπιγείων τὰ οὐράνια, ἀντὶ τῶν φθαρτῶν τὰ ἄφθαρτα, ἀντὶ τῶν προσκαίρων τὰ αἰώνια, κατὰ τὸ ἐπάγγελμα τοῦ Χριστοῦ σου. Ἐπειδὴ δὲ ζωῆς καὶ θανάτου τὴν ἐξουσίαν ἔχεις, ἔτι μνησθῆναι καταξίωσον, Κύριε, καὶ τῶν ἀπ' αἰῶνός σοι εὐαρεστησάντων κατὰ γενεὰν καὶ γενεάν, ἁγίων πατέρων, πατρι-

LITURGY OF SAINT JAMES.

ROTULUS MESSANENSIS.

χῶν, προφητῶν, ἀποστόλων, μαρτύρων, προ-
(1) πατέρων, ὁμολογητῶν, διδασκάλων, ὁσίων,
παντὸς πνεύματος δικαίου ἐν πίστει τοῦ
(2) Χριστοῦ σου τετελειωμένου.

Μνήσθητι, Κύριε, τῆς ἀρχαγγελικῆς
φωνῆς τῆς λεγούσης, Χαῖρε, κεχαριτωμένη,
ὁ Κύριος μετὰ σοῦ· εὐλογημένη σὺ ἐν
γυναιξί, καὶ εὐλογημένος ὁ καρπὸς τῆς
(3) κοιλίας σου.

Ἐκφώνως. Ἐξαιρέτως τῆς παναγίας, ἀχράν-
του, ὑπερευλογημένης, δεσποίνης ἡμῶν, θεο-
(4) τόκου καὶ ἀειπαρθένου, Μαρίας,

(1) ἐπισκόπων interlined after ὁσίων.
(2) καὶ ὧν ἐν τῇ σήμερον ἡμέρᾳ ὑπόμνησιν ποιού-
μεθα added in the margin. On the other margin
Ὁ διάκονος τὰ δίπτυχα.
(3) ὅτι ἔτεκες σωτῆρα τῶν ψυχῶν ἡμῶν. γ´. in-
terlined.
(4) In the right hand margin Μνήσθητι,
Κύριε, ὁ Θεὸς ἡμῶν, and in the left, though in a
much later hand, τῶν τιμίων, ἀσωμάτων ἀρχαγ-
γέλων, ἀγγέλων, θρόνων, κυριοτήτων, ἀρχῶν, ἐξου-
σιῶν, δυναμέων, πολυομμάτων χερουβὶμ καὶ ἐξα-
πτερύγων σεραφίμ.

CODEX ROSSANENSIS.

τριαρχῶν, προφητῶν, ἀποστόλων, μαρτύρων,
ὁμολογητῶν, διδασκάλων, ὁσίων, καὶ παν-
τὸς πνεύματος δικαίου ἐν πίστει τοῦ Χριστοῦ [89]
σου τετελειωμένου.

Μνήσθητι, Κύριε, τῆς ἀρχαγγελικῆς
φωνῆς τῆς λεγούσης· Χαῖρε, κεχαριτωμένη,
ὁ Κύριος μετὰ σοῦ· εὐλογημένη σὺ ἐν γυ-
ναιξί, καὶ εὐλογημένος ὁ καρπὸς τῆς κοιλίας
σου· ὅτι Σωτῆρα ἔτεκες τῶν ψυχῶν ἡμῶν.

Ὁ διάκονος τὰ δίπτυχα τῶν ζώντων.

Ὑπὲρ σωτηρίας, εἰρήνης, ἐλέους, διαμονῆς
καὶ ἀντιλήψεως τοῦ ἁγιωτάτου ἡμῶν τοῦ
Δ´. πατριάρχου, καὶ λοιπῶν ὁσίων ἀρχιε-
πισκόπων καὶ ἐπισκόπων, τῶν ἐν πάσῃ τῇ
οἰκουμένῃ ὀρθοδόξως ὀρθοτομούντων τὸν
λόγον τῆς ἀληθείας, παντὸς ἐκκλησιαστικοῦ
τάγματος, καὶ ὑπὲρ βασιλέων καὶ πάντων
τῶν ἐν ὑπεροχῇ καὶ ἐξουσίᾳ ὄντων· ἵνα
ἤρεμον καὶ ἡσύχιον βίον διάγωμεν ἐν πάσῃ
εὐσεβείᾳ καὶ σεμνότητι· ἔτι ὑπὲρ πρεσβυ-
τέρων, διακόνων, διακονισσῶν, ὑποδιακόνων, [89 b]
ἀναγνωστῶν, ἐπορκιστῶν, ἑρμηνευτῶν, ψαλ-
τῶν, μοναζόντων, ἀειπαρθένων, χηρῶν,
ὀρφανῶν, ἐγκρατευομένων, καὶ τῶν ἐν
σεμνῷ γάμῳ διαγόντων, καὶ τῶν φιλο-
χρίστων·

Ἐκφώνως. Ἐξαιρέτως τῆς παναγίας καὶ
ὑπερευλογημένης, ἀχράντου, δεσποίνης ἡμῶν,
θεοτόκου καὶ ἀειπαρθένου, Μαρίας·

Λέγουσιν οἱ διάκονοι,

Μνήσθητι, Κύριε, ὁ Θεὸς ἡμῶν,

Ὁ ἱερεὺς κλίνων λέγει,

Τῆς παναγίας ἀχράντου· τῶν τιμίων
ἀσωμάτων ἀρχαγγέλων, Μιχαὴλ καὶ Γα-
βριήλ, καὶ πάσης ἀγγελικῆς στρατιᾶς·

LITURGY OF SAINT JAMES.

PARIS MANUSCRIPT 2509.

φητῶν, ἀποστόλων, μαρτύρων, ὁμολογητῶν, διδασκάλων, ὁσίων, παντὸς πνεύματος δικαίου ἐν πίστει τοῦ Χριστοῦ σου τετελειωμένου.

Χαῖρε, κεχαριτωμένη, ὁ Κύριος μετὰ σοῦ· εὐλογημένη σὺ ἐν γυναιξί, καὶ εὐλογημένος ὁ καρπὸς τῆς κοιλίας σου, ὅτι Σωτῆρα ἔτε-
(1) κες τῶν ψυχῶν ἡμῶν.
(2)   Ὁ ἀρχιδιάκονος λαμβάνει τὰ δίπτυχα τῶν ζώντων.

PARIS MANUSCRIPT 476.

αρχῶν, προφητῶν, ἀποστόλων, μαρτύρων, ὁμολογητῶν, διδασκάλων, ὁσίων, καὶ παντὸς πνεύματος δικαίου ἐν πίστει τοῦ Χριστοῦ σου τετελειωμένου.

Ὁ ἱερεὺς συνάπτει,

Χαῖρε, κεχαριτωμένη, ὁ Κύριος μετὰ σοῦ· εὐλογημένη σὺ ἐν γυναιξί, καὶ εὐλογημένος ὁ καρπὸς τῆς κοιλίας σου, ἀξιομακάριστε, ὅτι Σωτῆρα ἔτεκες τῶν ψυχῶν ἡμῶν.

Λέγει οὖν τοῦτο τρίς.

Ὁ ἱερεὺς ἐκφωνεῖ,

S R   Ἐξαιρέτως τῆς παναγίας, ἀχράντου, ὑπερευλογημένης, δεσποίνης ἡμῶν, θεοτόκου καὶ
(3)   ἀειπαρθένου, Μαρίας.

P. 29   Οἱ διάκονοι. Μνήσθητι, Κύριε ὁ Θεὸς ἡμῶν,

Ὁ ἱερεὺς ἐπικλινόμενος λέγει,

Εἶτα ἐκφωνεῖ,

Ἐξαιρέτως τῆς παναγίας, ἀχράντου, ὑπερευλογημένης, δεσποίνης ἡμῶν, θεοτόκου καὶ ἀειπαρθένου, Μαρίας.

Ὁ διάκονος τὰ δίπτυχα τῶν κεκοιμημένων.

Ὁ οὖν ἱερεὺς κλινόμενος ἐπεύχεται,

(1) In marg. sup. cod. hæc legitur rubrica: Ἐτέθη παρὰ τῷ ἁγίῳ Βασιλείῳ ἡ ἐκφώνησις αὕτη, ζήτει κ. ιθ'.
[The invocation is not in any of the printed copies of Saint Basil. It is in the MS. *C.* of S. Chrysostom (see p. 131, note *d*) as in the Rossano S. Mark (p. 40). But possibly the note refers to the Ἐξαιρέτως, which see in p. 82.]
(2) P. omits this.
(3) P. here inserts the passage which will be found below on p. 295.

292 LITURGY OF SAINT JAMES.

ROTULUS MESSANENSIS.

Τοῦ ἁγίου Ἰωάννου τοῦ προφήτου, προδρόμου καὶ βαπτιστοῦ· τῶν ἁγίων καὶ πανευφήμων ἀποστόλων, Πέτρου, Παύλου, Ἀνδρέου, Ἰακώβου, Ἰωάννου, Φιλίππου, Βαρθολομαίου, Θωμᾶ, Ματθαίου, Ἰακώβου, (1)
Σίμωνος, Ἰούδα, Ματθία, Μάρκου, Λουκᾶ, (2)
Θαδδαίου, Βαρνάβα, Τιμοθέου, Τίτου, Ἀνανίου, καὶ λοιπῶν ἁγίων μαθητῶν καὶ ἀποστόλων· καὶ τῶν ἁγίων καὶ μακαρίων πατέρων, Ἀδάμ, Ἄβελ, Σήθ, Ἐνώς, Ἐνώχ, Νῶε, Σήμ, Μελχισεδέκ, Ἀβραάμ, Ἰσαάκ, Ἰακώβ, Ἰωσήφ, Ἰώβ· τῶν ἁγίων προφητῶν καὶ πατριαρχῶν καὶ δικαίων, τῶν ἁγίων (3)
Ἀαρών, Ἰησοῦ τοῦ Ναυῆ, Σαμουήλ, Ἠλίου, Ἐλισσαίου, Νάθαν, Δαβίδ, Ἀχιὰ τοῦ Σιλονίτου, Ἡσαΐου, Ἱερεμίου, Ἰεζεχιήλ, Δανιήλ, Ὡσηέ, Ἀμώς, Ἀβδίου, Μιχαίου, Μαλαχίου, Σοφονίου, Ἰωήλ, Ἰωνᾶ, Ἀμβακούμ, Ναούμ, Ζαχαρίου, Ἀγγαίου, καὶ λοιπῶν προφητῶν· τοῦ ἁγίου Στεφάνου τοῦ πρωτοδιακόνου καὶ πρωτομάρτυρος· καὶ τῶν ἁγίων μαρτύρων καὶ ὁμολογητῶν, τῶν διὰ Χριστὸν τὸν ἀληθινὸν Θεὸν ἡμῶν μαρτυρησάντων καὶ ὁμολογησάντων τὴν καλὴν ὁμολογίαν· τῶν ἁγίων καὶ καλλινίκων (4)
μαρτύρων, Ἐράσμου, Θεοδώρου, Γεωργίου, Εὐστρατίου, Αὐξεντίου, Εὐγενίου, Μαρδαρίου καὶ Ὀρέστου, Παντελεήμονος, Εὐσταθίου, Ἰσιδώρου, Αἰμιλιανοῦ, Ἀδριανοῦ, Καισαρίου, Ἰουλιανοῦ καὶ τῶν σὺν αὐτῷ, Τρύφωνος, Ἀλεξάνδρου, Κηρύκου, Σεργίου καὶ Βάκχου, Κύρου καὶ Ἰωάννου, Μηνᾶ, Βίκτορος καὶ

(1) Ἰακώβου erased.
(2) τῶν εὐαγγελιστῶν interlined after Λουκᾶ.
(3) In the margin προφητῶν, Μωϋσέως before Ἀαρών.

CODEX ROSSANENSIS.

Τοῦ ἁγίου Ἰωάννου, τοῦ ἐνδόξου προφήτου προδρόμου καὶ βαπτιστοῦ· τῶν ἁγίων ἀποστόλων, Πέτρου, Παύλου, Ἀνδρέου, Ἰακώβου, Ἰωάννου, Φιλίππου, Βαρθολομαίου, Θωμᾶ, Ματθαίου, Ἰακώβου, Σίμωνος, Ἰούδα, Ματθία, Μάρκου, Λουκᾶ, τῶν εὐαγγελιστῶν· [90]
τῶν ἁγίων ἑβδομήκοντα ἀποστόλων· τῶν ἁγίων προφητῶν καὶ πατριαρχῶν καὶ δικαίων· τοῦ ἁγίου Στεφάνου, τοῦ πρωτοδιακόνου καὶ πρωτομάρτυρος· τῶν ἁγίων μαρτύρων καὶ ὁμολογητῶν, τῶν διὰ Χριστόν, τὸν ἀληθινὸν Θεὸν ἡμῶν, μαρτυρησάντων καὶ ὁμολογησάντων τὴν καλὴν ὁμολογίαν· τῶν ἁγίων νηπίων τῶν ἀναιρεθέντων ὑπὸ Ἡρώδου τοῦ βασιλέως.

Μνήσθητι, Κύριε, Προκοπίου, Θεοδώρου, Γεωργίου, Κύρου, Ἰωάννου, Λεοντίου, Σεργίου, Βάκχου, Κοσμᾶ, Δαμιανοῦ, Σαβινιανοῦ, Παύλου, Βαβυλᾶ καὶ τῶν σὺν αὐτῷ ἀθλησάντων, Ἀγαθαγγέλου, Εὐστρατίου καὶ τῶν σὺν αὐτῷ ἀθλησάντων· τῶν ἁγίων τεσσαράκοντα μαρτύρων· τῶν ἁγίων τεσσαρακονταπέντε· τῶν ἁγίων ὁμολογητῶν, Σαμωνᾶ, Γουρία, Ἀμβίβου· τοῦ ἁγίου [90 b]
ἱερομάρτυρος Δομετίου· τῶν ἁγίων Παντελεήμονος, Φρόντωνος, Νικήτα καὶ Ἑρμολάου· τοῦ ἁγίου Βοηθοῦ· τῶν ἁγίων Θαλελαίου, Μαρίνου καὶ Θεοτίμου, καὶ τοῦ ἁγίου μεγαλομάρτυρος Μερκουρίου· ὧν ταῖς εὐχαῖς ἐλεηθείημεν καὶ διαφυλαχθείημεν.

Μνήσθητι, Κύριε, τῆς ἁγίας πρωτομάρ-

(4) In the margin Μνήσθητι, Κύριε, τῶν νηπίων τῶν ἀναιρεθέντων ὑπὸ Ἡρώδου τοῦ βασιλέως. Μνήσθητι Κύριε τῶν ō μαρτύρων (after ὁμολογίαν).

PARIS MANUSCRIPT 2509.

S R (1) Τοῦ ἁγίου Ἰωάννου ἐνδόξου προφήτου, προδρόμου καὶ βαπτιστοῦ· τῶν ἁγίων ἀποστόλων Πέτρου καὶ Παύλου, Ἀνδρέου, Ἰακώβου, Ἰωάννου, Φιλίππου, Βαρθολομαίου, Θωμᾶ, Θαδδαίου, Ματθαίου, Ἰακώβου, Σίμωνος, Ἰούδα, Ματθίου, Μάρκου, Λουκᾶ, τῶν εὐαγγελιστῶν· τῶν ἁγίων προ-
S R φητῶν, πατριαρχῶν, δικαίων· τοῦ ἁγίου Στεφάνου τοῦ πρωτοδιακόνου καὶ πρωτομάρτυρος· πάντων τῶν ἀπ᾽ αἰῶνος ἁγίων σου· οὐχ ὅτι ἡμεῖς ἐσμὲν ἄξιοι μνημονεύειν
S R τῆς ἐκείνων μακαριότητος, ἀλλ᾽ ἵνα καὶ αὐτοὶ παρεστῶτες τῷ φοβερῷ καὶ φρικτῷ
S A σου βήματι, ἀντιμνημονεύσωσι τῆς ἡμῶν ἐλεεινότητος, καὶ εὕρωμεν χάριν καὶ ἔλεος ἐνώπιόν σου, Κύριε, εἰς εὔκαιρον βοήθειαν.

PARIS MANUSCRIPT 476.

Τοῦ ἁγίου Ἰωάννου τοῦ προφήτου, προδρόμου καὶ βαπτιστοῦ· τῶν ἁγίων ἀποστόλων Πέτρου, Παύλου, Ἀνδρέου, Ἰακώβου, Ἰωάννου, Φιλίππου, Βαρθολομαίου, Θωμᾶ, Ματθαίου, Ἰακώβου, Σίμωνος, Ἰούδα, Ματθία, Μάρκου, Λουκᾶ, τῶν εὐαγγελιστῶν· τῶν ἁγίων προφητῶν καὶ πατριαρχῶν καὶ δικαίων· τοῦ ἁγίου Στεφάνου τοῦ πρωτοδιακόνου καὶ πρωτομάρτυρος· τῶν ἁγίων μαρτύρων καὶ ὁμολογητῶν τῶν διὰ Χριστόν, τὸν ἀληθινὸν Θεὸν ἡμῶν, μαρτυρησάντων καὶ ὁμολογησάντων τὴν καλὴν ὁμολογίαν· τῶν ἁγίων νηπίων τῶν ἀναιρεθέντων ὑπὸ Ἡρώδου τοῦ βασιλέως. Μνήσθητι, Κύριε, τῶν ἁγίων μαρτύρων Προκοπίου, Θεοδώρου, Κύρου, Ἰωάννου, Γεωργίου, Λεοντίου, Σεργίου, Βάκχου, Κοσμᾶ, Δαμιανοῦ, Σαβινιανοῦ, Παύλου, Βαβυλᾶ, Ἀγαθαγγέλου, Κλήμεντος, Εὐστρατίου καὶ τῶν σὺν αὐτῷ ἀθλησάντων· τῶν ἁγίων τεσσαράκοντα· τῶν ἁγίων τεσσαρακονταπέντε· τῶν ἁγίων τεσσαρακονταδύο· τῶν ἁγίων ἑξηκοντατριῶν·

---

(1) P. omits this passage entirely.

LITURGY OF SAINT JAMES.

ROTULUS MESSANENSIS.

Βικεντίου· τῶν ἁγίων τεσσαράκοντα μαρτύρων καὶ λοιπῶν ἁγίων μαρτύρων· τῶν (1) ἁγίων μαρτύρων γυναικῶν, Θέκλης, Ἀναστασίας, Φεβρωνίας, Βαρβάρας, Ἰουλιανῆς, Ἀγαθῆς, Λουκίας, Καλλινίκης, Καλλίστης, Ἰουλίττης, Ἱερουσαλήμ, Ἐκατερίνης, Ναταλίας, Βασιλίσσης, Κιλικίας, Κυριακῆς, Εὐγενίας, Χριστίνης, Εἰρήνης, Θεοδότης, Φαύστης· οὐχ ὅτι ἡμεῖς ἐσμὲν ἄξιοι μνημονεῦσαι τῆς αὐτῶν μακαριότητος, ἀλλ᾽ ἵνα αὐτοὶ παρεστῶτες τῷ φρικτῷ καὶ φοβερῷ σου βήματι, Κύριε, ἀντιμνημονεύσωσιν τῆς ἡμετέρας ἐλεεινότητος· καὶ τῶν ἁγίων πατέρων ἡμῶν καὶ ἀρχιεπισκόπων, τῶν ἀπὸ τοῦ ἁγίου Ἰακώβου τοῦ ἀποστόλου καὶ ἀδελφοῦ τοῦ Κυρίου καὶ πρώτου τῶν ἐπισκόπων μέχρι Λέοντος καὶ Ἀθανασίου ὀρθοδόξως ἀρχιεπισκοπησάντων καὶ τῶν ἐξ ἀρχῆς ἀρχιεπισκοπησάντων· τῶν ἀπὸ τοῦ ἁγίου καὶ μακαρίου πατρὸς ἡμῶν Ἐνέα, τοῦ ἀποστολικοῦ καὶ πρώτου τῶν ἐπισκόπων, μέχρι Σωφρονίου καὶ Ἰωάννου· καὶ τῶν ἁγίων πατέρων ἡμῶν Διονυσίου, Κλήμεντος, Τιμοθέου, Ἰγνατίου, Σιλβέστρου, Εἰρηναίου, Ἀλεξάνδρου, Εὐσταθίου, Ἀθανασίου, Βασιλείων, Γρηγορίων, Ἀμβροσίου, Νικολάου, Ἀμφιλοχίου, Λιβερίου, Δαμάσου, Ἰωάννου τοῦ Χρυσοστόμου, Ἐπιφανίου, Θεοφίλου, *sic* Κελευστίνου, Αὐγουστίνου, Κυρίλλων, Λέον- *sic* τος, Πρόκλου, Πρόκλου, Φίλικος, Ὁρμίσκου, Ἀγαπητοῦ, Εὐλογίου, Μαρτίνου, Ἀγάθωνος, Σωφρονίου, Πολυκάρπου, Φλαβιανοῦ, Μεθο-

(1) μυροφόρων γυναικῶν, τῶν ἁγίων added in the margin after ἁγίων.

(2) ἀρχι interlined before ἐπισκόπων.

CODEX ROSSANENSIS.

τυρος Θέκλης· τῶν ἁγίων μυροφόρων γυναικῶν· Τάττης, Φεβρωνίας, Ἀναστασίας, Εὐφημίας, Σοφίας, Βαρβάρας, Ἰουλιανῆς, Εἰρήνης, Ἐλπίδος, Πίστεως, Ἀγάπης, Παρασκευῆς· τῆς ἁγίας Μαρίας· τῆς Συνοδίας, τῆς ἁγίας Στρατονίκης καὶ Σελεύκου· τοῦ ὁσίου πατρὸς ἡμῶν Συμεὼν τοῦ θαυματουργοῦ, καὶ τῆς ὁσίας μητρὸς αὐτοῦ Μάρθας· ὧν ταῖς εὐχαῖς ἐλεηθείημεν καὶ διαφυλαχθείημεν.

Μνήσθητι, Κύριε ὁ Θεός, τῶν πατέρων ἡμῶν καὶ ἀρχιεπισκόπων, τῶν ἀπὸ τοῦ [91] ἁγίου Ἰακώβου τοῦ ἀποστόλου καὶ ἀδελφοῦ τοῦ Κυρίου καὶ πρώτου τῶν ἀρχιεπισκόπων μέχρι Ἰωσὴφ καὶ Ὀρέστου τῶν ὀρθοδόξως (b) ἀρχιεπισκοπησάντων τῆς ἁγίας σοῦ τοῦ Θεοῦ ἡμῶν πόλεως.

Μνήσθητι, Κύριε, τῶν ἁγίων πατέρων ἡμῶν καὶ πατριαρχῶν Πέτρου, Εὐάδου, Ἰγνατίου, Εἴρωνος, Κορνηλίου, Ἔρωτος, Θεοφίλου, Μαξιμίνου, Σεραπίωνος, Ἀσκληπιάδου, Φιλίτου, Ζεβίνου, Βαβυλᾶ, Ἀφαβίου, Δημιτριανοῦ, Δόμνου, Τιμαίου, Κυρίλλου, Βιταλίου, Φιλογονίου, Εὐσταθίου, Μελετίου, Φλαβιανοῦ, Πορφυρίου, Παυλίνου, Εὐαγρίου, Ἀλεξάνδρου, Θεοδότου, Ἰωάννου, Βασιλείου, Ἀκακίου, Ἰουλιανοῦ, Παλλαδίου, Εὐφρασίου, Ἐφραιμίου, Δομνίνου, Γρηγορίου, Ἀναστασίου, Θεοφανοῦς, Γεωργίου, Στεφάνου, Θεοφυλάκτου, Θεοδώ- [91 b] ρου, Θεοδωρήτου, Ἰὼβ, Στεφάνου, Θεοδοσίου, Συμεών, Ἠλία, Θεοδοσίου, Θεοχαρίστου,

(3) τῆς ἁγίας Χριστοῦ τοῦ Θεοῦ ἡμῶν πόλεως added in the margin after the first ἀρχιεπισκοπησάντων.

LITURGY OF SAINT JAMES.

PARIS MANUSCRIPT 2509.

[The following is printed in the edition of Morel after the clause Ἐξαιρέτως, p. 291.

Οἱ ψάλται.

Ἄξιόν ἐστιν ὡς ἀληθῶς μακαρίζειν σε, τὴν θεοτόκον, τὴν ἀειμακάριστον, καὶ παναμώμητον, καὶ μητέρα τοῦ Θεοῦ ἡμῶν, τὴν τιμιωτέραν τῶν χερουβίμ, καὶ ἐνδοξοτέραν ἀσυγκρίτως τῶν σεραφίμ· τὴν ἀδιαφθόρως Θεὸν Λόγον τεκοῦσαν, τὴν ὄντως θεοτόκον, σὲ μεγαλύνομεν.

Καὶ πάλιν ψάλλουσιν.

Ἐπὶ σοὶ χαίρει, κεχαριτωμένη, πᾶσα ἡ κτίσις, ἀγγέλων τὸ σύστημα, καὶ ἀνθρώπων τὸ γένος, ἡγιασμένε ναὲ καὶ παράδεισε λογικέ, παρθενικὸν καύχημα, ἐξ ἧς Θεὸς ἐσαρκώθη, καὶ παιδίον γέγονεν ὁ πρὸ αἰώνων ὑπάρχων Θεὸς ἡμῶν· τὴν γὰρ σὴν μήτραν θρόνον ἐποίησε, καὶ τὴν σὴν γαστέρα πλατυτέραν οὐρανῶν ἀπειργάσατο. Ἐπὶ σοὶ χαίρει, κεχαριτωμένη, πᾶσα ἡ κτίσις· δόξα σοι.

See p. 131, note e and p. 162, note b.]

PARIS MANUSCRIPT 476.

τῶν ἁγίων τριακοντατριῶν· τῆς ἁγίας Θέκλης τῆς πρωτομάρτυρος· τῶν ἁγίων μυροφόρων γυναικῶν· Τάττης, Φεβρωνίας, Ἀναστασίας, Εὐφημίας, Σοφίας, Βαρβάρας, Ἰουλιανῆς, Εἰρήνης, Ἐλπίδος, Πίστεως, Ἀγάπης, Μαρίνης, Αἰκατερίνης.

Μνήσθητι, Κύριε, ὁ Θεὸς τῶν ἁγίων πατέρων ἡμῶν καὶ ἀρχιεπισκόπων, τῶν ἀπὸ τοῦ ἁγίου Ἰακώβου τοῦ ἀποστόλου καὶ ἀδελφοῦ τοῦ Κυρίου καὶ πρώτου τῶν ἀρχιεπισκόπων, μέχρι Θεοφίλου καὶ Νικηφόρου, Ἰωάννου, Λεοντίου τῶν ὀρθοδόξως ἀρχιεπισκοπησάντων τῆς ἁγίας σοῦ τοῦ Θεοῦ ἡμῶν πόλεως. (c)

(a) Leo and Athanasius (Leontius and Anastasius) are said to have been Archbishops of Jerusalem between 928 and 950.
(b) Orestes was banished from Jerusalem and slain in the year 1012.
(c) Theophilus seems to have succeeded Orestes: and Nicephorus to have been archbishop about the year 1050.

ROTULUS MESSANENSIS.

δίου, Παύλου, Μοδέστου, Ἐφραίμ, Μαρτίνου, Ἡσυχίου, Μαρκιανοῦ, Παγκρατίου, Ἀντιπάτρου, Γρηγορίου Ἀκραγαντίνων, Λέοντος, Εὔπλου, Σεφηριανοῦ, Φιλίππου, Γερμανοῦ, Νικολάου, Ταρασίου, ἐπισκόπων καὶ πρεσβυτέρων, ἱερομαρτύρων, ὀρθοδόξως ὀρθοτομησάντων τὸν λόγον τῆς σῆς ἀληθείας·

(b) Καὶ τῶν ἁγίων, μεγάλων, οἰκουμενικῶν ἓξ συνόδων, πρώτης τῶν ἐν Νικαίᾳ τριακοσίων δέκα καὶ ὀκτὼ ἁγίων πατέρων, δευτέρας τῶν ἐν Κωνσταντινουπόλει ἑκατὸν πεντήκοντα, τρίτης τῶν ἐν Ἐφέσῳ διακοσίων, τετάρτης τῶν ἐν Χαλκηδόνι ἑξακοσίων τριάκοντα, πέμπτης τῶν ἐν Σινᾶ ἑκατὸν ἑξήκοντα τεσσάρων, ἕκτης πάλιν τῶν ἐν Σινᾶ διακοσίων ὀγδοήκοντα θ΄. καὶ λοιπῶν ἁγίων συνόδων καὶ ἐπισκόπων τῶν ἐν πάσῃ τῇ οἰκουμένῃ ὀρθοδόξως ὀρθοτομούντων τὸν λόγον τῆς ἀληθείας·

καὶ τῶν ὁσίων πατέρων ἡμῶν καὶ ἀσκητῶν Παύλου, Ἀντωνίου, Παύλου, Πα-

CODEX ROSSANENSIS.

Ἀγάθωνος, Χριστοφόρου τοῦ νεομάρτυρος, Θεοδώρου, Ἀγαπίου, Ἰωάννου, Νικολάου, Ἠλίου, Θεοδώρου, Βασιλείου, Πέτρου καὶ Θεοδοσίου, τῶν ὀρθοδόξως ἀρχιεπισκοπησάντων τῆς ἁγίας καὶ κορυφαιοτάτης ἐκκλησίας, τῆς φιλοχρίστου ἡμῶν Θεοῦ πόλεως Ἀντιοχείας. (a)

Μνήσθητι, Κύριε, τῶν ἁγίων πατέρων ἡμῶν καὶ διδασκάλων Κλήμεντος, Τιμοθέου, Τίτου, Ἰγνατίου, Διονυσίου, Εἰρηναίου, Πέτρου, Γρηγορίου, Ἀλεξάνδρου, Εὐσταθίου, Ἀθανασίου, Βασιλείου, Γρηγορίου, Γρηγορίου, Ἀμβροσίου, Ἀμφιλοχίου, Λιβερίου, Δαμάσου, Ἰωάννου, Ἐπιφανίου, Θεοφίλου, Κελεστίνου, Αὐγουστίνου, Κυρίλλου, Λέοντος, Πρόκλου, Πρωτερίου, Φίλικος, Ὁρμίσδου, Εὐλογίου, Ἐφραιμίου, Ἀναστασίου, Θεοδώρου, Μαρτίνου, Ἀγάθωνος, Σωφρονίου. [92] sic

Μνήσθητι, Κύριε, τῶν ἁγίων μεγάλων καὶ οἰκουμενικῶν ἓξ συνόδων· τῶν ἐν Νικαίᾳ τριακοσίων δέκα καὶ ὀκτὼ ἁγίων πατέρων, καὶ τῶν ἐν Κωνσταντινουπόλει ἑκατὸν πεντήκοντα, καὶ τῶν ἐν Ἐφέσῳ τὸ πρότερον διακοσίων, καὶ τῶν ἐν Καλχηδόνι ἑξακοσίων τριάκοντα, καὶ τῶν ἐν τῇ ἁγίᾳ πέμπτῃ συνόδῳ ἑκατὸν ἑξήκοντα τεσσάρων, καὶ τῶν ἐν τῇ ἁγίᾳ ἕκτῃ συνόδῳ διακοσίων ὀγδοήκοντα ἐννέα, καὶ λοιπῶν ἁγίων συνόδων· καὶ πατέρων ἡμῶν, ἀρχιεπισκόπων καὶ ἐπισκόπων, τῶν ἐν πάσῃ τῇ οἰκουμένῃ ὀρθοδόξως ὀρθοτομησάντων τὸν λόγον τῆς ἀληθείας.

Μνήσθητι, Κύριε, τῶν ἁγίων πατέρων ἡμῶν καὶ ἀσκητῶν Παύλου, Ἀντωνίου,

PARIS MANUSCRIPT 2509.

(a) [The order in the "Synodicon" recited in the Greek Church on "orthodox Sunday" gives Peter and Theodosius as successively Patriarchs of Antioch. Peter was alive in the year 1054. Neale's Patriarchate of Antioch, p. 172, note 2.]

(b) [The fixing the place of the meeting of the fifth and sixth councils at Sinai is strange.]

(c) [This MS. alone mentions the seventh Synod.]

PARIS MANUSCRIPT 476.

Μνήσθητι, Κύριε, τῶν ἁγίων πατέρων ἡμῶν καὶ διδασκάλων Κλήμεντος, Τιμοθέου, Ἰγνατίου, Διονυσίου, Εἰρηναίου, Πέτρου, Γρηγορίου, Ἀλεξάνδρου, Εὐσταθίου, Ἀθανασίου, Βασιλείου, Γρηγορίου, Γρηγορίων, Ἀμβροσίου, Ἀμφιλοχίου, Λιβερίου, Δαμάσου, Ἰωάννου, Ἐπιφανίου, Θεοφίλου, Κελεστίνου, Αὐγουστίνου, Κυρίλλου, Λέοντος, Πρόκλου, Φίλικος, Προτέση, Ὁρμίσδου, *sic* Εὐλογίου, Ἐφραίμ, Ἀναστασίου, Θεοδώρου, Μαρτίνου, Ἀγάθωνος, Σωφρονίου.

Μνήσθητι, Κύριε, τῶν ἁγίων μεγάλων καὶ οἰκουμενικῶν ἓξ συνόδων· τῶν ἐν Νικαίᾳ τριακοσίων δέκα καὶ ὀκτώ, τῶν ἐν Κωνσταντινουπόλει ἑκατὸν πεντήκοντα, τῶν ἐν Ἐφέσῳ τὸ πρότερον διακοσίων, τῶν ἐν Χαλκηδόνι ἑξακοσίων τριάκοντα, τῶν ἐν τῇ ἁγίᾳ πέμπτῃ συνόδῳ ἑκατὸν ἑξηκοντατεσσάρων, τῶν ἐν τῇ ἁγίᾳ ἕκτῃ συνόδῳ διακοσίων ὀγδοηκονταεννέα, τῶν ἐν τῇ ἑβδόμῃ συνόδῳ (c) τριακοσίων ἑξηκοντάεπτα ἁγίων πατέρων τῶν ἐν Νικαίᾳ συνελθόντων τὸ δεύτερον· καὶ τῶν λοιπῶν ἁγίων συνόδων καὶ ἐπισκόπων τῶν ἐν πάσῃ τῇ οἰκουμένῃ ὀρθοδόξως ὀρθοτομησάντων τὸν λόγον τῆς ἀληθείας.

Μνήσθητι, Κύριε, τῶν ἁγίων πατέρων ἡμῶν καὶ ἀσκητῶν Παύλου, Ἀντωνίου,

LITURGY OF SAINT JAMES.

ROTULUS MESSANENSIS.

χωμίου, Ἀμμωνᾶ, Θεοδώρου, Ἱλαρίωνος, (1) Ἀρσενίου, Μάκαρος, Μακαρίου, Ἐφραίμ, Σιμεῶνος, Συμεῶνος, Εὐθυμίου, Θεοδοσίου, Σάβα, Χαρίτωνος, Γερασίμου, Μαξίμου, Ἀναστασίου, Κοσμᾶ, Ἰωάννου, καὶ τῶν ἁγίων πατέρων ἡμῶν τῶν ἀναιρεθέντων ὑπὸ τῶν βαρβάρων ἐν τῷ ἁγίῳ ὄρει τῷ Σινᾶ καὶ ἐν τῇ ˏΡαϊθοῦ. *sic*

Μνήσθητι, Κύριε, πρεσβυτέρων, διακόνων, διακονισσῶν, ὑποδιακόνων, ἀναγνωστῶν, ψαλτῶν, ἑρμηνευτῶν, μοναζόντων, τῶν μετὰ πίστεως ἐν τῇ κοινωνίᾳ τῆς ἁγίας καθολικῆς καὶ ἀποστολικῆς ἐκκλησίας τελειωθέντων· καὶ τῶν πιστῶν καὶ εὐσεβῶν βασιλέων, Κωνσταντίνου καὶ Ἑλένης, Θεοδοσίου τοῦ μεγάλου, Μαρκιανοῦ, Κωνσταντίνου, καὶ τῶν κατ᾿ αὐτοὺς εὐσεβῶς καὶ πιστῶς βασιλευσάντων· καὶ πάντων τῶν ἐν πίστει Χριστοῦ προκεκοιμημένων, φιλοχρίστων, ὀρθοδόξων, λαϊκῶν· καὶ ὑπὲρ εἰρήνης καὶ εὐσταθείας πασῶν τῶν ἁγίων τοῦ Θεοῦ ἐκκλησιῶν, καὶ ὑπὲρ ὧν ἕκαστος προσήνεγκεν, ἢ κατὰ διάνοιαν ἔχει, καὶ τοῦ περιεστῶτος φιλοχρίστου λαοῦ, καὶ πάντων, καὶ πασῶν.

Καὶ λέγει ὁ ἱερεὺς μυστικῶς,

Τοῦ ἁγίου Ἰωάννου, τοῦ προφήτου, προδρόμου καὶ βαπτιστοῦ, τῶν ἁγίων καὶ πανευφήμων ἀποστόλων, καὶ τοῦ ἁγίου τοῦ Δ΄., οὗ τὴν μνήμην μνημονεύομεν, καὶ πάντων τῶν ἁγίων σου· ὧν ταῖς ἱκεσίαις ἐπίσκεψαι ἡμᾶς, ὁ Θεός. Καὶ μνήσθητι, Κύριε, πάντων τῶν κεκοιμημένων ἐπ᾿ ἐλπίδι ἀναστάσεως ζωῆς αἰωνίου, καὶ ἀνάπαυσον αὐτούς, ὅπου ἐπισκοπεῖ τὸ φῶς τοῦ προσώπου σου.

CODEX ROSSANENSIS.

Χαρίτωνος, Παύλου, Παχωμίου, Ἀμμωνᾶ, [92 b] Θεοδώρου, Ἱλαρίωνος, Ἀρσενίου, Μακαρίου, Μακαρίου, Σισώη, Ἰωάννου, Παμβώ, Ποιμένος, Νείλου, Ἡσιδώρου, Ἐφραίμ, Συμεῶνος, Συμεῶνος, Θεοδοσίου, Σάβα, Σάβα, Εὐθυμίου, Θεοκτίστου, Γερασίμου, Παντολέοντος, Μαξίμου, Ἀναστασίου, Κοσμᾶ, Ἰωάννου, Τιμοθέου καὶ τοῦ νέου Χαρίτωνος.

Μνήσθητι, Κύριε, τῶν ἁγίων πατέρων ἡμῶν τῶν ἀναιρεθέντων ὑπὸ τῶν βαρβάρων ἐν τῷ ἁγίῳ ὄρει τῷ Σινᾶ καὶ ἐν τῇ ˏΡαϊθῷ· καὶ λοιπῶν ὁσίων πατέρων ἡμῶν καὶ ἀσκητῶν ὀρθοδόξων, καὶ πάντων τῶν ἁγίων σου· οὐχ ὅτι ἡμεῖς ἐσμὲν ἄξιοι μνημονεύειν τῆς ἐκείνων μακαριότητος, ἀλλ᾿ ἵνα καὶ αὐτοὶ παρεστῶτες τῷ φοβερῷ καὶ φρικτῷ σου βήματι ἀντιμνημονεύσωσι τῆς ἡμῶν ἐλεεινότητος, καὶ εὕρωμεν χάριν καὶ ἔλεος ἐνώπιόν σου, Κύριε, εἰς εὔκαιρον βοήθειαν. [93]

Μνήσθητι, Κύριε, πρεσβυτέρων, διακόνων, διακονισσῶν, ὑποδιακόνων, ἀναγνωστῶν, ἐπορκιστῶν, ἑρμηνευτῶν, ψαλτῶν, μοναζόντων, ἀειπαρθένων, χηρῶν, ὀρφανῶν, ἐγκρατευομένων, τῶν μετὰ πίστεως ἐν τῇ ἁγίᾳ κοινωνίᾳ τῆς ἁγίας σου καθολικῆς καὶ ἀποστολικῆς ἐκκλησίας τελειωθέντων.

Μνήσθητι, Κύριε, τῶν εὐσεβῶν καὶ πιστῶν βασιλέων, ˋΚωνσταντίνου, ˋἙλένης, ˋΘεοδοσίου τοῦ μεγάλου, Μαρκιανοῦ, Πουλχερίας, Λέοντος, Ἰουστινιανοῦ, Κωνσταντίνου, καὶ τῶν κατ᾿ αὐτοὺς εὐσεβῶς καὶ πιστῶς βασιλευσάντων· καὶ πάντων τῶν ἐν πίστει καὶ σφραγίδι Χριστοῦ προκεκοιμημένων, φιλοχρίστων, ὀρθοδόξων, λαϊκῶν.

(1) Σισινίου, Ἰωάννου, Δαμάσου interlined after Μακαρίου.

PARIS MANUSCRIPT 2509.   PARIS MANUSCRIPT 476.

Χαρίτωνος, Παύλου, Παχωμίου, Ἀμμοῦν, Θεοδώρου, Ἱλαρίωνος, Ἀρσενίου, Μακαρίου, Ἰωάννου, Παμβών, Ποιμένος, Νείλου, Ἰσιδώρου, Ἐφραίμ, Συμεῶνος, Θεοδοσίου, Σάβα, Εὐθυμίου, Θεοκτίστου, Γερασίμου, Παντολέοντος, Μαξίμου, Ὀνουφρίου, Παφνουτίου, Ἀναστασίου, Κοσμᾶ, Ἰωάννου.

Μνήσθητι, Κύριε, τῶν ἁγίων πατέρων ἡμῶν τῶν ἀναιρεθέντων ὑπὸ τῶν βαρβάρων ἐν τῷ ὄρει τῷ Σινᾶ καὶ ἐν τῇ Ῥαιθῷ, καὶ τῶν λοιπῶν ὁσίων πατέρων ἡμῶν καὶ ἀσκητῶν ὀρθοδόξων καὶ πάντων τῶν ἁγίων· οὐχ ὅτι ἡμεῖς ἐσμὲν ἄξιοι μνημονεύειν τῆς ἐκείνων μακαριότητος, ἀλλ' ἵνα καὶ αὐτοὶ παρεστῶτες τῷ φοβερῷ καὶ φρικτῷ σου βήματι ἀντιμνημονεύσωσι τῆς ἡμῶν ἐλεεινότητος.

Μνήσθητι, Κύριε, πρεσβυτέρων, διακόνων, ὑποδιακόνων, ἀναγνωστῶν, ἐπορκιστῶν, ψαλτῶν, μοναζόντων, ἀειπαρθένων, χηρῶν, ὀρφανῶν, ἐγκρατευομένων, καὶ τῶν ἐν σεμνῷ γάμῳ διαμεινάντων, καὶ τῶν μετὰ πίστεως ἐν τῇ κοινωνίᾳ τῆς ἁγίας σου καθολικῆς ἐκκλησίας τελειωθέντων.

Μνήσθητι, Κύριε, τῶν εὐσεβῶν καὶ πιστῶν βασιλέων, Κωνσταντίνου καὶ Ἑλένης, Θεοδοσίου τοῦ μεγάλου, Μαρκιανοῦ, Πουλχερίας, Λέοντος, Ἰουστινιανοῦ, Κωνσταντίνου, καὶ τῶν κατ' αὐτοὺς εὐσεβῶς καὶ πιστῶς βασιλευσάντων· καὶ πάντων τῶν ἐν πίστει καὶ σφραγίδι Χριστοῦ προκεκοιμένων, φιλοχρίστων, ὀρθοδόξων, λαϊκῶν.

LITURGY OF SAINT JAMES.

ROTULUS MESSANENSIS.

(1) Καὶ ὀνομάζει τοὺς κοιμηθέντας.

(2) Μνήσθητι, Κύριε, τῶν ἡμετέρων γονέων, καὶ ἀδελφῶν, καὶ φίλων, καὶ συγγενῶν, καὶ πάσης σαρκός, ὧν ἐμνήσθημεν καὶ ὧν οὐκ ἐμνήσθημεν, ὀρθοδόξων· ἐκεῖ αὐτοὺς ἀνάπαυσον (3) ἐν χώρᾳ ζώντων, ἐν βασιλείᾳ οὐρανῶν, ἐν τρυφῇ παραδείσου, εἰς κόλπους (4) Ἀβραὰμ καὶ Ἰσαὰκ καὶ Ἰακώβ, ἐν σκηναῖς τῶν δικαίων, ὅθεν ἀπέδρα ὀδύνη καὶ λύπη καὶ στεναγμός, ἔνθα ἐπισκοπεῖ τὸ φῶς τοῦ προσώπου σου καὶ καταλάμπει διὰ παντός. ἡμῶν δὲ τὰ τέλη τῆς ζωῆς χριστιανὰ καὶ (5) εὐάρεστα, εἰρηνικὰ καὶ ἀναμάρτητα, κατεύθυνον, Κύριε, Κύριε, ἐπισυνάγων ἡμᾶς ὑπὸ τοὺς πόδας τῶν ἐκλεκτῶν σου, ὅτε θέλεις καὶ ὡς θέλεις, μόνον χωρὶς κατακρίσεως καὶ (6) αἰσχύνης παραπτωμάτων·........αὐτὸς γάρ (a) ἐστιν μόνος ἀναμάρτητος φανεὶς ἐπὶ τῆς γῆς.

Ἐκφώνως. Ἐν πρώτοις μνήσθητι, Κύριε, τοῦ ἁγιωτάτου πατρὸς ἡμῶν καὶ πατριάρχου, τοῦ Δ′., τῆς ἁγίας Χριστοῦ τοῦ Θεοῦ ἡμῶν (7) πόλεως, καὶ τῶν σὺν αὐτῷ ἁγίων τεσσάρων οἰκουμενικῶν, ὀρθοδόξων πατριαρχῶν, Βενε- (b) δίκτου Ῥώμης, Νικολάου Κωνσταντινου-

(1) There is a space here in the MS.
(2) τούτων πάντων μνήσθητι, Κύριε, ὁ Θεὸς τῶν πνευμάτων added in the margin after συγγενῶν.
(3) τῇ interlined. σου interlined. [ἐν τῇ βα. σου οὐρανῶν.]
(4) τῶν πατέρων interlined after Ἰακώβ.
(5) ἀνώδυνα interlined after εὐάρεστα. ἐν εἰρήνῃ interlined after ἀναμάρτητα.
(6) διὰ τοῦ μονογενοῦς σου Υἱοῦ, Κυρίου δὲ καὶ Θεοῦ καὶ Σωτῆρος ἡμῶν, Ἰησοῦ Χριστοῦ interlined

CODEX ROSSANENSIS.

Μνήσθητι, Κύριε, τῶν ἡμετέρων γονέων καὶ φίλων καὶ συγγενῶν καὶ ἰδίων, ἐν τῇ βασιλείᾳ σου, τοῦ Δ′. καὶ τοῦ Δ′. [93 b]

Τούτων πάντων μνήσθητι, Κύριε ὁ Θεὸς τῶν πνευμάτων καὶ πάσης σαρκός, ὧν ἐμνήσθημεν καὶ ὧν οὐκ ἐμνήσθημεν, ὀρθοδόξων, ἀπὸ τοῦ Ἄβελ τοῦ δικαίου μέχρι τῆς σήμερον ἡμέρας· ἐκεῖ αὐτοὺς ἀνάπαυσον ἐν χώρᾳ ζώντων, ἐν τῇ βασιλείᾳ σου, ἐν τρυφῇ τοῦ παραδείσου, ἐν κόλποις Ἀβραὰμ καὶ Ἰσαὰκ καὶ Ἰακώβ, τῶν ἁγίων πατέρων ἡμῶν· ὅθεν ἀπέδρα ὀδύνη, λύπη, καὶ στεναγμός, ἔνθα ἐπισκοπεῖ τὸ φῶς τοῦ προσώπου σου καὶ καταλάμπει διὰ παντός. ἡμῶν δὲ τὰ τέλη τῆς ζωῆς χριστιανὰ καὶ εὐάρεστα καὶ ἀναμάρτητα ἐν εἰρήνῃ κατεύθυνον, Κύριε, ἐπισυνάγων ἡμᾶς ὑπὸ τοὺς πόδας τῶν ἐκλεκτῶν σου, ὅτε θέλεις καὶ ὡς θέλεις, μόνον χωρὶς αἰσχύνης καὶ παραπτωμάτων, διὰ τοῦ μονογενοῦς σου Υἱοῦ, Κυρίου δὲ καὶ Θεοῦ καὶ Σωτῆρος ἡμῶν, Ἰησοῦ Χριστοῦ· [94] αὐτὸς γάρ ἐστιν ὁ μόνος ἀναμάρτητος φανεὶς (a) ἐπὶ τῆς γῆς.

on an erasure. ὁ interlined before μόνος.

(7) μεγάλων interlined after τεσσάρων.

(a) This passage was in use in the time of Jerome. "Sacerdotum quotidie ora concelebrant ὁ μόνος ἀναμάρτητος, quod in lingua nostra dicitur, Qui solus est sine peccato." Lib. II. contr. Pelagianos c. 23 (tom. II. p. 771). See Palmer Orig. Lit. I. p. 30. The Benedictine editors of Jerome appear not to have been aware of the existence of the phrase in this Liturgy.

PARIS MANUSCRIPT 2509.

Μνήσθητι, Κύριε ὁ Θεὸς τῶν πνευμάτων καὶ πάσης σαρκός, ὧν ἐμνήσθημεν καὶ ὧν οὐκ ἐμνήσθημεν, ὀρθοδόξων, ἀπὸ Ἄβελ τοῦ δικαίου μέχρι τῆς σήμερον ἡμέρας· αὐτὸς ἐκεῖ αὐτοὺς ἀνάπαυσον, ἐν χώρᾳ ζώντων, ἐν τῇ βασιλείᾳ σου, ἐν τῇ τρυφῇ τοῦ παραδείσου, ἐν τοῖς κόλποις Ἀβραὰμ καὶ Ἰσαὰκ καὶ Ἰακώβ, τῶν ἁγίων πατέρων ἡμῶν, ὅθεν ἀπέδρα ὀδύνη, λύπη, καὶ στεναγμός, ἔνθα ἐπισκοπεῖ τὸ φῶς τοῦ προσώπου σου καὶ καταλάμπει διὰ παντός. ἡμῶν δὲ τὰ τέλη τῆς ζωῆς χριστιανὰ καὶ εὐάρεστα καὶ ἀναμάρτητα ἐν εἰρήνῃ κατεύθυνον, Κύριε, Κύριε, ἐπισυνάγων ἡμᾶς ὑπὸ τοὺς πόδας τῶν ἐκλεκτῶν σου, ὅτε θέλεις καὶ ὡς θέλεις, μόνον χωρὶς αἰσχύνης καὶ παραπτωμάτων, διὰ τοῦ μονογενοῦς σου Υἱοῦ, Κυρίου δέ, Θεοῦ, καὶ Σωτῆρος ἡμῶν, Ἰησοῦ Χριστοῦ· αὐτὸς γάρ ἐστιν ὁ μόνος ἀναμάρτητος φανεὶς ἐπὶ τῆς γῆς.

PARIS MANUSCRIPT 476.

Μνήσθητι, Κύριε, τῶν ἡμετέρων γονέων καὶ ἀδελφῶν, καὶ φίλων καὶ συγγενῶν.

Ἐνταῦθα μνημονεύει οὓς θέλει ὁ ἱερεὺς κεκοιμημένους χριστιανούς.

Τούτων πάντων μνήσθητι, Κύριε ὁ Θεὸς τῶν πνευμάτων καὶ πάσης σαρκός, ὧν ἐμνήσθημεν καὶ ὧν οὐκ ἐμνήσθημεν, ὀρθοδόξων· αὐτὸς ἐκεῖ αὐτοὺς ἀνάπαυσον, Κύριε, ἐν χώρᾳ ζώντων, ἐν τῇ βασιλείᾳ σου, ἐν τῇ τρυφῇ τοῦ παραδείσου, ἐν κόλποις Ἀβραὰμ καὶ Ἰσαὰκ καὶ Ἰακώβ, τῶν ἁγίων πατέρων ἡμῶν, ὅθεν ἀπέδρα ὀδύνη, λύπη, καὶ στεναγμός, ἔνθα ἐπισκοπεῖ τὸ φῶς τοῦ προσώπου σου καὶ καταλάμπει διὰ παντός. ἡμῶν δὲ τὰ τέλη τῆς ζωῆς χριστιανὰ καὶ ἀναμάρτητα ἐν εἰρήνῃ κατεύθυνον, Κύριε, ἐπισυνάγων ἡμᾶς ὑπὸ τοὺς πόδας τῶν ἐκλεκτῶν σου, ὅτε θέλεις καὶ ὡς θέλεις, μόνον χωρὶς αἰσχύνης καὶ παραπτωμάτων, διὰ τοῦ μονογενοῦς σου Υἱοῦ, Κυρίου δὲ καὶ Σωτῆρος ἡμῶν, Ἰησοῦ Χριστοῦ· αὐτὸς γάρ ἐστιν ὁ μόνος ἀναμάρτητος φανεὶς ἐπὶ τῆς γῆς.

(b) [Benedict VII. was Pope of Rome from 974 to 983.
Nicolaus II. Chrysoberges was Patriarch of Constantinople from 983 to 997.
Agapius II. Patriarch of Alexandria from 985 to 997. (Another Agapius immediately preceded him according to some accounts.)
Elias was Patriarch of Alexandria for many years from 968.]

(1) In marg. inf. cod. hæc legitur rubrica: Ἐτέθη παρὰ τῷ ἁγίῳ Βασιλείῳ ἡ εὐχὴ αὕτη πλατυτέρα, ζήτει κ. κ'. [p. 166?]

LITURGY OF SAINT JAMES.

ROTULUS MESSANENSIS.

πόλεως, Ἀγαπίου Ἀντιοχίας, καὶ Ἠλία τῆς μεγάλης πόλεως Ἀλεξανδρείας, καὶ τοῦ Δ΄., τοῦ ἀρχιεπισκόπου ἡμῶν, οὓς χάρισαι ταῖς ἁγίαις σου ἐκκλησίαις ἐν εἰρήνῃ σώ[ους]. (1)

Καὶ ὑπὲρ εἰρήνης καὶ εὐσταθίας τοῦ παντὸς κόσμου, καὶ ἑνώσεως πασῶν τῶν ἐκκλησιῶν, καὶ ὑπὲρ ὧν ἕκαστος προσήνεγκεν, ἢ κατὰ διάνοιαν ἔχει, καὶ τοῦ περιεστῶτος λαοῦ, καὶ πάντων καὶ πασῶν.

Ἐκφώνως. Δι' ὃν καὶ ἡμῖν καὶ αὐτοῖς ὡς ἀγαθὸς καὶ φιλάνθρωπος Δεσπότης,

Ὁ λαός. Ἄνες, ἄφες, συγχώρησον, ὁ Θεός, τὰ παραπτώματα ἡμῶν, τὰ ἑκούσια, τὰ ἀκούσια, τὰ ἐν γνώσει καὶ τὰ ἐν ἀγνοίᾳ, (a)

Ἐκφώνως ὁ ἱερεύς. Χάριτι καὶ οἰκτιρμοῖς καὶ φιλανθρωπίᾳ τοῦ μονογενοῦς σου Υἱοῦ, μεθ' οὗ εὐλογητὸς εἶ καὶ δεδοξασμένος, σὺν τῷ παναγίῳ καὶ ἀγαθῷ καὶ ζωοποιῷ.

Ὁ ἱερεύς. Εἰρήνη πᾶσιν.

Ὁ λαός. Καὶ τῷ πνεύματί σου.

Εἶτα ὁ ἀρχιδιάκονος.

Ἔτι καὶ ἔτι καὶ διὰ παντὸς ἐν εἰρήνῃ.

Καὶ ὑπὲρ τῶν προσκομισθέντων ἁγίων, (2)

CODEX ROSSANENSIS.

Ὁ διάκονος.

Καὶ ὑπὲρ εἰρήνης καὶ εὐσταθίας παντὸς τοῦ κόσμου καὶ τῶν ἁγίων τοῦ Θεοῦ ἐκκλησιῶν, καὶ ὑπὲρ ὧν ἕκαστος προσήνεγκεν, ἢ κατὰ διάνοιαν ἔχει, καὶ τοῦ περιεστῶτος λαοῦ, καὶ πάντων καὶ πασῶν.

Ὁ λαός. Καὶ πάντων καὶ πασῶν.

Ὁ ἱερεὺς λέγει ἐκφωνῶν,

Δι' ὃν καὶ ἡμῖν καὶ αὐτοῖς, ὡς ἀγαθὸς Θεὸς καὶ φιλάνθρωπος Δεσπότης,

Ὁ λαός.

Ἄνες, ἄφες, συγχώρησον, ὁ Θεός, τὰ παραπτώματα ἡμῶν, τὰ ἑκούσια, τὰ ἀκούσια, (a) τὰ ἐν γνώσει, τὰ ἐν ἀγνοίᾳ, γ΄. (3)

Ὁ ἱερεὺς ἐκφωνῶς.

Χάριτι καὶ οἰκτιρμοῖς καὶ φιλανθρωπίᾳ τοῦ Χριστοῦ σου, μεθ' οὗ εὐλογητὸς εἶ καὶ δεδοξασμένος, σὺν τῷ παναγίῳ καὶ ἀγαθῷ καὶ ζωοποιῷ σου Πνεύματι, νῦν καὶ ἀεί, καί.

Ὁ λαός. Ἀμήν.

Ὁ ἱερεύς. Εἰρήνη πᾶσιν.

Ὁ λαός. Καὶ τῷ πνεύματί σου.

Ὁ ἀρχιδιάκονος λέγει,

Ἔτι καὶ ἔτι καὶ διὰ παντὸς ἐν εἰρήνῃ τοῦ Κυρίου δεηθῶμεν· [94 b]

Ὑπὲρ τῶν προσκομισθέντων καὶ ἁγια-

---

(1) In the margins (one of which is partly eaten away): ὁ ἀρχιδιάκονος προσφωνεῖ. ὑπὲρ εἰρήνης, ἐλέους, διαμονῆς καὶ ἀντιμισθίας τῶν ἁγίων πατέρων ἡμῶν, ὁ δεῖνα, ὁ δεῖνα, τῶν πατριαρχῶν ὀρθοδόξων, ὀρθοτομούντων τὸν λόγον τῆς ἀληθείας, καὶ ὑπὲρ σωτηρίας καὶ ἀντιλήψεως τοῦ ἁγίου πατρός, ὁ δεῖνα, τοῦ ἐπισκόπου, καὶ λοιπῶν πατέρων ἡμῶν τῶν ἐν......τῇ οἰκουμένῃ ὀρ...... τὸν λόγον τῆς ἀληθείας, καὶ παν......τικου ὀρθοδοξ...... ...καὶ πάντων......εὐσεβούντων (?) ἵνα ἤρεμον καὶ ἡσύχιον βίον διάγωμεν, ἐν πάσῃ εὐσεβείᾳ καὶ σεμνότητι. ἔτι ὑπὲρ πρεσβυτέρων, διακόνων, ὑποδιακόνων, ἀναγνωστῶν, ἑρμηνευτῶν, ἐπορκιστῶν, ψαλτῶν, μοναζόντων, ὑπὲρ ἀειπαρθένων, χηρῶν, ὀρφανῶν, ἐγκρατευομένων. καὶ τῶν ἐν σεμνῷ γάμῳ διαγόντων, τῶν φιλοχρίστων, ὀρθοδόξων, λαϊκῶν, καὶ ὧν ἔτι αὐτοί (sic).

(2) καὶ προαγιασθέντων ἐπουρανίων added in the margin after προσκομισθέντων: and τιμίων after ἁγίων.

(3) The number γ΄ is added in another hand.

PARIS MANUSCRIPT 2509.

(1) Λέγει ὁ πρωτοδιάκονος, Καὶ ὑπὲρ εἰρήνης καὶ εὐσταθείας παντὸς κόσμου καὶ τῶν ἁγίων τοῦ Θεοῦ ἐκκλησιῶν, καὶ ὑπὲρ ὧν ἕκαστος προσήνεγκεν, ἢ κατὰ διάνοιαν ἔχει, καὶ τοῦ περιεστῶτος λαοῦ, καὶ πάντων καὶ πασῶν.

P. 30

Ὁ λαός. Καὶ πάντων καὶ πασῶν.

Ὁ ἱερεὺς ἐκφωνεῖ, Δι' ὃν καὶ ἡμῖν καὶ αὐτοῖς ὡς ἀγαθὸς καὶ φιλάνθρωπος,

S R (a)
(2)

Ὁ λαός. Ἄνες, ἄφες, συγχώρησον, ὁ Θεός, τὰ παραπτώματα ἡμῶν, τὰ ἑκούσια, τὰ ἀκούσια, τὰ ἐν γνώσει καὶ τὰ ἐν ἀγνοίᾳ,

Ὁ ἱερεύς. Χάριτι καὶ οἰκτιρμοῖς καὶ φιλανθρωπίᾳ τοῦ μονογενοῦς σου Υἱοῦ, μεθ' οὗ εὐλογητὸς εἶ καὶ δεδοξασμένος, σὺν τῷ παναγίῳ καὶ ἀγαθῷ καὶ ζωοποιῷ σου Πνεύματι, νῦν καὶ ἀεί, καὶ εἰς τοὺς αἰῶνας.

Ὁ λαός. Ἀμήν.

Ὁ ἱερεύς. Εἰρήνη πᾶσιν.

S R (3)

Ὁ λαός. Καὶ τῷ πνεύματί σου.

Ὁ ἀρχιδιάκονος λέγει.

Ἔτι καὶ ἔτι διὰ παντὸς ἐν εἰρήνῃ τοῦ Κυρίου δεηθῶμεν.

Ὑπὲρ τῶν προσκομισθέντων καὶ ἁγια-

PARIS MANUSCRIPT 476.

Εἶτα ὁ διάκονος. Καὶ ὑπὲρ εἰρήνης καὶ εὐσταθείας.

Εἶτα ἐκφωνεῖ ὁ ἱερεὺς πρὸς τὸν λαόν,

Δι' ὃν καὶ ἡμῖν καὶ αὐτοῖς ὡς ἀγαθὸς Θεὸς καὶ φιλάνθρωπος Δεσπότης,

Εἶτα λέγει ὁ λαὸς ἀπὸ τῶν ἐκτός,

Ἄνες, ἄφες.

Ὡσαύτως ὁ ἱερεὺς ἐκφωνεῖ μεγάλως,

Χάριτι καὶ οἰκτιρμοῖς καὶ φιλανθρωπίᾳ τοῦ Χριστοῦ σου, μεθ' οὗ εὐλογητὸς εἶ καὶ δεδοξασμένος, σὺν τῷ παναγίῳ καὶ ἀγαθῷ καὶ ζωοποιῷ σου Πνεύματι, νῦν καὶ ἀεί, καὶ εἰς τοὺς αἰῶνας τῶν αἰώνων. Ἀμήν.

Εἰρήνη πᾶσιν.

Ὁ διάκονος συνάπτει, οὕτω λέγων μεγάλως,

Ἔτι καὶ ἔτι διὰ παντός.

Ὑπὲρ τῶν προκειμένων δώρων τοῦ Κυρίου δεηθῶμεν.

(a) Compare Chrys. ad Hebr. Hom. XVII. tom. XII. p. 166. τί δέ ἐστιν Ἀνενεγκεῖν ἁμαρτίας; ὥσπερ ἐπὶ τῆς προσφορᾶς, ἧς ἀναφέρομεν, ἀναφέρομεν καὶ ἁμαρτήματα λέγοντες Εἴτε ἑκόντες εἴτε ἄκοντες ἡμάρτομεν συγχώρησον.

(1) P. ὁ διάκονος. Mr Hammond puts this passage into a note, saying that it is clearly misplaced. All the MSS., however, have it here.

(2) P. reads τὰ ἐν ἔργῳ καὶ λόγῳ· τὰ ἐν γνώσει καὶ ἀγνοίᾳ· τὰ ἐν νυκτὶ καὶ ἐν ἡμέρᾳ· τὰ κατὰ νοῦν καὶ διάνοιαν· τὰ πάντα ἡμῖν συγχώρησον, ὡς ἀγαθὸς καὶ φιλάνθρωπος.

(3) P. ὁ διάκονος.

ROTULUS MESSANENSIS.

ἐπουρανίων, θείων δώρων, Κυρίῳ τῷ Θεῷ ἡμῶν δεηθῶμεν,

Ὅπως Κύριος ὁ Θεὸς ἡμῶν, ὁ προσδεξάμενος αὐτὰ εἰς τὸ ἅγιον καὶ ὑπερουράνιον καὶ πνευματικὸν αὐτοῦ θυσιαστήριον, εἰς ὀσμὴν εὐωδίας, ἀντικαταπέμψῃ ἡμῖν τὴν θείαν χάριν καὶ τὴν δωρεὰν τοῦ παναγίου.

Τὴν ἑνότητα τῆς πίστεως, καὶ τὴν κοινωνίαν τοῦ παναγίου Πνεύματος αἰτησάμενοι, ἑαυτοὺς καὶ ἀλλήλους. (1)

Ὁ Θεὸς καὶ Πατὴρ τοῦ Κυρίου καὶ Θεοῦ καὶ Σωτῆρος ἡμῶν, Ἰησοῦ Χριστοῦ, ὁ μεγαλώνυμος Κύριος, ἡ μακαρία φύσις, ἡ ἄφθονος ἀγαθότης, (2) ἡ πηγὴ τῆς ζωῆς καὶ τῆς ἀθανασίας, (3) ὁ ὢν εὐλογητὸς εἰς τοὺς αἰῶνας, ὁ καθήμενος ἐπὶ τῶν χερουβὶμ καὶ δοξαζόμενος ὑπὸ τῶν σεραφίμ, ᾧ παρεστήκασι χίλιαι χιλιάδες καὶ μύριαι μυριάδες ἁγίων ἀγγέλων καὶ ἀρχαγγέλων στρατιαί· τὰ μὲν προσενεχθέντα σοι δῶρα, δόματα, καρπώματα, εἰς ὀσμὴν εὐωδίας προσδεξάμενος, καὶ ἁγιάσαι καὶ τελειῶσαι κατηξίωσας, ἀγαθέ, τῇ χάριτι τοῦ Χριστοῦ σου, καὶ τῇ ἐπιφοιτήσει τοῦ παναγίου σου Πνεύματος· ἁγίασον δή, Δέσποτα, καὶ τὰς ἡμετέρας ψυχὰς

CODEX ROSSANENSIS.

σθέντων, τιμίων, ἐπουρανίων, ἀρρήτων, ἀχράντων, ἐνδόξων, φοβερῶν, φρικτῶν, θείων δώρων, Κυρίῳ τῷ Θεῷ ἡμῶν δεηθῶμεν,

Ὅπως Κύριος ὁ Θεὸς ἡμῶν προσδεξάμενος αὐτὰ εἰς τὸ ἅγιον καὶ ὑπερουράνιον, νοερὸν καὶ πνευματικὸν αὐτοῦ θυσιαστήριον, εἰς ὀσμὴν εὐωδίας,

Ἀντικαταπέμψῃ ἡμῖν τὴν θείαν χάριν καὶ τὴν δωρεὰν τοῦ παναγίου Πνεύματος, δεηθῶμεν.

Τὴν ἑνότητα τῆς πίστεως, καὶ τὴν κοινωνίαν τοῦ παναγίου αὐτοῦ καὶ προσκυνητοῦ Πνεύματος αἰτησάμενοι, ἑαυτοὺς καὶ ἀλλήλους καὶ πᾶσαν τὴν ζωὴν ἡμῶν Χριστῷ τῷ Θεῷ ἡμῶν παραθώμεθα.

Ὁ λαός. Σοί, Κύριε.

Ταῦτα τοῦ διακόνου ἀρχομένου λέγειν, ὁ ἱερεὺς κλινόμενος ἐπεύχεται.

Ὁ Θεὸς καὶ Πατὴρ τοῦ Κυρίου καὶ Θεοῦ καὶ Σωτῆρος ἡμῶν, Ἰησοῦ Χριστοῦ, ὁ μεγαλώνυμος Κύριος, ἡ μακαρία φύσις, ἡ ἄφθονος ἀγαθότης, ὁ πάντων Θεὸς καὶ Δεσπότης, ὁ ὢν εὐλογητὸς εἰς τοὺς αἰῶνας τῶν αἰώνων, ὁ καθήμενος ἐπὶ τῶν χερουβὶμ καὶ δοξαζόμενος ὑπὸ τῶν σεραφίμ, ᾧ παρεστήκασι χίλιαι χιλιάδες καὶ μύριαι μυριάδες ἁγίων ἀγγέλων καὶ ἀρχαγγέλων στρατιαί· τὰ μὲν προσενεχθέντα σοι δῶρα, δόματα, καρπώματα, εἰς ὀσμὴν εὐωδίας προσεδέξω, καὶ ἁγιάσαι καὶ τελειῶσαι κατηξίωσας, ἀγαθέ, τῇ χάριτι τοῦ Χριστοῦ σου καὶ τοῦ παναγίου σου Πνεύματος· ἁγίασον, Δέσποτα, καὶ τὰς ἡμετέρας ψυχὰς καὶ τὰ

---

(1) The last four words are in the margin.
(2) ὁ πάντων Θεὸς καὶ Δεσπότης added in the margin before ἡ πηγὴ τῆς ζωῆς.
(3) τῶν αἰώνων interlined.

LITURGY OF SAINT JAMES.

PARIS MANUSCRIPT 2509.

(1) σθέντων τιμίων, ἐπουρανίων, ἀρρήτων, ἀχράντων, ἐνδόξων, φοβερῶν, φρικτῶν, θείων δώρων Κυρίῳ τῷ Θεῷ ἡμῶν δεηθῶμεν.

(2)
P. 31
Ὅπως Κύριος ὁ Θεὸς ἡμῶν, ὁ προσδεξάμενος αὐτὰ εἰς τὸ ἅγιον καὶ ὑπερουράνιον, νοερὸν καὶ πνευματικὸν αὐτοῦ θυσιαστήριον, εἰς ὀσμὴν εὐωδίας, ἀντικαταπέμψῃ ἡμῖν τὴν θείαν χάριν καὶ τὴν δωρεὰν τοῦ παναγίου Πνεύματος, δεηθῶμεν.

(3) Τὴν ἑνότητα τῆς πίστεως, καὶ τὴν κοινωνίαν τοῦ παναγίου αὐτοῦ καὶ προσκυνητοῦ Πνεύματος αἰτησάμενοι, ἑαυτοὺς καὶ ἀλλήλους καὶ πᾶσαν τὴν ζωὴν ἡμῶν Χριστῷ τῷ Θεῷ παραθώμεθα.

Ὁ λαός. Ἀμήν.

Ὁ ἱερεὺς ἐπεύχεται.

S R Ὁ Θεὸς καὶ Πατὴρ τοῦ Κυρίου καὶ Θεοῦ καὶ Σωτῆρος ἡμῶν, Ἰησοῦ Χριστοῦ, ὁ μεγαλώνυμος Κύριος, ἡ μακαρία φύσις, ἡ ἄφθονος ἀγαθότης, ὁ πάντων Θεὸς καὶ Δεσπότης, ὁ ὢν εὐλογητὸς εἰς τοὺς αἰῶνας, ὁ καθήμενος ἐπὶ τῶν χερουβὶμ καὶ δοξαζόμενος ὑπὸ τῶν σεραφίμ, ᾧ παρεστήκασι χίλιαι χιλιάδες καὶ μύριαι μυριάδες ἁγίων ἀγγέλων καὶ ἀρχαγγέλων στρατιαί· τὰ μὲν προσενεχθέντα σοι δῶρα, δόματα, καρπώματα,
(4) εἰς ὀσμὴν εὐωδίας προσεδέξω, καὶ ἁγιάσαι
S R καὶ τελειῶσαι κατηξίωσας, ἀγαθέ, τῇ χάριτι τοῦ Χριστοῦ σου, καὶ τῇ ἐπιφοιτήσει τοῦ παναγίου σου Πνεύματος· ἁγίασον, Δέσποτα, καὶ τὰς ἡμετέρας ψυχὰς καὶ σώματα

(1) P. omits ἡμῶν.
(2) P. adds πνευματικῆς.
(3) In marg. inf. cod. hæc legitur rubrica:

PARIS MANUSCRIPT 476.

Ὅπως Κύριος ὁ Θεὸς ἡμῶν, ὁ προσδεξά.

Τὴν ἑνότητα τῆς πίστεως.

Ὁ δὲ ἱερεὺς κλίνων λέγει τὴν εὐχήν.

Ὁ Θεὸς καὶ Πατὴρ τοῦ Κυρίου ἡμῶν Ἰησοῦ Χριστοῦ, ὁ μεγαλώνυμος Κύριος, ἡ μακαρία φύσις, ἡ ἄφθονος ἀγαθότης, ὁ πάντων Θεὸς καὶ Δεσπότης, ὁ ὢν εὐλογητὸς εἰς τοὺς αἰῶνας τῶν αἰώνων, ὁ καθήμενος ἐπὶ τῶν χερουβὶμ καὶ δοξαζόμενος ὑπὸ τῶν σεραφίμ, ᾧ παρεστήκασι χίλιαι χιλιάδες καὶ μύριαι μυριάδες ἁγίων ἀγγέλων καὶ ἀρχαγγέλων στρατιαί· τὰ μὲν προσενεχθέντα σοι δῶρα, δόματα, καρπώματα, εἰς ὀσμὴν εὐωδίας προσεδέξω, καὶ ἁγιάσαι καὶ τελειῶσαι κατηξίωσας, ἀγαθέ, τῇ χάριτι τοῦ Χριστοῦ σου, καὶ τῇ ἐπιφοιτήσει τοῦ παναγίου σου Πνεύματος· ἁγίασον, Δέσποτα, καὶ τὰς ἡμετέρας ψυχὰς καὶ τὰ

Ἐτέθησαν παρὰ τῷ ἁγίῳ Βασιλείῳ αἱ αἰτήσεις αὗται συντομώτεραι, ζήτει κ. κβ΄. [pp. 166, 167.]
(4) P. adds πνευματικῆς.

ROTULUS MESSANENSIS.

καὶ τὰ σώματα καὶ τὰ πνεύματα, καὶ ψηλάφησον τὰς διανοίας ἡμῶν, καὶ ἀνάκρινον τὰς συνειδήσεις, καὶ ἔκβαλαι ἀφ' ἡμῶν πᾶσαν ἔννοιαν πονηράν, πάντα λογισμὸν ἀσελγῆ, πᾶσαν ἐπιθυμίαν αἰσχρὰν καὶ ἐνθύμησιν βλαβεράν, πάντα λόγον ἀπρεπῆ, πάντα φθόνον καὶ τῦφον καὶ ὑπόκρισιν, πᾶν ψεῦδος, πάντα δόλον, πάντα περισπασμὸν βιωτικόν, πᾶσαν πλεονεξίαν, πᾶσαν κακίαν, πᾶσαν κενοδοξίαν, πάντα θυμόν, πᾶσαν ὀργήν, πᾶσαν μνησικακίαν, πᾶσαν βλασφημίαν, πᾶσαν ῥαθυμίαν, πᾶσαν φιλαργυ-
(1)
(2) ρίαν, πᾶσαν κίνησιν σαρκός τε καὶ πνεύματος ἀπηλλοτριωμένην τοῦ θελήματος
(3) σῆς ἁγιότητος·

Ἐκφώνως. Καὶ καταξίωσον ἡμᾶς, Δέ-
(4) σποτα φιλάνθρωπε, μετὰ παρρησίας, ἀκατακρίτως, ἐν καθαρᾷ καρδίᾳ, ψυχῇ πεφωτισμένῃ, ἀνεπαισχύντῳ προσώπῳ, ἡγιασμένοις χείλεσι, τολμᾶν ἐπικαλεῖσθαι σέ, τὸν ἐν τοῖς οὐρανοῖς ἅγιον Θεὸν Πατέρα, καὶ λέγειν,

(5)
(a) Ὁ λαός. Πάτερ ἡμῶν.

(6) Καὶ μὴ εἰσενέγκῃς ἡμᾶς εἰς πειρασμόν, Κύριε, Κύριε τῶν δυνάμεων, ὃν ὑπενεγκεῖν οὐ δυνάμεθα, ὁ εἰδὼς τὴν ἀσθένειαν ἡμῶν, ἀλλὰ ῥῦσαι ἡμᾶς ἀπὸ τοῦ πονηροῦ,

CODEX ROSSANENSIS.

σώματα καὶ τὰ πνεύματα, καὶ ψηλάφησον τὰς διανοίας, καὶ ἀνάκρινον τὰς συνειδήσεις, καὶ ἔκβαλλε ἀφ' ἡμῶν πᾶσαν ἔννοιαν πονηράν, πάντα λογισμὸν ἀσελγῆ, πᾶσαν ἐπιθυμίαν καὶ ἐνθύμησιν αἰσχράν, πάντα λόγον ἀπρεπῆ, πάντα φθόνον καὶ τῦφον καὶ ὑπόκρισιν, πᾶν ψεῦδος, πάντα δόλον, πάντα περισπασμὸν βιωτικόν, πᾶσαν πλεονεξίαν, πᾶσαν κενοδοξίαν, πᾶσαν κακίαν, πάντα θυμόν, πᾶσαν ὀργήν, πᾶσαν μνησικακίαν, πᾶσαν βλασφημίαν, πᾶσαν φιλαργυρίαν καὶ ῥαθυμίαν, πᾶσαν κίνησιν σαρκός τε καὶ πνεύματος ἀπηλλοτριωμένην τοῦ θελήματος τῆς ἁγιότητός σου· [95 b]

Ἐκφώνως. Καὶ καταξίωσον ἡμᾶς, Δέσποτα, φιλάνθρωπε Κύριε, μετὰ παρρησίας, ἀκατακρίτως, ἐν καθαρᾷ καρδίᾳ, ψυχῇ πεφωτισμένῃ, ἀνεπαισχύντῳ προσώπῳ, ἡγιασμένοις χείλεσι, τολμᾶν ἐπικαλεῖσθαι σέ, τὸν ἐν τοῖς οὐρανοῖς ἅγιον Θεὸν Πατέρα, καὶ λέγειν,

Ὁ λαός. Πάτερ ἡμῶν. (a) [96]

Ὁ ἱερεὺς ἑστὼς λέγει καθ' ἑαυτόν,

Καὶ μὴ εἰσενέγκῃς ἡμᾶς εἰς πειρασμόν, Κύριε, Κύριε τῶν δυνάμεων, ὃν ὑπερενεγκεῖν οὐ δυνάμεθα, ὁ εἰδὼς τὴν ἀσθένειαν ἡμῶν, ἀλλὰ ῥῦσαι ἡμᾶς ἀπὸ τοῦ πονηροῦ, καὶ ἐκ *sic*

---

(1) πᾶσαν μαλακίαν in the margin after βλασφημίαν.
(2) πᾶσαν φαρμακείαν interlined after φιλαργυρίαν.
(3) In a very different and sprawling hand in the right margin ἀντιλαβοῦ σῶ[σον]. τὴν ἡμέραν. συγγνώμην καὶ ἄ. τὸν ὑπόλοιπον. τὴν

ἑνότητα τῆς πίσ. And in the left margin ἄγγελον εἰρήνης. τὰ καλά. Χριστιανά.
(4) Κύριε interlined after φιλάνθρωπε.
(5) In the margin in the same hand as above ἐκφών. Ὅτι σοῦ ἐστιν ἡ βασιλεία.
(6) In the margin καὶ ὁ ἱερεὺς εὔχεται κλινόμενος.

LITURGY OF SAINT JAMES.

PARIS MANUSCRIPT 2509.

καὶ τὰ πνεύματα, καὶ ψηλάφησον τὰς διανοίας, καὶ ἀνάκρινον τὰς συνειδήσεις, καὶ ἔκβαλον ἀφ' ἡμῶν πᾶσαν ἔννοιαν πονηράν, πάντα λογισμὸν ἀσελγῆ, πᾶσαν ἐπιθυμίαν αἰσχράν, πάντα λογισμὸν ἀπρεπῆ, πάντα φθόνον καὶ τῦφον καὶ ὑπάκρισιν, πᾶν ψεῦδος, πάντα δόλον, πάντα περισπασμὸν βιωτικόν, πᾶσαν πλεονεξίαν, πᾶσαν κενοδοξίαν, πᾶσαν · ῥᾳθυμίαν, πᾶσαν κακίαν, πάντα θυμόν, πᾶσαν ὀργήν, πᾶσαν μνησικακίαν, πᾶσαν βλασφημίαν, πᾶσαν κίνησιν σαρκός τε καὶ πνεύματος ἀπηλλοτριωμένην τοῦ θελήματος τῆς ἁγιότητός σου·

Ὁ ἱερεὺς ἐκφωνεῖ. Καὶ καταξίωσον ἡμᾶς, Δέσποτα φιλάνθρωπε, μετὰ παρρησίας, ἀκατακρίτως, ἐν καθαρᾷ καρδίᾳ, ψυχῇ συντετριμμένῃ, ἀνεπαισχύντῳ προσώπῳ, ἡγιασμένοις χείλεσι, τολμᾶν ἐπικαλεῖσθαι σέ, τὸν ἐν τοῖς οὐρανοῖς ἅγιον Θεὸν Πατέρα, καὶ λέγειν,

Ὁ λαός. Πάτερ ἡμῶν, ὁ ἐν τοῖς οὐρανοῖς.

Ὁ ἱερεὺς ἐπικλινόμενος λέγει,

Καὶ μὴ εἰσενέγκῃς ἡμᾶς εἰς πειρασμόν, Κύριε, Κύριε τῶν δυνάμεων, ὁ εἰδὼς τὴν ἀσθένειαν ἡμῶν, ἀλλὰ ῥῦσαι ἡμᾶς ἀπὸ τοῦ πονηροῦ, καὶ τῶν ἔργων αὐτοῦ, καὶ πάσης

PARIS MANUSCRIPT 476.

σώματα καὶ τὰ πνεύματα, καὶ ψηλάφησον τὰς διανοίας, καὶ ἀνάκρινον τὰς συνειδήσεις, καὶ ἔκβαλε ἀφ' ἡμῶν πᾶσαν ἔννοιαν πονηράν, πάντα λογισμὸν ἀσελγῆ, πᾶσαν ἐπιθυμίαν καὶ . ἐνθύμησιν αἰσχράν, πάντα λογισμὸν ἀπρεπῆ, πάντα φθόνον καὶ τῦφον καὶ ὑπόκρισιν, πᾶν ψεῦδος, πάντα δόλον, πάντα περισπασμὸν βιωτικόν, πᾶσαν πλεονεξίαν, πᾶσαν κακίαν, πάντα θυμόν, πᾶσαν ὀργήν, πᾶσαν μνησικακίαν, πᾶσαν βλασφημίαν, πᾶσαν κίνησιν σαρκός τε καὶ πνεύματος ἀπηλλοτριωμένην τοῦ θελήματος τῆς ἁγιότητός σου·

Ὁ ἱερεὺς βάλλει θυμίαμα καὶ ἐκφωνεῖ μεγάλως,

Καὶ καταξίωσον ἡμᾶς, Δέσποτα φιλάνθρωπε, Κύριε, μετὰ παρρησίας, ἀκατακρίτους, ἐν καθαρᾷ καρδίᾳ, ψυχῇ πεφωτισμένῃ, ἀνεπαισχύντῳ προσώπῳ, ἡγιασμένοις χείλεσι, τολμᾶν ἐπικαλεῖσθαι σέ, τὸν ἐν τοῖς οὐρανοῖς ἅγιον Θεὸν Πατέρα, καὶ λέγειν,

Ὁ δὲ λαὸς τὸ Πάτερ ἡμῶν.

Καὶ ὁ ἱερεὺς ἱστάμενος λέγει καθ' ἑαυτὸν τὴν εὐχὴν ταύτην ἐπευχόμενος,

Καὶ μὴ εἰσενέγκῃς ἡμᾶς εἰς πειρασμόν, Κύριε, Κύριε τῶν δυνάμεων, ὃν ὑπενεγκεῖν οὐ δυνάμεθα, ὁ εἰδὼς τὴν ἀσθένειαν ἡμῶν, ἀλλὰ ῥῦσαι ἡμᾶς ἀπὸ τοῦ πονηροῦ, καὶ

(a) The Lord's prayer was certainly used at Antioch in the time of Chrysostom. See In Genesim, Hom. xxvii. tom. iv. p. 268: 'Ἂν τοῦτο κατορθώσωμεν, δυνησόμεθα μετὰ καθαροῦ συνειδότος καὶ τῇ ἱερᾷ ταύτῃ καὶ φρικτῇ τραπέζῃ προσελθεῖν, καὶ τὰ ῥήματα ἐκεῖνα τὰ τῇ εὐχῇ συνεζευγμένα μετὰ παρρησίας φθέγξασθαι. Ἴσασιν οἱ μεμυημένοι τὸ λεγόμενον.

(1) In marg. inf. cod. hæc legitur rubrica: 'Ετέθη παρὰ τῷ ἁγίῳ Βασιλείῳ ἡ ἐκφώνησις αὕτη μετὰ καὶ τοῦ Πάτερ ἡμῶν, ζήτει κ. κγ'. [pp. 85, 167.]

LITURGY OF SAINT JAMES.

ROTULUS MESSANENSIS.

καὶ ἀπὸ τῶν ἔργων αὐτοῦ, καὶ πάσης ἐπηρείας καὶ μεθοδείας αὐτοῦ, διὰ τὸ ὄνομά σου τὸ ἅγιον, τὸ ἐπικληθὲν ἐπὶ τὴν ἡμετέραν ταπείνωσιν·

(1) Ὅτι σοῦ ἐστιν ἡ βασιλεία.

Εἰρήνη πᾶσιν.
(2) Εἶτα ὁ ἀρχιδιάκονος. Τὰς κεφαλάς.

Σοὶ ἐκλίναμεν οἱ δοῦλοί σου, Κύριε, τοὺς ἑαυτῶν αὐχένας, ἐνώπιον τοῦ ἁγίου σου θυσιαστηρίου, ἀπεκδεχόμενοι τὰ παρὰ σοῦ πλούσια ἐλέη· πλουσίαν τὴν χάριν σου (3) καὶ τὴν εὐλογίαν σου ἐξαπόστειλον ἡμῖν, Δέσποτα, καὶ ἁγίασον τὰς ψυχὰς ἡμῶν καὶ τὰ σώματα καὶ τὰ πνεύματα, ἵνα ἄξιοι γενώμεθα κοινωνοὶ καὶ μέτοχοι τῶν ἀχράντων σου μυστηρίων, εἰς ἄφεσιν ἁμαρ-
(4) τιῶν·

Ἐκφώνησις, Σὺ γὰρ προσκυνητὸς εἶ καὶ δεδοξασμένος ὑπάρχεις, ὁ Θεὸς ἡμῶν, καὶ ὁ μονογενής σου Υἱός, καὶ τὸ Πνεῦμά σου τὸ πανάγιον, νῦν καὶ ἀεί, καί.

Ἐκφών. Β'. Καὶ ἔσται ἡ χάρις καὶ τὰ

(1) ἐν Χριστῷ Ἰησοῦ τῷ Κυρίῳ ἡμῶν added in the margin, and ἐκφών. in the other margin before ὅτι σοῦ.
(2) In the margin καὶ εὔχεται ὁ ἱερεὺς κλίνων,

CODEX ROSSANENSIS.

τῶν ἔργων αὐτοῦ, καὶ πάσης ἐπηρείας καὶ μεθοδείας αὐτοῦ, καὶ τέχνης καὶ ἀπάτης αὐτοῦ, διὰ τὸ ὄνομά σου τὸ ἅγιον, τὸ ἐπικληθὲν ἐπὶ τὴν ἡμετέραν ταπείνωσιν·

Ἐκφώνως. Ὅτι σοῦ ἐστιν ἡ βασιλεία, καὶ ἡ δύναμις, καὶ ἡ δόξα.
Ὁ λαός. Ἀμήν.
Ὁ ἱερεύς. Εἰρήνη πᾶσιν.
Ὁ διάκονος. Τὰς κεφαλάς.

Ὁ ἱερεὺς κλίνων ἐπεύχεται·

Σοὶ ἐκλίναμεν οἱ δοῦλοί σου, Κύριε, τοὺς ἑαυτῶν αὐχένας, ἐνώπιον τοῦ ἁγίου σου θυσιαστηρίου, ἀπεκδεχόμενοι τὰ παρὰ σοῦ πλούσια ἐλέη· πλουσίαν καὶ νῦν τὴν χάριν σου καὶ τὴν εὐλογίαν σου ἐξαπόστειλον ἡμῖν, Δέσποτα, καὶ ἁγίασον ἡμῶν τὰς ψυχὰς καὶ τὰ σώματα καὶ τὰ πνεύματα, ἵνα ἄξιοι γενώμεθα κοινωνοὶ καὶ μέτοχοι γενέσθαι τῶν ἁγίων σου μυστηρίων, εἰς ἄφεσιν ἁμαρτιῶν καὶ εἰς ζωὴν αἰώνιον· [96 b]

Ἐκφώνως. Σὺ γὰρ προσκυνητὸς καὶ δεδοξασμένος ὑπάρχεις, ὁ Θεὸς ἡμῶν, καὶ ὁ μονογενής σου Υἱός, καὶ τὸ Πνεῦμά σου τὸ πανάγιον, νῦν καὶ ἀεί, καὶ εἰς τούς.

Καὶ πάλιν ὁ ἱερεὺς ἱστάμενος σφραγίζει τὰ δῶρα, ἐκφωνῶν,

Καὶ ἔσται ἡ χάρις καὶ τὰ ἐλέη τῆς ἁγίας

λέγων.
(3) Before τὴν there seems to have been interlined καὶ νῦν.
(4) καὶ εἰς ζωὴν τὴν αἰώνιον apparently added.

LITURGY OF SAINT JAMES.

PARIS MANUSCRIPT 2509.

ἐπηρείας καὶ μεθοδείας αὐτοῦ, διὰ τὸ ὄνομά σου τὸ ἅγιον, τὸ ἐπικληθὲν ἐπὶ τὴν ἡμετέραν ταπείνωσιν·

Ἐκφώνησις, Ὅτι σοῦ ἐστιν ἡ βασιλεία, καὶ ἡ δύναμις, καὶ ἡ δόξα, τοῦ Πατρός, καὶ τοῦ Υἱοῦ, καὶ τοῦ ἁγίου Πνεύματος, νῦν καὶ ἀεί.

Ὁ λαός. Ἀμήν.

S R / S A   Ὁ ἱερεύς. Εἰρήνη πᾶσιν.

Ὁ λαός. Καὶ τῷ πνεύματί σου.

(1) S R / S A   Ὁ ἀρχιδιάκονος λέγει, Τὰς κεφαλὰς ἡμῶν τῷ Κυρίῳ κλίνωμεν.

(2)   Ὁ λαός. Σοί, Κύριε.

Ὁ ἱερεὺς ἐπεύχεται λέγων οὕτως·

(3) S R / S A   Σοὶ ἐκλίναμεν οἱ δοῦλοί σου, Κύριε, τοὺς ἑαυτῶν αὐχένας, ἐνώπιον τοῦ ἁγίου σου θυσιαστηρίου, ἀπεκδεχόμενοι τὰ παρὰ σοῦ
P. 33   πλούσια ἐλέη· πλουσίαν τὴν χάριν σου καὶ τὴν εὐλογίαν σου ἐξαπόστειλον ἡμῖν, Δέσποτα, καὶ ἁγίασον τὰς ψυχὰς ἡμῶν καὶ τὰ σώματα καὶ τὰ πνεύματα, ἵνα ἄξιοι γενώμεθα κοινωνοὶ καὶ μέτοχοι γενέσθαι τῶν ἁγίων σου μυστηρίων, εἰς ἄφεσιν ἁμαρτιῶν καὶ εἰς ζωὴν αἰώνιον·

Ἐκφώνησις. Σὺ γὰρ προσκυνητὸς καὶ δεδοξασμένος ὑπάρχεις, ὁ Θεὸς ἡμῶν, καὶ ὁ μονογενής σου Υἱός, καὶ τὸ Πνεῦμά σου τὸ πανάγιον, νῦν καὶ ἀεί.

S R   Ὁ λαός. Ἀμήν.

Ὁ ἱερεὺς ἐκφωνεῖ,

Καὶ ἔσται ἡ χάρις καὶ τὰ ἐλέη τῆς ἁγίας

PARIS MANUSCRIPT 476.

ἐκ τῶν ἔργων αὐτοῦ, καὶ πάσης ἐπηρείας καὶ μεθοδείας αὐτοῦ, διὰ τὸ ὄνομά σου τὸ ἅγιον, τὸ ἐπικληθὲν ἐπὶ τὴν ἡμετέραν ταπείνωσιν·

Εἶτα ἐκφωνεῖ, Ὅτι σοῦ ἐστιν ἡ βασιλεία, καὶ ἡ δύναμις, καὶ ἡ δόξα, τοῦ Πατρός, καὶ τοῦ Υἱοῦ, καὶ τοῦ ἁγίου Πνεύματος, νῦν καὶ ἀεί, καὶ εἰς τοὺς αἰῶνας τῶν αἰώνων.

Ὁ ἱερεύς. Εἰρήνη πᾶσιν.

Ὁ διάκονος. Τὰς κεφαλὰς ἡμῶν τῷ.

Ὁ ἱερεὺς τὴν εὐχὴν ταύτην κλίνων·

Σοὶ ἐκλίναμεν οἱ δοῦλοί σου, Κύριε, τοὺς ἑαυτῶν αὐχένας, ἐνώπιον τοῦ ἁγίου σου θυσιαστηρίου, ἀπεκδεχόμενοι τὰ παρὰ σοῦ πλούσια ἐλέη· πλουσίαν καὶ νῦν τὴν χάριν σου καὶ τὴν εὐλογίαν σου ἐξαπόστειλον ἡμῖν, Δέσποτα, καὶ ἁγίασον ἡμῶν τὰς ψυχὰς καὶ τὰ σώματα καὶ τὰ πνεύματα, ἵνα ἄξιοι γενώμεθα κοινωνοὶ καὶ μέτοχοι γενέσθαι τῶν ἁγίων σου μυστηρίων, εἰς ἄφεσιν ἁμαρτιῶν καὶ εἰς ζωὴν αἰώνιον·

Ἐκφωνεῖ ὁ ἱερεὺς ἔξω,

Σὺ γὰρ προσκυνητὸς καὶ δεδοξασμένος ὑπάρχεις, ὁ Θεὸς ἡμῶν, καὶ ὁ μονογενής σου Υἱός, καὶ τὸ Πνεῦμά σου τὸ πανάγιον, νῦν καὶ ἀεί, καὶ εἰς τοὺς αἰῶνας τῶν αἰώνων.

Ἐπισυνάπτει καὶ ταύτην τὴν ἐκφώνησιν·

Καὶ ἔσται ἡ χάρις καὶ τὰ ἐλέη τῆς

---

(1) P. ὁ διάκονος.
(2) Dr Neale without any authority inserted here the prayer Ὁ Θεός, ὁ μέγας καὶ θαυμαστός (see below p. 323) and is followed by Mr Hammond. Dr Daniel follows the edition of Morel, which agrees with the Paris MS. 2509.
(3) P. τοὺς ἡμετέρους αὐχένας.

ROTULUS MESSANENSIS.

(1) ἐλέῃ τῆς ἁγίας καὶ ὁμοουσίου καὶ προσκυνητῆς Τριάδος μετὰ πάντων ἡμῶν.

Ὁ λαός. Καὶ μετὰ τοῦ πνεύματός σου.
(2) Ὁ διάκονος. Πρόσχωμεν.

(3) Ὁ ἱερεὺς ὑψῶν τὸν ἄρτον εὔχεται,

Ἅγιε, ὁ ἐν ἁγίοις ἀναπαυόμενος, Κύριε, ὁ Θεὸς ἡμῶν, ἁγίασον ἡμᾶς τῷ λόγῳ τῆς σῆς χάριτος καὶ τῇ ἐπιφοιτήσει τοῦ πανα- (4) γίου σου Πνεύματος· σὺ γὰρ εἶπας, Ἅγιοι ἔσεσθε, ὅτι ἐγὼ ἅγιός εἰμι, Κύριε ὁ Θεὸς (5) ἡμῶν. Ἀκατάληπτε, Θεέ, Λόγε, τῷ Πατρὶ καὶ τῷ ἁγίῳ Πνεύματι ὁμοούσιε, συναΐδιε, καὶ ἀχώριστε, πρόσδεξαι τὸν ἀκήρατον ὕμνον ἐν ταῖς ἁγίαις σου καὶ ἀναιμάκτοις θυσίαις, σὺν τοῖς χερουβὶμ καὶ σεραφίμ, καὶ παρ' ἐμοῦ τοῦ ἁμαρτωλοῦ, βοῶντος καὶ λέγοντος·

Ἐκφώνησις ὁ ἱερεύς·
(a) Τὰ ἅγια τοῖϲ ἁγίοιϲ.
(6) Ὁ λαός. Εἷς ἅγιος.

(7) Ὑπὲρ σωτηρίας, καὶ ἀντιλήψεως τοῦ ἁγίου πατρὸς ἡμῶν, τοῦ Δ΄., παντὸς τοῦ κλήρου, καὶ τοῦ φιλοχρίστου λαοῦ.

(1) ἀκτίστου καὶ ἀδιαιρέτου in the margin after ὁμοουσίου.
(2) Prefixed in the margin Μετὰ φόβου Θεοῦ.
(3) σφραγίζων καθ' ἑαυτόν added.
(4) Δέσποτα interlined after εἶπας.
(5) παναγίῳ σου interlined (for ἁγίῳ).

CODEX ROSSANENSIS.

καὶ ὁμοουσίου, ἀκτίστου καὶ ἀδιαιρέτου, καὶ προσκυνητῆς Τριάδος, μετὰ πάντων ὑμῶν.

Ὁ λαός. Καὶ μετὰ τοῦ πνεύματός σου.
Ὁ διάκονος. Μετὰ φόβου Θεοῦ πρόσχωμεν.

Ὁ ἱερεὺς ὑψῶν τὸν ἄρτον λέγει καθ' ἑαυτόν,

Ἅγιε, ὁ ἐν ἁγίοις ἀναπαυόμενος, Κύριε, ἁγίασον ἡμᾶς τῷ λόγῳ τῆς σῆς χάριτος καὶ τῇ ἐπιφοιτήσει τοῦ παναγίου σου Πνεύματος· σὺ γὰρ εἶπας, Δέσποτα, Ἅγιοι ἔσεσθε, ὅτι ἐγὼ ἅγιός εἰμι, Κύριος ὁ Θεὸς ὑμῶν.

Καὶ συνάπτει. Ἀκατάληπτε, Θεέ, Λόγε, [97] τῷ Πατρὶ καὶ τῷ παναγίῳ Πνεύματι ὁμοούσιε, συναΐδιε, καὶ ἀχώριστε, πρόσδεξαι τὸν ἀκήρατον ὕμνον ἐν ταῖς ἁγίαις σου ἀναιμάκτοις θυσίαις, σὺν τοῖς χερουβὶμ καὶ σεραφίμ, καὶ παρ' ἐμοῦ τοῦ ἁμαρτωλοῦ, βοῶντος καὶ λέγοντος·

Εἶτα ἐκφωνεῖ,
Τὰ ἅγια τοῖϲ ἁγίοιϲ. (a)
Ὁ λαός. Εἷς ἅγιος, εἷς Κύριος Ἰησοῦς Χριστός, εἰς δόξαν Θεοῦ Πατρός, σὺν ἁγίῳ Πνεύματι, ᾧ ἡ δόξα εἰς τοὺς αἰῶνας τῶν αἰώνων.

Ὁ διάκονος λέγει,
Ὑπὲρ ἀφέσεως τῶν ἁμαρτιῶν ἡμῶν καὶ ἱλασμοῦ τῶν ψυχῶν ἡμῶν, καὶ ὑπὲρ σωτη- (8) ρίας καὶ ἀντιλήψεως τοῦ Δ΄., τοῦ ἁγιωτάτου

(6) Filled up thus in the margin: εἷς Κύριος Ἰησοῦς Χριστός, εἰς δόξαν Θεοῦ Πατρός, σὺν ἁγίῳ Πνεύματι, ᾧ ἡ δόξα εἰς τοὺς αἰῶνας τῶν αἰώνων. Ἀμήν.
(7) Prefixed in the margin Τὴν ἐκτενῆ ὁ διάκονος.
(8) The MS. has ἱλασμόν.

LITURGY OF SAINT JAMES.

PARIS MANUSCRIPT 2509.

καὶ ὁμοουσίου καὶ ἀκτίστου καὶ προσκυνητῆς Τριάδος μετὰ πάντων ἡμῶν.

Ὁ λαός. Καὶ μετὰ τοῦ πνεύματός σου.
SR Ὁ διάκονος. Μετὰ φόβου Θεοῦ πρόσχωμεν.

Ὁ ἱερεὺς ὑψῶν τὸ δῶρον, λέγει καθ' ἑαυτόν,

Ἅγιε, ὁ ἐν ἁγίοις ἀναπαυόμενος, Κύριε, ἁγίασον ἡμᾶς τῷ λόγῳ τῆς σῆς χάριτος καὶ τῇ ἐπιφοιτήσει τοῦ παναγίου σου Πνεύματος· σὺ γὰρ εἶπας, Δέσποτα, Ἅγιοι ἔσεσθε, ὅτι ἐγὼ ἅγιός εἰμι, Κύριε ὁ Θεὸς ἡμῶν. Ἀκατάληπτε, Θεολόγε, τῷ Πατρὶ καὶ τῷ ἁγίῳ Πνεύματι ὁμοούσιε, συναΐδιε, καὶ ἀχώριστε, πρόσδεξαι τὸν ἀκήρατον ὕμνον ἐν ἁγίαις καὶ ἀναιμάκτοις σου θυσίαις, σὺν τοῖς χερουβὶμ καὶ σεραφίμ, καὶ παρ' ἐμοῦ τοῦ ἁμαρτωλοῦ, βοῶντος καὶ λέγοντος·
(1) sic

(2) Ἐκφώνησις·

(a)
SR
SR
P. 34
Τὰ ἅγια τοῖς ἁγίοις.

Ὁ λαός. Εἷς ἅγιος, εἷς Κύριος Ἰησοῦς Χριστός, εἰς δόξαν Θεοῦ Πατρός, ᾧ ἡ δόξα εἰς τοὺς αἰῶνας τῶν αἰώνων.

PARIS MANUSCRIPT 476.

ἁγίας καὶ ὁμοουσίου, ἀκτίστου, ἀδιαιρέτου, καὶ προσκυνητῆς Τριάδος μετὰ πάντων ὑμῶν.

Εἶτα ὁ διάκονος. Πρόσχωμεν.

Ὁ δὲ ἱερεὺς ὑψοῖ τὸν ἄρτον λέγων καθ' ἑαυτὸν τὴν εὐχὴν ταύτην εὐχόμενος,

Ἅγιε, ὁ ἐν ἁγίοις ἀναπαυόμενος, Κύριε, ἁγίασον ἡμᾶς τῷ λόγῳ τῆς σῆς χάριτος καὶ τῇ ἐπιφοιτήσει τοῦ παναγίου σου Πνεύματος· σὺ γὰρ εἶπας, Δέσποτα, Ἅγιοι ἔσεσθε, ὅτι ἐγὼ ἅγιός εἰμι, Κύριος ὁ Θεὸς ὑμῶν.

Καὶ ἔτι ἐπισυνάπτων ὁ ἱερεὺς εὔχεται·

Ἀκατάληπτε, Θεέ, Λόγε, τῷ Πατρὶ καὶ τῷ Πνεύματι ὁμοούσιε, συναΐδιε, καὶ ἀχώριστε, πρόσδεξαι τὸν ἀκήρατον ὕμνον ἐν ταῖς ἁγίαις σου καὶ ἀναιμάκτοις θυσίαις, σὺν τοῖς χερουβὶμ καὶ σεραφίμ, καὶ παρ' ἐμοῦ τοῦ ἁμαρτωλοῦ, βοῶντος καὶ λέγοντος·

Καὶ ἐκφωνεῖ μεγάλως·

Τὰ ἅγια τοῖς ἁγίοις. (a)

Καὶ ὁ λαός. Εἷς ἅγιος, εἷς Κύριος Ἰησοῦς Χριστός, εἰς δόξαν.

Ὁ διάκονος. Ὑπὲρ ἀφέσεως τῶν ἁμαρτιῶν ἡμῶν, καὶ ἱλασμοῦ τῶν ψυχῶν ἡμῶν, καὶ ὑπὲρ πάσης ψυχῆς θλιβομένης καὶ κατα-

---

(1) A mistake either for Θεέ, Λόγε, or for Θεοῦ Λόγε, which is the reading of P.

(2) In marg. inf. cod. hæc legitur rubrica: Ἐτέθη παρὰ τῷ ἁγίῳ Βασιλείῳ ἡ ἐκφώνησις αὕτη καὶ αἱ ἀποκρίσεις, ζήτει κ. κδ'. [p. 86.]

(a) See Chrysos. Hom. XVII. ad Hebræos, tom. XII. pp. 170, 171, τούτου χάριν μεγάλῃ τῇ φωνῇ, φρικτῇ τῇ βοῇ, καθάπερ τις κήρυξ τὴν χεῖρα αἴρων εἰς τὸ ὕψος, ὑψηλὸς ἑστώς, πᾶσι κατάδηλος γεγονώς, καὶ μέγα ἐπ' ἐκείνῃ τῇ φρικτῇ ἡσυχίᾳ ἀνακραυγάζων, τοὺς μὲν καλεῖ, τοὺς δὲ ἀπείργει ὁ ἱερεύς...Ὅταν γὰρ εἴπῃ, Τὰ ἅγια τοῖς ἁγίοις, τοῦτό λέγει· Εἴ τις οὐκ ἔστιν ἅγιος, μὴ προσίτω.

LITURGY OF SAINT JAMES.

ROTULUS MESSANENSIS.

(1) Ἔτι δὲ καὶ ὑπὲρ σωτηρίας καὶ ἀφέσεως ἁμαρτιῶν τῷ προσενέγκαντι ἀδελφῷ ἡμῶν.

Καὶ ὑπὲρ μνήμης τῶν ὁσίων πατέρων ἡμῶν καὶ ἀδελφῶν, εἴπωμεν πάντες ἐκτενῶς.

(a) Καὶ μελίζων ὁ ἱερεύς, κρατῶν τὸ ἥμισυ τῇ δεξιᾷ, βάπτει πρῶτον εἰς τὸ ποτήριον τῆς δεξιᾶς λέγων,

Ἕνωσις τοῦ παναγίου σώματος καὶ τοῦ τιμίου αἵματος τοῦ Κυρίου καὶ Θεοῦ καὶ Σωτῆρος ἡμῶν, Ἰησοῦ Χριστοῦ.

Εἶτα σφραγίζει τὸ τῆς ἀριστερᾶς, καὶ ἄρχεται μελίζειν, καὶ πρὸ πάντων διδοῖ εἰς ἕκαστον κρατῆρα μερίδα διπλῆν, λέγων,

(2) Ἥνωται, καὶ ἡγίασται, καὶ τετελείωται εἰς τὸ ὄνομα τοῦ Πατρός, καὶ τοῦ Υἱοῦ, καὶ

(3) τοῦ ἁγίου Πνεύματος.

(1) τοῦ Κυρίου δεηθῶμεν in the margin.
(2) τὸ θεῖον μυστικὸν δῶρον interlined after τετελείωται.
(3) Added by interlineations and in the margin, καὶ ὅτε πληρώσῃ μελίζειν καὶ μετὰ τὸ πληρῶσαι τὸν διάκονον, Δόξα Πατρί, καὶ, Κύριε, εὐλόγησον, λέγει ὁ ἱερεύς· Εὐλογητὸς ὁ Κύριος, ὁ εὐλογῶν καὶ ἁγιάζων ἡμᾶς τοὺς ἐν φόβῳ(?) μελίζοντας καὶ πάντας τοὺς ἐν πίστει μεταλαμβάνοντας, νῦν καὶ ἀεί.

CODEX ROSSANENSIS.

ἡμῶν πατριάρχου, καὶ ὑπὲρ πάσης ψυχῆς θλιβομένης καὶ καταπονουμένης, ἐλέους καὶ βοηθείας Θεοῦ ἐπιδεομένης, καὶ ἐπιστροφῆς τῶν πεπλανημένων, ἰάσεως τῶν ἀσθενούντων, ἀναρρύσεως τῶν αἰχμαλώτων, ἀναπαύσεως [97 b] τῶν προκεκοιμημένων πατέρων τε καὶ ἀδελφῶν ἡμῶν, πάντες ἐκτενῶς εἴπωμεν, Κύριε, ἐλέησον.

Ὁ λαὸς τό, Κύριε, ἐλέησον.

Εἶτα κλᾷ τὸν ἄρτον ὁ ἱερεύς, καὶ κρατεῖ τῇ (a) δεξιᾷ τὸ ἥμισυ καὶ τῇ ἀριστερᾷ τὸ ἥμισυ, καὶ βάπτει τὸ τῆς δεξιᾶς ἐν τῷ κρατῆρι, λέγων,

Ἕνωσις τοῦ παναγίου σώματος καὶ τοῦ τιμίου αἵματος τοῦ Κυρίου καὶ Θεοῦ καὶ Σωτῆρος ἡμῶν, Ἰησοῦ Χριστοῦ.

Καὶ σφραγίζει τὸ τῆς ἀριστερᾶς ἥμισυ, εἶτα λαβὼν τὸ ἥμισυ τῆς ἀριστερᾶς καὶ κρατεῖ ἐν τῇ δεξιᾷ χειρὶ καὶ βάπτει ἐν τῷ κρατῆρι καὶ λέγει,

Ἕνωσις τοῦ παναγίου σώματος καὶ τοῦ τιμίου αἵματος τοῦ Κυρίου καὶ Θεοῦ καὶ Σωτῆρος ἡμῶν, Ἰησοῦ Χριστοῦ.

Καὶ εὐθέως ἄρχεται μελίζειν, καὶ πρὸ πάντων διδόναι εἰς ἕκαστον κρατῆρα μίαν μερίδα ἁπλῆν, λέγων,

Ἥνωται, καὶ ἡγίασται, καὶ τετελείωται τὰ ἅγια δῶρα ταῦτα, εἰς τὸ ὄνομα τοῦ [98] Πατρός, καὶ τοῦ Υἱοῦ, καὶ τοῦ ἁγίου Πνεύματος, ᾧ ἡ δόξα καὶ τὸ κράτος εἰς τοὺς αἰῶνας.

Εὐχὴ μεταλαμβάνοντος τοῦ ἱερέως.

Δέσποτα Χριστέ, ὁ Θεὸς ἡμῶν, ὁ οὐράνιος ἄρτος, ἡ τροφὴ τοῦ παντὸς κόσμου, ἥμαρτον εἰς τὸν οὐρανὸν καὶ ἐνώπιόν σου, καὶ οὐκ εἰμὶ ἄξιος μεταλαμβάνειν τοῦ ἁγίου ἀχράντου σου μυστηρίου, ἀλλὰ διὰ τὴν σὴν ἀγαθὴν καὶ ἄφατον μακροθυμίαν, ἄξιόν με ποίησον ἀκατακρίτως καὶ ἀνεπαισχύντως μετασχεῖν τοῦ παναγίου σώματος καὶ τιμίου αἵματος εἰς ἄφεσιν ἁμαρτιῶν καὶ εἰς ζωὴν αἰώνιον.

PARIS MANUSCRIPT 2509.

πονουμένης, ἐλέους καὶ βοηθείας Θεοῦ ἐπιδεομένης, καὶ ἐπιστροφῆς τῶν πεπλανημένων, ἰάσεως τῶν ἀσθενούντων, ἀναρρύσεως τῶν αἰχμαλώτων, ἀναπαύσεως τῶν προκεκοιμημένων πατέρων τε καὶ ἀδελφῶν ἡμῶν, πάντες ἐκτενῶς εἴπωμεν, Κύριε, ἐλέησον.

Ὁ λαύς, Κύριε, ἐλέησον, δώδεκα.

(a) Εἶτα κλᾷ τὸν ἄρτον ὁ ἱερεύς, καὶ κρατεῖ τῇ δεξιᾷ τὸ ἥμισυ καὶ τῇ ἀριστερᾷ τὸ ἥμισυ, καὶ βάπτει τὸ τῆς δεξιᾶς ἐν τῷ κρατῆρι, λέγων,

Ἕνωσις τοῦ παναγίου σώματος καὶ τοῦ τιμίου αἵματος τοῦ Κυρίου καὶ Θεοῦ καὶ Σωτῆρος ἡμῶν, Ἰησοῦ Χριστοῦ.

Καὶ σφραγίζει τὸ τῆς ἀριστερᾶς· εἶτα τούτῳ τῷ ἐσφραγισμένῳ τὸ ἄλλο ἥμισυ· καὶ εὐθέως ἄρχεται μελίζειν· καὶ πρὸ πάντων διδόναι εἰς ἕκαστον κρατῆρα [μερίδα] ἁπλῆν, λέγων,

Ἥνωται καὶ ἡγίασται καὶ τετελείωται, εἰς τὸ ὄνομα τοῦ Πατρὸς καὶ τοῦ Υἱοῦ καὶ τοῦ ἁγίου Πνεύματος, νῦν καὶ ἀεί.

PARIS MANUSCRIPT 476.

Εἶτα ὁ διάκονος τὴν ἐκτενή. Καὶ ὁ ἱερεὺς κλᾷ (a) τὸν ἄρτον. Καὶ κρατεῖ τῇ δεξιᾷ χειρὶ τὸ ἥμισυ καὶ τῇ ἀριστερᾷ τὸ ἥμισυ, καὶ βάπτει τὸ τῆς δεξιᾶς χειρὸς ἐν τῷ κρατῆρι λέγων,

Ἕνωσις τοῦ παναγίου σώματος καὶ τοῦ τιμίου αἵματος τοῦ Κυρίου καὶ Θεοῦ καὶ Σωτῆρος ἡμῶν, Ἰησοῦ Χριστοῦ.

Καὶ σφραγίζει. ✠ Καὶ τὸ ἐν τῇ ἀριστερᾷ χειρὶ ὡσαύτως καὶ τοὺς λοιποὺς ἄρτους. ✠ ✠ Καὶ εὐθέως ἄρχεται τοῦ μελίζειν καὶ πρὸ πάντων βάλλει εἰς ἕκαστον κρατῆρα μίαν μερίδα ἁπλῆν, λέγων,

Ἥνωται καὶ ἡγίασται καὶ τετελείωται τὸ θεῖον καὶ μυστικὸν δῶρον, εἰς τὸ ὄνομα τοῦ Πατρὸς καὶ τοῦ Υἱοῦ καὶ τοῦ ἁγίου Πνεύματος.

(a) The breaking of the bread is referred to in Chrysostom's Homily on 1 Cor. xxiv. tom. x. p. 213.

ROTULUS MESSANENSIS.

CODEX ROSSANENSIS.

Καὶ ὅταν σφραγίζει τὸν ἄρτον λέγει,   sic

Ἴδε ὁ ἀμνὸς τοῦ Θεοῦ, ὁ αἴρων τὴν ἁμαρτίαν τοῦ κόσμου, σφαγιασθεὶς ὑπὲρ τῆς τοῦ κόσμου σωτηρίας.

Καὶ ὅταν πρὸ πάντων διδοῖ μερίδα ἁπλῆν λέγει,

Μερὶς ἁγία Χριστοῦ, πλήρης θείας χάριτος καὶ ἀληθείας, Πατρὸς καὶ Υἱοῦ καὶ ἁγίου Πνεύματος, ᾧ ἡ δόξα καὶ τὸ κράτος εἰς τοὺς αἰῶνας.

Καὶ ὅταν ἄρχεται μελίζειν, λέγει,   sic

Κύριος ποιμαίνει με, καὶ οὐδέν με ὑστερήσει.

Εὐλογήσω τὸν Κύριον.

Αἰνεῖτε τὸν Θεόν.

Ὁ διάκονος. Κύριε, εὐλόγησον.

Καὶ λέγει ὁ ἱερεύς, Ὁ Κύριος εὐλογήσει καὶ ἀκατακρίτους ἡμᾶς διατηρήσει ἐπὶ τῇ μελίσει τῶν ἀχράντων αὐτοῦ δωρεῶν, καὶ ἀξιώσειεν ἅπαντας εὔχεσθαι καὶ ψάλλειν   [98 b] τὴν ἱερὰν ψαλμῳδίαν ἐνώπιον τῆς αἰωνίου καὶ ἀδιαδόχου αὐτοῦ βασιλείας καὶ κυριότητος, νῦν καὶ ἀεί, καὶ εἰς τούς.

Καὶ ὅταν πληρώσωσιν, λέγει ὁ διάκονος,

Κύριε, εὐλόγησον.

Τῆς κατὰ φιλανθρωπίαν παρασχεθείσης ἡμῶν θείας χάριτος τὰ ὑπὲρ ἡμᾶς ἐτολμήσαμεν. Προσερχόμεθα οὖν μετὰ φόβου τοῖς ἁγίοις σου μυστηρίοις, Δέσποτα, αἰτούμενοι, εἴ τι δι' ἀνθρωπίνην ἀσθένειαν ἡμῖν παρῶπται, συγγνώμων γενοῦ, Κύριε ὁ Θεὸς ἡμῶν.

Ὁ ἱερεύς. Ὁ Κύριος εὐλογήσει· καὶ ἀξιώσειεν ἡμᾶς ἁγναῖς ταῖς τῶν δακτύλων τῶν ψυχῶν λαβίσιν ἀναλαβεῖν τὸν ἐμπύρινον ἄνθρακα, καὶ ἐπιθῆναι τοῖς τῶν   sic πιστῶν στόμασιν, εἰς καθαρισμὸν καὶ ἀνακαινισμὸν τῶν ψυχῶν αὐτῶν καὶ σωμάτων, νῦν καὶ ἀεί, καὶ εἰς τούς.

Ἄλλη εὐχὴ τοῦ ἱερέως.

Γεύσασθε καὶ ἴδετε ὅτι χρηστὸς ὁ Κύριος,

LITURGY OF SAINT JAMES.

PARIS MANUSCRIPT 2509.

Καὶ ὅταν σφραγίζῃ τὸν ἄρτον λέγει,

(1) Ἴδε ὁ ἀμνὸς τοῦ Θεοῦ, ὁ αἴρων τὴν ἁμαρτίαν τοῦ κόσμου, σφαγιασθεὶς ὑπὲρ τῆς τοῦ κόσμου ζωῆς καὶ σωτηρίας.

Καὶ ὅταν διδῷ μερίδα ἁπλῆν εἰς ἕκαστον κρατῆρα, λέγει,

Μερὶς ἁγία Χριστοῦ, πλήρης χάριτος καὶ ἀληθείας, Πατρὸς καὶ ἁγίου Πνεύματος, ᾧ ἡ δόξα καὶ τὸ κράτος εἰς τοὺς αἰῶνας τῶν αἰώνων.

Εἶτα ἄρχεται μελίζειν καὶ λέγειν,

Κύριος ποιμαίνει με, καὶ οὐδέν με ὑστε-
(2) ρήσει.

Εἶτα·

Εὐλογήσω τὸν Κύριον ἐν παντί.

(3) Εἶτα·
(4) Αἰνεῖτε τὸν Θεὸν ἐν τοῖς ἁγίοις αὐτοῦ.

Ὁ διάκονος. Κύριε, εὐλόγησον.

Ὁ ἱερεύς. Ὁ Κύριος εὐλογήσει, καὶ ἀκατακρίτους ἡμᾶς διατηρήσει ἐπὶ τῇ μεταλήψει τῶν ἀχράντων αὐτοῦ δωρεῶν, νῦν καὶ ἀεί, καὶ εἰς τοὺς αἰῶνας.

Καὶ ὅταν πληρώσωσι, λέγει ὁ διάκονος,

Κύριε, εὐλόγησον.

Ὁ ἱερεὺς λέγει,

Ὁ Κύριος εὐλογήσει, καὶ ἀξιώσει ἡμᾶς ἁγναῖς ταῖς τῶν δακτύλων λαβαῖς λαβεῖν τὸν πύρινον ἄνθρακα, καὶ ἐπιθεῖναι τοῖς τῶν πιστῶν στόμασιν, εἰς καθαρισμὸν καὶ ἀνακαινισμὸν τῶν ψυχῶν αὐτῶν καὶ τῶν σωμάτων, νῦν καὶ ἀεί.

(5) Εἶτα γίνεται εὐχὴ ἑτέρα.

sic Γεύσασθε, καὶ ἴδετε, ὅτι Χριστὸς ὁ

PARIS MANUSCRIPT 476.

[In the time of Chrysostom they sang part of the 145th Psalm. In his comment upon it (tom. v. p. 466) he begins οὗτός [ὁ ψαλμὸς] ἐστιν ὁ τὰ ῥήματα ἔχων ταῦτα ἅπερ οἱ μεμνημένοι συνεχῶς ὑποψάλλουσι λέγοντες, Οἱ ὀφθαλμοὶ πάντων εἰς σὲ ἐλπίζουσι καὶ σὺ δίδως τὴν τροφὴν αὐτῶν ἐν εὐκαιρίᾳ.]

Καὶ ποιεῖ διπλᾶς μερίδας ἑκάστων κλήρων καὶ βάπτει εἰς τὸν κρατῆρα. Καὶ ὅταν πληρώσῃ τοῦ μελίζειν, καὶ πληρωθῇ καὶ ὁ ψαλμός, λέγουσιν οἱ διάκονοι,

Κύριε, εὐλόγησον.

Ὁ ἱερεύς. Εὐλόγηται ὁ Θεός, ὁ εὐλογῶν καὶ ἁγιάζων ἡμᾶς τοὺς ἐν φόβῳ Θεοῦ μελίζοντας, καὶ πάντας τοὺς ἐν πίστει μεταλαμβάνειν μέλλοντας τῶν ἀχράντων μυστηρίων τοῦ Κυρίου καὶ Θεοῦ καὶ Σωτῆρος ἡμῶν, Ἰησοῦ Χριστοῦ, νῦν καὶ ἀεί, καὶ εἰς τοὺς αἰῶνας τῶν αἰώνων. Ἀμήν.

---

(1) P. adds after τοῦ Θεοῦ, ὁ Υἱὸς τοῦ Πατρός.
(2) P. adds to each καὶ τὰ ἑξῆς.
(3) P. adds here εἶτα. Ὑψώσω σε, ὁ Θεός μου, ὁ βασιλεύς. καὶ τὰ ἑξῆς.
(4) I.e. Ps. 150. But P. has αἰνεῖτε τὸν Κύριον, πάντα τὰ ἔθνη, i.e. Ps. 116.
(5) P. simply εἶτα.

ROTULUS MESSANENSIS.

(1) Ἄρχονται δὲ οἱ ψάλται τὸ Γεύσασθε. Καὶ κοινωνεῖ ὁ ἱερεύς, καὶ ὁ κλῆρος. Ὅτε δὲ αἴρει ὁ διάκονος τὸν δίσκον, λέγει Κύριε, εὐλόγησον.

Καὶ λέγει ὁ ἱερεύς,
Δόξα τῷ Θεῷ, τῷ ἁγιάσαντι καὶ ἁγιάζοντι πάντας ἡμᾶς.

(1) In the margin, apparently belonging to this action, Ὑψώθητι ἐπὶ τοὺς οὐρανούς, ὁ Θεός,

CODEX ROSSANENSIS.

ὁ μελιζόμενος καὶ μὴ μεριζόμενος, καὶ πᾶσι τοῖς πιστοῖς μεταδιδόμενος καὶ μὴ δαπανώμενος, εἰς ἄφεσιν ἁμαρτιῶν καὶ εἰς ζωὴν αἰώνιον, νῦν καὶ ἀεί, καί.

Ὁ διάκονος λέγει, Ἐν εἰρήνῃ Χριστοῦ ψάλλωμεν.

Οἱ ψάλται λέγουσι κοινωνι[κόν].

Γεύσασθε καὶ ἴδετε ὅτι χρηστὸς ὁ Κύριος. Ἀλληλούϊα.

Ὁ ἱερεὺς ἐπεύχεται εὐχὴν τῆς μεταλήψεως πρὸ τοῦ μεταλαβεῖν.

Δέσποτα Χριστέ, ὁ Θεὸς ἡμῶν, ὁ οὐράνιος ἄρτος, ἡ τροφὴ τοῦ παντὸς κόσμου, ἥμαρτον εἰς τὸν οὐρανὸν καὶ ἐνώπιόν σου, καὶ οὐκ εἰμὶ ἄξιος μεταλαβεῖν τῶν ἁγίων καὶ ἀχράντων σου μυστηρίων· ἀλλὰ διὰ τὴν σὴν ἀγαθότητα καὶ ἄφατον μακροθυμίαν ἄξιόν με ποίησον καὶ ἀκατάκριτον καὶ ἀνεπαίσχυντον μετασχεῖν τοῦ παναγίου σώματος καὶ τοῦ τιμίου αἵματος, εἰς ἄφεσιν ἁμαρτιῶν καὶ εἰς ζωὴν αἰώνιον. [99]

Καὶ μεταδιδοῖ τῷ κλήρῳ· ὅτε δὲ ἐπαίρουσιν (a) οἱ διάκονοι τοὺς δίσκους καὶ τοὺς κρατῆρας εἰς τὸ μεταδιδόναι τῷ λαῷ, λέγει ὁ διάκονος ὁ αἴρων τὸν πρῶτον δίσκον,

Κύριε, εὐλόγησον.

Ὁ ἱερεὺς λέγει, Δόξα τῷ Θεῷ, τῷ ἁγιάσαντι καὶ ἁγιάζοντι πάντας ἡμᾶς.

Καὶ λέγει ὁ διάκονος,

Ὑψώθητι ἐπὶ τοὺς οὐρανούς, ὁ Θεός, καὶ ἐπὶ πᾶσαν τὴν γῆν ἡ δόξα σου, καὶ ἡ [99 b] βασιλεία σου διαμένει εἰς τοὺς αἰῶνας τῶν αἰώνων.

καὶ ἐπὶ πᾶσαν τὴν γῆν ἡ δόξα σου, καὶ ἡ βασιλεία σου διαμένει εἰς τοὺς αἰῶνας τῶν αἰώνων.

PARIS MANUSCRIPT 2509.

Κύριος, ὁ μελιζόμενος καὶ μὴ μεριζόμενος, καὶ τοῖς πιστοῖς μεταδιδόμενος καὶ μὴ δαπανώμενος, εἰς ἄφεσιν ἁμαρτιῶν καὶ ζωὴν τὴν αἰώνιον, νῦν καὶ ἀεί, καὶ εἰς τοὺς αἰῶνας.

(1) Ὁ ἀρχιδιάκονος. Ἐν εἰρήνῃ Χριστοῦ ψάλλωμεν.

Οἱ ψάλται. Γεύσασθε καὶ ἴδετε ὅτι χρηστὸς ὁ Κύριος.

Ὁ ἱερεὺς εὐχὴν πρὸ τῆς μεταλήψεως.

Κύριος ὁ Θεὸς ἡμῶν, ὁ οὐράνιος ἄρτος, ἡ ζωὴ τοῦ παντός, ἥμαρτον εἰς τὸν οὐρανὸν καὶ ἐνώπιόν σου, καὶ οὐκ εἰμὶ ἄξιος μεταλαβεῖν τῶν ἀχράντων σου μυστηρίων· ἀλλ᾽ ὡς εὔσπλαγχνος Θεός, ἀξίωσόν με τῇ χάριτί σου ἀκατακρίτως μετασχεῖν τοῦ ἁγίου σώματος καὶ τοῦ τιμίου αἵματος, εἰς ἄφεσιν ἁμαρτιῶν καὶ ζωὴν αἰώνιον.

(2)

(a) Εἶτα μεταδίδωσι τῷ κλήρῳ· ὅτε δὲ ἐπαίρουσιν οἱ διάκονοι τοὺς δίσκους καὶ τοὺς κρατῆρας εἰς τὸ μεταδοῦναι τῷ λαῷ, λέγει ὁ διάκονος αἴρων τὸν πρῶτον δίσκον,

Κύριε, εὐλόγησον.

Ἀποκρίνεται ὁ ἱερεύς,

Δόξα τῷ Θεῷ τῷ ἁγιάσαντι καὶ ἁγιάζοντι πάντας ἡμᾶς.

Λέγει ὁ διάκονος,

Ὑψώθητι ἐπὶ τοὺς οὐρανούς, ὁ Θεός, καὶ ἐπὶ πᾶσαν τὴν γῆν ἡ δόξα σου, καὶ ἡ βασιλεία σου διαμένει εἰς τοὺς αἰῶνας τῶν αἰώνων.

(1) P. ὁ διάκονος.
(2) Dr Neale (followed by Mr Hammond) inserted here [καὶ μεταλαμβάνει].
(a) [Thus the deacons distributed as in the time of Chrysostom (Hom. LXXXII. in Mat. tom. VII. p. 789). Yet the communicants drew

PARIS MANUSCRIPT 476.

Καὶ μετὰ τοῦτο λέγει τὴν εὐχὴν τῆς μεταλήψεως.

Δέσποτα Χριστέ, ὁ Θεὸς ἡμῶν, ὁ οὐράνιος ἄρτος, ἡ τροφὴ τοῦ παντὸς κόσμου, ἥμαρτον εἰς τὸν οὐρανὸν καὶ ἐνώπιόν σου, καὶ οὐκ εἰμὶ ἄξιος μεταλαβεῖν τῶν ἁγίων καὶ ἀχράντων σου μυστηρίων· ἀλλὰ διὰ τὴν σὴν ἀγαθότητα καὶ ἄφατον μακροθυμίαν ἄξιόν με ποίησον ἀκατακρίτως καὶ ἀνεπαισχύντως μετασχεῖν τοῦ παναγίου σώματός σου καὶ τοῦ τιμίου αἵματος, εἰς ἄφεσιν ἁμαρτιῶν καὶ ζωὴν αἰώνιον.

Εἶτα μεταλαμβάνει καὶ μεταδίδωσι καὶ τῷ κλήρῳ, λέγων οὕτως ὁ ἱερεύς, (a)

Σῶμα ἅγιον τοῦ Κυρίου καὶ Θεοῦ καὶ Σωτῆρος ἡμῶν, Ἰησοῦ Χριστοῦ, τοῖς πιστοῖς μεταδιδόμενον εἰς ἄφεσιν ἁμαρτιῶν καὶ εἰς ζωὴν αἰώνιον. Ἀμήν.

Καὶ ὅτε ἐπάρῃ ὁ διάκονος τὸν δίσκον, λέγει ὁ ἱερεὺς ἡσύχως, οὐ γὰρ ἐκφωνεῖ μέγα,

Δόξα τῷ Θεῷ, τῷ εὐλογοῦντι καὶ ἁγιάζοντι ἡμᾶς διὰ τῆς μεταλήψεως τῶν ἁγίων καὶ ἀχράντων αὐτοῦ μυστηρίων, νῦν καὶ ἀεί, καὶ εἰς τοὺς αἰῶνας τῶν αἰώνων. Ἀμήν.

Ἐπιλέγει ὡσαύτως καὶ ταύτην τὴν εὐχὴν εὐχαριστῶν, (b)

Ὑψώθητι ἐπὶ τοὺς οὐρανούς, ὁ Θεός, καὶ ἐπὶ πᾶσαν τὴν γῆν ἡ δόξα σου, καὶ ἡ βασιλεία σου διαμένει εἰς τοὺς αἰῶνας τῶν αἰώνων. Ἀμήν. Ὑψοῦτε Κύριον τὸν Θεὸν ἡμῶν.

near to the table (In diem Natalem D. N. J. Christi tom. II. p. 364 E). They received the sacrifice in their hands. (Hom. XX. ad Pop. Ant. tom. II. p. 210.)]

(b) MS. εὐχάριστον. Possibly = εὐχαριστήριον.

ROTULUS MESSANENSIS.

Καὶ προστιθεῖ,

(1) Εὐλογητὸν τὸ ὄνομα Κυρίου τοῦ Θεοῦ ἡμῶν.

(2) Προσφωνεῖ ὁ διάκονος,

Μετὰ πίστεως καὶ φόβου Θεοῦ προσέλθετε.

Καὶ μετὰ τὸ κοινωνῆσαι τὸν λαόν, ἄρχονται οἱ ψάλται,

(3)

Πλήρωσον τὸ στόμα μου αἰνέσεως, Κύριε, καὶ χάριτος.

(4)

(1) Added in the margin Εἴη τὸ ὄνομα Κυρίου τοῦ Θεοῦ ἡμῶν εὐλογητὸν εἰς τοὺς αἰῶνας.
(2) This is in the margin.
(3) These words are very much abbreviated. I follow Monaldinius.
(4) There is here added in the modern hand Καὶ ψάλλουσιν, Εὐχαριστοῦμέν σοι, Χριστέ. Καὶ εὐθὺς ὁ διάκονος. But in the left hand margin this, in a very difficult writing,

Εὐχὴ ἐν τῷ θυμιάζειν.

Ηὔφρανας ἡμᾶς ἐν τῇ εὐωδίᾳ σου, καὶ σοὶ προσφέρομεν ὕμνον χαριστήριον, καρπὸν χειλέων ὁμολογούντων τὴν χάριν σου· σὺν τῷ θυμιάματι τούτῳ ἀναβήτω δὴ πρὸς σέ, ὁ Θεός· καὶ μὴ ἀποστραφείη διὰ κενῆς, ἀλλὰ χάρισαι ἡμῖν διὰ τὴν εὐωδίαν τοῦ παναγίου σου Πνεύματος, τὸ μύρον τὸ ἄχραντον καὶ ἀναφαίρετον· καὶ πλήρωσον τὸ στόμα ἡμῶν αἰνέσεως, καὶ τὰ χείλη ἡμῶν ἀγαλλιάσεως, καὶ τὴν καρδίαν χάριτος εὐφροσύνης, ἐν Χριστῷ Ἰησοῦ, τῷ Κυρίῳ ἡμῶν, μεθ' οὗ σοὶ πρέπει δόξα, τιμή, κράτος.

Then follows a prayer still more difficult to read.

Ὁ γεινόμενος ἀρχιερεὺς κατὰ τὴν τάξιν Μελχισε-

CODEX ROSSANENSIS.

Καὶ ὅτε μέλλει ὁ διάκονος τιθέναι εἰς τὴν τράπεζαν, λέγει ὁ ἱερεύς,

Εὐλογητὸν τὸ ὄνομα Κυρίου τοῦ Θεοῦ ἡμῶν εἰς τοὺς αἰῶνας.

Ὁ διάκονος λέγει, Μετὰ φόβου Θεοῦ προσέλθετε.

Πάλιν, ὅτε ἐπαίρει ὁ διάκονος ἐκ τῆς παρατραπέζης, λέγει,

Κύριε, εὐλόγησον.

Ὁ ἱερεύς. Δόξα τῷ Θεῷ ἡμῶν τῷ ἁγιάσαντι πάντας ἡμᾶς.

Καὶ ὅταν θῇ ἐκ τῆς ἁγίας τραπέζης, λέγει ὁ ἱερεύς,

Εἴη τὸ ὄνομα Κυρίου τοῦ Θεοῦ ἡμῶν εὐλογημένον εἰς τοὺς αἰῶνας.

Καὶ λέγουσιν οἱ διάκονοι καὶ ὁ λαός,

Πλήρωσον τὸ στόμα μου αἰνέσεως, Κύριε, καὶ χαρᾶς ἔμπλησον τὰ χείλη μου, ὅπως ἀνυμνήσω τὴν δόξαν σου.

Καὶ πάλιν λέγουσιν,

Εὐχαριστοῦμέν σοι, Χριστέ, ὁ Θεὸς ἡμῶν, ὅτι ἠξίωσας ἡμᾶς μετασχεῖν τοῦ σώματος καὶ αἵματός σου εἰς ἄφεσιν ἁμαρτιῶν καὶ εἰς ζωὴν τὴν αἰώνιον· ἀκατακρίτους ἡμᾶς διαφύλαξον, δεόμεθα, ὡς ἀγαθὸς καὶ φιλάνθρωπος.

Καὶ μετὰ τὸ πάντας μεταλαβεῖν, ποιεῖ ὁ ἱερεὺς εὐχὴν θυμιάματος εἰς τὴν ἐσχάτην εἴσοδον.

Εὔφρανας ἡμᾶς, ὁ Θεός, ἐν τῇ ἑνώσει σου, καὶ σοὶ προσφέρομεν ὕμνον χαριστήριον, καρπὸν χειλέων ὁμολογούντων τὴν

[100]

δέκ, Κύριος ὁ Θεὸς ἡμῶν, ὁ προσφέρων καὶ προσφερόμενος καὶ τὴν θυσίαν προσδεχόμενος, πρόσδεξαι καὶ ἐκ χειρῶν ἡμῶν τῶν ἁμαρτωλῶν τὸ θυμίαμα τοῦτο εἰς ὀσμὴν εὐωδίας καὶ εἰς ἄφεσιν τῶν ἁμαρτιῶν ἡμῶν καὶ παντὸς τοῦ λαοῦ σου, χάριτι. Καὶ εὐθὺς οἱ ψάλται· Εὐχαριστοῦμέν σοι.

PARIS MANUSCRIPT 2509.

Καὶ ὅτε μέλλει ὁ διάκονος τιθέναι εἰς τὸ παρατράπεζον, λέγει ὁ ἱερεύς,

Εὐλογητὸν τὸ ὄνομα Κυρίου τοῦ Θεοῦ ἡμῶν, εἰς τοὺς αἰῶνας.

(1) Ὁ διάκονος. Μετὰ φόβου Θεοῦ προσ-
(2) έλθετε.

P. 37 Καὶ πάλιν, ὅτε ἐπαίρει τὸν δίσκον ἀπὸ τοῦ παρατραπέζου, λέγει,

Κύριε, εὐλόγησον.

(3) Ὁ ἱερεὺς λέγει,

Δόξα τῷ Θεῷ ἡμῶν, τῷ ἁγιάσαντι πάντας ἡμᾶς.

(4) Καὶ ὅταν ἀποθῆται αὐτὸν εἰς τὴν ἁγίαν τράπεζαν, λέγει ὁ ἱερεύς,

Εἴη τὸ ὄνομα Κυρίου εὐλογημένον εἰς τοὺς αἰῶνας τῶν αἰώνων.

Λέγουσιν οἱ διάκονοι καὶ ὁ λαός,

(5) Πλήρωσον τὸ στόμα ἡμῶν αἰνέσεως, Κύριε, καὶ χαρᾶς ἔμπλησον τὰ χείλη ἡμῶν, ὅπως ἀνυμνήσωμεν τὴν δόξαν σου.

Καὶ πάλιν·

SR Εὐχαριστοῦμέν σοι, Χριστέ, ὁ Θεὸς ἡμῶν, ὅτι ἠξίωσας ἡμᾶς μετασχεῖν τοῦ σώματος καὶ αἵματός σου, εἰς ἄφεσιν ἁμαρτιῶν καὶ εἰς ζωὴν αἰώνιον· ἀκατακρίτους ἡμᾶς φύλαξον, δεόμεθα, ὡς ἀγαθὸς καὶ φιλάνθρωπος.

Εὐχὴ θυμιάματος εἰς τὴν ἐσχάτην εἴσοδον.

Εὐχαριστοῦμέν σοι τῷ Σωτῆρι τῶν ὅλων Θεῷ, ἐπὶ πᾶσιν οἷς παρέσχου ἡμῖν ἀγαθοῖς, καὶ ἐπὶ τῇ μεταλήψει τῶν ἁγίων καὶ

PARIS MANUSCRIPT 476.

Καὶ μετὰ τὸ πάντας μεταλαβεῖν ὁ ἱερεὺς λέγει τὴν εὐχὴν τοῦ θυμιάματος μυστικῶς.

Εὔφρανας ἡμᾶς, ὁ Θεός, ἐν τῇ ἑνώσει σου, καὶ σοὶ προσφέρομεν ὕμνον χαριστήριον, καρπὸν χειλέων ὁμολογούντων τὴν χάριν σου· σὺν τῷ θυμιάματι τούτῳ ἀναβήτω δὴ πρὸς σέ, ὁ Θεός, καὶ μὴ ἀποστραφείη διὰ κενῆς, ἀλλὰ χάρισαι ἡμῖν δι' αὐτοῦ τὴν εὐωδίαν τοῦ παναγίου σου Πνεύματος· πλήρωσον τὸ στόμα ἡμῶν ἀγαλλιάσεως, καὶ τὰ χείλη αἰνέσεως, καὶ τὴν καρδίαν χαρᾶς καὶ εὐφροσύνης, ἐν Χριστῷ Ἰησοῦ τῷ Κυρίῳ ἡμῶν, μεθ' οὗ εὐλογητὸς εἶ σὺν τῷ παναγίῳ καὶ ἀγαθῷ καὶ ζωοποιῷ σου Πνεύματι, νῦν καὶ ἀεί, καὶ εἰς τοὺς αἰῶνας τῶν αἰώνων.

Καὶ ὁ διάκονος λέγει μεγαλοφώνως,

Εὐχαριστοῦμεν σοί, Χριστέ, ὁ Θεός. Ὀρθοί, μεταλαβόντες τῶν θείων ἁγίων ἀχράντων.

---

(1) P. Μετὰ φόβου Θεοῦ καὶ πίστεως καὶ ἀγάπης προσέλθετε.
(2) P. adds ὁ λαός, Εὐλογημένος ὁ ἐρχόμενος ἐν ὀνόματι Κυρίου.
(3) P. thus Ὁ ἱερεύς. Σῶσον ὁ Θεὸς τὸν λαόν σου, καὶ εὐλόγησον τὴν κληρονομίαν σου. Ὁ ἱερεὺς πάλιν. Δόξα.
(4) For αὐτὸν (αὐτὸ) P. reads τὸ ποτήριον.
(5) P. αἰνέσεώς σου and adds at the end ὅλην τὴν ἡμέραν τὴν μεγαλοπρέπειάν σου.

ROTULUS MESSANENSIS.

CODEX ROSSANENSIS.

χάριν σου· σὺν τῷ θυμιάματι τούτῳ ἀναβήτω δὴ πρὸς σέ, ὁ Θεός, καὶ μὴ ἀποστραφείη διὰ κενῆς, ἀλλὰ χάρισαι ἡμῖν δι' αὐτοῦ τὴν εὐωδίαν τοῦ παναγίου σου Πνεύματος, τὸ μύρον τὸ ἄχραντον καὶ ἀναφαίρετον· πλήρωσον τὸ στόμα ἡμῶν αἰνέσεως, καὶ τὰ χείλη ἀγαλλιάσεως, καὶ τὴν καρδίαν χαρᾶς καὶ εὐφροσύνης, ἐν Χριστῷ Ἰησοῦ τῷ Κυρίῳ ἡμῶν, μεθ' οὗ εὐλογητὸς εἶ σὺν τῷ παναγίῳ σου Πνεύματι, νῦν καὶ ἀεί.

Ἄρχεται ὁ διάκονος εἰς τὴν εἴσοδον.

Δόξα σοι, δόξα σοι, δόξα σοι, Χριστὲ βασιλεῦ, μονογενές, Λόγε τοῦ Πατρός, ὅτι κατηξίωσας ἡμᾶς τοὺς ἁμαρτωλοὺς καὶ ἀναξίους δούλους σου ἐν ἀπολαύσει γενέσθαι τῶν ἀχράντων σου μυστηρίων, εἰς ἄφεσιν ἁμαρτιῶν καὶ εἰς ζωὴν αἰώνιον. Δόξα σοι. [100 b]

Καὶ ὅταν ποιεῖ τὴν εἴσοδον, λέγει ὁ διάκονος,

Ἔτι καὶ ἔτι, διὰ παντὸς ἐν εἰρήνῃ τοῦ Κυρίου δεηθῶμεν·

(1) Ὀρθοί, οἱ μεταλαβόντες τῶν ἁγίων, ἀχράντων, καὶ ζωοποιῶν μυστηρίων ἐπὶ ἀφέσει τῶν ἁμαρτιῶν ἡμῶν, δεηθῶμεν,

Ὅπως γένηται ἡμῖν ἡ μετάληψις τῶν ἁγιασμάτων αὐτοῦ εἰς ἀποτροπὴν παντὸς πονηροῦ πράγματος, εἰς ἐφόδιον ζωῆς αἰωνίου, εἰς κοινωνίαν καὶ δωρεὰν τοῦ ἁγίου Πνεύματος, δεηθῶμεν.

(2) Ὅπως γένηται ἡμῖν ἡ μετάληψις τῶν ἁγιασμάτων αὐτοῦ εἰς ἀποτροπὴν παντὸς πονηροῦ πράγματος, εἰς ἐφόδιον ζωῆς αἰωνίου, εἰς κοινωνίαν καὶ δωρεὰν τοῦ ἁγίου.

Τῆς παναγίας καὶ ὑπερευλογημένης δεσποίνης ἡμῶν, θεοτόκου καὶ ἀειπαρθένου Μαρίας, μετὰ πάντων τῶν ἁγίων καὶ δικαίων μνημονεύσαντες, ἑαυτούς τε καὶ ἀλλήλους καί.

Τῆς παναγίας, ἀχράντου, ὑπερενδόξου, εὐλογημένης δεσποίνης ἡμῶν, θεοτόκου καὶ ἀειπαρθένου Μαρίας· τοῦ ἁγίου Ἰωάννου τοῦ ἐνδόξου προφήτου, προδρόμου καὶ βαπτιστοῦ· τῶν θείων καὶ πανευφήμων ἀποστόλων, ἐνδόξων προφητῶν, ἀθλοφόρων καὶ μαρτύρων, μετὰ πάντων τῶν ἁγίων καὶ [101]

(1) In the margin ἄλλο. Ἔτι καὶ ἔτι καὶ διὰ παντὸς ἐν εἰρήνῃ.

(2) Πνεύματος δεηθῶμεν in the margin.

PARIS MANUSCRIPT 2509.   PARIS MANUSCRIPT 476.

ἀχράντων σου μυστηρίων, καὶ προσφέρομέν σοι τὸ θυμίαμα τοῦτο, δεόμενοι, φύλαξον ὑπὸ τὴν σκέπην τῶν πτερύγων σου, καὶ καταξίωσον ἡμᾶς μέχρι τῆς ἐσχάτης ἡμῶν ἀναπνοῆς μετέχειν τῶν ἁγιασμάτων σου, εἰς ἁγιασμὸν ψυχῶν καὶ σωμάτων, εἰς βασιλείας οὐρανῶν κληρονομίαν· ὅτι σὺ εἶ ὁ ἁγιασμὸς ἡμῶν, ὁ Θεός, καὶ σοὶ τὴν δόξαν καὶ τὴν εὐχαριστίαν ἀναπέμπομεν, τῷ Πατρὶ καὶ τῷ Υἱῷ καὶ τῷ ἁγίῳ Πνεύματι.

Καὶ ἄρχεται ὁ ἀρχιδιάκονος ἐν τῇ εἰσόδῳ.

Δόξα σοι, δόξα σοι, δόξα σοι, Χριστὲ βασιλεῦ, μονογενές, Λόγε τοῦ Πατρός, ὅτι κατηξίωσας ἡμᾶς τοὺς ἁμαρτωλοὺς καὶ ἀναξίους δούλους σου ἐν ἀπολαύσει γενέσθαι τῶν ἀχράντων σου μυστηρίων, εἰς ἄφεσιν ἁμαρτιῶν καὶ εἰς ζωὴν αἰώνιον. Δόξα σοι.

Καὶ ὅταν ποιήσῃ τὴν εἴσοδον, ἄρχεται λέγειν ὁ διάκονος οὕτως·

Ἔτι καὶ ἔτι καὶ διὰ παντὸς ἐν εἰρήνῃ τοῦ Κυρίου δεηθῶμεν.

Ὅπως γένηται ἡμῖν ἡ μετάληψις τῶν ἁγιασμάτων αὐτοῦ εἰς ἀποτροπὴν παντὸς πονηροῦ πράγματος, εἰς ἐφόδιον ζωῆς αἰωνίου, εἰς κοινωνίαν καὶ δωρεὰν τοῦ ἁγίου Πνεύματος, δεηθῶμεν.

Τῆς παναγίας, ἀχράντου, ὑπερενδόξου, εὐλογημένης δεσποίνης ἡμῶν, θεοτόκου καὶ (1) ἀειπαρθένου Μαρίας, τοῦ ἁγίου Ἰωάννου τοῦ ἐνδόξου προφήτου, προδρόμου καὶ βαπτιστοῦ, τῶν θείων καὶ πανευφήμων ἀπο-

---

(1) For τοῦ ἁγίου Ἰωάννου...ἀποστόλων P. prints καὶ πάντων τῶν ἁγίων τῶν ἀπ' αἰῶνός σοι εὐαρεστησάντων.

LITURGY OF SAINT JAMES.

ROTULUS MESSANENSIS.

Καὶ εὔχεται ὁ ἱερεύς.

Ὁ Θεός, ὁ διὰ πολλὴν καὶ ἄφατον
(1) εὐσπλαγχνίαν συγκαταβὰς τῇ ἀσθενείᾳ τῶν
(2) δούλων .σου καὶ καταξιώσας ἡμᾶς ταύτης
(3) τῆς ἐπουρανίου σου τραπέζης, μὴ κατα-
(4) κρίνῃς ἡμᾶς τοὺς ἁμαρτωλοὺς ἐπὶ τῇ
(5) μεταλήψει τῶν ζωοποιῶν καὶ ἀχράντων σου
μυστηρίων, ἀλλὰ φύλαξον ἡμᾶς, ἀγαθέ,
(6) ἐν ἁγιασμῷ, ἵνα ἄξιοι γενόμενοι τοῦ πανα-
γίου σου Πνεύματος εὕρωμεν μερίδα καὶ
κλῆρον μετὰ πάντων τῶν ἁγίων τῶν ἀπ᾽
(7) αἰῶνός σοι εὐαρεστησάντων,

Ὅτι ηὐλόγηται καὶ ἡγίασται καὶ δεδό-
(8) ξασται τὸ πάντιμον.

Εἰρήνη πᾶσιν.
(9) Ὁ ἀρχιδιάκονος. Τὰς κεφαλὰς ὑμῶν.

Ὁ Θεός, ὁ μέγας καὶ θαυμαστός, ἔφιδε
(10) ἐπὶ τοὺς δούλους σου, ὅτι σοὶ τοὺς αὐχένας
(11) ἐκλίναμεν· ἔκτεινον τὴν χεῖρά σου τὴν
κραταιὰν καὶ πλήρη εὐλογιῶν, καὶ εὐλόγη-
σον τὸν λαόν σου καὶ διαφύλαξον τὴν κλη-
ρονομίαν σου, ἵνα ἀεὶ καὶ διὰ παντὸς δοξάζω-

(1) ἡμῶν interlined after ἀσθενείᾳ.
(2) μετόχους γενέσθαι interlined after ταύτης.
(3) καὶ μυστικοῦ interlined before τραπέζης.
(4) καὶ ἀναξίους ἐρχομένους in the margin before ἐπί.
(5) ἐπουρανίων added in the margin after τῶν.
(6) αὐτοῦ added in the margin after ἁγιασμῷ.
(7) Added in the margin ἐν τῷ φωτὶ τοῦ προσ-ώπου σου, διὰ τῶν οἰκτιρμῶν τοῦ μονογενοῦς σου Υἱοῦ, Κυρίου δὲ καὶ Θεοῦ καὶ Σωτῆρος ἡμῶν Ἰησοῦ Χριστοῦ, μεθ᾽ οὗ εὐλογητὸς εἶ καὶ δεδοξασμένος.
(8) καὶ μεγαλοπρεπές, ἅγιον in the margin.
(9) καὶ κλίνων ὁ ἱερεύς in the margin.
(10) ἑαυτῶν interlined before αὐχένας.
(11) ἐπὶ σωτηρίᾳ τοῦ γένους τῶν ἀνθρώπων added in the margin after ἔκτεινον.

CODEX ROSSANENSIS.

δικαίων μνημονεύσαντες, ἑαυτοὺς καὶ ἀλ-
λήλους καὶ πᾶσαν τὴν ζωὴν ἡμῶν
Χριστῷ.

Καὶ τοῦ διακόνου ταῦτα λέγοντος ὁ ἱερεὺς
ἐπεύχεται,

Ὁ Θεός, ὁ διὰ πολλὴν καὶ ἄφατον
εὐσπλαγχνίαν συγκαταβὰς τῇ ἀσθενείᾳ
τῶν δούλων σου καὶ καταξιώσας ἡμᾶς
μετασχεῖν ταύτης τῆς ἐπουρανίου τραπέζης,
μὴ κατακρίνῃς ἡμᾶς, Δέσποτα, τοὺς ἁμαρ-
τωλοὺς ἐπὶ τῇ μεταλήψει τῶν ἀχράντων σου
μυστηρίων, ἀλλὰ φύλαξον ἡμᾶς, ἀγαθέ,
ἐν ἁγιασμῷ, ἵνα ἄξιοι γενόμενοι τοῦ παν-
αγίου σου Πνεύματος εὕρωμεν μέρος καὶ
κλῆρον μετὰ πάντων τῶν ἁγίων τῶν ἀπ᾽
αἰῶνός σοι εὐαρεστησάντων, ἐν τῷ φωτὶ
τοῦ προσώπου σου, διὰ τῶν οἰκτιρμῶν τοῦ
μονογενοῦς σου Υἱοῦ, Κυρίου δὲ καὶ Θεοῦ
καὶ Σωτῆρος ἡμῶν, Ἰησοῦ Χριστοῦ, μεθ᾽ οὗ
εὐλογητὸς εἶ σὺν τῷ παναγίῳ καὶ ἀγαθῷ
καὶ ζωοποιῷ σου Πνεύματι, νῦν.   [101 b]

Ἐκφώνως. Ὅτι ηὐλόγηται καὶ ἡγίασται
καὶ δεδόξασται τὸ πάντιμον καὶ μεγαλο-
πρεπὲς ἅγιον ὄνομά σου, τοῦ Πατρὸς
καί.

Ὁ λαός. Ἀμήν.
Ὁ ἱερεύς. Εἰρήνη πᾶσιν.
Ὁ διάκονος. Τὰς κεφαλάς.

Ὁ ἱερεὺς ἐπεύχεται.

Ὁ Θεός, ὁ μέγας καὶ θαυμαστός, ἔπιδε
ἐπὶ τοὺς δούλους σου, ὅτι σοὶ τοὺς αὐχένας
ἐκλίναμεν· καὶ ἔκτεινον τὴν χεῖρά σου τὴν
κραταιάν, τὴν πλήρη εὐλογιῶν, καὶ εὐλόγη-
σον τὸν λαόν σου, καὶ διαφύλαξον τὴν κλη-
ρονομίαν σου, ἵνα ἀεὶ καὶ διὰ παντὸς δοξά-

PARIS MANUSCRIPT 2509.

στόλων μνημονεύσαντες, ἑαυτοὺς καὶ ἀλλήλους καὶ πᾶσαν τὴν ζωὴν ἡμῶν Χριστῷ τῷ Θεῷ παραθώμεθα.

Ὁ λαός. Σοί, Κύριε.

Ὁ ἱερεὺς εὔχεται·

Ὁ Θεός, ὁ διὰ πολλὴν καὶ ἄφατον φιλανθρωπίαν συγκαταβὰς τῇ ἀσθενείᾳ τῶν δούλων σου, καὶ καταξιώσας ἡμᾶς μετασχεῖν ταύτης τῆς ἐπουρανίου σου τραπέζης, μὴ κατακρίνῃς ἡμᾶς τοὺς ἁμαρτωλοὺς ἐπὶ τῇ μεταλήψει τῶν ἀχράντων μυστηρίων, ἀλλὰ φύλαξον ἡμᾶς, ἀγαθέ, ἐν ἁγιασμῷ τοῦ ἁγίου σου Πνεύματος, ἵνα ἅγιοι γενόμενοι εὕρωμεν μέρος καὶ κληρονομίαν μετὰ πάντων τῶν ἁγίων τῶν ἀπ' αἰῶνός σοι εὐαρεστησάντων, ἐν τῷ φωτὶ τοῦ προσώπου σου, διὰ τῶν οἰκτιρμῶν τοῦ μονογενοῦς σου Υἱοῦ, Κυρίου δὲ καὶ Θεοῦ καὶ Σωτῆρος ἡμῶν, Ἰησοῦ Χριστοῦ, μεθ' οὗ εὐλογητὸς εἶ σὺν τῷ παναγίῳ καὶ ἀγαθῷ καὶ ζωοποιῷ σου Πνεύματι· ὅτι εὐλόγηται καὶ δεδόξασται τὸ πάντιμον καὶ μεγαλοπρεπὲς ὄνομά σου, τοῦ Πατρὸς καὶ τοῦ Υἱοῦ καὶ τοῦ ἁγίου Πνεύματος.

Ὁ λαός. Ἀμήν.

Ὁ ἱερεύς. Εἰρήνη πᾶσιν.

Ὁ λαός. Καὶ τῷ πνεύματί σου.

Ὁ διάκονος. Τὰς κεφαλὰς ἡμῶν τῷ Κυρίῳ.

Ὁ ἱερεύς.

Ὁ Θεός, ὁ μέγας καὶ θαυμαστός, ἔπιδε ἐπὶ τοὺς δούλους σου, ὅτι σοὶ τοὺς αὐχένας ἐκλίναμεν· ἔκτεινον τὴν χεῖρά σου τὴν κραταιὰν καὶ πλήρη εὐλογιῶν, καὶ εὐλόγησον τὸν λαόν σου· διαφύλαξον τὴν κληρονομίαν σου, ἵνα ἀεὶ καὶ διὰ παντὸς δοξά-

PARIS MANUSCRIPT 476.

Ὁ ἱερεὺς τὴν εὐχὴν ταύτην ἡσύχως·

Ὁ Θεός, ὁ διὰ πολλὴν καὶ ἄφατον εὐσπλαγχνίαν συγκαταβὰς τῇ ἀσθενείᾳ τῶν δούλων σου, καὶ καταξιώσας ἡμᾶς μετασχεῖν ταύτης τῆς ἐπουρανίου τραπέζης, μὴ κατακρίνῃς ἡμᾶς τοὺς ἁμαρτωλοὺς ἐπὶ τῇ μεταλήψει τῶν ἀχράντων σου μυστηρίων, ἀλλὰ φύλαξον ἡμᾶς, ἀγαθέ, ἐν ἁγιασμῷ, ἵνα ἄξιοι γενόμενοι τοῦ παναγίου σου Πνεύματος εὕρωμεν μέρος καὶ κλῆρον μετὰ πάντων τῶν ἁγίων τῶν ἀπ' αἰῶνός σοι εὐαρεστησάντων, ἐν τῷ φωτὶ τοῦ προσώπου σου, διὰ τῶν οἰκτιρμῶν τοῦ μονογενοῦς σου Υἱοῦ, Κυρίου δὲ καὶ Θεοῦ καὶ Σωτῆρος ἡμῶν, Ἰησοῦ Χριστοῦ, μεθ' οὗ εὐλογητὸς εἶ καὶ δεδοξασμένος σὺν τῷ παναγίῳ καὶ ἀγαθῷ καὶ ζωοποιῷ σου Πνεύματι, νῦν καὶ ἀεί, καὶ εἰς τοὺς αἰῶνας τῶν αἰώνων. Ἀμήν.

Ὁ ἱερεὺς ἐκφωνεῖ μεγαλοφώνως·

Ὅτι εὐλόγηται καὶ ἡγίασται καὶ δεδόξασται τὸ πάντιμον καὶ μεγαλοπρεπὲς ὄνομά σου, τοῦ Πατρὸς καὶ τοῦ Υἱοῦ καὶ τοῦ ἁγίου Πνεύματος, νῦν καὶ ἀεί, καὶ εἰς τοὺς αἰῶνας τῶν αἰώνων.

Εἰρήνη πᾶσιν.

Ὁ διάκονος. Τὰς κεφαλὰς ἡμῶν τῷ Κυρίῳ κλίνωμεν.

Ὁ δὲ ἱερεὺς τὴν εὐχὴν ταύτην.

Ὁ Θεός, ὁ μέγας καὶ θαυμαστός, ἔπιδε ἐπὶ τοὺς δούλους σου, ὅτι σοὶ τοὺς ἑαυτῶν αὐχένας ἐκλίναμεν· καὶ ἔκτεινον τὴν χεῖρά σου τὴν κραταιάν, τὴν πλήρη εὐλογιῶν, καὶ εὐλόγησον τὸν λαόν σου· διαφύλαξον τὴν κληρονομίαν σου, ἵνα ἀεὶ καὶ διὰ παντὸς

(1) P. om. σου.   (2) See n. (2) above, p. 309.

ROTULUS MESSANENSIS.

(1) μέν σε, τὸν μόνον ζῶντα καὶ ἀληθινὸν ἡμῶν Θεόν, τὴν ἁγίαν καὶ ὁμοούσιον Τριάδα, Πατέρα καὶ Υἱὸν καὶ ἅγιον Πνεῦμα·

Ἐκφώνως. Σοὶ γὰρ πρέπει καὶ ἐποφείλεται παρὰ πάντων ἡμῶν πᾶσα δοξολογία, τιμή, προσκύνησις καὶ εὐχαριστία, τῷ Πατρὶ καὶ τῷ Υἱῷ.

(a) Ὁ ἀρχιδιάκονος. Ἐν εἰρήνῃ Χριστοῦ πορευθῶμεν.

Ὁ λαός. Ἐν ὀνόματι Κυρίου. Κύριε, εὐλόγησον.

Καὶ εὔχεται ὁ ἱερεύς, προσέχων τῷ λαῷ,

(2) Ὁ εὐλογῶν.

(1) καὶ προσκυνητὴν added in the margin before Τριάδα.

(a) Compare Chrysostom Hom. in eos qui Pascha jejunant 1. p. 614: Καὶ τῆς συνόδου ταύτης ἀπολύων ὑμᾶς (ὁ διάκονος), τοῦτο ὑμῖν ἐπεύχεται λέγων, Πορεύεσθε ἐν εἰρήνῃ.

(2) εὐλογῶν is in a strange hand, and may be on an erasure.

(3) In the margin, in another hand. ὁ λαός. ἐν ὀνόματι.

CODEX ROSSANENSIS.

ζωμέν σε, τὸν μόνον ζῶντα καὶ ἀληθινὸν Θεὸν ἡμῶν, τὴν ἁγίαν καὶ ὁμοούσιον Τριάδα, Πατέρα καὶ Υἱὸν καὶ ἅγιον Πνεῦμα·

Ἐκφώνως. Σοὶ γὰρ πρέπει καὶ ἐποφείλεται παρὰ πάντων ἡμῶν πᾶσα δοξολογία, τιμή, καὶ προσκύνησις καὶ εὐχαριστία, τῷ Πατρὶ καὶ τῷ Υἱῷ καὶ τῷ ἁγίῳ Πνεύματι, νῦν. [102]

Ὁ λαός. Ἀμήν.

Ὁ διάκονος. Ἐν εἰρήνῃ Χριστοῦ ψάλλωμεν.

Πάλιν λέγει, Ἐν εἰρήνῃ Χριστοῦ πορευθῶμεν. (a)
(3)

Ὁ ἱερεὺς λέγει εὐχὴν ὀπισθάμβωνον τοῦ ἁγίου Ἰακώβου.

Εὐχαῖς καὶ πρεσβείαις τῆς παναγίας ἀχράντου δεσποίνης ἡμῶν, θεοτόκου καὶ ἀειπαρθένου Μαρίας· τοῦ ἁγίου Ἰωάννου τοῦ ἐνδόξου προφήτου, προδρόμου καὶ βαπτιστοῦ· τοῦ ἁγίου Στεφάνου τοῦ πρωτοδιακόνου καὶ πρωτομάρτυρος· τῶν ἁγίων ἀποστόλων, ἐνδόξων προφητῶν, καὶ ἀθλοφόρων μαρτύρων, καὶ πάντων τῶν ἁγίων· Χριστός, ὁ ἀληθινὸς Θεὸς ἡμῶν, διὰ τῆς μεταλήψεως τῶν ἀχράντων αὐτοῦ μυστηρίων πάντας ἡμᾶς εὐλογήσει, ἐν εἰρήνῃ καὶ ἀγάπῃ ἁγιάσει καὶ διαφυλάξει καὶ τῆς ἐπουρανίου βασιλείας ἀξίους ἀναδείξει, καὶ ἐλεήσει τὸν κόσμον αὐτοῦ, νῦν καὶ ἀεί, καὶ [102 b] εἰς τούς.

Εὐχὴ ἄλλη ὀπισθάμβωνος.

Δέσποτα Κύριε, Ἰησοῦ Χριστέ, ὁ Σωτὴρ ἡμῶν, ὁ καταξιώσας ἡμᾶς τῆς σῆς δόξης κοινωνοὺς γενέσθαι διὰ τῆς τῶν ἁγίων σου μυστηρίων ζωοποιοῦ μεταλήψεως, δι᾽ ὧν τοῦ θανάτου σου καὶ τῆς ἀναστάσεως τὸν

PARIS MANUSCRIPT 2509.

ζωμέν σε, τὸν μόνον ζῶντα καὶ ἀληθινὸν Θεὸν ἡμῶν, τὴν ἁγίαν καὶ ὁμοούσιον Τριάδα, Πατέρα καὶ Υἱὸν καὶ ἅγιον Πνεῦμα, νῦν καὶ ἀεί, καὶ εἰς τοὺς αἰῶνας·

Ἐκφώνησις. Σοὶ γὰρ πρέπει καὶ ἐποφείλεται ἡ παρὰ πάντων ἡμῶν δοξολογία, τιμή, καὶ προσκύνησις καὶ εὐχαριστία, τῷ Πατρὶ καὶ τῷ Υἱῷ καὶ τῷ ἁγίῳ Πνεύματι, νῦν καὶ ἀεί.

Ὁ λαός. Ἀμήν.

Ὁ διάκονος. Ἐν εἰρήνῃ Χριστοῦ ψάλλωμεν.

Καὶ πάλιν λέγει,

(a) Ἐν εἰρήνῃ Χριστοῦ πορευθῶμεν.

Ὁ λαός. Ἐν ὀνόματι Κυρίου. Κύριε, εὐλόγησον.

PARIS MANUSCRIPT 476.

δοξάζωμέν σε, τὸν μόνον ζῶντα καὶ ἀληθινὸν Θεὸν ἡμῶν, τὴν ἁγίαν καὶ ὁμοούσιον Τριάδα, Πατέρα, Υἱὸν καὶ ἅγιον Πνεῦμα·

Ἐκφώνησις. Σοὶ γὰρ πρέπει καὶ ἐποφείλεται ἡ παρὰ πάντων ἡμῶν πᾶσα δοξολογία, τιμή, προσκύνησις, καὶ εὐχαριστία, τῷ Πατρὶ καὶ τῷ Υἱῷ καὶ τῷ ἁγίῳ Πνεύματι, νῦν καὶ ἀεί, καὶ εἰς τοὺς αἰῶνας τῶν αἰώνων.

Ὁ διάκονος λέγει. Ἐν εἰρήνῃ καὶ ἀγάπῃ Χριστοῦ τοῦ Θεοῦ ἡμῶν πορευθῶμεν. (a)

Ὁ ἱερεὺς τὴν ὀπισθάμβωνον εὐχὴν μεγαλοφώνως.

Ὁ θυσίαν αἰνέσεως καὶ λατρείαν εὐάρεστον, τὴν λογικὴν καὶ ἀναίμακτον, δεχόμενος παρὰ τῶν ἐπικαλουμένων σε ἐν ὅλῃ καρδίᾳ, Χριστὲ ὁ Θεὸς ἡμῶν, ὁ ἀμνὸς τοῦ Θεοῦ καὶ Υἱός, ὁ αἴρων τὴν ἁμαρτίαν τοῦ κόσμου, ὁ μόσχος ὁ ἄμωμος, ὁ μὴ δεξάμενος ἁμαρτίας ζυγὸν καὶ τυθεὶς δι᾽ ἡμᾶς ἑκών, ὁ μελιζόμενος καὶ μὴ διαιρούμενος, ὁ ἐσθιόμενος καὶ μὴ δαπανώμενος, τοὺς δὲ ἐσθίοντας ἁγιάζων· ὁ καὶ τῇ παρούσῃ ἡμέρᾳ καταξιώσας ἑορτάσαι τῶν φρικτῶν μυστηρίων τοῦ ἁγίου σώματος καὶ τοῦ τιμίου σου αἵματος, αὐτὸς ὡς ἐλεήμων καὶ οἰκτίρμων, μακρόθυμος καὶ πολυέλεος, τήρησον ἡμᾶς καὶ τοὺς δούλους σου τοὺς διακόνους καὶ πάντα τὸν λαόν σου, ἐν τῷ σῷ ἁγιασμῷ· τῷ βασιλεῖ ἡμῶν νίκας δώρησαι, τοὺς ἐν αἰχμαλωσίᾳ ὄντας ἀδελφοὺς ἡμῶν ἀνάρρυσαι, τοὺς ἐν ἀσθενείᾳ ἐπίσκεψαι, τοὺς ἐν κινδύνοις θαλάσσης κυβέρνησαι, καὶ πᾶσι τοῖς δεομένοις τῆς σῆς βοηθείας ἐπάκουσον. Ὅτι σὺ εἶ ὁ δωτὴρ

ROTULUS MESSANENSIS.	CODEX ROSSANENSIS.
	τύπον τελεῖν παρέδωκας ἡμῖν· δι' αὐτῶν ἡμᾶς ἐν τῷ ἁγιασμῷ σου διαφύλαξον, μεμνημένους τῆς σῆς χάριτος διὰ παντὸς καὶ σοὶ ζῶντας τῷ ὑπὲρ ἡμῶν ἀποθανόντι καὶ ἐγερθέντι· τοῖς συλλειτουργήσασιν ἡμῖν καὶ τοῖς θείοις σου μυστηρίοις διακονήσασι βαθμὸν ἀγαθὸν περιποίησαι καὶ πολλὴν παρρησίαν τὴν ἐπὶ τοῦ φοβεροῦ σου βήματος· εἰρήνην τῷ κόσμῳ σου δώρησαι, ταῖς ἐκκλησίαις σου, τοῖς ἱερεῦσι, τοῖς βασιλεῦσιν ἡμῶν καὶ παντὶ τῷ λαῷ σου· σὺ γὰρ εἶ ὁ ἀληθινὸς Θεὸς ἡμῶν καὶ ζωὴ αἰώνιος, καὶ σοὶ τὴν δόξαν ἀναπέμπομεν, τῷ Πατρὶ καὶ τῷ Υἱῷ καὶ τῷ ἁγίῳ Πνεύματι, νῦν. [103]
	Λέγει ὁ διάκονος,
	Ἀπὸ δόξης εἰς δόξαν πορευόμενοι, σὲ ὑμνοῦμεν, τὸν Σωτῆρα τῶν ψυχῶν ἡμῶν. Δόξα Πατρὶ καὶ Υἱῷ καὶ ἁγίῳ Πνεύματι καὶ νῦν καὶ ἀεί, καὶ εἰς τούς.
	Σὲ ὑμνοῦμεν, τὸν Σωτῆρα τῶν ψυχῶν ἡμῶν.
	Ὁ ἱερεὺς λέγει εὐχὴν ἀπὸ τοῦ θυσιαστηρίου ἕως τοῦ διακονικοῦ.
Εἰς τὸ διακονικὸν λέγει ὁ ἀρχιδιάκονος,	
(1) Τοῦ Κυρίου δεηθῶμεν.	
Ὁ ἱερεύς.	
Ἐκ δυνάμεως εἰς δύναμιν πορευόμενοι, καὶ πᾶσαν τὴν ἐν τῷ ναῷ σου πληρώσαντες θείαν λειτουργίαν, καὶ νῦν δεόμεθά σου, Κύριε ὁ Θεὸς ἡμῶν, τελείας φιλανθρωπίας ἀξίωσον ἡμᾶς· ὀρθοτόμησον ἡμῶν τὴν ὁδόν, ῥίζωσον ἡμᾶς ἐν τῷ φόβῳ σου, τοὺς πάντας ἐλέησον καὶ τῆς ἐπουρανίου βασιλείας ἀξίους ἀνάδειξον, ἐν Χριστῷ Ἰησοῦ τῷ Κυρίῳ ἡμῶν, μεθ' οὗ εὐλογητὸς εἶ καὶ δεδοξασμένος, σὺν τῷ παναγίῳ καὶ ἀγαθῷ καὶ ζωοποιῷ σου Πνεύματι, νῦν.	Ἐκ δυνάμεως εἰς δύναμιν πορευόμενοι, καὶ πᾶσαν τὴν ἐν τῷ ναῷ σου πληρώσαντες θείαν λειτουργίαν, καὶ νῦν δεόμεθά σου, Κύριε ὁ Θεὸς ἡμῶν, τελείας φιλανθρωπίας ἀξίωσον ἡμᾶς· ὀρθοτόμησον ἡμῶν τὴν ὁδόν, ῥίζωσον ἡμᾶς ἐν τῷ φόβῳ σου, τοὺς πάντας ἐλέησον καὶ τῆς ἐπουρανίου σου βασιλείας ἀξίους ἀνάδειξον, ἐν Χριστῷ Ἰησοῦ τῷ Κυρίῳ ἡμῶν, μεθ' οὗ σοὶ πρέπει δόξα, τιμή, κράτος, ἅμα τῷ παναγίῳ Πνεύματι, νῦν. [103 b]

(1) εὐχὴ ὀπισθάμβωνος ἐν τῷ διακονικῷ in the margin.

PARIS MANUSCRIPT 2509.

PARIS MANUSCRIPT 476.

τῶν ἀγαθῶν δωρημάτων, Χριστὲ ὁ Θεὸς ἡμῶν, καὶ σοὶ τὴν δόξαν ἀναπέμπομεν σὺν τῷ ἀνάρχῳ σου Πατρὶ καὶ τῷ παναγίῳ καὶ ἀγαθῷ καὶ ζωοποιῷ σου Πνεύματι, νῦν καὶ ἀεί, καὶ εἰς τοὺς αἰῶνας τῶν αἰώνων. Ἀμήν.

Εὐχὴ ἀπολυτική, λεγομένη παρὰ τοῦ διακόνου.

Ἀπὸ δόξης εἰς δόξαν πορευόμενοι, σὲ ὑμνοῦμεν, τὸν Σωτῆρα τῶν ψυχῶν ἡμῶν. Δόξα Πατρὶ καὶ Υἱῷ καὶ ἁγίῳ Πνεύματι, νῦν καὶ ἀεί, καὶ εἰς τοὺς αἰῶνας.

Σὲ ὑμνοῦμεν, τὸν Σωτῆρα τῶν ψυχῶν ἡμῶν.

Ὁ ἱερεὺς λέγει εὐχὴν ἀπὸ τοῦ θυσιαστηρίου μέχρι τοῦ σκευοφυλακίου.

Ἐκ δυνάμεως εἰς δύναμιν πορευόμενοι, καὶ πᾶσαν τὴν ἐν τῷ ναῷ σου πληρώσαντες θείαν λειτουργίαν, καὶ νῦν δεόμεθά σου, Κύριε ὁ Θεὸς ἡμῶν, τελείας φιλανθρωπίας ἀξίωσον ἡμᾶς· ὀρθοτόμησον τὴν ὁδὸν ἡμῶν, ῥίζωσον ἡμᾶς ἐν τῷ φόβῳ σου, καὶ τῆς ἐπουρανίου βασιλείας ἀξίωσον, ἐν Χριστῷ Ἰησοῦ τῷ Κυρίῳ ἡμῶν, μεθ' οὗ εὐλογητὸς εἶ, σὺν τῷ παναγίῳ καὶ ἀγαθῷ καὶ ζωοποιῷ σου Πνεύματι, νῦν καὶ ἀεί.

Ὁ διάκονος. Ἔτι τοῦ Κυρίου δεηθῶμεν.

Ὁ ἱερεὺς εὐχὴν ἐν τῷ σκευοφυλακίῳ μυστικήν.

Ἐκ δυνάμεως εἰς δύναμιν πορευόμενοι, καὶ πᾶσαν τὴν ἐν τῷ ναῷ σου πληρώσαντες θείαν λειτουργίαν, καὶ ἀπὸ σοῦ καὶ εἰς σὲ καὶ πρὸς σὲ καταφεύγοντες, ὑπὸ σοῦ ἁγιαζόμεθα, Κύριε ὁ Θεὸς ἡμῶν· καὶ νῦν δεόμεθά σου, τελείας φιλανθρωπίας ἀξίωσον ἡμᾶς· ὀρθοτόμησον ἡμῶν τὴν ζωὴν ὡσαύτως καὶ τὴν ὁδὸν τῆς ἀναστάσεως τοῦ Κυρίου, ῥίζωσον ἡμᾶς ἐν τῷ φόβῳ σου, τοὺς πάντας ἐλέησον, καὶ τῆς ἐπουρανίου σου βασιλείας ἀξίους ἀνάδειξον, ἐν Χριστῷ Ἰησοῦ τῷ Κυρίῳ ἡμῶν, μεθ' οὗ εὐλογητὸς εἶ καὶ δεδοξασμένος, σὺν τῷ παναγίῳ καὶ ἀγαθῷ καὶ ζωοποιῷ σου Πνεύματι, νῦν καὶ ἀεί, καὶ εἰς τοὺς αἰῶνας τῶν αἰώνων. Ἀμήν.

LITURGY OF SAINT JAMES.

ROTULUS MESSANENSIS.	CODEX ROSSANENSIS.

Εὐχὴ ἄλλη. Σὺ εἶ ὁ ἄρτος τῆς ζωῆς καὶ ἡ πηγὴ τῆς ἀθανασίας καὶ δοτὴρ πάντων τῶν αἰωνίων ἀγαθῶν, Δέσποτα Χριστέ, ὁ Θεὸς ἡμῶν· ἐν σοὶ ζῶμεν καὶ κινούμεθα καὶ ἐσμέν, καὶ σοὶ τὴν δόξαν καὶ εὐχαριστίαν ἀναπέμπομεν, σὺν τῷ ἀνάρχῳ σου Πατρί, καὶ τῷ παναγίῳ καὶ ἀγαθῷ καὶ ζωοποιῷ σου Πνεύματι, νῦν.

Ὁ διάκονος λέγει ἐν τῷ διακονικῷ,

Ἔτι καὶ ἔτι διὰ παντὸς ἐν εἰρήνῃ τοῦ Κυρίου δεηθῶμεν.

Ὁ ἱερεὺς λέγει εὐχὴν ἐν τῷ διακονικῷ μετὰ τὴν ἀπόλυσιν.

Ἔδωκας ἡμῖν, Δέσποτα, τὸν ἁγιασμὸν ἐν τῇ μετουσίᾳ τοῦ παναγίου σώματος καὶ τοῦ τιμίου αἵματος τοῦ μονογενοῦς σου Υἱοῦ Κυρίου δὲ καὶ Θεοῦ καὶ Σωτῆρος ἡμῶν, Ἰησοῦ Χριστοῦ· δὸς ἡμῖν καὶ τὴν χάριν τοῦ Πνεύματός σου τοῦ ἀγαθοῦ, καὶ φύλαξον ἡμᾶς ἀμώμους ἐν τῇ πίστει, καὶ ὁδήγησον ἡμᾶς εἰς τελείαν υἱοθεσίαν καὶ ἀπολύτρωσιν, καὶ εἰς τὰς αἰωνίους μελλούσας ἀπολαύσεις· σὺ γὰρ εἶ ὁ ἁγιασμὸς καὶ φωτισμὸς ἡμῶν, ὁ Θεός, καὶ ὁ μονογενής σου Υἱός, καὶ τὸ Πνεῦμά σου τὸ πανάγιον, νῦν καὶ ἀεί, καὶ εἰς τούς. [104]

Ὁ διάκονος. Ἐν εἰρήνῃ Χριστοῦ διαφυλαχθῶμεν.

Εἰρήνη πᾶσιν.

Ὁ λαός. Καὶ τῷ πνεύματί σου.

Καὶ λέγουσιν οἱ διάκονοι, Κύριε, εὐλόγησον.

Καὶ εὔχεται ὁ ἱερεύς.

(1) Ηὐλόγηται ὁ Θεός, ὁ εὐλογῶν καὶ ἁγιάζων καὶ διατηρῶν τὴν ζωὴν πάντων ἡμῶν, διὰ τῆς μεταλήψεως τῶν ἁγίων καὶ ἀχράντων καὶ ἀθανάτων καὶ [ζωοποιῶν καὶ φρικ]τῶν αὐτοῦ μυστηρίων, ὁ ὢν [εὐλογητὸς εἰς τοὺς αἰῶνας] τῶν αἰώνων. Ἀμήν.

Ὁ ἱερεύς. Εὐλόγηται ὁ Θεός, ὁ εὐλογῶν καὶ ἁγιάζων ἡμᾶς διὰ τῆς μεταλήψεως τῶν ἁγίων καὶ ἀχράντων αὐτοῦ μυστηρίων, νῦν καὶ ἀεί, καὶ εἰς τούς.

Εὐχὴ ἄλλη τελευταία.

Ὁ Κύριος εὐλογήσει καὶ ἁγιάσει καὶ

---

(1) καὶ διαφυλάττων καὶ σκέπων καὶ εἰρηνεύων (?) ἐν ἀγάπῃ added in the margin and interlined.

PARIS MANUSCRIPT 2509. PARIS MANUSCRIPT 476.

Ὁ διάκονος. Ἔτι καὶ ἔτι καὶ διὰ παντὸς ἐν εἰρήνῃ τοῦ Κυρίου δεηθῶμεν.

Εὐχὴ λεγομένη ἐν τῷ σκευοφυλακίῳ μετὰ τὴν ἀπόλυσιν.

P. 41 Ἔδωκας ἡμῖν, Δέσποτα, τὸν ἁγιασμὸν ἐν τῇ μετουσίᾳ τοῦ παναγίου σώματος καὶ τοῦ τιμίου αἵματος τοῦ μονογενοῦς σου Υἱοῦ Κυρίου δὲ ἡμῶν, Ἰησοῦ Χριστοῦ· δὸς ἡμῖν καὶ τὴν χάριν τοῦ Πνεύματός σου τοῦ ἀγαθοῦ, καὶ φύλαξον ἡμᾶς ἀμώμους ἐν τῇ πίστει. ὁδήγησον ἡμᾶς εἰς τελείαν υἱοθεσίαν καὶ ἀπολύτρωσιν, καὶ εἰς τὰς μελλούσας αἰωνίους ἀπολαύσεις· σὺ γὰρ εἶ ὁ ἁγιασμὸς καὶ φωτισμὸς ἡμῶν, ὁ Θεός, καὶ ὁ μονογενής σου Υἱός, καὶ τὸ Πνεῦμά σου τὸ πανάγιον, νῦν καὶ ἀεί, καὶ εἰς τοὺς αἰῶνας.

Ὁ διάκονος. Ἐν εἰρήνῃ Χριστοῦ διαφυλαχθῶμεν.

Ὁ ἱερεύς. Ηὐλόγηται ὁ Θεός, ὁ εὐλογῶν καὶ ἁγιάζων διὰ τῆς μεταλήψεως (1) τῶν ἁγίων καὶ ἀχράντων μυστηρίων, νῦν καὶ ἀεί, καὶ εἰς τοὺς αἰῶνας τῶν αἰώνων. Ἀμήν.

Ὁ ἱερεὺς τὸ Εἰρήνη πᾶσιν ἡσύχως ἐν ἑαυτῷ.

Εὐλόγηται ὁ Θεός, ὁ εὐλογῶν καὶ ἁγιάζων καὶ διαφυλάττων καὶ σκέπων καὶ φρουρῶν καὶ διατηρῶν ἐν εἰρήνῃ καὶ ἀγάπῃ τὴν ζωὴν πάντων ἡμῶν διὰ τῆς μεταλήψεως τῶν ἁγίων, ἀχράντων καὶ ζωοποιῶν τοῦ Χριστοῦ μυστηρίων, ὧν μεταλαβεῖν ἠξιώθημεν, καὶ ἀναπαύσει πᾶσαν ψυχὴν χριστιανὴν προλαβοῦσαν μετὰ ἁγίων καὶ δικαίων, ὁ ὢν ἐπὶ πάντων Θεὸς εὐλογημένος εἰς τοὺς αἰῶνας. Ἀμήν.

(1) P. τῶν ἁγίων καὶ ζωοποιῶν καὶ ἀχράντων.

ROTULUS MESSANENSIS.	CODEX ROSSANENSIS.
	φυλάξει πάντας ἡμᾶς διὰ τῆς μεταλήψεως τῶν ἀχράντων αὐτοῦ μυστηρίων, τῇ αὐτοῦ χάριτι καὶ φιλανθρωπίᾳ, πάντοτε, νῦν καὶ ἀεί, καὶ εἰς τοὺς αἰῶνας τῶν αἰώνων.
[The roll is ragged at the end. I have filled up the few gaps by words existing in the time of Monaldinius, partly supplemented from conjecture by Matrangas.]	* * * *

(a) The MS. has ἔλαιον for ἔλεος. This will help to explain the confusion between ἔλεον, εἰρήνην, θυσίαν αἰνέσεως and ἔλεον εἰρήνης, θυσίαν αἰνέσεως and ἔλαιον εἰρήνης, θυσίαν αἰνέσεως.

PARIS MANUSCRIPT 2509.

Εὐχὴ ἱλασμοῦ.
Κύριε Ἰησοῦ Χριστέ, Υἱὲ τοῦ Θεοῦ, τοῦ ζῶντος Θεοῦ, ἀμνὲ καὶ ποιμήν, ὁ αἴρων τὴν

PARIS MANUSCRIPT 476.

Εὐχὴ ὀπισθάμβωνος λεγομένη τὰς κυριακὰς τῆς ἁγίας τεσσαρακοστῆς.

Κύριε ὁ Θεὸς ἡμῶν, εὔσπλαγχνε καὶ πολυέλεε, ὁ διὰ τῆς ἁγίας σου νηστείας ὁδὸν σωτηρίας ἡμῖν ὑποδείξας, ὁ τὴν μετάνοιαν καὶ τὴν ταπεινοφροσύνην ὡς θυμίαμα δεχόμενος, ὁ διὰ νηστείας καὶ μετανοίας τὴν κατὰ τῶν Νινευιτῶν ἀπόφασιν ἀναβαλλόμενος, καὶ τούτους νεκρωθέντας τῇ ἁμαρτίᾳ διὰ μετανοίας καὶ φιλανθρωπίας ζωοποιήσας, ὁ χαρὰν ἐν οὐρανοῖς ἐργαζόμενος ἐπὶ ἑνὶ μετανοοῦντι, ὁ ἐλεήμων καὶ τοὺς ἐλεήμονας ἐλεῶν, οἰκτείρων καθὼς οἰκτείρει πατὴρ υἱούς· διὰ νηστείας καὶ προσευχῆς στόματα λεόντων ἐν λάκκῳ ἐχαλίνωσας, διὰ νηστείας καὶ προσεδρείας τὸ πρόσωπον Μωϋσέως ἐδόξασας, διὰ νηστείας καὶ παρθενίας ἅρματι πυρίνῳ Ἠλίαν ἀνέλαβες, διὰ νηστείας καὶ μετανοίας τὸν τελώνην ἐδικαίωσας, διὰ νηστείας καὶ δακρύων τὴν πόρνην ἐκάθηρας, ἔλεος γὰρ κατακαυχᾶται κρίσεως· αὐτὸς καὶ νῦν, Δέσποτα, ἴασαι τὰ συντρίμματα τῶν καρδιῶν ἡμῶν, καὶ ῥῦσαι ἡμᾶς ἀπὸ τῆς φοβερᾶς καὶ ἀνεξιχνιάστου καὶ φρικτῆς ἡμέρας τῆς κρίσεως, καὶ ἐλέησον τοὺς δούλους σου, καὶ μνημόνευσον, ὡς ἀγαθὸς καὶ φιλάνθρωπος, τοῦ τιμίου πρεσβυτερίου, τῆς ἐν Χριστῷ διακονίας καὶ παντὸς ἱερατικοῦ τάγματος, καὶ τῶν φιλοχρίστων ἡμῶν βασιλέων, καὶ τοῦ πιστοτάτου λαοῦ· μόνος γὰρ εἶ ἀγαθὸς καὶ εὐλογητὸς εἰς τοὺς αἰῶνας τῶν αἰώνων. Ἀμήν. (a)

Εὐχὴ ἥντινα ποιεῖ ὁ ἱερεὺς πρὸς τὸν λαὸν ὅταν μεταλαβεῖν μέλλωσιν.

Κύριε Ἰησοῦ Χριστέ, Υἱὲ τοῦ Θεοῦ τοῦ ζῶντος, ἀμνὲ καὶ ποιμήν, ὁ αἴρων τὴν

PARIS MANUSCRIPT 2509.

ἁμαρτίαν τοῦ κόσμου, ὁ τὸ δάνειον τοῖς δυσὶ χρεωφειλέταις χαρισάμενος, καὶ τῇ ἁμαρτωλῷ τὴν ἄφεσιν τῶν ἁμαρτιῶν αὐτῆς δούς, ὁ τὴν ἴασιν τῷ παραλυτικῷ δωρησάμενος σὺν τῇ ἀφέσει τῶν ἁμαρτιῶν αὐτοῦ· ἄνες, ἄφες, συγχώρησον, ὁ Θεός, τὰ πλημμελήματα ἡμῶν, τὰ ἑκούσια, τὰ ἀκούσια, τὰ ἐν γνώσει, τὰ ἐν ἀγνοίᾳ, τὰ ἐν παραβάσει καὶ παρακοῇ γενόμενα, ἃ οἶδε τὸ Πνεῦμά σου τὸ πανάγιον ὑπὲρ τοὺς δούλους σου· καὶ εἴ τι τῶν ἐντολῶν σου ὡς ἄνθρωποι σάρκα φοροῦντες καὶ τὸν κόσμον τοῦτον οἰκοῦντες ἢ ἐκ τοῦ διαβόλου ἐπλανήθησαν, εἴτε ἐν λόγῳ (1) ἢ ἐν ἔργῳ, εἴτε ὑπὸ κατάραν ἱερέως ἢ τῷ ἰδίῳ ἀναθέματι ὑπέπεσαν, παρακαλῶ καὶ δέομαι τὴν ἄφατόν σου φιλανθρωπίαν, τῷ μὲν λόγῳ λυθῆναι, συγχωρηθῆναι δὲ αὐτοῖς P. 42 καὶ τῷ ὅρκῳ καὶ τῷ ἰδίῳ ἀναθέματι κατὰ τὴν σὴν ἀγαθότητα. Ναί, Δέσποτα Κύριε, εἰσάκουσον τῆς δεήσεώς μου ὑπὲρ τῶν δούλων σου, καὶ πάριδε ὡς ἀμνησίκακος τὰ ἐπταισμένα αὐτῶν ἅπαντα· συγχώρησον αὐτοῖς πᾶν πλημμέλημα ἑκούσιόν τε καὶ ἀκούσιον· ἀπάλλαξον αὐτοὺς τῆς αἰω(2) νίου κολάσεως· σὺ γὰρ εἶ ὁ διὰ τῶν ἁγίων σου ἀποστόλων ἐντειλάμενος ἡμῖν λέγων ὅτι Ὅσα ἂν δήσητε ἐπὶ τῆς γῆς, ἔσται δεδεμένα ἐν τοῖς οὐρανοῖς, καὶ ὅσα ἂν λύσητε ἐπὶ τῆς γῆς, ἔσται λελυμένα ἐν τοῖς οὐρανοῖς· ὅτι σὺ εἶ ὁ Θεὸς ἡμῶν, Θεὸς τοῦ ἐλεεῖν καὶ σώζειν καὶ ἀφιέναι ἁμαρτίας δυνάμενος, καὶ πρέπει σοι ἡ δόξα σὺν τῷ ἀνάρχῳ Πατρὶ καὶ τῷ ζωοποιῷ Πνεύματι, νῦν καὶ ἀεί, καὶ εἰς τοὺς αἰῶνας τῶν αἰώνων. Ἀμήν. Ἀμήν. Ἀμήν.

PARIS MANUSCRIPT 476.

ἁμαρτίαν τοῦ κόσμου, ὁ τὸ δάνειον χαρισάμενος τοῖς δυσὶ χρεώσταις καὶ τῇ ἁμαρτωλῷ γυναικὶ δοὺς ἄφεσιν ἁμαρτιῶν, ὁ τὴν ἴασιν τῷ παραλυτικῷ δωρησάμενος, σὺν τῇ ἀφέσει τῶν ἑαυτοῦ ἁμαρτιῶν· αὐτός, Δέσποτα, συγχώρησον τὰς ἁμαρτίας, τὰς ἀνομίας, τὰ πλημμελήματα, τὰ ἑκούσια, τὰ ἀκούσια, τὰ ἐν γνώσει, τὰ ἐν ἀγνοίᾳ, τὰ ἐν παραβάσει καὶ ἐν παρακοῇ γενόμενα παρὰ τῶν δούλων σου· [καὶ εἴ τι] ὡς ἄνθρωποι ὄντες καὶ σάρκα φοροῦντες καὶ τὸν κόσμον οἰκοῦντες ἐπλανήθησαν, ἢ παρέβησαν, ἢ ἐπλημμέλησαν, ἢ λόγον ἱερέως κατεπάτησαν, εἴτε ὑπὸ κατάραν ἐγένοντο, εἴτε ἰδίῳ ἀναθέματι ὑπέπεσαν, ἢ βλασφημίᾳ τινὶ ἢ ὅρκῳ, ἢ ὑπωπιασμῷ καὶ μολυσμῷ σαρκὸς ἐγένοντο, αὐτός, ὡς ἀγαθὸς καὶ φιλάνθρωπος καὶ ἀμνησίκακος Δεσπότης, τούτους, Δέσποτα, λόγῳ λυθῆναι εὐδόκησον, συγχωρῶν αὐτοῖς πάντα κατὰ τὸ μεγά σου ἔλεος. Ναί, Δέσποτα φιλάνθρωπε, ἐπάκουσόν μου δεομένου σου τῆς σῆς ἀγαθότητος, καὶ πάριδε ὡς πολυέλεος τὰ πταίσματα αὐτῶν ἅπαντα, καὶ λύτρωσαι αὐτοὺς τῆς αἰωνίου κολάσεως· σὺ γὰρ εἶπας, Δέσποτα, Ὃ ἐὰν δήσητε ἐπὶ τῆς γῆς ἔσται δεδεμένον ἐν τοῖς οὐρανοῖς, καὶ ὃ ἐὰν λύσητε ἔσται λελυμένον ἐν τοῖς οὐρανοῖς· διότι σὺ εἶ, Θεός, ἀναμάρτητος μόνος, καὶ σοὶ τὴν δόξαν ἀναπέμπομεν, τῷ Πατρὶ καὶ τῷ Υἱῷ καὶ τῷ ἁγίῳ Πνεύματι, νῦν καὶ ἀεί, καὶ εἰς τοὺς αἰῶνας τῶν αἰώνων. Ἀμήν.

(1) P. omits ἱερέως and places ὑπέπεσαν after κατάραν.
(2) P. omits διὰ τῶν ἁγίων σου ἀποστόλων.

NOTES ON THE SYRIAC LITURGY
OF SAINT JAMES.

NOTES ON THE SYRIAC LITURGY OF SAINT JAMES.

[I have noted in the margin of the Liturgy, which has been printed above from the Paris MS. 2509, such passages as are found with more or less difference in detail in the Syriac Liturgy of S. James as given by Renaudot, Vol. II., and by Assemani ("Codex Liturgicus," Liber IV. pars secunda, tom. 5). These memoranda are interesting because there is great probability that the passages which are common to the Greek and the Syriac were in use before the great schism which ensued after the Council of Chalcedon (see Palmer, "Origines Liturgicae," I. p. 29). Bunsen, in the fourth volume of his work on "Hippolytus and his Age," printed the Greek which corresponded to the similar portions of the Syriac Liturgy (pages 333—357), and this was reprinted in the third volume of his "Analecta Ante-Nicaena." In both copies he illustrated his text by quotations from and references to a short letter written by James of Edessa, which is given by the elder Assemani in his "Bibl. Orient." (tom. I. 479), and was incorporated in an "Exposition" which was ascribed by the younger Assemani to John Maro, " the supposed father of the Maronites" (about 700). This exposition (Bunsen states) was written by Dionysius Barsalibaeus, a Syriac writer of the twelfth century. A Latin translation is given by the younger Assemani (*ut supra*) pp. 227—397.

I have contented myself in the following pages with giving Renaudot's translations of the passages in the Syriac corresponding to passages in the Greek. But I have added references to the pages of Assemani's "Codex Liturgicus," where these passages are illustrated or explained by James of Edessa, and an occasional quotation. I must premise that in the proanaphoral part, which is not ascribed to S. James in the Syriac, there is nothing in common with the Greek except the exclusion of the "hearers," the closing of the doors, and the reciting of the "Creed of Constantinople," which, however, is assigned to the 318 Fathers who met at Nicaea.

In prayers where there is considerable similarity between the Greek and Syriac, I have put any discrepancy in Renaudot's translation within square brackets.]

LITURGIA S. JACOBI APOSTOLI FRATRIS DOMINI.

Primum dicitur Oratio ante osculum pacis.

(1) Domine Deus noster, nos quamvis indignos [salute hac] dignos effice, amator hominum: ut ab omni dolo omnique (2) [acceptatione personarum] mundati [salutemus invicem in osculo sancto et divino, constricti vinculo caritatis et pacis.] Per Dominum Deum et Salvatorem nostrum Jesum Christum, Filium tuum unigenitum, per quem et cum quo te decet gloria, honor et potestas, cum Spiritu tuo.

Populus. Amen.

Diaconus. Stemus decenter et oremus, (3) [gratias agamus, adoremus et laudemus agnum vivum Dei qui offertur super altare.]

* * * * * *

Sacerdos. Qui solus Dominus misericors es, in eos qui coram altare tuo colla inclinant mitte benedictiones tuas, tu qui in altis habitas et humilia respicis, benedicque [eos per gratiam, misericordiam et amorem erga homines Christi unigeniti Filii tui, per quem et cum quo te decet gloria, etc.]

Populus. Amen.

Sacerdos. Deus Pater, qui propter amorem tuum erga homines magnum et ineffabilem misisti Filium tuum in mundum, ut ovem errantem reduceret, ne avertas faciem tuam a nobis, dum sacrificium hoc spirituale et incruentum celebramus: non enim justitiae nostrae confidimus, sed misericordiae tuae. Deprecamur ergo et obsecramus clementiam tuam, ne in judicium sit populo tuo Mysterium hoc, quod institutum nobis est ad salutem; sed ad veniam peccatorum, remissionem insipientiarum, et ad

---

(1) The Greek has τῆς ὥρας ταύτης.
(2) καὶ πάσης ὑποκρίσεως ἑνωθῶμεν ἀλλήλοις κ.τ.λ.
(3) This is not in the Greek.
(4) See the prayer Ὁ Θεός, ὁ διὰ πολλὴν καὶ ἄφατον φιλανθρωπίαν, p. 259 [where insert the reference SR].

(5) Renaudot notes that one MS. has (words corresponding to) *terribile et incruentum,* as in the Greek.
(6) τὸ οἰκονομηθὲν ἡμῖν.
(7) εἰς ἐξάλειψιν ἁμαρτιῶν, εἰς ἀνανέωσιν ψυχῶν καὶ σωμάτων, εἰς εὐαρέστησιν σοῦ.

gratias tibi referendas: per gratiam, misericordiam, et amorem erga homines unigeniti Filii tui, per quem et cum quo te decet gloria.

Populus. Amen.

(1) *Diaconus.* [Date pacem unusquisque proximo suo, in caritate et fide, quae Deo acceptae sint. Vade in pace, Sacerdos praeclare.] Stemus decenter orantes, stemus cum timore et tremore, stemus cum modestia et sanctitate: quia ecce oblatio infertur......

* * * * * *

(2) *Sacerdos elevat velum, et ter populum cruce signat, dicens:*

Caritas Patris, gratia Filii, et communicatio Spiritus sancti, sint cum omnibus nobis.

Populus. Amen.

(3) *Sacerdos.* Sursum corda.

Populus. Habemus ad Dominum.

Sacerdos. Gratias agamus Domino Deo nostro.

Populus. Dignum et justum est.

Sacerdos inclinatus. Vere dignum et justum est, decens et debitum, ut te laudemus, te benedicamus, te celebremus, te adoremus, tibi gratias agamus, tibi opifici omnis creaturae, visibilis aut invisibilis. *Et elevans vocem.* Quem laudant caelum et caeli caelorum, omnisque exercitus eorum, sol et luna et omne stellarum agmen, terra et maria et omnia quae in eis sunt: Jerusalem caelestis, Ecclesia primogenitorum descriptorum in caelis: Angeli, Archangeli, Principatus, Potestates, Throni, Dominationes, virtutes [caelestes, et mundo superiores exercitus caeli,] Cherubim quibus oculi multi, et Seraphim quibus alae sex, qui duabus alis tegunt facies suas et duabus pedes, duabusque alter ad alterum volitantes vocibus indeficientibus, et Theologia non conticescente, hymnum triumphalem magnificentissimae gloriae, voce canora concinunt, clamant, vociferantur et dicunt:

Populus. Sanctus, Sanctus, Sanctus

---

(1) Compare στῶμεν καλῶς κ.τ.λ. p. 265. [Bunsen ("Analecta Antenicaena," III. p. 35) found engraved upon a consular diptych of the year 526 the Greek letters: Στομεν καλος | Στομεν ευλαβος | Στομεν μετα φοβου | προσχομεν τι αγια αναφορ | εν ιρινη τω θεω προσφοριεν | Ελεως ειρινη | θυσια αινεσεως | η αγαπιτου θεου και πατρος | και η χαρις του κυριου και θεου | και σωτηρος ημων ιησου χριστου | εφ ημας.

The date of this writing is fixed in A.D. 783.]

(2) The Greek has no direction as to the veil. "Mensam discooperiunt, per hoc significantes portas caeli tunc aperiri." James of Edessa (Asse. p. 241). In Assemani p. 183 the rubric is "anaphoram (velum) tremulo circumfert motu et dicit, Charitas ✠ Dei Patris." James here notes (l. c.) that the Alexandrine Fathers have not the *Caritas Dei* but "*Dominus vobiscum omnibus ante principium liturgiae.*" See pages 26, 27, 28 above. It would appear that the addition in the Messina Roll was contrary to the tradition of the Church.

(3) Assemani p. 184, "Sursum intellectus mentes et corda nostra."

(4) ἀρχαί τε καὶ ἐξουσίαι καὶ δυνάμεις φοβεραί.

(5) The Paris edition and 2509 had δοξολογίαις. The three other MSS. θεολογίαις.

SYRIAC LITURGY OF SAINT JAMES.

(1) es, Domine Deus Sabaoth, pleni enim sunt caeli et terra, gloria, [honore et majestate tua, Domine,] Hosanna in ex-
(2) celsis. Benedictus qui venit et qui venturus est in nomine Domini. Hosanna in excelsis.

Sacerdos inclinatus. [Vere] sanctus es,
p. 271 Rex saeculorum et omnis sanctitatis largitor: sanctus etiam unigenitus Filius tuus, Dominus [Deus et Salvator] noster Jesus Christus: sanctus etiam Spiritus tuus Sanctus, qui scrutatur omnia, etiam profunda tua, Deus Pater. Sanctus
(3) enim es qui omnia contines, omnipotens,
(4) terribilis, bonus, [cum unigenito Filio tuo,] qui passionum particeps fuit, et maxime propter hominem figmentum tuum, quem e terra formasti, et concessisti illi delicias paradisi. Cum vero transgressus esset mandatum tuum, et cecidit, non neglexisti aut dereliquisti illum, O bone,
(5) sed reduxisti illum, sicut pater summae misericordiae. Vocasti eum per legem, direxisti eum per Prophetas: denique Filium tuum unigenitum in mundum misisti, ut imaginem tuam renovaret; qui descendit, et incarnatus est de Spiritu Sancto et ex sancta genitrice Dei semperque virgine Maria, conversatusque est cum hominibus, et omnia ad generis nostri salutem instituit.

Et elevans vocem accipit Oblatam, et dicit:

Cum ergo suscepturus esset mortem p. 272 voluntariam pro nobis peccatoribus, ipse immunis a peccato, in ea nocte qua tradendus erat pro vita et salute mundi, accepit panem in manus suas sanctas, immaculatas, et incontaminatas, et levatis oculis in caelum aspexit ad te, Deus (6) Pater, et gratias agens, benedixit, ✠ sanctificavit, ✠ fregit, ✠ et dedit discipulis suis sanctis et apostolis, dicens: Acci- (7) pite, manducate [ex eo vos omnes]: hoc est corpus meum, quod pro vobis et pro

---

(1) Barsalibi (Assemani p. 346) represents the Syriac as *Fortis Sabaoth*.
(2) The Rossano MS. has ὁ ἐλθὼν καὶ ἐρχόμενος.
(3) Omnia continens = παντοκράτωρ.
(4) It will be seen that the Greek omits here the expression "cum unigenito Filio tuo," and so represents GOD the FATHER as συμπαθής (ὁ συμπαθὴς μάλιστα περὶ τὸ πλάσμα τὸ σόν). It omits also the expression *Deus et Salvator* as referring to our Lord: it has the words frequently elsewhere. Barsalibi (in Assemani, p. 348) draws attention to the former omission. According to Assemani he says: "Sciatis, charissimi, quod ex hac inclinatione nonnihil detraxerunt Dioscori sectatores, qui Domini nostri naturas confundunt, ac passiones ad Patrem retulerunt. Sic enim scripserunt 'sanctus enim es, omnitenens, omnipotens, terribilis, bonus, is qui passionum es particeps.' Cum in antiquis emendatissimis codicibus legamus; 'terribilis, bonus, cum Filio tuo, is (sic) qui passionum particeps fuit.' Ubi passiones de Filio incarnato, non vero de Patre, qui passionum expers omnino est, praedicantur. Nos itaque cum S. Clemente, libro 8, dicimus, 'qui Patri passionem tribuit, cum deicidis Judaeis adscribendus est.'"
(5) For *reduxisti* the Greek has ἐπαίδευσας.
(6) The Greek has ἀναβλέψας εἰς τὸν οὐρανόν, καὶ ἀναδείξας σοι, τῷ Θεῷ καὶ Πατρί.
(7) Bunsen ("Analecta" IV. 184) draws attention to the prefix in Morel of the word ἡμῖν to τοῖς αὑτοῦ μαθηταῖς καὶ ἀποστόλοις. He conceived that it was added at an early date. We have seen that it is found nowhere except in the copy from which Morel's edition was printed.

(1) multis frangitur et datur, in remissionem peccatorum [et vitam aeternam]. Similiter etiam et calicem postquam coenaverunt, miscens vino et aqua, et gratias agens, ✠ benedixit, ✠ sanctificavit, ✠ et dedit iisdem discipulis et apostolis sanctis, dicens: Accipite, bibite ex eo vos omnes: hic est sanguis meus Testamenti novi, qui pro vobis et pro multis [fidelibus] effunditur et datur in remissionem peccatorum [et vitam aeternam].

p. 274

Ren. p. 32

Populus. Amen.

Sacerdos. Hoc facite in memoriam mei: quotiescumque enim manducabitis panem hunc et calicem istum bibetis, (2) mortem meam annuntiabitis et resurrectionem meam confitebimini, donec veniam.

(3) *Populus.* Mortis tuae, Domine, memoriam agimus, resurrectionem tuam confitemur, et adventum tuum secundum expectamus......

* * * * * *

(4) *Sacerdos.* Memoriam igitur agimus,
(5) Domine, mortis et resurrectionis tuae e sepulchro post triduum, et ascensionis tuae in caelum, et sessionis tuae ad dexteram Dei Patris: rursumque adventus tui secundi, terribilis et gloriosi, quo judicaturus es orbem in justitia, cum unumquemque remuneraturus es secundum opera sua. Offerimus tibi hoc sacrificium terribile et incruentum, ut non secundum peccata nostra agas nobiscum, Domine, neque secundum iniquitates nostras retribuas nobis: sed secundum mansuetudinem tuam et amorem tuum erga homines magnum et ineffabilem, (6) dele peccata nostra, servorum nempe tuorum tibi supplicantium. Populus enim tuus et haereditas tua deprecatur te, [et per te et tecum Patrem tuum,] dicens:

Populus. Miserere, Deus Pater omnipotens, miserere nobis.

* * * * * * (7)

Sacerdos inclinatus dicit Invocationem Spiritus sancti. Ren. p. 33

Miserere nobis, Deus Pater omnipotens, et mitte Spiritum tuum Sanctum, Dominum et vivificantem, qui tibi throno aequalis est, et Filio aequalis regno, consubstantialis et coaeternus; qui locutus est in Lege et Prophetis et Novo Testamento tuo; qui descendit in similitudine columbae super Dominum nostrum Jesum   p. 278

---

(1) The words καὶ εἰς ζωὴν αἰώνιον are found in the response of the deacons, in the Rossano MS. and Paris 2509.

(2) τὸν θάνατον τοῦ υἱοῦ τοῦ ἀνθρώπου—ἄχρις οὗ ἂν ἔλθῃ.

(3) This is in Paris 2509 and Morel.

(4) μεμνημένοι οὖν κ.τ.λ. "Huc tota Liturgia spectat, ut quae Christus pro nobis gessit commemoremus et dicamus." James of Edessa (l. c. p. 242).

(5) The Greek has αὐτοῦ. Thus the offering in the Greek is made to the FATHER: in the Syriac it is made to the SON.

(6) In the Greek the words found in 1 Cor. ii. 9, ἃ ὀφθαλμὸς οὐκ εἶδεν, occur here. The Syriac does not contain the clause.

(7) The Syriac has a request to God to accept the intercession of the Virgin. It is not in the Greek here.

Christum, in Jordane flumine: qui descendit super Apostolos sanctos in similitudine linguarum ignis.

(1)

(2) *Populus.* Kyrie eleison *ter.*

(3) *Sacerdos.* Ut adveniens efficiat panem istum [corpus vivificum, corpus salutare, corpus caeleste, corpus animabus et corporibus salutem praestans,] corpus Domini Dei et Salvatoris nostri Jesu Christi: in remissionem peccatorum et vitam aeternam accipientibus illud.

Populus. Amen.

(4) *Sacerdos.* Et [mistum quod est in hoc calice] efficiat sanguinem Testamenti Novi, [sanguinem salutarem, sanguinem vivificum, sanguinem caelestem, sanguinem animabus et corporibus salutem praestantem, sanguinem Domini Dei et Salvatoris nostri Jesu Christi:] in remissionem peccatorum et vitam aeternam suscipientibus illum.

(5)

Populus. Amen.

Sacerdos. Ut sint [nobis et] omnibus qui ex illis accipient, [iisque communicabunt,] ad sanctitatem animarum et corporum, ad fructificationem operum bonorum, ad confirmationem Ecclesiae tuae sanctae, quam super verae fidei petram fundasti, et portae inferi non praevalebunt adversus eam, cum liberaturus sis illam ab omnibus haeresibus et scandalis operantium iniquitates, usque ad consummationem saeculi: [per gratiam, misericordiam et amorem erga homines unigeniti Filii tui, per quem et cum quo te decet gloria et honor.]

p. 280

(6)

Populus. Amen.

Sacerdos inclinatus. Quapropter offerimus tibi, Domine, [sacrificium hoc tremendum et incruentum] pro locis tuis sanctis, quae per manifestationem Christi Filii tui illustrasti: praecipue vero pro Sion sancta, matre omnium Ecclesiarum, et pro Ecclesia tua sancta toto orbe diffusa.

(7)

* * * * *

Sacerdos. [Dona ditissima Spiritus tui Sancti concede ipsis, Domine.] Memento, Domine, sanctorum Episcoporum nostrorum, qui nobis recte verbum veritatis dispensant, praecipue vero Patris Patrum et Patriarchae nostri Domini N. et Domini N. Episcopi nostri, cum reliquis omnibus Episcopis Orthodoxis. Canitiem

Ren. p. 34
(8)
p. 280

---

(1) The Greek adds ἐν τῷ ὑπερῴῳ τῆς ἁγίας καὶ ἐνδόξου Σιὼν κ.τ.λ.

(2) The Greek omits this: instead there is a prayer that the Holy Spirit may come on the worshippers and on the gifts.

(3) τῇ ἁγίᾳ καὶ ἀγαθῇ καὶ ἐνδόξῳ αὐτοῦ παρουσίᾳ ἁγιάσῃ καὶ ποιήσῃ τὸν μὲν ἄρτον τοῦτον σῶμα ἅγιον Χριστοῦ, καὶ τὸ ποτήριον τοῦτο αἷμα τίμιον Χριστοῦ. The Syriac has added much to this. [Barsalibi (ut sup. p. 364) notes that some Syriac MSS. have *exhibit* here and not *make*

i.e. ἀποφήνῃ, as in the Clementine Liturgy.]

(4) The Greek has simply τὸ ποτήριον τοῦτο.

(5) The Greek connects this, not with the descent of the Spirit, but with the Communion, in the next clause.

(6) ῥυόμενος αὐτήν.

(7) James of Edessa (ut supra), "Mox peragit commemorationes in quibus oblatio absolvitur."

(8) The Greek copies vary in details. The Syriac resembles the Messina and Rossano MSS. rather than Morel's edition.

ipsis venerandam concede, Domine: multis annis ipsos conserva, pascentes populum tuum cum omni pietate et sanctitate. Memento, Domine, Presbyterii hujusce, et cujuscumque alterius loci: Diaconatus in Christo, omnisque ministerii et omnis Ordinis Ecclesiastici. Memento etiam, Domine, paupertatis meae, qui me, licet indignum, vocare tamen dignatus es. [Delicta juventutis meae et ignorantias meas ne memineris, sed secundum multitudinem miserationum tuarum memento mei tu: si enim iniquitates observaveris, Domine, Domine, quis poterit coram te sustinere? Quia apud te propitiatio est: visita me et purifica me,] ut ubi abundavit peccatum ibi superabundet gratia tua. Memento etiam, Domine, eorum qui in vinculis jacent aut carceribus detinentur; fratrum etiam nostrorum qui in exilio sunt: infirmorum, aut qui male affecti sunt: eorum qui a spiritibus immundis infestantur aut agitantur. Memento etiam, Domine, aëris, imbrium, roris, fructuum terrae et coronae anni: oculi enim omnium in te sperant, et tu das illis escam eorum in tempore opportuno: aperis tu manum tuam omnibus sufficientem, et imples omne animal bona tua voluntate.

* * * * * *

Sacerdos. Rursus meminisse dignare eorum qui nobiscum in oratione consistunt, patrum, fratrum, magistrorumque nostrorum, et eorum qui absunt. Memento etiam, Domine, eorum qui praeceperunt nobis ut eorum memoriam ageremus in orationibus ad te Deum nostrum. [Unicuique illorum concede, Domine, petitiones suas, quae quidem ad salutem spectant.] Memento, Domine, et illorum qui intulerunt oblationes ad altare tuum sanctum, et eorum pro quibus singuli obtulerunt, [et eorum qui offerre voluerunt, sed non potuerunt: eorum quos unusquisque habet in mente,] et eorum qui nunc nominantur. *Et elevans vocem.* Memento, Domine, omnium quorum meminimus, et eorum quorum non meminimus, [et secundum multitudinem mansuetudinis tuae retribue illis gaudium salutis tuae, suscipiens sacrificia illorum in immenso caelo tuo, dignosque efficiens visitatione et auxilio tuo: confirma illos virtute tua, et fortitudine tua illos instrue, quia tu es misericors et misericordiam cupis, teque decet gloria, honor et potentia, simul cum unigenito Filio tuo et Spiritu tuo.]

Populus. Amen.

* * * * * *

Sacerdos inclinatus. Memento etiam, Domine, piorum Regum nostrorum et Reginarum: apprehende arma et scutum, et exsurge in auxilium eorum. Subjice illis hostes omnes et adversarios, ut placidam tranquillamque vitam agamus, in omni timore Dei et humilitate: [quia tu salutis refugium es, et potestas auxiliatrix, victoriaeque dispensator erga eos omnes qui te invocant et sperant in te, Domine. Et tibi gloriam et laudem referemus.]

Populus. Amen.

* * * * * *

Sacerdos inclinatus. [Quoniam igitur est tibi potestas vitae et mortis, Domine, Deusque misericordiarum et amoris erga hominem tu es, dignos effice ut omnium illorum qui a saeculo tibi placuerunt memoriam agamus:] Patrum sanctorum et Patriarcharum, Prophetarum et Apostolorum, Joannis praecursoris et Baptistae, S. Stephani primi Diaconorum et primi Martyrum, et sanctae genitricis Dei semperque Virginis beatae Mariae, et omnium sanctorum. *Elevans vocem.* [Rogamus te, Domine multae misericordiae, qui impossibilia veluti possibilia creas, constitue nos in hac beata congregatione: accense nos huic Ecclesiae: statue nos per gratiam tuam inter electos illos, qui scripti sunt in caelis.] Idcirco enim memoriam illorum agimus, ut dum ipsi stabunt coram throno tuo nostrae quoque tenuitatis et infirmitatis meminerint, [tibique nobiscum offerant sacrificium hoc tremendum et incruentum, ad custodiam quidem eorum qui vivunt, ad consolationem infirmorum et indignorum, quales nos sumus: ad quietem memoriamque bonam eorum, qui in fide vera dudum obierunt, patrum, fratrum, et magistrorum nostrorum, per gratiam et misericordiam, etc.]

Populus. Amen.

* * * * * *

Sacerdos inclinatus. Memento, Domine, sanctorum Episcoporum qui pridem obdormierunt, qui verbum veritatis nobis dispensaverunt: qui a Jacobo principe Episcoporum Apostolo et Martyre, usque ad hanc diem, verbum fidei Orthodoxae in Ecclesia tua sancta praedicaverunt: *Elevans vocem,* [et luminum et Doctorum Ecclesiae tuae sanctae, qui praeclarum fidei certamen ediderunt, qui nomen tuum sanctum tulerunt coram populis, regibus et filiis Israel, eorumque precibus et supplicationibus pacem tuam Ecclesiae tuae tribue: doctrinas eorum et confessionem eorum in animis nostris confirma: haereses nobis noxias cito comprime, et consistentiam absque confusione coram tribunali tuo nobis concede: quia sanctus es, Domine, et in sanctis requiescis: qui sanctorum es consummator atque perfector: et tibi gloriam, etc.]

Populus. Amen.

* * * * * *

Sacerdos inclinatus. Memento etiam, Domine, Sacerdotum Orthodoxorum, pridem defunctorum, Diaconorum et Subdiaconorum, Psaltarum, Lectorum, Interpretum, Cantorum, Exorcistarum, Monachorum, Religiosorum, Auditorum, Virginum perpetuarum, et saecularium, qui in fide vera defuncti sunt, et eorum quos unusquisque designat animo. *Elevans vocem.* Domine, Deus spirituum et omnis carnis, omnium memento quorum

(1) A few words resembling these are found in Paris 2509 only.
(2) This is in the Rossano Codex and Paris (Supplt.) 476.
(3) This is in all the Greek MSS.

meminimus, qui in fide orthodoxa ex hac vita migrarunt: da [animabus, corporibus et spiritibus illorum] requiem, [liberans eos a damnatione infinita ventura, et dignos efficiens] gaudio quod est in sinu Abraham, Isaac et Jacob; ubi splendet lumen vultus tui; unde procul sunt dolores, angustiae et gemitus: [non reputans illis omnia delicta illorum. Non autem intres in judicium cum servis tuis, quia non justificabitur in conspectu tuo omnis vivens, nec ullus est a peccati culpa immunis, aut a sordibus purus, ex (1) hominibus qui super terram sunt, nisi unus Dominus noster Jesus Christus unigenitus Filius tuus, per quem nos etiam misericordiam et remissionem peccatorum consequi speramus, quae propter eum est et nobis et illis.

p. 302 *Populus.* Quietem praesta illis, et propitius esto, et dimitte, Deus, insipientias et defectus omnium nostrum, sive scienter, sive ignoranter, etc.

Sacerdos inclinatus. Remitte, dimitte, ignosce, O Deus, peccata omnium nostrum voluntaria et involuntaria, scienter et ignoranter commissa, verbo, opere, aut cogitatione, occulta et nota, publica, antiqua, per errorem admissa, et omnia quae novit nomen tuum sanctum. *Ele-*
p. 300 *vans vocem.* Finem igitur nobis Christia-num conserva, et sine peccato; congregans nos subter pedes electorum tuorum, quando, ubi, et sicut volueris: [tantummodo absconde nos a confusione iniquitatum nostrarum; ut etiam in hoc, velut in omnibus, laudetur et celebretur nomen tuum honoratissimum et benedictum, et Domini nostri Jesu Christi, et Spiritus tui Sancti.]

* * * * * *

Sacerdos. Pax, etc. p. 302
Populus. Et cum, etc.

* * * * * * (2)
Sacerdos ante orationem Dominicam dicit: Ren. p. 39

Pater Domini nostri Jesu Christi, p. 304 [Pater misericordiarum et Deus totius consolationis,] qui sedes super Cherubim, et a Seraphim laudaris: coram quo consistunt mille Angelorum myriades, [excelsa et caelestia] agmina: qui oblationes ex donis et proventibus fructuum tibi oblatis in odorem suavitatis dignatus es sanctificare et perficere, per gratiam unigeniti Filii tui, et per illapsum Spiritus tui Sancti: Sanctifica etiam, Domine, animas nostras, corpora nostra, spiritusque nostros, ut corde puro, anima lucida, et p. 306 facie inconfusa, audeamus invocare te Deum caelestem, Patrem omnipotentem, oremusque et dicamus: Pater noster qui (3) es in caelis,

---

(1) Compare αὐτὸς γάρ ἐστιν ὁ μόνος ἀναμάρτητος, p. 300.

(2) Renaudot's copy has here "Diaconus voce magna dicit Catholicam." Barsalibi (l. c. p. 372) explains " seu concionem." It is not in Assemani's copy. James of Edessa thus (l. c. p. 242): the priest "frangit, signat, colit mysteria, ministro catholicam recitante. Deinde dicunt orationem *Pater noster.*"

(3) In the Greek the people say the whole prayer.

[*Populus.* Sanctificetur, etc.]

Sacerdos. Domine Deus noster, ne inducas nos in tentationem, quam virtute destituti sustinere non possimus, [sed fac etiam cum tentatione proventum, ut possimus sustinere,] et libera nos a malo. [Per Jesum Christum Dominum nostrum, per quem, etc.]

Populus. Amen.

Sacerdos. Pax.

Populus. Et cum.

Diaconus. Inclinate capita vestra [coram Deo misericordi,] coram altari propitiatorio, [et coram Corpore et Sanguine Salvatoris nostri, in quo vita posita est suscipientibus illa: et suscipite benedictionem a Domino.]

Sacerdos. Tibi inclinant servi tui capita sua, expectantes misericordias uberes a te. Benedictiones copiosas quae a te sunt mitte, Domine, et sanctifica animas, corpora, spiritusque nostros, ut digni simus communicandi [Corpori et Sanguini Christi Salvatoris nostri: per gratiam et misericordiam et amorem ejusdem Jesu Christi Domini nostri,] cum quo laudatus et benedictus es, in caelis et in terra cum Spiritu tuo, etc.

Populus. Amen.

Sacerdos. Pax.

Populus. Et cum.

Sacerdos. Misericordiae Dei.

Populus. Et cum spiritu tuo.

[*Diaconus.* Unusquisque cum timore et tremore ad Deum aspiciat, et misericordiam et gratiam a Domino postulet.

Sacerdos. Sanctus, Sanctus, Sanctus Dominus Deus potens Sabaoth, pleni sunt caeli et terra laudibus tuis. Exaltare super caelos Deus, et super omnem terram gloria tua: ad te levavi oculos meos qui habitas in caelis, etc.

Et post pauca Eucharistiam accipiens in manibus dicit illa voce:]

Sancta sanctis [in perfectione, puritate, et sanctitate traduntur.]

Tum dicunt omnes simul:

Unus Pater sanctus, unus Filius sanctus, unus Spiritus sanctus. [Sit nomen Domini benedictum, qui unus est in caelo et in terra: ipsi gloria in saecula. Gloria Patri et Filio, et Spiritui Sancto omnia sanctificanti, et omnia expianti.]

* * * * *

[*Sacerdos interjectis aliquot orationibus quae pro Ecclesiarum consuetudine variae sunt, frangit*

---

(1) ὃν ὑπενεγκεῖν οὐ δυνάμεθα. Not in the Paris 2509 nor in Morel.

(2) μέτοχοι γενέσθαι τῶν ἁγίων σου μυστηρίων.

(3) See the Greek. To this invocation James of Edessa refers (l. c. p. 242): "Mox praeceperunt, ut gratiam Trinitatis populo impertiret, ter cum cruce signans et dicens *Sit gratia Trinitatis*, etc. respondente populo *Et cum spiritu tuo.*"

(4) "His peractis tradiderunt debere sacerdotem populum contestari eumque admonere in haec verba: *Haec sancta Corporis et Sanguinis sanctis et puris dantur*, non iis qui sancti non sunt: dumque haec elata voce testatur, elevat in altum mysteria, eaque universo populo tanquam in testimonium ostendit. Populus autem illico proclamat, inquiens *Unus Pater sanctus, unus Filius*, etc. atque ita mysteria percipiunt." James of Edessa, *ut sup.*

git ex majori Eucharistici panis parte minorem aliam, qua in calice intincta, reliquas in modum crucis signat, dicens:

(1) p. 312

Inspergitur Sanguis Domini nostri Corpori ejus, in nomine Patris ✠ et Filii, ✠ et Spiritus Sancti. ✠

(2) *[Eamdem particulam immittit in calicem dicendo:*

Miscuisti, Domine, divinitatem tuam cum humanitate nostra, et humanitatem nostram cum divinitate tua; vitam tuam cum mortalitate nostra, et mortalitatem nostram cum vita tua; accepisti quae nostra erant, et dedisti nobis tua, ad vitam et salutem animarum nostrarum. Tibi gloria in saecula.]

[Sacerdos accipit corpus Christi, dicens:

(3) Praesta, Domine, ut sanctificentur corpora nostra per Corpus tuum sanctum, et purificentur animae nostrae per Sanguinem tuum propitiatorium, sintque ad veniam delictorum et remissionem peccatorum nostrorum. Domine Deus, tibi gloria in saecula.

Mox Eucharistiam distribuit sacerdotibus, diaconis, deinde laicis, dicens:

Corpus et Sanguis Domini Jesu Christi datur tibi in veniam delictorum, et remissionem peccatorum in utroque saeculo.

Interea dum communio administratur cum cochleari, Diaconus reliquis succinentibus clamat:

Fratres mei, accipite Corpus Filii, clamat Ecclesia: bibite Sanguinem ejus cum fide, et canite gloriam: hic est calix quem miscuit Dominus noster super lignum crucis: accedite, mortales, bibite ex eo, in remissionem delictorum. Alleluia, et ipsi laus, de quo bibit grex ejus, et puritatem consequitur.

Qui versus, ut et multi alii, juxta communicantium numerum minuuntur vel producuntur: mox Sacerdos abstergit vasa diaconorum ministerio, et deinde dicitur Oratio gratiarum actionis.]

[Gratias agimus tibi, Deus, et praecipue laudamus te] ob immensum et ineffabilem erga homines amorem tuum. O Domine, quos admittere dignatus es ad participationem mensae tuae caelestis, ne damnes ob susceptionem mysteriorum tuorum sanctorum et immaculatorum. Verum, O bone, custodi nos in justitia et sanctitate, [ut digni effecti communicatione Spiritus tui Sancti, partem, sortem et haereditatem consequamur cum sanctis illis omnibus, qui ex hoc mundo tibi placuerunt: per gratiam, etc.]

(4) p. 323

Ren. p. 42

Populus. Amen.
Sacerdos. Pax.
Populus. Et cum spiritu tuo.
[*Diaconus.* Iterum atque iterum pro

p. 322

---

(1) ἕνωσις τοῦ παναγίου σώματος καὶ τοῦ τιμίου αἵματος τοῦ Κ. καὶ Θ. καὶ Σ. ἡμῶν.

(2) This is clearly Eutychian, and it is so explained by Barsalibi in Assemani l. c. p. 389. It is not in Assemani's Syriac copy (p. 201).

(3) I have thought it desirable to print these sentences, although there is nothing exactly resembling them in the Greek.

(4) "Post communionem autem praeceperunt fieri confessionem et gratiarum actionem eo quod digni facti sunt participatione Corporis et Sanguinis. Item mandarunt fieri orationem impositionis manus; atque ita a ministro populum dimitti ut abeant in pace." James of Edessa, l.c.

consummatione mysteriorum horum sanctorum Deum precemur.]

Sacerdos. Deus magne et mirabilis, [qui inclinasti caelos et descendisti pro nostra hominum salute,] aspice nos per misericordiam et gratiam tuam: benedic populo tuo, et haereditatem tuam conserva: ut semper et omni tempore laudemus te, quia solus es Deus noster verus, et Deum Patrem genitorem tuum et Spiritum tuum Sanctum, nunc et semper, etc.

Populus. Amen.
Diaconus. Benedic, Domine.
[*Sacerdos.* Benedic omnibus, conserva omnes, etc.

Vel aliam benedictionem pro Ecclesiarum consuetudine et festorum varietate diversam: qua recitata Diaconus incipit psalmum Benedicam Dominum in omni tempore. *Quo dicto abeunt, et finitur Liturgia.*]

NOTE TO PAGE 56 (4).

The first four lines on folio 57 of the Rossano Codex contain the passage referred to here in the following form;

του κῦ καὶ θῦ καὶ σρ̄ς ἡμῶν ἰῦ χῦ· ἔπι
δὲ ἐφ' ἡμᾶς· καὶ ἐπὶ τοὺς ἄρτους τού
τους· καὶ ἐπὶ τὰ ποτήρια ταῦτα·
τὸ πν̄α σου τὸ ἅγιον· ἵνα αὐτὰ ἁγιάσει.

Drouard printed thus; ἔτι δὲ ἐφ' ἡμᾶς.

My impression is that the Messina Roll preserves the correct reading, omitting ἔπι δε entirely. Thus the prayer would be analogous to the corresponding petition of the other great Liturgies (S. Basil, p. 82; S. Chrysostom, p. 91; S. James 278), for the Descent of the Holy Spirit upon the Congregation and upon the Elements. But it is strange that the Vatican Roll has ἐφιδε.

I may take this opportunity of stating that I have been frequently compelled to fill up the abbreviations of the MSS. conjecturally. Thus it is a mere matter of conjecture whether we are to read ἐκφωνεῖ, or ἐκφώνως, or ἐκφώνησις in many places; εὐχὴ or εὐχὴν in others. And I have not attempted to give all the deviations of Drouard's text from the Rossano MS. On p. 22 I ought to have mentioned that he omitted a line in the MS.

καὶ δεσπόζων πάσης κτίσεως· πρός

The words omitted p. 38 διαφύλαξον· καθυπόταξον αὐτῷ do not form a single line. The other omission noted on the same page arose from the ὁμοιοτέλευτα; ὀσφύος αὐτοῦ, καρδίαν αὐτοῦ.

The words omitted p. 54 (see note 1)

ἑκάστῳ κατὰ τὰ ἔργα αὐτοῦ ἡ

also form a line in the MS. The line was omitted and the μῶν of ἡμῶν in the succeeding line was changed, no doubt conjecturally, to σοί.

I find that I have omitted the rubric ὁ ἱερεὺς ἐκφων. before the last line of the first column of p. 56. My knowledge of this I owe to the Reverend Christopher Wordsworth who has most kindly sent me accurate collations of my print of the Rossano text with the text reprinted by Dr Littledale from Dr Neale. Mr Wordsworth suggests that the passage on the same page might be punctuated with a comma after ταῦτα; this would make the passage, ἔπιδε ἐφ' ἡμᾶς...ταῦτα, a kind of ejaculation, similar to the φεῖσαι ἡμῶν on p. 54. I prefer the suggestion I have offered above. In either case, τὸ Πνεῦμά σου τὸ ἅγιον is the object of the ἐξαπόστειλον. I have also to state that in the note (3) p. 10 ἀφίεται is an error for ἀφίενται (the reading of Drouard for ἀφέωνται) and in the note (2) p. 32 ἐξάλωσον is an error for ἐξάλευσον. I owe the discovery of these errors, also, to Mr Wordsworth.

APPENDIX.

THE
ORDINARY CANON OF THE MASS
ACCORDING TO
THE USE OF THE COPTIC CHURCH.

FROM TWO MANUSCRIPTS IN THE BRITISH MUSEUM,

EDITED AND TRANSLATED BY
DR C. BEZOLD,
PRIVAT-DOCENT IN THE UNIVERSITY OF MUNICH.

THE ORDINARY CANON OF THE MASS, ACCORDING TO THE USE OF THE COPTIC CHURCH,

TRANSLATED FROM TWO MAGDALA MSS.*) OF THE BRITISH MUSEUM

BY

C. BEZOLD, D. PH.,
PRIVATDOCENT AT THE UNIVERSITY OF MUNICH.

በስመ፡ አብ፡ ወወልድ፡ ወመንፈስ፡ ቅዱስ፡ አሐዱ፡ አምላክ። (a)

ሥርዓተ፡ ቅዳሴ፡ ዘይደሉ፡ ከመ፡ ይበሉ፡ ቀሲስ፡ ወዲያቆን፡ ወሕዝብ፡ ወኵሉ፡ (b) ዘመፍትው፡ በበጊዜሁ፡ በከመ፡ ሥርዓት፡ አበዊን፡ ግብጻውያን።

ወመቅድመ፡ ኵሉ፡ ይጸሊ፡ ቀሲስ፡ ጸሎት፡ ንስሓ፡ ጊዜ፡ በዊአቱ፡ ቤተ፡ ክርስቲያን። ወካዕበ፡ ይበል፡ መዝሙር፡ ዘዳዊት፡ ዘጽወዕ፡ ኀቤከ፡ እግዚአ፡ አንቃዕዶኩ። ዘጽስምዓኒ፡ አምላኪየ፡ ስእለትየ። ዘ፻፡ ወ፩፡ ስምዓኒ፡ እግዚአ፡ ጸሎትየ። ዘ፻፡ ወ፪፡ ተባረኪ፡ ነፍስየ፡ ዘ፻፳፱፡ ወ፱፡ እማዕምቅ። ዘ፻ወ፴፡ እግዚአ፡ ኢይትዓበየኒ።

In the name of the Father, and of the Son, and of the Holy Ghost, one God.

Canon of the Celebration (Kedasse) which shall be said by the Presbyter and the Deacon and the People, together with every thing convenient at its time, according to the rite of our fathers the Egyptians.

And first of all the Presbyter, on entering the Church, shall say a penitential prayer, and then he shall say the 24th psalm of David: „Unto Thee, O Lord, do I lift up my soul", *the 60th:* „Hear my cry, O God", *the 101st:* „Hear my prayer, O Lord", *the 102nd:* „Bless the Lord, O my soul", *the 129th:* „Out of the depths", *and the 130th:* „Lord my heart is not haughty".

---

*) The text is taken from British Mus., Orient. 545 which we call A, with collations from Orient. 546, called B. The Aethiopic orthography is given according to the MSS. — Many and very remarkable emendations of the text and the English translation the author owes to the kindness of Professor DILLMANN at Berlin.

(a) At the top of the page in A is to be found: ዝኔ፡ ሥርዐት፡ ዘአስተጋብአ፡ ባስልዮስ፡ ዘአንዶኪያ። — (b) B: ወኵሉ፡ ሕዝብ፡ —

LITURGY OF THE COPTIC CHURCH.

ወእምድኅረዝ፡ ይበል፡ ዘንተ ፤ እግዚ
አብሔር፡ አምላክነ፡ አንተ፡ ውእቱ፡ ባ
ሕቲትከ፡ ቅዱስ፡ ወወሀብከነ፡ ለኵልነ፡ ቅ
ድሳተ፡ በኃይልከ፡ ዘኢያስተርኢ ፤ እወ፡
እግዚአ፡ ንስእለከ፡ ወናስተበኈዓከ፡ ከ
መ፡ ትፈኑ፡ መንፈሰከ፡ ቅዱሰ፡ ዲበ፡
ቤተ፡ ክርስቲያን፡ ወዲበ፡ ዝንቱ፡ ታቦ
ት፡ ወዲበ፡ ኵሉ፡ ንዋየ፡ ቅድሳቲሆ
ን፡ እለ፡ ይሠራዕ፡ በላዕሌሆን፡ ምሥጢ
ርከ፡ ክቡር። ወይእዜኒ፡ ባርኮን፡ ወቀ
ድሶን፡ ወአንጽሓን፡ እምኵሉ፡ ርስሐት፡
ወጥልቀት፡ በስርየተ፡ ዳግም፡ ልደት፡
እንዘ፡ ኢይትኃደግ፡ በላዕሌሆሙ፡ ለግ
ሙራ፡ ወኢምንተኒ፡ ዝክረ፡ ዕልወታት፡
ወርኵስ ፤ ወረስዮን፡ ለዛቲ፡ ቤተ፡ ክር
ስቲያን፡ ወለዝ፡ ታቦት፡ ንዋየ፡ ኃሩየ፡
ወንጹሐ፡ ወንጡፈ፡ ዘአጽረይዎ፡ ምስ
ብዒተ፡ እምኵሉ፡ ርስሐት፡ ወጥልቀት፡
ወርኵስ፡ ዘዐልዋን ፤ ከመ፡ ብሩር፡ ጽ
ሩይ፡ ንጹፍ፡ ወፍቱን⁽ᵃ⁾፡ እምድር ፤ ወ
ረስዮን፡ ከመ፡ ሶበ፡ ንጹሕ⁽ᵇ⁾፡ ከና፡ ይ
ትገበር፡ በላዕሌሆን፡ ምሥጢረ፡ አብ፡
ወወልድ፡ ወመንፈስ፡ ቅዱስ፡ ይእዜኒ፡
ወዘልፈኒ፡ ወለዓለም፡ ዓለም፡ አሜን።

ጸሎት፡ ቅድመ፡ ግብአተ፡ መንጦ
ላዕት።

ወይስግድ፡ ቅድመ፡ መንጦላዕት ፤ እ
ግዚአብሔር፡ አምላክነ፡ ዘተአምር፡ ሕ
ሊና፡ ሰብእ፡ ወትፈትን፡ ልብ፡ ወኵል
ያተ፡ እስመ፡ እምዘ፡ ኢይደልወኒ፡ ሊ
ተ፡ ጸዋዕከኒ፡ እትቀነይ፡ ውስተ፡ ዝንቱ፡
መካን፡ ቅዱስ ፤ ኢትመንነኒ፡ ወኢትሚ
ጥ፡ ገጸከ፡ እምኔየ ፤ አላ፡ አእትት፡ ኃ
ጢአትየ፡ ወአንጽሕ፡ ርስሐት፡ ነፍስየ፡
ወሥጋየ። ወይእዜኒ፡ እስእለከ፡ ትደም
ስስ፡ ጌጋይየ፡ ወአበሳሆሙ፡ ለሕዝብከ፡
ወኢታብአነ፡ ውስተ፡ መንሱት። እወ፡

(a) MSS.: ወፍጡን፡ — (b) MSS.: ንጹሕ፡ —

And after this he shall say, as follows: O Lord our God, Thou alone art holy and on us all hast Thou bestowed sanctity by Thy invisible might: O Lord, we ask and beseech Thee, to send forth Thy Holy Spirit upon the Church and upon this altar, and upon all their holy vessels whereon Thy venerable mystery is celebrated. And now bless them, and sanctify them, and purge them from all impurity and pollution through the remission of the new birth, so that there shall not be left upon them any remembrance of trespasses and pollution; and make this Church and this altar elect and pure vessels such as are purged seven-fold from all pollution and taint and impurity of transgressors, like silver purged and purified and tried from earth, and make that, when they are pure, thereon may be celebrated the mystery of the Father, the Son and the Holy Ghost, now and for ever, and world without end. Amen.

Prayer said before the curtain is withdrawn.

And he shall pray before the curtain: O Lord our God, who knowest the mind of man and searchest the hearts and reins, who hast called me without my merit, to minister on this holy place, do not reject me; and do not turn away Thy face from me, but do Thou remove my sin, and purify my soul and my body from pollution; and now, I beseech Thee, blot out my offence and the sin of Thy people, and lead us not into temptation. O Lord, do not reject me and do not confound my hope, but send down upon me the grace of the Holy Spirit, and make me meet to stand in Thy Sanctuary and to offer unto Thee a pure oblation with an innocent heart for the remission of my offence and my sin. And do not Thou remember the sins of Thy people which they have committed, knowingly or in ignorance. Grant repose to our fathers and brethren and sisters who have fallen asleep; preserve and keep Thy people. To Thee and to Thy only-begotten good and merciful Son and to the Holy Spirit, the Giver of life, be praise for ever and ever. Amen.

Then he shall say the Prayer of Basil: O Lord, our God and Creator, who hast made all things through Thy Word, who hast made us enter to this holy mystery by Thy wisdom, who hast formed man and madest him the lord of all creatures, that he may judge with righteousness and purity; grant us the wisdom which dwelleth in Thy treasury; create for us a clean heart, and forgive our sins, and sanctify our souls, and make us meet to come nigh unto Thy Sanctuary, that we may bring unto Thee sacrifice and spiritual oblation for the remission of the sins of Thy people. O our Lord and God and Saviour, Jesus Christ, who hast lifted us up from the earth and hast raised us from the dust, make us to dwell with Thy angels and with the wardens of Thy people, make us worthy of Thy holy Gospel and Thy love, and, by Thy great mercy, hear us, that we may do Thy will in this hour, offering to Thee a good offering and spiritual fruit which Thou mayest accept in Thy grace and mercy. Do Thou accept this faultless sacrifice; send down upon

ዘንተ ፡ መሥዋዕተ ፡ ዘእንበለ ፡ ነውር ፤
ፈኑ ፡ ላዕሌነ ፡ ወዲበ ፡ ዝንቱ ፡ ምሥጢ
ር ፡ መንፈስከ ፡ ቅዱስ ፡ ይኩን ፡ ለአኩ
ቴተ ፡ ዋሕድ ፡ ወልድከ ፡ እግዚእነ ፡ ወ
መድኃኒነ ፡ ኢየሱስ ፡ ክርስቶስ ፡ ለዓለ
መ ፡ ዓለም ።

ጸሎት ፡ ላዕለ ፡ ኵሉ ፡ ንዋየ ፡ ቤተ ፡
ክርስቲያን ።

እግዚአብሔር ፡ ኄር ፡ ወመሓሪ ፡ ወ
ቅዱስ ፡ ዘየዓርፍ ፡ ውስተ ፡ ቅዱሳን ፤ ለ
ዘበእንቲአከ ፡ ኄራትክ ፡ አዘዝከ ፡ ለሙ
ሴ ፡ ቍልዔክ ፡ ይንሣእ ፡ ደመ ፡ ወይን
ዛን ፡ ላዕለ ፡ ኵሉ ፡ ንዋየ ፡ ደብተራ ።
ወይእዜኒ ፡ ንስእለከ ፡ ወናስተበቍዓክ ፡
ኦኄር ፡ ወመፍቀሬ ፡ ሰብእ ፡ ከመ ፡ ት
ቀድስ ፡ ዘንተ ፡ ንዋየ ፡ በመንፈስከ ፡ ቅ
ዱስ ፡ ወበንዝኃት ፡ ደሙ ፡ ለእግዚእነ ፡
ኢየሱስ ፡ ክርስቶስ ፤ ለይኩኑ ፡ ንጹሓነ ፡
እሉ ፡ ንዋያት ፡ ለመልእክትክ ። ወዛቲ ፡
ሥርዓት ፡ ቅድስት ፡ ይእቲ ፡ በአማን ፡
እላንቱ (a) ፡ ምሥጢራት ፡ ወሀብያን ፡ ሕይ
ወት ። ዝውእቱ ፡ ሥጋሁ ፡ ወደሙ ፡ ክ
ቡር ፡ ለእግዚእነ ፡ ኢየሱስ ፡ ክርስቶስ ።
እስመ ፡ ቅዱስ ፡ ወምሉእ ፡ ስብሓት ፡ ስ
ምክ ፡ ቅዱስ ፡ አብ ፡ ወወልድ ፡ ወመን
ፈስ ፡ ቅዱስ ፡ ይእዜኒ ፡ ወዘልፈኒ ፡ ወለ
ዓለመ ፡ ዓለም ።

ጸሎት ፡ ላዕለ ፡ ማኅፈዳት ፡

እግዚአብሔር ፡ አምላክነ ፡ ወእግዚ
እነ ፡ ኢየሱስ ፡ ክርስቶስ ፡ ዘሎቱ ፡ መ
ዛግብት ፡ ዘምሉእ ፡ ሣህለ ፡ ወምሕረት ፤
ኦወቤ ፡ ሠናያት ፡ ለኵሎሙ ፡ እለ ፡ ይ
ትዌከሉ ፡ ቦቱ ፤ ዘሰፍሐ ፡ ሰማየ ፡ በጥ
በቡ ፡ ወወሀቢ ፡ ኅርመት ፡ ውሉጠ ፡ ለ
ምጽንዓት ፡ ወለደመናት ፡ ወለሰማያት ፡
ኢተወለጠ ፡ ገብሩ ። ወይእዜኒ ፡ አአም
ላክነ ፡ መፍቀሬ ፡ ሰብእ ፡ ለትረድ ፡ እዴ

(a) B: እለ ፡ —

LITURGY OF THE COPTIC CHURCH.

us and upon this mystery Thy Holy Spirit, that it may be to thanksgiving of Thy only Son, our Lord and Saviour Jesus Christ, for ever and ever.

Prayer said over all the vessels of the Church.

O Lord, good and merciful and holy, who abidest among the holy, Thou hast commanded of Thy own goodness unto Moses Thy servant, that he should take the blood and sprinkle it on all the vessels of the tabernacle; and now we ask and beseech of Thee, O Thou good and lover of men, sanctify these vessels through Thy Holy Spirit and through the sprinkling of the blood of our Lord Jesus Christ, so that they may be purged for Thy ministration, and this holy instruction, — these which are truly lifegiving mysteries, that is the blessed body and blood of our Lord Jesus Christ. For holy and glorious is Thy holy Name, O Father, Son and Holy Ghost, now and for ever, and world without end.

Prayer over the „towers".

O Lord, our God and our Lord, Jesus Christ, holder of treasures, full of grace and mercy, O Giver of good things to all those who trust in him, who has extended the sky by his wisdom and has given different sacredness to the firmaments and to the clouds and to the skies, himself being unvariable; and now, our God, O Thou lover of men, send down

ከ፡ ወጎይለ፡ መለኮትከ፡ ላዕለ፡ ዝንቱ፡ አልባስ፡ ዘ[a]ይከድኑ፡ ሥጋከ፡ ቅዱስ። ዘፈኖክ፡ ጎይለ፡ ላዕለ፡ አልባስ፡ እለ፡ ጥብሉላን፡ በሥጋ[a]፡ ቅዱስ፡ ዘውስተ፡ መቃብር፡ ለይኩኑ፡ እሉኒ፡ በአምሳሊሆሙ፡ ለእለ፡ በሰማያት። እስመ፡ ለከ፡ ስብሐት፡ ወጎይለ፡ ወጽንዕ፡ ምስለ፡ አቡክ፡ ወመንፈስ፡ ቅዱስ፡ ይእዜኒ፡ ወዘልፈኒ፡ ወለዓለም፡ ዓለም፡ አሜን[b]።

ወካዕበ፡ ይባእ፡ ውሥጠ፡ ወይስግድ፡ ቅድመ፡ ታቦት። ወእምዝ፡ ይበል፡ ጸሎተ፡ ዮሐንስ። እግዚአብሔር፡ አምላክነ፡ ዘይነብር፡ መልዕልተ፡ መላእክት፡ ወሊቃነ፡ መላእክት፡ አጋእዝት፡ ወሥልጣናት፡ ኪሩቤል፡ ወሱራፌል፤ ዘውእቱ፡ እምቅድመ፡ ኵሉ፡ ፍጥረት፡ ልዑል፡ ውእቱ፡ መልዕልተ፡ ኵሉ፡ ስብሐት፡ ዘአንሥኦሙ፡ ለትሑታን፡ እምድር፡ ወአልዓሎሙ፡ ውስተ፡ ሰማያት፤ ወመራሕከን፡ ሐዲስ፡ ፍኖተ፡ ለመድኃኒትን፡ ዘአልቦ፡ ጉልቄ[c]። ለምሕረትከ፡ ኦሔር፡ መፍቀሬ፡ ሰብእ፡ በፈቃድከ፡ አለበውከን፡ ለነዳያን፡ ሕዝብከ፡ ከመ፡ ናእምር፡ ምሥጢረ፡ ቅዳሴቲክ፡ ወግሩም፡ ቃለክ፡ ወእኩት፡ ስብሐቲክ፡ ዘወሪዕከ፡ ለነ፤ እግዚአብሔር፡ አምላክነ፡ ኄር፡ ወመፍቀሬ፡ ሰብእ፡ ተወከፈነ፡ ንባእ፡ ውስተ፡ ቅድሳቲክ፡ ወናንብብ፡ ምሥጢራተ፡ ቃላቲክ፡ እንተ፡ ድሉት፡ ለመለኮትክ፡ በርትዕት፡ ሃይማኖት። አብርህ፡ ላዕሌነ፡ ብርሃነ፡ ስብሐቲክ፡ እንተ፡ ታሴስል፡ እምላዕሌነ፡ ሕሊና፡ ርኩስ፡ ወግብረ፡ ጎጢአት፡ ወፈኑ፡ ላዕሌነ፡ ጸጋ፡ መንፈስ፡ ቅዱስ፤ እሳት፡ በላዒ፡ ዘኢይክሉ፡ ቀሪቦቶ፡ እሳታውያን፡ እንተ፡ ይበልዕ፡ ሕሊና፡ እ

Thy hand and the power of Thy Deity upon these vestments which cover Thy holy body. O Thou who didst send down power upon the vestments which were wrapped round upon Thy holy body in the grave, let these here be conformed unto them in heaven. For Thine is the Glory and the Power and the Strength, with Thy Father and with the Holy Spirit, now and for ever, and world without end. Amen.

And he shall go in again and worship before the altar, and then he shall say the Prayer of John: O Lord our God, who dwellest above the angels and the archangels, above the Lords and Dominions, the Cherubim and Seraphim, who wast before all things were made, and who art above all glory, who hast raised the lowly up from the earth and hast elevated them into heaven, who hast shown us a new way for our salvation, whose mercies are immeasurable; O Thou good lover of men, by Thy will Thou hast taught Thy poor people, that we may know the mystery of Thy sanctity and Thy venerable Word; and blessed be Thy glory which Thou hast bestowed upon us. O Lord our God, good and lover of men, accept us, that we may come nigh unto Thy sanctity and read the mysteries of Thy words, as it is due to Thy Deity, with right faith. Do Thou light upon us the light of Thy glory which takes away from us impure thoughts and the deeds of sin, and send down upon us the gift of the Holy Ghost, the consuming fire which the fiery ones cannot touch, which consumes bad thoughts and the deeds of sin; give mercifully

---

(a) B: በስምከ፡ — (b) Wanting in A. — (c) B: ጉልቁ፡ —

ኩየ ፡ ወያውዒ ፡ ኃጣውእ ፡ ጽጉ ፡ አእ
ምሮ ፡ ለአዕይንት ፡ አልባቢነ ፡ ወዕቀብ ፡
ከናፍሪነ ፡ እምነገር ፡ እኩይ(a) ፡ ሰላመ ፡
ሀበነ ፡ ወጽድቀ ፡ መሐረነ ፤ እስመ ፡ አን
ተ ፡ ውእቱ ፡ ልብስ ፡ ቅዱስ ፡ ፈውስ ፡
ሕማመነ ፡ ወኪን ፡ ፍጥረትነ ። ወረስየነ ፡
ድልዋነ ፡ ንኩን ፡ ለዝንቱ ፡ ምሥጢርከ ፡
ቅዱስ ፡ ወእትት ፡ እምላዕሌነ ፡ ኩሎ ፡
ሕሊና ፡ እኩየ ፡ ወፍትወተ ፡ እንተ ፡ ት
ፀብእ ፡ ለነፍስነ ፡ ከመ ፡ ናዕርግ ፡ ለከ ፡
መሥዋዕተ ፡ ሠናየ ፡ ዘበሰማያት ፡ ዘእ
ንበለ ፡ ነውር ፡ ወርስሐት ። በብዙኅ ፡
ሣህልከ ፡ ወምሕረትከ ፡ ወአኰቴትከ ፡ ን
ፈጽም ፡ ዘንተ ፡ ምሥጢረ ፡ ሰማያዊ(b) ፡
ዘውእቱ ፡ ዘመልዕልተ ፡ ኩሉ ፡ ምሥጢ
ራት ፡ ለከ ፡ ናዓርግ ፡ ስብሐት ፡ ወዕበየ ፡
ወክብረ ፡ ምስለ ፡ አቡከ ፡ ኄር ፡ ሰማያ
ዊ ፡ ወመንፈስከ ፡ ቅዱስ ፡ ማሕየዊ ፡ ለ
ዓለም ፡ ዓለም ።

ዘይቄድስ ፡ ካህን ፡ ይቁም ፡ በፍርሃት ፡
መቅድመ ፡ ኩሉ ፡ ይስግድ ፡ ቅድመ ፡ ታ
ቦት ፡ ምዕረ ፡ ወምዕረ ፡ ይስግድ ፡ ለቀሳ
ውስት ፡ ወለዲያቆናት ፡ ምዕረ ። ወይቤ
እ ፡ ኃበ ፡ ታቦት ፡ ወይንሣእ ፡ ልብሰ ፡
በእደዊሁ ፡ ወይበል ፡ አቡን ፡ ዘበሰማያ
ት ፤ ወይስግድ ፡ ሥልሰ ። ለእመ ፡ ሀሎ ፡
ጳጳስ ፡ ይሑር ፡ ኃቤሁ ፡ ምስለ ፡ ልብስ ፡
ከመ ፡ ይባርክ ፡ ሎቱ ፡ ወያልብሶ ፤ ወለ
እመ ፡ ኢሀሎ ፡ ጳጳስ(c) ፡ ለሊሁ ፡ ይባር
ክ ፡ ወይልብስ ። ወይበል ፡ ዘንተ ፡ ጸሎ
ተ ፡ እንተ ፡ ያለብስ ፡ ታቦተ ።

እግዚአብሔር ፡ ማእምረ ፡ ልብ ፡ ዘለ
ኩሉ ፡ ለለ ፡ ፩፩ ፡ ዘየዓርፍ ፡ በቅዱሳን ፡
ዝውእቱ ፡ ዘእንበለ ፡ ኃጢአት ፡ ባሕቲ
ቱ ፡ ከሀሊ ፡ ወሰራዬ ፡ ኃጢአት ፤ እስመ ፡
አንተ ፡ ተአምር ፡ አእግዚአ ፡ ከመ ፡ ኢ
ኮንኩ ፡ ንጹሐ ፡ ለዛቲ ፡ መልእክት ፡ ቅ

knowledge to the eyes of our hearts, and guard our lips from speaking evil, give us peace and teach us righteousness; for Thou art the holy garment, the medicine of our sickness and the refinement of our nature. And make us worthy of this Thy holy mystery, and remove from us all bad thoughts and fleshly lusts which war against our soul, that we may offer unto Thee a good, heavenly offering without pollution or taint. Through Thy great bounty and mercy and praise we shall perform this Thy heavenly mystery which is above all mysteries; to Thee, with Thy good, heavenly, Father and with Thy Holy Spirit, the Giver of life, we shall offer glory and magnificence and honour, for ever and ever.

The celebrating Priest, rising up with reverence, shall bow first once before the altar, then once to the Presbyters and once to the Deacons. And then he shall draw near to the altar and take the vestment into his hands, and shall say the Lord's Prayer; then he shall bow thrice. If there is a bishop, he shall go to him with the vestment, to be blessed and clothed; but if there is none, he himself shall bless and clothe himself. And dressing the altar he shall say the following prayer.

O Lord, who knoweth the hearts of all, who abideth among the holy, who is free from sin, alone Almighty and able to forgive sins; Thou knowest, O Lord, that I am not pure for this Thy holy ministration, and that I

(a) A: ወኩይ፡ — (b) A: ሰማያዊ፡ — (c) Wanting in A —

LITURGY OF THE COPTIC CHURCH.

ድስት ፡ ዘዚአከ ፤ ወአልብየ ፡ ገጽ ፡ በዘ እቀርብ ፡ ወእከሥት ፡ ቅድመ ፡ ስቡሔ ትከ ፡ ቅዱስ ። ወባሕቱ ፡ በብዝኃ ፡ ምሕ ረትከ ፡ ስረይ ፡ ሊተ ፡ ኃጢአትየ ፡ እስ መ ፡ አነ ፡ ኃጥእ ። ሀበኒ ፡ እርከብ ፡ ጸጋ ፡ ወምሕረተ ፡ በዛቲ ፡ ሰዓት ፡ ወፈኑ ፡ ሊ ተ ፡ ጽንዓከ ፡ እምላዕሉ ፡ ከመ ፡ እኩን ፡ ድልወ ፡ ወእፈጽም ፡ መልእክተከ ፡ ቅ ድስተ ፡ በከመ ፡ ፈቃድከ ፡ ወሥምረትከ ፤ ወትኩን ፡ ዛቲሂ ፡ ዕጣን ፡ መዓዛ ፡ ሠናየ ። ወአንተሂ ፡ አእግዚእነ ፡ ኩን ፡ ምስሌነ ፡ ወባርከነ ፡ እስመ ፡ አንተ ፡ ውእቱ ፡ ሰራ ዬ ፡ ኃጢአትነ ፡ ወብርሃነ ፡ ነፍሳቲነ ፡ ወ ሕይወትነ ፡ ወኃይልነ ፡ ወተስፋነ ፡ ወም ግባኢነ ፡ ወለከ ፡ ንፌኑ ፡ እስከ ፡ አርያ ም ፡ ስቡሔተ ፡ ወክብረ ፡ ወስግደተ ፡ ለ አብ ፡ ወወልድ ፡ ወመንፈስ ፡ ቅዱስ ፡ ኩ ሎ ፡ ጊዜ ፡ ይእዜኒ ፡ ወዘልፈኒ ፡ ወለዓ ለመ ፡ ዓለም ።

ጸሎት ፡ እምድኅረ ፡ አስተዳልዎ ፡ ም ሥዋዕ ፡ ዘአብ ።

አእግዚአብሔር ፡ ዘመሀርከን ፡ ዘንተ ፡ ምሥጢረ ፡ ዓቢየ ፡ ለመድኃኒትነ ፡ አን ተ ፡ ዘጸዋዕከነ ፡ ኪያነ ፡ ትሑታን ፡ አግ ብርቲከ ፡ እንዘ ፡ ኢይደልወነ ፡ ከመ ፡ ን ኩን ፡ ተቀናይያነ ፡ ለምሥዋዒከ ፡ ቅዱ ስ ፤ አንተ ፡ አሊቅን ፡ ረስየን ፡ ድልዋነ ፡ በኃይለ ፡ መንፈስ ፡ ቅዱስ ፡ ከመ ፡ ንፈ ጽም ፡ ዘንተ ፡ ቅኔ ፡ ዘእንበለ ፡ ድቀት ፡ ውስተ ፡ ኩነኔ ፡ በቅድመ ፡ ስብሐቲከ ፡ ዐቢይ ። ናቅርብ ፡ ለከ ፡ መባአ ፡ ስብሐ ት ፡ ወውዳሴ ፡ ወዕበየ ፡ ተድላ ፡ ውስተ ፡ መቅደስከ ። አእግዚአብሔር ፡ ወሀቤ ፡ መ ድኃኒት ፡ ወፈናዌ ፡ ጸጋ ፡ ዘይገብር ፡ ኩ ሎ ፡ ለኩሉ ፡ ለለ፩ ፡ ሀበነ ፡ እግዚኦ ፡ ከ መ ፡ ይኩን (a) ፡ አምኃነ ፡ ውክፍተ ፡ በ ቅድሜከ ። እወ ፡ እግዚአ ፡ አምላከነ ፡ ን

(a) MSS: ንኩን ፡ —

have no face to draw nigh and open [my mouth] before Thy holy praise. Nevertheless in the multitude of Thy mercies do Thou forgive me my sins, for I am a sinner. Grant me to find grace and mercy in this hour, and send down upon me Thy strength from on high, that I may become worthy, and may accomplish Thy holy service, according to Thy will and the good pleasure of Thy heart: and may also this incense be a sweet-smelling savour. And Thou, O Lord, be with us, and bless us, for Thou art the forgiver of our sins and the light of our souls, and our life, and our strength, and our hope and refuge; and to Thee we will send up on high praise, glory and adoration, to the Father and to the Son and to the Holy Ghost, now and for ever, and world without end.

Prayer (to be said) when the offering for the Father is prepared.

O God, who hast taught us this Thy great mystery for our salvation, O Thou who hast called us, Thy humble servants, though unfit for the service, to become ministers of Thy holy altar; O Thou our Teacher, through the power of the Holy Spirit make us meet to perform this service before Thy great glory without falling into punishment. Let us bring before Thee the offerings of glorification, praise and great worthiness in Thy sanctuary. O Lord, Giver of salvation, Sender of gratification, who makes all things for each and all, grant us, O God, that our oblation may be accepted with grace before Thee. Yea, O Lord our God, we ask

ስእለክ ፡ ወናስተብቍዓክ ፡ ከመ ፡ ኢትኅ
ድጎሙ ፡ ለሕዝብከ ፡ በእንተ ፡ ኃጢአቶ
ሙ ፡ ወፈድፋደሰ ፡ በእንተ ፡ ዕበድየ ፡
እስመ ፡ ቅድስት ፡ ይእቲ ፡ ቅድሳቲከ ፡ በ
ከመ ፡ ሀብተ ፡ መንፈስ ፡ ቅዱስ ፡ በኢየ
ሱስ ፡ ክርስቶስ ፡ እግዚእን ፤ ዘሎቱ ፡ ክ
ብር ፡ ወስብሐት ፡ ወእዘዝ ፡ ይደሉ ፡ ም
ስሌክ(a) ፡ ወምስለ ፡ መንፈስ ፡ ቅዱስ ፡ ማ
ኅየዊ ፡ ዘዕሩይ ፡ ምስሌክ ፡ ይእዜኒ ፡ ወ
ዘልፈኒ ፡ ወለዓለም ፡ ዓለም ፡ አሜን ።

ወካዕበ ፡ ዘይደሉ ፡ ዝውእቱ ፡ ዘይፈ
ቅድ ፡ ለካህን ፡ እምሥርዓተ ፡ ቅዳሴ ፡ ም
ሥጢራት ፡ ለመልእክተ ፡ ታቦት ፡ ቅዱ
ስ ፡ ቀዳሚሁ ፡ ለዝንቱ ፡ ጊዜ ፡ ይበውእ ፡
ውስተ ፡ ታቦት ፡ ወይንሣእ ፡ ልብሰ ፡ በ
እዴሁ ፤ ወይሜጥ ፡ ገጾ ፡ መንገለ ፡ ም
ሥራቅ ፡ ወይሰግድ ፡ ሥልስ ፡ ወይበል ፡
አቡነ ፡ ዘበሰማያት ። ወካዕበ ፡ ይትመየ
ጥ ፡ መንገለ ፡ ሕዝብ ፡ ወይነጽር ፡ ለእ
መቦ ፡ ዲያቆን ፡ ዘይትለአክ ፡ እምቅድ
ሙ ፡ ይለብስ ፡ ፍጹም ፡ አልባስ ። እስ
መ ፡ ለእመ ፡ ኢተረክበ ፡ ዲያቆን ፡ ዘይ
ትለአክ ፡ ወዘይትራድኦ ፡ ለመልእክት ፡
ኢይትከሀሎ ፡ ለካህን ፡ ከመ ፡ ያውዕእ ፡
ልብሰ ፡ እምድኃረ ፡ ለብሰ ። ወሶበ ፡ ፈ
ቀደ ፡ ከመ ፡ ይልበስ ፡ ለይነጽር ፡ ቀሲስ ፡
ለእመ ፡ ነዋኀ ፡ ወሐጸረ ፤ እስመ ፡ እም
ድኃረ ፡ ለብሰ ፡ አኮ ፡ መፍትው ፡ ከመ ፡
ያውዕእ ። ወእምዝ ፡ ይልበስ ፡ አክማም(b) ፡
ወይዕስር ፡ በዝናር ፡ ወያስተጋብእ ፡ ሕሊ
ናሁ ፡ ወኢይዓድጎሙ(c) ፡ ይዉሉ ፡ ውስተ ፡
ግብረ ፡ ዓለም ፤ ወይፃኡ ፡ እምአንቀጸ ፡
ምሥዋዕ ፡ ጥቃ ። ወለእመቦ ፡ ሊቀ ፡ ጳጳ
ሳት ፡ አው ፡ ኤጲስ ፡ ቆጶስ ፡ ይነግዝ ፡
ልብሰ ፡ በእዴሁ ፡ ወይትመየጥ ፡ ኀቤሁ ፡
ወይባርክ ፡ ሎቱ ፡ ላዕሌሆን ፡ እምቅድ
ሙ ፡ ይልብስ ።

and beseech Thee, that Thou wilt not forsake Thy people for their sins' sake, and especially not for my foolishness' sake; for holy are Thy holy things according to the gift of the Holy Spirit through Jesus Christ our Lord, to whom, with Thee, and with the Holy Ghost, the Giver of life who is equal with Thee, be honour and glory and power, now ard for ever, and world without end. Amen.

And again what is due, viz. requisite to the Priest according to the canon of the sanctification of the mysteries for the ministration of the holy altar, (is this). At first he draws near to the altar and take the garment into his hands, and he shall turn his face to the east and bow thrice and say the Lord's Prayer. And then he shall turn to the People and see, whether there is a Deacon who is ministering, before he puts on the complete garment. For if there is no Deacon ministering and helping him the Priest cannot unrobe himself after robing. And when the Presbyter is willing to robe himself, he shall see, whether it is not too long or too short; for after dressing it is not allowed to put it off again. And then he shall put on the chlamys (?) and shall tie it up with the girdle, and shall recollect his thoughts and not let them ramble about in the things of the world, nor go out even of the door of the altar. And if there is an Archbishop or Bishop, he shall take the garment into his hand and turn to him and bless them for him before dressing.

(a) MSS.: **ምስሌሁ ፡** — (b) Καμάσιον (?), or Επιμανίκια (?); see RENAUDOT, liturg. orient, coll., 2nd ed., 1847, t. I, p. 161 sqq. [DILLMANN]. — (c) MSS.: **ወይኃድጎሙ ፡** —

LITURGY OF THE COPTIC CHURCH.

ጸሎት፡ እምድኅረ፡ ግብአተ፡ መን
ጦላዕት ።

ሚመጠን፡ ግርምት፡ ዛቲ፡ ዕለት፡
ወዕፁብት፡ ዛቲ፡ ሰዓት፡ እንተ፡ ባቲ፡
ይወርድ፡ መንፈስ፡ ቅዱስ፡ ወይጼል
ሎ፡ ለዝንቱ፡ መሥዋዕት፡ ወይቄድሶ
በጽሙና፡ ወበፍርሃት፡ ወበረዓድ፡ ቁ
ሙ፡ ወጸልዩ፡ ከመ፡ ሰላሙ፡ ለእግዚ
አብሔር፡ የሀሉ፡ ምስሌክሙ ⁽ᵃ⁾፡ ወምስ
ለ፡ ኵልክሙ ።

ወይብሉ፡ ኵሉ፡ ሕዝብ፡ በዜማ፡ እ
ምድኅረ፡ ለብሰ፡ ካህን፡ በ፩፡ ሃሌ፡ ሉያ ።

እመቦ፡ ብእሲ፡ እምእመናን፡ ዘቦአ፡
ቤተ፡ ክርስቲያን፡ በጊዜ፡ ቅዳሴ፡ ወኢ
ሰምዐ ⁽ᵇ⁾፡ መጻሕፍተ፡ ቅድሳተ፡ ወኢ
ተዐገሠ፡ እስከ፡ ይፌጽሙ፡ ጸሎተ፡ ወ
ቅዳሴ፡ ወኢተመጠወ፡ እምቍርባን፡ ይ
ሰደድ፡ እምቤተ፡ ክርስቲያን ፤ እስመ፡
አማሰነ፡ ሕገ፡ እግዚአብሔር፡ ወአስተ
ሐቀረ፡ ቂመተ፡ ቅድመ፡ ንጉሥ፡ ሰማ
ያዊ፡ ንጉሠ፡ ሥጋ፡ ወመንፈስ፡ ከመዝ፡
መሀሩነ፡ ሐዋርያት፡ በእብጥሊሶሙ ።

ጸሎት፡ ላዕለ፡ መሰብ ።

ይብል፡ ካህን ፤ እግዚአብሔር፡ እም
ላክነ፡ ዘይቤሎ፡ ለሙሴ፡ ገብሩ፡ ወነ
ቢዩ፡ ግበር፡ ሊተ፡ ንዋየ፡ ኅሩየ፡ ወ
አንብሮ፡ ውስተ፡ ደብተራየ፡ ላዕለ፡ ደ
ብረ፡ ሲና ፤ ወይእዜኒ፡ አምላክነ፡ አኃ
ዜ፡ ኵሉ፡ ስፋሕ፡ የማነከ፡ ቅዱሰ፡ ላ
ዕለ፡ ዛቲ፡ መሰብ፡ ምላእ፡ እምኀይል፡
ወጽንዕ፡ ወንጽሕ፡ ወጸጋ፡ መንፈስ፡
ቅዱስ፡ ወስብሐቲከ፡ ለይግበሩ፡ ውስ
ቴታ፡ ሥጋሁ፡ ቅዱሰ፡ ለዋሕድ፡ ወል
ድከ፡ በዛቲ፡ ቅድስት፡ ቤተ፡ ክርስቲ

Prayer after the curtain has been withdrawn.

How venerable is this day, and how wonderful is this hour, when the Holy Ghost comes down upon this oblation and overshadows and sanctifies it. Rise up in tranquillity with fear and trembling and pray that the peace of God may be with you all.

And when the Priest is robed all the People shall say in one tune: Hallelujah!

If anyone of the believing men comes into the Church during the Sanctification, and does not hear the Holy Scriptures nor wait until they have spoken the Prayer and the Sanctification, and does not receive the sacrifice, he shall be excluded from the Church; for he has spoiled the law of God and has neglected to stay before the heavenly King, the King of the body and of the soul. Thus the Apostles in their Canon have taught us.

Prayer over the Disc.

The Priest says: O Lord our God, who spakest unto Moses Thy servant and prophet, "Make me choice vessels and place them in My tabernacle at Mount Sinai"; and now, O our God Almighty, put forth Thy holy right hand upon this disc, fill it with strength and virtue and purity and the grace of the Holy Spirit and Thy glory, that they may make therein the holy body of Thy only Son, in this holy Apostolic Church. For to Thee be

---

(a) ምስሌየ ፡ ? [DILLM.]. — (b) A: ወሰምዐ ፡ *and is hearing.* —

ያን ፡ እንተ ፡ ሐዋርያት ። እስመ ፡ ለከ ፡ ስብሐት ፡ ምስለ ፡ ዋሕድ ፡ ወልድከ ፡ ወ መንፈስ ፡ ቅዱስ ፡ ይእዜኒ ፡ ወዘልፈኒ ፡ ወለዓለመ ፡ ዓለም ።

ይብሉ ፡ ሕዝብ ፤ አንቲ ፡ ውእቱ ፡ መ ሶበ ፡ ወርቅ ፡ ንጹሕ ፡ እንተ ፡ ውስቴታ ፡ መና ፡ ኅቡእ ፡ ኅብስት ፡ ዘወረደ ፡ እም ሰማያት ፡ ወሀቤ ፡ ሕይወት ፡ ለኵሉ ፡ ዓ ለም ።

ይብል ፡ ካህን ፡ እንዘ ፡ የዐትብ ፡ ላዕ ለ ፡ ኅብስት ፤ አውሎግዮስ ፡ ጌርዮስ ፡ ኢየሱስ ፡ ክርስቶስ ፡ ወልደ ፡ እግዚአብ ሔር ፡ ሕያው ፡ አግያስማንጦን ፡ ታንዋ ማንጦን ፡ አግዮስ ፡ በእማን ፡ አሜን ።

ወእምዝ ፡ ይንሣእ ፡ ቀርባነ ፡ በንጹ ሕ ፡ እዴሁ ፡ እንዘ ፡ ርጡብ ፡ ው[እቱ ፡ ወይመዝምዞ ፡ ላዕለ ፡ ወታሕተ ፡ እንዘ ፡ ይብል ፤](a) ክርስቶስ ፡ አምላክነ ፡ ዘበእ ማን ፡ ዐትብ ፡ በየማንከ ፡ ወባርክ ፡ በእ ዴከ ፡ ወቀድስ ፡ በኃይልከ ፡ ወአጽንዕ ፡ ዝንቱ ፡ ኅብስት ፡ ይኩን ፡ ለስርየተ ፡ ኃ ጣውኣ ፡ ሕዝብከ ፡ አሜን ።

ወእምዝ ፡ ይትመጠ ፡ ንፍቅ ፡ በማና ፈድ ፡ እንዘ ፡ ይብል ፤ ከም ፡ ዮሴፍ ፡ ወኒቆዲሞስ ፡ እለ ፡ ገነዝዎ ፡ ለሥጋከ ።

ወእምዝ ፡ ይንሣእ ፡ ካህን ፡ ወይብል ፡ ዘንት ፤ ቅዳሴ ፡ ውኩፍ ፡ ወአኵቴት ፡ ወዕበይ ፡ ለስርየተ ፡ ኃጢአት ፡ እምኀበ ፡ እግዚአብሔር ፡ አብ ፡ ለይኩን ፡ ኃይል ፡ ወበረከት ፡ ወብርሃን ፡ ወቅዳሴ ፡ (ሥላሴ፡) ቅዱስ ፡ ለዛቲ(b) ፡ ቅድስት ፡ ቤተ ፡ ክርስ ቲያን ፡ እንተ ፡ ሐዋርያት ፡ አሜን ።

ወእምዝ ፡ ይኡድ ፡ ካህን ፡ ኀበ ፡ ታ ቦት ፡ ፩ ፡ ጊዜ ፡ ቅድሜሁ ፡ ማኅቶት ።

glory with Thy only Son and the Holy Spirit, now and for ever, and world without end.

The People say: Thou art the disc of pure gold, wherein the manna is hidden, the bread which came down from heaven, lifegiving for ever and ever.

The Priest, making the sign of the Cross over the bread, says: Ευλογιος Κυριος, Ιησους Χριστος, Son of the living God, αγιασμα των πνευματων, αγιος in verity. Amen.

And then he shall take the oblation with pure hands — whilst they are moist, he shall wipe them off from above and from below — saying: O Christ, our very God, cross with Thy right hand this bread and bless it with Thy hand, and sanctify it with Thy power, and make it powerful, that it may serve for the remission of the sins of Thy people. Amen.

And then the Assistant recives (it) into the "tower", saying: In like manner as Joseph and Nicodemus who wrapped Thy body in linen clothes.

And then the Priest shall take it, saying: The sanctification is accepted and the thanksgiving and magnifying for the remission of sin, from the Lord, the Father. May there be power and blessing and light and the sanctification of the Holy One on this holy Apostolic Church! Amen.

And then the Priest shall turn once to the altar, the lamp being before him,

---

(a) The words in brackets are taken from B; in A erasion. — (b) MSS.: ቅዳሴ ፡ ወቅ ዱስ ፡ በዛቲ ፡ —

ወይኡድ ፡ ዲያቆን ፡ ፫(a) ፡ እንዘ ፡ ይእ
ኅዝ ፡ ጽዋዓ ።

ይብል ፡ ካህን ፤ እግዚአብሔር ፡ አም
ላክነ ፡ ዘተወክፍከ ፡ ቍርበነ ፡ አቤል ፡ በ
በድው ፡ ወለኖኅ ፡ በውስተ ፡ ታቦት ፡ ወ
ለአብርሃም ፡ በርእሰ ፡ ደብር ፡ ወለኤል
ያስ ፡ በርእሰ ፡ ቀርሜሎስ ፤ ወለዳዊት ፡
በአውደ ፡ ኦርና ፡ ኢያቢሳዊ ፤ ወጸሪቀ ፡
መበለት ፡ በቤተ ፡ መቅደስ ፤ ከማሁ ፡ ተ
ወከፍ ፡ መባአ ፡ ወቍርባኖ ፡ ለገብርከ ፡
ዮሐንስ ፡ ዘአብአ (b) ፡ ለስምከ ፡ ቅዱስ ፡
ወይኩን ፡ ቤዛ ፡ ኃጣውኢሁ ፡ ፍድዮ ፡
ፍዳ ፡ ሠናየ ፡ በዝ ፡ ዓለም ፡ ወበዘይመ
ጽእ ፡ ይእዜኒ ፡ ወዘልፈኒ ፡ ወለዓለመ ፡
ዓለም ።

ወይብል ፡ ዲያቆን ፤ እግዚአብሔር ፡
ይሬእየኒ ።

ወእምዝ ፡ ያንብር ፡ ካህን ፡ ቍርባነ ፡
በጻሕል ፡ ወዲያቆን ፡ ይቅዳሕ ፡ ደም(c) ፡
በጽዋዕ ። ይብል ፡ ካህን ፡ ዘንተ ፡ ጸሎ
ተ ፡ እምድኅረ ፡ አንበረ ፡ ቍርባነ ፡ ላዕ
ለ ፡ ጻሕል ። እግዚአብሔር ፡ አምላክነ ፡
ኄር ፡ ወማሕየዊ ፡ ዘሰፋሕከ ፡ አእዳዊከ ፡
ቅዱሳተ ፡ በዲበ ፡ ዕፀ ፡ መስቀል ፡ ግበ
ር ፡ እዴከ ፡ ቅዱሰ ፡ ላዕለ ፡ ዛቲ ፡ ጻሕ
ል ፡ ዘምልእት ፡ ሠናያት ፡ ዘአስተደለዉ ፡
ላዕሌሃ ፡ እለ ፡ ያፈቅሩ ፡ ስመከ ፡ መብ
ልዓ ፡ ዘ፲፻ ፡ ዓመት ። ይእዜኒ ፡ አምላ
ክነ ፡ ባርክ ፡ በእዴከ ፡ ወቀድሳ ፡ ወአን
ጽሓ ፡ ለዛቲ ፡ ጻሕል ፡ ዘምልእት ፡ ፍሕ
መ ፡ ዘውእቱ ፡ እንቲአከ ፡ ሥጋ ፡ ቅዱ
ስ ፡ ዘአቅረብነ ፡ ላዕለ ፡ ዝንቱ ፡ ምሥዋ
ዕ ፡ ቅዱስ ፡ በዛቲ ፡ ቤተ ፡ ክርስቲያን ፡
ቅድስት ፡ እንተ ፡ ሐዋርያት። እስመ ፡ ለ

and the Deacon shall turn there thrice, holding the chalice.

The Priest says: O Lord our God, who didst accept the sacrifice of Abel in the field, and of Noah in the ark, and of Abraham on the mountain-top, and of Elias on Carmel, and of David in the threshing-floor of Araunah the Jebusite, and the widow's mite in the Temple: receive in like manner the oblation and the sacrifice of Thy servant Johannes which he has brought unto Thy holy name, that it may be the redemption of his sins. Do Thou recompense him with a goodly recompence in this world and in the world to come, now and for ever, and world without end.

And the Deacon shall say: The Lord is looking upon me.

And then the Priest shall lay the Host upon the paten, and the Deacon shall pour the Blood in the chalice. The Priest, after he has laid the Host upon the paten, saith the following prayer: O Lord our God, bountiful and Giver of life, who didst stretch forth Thine holy hands upon the tree of the Cross, lay Thine holy hands upon this paten which is filled with good things wherein those who love Thy name have prepared a nourishment of a thousand years. Now, our God, bless with Thine hand and sanctify and purify this paten full of coal which is Thine own holy Body which we have offered upon this holy altar, in this holy apostolic Church. To Thee be praise, with Thy good heavenly

---

(a) B: ፫ተ ፡ ጊዜ ፡ — (b) B: ወቍርባና ፡ ለአመትከ ፡ ወለተ ፡ ጊዮርጊስ ፡ ዘ
አብአት ፡ — (c) A: ወዲያቆን ፡ በጻሕል ፡ ዋዕ ፡ —

ከ ፡ ስብሐት ፡ ምስለ ፡ አቡክ ፡ ሴር ፡ ሰ
ማያዊ ፡ ወመንፈስ ፡ ቅዱስ ፡ ማሕየዊ ፤
ይእዜኒ ፡ ወዘልፈኒ ፡ ወለዓለመ ፡ ዓለም ።

ጸሎት ፡ ላዕለ ፡ ጽዋዕ ።

እግዚአብሔር ፡ አምላክነ ፡ ኢየሱስ ፡
ክርስቶስ ፡ አላቲኖን⁽ᵃ⁾ ፡ ዘበአማን ፤ አምላ
ክነ ፡ ዘተሰብአ ፡ ወኢተፈልጠ ፡ መላኮቱ ፡
እምትስብእቱ ፡ ዘከዐወ ፡ ደሞ ፡ ላዕለ ፡
ልሕኵቱ ፡ በሥምረቱ ፤ ይእዜኒ ፡ አምላ
ክነ ፡ ግበር ፡ እዴከ ፡ ቅዱስ ፡ ላዕለ ፡ ዝ
ንቱ ፡ ጽዋዕ ፡ ቀድሶ ፡ ወአንጽሖ ፡ ይኩ
ን ፡ ደምከ ፡ ክቡረ ፡ ዝንቱ ፡ ለሕይወት ፡
ወለስርየተ ፡ ኃጢአት ፡ ለኵሉ ፡ ዘይሰቲ ፡
እምሁ ፡ በአሚን ። ስብሐት ፡ ለአቡክ ፡
ሰማያዊ ፡ ወለመንፈስ ፡ ቅዱስ ፡ ማሕየ
ዊ ፤ ይእዜኒ ፡ ወዘልፈኒ ፡ ወለዓለመ ፡ ዓ
ለም ።

ጸሎት ፡ ካልእ ፡ ዘተክሊል ፡ ላዕለ ፡
ጽዋዕ ።

ክርስቶስ ፡ አምላክነ ፡ ዘበአማን ፡ ዘ
ሐርከ ፡ ውስተ ፡ ከብካብ ፡ አመ ፡ ጸው
ዑከ ፡ በቃና ፡ ዘገሊላ ፡ ወባረከ ፡ ሎሙ ፡
ወረሰይከ ፡ ለማይ ፡ ወይነ ፡ ከማሁ ፡ ረስ
ዮ ፡ ለዝንቱ ፡ ወይን ፡ ዘንቡር ፡ በቅድሜ
ከ ። ባርክ ፡ ወቀድስ ፡ ወአንጽሖ ፡ ይኩን ፡
ለፍሥሓ ፡ ወለሕይወት ፡ ነፍስነ ፡ ወሥ
ጋነ ፡ በኵሉ ፡ ጊዜ ፡ የሀሉ ፡ ምስሌነ ፡ አ
ብ ፡ ወወልድ ፡ ወመንፈስ ፡ ቅዱስ ። ምላ
እ ፡ ወይነ ፡ ትፍሥሕት ፡ ለሠናይ ፡ ለሕ
ይወት ፡ ወለመድኃኒት ፡ ወለስርየተ ፡ ኃ
ጢአት ፡ ለልቡና ፡ ወለፈውስ ፡ ወለምክ
ረ ፡ መንፈስ ፡ ቅዱስ ፤ ይእዜኒ ፡ ወዘ
ልፈኒ ፡ ወለዓለመ ፡ ዓለም ። ንጽሕ ፡ ወጣ
ዕም ፡ ወበረከት ፡ ለእለ ፡ ይሰትዩ ፡ እም
ደምከ ፡ ክቡር ፡ አላቲኖን⁽ᵃ⁾ ፡ በአማን ።

(a) MSS.: እላትዮን ፡ —

Father and Holy Spirit, the Giver of life, now and for ever, world without end.

Prayer over the Chalice.

O Lord our God, Jesus Christ, αληϑινος, our very God who didst become man — whose deity was not separated from Thy humanity — who of Thy own good pleasure didst pour forth Thy blood for Thy creatures; now, our God, lay Thy holy hand upon this cup: sanctify and purify it, that this may become Thy blessed blood for the life and for the remission of sin for everybody who drinks it faithfully. Glory be to Thy heavenly Father, and to the Holy Spirit, the Giver of life, now and for ever, and world without end.

Another Prayer of the Union over the Chalice.

O Christ who art our very God, who didst go, when they bade Thee, to the marriage-feast in Cana of Galilee, and didst bless them, and make the water wine, do Thou in like manner unto this wine which is set before Thee: bless, sanctify and purify it, that it may be for the joy and for the life of our souls and of our bodies; and may the Father, the Son and the Holy Ghost be with us at all times. Fill Thou up wine of rejoicing for good, for life and for salvation, and for the remission of sins, for understanding and for healing and for counsel of the Holy Ghost, now and for ever, world without end. Purity and sweetness and blessing be to those who drink of Thy precious blood, αληϑινον True.

LITURGY OF THE COPTIC CHURCH.

ጸሎት ፡ ላዕለ ፡ ዕርፈ ፡ መስቀል ።

እግዚአብሔር ፡ አምላክነ ፡ ዘረሰይከ ፡ ድልወ ፡ ለገብርከ ፡ ኢሳይያስ ፡ ከመ ፡ ይርአዮ ፡ ለሱራፌል ፡ እንዘ ፡ ውስተ ፡ እዴሁ ፡ ጕጠት ፡ ወነሥአ ፡ ቦቱ ፡ ፍሕመ ፡ እመሥዋዕት ፡ ወደየ ፡ ሎቱ ፡ ውስተ ፡ አፉሁ ፤ ይእዜኒ ፡ እግዚአብሔር ፡ አብ ፡ አኃዜ ፡ ኵሉ ፡ ግበር ፡ እዴከ ፡ ቅዱሰ ፡ ላዕለ ፡ ዕርፈ ፡ መስቀል ፡ ለሡርዓ ፡ ቅዱስ ፡ ሥጋሁ ፡ ወደሙ ፡ ለዋሕድ ፡ ወልድክ ፡ እግዚእነ ፡ ወአምላክነ ፡ ወመድኃኒነ ፡ ኢየሱስ ፡ ክርስቶስ ፡ ይእዜኒ ፡ ባርክ ፡ ወቀድስ ፡ ወአንጽሐ ፡ ለዝንቱ ፡ ዕርፈ ፡ መስቀል ፤ ወሀቦ ፡ ኃይለ ፡ ወስብሐተ ፡ በከመ ፡ ወሀብካ ፡ ለጕጠት ፡ እንተ ፡ ሱራፌል ። እስመ ፡ ለከ ፡ ስብሐት ፡ ወእንዚዝ ፡ ምስለ ፡ ወልድክ ፡ ዋሕድ ፡ እግዚእነ ፡ ኢየሱስ ፡ ክርስቶስ ፡ ወመንፈስ ፡ ቅዱስ ፡ ይእዜኒ ፡ ወዘልፈኒ ፡ ወለነ ለም ፡ ዓለም ፡ አሜን ።

ወእምዝ ፡ የኀትብ ፡ ካህን ፡ በእዴሁ ፡ በእርአያ ፡ ትእምርተ ፡ መስቀል ፡ ላዕለ ፡ ኅብስት ፤ ወይብል ፡ ቡሩክ ፡ እግዚአብሔር ፡ አኃዜ ፡ ኵሉ ።

ይብሉ ፡ ሕዝብ ። አሜን ።

ወቡሩክ ፡ ወልድ ፡ ዋሕድ ፡ እግዚእነ ፡ ኢየሱስ ፡ ክርስቶስ ፤ አሜን ።

ወቡሩክ ፡ መንፈስ ፡ ቅዱስ ፡ ጰራቅሊ ጦስ ፤ አሜን ።

ወይብል ፡ ላዕለ ፡ ጽዋዕኒ ፡ ከማሁ ፤ ዓዲ ፡ ይበል ፡ ላዕለ ፡ ክልኤቱ ፡ ስብሐ ት ፡ ወክብር ፡ ይደሉ ፡ ለሥሉስ ፡ ቅዱ ስ ፡ አብ ፡ ወወልድ ፡ ወመንፈስ ፡ ቅዱስ ፤ ሥሉስ ፡ ዕሩይ ፡ ይእዜኒ ፡ ወዘልፈኒ ፡ ወ ለዓለም ፡ ዓለም ።

ወይትመየጥ ፡ ካህን ፡ መንገለ ፡ ንፍቅ ፡ እንዘ ፡ ያስተራክብ ፡ እዴሁ ፡ በአውሥ አ ፡ ቃል ፤ ተዘከረኒ ፡ አቡየ ፡ ቀሲስ ።

Prayer over the cross-handled Spoon.

O Lord our God, who didst make Thy servant Isaiah worthy to behold the seraphim, in whose hand were the tongs wherewith he took the coal from off the altar and laid (it) upon his mouth: now therefore, O God, Father Almighty, lay Thine holy hand upon this spoon of the cross for the ministration of the holy Body and Blood of Thine only Son, our Lord God and Saviour, Jesus Christ. Now do Thou bless, sanctify and purify this spoon of the cross, and give it strength and glory, as Thou gavest to the tongs of the seraphim. For Thine is the glory and the power, together with Thine only Son, our Lord Jesus Christ, and with the Holy Spirit, now and for ever, world without end. Amen.

And then the Priest shall with the hand make the Sign of the Cross over the Bread, as a symbol, saying: Blessed be the Lord who preserves all things.

The People say: Amen.

And blessed be the only Son, our Lord Jesus Christ. — Amen.

And blessed be the Holy Ghost, the Paraclete. — Amen.

And in like manner he shall say over the Chalice. And then he says over both: Praise and glory to the Holy Triune, the Father, the Son and the Holy Ghost who are equal each with other, now and for ever, and world without end.

And the Priest turns to the Assistant, joining his hands and saying: Remember me, O my Father, O Presbyter.

46

ወእቱኒ፡ ይሰጠዎ፡ እንዘ፡ ይብል፤ እግዚአብሔር፡ ይዕቀብ፡ ለክህነትከ፡ ወይትወክፍ፡ መሥዋዕተከ።

ወእምዝ፡ ይቀውም፡ ካህን፡ ርቱዐ፡ ወገጹ፡ መንገለ፡ ምሥራቅ፡ ሰፍሓ፡ እዴሁ፤ ወይብል፡ በዐቢይ፡ ቃል፤ አሐዱ፡ አብ፡ ቅዱስ፡ አሐዱ፡ ወልድ፡ ቅዱስ፡ አሐዱ፡ ውእቱ፡ መንፈስ፡ ቅዱስ።

ይብሉ፡ ሕዝብ፤ መንፈስ፡ ቅዱስ።

ይብል፡ ካህን፤ ሰብሕዎ፡ ለእግዚአብሔር፡ ኩልክሙ፡ አሕዛብ።

ይብሉ፡ ሕዝብ፤ ወይሴብሕዎ፡ ኩሎሙ፡ ሕዝብ።

ይብል፡ ካህን፤ እስመ፡ ጸንዐት፡ ምሕረቱ፡ ላዕሌነ።

ይብሉ፡ ሕዝብ፤ ወጽድቁሰ፡ ለእግዚአብሔር፡ ይሔሉ፡ ለዓለም።

ይብል፡ ካህን፤ ስብሐት፡ ለአብ፡ ወወልድ፡ ወመንፈስ፡ ቅዱስ፤ ይእዜኒ፡ ወዘልፈኒ፡ ወለዓለም፡ ዓለም፡ አሜን፡ ሃሌ፡ ሉያ። ወሕዝብኒ፡ ከማሁ፡ ይብሉ።

ይብል፡ ዲያቆን፤ ተንሥኡ፡ ለጸሎት።

ይብሉ፡ ሕዝብ፤ እግዚአ፡ ተሣሃለነ።

ይብል፡ ካህን፤ ሰላም፡ ለኩልክሙ።

ይብሉ፡ ሕዝብ፤ ምስለ፡ መንፈስከ።

ይብል፡ ካህን፡ ጸሎተ፡ አኰቴት። ናእኩቶ፡ ለገባሬ፡ ሠናያት፡ ላዕሌነ፡ እግዚአብሔር፡ መሓሪ፤ አቡሁ፡ ለእግዚእነ፡ ወአምላክነ፡ ወመድኃኒነ፡ ኢየሱስ፡ ክርስቶስ። እስመ፡ ሠወረነ፡ ወረድእነ፡ ዐቀበነ፡ ወአቅረበነ፡ ወተወክፈነ፡ ኀቤሁ፡ ወተማኅፀነነ፡ ወአጽንዐነ፡ ወአብጽሐነ፡ እስከ፡ ዛቲ፡ ሰዓት። ንስእሎ፡ እንከ፡ ከመ፡ ይዕቀበነ፡ በዛቲ፡ ዕ

And he answers him saying: May the Lord preserve thy priesthood and accept thine offering.

And then the Priest rises up, turning his face to the East and spreading out his hands; and he shall say with a loud voice: There is one Holy Father, one Holy Son, one Holy Ghost.

The People say: Holy Ghost.

The Priest says: Praise the Lord, all ye nations.

The People say: And laud Him, all ye people.

The Priest says: For established is His mercy upon us.

The People say: And the righteousness of the Lord endureth for ever.

The Priest says: Glory be to the Father and to the Son and to the Holy Ghost, now and for ever, and world without end. Amen. Hallelujah. *And the People say the same.*

The Deacon says: Rise up for prayer.

The People say: O Lord, have mercy upon us.

The Priest says: Peace be with you all.

The People say: With thy spirit.

The Priest says the Prayer of Thanksgiving: We render thanks to the Author of our good things, the merciful Lord, the Father of our Lord and God and Saviour, Jesus Christ. For He hath shielded and aided us. He hath kept us and brought us nigh unto himself, and received us and taken us under his protection. He has strengthened us and brought us unto this hour. Let us therefore ask of Him to keep

ለት ፡ ቅድስት ፡ ኵሎ ፡ መዋዕለ ፡ ሕይ
ወትን ፡ በኵሉ ፡ ሰላም ፡ አጋዜ ፡ ኵሉ ፡
እግዚአብሔር ፡ አምላክን ። ጸልዩ ። እግ
ዚእ ፡ እግዚአ ፡ እግዚአብሔር ፡ አጋዜ ፡
ኵሉ ፤ አቡሁ ፡ ለእግዚእን ፡ ወአምላክን ፡
ወመድኃኒነ ፡ ኢየሱስ ፡ ክርስቶስ ። እስ
መ ፡ ሠወርከነ ፡ ወረዳእከነ ፡ ዓቀብከነ ፡
ወአቅረብከነ ፡ ወተወከፍከነ ፡ ኀቤከ ፡ ወ
ተማኅፀንከነ ፡ ወአጽናዕከነ ፡ ወአብጻሕ
ከነ ፡ እስከ ፡ ዛቲ ፡ ሰዓት ።

ይብል ፡ ዲያቆን ፡ ኃሡ ፡ ወአስተብቁ
ዑ ፡ ከመ ፡ ይምሐረነ ፡ እግዚአብሔር ፡
ወይሣሃል ፡ ላዕሌነ ፡ ወይትወከፍ ፡ ጸሎ
ተ ፡ ወስእለተ ፡ እምነ ፡ ቅዱሳኒሁ ፡ በእ
ንቲአነ ፡ በዘይሤኒ ፡ ኵሎ ፡ ጊዜ ፡ ይረስ
የነ ፡ ድልዋነ ፡ ከመ ፡ ንንሣእ ፡ እምሱ
ታሬ ፡ ምሥጢር ፡ ቡሩክ ፡ ወይስረይ ፡
ለነ ፡ ኃጣውኢነ ።

ይብል ፡ ካህን ፤ በእንተ ፡ ዝንቱ ፡ ን
ስእለከ ፡ ወነኀሥሥ ፡ እምነ ፡ ኂሩትከ ፡
አመፍቀሬ ፡ ሰብእ ፡ ሀበነ ፡ ከመ ፡ ንፈ
ጽም ፡ ዛተ ፡ ዕለተ ፡ ቅድስተ ፡ ኵሉ ፡
መዋዕለ ፡ ሕይወትነ ፡ በኵሉ ፡ ሰላም ፡
ምስለ ፡ ፈሪሆትከ ፤ ኵሎ ፡ ቅንዓተ ፡ ወ
ኵሎ ፡ መከራ ፡ ወኵሎ ፡ ግብረ ፡ ሰይጣ
ን ፡ ወምክረ ፡ ሰብእ ፡ እኩያን ፡ ወትን
ሣኤ ፡ ፀር ፡ ዘንቡእ ፡ ወዘገሀድ ፡ አርኅ
ቅ ፡ እምኔየ[b] ፤ ቡራኬ ፤ ወእምነ ፡ ኵ
ሉ ፡ ሕዝብከ ፡ ወእምዝንቱ ፡ መካን ፡ ቅ
ዱስ ፡ ዘዚአከ ፤ ቡራኬ ፡ ዲበ ፡ ምሥዋ
ዕ ፤ ኵሎ ፡ ሠናያተ ፡ ዘይሤኒ ፡ ወዘይኄ
ይስ ፡ አዝዝ ፡ ለነ ፤ እስመ ፡ አንተ ፡ ዘ
ወሀብከነ ፡ ሥልጣነ ፡ ከመ ፡ ንኪድ ፡ ከ
ይሴ ፡ ወአቃርብተ ፡ ወዲበ ፡ ኵሉ ፡ ኃይ
ለ ፡ ጸላኢ ። ኢታብአነ ፡ ውስተ ፡ መን
ሱት ፡ አላ ፡ አድኅነነ ፡ ወባልሐነ ፡ እም

LITURGY OF THE COPTIC CHURCH. 363

us this holy day and all the days of our life in all peace, the Almighty Lord, our God. Pray ye. O Lord God Omnipotent, Father of our Lord and God and Saviour, Jesus Christ, [we render thanks unto Thee][a], for Thou hast protected us and helped us, hast kept us, and brought us nigh unto Thyself and accepted us and taken us under Thy guardianship, and strengthened us and brought us unto this hour.

The Deacon says: Seek ye and make supplication, that God have mercy upon us, and be gracious unto us, and accept prayers and supplications from his saints on our behalf, best, at all times, that He will make us meet to receive the communion of this blessed mystery, and that He will pardon us our sins.

The Priest says: Therefore we ask Thee and seek from Thy goodness, O Thou lover of men, grant us, that we may pass this holy day (and) all the days of our life in all peace, conjoined with Thy fear. All envy and all the wiles and all the workings of Satan and the craft of evil men, and the uprising of the foe, whether hidden or open, drive Thou afar from me — *genuflection* — and from all Thy people, and from this Thy holy place — *genuflection towards the Sacrifice.* All good things that are good and excellent do Thou command for us, for Thou art He who hast given us power to tread upon the serpent and scorpions, and over all the power of the foe. Lead us not into temptation, but deliver and rescue us from

---

(a) The words in brackets are wanting in the Aethiopic text. — (b) B: አርኁቅ ፡ እግዚእ ፡ እምኔየ ፡ —

ኵሉ ፡ እኩይ ፡ በጸጋ ፡ ወሣህል ፡ ወበፍ
ቅረ(a) ፡ ሰብእ ፡ ዘወልድከ ፡ ዋሕድ ፡ እግ
ዚእነ ፡ ወአምላክነ ፡ ወመድኃኒነ ፡ ኢየ
ሱስ ፡ ክርስቶስ ፤ ዘቦቱ ፡ ለከ ፡ ስብሐ
ት ፡ ወክብር ፡ ወእዛዝ ፡ ይደሉ ፡ ምስሌ
ሁ ፡ ወምስለ ፡ ወንፈስ ፡ ቅዱስ ፡ ማሕየ
ዊ ፡ ዘዕሩይ ፡ ምስሌከ ፡ ይእዜኒ ፡ ወዘል
ፈኒ ፡ ወለዓለመ ፡ ዓለም ።

ይብል ፡ ዲያቆን ፤ ተንሥኡ ፡ ለጸ
ሎት ።

ይብል ፡ ከህን ፡ ንፍቅ(b) ፤ ሰላም ፡ ለ
ኵልክሙ ። ወካዕበ ፡ ናስተበቁዕ ፡ ዘኵ
ሉ(c) ፡ ይእግዝ ፡ እግዚአብሔር ፡ አብ ፡
ለእግዚእ ፡ ወመድኃኒነ ፡ ኢየሱስ ፡ ክር
ስቶስ ፤ በእንተ ፡ እለ ፡ ያበውኡ ፡ መባአ ፡
በውስተ ፡ ቅድስት ፡ አሐቲ ፡ እንተ ፡ ላ
ዕለ ፡ ኵሉ ፡ ቤተ ፡ ክርስቲያን ። መሥ
ዋዕተ ፡ ቀዳምያተ ፡ አሥራተ ፡ አኰቴተ ፡
ተዝካር(d) ፡ ዘብዙኅ ፡ ወዘንዳጥ ፡ ዘኑቡ
እ ፡ ወዘገሀድ ፤ ወለእለሂ ፡ ይፈቅዱ ፡ የሀ
ቡ ፡ ወአልቦሙ(e) ፡ ዘይሁቡ ፡ ይትወከፍ ፡
ፍትወቶሙ ፡ ዘበሰማያት ፡ መንግሥተ ፡
ይጸን ፡ ዘለኵሉ ፡ ግብረ ፡ በረከት ፡ ሥ
ልጣን ፡ ቦቱ ፡ እግዚአብሔር ፡ አምላክነ ።

ይብል ፡ ዲያቆን ፤ ጸልዩ ፡ በእንተ ፡
እለ ፡ ያበውኡ ፡ መባእ ።

ይብሉ ፡ ሕዝብ ፤ ተወከፍ ፡ መባአሙ ፡
ለአኃው ። ተወከፍ ፡ መባአን ፡ ለአኃት ።
ወለነኒ ፡ ተወከፍ ፡ መባአነ ፡ ወቊርባነነ ።

ይብል ፡ ዲያቆን ፤ ትእዛዘ ፡ አበዊነ ፡
ሐዋርያት ፤ ኢያንብር ፡ ውስተ ፡ ልቡ
ቂም ፡ ወበቀለ ፡ ወቅንዓተ ፡ ወጽልእ(f) ፡
ላዕለ ፡ ቢጹ ። ስግዱ ፡ ለእግዚአብሔር ፡
በፍርሀት ።

all evil, by the grace and mercy and love for man of Thine only Son, our Lord and God and Saviour, Jesus Christ, through whom to Thee, with Him and the Holy Spirit, the Giver of life, who is equal with Thee, be honour and glory and power, now and for ever, and world without end.

The Deacon says: Rise up for prayer.

The Assistant Priest says: Peace be with you all. — And again let us beseech the Almighty God, Father of our Lord and Saviour Jesus Christ, on behalf of those who bring offerings in the holy Catholic Church — oblations, firstfruits, tithes, thank-offerings, commemorations — whether much or little, whether hiddenly or openly, and of those who have the will to give and have nothing to give, that He may accept their willingness: the heavenly kingdom may He bestow, Who hath the power over every work of benediction, the Lord our God.

The Deacon says: Pray on behalf of those who bring offerings.

The People say: Accept the offerings of the brethren, accept the offerings of the sisters, and accept also our offerings and our oblations.

The Deacon says: The commandment of our fathers, the Apostles (is this): Let nobody retain in his heart rancor or revenge or envy or hate to his neighbour. Worship the Lord with fear.

(a) MSS.: ዘለፍቅረ ፡ — (b) B: ንፍቅ ፡ ካህን ፡ — (c) MSS.: ወኵሎ ፡ —
(d) MSS.: ተዝካር ፡ — (e) MSS.: አልቦሙ ፡ — (f) B: ወጽልዓ ፡ —

ይብሉ ፡ ሕዝብ ፤ ቅድሜከ ፡ እግዚአ ፡ ንሰግድ ፡ ወንሴብሐከ ።

ይብል ፡ ካህን ፤ እግዚአብሔር ፡ አምላክነ ፡ ዘኵሎ ፡ ትእግዝ ፡ ንስእለከ ፡ ወናስተበቍዓከ ፡ በእንተ ፡ እለ ፡ ያበውኡ ፡ መባአ ፡ በውስተ ፡ ቅድስት ፡ አሐቲ ፡ እንተ ፡ ላዕለ ፡ ኵሉ ፡ ቤተ ፡ ክርስቲያን ። መሥዋዕተ ፡ ቀዳምያተ ፡ አሥራተ ፡ አኰቴተ ፡ ተዝካረ(a) ፡ ዘኅቡእ ፡ ወዘገሃድ ፡ ዘብዙኅ ፡ ወዘኅዳጥ ፤ ወለእለሂ(b) ፡ ይፈቅዱ ፡ የሀቡ ፡ አልቦሙ ፡ ዘይሁቡ ፡ ተወኪፈከ ፡ ፍትወቶሙ ፤ ሀብ ፡ ለኵሉ ፡ ዓስበ ፡ በረከት ፡ ክፍለ ፡ ትኵን ፡ ለዓለመ ፡ ዓለም ፡ አሜን ።

ይብል ፡ ካህን ፡ ጸሎተ ፡ ምሥጢር ፤ እሊቅየ ፡ ኢየሱስ ፡ ክርስቶስ ፡ ሱታፌ ፡ ቀዳማዊ ፡ ቃል ፡ አብ ፡ ንጹሕ ፡ ወቃለ ፡ መንፈስ ፡ ቅዱስ ፡ ማሕየዊ ፡ አንተ ፡ ውእቱ ፡ ኅብስተ ፡ ሕይወት ፡ ዘወረድከ ፡ እምሰማያት ፡ ወአቅደምከ ፡ ነጊረ ፡ ከመ ፡ ትኵን ፡ በጋ ፡ ዘአልቦ ፡ ነውረ ፡ በእንተ ፡ ሕይወተ ፡ ዓለም ። ወይእዜኒ ፡ ንስእል ፡ ወናስተበቍዕ ፡ እምነ ፡ ሣህልከ ፡ ሠናያቲከ ፡ አመፍቀሬ ፡ ሰብእ ፡ አርኢ ፡ ገጸከ ፡ ላዕለ ፡ ዝንቱ ፡ ኅብስት ፡ እግሬ ፡ ወላዕለ ፡ ዝንቱ ፡ ጽዋዕ ፡ እግሬ ፡ ዘአንበርን ፡ ላዕለ ፡ ዝንቱ ፡ ታቦት ፡ መንፈሳዊ ፡ ዘለከ ፡ ክርክ ፤ ፩ ፡ ጊዜ ፡ ይባርክ ፡ ኅብስት ፤ ወቀድሶ ፡ ይባርክ ፡ ጽዋዕ ፤ ወአንጽሓሙ ፡ ለክልኤሆሙ ፤ ይባርክ ፡ በክልኤሆሙ ፡ አሐዱ(d) ፡ ጊዜ ፤ ወሚጦ ፡ ለዝንቱ ፡ ኅብስት ፡ እግሬ ፡ ይኵን ፡ ሥጋከ ፡ ንጹሕ ፡ ወዘተደመረ ፡ ምስለ ፡ ዝንቱ ፡ ጽዋዕ ፡ እግሬ ፡ ደምከ ፡ ክቡር ፡ ወይኵን ፡ ላዕለ ፡ ኵልነ ፡ ዕሩገ ፡ ወፈ

The People say: Before Thee, O Lord, we worship, and Thee do we glorify.

The Priest says: O Lord our God, Almighty, we ask and beseech Thee on behalf of those who bring offerings into the holy, only Catholic Church — oblations, firstfruits, tithes, thank-offerings, commemorations, whether hiddenly or openly, whether little or much, and of those who are willing to give, but have nothing to give, whose intention Thou mayest accept. Give them all the recompence of blessing to be shared for ever and ever. Amen.

The Priest says the Prayer of the (mystical) Anaphora: O my Master, Jesus Christ, Partner of the primitive Word of the Father and of the Word of the Holy Ghost, the Giver of life, Thou art the Bread of life which camest down from the heavens and didst prophesy of Thyself, that Thou went to become the pure lamb, without spot, for the life of the world; and now we ask and beseech of the goodness of Thy good things, O Thou lover of men, shew Thy countenance upon this bread — *monstratio* (c) — and upon this cup — *monstratio* — which we have placed upon this Thy spiritual altar: bless — *one genuflection* — the bread, and sanctify — *genuflection* — the cup, and purify them both — *one genuflection upon both* — and change this bread — *monstratio* — so that it may become Thy pure Body, and that which is commingled in this cup — *monstratio* — may become Thy precious Blood, and that it

---

(a) MSS.: ተዝካር ፡ — (b) B: ወለእለኒ ፡ — (c) i. e. *pointing with the finger;* see RENAUDOT, liturg. orient. coll., t. I, p. 3 [DILLMANN]. d) A: አሐዱ ፡ —

ውስ ፡ ወመድኃኒተ ፡ ነፍስነ ፡ ወሥጋነ ፡ ወመንፈስነ ። አንተ ፡ ውእቱ ፡ ንጉሥ ፡ ኵልነ ፡ ክርስቶስ ፡ አምላክነ ፡ ወለከ ፡ ን ፈኑ ፡ ልዑለ ፡ ውዳሴ ፡ ወስግደተ ፡ ወለ አቡከ ፡ ኄር ፡ ወለመንፈስ ፡ ቅዱስ ፡ ማ ሕየዊ ፡ ዘዕሩይ ፡ ምስሌከ ፡ ይእዜኒ ፡ ወ ዘልፈኒ ፡ ወለዓለመ ፡ ዓለም ፡ አሜን ።

ወእምዝ ፡ ይክድኖ ፡ ለኅብስት ፡ በመ ክደን ፡ ወይስግድ ፡ ኀበ ፡ ታቦት ፤ ወዲ ያቆን ፡ ይስግድ ፡ ለቀሲስ ፤ ወይስግዱ ፡ ኵሎሙ ፡ ኀቡረ ። ወቀሲስ ፡ ይበል ፡ ዘ ንተ ፡ ጸሎተ ፡ በለጎሳስ ፡ እንተ ፡ ዘቅዱ ስ ፡ ባስልዮስ ።

እግዚአብሔር ፡ አምላክነ ፡ ዘበእንተ ፡ አፍቅሮትከ ፡ ሰብአ ፡ እንተ ፡ ኢትትነገ ር ፡ ፈነውከ ፡ ለወልድከ ፡ ዋሕድ ፡ ው ስተ ፡ ዓለም ፡ ከመ ፡ ይሚጥ ፡ ኀቤከ ፡ በ ግዓ ፡ ዘተገድፈ ፤ ናስተበቍዕ ፡ ኀቤከ ፡ አሊቅን ፡ ኢታግብአን ፡ ለድኀር ፡ ሶበ ፡ ንቀርብ ፡ ኀበ ፡ ዝንቱ ፡ ቅኁርባን ፡ መፍ ርህ ፡ ዘእንበለ ፡ ደነስ ፡ ወአኮ ፡ ዘንትዌ ከል ፡ በጽድቅነ ፡ ዳእሙ ፡ ላዕለ ፡ ምሕ ረትከ ፡ እንተ ፡ አፍቀርከ ፡ ባቲ[a] ፡ ዘመ ድን ። ንስእል ፡ ወናስተበቍዕ ፡ እምነ ፡ ኂሩትከ ፡ አመፍቀሬ ፡ ሰብእ ፡ ኢይኩ ነነ ፡ ለኵነኔ ፡ ለነ ፡ ለአግብርቲከ ፡ ወለ ኵሉ ፡ ሕዝብከ ፡ ዝንቱ ፡ ምሥጢር ፡ ወ ረሰይከሁ ፡ ለመድኃኒትን ፤ አላ ፡ ይኩን ፡ ድልወ ፡ ለድምሳሴ ፡ አበሳን ፡ ወሰራዬ ፡ ንዝኅላለን[b] ፤ ስብሐት ፡ ወክብር ፡ ለስ ምከ ፡ ቅዱስ ፡ ይእዜኒ ፡ ወዘልፈኒ ፡ ወ ለዓለመ ፡ ዓለም ፡ አሜን ።

ወይበል ፡ ቀሲስ ፡ ዘይትራዳእ[c] ፡ ፍ ትሐተ[d] ፡ ዘወልድ ። እግዚእ ፡ እግዚአ ፡ ኢየሱስ ፡ ክርስቶስ ፡ ወልድ ፡ ዋሕድ ፡

---

may be for us all elevated and be the healing and the salvation of our souls and of our bodies and of our minds. Thou art the King of us all, Christ our God: and to Thee we will send upon high laud and adoration, and to Thy good Father and to the Holy Spirit, the Giver of life, who is equal with Thee, now and for ever, and world without end. Amen.

And then he shall cover the bread with the cover and shall bow to the altar, and the Deacon shall bow to the Presbyter, and they shall bow altogether. And the Presbyter shall say with a depressed voice the following Prayer of St. Basil.

O Lord our God, who by Thy ineffable love of men hast sent Thy only Son into the world, that He may bring back to Thee the lost sheep, we beseech Thee, our Master, do not Thou reject us, when we come near to this venerable mystery, without pollution and with confidence, not in our own righteousness but in Thy mercy with which Thou hast loved our race; we ask and beseech Thy goodness, O Thou lover of men, that this mystery which Thou hast prepared for our salvation may not turn to damnation for us, Thy servants, and for all Thy people, but may be fit to the effacing of our guilts and to the pardoning of our negligence. Praise and glory be to Thy holy name, now and for ever, and world without end. Amen.

And the Assistant Priest shall pronounce the Absolution of the Son: O Lord Jesus Christ, the only Son, Word

---

(a) In A corrected from ዛቲ ፡ — (b) MSS.: ነዝኅላለን ፡ — (c) B: ዘይትራድእ ፡ — (d) MSS.: ፍትሐት ፡ —

ቃለ፡ እግዚአብሔር፡ አብ፡ ዘበተከ፡ እምኔነ፡ ማእሰረ፡ ኃጣውኢነ፡ በሕማማቲከ፡ ማሕየዊት፡ ወመድኃኒት፡ ዘነፍሐከ፡ ላዕለ፡ ገጸ፡ አርዳኢከ፡ ቅዱሳን፡ ወላእካኒከ፡ ንጹሐን፡ ወትቤሎሙ፡ ንሥኡ፡ መንፈሰ፡ ቅዱሰ፡ ለእለ፡ ኃደግሙ፡ ለሰብእ፡ ኃጢአተ፡ ይትኃደግ፡ ሎሙ፡ ወለእለ፡ ኢኃደግሙ፡ ኢይትኃደግ፡ ሎሙ። አንተ፡ ይእዜኒ፡ እግዚአ፡ ለላእካኒከ፡ ንጹሐን፡ ጸገከ፡ እለ፡ ይገብሩ፡ ክህነት፡ ኵሎ፡ ጊዜ፡ በቤተ፡ ክርስቲያንከ፡ ቅድስት፡ ከመ፡ ይኅድጉ፡ ኃጢአተ፡ በዲበ፡ ምድር፡ ይእስሩ፡ ወይፍትሑ፡ ኵሎ፡ ማእሰረ፡ ዓመፃ። ይእዜኒ፡ ከዕበ፡ ንስእል፡ ወነኃሥሥ፡ እምነ፡ ኂሩትከ፡ አመፍቀሬ፡ እጓለ፡ እመሕያው፡ በእንተ፡ እሉ፡ አግብርቲከ፡ አበውየ፡ ወአኃውየ፡ ወአኃትየ፡ ወበእንቲአየሂ፡ አነ፡ ገብርከ፡ ኃጥእ፡ ወድኩም፡ ወበእንተ፡ እለ፡ አዕነኑ፡ አርእስቲሆሙ፡ ቅድመ፡ ምሥዋዒከ (a)፡ ቅዱስ፡ ጺሕ፡ ለነ፡ ፍኖተ፡ ምሕረትከ፡ ብትከ፡ ወምትር፡ ኵሎ፡ ምእሰረ፡ ኃጣውኢነ፡ ለእመ፡ አበስነ፡ ለከ፡ በአእምሮ፡ አው፡ በኢያእምሮ፡ አው፡ በጽልሑት፡ አው፡ በገቢር፡ አው፡ በተናግሮ፡ አው፡ በነዐስ፡ ልብ፡ እስመ፡ አንተ፡ ተአምር፡ ድካሞ፡ ለሰብእ። አሌር፡ መፍቀሬ፡ እጓለ፡ እመሕያው፡ ወእግዚአ፡ ኵሉ፡ ፍጥረት፡ ጸግወነ፡ ስርየተ፡ ኃጣውኢነ፡ ባርከነ፡ ወአንጽሐነ፡ ወአግዕዘነ፡ ወርስየነ፡ ፍቱሐነ፡ ወለኵሉ፡ ሕዝብከ፡ ፍትሐሙ፡ ወበዝየ፡ ይዜክር፡ ሕዲሰ፡ ዘሞተ፡ ወምላእ፡ ላዕሌነ፡ ፈሪሆተ (b)፡ ስምከ፡ ወአቁመነ፡ ኃበ፡ ገቢረ፡ ፈቃድከ፡ ቅዱስ፡ አሌር፡ እስመ፡ አንተ፡ አምላክነ፡ ወመድኃኒነ፡ ወለከ፡ ይ

(a) MSS.: ምሥዋዒከ፡ — (b) MSS.: ፈሪሆት፡ —

of God the Father, who hast broken off from us the bonds of our sins by Thy life-giving and saving passion, who breathedst upon Thy holy disciples and pure ministers, saying, Receive ye the Holy Ghost: whose soever sins ye remit, unto them they are remitted, and whose soever sins ye retain, they are retained; now Thou, O Lord, hast granted to Thy pure ministers, who are exercising the priestly functions at all times in Thy holy Church, to remit sins upon earth, to bind and loosen all the bonds of iniquity: now do we again ask and beseech Thy goodness, O Thou lover of mankind, on behalf of these Thy servants, my fathers and my brethren and my sisters, and on behalf of myself, Thy sinful and feeble servant, and on behalf of those who bow their heads before Thy holy altar: make plain for us the path of Thy mercy, break asunder and dissever all the bonds of our sins, whether we have sinned against Thee knowingly or without knowledge or by deceit, or in works or in conversation or through cowardice; for Thou knowest the infirmity of man. O Thou good lover of the human race and Lord of all creation, confer on us remission of our sins. Bless us and purify us; make us free from punishment and absolve all Thy people — *and here he makes mention of those who have deceased of late* — and fill us with the fear of Thy name and stablish us to do Thy holy will, O Thou good one. For Thou art our God and Saviour, and to Thee is due glory

ደሉ ፡ ስብሐት ፡ ወክብር ፡ ምስለ ፡ አቡ
ከ ፡ ኄር ፡ ሰማያዊ ፡ ወመንፈስ ፡ ቅዱስ ፡
ማሕየዊ ፡ ዘዕሩይ ፡ ምስሌከ ፡ ይእዜኒ ፡
ወዘልፈኒ ፡ ወለዓለመ ፡ ዓለም ።

አግብርቲከ ፡ እለ ፡ ተልእኩ ፡ በዛቲ ፡
ዕለት ፡ ቀሲስ ፡ ቡራኬ ፡ ላዕለ ፡ ቀሲስ ፡
ወዲያቆን ፡ ቡራኬ ፡ ላዕለ ፡ ዲያቆናት ፡
ወካህናት ፡ ቡራኬ ፡ ወኵሉ ፡ ሕዝብ ፡ ወ
ምስኪኑትየሂ ፡ አነ ፡ ገብርከ ፡ ነዳይ ፡ ቡ
ራኬ ፡ ላዕለ ፡ ነፍሱ ፡ ይኩኑ ፡ ፍቱሐን ፡
እምአፈ ፡ ሥሉስ ፡ ቅዱስ ፡ አብ ፡ ወወ
ልድ ፡ ወመንፈስ ፡ ቅዱስ ፡ ወእምአፈ ፡
ቤተ ፡ ክርስቲያን ፡ ቅድስት ፡ አሐቲ ፡ ጉ
ባኤ ፡ እንተ ፡ ሐዋርያት ፡ ወእምአፈ ፡
Ī ወ፭ ነቢያት ፡ ወእምአፈ ፡ Ī ወ፪ ፡ ሐዋ
ርያት ፡ ወእምአፈ ፡ ፸ወ፪ ፡ አርድእት ፡
ወእምአፈ ፡ ነባዬ ፡ መለኮት ፡ ማርቆስ ፡
ወንጌላዊ ፡ ሐዋርያ ፡ ወሰማዕት ፡ ወእም
አፈ ፡ ሊቃነ ፡ ጳጳሳት ፡ ቅዱስ ፡ ሳዊርስ ፡
ወቅዱስ ፡ ዲዮስቆርስ ፡ ወቅዱስ ፡ ዮሐ
ንስ ፡ ልሳነ ፡ ወርቅ ፡ ወቅዱስ ፡ ቄርሎ
ስ ፡ ወቅዱስ ፡ ጎርጎርዮስ ፡ ወቅዱስ ፡ ባ
ስልዮስ ፡ እምአፈ ፡ ፫፻ ፡ Ī ወ፰ ፡ ርቱዓ
ነ ፡ ሃይማኖት ፡ እለ ፡ ተጋብኡ ፡ በኔቅ
ያ ፡ ፻ወ፶ ፡ በሀገረ ፡ ቍስጥንጥያ ፡ ወ
፪፻ ፡ በኤፌሶን ፡ ወእምአፈ ፡ አብ ፡ ክ
ቡር ፡ ሊቀ ፡ ጳጳሳት ፡ አባ ፡ ዮሐንስ(a) ፡
ወብፁዕ ፡ ጳጳስን ፡ አባ ፡ ሲኖዳ(b) ፡ ወእ
ምአፈ ፡ ዚአየኒ ፡ አነ ፡ ገብርከ ፡ ኃጥእ ፡
ወድኩም ። ይኩኑ ፡ ፍቱሐን ፡ እምአፉ
ሃ ፡ ለእግዝእትነ ፡ ማርያም ፡ ወላዲተ ፡
አምላክ ፡ ሐዳስ ፡ ምእናም ። እስመ ፡ ግ
ሩም ፡ ወምሉእ ፡ ስብሐት ፡ ስምከ ፡ አ
ሥሉስ ፡ ቅዱስ ፡ አብ ፡ ወወልድ ፡ ወመ
ንፈስ ፡ ቅዱስ ፡ ይእዜኒ ፡ ወዘልፈኒ ፡ ወ
ለዓለም ፡ ዓለም ፡ አሜን ።

and praise, with Thy good heavenly Father and with the Holy Spirit, the Giver of life, who is equal with Thee, now and for ever, and world without end.

May Thy servants who minister this day, the Presbyter — *bow to the Presbyter* — and the Deacon — *bow to the Deacons* — and Clergy — *bow* — and all the people and my own poverty, Thy poor servant — *bow to himself* — be absolved by the mouth of the Holy Trinity, Father, Son and Holy Ghost; and by the mouth of this holy, only Catholic and Apostolic Church; and by the mouth of the XV Prophets, and the XII Apostles, and the LXXII Disciples; and by the mouth of Mark the Theologian and Evangelist, Apostle and Martyr; and by the mouth of the Archbishops, the holy Severus and holy Dioscurus, and holy John Chrysostomus, and holy Cyril, and holy Gregorius, and holy Basil; by the mouth of the CCCXVIII Orthodox who were assembled at Nice, and the CL at Constantinople, and the CC at Ephesus; and by the mouth of the blessed father, the archbishop Abba John, and our blessed bishop Abba Sinoda; and by my mouth who am Thy sinful and feeble servant. May they be absolved by the mouth of our Lady Mary, mother of God, the new loom(c). For Thy name is venerable and glorious, O Holy Trinity, Father, Son and Holy Ghost, now and for ever, and world without end. Amen.

(a) In A an erasion. — (b) Wanting in B. — (c) See Dillmann, lexicon ling. Aeth., coll. 159, 771.

LITURGY OF THE COPTIC CHURCH. 369

ይብል ፡ ዲያቆን ፤ በእንተ ፡ ቅድሳት ፡
ሰላማዊያት ፡ ሰላም ፡ ናስተበቍዕ ፡ ከመ ፡
እግዚአብሔር ፡ ያስተሳልመነ ፡ በሣህለ ፡
ዚአሁ ።

ይብሉ ፡ ሕዝብ ፡ ለለምዕራፉ ፤ አሜ
ን ፤ ኪራላይሶን ፤ እግዚአ ፡ ተሠሃለነ ።

በእንተ ፡ ሃይማኖትነ ፡ ናስተበቍዕ ፡
ከመ ፡ እግዚአብሔር ፡ የሀበነ ፡ ናሥም
ር ፡ ሃይማኖተ(a) ፡ በንጹሕ ፡ ንዕቀብ ። በ
እንተ ፡ ማኅበርነ ፡ ናስተበቍዕ ፡ ከመ ፡
እግዚአብሔር ፡ እስከ ፡ ፍጻሜ ፡ በኅብረ
ተ ፡ መንፈስ ፡ ቅዱስ ፡ ይዕቀበነ ። በእን
ተ ፡ ትዕግሥታት ፡ ነፍሳት ፡ ናስተበቍ
ዕ ፡ ከመ ፡ እግዚአብሔር ፡ በኵሉ ፡ ም
ንዳቤነ ፡ ፍጻሜ ፡ ትዕግሥት ፡ ይጸግወነ ።
በእንተ ፡ ቅዱሳን ፡ ነቢያት ፡ ናስተበቍ
ዕ ፡ ከመ ፡ እግዚአብሔር ፡ ምስሌሆም ፡
ይኆልቁነ ። በእንተ ፡ ቅዱሳን ፡ ሐዋ
ርያት ፡ ናስተበቍዕ ፡ ከመ ፡ እግዚአብሔ
ር ፡ የሀበነ ፡ ናሥምር ፡ በከመ ፡ እሙን
ቱ ፡ አሥመሩ ፡ ወመክፈልቶሙ ፡ ይክ
ፍለነ ። በእንተ ፡ ቅዳሳን ፡ ሰማዕታት ፡
ናስተበቍዕ ፡ ከመ ፡ እግዚአብሔር ፡ የ
ሀበነ ፡ ንፍጽም ፡ ኪያሃ ፡ ግዕዘ ። በእን
ተ ፡ ሊቀ ፡ ጳጳስነ ፡ አባ ፡ ማቴዎስ(b) ፡
ወብፁዕ ፡ ጳጳስነ ፡ አባ ፡ ሲኖዳ(c) ፡ ናስ
ተበቍዕ ፡ ከመ ፡ እግዚአብሔር ፡ የሀበነ ፡
ኪያሆሙ ፡ ለኖዋን ፡ መዋዕል ፡ በልቡና ፡
ያርትዑ ፡ ቃለ ፡ ሃይማኖት ፡ በንጹሕ ፡ ዘ
እንበለ ፡ ነውር ፤ እስመ ፡ እሙንቱ ፡ ቀ
ዋምያነ ፡ ሌተ ፡ ክርስቲያን ። በእን
ተ ፡ ቀሳውስት ፡ ናስተበቍዕ ፡ ከመ ፡ እ
ግዚአብሔር ፡ ኢያስስል ፡ እምኔሆሙ ፡
መንፈሰ ፡ ክህነት ፡ ወጻሕቀ(d) ፡ ወፍርሃ
ተ ፡ ዚአሁ ፡ እስከ ፡ ፍጻሜ ፡ ወይጸጉ ፡

The Deacon says: On behalf of the sanctification of peace we seek peace, that God may give us peace by his mercy.

The People shall say intermittingly. Amen — Kyrie Eleison — O Lord, have mercy upon us.

On behalf of our faith we ask, that the Lord may grant us, that we may be pleased to keep the faith in purity. On behalf of our congregation we ask, that the Lord may preserve us until the end in the communion of the Holy Ghost. On behalf of resoluteness of souls we ask, that the Lord may mercifully give us the perfection of resolution in all our calamities. On behalf of the holy Prophets we ask, that the Lord may count us among them. On behalf of the holy Apostles we ask, that the Lord may grant us, that we may be well-pleasing to Him, as they were well-pleasing, and that He may apportion to us their lot. On behalf of the holy Martyrs we ask, that the Lord may grant us, that we behave like them. On behalf of our Archbishop Abba Matthew and of our blessed Bishop Abba Sinoda we ask, that the Lord may give us them for a long time, that they may with understanding make right the Word of the faith, in purity, without any taint; for they are the superintendents of the Church. On behalf of the Presbyters we ask, that the Lord may never remove from them the Spirit of the priesthood, and the carefulness and the fear of Him until the end, and may send His mercy upon their

---

(a) B: የሀበነ ፡ እንቲአሁ ፡ ሃይማኖተ ፡ — (b) B: ዮሐንስ ፡ — (c) Wanting in B. — (d) B: ወጻሕቅ ፡ ; A: ጻሕቅ ፡ —

47

ጻማሆሙ ። በእንተ ፡ ዲያቆናት ፡ ንስተ
በቍዕ ፡ ከመ ፡ እግዚአብሔር ፡ የሀቦሙ ።
ምርዋደ ፡ ፍጹም ፡ ይሩጹ ፡ ወበቅድስ
ና ፡ ይቅረቡ ፡ ጻማሆሙ ፡ ወፍቅሮሙ ፡
ይዘክር ። በእንተ ፡ ንፍቀ ፡ ዲያቆናት ፡ ወ
አናጕንስጢስ ፡ ወመዝምራን ፡ ንስተበቍ
ዕ ፡ ከመ ፡ እግዚአብሔር ፡ የሀቦሙ ፡ ጸ
ሕቀ ፡ ሃይማኖቶሙ ፡ ይፈጽሙ ። በእን
ተ ፡ መበለታት ፡ ወመዓስባት ፡ ንስተበ
ቍዕ ፡ ከመ ፡ እግዚአብሔር ፡ ይስማዕ ፡
ስእለቶን ፡ ወፈድፋደ ፡ ጸጋ ፡ መንፈስ ፡
ቅዱስ ፡ ይዳግዖን ፡ በአልባቢሆን ፡ ወይ
ትወከፍ ፡ ጻማሆን ። በእንተ ፡ ደናግል ፡
ንስተበቍዕ ፡ ከመ ፡ እግዚአብሔር ፡ የ
ሀቦን [a] ፡ አክሊለ ፡ ድንግልና ፡ ወይ
ኩና [b] ፡ ለእግዚአብሔር ፡ ውሉዱ ፡ ወአ
ዋልዱ ፡ ወይትወከፍ ፡ ጻማሆን ። በእን
ተ ፡ መስተጋሣን ፡ ንስተበቍዕ ፡ ከመ ፡
እግዚአብሔር ፡ የሀቦሙ ፡ ዓስበሙ ፡ በት
ዕግሥት ፡ ይንሥኡ ። በእንተ ፡ ሕዝባው
ያን ፡ ወመሃይምናን ፡ ንስተበቍዕ ፡ ከመ ፡
እግዚአብሔር ፡ የሀቦሙ ፡ መክፈልተ ፡
ሕፅበት [c] ፡ ኃጢአት ፡ በማኅተመ ፡ ቅድ
ስና ፡ ይኅትሞሙ ። በእንተ ፡ ንጉሥነ ፡
ዮሐንስ [d] ፡ ንስተበቍዕ ፡ ከመ ፡ እግዚአ
ብሔር ፡ ብዙኀ ፡ ሰላመ ፡ በመዋዕሊሁ ፡
ይጸግዖ ። በእንተ ፡ መኳንንት ፡ ወእለ ፡
በሥልጣናት ፡ ንስተበቍዕ ፡ ከመ ፡ እግ
ዚአብሔር ፡ የሀቦሙ ፡ ጥበበ ፡ ወፍርሀተ ፡
ዚአሁ ። በእንተ ፡ ኵሉ ፡ ዓለም ፡ ንስተ
በቍዕ ፡ ከመ ፡ እግዚአብሔር ፡ ያቀድም ፡
ሐልዮ ፡ ወየሐሊ [e] ፡ ለኵሉ ፡ ለለዐፅዳሕ
ቆ ፡ ዘይኄኒ ፡ ወዘይኄይስ ። በእንተ ፡ እ
ለ ፡ ይነግዱ ፡ በባሕር ፡ ወበበድው ፡ ንስተ
በቍዕ ፡ ከመ ፡ እግዚአብሔር ፡ በየማነ ፡
ሣህል ፡ ይምርሆሙ ። በእንተ ፡ ስዱዳን ፡

labours. On behalf of the Deacons we ask, that the Lord may give to them, that they may run a perfect course of life, and that they may approach their work in sanctity, and that He may remember their love. On behalf of the Subdeacons and of the Readers and Psalmodists we ask, that the Lord may give them, that they may fulfil the desire of their faith. On behalf of the widows and religious sisters we ask, that the Lord may grant their prayer, and give especially into their hearts the grace of the Holy Spirit, and may accept their work. On behalf of the virgins we ask, that the Lord may give them the crown of virginity, and they may be the Lord's children and daughters, and He may accept their work. On behalf of the ascetics we ask, that the Lord may give them, that they receive the reward of their asceticism. On behalf of the laymen and of the believing men we ask, that the Lord may apportion to them the share of the ablution of sin, He may seal them with the seal of sanctification. On behalf of our King Johannes we ask, that the Lord may give him full peace for the length of his days. On behalf of the judges and officers we ask, that the Lord may give them wisdom and fear of Him. On behalf of all the world we ask, that the Lord may provide and apprehend, of every one, his good and best desires. On behalf of those who are travelling by sea or in the desert we ask, that the Lord may guide them with his merciful right hand. On behalf of the

---

(a) A: የሀቦሙ ፡ — (b) A: ወይኩኑ ፡ — (c) B: ወሕፅበተ ፡ — (d) B: ኢያሱ ፡ — (e) B: ወይሐሊ ፡ —

LITURGY OF THE COPTIC CHURCH. 371

ናስተብቁዕ ፡ ከመ ፡ እግዚአብሔር ፡ የ
ሀቦሙ ፡ ትዕግሥተ ፡ ወትምህርተ ፡ ሠና
የ ፡ ወይጸጉ ፡ ጻማሆሙ ፡ ፍጹም ። በእ
ንተ ፡ ሐዘናን ፡ ወትኩዛን ፡ ናስተብቁዕ ፡
ከመ ፡ እግዚአብሔር ፡ ፍጹም ፡ ይናዝዘ
ሙ ። በእንተ ፡ ርኁባን ፡ ወጽሙኣን ፡ ና
ስተብቁዕ ፡ ከመ ፡ እግዚአብሔር ፡ የበ
ቦሙ ፡ ሲሳዮሙ ፡ ዘለዕለቱ(a) ። በእን
ተ ፡ ሙቁሓን ፡ ናስተብቁዕ ፡ ከመ ፡ እ
ግዚአብሔር ፡ ይፍትሐሙ ፡ እማእሪሆ
ሙ ። በእንተ ፡ ፂውዋን ፡ ናስተብቁዕ ፡
ከመ ፡ እግዚአብሔር ፡ ይሚጠሙ ፡ በሰ
ላም ፡ ውስተ ፡ ብሔሮሙ ። በእንተ ፡ እ
ለ ፡ ኖሙ ፡ እምቤተ(b) ፡ ክርስቲያን ፡ ና
ስተብቁዕ ፡ ከመ ፡ እግዚአብሔር ፡ ይጸ
ግዎሙ ፡ መካነ ፡ ዕረፍት ። በእንተ ፡ ሕ
ሙማን ፡ ወድውያን ፡ ናስተብቁዕ ፡ ከመ ፡
እግዚአብሔር ፡ ፍጡነ ፡ ይፈውሶሙ ፡
ወይፈኑ ፡ ሣህለ ፡ ወምሕረተ ፡ ላዕሌሆ
ሙ ። በእንተ ፡ እለ ፡ አቡሱ ፡ አበዊነ ፡
ወአኃዊነ ፡ ወአኃቲነ ፡ ናስተብቁዕ ፡ ከ
መ ፡ እግዚአብሔር ፡ ኢይትቀየሞሙ ፡
ዳእሙ ፡ ናህየ ፡ ወሰሕተ ፡ የሀቦሙ ፡ እ
መዐቱ ። በእንተ ፡ ዝናማት ፡ ናስተበቁ
ዕ ፡ ከመ ፡ እግዚአብሔር ፡ ይፈኑ ፡ ዝና
መ ፡ ኀበ ፡ ዘይትፈቀድ ፡ መካን ። በእን
ተ ፡ ማያተ ፡ አፍላግ(c) ፡ ናስተብቁዕ ፡ ከ
መ ፡ እግዚአብሔር ፡ ይምላእ ፡ ኪያሆን ፡
እስከ ፡ መስፈርት ፡ ወዓቅም ። በእንተ ፡
ፍሬ ፡ ምድር ፡ ናስተብቁዕ ፡ ከመ ፡ እግ
ዚአብሔር ፡ የሀባ ፡ ፍሬሃ ፡ ለምድር ፡ ለ
ዘርእ ፡ ወለማእረር ። ወኩልነ ፡ እለ ፡ በ
ጸሎት ፡ ንስእል ፡ ወናስተብቁዕ ፡ በመን
ፈሰ ፡ ሰላም ፡ ይክድነነ ፡ ወይጸግወነ ፡ ን
ቅረብ ፡ ወንስአሎ ፡ ለእግዚአብሔር ፡ ከ
መ ፡ ተሰጢዎ ፡ ይትወከፍ ። ንትነሣእ(d) ፡

persecuted we ask, that the Lord may give them patience and good discipline and may grant that their pains may be brought to an end. On behalf of the grieved and sorrowful we ask, that the Lord may perfectly console them. On behalf of the hungry and thirsty we ask, that the Lord may give them their daily bread. On behalf of the imprisoned we ask, that the Lord may deliver them from their bonds. On behalf of those who are in captivity we ask, that the Lord may let them return home in peace. On behalf of those of the Christian congregation who are fallen asleep we ask, that the Lord may grant them the place of rest. On behalf of those who are suffering and sick we ask, that the Lord may heal them speedily, and may send down grace and mercy upon them. On behalf of those of our fathers and brethren and sisters who have sinned we ask, that the Lord may not be angry with them, but may vouchsafe them propitiation and relief from his wrath. On behalf of the showers of rain we ask, that the Lord may send down rain on the place that is wanting it. On behalf of the waters of rivers we ask, that the Lord may fill them up to the right measure. On behalf of the fruits of the earth we ask, that the Lord may give to the earth her fruit for sowing and harvest. And may He shield us all who ask in prayer and beseech with the Spirit of Peace, and may He mercifully give us, that we come nigh to the Lord and pray, that He may hear and accept. Let us

---

(a) B: ሲሳዮሙ ፡ ለለዕለቱ ። — (b) B: ውስተ ፡ ቤት ፡ — (c) A inserts here ማየ ፡ ሕይወት ፡ — (d) Wanting in A. —

47—2

rise up through the Holy Ghost, that we may have knowledge and grow in His mercy and boast of His name and be built upon the foundation of the Prophets and Apostles. Let us come near and beseech of the Lord, that He may hear and accept our prayer. On behalf of our thanksgiving we ask, that the Lord may write down our prayer in the Book of Life, and the eternal God may remember us in the abode of the Saints, in His light. On behalf of those of our brethren and sisters who are hanging back we ask, that the Lord may give them an ardent desire, and take away from them the bonds of this world, and give them morality, love and good hope, for the sake of the Body and Blood of the Son of God. Amen.

And then the People rise up. And the Priest takes the grains of incense in his right hand and the censer in his left hand. And if there is a Bishop, he hands over to him the incense and the censer, that he may bless them; and if there is no Bishop, he blesses himself, making mention of the present year of the Era of Grace, and of the beginning of day and night. And the Priest shall say as follows: I ask and beseech of Thee, O Lord our God, like as Thou didst accept the sacrifice of Abel, Thy beloved, and the offerings of Enoch and Noah, and the incense of Aaron and Samuel and Zacharias, do Thou accept in like manner this incense as a sweet-smelling savour for the remission of our sins, and forgive to all Thy people their faults. For Thou

---

(a) A: እስመ፡ አንተ፡ አንተ፡ —

LITURGY OF THE COPTIC CHURCH. 373

ለከ፡ ይደሉ፡ ስብሐት፡ ምስለ፡ ወልድ
ከ፡ ዋሕድ፡ ወመንፈስ፡ ቅዱስ፡ ይእ
ዜኒ፡ ወዘልፈኒ፡ ወለዓለመ፡ ዓለም፡ አ
ሜን።

ወእምዝ፡ ይውግር፡ ዕጣነ፡ እንዘ
ይብል፤ ቡሩክ፡ እግዚአብሔር፡ አብ፡
አኃዜ፡ ኩሉ።

ይብሉ፡ ሕዝብ፤ አሜን።

ይብል፡ ንፍቅ፤ ወቡሩክ፡ ወልድ፡
ዋሕድ፡ እግዚእን፡ ኢየሱስ፡ ክርስቶስ፡
ዘተሰብአ፡ እማርያም፡ እምቅድስት፡ ድ
ንግል፡ ለመድኃኒት፡ ዚአነ።

ይብል፡ ካህን፤ ወቡሩክ፡ መንፈስ፡
ቅዱስ፡ ጳራቅሊጦስ፡ መጽንዔ፡ ኩል
ነ። ስብሐት፡ ወክብር፡ ለሥሉስ፡ ቅዱ
ስ፡ አብ፡ ወወልድ፡ ወመንፈስ፡ ቅዱ
ስ፡ ይእዜኒ፡ ወዘልፈኒ፡ ወለዓለም፡ ዓ
ለም፡ አሜን (a)።

አበውእ፡ ለከ፡ ዕጣነ፡ ምስለ፡ ሐራ
ጊት፤ ከርቤ፡ ወቀንዓት፡ ወሰሊሆት፡
እምነ፡ አልባሲከ፡ ተወከፍ፡ ጸሎትየ፡
ከመ፡ ዕጣን፡ በቅድሜከ፡ ዓዲ፡ ናቄር
ብ፡ ለከ፡ ዘንተ፡ ዕጣነ፡ ለስርየተ፡ ኃ
ጣውእየ፡ ወአበሳሆሙ፡ ለሕዝብከ። እ
ስመ፡ ቡሩክ፡ ወምሉእ፡ ስብሐተ፡ ስ
ምከ፡ ቅዱስ፡ አብ፡ ወወልድ፡ ወመን
ፈስ፡ ቅዱስ፡ ይእዜኒ፡ ወዘልፈኒ፡ ወለ
ዓለም፡ ዓለም፡ አሜን።

ስብሐታት፡ መላእክት፡ እንዘ፡ ይብ
ሉ፡ በአርያም፤ ሃሌ፡ ሉያ፡ ለአብ፤ ሃ
ሌ፡ ሉያ፡ ለወልድ፤ ሃሌ፡ ሉያ፡ ለመ
ንፈስ፡ ቅዱስ፤ ንስግድ፡ ለአብ፤ ንስግ
ድ፡ ለወልድ፤ ንስግድ፡ ለመንፈስ፡ ቅ
ድስ፤ እንዘ፡ ፫፡ ወእንዘ፡ ፩፡።

ጸሎተ፡ ዕጣን።

አአምላክ፡ ዘለዓለም፡ ቀዳሚ፡ ወደ
ኃሪ፡ ዘአልብከ፡ ጥንተ፡ ወኢተፍጻሜ

(a) Wanting in A. —

art merciful, and to Thee praise is due, with Thy only Son and with the Holy Spirit, now and for ever, and world without end. Amen.

And then he applies the incense, saying: Blessed be the Lord, the Almighty Father.

The People say: Amen.

The Assistant says: And blessed be the only Son, our Lord Jesus Christ, who was made man through the holy Virgin Mary for our salvation.

The Priest says: And blessed be the Holy Ghost, the Paraclete, who strengthens us all. Glory and honour be to the Holy Trinity, Father, Son and Holy Ghost, now and for ever, and world without end. Amen.

I will offer unto Thee with the incense of rams. All Thy garments smell of myrrh, and aloes and cassia. Do Thou accept my prayer before Thee like incense. We offer unto Thee this incense for the remission of my sins and of the offences of Thy people. For blessed and glorious is Thy holy name, O Father, Son and Holy Ghost, now and for ever, and world without end. Amen.

Glorification of the angels who sing in the heavens: Hallelujah to the Father; Hallelujah to the Son; Hallelujah to the Holy Ghost. Let us worship the Father; let us worship the Son; let us worship the Holy Ghost: Who, Three, are One, and this One Three.

Prayer of the Incense.

O eternal God, the first and the last, without beginning and without

ተ(a)፡ ዘዐቢይ፡ በተኬንፖቱ፡ ወጎያል፡ በምግባሩ፡ ወጻድቅ፡ በምክሩ፡ ወጽኑዕ፡ ቢኃይሉ፡ ዘሀሎው፡ ውስተ፡ ኩሉ፡ ወይኄሉ፡ ሀሉ፡ ምስሌን፡ በዛቲ፡ ሰዓት፡ ወቁም፡ ምእከለ፡ ኩልነ፡ ወአንጽሕ፡ አልባቢነ፡ ወቀድስ፡ ነፍሳቲነ፡ ወሥጋነ፡ ወሕፅበነ፡ እምኩሉ፡ ኃጣውኢነ፡ ዘገበርነ፡ በአእምሮ፡ አው፡ በኢያእምሮ፡ ሀበነ፡ ንሡዕ፡ በቅድሜከ፡ መሥዋዕተ፡ ነባቢተ፡ ወመሥዋዕተ፡ በረከት፡ እንተ፡ ታበውእ፡ ውስተ፡ ውሣጢተ፡ መንጦላዕት፡ ቅድስተ፡ ቅዱሳን፡ ማኅደርከ።

ወበዝየ(b)፡ ይኡድ፡ ፫፡ ጊዜ፡ ኀበ፡ ታቦት፡ እንዘ፡ ይብል፡ ንስእለከ፡ እግዚኦ፡ ወናስተበቍዓከ፡ ከመ፡ ትዘከራ፡ ለአሐቲ፡ ቅድስት፡ ቤተ፡ ክርስቲያን፡ እንተ፡ ሐዋርያት፡ እንተ፡ ሀለወት፡ እምጽንፍ፡ እስከ፡ አጽናፈ፡ ዓለም።

ይብል፡ ዲያቆን፡ ጸልዩ፡ በእንተ፡ ሰላመ፡ ቤተ፡ ክርስቲያን፡ አሐቲ፡ ቅድስት፡ ጉብኤ፡ ዘሐዋርያት፡ ርትዕት፡ በእግዚአብሔር።

ይብል፡ ካህን፡ ተዘከር፡ እግዚኦ፡ ለአብ፡ ክቡር፡ ሊቀ፡ ጳጳስነ፡ አባ፡ ማቴዎስ(c)፡ ወብፁዕ፡ ጳጳስነ፡ አባ፡ ሲኖዳ(d)፡ ወኩሎሙ፡ ኤጲስ፡ ቆጶሳት፡ ቀሳውስት፡ ወዲያቆናት፡ ርቱዐነ፡ ሃይማኖት።

ወለእመ፡ አዕረፈ፡ ይብል፡ አእግዚኦ፡ አዕርፍ፡ ነፍሰ፡ ለአቡነ፡ ሊቀ፡ ጳጳሳት፡ አባ፡ እገሌ፡ ወአኃድሮ፡ ውስተ፡ መንግሥተ፡ ሰማይ፡ ምስለ፡ ጻድቃን፡ እንብር፡ ለነ፡ በመንበሩ፡ ሄን፡ ተ፡ ዚአሁ፡ ኖላዌ፡ ሄረ፡ ወኢንኩን፡ ከመ፡ መርዔት፡ ዘአልቦ፡ ኖላዌ፡ ወኢ፡ ይምሥጠነ፡ ተኩላ፡ መሣጢ፡ ወኢይ

(a) B: ወኢተፍጻሜት፡ — (b) B: በህየ፡ — (c) B: ሊቀ፡ ጳጳሳት፡ አባ፡ ዮሐንስ፡ — (d) Wanting in B. —

end, who art great in Thy skill, and mighty in Thy operation, and just in Thy counsel, and firm in Thy might, who art and wilt be in all things; be with us at this hour and abide with us all in our midst, and purify our hearts and sanctify our souls and our bodies, and wash us from all our sins which we have committed, knowingly or unknowingly; make us to offer be-before Thee a reasonable oblation and a sacrifice of benediction which Thou wilt permit to enter into the inner part behind the veil, the holy of holies, Thy dwelling-place.

And then he makes the circuit of the altar thrice, saying: We ask Thee, O Lord, and beseech of Thee, remember the One holy Apostolic Church which is from one end of the world unto the other.

The Deacon says: Pray for the peace of the One holy Apostolic, Orthodox Church.

The Priest says: Remember, O God, the honoured father, our Archbishop, Abba Matthew, and our blessed Bishop, Abba Sinoda, and all orthodox Bishops, Presbyters and Deacons.

And if he is dead, he shall say: Give rest, O Lord, to the soul of our father, the Archbishop, Abba N., and let him dwell in the kingdom of heaven among the righteous; and give us on his seat a good shepherd, that we be not like a flock without a shepherd, and that the rapacious wolf may

LITURGY OF THE COPTIC CHURCH.

ሎእሉን ፡ ነኪራን ፡ ሕዝብ ፡ እለ ፡ ውው
ኡን ፡ እምኔነ ።

ይብል ፡ ዲያቆን ፤ ጸልዩ ፡ በእንተ ፡ ሊ
ቀ ፡ ጳጳስነ ፡ አባ ፡ ማቲዎስ(a) ፡ ወብፁዕ ፡
ጳጳስነ ፡ አባ ፡ ሲኖዳ(b) ፡ ወኵሎሙ ፡ ኤ
ጲስ ፡ ቆጶሳት ፡ ቀሳውስት ፡ ወዲያቆናት ፡
ርቱዓነ ፡ ሃይማኖት ።

ይብል ፡ ካህን ፤ ተዘከር ፡ እግዚአ ፡ ማ
ኅበረነ ፡ ባርከሙ ፡ ወረስዮሙ ፡ ይኩኑ ፡
እለ ፡ ኢግሑሳን ፡ ወኢውውአን ፡ ወረስ
ዮሙ ፡ ቤተ ፡ ጸሎት ፡ ቤተ ፡ ንጽሕ ፡ ወ
ቤተ ፡ በረከት ፤ ጸግወነ ፡ እግዚአ ፡ ለነ ፡
ለአግብርቲከ ፡ ወለእለ ፡ ይመጽኡ ፡ እ
ምድኅሬነ ፡ እስከ ፡ ለዓለም ፡ መዋዕለ ፡
ጌጉ ።

ይብል ፡ ዲያቆን ፤ ጸልዩ ፡ በእንተ ፡
ማኅበርነ ፡ ዕቀበተ ፡ ለኵልነ ።

ይብል ፡ ካህን ፤ ተንሥእ ፡ እግዚአ ፡
አምላኪየ ፡ ወይዘረዉ ፡ ፀርከ ፡ ወይጉየ
ዩ ፡ ኵሎሙ ፡ እምቅድመ ፡ ገጽከ ፡ እለ ፡
ይጸልኡ ፡ ቅዱስ ፡ ወቡሩክ ፡ ስመከ ፤ ወ
ሕዝብከሰ ፡ ይኩኑ ፡ ቡሩካን ፡ በበረከተ ፡
አእላፈ ፡ አእላፋት ፡ ወትእልፊተ ፡ አእ
ላፋት ፡ እለ ፡ ይገብሩ ፡ ፈቃደከ ፤ በአሐ
ዱ ፡ ወልድከ ፡ ዘቦቱ ፡ ለከ ፡ ምስሌሁ ፡
ወምስለ ፡ ቅዱስ ፡ መንፈስ ፡ ስብሐት ፡
ወእኂዝ ፡ ይእዜኒ ፡ ወዘልፈኒ ፡ ወለዓለ
መ ፡ ዓለም ፡ አሜን ።

ይብል ፡ ዲያቆን ፤ ተንሥኡ ።

ይብሉ ፡ ሕዝብ ፤ እግዚአ ፡ ተሣሀለነ ።

ይብል ፡ ካህን ፤ ሰላም ፡ ለኵልክሙ ።

ይብሉ ፡ ሕዝብ ፤ ምስለ ፡ ወንፈስከ ።

ይብል ፡ ካህን ፤ አንቲ ፡ ውእቱ ፡ ማ
ዕጠንት ፡ ዘወርቅ ፤

not rob us, and that foreign people, not belonging to us, may not defame us.

The Deacon says: Pray for our Archbishop, Abba Matthew, and for our blessed Bishop, Abba Sinoda, and for all orthodox Bishops, Presbyters and Deacons.

The Priest says: Remember, O Lord, our congregations, bless them and make them to be not far off or alienated; and make them a house of prayer, a house of purity, and a house of blessing; O Lord, give mercy to us, Thy servants; and to those who shall come after us give grace for ever and ever.

The Deacon says: Pray for our congregation which preserves us all.

The Priest says: Arise, O Lord my God, and let Thine enemies be scattered, and let all those who hate Thy holy and blessed name flee before Thy face: and let Thy people be blessed with the blessing of the thousand thousands and of the ten thousand times ten thousand, who do Thy will, through Thy only Son, through whom, to Thee, with Him and with the Holy Spirit, be glory and power, now and for ever, and world without end. Amen.

The Deacon says: Rise up.

The People say: O Lord, have mercy upon us.

The Priest says: Peace be with you all.

The People say: With thy spirit.

The Priest says: Thou art the golden censer.

(a) B: ሊቀ ፡ ጳጳሳት ፡ አባ ፡ ዮሐንስ ፡ — (b) Wanting in B. —

በበዓላት ፡ ወበዕይት ፡ ወበእኑድ ፡ ሰን
በት ፡ ይብል ፡ ፫ጊዜ ፤ ንስግድ(a) ፤

ይብሉ ፡ ሕዝብ ፤ ለአብ ፡ ወወልድ ፡
ወመንፈስ ፡ ቅዱስ ፡ እንዝ ፡ ፩ ፡ ፩ ።

ይብል ፡ ካህን ፤ ሰላም ፡ ለኪ ፤

ይብሉ ፡ ሕዝብ ፤ ቅድስት ፡ ቤተ ፡ ክ
ርስቲያን ፡ ማኅደረ ፡ መለኮት ፤

ይብል ፡ ካህን ፤ ሰአሊ ፡ ለነ ፤

ይብሉ ፡ ሕዝብ ፤ ድንግል ፡ ማርያም ፡
ወላዲት ፡ አምላክ ።

ይብል ፡ ካህን ፤ አንቲ ፡ ውእቱ ፤

ይብሉ ፡ ሕዝብ ፤ ማዕጠንት ፡ ዘወርቅ ፡
እንተ ፡ ጸርኪ ፡ ፍሕመ ፡ እሳት ፡ ቡሩክ ፡
ዘነሥአ ፡ እመቅደስ ፡ ዘይሰሪ ፡ ኃጢአተ ፡
ወይደመስስ ፡ ጌጋየ ፤ ዝውእቱ(b) ፡ ዘእ
ግዚአብሔር ፡ ቃል ፡ ዘተሰብአ ፡ እምኔ
ኪ ፤ ዘአዕረገ ፡ ለአቡሁ ፡ ርእሶ ፡ ዕጣነ ፡
ወመሥዋዕተ ፡ ሥሙረ ፤ ንስግድ ፡ ለከ ፡
ክርስቶስ ፡ ምስለ ፡ አቡከ ፡ ኄር ፡ ሰማያ
ዊ ፡ ወመንፈስክ ፡ ቅዱስ ፡ ማሕየዊ ፡ እስ
መ ፡ መጻእክ ፡ ወአድኃንከነ ።

ይበል ፡ ንፍቅ ፤ እግዚእ ፡ አአምሮ ፡
ዜናዊ ፡ ጥበብ ፡ ዘከሠትከ ፡ ለነ ፡ ዘከነ ፡ ሕ
ዉረ ፡ ውስተ ፡ ማዕምቀ ፡ ጽልመት ፡ ወ
ሀቤ ፡ ቃል ፡ ትፍሥሕት ፡ ለእለ ፡ ይሰብ
ኩ ፡ ዕበየ ፡ ኃይልከ ፡ አንተ ፡ ውእቱ ፡
በብዙኅ ፡ ኂሩትከ ፡ ጸዋዕክ ፡ ለጳውሎስ ፡
ዘኮነ ፡ ቀዲሙ ፡ ሰዳዴ ፡ ወረሰይከ ፡ ን
ዋየ ፡ ኁሩየ ፡ ወበዝንቱ ፡ ሥምርከ ፡ ከ
መ ፡ ይኩን ፡ ሐዋርያ ፡ ወሰባኬ ፡ ወንጌ
ለ ፡ መንግሥትከ ፡ ወጸዋዒ(c) ፡ አክርስቶ
ስ ፡ አምላክነ ፡ አንተ ፡ ውእቱ ፡ መፍቀ
ሬ ፡ ሰብእ ፡ አኄር ፤ ጸግወነ ፡ ልቡና ፡ ዘ
እንበለ ፡ ግብር ፡ ወሕሊና ፡ ንጹሐ ፡ ዘኢ
ይትአተት ፡ እምኔከ ፡ ከመ(d) ፡ ንለ

(a) MSS.: ንስግድ ፡ በል ፡ ፫ጊዜ ፤ — (b) A: ዘውእቱ ፡ — (c) MSS.: ጸዋዒ ፤
— (d) B inserts: ናእምር ፡ —

At the great feast-days and on the Sunday he shall say thrice: Let us worship

The People say: The Father and the Son and the Holy Ghost, One Trinity.

The Priest says: Peace be with thee,

The People say: O Holy Christian Church, abode of Godhead.

The Priest says: Intercede for us,

The People say: O Virgin Mary, mother of God.

The Priest says: Thou art

The People say: The golden censer which didst bear the coal of fire. Blessed is he who receiveth out of the sanctuary Him who forgiveth sins and blotteth out transgression, who is the Word of God, who took flesh of thee, who offered himself to His Father as incense and a pleasing sacrifice. We adore Thee, O Christ, with Thy good heavenly Father and Thy Holy Spirit, the Giver of life; for Thou dost come and save us.

The Assistant shall say: O Lord of knowledge, announcer of wisdom, who hast revealed to us that which was hidden in the depths of darkness, giver of the word of joy to those who proclaim the greatness of Thy might; it is Thou who, in the abundance of Thy goodness, didst call Paul, who was before a persecutor, and didst make him a chosen vessel, and in Thy good pleasure to become an apostle and preacher of the Gospel of Thy Kingdom and a herald. O Christ our God, Thou art the lover of men; O Thou, bountiful, bestow upon us intelligence free from pains, and pure thoughts which do not recede from Thee, that

ቡ ፡ ወንጠይቅ ፡ መጠነ ፡ ትምህርትክ ፡ ቅዱስ ፡ ዘተነብ ፡ በላዕሌነ ፡ ይእዜኒ ፡ እምነቤሁ ፤ ወበከመ ፡ ተመሰለ ፡ ብከ ፡ አ ርእሰ ፡ ሕይወት ፡ ከማሁ ፡ ለነኒ ፡ ረስየነ ፡ ድልዋነ ፡ ንትመሰል ፡ ኪያሁ ፡ በምግባ ር ፡ ወበሃይማኖት ፡ ወንስብሕ ፡ ለስምክ ፡ ቅዱስ ፡ ወንትመካሕ ፡ በክቡር ፡ መስቀ ልክ ፡ በኵሉ ፡ ጊዜ ። እስመ ፡ ለከ ፡ ይእ ቲ ፡ መንግሥት ፡ ኀይል ፡ ዕበይ ፡ ወሥ ልጣን ፡ ክብር(a) ፡ ወስብሐት ፡ ለዓለመ ፡ ዓለም ፡ አሜን ።

ይብል ፡ ድያቆን ፤ እንዘ ፡ ይወፅእ ኵሉ ፡ ዘኢያፈቅሮ ፡ ለእግዚእነ ፡ ወአም ላክነ ፡ ወመድኃኒነ ፡ ኢየሱስ ፡ ክርስቶ ስ ፡ ወዘኢየአምን ፡ ልደቶ ፡ እማርያም ፡ እምቅድስት ፡ ድንግል ፡ በክልኤ ፡ ታቦ ተ ፡ መንፈስ ፡ ቅዱስ ፡ እስከ ፡ ምጽአቱ ሐዳስ ፡ በከመ ፡ ይቤ ፡ ጳውሎስ ፡ ውጉ ዘ ፡ ለይኩን ።

ወእምዝ ፡ ያንብብ ፡ መጽሐፈ ፡ ጳው ሎስ ።

ወእምዝ ፡ እንዘ ፡ የዓጥን ፡ ካህን ፡ ይ በሎ ፡ ለቀሲስ ፤ ተወከፈኒ ፡ አባዕየ ፡ ቀሲስ ።

ወውእቱኒ ፡ ይሰጠዎ ፡ እንዘ ፡ ይብል ፤ እግዚአብሔር ፡ ይትወከፍ ፡ መሥዋዕተ ክ ፡ ወያፌኑ ፡ ዕጣነክ ፡ በከመ ፡ ተወክፈ ፡ መሥዋዕተ ፡ መልከ ፡ ጼዴቅ ፡ ወዕጣነ ፡ አሮን ፡ ወዘካርያስ ።

ወእምድኀረዝ ፡ ያንብር ፡ እደ ፡ ላዕ ለ ፡ ዲያቆናት ፡ ወይበል ፡ በረከተ ፡ ጳ ውሎስ ። ወእንዲ ፡ ላዕለ ፡ ሕዝብ ፡ ይብ ል ፤ እግዚአብሔር ፡ ይባርክ ።

ወእንዘ(b) ፡ የዓውድ ፡ ለለአንቀጹ ፤ ስብሐት ፡ ወክብር ፡ ለሥሉስ ፡ ቅዱስ ፡

---

we may understand and know the measure of the holy doctrine which is now out of him read to us; and as he was made like unto Thee, O Thou head of life, do Thou make us meet to be conformed unto him in work and faith, and to praise Thy holy name, and to make our boast in Thy precious cross at all times. For Thine is the kingdom, might, greatness and dominion and honour and glory, for ever and ever. Amen.

The Deacon says: Go out everyone who does not love our Lord and God and Saviour Jesus Christ, and does not believe in His birth from the holy Virgin Mary, the twofold sanctuary of the Holy Ghost, until His returning; and may he be anathema according to the words of Paul.

And then he reads the Epistle of Paul.

And then the Priest, swinging the censer, says to the Presbyter: Receive me, O my father presbyter.

And answering him he says: May the Lord accept thy offering, and be pleased with thy incense, as he did accept the sacrifice of Melchisedec and the incense of Aaron and Zacharias.

And then he shall spread out his hands upon the Deacons and shall utter the Blessing of Paul. And so he shall say to the People: The Lord bless.

And going around at the different doors: Praise and glory be to the

---

(a) Wanting in A. — (b) A: ወዘንተ ፡ —

አብ ፡ ወወልድ ፡ ወመንፈስ ፡ ቅዱስ ፡ ይእዜኒ ፡ ወዘልፈኒ ፡ ወለዓለም ፡ ዓለም ፡ አሜን ።

ወእምዝ ፡ ይበል ፣ አእግዚአብሔር ፡ አምላክነ ፡ ዘአንሐልክ(a) ፡ ቅድመ ፡ ጥቅማ ፡ ለኢያሪከ ፡ በእደ ፡ ኢያሱ ፡ ገብርከ ፡ ከማሁ ፡ ይእዜኒ ፡ አንህል ፡ ጥቅመ ፡ ኃጢአቶሙ ፡ ለእሉ ፡ አግብርቲከ ፡ ወአእማቲከ ፡ በእደ ፡ ዚአየ ፡ አነ ፡ ገብርከ ።

ወእምዝ ፡ ገቢአ ፡ ያዕርግ ፡ ዕጣነ ፡ ላዕለ ፡ ምሥዋዕ ፡ እንዘ ፡ ይብል ፣ አተወ ከፌ ፡ ንስሐ ፡ ወሰራዬ ፡ ኃጢአት ፡ ኢየሱስ ፡ ክርስቶስ ፡ ስረይ ፡ ኃጢአትየ ፡ ወኃጢአተ ፡ ኵሉ ፡ ሕዝብከ ፣ ተወከፍ ፡ ንስሐሆሙ ፡ ለእሉ ፡ አግብርቲከ ፡ ወአእማቲከ ፡ ወአሥርቅ ፡ ላዕሌሆሙ ፡ ብርሃነ ፡ ጸጋከ ፡ በእንተ ፡ ስምከ ፡ ቅዱስ ፡ ዘተሰምየ ፡ በላዕሌነ ፣ ዘቦቱ ፡ ለከ ፡ ምስሌሁ ፡ ወምስለ ፡ ቅዱስ ፡ መንፈስ ፡ ስብሐት ፡ ወእኂዝ ፡ ይእዜኒ ፡ ወዘልፈኒ ፡ ወለዓለም ፡ ዓለም ፡ አሜን ።

ይብል(b) ፡ ዲያቆን ፡ እንዘ ፡ ይበውእ ፡ ድኅረ ፡ ንብተ ፡ ጳውሎስ ፣ በረከተ ፡ አብ ፡ ወፍተ ፡ ወልድ ፡ ወሀብተ ፡ መንፈስ ፡ ቅዱስ ፡ ዘወረደ ፡ ላዕለ ፡ ሐዋርያት ፡ በጽርሐ ፡ ጽዮን ፡ ቅድስት ፣ ከማሁ ፡ ይረድ ፡ ወይትመክዓብ(c) ፡ በላዕሌነ ፡ አሜን ።

ይብሉ ፡ ሕዝብ ፣ ቅዱስ ፡ ሐዋርያ ፡ ጳውሎስ ፡ ሠናየ ፡ መልእክት ፡ ፈዋሴ ፡ ድውያን(d) ፡ ነሣእከ ፡ አክሊለ ፡ ሰአል ፡ ወጸሊ ፡ በእንቲአነ ፡ አድኅነ ፡ ነፍሳተነ ፡ በብዝኃ ፡ ሣህሉ ፡ ወምሕረቱ ፡ በእንተ ፡ ስሙ ፡ ቅዱስ ።

ይብል ፡ ዲያቆን ፡ ተንሥኡ ፡ ለጸሎት ።

Holy Trinity, Father, Son and Holy Ghost, now and for ever, and world without end. Amen.

And then he shall say: O Lord our God, who causedst formerly the walls of Jericho to fall down through the hands of Josua Thy servant, in like manner now cause the wall of the sins of Thy servants and handmaidens to fall down by my, Thy servant's, hand.

And then, turning back and censing the sacrifice, he says: O Thou, who dost accept repentance and remittest sins, Jesus Christ, do Thou remit my sins and the sins of all Thy people; accept repentance of these Thy servants and handmaidens, and shew upon them the light of Thy grace for Thy holy name's sake which is named over us: through whom, to Thee, with Him and with the Holy Spirit, be glory and power, now and for ever, and world without end. Amen.

The Deacon, entering after the lection from Paul, says: The benediction of the Father and the gift of the Son and the bestowment of the Holy Ghost, who came down upon the Apostles in the upper room of the holy Zion, come down also and be redoubled upon us! Amen.

The People say: Holy Paul! Apostle! good Messenger! Healer of the sick! thou hast received the crown! pray and intercede for us! Make our souls to be saved by the multitude of His grace and mercy, for His holy name's sake.

The Deacon says: Rise up for prayer.

(a) A: ዘአንሐልከ ፡ — (b) B inserts here the prayer of the Subdeacon: „The word from the Epistle....“; but see the edition printed at Rome in 1548, 4⁰, p. 161 sq. — (c) A: ወይትመክዓብ ፡ — (d) B: ዳያን ፡ —

LITURGY OF THE COPTIC CHURCH.

ይብሉ (a) ፤ ሕዝብ ፤ እግዚአ ፤ ተሠ ሃለነ ።

ይብል ፤ ካህን ፤ ሰላም ፤ ለኵልክሙ ።

ይብሉ ፤ ሕዝብ ፤ ምስለ ፤ መንፈስከ ።

ይብል ፤ ካህን ፤ አአምላክ ፤ ዘለዓለም ፤ ቀዳሚ ፤ ወደኃሪ ፤ ዘአልብከ ፤ ጥንተ ፤ ወኢተፍጻሜተ (b) ፤ ዘቢይ ፤ በተኬንዎ ቱ ፤ ወኃያል ፤ በምግባሩ ፤ ወጠቢብ ፤ በ ምክሩ ፤ ዘሀሎው ፤ ውስተ ፤ ኵሉ ፤ ንስ እለክ ፤ እግዚአ ፤ ወናስተብቍዕክ ፤ ከመ ፤ ተሀሉ ፤ ምስሌነ ፤ በዛቲ ፤ ሰዓት ፤ አርኢ ፤ ገጸከ ፤ ላዕሌነ ፤ ወንበር ፤ ምስሌነ ፤ ማ እከሌነ ፤ አንጽሕ ፤ አልባቢነ ፤ ወቀድስ ፤ ነፍሳቲነ ፤ ወስረይ ፤ ኃጢአተነ ፤ ዘገበርነ ፤ በፈቃድነ ፤ ወዘእንበለ ፤ ፈቃድነ ፤ ረስየ ነ ፤ እግዚአ ፤ ናቅርብ ፤ ኀቤከ ፤ መሥዋ ዕተ ፤ ንጹሐ ፤ ቍርባን (c) ፤ ነባቤ ፤ ወዕ ጣነ ፤ መንፈሳዌ ፤ ይባእ ፤ ውስተ ፤ ጽር ሐ ፤ ቅዱስ ፤ ቅድሳቲከ ፤ በዋሕድ ፤ ወ ልድክ ፤ እግዚእነ ፤ ዘቦቱ ፤ ለከ ፤ ምስሌ ሁ ፤ ወምስለ ፤ ቅዱስ ፤ መንፈስ ፤ ስብሐ ት ፤ ወእንግዝ ፤ ይእዜኒ ፤ ወዘልፈኒ ፤ ወ ለዓለም ፤ ዓለም ፤ አሜን ።

ይብል ፤ ንፍቀ ፤ ዲያቆን ፤ እንዘ ፤ ይ ወጽእ ፤ ነገር ፤ እመልእክተ ፤ እገሌ ፤ ረ ድኡ ፤ ወሐዋርያሁ ፤ ለእግዚእነ ፤ ኢየሱ ስ ፤ ክርስቶስ ፤ ጸሎቱ ፤ ወበረከቱ ፤ የሀ ሉ ፤ ምስሌነ ፤ አሜን ።

ወአንቢቦ ፤ እንዘ ፤ ይባውእ ፤ ይበ ል ፤ አአኃውየ ፤ ኢታፍቅርዎ ፤ ለዓለም ፤ ወኢዘሎ ፤ ውስተ ፤ ዓለም ፤ እስመ ፤ ኵሉ ፤ ዘሀሎ ፤ ውስተ ፤ ዓለም ፤ ፍትወ ቱ ፤ ለሥጋ ፤ ወፍትወቱ ፤ ለአዕይን ፤ ወሥ ራሁ (d) ፤ ለመንበርት ፤ ኢኮነ ፤ ዝንቱ ፤ እምነ ፤ አብ ፤ አላ ፤ እምዓለም ፤ ውእ

The People say: O Lord, have mercy upon us.

The Priest says: Peace be with you all.

The People say: With thy spirit.

The Priest says: O eternal God, the first and the last, without beginning and without end, great in skill and mighty in operation and wise in counsel, who existest in all things: we ask and beseech of Thee, O Lord, that Thou wouldest be with us in this hour; shew Thy countenance upon us, and abide with us in our midst; purify our hearts and sanctify our souls, pardon our sins which we have committed, voluntary or involuntary; cause us, O Lord, to offer unto Thee a pure offering, a reasonable sacrifice and spiritual incense, that it may enter into the most holy place of Thy sanctuary, through Thy only Son, our Lord, by whom, to Thee, with Him and with the Holy Spirit, be praise and power, now and for ever, and world without end. Amen.

The Subdeacon, going out, shall say: (This is) the word from the Epistle of N, disciple and apostle of our Lord Jesus Christ. May his prayer and his blessing be with us. Amen.

And after the lection, entering again he shall say: O brethren, love not the world, neither the things that are in the world; for all that is in the world, the lust of the flesh and the lust of the eyes, and the pride of life, is not of the Father, but is of the world.

(a) Instead of ይብል ፤, ይብሉ ፤ B gives very often ይብል ፤, ይብሉ ፤ and vice versa. — (b) B: ጥንት ፤ ወኢተፍጻሜት ፤ — (c) Wanting in A. — (d) B: ወሥጋሁ ፤ —

48—2

ቱ ። ዓለሙ፥ ፡ የኃልፍ ፡ ወፍትወቱኒ ፡
እስመ ፡ ኵሉ ፡ ኃላፊ ፡ ውእቱ ፤ ወዘሰ ፡
ይገብር ፡ ሥምረቶ ፡ ለእግዚአብሔር ፡ ይ
ነብር ፡ ለዓለም ።

ይብሉ ፡ ሕዝብ ፤ ቅዱስ ፡ ሥሉስ ፡ ዘ
ኅቡር ፡ ህላዌክ ፡ ዕቀብ ፡ ማኅበረነ ፡ በእ
ንተ ፡ ቅዱሳን ፡ ኂሩያን ፡ አርዳኢክ ፡ ና
ዝዘነ ፡ በሣህልክ ፡ በእንተ ፡ ቅዱስ ፡ ስ
ምክ ።

ይብል ፡ ዲያቆን ፤ ተንሥኡ ፡ ለጸሎት ።

ይብሉ ፡ ሕዝብ ፤ እግዚኦ ፡ ተሣሃለነ ።

ይብል ፡ ካህን ፤ ሰላም ፡ ለኵልክሙ ።

ይብሉ ፡ ሕዝብ ፤ ምስለ ፡ መንፈስክ ።

ይብል ፡ ካህን ፤ እግዚእነ ፡ ወአምላ
ክነ ፡ አንተ ፡ ውእቱ ፡ ለሐዋርያቲክ ፡ ቅ
ዱሳን ፡ ከወትኩ ፡ ሎሙ ፡ ምሥጢረ ፡ ስ
ብሐት ፡ ወንጌለ ፡ መሲሕከ ፤ ወወሀብከ
ሙ ፡ ዐቢየ ፡ ሀብተ ፡ እንተ ፡ አልባቲ ፡
ኍልቄ (a) ፡ እንተ ፡ ይእቲ ፡ እምጸጋከ ፡
ወፈነውኮሙ ፡ ይስብኩ ፡ ውስተ ፡ ኵሉ ፡
አጽናፈ ፡ ዓለም ፡ ብዕለ ፡ ጸጋክ ፡ ዘኢይ
ትዐወቅ ፡ እምሕረትክ ፡ ወንሕነኒ ፡ እግ
ዚእነ ፡ ወአምላክነ ፡ ንስእለከ ፡ ወናስት
በቍዓክ ፡ ከመ ፡ ትረስየነ ፡ ድልዋነ ፡ ለ
ርስቶሙ ፡ ወለመክፈልቶሙ ፡ ንሐር ፡ በ
ፍናዊሆሙ ፡ ወንትሉ ፡ አሠሮሙ (b) ፤ ወ
ጸግወነ ፡ በኵሉ ፡ ጊዜ ፡ ንትመሰል ፡ ኪ
ያሆሙ ፡ ወንጽናዕ ፡ በፍቅሮሙ ፡ ወን
ኩን ፡ ክፍለ ፡ ምስሌሆሙ ፡ በውስተ ፡ ጻ
ማሆሙ ፡ በሠናይ ፡ አምልክ ። ወዕቀብ ፡
ለቤተ ፡ ክርስቲያንክ ፡ ቅድስት ፡ ቡራኬ ፤
እንተ ፡ ሣረርክ ፡ በእንቲአሆሙ ፤ ወባር
ክ ፡ ቡራኬ ፡ ላዕለ ፡ አባግዕ ፡ መርዔት
ክ ። ወአብዝኃ ፡ ለዛቲ ፡ ዓፀደ ፡ ወይን ፤
ቡራኬ ፤ እንተ ፡ ተክልካ ፡ በየማንክ ፤ በ

And the world passeth away, and the lust thereof, for it is all transient; but he that doeth the will of God abideth for ever.

The People say: Holy Trinity, One in Thine essence, preserve our congregation for the sake of Thy holy elect disciples; comfort us by Thy mercy for Thy holy name's sake.

The Deacon says: Rise up for prayer.

The People say: O Lord, have mercy upon us.

The Priest says: Peace be with you all.

The People say: With thy spirit.

The Priest says: O our Lord and God, Thou didst reveal to Thy holy Apostles the mystery of the glory of the Gospel of Thy Christ, and didst give them the great and countless gifts which come from Thy grace, and didst send them to preach in all quarters of the world the riches of Thine unsearchable grace, according to Thy mercy: we therefore, our Lord and God, ask and beseech of Thee to make us worthy of their heritage and their portion, that we may walk in their ways and follow their steps. And give us grace at all times to be conformed unto them, and to be strong in their love, and that we may share with them in their labours, by a good service of God. And do Thou preserve Thy holy Christian Church — *genuflection* — which Thou hast founded through them, and bless — *genuflection* — the sheep of Thy pasture, and increase this vineyard — *genuflection* — which Thou hast planted with Thy right hand, through Jesus Christ our Lord,

---

(a) B: ኍልቁ ፡ — (b) A: በአሠሮሙ ፡ —

ኢየሱስ፡ ክርስቶስ፡ እግዚእነ፡ ዘቦቱ፡ ለከ፡ ምስሌሁ፡ ወምስለ፡ ቅዱስ፡ መ ንፈስ፡ ስብሐት፡ ወእኂዝ፡ ይእዜኒ፡ ወ ዘልፈኒ፡ ወለዓለመ፡ ዓለም፡ አሜን ።

ይበል፡ ንፍቅ፡ ቀሲስ ፤ ነቅዕ፡ ንጹ ሕ፡ ዘእምእንቅዕተ፡ ሕግ፡ ንጹሐን፡ ዝውእቱ፡ ዜና፡ ግብሮሙ፡ ለሐዋርያ ት፡ ንጹሐን ፤ በረከተ፡ ጸሎቶሙ፡ ት ኩን፡ ምስሌነ፡ አሜን ።

ወእንቢዮሄ፡ ይበል ፤ መልአ፡ ወዓብ የ፡ ወተለዓለ፡ ቃለ፡ እግዚአብሔር፡ ወ ተወሰከ፡ ውስተ፡ ቤተ፡ ክርስቲያኑ፡ ቅ ድስት፡ ወበዝኁ፡ እለ፡ አምኑ፡ በእግ ዚእነ፡ ኢየሱስ፡ ክርስቶስ፡ ዘሎቱ፡ ስ ብሐት፡ ለዓለመ፡ ዓለም፡ አሜን ።

ይብሉ፡ ሕዝብ ፤ ቅዱስ ፤ ቅዱስ ፤ ቅ ዱስ ፤ አንተ፡ እምላክ፡ አብ፡ አኃዚ፡ ኩሉ ፤ ቅዱስ ፤ ቅዱስ ፤ ቅዱስ፡ ወልድ፡ ዋሕድ፡ ዘአንተ፡ ቃለ፡ አብ፡ ሕያው ፤ ቅዱስ ፤ ቅዱስ ፤ ቅዱስ፡ አንተ፡ መንፈ ስ፡ ቅዱስ (a)፡ ዘተአምር፡ ኩሎ ።

ወእዝ፡ ይውግር፡ ዕጣን፡ ካህን፡ እንዘ፡ ይብል ፤ ስብሐት፡ ወክብር፡ ለ ሥሉስ፡ ቅዱስ፡ አብ፡ ወወልድ፡ ወመ ንፈስ፡ ቅዱስ፡ ይእዜኒ፡ ወዘልፈኒ፡ ወ ለዓለመ፡ ዓለም፡ አሜን (b) ።

ወእምዝ፡ ይበል፡ ካህን፡ ዘንተ፡ ጸ ሎተ፡ ቀዊሞ፡ ቅድመ፡ ምሥዋዕ ፤ እ ግዚአብሔር፡ አምላክን፡ ዘተወክፍከ፡ መሥዋዕተ፡ አቡነ፡ አብርሃም፡ ወህየን ተ፡ ይስሐቅ፡ ዘአስተዳለውከ፡ ወአወረ ድከ፡ ሎቱ፡ ቤዛሁ፡ በግን ፤ ከማሁ፡ ተ ወከፍ፡ እምኔነ፡ አእግዚእነ፡ መሥዋዕ ተን፡ ወዘንተ፡ መዓዛ፡ ዕጣንን ፤ ወፈኑ፡ ለነ፡ እምላዕሉ፡ ህየንቴሁ፡ ብዕለ፡ ማህ ልክ፡ ወምሕረትከ ፤ ከመ፡ ንኩን፡ ንጹ ሐነ፡ እምኩሉ፡ ጼና፡ ቪአተ፡ ኃጣው

by whom, to Thee with Him and with the Holy Spirit, be glory and power, now and for ever, and world without end. Amen.

The assistant Presbyter shall say: A pure source amongst the pure sources of the law, that is the history of the Acts of the pure Apostles; the blessing of their prayers be with us. Amen.

And after having recited he shall say: Full and great and high is the Word of God, and is grown in His holy Christian Church; and numerous are they who believe in our Lord Jesus Christ, to whom be glory for ever and ever. Amen.

The people say: Holy, Holy, Holy art Thou, O God, the Father Almighty; Holy, Holy, Holy Thou, O only Son, who art the living Word of the Father; Holy, Holy, Holy Thou, Holy Ghost, who knowest all things.

And then the Priest shall strew the incense, saying: Glory and praise be to the Holy Trinity, Father, Son and Holy Ghost, now and for ever, and world without end. Amen.

And then the Priest shall say the following prayer, standing before the altar: O Lord our God, who didst accept the sacrifice of our father Abraham, and who in place of Isaac hadst prepared and sent down to him a lamb as his ransom; in like manner, O our Lord, accept from us our offering and this savour of our incense; and send us down in return for it from on high the riches of Thy grace and mercy, that we may become pure from all smell of the filth of our sins; and

---

(a) Wanting in A. — (b) Wanting in A. —

make us meet to minister to the praise of Thy purity, O Thou lover of men, in righteousness and purity all the days of our lives with joy and rejoicing.

And then he shall say: We ask and beseech of Thee, O Lord, remember ...... *as before.*

The Priest says: Hail, O thou holy, glorious, everlasting Virgin, mother of God, mother of Christ, whom we ask for salvation, let our prayer ascend on high to thy beloved Son, that He may forgive our sins. Hail, who didst bear for us the veritable Light of righteousness, the Christ our God; O pure Virgin, do thou intercede for us with our Lord, that He may have mercy upon our souls, and forgive us our sins. Hail, O pure Virgin Mary, holy mother of God, who dost verily intercede for mankind; plead for us with Christ, thy Son, that He may mercifully grant us the remission of our sins. Hail, O thou pure Virgin, very Queen. Hail, O thou honour of our race. Hail, thou who didst bear for us Emmanuel. We beseech thee that thou mayest remember us, O thou very mediatrix, before our Lord Jesus (Christ), that He may forgive us our sins.

And then the Priests go out before the curtain and minister, saying: This is the time of blessing; this is the time of choice incense, the time of the glorification of our Saviour Christ, the lover of men. The incense is Mary; the incense is He who was in her

ሜዓዝ(a)። ዕጣን። ውእቱ። ዘወለደቶ። መጽአ። ወአድኃነነ። ዕፍረት። ምዑዝ። ኢየሱስ። ክርስቶስ። ንዑ። ንስግድ። ሎቱ(b)። ወንዕቀብ። ትእዛዛቲሁ። ከመ። ይስረይ። ለነ። ኃጣውኢነ። ተውህበ። ምሕረት። ለሚካኤል። ወብስራት። ለገብርኤል። ወሀብተ። ሰማያት። ለማርያም። ድንግል። ተውህበ። ልቡና። ለዳዊት። ወጥበብ። ለሰሎሞን። ወቀርን። ቅብዕ። ለሳሙኤል። እስመ። ውእቱ። ዘይቀብዕ። ነገሥተ። ተውህበ። መራኁት። ለአቡን። ጴጥሮስ። ወድንግልና። ለዮሐንስ። ወመልእክት። ለአቡን። ጳውሎስ። እስመ። ውእቱ። ብርሃና። ለቤተ። ክርስቲያን። ዕፍረት። ምዕዝት። ይእቲ። ማርያም። እስመ። ዘውስተ። ከርሣ። ዘይትሜዓዝ። እምኵሉ። ዕጣን። መጽአ። ወተሠገወ። እምኔሃ። ለማርያም። ድንግል። ንጽሕት። ሠምራ። አብ። ወአሰርገዋ። ደብተራ። ለማኅደረ። ፍቁር። ወልዱ። ተውህበ። ሕግ። ለሙሴ። ወክህነት። ለአሮን። ተውህበ። ዕጣን። ኃሩይ። ለዘካርያስ። ካህን። ደብተራ። ስምዕ። ገብርዎ። በከመ። ነገረ። እግዚእ። ወአሮን። ካህን። በማእከላ። የዓርግ። ዕጣን። ኃሩየ። ሱራፌል። ይሰግዱ። ሎቱ። ወኪሩቤል። ይሴብሕዎ። ይጸርሑ። እንዘ። ይብሉ። ቅዱስ። ቅዱስ። ቅዱስ። እግዚአብሔር። በነበ። አእላፍ። ወክቡር። በውስተ። ረበዋት(c)። አንተ። ውእቱ። ዕጣን። አመድኃኒነ። እስመ። መጻእከ። ወአድኃንከነ። ተሠሃለነ። እግዚኦ።

በአራራይ፤ ቅዱስ። እግዚአብሔር። ቅዱስ። ኃያል። ቅዱስ። ሕያው። ዘኢይመውት፤ እስከ። ተፍጻሜቱ(d)።

ወፈጺሞሙ። ዘንተ። ይብሉ፤ አሥሉ

womb full of fragrance; the incense is He whom she has borne; He did come and save us, the sweet-smelling ointment, Jesus Christ. Let us worship Him and keep His commandments, that He may forgive us our sins. To Michael mercy was given, and glad tidings to Gabriel, and a heavenly present to the Virgin Mary. To David prudence was given, and wisdom to Solomon, and the vial of oil to Samuel, for he was the anointer of Kings. To our father Peter were given the keys, and chastity to John, and the mission to our father Paul, for he was the light of the Church. The sweet-smelling ointment is Mary, for He who (was) in her womb, sweeter smelling than all incense, came and was made flesh from her. The Father was well pleased in the pure Virgin Mary and adorned her as a tabernacle for the dwelling of His beloved Son. To Moses the law was given, and to Aaron the priesthood; to the priest Zacharias was given the choice incense. They made the tabernacle of testimony according to the command of the Lord, and the priest Aaron made the choice incense to ascend therein. The Seraphim do adore Him and the Cherubim praise Him, crying and saying: Holy, Holy, Holy is the Lord among the thousand, and glorified among the ten thousand. Thou art the incense, O our Saviour, for Thou didst come and save us. Have mercy upon us, O Lord.

In the Arârâj-tune: Holy is the Lord, Holy the Almighty, Holy the living for ever, who does not die, *etc.* (d

And after having finished this they

(a) Wanting in A. — (b) Wanting in A; written in very small characters. — (c) MSS.: ረበናት ። — (d) See DILLMANN, chrestom. Aeth., Lips. 1866, p. 46 sqq. —

ስ፡ ቅዱስ፡ መሐረነ፡ አሥሉስ፡ ቅዱስ፡ መህከን፡ አሥሉስ፡ ቅዱስ(a)፡ ተሠሃለነ፨

ይብል፡ ካህን፤ ተፈሥሒ፡ ኦማርያም፡ ምልእተ፡ ጸጋ፨

ይብሉ፡ ሕዝብ፤ እግዚአብሔር፡ ምስሌኪ፨

ይብል፡ ካህን፤ ቡርክት፡ አንቲ፡ እምእንስት፨

ይብሉ፡ ሕዝብ፤ ወቡሩክ፡ ፍሬ፡ ከርሥኪ፨

ይብል፡ ካህን፤ ሰአሊ፡ ወተንብሊ፡ ለነ፡ ኀበ፡ ፍቁር፡ ወልድኪ፨

ይብሉ፡ ሕዝብ፤ ከመ፡ ይስረይ፡ ለነ፡ ኃጣውኢነ፨

ወእምዝ፡ ይባርክ፡ ካህናተ፡ እለ፡ ይትቀነዩ፡ በተባርዮ፨

ይብል፡ ካህን፤ ስብሐት፡ ወክብር፨
ይብል፡ ዲያቆን፤ ተንሥኡ፡ ለጸሎት፨

ይብሉ፡ ሕዝብ፤ እግዚኦ፡ ተሠሃለነ፨

ይብል፡ ካህን፤ ሰላም፡ ለኩልክሙ፨

ይብሉ፡ ሕዝብ፤ ምስለ፡ መንፈስከ፨
ይብል፡ ካህን፤ እግዚአብሔር፡ እግዚአ፡ ኢየሱስ፡ ክርስቶስ፡ አምላክነ፡ ዘትቤሎሙ፡ ለአርዳኢከ፡ ቅዱሳን፡ ወለሐዋርያቲከ፡ ንጹሐን፤ እስመ፡ ብዙኃን፡ ነቢያት፡ ወጻድቃን፡ ፈተዉ፡ ይርአዩ፡ አንትሙ፡ ዘትሬእዩ፡ ወኢርእዩ፤ ወፈተዉ፡ ይስምዑ፡ አንትሙ፡ ዘትሰምዑ፡ ወኢሰምዑ፤ ወለክሙሰ፡ ብፁዓት፡ አዕይንቲክሙ፡ እለ፡ ርእያ፡ ወአእዛኒክሙ፡ እለ፡ ሰምዓ፨ ወከማሆሙ፡ ለነኒ፡ ረስየነ፡ ድልዋነ፡ ንስማዕ፡ ወንግበር፡ ቃለ፡ ወንጌልከ፡ ቅዱስ፡ በጸሎቶሙ፡ ለቅዱሳን፨

(a) Wanting in A. —

shall say: O Holy Trinity, be merciful unto us; O Holy Trinity, spare us; O Holy Trinity, have mercy upon us.

The Priest says: Hail, O Mary, thou art highly favoured.

The People say: The Lord is with thee.

The Priest says: Blessed art thou among women.

The People say: And blessed is the fruit of thy womb.

The Priest says: Ask and plead for us with thy beloved Son.

The People say: That He may forgive us our sins.

And then he shall bless the ministring Priests one after another.

The Priest says: Praise and glory.
The Deacon says: Rise up for prayer.

The People say: O Lord, have mercy upon us.

The Priest says: Peace be with you all.

The People say: With thy spirit.
The Priest says: O Lord Jesus Christ our God, who didst say to Thy holy disciples and to Thy pure apostles: Many prophets and righteous men have desired to see the things which ye see, and have not seen them, and have desired to hear the things which ye hear, and have not heard them; but blessed are your eyes which have seen and your ears which have heard; in like manner do Thou make us also worthy to hear and to perform the word of Thy holy Gospel through the prayer of the saints.

ይብል ፡ ዲያቆን ፤ ጸልዩ ፡ በእንተ ፡ ወ
ንጌል ፡ ቅዱስ ።

ይብል ፡ ካህን ፤ ተዘከር ፡ ካዕበ ፡ እግ
ዚአ ፡ እለ ፡ አውሥኡነ ፡ ከመ ፡ ንዘከር
ሙ ፡ ጊዜ ፡ ጸሎትን ፡ ወአስተብቁዖትነ ፡
እንተ ፡ ነኃሥሥ ፡ እምኀቤከ ፡ አእግዚ
አብሔር ፡ አምላክነ ፤ ለእለ ፡ ቀደሙነ ፡
ነዊም ፡ አዕርፎሙ ፡ ወለድውያንሂ ፡ ፍ
ጡነ ፡ ፈውሶሙ ፡ እስመ ፡ አንተ ፡ ውእ
ቱ ፡ ሕይወተ ፡ ኩልነ ፡ ወተስፋ ፡ ኩል
ነ ፡ ወባላሔ ፡ ኩልነ ፡ ወመንሥኤ ፡ ኩ
ልነ ፤ ወለከ ፡ ንሬኑ(a) ፡ አኰቴት ፡ እስ
ከ ፡ አርያም ፡ ለዓለመ ፡ ዓለም ።

ይብል ፡ ዲያቆን ፡ ቅድመ ፡ ወንጌል ፡
አእጊሮ ፡ ዘለዕለቱ ፡ ይስብክ ።

ወካህን ፡ ይውግር ፡ ዕጣነ ፡ ምዕረ ፡ ከ
መ ፡ ቀዳሚ ። ወእምድኅረዝ ፡ ይበል ፡ ዘ
ንተ ፤ ወእግዚአብሔር ፡ ልዑል ፡ ይባር
ክ ፡ ላዕለ ፡ ኩልነ ፡ ወይቀድሰነ ፡ በኩሉ ፡
በረከት ፡ መንፈሳዊት ፤ ወይረሲ ፡ በአት
ነ ፡ ውስተ ፡ ቤተ ፡ ክርስቲያኑ ፡ ቅድ
ስት ፡ ኅቡረ ፡ ምስለ ፡ መላእክቲሁ ፡ ቅዱ
ሳን ፡ እለ ፡ ይትቀነዩ ፡ ሎቱ ፡ በፍርሃት ፡
ወበረዓድ ፡ ወትረ ፡ ወይሴብሕዎ ፡ በኩ
ሉ ፡ ጊዜ ፡ ወበኩሉ ፡ ሰዓት ፡ ለዓለመ ፡
ዓለም ።

ወእምዝ ፡ የዓውድ ፡ ካህን ፡ ኀበ ፡ ታ
ቦት ፡ ፩ ፡ ጊዜ ፡ ማኅቶት ፡ ቅድሜሁ ፡
ወንጌል ፡ ድኃሬሁ ፤ ወይበል ፡ ኀበ ፡ ወ
ንጌል ፡ እንዘ ፡ የዓትብ ፡ በማዕጠንት ፤
ቡሩክ ፡ እግዚአብሔር ፡ አብ ፡ አኃዜ ፡
ኩሉ ።

ይብል ፡ ንፍቅ ፤ አእኩትዎ ፡ ለአብ ።

ይብል ፡ ካህን ፤ ወቡሩክ ፡ ወልድ ፡ ዋ
ሕድ ፡ እግዚእነ ፡ ኢየሱስ ፡ ክርስቶስ ።

(a) A: ንፈኑ ፡ —

The Deacon says: Pray on behalf of the holy Gospel.

The Priest says: Remember again, O Lord, those who have addressed to us (their demands) that we may remember them in the time of our prayer and of our supplication, wherewith we make suit to Thee, O Lord our God. To those who have fallen asleep before us give rest, and those who are sick heal speedily; for Thou art the Life of us all, and the Hope of us all, and the Deliverer of us all, and He who raises us all (from the dead), and to Thee we send up thanksgiving on high for ever and ever.

The Deacon says the beginning of the Gospel, as he knows what he has to read for every day.

The Priest censes (the Gospel) once, like as before, and then he shall say as follows: And may the Lord on high bless us all and sanctify us with all spiritual blessing, and make our entrance into His holy Church to be in union with His holy angels who serve Him with fear and trembling evermore and glorify Him at all times and at all hours, for ever and ever.

And then the Priest shall make once the circuit of the altar, the lamp being before him (and) the Gospel behind him; and with the censer making the sign of the Cross towards the Gospel, he shall say: Blessed be the Lord, the Father Almighty.

The Assistant shall say: Give thanks to the Father.

The Priest says: And blessed be the only Son, our Lord Jesus Christ.

ይብል ፡ ንፍቅ ፤ አእኩትም ፡ ለወልድ ።

ይብል ፡ ካህን ፤ ወቡሩክ ፡ መንፈስ ፡ ቅዱስ ፡ ጳራቅሊጦስ ።

ይብል ፡ ንፍቅ ፤ አእኩትም ፡ ለመንፈ ስ ፡ ቅዱስ ።

ይብል ፡ ዲያቆን ፤ ቁሙ ፡ ወአጽምዑ ፡ ወንጌለ ፡ ቅዱስ ፡ ዜናሁ ፡ ለእግዚእነ ፡ ወ መድኃኒነ ፡ ኢየሱስ ፡ ክርስቶስ ።

ይብል ፡ ካህን ፤ ወንጌል ፡ ቅዱስ ፡ ዘ ዜነው ፡ እገሌ ፡ ቃለ ፡ ወልደ ፡ እግዚአ ብሔር ።

ይብሉ ፡ ሕዝብ ፤ ስብሐት ፡ ለከ ፡ ክ ርስቶስ ፡ እግዚእየ ፡ ወአምላኪየ ፡ ኵሎ ፡ ጊዜ ፡ ተፈሥሑ ፡ በእግዚአብሔር ፡ ዘረ ድአነ ፡ ወየብቡ ፡ ለአምላከ ፡ ያዕቆብ ፤ ንሥኡ ፡ መዝሙረ ፡ ወሀቡ ፡ ከበሮ ፤ መ ዝሙረ ፡ ሐዋዝ ፡ ምስለ ፡ መሰንቆ ።

በጽሚት(a) ፡ ይብሉ ፡ በወንጌል ፡ መራህ በነ ፡ ወበነቢያት ፡ ናዘዝከነ ፡ ዘለሊከ ፡ አ ቅረብከነ ፡ ስብ ፡ ለከ ፡ ሐት

ይብል ፡ ቀሲስ ፡ ንፍቅ ፡ በለዎላስ ፤ ር ኁቀ ፡ መዐት ፡ ወብዙኅ ፡ ምሕረት ፡ ወ ጻድቅ ፡ ዘበአማን ፡ ተወከፍ ፡ ስእለተነ ፡ ወአስተብቍዖተነ ፡ ወትሕትናነ ፡ ወንስሐ ነ ፡ ወግነያቲነ ፡ ኅቤ ፡ ታቦትከ(b) ፡ ወም ሥዋዒከ ፡ ቅዱስ ፡ ሰማያዊት ፡ ዘእንበ ለ ፡ ደነስ ፡ ወዘእንበለ ፡ ነውር ፡ ረስየ ነ ፡ ድልዋነ ፡ ለሰሚዓ ፡ ቃለ ፡ ወንጌልከ ፡ ቅ ዱስ ፡ ወለዐቂበ ፡ ትእዛዚከ ፡ ወስምዕ ከ ፡ ወባርከነ ፡ ከመ ፡ ነሀብ ፡ ፍሬ ፡ ህየ ንተ ፡ አሐዱ ፡ ፴ወ፷ወ፻ ፡ ተዘከር ፡ እ ግዚእ ፡ ድውያነ ፡ ሕዝብከ(c) ፡ ሐውጽ

The Assistant says: Give thanks to the Son.

The Priest says: And blessed be the Holy Ghost, the Paraclete.

The Assistant says: Give thanks to the Holy Ghost.

The Deacon says: Rise up and hearken to the holy Gospel, the message of our Lord and Saviour Jesus Christ.

The Priest says: (This is) the holy Gospel which N. preached — the Word of the Son of God.

The People say: Glory be to Thee, O Christ, my Lord and my God, at all times. Rejoice in God who hath helped us, and shout with joy unto the God of Jacob; take the psaltery, and strike the timbrel; the sweet psaltery with the harp.

Privately they shall say: Thou didst show us the way through the Gospel, and console us through the prophets, O Thou, who lettest us come nigh unto Thyself, to Thee be glory.

The assistant Presbyter shall say with half voice: O Thou, who art far from anger and rich in mercy and truly righteous, do Thou accept our prayer and our supplication, our humility and repentance and humble thanks before Thine ark and Thy holy, heavenly altar (which is) without taint and fault; make us meet to hearken to the Word of Thy holy Gospel and to keep Thy commandments and Thy testimony, and bless us, that we may bring forth fruit, instead of one-fold, thirty-fold, sixty-fold and hundred-fold. Remember, O Lord, the sick of Thy people; take care of

---

(a) MSS.: በጽም ፤; emend. Dillm. — (b) B: ወግናያቲነ ፡ ኅቤ ፡ ታቦትነ ፡ — (c) B: ሕዝበከ ፡ --

them and heal them through Thy grace. Remember, O Lord, our fathers and brethren who are travelling; let them return to their home in safety and peace. Remember, O Lord, the coming down of the rains and the waters of the rivers; bless them. Remember, O Lord, the seed and the fruits of the fields; multiply them. Remember, O Lord, the sweetness of the airs and the fruits of the earth; bless them. Remember, O Lord the safety of men and beasts. Remember, O Lord, the safety of Thy holy Church and of all orthodox towns and countries. Remember, O Lord, our King Johannes who loves God, and preserve him in peace and health. Remember, O Lord, our fathers and brethren who are fallen asleep and gone to rest in the right faith; give them rest. Remember, O Lord, those who did present unto Thee this incense and this sacrifice, and those on behalf of whom I did offer, and those who did contribute this from themselves; give them all their reward in heaven and console them in all distress. Remember, O Lord, all those who are in captivity, and bring them back to their home in peace. Remember, O Lord, Thy poor servants who are awaiting trial. Remember, O Lord, the afflicted and vexed. Remember, O Lord, the neophytes of Thy people, and teach them and strengthen them in the right faith; remove all remains of idolatry from their souls. Confirm Thy law and the fear of Thee, Thy commandments and righteousness and Thy covenant in their hearts; grant

ከመ ፡ ያእምሩ ፡ ኃይለ ፡ ቃል ፡ ዘተምህ
ሩ ፡ ወበጊዜ ፡ ተምህሩ ፡ ረስዮሙ ፡ ድ
ልዋነ ፡ ለኵሎሙ ፡ ለልደት ፡ ሐዲስ ፡
ወለስርየት ፡ ኃጢአቶሙ ፡ ወአስተዳል
ዎሙ ፡(a) ታቦተ ፡ ለመንፈስ ፡ ቅዱስ ፤ በጸ
ጋ ፡ ወሣህል ፡ ዘለፍቅረ ፡ ሰብእ ፡ ዘለወ
ልድከ ፡ ዋሕድ ፡ እግዚእነ ፡ ወአምላክነ ፡
ወመድኃኒነ ፡ ኢየሱስ ፡ ክርስቶስ ፤ ዘቦ
ቱ ፡ ለከ ፡ ምስሌሁ ፡ ወምስለ ፡ መንፈስ ፡
ቅዱስ ፡ ማሕየዊ ፡ ዘዕሩይ ፡ ምስሌከ ፡ በ
መለኮት ፡ ይእዜኒ ፡ ወዘለፈኒ ፡ ወለዓለ
ሙ ፡ ዓለም ፡ አሜን ።

ይብል ፡ ካህን ፡ ዘያነብብ ፡ ወንጌለ ፤ ባ
ርክ ፡ እግዚአ ፡ እምወንጌለ ፡ እገሌ ፡ ረ
ድእ ፡ ወሐዋርያሁ ፡ ለእግዚእነ ፡ ኢየ
ሱስ ፡ ክርስቶስ ፡ ወልደ ፡ እግዚአብሔ
ር ፡ ሕያው ፡ ሎቱ ፡ ስብሐት ፡ ወትረ ፡
እስከ ፡ ለዓለም ፡ ዓለም ፡ አሜን ።

ወእምዝ ፡ ያነብብ ፡ ካህን ፡ ወንጌለ
ጊዜ ፡ ይትነበብ ፡ ወንጌል ፡ ይብል ፡ ካ
ህን ፡ ለለፍጻሜ ፡ ወንጌል ፡ አእሚሮ ፡ ለ
ለወንጌሉ ፤ ዘማቴዎስ ፤ ሰማይ ፡ ወምድ
ር ፡ የኃልፍ ፡ ወቃልየሰ ፡ ኢየኃልፍ ፡ ይ
ቤ ፡ እግዚእ ፡ ለአርዳኢሁ ። ዘማርቆስ ፡
ዘቦ ፡ እእዛነ ፡ ሰማዕያተ ፡ ለይስማዕ ። ዘ
ሉቃስ ፤ ይቀልል ፡ ዓልፈተ ፡ ሰማይ ፡ ወ
ምድር ፡ እምትደቅ ፡ አሐቲ ፡ ቃል ፡ እ
ምኦሪት ፡ ወእምነቢያት ፡ ይቤ ፡ እግዚ
እ ፡ ለአርዳኢሁ ። ዘዮሐንስ ፤ ዘየአምን ፡
በወልድ ፡ ቦ ፡ ሕይወት ፡ ዘለዓለም ።

ይብሉ ፡ ሕዝብ ፡ ለለወንጌሉ ፡ ዘንተ ፡
በዜማ ፤ ዘማቴዎስ ፡ ነአምን ፡ አበ ፡ ዘበ
አማን ፡ ወነአምን ፡ ወልደ ፡ ዘበአማን ፡
ወነአምን ፡ መንፈሰ ፡ ቅዱሰ (c) ፡ ዘበአማ

that they may know the power of the Word which they learn, and make them all, during their novitiate, worthy of the new birth and of remission of sins, and prepare them as an ark for the Holy Spirit, through the grace and mercy of Thine only Son, the lover of mankind, our Lord and God and Saviour Jesus Christ, by whom, to Thee, with Him and with the Holy Spirit, the Giver of life who is equal with Thee in Godhead, [be glory and praise](b), now and for ever, and world without end. Amen.

The Priest who reads the Gospel says: Give Thy blessing, O Lord, by the Gospel of N., the disciple and apostle of our Lord Jesus Christ, the Son of the living God; to Him be glory evermore, world without end. Amen.

And then the Priest reads the Gospel. At the time when the Gospel is to be read, the Priest says at the end of every Gospel, distinguishing between the different Gospels: for that of Matthew: Heaven and earth shall pass away, but My words shall not pass away, said the Lord to His disciples; — *of Mark:* If any man have ears to hear, let him hear; — *of Luke:* It is easier for heaven and earth to pass, than for one tittle of the law and of the prophets to fail, said the Lord to His disciples; — *of John:* He that believeth on the Son hath everlasting life.

The People say at every Gospel, singing as follows: for that of Matthew: We believe in the very Father, and we believe in the very Son, and we believe in the very Holy Ghost;

(a) MSS.: ወአስተዳለዉሞሙ ፡ ; emend. DILLM. — (b) The words in brackets are wanting in the Aethiopic text. — (c) A: በመንፈስ ፡ ቅዱስ ፡ —

we believe in their true Trinity; — *for that of Mark:* And the Cherubim and Seraphim are offering praise to Him, saying: Holy, Holy, Holy art Thou, O Lord, Father, Son and Holy Ghost; — *for that of Luke:* Who is like unto Thee, O Lord, among the Gods, Thou art doing wonders. Thou didst shew Thy power to Thy people, and hast delivered Thy people with Thy arm; Thou camest down to the depths of the earth and broughtest up from thence those who were in captivity, and hast delivered us again and again, when Thou didst come and save us. Therefore we praise Thee and call on Thee, saying: Blessed art Thou, O our Lord Jesus Christ, for Thou didst come and save us; — *for that of John:* In the beginning was the Word, the Word was the Word of God; the Word was made flesh and dwelt among us, and we beheld His glory, the glory as of the only begotten of the Father; the Word of the living Father and the life-giving Word, the Word of God rose up, and His flesh has not been corrupted.

The Deacon says: Go out, ye young Christian people, rise up for prayer.

The People say: O Lord, have mercy upon us.

The Priest says: Peace be with you all.

The People say: With thy spirit.

The Priest says: Again we beseech, Almighty God, the Father of our Lord and Saviour Jesus Christ, we ask and make suit of Thy goodness, O Thou lover of men. Remember, O Lord, the peace of Thy one holy apostolic Church which is from one end of the world unto the other.

ይብል ፡ ዲያቆን ፤ ጸልዩ ፡ በእንተ ፡ ሰላመ ፡ ቤተ ፡ ክርስቲያን ፡ አሐቲ ፡ ቅ ድስት ፡ ጉባኤ ፡ እንተ ፡ ሐዋርያት ፡ ር ትዕት ፡ በእግዚአብሔር ።

ይብል ፡ ካህን ፤ ኵሎ ፡ ሕዝብ ፡ ወኵ ሎ ፡ መራዕየ ፡ ባርከሙ ፤ ሰላም ፡ እን ተ ፡ እምሰማያት ፡ ፈኑ ፡ ውስተ ፡ አል ባቢነ ፡ ለኵሎነ ፡ ወሰላመ ፡ ሐይወትነ ፡ ጸገወነ ፡ ባቲ ፤ ጸግዖ ፡ ሰላመ ፡ ለንጉ ሥነ ፡ ዮሐንስ(a) ፡ ለታዕካሁ ፡ ወለሠራ ዊቱ ፡ ለመኳንንቱ ፡ ወለመሳፍንቱ ፡ ወ ጉባኤ ፡ አግዋርነ ፡ ዘአፍአ ፡ ወውሥጥ ፤ አሰርግዎሙ ፡ በኵሉ ፡ ሰላም ፡ አንጉሠ ፡ ሰላም ፤ ሰመ ፡ ሀበነ ፡ እስመ ፡ ኵሎ ፡ ወሀብከነ ፡ አጥርየነ ፡ እግዚአሔር ፡ ወ ዕሥየነ ፡ እስመ ፡ ዘእንበሌከ ፡ ባዕደ ፡ አ ልበ ፡ ዘእአምር ። ስመከ ፡ ቅዱሰ ፡ ንሰ ሚ ፡ ወንጼውዕ ፡ ከመ ፡ ትሕየው ፡ ነፍ ስነ ፡ በመንፈስ ፡ ቅዱስ ፡ ወኢይትኀየል ፡ ሞተ ፡ ኀጢአት ፡ ላዕሌነ ፡ ለአግብርቲከ ፡ ወለኵሉ ፡ ሕዝብከ ።

ይብሉ ፡ ሕዝብ ፤ ኪራላይሶን ።

ድብል ፡ ዲያቆን ፤ ተንሥኡ ፡ ለጸሎት ።

ይብሉ ፡ ሕዝብ ፤ እግዚአ ፡ ተሣሀለነ ።

ይብል ፡ ካህን ፤ ሰላም ፡ ለኵልክሙ ።

ይብሉ ፡ ሕዝብ ፤ ምስለ ፡ መንፈስከ ።

ይብል ፡ ካህን ፤ ወካዕበ ፡ ናስተበቁዕ ፡ ዘኵሎ ፡ ይእኀዝ ፡ እግዚአብሔር ፡ አብ ለእግዚእ ፡ ወመድኀኒነ ፡ ኢየሱስ ፡ ክር ስቶስ ፡ በእንተ ፡ ብፁዕ ፡ ጳጳስ ፡ አባ ፡ ማቴዎስ(b) ፡ ከመ ፡ ዓቂበ ፡ ይዕቀብ ፡ ለ ነ ፡ ለብዙኃ ፡ ዓመታት ፡ ወለመዋዕለ ፡ ሰ ላም ፡ ከመ ፡ ይፌጽም(c) ፡ ዘእምኔከ ፡ —

(a) B: ኢያሱ ፡ — (b) Wanting in B. — (c) B: ይፌጽም ፡ —

The Deacon says: Pray for the peace of the one holy apostolic Church, orthodox in God.

The Priest says: Bless all the people and all the flock. Send peace from heaven upon all our souls and, while we live, vouchsafe us peace. Send peace to our King Johannes, his nobles, his armies, his judges and officers, and the assembly of our neighbours, without and within: adorn them with all peace, O Thou King of Peace. Give us peace, for Thou gavest us all things. Take us as Thy possession, O Lord, and remunerate us, for beside Thee we acknowledge no other. We make mention of and call on Thy holy name, that our souls may live in the Holy Spirit, and that the death of sin may not prevail against us, Thy servants, and all Thy people.

The People say: Kyrie Eleison.

The Deacon says: Rise up for prayer.

The People say: O Lord, have mercy upon us.

The Priest says: Peace be with you all.

The People say: With thy spirit.

The Priest says: Let us again beseech of Almighty God, the Father of our Lord and Saviour Jesus Christ, for our blessed Bishop Abba Matthew, that He may preserve him to us for many years and for days of peace, that he may accomplish the office

ሎቱ፡ ዘተአመንከ፡ ሢመተ፡ ክህነት፡ ዘብዑለ፡ ጸጋ፡ ይኤጉ፡ እግዚአብሔር፡ አምላክነ።

ይብል፡ ዲያቆን፦ ጸልዩ፡ በእንተ፡ ሊቀ፡ ጳጳስነ፡ አባ፡ ማቴዎስ(a)፡ እግዚእ፡ ሊቀ፡ ኤጲስ፡ ቆጶሳት፡ ዘሀገር፡ ዐባይ፡ እለእስክንድርያ፡ ወዲበ፡ ርእሰ፡ ሀገረ፡ አቡዊነ፡ ብፁዕ፡ ጳጳስ፡ አባ፡ ሲኖዳ(a)፡ ወኵሎሙ፡ ኤጲስ፡ ቆጶሳት፡ ቀሳውስት፡ ወዲያቆናት፡ ርቱዓነ፡ ሃይማኖት።

ይብል፡ ካህን፦ እግዚአብሔር፡ አምላክነ፡ ዘኵሎ፡ ትእኅዝ፡ ንስእለከ፡ ወናስተበቊዓከ፡ በእንተ፡ ብፁዕ፡ ጳጳስ፡ አባ፡ ሲኖዳ(a)፡ ከመ፡ ዓቂበ፡ ትዕቀብ፡ ለብዙኅ፡ ዓመታት፡ ወለመዋዕለ፡ ሰላም፡ እንዘ፡ ይፌጽም፡ ዘእምኀቤከ፡ ሎቱ፡ ዘተአመንከ፡ ሢመተ፡ ክህነት፡ ምስለ፡ ኵሎሙ፡ ኤጲስ፡ ቆጶሳት፡ ቀሳውስት፡ ወዲያቆናት፡ ርቱዓነ፡ ሃይማኖት፦ ወምስለ፡ ኵሉ፡ ፍጻሜ፡ ማኅበራ፡ ለቅድስት፡ አሐቲ፡ እንተ፡ ላዕለ፡ ኵሉ፡ ቤተ፡ ክርስቲያን። ወጸሎተኒ፡ ዘይገብር፡ በእንቲአነ፡ ወበእንተ፡ ኵሉ፡ ሕዝብከ፡ ተወከር፡ አርኁ፡ ሎቱ፡ መዝገበ፡ በረከትከ፡ ዓዲ፡ ፈድፋደ፡ ሎቱ፡ ዘመንፈስ፡ ቅዱስ፡ ጸግዎ፡ ጸጋ። ከዓው፡ ላዕሌሁ፡ እምሰማይ፡ በረከተከ፡ ከመ፡ ይባርክ፡ ሕዝበከ፡ ወኵሎ፡ እንከ፡ ፀር፡ ዘያስተርኢ፡ ወዘኢያስተርኢ፡ አግርር፡ ወቀጥቅጥ፡ ታሕተ፡ እገሪሁ፡ ፍጡነ፦ ወኪያሁስ፡ እንከ፡ ዕቀብ፡ ለነ፡ ለቤተ፡ ክርስቲያንከ፡ በክህነትከ፡ በእሐዱ፡ ወልድከ፡ ዘቦቱ፡ ለከ፡ ምስሌሁ፡ ወምስለ፡ ቅዱስ፡ መንፈስ፡ ስብሐት፡ ወእኂዝ፡ ይእዜኒ፡ ወዘልፈኒ፡ ወለዓለመ፡ ዓለም፡ አሜን።

(a) Wanting in B. —

of the priesthood wherewith Thou hast intrusted him, O Lord our God, according to Thy rich grace.

The Deacon says: Pray for our Archbishop, Abba Matthew, the Lord Archbishop of the great city of Alexandria, and our metropolitan, the blessed Bishop Abba Sinoda, and all orthodox bishops, priests and deacons.

The Priest says: O Lord our God, Almighty, we ask and beseech of Thee for the blessed Bishop Abba Sinoda, that Thou mayest preserve him for many years and for days of peace, that he may accomplish the office of the priesthood wherewith Thou hast intrusted him — with all orthodox bishops, presbyters and deacons, and with the whole entire congregation of the one holy Catholic Church. And do Thou receive the prayer which he makes on our behalf, and on behalf of all Thy people; open to him the treasure of Thy blessing, and give him especially the gift of the Holy Ghost. Pour out from heaven upon him Thy blessing, that he may bless Thy people; and all his enemies, visible and invisible, do Thou subdue and break to pieces beneath his feet speedily; and preserve him to us, to Thy Church, in Thy priesthood, through Thy only Son, by whom, to Thee, with Him and with the Holy Ghost, be glory and might, now and for ever, and world without end. Amen.

The Deacon says: Rise up for prayer.

The People say: O Lord, have mercy upon us.

The Priest says: Peace be with you all.

The People say: With thy spirit.

The Priest says: Let us again beseech Almighty God, the Father of our Lord and Saviour Jesus Christ, we ask and beseech of Thy goodness, O Thou lover of men, remember, O Lord, our congregation, bless them — *benediction with the image of the sign of the Cross.*

The Deacon says: Pray for this holy Christian Church and our congregation therein.

The Priest says: And make them to be devoted to Thee, that without hinderance and without ceasing they may do Thy holy and blessed will. Do Thou vouchsafe, O Lord, to us, Thy servants, and to those who shall come after us, for ever, a house of prayer, a house of purity, a house of blessing.

And the Priest, incensing the sacrifice, says: Arise, O Lord my God, and let Thine enemies be scattered, and let all those who hate Thy holy and blessed name flee before Thy face — *saying this, he makes with the censer the sign of the Cross and bows thrice* — and let Thy people be blessed a thousand thousand-fold, and ten thousand ten thousand-fold, through the grace and mercy of Thy only Son, the Lover of men, our Lord and God and Saviour

---

(a) The whole leaf of A whereon the Prayer of Faith was written is wanting. —

የሱስ ፡ ክርስቶስ ፡ ዘቦቱ ፡ ለከ ፡ ምስሌ ሁ ፡ ወምስለ ፡ ቅዱስ ፡ መንፈስ ፡ ስብሐ ት ፡ ወእዚዝ ፡ ይእዜኒ ፡ ወዘልፈኒ ፡ ወ ለዓለመ ፡ ዓለም ፡ አሜን ።

ይብል ፡ ዲያቆን ፤ ንበል ፡ ኵልነ ፡ በ ጥበበ ፡ እግዚአብሔር ፤ አውሥኡ ፡ ጸሎ ተ ፡ ሃይማኖት ።

ይብሉ ፡ ሕዝብ ፤ ነአምን ፡ በ፩አም ላክ ፡ እግዚአብሔር ፡ አብ ፡ አኀዜ ፡ ኵ ሉ ፤ ገባሬ ፡ ሰማያት ፡ ወምድር ፡ ዘያስ ተርኢ ፡ ወዘኢያስተርኢ ።

ወነአምን ፡ በ፩እግዚእ ፡ ኢየሱስ ፡ ክ ርስቶስ ፡ ወልደ ፡ አብ ፡ ዋሕድ ፡ ዘሀለ ው ፡ ምስሌሁ ፡ እምቅድመ ፡ ይትፈጠር ፡ ዓለም ። ብርሃን ፡ ዘእምብርሃን ፡ አምላክ ፡ ዘእምአምላክ ፡ ዘበአማን ፤ ዘተወልደ ፡ ወ አኮ ፡ ዘተገብረ ፡ ዘዕሩይ ፡ ምስለ ፡ አብ ፡ በመለኮቱ ፡ ዘቦቱ ፡ ኵሉ ፡ ኮነ ፤ ወዘእን ቢሁሰ ፡ አልቦ ፡ ዘኮነ ፡ ወኢምንትኒ ፡ ዘ በሰማይኒ ፡ ወዘበምድርኒ ፤ ለዘእንቲአነ ፡ ለሰብእ ፡ ወበእንተ ፡ መድኃኒትነ ፡ ወረ ደ ፡ እምሰማያት ፡ ወተሰብአ ፡ እመንፈ ስ ፡ ቅዱስ ፡ ወእማርያም ፡ እምቅድስ ት ፡ ድንግል ፡ ኮነ ፡ ብእሴ ፡ ወተሰቅለ ፡ በእ ንቲአነ ፡ በመዋዕለ ፡ ጲላጦስ ፡ ጴንጤና ዊ ፡ ሐመ ፡ ወሞተ ፡ ወተቀብረ ፡ ወተን ሥአ ፡ እሙታን ፡ አመ ፡ ሣልስት ፡ ዕለ ት ፡ በከመ ፡ ጽሑፍ ፡ ውስተ ፡ ቅዱሳት ፡ መጻሕፍት ፤ ዓርገ ፡ በስብሐት ፡ ውስተ ፡ ሰማያት ፡ ወነበረ ፡ በየማነ ፡ አቡሁ ፤ ዳ ግመ ፡ ይመጽእ ፡ በስብሐት ፡ ይኰንን ፡ ሕያዋነ ፡ ወሙታነ ፤ ወአልቦ ፡ ማኅለቅ ት ፡ ለመንግሥቱ ።

ወነአምን ፡ በመንፈስ ፡ ቅዱስ ፡ እግዚ እ ፡ ማኅየዊ ፡ ዘሠረየ ፡ እምአብ ፤ ንስግ ድ ፡ ሎቱ ፡ ወንሰብሖ ፡ ምስለ ፡ አብ ፡ ወወልድ ፡ ዘነበበ ፡ በነቢያት ።

ወነአምን ፡ በአሐቲ ፡ ቅድስት ፡ ቤተ ፡ ክርስቲያን ፡ እንተ ፡ ላዕለ ፡ ኵሉ ፡ ጉባኤ ፡

Jesus Christ, through whom to Thee, with Him and with the Holy Spirit, be glory and power, now and for ever, and world without end. Amen.

The Deacon says: Let us all speak in the wisdom of God; say the Prayer of Faith.

The People say: We believe in one God, the Father Almighty, Maker of heaven and earth, of the visible and the invisible.

And we believe in one Lord Jesus Christ, the only Son of the Father, who existed with Him before the world was made; Light from Light, God from very God, begotten and not made, equal with the Father in His Godhead, by whom all things were made, and without whom was not anything made in heaven and earth: who for us men and for our salvation came down from heaven, and was incarnate by the Holy Ghost, and was made man of the holy Virgin Mary, and was crucified for us in the days of Pontius Pilate: He suffered and died and was buried, and rose from the dead on the third day, as is written in the Holy Scriptures: He ascended with glory into heaven, and sitteth on the right hand of His Father: He shall come again with glory to judge the quick and the dead, and of His kingdom there shall be no end.

And we believe in the Holy Ghost, Lord and Lifegiver, who proceedeth from the Father. We will worship Him and glorify Him with the Father and the Son, who spake by the prophets.

And we believe in one holy catholic apostolic Church. And we be-

ዘሐዋርያት ። ወነአምን ፡ በአሐቲ ፡ ጥም
ቀት ፡ ለስርየተ ፡ ኃጢአት ። ወንሴፍ ፡ ት
ንሣኤ ፡ ሙታን ፤ ወሕይወት ፡ ዘይመጽ
እ ፡ ለዓለመ ፡ ዓለም ፡ አሜን ።

ወእምዝ ፡ ይግልጽ ፡ ክዳነ ፡ ዓውድ ፡
በእዴሁ ። ወእምዝ ፡ ይትሐፀብ ፡ ካህን ፤
ወእምድኅረ ፡ ተሐፅበ ፡ ይብል ፡ ዘንተ ፡
እንዘ ፡ ይነዝኅን ፡ ማየ ፡ በርጥበተ ፡ እዴ
ሁ ፡ በመዲጠ ፡ ገጹ ፡ መንገለ ፡ ምዕራብ ፤
እመቦ ፡ ዘኮነ ፡ ንጹሕ ፡ ይንሣእ ፡ እምነ ፡
ቍርባን ፡ ወዘኢኮነ ፡ ንጹሕ ፡ ኢይንሣ
እ ፡ ከመ ፡ ኢየዓይ ፡ በእሳተ ፡ መለኮት ፤
ዘቦ ፡ ቂም ፡ ውስተ ፡ ልቡ ፡ ወዘቦ ፡ ሕሊ
ና ፡ ነኪር ፡ እምዝሙት ። ንጹሕ ፡ አነ ፡
እምደመ ፡ ኵልክሙ ፡ ወለድፍረትክሙ ፡
ላዕለ ፡ ሥጋሁ ፡ ወደሙ ፡ ለክርስቶስ ፤
አልቦ ፡ ላዕሌየ (a) ፡ ትልሐፈ ፡ በተመጥዎ
ትክሙ ፡ እምኔሁ ፡ አነ ፡ ንጹሕ ፡ እምኔ
ጋይክሙ ፡ ወኃጢአትክሙ ፡ ይገብእ ፡ ዲ
በ ፡ ርእስክሙ ፤ ለእመ ፡ በንጹሕ ፡ ኢነ
ሣእክሙ ።

ይብል ፡ ዲያቆን ፤ ተንሥኡ ፡ ለጸሎት ።

ይብሉ ፡ ሕዝብ ፤ እግዚአ ፡ ተሣሀለነ ።

ይብል ፡ ካህን ፤ ሰላም ፡ ለኵልክሙ ።

ይብሉ ፡ ሕዝብ ፤ ምስለ ፡ መንፈስከ ።

ይብል ፡ ካህን ፡ ጸሎተ ፡ አምኃ ፡ ዘባ
ስልዮስ ፤ እግዚአብሔር ፡ ዐቢይ ፡ ዘለዓ
ለም ፡ ዘለሐከ ፡ ለሰብእ ፡ እንበለ ፡ ሙስ
ና ፡ ሞተ ፡ ዘቦአ ፡ ቀዳሚ ፡ ውስተ ፡ ዓ
ለም ፡ በቅንዓተ ፡ ሰይጣን ፡ አብጠልከ ፡
በምጽአቱ ፡ ለሕያው ፡ ወልድከ ፡ እግዚ
እነ ፡ ወአምላክነ ፡ ወመድኃኒነ ፡ ኢየሱ
ስ ፡ ክርስቶስ ፤ ወመላእከ ፡ ኵላ ፡ ምድ

(a) Here A begins again. —

lieve in one Baptism for the remission of sins; and we hope for the Resurrection of the dead, and the Life which shall come for ever. Amen.

And then he shall take away the cover of the disc with his hand. And then the Priest washes himself, and after washing he shall say as follows, while he sprinkles out water by moistening his hand, and turning his face to the west: If there is anybody who is pure, he may take from the sacrifice; but he who is not pure, and in whose heart is revenge, and who has undue thoughts of impurity, he may not take from it, that he may not burn by the fire of the Deity. I am innocent of the blood of you all and of your irreverence against the body and the blood of Christ; I am not answerable for that which you will receive from Him; I am innocent of your offence, and your sin may return upon your heads, if you do not take in purity.

The Deacon says: Rise up for prayer.

The People say: O Lord, have mercy upon us.

The Priest says: Peace be with you all.

The People say: With thy spirit.

The Priest says the Prayer of Salutation of Basil: O Lord, great, eternal, who didst form man free from corruption, Thou hast brought to nought the power of death which came first into the world by the envy of Satan, through the coming into the world of Thy living Son, our Lord and God and Saviour Jesus Christ, and hast filled

ረ ፡ ሰላመከ ፡ እንተ ፡ እምሰማያት ፡ እን
ተ ፡ ባቲ ፡ ሠራዊተ ፡ ሰማያት ፡ ይሴብሑ
ከ ፡ እንዘ ፡ ይብሉ ፡ ስብሐት ፡ ለእግዚአ
ብሔር ፡ በሰማያት ፡ ወሰላም ፡ በምድር ፡
ሥምረቱ ፡ ለሰብእ ።

ይብሉ ፡ ሕዝብ ፡ ከማሁ ።

ይብል ፡ ካህን ፤ ኦእግዚአ ፡ በሥምረ
ትከ ፡ ምላእ ፡ ውስተ ፡ አልባቢነ ፡ ወአ
ንጽሐነ ፡ እምኵሉ ፡ ደነስ ፡ ወእምኵ
ሉ ፡ ምርዐት(b) ፡ ወእምኵሉ ፡ ቂም ፡ ወቅ
ንአት ፡ ወእምኵሉ ፡ ምግባር ፡ ሕሱም ፡
ወእምተዘክሮ ፡ እከይ ፡ እንተ ፡ ታለብስ ፡
ሞተ ። ረስየነ ፡ ድልዋነ ፡ ለኵልነ ፡ ከ
መ ፡ ንትአማኅ ፡ በበይናቲነ ፡ በአምኃ ፡
ቅድሳት ።

ይብል ፡ ዲያቆን ፤ ጸልዩ ፡ በእንተ ፡
ሰላም ፡ ፍጽምት ፡ ወፍቅር ፡ ተአምኁ ፡
በበይናቲክሙ ፡ በአምኃ ፡ ቅድሳት ።

ይብሉ ፡ ሕዝብ ፤ ክርስቶስ ፡ አምላክ
ነ ፡ ረስየነ ፡ ድልዋነ ፡ ከመ ፡ ንትአማኅ ፡
በበይናቲነ ፡ በአምኃ ፡ ቅድሳት ።

ይብል ፡ ካህን ፤ ወንትመጠ ፡ እንበለ ፡
ኵነኔ ፡ እምህብትከ ፡ ቅድስት ፡ እንተ ፡
ይእቲ ፡ እንበለ ፡ ሞት ፡ ሰማያዊት ፤ በ
ኢየሱስ ፡ ክርስቶስ ፡ እግዚእነ ፡ ዘቦቱ ፡
ለከ ፡ ምስሌሁ ፡ ወምስለ ፡ ቅዱስ ፡ መን
ፈስ ፡ ስብሐት ፡ ወእኂዝ ፡ ይእዜኒ ፡ ወ
ዘልፈኒ ፡ ወለዓለመ ፡ ዓለም ፡ አሜን ።

ይብል ፡ ካህን ፤ እግዚአብሔር ፡ ምስ
ለ ፡ ኵልክሙ ።

ይብሉ ፡ ሕዝብ ፤ ምስለ ፡ መንፈስከ ።
ይብል ፡ ካህን ፤ አእኩትዎ ፡ ለአምላክነ።
ይብሉ ፡ ሕዝብ ፤ ርቱዕ ፡ ይደሉ ።
ይብል ፡ ካህን ፤ አልዕሉ ፡ አልባቢክሙ ።
ይብሉ ፡ ሕዝብ ፤ ብነ ፡ ኃብ ፡ እግዚ
አብሔር ፡ አምላክነ ።

all the earth with Thy heavenly peace, wherein the hosts of heaven do praise Thee, saying: Glory to God in heaven, and peace on earth, His goodwill to man.

The People say the same.

The Priest says: O Lord, of Thy good pleasure fill our hearts with [Thy peace] (a), and purify us from all pollution, and from all wantonness, and from all revenge, and envy, and from all bad actions, and from the remembrance of evil which clothes with death. Make us all meet to salute one another with the holy kiss.

The Deacon says: Pray for perfect peace and love, salute you one another with the holy kiss.

The People say: O Christ our God, make us meet to salute one another with the holy kiss.

The Priest says: And that we may receive without condemnation of Thy holy immortal heavenly gift, through Jesus Christ our Lord, through whom to Thee, with Him and the Holy Spirit, be glory and power, now and for ever, and world without end. Amen.

The Priest says: The Lord be with you all.

The People say: With thy spirit.
The Priest says: Thank ye our God.
The People say: It is meet and right.
The Priest says: Lift up your hearts.
The People say: We lift them up to the Lord our God.

(a) Wanting in the Aethiopic text. — (b) Or perhaps ርስዐት ፡; MSS.: ሥርዓት ፡; emend. DILLM. —

www.ingramcontent.com/pod-product-compliance
Lightning Source LLC
Chambersburg PA
CBHW082020300426
44117CB00015B/2289